桐鄉年鑑

錢君匋

桐乡市地方志编纂委员会　编

方志出版社
Publishing House of Local Records

图书在版编目(CIP)数据

桐乡年鉴.2016/桐乡市地方志编纂委员会编.—
北京:方志出版社,2016.9
ISBN 978-7-5144-2089-0

Ⅰ.①桐… Ⅱ.①桐… Ⅲ.①桐乡市—2016—年鉴
Ⅳ.①Z525.54

中国版本图书馆 CIP 数据核字(2016)第 227812 号

桐乡年鉴(2016)

编　　者:桐乡市地方志编纂委员会
责任编辑:冯　松

出 版 人:冀祥德
出 版 者:方志出版社
地址　北京市朝阳区潘家园东里 9 号(国家方志馆 4 层)
邮编　100021
网址　http://www.fzph.org
发　　行:方志出版社发行中心
电话 (010) 67110500
经　　销:各地新华书店
设计排版:杭州美迪图文设计有限公司
印　　刷:浙江海虹彩色印务有限公司

开　　本:889×1194　　1/16
印　　张:25.5
字　　数:748 千字
版　　次:2016 年 9 月第 1 版　2016 年 9 月第 1 次印刷
印　　数:0001～1000 册

ISBN 978-7-5144-2089-0　　定价:180.00 元

桐乡市地方志编纂委员会

《桐乡年鉴》编纂机构

编 辑 说 明

一、《桐乡年鉴》是中共桐乡市委员会、桐乡市人民政府主办，桐乡市地方志编纂委员会组织编纂的年度资料性文献。自1998年起，逐年编辑出版，旨在全面真实地记载上一年度桐乡市行政区域自然、政治、经济、文化、社会等多方面的基本面貌，为各级领导决策和管理提供最新的信息和情报。

二、《桐乡年鉴（2016）》，记载时限从2015年1月1日至12月31日，一般不作历史追溯。特载部分提前收录2016年市委、市政府的两个报告和桐乡市“十三五”规划。

三、本书采用分类编辑法，一般分栏目、分目、条目三个层次，以条目作为记述的主要形式。《桐乡年鉴（2016）》设：特载、大事记、综述、世界互联网大会、农业、工业、贸易、平台建设、旅游、市场、交通运输、邮政通信、城乡建设管理、环境保护、财政税务、金融、经济管理与服务、党政、民主党派和人民团体、武装、法治、教育、科学技术、文化体育传媒、卫生、社会生活、人力资源和社会保障、街道镇发展概况、人物、国民经济统计资料、文件选编等31个栏目。各栏目中内容相同或相关的条目编制横向参见系统。全书共748千字。

四、本书在坚持年鉴内容的稳定性和连续性的基础上，注意突出年度特色和地方特色，注重实用性和可读性，并配有随文照片。

五、本书采用的文稿，由桐乡市各有关部门、单位落实专人撰写或提供，并经供稿单位领导审核。各种数据均以《桐乡统计年鉴（2016）》为准。统计年鉴未载的数据，由各有关部门负责提供。

六、本书配有双重检索系统，书前刊有中文详细目录和英文要目，书后配有索引，索引采用主题分析法，按主题词首字汉语拼音字母顺序排列。

七、本书的编辑、出版，得到全市各级领导、各部门、各单位和广大撰稿员的大力支持，在此谨表示衷心感谢！本书在编印、出版中如有疏漏、差错之处，祈请广大读者批评指正！

四大奋斗目标

改革走在前列

发展绩效突出

社会管理一流

人民群众满意

五大行动计划

工商强市

宜居水乡

人文名城

安康家园

党建高地

五大城市定位

长三角新型工业城市

中国十大市场强市

世界知名旅游城市

未来中国文化创意城市

休闲养生目的地

2016年1月7～8日，中国共产党桐乡市第十三届代表大会第五次会议举行

（徐建荣摄）

2016年3月8～12日，桐乡市第十五届人民代表大会第五次会议举行

（市人大办提供）

2016年3月7～11日，中国人民政治协商会议第八届桐乡市委员会第五次会议举行

（徐王立摄）

2015年4月14日，省委常委、纪委书记任泽民（左一）就落实“两个责任”到桐乡调研座谈

（市纪委提供）

2015年8月19～20日，省人大常委会党组书记、副主任茅临生到桐乡调研经济社会发展

（市委办提供）

2015年3月11日，省政协副主席陈加元（右二）到桐乡调研养生养老产业

（市政协办提供）

2015年12月16日，俄罗斯总理梅德韦杰夫（前左一）到乌镇参观考察
（市委办提供）

2015年9月6日，捷克总统米洛什•泽曼（前左二）到桐乡考察
（市政府办提供）

2015年8月28日，苏丹前国家元首阿卜杜拉赫曼•哈桑•苏瓦尔•达哈卜（右一）到桐乡参观考察

（市政府办提供）

2015年8月25日，参加中国—阿拉伯国家产能合作与投资促进研讨会的嘉宾到桐乡考察巨石集团

（市政府办提供）

2015年5月18日，日本浜松市浜北区友好团访问桐乡市现代实验学校

（市政府办提供）

2015年3月10日，全市工商强市大会暨互联网经济发展大会召开

（市委办提供）

2015年3月10日，全市工商强市大会暨互联网经济发展大会表彰桐乡市十佳工业企业优秀经营者

（市委办提供）

2015年3月18日，中国巨石股份有限公司授牌暨成立22周年庆典在桐乡举行

（市委办提供）

2015年10月23～27日，第四届中国创新创业大赛互联网和移动互联网行业总决赛在桐乡市举行

（市委组织部提供）

2015年1月29日，浙江华友钴业股份有限公司在上海证券交易所挂牌上市

（市政府办提供）

华能桐乡燃机热电有限责任公司厂区外景　（临杭经济区提供）

2015年3月12日，中国第三十七个植树节，市领导在绕城东路植树
（市委办提供）

城市绿道（市委办提供）

桐城暮色（徐建荣摄）

石门镇桂花村景区（徐建荣摄）

濮院镇仓前街样板段（今日桐乡报社提供）

龙翔街道红杉邨景区（市委办提供）

洲泉镇稻乡人家景区（市委办提供）

2015年2月11日～3月11日，乌镇水灯会在西栅景区举办

（今日桐乡报社提供）

2015年11月7日，首届全球丰子恺散文奖颁奖典礼在桐乡市举行

（徐建荣摄）

2015年9月15日，纪念丰子恺先生逝世40周年暨丰子恺纪念馆馆藏书画精品展开幕式在桐乡市丰子恺纪念馆举行

（市委办提供）

2015年11月15日，乌镇木心美术馆开馆

（今日桐乡报社提供）

2015年7月28日，吴蓬捐赠书画作品签约仪式在桐乡市博物馆举行

（市委办提供）

2015年1月12日，电影《爱情不等式》全国媒体见面会在桐乡市举行

（今日桐乡报社提供）

2015年1月8日，桐乡市太虚大师研究会成立大会召开

（市委办提供）

2015年10月15～24日，第三届乌镇戏剧节在西栅景区举行

（市委办提供）

2015年9月24日，第二届世界互联网大会安保誓师大会在市政广场举行　　　　　（徐建荣摄）

2015年10月9日，桐乡市举行“当好东道主 拥抱互联网——做遵纪守法好公民”系列活动启动仪式　　　　　（徐建荣摄）

2015年9月1日，桐乡市举行抗战老战士老同志座谈会　（市委办提供）

2015年9月18日，在第三届桐乡市道德模范颁奖典礼上，10名道德模范接受表彰　（市委办提供）

桐乡市社会治理综合指挥中心　（市委办提供）

2015年7月15日，市公安局反恐突机动队在濮院镇巡逻　（徐建荣摄）

2015年9月7日，市人武部动员执行巡逻的民兵应急大队人员　（市人武部提供）

2015年4月7日，省委第一巡视组巡视桐乡工作动员会召开

（市委办提供）

2015年5月28日，桐乡市“三严三实”专题党课暨专题教育部署会召开

（市委组织部提供）

2015年6月27日，桐乡市举行“党在我心中，我在群众中”党员先锋日志愿服务活动

（市委办提供）

党代表视察崇福镇食虫植物园

（市委办提供）

党员认领微心愿　　（市委组织部提供）

菊乡先锋微信公众号发布　　（市委办提供）

2015年4月，桐乡市党政代表团赴杭州市余杭区、滨江区，金华市义乌市、东阳市考察

（市委办提供）

2015年12月16日，中共中央总书记、国家主席习近平出席第二届世界互联网大会开幕式并发表主旨演讲

中共中央政治局常委、中央书记处书记刘云山主持第二届世界互联网大会开幕式

巴基斯坦总统侯赛因在开幕式上致辞

俄罗斯总理梅德韦杰夫在开幕式上致辞

2015年12月16日，第二届世界互联网大会在乌镇开幕（摘自《浙江日报》第24310期）

开幕式前，习近平同与会嘉宾集体合影
（摘自《人民日报》第24631期）

吉尔吉斯总理萨里耶夫在开幕式上致辞

世界经济论坛执行主席施瓦布在开幕式上致辞

哈萨克斯坦总理马西莫夫在开幕式上致辞

乌兹别克斯坦第一副总理阿齐莫夫在开幕式上致辞

联合国副秘书长吴红波在开幕式上致辞

塔吉克斯坦总理拉苏尔佐达在开幕式上致辞

照片由市互承委提供

2015年12月15日，互联网之光博览会在乌镇开幕，国家网信办主任鲁炜（右二），浙江省委书记夏宝龙（右三）、省长李强（右四），科技部副部长阴和俊（右一），工信部副部长陈肇雄（右五）出席开幕式

（市互承委提供）

互联网之光博览会　（徐建荣摄）

2015年12月16日，桐乡市委书记卢跃东在乌镇接受浙江卫视采访

（市互承委提供）

2015年12月17日，互联网文化与传播——《对话》互联网名人的哲学思考在乌镇举行（徐王立摄）

2015年12月17日，乌镇发布会在互联网之光博览会上举行，桐乡市市长盛勇军发表演讲

（市互承委提供）

国家网信办主任鲁炜在闭幕式上致辞

汤加副首相索瓦莱尼在闭幕式上致辞

巴基斯坦前总理阿齐兹在闭幕式上致辞

ICANN总裁法迪·切哈德在闭幕式上致辞

IEEE主席霍华德·米歇尔在闭幕式上致辞

互联网之父罗伯特·卡恩在闭幕式上致辞

2015年12月18日，第二届世界互联网大会闭幕式

2015年12月11日，省领导夏宝龙（前左三）、李强（前左二）、葛慧君（前左一）、袁家军（后左二）检查互联网之光博览会

2015年11月10日，国家网信办主任鲁炜（右四）调研大会安保指挥中心

2015年8月28日，国家网信办副主任任贤良（左四）调研乌镇互联网国际会展中心建设

2015年12月16日，国家网信办主任鲁炜（右），浙江省省长李强（左）在“乌镇之夜”晚宴上举杯祝酒

照片由市互承委提供

2015年12月7号，乌镇互联网医院揭牌

（市互承委提供）

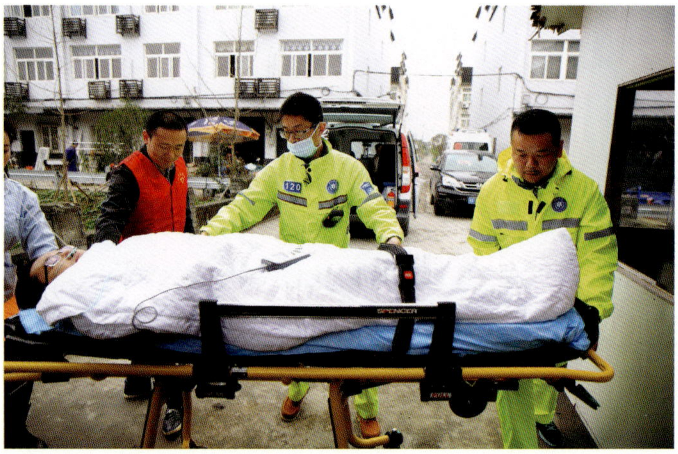

2015年12月2日，第二届世界互联网大会医疗救援应急演练

（市互承委提供）

2015年7月24日，姚太线沿线整治后的河道　　（市互承委提供）

特　　载

大　事　记

综　　述

世界互联网大会

农　　业

工　　业

贸　易

平台建设

旅　　游

市　　场

交通运输

邮政　通信

城乡建设管理

环境保护

财政　税务

金　　融

经济管理与服务

党　政

民主党派和人民团体

武　　装

法　　治

教　　育

科学技术

文化　体育　传媒

卫　　生

社会生活

人力资源和社会保障

街道、镇发展概况

人　　物

国民经济统计资料

文件选编

索　　引

封面照片：凤凰湖　　　　　　　　　（振东新区提供）

Contents

Trade

Economic Platforms Construction

Tourism

Markets

Transportation

Postal Service, Telecommunications

Urban and Rural Construction Administration

Environmental Protection

Public Finance and Taxation

Finance

Economic Management and Services

Party Committee and Municipal Government

Tongxiang Committee of CPPCC

Other Political Parties and Social Organizations

Military

Politics and Laws

Education

Science and Technology

Culture Sports Media

牢记重托　担当使命　不断开拓桐乡创新发展新境界

——在中国共产党桐乡市第十三届代表大会第五次会议上的报告（摘要）

中共桐乡市委书记　卢跃东

（2016年1月7日）

一、2015年及“十二五”时期工作简要回顾

刚刚过去的2015年，全市上下围绕“五大行动计划”，干好“三件大事”，填好“四张报表”，经济社会发展取得了新成效。预计全年实现地区生产总值650亿元，增长7.5%；财政总收入100亿元，增长9.5%；固定资产投资430亿元，增长15.5%；城镇居民人均可支配收入44750元，农村居民人均可支配收入27460元，分别增长8%和9%。

一是乌镇峰会圆满成功。把承办好第二届世界互联网大会·乌镇峰会作为市委的头等大事，不折不扣落实中央和省委、省政府的决策部署，按照“世界眼光、现代理念”的要求，全力抓好环境整治、场馆建设、会务保障和维稳安保等各项承办工作，实现了生态环境大变样、基础设施大提升、社会环境大平安，确保了大会的圆满成功，得到了习近平总书记及中外嘉宾的高度称赞。乌镇峰会承办工作的出色完成，充分展现了桐乡干部的优秀品质、桐乡人民的家国情怀、乌镇居民的高尚情操，百万桐乡儿女为国家办了一件大事，为世界互联网事业作出了重大贡献。

二是经济发展稳中向好。加快转型升级步伐，探索了“一业驱动四化”“一网引领四化”的转型发展新路，我市被命名为“两化深度融合”国家示范市和省级“腾笼换鸟”先进市。狠抓有效投入，195项市级重大建设项目完成投资164亿元，完成年度计划的102%。加强平台建设，成功创建乌镇省级互联网创新发展试验区和乌镇—石门省级旅游度假区。加大招商选资力度，引进了浙大网新互联网产业园、神州量子等一批优质项目，全国首家互联网医院挂牌营运。鼓励企业做大做强，新增上市挂牌企业4家。坚持创新驱动，设立“互联网＋”政府引导母基金，成功承办“中国第四届创新创业大赛互联网行业总决赛”，创业创新势头持续高涨。

三是城乡建设齐头并进。统筹抓好“一市三城”“一城五区”开发建设，城中村改造完成总任务的80%以上，城市主要节点和重要区块建设进度不断加快，凤凰湖景观区域全面建成开放。顺利通过国家卫生城市复查，城市品质不断提高。加快新型城镇化步伐，崇福小城市建设和濮院旧镇改建工程稳步推进。巩固提升“美丽乡村”建设成果，“一镇三村”农业现代化试点示范效应逐步显现，被命名为全省休闲农业与乡村旅游示范县。完善基础设施网络，大力实施美化、亮化、净化和互联网基础设施提升工程，南排工程全面启动，乌镇大道市区至高铁段、洲甸公路建成通车，城乡面貌不断改善。

四是社会大局和谐稳定。加大民生财政投入，大力发展教育、卫生和社会保障等事业，组建成立市医疗中心，我市被命名为全国武术之乡和全省首批教育现代化基本达标市。繁荣发展优秀文化，成功举办首届全球丰子恺散文奖等赛事，城市知名度和美誉度进一步提高。开展第三届道德模范评选，有效激发社会正能量。创新社会治理，法治、德治、自治“三治合一”基层社会治理模式在全省得到推广。扎实推进平安建设信息系统与“网格化管理、组团式服务”两网融合，深入开展行业大整治、安全大检查、万人大巡防等活动，平安桐乡实现“十连冠”。

五是党的建设不断加强。深化党的群众路线教育实践活动，扎实开展“三严三实”专题教育，大力弘扬创业、担当、团队三种精神，注重在一线培养锻炼干部，队伍凝聚力、战斗力不断增强。坚持抓镇促村，深化“双先指数”考评和党员“净化工程”，党的基层基础进一步巩固。落实党风廉政建设“两个责任”，抓好省委巡视组反馈意见整改落实和党风廉政建设巡察工作，查办了一批群众关心、社会关注的违纪违法案件，政治生态更加清朗。高度重视意识形态工作，充分发挥人大、政协作用，切实加强对武装工作和群团组织的领导，心齐气顺劲足的氛围更加浓厚。

2015年目标任务的完成，标志着“十二五”规划的胜利收官。纵观过去五年，全市经济社会实现了平稳健康发展。与“十一五”期末相比，桐乡发生了重大而深刻的变化。一是综合实力跃上新台阶。2015年全市地区生产总值是“十一五”期末的1.6倍，年均增长9%；财政总收入和公共财政预算收入均是“十一五”期末的1.9倍，年均分别增长13.6%和14.2%。二是改革开放呈现新格局。“五位一体”改革齐头并进，重点领域和关键环节的改革取得突破性进展，世界互联网大会永久落户，获批全国首个旅游综合改革试点县和全国中小城市综合改革试点。对外开放合作持续深化，接轨上海、融入杭州都市圈成效明显。三是转型升级取得新突破。工业支撑作用不断强化，服务业潜力充分释放，农业基础地位得到巩固，三次产业结构进一步优化，由“十一五”期末的6∶55.3∶38.7调整为4.6∶51.1∶44.3。四是城乡建设展现新面貌。城市建设三年行动计划基本完成，小城市培育试点和新农村建设协调推进，成功创建省级“美丽乡村”先进县，城乡统筹发展水平继续保持领先。“大整治”全面铺开，长效化治理机制初步形成，治水拆违绿化成效明显，生态环境质量不断提高，被命名为省级森林城市。五是群众生活得到新改善。教育、文化、卫生等事业协调并进，就业再就业服务、社会救助、慈善等工作取得新成绩，社会治理水平不断提高，互联网基础设施全国领先，人民生活更加幸福安康，城乡居民人均可支配收入年均分别增长9.6%和13.8%。六是党的建设彰显新特色。“一二三四五”基层党建工作模式深入人心，市党代会年会制、“百千万”“勤政周记”和党员“净化工程”等特色工作向纵深推进，党的建设始终走在前列。

二、科学谋划桐乡“十三五”发展

2015年12月16日，习近平总书记出席了第二届世界互联网大会，在开幕式上发表了主旨演讲，并参观了“互联网之光”博览会。总书记充分肯定了桐乡及乌镇的经济社会发展成效，并殷切嘱托我们要抓住互联网发展的重大历史性机遇，充分释放乌镇峰会红利，振奋精神，再接再厉，建设好乌镇、发展好桐乡。总书记的重要讲话，为我们设定了坐标，指明了方向，是对桐乡及乌镇发展之路的进一步规划和升华。当前和今后一个时期，我们要深入学习、宣传、贯彻总书记重要讲话精神，深刻领会讲话蕴含的新思想新观点，准确把握总书记对桐乡的新要求新期待，正确处理好桐乡与乌镇、一业与一网、网络强市与网络惠民三对关系，全面辩证地看清形势，敏锐果敢地把握主动，一步一个脚印地把总书记为我们勾画的美好蓝图变为现实。

我们应该看到，“十三五”时期是全面建成小康社会的决胜阶段，我们面临更多挑战、肩负更重任务，尤其是党的十八届五中全会提出的创新、协调、绿色、开放、共享五大发展理念，对桐乡今后发展提出了新的更高要求。我们也应该看到，建设“两富”“两美”浙江，实现“四翻番”、高水平全面建成小康社会，需要我们始终按照“干在实处永无止境、走在前列要谋新篇”的要求去谋大事创大业，加快经济社会转型发展步伐。我们更应该看到，经过三十多年的改革开放，特别是“十二五”时期的平稳快速发展，桐乡已经站在了厚积薄发、高位提升的新起点上。作为全国首个旅游综合改革试点县和世界互联网大会永久举办地，我们进入了旅游业和互联网产业蓬勃发展的黄金时期。旅游业发展的红红火火，得益于总书记10年前为我们设计的科学发展之路；互联网产业的风生水起，更得益于总书记为我们创造的千载难逢重大机遇。实践也充分证明，“一业一网”是县域经济转型升级的康庄大道，是传统工业城市实现凤凰涅槃的不二选择。为此，我们必须坚持大格局、高定位、勇担当，坚定不移走“一业驱动四化”“一网引领四化”之路，努力开拓桐乡创新发展新境界。

“十三五”时期全市经济社会发展的指导思想是：以邓小平理论、“三个代表”重要思想、科学发展观为指导，深入贯彻习近平总书记系列重要讲话精神，以“八八战略”为总纲，以“五位一体”总体布局和“四个全面”战略布局为统领，以创新、协调、绿色、开放、共享五大发展理念为引领，以高水平全面建成小康社会为目标，聚焦“一业一网”，始终注重“工业强市、市场强市、旅游强市和网络强市”四轮驱动，深入实施“工商强市、宜居水乡、人文名城、安康家园、党建高地”五大行动，努力把桐乡打造成为诗画水乡典范、旅游人文名城、网络智慧强市。

面对新形势、新任务，全市上下要牢记重托，担当使命，保持战略定力，注重精准发力，甩开膀子大干五年，奋力推动桐乡发展再上新台阶。具体工作中，要努力做到三个“更加注重”：一是要更加注重实体经济。坚持以实体经济为本，铁腕淘汰促减量、扶优扶强调存量、招大引强扩增量，进一步做优农业、做强工业、做大服务业，不断提升经济发展水平。二是要更加注重城乡统筹。坚持以工促农、以城带乡，统筹谋划城乡规划建设，加快推进城乡基础设施、生态保护、产业体系和公共服务等方面的互动协调发展，努力构筑城乡一体发展新格局。三是要更加注重创新驱动。梦想引领未来，创新驱动发展。坚持把创新作为桐乡经济社会发展的生命线，大力推进科技创新、管理创新、制度创新，筑牢创新平台，汇聚精英人才，全力打造转型跨越的强大引擎。

三、2016年工作的主要任务

2016年工作的主要预期目标是：地区生产总值增长7.5%左右；财政总收入增长7%左右；固定资产投资增长12%左右。

围绕上述目标要求，重点要做好五个方面的工作：

（一）有效激发发展活力

*一是坚持改革引领。*深化“五位一体”改革，通过率先改革助推率先转型。全面推进全国旅游综合改革试点，积极探索智慧旅游和产业融合的新模式、新途径。认真抓好全国中小城市综合改革试点，健全完善产城融合、城市投融资和城市管理等机制，破解瓶颈制约，增强城市竞争力。深化行政审批制度改革，把该放的放彻底，把该管的管到位。推进供给侧结构性改革，优化要素市场化配置，构建公共资源和要素交易平台，以管理创新加快政府职能转变。

*二是深化创新驱动。*加大科技创新投入，完善创新体系，提高创新能力。扎实推进创新公共服务平台建设，强化科创中心和濮院320创意广场的示范引领效应，加快打造孵化、转化和产业化“三位一体”的科技产业园。加大金融创新力度，深化政银企合作，助推经济发展。积极培育创新主体，鼓励支持企业创建研发机构，切实增强自主创新能力。深化与高校院所合作，加快构建产学研协同创新机制，促进科技成果转化为现实生产力。弘扬创客文化，鼓励发明创造，争创国家知识产权试点城市。

*三是强化人才保障。*坚持需求导向，科学编制人才工作规划，加快打造浙北人才高地。认真实施“金凤凰计划”，加大海外引才力度，争取国家和省“千人计划”等高端人才培养引进工作取得重大进展。优化人才生态环境，完善人才流动、评价、激励等机制，推动优秀人才向最重要的领域、最急需的行业、最合适的岗位集聚。加大对人才的政策倾斜力度，全面落实市级领导联系优秀人才等服务保障措施，为“大众创业、万众创新”提供有力支撑。

（二）全面提升经济质效

一是提升平台能级。优化平台规划布局，完善管理体制和运行机制，加快打造一批集聚度高、竞争力强的大平台。加快经济开发区转型发展步伐，全力建设欧美工业园和互联网产业园等“园中园”，努力争创国家高新技术产业开发区。高标准抓好乌镇—石门省级旅游度假区的规划建设，丰富旅游业态，拓展品牌内涵，全力争创国家级旅游度假区。扎实推进乌镇互联网创新发展试验区建设，完善基础配套设施，大力引进互联网人才、技术和项目，努力争创国家级互联网创新发展试验区。坚持错位特色发展，优化整合其他产业平台，不断提升平台的承载力和集聚度。

二是优化产业结构。坚定不移打好转型升级“组合拳”，加快构建“旅游＋互联网＋X”独具桐乡特色的现代产业体系，努力将旅游业和互联网产业打造成桐乡最具标志性的战略性支柱产业。把握好节奏和力度，积极稳妥化解产能过剩，深入实施“两化融合”和“四换三名”，改造提升毛衫针织、皮草皮鞋和化纤纺织等传统优势产业，培育壮大信息经济和高端装备制造等新兴产业，推动工业强市继续走在前列。鼓励引导专业市场创新商业模式、加快转型步伐，大力发展生产性服务业和养生养老、文化创意、楼宇经济及总部经济等现代服务业，促进服务业提档升级。扎实推进农业“两区”建设，大力发展庭院经济、农场经济和庄园经济，提升农业现代化水平。以全面推进南排工程建设为契机，抓好港口规划建设，加快发展海洋经济。

三是做强市场主体。加大“两改两创”和“六大倍增”力度，鼓励支持企业通过兼并重组、强强联合、上市融资等加速扩张，加快形成大企业顶天立地、规上企业铺天盖地、小微企业茁壮成长的发展格局。扎实推进重大项目建设，完善市级领导联系和“绿色通道”机制，帮助企业破解难题，确保项目早建成、早见效。注重招商选资，聚焦上海、北京、深圳和欧美等重点区域，突出一把手招商、产业链招商和专业招商，全力引进一批优质项目，不断增强发展后劲。

（三）全力建设美好家园

一是打造精品城市。坚持“多规合一”，修编完成新一轮市域总体规划，进一步优化城乡空间布局。注重“一城五区”协调发展，精益求精抓好振东金融商务区和庆北文教区等重点片区的开发建设，确保建筑风貌和谐美观、整体形象特色鲜明。扎实推进城市有机更新，基本完成“城中村”改造任务，加快实施杨家门等区块的整治建设工程，完善城市功能，提升城市品位。加强“海绵城市”建设，有序推进地下综合管廊开发利用，有效拓展城市发展空间。抓好“智慧城市”建设，完善创卫长效管理机制，提升城市管理水平。

二是培育新型城镇。坚持以人为本，加快推进新型城镇化建设。围绕国际风情小城、全球智慧名镇的定位，全方位提升乌镇总体规划，努力把乌镇打造成为网络时代“小深圳”和网上丝路“新起点”。全面完成崇福省级小城市新三年建设任务，加快实现由镇到城的跨越蝶变。全面推进濮院旧镇改建工程和省级特色小镇建设，加快进度，早出形象，造福一方。注重历史人文与三次产业的交融互动，加快把石门打造成为江南“慢生活”小镇。深化产城融合，完善功能配套，推动洲泉从工业大镇向工业强镇、生态绿城迈进。优化产业结构，美化街容村貌，不断提升梧桐街道的首位度，加快打造活力高桥、精致凤鸣和文创龙翔，促进中心城区扩容提质。统筹抓好森林屠甸、光伏河山和家纺大麻建设，努力打造一批宜居宜业宜游的风情小镇。

三是建设美丽乡村。严格执行新一轮村庄布点规划，优化村居风貌设计，全面抓好省级中心村、扩面提升村和乡村精品线路开发建设，全力打造“美丽乡村”升级版。探索实施政府向村社区购买服务工作，进一步加大财政转移支付力度，确保村级集体经济良性健康发展。认真做好农村土地确权登记，推进农村土地承包经营权大规模有序流转。加快城乡基础设施现代化步伐，突出抓好“宽带城市”建设和乌镇大道市区至乌镇段、临杭大道等交通工程建设，优化提升供水、排污、公共自行车等网络体系，推动城乡联网、共建共享。

（四）着力维护和谐稳定

一是优化人居环境。加大节能减排力度，加快淘汰落后产能，筑牢源头治污防线。狠抓“五水共治”，落实“三长”管河机制，巩固提升“清三河”成果。深化“无违建”创建，推动“三改一拆”和畜禽养殖业减量提质工作取得新成效。完善大气污染联防联控联治机制，统筹推进“五气共治”，着力改善大气环境质量。认真抓好“森林桐乡”建设，科学规划，精心管护，绿化美化桐乡大地。

二是繁荣社会事业。坚持以文化人、以文惠民、以文兴业，深入践行社会主义核心价值观，全力办好第四届“徐肖冰杯”全国摄影大赛等活动，稳步推进市图书馆新馆和新影桐乡园建设，促进文化大发展大繁荣。完善就业服务、社会保障和社会救助体系，推进精准扶贫和脱贫，有效提高群众生活质量。优化教育资源配置，扎实推进浙江传媒学院电影学院、互联网学院建设，加快改造薄弱学校和农村学校，争创全省教育现代化达标市。充分发挥乌镇互联网医院的优势，深化医药卫生体制改革，认真抓好分级诊疗和医疗资源“双下沉、两提升”工作，大力发展“智慧医疗”，提升公共卫生服务水平。做好援疆、援藏、援青工作，加强与开化的山海协作，促进优势互补，实现合作共赢。

三是创新社会治理。全面深化“三治合一”基层社会治理实践，建立健全事件处理网上网下联动机制，努力提升县域治理现代化水平。深化“平安桐乡”建设，健全完善立体化治安防控体系，有效防范和打击违法犯罪活动，全力保障社会稳定。深入开展领导信访包案和下访约访，依法及时妥善处理群众合理诉求。加强和创新互联网治理，净化网络空间，保障网络安全。落实安全生产和食品药品监管责任，加强新居民管理服务和出租房清理整治，努力把风险隐患消灭在萌芽状态。支持保障人大、政协依法依章履职，认真抓好党管武装、群众团体和宗教事务管理等工作，进一步发挥民主党派、工商联和无党派人士的作用，有效增强社会治理合力。

（五）加快打造党建高地

一是增强干事能力。严格落实党委意识形态工作责任制，增强理论武装工作实效。深化学习型党组织建设，完善勤政周记、桐乡大讲堂和每月夜学等制度，加大党章党规党纪和互联网知识的教育培训力度，提升干部队伍的综合素质。创新选人用人机制，加大年轻干部、女干部和党外干部培养力度，优化班子结构，提高队伍战斗力。健全完善干部能上能下机制，进一步激发干部干事创业热情。坚持严管与厚爱并举，完善关心关爱机制，在政治上爱护、工作上支持、生活上关心，促进干部健康成长。用心用情用力做好老干部工作，充分发挥老干部在深化改革、助推发展、维护稳定方面的独特作用。

二是夯实基层基础。牢固树立大抓基层导向，严格落实基层党建责任制，全面实施“整乡推进、整县提升”三年行动计划，提升基层党建工作科学化水平。认真抓好镇村两级换届工作，选优配强基层党组织领导班子。加强基层党建工作规范化建设，大力整顿转化落后党组织，建成一批基层党建先锋镇街道和村社区，打造一批基层党建特色点、特色群和精品示范带。扎实推进“两新”组织区域化党建和机关党建工作，确保党的组织和工作全面覆盖、整体提升。深化基层服务型党组织建设，健全完善党员干部直接联系群众制度，进一步密切党群干群关系。积极扩大党内民主，切实保障和落实党员民主权利，不断增强党的生机与活力。充分运用互联网信息技术，提升拓展“红云平台”，打造具有桐乡特色的“智慧党建”品牌。

三是确保风清气正。强化管党治党责任，深化“三严三实”专题教育，加快锻造一支勤政、廉政、能政“三合一”干部队伍。坚持把纪律和规矩挺在前面，严格落实中央“八项规定”精神和市委“三大纪律”“八项要求”等规定，坚决防止“四风”问题反弹回潮。坚持结果导向与过程监管相结合，全面加强执行力建设，确保市委各项决策部署不折不扣落实到位。深化惩治和预防腐败体系建设，强化对权力运行的制约和监督，始终保持惩治腐败高压态势，把党风廉政建设和反腐败斗争不断引向深入。

政府工作报告

——在桐乡市第十五届人民代表大会第五次会议上(摘要)

桐乡市市长　盛勇军

(2016年3月9日)

一、“十二五”发展和2015年工作简要回顾

过去的五年,综合实力迈上新台阶。地区生产总值从410.4亿元增加到652.6亿元,年均增长9.1%,人均生产总值达到1.5万美元。财政总收入、一般公共预算收入分别达到100.3亿元和55亿元,年均分别增长13.6%和14.2%。累计完成固定资产投资1581亿元,年均增长19.3%。金融机构本外币存贷款余额分别达到965.2亿元和813.8亿元。

过去的五年,转型升级实现新突破。成功承办两届世界互联网大会,“互联网+”为经济转型注入新动力。全社会研发经费投入占GDP比重从2.2%提高到2.7%,新增亿元企业147家、规上工业企业503家、上市企业7家,高新技术产业增加值占规上工业增加值比重提升18.1个百分点。服务业增加值达到298.1亿元,年均增长10.9%。建成现代农业园区16个、粮食生产功能区10.4万亩。三次产业结构由6.0∶55.3∶38.7调整为4.4∶49.9∶45.7。

过去的五年,改革开放取得新成效。在全国率先开展旅游综合改革和中小城市综合改革试点,稳步实施资源要素市场化配置改革。全面深化行政审批制度改革,企业投资项目审批时间缩短50%以上。创新投融资方式,深化农村产权制度改革,推进综合行政执法等管理体制改革。累计引进合同外资20.7亿美元、实到外资13.3亿美元,浙商回归到位资金151.6亿元,完成境外投资10.6亿美元,实现进出口总额204.3亿美元。

过去的五年,城乡建设展现新形象。城乡基础设施网络体系不断健全,供水普及率达到100%,新增变电容量340.9万千伏安,新建和提升农村联网公路60.9千米。市区建成区面积达到42.6平方千米,常住人口城镇化率由49.7%提高到56.2%。创新河湖管护体制机制,荣获省水利“大禹杯”金杯奖。累计集聚农户3.1万户,21个省级中心村成功创建,入选省美丽乡村建设先进县(市)。

过去的五年,生态环境呈现新变化。累计整治黑河、臭河、垃圾河346千米,新建污水收集管网695千米,拆除燃煤锅炉607台,市域河道水质由Ⅴ类、劣Ⅴ类为主提升为以Ⅳ类、Ⅲ类为主,环境空气质量优良天数比例达到76.8%。万元生产总值综合能耗和主要污染物排放完成上级下达指标。“三改一拆”总面积1625.6万平方米,其中拆除违建畜禽棚舍219.8万平方米。新增绿化造林4.9万亩,获评全省平原绿化行动先进集体。

过去的五年,民生福祉得到新提升。财政民生发展支出从24亿元增加到52.4亿元。2015年城镇居民、农村居民人均可支配收入分别达到44725元和27357元,年均分别增长10.6%和11%。新增城镇就业6.3万人,城镇登记失业率控制在3%以内。群众文化活动蓬勃开展,“人文名城”建设扎实推进。创新基层社会治理,人民群众安全感满意度不断提升。城乡居民基本医疗保险实际报销比例提高9.7个百分点,千人病床数达到3.9张,市民人均预期寿命达到80.6岁。

过去的五年，政府自身建设迈出新步伐。扎实开展党的群众路线教育实践活动和“三严三实”专题教育，贯彻落实“八项规定”精神，以作风建设为抓手，提升机关效能。落实党风廉政建设责任制，严肃查处各类违法违纪案件。坚持依法行政，开展依法行政指数评估，完善重大行政决策机制。自觉接受人大法律监督、工作监督和政协民主监督，办理人大代表议案建议1206件，解决和基本解决率达76%；办理政协提案1266件，落实率达96.8%。

2015年，是“十二五”规划的收官之年，我们牢牢把握“稳中求进、转中求好”工作主基调，全力抓好“大整治、大转型、大招商”三件大事，推动了经济社会平稳较快发展。具体抓了以下五方面工作：

（一）致力转变方式、调整结构，进一步提升了经济增长的质量和效益

做优做强新型工业。突出传统产业提升和新兴产业培育，推动工业经济由大变强。推进“两改两创”和“六大倍增”行动计划，实施“机器换人”等重点技改项目370项，完成工业生产性投入194亿元，其中技改投入163.5亿元；新增规上企业97家、股份制改造企业15家。全面实施工业企业绩效综合评价，规上企业亩均税收提高2.1万元。建立“四个一”新兴产业培育机制，战略性新兴产业增加值占规上工业增加值比重提高1个百分点，新产品产值率达到42.1%。

繁荣发展现代服务业。深入实施服务业倍增行动计划，新增规上企业110家，完成服务业投资229.8亿元，生产性服务业投资占比提高3.1个百分点。全面实施楼宇经济“三个一批”工程，楼宇税收贡献率提高6.3个百分点。建立“三网一平台”智慧旅游公共服务体系，获评省旅游发展十佳县（市），乌镇—石门省级旅游度假区获批设立。全年接待游客1765.1万人次，实现旅游总收入184.4亿元，分别增长8.5%和12.1%。新增银行业金融机构2家，新增贷款73亿元，农村信用联社改组成立农村商业银行。

加快提升现代农业。深化农业“两区”建设，推进“一镇三村”新型农业现代化试点，新增省级示范性农民专业合作社1家、农业庄园建设点33个、土地流转1.4万亩。整建制推进现代生态循环农业，建成省级示范区2个。创新“互联网+”生态养殖模式，完成农产品质量安全追溯平台建设。获评省休闲农业与乡村旅游示范县（市）、发展外向型农业综合先进县（市）。

（二）致力把握机遇、借势转型，进一步释放了“互联网+”的动能和优势

全力办好乌镇峰会。按照“世界眼光、现代理念”，高标准做好第二届世界互联网大会·乌镇峰会承办工作。以乌镇和“9+4”公铁沿线为重点，开展市域环境综合整治；全面提升网络基础设施，光网固定宽带实现“百兆到户、千兆进楼”，重点区域千兆到桌面，主要公共场所无线WiFi热点基本全覆盖；层层落实安保、环保工作责任制，开展“红袖章”万人大巡防，实现生态环境大变样、基础设施大提升、社会环境大平安。乌镇峰会取得圆满成功，得到习近平总书记及中外嘉宾高度称赞。

加快互联网产业发展。编制互联网产业规划，出台专项政策，加快构建“一核一带多点”的产业空间发展格局。成立专家咨询委员会，设立“互联网+”政府产业基金，引进申万新成长、灏蓝成长等5个子基金，撬动社会资本9.4亿元。加快创新创业平台建设，乌镇互联网产业园投入运行。乌镇互联网医院、神州量子通信等项目成功落地，乌镇互联网创新发展试验区获省政府批复。

推动互联网技术应用。加快工业化和信息化融合发展，实施100项两化融合重点项目，完成投资49亿元，获批两化深度融合国家示范区、信息经济发展示范区。大力推进“电商换市”，加快特色产业电商集聚区建设，淘宝网“特色中国·桐乡馆”线上线下同步运营；推动互联网和专业市场融合发展，实现网络零售额172亿元。推动信息技术在社会民生、政务服务等方面的应用，智慧旅游、智慧交通等一批智慧项目加快实施。

（三）致力改革开放、推动创新，进一步增强了经济发展的活力和动力

推进重点领域改革。加快“四张清单一张网”建设，推行企业“零土地”技改项目审批改革，上网公布便民事项3195项。推进商事登记制度改革，实行“五证合一、一照一码”登记模式。全国率先推出农村“三权”保证

保险贷款，民间融资服务中心投入运营。深化国资国企改革，优化政府债务结构和投向。启动综合性资源要素交易市场建设，实施差别化排污指标管理和价格政策，促进资源要素高效配置。

大力发展开放型经济。设立“双招双引”五个联络处，突出“一把手”招商、驻点招商、以商引商，双环传动、宝湾物流等一批重大项目签约落户。实现合同外资5.1亿美元、实到外资3.4亿美元，引进市外内资103.4亿元、浙商回归到位资金57.7亿元。大力培育外贸主体，开展外贸回归专项行动，实现进出口总额42.6亿美元，其中出口30.6亿美元；完成境外投资4.1亿美元，新批境外投资企业7家，获评省外经十强县(市)。

强化科技创新驱动。深入实施“八倍增、两提高”科技服务专项行动，发放创新券348万元，实施国家级科技项目7个，新增高新技术企业24家。成功承办“第四届中国创新创业大赛互联网和移动互联网行业总决赛”。实施小微企业三年成长计划，完成个转企315家。发挥企业创新主体作用，新增发明专利授权224件、省级企业研究院7家。大力推进品牌战略，新增省级名牌2个、著名商标4件。深入实施“金凤凰”“金蓝领”人才计划，引进和培育高层次人才613人、高技能人才7428人。

(四)致力强化统筹、优化生态，进一步彰显了城乡建设的品位和魅力

着力提升城乡面貌。扎实做好“多规合一”试点工作，加快修编市域总体规划和乌镇城镇总体规划，调整完善土地利用总体规划。推进振东城市综合体、金融商务区建设，凤凰湖景观区域建成开放。推进城市有机更新，启动杨家门区域旧城改建，完成市区“城中村”改造3.2万平方米。推进崇福小城市建设和濮院古镇有机更新，濮院、乌镇入围省级特色小镇创建名单。优化村庄布点规划，巩固美丽乡村建设成果，完善“四位一体”长效保洁机制，城乡面貌有效改观。

着力改善基础设施。桐九公路建成通车，莲都公路和临杭大道建设顺利推进。完成羔民线等7条主干道大中修，改造农村危桥51座。进一步完善公交场站设施，加大交通治堵力度。实施扩大杭嘉湖南排(杭平申线航道改造)工程等一批重大项目建设，完成河道综合整治160千米、圩区整治3万亩。实施10个镇(街道)20千伏升压改造，500千伏桐乡输变电工程建成投运，电网序列不断优化。

着力整治生态环境。深入开展“五水共治”，完成城乡生活污水治理3.4万户，新增工业污水入网企业345家，市级骨干河道全年平均水质均为Ⅳ类，全省跨行政区域交接断面水质考核评价为优秀。统筹推进大气污染防治，PM2.5平均浓度下降9.1个百分点。“四大行业”整治通过省级验收。加大环保执法力度，立案查处环境违法案件171起。深化“森林桐乡”建设，全市林木覆盖率达到25%。推进城乡生活垃圾分类和餐厨废弃物统一收运处置，高分通过国家卫生城市第二轮复查。

(五)致力惠利民生、增进和谐，进一步提高了人民群众的幸福感和满意度

均衡发展社会事业。深入实施学前教育第二轮三年行动计划，规范学前看护点办学管理；全面深化小班化教学和普通高中课程改革，成功创建省首批教育现代化基本达标县(市)，浙江传媒学院电影学院启动建设。深化医疗开放合作，探索推进“互联网+医疗”模式，省卫生应急工作示范县(市)通过验收。扎实推进公共文化服务体系示范区创建，获评省农村文化礼堂建设先进县(市)；举办首届丰子恺全球散文大赛和第三届乌镇戏剧节，木心美术馆建成开馆，成功创建“全国武术之乡”。

不断强化社会保障。加快推进省级创业型城市和创业小镇建设，加大公益性岗位开发力度，新增城镇就业1.5万人，实现再就业6742人。整合职工医保与城乡居民医保信息系统，养老保险、医疗保险参保率分别达到98.8%和99.9%。启动“智慧养老”试点项目，推行城乡社区居家养老服务照料中心社会化管理，建成残疾人托养庇护中心。加大社会救助力度，发放最低生活保障金、医疗救助金2829.5万元，完成扶贫建房84户。

全面加强社会治理。深化“三治合一”基层社会治理实践，构建立体式治安防控体系，“平安桐乡”实现十连冠。全面落实初信初访首办责任制，加快推动信访积案调处化解。深化居住证制度改革，完善新居民积分制

管理。全面落实安全生产责任制，规上工业企业安全生产标准化创建实现全覆盖。“六五”普法顺利完成，国防动员、民兵预备役、人防和双拥等工作迈出新步伐，民宗、侨台、外事、计生、统计、食品药品、市长电话、档案、史志、慈善、红十字、邮政通信等工作取得新成绩。

二、“十三五”时期奋斗目标和战略重点

“十三五”发展的指导思想是：以邓小平理论、“三个代表”重要思想、科学发展观为指导，深入贯彻习近平总书记系列重要讲话精神，以“八八战略”为总纲，以“五位一体”总体布局和“四个全面”战略布局为统领，以创新、协调、绿色、开放、共享五大发展理念为引领，以高水平全面建成小康社会为目标，聚焦“一业一网”，强化“四轮驱动”，深入实施“五大行动”，努力把桐乡打造成为诗画水乡典范、旅游人文名城、网络智慧强市。

“十三五”发展的主要目标是：综合实力更强、城乡区域更协调、生态环境更优美、生活品质更优越、治理体系更完善。到2020年，地区生产总值、人均地区生产总值年均增长7%左右，比2010年翻一番；一般公共预算收入年均增长7%左右；城乡居民人均可支配收入比2010年翻一番。

“十三五”期间重点从以下五个方面推进重点我市经济社会发展：

一是持续推进创新发展。深化重点领域改革，完善激发创新的政策机制。坚持工业强市战略，改造提升特色产业，引进培育新兴产业，构建科学合理、优势互补的企业发展梯队。推进乌镇互联网创新发展试验区建设，加快互联网产业发展。深化旅游综合改革，丰富旅游业态，拓展品牌内涵，促进旅游业与三次产业融合发展。大力发展现代服务业，培育壮大服务业集聚区。稳定粮食播种面积，确保粮食安全，提高农业现代化水平。

二是持续推进协调发展。按照“一市三城、以城带区”的总体布局，突出规划引领，完善“多规合一”运行机制。推进市域内外公路网、轨道交通网和海河联运网建设，加快构建综合交通体系。加强能源供应保障，加快信息基础设施建设。推进水利设施现代化，统筹地下空间开发利用，提升市政公用设施建设水平。推进小城市、特色小镇和美丽乡村建设，打造城乡一体化发展先行区。健全公共文化服务体系，促进物质文明和精神文明协调发展。

三是持续推进绿色发展。大力发展循环经济，淘汰落后产能，构建低碳经济发展模式。强化环境风险管控，改善能源结构，推进资源节约循环高效利用。深化“五水共治”“五气共治”“五渣共治”，完善生态三偿机制。加强土壤综合治理，深化“森林桐乡”建设，推进平原绿化造林扩面提质。

四是持续推进开放发展。加快接轨沪杭，全面推进基础设施、要素市场、产业平台、社会事业、生态环境等领域的互联互融，形成合作共赢新格局。大力发展开放型经济，推动外贸发展方式转变，提升外资利用水平，鼓励有条件企业对外投资、跨国并购。创新对外开放体制机制，进一步营造开放型经济发展的良好环境。

五是持续推进共享发展。优化教育资源配置，加快推进教育现代化。深化医药卫生体制改革和养老服务体系建设，推进“智慧医疗”和“智慧养老”发展，着力打造健康桐乡。实施更加积极的就业政策，推进全民参保计划，全面建成覆盖城乡的社会保障体系。加大社会救助力度，完善残疾人扶持政策，加强新居民服务管理。健全公共安全体系，全力打造平安桐乡。

三、2016年政府工作的主要任务

第二届世界互联网大会期间，习近平总书记充分肯定了我市经济社会发展成效，特别是对乌镇的变化感到“耳目一新、刮目相看”，殷切嘱托我们要抓住互联网发展的重大历史机遇，振奋精神、再接再厉，建设好乌镇、发展好桐乡。我们要深刻领会总书记讲话精神，一步一个脚印把总书记为我们勾画的美好蓝图变为现实。

2016年是“十三五”规划的开局之年，做好今年的各项工作，意义十分重大。面对复杂严峻的形势，我们必须以等不起的危机感、慢不得的紧迫感、坐不住的责任感，补短板、提信心，抢抓机遇乘势而上，攻坚克难加快发展。

根据市十三届党代会第五次会议精神，今年政府工作的总体要求是：全面贯彻落实习近平总书记系列重要讲话精神，对照

"十三五"规划明确的目标任务，牢牢把握"稳中求进、转中求好"工作主基调，全力抓好"大整治、大转型、大招商"三件大事，努力开创桐乡经济社会发展新局面，为高水平建成小康社会奠定坚实基础。

综合考虑各项因素，建议今年全市经济社会发展主要预期目标为：地区生产总值增长7.5%左右；一般公共预算收入增长6%；固定资产投资增长12%左右；城镇居民和农村居民人均可支配收入分别增长7.5%和8%。

按照上述总体要求和预期目标，我们要集中精力抓好以下五方面重点工作：

（一）强招商，重投入，增强经济发展后劲

狠抓招商选资。强化招商主体作用，完善"一把手"招商考核评价和激励机制，配强培优招商人员，提升招商队伍整体素质；依托"双招双引"五个联络处的窗口作用，加大北、上、深、杭等重点城市及欧美的招商力度；强化以商引商、精准招商，围绕高端装备制造、互联网等重点产业开展各类主题招商活动不少于100场。全年实现合同外资4.5亿美元、实到外资3亿美元，引进市外内资88亿元，浙商回归到位资金50亿元。力争引进1亿美元以上项目1个、世界500强项目1个。

扩大有效投入。完善项目前评估机制，健全前期项目"三库"建设。深化"两集中、两到位"改革，确保审批各环节无缝对接，实现项目并联高效审批。坚持问题导向，动态建立问题清单，深化机关干部、金融指导员、法律服务团等联系服务企业工作，落实市领导领衔协调、市长办公会议专题研究解决问题制度，重大项目开工率达到90%以上。全年完成工业生产性投入216亿元、服务业投资260亿元。

强化要素保障。深入推进农村土地综合整治，加大低效用地处置力度，完成土地复垦1500亩，盘活存量土地1500亩。强化工业企业绩效综合评价结果运用，淘汰落后产能项目200项。引导更多贷款投向实体经济，鼓励企业对接多层次资本市场，拓展直接融资渠道。充分发挥"互联网＋"政府产业基金撬动作用，吸引更多股权投资基金落户桐乡，积极打造凤凰湖畔基金集聚区。优化金融生态环境，完善安全预警机制，有效防控区域性金融风险。

（二）强创新，促转型，构建现代产业体系

推动实体经济转型发展。推进供给侧结构性改革，加快"两改两创"扩面升级，新增股改企业16家、上市企业2家，实施"机器换人"项目330项，完成技改投入183亿元。加快传统产业互联网化改造，促进毛衫、皮草、女鞋等产业向时尚产业转型。培育壮大新特材料、电子信息、高端装备制造等新兴产业，新增高新技术企业25家。加快推进"浙江制造"品牌建设，引导企业梯度提升，培育品牌企业3家。大力发展楼宇经济等现代服务业，加快普洛斯物流、振石总部大楼等重点项目建设。创新专业市场培育和监管办法，引导专业市场转型提升、健康发展。加快农业科技创新，培育新型经营主体，推进"一镇三村"新型农业现代化试点，大力发展庭院经济、农场经济和庄园经济。加快农村电商发展，推进农村土地承包经营权确权登记颁证，积极创建省农产品质量安全放心示范县（市）。

发挥"一业一网"引领作用。高标准建成乌镇互联网国际会展中心，全力承办好第三届世界互联网大会·乌镇峰会。发挥大会红利效应，大力引进培育互联网相关产业。实施工信部"基于宽带移动互联网的智能汽车、智慧交通应用"示范项目，积极发展基于互联网的新兴业态。深化与微医集团合作，推进乌镇互联网医院建设；以举办世界互联网医疗大会为契机，大力引进医药健康产业，打造乌镇健康产业园。启动国家级旅游度假区争创工作，推进乌镇镇区景区化改造，培育石门旅游休闲新业态，加快推进濮院古镇有机更新，促进古镇旅游联动发展、旅游与特色产业互动发展。

优化创业创新承载平台。积极争创国家级互联网创新发展试验区、省级乌镇大数据高新技术产业园区，加快中电海康"乌镇街"、浙报传媒众创空间等平台建设，提升互联网产业承载能力。加快经济开发区整合提升，优化产业结构、提升产业层次，彰显主平台龙头作用；以特色产业为依托，推动濮院针织产业园、高桥新区、临杭经济区、崇福经济区错位发展。充分利用老厂房、闲置楼等存量资产建设新型创新创业平台，鼓励社会资本参与开发建设，推动大众创业、万众创新。健全技术创新体系，重点围绕企业技术研发中心建设，增强自主创新能力，新增省级研发中心、企业研究院6家。创新引才用才机制，引进和培育高层次人才480名、高技能人才3000名。

加快特色小镇培育创建。按照“数量争先、质量领先”的创建目标，坚持产业、文化、旅游“三位一体”和生产、生活、生态融合发展的定位，优化特色小镇发展规划，完善扶持政策，建立梯队培育机制，形成差异化发展的特色小镇集群。濮院着眼毛衫时尚特色小镇定位，推进毛衫产业与古镇旅游融合发展；乌镇以互联网应用为主线，加快发展互联网产业，建设互联网特色小镇；崇福将时尚皮草特色小镇培育与省级小城市培育试点相结合，加快提升功能品位；高桥围绕健康养生、智慧信息等产业发展，加快项目建设，扎实创建嘉兴市级特色小镇。其他镇（街道）结合各自发展定位，积极开展特色小镇创建工作。

（三）强统筹，提品质，打造生态宜居环境

提升城市功能品位。按照“一市三城、以城带区”发展格局，完成新一轮市域总体规划和乌镇城镇总体规划修编。推进城市有机更新，加快凤凰湖区域建设和杨家门区域旧城改建，基本完成市区“城中村”改造任务。探索“海绵城市”建设，开展市区地下管网综合调查，实施振东新区地下综合管廊工程。深化垃圾分类处置，推动垃圾资源化利用。推进新一代信息网络建设和城域网优化扩容，大幅提高带宽和出口速率。加快临杭大道建设和320国道（凤鸣至大麻段）改线工程前期工作，乌镇大道实现全线通车。

加快美丽乡村建设。严格执行村庄布点规划，优化村居设计，注重保护江南水乡特色村落，打造2个历史文化旅游村。推进“整改拆”试点，做好重点村落和乡村精品线路美化提升，做美村庄环境。完善小集镇、中心村基础设施，提升公共服务配套水平。盘活资源、资产、资金，壮大村级集体经济。推进生猪养殖场标准化改造，启动畜禽屠宰中心建设。深化“森林桐乡”建设，以“三个一”绿化专项行动为抓手，提升绿化管养水平，新增绿化造林2000亩、生态绿道5.6千米、省级森林城镇2个，争创省级美丽乡村建设示范县（市）。

加大环境整治力度。深化“五水共治”，加快扩大杭嘉湖南排（杭平申线航道改造）工程建设，严格工业污水入网监管，严控农业面源污染。抓好“五气共治”，强化工业废气、建筑工地扬尘等污染源治理，环境空气质量优良天数比例达到80%以上。实施“五渣共治”，强化固废源头控制，加强危险废弃物安全处置。推进“三改一拆”，强化节能减排，加强环境网格化监管，确保全市生态环境持续优化。

（四）强保障，优服务，提升市民幸福指数

发展社会事业。深化教育改革，优化城乡教育资源配置，探索“智慧校园”试点，积极争创省教育现代化达标县（市），桐乡技师学院实现摘筹。优化整合卫计资源，加强医疗卫生队伍建设，推进责任医生签约服务工作，进一步提升卫生计生服务水平。启动图书馆、档案馆新馆建设，加快推进中央新影桐乡园等项目，举办纪念茅盾诞辰120周年等名人文化活动，创建国家公共文化服务体系示范区。

加强社会保障。持续扩大社会就业，新增就业岗位7700个。进一步拓展市民卡功能应用，实现社区卫生服务站慢性病常用药与市级医院全面接轨。深化社会养老服务体系建设，加快医养融合发展，拓展“智慧养老”服务功能。加强社会组织培育，引导社会力量参与养老、青少年教育等服务。发挥慈善总会、红十字会等组织作用，强化弱势群体帮扶，全面实施困难残疾人生活补贴和重度残疾人护理补贴制度。

创新社会治理。巩固“三治”建设成果，推进多层次多领域依法治理，健全立体化社会治安防控体系，完善依法维权和化解纠纷机制。全面落实全员维稳责任制，强化人员密集场所公共安全管理，全力做好G20峰会和世界互联网大会等重大活动安保维稳工作。加强公共法律服务体系建设，开展“七五”普法。推行“阳光信访”，完善“法定途径优先”工作机制，着力破解“包年制”欠薪问题。加强安全生产和食品药品监管，杜绝各类重大安全事故发生。

办好惠及民生8件实事。按照贴近民意、惠及百姓的要求，今年确定了8件实事项目，我们将精心组织、认真办好，让人民群众得到更多便利和实惠。1.水环境治理工程。完成城乡生活污水治理1.7万户、河道整治100千米，新增污水管网80千米。2.大气治理工程。完成挥发性有机污染物排放企业整治20家，淘汰燃煤小锅炉150台；专项整治市区餐饮场所油烟污染，全面禁止秸秆露天焚烧，建筑工地实现施工现场围挡、工地砂土覆盖等7个100%。3.食品安全提升工程。创建省级放心农贸市场2家，市区农贸市场质量追溯体系和快速检测体系建成率均达70%以上；建成“阳光厨房”30家；学校食堂大宗食品采购配送率达到100%。4.学前教育提升工程。优化全市幼儿园布局规划，制定出台住宅小区配建幼儿园实施意见，新建扩建幼儿园12所。5.老年人关爱工程。城镇和农村社区居家养老服务照料中心覆盖率分别达到100%和90%；每百位户籍老人拥有机构养老床位3张以上，其中护理型床位占比不少于45%；为全市60周岁以上户籍老年人购买意外伤害保险。6.市区老旧小区提升工程。对5个老旧小区进行改造，惠及住户5200户。7.市区拥堵治理工程。打通“断头路”不少于3条，更新城市公交车66辆、公共自行车1000辆，新增公共自行车服务点30个、汽车停车位800个。8.电商惠民工程。新建村淘服务站20个以上，为市民代购交易15万笔以上；打造惠及1000家以上企业的大型毛衫交易平台，全年培训电商人才不少于3000人次。

（五）强执行，重实干，打造人民满意政府

实干至上。坚持激情干事与理性谋事相统一，充分听取“两代表一委员”、民主党派等各方意见，着眼长远抓部署，立足实际作决策；坚持统筹全局与突出重点相统一，善抓主要矛盾，把握关键环节，找准抓实工作着力点，进一步增强工作的针对性和有效性；坚持敢于改革与善于改革相统一，准确研判形势，抢抓发展机遇，科学谋划创新之举、应对之策、务实之措。

行动至上。坚持目标导向抓落实，细化责任分解，注重末端问效，打通政策落实“最后一纳米”；坚持重心下移抓落实，健全服务企业、服务群众长效机制，着力解决制约经济社会发展的突出问题；坚持提升效能抓落实，完善政府工作交办、领办机制，开展整治“懒政怠政”专项行动，强化不作为、慢作为及推诿扯皮、措施不力现象的督办追责。

满意至上。坚持“正向激励”与“容错免责”相结合，为担当者担当，让有为者敢为，用群众满意检验干部责无旁贷、迎难而上的勇气；坚持各司其职与统筹协调相结合，加强部门间联动配合，用群众满意检验干部团结协作、服务全局的大气；坚持依法行政与廉洁从政相结合，推进政务公开，深化依法行政指数评估运用，巩固“三严三实”专题教育成果，始终绷紧廉洁从政这根弦，用群众满意检验干部厉行法治、勤政廉洁的正气。

·相关链接·

2015年政府惠民实事工程完成情况

表1

序号	惠民实事工程	工作任务	完成情况
1	城乡社区安防工程	新增视频监控探头1100个，在20个小区（村居）建设车辆识别监控等技防设施	新增视频监控探头1100个，完成11个开放式小区视频封闭建设和9个“智慧小区”建设
2	市区老旧小区改造工程	改造市区5个老旧小区，惠及居民4100余户	完成振华小区、东苑新村、康民小区、凤鸣小区和城新小区5个老旧小区改造，惠及居民4166户
3	公共自行车扩面工程	推进公共自行车服务向镇（街道）延伸，市区、濮院、崇福和乌镇新增公共自行车服务点90个、公共自行车2400辆	新增公共自行车服务点110个，其中市区29个、乌镇26个、濮院25个、崇福30个，投放自行车2500辆
4	“四位一体”长效保洁工程	新增垃圾分类处置试点小区（村）20个，完成市区垃圾房改造500个、公厕改造30座，推进村级垃圾中转房达标改造	新增垃圾分类处置试点小区（村）20个，改造市区垃圾房550个、公厕30座、村级垃圾中转房50个

续表 1

序　号	惠民实事工程	工　作　任　务	完　成　情　况
5	智慧城市无线网络提升工程	在全市重点公共区域建设和开放免费WiFi网络，实现4G信号全覆盖、网速达到100M	新建全市公共场所无线WiFi热点2517个，免费开放原有热点3887个，基本实现全市重点公共区域无线WiFi全覆盖。实现4G信号全覆盖、网速达到100M
6	市民卡扩面和功能拓展工程	基本实现户籍人口市民卡全覆盖，拓展市民卡在公共服务场所、医疗机构诊间结算、公共交通等领域的应用	全市市民卡保有量超73万张，基本实现户籍人口全覆盖，完成市民卡社会保障、公共服务、商业便民等功能拓展
7	学校餐饮安全提升工程	新建、改扩建学校食堂5所，升级改造10所；全市学校食堂“五常法”管理比例达到90%以上，“阳光厨房”比例达到100%	完成新建、改扩建学校食堂5所，升级改造10所；全市学校食堂“五常法”管理比例达到96%，“阳光厨房”比例达到100%
8	城乡居民食品安全工程	改造3家城镇农贸市场为放心市场，创建大型商超“放心柜”6家，品牌超市进校园实现全覆盖；建成20家大型、特大型餐饮企业“阳光厨房”；开展豆制品行业规范化整治	完成改造城镇农贸市场3家，已认定为省放心农贸市场；创建大型商超“放心柜”6家；全市12所校园内设商店，全部由品牌超市入驻；建设“阳光厨房”28家；取缔关停豆制品加工点161个

名词解释：

1. 三件大事：大整治、大转型、大招商。

2. 四张报表：经济报表、平安报表、党建报表和世界互联网大会承办工作报表。

3. 一市三城：中心城市、崇福、乌镇。

4. 一城五区：梧桐城区、振东新区、经济开发区、濮院镇区和高桥新区。

5. 一镇三村：石门镇、洲泉马鸣村、崇福城郊村、大麻海华村。

6. 双先指数：党组织先进指数和党员先锋指数。

7. 党风廉政建设“两个责任”：落实党风廉政建设责任制，党委负主体责任，纪委负监督责任。

8. 一业一网：旅游业和互联网。

9. 一业驱动四化：以旅游业发展驱动新型农业化、新型工业化、新型城镇化和服务业现代化。

10. 一网引领四化：以互联网信息化引领新型农业化、新型工业化、新型城镇化和服务业现代化。

11. 两化融合：信息化和工业化的高层次深度结合。

12. 四换三名：腾笼换鸟、机器换人、空间换地、电商换市，名企、名品、名家。

13. 两改两创：股份制改造、技术改造、管理创新、品牌创新。

14. “六大倍增”计划：工业经济规上企业、亿元企业、外资企业、高新技术企业、股份制企业、上市企业“六大倍增”计划。

15. 海绵城市：采用渗、滞、蓄、净、用、排等措施，就地消纳和利用降雨。

16. 五气共治：治理工业废气、城市扬尘、机动车尾气、餐厨油烟和秸秆焚烧。

17. 楼宇经济“三个一批”：招商一批、盘活一批、提升一批。

18. “三网一平台”智慧旅游公共服务体系：以旅游政务网、资讯网、WAP网和微信平台为内容的智慧旅游公共服务体系。

19. 八倍增、两提高：到2017年，全社会研发经费投入占GDP比重、研发人员数、发明专利授权量、规上工业新产品产值、高新技术产业产值、技术市场交易额、高新技术企业数、科技型中小企业数在2012年基础上实现倍增，科技进步贡献率、全社会劳动生产率比2012年大幅提高。

20. 生态三偿：生态有偿、生态补偿、生态赔偿。

21. 五渣共治：推进工业边角料、工业废渣、工业污泥、生活垃圾、建筑垃圾治理。

桐乡市国民经济和社会发展第十三个五年规划纲要(摘要)

第一章 发展背景

第一节 “十二五”发展回顾

(一)主动把握新常态,综合实力稳中有进。全市经济运行质效稳步提升,增长动力逐步向消费、出口和投资协调拉动转变。2015年实现地区生产总值652.6亿元,年均增长9.1%,常住人口人均GDP达到1.2万美元。一般公共预算收入为55亿元,年均增长14.2%。2015年固定资产投资428.1亿元,五年累计1581亿元,年均增长19.3%。出口总额五年累计137.5亿美元,年均增长10.6%。2015年社会消费品零售总额298.8亿元,年均增长13.7%。“十二五”期间城乡居民收入增长均快于GDP增速,2015年分别达到44725元和27357元,年均增长10.6%和11%,收入比从2010年的1.97逐步缩小至2015年的1.63。

(二)深入实施创新驱动,发展方式加快优化。着力产业结构转型升级,现代农业加快发展,工业结构调整积极推进,服务业引领支撑作用明显增强,三次产业从2010年的6.0∶55.3∶38.7优化调整为4.4∶49.9∶45.7。工业保持持续快速发展,初步形成了以化纤、特色纺织服装产业为主,新材料、机械制造等新兴产业加快发展的产业发展格局。成功创建2个省级现代服务业集聚区、4个嘉兴市级现代服务业集聚区,旅游业、互联网信息服务业、会展会务等产业集聚效应日益显现。创新能力逐步提升,全社会研发经费投入占地区生产总值的比重从“十一五”期末的2.19%提高到2.7%。成功承办首届和第二届世界互联网大会乌镇峰会,“互联网+”为代表的信息经济成为发展新亮点,开启互联网新蓝海。

(三)大力建设幸福桐乡,社会民生有效改善。教育现代化水平不断提升,成为全国首批义务教育发展基本均衡县,浙江传媒学院桐乡校区投入使用,较好地满足了人民群众对优质教育资源的需求。医疗卫生资源配置不断优化,跨区域医疗合作机制不断完善,卫生医疗服务功能明显增强。公共文化服务体系日趋完备,名人文化建设成果丰硕,群众性体育运动蓬勃兴起。社会保障升级提升,养老服务体系逐步完善,城乡居民养老保险参保率接近全覆盖,城镇登记失业率控制在3%以内,城乡居民最低生活保障标准不断提高,并实现城乡统一。“平安桐乡”、安全生产、社会诚信、人口计生、妇女儿童、双拥优抚、扶贫助残、慈善救助、新居民、老干部、“六五”普法、禁毒等各项工作全面进步。

(四)有效推进新型城镇化,城乡环境显著改善。扎实推进城乡一体化发展,着力推进重大基础设施共建共享,不断提升城乡统筹水平。从整体协调阶段迈入全面融合阶段,基础设施加快完善,已建成覆盖全市、城乡一体的交通、供电、供水、污水收集、通信等基础设施体系,供水普及率达到100%,燃气普及率达到100%,污水处理率达到90%。新型城镇化步伐加快,建成区面积扩大至42.6平方千米,比2010年扩大了8.17平方千米,常住人口城镇化率达56.2%,较2010年提高6.5个百分点。城乡面貌持续改善,人均拥有绿地面积14.8平方米,比2010年提高了2.5平方米,“城中村”改造、“三改一拆”等工作有序推进,“五水共治”取得阶段性成果,境内基本消灭劣五类和五类水。深化“美丽乡村”及“两新工程”建设,优化镇村布点规划,累计集聚农户31016户,完成21个省级中心村建设,入选省级美丽乡村建设先进县(市)。

(五)不断创新体制机制,发展活力持续释放。要素市场化改革稳步推进,出台要素市场化配置综合配套改革总体方案和17项配套政策,成功列为全省资源要素市场化配置改革试点首批扩面县市。行政审批制度改革全面深化,以“两集中、两到位”为目标,推动行政审批提速。国家中小城市综合改革试点、崇福镇新一轮省级小城市培育试点及濮院、洲泉嘉兴市级小城市培育试点等工作有序开展。濮院、乌镇入围省级特色小镇创建名单。医药卫生体制改革持续深入，公立医院综合改革扎实推进，鼓励发展民办医疗机构，创建雅达国际康复医院、互联网医院等。旅游产业创新发展取得新突破，成为首批全国旅游综合改革试点县。金融领域、工商登记、综合行政执法、食品药品监管体制等各项改革稳步推进，市场活力不断提升。

桐乡市“十二五”规划目标完成情况

表 2

分类	序号	指　标　名　称	单　位	2010 年基期值	2015 年目标值	2015 年实际值
经济发展	1	地区生产总值	亿元	410.4	660	652.6
	2	人均地区生产总值	元	61020	>90000	94874
	3	服务业增加值占生产总值比重	%	38.7	>42	45.7
	4	五年固定资产投资累计	亿元	[753]	[1300]	1581
	5	出口总额五年累计	亿美元	[74]	[120]	137.5
	6	社会消费品零售总额	亿元	157.1	300	298.8
	7	公共财政预算收入	%	28.3	50	55
	8	全社会研发经费占地区生产总值比重	%	2.19	>2.6	2.7
	9	五年工业生产性投入累计	亿元	[436]	[650]	744
	10	五年实到外资累计	亿美元	[9.2]	[10]	13.4
	11	旅游总收入	亿元	74.4	100	184.4
社会进步	12	高等教育毛入学率	%	50	>56	65.5
	13	城镇登记失业率	%	3.3	<4	2.9
	14	城镇职工养老保险参保人数	万人	25.85	完成上级指标	完　成
	15	两项医疗保险参保率	%	—		
城乡统筹	16	中心城区建成面积	平方公里	34.5	>40	42.6
	17	城市化水平	%	49.7	55	56.2
生态文明	18	空气质量优良天数比例	%	91	>93	考核体系调整
	19	单位地区生产总值二氧化碳排放量	吨/万元	—	完成上级指标	完　成
	20	二氧化硫排放量	万吨	—		
		氮氧化物排放总量	万吨	—		
		化学需氧量	万吨	—		
		氨氮排放总量	万吨	—		
	21	万元生产总值综合能耗	吨标煤	—		
	22	单位工业增加值用水量	立方米/万元	—		
人民生活	23	城镇居民人均可支配收入	元	28397	45000	44725
	24	农村居民人均纯收入	元	14419	23000	27357
	25	人口自然增长率	‰	−0.18	≤2.0	1.1

备注：1. 地区生产总值、人均地区生产总值、社会消费品零售总额、城乡居民人均收入绝对数按现价计算；

2. 两项医疗保险为城镇职工基本医疗保险和城乡居民合作医疗保险；

3. [　]内数据为累计数；

4. 中心城区建成面积 2015 实际值是市区建成区面积

第二节 “十三五”发展环境

（一）新常态提出转型发展新要求。中国经济进入新常态发展阶段，更加重视增长动力、要素结构和产业结构的全面调整。居民收入在国民经济中的分配地位逐年提高，消费将为经济持续增长提供动力，经济社会发展由数量型向质量型全面转变，必须要求转变发展方式，加快现有产业结构提档升级。

（二）新跨越面临改革发展新挑战。要素制约更加严峻。主要是土地要素保障、生态环境保护、财政支出等压力加大，民生资金需求增长加快与可用财力增长放慢之间的矛盾逐渐凸显。转型升级仍然缓慢。主要是产业结构仍需优化，空间结构较为分散，人口结构不尽合理，高素质人才还比较缺乏。区域竞争压力加大。主要是江苏、上海、杭州等发达区域领先优势明显，湖州、嘉兴各县市区等周边区域竞争日趋激烈，欠发达区域追赶步伐加快。

（三）“一带一路”推动区域经济新进程。“一带一路”的开放型经济战略助力开放发展，上海自贸区建设战略和杭州都市经济圈转型升级综合改革试点将加速推进，拉开新一轮更有深度和广度的开放战略调整序幕，长三角一体化和辐射能力增强，桐乡与周边区域经济的一体化进程将加快。通过重大交通设施、信息设施的建成运营，区位与营商环境进一步优化，推动桐乡参与更大范围更多领域的开放合作。

（四）互联网大会带来提升发展新机遇。世界互联网大会的举办进一步强化创新氛围，是桐乡参与高端资源配置的有利契机，有利于充分利用互联网领域的各类资源，支撑创新驱动战略发展，增强协同创新能力；有利于全方位提高综合发展水平，培养一批服务发展的高素质人才，有效缓解我市人才制约的束缚；有利于全方位参与互联网及其上下游产业领域的创业创新活动，打造成为富有活力的创新发展试验区。

（五）国家综合改革试点创造新优势。国家中小城市综合改革试点，明确推进产城融合、城市投融资、土地要素、民生保障、城市治理等重点领域改革。实现城市综合承载能力明显提升、集聚辐射力有效增强、制约城市发展的突出矛盾和问题有效缓解，探索走出一条具有桐乡特色的中小城市综合改革发展之路，从而全面提升桐乡综合发展优势。

第二章 总体思路和主要目标

第一节 总体思路

“十三五”时期桐乡市国民经济和社会发展的总体思路是：以全面建设更高水平的小康社会和美丽幸福新桐乡为目标，积极贯彻落实“四个全面”总体部署，以“干在实处永无止境，走在前列要谋新篇”为新使命，紧紧围绕经济建设这根主线，深入实施创新驱动、开放融合和制造业强市战略，全力推进“五大行动计划”，充分凸显世界互联网大会乌镇峰会的国际影响力，加快新型城镇化和服务业现代化进程，把桐乡打造成为“诗画水乡典范、旅游人文名城、网络智慧强市”。

——创新驱动战略。把创新驱动作为转变经济发展方式的首位战略，努力推动供给侧结构性改革，继续适度扩大总需求，在优化结构中实现经济转型升级，推动经济增长从规模速度向质量效益转变。实施互联网创新，全面推进“一号工程”—国家互联网创新发展试验区建设，全力营造创新环境，培育引进创新人才，促进大众创业、万众创新。

——开放融合战略。全面深化改革开放，抓住世界互联网大会、“一带一路”、国家中小城市综合改革和杭州都市经济圈转型升级综合改革试点机遇，营造良好的开放合作交流环境，以乌镇为“一号品牌”，更大魄力推动区域合作和对外开放，加快与上海接轨，加强与欧美等国际合作，构建开放包容、互动互促、融合发展的新格局，充分体现产业融合、功能融合、空间融合。

——制造业强市战略。突出先进制造业的核心地位，推动制造业的产业链向两端延伸，重点围绕特色优势产业，深入推进“四换三名”，着力提高核心竞争力。加快培育新特材料、高端装备制造和电子信息等新兴产业。强化开发区“一号平台”作用，创建高新技术产业园区，推进制造业智能化、标准化、品牌化提升，把桐乡建设成为长三角区域特色明显、实力雄厚、优势突出的制造业强市。

——诗画水乡典范。坚持生态文明先行导向，创建国家生态文明建设示范区，合理布局生产、生态、生活空间，全面优化生态环境质量，深入实施“五水共治”“五气共治”等环境整治工程和水田林桑河湖生态保护修复工程，凸显桐乡江南诗画特色的水乡风貌，打造桐乡成为诗画水乡典范。

——旅游人文名城。深化旅游改革，着力推进旅游产业制度创新、品质创新，大力建设乌镇—石门省级旅游度假区和濮院旅游区，争创国家级旅游度假区，实现旅游业与四化的深度融合。积极创建历史文化名城，以独特的江南地域文化传承与发展为重点，依托桐乡运河、古镇等水乡特色，深挖历史人文资源，打造桐乡成为旅游人文名城。

——网络智慧强市。以加快实施“互联网＋”行动计划为主线，将中国(乌镇)互联网产业基地建设成为中国互联网产业创业发展重要策源地、互联网应用示范区、互联网创新发展试验区，推动现有产业转型升级。加快智慧城市建设，着力完善信息基础设施，拓展互联网技术在社会各领域的广泛应用，打造桐乡成为网络智慧强市。

专栏1　桐乡市历次发展定位

表3

“十一五”规划：长三角经济强市、江南水乡文化名市、和谐发展文明新市。

“十二五”规划：转型发展经济强市、江南水乡文化名市、生态宜居幸福新市。

市第十三届党代会：长三角新型工业城市、中国十大市场强市、世界知名旅游城市、未来中国文化创意城市和休闲养生目的地。

市第十三届党代会第四次会议：诗画水乡典范、旅游休闲名城、互联网智慧强市。

第二节　主要目标

(一)经济实力更强劲。“十三五”时期，全市经济增长将从高速区间逐步向中高速区间转变。重点抓好去产能、去库存、去杠杆、降成本、补短板五大任务，解决长期以来资源消耗多、效率低下、产能过剩、生态恶化等问题，保持经济合理运行和可持续发展。“十三五”时期，GDP年度增速保持在7%左右，生产总值、人均生产总值分别达到910亿元和11万元(常住人口)，实现比2010年“翻一番”目标。一般公共预算收入增速保持在7%左右的增长。全市对外贸易总额达到170亿美元以上。全社会消费品零售总额达到400亿元。

(二)产业体系更完善。“十三五”时期，确立先进制造业为发展核心动力的地位，实施制造业强市战略。积极培育互联网经济，全面推进国家互联网创新发展试验区建设。加快旅游业和现代服务业发展，第三产业比重达到48.2%左右，旅游产业增加值比重达到8%。提升农业产业化水平，推进国家现代新型农业示范区建设。R&D经费支出占GDP比重达到3%，科技进步对经济增长贡献明显提升，创新驱动格局进一步强化。

(三)人民生活更幸福。“十三五”时期，更加关注民生福祉改善，更加注重个人幸福感提升，让人民群众有更多获得感。城镇居民人均可支配收入、农村常住居民人均可支配收入力争年均分别增长7.5%和8.0%，分别达到6.42万元和4.02万元以上，实现比2010年“翻一番”目标，城乡居民收入差距进一步缩小。社会就业更加充分，社会分配更加公平，城乡居民的社会保障体系日益完善，确保实现全面脱贫。城乡基本公共服务均等化水平明显提高，形成更加完善的现代教育体系、科技文化体系、医疗卫生体系，居民思想道德、科技文化和健康素质明显提高。

(四)生态环境更优美。“十三五”时期，是全面建设“美丽幸福新桐乡”的关键时期，既要金山银山，也要绿水青山，努力走出一条双赢之路。至2020年，全市细颗粒物(PM2.5)浓度保持在42微克/立方米以下，单位地区生产总值能耗、化学需氧量和氨氮等主要污染物排放量指标全面完成上级部门考核要求。初步形成比较完善的生态文明制度体系，以水、大气、土壤和绿化美化为主要标志的生态系统初步实现良性循环，生态文明建设主要指标和各项工作走在前列，着力建设生态文明建设示范区。

（五）改革开放更深入。“十三五”时期，是全面深化改革开放的关键时期，必须坚定市场化导向，加快政府自身改革、经济体制改革、城乡体制改革等重点领域关键环节改革进程，探索深化土地、金融等要素市场化配置改革，资源配置更趋优化。加强对外开放，增强国际合作，积极融入上海、杭州都市经济圈，区域合作协同发展机制更加健全，形成互利共赢发展新局面。

桐乡市“十三五”规划目标表

表 4

分类	序号	指标名称		单位	2015 年基期值	2020 年目标值	年均增长/年均提高	指标属性
经济发展	1	地区生产总值		亿元	652.6	910	7%	预期性
	2	服务业增加值占地区生产总值比重		%	45.7	48.2	0.5	预期性
	3	六大产业增加值		亿元	200	300	8.4%	预期性
	4	城镇化率	常住人口城镇化率	%	56.2	59.2	0.6	预期性
			户籍人口城镇化率		46.7	49.7	0.6	约束性
	5	一般公共预算收入		亿元	55	77	7%	预期性
创新驱动	6	研究与试验发展经费支出占地区生产总值比重		%	2.7	3	0.06	预期性
	7	发明专利授权量		项	[224]	[450]	14.97%	预期性
	8	宽带家庭普及率		%	30	40		预期性
	9	高新技术产业增加值占工业增加值比重		%	37.0	40		预期性
	10	互联网产业规模		亿元		[500]		预期性
	11	旅游产业增加值占地区生产总值比重		%	7.3	8	0.14	预期性
	12	全员劳动生产率		%	9.3	13		预期性
民生福祉	13	居民人均可支配收入	城镇居民	元	44725	64200	7.5%	预期性
			农村居民	元	27357	40200	8%	预期性
	14	普通高校录取率		%	90	93	0.6	预期性
	15	新增城镇就业人数		万人	[6.3]	[3.8]		预期性
	16	城镇保障性安居工程		万户	[4.07]	[4.62]	2.54%	约束性
	17	每千人口执业（助理）医师数		人	1.8	2.6		预期性
	18	每千名老年人口拥有社会养老床位数		张	35	50	3 张	预期性
	19	人均期望寿命		岁	80.6	82	0.28 岁	预期性
	20	亿元地区生产总值生产安全事故死亡率		%	0.919	完成要求		约束性
资源环境	21	耕地保有量		万亩		57.46		约束性
	22	非化石能源占一次能源消费比重		%	10	13	0.6	约束性
	23	万元地区生产总值耗地量		平方米		26.7		约束性
	24	单位地区生产总值用水量降低		%	完成上级要求	完成上级要求		约束性
	25	单位地区生产总值能耗降低		%				约束性
	26	单位地区生产总值二氧化碳排放量降低		%				约束性

续表 4

分类	序号	指标名称		单位	2015 年基期值	2020 年目标值	年均增长/年均提高	指标属性
资源环境	27	主要污染物排放减少	化学需氧量	%	完成上级要求	完成上级要求		约束性
			氨氮	%				约束性
			二氧化硫	%				约束性
			氮氧化物	%				约束性
	28	空气质量	细颗粒物(PM2.5)浓度下降	%	—	30		约束性
			空气优良天数比率	%	76.8	90		
	29	河流Ⅰ－Ⅲ类水质市控断面比例		%		＞50		约束性
	30	森林增长	林木覆盖率	%	25	25		约束性
			林木蓄积量	万立方米		18		

备注：1. 地区生产总值、居民人均可支配收入绝对数按现价计算；

2.[ ]内数据为累计数

第三章　实施创新驱动战略

第一节　创建国家互联网创新发展试验区

（一）构建“一核一带多点”互联网产业发展格局。“一核”—互联网产业发展乌镇支撑核。以乌镇为互联网发展的引擎与核心，加快打造成为互联网产业创业发展重要策源地。“一带”—互联网创新创业示范带，承接乌镇支撑核的辐射，以乌镇大道为轴，形成一条贯穿南北的产业融合发展带。“多点”—互联网产业外溢发展辐射群点，承接“一核一带”辐射，在桐乡市域形成互联网产业外溢发展辐射群点，重点培育发展电子商务服务业、智能制造等，通过多点组线、线成面，实现外扩发展。

（二）培育发展“4＋X”重点产业。加快培育发展以互联网＋为特征的信息经济，着力推进互联网与传统产业的深度融合，重点从“4＋X”细分产业着手。“4”指 4 类重点优势产业，即智慧旅游、数字内容、电子商务服务业和特色电子及智能装备制造等四大产业。“X”指重点培育发展产业，主要是互联网教育、车联网服务业、互联网金融、大数据服务等产业。到 2020 年底，培育发展互联网应用企业 200 家，实现互联网产业产值 500 亿元。

（三）加快实施“互联网＋”行动计划。争取创建乌镇互联网直通平台。牢牢抓住世界互联网大会机遇，在安全可控的前提下，申请建设国际出入口专用通道，满足互联网企业大容量业务数据进出口需求，探索在乌镇特定区域内给予网络开放。推进互联网与二三产融合创新，加强企业信息化建设，加快互联网技术在传统产业中的融合应用，重点鼓励本地大型企业大力发展智能制造，在纺织、建材等行业加快普及先进过程控制和制造执行系统，提升企业内外部集成协同水平。加快推进专业市场上网速度，在阿里、京东、亚马逊等大型电子商务平台上推动设立专业批发市场桐乡馆。推动行业电子商务平台从产品销售和广告营销向研发设计、生产制造等领域渗透。完善互联网产业发展的公共配套服务，构建智能化、网络化智慧园区增值服务和运营管理平台。加快智慧城市建设，深入推进社会各领域的智慧应用。

第二节　推进重大创新平台建设

（一）争创国家级高新技术园区。从桐乡现有产业特征、城市空间结构和功能定位出发，依托乌镇、开发区或者高桥科创园区等基础，合理规划空间布点，突出产城融合，建设国家级乌镇大数据高新技术产业园，重点开展主导产业发展大数据应用，推动跨领域、跨行业的数据融合和协同创新，推动传统公共服务数据与互联网、移动互联网、移动穿戴设备数据的汇聚整合，开展智慧旅游、智慧医疗、智慧会务会展、教育培训等互联网服务业的大数据应用，形成一定产业集聚规模、科技含量较高的高新技术产业园区。

（二）打造高层次科技企业孵化器体系。创新科技企业孵化器模式，推进“泛孵化器建设”，努力把科创园打造成为集技术研发、成果转化、人才培育、商务配套等功能为一体的综合型科技创业新城。利用世界互联网大会和中国创新创业大赛互联网和移动互联网行业总决赛在桐乡举办的契机，组织开展互联网创新创业环境的推介活动，积极引进产业前景好、科技含量高、符合园区发展定位的优质项目。同时强化在孵企业服务管理，对在孵企业严格执行考核制度，对项目实行优胜劣汰，优化资源配置。支持和鼓励镇（街道）科技创新平台建设，加快构建一批低成本、便利化、全要素、开放式的“众创空间”，形成良好的科技创新发展氛围。

（三）完善提升行业和区域重大创新平台。扎实推进省级毛衫、皮毛产业科技创新服务平台建设，承担行业科技攻关项目，转化科技成果，培育行业龙头骨干企业和技术人才。加快引进世界500强、中国500强、行业龙头骨干企业，形成适应桐乡需求的创新、研发和服务体系。建立高端技术研发、小试、中试和产业化基地，打造长三角高技术成果转化示范基地。加快推进质量强市、标准强市和品牌强市建设，深入实施知识产权战略，创建一批拥有自主知识产权和核心竞争力的名牌产品、品牌企业，一批享有社会美誉度的工程品牌、服务品牌和生态品牌，继续支持毛衫、皮草等传统行业打造具有更大影响力的区域特色品牌。

第三节　打造最优创业创新环境

（一）全面营造良好创业创新氛围。加快建立以政府为主导、企业为主体、市场为导向、产学研紧密结合的创业创新体系。进一步完善和落实科技创新政策，加大科技投入，力争到“十三五”期末，R&D经费投入占GDP比重达到3%。发挥政府科技创业风险投资引导基金、社会各类创业投资引导基金、天使基金对创业带动作用，建立创业风险分担机制。创新科技金融产品，拓宽科技型中小企业的融资渠道。培育和壮大各类创业主体，完善鼓励创业创新政策体系和工作机制，建立覆盖城乡各类劳动者的公共创业服务体系，普及创业教育，深化创业培训。强化农村电子商务等新兴领域创业支持和辅导，鼓励更多有创业意愿和创业能力的城乡劳动者创业，提高初创企业存活率和成长率。

（二）完善创新成果转化体系。完善科技大市场建设，健全以中介机构为桥梁的创新服务体系，引进一批技术转移、咨询评估、研发设计、投资融资、知识产权、法律服务等专业中介服务机构入驻，形成创新服务链，提供一站式服务。加强对桐乡企业自主创新产品推广应用和市场拓展的支持。完善科技成果产业化的激励机制，加大对工业优秀新产品、新技术等创新转化典型的补助力度，重点支持智能制造、工业机器人等创新成果产业化。

（三）引导企业自主创新能力建设。强化企业创新主体地位，鼓励和推动企业根据自身发展规划和市场需要，开展合作交流、技术创新、成果转化，不断增强企业的自主创新能力。指导企业用足用好国家高新技术企业优惠政策，降低企业创新成本和风险。制订全市企业研发机构培育方案，引导企业建设各级各类研发中心，指导现有各级研发机构提升研发能力，积极创建省级研发中心、工程技术研究中心、企业研究院和重点实验室。

第四节　培育引进各类创新人才

（一）实施创业创新领军人才集聚工程。以“金凤凰计划”为引领，重点培育引进国家和省“千人计划”“创新嘉兴·精英引领计划”等一批引领经济转型升级的创业创新领军人才和重点创新团队。到2020年，引进和培育国家、省“千人计划”的高层次人才力争达到30名，入选“创新嘉兴·精英引领计划”的人才力争达到100名，桐乡市级创业领军人才超过200名。围绕“一业一网”建设，重点搭建创新服务平台，培育互联网产业和旅游产业专业人才。

（二）加强各类人才队伍建

设。实施高技能人才培养振兴工程。根据全市产业发展和经济转型升级要求，以提升劳动者职业素质和职业技能为核心，努力建设一支数量更充足、结构更合理的职业技能人才队伍。五年内计划培养技能人才 6 万人，其中高技能人才 2 万人。实施企业家队伍培育成长工程。加大对企业家领衔的管理与技术团队的培训，大力引进和培育一批职业素养高、创新意识和经营管理能力强的职业经理人。深化校企合作，促进浙江传媒学院、嘉兴学院、桐乡技师学院与我市特色产业的有机融合，着力培养创意设计、先进制造、汽车关键件、旅游、电子商务等重点领域紧缺人才。大力实施金融、环保和文教卫等社会重点领域人才培养计划，提高人才本地化率。统筹推进六大人才队伍建设，到 2020 年，全市人才资源总量达 20 万人，人力资本投资占 GDP 比例达 18％。

（三）不断优化人才发展环境。整合政策资源，在税收、金融、人才引进等方面实行特殊优惠政策，积极营造支持高层次人才创业创新的宽松政策环境。创新人才及项目的引进机制，采取科研与技术合作、委托开发等形式，促进各地科技人才广泛参与桐乡企业的创新发展工作。加快探索以调动和激发科技人员积极性创造性为核心的科技经费管理和使用方式。构建多元化人才考评体系，设立以科研能力和创新成果等为导向的科技人才评价标准。鼓励各类创新创业人才和大学毕业生来我市工作，畅通人才落户通道，推进人才公寓建设、税收减免、子女就学、医疗保障等人才服务机制。探索知识产权股权、知识产权分红等激励模式，创新企事业单位激励机制，推进知识产权与科技、经济、人才等生产要素的深度融合。

第四章 构建现代产业体系

第一节 实施制造业强市战略

（一）积极培育三大新兴产业。明确战略性新兴产业发展方向，重点在新特材料、高端装备制造和电子信息等新兴产业领域，引进一批投资规模大、产业关联强、带动作用大的新兴产业项目，特别是加大智能装备制造、战略前沿材料、特种汽车等重点新兴产业的引进力度。加快提升桐乡本土制造业在产业价值链中的地位，鼓励支持向新兴产业领域创业投资，推动制造业转型升级。积极发展与新兴产业配套的高技术服务业。到 2020 年，三大新兴产业增加值占工业增加值比重提高到 40％以上。

（二）提升三大特色优势产业。改造提升毛衫服饰、皮草皮鞋、化纤纺织等特色优势产业，积极发展时尚产业，重点在研发、品牌、质量上有新的提升。坚决淘汰落后产能，加快转移过度依赖资源环境的加工制造环节，加强传统产业生产组织方式、销售模式等方面的智能化改造，促进传统产业转型升级。依托特色优势产业良好基础和技术水平，深入推进关键共性技术研发，加强专利申请及品牌建设，进一步拓展产业链和产品市场占有率，稳固行业龙头地位。

（三）加快企业优化升级。全面推进“两化”深度融合。以信息化带动工业化，扎实推进信息化在传统企业的融合应用，加快企业两化融合进程，力争全市两化融合发展水平走在浙江前列。深化“四换三名”“两改两创”。优化工业企业绩效综合评价办法，建立健全“三名”培育试点工作协调机制，加强股份制和技术改造，实现管理和品牌创新。严格执行能源消费总量和能耗强度“双控”制度。强化项目的节能评估与用能审查，坚决禁止“能源资源消耗高、污染排放大、单位产出小”的项目，严格项目准入，从严控制高耗能和产能过剩行业新上项目，进一步改善和优化全市产业结构。加强建筑业提档升级，促进建筑业持续健康发展。

（四）大力实施“六大倍增”。加快规上企业、亿元企业、外资企业、高新技术企业、股份制企业、上市企业倍增进程，使企业提档升级明显加快、整体素质明显提高。继续支持现有行业龙头企业做大做强，延伸产业链，提升核心竞争力。择优选择一批持续创新能力强、经济效益好、市场占有率高的行业骨干企业予以重点培育，发展成为竞争优势突出、带动作用显著的行业龙头企业、全国“单打冠军”。培育扶持小微企业，推进小微企业成长计划，加快企业“个转企、小升规、规改股、股上市”进程。继续加大招商引资力度。加强项目招引的针对性和实效性，不断创新招商模式，加强产业链招商、中介招商，大力支持以商引商。全面实施“浙商回归工程”，以“乡情、亲情、友情”为纽带，积极吸引浙商回乡投资发展。

第二节　整合提升重大产业平台

（一）争创国家级经济开发区。以创建国家级经济开发区为目标，强化开发区“一号平台”地位，打造全球性复合新材料产业基地、区域性的特色机械装备基地、新能源产业基地和互联网产业园。优化开发区空间结构，南部重点发展复合新材料产业，西部重点发展机械装备制造，东部重点发展互联网产业，打造成为桐乡互联网创业创新的集聚区，中部更加注重产城融合，发展生产性服务业，建设创业创新服务功能区。

（二）整合提升其他重要产业平台。以开发区为龙头，整合其他工业平台和工业园区，同时探索行政管理体制和镇（街道）差别化考核体制改革。濮院针织产业园区作为省级开发区整合梧桐、龙翔工业园区，以打造全球知名的毛衫针织服装设计、创意、研发中心为目标，重点发展毛衫针织、服装服饰等特色产业，并积极发展纺织机械、电子信息等新兴产业和生产性服务业，争创特色鲜明的国家级现代产业集群建设示范区。高桥新区、临杭经济区、崇福经济区作为开发区的延伸拓展区，高桥新区依托高铁高速便利和科创中心，打造南部开放新城和高端服务业集聚区；临杭经济区以国家级化纤新材料产业基地为目标，重点发展化纤新材料、机械装备；崇福经济区以中国皮草行业设计研发高地、生产出口基地和展示展览中心为目标，重点发展皮革皮草业、高档纺织业、环保设施等新兴产业和创意设计、科技研发等生产性服务业。其他镇工业园区更加侧重存量提升，实现全市龙头引领、资源统筹、布局合理的工业经济发展格局。

第三节　推动旅游业融合发展

（一）构筑全域景区化发展格局。深化旅游综合改革，全力打造乌镇—石门省级旅游度假区，积极推进濮院旅游区、凤凰湖和庄园经济建设，谋划建设西部湿地旅游区。加快在全市形成以乌镇—石门省级旅游度假区为引领的，包括城市综合旅游集散片区、江南古镇观光休闲片区、时尚文化休闲度假片区、艺术乡村观光度假片区、商运文化休闲度假片区、湿地生态养生度假片区等六大旅游功能区在内的旅游产业格局。到 2020 年底，全市旅游业增加值占地区生产总值比重达到 8%左右。

专栏 2　桐乡重点旅游开发区块发展导向

表 5

序号	名　　称	发　展　重　点
1	乌镇—石门省级旅游度假区	以水乡肌理为载体，“枕水生活、诗画水乡”为主题，古镇生活和乡村休闲为内涵，以“古镇休闲、康体养生、水乡栖居、乡村度假”为功能，打造江南文化风情古镇与乡村休闲旅游度假区
2	城市综合旅游集散片区	提升城区的旅游综合服务能级，打造城市综合旅游集散片区，成为区域级旅游集散中心的重要支撑
3	江南古镇观光休闲片区	依托乌镇水墨古镇和濮院古镇改建两大核心项目，以运河为主线，串联崇福、石门等古镇保护利用，打造具有江南水乡特色的观光休闲带
4	时尚文化休闲度假片区	依托濮院羊毛衫市场与古镇历史文化，提高产业的整体竞争力和综合效益，打造成为集时尚和传统于一体的时尚文化休闲度假区
5	艺术乡村观光度假片区	充分利用石门、河山与凤鸣街道的农业产业优势，充分挖掘运河历史文化、名人文化、佛教文化和蚕桑文化，打造“江南水乡”特色的以庄园经济为载体的艺术乡村休闲度假区

续表 5

序号	名 称	发 展 重 点
6	商运文化休闲度假片区	以崇福古城风貌为载体，依托皮毛产业的商务客群，融入现代休闲消费元素，打造以商贸消费和文化休闲为核心的休闲度假片区
7	湿地生态养生度假片区	以白荡漾江南绝美的湿地资源为基础，打造以湿地为核心的全产业链湿地生态养生度假区

（二）实施重大旅游项目。着力推进桐乡旅游综合集散与服务中心、濮院时尚古镇、大运河（桐乡段）综合保护和旅游开发、乌镇国际汽车露营地等一批重大旅游项目建设。以建设运河古镇群落为重点推动旅游多元创新，稳步推进以乌镇、濮院、石门、崇福为重点的运河古镇群落保护开发利用。推进乡村旅游多点开发，鼓励支持庄园经济发展，引导社会资本进入庄园经济开发，实施以乡村游为代表的江南乌村、合悦百翠农庄等项目建设，形成众星拱月发展格局。至 2020 年，累计完成重大旅游项目 20 个以上。

（三）多策并举打造桐乡旅游“升级版”。紧抓世界互联网大会在乌镇永久落户的历史性机遇，创新发展旅游业。实现产业融合发展，积极探索以旅游业为主导助推新型农业化、新型工业化、新型城镇化和服务业现代化的产业融合工作机制和县域经济社会发展格局，催生更多的旅游产业新业态，提升桐乡旅游品牌的全球影响力。发挥城市作为旅游要素集中地和旅游效益最大产生地，以及旅游在推进新型城镇化建设中的特色带动作用，努力构建新型城镇化和旅游产业的良性互动新机制。以消费者为中心进行价值创新，创造新型旅游市场。推进智慧旅游发展，通过建立健全行业管理系统、游客电子服务系统、企业综合运用系统、旅游监管系统等，全力推动桐乡智慧旅游发展。

第四节 构筑现代服务业体系

（一）大力发展生产性服务业。规范提升现代物流业。优化物流空间布局，加快传化物流、普洛斯物流园区等项目推进，充分发挥长山河、东宗线航道功能，积极发展海河联运。培育和引进第三方物流企业，积极搭建公共物流信息平台，推动物流规范提升发展。大力发展金融、科技服务业。调整优化银行、证券、保险等金融网点布局体系，继续引进特色金融机构，丰富金融业态，重点培育创业投资、股权投资、融资担保、融资租赁、资信评估业态，鼓励互联网金融创新发展，促进金融服务业提升发展。做强以应用研发为核心的科技服务业。加快发展总部经济、楼宇经济。加大总部企业培育引进力度，加快市金融商务（总部经济）区规划建设，全面实施“招商一批楼宇、盘活一批楼宇、提升一批楼宇”的“三个一批”工程，进一步提高全市楼宇发展运营水平，全面提升楼宇入驻率、注册率和税收贡献率。加快商务服务业拓展。集聚整合各类设计资源，加快推进工业设计产业发展，推进工业设计基地建设，辐射推进家纺、皮草、皮鞋等块状特色产业深度发展。差异化发展会展业，鼓励发展法律服务、会计审计、商务咨询等专业中介服务。

（二）积极发展生活性服务业。提档升级现代商贸市场。强化市场培育和监管，推进市场转型升级。引导传统市场转变为网商采购平台和实物体验平台，打造“休闲旅游＋时尚购物”新型市场模式。提升发展大型购物中心、品牌连锁店、特色商业街区等现代商贸业态。促进房地产业持续健康发展。优化住房供应结构，重点发展普通商品房和保障性住房，重视房地产品牌建设，促进品质提升。加快房地产业与民生密切相关的公共服务、社区服务等服务行业发展。做专做优养生养老健康产业。以平安养生养老综合服务社区项目、雅达国际健康生态产业园为抓手，建立健全覆盖全生命周期的现代化健康服务业体系，推动健康服务业与休闲旅游、文化创意、专业市场融合发展。开拓发展文化创意产业。推动影视服务、新闻出版、文体产品制造等领域的创新发展。积极推动传统文化产业转型提升，重点培育文化旅游悠闲、影视传媒、创意设计、现代会展业等核心产业链，办好国内外重大文体赛事，提升文化产业核心竞争力，成为重要经济增长点。

（三）培育壮大服务业集聚区。深入实施服务业集聚区发展规划，提升服务业集聚区发展水平，更加注重大项目和产业链招商，提高产业融合度，进一步优化功能布局、做大产业规模、提升服务能级、强化辐射带动作用。加快乌镇国际旅游区、濮院针织产业园两个省级服务业集聚示范区建设，着力打造崇福商贸物流和高桥新区等成为集聚高端优质服务、引领行业发展潮流的品牌服务业集聚区。鼓励服务业企业集聚，集聚区内的建设项目，同等条件下优先纳入服务业重大项目计划，优先安排用地计划和给予政策补助。

（四）完善服务业政策体系支撑。加大服务业企业梯度培育力度，不断做强服务业领军企业、培育发展壮大成长企业和小微企业，鼓励“个转企、小升规”。加强服务业人才培养和品牌建设，不断提升服务业企业的规模实力和品牌影响。强化服务业政策扶持，落实和完善支持服务业发展的各项财税、金融、土地、价格等政策，不断完善互联网＋现代服务业、休闲旅游、楼宇（总部）经济等领域的政策体系，鼓励集聚区内的公共服务平台建设，引导推进服务业加快发展。到2020年，服务业增加值占GDP比重达到48.2%，形成服务业与工业双轮驱动的发展格局。

第五节　加快新型农业现代化发展

（一）加快优化农业产业结构。着力打造现代新型农业体系，深入实施“1461”行动计划。大力发展水稻、蔬菜、湖羊、蚕桑、杭白菊、水产等具有一定比较优势且有桐乡特色的主导农业产业。同时以现有的主导产业基础和优势为支撑，扩建和提升一批名、优、特、新、稀农产品，积极引进适合休闲观光农业发展的特种蔬菜、水果、花卉和其它观赏植物，引进和创新高科技含量的先进农业种植模式和栽培技术。依托农业特色主导产业观光休闲创意文化功能，推进农业旅游融合的新业态，大力发展庭院经济、农场经济和庄园经济，推进观光农场、垂钓渔村、农家乐以及农业休闲综合体等农业休闲观光项目。强化种业、精深加工技术支撑，加快推行种植业清洁化生产，全面治理畜禽养殖污染，加强集中屠宰场建设和病死畜禽无害化处理，以农业全产业链和全域服务为中心，大力推进生态循环农业发展，创新生态循环种养模式和高效农作模式。

（二）积极推进“互联网＋现代农业”。推进“全国信息进村入户试点县”建设，提高农业农村信息化水平，实现农村土地承包与流转经营的信息化管理，整合涉农信息资源，完善农业信息网络平台与农业信息服务体系，加快现代信息技术在三农服务领域的应用，建立功能完备、体系完整、服务高效的全市12316三农综合服务体系。建设农村信息化示范工程，促进农业技术与信息技术的深度结合、有效衔接，探索建立农业物联网应用模式，发展农业精准化生产方式，提升高效生态循环农业生产基地和健康养殖基地的智能化。推进农业安全生产和可持续发展，通过构建市级农业大数据平台，建立农业资源数字化管理系统、动植物重大疫情信息化防控预警指挥体系和农产品质量安全监管溯源系统，实现农副产品“从农田到餐桌”全过程可追溯。加快发展农村电子商务，扩大电子商务在农业农村的应用，特别是在农副产品网络营销方面，有效整合物流、金融等各方资源，打造充满生机活力的农村电子商务发展生态圈。

（三）优化农业“两区”建设。以发展高产、优质、高效、生态、安全农业为目标，创建省新型农业现代化示范区和国家新型农业现代化试验区，实现“农产品质量安全放心示范县”长效管理，推进农业规模化、标准化、产业化。确保建成16万亩的粮食生产功能区，稳定粮食生产，保障粮食有效供应。深化现代农业园区建设，以培育农业产业集聚区和现代特色农业强镇为主要抓手，着力在集聚、特色和精品上做文章，深入推进农产品的“三品一标”建设，打造农产品区域公共品牌。引导主导产业集中连片发展，鼓励已建园区改造提升，建设智慧农业示范园区和农业物联网示范基地。

（四）着力促进农民增收致富。深入实施千万农民素质提升工程，大力开展现代农业技术和农民务工技能培训，积极培育新型农民。以发展村级劳务合作组织为重点，加大公益性岗位开发力度，深化困难户和特殊群体的帮扶工作。完善市、镇（街道）、村（社区）三级就业工作体系，努力拓展农民就业空间，促进农民稳定就业、就近就业，切实增加农民工资性、经营性收入。进一步放宽农民创业在市场准入、金融信贷等方面的要求，鼓励和引导农民利用自身技能投资兴办实业。发展壮大村级集体经济，增强村级组织服务功能。

第五章　推进市域空间协调发展

第一节　建立市域空间优化机制

（一）推进新型城镇化进程。建立人口、交通、资源、环境相协调的城市发展机制，促进经济社会发展、城镇建设、国土管理、产业布局、环境保护等工作相互协调。进一步优化城乡形态、人口、功能与生产力布局，引导和促进产业向园区集中、人口向城镇集中、居住向社区集中。加快落实差别化财政、投资、产业、土地、环境等政策和考核评价办法，科学引导优化开发区域、重点开发区域、限制开发区域、禁止开发区域的生产力合理布局。全面提升现代城市功能，力争到2020年常住人口城镇化率达到59.2%。

（二）强化“多规合一”管控机制。根据“多规合一”试点技术成果，科学划定市域生态保护底线和城镇增长边界，统筹土地利用、城乡建设、生态环境功能区、产业发展布局等规划，加强生产、生态、生活空间布局梳理。划定城镇规模空间、基本农田空间、基本生态空间三大控制线，形成主体功能定位清晰、人与自然和谐发展的国土开发格局。真正实现经济发展规划、城乡总体规划、土地利用总体规划、产业发展规划、生态环境保护规划全市一盘棋、市域一张图。至2020年，建设用地规模为200.3平方千米，永久基本农田红线为330平方千米，自然生态红线区为16.21平方千米。

（三）优化“一市三城·以城带区”格局。根据桐乡平原网络化地区的地形特色和城乡居民点分布基础，着力推动产业集聚、人口集中、资源要素集成，加快形成“一市三城·以城带区”总体格局。建设东部品质城市片区。以中心城区带动东部品质城市板块，依托产业、人口和城市服务功能集聚优势，强调产城融合。通过联动濮院、高桥和屠甸，建设组合中心城区，是引领桐乡未来发展的重中之重。提升北部休闲水乡片区。以乌镇带动北部休闲水乡板块，发挥乌镇作为世界互联网大会永久落户地的战略机遇，着力水乡古镇与互联网产业、旅游休闲、生态文化的有机结合。优化西部特色城镇片区。以崇福带动西部特色城镇板块，依托特色块状经济，突出民营创新典范的功能，并重点发挥崇福省级小城市的引领和示范作用，促进新型城镇化与新型工业化协调发展。

（四）加快城市有机更新。加快城市更新步伐，有序推进各镇（街道）的旧城改造、城中村、棚户区、危旧房改造，继续推进“三改一拆”，建立健全有违必拆的长效管理机制。中心城区加快杨家门旧城改造，积极谋划永宁区块改造提升。不断提高土地集约节约利用水平和产出效率，积极推进城区产业提升，实施一批“优二兴三”项目，大力发展电子商务、互联网产业、综合商贸、文化创意等现代服务业，集聚人口、繁荣商贸。稳步推进地下综合管廊工程建设，科学合理利用地下空间。依托城市水网、道路格局，推进背街小巷、农贸市场、沿河公园景观塑造，进一步彰显城水交融的景观风貌，营造城市宜居环境，打造江南水乡品质之城。

第二节　提升中心城区发展水平

（一）完善中心城区空间格局。加大中心城区辐射引领能力，增强中心城区五大区块的整体合力。主要包括商贸城区、宜居城区、经济开发区、高桥新区和屠甸分区。通过梧桐、振东和濮院的联动，重点打造东部商贸城区，高品位建设凤凰湖区块。联动龙翔街道和梧桐庆北区块开发，使运河宜居城区成为凸显桐乡生活宜居品质的示范区。开发区整合凤鸣街道等区域，促进产业转型升级和产城融合，打造先进制造业集聚区，建立互联网产业创业基地。高桥新区作为区域交通枢纽及南部开放新城，重点建设国际科技创业园、平安养生养老综合服务社区等项目，打造高端服务业集聚区。屠甸重点加快产业升级，培育壮大男装服饰特色产业，着重加强生态保护，打造生态示范区。

（二）推进城市新区拓展融合。加快城市新区建设，着力打造高新技术、高端服务和高品质人居环境相融合的现代化品质新城。把生态引入城市，形成四角田园和环城绿带有机相融的城市生态格局。大力发展总部经济，建设金融商务（总部经济）区，打造集企业办公、科技研发、结算中心等功能的总部经济集聚区。强化科技、教育和人才资源集聚优势，积极发展旅游、商贸、创意、物流和都市生态休闲等新业态。完善人居及配套服务，统筹布局建设学校、医疗卫生、文化体育等公共服务设施。加强城市社区规范化建设，创新社区服务管理新模式。

第三节　打造乌镇世界一流风情小镇

（一）优化乌镇空间格局。抢抓乌镇作为世界互联网大会永久举办地及乌镇创建互联网特色小镇契机，推动旅游与互联网产业发展融合，构筑“一带、一轴、双核、七区”的发展格局。“一带”指沿南北向市河两岸形成的特色风貌餐饮购物带。“一轴”指依托子夜路形成东西向的特色小镇空间发展轴线。“双核”分别指以东、西栅景区为核心的传统观光游览核心以及位于乌镇的西北部的互联网产业发展支撑核心。“七区”分别指西栅观光度假区、东栅历史文化区、健康养生产业区、文教创意产业区、体验式综合游乐区、现代城镇综合配套区、互联网产业发展拓展区。

（二）建设世界一流风情小镇。突出乌镇“一号品牌”的目标定位，高标准高起点规划建设传统文化与现代文明交相辉映的世界一流风情小镇，打造成为网络时代的“小深圳”和网上丝路“新起点”，充分体现诗画水乡和互联网双重特色。实现智慧管理和服务应用随处可见，智慧感知体验触手可及，形成熔铸世界互联网发展共识和共商互联网发展之计的国际平台。挖掘和传承悠久灿烂的运河文化、古镇文化、名人文化，注重城镇与乡村生态融合，脉络延续，不断创新和提升旅游品质，带动创建乌镇—石门国家级旅游度假区。

第四节　推进小城市和特色小镇建设

（一）深化崇福小城市建设。优化崇福城市功能布局，推动城市公共核心，崇东生态居住区、崇南商贸流通区、崇北工业经济区和古城文化休闲区，“一核四区”联动发展，形成特色鲜明、功能集成、形态优化的城市空间布局。推进老城区“三旧”改造，加快配套交通和商贸设施建设，促进产城融合发展。整合提升皮草服装品牌培育园、绿色生态产业园、环保节能产业园三大平台，工业园区产业集聚率达到85%以上。积极引导产业转型升级，打造皮草和纺织两个特色优势产业集群，培育以新材料为主体的战略性新兴产业，打造皮草时尚品牌，实现城市建筑特色、皮草时尚、运河文化和现代商贸有机融合，全面塑造“皮草时尚创意之都 · 历史文化运河古镇”新形象。

（二）打造濮院毛衫时尚等特色小镇。以桐乡毛衫时尚小镇创建为契机，发掘毛衫产业时尚元素，加快毛衫产业转型升级，联动古镇保护开发，重点推进濮院毛衫时尚服务暨世界毛衫博览中心、濮院轻纺城、濮院羊毛衫市场提升、古镇休闲度假等重大项目建设，建成集聚创意设计、针织材料开发、毛衫文化展示、流行趋势发布和旅游驱动为一体的世界知名的时尚特色小镇。同时挖掘各镇特色，创建高桥健康智慧特色小镇等。

（三）推进洲泉新型城镇化建设。坚定“工业强镇”发展理念，推进化纤产品提档升级，提升“中国化纤名镇”发展水平。提升电机、物流材料等产业。壮大联动推进蚕丝被、皮鞋两大传统产业转型，实现线上、线下融合发展。繁荣市场功能，完善社会事业配套设施，建设高品质的商住楼盘，着力提升镇区人居环境，积极推进西部湿地保护和水源地涵养工程。

（四）创建石门、河山、大麻生态精品镇。石门镇，提升发展女鞋特色优势产业集群，推进工业提质控量发展，深化省级现代农业综合区建设，积极开展乡村休闲旅游，打造运河文化古镇、乡村休闲体验小镇。河山镇，优化工业结构，培育壮大光伏产业，大力发展有机农业、高新农业、观光农业，加快从工业向宜居转型，打造成为生态宜居小镇。大麻镇，积极融入杭州都市经济圈，深化家纺产业转型升级，巩固沙发布龙头地位，重点发展湿地旅游，打造临杭湿地休闲小镇。

第五节　深入实施美丽乡村建设

（一）着力优化乡村规划布局。根据全市“1＋X＋Y”的总体布局要求，结合各镇村的区域位置、交通条件和经济社会发展状况，在遵循充分尊重农民意愿基础上，适时稳妥推进镇村“撤扩并”，完善中心村、基层村村庄布局。十三五期间在“1”(新市镇)内新增6个布点，在“X”(新社区)内布点总数保持不变，适度增设辅助点“Y”，达到155个，其中普通点135个、特色村点20个，至2020年构建全市“67+114+155”的居民点布点格局。

专栏3　桐乡市“1+X+Y”居民点布点规划格局

表6

区　域	布点数量	布　点　规　模		
	1+X+Y	新市镇规模（公顷）	新社区规模（公顷）	辅助点规模（公顷）
梧桐街道	8+6+8	200.7	50.2	46.3
龙翔街道	5+5+1	205.9	99.8	11.1
凤鸣街道	3+7+21	284.3	120.7	82.0
乌镇镇	6+13+10	86.0	147.9	64.5
濮院镇	6+9+1	315.0	258.8	38.4
屠甸镇	6+5+9	68.6	136.1	75.6
石门镇	5+13+21	218.0	229.7	96.6
河山镇	3+8+16	59.6	192.5	126.3
洲泉镇	6+13+25	188.2	226.3	153.3
大麻镇	5+8+12	43.5	176.8	76.2
崇福镇	8+18+31	154.4	274.8	165.3
高桥镇	6+9+0	162.9	103.1	0.0
合　计	67+114+155	1987.0	2016.7	935.6

（二）着力美化乡村人居环境。深入推进乡村地区“四边三化”“三个一”绿化提升行动，强化农村生活污水治理及长效巩固，继续推进农村土地综合整治和农村住房改造，推动全市乡村环境大提升，推动乡村回归江南水乡风貌。深入推进美丽乡村扩面提升，加快旅游步道、精品村、精品路线建设，加强农村历史文化传承和保护，培育农业生产科技教育基地。至2020年，全面建成5个历史文化旅游村，50%以上行政村建成集公园、广场、片林“三位一体”的居民休闲中心，50%以上的村庄建成森林村庄，建设美丽乡村成为“农民幸福生活家园、市民休闲旅游乐园”。

（三）着力强化乡村公共服务建设。加强乡村基础性公共服务体系建设，进一步加大投入力度，着力实施交通道路畅通工程，逐步更新和完善乡村公共卫生基础设施，加强城乡公共气象服务保障一体化。加快乡村文化服务体系建设，推进镇（街道）、村（社区）文化阵地配套建设，完善文化阵地长效管理机制，创建公共文化服务示范区。着力完善乡村社会化服务体系，鼓励和支持农业科研单位、教育机构、涉农企业、农民合作经济组织、中介组织等开展技术转让、技术培训、技术咨询等服务。

第六章　强化重大基础设施建设

第一节　加快互联互通信息基础设施建设

加快宽带网络建设，引导电信运营商利用光纤和新一代移动通信技术，实施城市百兆光纤工程和宽带乡村工程，实现城市住宅光纤全覆盖，商务楼宇光纤通达率、行政村宽带通达率均达100%，广泛部署WiFi接入点，提高无线网络服务质量，实现主要公共场所无线网络全覆盖，宽带水平达到全国县市级最高水准。推进5G技术研发商用，部署基于IPv6的下一代互联网，实现500G出口能力。实施工信部基于宽带移动互联网的智能汽车、智慧交通应用示范项目。加强云计算数据中心、互联网实验室等公共信息基础设施建设，加强网络信息安全保障基础设施建设。逐步建立覆盖城市地下管道、桥梁、河道、路灯、建设工地等区域的城市物联网络，提升智能化服务与管理水平。加速城乡有线电视网络整合和高清数字电视整体转换，构建以高清交互式数字电视为基础的下一代广播电视网。统筹推进新一代移动通信网、互联网和广播电视网的“三网融合”。

第二节　加快综合交通运输基础设施建设

重点加强路网、港口、机场、城际轨道、航道等重大交通设施互联互通，推动桐乡参与杭州都市经济圈共建共享。加快推进钱江通道北接线、320国道桐乡凤鸣至大麻段（含百甸公路崇福至高桥段）改建工程，重点建设海盐至安吉公路桐乡凤鸣至洲泉段建设工程、桐乡至莲都公路桐乡市区至乌镇段建设工程等道路工程。深化农村公路改造提升，确保财政资金完成农村公路改造提升计划，积极做好道路养护大中修、危桥改造工程，保障百姓出行需求。加大交通场站设施建设，扩建桐乡高铁站，新建公交总站，加快崇福等乡镇客运中心建设。谋划建设桐乡市通用航空临时起降点。完善港区建设，改造提升杭平申线航道，京杭运河桐乡段航道，完善桐乡综合交通体系。

第三节　加快市政水利环保能源基础设施建设

按照“五水共治、治污先行”的要求，五年完成城镇生活污水入网改造5万户以上，深化农村生活污水治理，实现全市176个建制村全覆盖。实施暴雨精细化监测预报预警工程，推进精细化、数字化、网格化、定量化的暴雨监测、无缝隙预报、辅助决策、预警与服务。全力推进排涝工程建设，扩大杭嘉湖南排工程桐乡段，实施圩区整治提升，完成1200千米河道清淤治理，提高城乡防洪排涝能力。加强水资源节约和高效利用，推进城乡供水管网改造，实施小型农田水利工程建设，加大雨水集用、城市再生水利用等非常规水源利用力度。推进湿地涵养和水源地综合保护项目、境外引水工程、城市地下综合管廊工程、电网等重大工程项目建设。

第四节　实施公共服务和产业重大工程项目

加强公共服务类重大基础设施建设，增强公共服务供给能力，重点实施图书馆新馆建设、青少年宫—妇女儿童—科普中心、档案中心、全民健身中心、部分学校医院的改建扩建等工程项目。加快实施一批重大生产性投资项目、新兴产业培育项目、公共平台建设项目和重大技术改造项目。主要包括崇福皮草产业提升工程、桐昆集团股份有限公司年产90万吨差别化功能性纤维项目、中节能环保节能产业基地建设工程、浙江天女集团制漆有限公司年产12万吨高性能水优化环保涂料技改项目、浙报传媒互联网数据中心及大数据交易中心项目等一批重大产业工程项目。

第七章　深化重点领域改革

第一节　加快推进政府自身改革

（一）深化“四张清单一张网”。加强机构编制的刚性约束力，推进部门职责法定化，继续简政放权，加快实现政企分开、政事分开、政社分开，最大限度减少政府对微观事务的管理。坚持依法科学民主决策，建立健全政府决策咨询机制，严格执行重大决策程序规定、重大决策后评估和终身责任追究等制度。加快政府信息平台整合，实现跨部门信息资源共享交换和业务协同建设，重点建设完善空间地理、人口、法人单位等基础数据库，推进数据资源向社会开放。

（二）深化行政执法体制改革。强化行政执法责任制，坚持法定职责必须为，加大关系群众切身利益的重点领域执法力度。推进综合行政执法，理顺综合执法机构与政府职能部门的职责关系，完善基层综合执法制度和执法监管方式，建立健全政府职能部门与综合行政执法机构之间衔接配合、信息互通、资源共享、协调联动、监督制约等执法协作运行机制。整合优化执法资源，加强综合行政执法队伍建设，推动跨部门、跨领域基层综合执法，完善基层综合执法“一机构一平台”建设，实现执法重心和力量同步下移。

（三）深化行政审批制度改革。以“四简四建”为主要任务，积极推进简政放权、简批严管、简化流程、简明办理的“四简”审批制度改革。健全完善企业投资项目高效审批制度。加快完善行政审批层级一体化改革，强化中介机构监管机制，大力推行企业投资项目审批“期望办理”，提高行政审批服务效率和质量。深化桐乡经济开发区等特定区域开展“化零为整”区域统批改革试点。开放审批部门内部审批系统数据，在项目建设、证照办理过程中，施行前置审批联用、资料入库共享。强化事中事后监管，确保在审批简化的情况下公共管理力度不减、社会服务水平不降。

（四）深化政府购买服务改革。积极发挥市场作用，推进政府向行业协会（商会），以及其他社会机构购买服务改革。明确履约主体、购买方式、需求管理及各部门职责，规范有序开展政府购买服务的招投标、资金管理和绩效评估机制。建立政府职能部门购买服务的监督考核机制，制定公共服务标准、资质检查和第三方评估监管制度，提升公共服务水平。推进非基本公共服务市场化改革，改革完善基本公共服务供给方式，放宽市场准入，引入竞争机制，鼓励社会资本以多种方式参与，扩大购买服务范围。

（五）深化公共财政体制改革。调整完善财政体制和运行机制，加大政府性基金预算、国有资本经营预算与一般公共预算的统筹力度，形成与基本公共服务均等化相适应的公共财政体系。积极推进专项资金清理整合。改进年度预算控制方式，建立跨年度预算平衡机制。转变财政资金使用方式，引入“基金制”等市场化运作模式，引导带动金融资本和社会资本增加投入。加强政府性债务管理，建立政府性债务风险预警和控制机制。

第二节 切实开展经济体制改革

（一）深化资源要素改革。深化土地要素配置机制改革，逐步建立城乡统一的建设用地市场。改革工业用地出让方式，探索分阶段出让、弹性出让管理办法，推行工业用地年租制。加快推进旅游用地改革，探索以国有农用地租赁、出让方式利用农用地和未利用土地发展重大旅游项目。建立低效利用土地市场化退出机制。根据绩效评价，深化实施差别化电价、差别化水价制度。加快建设全市统一的要素交易市场，扩大要素交易的种类和规模，进一步提高资源要素的配置效率。

（二）创新地方金融体制。完善地方金融监管和服务体系，加强社会信用体系建设，引导金融机构加大对实体经济的支持力度，打造良好的金融生态环境。鼓励企业加快股份制改造，培育企业上市观念，推动各类企业上市挂牌，不断提高直接融资占比，到2020年，力争新增挂牌上市企业20家。发挥政府引导基金作用，鼓励发展创业投资、风险投资，增强政策性融资担保能力，探索开展投担联动、投贷联动，引导金融机构支持产业转型升级和小微企业、“三农”发展。争取设立民营银行，有序管理网络借贷平台，支持村镇银行、小贷公司、担保公司健康发展，完善多层次、广覆盖的普惠金融服务体系。

（三）深化国资国企改革。完善国有投资公司基本结构，通过重组、兼并等方式，盘活存量资产、优化配置平台资源，切实提高国资公司的投融资能力。创新非经营性国有资产管理体制，分类分批将党政机关事业单位管理使用的各类非经营性资产变更为经营性资产，交由国有资产运营机构管理，参照市场价格，试行党政机关事业单位办公用房和其他设施租赁制度。积极发展混合所有制经济，加快国有企业上市和资产证券化步伐。健全国有企业法人治理结构，完善董事会管理、外部董事和外派监事等制度，深化劳动、人事、分配改革，完善长效激励约束机制。

（四）深化重点领域投融资改革。探索拓宽融资渠道保障重点项目建设。争取率先开展市政债试点，探索定向债务工具运用，有针对性地发展私募基金。推动符合条件的企业发行公司债、短期融资券和中期票据等债务融资工具，进一步提高企业直接融资比重，改善融资结构，力争新增直接融资300亿元。鼓励银行加快推进信贷资产证券化，积极开展信托、融资租赁业务。放宽民营资本准入门槛，以PPP等多种方式吸引社会民间资本参与建设经营城市基础设施、公用设施、社会事业等项目。

第三节 深入推进城乡一体化改革

（一）深入推进户籍制度改革。开展户籍制度改革试点，探索开展农民“带地进城”和以职业、居住地划分的户籍制度改革。进一步完善与城乡统一的户籍制度相关的配套政策，消除农村人口向城镇转移的政策性、体制性障碍，建立以合法稳定就业和合法稳定住所为基本条件，以经常居住地登记户口为基本形式的城乡统一的户籍管理制度。探索建立农业转移人口市民化成本分担机制，建立人口动态管理体系和服务机制，逐步提高居住证持有人享有的公共服务水平，稳步推进城镇基本公共服务常住人口全覆盖。

（二）全面推进“三权到人、权随人走”改革。坚持和完善归属清晰、权能完整、流转顺畅、保护严格的农村基本经营制度。坚持稳定农村土地承包关系和土地集体所有权，实现所有权、承包权、经营权三权分置。全面完成农村土地承包经营权确权登记颁证工作，建立与不动产统一登记相衔接的土地承包经营权登记管理系统。健全土地流转促进机制，持续推进农村土地流转经营权登记颁证，引导土地经营权规范有序流转，大力推进土地整村流转，力争土地流转率达到60%以上。以存量折股、增量配股、土地入股等多种形式，全面推进村级经济合作社股份合作制改革，稳步推进农村股权的流转，规范集体收益分配，保障农民合法权益。加强农村集体资产监管，加大农民出资共同参与产权制度改革的探索，促进集体经济可持续发展。稳妥推进农村土地制度改革，探索推进农村集体经营性建设用地入市、农村宅基地有偿退出创新机制。

第八章　实施开放融合战略

第一节　努力提升国际化水平

（一）构筑互联网两大平台。全力办好世界互联网大会，构筑中国与世界互联互通的国际平台和国际互联网共享共治的中国平台。让世界各国和国际组织，围绕互联网的发展、互联网的安全、互联网的共享、互联网的共治，寻求共识。让中国的互联网企业、互联网精英、互联网理论研究者和管理互联网的政府部门，能够与世界更好地进行沟通、对接。“十三五”时期，要加强基础设施建设和生态治理，营造良好的开放合作交流环境，充分凸显世界互联网大会乌镇峰会的国际影响力，让桐乡成为世界了解中国的窗口，也使桐乡不断接受世界先进理念和创新思维，在经济全球化、区域经济一体化进程和互联网时代浪潮中占据有利地位。

（二）探索跨境电子商务发展。鼓励传统制造和商贸流通企业利用跨境电商平台开拓国际市场，培育一批具有桐乡特色的跨境电商企业。支持跨境电商企业通过规范的“海外仓”、体验店和配送网点等模式，融入境外零售体系，拓展跨境电商业务功能。鼓励外贸综合服务企业和第三方专业服务企业为跨境电商提供通关、物流、仓储、融资等服务。建立健全信息共享机制，加快跨境电商公共服务平台建设，为进出口电商和支付、物流、仓储等企业提供数据交换服务，为海关、检验检疫、税务、外管等部门提供信息共享平台，提高贸易便利化程度。

（三）积极培育本土跨国公司。鼓励有实力的企业到境外建立生产基地、地区销售总部，加快发展纺织商品、矿藏资源等加工贸易，实现“原产地多元化”。实施“跨国企业培育工程”，按照突出重点、扶优扶强原则，选择一批企业列入跨国经营发展计划予以重点扶持。密切关注我市企业重点投资国家的政策动态，做好境外投资风险预警和防范工作；着力搭建海外平台，鼓励建设海外工业园区，支持企业以集群式发展等方式“走出去”。力争“十三五”期间累计完成境外投资总额5亿美元，“走出去”企业累计带动出口15亿美元。

（四）创新对外贸易发展方式。鼓励和引导企业加强自主品牌建设，通过鼓励企业在境外注册商标、争创省和嘉兴出口名牌、加大自主品牌出口力度等提高出口商品附加值和企业国际市场竞争力和品牌知名度。积极组织企业参加国内外各类大型经贸活动，开展经济团体交流与合作，鼓励有实力企业赴境外设立直销网络和桐乡商品直销中心，带动企业抱团开拓国际市场。积极推进高科技、高附加值产品出口。抢抓多边、双边自由贸易协定拓展机遇，巩固提升传统市场，努力拓展新兴市场，加快提升与世界各国经贸合作层次和水平。

（五）提高外资利用水平。以增资扩股、境外上市、专利技术入股等方式，最大限度挖掘利用外资途径与渠道。积极引导外资企业进入旅游休闲、互联网产业、高端装备、现代农业等我市重点领域，丰富利用外资业态，“十三五”期间，争取累计实到外资15亿美元。鼓励加工贸易企业引进高科技项目，积极培养企业总部和发展高端服务业。开展桐乡特色优势产业中外全方位合作试点，提高利用外资从以资金为主向以先进技术、管理经验和高素质人才为主转变。

第二节　积极开展区域合作交流

（一）全力融入杭州都市经济圈。深化临杭产业集聚区发展战略，形成以大麻、崇福、洲泉为主，覆盖河山、石门等周边城镇的融杭先进制造业基地。大麻镇要充分利用接壤杭州的区位优势，加快发展轻纺产业、电子商务和物流业，强化与余杭经济技术开发区对接。崇福镇要加快崇福经济区、商贸集聚区、崇东新区建设，强化皮毛产业转型升级，积极发展物流运输业，建设成为杭州都市经济圈的物流分散枢纽。洲泉镇要以建设西部工业新城为重点，积极培育物流装备、机械制造等新兴产业集群，打造杭州都市经济圈先进制造业重镇。

（二）主动对接上海。借助高铁时代和互联网时代机遇，加强与上海产权交易平台、金融平台、科创中心、文化创意平台的对接，提高区域产业集中度，推动桐乡企业在资本市场实现资产扩展，培育产业竞争技术新优势。利用上海金融服务业、航运服务业、贸易服务业、文化创意业和迪斯尼国际旅游度假区向长三角地区外溢效应，积极引进上海中介服务业、会展业、旅游业、教育培训和医疗服务业等。制定相关措施在上海自贸区设立招商机构、研发机构，使之成为沟通国际国内市场信息的桥头堡。通过引科技、引机制、引模式，鼓励桐乡企业在沪设立相关产业环节。探索联合上海虹桥商务区，打造高铁站现代服务业集聚区。

（三）开发区域合作平台。发挥我市处于长三角核心区的交通区位优势，承接上海、苏南、杭州等周边大城市产业和人才的溢出。依托上海自贸区、杭州都市经济圈产业联系网络，重点推进高端要素引进和先进制造业、现代服务业的关联发展，鼓励和支持有条件的企业，跨区域进行产权投资、股份合作、兼并重组。积极建立产业信息交流互动机制，打破行政壁垒，加强与周边创新平台的合作交流。积极探索有关城市共建产业园区，加快区域联动开发建设。建立各主体间项目引进统筹协调机制，探索产业项目异地落户的利益分成机制。

（四）建立常态交流机制。推进与沪杭在公共交通、商业投资、教育医疗、住房就业、信息通讯等社会事业全方位接轨，着力营造教育、医疗等公共服务配套的软环境，建立完善高端产业和人才集聚优惠政策，加快建立人才、信息、资金、生态等方面流动补偿机制。完善区域部门交流协调体系，联合节点县市探索成立杭州都市经济圈发展论坛等，定期举办交通规划、旅游合作、招商推介等论坛，积极开展多层次文化交流。加强和内陆地区和山区的交流合作，完成对口支援，山海协作工作任务。

第九章　构建人与自然和谐发展的格局

第一节　加强生态保护和环境治理

（一）巩固深化五水共治。全面加强水污染防治工作，完善“河长制”管理，着重治理垃圾河、黑臭河，推进工业污水、城镇生活污水截污纳管和达标排放，加强农村污水处理和农业面源污染治理。全面推进市区老旧小区雨污分流改造，切实改善市区丁家桥港、北港河、九曲港等河道水质，启动城市污水处理厂搬迁工程，全面改善水生态环境承载力。“十三五”期间全面消除劣Ⅴ类水和Ⅴ类水，在上游来水持续改善的条件下，三类以上水体断面比重超过50%。积极开展污染严重的河流、重要水体的水生态修复。稳步推进备用饮用水水源地保护工程、境外引水工程等项目建设，切实加强饮用水源安全保障，健全完善水质监控、预警和应急处置机制。严格落实交接断面考核等制度，全面强化责任落实，切实注重跨界水体水环境治理的协调配合和联防联控。

（二）持续改善空气质量。坚持“五气共治”，切实加大治气治霾力度，全面落实六大专项实施方案，加快推进“退二进三”“四换三名”等工作，优化产业布局，推进市区、环境敏感区大气重污染企业关停搬迁。加大火电机组超低排放清洁化改造力度，开展热电行业超低排放技术改造示范。强化VOCs污染控制,基本建成VOCs污染防控体系,VOCs排放量削减20%以上。强化机动车污染防治,全面开展机动车尾气检测,强化黄标车和老旧车辆淘汰,推广新能源汽车,至2020年市区新能源公交车占比达75%以上。加强施工和道路扬尘控制,严格控制餐饮油烟、装修和干洗废气。基本实现秸秆还田和多元利用,有效控制农业氨污染。健全空气环境综合整治机制,基本建立覆盖全市的空气质量监测、预报、预警和治理体系。"十三五"末全市PM2.5浓度保持在42微克/立方米以下。

(三)强化土壤综合治理。坚持"五渣共治",加快构建土壤环境监测与评价体系,积极引进国内外适用的土壤污染治理修复技术,实施永久基本农田土壤污染治理,加快农田土壤污染修复示范区建设。完善耕地和集中式饮用水水源地土壤环境保护制度,设置土壤环境保护优先区域环境质量监控点位,开展定期监测。管控工业污染场地环境风险,实施"一地一策"污染场地风险管控措施。实行最严格的危险废物和污泥全过程监管措施,实施信息化监控,全面实现危险废物和污泥规范化处置。加快推进工业垃圾等固废处置设施建设,工业垃圾、城乡生活垃圾、城市餐厨垃圾等固废基本实现无害化分类处置。

(四)统筹推进生态保护。实施生态系统综合管理,严格管制各类开发活动切实加强生态修复,坚持自然恢复为主、人工修复为辅的方针,让生态系统休养生息,加强水域保护力度,开展水土流失治理、湿地修复和保护。统筹加强农村环境保护,深入推进农村环境综合整治和美丽乡村建设,有效改善农村环境面貌和人居条件。进一步增强生态系统的稳定性,有效保护生态多样化,逐步提高区域生态廊道、城市绿色空间面积和质量,继续推进"四边三化",林木覆盖率稳定在25%以上。

第二节 推进资源节约循环高效利用

(一)大力发展循环经济。加大清洁生产管理力度,支持企业建设节能、降耗、减污、增效工程项目,着力在产业集聚区、工业园区内构建循环型工业产业链,实现产业园区内资源能源梯级利用和循环利用。大力发展壮大新能源行业,积极培育环保领域科技型企业。积极推行第三方治理,着力开展开发区、工业园区和产业集聚区环保服务业试点,培育和规范环保产业市场。积极推进农业标准化、清洁化生产,着力构建农业生态养殖、生物质资源开发及应用、农产品精深加工等领域的生态循环农业产业链。

(二)着力改善能源结构。加快电网建设改造,确保电力设施高效运转。积极推进能源类项目建设,完成桐乡泰爱斯热电有限公司搬迁项目建设。坚持"双控"要求,鼓励企业开发与应用节能新产品、新技术、新设备、新工艺,鼓励企业实施合同能源管理,提高能源资源的利用效率。加强太阳能、风能等气候资源观测,推进风能、太阳能等气候资源精细化评估和规划。改善能源结构,积极推广清洁能源,全面淘汰10T/h(含)以下高污染燃煤锅炉,鼓励企业开发利用太阳能、光伏、风电能等新能源。至2020年,全市工业园区(产业集聚区)基本实现集中供热供气,煤炭和能源消费总量分别控制在上级考核要求以内。

(三)调整淘汰落后产能。坚持总量和质量双控,继续实行污染减排刚性约束,制定实施污染减排方案,全面完成国家下达的总量控制目标。加大行业环境监管力度,继续把工业污染源减排作为总量控制的重点,完成化工、印染、化纤等13个主要行业的VOCs整治,实施严格的行业性总量控制。进一步深化重污染行业整治,鼓励企业积极依托先进技术开展污染防治,深化资源回收利用工程。至2020年,钢铁、水泥、化工、石化等重点行业排污强度比2015年下降30%以上,工业废气排放综合削减量达20%以上。

(四)强化环境风险管控。加强环境监测监控监察能力建设,建立环境风险监测预警体系,严格源头防控、深化过程监管、强化事后追责,守住环境风险底线。加强重点领域环境风险管理,对重金属、化学品、危险废物、持久性有机物等相关行业进行全过程环境风险管理,建立健全固体废物综合利用和处理处置体系,强化普通污泥、危险废物、电子废物、进口废物全过程管理,强化企事业单位环境风险物质的监督管理。加强核与辐射安全监管,完善辐射环境监测网络建设,提高基层辐射监管水平,推进历史遗留放射性废物治理,废旧放射源收贮率达到100%。

第十章 提升生态文明建设水平

第一节 健全生态文明制度

（一）完善自然资源管理制度、财税制度和产权制度。建立生态保护红线体系，严格落实环境功能区划。把好红线关、规划关、准入关，健全主要污染物总量控制制度，保证自然资源统一、有序的管理。创新基本财力增长机制和财税政策，合理调整和整合各类生态环保专项资金，建立生态基金，优化资金运用。全面记录各类环境资源资产数量与质量变动情况，为产权制度的建立打好基础。

（二）完善“生态三偿”机制。建立政府指导下的“生态有偿”市场化运作机制，建立政府统筹、多层次、多渠道的“生态补偿”机制，建立公正执法、公众参与、公平合理的“生态赔偿”运作体系。深化完善排污权交易制度、资源环境承载能力监测预警机制、污染物排放许可制度和企事业单位污染物排放总量控制制度等。

第二节 强化生态环境监管与评价

（一）完善生态监管体系。贯彻落实新《环保法》，加强生态环境监管和评估，形成良好的生态氛围。从源头严控、过程严管、后果严惩三方面入手，确定污染物排放约束指标，建立系统完整的生态监管体系。健全自然资源资产管理、监管体制，实施主体功能区制度，建立空间规划体系，对引进产业除了环评外，进行损害评估，在能源、环境的双约束下对产业类别进行管制。建立生态环境损害责任终身追究制，实行损害惩治制度，从严惩处环保违法行为。

（二）完善生态考核评价体系。建立差异化绩效考核评价体系，根据区域内不同地区的功能要求和目标定位，实行发展要求、评价指标和权重不同的差异化考核。把生态环境保护和自然资源管理纳入政府管理系统和绩效考核系统，把生态文明建设实绩作为任用干部的重要依据。加大对生态文明建设的问责力度，对重大规划和发展项目进行科学环境影响评价。

（三）推进公众参与机制。依法尊重和保障公众的环境知情权、参与权、表达权和监督权。构建公众参与环境管理决策的有效渠道和合理机制，积极完善公众参与平台。全面推进环境信息公开，加强重特大突发环境事件信息公开，及时公布处置结果。高度重视网络社交新媒体的监督作用，积极利用官方微信、微博等方式及时呼应舆情关切。构建“家庭—学校—社会”三位一体的环境教育和培训体系，积极促进生活方式绿色化。

第十一章 提升公共服务能力

第一节 推进教育现代化发展

（一）高标准普及15年教育。全面达成《学前教育新一轮三年行动计划》目标任务，加强学前教育资源保障，到2020年95%以上幼儿园达到等级化标准。完善城乡中小学布点规划，加快推进小班化进程，稳妥推进新居民子女积分制入学和异地升学考试工作。推进“真人德育”品牌建设和“一校一品”工程。推进普通高中特色发展，力争5所普高全部创建为省特色示范高中，到2020年，普通高校录取率达到93%。完善特殊教育体系，实现特殊教育在各学段的全覆盖。

（二）因地制宜发展高等教育。扎实推进浙江传媒学院桐乡校区（电影学院）等高校建设项目，争取引进互联网教育培训中心等学历教育机构。多形式推进政产学研合作，推动信息经济、健康服务、时尚设计等行业校企联合发展。继续加强与沪杭高等院校的教育合作，加大互联网大学引进力度，推动城北高教园区规模化发展。

（三）特色多样发展职业教育。大力推进桐乡技师学院等职业学校创办和技师学院创业中心建设。探索建立中职中技、高职高技、应用型本科、专业教育衔接贯通的现代职业技术教育体系。深入推进工学结合、顶岗实习等人才培育模式，鼓励建设一批适应产业需要、创业需求、特色优势明显的专业教育机构。大力培养“双师型”教师队伍，至2020年“双师型”教师占专业课和实习指导教师比例75%以上。

（四）灵活有序发展终身教育。加快学习型城市建设，倡导全民阅读，“十三五”期间新建30座24小时自助图书馆。健全成人和社区教育机构网络，至2020年，城乡居民参与社区教育超过60%。大力发展数字化远程教育，加强再教育机构建设，包括互联网教育、外语教育等，向社会开放教学资源。

（五）深化教育综合体制改革。巩固“零择校”成果，深入实施幼儿园、小学、初中免试就近入学规定，积极鼓励社会力量办学。进一步推进教育公平，建立健全扶贫助学和特教学生随班就读保障体系。落实和推广中小学课程改革和中考招生制度改革，创新教育方式和人才培育模式，建成青少年素质教育实践基地。统筹城乡教育发展，加快校长、教师市域内流动进程，加快推进教育信息化。“十三五”期间，完成教育现代化达标县（市）系列创建工作，2020 年前率先实现区域教育现代化发展。

第二节　完善医疗卫生服务体系

（一）优化卫生计生资源配置。启动实施市级医院扩建迁建项目建设。完成妇保院与疾控中心迁建项目，优化妇幼保健和计划生育服务功能，逐步整合全市产科资源，积极创建三级乙等妇幼保健院。深化医联体和医疗中心建设，组建 1—2 个医疗集团，逐步实行人、财、物及业务发展的统一规划管理，形成“以市带镇、以大带小、市镇联动、镇村一体”的医疗卫生服务新格局。深化“双下沉、两提升”，推广完善分级诊疗，探索试点整体托管、科室托管、专病中心等多种实现路径，引导病人到基层医疗机构就诊，逐步实现基层首诊、双向转诊、上下联动、急慢分治。

（二）深化医药卫生体制改革。完善公立医院运行机制，合理调整医疗服务价格，降低大型医用设备检查收费，严格医院预算控制和成本管理，探索试点院长和业务骨干年薪制。加强区域医疗能力建设，推进专病专科建设和临床检验、医学影像、病理等医学共享中心建设。大力推进“智慧医疗”和乌镇互联网医院建设。提升中医药服务能力，加强中医院和基层医疗机构中医科建设，充分发挥中医药特色优势，推进中医药继承与创新，提升中医药体制创新能力，努力推进中医药医疗、保健、科研、教育、产业、文化“六位一体”全面发展的新格局。积极推进社会办医，重点扶持发展特色化、高端化、规模化的非公医疗机构。大力发展康复保健、心理咨询等健康服务业。

（三）促进基本公共卫生服务均等化。坚持公共卫生优先发展战略，进一步完善健康教育、疾病防控、卫生监督、妇幼保健、院前急救等公共卫生服务体系，增强公共卫生服务能力，落实公共卫生服务项目。加强艾滋病、结核病等重点传染病防控，重视新发传染病监测预警和疫情防控工作。加强慢性病防治管理，建立健全慢性病防治体系，推进规范的社区慢性病服务。创建浙江省卫生应急示范县（市），提升重大疾病和突发公共卫生事件的应急处置能力。加强社区全科医生培养，建立健全健康“守门人”制度，实施社区居民健康服务与管理，探索推行契约式服务。

（四）提升计划生育服务管理水平。贯彻实施一对夫妇可生育两个孩子的政策，改善人口结构，促进人口均衡发展。全面实施生育服务证制度改革，实行生育信息登记备案。深入开展婚前医学健康和孕前优生检测工作，加强出生人口性别比偏高治理，提高出生人口素质。深化婚育新风进万家、计划生育优质服务和特殊家庭关爱等工作，强化对符合计划生育系列奖励扶助政策的核查和兑现，提升育龄人群生殖健康水平。推进流动人口计生基本服务均等化，加强流入地与流出地的协作服务管理。

第三节　推动文化体育事业发展

（一）完善公共文化设施网络。全面推进公共文化设施建设，完善市文化中心功能，加快图书馆新馆、吴蓬艺术院等大型公共文化场馆建设。提高广电惠民实效，构建广播影视公共服务体系，力争实现主流媒体的无线全覆盖。完善市区、镇（街道）、村（社区）三级公共文化设施，加强镇村两级文化干部队伍建设，抓好基层公共文化设施标准化建设和综合功能的提升，加强数字化文化设施和流动服务设施建设，建成覆盖城乡、网络健全、运行高效、服务优质的公共文化服务体系。

（二）实施文化惠民工程。广泛开展群众喜闻乐见的文化活动，深化文化礼堂建设，打造一批文化品牌活动。做强做大“文化有约”服务品牌，进一步鼓励公共文化场馆及社会文化机构参与“文化有约”活动。加强文化场馆服务能力和开放水平建设。积极鼓励文艺精品创作，精心打造民间文艺团队，鼓励基层开展“一镇一品”“一村一韵”

等各具特色的民间文化活动。挖掘民间文化资源,“十三五”期间争创“中国戏剧之乡”和“中国篆刻之乡”。

（三）打造特色文化品牌。创建省级历史文化名城,实施乌镇、崇福、濮院、石门等古镇保护开发,充分挖掘历史文化、民俗文化和农桑文化等特色资源。深入开展非遗挖掘、项目保护和活态传承工作,使传统节日民俗展演、传统技艺培训等形成常态,做强做大国遗项目品牌。办好“子恺杯”全国漫画大展、“徐肖冰杯”全国摄影大展、“伯鸿书香奖”等国字号文化品牌活动,进一步挖掘桐乡籍名人资源,不断提升桐乡文化影响力。推进“互联网＋文化”建设,加强文化服务数字化、智能化工作。

（四）加快发展体育事业。加快体育中心、全民健身中心等公共体育设施建设,科学配置公共体育资源,构建城乡一体的公共体育服务体系。深化体育设施共享工程,进一步推进企事业单位健身设施对外开放。开展全民健身宣传引导,广泛组织群众性体育活动,进一步增强全民健身意识及健身技能。搭建“智慧体育”服务平台,提高全民健身工作水平。加强竞技体育工作,争取竞技体育成绩再上新台阶。“十三五”期间,力争人均体育设施面积、经常参加体育锻炼的人数、国民体质合格率与健康水平等主要指标列全省前茅。

第四节　推进妇幼养老等事业发展

（一）推进妇女儿童残疾人等权益保护。全面落实男女平等基本国策,做好妇女教育培训和妇女权益保障体系建设,切实保障妇女合法权益。进一步实现妇女平等就业创业和共享社会资源,提高妇女参与社会事务管理和基层民主政治建设程度。进一步加强妇幼保健工作,加快市青少年宫—妇女儿童活动中心—科普中心等项目建设,保证妇女儿童身心健康。健全残疾人权益保障制度,完善残疾人基本公共服务体系,加快推进残疾人小康工程,全面实施困难残疾人生活补贴和重度残疾人护理补贴等制度,帮助支持残疾人在教育和相关服务领域的就业创业,继续对民政福利企业就业的残疾人补贴。

（二）加快养老事业发展。到 2020 年,全面建成以居家为基础、社区为依托、机构为补充、信息为辅助,功能完善、布局合理、规模适度、覆盖城乡的养老服务体系,基本形成“9643”的养老服务总体格局。逐步实现居家养老服务照料中心社会化管理形成 20 分钟左右的居家养老服务圈,以建设智慧养老社区为抓手,加快构建养老信息化公共服务平台。推进市老年活动中心和养老机构建设,每百名户籍老年人拥有社会养老床位 5 张。建立公办养老机构资源阳光分配制度,进一步完善养老机构补助政策,提高养老护理员工待遇和地位。大力推进雅达国际健康生态产业园、平安养生养老项目建设,鼓励民资以独资、合资、参股等方式兴办养老机构。支持引导医疗机构参与养老事业发展,逐步推进医养结合,探索在镇(街道)建立医养结合的院中院等养老新模式。

第十二章　推进社会保障和治理体系建设

第一节　加强社会保障体系建设

（一）扩大就业增加收入。完善城乡一体的就业创业服务体系,加强职业技能培训,推进人力资源市场建设。营造良好创业氛围,加大创业政策扶持力度,降低中小型企业创业门槛。构建和谐劳动关系,推进劳动合同制度,健全劳动关系三方协调机制。深化收入分配制度改革,拓宽城乡居民增收渠道,确保城乡居民收入增长与经济发展、劳动报酬增长与劳动生产率提高“两个同步”,增加城乡居民经营性收入和财产性收入。“十三五”期间,全市城镇新增就业 3.8 万人。

（二）完善全社会保险体系。扩大各项社会保障制度的覆盖范围,重点推进非公经济组织、灵活就业人员和新居民务工人员的参保扩面工作,努力实现应保尽保。积极推进机关事业单位养老保险制度改革,继续完善职工基本养老保险、城乡居民社会养老保险、城乡居民医疗保险、被征地居民养老基本生活保障等制度,逐步形成统一的多层次的社会养老保障体系。到“十三五”末,基本养老保险、基本医疗保险覆盖率为 98%、99%。推进城乡一体化的医疗保障制度建设,建立健全多层次的社会基本医疗保障体系。完善城乡一体失业保险制度。进一步规范工伤认定和劳动能力鉴定。加强保障性住房建设。探索建立适应就业形式多样化的生育保险模式。积极发展多种形式的商业保险，充分发挥其在社会保障体系中的重要作用。

（三）建立健全“普惠性”社会福利体系。坚持政府、社区、家庭和福利机构相结合，健全社会福利服务体系。建立健全困境儿童最低生活费标准自然增长机制。完善优抚安置政策，扎实开展拥军工作。大力发展慈善公益事业，建立镇（街道）、村（社区）慈善工作服务站点，基本形成覆盖城乡的慈善工作网。完善社会救助体系建设，建立扶贫帮困体系，加大对困难低保低收入和特殊困难群体的救助和就业扶持力度，提高贫困家庭收入，实现精准扶贫。

（四）提升社保服务水平。继续完善“金保工程”，加快社保信息化建设。扎实推进社保基金管理体制改革，不断完善“地税征、财政管、社保支”的收支两条线模式，完善事前事中事后监管，提升基金审核、评估分析、监控预警能力和水平。完善村、社区社会保险服务平台，健全市、镇（街道）、村（社区）人力社保服务网络，实现高效、便民、就近办理的目标。加强人员培训，使参保人员享受统一标准的社会保险公共服务，实现基本公共服务均等化。

第二节　全面深化“三治”建设

（一）全面深化“法治”建设。坚持法治桐乡、法治政府、法治社会一体建设，注重提升领导干部运用法治思维和法治方式的能力，引导广大群众在法治框架内维护自身合法权益。完善依法行政评估体系，扎实推进政府依法决策，坚持开放、动态、透明、便民原则，积极稳妥推进司法改革，构建公正、高效、权威的司法体制，推进公共法治建设。开展“七五”普法教育，弘扬法治文化，全面落实国家工作人员学法用法、“谁执法谁普法”制度，进一步促进政府主导与社会力量参与相结合的社会普法教育机制。强化权力监督，加强政风建设和队伍建设，提高政府公信力、执行力和运行效能，完成2020年实现法治政府基本建成的目标。

（二）全面深化“德治”建设。培育和践行社会主义核心价值体系和核心价值观，积极打造“四型”社会、建设“四好”家庭、培育“五有”市民。建立健全市、镇（街道）、村（社区）三级道德评议组织，不断完善各级各类道德模范等先进典型的选树、宣传、奖励、关爱机制，加强社会诚信体系建设，推进文明家庭创建活动，开展道德宣传教育和文化礼仪活动，提升群众文明素质。

（三）全面深化“自治”建设。注重激活和调动社会各方面的积极性，拓宽公众参与渠道。积极引导社会组织参与社会治理，全面落实城乡社区工作事项准入制度。深化“网格化管理、组团式服务”，完善社情民意沟通网络，切实提升志愿服务整体水平。进一步规范基层协商民主的内容、主体、形式和基本程序，不断推进基层协商民主广泛、多层、制度化发展。

第三节　深入推进“平安桐乡”建设

（一）强化公共安全保障。加强公共交通安全管理，完善公共交通设施，切实缓解交通拥堵状况，维护老百姓平安畅通出行。加强公安基层硬件设施和科技装备建设。稳步实施社会治安“安居工程”，深入推进立体化社会治安大防控体系建设和社会治安动态视频监控系统，全力实现全市社会治安秩序持续稳定良好。保障药品食品安全，建立食品药品检验检测中心，完善食品安全监管体制机制，建立最严格的覆盖全过程监管机制，建立食品原产地可追溯制度和质量标识制度，深入实施“绿色餐桌工程”。健全突发公共事件预警信息发布业务规程，建立权威发布、上下沟通、快速高效的突发公共事件预警发布体系，提升防灾减灾救灾应急能力。加强安全生产基层基础设施建设，深化安全生产网格化管理，继续推进企业安全生产标准化、规范化创建和社会化服务工作。逐步建立桐乡智慧城市网络安全保障体系，切实保障重要信息资源安全。

（二）加强法律服务和人口服务。推进城乡基本公共法律服务体系建设，为人民群众提供公益性、普惠性、均等性、便利性的法律服务。推进信访工作制度改革，把信访纳入法制化轨道。依法化解各类矛盾，健全多元化矛盾纠纷化解机制。完善人民调解、行政调解、司法调解联动机制。加强人口综合服务，全面推广流动人口积分管理等创新制度，健全以居住证为依据的基本公共服务供给制度，实现城镇人口服务管理由户籍人口向常住人口覆盖。加大对流动人口集聚区治理模式探索，建立完善集中、统一的人口信息管理系统，全面提高人口服务管理工作的信息化、动态化、精准化水平。

2015 年桐乡市大事记

1 月

5 日 浙江省“千村示范万村整治”工作协调小组发文表彰桐乡市为 2014 年度浙江省农村生活污水治理工作优胜县。

9 日 浙江省精神文明建设委员会发文命名桐乡市为第五批浙江省示范文明城市。

同日 浙江省关注森林组织委员会、浙江省绿化与湿地保护委员会联合发文公布浙江森林城市名单，桐乡市名列其中。

12 日 电影《爱情不等式》全国媒体见面会在桐乡市举行，电影由桐乡市委宣传部、浙江金沙影业有限公司联合出品。

14 日 全市人大工作会议召开。

同日 市委书记卢跃东率团赴衢州市开化县考察。

24 日 桐乡市举行社会应急联动处置实战模拟演练。

29 日 浙江华友钴业股份有限公司在上海证券交易所挂牌上市，股票简称“华友钴业”，股票代码 603799。

同日 桐乡市举行首期村优秀青年干部“强村论坛”。

30 日 首届世界互联网大会总结表彰会议在杭州举行，会议总结首届世界互联网大会组织筹备工作经验，表彰先进集体和个人，动员部署第二届大会筹办工作。桐乡市获首届世界互联网大会·乌镇峰会组织筹备工作先进集体称号。

2 月

2 日 省委副书记、政法委书记王辉忠，副省长熊建平到桐乡走访慰问部分群众及消防官兵。

3～6 日 中国人民政治协商会议桐乡市第八届委员会第四次会议举行。

4～7 日 桐乡市第十五届人民代表大会第四次会议举行。

25 日 省委副书记、省长李强到桐乡开展“上下同欲抓落实、齐心助推开门红”调研活动，省政府秘书长李卫宁陪同调研。

同日 濮院旧镇改建项目举行开工仪式。

26 日 桐乡市召开重点工作推进会。市四套班子领导及相关部门负责人组成推进团，分别赴全市四个片区听取 2015 年重点工作的汇报。

27 日 2015 年市委综合工作会议召开，部署落实 2015 年政法、组织、统战、人武、宣传等各项党务工作。

同日 中国共产党桐乡市第十三届纪律检查委员会第五次全体会议召开。

28 日 桐乡市十五届政府第六次全体会议暨 2015 年政府综合工作会议召开，进一步分解落实 2015 年政府主要工作任务，明确工作要求。

3 月

10 日 全市工商强市暨互联网经济发展大会召开。

同日 省政协副主席陈加元到桐乡调研养生养老产业进展情况。

12～13 日 浙江省衢州市开化县县长谢剑锋率考察团到桐乡考察。

17 日 桐乡市召开第二届世界互联网大会环境整治暨国家卫生城市复查动员会。

同日 桐乡市被国家发改委确定为国家中小城市综合改革试点地区，成为嘉兴市唯一入选县市。

18 日 中国巨石股份有限公司授牌暨成立 22 周年庆典在桐乡举行，“中国玻纤股份有限公司”正式变更为“中国巨石股份有限公司”。

31 日 在全省建设平安浙江工作会议上，桐乡市受到省委、省政府表彰，获“平安县(市、区)”称号。这是桐乡市连续第十年获此称号。

4 月

1～2 日 桐乡市党政考察团赴杭州市余杭区、滨江区，金华市义乌市、东阳市专题学习考察“一业一网”发展经验。

7 日 省委第一巡视组巡视桐乡工作动员会召开，省委第一巡视组组长周益扬作动员讲话。8 月 28 日，省委第一巡视组副组长夏一鸣代表巡视组向桐乡市领导班子反馈巡视工作情况。

同日 省委常委、宣传部部长葛慧君到桐乡调研第二届世界互联网大会筹备工作。4 月 16 日，省委书记、省人大常委会主任夏宝龙到桐乡调研乌镇改造提升和第二届世界互联网大会筹备工作，省委常委、秘书长赵一德陪同。5 月 22 日，嘉兴市委书记鲁俊到桐乡调研第二届世界互联网大会筹备工作。10 月 8 日，省委副书记、政法委书记王辉忠，省委常委、公安厅厅长刘力伟到桐乡检查指导第二届世界互联网大会维稳安保工作。11 月 10 日，中宣部副部长、中央网信办主任鲁炜到桐乡检查指导第二届世界互联网大会筹备工作，省长李强陪同。

10 日 桐乡市举办国内外信息化新趋势和“互联网经济”发展讲座，邀请桐乡籍中国工程院院士吴澄授课。

14 日 省委常委、纪委书记任泽民就落实“两个责任”(党风廉政建设主体责任和监督责任)到桐乡市调研座谈。

14～15 日 全国人大常委会副委员长、民盟中央主席张宝文到桐乡调研。

14～16 日 全市行政村优秀青年干部培养“青蓝工程”启动仪式暨行政村青年干部培训班举行。培训班由桐乡市委党校、市委组织部、市民政局、市农经局联合举办。

15 日 全市生态环保工作会议召开。会议上，市政府与各镇(街道)签订《桐乡市 2015 年度生态建设与环境保护工作目标责任书》。

同日 桐乡市召开濮院镇有机更新总体规划评审会。评审后，专家组一致同意通过《濮院镇有机更新总体规划》。

17 日 桐乡市与中电海康集团有限公司签订战略合作协议。

20 日 省政协原主席刘枫、李金明等一行到桐乡开展以“展示阳光心态、体验美好生活、畅谈发展变化”为主题的“走基层、看变化、促发展”活动。

22 日 中央农村工作领导小组副组长袁纯清一行到桐乡调研。

同日 桐乡市平安志愿者助力“三治”(法治、德治、自治)建设年活动启动仪式举行。

25 日 上海互联网创业人才桐乡行暨双招双引对接会召开。

29 日 桐乡市举行庆“五一”暨市劳动模范表彰大会。会上，表彰桐乡市 2010～2014 年度劳动模范 25 名、模范集体 5 个、劳模班组 10 个。

同日 在 2015“互联网＋中国”峰会的“互联网＋城市”签约仪式上，桐乡市政府与腾讯签署战略合作框架协议，正式成为“互联网＋”生态圈成员。

30 日 世界互联网大会桐乡市承办工作专项组第一次会议召开，并于 6 月 26 日召开第二次会议。

5 月

4 日 桐乡市举行纪念中国共产主义青年团建团 93 周年、五四运动 96 周年暨表彰大会。

6 日 桐乡市召开环境综合整治暨绿化工作推进会。此次环境综合整治确定高速高铁沿线、320 国道、湖盐线等 9 条线路，以及桐乡市区、乌镇区域等为重点整治范围。

8 日 2015 全国纺织产业集群工作会议在桐乡市召开。会议由中国纺织工业联合会主办，中国纺织工业联合会会长王天凯、桐乡市市长盛勇军等出席会议。

10～11 日 首届网络传媒安全论坛在乌镇举行。此次论坛由人民网、浙报传媒集团股份有限公司、桐乡市政府主办，以“传媒安全、健康发展”为主题。

11 日 桐乡市农村电子商务发展工作动员会召开。会上，公布全市首批 20 个农村淘宝试点村名单。

12 日 深圳·桐乡(乌镇)互联网产业推介会在深圳市举行。

13 日 国家卫生城市省级

复查考核汇报反馈会召开，省复查组通报桐乡市通过省级复查，复查结果上报全国爱卫办并申请复审。

同日 桐乡市举行扶残助残爱心单位、扶残助残爱心人士表彰大会。

21日 省委常委、组织部部长廖国勋到桐乡调研基层党建工作情况。

23日 浙江传媒学院2015夏季就业见习·实习招聘会暨桐乡市人才招聘会在桐乡校区举行。

28日 全市“三严三实”专题党课暨专题教育部署会召开。

同日 浙江省教育厅公布浙江省首批基本实现教育现代化县(市、区)名单，桐乡市名列其中。

29日 嘉兴市工业园区(“两创中心”)建设现场推进会在崇福镇召开。会议发布2014年度嘉兴市市镇工业园区“二次创业转型发展”名单，洲泉工业园区、石门工业园区名列其中。

6月

4日 桐乡市国防动员工作会议召开。

同日 全国妇联副主席、书记处书记崔郁一行到桐乡调研。

18日 全市平安建设工作(会商)会议召开。

19日 2015浙商大会暨“互联网+”峰会在杭州举行。大会公布桐乡经济开发区入选2015浙江“智慧园区”示范开发区，浙江华友钴业股份有限公司成为2015浙商新领军者之一。

7月

2～3日 中央网信办一行到乌镇调研智慧化水平提升情况。

7日 桐乡市委、市政府召开全市政府职能转变和机构改革动员大会。会议通报政府职能转变和机构改革方案的主要内容，市政府机构数从28个核减为25个。

11日 桐乡市召开乌镇镇概念性规划投标方案评审会。定标委员会在专家评选的基础上，通过投票确定北京清华同衡规划设计研究院有限公司的方案为中标方案。

15～16日 浙江省创新基层社会治理提升社会风险防控能力现场推进会在桐乡召开，省委副书记、政法委书记王辉忠，省委常委、公安厅厅长刘力伟参加会议。

19日 首届桐乡“互联网+”创业创新大会召开，会议由桐乡市电子商务行业协会、浙江传媒学院管理学院、浙江万花筒互联网生态创业空间主办，大会的主题是创业创新。

21日 文化部副部长董伟一行到桐乡调研。

同日 桐乡市举行阿里巴巴农村淘宝项目启动仪式，农村淘宝桐乡服务中心、20个村级服务站、10个农村青年电商创业孵化中心正式运营。

24日 桐乡市召开“省级农产品质量安全放心示范县”动员会。

27日 桐乡市召开市委十三届七次全体(扩大)会议暨市十五届政府第八次全体会议。

28日 2015年桐乡市征兵工作会议召开，征兵工作从8月全面展开。9月11日，桐乡市举行新兵入伍欢送大会。

29日 在“互联网+风口融合再发展”高峰论坛上，桐乡市被评为“2014浙江电商换市省级样本”。

8月

13日 省政协副主席王建满率省加强人民政协民主监督情况专项检查组到桐乡进行专项督查。

14日 省委副书记、省长李强到桐乡调研养老服务业发展情况，副省长熊建平陪同。

同日 省人大常委会副主任冯明一行到桐乡调研转型升级十大组合拳落实情况。

15日 市四套班子主要领导分赴各地检查安全生产工作情况。

18日 全市安全生产和消防安全工作会议召开。

19～20日 省人大常委会党组书记、副主任茅临生到桐乡调研经济社会发展、第二届世界互联网大会筹备和人大工作情况。

26～27日 省委常委、常务副省长袁家军到桐乡调研。

27日 嘉兴市政协主席高玲慧到桐乡督查安全生产工作情况。

28～29日 国家网信办工作组入驻乌镇集中办公，并于8月27～28日召开第二届世界互联网大会筹备工作专题对接会，国家网信办副主任任贤良，省委常委、宣传部部长葛慧君等出席会议。9 月 16 日，第二届世界互联网大会·乌镇峰会浙江承办工作领导小组会议暨动员大会在桐乡召开，省委常委、宣传部部长葛慧君，省委常委、常务副省长袁家军出席会议。11 月 23 日，桐乡市召开第二届世界互联网大会·乌镇峰会承办工作誓师大会。12 月 12 日，桐乡市举行第二届世界互联网大会·乌镇峰会保障工作再动员再部署会议。

29 日 浙江省政府批复同意设立乌镇互联网创新发展试验区，试验区以桐乡市乌镇镇为核心，涵盖若干个特色功能区。

31 日 中国红十字会党组副书记、副会长郭长江一行到桐乡调研。

同日 桐乡市被国家体育总局武术运动管理中心命名为“全国武术之乡”。

9 月

1 日 桐乡市举行抗战老战士老同志座谈会，向 12 位抗战老战士、老同志颁发“中国人民抗日战争胜利 70 周年”纪念章。

6 日 捷克总统米洛什·泽曼及夫人伊瓦娜·泽曼诺娃一行到桐乡考察。

15 日 纪念丰子恺先生逝世 40 周年暨丰子恺纪念馆馆藏书画精品展开幕式在桐乡市丰子恺纪念馆举行。

17 日 桐乡市召开“慈善一日捐”动员大会。

18 日 第三届桐乡市道德模范颁奖典礼在桐乡市电视台演播大厅举行，10 名道德模范接受表彰。

19 日 2015 全国科普日浙江主场活动启动仪式在浙江传媒学院桐乡校区举行。

23 日 嘉兴市桐乡邮政管理局成立暨揭牌仪式举行。这是浙江省第四个、嘉兴市首个县级邮政监管机构正式成立。

24 日 嘉兴市委副书记、市长林健东到桐乡督查太湖流域水环境综合治理水利工程及扩大杭嘉湖南排（杭平申线航道改造）工程桐乡段的推进情况。

24～28 日 市委副书记、市长盛勇军率团赴新疆考察对口援建工作，走访慰问桐乡市援疆干部。

10 月

8 日 桐乡市举行“当好东道主 拥抱互联网——做遵纪守法好公民”系列活动启动仪式。

9 日 桐乡市召开扩大杭嘉湖南排（杭平申线航道改造）工程桐乡段建设动员大会。12 月 24 日，桐乡市举行扩大杭嘉湖南排（杭平申线航道改造）工程桐乡段开工仪式，标志着南排工程运东段、运西段正式开工建设。

14 日 嘉兴市委副书记、市长林健东一行到桐乡市崇福镇调研小城市培育试点工作情况。

15～24 日 第三届乌镇戏剧节在西栅景区举行。

20 日 省委政法委副书记周长甬率团到桐乡检查验收“六五”普法工作。

23～27 日 第四届中国创新创业大赛互联网和移动互联网行业总决赛在桐乡市举行。

28 日 浙江神州量子网络科技有限公司的运营公司签约落户桐乡科创园。

30 日 全市民兵预备役“两入四员”工作动员部署大会召开。

10 月 21 日，第三届乌镇戏剧节——小镇对话　　张雄伟摄

11 月

3 日 中央党校调研组到桐乡调研统筹城乡发展工作。

5 日 桐乡市 2015 年科(局)级干部进修班开班。

7 日 首届全球丰子恺散文奖颁奖典礼在桐乡市举行。首届“丰子恺杯”全球华人散文大赛由桐乡市政府、西安美文杂志社联合主办。

12 日 中央政法委副秘书长、中央综治委副主任、中央综治办主任陈训秋一行到桐乡调研平安综治工作,省政法委副书记、省综治委副主任马以,省政法委副书记、省综治委副主任、省综治办主任刘树枝参与调研。

12～13 日 全国政协副主席、民盟中央常务副主席陈晓光,全国人大常委、民盟中央副主席张平,民盟中央宣传部副部长曲伟一行到桐乡调研。

15 日 2015 浙江省第九届排舞大赛暨排舞推广十周年成果颁奖盛典在桐乡市举行。此次大赛由浙江省文化厅主办,桐乡市政府、浙江省文化馆承办。

同日 乌镇木心美术馆举行开馆典礼,正式对外开放。

16 日 浙江省经济和信息化委员发布“两化深度融合国家示范区”名单,桐乡市名列其中,由试点区升格为示范区。全省 8 个县市成功创建示范区,桐乡是嘉兴市唯一入选的县市。

同日 第二届世界互联网大会·乌镇峰会安全生产和消防安全工作专题会议暨冬防工作会议召开。

同日 全市老干部读书会举行。

18 日 2015 第七届中国·崇福皮草博览会开幕式暨中国·崇福国际皮草中心开业仪式在崇福镇举行。

同日 国家老龄办副主任闫青春一行到桐乡调研。

12 月

1 日 中共中央政治局原委员、全国人大常委会原副委员长王兆国一行到桐乡调研。

1～2 日 副省长黄旭明一行到桐乡调研农业转型升级、秸秆综合利用等工作。

3 日 桐乡市举行“十三五”规划编制工作专题会议。

7 日 桐乡市政府宣布全国首家互联网医院——乌镇互联网医院(wu.gov.cn)上线。

9 日 国务院新闻办在北京召开第二届世界互联网大会·乌镇峰会新闻发布会,国家互联网信息办公室主任鲁炜、副主任任贤良,浙江省委常委、宣传部部长葛慧君,桐乡市委书记卢跃东出席。15 日,第二届世界互联网大会第二场新闻发布会在桐乡市乌镇举行,嘉兴市市长林健东、桐乡市市长盛勇军出席。

16～18 日 第二届世界互联网大会·乌镇峰会在乌镇召开,大会以“互联互通·共享共治——构建网络空间命运共同体”为主题,中共中央总书记、国家主席习近平出席大会并在开幕式上发表主旨演讲。

18 日 中国·乌镇互联网产业园举行奠基仪式。产业园位于桐乡经济开发区,国家互联网信息办公室副主任庄荣文,省委常委、宣传部部长葛慧君等出席奠基仪式。

21 日 全市领导干部会议召开,传达学习中共中央总书记、国家主席习近平在第二届世界互联网大会·乌镇峰会上的重要讲话精神。

同日 中国恒石基业有限公司在香港联交所主板挂牌上市,股票简称“中国恒石”,股票代码 1197。

22～23 日 共青团桐乡市第十九次代表大会召开。

29 日 桐乡市举行 2015“凤栖梧桐”海外学子桐乡行暨高层次人才对接会,邀请 11 个国家和地区的 35 名高层次人才到桐乡推介项目。

30 日 浙江省政府批复同意设立乌镇—石门省级旅游度假区。

31 日 桐乡市被浙江省农业厅、浙江省旅游局认定为 2015 年浙江省休闲农业与乡村旅游示范县,石门镇被认定为浙江省休闲农业与乡村旅游示范乡镇。

同日 中央新影桐乡园举行奠基仪式。

综　述

自然地理

【地理位置】 桐乡市位于浙江北部杭嘉湖平原，地理坐标为北纬30°28′～30°47′、东经120°17′～120°39′。东连嘉兴市秀洲区，南邻海宁市，西毗德清县、杭州市余杭区，西北接湖州市南浔区，北界江苏省苏州市吴江区。市区距上海市148千米，距杭州市65千米。沪昆高速公路(G60)、申嘉湖高速公路(S12)、320国道、沪杭铁路客运专线、京杭大运河等水陆交通要道贯穿全境。

【自然环境】 桐乡市境为长江三角洲平原的一部分，境内地势低平，无一山丘，大致东南高、西北低，略向太湖倾斜，平均海拔5.3米。东西宽约36千米，南北长约34千米，总面积727平方千米。

境内土壤为江、海、湖沼沉积物，分属水稻土和潮土两类，土地肥沃，适宜种植水稻和经济类作物。全市有耕地3.9万公顷，占全市土地总面积的53.6%。其中：水田3.15万公顷，旱地7526.67公顷，分别占耕地面积的80.75%、19.25%。桑园7162.67公顷，占全市总面积的9.9%。

境内生物资源种类繁多。主要植物资源有720种，其中孢子植物74种，种子植物646种(裸子植物25种、被子植物621种)。主要动物资源有451种，其中脊椎动物218种、节肢动物192种、软体动物32种、其他动物9种。

境内河流属长江流域太湖运河水系。市境河流南接海宁长安上塘河水系，北经澜溪塘与江苏省河道贯通，京杭大运河流经市境段长39.09千米。全市有骨干河道47条，大部分河道与运河垂直相交，呈网状分布。与运河桐乡段相连的河道主要有金牛塘、白马塘、康泾塘、长安塘、含山塘、灵安港、羔羊港、西圣埭港、长山河等。境内河道总长2264.6千米，水域面积51.86平方千米，占全市总面积的7.1%，河网密度为3.11千米/平方千米。属典型的江南水网平原。

(地方志办公室)

气候特征

【常年气候概况】 桐乡市地处东南沿海，属典型的亚热带季风气候。温暖湿润，四季分明，雨水丰沛，日照充足。具有春湿、夏热、秋燥、冬冷的气候特点。

年平均气温16.5℃。1月最冷，月平均气温4.0℃，极端最低气温－11.0℃，出现在1977年1月31日。7月最热，月平均气温28.5℃，极端最高气温41.1℃，出现在2013年8月9日。日平均气温稳定通过10℃的平均回暖初日在3月24日，平均结束日在12月5日，平均初冰日出现在11月28日。年平均无霜期243.6天、雷暴日32.1天、大雾日30.6天、降雪日9.5天。

年平均降水量1246.7毫米。1999年最多，降水量1755.6毫米；2003年最少，降水量744.4毫米。每年有两个主要雨季，第一个雨季在3～6月，其中3～4月为春雨期，降水量在370.6毫米～108.7毫米之间，占全年降水量的18.2%；5～6月是主汛期，称为梅雨期，降水量在715.3毫米～94.7毫米之间，占全年降水量的24.3%。第二个主要雨季是9月，称为秋雨期。年平均雨日140.7天，最多为2010年，达154天，最少为2013年，仅118天。

年平均日照1799.4小时。其中7月、8月最多，月平均日照分别为208.5小时和206.1小时。1月、2月最少，月平均日照分别为113.0小时和107.4小时。年平均蒸发量1308.8毫米。年平均相对湿度79%，幅度在76%～82%之间。

主要灾害性天气有暴雨、高

温干旱、台风、霾、连阴雨、寒潮、雷电及大风等。

【2015 年气候特征】 2015 年，桐乡市年平均气温偏高，年降水量偏多，日照时数偏少。冬季偏暖夏季偏凉，夏季出现极端高温日；春季天气复杂，多种灾害并发；梅雨期长，出现梅中返春；秋冬季连阴雨，雨日雨量异常多。

年平均气温为 17.3℃，比常年平均偏高 0.8℃。全年有 10 个月平均气温均较常年同期偏高，偏高最多的是 1 月，达 2.3℃。7 月平均气温低于常年，偏低 1.6℃。夏季大于等于 35℃高温日 13 天，连续出现在 7 月 25 日～8 月 6 日，其中年极端最高气温 39.0℃，出现在 8 月 4 日。年极端最低气温－3.5℃，出现在 12 月 18 日。终霜出现在 3 月 12 日，初霜出现在 11 月 27 日，全年无霜期 259 天，比常年多 15.4 天。全年结冰日 17 天，大雾日 39 天，霾日 104 天。

年降水量 1638 毫米，比常年多 391.3 毫米。其中有 9 个月雨量比常年偏多。2 月、8 月和 11 月降水量明显比常年同期偏多。年雨日 168 天，比常年多 27.3 天。日降水量大于等于 50 毫米(暴雨)天数 2 天，为 6 月 8 日和 8 月 16 日。全年出现降雪 11 次，2 次形成积雪，分别在 1 月 28～30 日和 12 月 5 日。全年雷暴日 25 天。年日照时数 1400.5 小时，较常年少 398.9 小时，为历史最小值。年蒸发量 861.9 毫米。

梅汛期长，雨日多，雨量分布平均。6 月 7 日入梅，较往年(6 月 14 日)偏早，7 月 12 日出梅。梅雨期 36 天，较常年(24.4 天)偏多，暴雨日 1 日(6 月 8 日)。过程雨量 298.2 毫米，比常年梅雨量(220 毫米)偏多。全年主要影响台风两个，分别是 9 号台风“灿鸿”(7 月 11 日)和 13 号台风“苏迪罗”(8 月 10 日)。其中台风“灿鸿”影响期间正值梅雨末期，河网水位偏高，台风影响后全市受灾加重。

【2015 年主要灾害性天气】 2015 年，对桐乡市影响较大的灾害性天气有 4 月的倒春寒以及秋冬季罕见的连阴雨天气。桐乡市于 3 月 13 日入春，3 月下旬～4 月初气温回升，4 月 1 日、2 日最高气温回升至 30℃以上，4 月 7 日、8 日受北方较强冷空气影响，出现倒春寒天气，早晨气温 5℃，地表温度降至 1℃左右。秋收冬种期间(10 月 21 日～12 月 31 日)，全市出现历史罕见的阴雨寡照天气，雨日、雨量明显偏多，日照明显偏少。其中 11 月雨日 23 天(常年 11.7 天)，月降水量 179.9 毫米(常年 61.0 毫米)，月日照时数 54.2 小时(常年 133.2 小时)，均为历史极值。

(杨冬晨　费鑫杰)

3 月 23 日，开展“世界气象日”气象科普进校园活动　市气象局提供

历史沿革

【概况】 桐乡历史悠久，分布于境内的罗家角、谭家湾、新地里、新桥、张家埭、吴家墙门等数十处古文化遗址证明，在新石器时代，原始社会氏族部落就在此繁衍生息。其中 1979 年发掘的石门罗家角遗址，属马家浜文化早期类型。

市境周时名御儿，属越国。春秋时为吴越接壤争战之地。越王勾践三年(吴王夫差二年，鲁哀公元年，前 494)，吴王夫差败越于夫椒(夫椒山，在太湖中)，自御儿至今钱塘江以西皆属吴。

战国初年，吴越战事又起。越王勾践二十四年(吴王夫差二十三年，鲁哀公二十二年，前 473)冬，越王勾践灭吴，市境复归越。越自勾践以下，传六世而为楚所败，楚国“尽取故吴地至浙江(钱塘江)”(《史记·越王勾践世家》)，此地遂入楚境。

秦统一中国，郡县天下。秦王嬴政二十五年(前 222)，置会稽郡，下设由拳、乌程等县，今市境属由拳县。

西汉时，御儿又称语儿。汉高祖五年（前202），今市境属楚国。汉高祖六年（前201），今市境属荆国。汉高祖十二年（前195），改荆国为吴国，今市境属吴国。汉前元四年（前153）以后，恢复会稽郡，今市境属会稽郡。汉元封五年（前106），置十三刺史部，即十三州，会稽郡属扬州，今市境属扬州会稽郡。东汉永建四年（129），割钱塘江以东为会稽郡，钱塘江以西为吴郡，今市境隶属吴郡。

三国吴黄龙三年（231），由拳县"野稻自生，改为禾兴"（元《至元嘉禾志》）。赤乌五年（242），避太子和讳，改禾兴县为嘉兴县，属吴郡，今市境隶属嘉兴。此后历晋、宋、齐、梁不变。

南北朝陈永定（557～559）初立海宁郡，今市境部分地域隶属海宁。

隋朝时，并嘉兴县入吴县，今市境属吴县，隶属苏州。

唐武德七年（624）复置嘉兴县，隶属苏州，今市境属苏州嘉兴县。翌年，又废嘉兴入吴县，今市境隶属吴县。贞观八年（634），复置嘉兴县，属苏州，今市境其时仍名御儿，为嘉兴县西南境。乾符六年（879），升御儿乡为义和镇。

五代后梁开平初，吴越王钱镠废镇称义和市，属杭州，今市境随嘉兴隶杭州。后晋天福三年（938），吴越王钱元瓘析嘉兴县西南境崇德、南津、语儿、千乘、积善、石门、募化七乡置崇德县，设县治于义和市（今崇福镇），属杭州。元《至元嘉禾志》："晋天福间始析崇德七乡置县于义和市，因乡以县名。"天福五年（940），钱元瓘于嘉兴县置秀州，为吴越国所辖十三州之一，崇德与嘉兴、海盐、华亭同为秀州属县。

北宋熙宁十年（1077），再割嘉兴县之梧桐、永新、清风、保宁、千金五乡入崇德县。政和七年（1117），赐秀州名为嘉禾郡，崇德县隶属嘉禾郡。南宋庆元元年（1195），升秀州为府，称嘉兴府。嘉定元年（1208），又升嘉兴府为嘉兴军节度，崇德县仍隶属嘉兴。

元至元十四年（1277），改嘉兴军节度为嘉兴路，置嘉兴路总管府，后属于江浙行省，下辖崇德等三县一府（华亭府）。元贞元年（1295），升崇德县为崇德州，隶属嘉兴路。

明洪武二年（1369），复改嘉兴路为嘉兴府、崇德州为崇德县。洪武十四年（1381），嘉兴改隶属浙江布政司。从此，崇德随嘉兴隶属于浙江。宣德五年（1430），巡抚、大理寺卿胡概奏析崇德东境募化、千金、保宁、清风、永新、梧桐六乡置桐乡县，设县治于梧桐乡凤鸣市（今梧桐街道）。

清，崇德、桐乡两县同隶属嘉兴府。清康熙元年（1662），因崇德之名与清太宗皇太极年号同，故避讳称石门县，并改石门镇为玉溪镇。

民国元年（1912），废嘉兴府，石门、桐乡两县属钱塘道。3年（1914），石门复称崇德。16年（1927）废道制，两县直属浙江省政府。27年（1938）划属浙江省第二行政督察区。28年至36年（1939～1947）属浙江省第十行政督察区。37年（1948）后属浙江省第一行政督察区。

1949年5月，桐乡、崇德先后解放。中华人民共和国成立后，崇德、桐乡两县同隶嘉兴专区。1958年11月，崇德、桐乡两县合并，称桐乡县。1970年，改嘉兴专区为嘉兴地区，桐乡县隶属嘉兴地区。1983年，撤销嘉兴地区，分设嘉兴市、湖州市，桐乡县隶属嘉兴市。1993年，桐乡撤县设市，隶属嘉兴市。

（地方志办公室）

行政区划

【概况】 2015年，桐乡市辖9个镇、3个街道、176个村、35个社区。

2015年桐乡市村民委员会和社区居委会

表7　　单位：个

镇、街道	村民委员会		社区居委会	
	数量	名　　称	数量	名　　称
乌镇镇	16	白马墩　分水墩　碓坊桥　浮澜桥　陈庄　虹桥　南庄桥　横港　彭家　陈家　双塔　颜家　民合　浙月　新翁　五星	3	东苑　南宫　银杏

续表 7

镇、街道	村民委员会		社区居委会	
	数量	名　　称	数量	名　称
濮院镇	14	新河 永越 永乐 新濮 新星 永联 新东 新联 新港 新妙智 红旗漾 油车桥 星旗 西浜	5	永乐 梅园 双龙 锦苑 新生
屠甸镇	8	联星 红星 荣星 万星 海星 和平 恒丰 汇丰	1	屠甸
石门镇	18	叶新 桂花 颜井桥 白马塘 石门 墅丰 民丰 民联 殷家漾 陆家庄 春丽桥 周墅塘 郜墩 东池 安全 羔羊 二大埭 崇安	1	玉溪
河山镇	9	八泉 庙头 堰头 五泾 王家弄 河山 石栏桥 华台 东浜头	1	河山
洲泉镇	19	马鸣 众安 义马 湘溪 晚村 道村 后塘 夜明 坝桥 青石 合兴 金家浜 清河 东田 小园头 岑山 南庄 石山头 屈家浜	1	朝晖
大麻镇	11	海华 麻溪 西南 大庄 湘漾 百富 崇益 光明 吉字浜 永丰 黎明	1	大麻
崇福镇	26	城郊 上市 东安 民利 湾里 留良 新桥 华光 御驾桥 南阳 茅桥埭 钱家埭 李家浜 陈家埭 店街塘 芦母 景卫 中夫 李家坝 联丰 上莫 新益 利顺 星火 五丰 芝村	3	语溪 崇德 中山
高桥镇	15	落晚 楼下角 高桥 亭桥 永安 毛水浜 范桥 三村 骑力 湘庄 龙南 漕泾 迎丰 越丰 新丰	1	高桥
梧桐街道	17	城东 东方红 庆丰 三新 民安 城西 钱林 同心 逾桥 梧桐 安乐 百福 新玄 桃园 众善 革新 城南	16	庆丰 九曲 东兴 杨家门 学前 大发 文昌 凤鸣 永宁 环南 复兴 同庆 百乐 凤凰 振东 莲花
凤鸣街道	14	史桥 红旗 灵安 环南 路家园 西牛桥 建胜 合星 中群 联庄 新农村 长新 桑园桥 李家弄	1	灵安
龙翔街道	9	元丰 南王 董家 金牛 正福 杨园 翔厚 单桥 皂林	1	秀溪

注：1. 革新、城南两村和凤凰、振东、莲花三社区由振东新区管理；

2. 梧桐街道众善村和凤鸣街道长新村、桑园桥村、李家弄村由经济开发区托管

（沈　娟）

国民经济与社会事业

【概况】 2015 年，全市实现地区生产总值 653.12 亿元，按可比价计算增长 8.1%；三次产业结构比例为 4.31∶50.24∶44.16，第三产业比重比上年提高 2.3 个百分点。其中：实现第一产业增加值 28.14 亿元，比上年下降 1%；第二产业增加值 328.14 亿元，增长 5.9%；第三产业增加值

296.84亿元，增长11.9%。实现规模以上工业企业总产值1358.4亿元，下降0.6%。实现财政总收入100.3亿元，增长9.5%；一般公共预算收入55亿元，增长6.3%；年末金融机构本外币存、贷款余额分别为965.2亿元和813.8亿元，分别比上年增长8.8%和9.8%，金融业增加值增速17%。居民收入稳步增长，城镇居民人均可支配收入44725元，农村居民人均可支配收入27357元，分别比上年增长7.9%和8.6%。

【内外需求稳步增长】 2015年，桐乡市固定资产投资总额428.1亿元，比上年增长15%，其中工业生产性投入194亿元、服务业投资229.8亿元，分别比上年增长11%和18.7%；195个市重大项目完成投资197.4亿元，开工率98.5%；46个政府投资重大建设项目完成投资27.5亿元。桐九公路（桐乡—海宁九里桥）建成通车，桐乡市妇幼保健院、桐乡市疾病预防控制中心迁建工程等重大民生项目有序推进。全年合同利用外资5.07亿美元，实际利用外资3.36亿美元，引进市外内资103.37亿元，实现“浙商回归”到位资金57.7亿元。外贸形势持续偏紧，实现出口总值30.62亿美元。全市社会消费品零售总额298.84亿元，增长11.2%；网络消费、跨境消费等新兴消费模式快速发展，实现网络零售额172.22亿元；房地产市场逐步回暖，商品房销售面积、销售额分别比上年增长11.7%和28.1%。

【发展水平加快提升】 2015年，桐乡市深入实施“四换三名”（“四换”即腾笼换鸟、机器换人、空间换地、电商换市，“三名”即大力培育名企、名品、名家）。淘汰落后产能涉及企业207家，腾退低效建设用地129.35公顷；工业技改投入和设备投入分别占工业生产性投入的比重达到84.3%和70.5%；完成存量土地挖潜237.68公顷，农村土地综合整治214.53公顷；新增上市企业2家、股份制改造企业15家、嘉兴市“三名”培育试点企业6家，实施小微企业三年成长计划，完成“个转企”315家；桐乡市入选2015年两化深度融合国家示范市。服务业现代化加速推进，省服务业集聚示范区综合发展水平保持全省前列，楼宇经济培育扎实推进；智慧旅游快速发展，浙江省政府批复同意设立乌镇—石门省级旅游度假区，桐乡市获“浙江省休闲农业与乡村旅游示范县（市）”称号，全市接待游客1765.1万人次，实现旅游收入184.4亿元，分别比上年增长8.5%和12.1%。继续推进“两区”（现代农业园区和粮食生产功能区）建设，新增粮食生产功能区1400公顷。全年生猪存栏量降至4.6万头，政策性农业保险覆盖范围稳步扩大，率先实施生猪保险与无害化处理联动机制。

【改革创新深入推进】 2015年，桐乡市完成第二届世界互联网大会·乌镇峰会承办工作，浙江省政府批复同意设立乌镇互联网创新发展试验区，实施乌镇智慧养老综合服务平台等互联网智慧项目，承办第四届中国创新创业大赛互联网和移动互联网行业总决赛。全年新增各类企业和个体工商户16131户，比上年增长28.2%；新增高新技术企业25家，省级企业研究院7家，专利授权量3257件，其中发明专利授权224件，增长109.3%，实现规模以上工业新产品产值577.31亿元；引进高层次人才613人，新增高技能人才7428人。重点改革稳步推进，中小城市综合改革试点获国家发改委批准，全国旅游综合改革试点深入推进，濮院、乌镇入围省级特色小镇创建名单，桐乡市与开化县共建首个省级山海协作生态旅游文化示范园区。

【生态环境显著改善】 2015年，桐乡市开展“十剑联动、百日攻坚、千人执法、万众参与”环境整治大会战，通过国家卫生城市复查。迎接第二届世界互联网大会召开，开展“9＋4”（9条主要道路，4条高速公路及高速铁路）公路铁路沿线环境整治大联动，完成“三改一拆”面积543万平方米，推进生活垃圾分类，餐厨废弃物、零星建筑垃圾统一收集处理。继续推进“五水共治”，加快水利防灾减灾体系建设，完成“三河”（黑河、臭河、垃圾河）整治441条、工业污水入网企业345家、农村生活污水治理20244户，完成制革、印染、造纸、化工等行业整治，全省跨行政区域交接断面水质考核获优秀评价。开展“五气共治”（治理工业废气、城市扬尘、机动车尾气、餐厨油烟和秸秆焚烧）。整治淘汰燃煤锅炉，淘汰黄标车2447辆，新增绿化造林585.53公顷。健全秸秆焚烧和综合利用长效机制，城市环境空气质量优良天数比例达到82%，PM2.5平均浓度比上年下降9.1个百分点。

【民生保障全面增强】 2015年，全市新增城镇就业人员15250人，帮助城镇失业人员实现再就业6742人，城镇登记失业率2.89%。全年新建村（社区）居家养老服务照料中心50家，养老保险、基本医疗保险、失业保险、工伤保险、生育保险参保人数分别净增9975人、6492人、7136人、7712人、7712人。桐乡市入选浙江省首批基本实现教育现代化市，学前教育公共服务体系不断完善，高考一类上线率17.9%，桐乡社区学院被认定为省级社区教育示范区，桐乡技师学院（筹）被列为省级高技能人才公共实训基地建设项目；桐乡市医疗中心成立，促进优质医疗资源下沉、分级诊疗和双向转诊，与浙江大学医学院附属邵逸夫医院建立医疗卫生战略合作，全国首家互联网医院上线运营，单独二孩政策有序推进；文体惠民深入开展，扎实推进公共文化服务示范区创建，全民健身运动广泛开展，桐乡市被命名为“全国武术之乡”，推进图书馆迁建工程等文化重点项目。

（程跃峰）

精神文明建设

【概况】 2015年，桐乡市精神文明建设工作以培育和践行社会主义核心价值观为主线，全面提升市民文明素质和社会文明程度，巩固省级示范文明城市建设成果。市文明委制定《桐乡市培育和践行社会主义核心价值观实施意见》，推进社会主义核心价值观学习宣讲普及工作。推进道德馆建设，桐乡植物园德孝文化主题园建成开放。开展“最美桐乡人”推荐活动，年内2人入选“浙江好人榜”，1人获“最美浙江人——2015年度浙江骄傲人物评选”提名奖，2人被评为“嘉兴市道德模范”。省委宣传部公布100篇全省基层宣传思想文化工作“三贴近”优秀案例，桐乡市的“民间社团助力‘最美’弘扬”活动入选优秀案例。市文明办下发《关于开展新一轮文明单位、文明村镇、文明社区创建活动的通知》，开展2015～2016年度系列文明创建活动。开展2014～2015年度嘉兴市级、桐乡市级系列文明复评工作，加强文明单位、文明村镇动态管理。君匋艺术院被命名为浙江省第九批爱国主义教育基地。深入开展“邻里守望”志愿服务活动，推进社区志愿服务工作站规范化建设。继续开展“幸福桐乡·志愿驿站”便民服务活动，依托微信公众号、“掌上志愿”服务平台和手机APP等途径扩大志愿服务参与面。组织“礼让斑马线”文明出行劝导志愿服务活动。

5月7日，开展“礼让斑马线”文明劝导月活动　　市文明办提供

培育文明乡风。开展“德孝进万家”文化礼堂小戏巡演活动。完善基层道德评判组织，围绕美丽乡村建设，以民风建设和环境整治为重点，开展各类形式的道德评议活动。深化“我们的家训”主题活动，收集整理民间的优秀家训和家风故事，编印《桐乡家训》。评选百户特色文明家庭和10户“桐乡市最美家庭”。

加强未成年人思想道德建设。开展“我的中国梦”主题教育实践活动，组织友善、孝敬、诚信、节俭等主题教育。在清明节、六一节、国庆节期间，组织“清明祭英烈”“向国旗敬礼”等各类教育实践活动。开展评选表彰桐乡市美德少年活动，8人被评为嘉兴市美德少年，1人被评为浙江省美德少年。推行“乡村学校少年宫”与市“流动少年宫”一体化建设，深入实施“春泥计划”，推动寒暑假期“春泥计划”常态化。开展“携手送欢乐”活动，组织“流动乡村学校少年宫”走进村、新居民子女学校。开展“阅读伴我成长”系列读书活动。开展网吧、娱乐场所专项检查，推进校园周边环境综合整治工作。

【第三届道德模范评选宣传】 4月7日，桐乡市文明委下发《关于评选表彰第三届桐乡市道德模范的通知》，并在媒体发布公告，动员组织各镇街道、各行业、各基层单位推荐道德典型。收到各类典型推荐111人，其中助人为乐模范25人、见义勇为模范13人、诚实守信模范9人、敬业奉献模范41人、孝老爱亲模范23人。6月，经评选委员会办公室（市文明办）初步审核，宣传部研究确定助人为乐、见义勇为、诚实守信、敬业奉献、孝老爱亲各类别候选人4人，共20人。在征求纪委、公安、地税、国土、卫计、市场监管、国税等相关部门意见后，于7月6日在《嘉兴日报・桐乡新闻》《今日桐乡》、桐乡新闻网进行媒体公示，接受群众评议投票，最终确定10名道德模范，分别是助人为乐道德模范张剑、李德希，见义勇为道德模范方雪祥、沈建根，诚实守信道德模范潘顺兴、蒋建洪，敬业奉献道德模范王根田、朱永春，孝老爱亲道德模范许晓丽、张晓芳。8月5日，市文明委出台《桐乡市道德模范待遇保障若干规定》，保障市级道德模范在政治、经济、文化、社会等方面的权益，并对其在医疗、养老、住房、就业、法律援助等方面的优待作了相关规定。9月18日，举办第三届桐乡市道德模范颁奖典礼，表彰第三届道德模范。年内，发放道德模范慰问金、生活补助、医疗补助26.23万元。

【桐乡市被评为省农村文化礼堂建设先进县】 12月22日，省委宣传部、省农村文化礼堂建设工作领导小组组织创建浙江省农村文化礼堂建设先进县（市）考评组到桐乡考察验收。考评组采取听取汇报、会议座谈、现场察看、查看台账、走访村民等方式，逐项考察评估桐乡市农村文化礼堂先进县（市）创建情况。自2013年7月始，桐乡市根据省委、省政府统一部署，围绕“文化礼堂、精神家园”功能定位，推进文化礼堂建设。2015年，市委宣传部编印《桐乡文化礼堂》，做好网上文化礼堂建设，收集整理已建成的47家农村文化礼堂图片、视频资料，在数字电视上播放，让用户及时了解各地文化礼堂建设成果、特色文化和乡村精神风貌。开展“德孝进万家”文化礼堂小戏巡演活动，将《住院》《婆婆赛亲娘》越剧小戏等搬上农村文化礼堂舞台，弘扬德孝文化。至年底，全市新增农村文化礼堂24家，累计建成文化礼堂74家，其中农村文化礼堂71家、社区文化礼堂2家、民营企业文化礼堂1家，覆盖率40%。2016年1月11日，省委宣传部、省农村文化礼堂建设工作领导小组联合发文，桐乡市被评为2015年度浙江省农村文化礼堂建设先进县（市）。

（张梅玫）

美丽乡村

【概况】 2015年，桐乡市有序推进美丽乡村建设、农村生活污水治理各项工作。年内，梧桐街

崇福镇景卫村姚祥自然村　　市农办提供

道、河山镇美丽乡村建设先进镇创建工作通过嘉兴市检查组的考核验收，桐乡市12个镇（街道）全部通过嘉兴市先进镇考核验收。12月，屠甸镇汇丰村、大麻镇海华村、石门镇桂花村3个第一批历史文化保护和利用一般村通过省农办抽查验收。完成4个（路家园村、民合村、青石村、东浜头村）第四批省级中心村的建设。扩面提升工程实行整村推进，整治“脏、乱、差”，修建村级道路，完善农村基础设施建设，共计完成12个村建设。推进农村生活污水治理工作，以进污水管网、无动力生态处理、微动力处理、大型生态湿地处理、散居农户单独处理等模式进行。截至11月底，完成农村生活污水治理建制村76个，新增受益农户20244户。桐乡市连续第二年被浙江省“千村示范万村整治”工作协调小组评为2015年度浙江省农村生活污水治理工作优胜县。

（沈丹婷）

五水共治

【概况】 2015年，桐乡市“五水共治”指挥部办公室深化长效管理，统筹有序推进“五水共治”工作，水质明显改善。桐乡市境内河道2622条，总长2264.6千米。1～12月，桐乡市在全省跨行政区域河流交接断面水质考核中被评价为优秀；12月，全市31条市级骨干河道经水质监测显现III类6条，IV类25条。2012年，桐乡市水环境综合治理工作领导小组及办公室建立，开展水环境综合治理工作，实现全市“河长制”管理全覆盖。2013年，全面推广“河长”“段长”和“公里长”的“三长”管河模式。河道分解分段包干，由“河长”责任单位落实到下属单位（科室），对应联系“段长”。镇级“河长”（段长）将河道分解到各村（社区），由各村（社区）级“河长”（公里长）负责。2014年，桐乡市“五水共治”指挥部及办公室成立，全面统筹开展全市“五水共治”相关工作。2015年，桐乡市实现县域间、镇域间、村域间联防联治全覆盖，构建“上下游一盘棋”的“五水共治”大格局，形成联动一体化、联防责任化、联治高效化、联商常态化的跨区域治水模式。

健全“河长制”工作机制。更新完善河长公示牌，全市有“河长”2522人，其中市级河长32人、镇级河长272人、村级河长2218名人，设立河长公示牌2649块；完善市镇村三级督查网络与举报平台；开展“五水共治”专项督查20次；在桐乡市电视台《今日曝光》栏目上，曝光8个镇（街道）的10个治水问题并跟踪报道；开展“雳剑行动”打击水污染行为；开展“诗画水乡 治水美村”创建工作，整村推进农村治水工作。推进“五水共治”项目建设，全面完成“清三河”、重污染行业整治、工业企业污水全入网、城乡生活污水治理、治污基础设施建设、农业面源污染治理、防洪排涝、供水、节水工作等任务。做好第二届世界互联网大会召开期间水环境质量保障巡查工作，市“五水共治”办公室自5月始专项整治沿路沿线河道水荡。开展大会期间航道专项保洁工作，召开上下游联动保洁工作会议，协调航道联动保洁工作。自12月1日起，成立乌镇、梧桐、屠甸3个航道水葫芦打捞工作专项组，设拦截卡点6个。

【开展沿路沿线河道水荡专项整治】 5月，桐乡市“五水共治”指挥部办公室对全市重要道路沿

4月10日，河山镇五泾村专业疏浚服务队疏浚河道

市“五水共治”办公室提供

线、重点区域河道水荡开展专项督查，迎接第二届互联网大会召开。市“五水共治”办公室联合相关部门，按照每周一排摸，每周一统计，每周一上报，每周一督办的工作要求，出台考核办法，建立巡查机制，发现问题及时整改。督查范围包括桐乡城区，乌镇镇，高速高铁沿线（沪昆高速、申嘉湖高速、练杭高速、沪杭高铁客运专线沪杭高铁），重要道路（320 国道、湖盐线、绕城公路、迎宾大道、桐乡大道、嘉湖线、洲甸公路、崇新线、姚太线）沿线河道水荡。重点整治河道水荡管理范围内的乱搭建，清理堤防（岸边）垃圾、水面漂浮物、水中障碍物、非法围网养殖，打捞沉船，清淤和整治内源污染严重的河道水荡，达到“水下无淤积、水中无障碍、水面无漂浮物、水岸无垃圾、岸上有绿化、水体不黑臭”的标准。至互联网大会召开，涉及沿线河道水荡的 128 个问题全部整改到位。同时，重新布点乌镇镇区河道水荡的水生植物，全部河道以及姚太线沿线河道种植狐尾藻、香菇草、鸢尾等水生植物 7500 多平方米。净化出境断面水质，在上塔庙港、董家桥港、碓坊桥港等出境断面种植狐尾藻 8100 多平方米。

桐乡市“诗画水乡 治水美村”——屠甸镇荣星村

市“五水共治”办公室提供

【“诗画水乡 治水美村”评选活动】 5 月，桐乡市“五水共治”指挥部办公室启动“诗画水乡 治水美村”评选活动。评选活动面向全市“五水共治”工作推进过程中成绩突出的建制村，主要由各镇（街道）推荐上报，评选内容涉及水岸整治环境美、生产发展和谐美、生态文明自然美、乡风文明身心美四大方面。要求入选村截污控源、保洁机制到位，农村房前屋后种植绿色植物，全民参与“五水共治”，村民治水护水自治机制完善。经报名推荐和初审，确定争创村 27 个，对列入争创对象的村采取以奖代补的形式下拨治水经费 5 万元。经过初审、督查组实地考察等层层评选，最终入选的“治水美村”可获治水经费 10 万元。12 月 28～29 日，市“五水共治”指挥部办公室组织督查组开展考核验收，通过查阅台账资料、实地查看河道建设和“清三河”的治理，抽检河道水质等情况后进行综合评选，最终确定梧桐街道桃园村等 14 个村为 2015 年度桐乡市“诗画水乡治水美村”，并对入选村再采取以奖代补的形式下拨治水经费 5 万元。2016 年 3 月，市“五水共治”指挥部办公室正式发文公布名单。

· 相关链接 ·

桐乡市
“诗画水乡 治水美村”名单

梧桐街道：桃园村
凤鸣街道：路家园村
濮院镇：新联村
高桥镇：漕泾村、骑力村
屠甸镇：荣星村
崇福镇：东安村
洲泉镇：马鸣村、石山头村
大麻镇：永丰村
河山镇：王家弄村
乌镇镇：横港村
石门镇：白马塘村、郜墩村

（沈卓群）

概　　述

第二届世界互联网大会·乌镇峰会于12月16～18日在桐乡市乌镇镇举行。大会由国家互联网信息办公室、浙江省政府主办，浙江省互联网信息办公室、浙江省经济和信息化委员会、桐乡市政府、中国互联网络信息中心联合承办，联合国经济和社会事务部、国际电信联盟、世界知识产权组织、世界经济论坛协办。大会以“互联互通·共享共治——构建网络空间命运体”为主题。16日，中共中央总书记、国家主席习近平出席大会并在开幕式上发表主旨演讲，中共中央政治局常委、中央书记处书记刘云山出席大会并主持开幕式，王沪宁、栗战书、杨洁篪、郭声琨、王钦敏等党和国家领导人参加相关活动，联合国秘书长潘基文向大会发表书面致辞，巴基斯坦总统侯赛因、俄罗斯总理梅德韦杰夫、哈萨克斯坦总理马西莫夫、吉尔吉斯斯坦总理萨里耶夫、塔吉克斯坦总理拉苏尔佐达、乌兹别克斯坦第一副总理阿齐莫夫等国领导人在开幕式上致辞。夏宝龙、李强、乔传秀、王辉忠、葛慧君、袁家军等省领导，鲁俊、林建东、胡海峰等嘉兴市领导出席大会并参加大会相关论坛。桐乡市委书记卢跃东参加国家网信办主持的大会首次新闻发布会，并作为嘉宾出席大会，参加大会相关论坛；桐乡市市长盛勇军在“数字中国”论坛发言，并主持互联网之光博览会“乌镇发布”活动。18日，大会举行闭幕式，中共中央宣传部副部长、国家互联网信息办公室主任鲁炜，汤加副首相索瓦莱尼，巴基斯坦前总理阿齐兹，互联网名称与数字地址分配机构总裁法迪·切哈德，电气和电子工程师协会主席霍华德·米歇尔，互联网之父、国际互联网名人堂入选者罗伯特·卡恩，联想控股董事长、联想集团董事局名誉主席柳传志，全球互联网治理联盟理事会联合主席、阿里巴巴董事局执行主席马云等分别致辞。此届大会举办新闻发布会4场；设置论坛10场、涵盖议题22个，近100名中外嘉宾作328次演讲和发言，1万余人次参加论坛；互联网之光博览会吸引国内和欧美、亚太、拉美等国家和地区的258家企业参展，组织发布活动80场；与会代表和企业、机构开展务实合作，形成《“数字丝路”建设联盟合作意向书》、成立“新型智慧城市建设企业联盟”、设立“中国互联网＋联盟”等20多项成果；大会组委会秘书处成立

12月16日，第二届世界互联网大会·乌镇峰会开幕式乌镇大剧院分会场　　市互承委提供

高级别专家咨询委员会，举办首次会议，选举马云和法迪·切哈德为高咨委联合主席，发表《乌镇倡议》。全球120多个国家和地区的政府代表、国际组织负责人、互联网企业领军人物、著名企业家、专家学者等2000多名嘉宾出席大会；全球14个国家和地区的110家中外主流媒体、730多名新闻记者注册参会。大会期间，网上相关报道量近100万篇次，点击量50多亿次。

【国家主席习近平在开幕式上发表主旨演讲】 12月16日，中共中央总书记、国家主席习近平出席大会并在开幕式上发表题为《加强沟通 扩大共识 深化合作 共同构建网络空间命运共同体》的主旨演讲，提出的"四项原则、五点主张"，首次清晰地向世界阐述中国对互联网空间治理和网络安全的战略思考。习主席提出要让互联网发展成果惠及13多亿中国人民，更好地造福各国人民，充分体现大国的责任与胸怀，引起与会者共鸣。习主席在讲话时还提到"我曾在浙江工作多年，多次来过乌镇，我很喜欢这个地方。第二次乌镇改造时，我在这里帮助他们策划，支持他们古镇保护、旅游开发。今天再次来到这里，感到亲切熟悉，感到耳目一新，毕竟我多年没有来了，感觉对这里还是刮目相看了。"

· 相关链接 ·

四项原则、五点主张

四项原则是指尊重网络主权、维护和平安全、促进开放合作、构建良好秩序。五点主张是指加快全球网络基础设施建设，促进互联互通；打造网上文化交流共享平台，促进交流互鉴；推动网络经济创新发展，促进共同繁荣；保障网络安全，促进有序发展；构建互联网治理体系，促进公平正义。

【大会发布20多项成果】 12月18日，第二届世界互联网大会闭幕新闻发布会在乌镇举行，发布大会期间有关互联网企业、机构组织签署的20多项倡议、报告、宣言等成果。其中，成立基金2个，签约揭牌11个，发布倡议8个，成立协会1个。分别是发布由中国网络空间研究院编写的《中国互联网20年发展报告（摘要）》；在"数字丝路·合作共赢"论坛上，共同签署《"数字丝路"建设联盟合作意向书》；在"中美大学生共话互联网梦想"论坛上，中美大学生发出共同倡议；在"首届海峡两岸暨香港、澳门互联网发展"论坛上，发布《海峡两岸暨香港、澳门互联网合作倡议》，启动海峡两岸青年创客大赛；中国电子科技集团公司与微软公司签署合资公司备忘录，开发中国政府专用版视窗操作系统；中国网安公司与俄罗斯卡巴斯基实验室签署战略合作协议；大会向全国网信企业发出《信息化扶贫行动倡议》；23家企业和研究机构共同发起成立"新型智慧城市建设企业联盟"；中国互联网发展基金会联合百度、阿里巴巴、腾讯共同发起倡议，设立"中国互联网＋联盟"；在"互联网文化与传播"论坛上，发布《互联网传承优秀文化倡议书》《让互联网成为爱的海洋——发展网络公益倡议书》；在"互联网金融创新与发展"论坛上，《全球互联网金融商业模式报告（2015）》，成立总规模近700亿元的专项基金；浙江省经信委与中国互联网协会签署战略合作协议，加大在"互联网＋电子商务""互联网＋益民服务""智能汽车"等领域的合作。

12月18日，举行网络空间治理论坛　　市互承委提供

第二届世界互联网大会·乌镇峰会各论坛一览

表 8

序号	论坛名称	主办单位	协办单位	时间	议题	论坛内容
1	数字中国论坛	国家网信办、世界经济论坛	中国电子科技集团公司、奇虎 360、神州数码、新京报社	12 月 17 日上午	行关天下·智慧城市	站在“数字中国”建设全局的角度，探索“数字中国”的实现路径和方式，聚焦“数字中国”建设重点领域，挖掘全球智慧城市建设成果和经验，推动中国智慧城市建设治理与服务并重，发展与安全同行
				12 月 17 日下午	乌镇论道·数字中国	
2	数字丝路·合作共赢论坛	国家网信办、国际电信联盟	中国互联网发展基金会、北京大学国家网络安全和信息化研究所、中国信息安全杂志社、世纪互联数据中心有限公司	12 月 16 日上午	信息基础设施共建	充分发挥互联网在“一带一路”建设中的重要作用，致力打造网络空间的利益共同体和命运体
				12 月 16 日下午	资源整合模式创新	
3	网络安全论坛	国家网信办	中国人民公安大学	12 月 16 日下午	网络安全	论坛聚焦网络安全议题。政府代表、企业代表、网络安全专家等在论坛上发表演讲，推动国际社会共建美好的网络空间
4	互联网＋论坛	国家网信办、国家发改委、中国人民银行、浙江省政府	中国互联网协会、浙江省经济和信息化委员会、清华大学五道口金融学院	12 月 16 日下午	互联网金融创新与发展	实施“互联网＋”行动计划，推动物联网技术应用，发展普惠金融和分享经济，促进互联网与经济社会融合
				12 月 17 日下午	智能制造与转型升级	
5	首届海峡两岸暨香港、澳门互联网发展论坛	国家网信办	经济日报社、旺旺中时媒体集团、星岛报业集团、澳门日报社	12 月 16 日下午	“协同、开放、共享、共赢”海峡两岸暨香港、澳门互联网发展论坛	聚焦两岸四地“媒体转型”“智能终端”“移动商务”三大热点话题，共同探讨移动时代的媒体创新和突破、智能移动设备的发展和两岸四地合作契机，推动两岸四地移动商务健康发展和深度合作。
6	互联网文化与传播论坛	国家网信办、团中央、中央电视台	中国互联网络信息中心、国家信息化专家咨询委员会秘书处、新华网、中国网络视听节目服务协会	12 月 16 日下午	中美大学生共话互联网梦想	推进网络强国建设，发展繁荣网络文化，积极唱响网上主旋律，传递网上正能量，努力开创网络文化发展新局面
				12 月 16 日晚	《对话》：网聚正能量传播善动力	
				12 月 17 日上午	互联网时代的文化传承与创新	
				12 月 17 日下午	《对话》：互联网名人的哲学思考	
				12 月 17 日下午	中国文化网络传播	

续表 8

序号	论坛名称	主办单位	协办单位	时间	议题	论坛内容
7	互联网创新论坛	国家网信办、国家发改委、国家知识产权局、世界知识产权组织、联合国经济与社会事务部、世界经济论坛	中国互联网信息中心、科技部火炬高新技术产业开发中心、中国宽带产业基金、腾讯、百度	12月17日上午	互联网创新与经济发展	深入解读互联网创新创业政策，探讨未来发展趋势，为世界了解中国互联网创新理念、潜力与成果提供平台，为企业文化塑造和国际化成长提供启迪
				12月17日下午	互联网创新与知识产权保护	
				12月17日上午	互联网创新与可持续发展	
				12月17日下午	互联网创新与初创企业的成长	
8	网络安全高层闭门会议论坛	国家网信办		12月17日上午		共同探讨在当前网络空间形式日趋复杂的情况下，国际社会各方面如何围绕面临的机遇与挑战凝聚共识、落实责任，构建“和平、安全、开放、共赢”的网络空间
9	网络空间治理论坛	中国互联网络信息中心		12月18日上午	网络空间治理	搭建中国与世界的对话桥梁，聚合国内互联网专家力量，探讨如何共建包容、互信的国际网络空间治理体系
10	互联网技术与标准论坛	中国互联网络信息中心、中国信息通信研究院、阿里巴巴集团、百度在线网络技术(北京)有限公司、数据中心联盟、国际电信联盟		12月18日上午	万物互联驱动产业变革	展望互联网技术发展未来趋势，共商物联网、大数据、云计算等领域基础共性标准、关键技术标准，推动互联网融合发展
				12月18日上午	技术与标准促进互联网发展	
				12月18日上午	可信赖的云计算与大数据	

【发布《乌镇倡议》】 12月16日，世界互联网大会组委会秘书处高级别专家咨询委员会正式成立，并举行首次会议。会议通过章程，产生首届委员会成员31人，联合主席由马云(阿里巴巴董事局执行主席)和法迪·切哈德(国际互联网名称与数字地址分配机构总裁)担任，秘书长由李欲晓(中国网络空间研究院专家)担任。由高咨委提议，大会组委会在18日举行的闭幕新闻发布会上发布《乌镇倡议》，号召国际社会共同加快网络发展普及，促进网络文化交流，共享网络发展成果，维护网络和平安全，推动网络国际治理。《乌镇倡议》集中反映中国互联网发展治理理念，进一步增强国际社会对加强网络空间互联互通、共享共治的信心和决心，成为国际互联网发展和治理领域的重要成果，被誉为“互联网历史上的里程碑”。

设施建设

【概况】 2015年，桐乡市统筹推进环境整治、信息设施、场馆建设等各项工作。3月17日，桐乡市召开第二届世界互联网大会环境整治暨国家卫生城市复查动员会。6月5日，桐乡市迎接世界互联网大会环境整治工作推进会在乌镇大剧院召开，对环境综合整治工作进行再动员再部署。全面落实环境监管，按照整体防治和临时管理控制相结合的原则，从严落实保障措施。大会期间，桐乡市“一区、十水、十三路”(一区即桐乡全市列入大会水环境质量保障区；十水即运河、澜溪塘、白马塘、上塔庙港、金牛塘、分乡港、北永兴港、三里塘港、浮澜桥港、白娘子港；十三路即沪杭高铁、沪昆高速、申嘉湖高速、练杭高速、320国道、湖盐线、绕城公路、迎宾大道、桐乡大道、嘉湖线、洲甸公路、崇新线、姚太线)为环境质量重点保障区域。结合“五水共治”工作，利用在线监控远程采样，24小时监管全市重点水污染物排放企业。完成“清三河”(垃圾河、黑河、臭河)扫尾工作，整治“三河”441条，完成工业污水入网企业189家；建设城镇污水配套管网48千米；推进农村生活污水治理工程，入网改造277户，治理农村生活污水1.38万户，拆除猪舍92.14万平方米、禽舍64.54万平方米。排查全市放射源使用单位、危险废物贮存场所，整改和清理存在问题的企业，大会期间，全面实施固废(危废)停运，严厉查处违法处置固废(危废)等环境违法行为。完善城乡生活垃圾收集处置体系，试点市区生活垃圾分类处置，实现餐厨废弃物统一收运处置。全年出动执法人员895人次，检查企业312家次，查处和曝光一批典型环境违法案件，集中整顿一批违法排污企业。规范治理污染物排放企业69家，立案查处案件4件，处罚款14万元。

9月22日，省委书记夏宝龙(右二)调研乌镇地下空间开发建设

市互承委提供

乌镇互联网国际会展中心开工建设。开发利用地下空间项目，计划到2020年，乌镇新增地下空间33.4万平方米，可停1.5万辆车。其中，2015年启动的西栅景区1号停车场地下空间开发利用项目竣工，总建筑面积3万平方米，地下2层，规划停车位800多个。

【开展“公铁”沿线环境整治】 5月6日，桐乡市“公铁”沿线环境整治动员部署会议召开，开展“9+4”(9条主干线路，4条高速高铁)公铁沿线环境整治行动。7月7日，嘉兴市“公铁”沿线环境整治暨“三改一拆”工作现场推进会在乌镇镇召开。桐乡市加强排查和监管高速出口及主要道路沿线，使用锅炉及产生挥发性有机污染物的企业，确保废气治理设施正常运行和达标排放。年内，淘汰燃煤小锅炉228台，专项整治浴室锅炉81台，治理10～20蒸吨/小时燃煤锅炉烟粉尘5台，脱硝改造水泥企业4家，整治挥发性有机物企业8家；完成火电企业脱硫、脱硝及除尘改造，437家企业实施“一厂一策”环境监管，其中实施停产企业321家、限产企业108家、驻厂监管企业8家；全市323个建筑工地、15个混凝土搅拌站停工；整治路面病害15.6万平方米，清理路面堆积物425立方米，维护交通安全附属设施4900余处，清除沿线各类乱搭乱建14余万平方米，整治破旧农房外立面4577户；整治堆场、码头20家，规范废品收购点48个；改造提升沿路绿化120公顷，改善厂区内外环境

307 家，清淤 22 条河道（水荡）土方 66.06 万立方米。

【深入推进环境综合整治】 5 月 23 日，桐乡市委、市政府成立桐乡市乌镇综合整治工作指挥部，指挥长由市委书记卢跃东、市长盛勇军担任，执行指挥长由市委常委、常务副市长朱明杰担任，副指挥长由市人大常委会副主任朱红、乌镇镇党委书记陶咏椿担任。5 月始，桐乡市开展环境综合大整治。整治范围包括桐乡城区，乌镇镇，高速高铁、重要道路沿线。桐乡市整合公安、综合执法、市场监管、卫生等 10 个部门执法力量，抽调 1000 多名执法人员，集中在乌镇开展为期 3 个月的综合整治，形成“十剑联动、百日攻坚、千人执法、万众参与”的氛围。乌镇景区开展专项排查，全面维修更换破损设施。采取综合措施，改善水体质量，提高透明度，从能见度 30 厘米提高至 70 厘米，景区夜景亮化系统改造升级。乌镇镇区梳理确定 117 个整治项目，分类、分层推进环境综合整治；乌镇镇重点整治姚太线，整治申嘉湖高速乌镇出口至西栅景区南门口约 6 千米的沿线公路，完成沿线 273 幢房屋，计 28.1 万平方米的外墙立面改造；清理全镇各类违法建筑、河道，拆除违法建筑、猪棚、鸭棚等 23.2 万平方米，综合治理河道 127 条；整治路面停车，优化交通体系，安装智能诱导系统，建造游客换乘中心和公共自行车服务网点，科学安排车辆停放，梳理出 8 个地块用于改造临时停车场并投入使用，新增停车位 1140 个。桐乡全市开展公路沿线违建整治、交通安全设施修复、废品收购点整治，并建立长效管理机制；组织专人巡查，严控秸秆焚烧，并限停高能耗污染企业，做好大会环境质量保障工作。

【强化信息技术保障】 2015 年，桐乡市新建无线 AP 点 2517 个，其中乌镇西栅景区新建 AP 点 1160 个。全市累计建成并投入使用 AP 点 6404 个，免费开放 AP 点 3887 个。互联网大会主会场、新闻中心实现千兆到桌面，分会场和集中办公场所实现百兆到桌面，用户上网速率达到近 20 兆，乌镇出口总带宽达到 220G，是上年的 11 倍。实现乌镇西栅景区 WiFi 世界一流和桐乡市主要公共场所热点区域全覆盖两个建设目标。同时，对景区信息基础进行查漏补缺，增补望津里酒店、宜园酒店部分区域的 4G 系统，升级改造上网设备 2186 台；优化测试姚太线沿线信号，升级改造媒体住宿的 2 家镇区酒店 WiFi 信号，确保网络畅通。西栅景区电力设备双回路改造，新建 4 条 10 千伏电缆线路。会场核心区域——枕水度假酒店，改造低压供电，扩容配电变压器、升级自动切换系统。

【乌镇互联网国际会展中心开工建设】 8 月，乌镇互联网国际会展中心开工建设。会展中心位于乌镇西栅景区西北部，西临运河，东连环河路，南接西栅景区。项目由中国美术学院建筑艺术学院院长王澍负责方案设计，方案以简约、环保、智慧为设计理念，建筑风格充分考虑互联网元素、中国传统文化及江南水乡特色。按照现状地形，整体呈“U”字形布局，方案通过接待中心连接两翼的会议中心和展览中心，象征乌镇作为世界互联网大会永久承办地所具有的开放、包容、互联、共享的互联网精神。项目总占地面积约 13.67 公顷，一期占地面积 8 公顷，建筑面积 8.3 万平方米；地上建筑面积 6 万平方米，其中会议中心 2.8 万平方米、会展中心 2.45 万平方米、接待中心 0.75 万平方米；地下建筑面积 2.3 万平方米。

乌镇智慧信息亭 市委办提供

服务保障

【概况】 2015年，党中央和省委省政府重视互联网大会筹备工作，筹备工作启动后中宣部副部长、国信办主任鲁炜，省委书记夏宝龙、省长李强，嘉兴市委书记鲁俊、市长林健东等领导多次赴乌镇实地检查指导大会筹备工作。省委常委、宣传部部长葛慧君驻点乌镇集中办公。3月24日，桐乡市成立大会筹备工作领导小组，由市委书记、市长任组长，市委常委、常务副市长和市委常委、宣传部部长任执行组长，下设领导小组办公室和9个专项组，全市30个部门纳入筹备工作成员单位，制定《市级领导领衔参与重点工作责任分解方案》，保障筹备工作有序开展。3月，筹备工作领导小组办公室从全市抽调和公开选调30多名工作人员进驻乌镇集中办公。5月始，市委书记和市长轮流到乌镇指挥大会筹备工作，常务副市长全脱产驻点乌镇，确保第一时间解决工作推进过程中遇到的各类问题，同时选派1名市人大常委会副主任协助开展工作。8月28～29日，国家网信办工作组入驻乌镇集中办公，并于27～28日召开互联网大会筹备工作专题对接会，国家网信办副主任任贤良，省委常委、宣传部部长葛慧君等出席会议。9月16日，第二届世界互联网大会·乌镇峰会浙江承办工作领导小组会议暨动员大会在桐乡召开，省委常委、宣传部部长葛慧君，省委常委、常务副省长袁家军出席会议。9月，各专项组另行抽调20多名工作人员进驻乌镇集中办公，及时解决筹备工作中遇到的各类困难和问题。11月23日，桐乡市召开第二届世界互联网大会·乌镇峰会承办工作誓师大会。12月12日，桐乡市举行第二届世界互联网大会·乌镇峰会保障工作再动员再部署会议。领导小组办公室全力配合各级各部门进驻景区开展工作衔接，落实500多批次，计1万多人次开展相关工作。在大会总体方案指导下，各专项组整合各部门资源，制定会务接待、安全保卫等承办工作具体项目方案，形成“1＋10＋X”(1即大会筹备总体方案；10即领导小组办公室及九个专项组，计10个专项方案；X即专项组下属各工作小组的子方案)的方案体系。大会期间，各部门上报600多项问题全部落实解决。3月24日，经嘉兴市批复同意，成立专门负责承办大会的机构——桐乡市世界互联网大会承办工作委员会，作为市政府派出机构。

加大新闻宣传，营造大会氛围。桐乡市内以乌镇和主要沿线为重点，桐乡市外以首都、浦东、虹桥、萧山等4个机场和北京、上海、杭州、深圳等火车站为重点，投放大会形象宣传广告。策划乌镇镇区、景区的新闻亮点，做好会前、会中、会后的宣传报道。会前主动对接新华社、《人民日报》《经济日报》等25家国家级主流媒体开展“走进乌镇”活动；会中重点报道大会开、闭幕式及各场开放式论坛和活动，国内外嘉宾对大会的评价及社会各界对大会的热议；会后报道大会取得的丰硕成果，以及对桐乡互联网产业的积极影响和深远意义。

【精心安排会务接待】 2015年，互联网大会接待工作注重细节。前期排摸房源4863间，制定分房预案，根据嘉宾接待礼遇和规格，分配2400多间嘉宾用房。根据航班信息安排，志愿者一对一全程服务嘉宾报到。餐饮突出地方特色，兼顾嘉宾饮食习惯，为穆斯林和饮食禁忌的嘉宾专门安排菜单，景区在会议期间开设多个深夜食堂，方便嘉宾随

12月16日，“乌镇之夜”晚宴　　市委办提供

时用餐。设置定点医院两家，医疗保障点6个。落实各类嘉宾用车684辆，车辆统一检修，组织驾驶员专门培训。大会所有议程圆满完成，包括国家主席习近平为俄罗斯总理梅德韦杰夫举办的招待晚宴，配合央视直播50次、卫视论坛21场、新闻直播17场，完成30场次会议、40场次会见的会场布置，乌镇大剧院招待演出，完成大型自助餐47场次、嘉宾招待餐1万多人次。

【健全安全保卫组织架构】 3月，桐乡市成立市委副书记、政法委书记和市委常委、公安局局长为组长的安保领导小组，统一指挥协调全市安保工作。各镇（街道）和村（社区）成立领导小组或工作组。5月初，大会安保工作启动，市级和镇（街道）、部门结合职责分工和任务，制定安保方案预案，仅市级社会面安保工作方案预案达19个。9月下旬，安保工作进一步细化，从认识、措施、行动、保障四个方面全面升级。市领导带队重点督查各镇（街道），开展风险隐患排查整治工作。在全市范围开展“保平安、强服务、惠民生”为主题的基础信息大排查、安全隐患大整治、社会治安大侦防、服务效能大提升四大专项行动。强化防恐反恐措施，设立反恐指挥中心和直属警务室，集中开展治安、网络、视频、交通、消防五大安全环境整治。针对重点物品，加强对快递行业的管理，开展易燃易爆和危险化学品的排查整治工作，严格规范管理，确保安全可控。严格落实水电油气、学校、医院、车站、公交车、商业繁华区域和出租房屋等重点部位的安保责任制。高度重视网络系统安全，从7月始，多次扫描检查全市重要网站、网络系统、户外电子屏等，及时封堵漏洞，防范可能出现的网络攻击。排查整改网站170家，户外电子屏414块。全面木马扫描各单位所属网站，统一接入创宇盾云防护平台，严格执行24小时值班制度和安全事件报告制度。组织骨干力量赴北京、海南等地跟班学习安保工作。上级及兄弟单位抽调安保人员增援桐乡，抽调民警、协勤、武警、学员警、安检员等1万余人。

【组织“红袖章”万人大巡防活动】 11月26日，市委、市政府下发《“红袖章”万人大巡防活动实施方案》，12月11～19日在全市范围开展平安巡防活动。桐乡市委副书记、政法委书记蒋惠玲等市领导参加“红袖章”万人大巡防活动。参加巡防活动的人员有警察、协警、民兵预备役等专业队伍，党政机关、企事业单位的干部职工，村（社区）干部、“三小”组长，以及网格管理员、志愿者、环卫工人、物业管理人员等7万人次，其中11日近8000人次参与巡防活动。期间，协助抓获违法犯罪嫌疑人54人，协助破获案件18件，发放宣传教育资料7.53万份，帮助解决问题5962件，全市受理总警情和刑事警情数分别比上年下降43.8%和6.01%。

【组建“乌镇管家”群众队伍】 参见《街道镇发展概况·乌镇镇》中相关条目。

【桐乡市招募志愿者126人】 5月20日，第二届世界互联网大会志愿者招募工作启动，桐乡市志愿者招募工作同步启动。大会志愿服务组下发招募志愿者通知，由各单位负责招募优秀人员，重点招募机关年轻干部、大学生村官、团干部、外语人才。同时，依托团市委“青春桐乡”微信公众号开通网上报名渠道，通过桐乡新闻网、“桐乡发布”微信

12月17日，“红袖章”万人大巡防　　市互承委提供

号等媒体广泛发布招募信息。通过资格审查、面试，从 292 名报名人员中招募桐乡志愿者 126 人。11 月下旬，举办志愿者通识培训，培训“大会背景及互联网发展概况”“志愿者基本礼仪”“突发事件处置”“媒体应对与沟通”“外事工作规范”“桐乡及乌镇概况”等课程，其中部分骨干志愿者参加现场应急救护培训，并颁发“红十字救护员证”。12 月 10 日、14 日两次组织志愿者开展上岗演练，熟悉服务流程。志愿服务工作由省志愿服务部牵头，共分活动及会场服务组、记者及新闻中心服务组、酒店及医疗服务组、接送站及随车服务组、景区引导服务组、重要嘉宾服务组、报到注册及活动组、会展服务组、机动及后勤服务组、镇区岗点服务组等 10 组。志愿者服装选用融入互联网及乌镇元素的中式服装。大会期间，志愿者主要在大会会场、嘉宾住宿地、嘉宾接送地等区域开展翻译、引导、咨询等志愿服务。通过“部长—组长—工作人员（带队老师）—小队长—志愿者”五级组织协调和快速反应机制，志愿者完成各岗位的服务工作，对重要嘉宾进行一对一服务。志愿者服务嘉宾、记者及其他人员 3.6 万多人次。

互联网之光博览会展区　　市委办提供

互联网之光博览会

【概况】 12 月 15 日，第二届世界互联网大会·乌镇峰会互联网之光博览会在乌镇开幕。国家网信办主任鲁炜，浙江省委书记夏宝龙、省长李强，科技部副部长阴和俊，工信部副部长陈肇雄，网信办副主任王秀军、任贤良、庄荣文，省委宣传部部长葛慧君，常务副省长袁家军出席开幕仪式。开幕式后，夏宝龙、鲁炜为“中国互联网博物馆”揭牌。12 月 16 日，中共中央总书记、国家主席习近平视察博览会。博览会以“互联网之光”为主题，突出创新、协调、绿色、开放、共享的发展理念，设发展理念展示区、“互联网＋”主题区、创新展区和专场发布四大板块，展示中国互联网 20 年来的发展成就，中国对世界互联网发展的贡献，国际互联网最新技术、产品和应用。美国微软公司、美国国际商业机器公司（IBM）、德国独立软件公司（SAP）、韩国三星公司、巴西反病毒公司（PSAFE）、芬兰诺基亚等欧美、亚太、拉美等国家和地区的 258 家企业参展，2 万人次参观体验。此届博览会由国家互联网信息办公室、科技部、工业和信息化部、浙江省政府共同主办，浙江省互联网信息办公室、浙江省经济和信息化委员会、中国互联网络信息中心、桐乡市政府共同承办。场馆采用大跨度铝合金结构篷房，为临时性建筑，占地面积 3.5 万平方米，建筑面积 2.1 万平方米，8 月 3 日开工搭建，9 月 21 日移交浙江省经信委布展。

· 相关链接 ·

中国互联网博物馆

12 月 15 日，中国互联网博物馆开馆仪式在浙江乌镇举行，博物馆数字馆一期正式上线。中国互联网博物馆由国家互联网信息办公室、工业和信息化部、中国科学院、中国科协等单位指导，中国互联网络信息中心（CNNIC）、中国互联网协会主办，中科院计算机网络信息中心等单位共建，是中国首家以互联网为主题的官方博物馆。此次数字馆一期上线的展厅主要为历史馆，用户可登陆“www. internet. cn”或“互联网博物馆·中国”访问博物馆官方网站，或下载博物馆 APP 客户端体验。下一步，博物馆将不断建设新的展厅，人物馆、企业馆、技术馆等将相继上线。

【习近平视察互联网之光博览会】 12月16日，中共中央总书记、国家主席习近平视察互联网之光博览会。参观发展理念展示区，观看“智慧峰会”“智慧乌镇”介绍及互联网博物馆演示，并在展馆内通过网络摄像头与乌镇居家养老照料中心的老人进行视频通话。中共中央总书记习近平到“互联网＋”主题展区，视察国内外重点网络信息企业最新技术产品等成果，同马云、马化腾、李彦宏、周鸿祎、程维、雷军等企业家亲切交流，并亲自体验高科技产品。中央领导刘云山、王沪宁、栗战书、杨洁篪等，省领导夏宝龙、李强等，桐乡市领导卢跃东、盛勇军等陪同视察。

【全球互联网创新新技术与新产品集中发布】 2015年，互联网之光博览会的核心展区展出百度无人驾驶车、中国电信5G技术和工业云平台、诺基亚全景虚拟摄像平台、奇虎360公司全球网络攻击检测技术、SAP工业机器人、小米九号平衡车、阿里巴巴云中沙箱等14家知名互联网领军企业的首发产品及技术。大会期间，20家互联网领军品牌企业和61家成长型中小企业，举办多场各具特色的专场发布会，集中发布一批在电子商务、智慧城市、网络安全、公共服务等方面的新技术、新产品和新应用。参展的浙江本土企业80多家，涵盖电子商务、互联网金融、物联网、车联网、智慧物流、云计算与大数据等各领域。

【桐乡企业亮相互联网之光博览会】 2015年，互联网之光博览会上桐乡企业专门设立综合展位。桐乡市参展的6家企业是全市最具代表性的互联网领域的创业创新型企业，涉及智能电表、量子通信、智慧养老、物联网、互联网电商、智慧旅游等。参展企业分别是浙江永泰隆电子股份有限公司展出“U度节能管理系统”，这是一款集信息采集、数据分析、实时监控、安全警告于一体的智能电表系统；浙江神州量子通信技术有限公司展示量子核心设备和量子通信应用，现场设置两部使用量子网络的可视电话；桐乡市椿熙堂老年社会服务发展中心展示集居家养老服务照料中心、文体活动中心、社会组织孵化站、义工与志愿者服务站、社区便民服务于一体的乌镇智慧养老综合服务平台；嘉兴泛联通信技术有限公司展出物联网无线通信产品和传感器产品；浙江青韧网络科技有限公司展示智慧集群平台——“找货吗”网站；浙江溜溜云大数据科技有限公司展示互联网智慧旅游平台。

乌镇互联网创新发展试验区

【概况】 8月29日，浙江省政府批复同意设立乌镇互联网创新发展试验区。试验区以桐乡乌镇镇为核心，涵盖若干个特色功能区。试验区抓住世界互联网大会永久落户乌镇的机遇，大力营造有利于互联网经济发展的体制机制；建设具有国际先进水平的网络基础设施，加强网络安全保障；加快网络信息技术的推广应用，推动互联网与经济社会各领域的融合创新，大力发展基于互联网的新兴业态；着力增强互联网体验、交流合作、产业集聚、示范应用、人才培养、制度创新等“六位一体”功能，发挥互联

桐乡企业“找货吗”网站在互联网之光博览会上展出　市委办提供

网经济创新发展的示范引领作用，成为全省信息经济发展示范区、全国“互联网＋”发展的先行区。桐乡市利用乌镇核心区的集聚效应，依托桐乡经济开发区等载体，吸引国内外互联网高端企业、要素和人才汇集，推动基于互联网的“大众创业、万众创新”。至年底，浙大网新“互联网产业园”、挂号网“乌镇互联网医院”、腾讯“互联网＋”城市发展、量子通信网络建设及运营等50多个项目签约落户，总投资超100亿元。

【乌镇发布项目签约仪式举行】 12月17日，第二届世界互联网大会——乌镇发布会在互联网之光博览会上举行。国家网信办信息化发展局副局长董宝青，浙江省经信委副主任吴君青等出席发布会。桐乡市市长盛勇军向全球互联网创客和企业家们发表题为《你若能来，桐乡必不负你》的演讲。发布会现场有11个项目与桐乡签约，签约项目涉及互联网产业投资基金、互联网信息安全、互联网服务平台、大数据云平台、智慧医疗等方面。签约的项目分别是：浙商乌镇互联网产业投资基金、量子通信网络建设及运营项目、E安全新媒体产业合作暨互联网＋信息安全产业园项目、乌镇互联网创新创业服务中心项目、库得克（中国）质量管理应用云项目、车库咖啡加速器项目、果壳视界“互联网＋农业”大数据云平台项目、数联中国CT场景数字科技平台项目、贝壳社乌镇众创空间项目、创业软件O2O模式智慧医院整体解决方案项目、洛嘉荷马亲子农乐园项目。此次签约的乌镇互联网创新创业服务中心项目，已有10家企业入驻。

【全国首家互联网医院上线运行】 12月7日，桐乡市政府宣布全国首家互联网医院——乌镇互联网医院（wu. gov. cn）上线，推出乌镇互联网医院官方网站和手机客户端，为全国百姓提供以复诊为核心的在线诊疗服务。乌镇互联网医院开启“互联网＋”医疗的全新模式探索，医生和医生、医生和患者无须面对面，通过网络视频即可完成诊疗过程，包括开具电子处方和配药。乌镇互联网医院是桐乡市与互联网移动医疗平台微医集团（挂号网）共同合作创建，汇集全国27个省（市）1900家医院，其中，三甲医院接入率70%，汇聚20万名医生资源，注册用户1.2亿人，累计服务5亿人次。

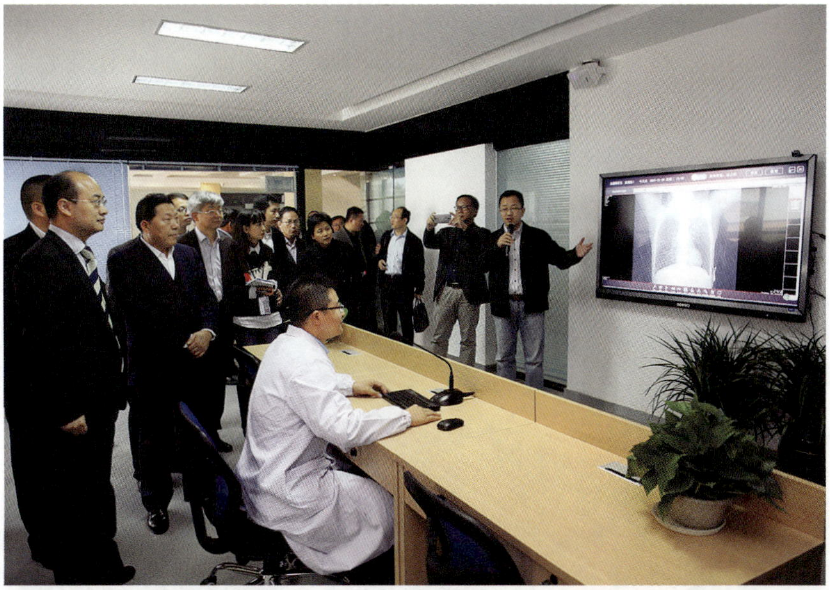

11月10日，中宣部副部长、国家网信办主任鲁炜（左二）调研乌镇互联网医院　　市互承委提供

【神州量子通信公司落户桐乡】 10月28日，浙江神州量子通信技术有限公司签约落户桐乡科创园，这是桐乡获批省级乌镇互联网创新发展试验区后引进的首个大项目。神州量子公司专注于量子加密技术的研发应用和量子通信网络的建设运营。其在桐乡成立的运营公司一期将投入1.7亿元，建设“杭沪量子商用干线”，这是国内首条量子商用干线，建成后实现沪杭区域内的政府、企业、金融机构等通信数据的绝密传输。二期将投入8亿～10亿元，建成量子通信的全省网络；三期将投入10亿元，建立覆盖华东、华南、华中、华北等四区的全国性量子通信网络。

【中国·乌镇互联网产业园建设】 参见《平台建设·经济开发区》中相关条目。

（徐振华）

农业

概　述

2015年，桐乡市加快发展精品农业、高效农业和生态循环农业，促进农业经济转型升级，构建现代农业产业体系，确保农产品有效供给。全年实现农业总产值44.29亿元，比上年减少2.9%；农村居民人均可支配收入27357元，比上年增长8.6%。

全市农作物种植面积5.62万公顷，比上年减少4.3%，其中粮食种植面积2.41万公顷，减少3%；经济作物种植面积3.21万公顷，减少2.43%。杭白菊种植面积3152.87公顷，减少10.2%，花蕾期、盛花期酸雾致杭白菊品质下降，公顷产值8.37万元，下降20.7%。榨菜种植面积3540公顷，公顷产量47.2吨。茭白种植面积913公顷，夏秋两季茭白总产量3.75吨，公顷产值19.36万元，效益维持在较高水平。饲养生猪21.25万头、湖羊49.47万头、兔60.61万只，分别下降70%、5.7%和5.8%；饲养家禽1437万羽，增长11.82%。水产养殖面积1742公顷，水产品总产量1.63万吨，分别增长2.1%和1.6%。饲养蚕种18.06万张，总产蚕茧9454吨，实现蚕茧产值3.12亿元，分别下降16.4%、6.6%和13.6%。城镇、农村造林绿化面积470.5公顷，29个村的“三个一”百亩片林项目通过验收，洲泉镇、河山镇创建为省级森林城镇，2个省级森林村庄、1个浙江省生态文化基地完成项目验收。粮油生产机械化水平进一步提高，水稻机插面积4733公顷，机插率36.1%；主要粮食作物机收率99%；全市粮食生产耕种收综合机械化水平达到80.5%，比上年提高1.7%。

年内，桐乡市农业生产以粮食生产功能区建设和现代农业园区建设为抓手，实现产业集聚化。新建粮食生产功能区20个、1420公顷，涉及崇福、濮院、洲泉、龙翔、河山、高桥、石门、大麻8个镇（街道）。开展粮食高产创建活动，新建1个部级粮食高产创建万亩示范片——崇福镇粮食高产创建万亩示范片，涉及联丰、上莫、芝村、五丰4个村、3844户农户，面积866.67公顷；建崇福镇民利村、石门镇春丽桥村、屠甸镇红星村、洲泉镇清河村、濮院镇红旗漾村5个省级水稻高产创建千亩示范片，面积493.33公顷，其中石门镇春丽桥村公顷单产11.61吨，高出目标单产1.11吨；建百亩示范方23个、253.33公顷，公顷单产9.43吨，比全市平均单产高9.5%；有高产示范户259户、面积206.67公顷。加快现代农业

石门现代农业综合区精品种苗基地　　市农经局提供

园区建设，全年投资1.46亿元，其中凤鸣蚕桑示范区、龙翔蔬菜（茭白）示范区通过省级验收。

推进土地整村整组连片流转，引导农业适度规模经营，全年新流转农村土地880公顷。规范农村土地整村流转项目管理，乌镇镇陈家村等25个村的农村土地整村流转项目流转土地3833公顷，获奖励资金427.4万元。2015年，市农经局编制《桐乡市农业招商项目手册》，精选投资500万元以上农业项目12个。全市农业实际投资项目47个（含接转项目），总投资5.11亿元。实施基地对接合作项目11个，其中果蔬项目7个，畜禽项目、水产项目各2个。新建接轨沪杭标准化、规模化水产、蔬菜、畜禽生产基地1066.7公顷。实现农产品对长三角地区销售额54.6亿元，比上年增长4.6%，其中对沪杭销售额39.4亿元，增长8.5%。积极培育现代新型农业经营主体，至年底全市有工商注册登记家庭农场389家，年内新增113家，其中农民专业合作社97家，新增2家。崇福张继东家庭农场等6家家庭农场被评为嘉兴市级示范性家庭农场，石泾粮油农机专业合作社被评为嘉兴市级示范性专业合作社，银海兔业专业合作社被评为浙江省示范性农民专业合作社，生欢食品有限公司被评为桐乡市级农业龙头企业，浙江联兴饲料科技有限公司被评为嘉兴市级农业龙头企业。2015年，全市农业经营主体实现农展会现场销售额395万元，达成意向订单204个，订货额2200万元。全市实现农产品电子商务交易额4.55亿元，比上年增长43.1%。

以打造"平安农业"为目标，建设农产品安全监管平台。整理修订原有地方标准规范，重新备案68项符合当前生产需要的农业化标准。2015年，桐乡市农业标准化程度63.12%，其中非畜禽类64.4%、畜禽类63.7%、水产养殖58.4%。全年农产品质量安全综合抽检495批次，合格率99.4%，其中省市以上质量监测212批次，合格率99.1%；桐乡市级质量监测283批次，合格率99.6%。快速检测4.3万份（批），综合合格率100%。强化"三品"（无公害农产品、绿色食品、有机农产品）认证和监管，全市有有效期内无公害农产品67个、绿色食品41个、有机农产品2个、农业地理标志1个，"三品"认证比例达到56.9%。

（陶稚彪　黄娜莎）

种　植　业

【概况】　2015年，桐乡市粮食种植面积2.41万公顷，总产16.42万吨，分别比上年减少3%、3.4%，其中晚稻种植面积1.31万公顷，总产11.3万吨，分别减少5.6%、5.2%。对粮食生产继续加大政策扶持力度，各镇（街道）进一步扩大建设粮食生产功能区，开展粮食高产创建活动，扩大推广粮食作物新品种、新技术。年内虽然受到夏秋季长期阴雨寡照和晚稻收获期长时间阴雨影响，但由于各项抗灾应变措施及时实施到位，粮食生产在灾年仍然取得较好收成。春粮种植面积、总产"双增"，晚稻单产创历史新高。粮食部门继续开展优质晚稻订单生产，与全市295户大户、5672公顷晚稻签订优质晚粳订单，订单价每千克加价0.32元，实际优质加价订单收购稻谷2.31万吨，比上年增43.5%。

2015年，全市经济作物种植面积3.21万公顷，比上年减少2.43%，其中蔬菜1.9万公顷、总产65.8万吨。榨菜种植面积稳定、质优、产高，种植面积3540公顷，公顷产量47.2吨。茭白种植面积913公顷，基本与上年持平，优质新品种"龙茭二号"及"浙茭9-11"种植面积超95%，夏秋两季茭白总产量3.75吨，公顷产值19.36万元。果用瓜种植面积1053.7公顷，因近年推广优质品种和设施栽培等新技术，品质、产量"双提升"，效益较好。油菜由于种植效益持续偏低，种植面积继续下降，种植面积2297.4公顷，比上年减少12.3%。杭白菊种植面积3152.87公顷，减少10.2%；总产9100吨，比上年减少7%，平均公顷产值8.37万元，比上年减少20.7%。

【示范推广晚稻机械化直播技术】　2013年，桐乡市开始试验示范晚稻机械直播技术。2015年，改良"窄行精量穴直播"机械，改进其配套高产技术。全市有晚稻精量穴直播机械19台，机械化精量穴直播2017公顷。多地开展高产高效示范，石门镇羔羊村10公顷晚稻秀水-134机械化精量穴直播示范方，经市农经局实割三块田产量验收，平均公顷单产10.02吨，对比人工直播，增产14.7%；崇福镇上莫村

74公顷晚稻秀水-134机械化精量穴直播高产示范方，经干谷实称，平均公顷单产9.56吨。

（郭恒德）

【榨菜种植面积稳定、质优、产高】 2015年，桐乡市榨菜种植面积3540公顷，较上年略有下降，因前期无重大灾害性天气，榨菜病害轻，生长良好，产量维持在较高水平，公顷产量47.2吨，公顷产值3.32万元。为配合“五水共治”，榨菜行业提倡净菜收购，经广泛宣传动员，以及行业协会巡查督促，菜农质量意识增强，投售榨菜净菜率达到80%，企业生产成本降低，用盐量减少15%以上，卤水排放量随之减少。

【杭白菊受天气影响品质下降】 2015年，桐乡市由于杭白菊主产区土地开发利用，种植空间进一步被压缩，全市种植杭白菊3152.87公顷，比上年减少10.2%。杭白菊生长期长势良好，但10月花蕾期、盛花期遭受重酸雾天气影响，花蕾及花朵严重灼伤、变质，植株抗性减弱，叶枯病与病毒病交叉感染，后期病害加重，杭白菊品质受到较大影响。杭白菊公顷产量2.88吨，比上年增长3.8%；胎菊收购价格15.1元/千克，比上年增长6.3%；朵花收购价格7元/千克，比上年下降5.4%；公顷产值8.37万元，下降20.7%。

（沈学根）

蚕桑业

【概况】 2015年，桐乡市蚕桑业低迷。全年统发蚕种15.05万张，比上年减少23.8%；饲养蚕种18.06万张，减少16.4%；总产蚕茧9454吨，下降6.6%；蚕茧平均价格32.97元/千克，下降3.9%；实现蚕茧产值3.12亿元，下降13.6%。由于张种卵量较多，张种平均产量创历史新高，达52.34千克。桐乡市饲养原蚕蚁量8.81千克，生产蚕种14.82万张，分别比上年减少17.35%、24.91%。其中，春期饲养原蚕蚁5.46千克，生产蚕种9.35万张，分别减少19.82%、30.48%；秋期饲养原蚕蚁3.35千克，生产蚕种5.47万张，分别减少12.99%、12.9%。全市桑园面积7162.67公顷，比上年减少3.94%。嫁接桑苗单株0.27元左右，成交量萎缩。合作社收购蚕茧1513吨，占全市总产量的16%。全市50张以上规模共育小蚕1.2万张，比上年多9%。年内，桑园施用某化肥致凤鸣街道、崇福镇、石门镇、梧桐街道春蚕中毒事件和葡萄种植大户违规使用药剂致屠甸镇两个村、160多张蚕种上山不结茧事件，经蚕业管理站等单位协调，两事件均得到妥善解决。

（吴纯清）

林业

【概况】 2015年，桐乡市造林绿化470.5公顷，植树102.74万株。其中，新建重点防护林239.3公顷，造林地段198个，植树65.3万株，平均成活率92.38%；新建一般防护林231.2公顷，绿化地段157个，植树37.44万株，平均成活率95.11%。年内，绿化景观专项整治投入1.1亿元，新增绿化面积60公顷，改造提升绿化面积66.67公顷。花卉苗木产业受经济形势影响，苗木销售量价齐跌，全年全市育苗木3133公顷，较上年减少295公顷，平均销售价格比上年下降约30%。年内，桐乡市在2014年成功创建省级森林城市基础上，继续实施绿化环境增量提质工程，推进通道绿化改造整治，实施“三个一”绿化提升行动。新创建成功省级森林城镇2个，省级森林村庄2个，嘉兴、桐乡两级绿化示范村13个，29个村完成“三个一”百亩片林项目验收。至年底，全市有省级森林城镇4个，省级森林村庄12个，嘉兴、桐乡两级绿化示范村113个。2015年，桐乡市被评为浙江省“1818”平原绿化行动先进集体。“十二五”期间，桐乡市新增林木面积4.46万亩，林木覆盖率达到24.9%。

·相关链接·

浙江省“1818”平原绿化行动

平原绿化是“森林浙江”建设的重点。2011年，浙江省提出在“十二五”期间，全省平原力争新增林木面积180万亩以上；到2015年全省平原林木覆盖率提至18%以上，简称为“1818”平原绿化行动，包括森林屏障建设、森林通道建设、森林村庄建设、森林城市（城镇）建设、森林网络建设和森林文化建设。

（沈思杰）

水产业

【概况】 2015年，桐乡市水产品

总产量16336吨，比上年增长1.6%。其中，捕捞产量2920吨，比上年增长21.5%；养殖产量13416吨，比上年减少1.9%。渔业一产总产值43576.1万元，比上年增长2.7%，其中捕捞产值2971万元，实现捕捞增加值1780.7万元；养殖产值39900.9万元，比上年增长0.9%，实现养殖增加值13765.8万元；水产苗种产值704.2万元，比上年下降26.2%。养殖品种22个；养殖面积1742公顷，比上年增长2.1%。

【桐乡市首个省级现代渔业主导产业示范区通过验收】 大麻海北圩水产专业合作社甲鱼主导产业示范区2010年9月申报创建省级现代渔业主导产业示范区，2011年11月该示范区被列入第四批省级现代渔业园区创建点。5年来，该示范区以浙江省淡水水产研究所和桐乡市水产工作站为技术依托，引进中华鳖日本品系，采用甲鱼两段法养殖模式，实行标准化生产，推广应用生物制剂、底增氧等生态修复技术和生物质颗粒燃料节能治气技术，尾水处理后循环使用，病死甲鱼无害化处理，获发明专利1项、实用新型专利3项，注册“海北圩”商标。2015年6月12日，该示范区通过省海洋与渔业局验收，成为桐乡市首个省级现代渔业主导产业示范区。

（吕伟清）

畜 牧 业

【概况】 2015年，桐乡市年末生猪存栏4.59万头，年内出栏16.66万头，分别比上年减少53.66%和72.61%；年末湖羊存栏22.25万头，年内出栏27.22万头，分别减少0.22%和8.29%；年末家禽存栏285.05万羽，减少3.4%，年内出栏1151.95万羽，增长16.36%；年末兔存栏14.4万只，减少18.95%，年内出栏46.21万只，增长7.02%。肉类总产量3.5万吨，减少43.27%。畜牧业总产值10.72亿元，减少13.2%。除生猪、蛋禽养殖外，其余畜禽养殖效益均不佳。进一步完善可追溯体系，境内分销生猪实行动物检疫信息追溯凭证管理，进一步优化死亡动物无害化处理模式，完善“规模场定点暂存、镇（街道）统一收集、工厂集中处理”机制。

【生猪规模化养殖全覆盖】 2015年，桐乡市推进生猪区域退养工作，5个镇（街道）、164个村退养生猪，全市实现生猪100%规模化养殖，有13家生猪规模化养殖场。年内，规模化养殖场改善设施设备，其中12家完成生态化治理，通过达标排放验收，5家成功创建为省级生猪标准化示范场。各规模化养殖场优化饲养模式，探索发展“污染可治、疫病可防、环境可控、优质安全”现代畜牧业，培育了“嘉华智能化全封闭养猪模式”“濮院、梧桐等适度规模户聚集模式”和“双丰农牧结合模式”等。

（张晓萍　张晓露）

水利建设

【概况】 2015年，桐乡市以“五水共治”为主线，加大水利投入，加强水利建设，提升水利对经济社会发展的支撑保障作用，全年水利建设投入11.2亿元。扩大杭嘉湖南排工程（桐乡段）年内开工，完成投资8亿元。全国河道治理重点县综合整治试点工程年内投资1.12亿元，屠甸、梧桐、洲泉西、崇福东、大麻、河山、乌镇、高桥、崇福西、洲泉东10个项目区整治河道140千米。“清三河”专项行动投入768万

扩大杭嘉湖南排工程（桐乡段）开挖现场　　市水利局提供

元，清淤河道110条、80千米。全国重点地区中小河流治理工程年内投入5497万元，综合整治河道19.8千米，王母桥港、董家桥港续建工程完工，无量桥港治理工程完工并通过验收，西圣埭港河道整治工程开工，灵安港河道生态治理工程被评为2015年浙江省河道生态建设示范工程。第五批全国小型农田水利重点县工程2014年度项目6月完工，2015年度项目投资5339万元、12月完工。中央财政农田水利资金项目县申报成功，2015年度工程10月开工，年内完成投资2600万元。屠甸千金省级圩区续建工程年内投资809万元。实现农田水利工程长效运行管护全覆盖。在石门镇开展小型水利工程建设与管理体制改革试点。2015年，桐乡市实行取水户取水计划管理，市水利局依法审批取水许可11件，征收水资源费1243万元。重新启动生产建设项目水土保持方案审批，全年审批项目13个，验收项目9个，征收水土保持费68.26万元。节水型社会建设工作通过省级终期评估。加强水行政执法，巡查河道87次、1337千米，审批涉河、涉堤（占用水域）项目60个，征收占用水域补偿费用93.11万元，调查核对水域变化123处。强化工程监督管理，专项检查各镇（街道）水利工程招投标情况。加强水利安全生产工作。开展河道整治、汛期安全生产、在建水利工程等专项检查。高桥、屠甸、凤鸣、石门、河山、洲泉、濮院、龙翔8个水位观测站进行规范化建设。成功防御4月初、6月底两次持续强降雨及第9号台风（灿鸿）、第13号台风（苏迪罗）、第21号台风（杜鹃）。防汛（南排）物资储备基地年内完工。

· 相关链接 ·

扩大杭嘉湖南排工程（桐乡段）、杭平申线航道改造工程（桐乡段）

扩大杭嘉湖南排工程，是2015年国务院确定的172项重大水利工程之一和太湖流域水环境综合治理五大工程之一。杭平申线航道改造工程是浙江省政府确定的重点水运建设项目。杭平申线航道改造工程（桐乡段）与扩大杭嘉湖南排工程（桐乡段）运东部分重合。扩大杭嘉湖南排工程（桐乡段）自东向西横穿屠甸、梧桐、凤鸣、石门、崇福、洲泉6个镇（街道），涉及26个村（社区），长37.5千米（运东段20.9千米、运西段16.6千米），概算投资30.4亿元，是桐乡市工程建设史上迄今投资规模最大、影响范围最广的工程项目。2015年8月，嘉兴市政府、嘉兴市太湖流域水环境综合治理水利工程指挥部（嘉兴市杭嘉湖南排工程管理局）分别与桐乡市政府签订《建设协议书》，委托桐乡市组织实施桐乡段工程建设。8月20日，桐乡市政府成立桐乡段指挥部，指挥部下设办公室（运东段工作组、运西段工作组）。工程沿线镇（街道）、开发区相应成立工作组。10月9日，召开扩大杭嘉湖南排工程（桐乡段）、杭平申线航道改造工程（桐乡段）建设动员大会。12月24日，召开开工现场会，运东段、运西段开工建设。至12月底，工程完成建设投资8亿元。

【无量桥港河道治理工程完工】 无量桥港位于桐乡市西北部，自西向东流经河山镇、石门镇，是一条连通含山塘和白马塘的重要县级河道，全长11.11千米。无量桥港河道治理工程属全国重点地区中小河流治理项目，总投资2495万元，防洪保护区面积39.3平方千米，保护人口2.8万人、耕地面积1841公顷。2014年3月开工，2015年5月完工。新建堤

治理后的无量桥港　　市水利局提供

防4.69千米，加固堤防1.36千米，新筑护岸4.58千米，河道堤岸生态防护采用预制球、预制块等生态护岸，护坡及堤顶配种杨柳、水杉、红叶石楠等，营造乔木、灌木、草坪相结合的植物模式，既护岸固土、防治水土流失，又改善水环境、美化人居环境。

【“清三河”专项行动完成】 桐乡市2014年起实施“清三河”专项行动，2015年底完成，累计投资3300万元，疏浚河道530条379千米，清淤土方430万立方米，其中2015年度完成清淤河道110条80千米，清淤土方96万立方米。经过专项清淤的河道，水质基本达到Ⅳ类或Ⅲ类。

【实现农田水利工程长效运行管护全覆盖】 桐乡市2012年起试点农田水利工程长效运行管护，2015年实现农业村全覆盖，管护村从最初的6个增至164个，受益耕地面积3.89万公顷，管护村农田水利工程实现“四无三少”（设备运行无故障、水渠通畅无堵塞、农田排灌无灾害、群众满意无投诉，维修费用少、排灌费用少、设备耗能少）。修订《桐乡市农田水利工程长效运行管护管理办法》，推广村级排灌协会制度，各村成立以受益农户为会员的水利排灌管理协会，实行区域集中管理，落实各项工作制度，根据管辖区域内的水利工程情况，聘用专职水利工程管理员，建立水利工程运行管护队伍，签订管理合同，明确管理职责。农田水利工程长效运行管护资金主要由市财政补助和镇（街道）、村自筹。市财政每年每亩最高补助20元，每年进行农田水利工程长效管护考核，以实绩定补助，2015年下达管护资金1132.98万元。

【汛情灾情】 2015年，桐乡市平均降雨1522毫米，其中汛期（4～10月）平均降雨940.2毫米。梅雨期36天，6月7日入梅，7月12日出梅，雨日25天，全市平均降雨303.2毫米，其中崇德水文站测得317.5毫米、乌镇水文站307.5毫米、桐乡水文站284.5毫米。9号台风“灿鸿”出现在梅雨期后期水位较高时，台风带来强降雨造成持续高水位，产生局部汛情。年内最高水位：崇德水文站7月6日测得2.33米，乌镇水文站7月5日2.23米，桐乡水文站7月6日2.26米。

（闫宝迎）

农业机械化

【概况】 2015年，桐乡市农机装备水平、农机作业水平和农机安全生产水平均有提高，农机装备结构进一步优化。农业机械化投入3001.64万元，年末农业机械总动力30.49万千瓦。全年农机经营总收入2.57亿元，经营利润1.13亿元。机耕作业面积2.41万公顷，农机运输作业量3950.98万吨/千米。主要粮食作物综合机械化水平80.5%，比上年提高1.7个百分点。粮食机械化收割面积1.68万公顷，机收率99%，机械化种植面积4733公顷，机栽率36.1%。新建粮食烘干中心2个、农机维修中心1个，10个村整村推进水稻机栽。下达各级农机财政补贴资金994.21万元（中央补贴624.11万元、省补贴43.6万元、市级配套补贴资金326.5万元）。根据《2015年桐乡市水稻机械化栽植服务“以奖代补”实施办法》，抽查散户水稻机械化栽植服务组织2家，核补资金1.51万元。年内，市农机监理站检验运输型拖拉机944台，全市上道路拖拉机年检率90.5%；免费实地安检农业机械680台，农田作业机械年检率91%；排查单位39家，发现整改安全隐患21个；发送农机安全警示短信4.09万条，组织农机安全咨询和农机安全教育培训。继续对高耗能农业机械报废实施补偿，报废拖拉机96台，补偿20万元。市农业机械化技术学校举办拖拉机驾驶员培训3期，培训学员48名；培训农村“两创”（创新、创业）实用人才833名。

（沈学成　沈晓晖）

【首次引进航空植保无人机】 2015年，市大运河农机粮油专业合作社联合社试验性引进农鹰4DE1000多旋翼植保无人机1架。该智能植保无人机与传统植保作业相比，省工省力，高效安全，其中喷药效率比传统人工作业提高100倍左右。同时，无人机可GPS定位，智能化控制飞行高度、速度和喷药雾量、雾点大小及喷药速度等，一次起降作业10分钟左右，可施药作业面积1公顷。

【完成农业部水稻生产全程机械化示范项目】 2014年，桐乡市水稻生产全程机械化示范项目被列为农业部水稻生产全程机械化示范项目，获中央财政补助

农业部水稻生产全程机械化示范项目　　市农经局提供

资金50万元，涉及龙翔街道、石门镇和崇福镇，示范连片面积1353公顷。2015年，该项目依托5家粮油农机专业合作社，完成机耕1333公顷、机播403公顷、机插秧923公顷、机植保1327公顷、机收（含跨区作业）1330公顷、机械烘干1.46万吨。创建了5个水稻生产全程机械化示范片、6个核心示范方。开展机械化精量穴直播与手工撒播、手扶小型拖拉机耕作与大中型拖拉机耕作对比试验，采集分析数据，完成各项技术对比的成本测算。召开水稻生产机耕、育插秧、穴直播、统防统治、粮食烘干等农机作业现场会5次；培训农民518人次。

（朱新龙）

农业科技

【概况】 2015年，桐乡市完善农业信息网络服务平台的服务功能，强化信息资源开发与应用服务。东方农业信息网发布信息5506条，年浏览量30万次。市农经局新浪官方微博——“桐乡三农”强化宣传，发布博文920篇。运用大数据、云计算等，综合分析26种种养品种8年来的生产成本、产品、产值和收益，举办信息发布会，发布生产效益情况和发展趋势。市“12316”为农服务中心（农技110）全年受理电话咨询564个、网络咨询24个，接待处理来人来访咨询283人次。农民信箱年内新增注册用户1317户，累计4.26万户，年内开发推广农民信箱手机版，至年底，有掌上农民信箱（APP）用户2553户。全年农民信箱系统发布公共信息2638条、买卖信息547条，发送邮件468.56万件、短信711.4万条，开展“每日一助”农产品销售短信服务，实现农产品销售额426.15万元。实施“电子商务进万村”工程，建农村淘宝服务站52个，帮助农村居民网络代购5.93万单、1000多万元。全市278个农业主体全年完成农产品电子商务交易4.55亿元，比上年增长43.1%。全年培训农民5973名（农村实用人才培训833名、“双证制”培训1011名、农业专项技术培训1191名、其他普及性培训2891名、学历教育47名），新增农村实用人才210名。完善新型农技推广体系，确定科技试验示范基地5个，培育科技示范户481户，选聘80名技术指导员参加省业务知识更新培训。重新制定《桐乡市责任农技推广人员考核办法》，聘任首席专家15名、农技指导员82名、责任农技员172名，聘期一年。做好农口大学生定向培养，定向培养本科新生6名，其中农林经济管理专业4名。统筹生态循环农业整建制推进工作，制订实施《桐乡市化肥减量增效实施方案》《桐乡市农药减量实施方案》和《石门省级样板示范区创建实施方案》。至年底，8个生态循环农业示范建设主体通过省级示范主体检查验收，成为桐乡市首批省级示范主体。申报国家级区域生态循环农业部农业综合开发项目1个。

（夏建兴　戚新月）

【加快智慧农业建设】 2015年，桐乡市整合信息技术与农业技术，加快智慧农业建设。开发运行“掌上农民信箱”“农技通”等4个农业信息与服务APP移动互联网微系统产品，93个农技专家（种养大户）配备使用“农技通”移动互联网农技服务终端。新建1个农业物联网应用示范基地——浙江华腾牧业公司智慧牧场。建立市农产品质量安全追溯平台，698个生产主体纳入追溯管理。组织开展智慧农业发展专题调研，完成《关于加快“智慧农业”建设促进农业转型升级的建议》专题调研报告。促进“互联网＋农业”发展，农业物联网示范工程建设项目被列为浙江省国家农村信息化示范项目。启动国家农村信息化示范县建设，市政府出台《桐乡市推进智慧农业建设实施意见》，把智慧农业纳为新型农业现代化主要内容，在全省率先部署智慧农业建设工作，系统部署未来几年全市智慧农业发展的目标任务、建设重点和工作安排。

（夏建兴）

【“恒生模式”入选省现代生态循环农业十大创新模式】 7月1日，由浙江省农业厅、浙江日报社联合举办的浙江省首届现代生态循环农业创新大赛决赛在浙江大学紫金港校区举行。桐乡市农经局选送的“死亡动物无害化处理及资源化利用技术”以总分第一的成绩，入选浙江省农业水环境治理暨现代生态循环农业十大创新技术与模式。“死亡动物无害化处理及资源化利用技术”由桐乡市恒生动物生物处理厂2013年自主研发设计，国内首创。其核心是将死亡动物进行分割、高温高压熟化灭菌及粉碎，然后添加配方辅料，混合制成蝇蛆的培养基质，剩余物经发酵等工艺制成优质生物有机肥。整个过程零污染、零排放。同时，桐乡市按照“政府主导、市场运作、统筹规划”原则，构建病死动物收集、运输服务体系，建立死亡动物无害化处理长效机制。

（戚新月）

农业综合开发

【概况】 2015年，桐乡市农业综合开发工作以项目建设为抓手，建设现代蚕业特色园、高标准农田，扶持龙头企业和农民专业合作社，执行“五制”（项目法人制、资金和项目公示制、工程施工招投标制、工程质量监理制、工程结算审价制），强化项目资金使用监督、工程质量监督、建设进度监督、工程管护监督和廉政建设监督，提高项目建设管理水平。2014年9月，2014年度农业综合开发建设任务启动，2015年12月底，五丰高标准农田建设项目和湘庄高标准农田建设项目通过验收；10万只獭兔全自动化养殖场扩建项目完工；2014年度国家级扶持“一县一特”产业化发展项目（即市现代蚕业特色园项目），累计完成总进度的70%。2015年9月，2015年度农业综合开发建设任务陆续启动，农业综合开发土地治理建设项目（上市高标准农田建设项目和落晚高标准农田建设项目）至年底完成20%。

【2014年度土地治理高标准农田示范工程完工】 11月，桐乡市2个2014年度土地治理高标准农田示范工程完工。五丰高标准农田建设项目投资1835万元，涉及崇福镇的五丰、芝村、利顺3个村，开发规模633公顷；湘庄高标准农田建设项目投资1830万元，涉及高桥镇的湘庄、骑力2个村，开发规模633公顷。两项目区新建排灌泵闸站32座，修建排灌泵闸站2座，新筑“U”形渠道29.56千米、生态护岸1.97千米、机耕路50.92千米，新建大棚及喷滴灌16公顷、机耕桥7座，改建机耕桥1座，新栽、补植农田防护林17.6公顷。年内，项目区开展科技示范推广353公顷，技术培训839人次。

【2014年度产业化财政补助项目完工】 12月，桐乡市完成2014年度产业化财政补助项目1个，即桐乡市10万只獭兔全自动化养殖场扩建项目。该项目位于石门镇殷家漾村，由桐乡市银海兔业专业合作社实施，总投资312.1万元，其中省以上财政补助资金180万元、市财政配套资金20万元、合作社自筹资金112.1万元。项目建成后新增10万只獭兔饲养能力，整个养殖场达到年出栏30万只獭兔的规模。

（冯玄琰）

湘庄高标准农田建设项目内一新建的泵站　　市农综办提供

概　　述

2015年，桐乡市有省级工业区2个，镇工业集中区11个。至年底，全市产业平台累计开发面积5082.73公顷，累计投入基础设施建设资金109.9亿元，建成创业中心和标准厂房210.81万平方米，入驻投产企业2503家。洲泉镇入围嘉兴市转型升级甲级工业园区，石门镇入围嘉兴市转型升级乙级工业园区。全市规模以上(年销售收入2000万元以上)企业1111家，其中年销售收入超亿元企业223家，超5亿元企业35家，桐昆集团、新凤鸣集团主营业务收入超百亿元。新增浙江海得新能源有限公司和浙江中辉皮草有限公司2家省级企业技术中心，桐乡市致远环保科技有限公司等15家嘉兴市级企业技术中心。浙江内曼格机械制造有限公司等2家公司的2个产品被认定为2015年浙江省装备制造业重点领域首台(套)产品，浙江伟联科技有限公司等4家公司的4个产品被认定为2015年嘉兴市装备制造业重点领域首台(套)产品。巨石集团有限公司等5家公司的5个产品入选2015年浙江省优秀工业新产品(新技术)。纺织、服装鞋帽、皮革皮毛、化学纤维、建材等五大传统优势产业有规模以上企业728家，实现主营业务收入925.8亿元；新能源、新特材料、机械制造、电子信息等四大新兴产业有规模以上企业251家，实现主营业务收入385.9亿元。

桐乡市坚持以"工业强市"建设为引领，深入推进"六大倍增""两改两创"等重点工作，积极应对经济下行压力，工业生产基本稳定。全市规模以上工业完成工业总产值1358.4亿元，比上年下降0.6%，其中新产品产值577.31亿元，增长0.4%；实现销售产值1307.93亿元，下降2.4%，产销率96.3%，其中出口交货值177.16亿元，下降3.1%。主要产品化纤产量增长25.4%、印染布下降1.7%、纱增长7.7%、轻革下降3.4%、皮鞋增长11.6%、服装增长1.1%，水泥增长1%、玻璃纤维增长31.8%。化纤、纺织、建材、皮革皮毛业分别实现产值412.1亿元、258.3亿元、113.2亿元、99.7亿元，分别下降5.1%，增长4.7%、18.5%、3.6%。规模以上企业实现主营业务收入1305.07亿元，下降1.2%；实现利税124.63亿元，增长6.9%，其中利润75.46亿元，增长7.4%。规模以上企业账面亏损企业99家，亏损额3.23亿元。全年完成工业生产性投入194亿元，增长11%。其中，技改投入163.5亿元，占生产性投入84.3%；设备投入141.7亿元，占生产性投入70.5%。全市101项3000万元以上重大工业项目，累计完成投资额87.7亿元，占全市工业生产性投入完成总额的45.2%，完成3000万元以上项目当年计划投资的122.7%。全市引进内资项目239个，实到内资103.4亿元，实到内资注册资金37亿元。

深入推进濮院320创意广场等工业设计基地建设，认定省级工业设计中心2家。深化企业管理创新诊断服务活动，完善精细化管理示范企业培育机制，培育振石集团华美新材料有限公司等7家企业为2015年度桐乡市管理创新示范企业。推进两化(信息化和工业化)深度融合，举办规模以上企业互联网知识轮训班，积极提升桐乡市两化融合指数和信息化水平。全市实施两化融合项目100个，总投资49亿元，入选浙江省两化深度融合国家示范区，两化融合发展指数73.88，比上年提高11.4%。发展互联网经济，发布《中国(乌镇)互联网产业基地建设与发展规划》，争取国家、省有关政策支持。桐乡市入选2015年省级信息经济发展示范区(基地)，浙江省政府批复同意设立乌镇互联网创新发展试验区，挂号网“乌镇互联网医院”、量子通信网络建设及运营等互联网项目先后落户桐乡。全面推进智慧城市建设，市经信局、市发改局出台《桐乡市“智慧城市”建设规划》和《桐乡市乌镇互联网小镇建设方案》，以智慧项目建设为载体，促进信息技术应用，推进“智慧城市”和乌镇“互联网小镇”建设。加快“退低进高”，强化要素保障。全年腾退工业类低效用地项目45个，腾退面积128.29公顷；实施“进高”项目9个，利用土地16.38公顷，总投资7.4亿元，每公顷4525万元。淘汰落后产能，嘉兴市级以上项目20个，涉及企业207家，淘汰设备3186台（套），腾出用能空间1.07万吨标煤，减少化学需氧量排放28.4吨。淘汰小锅炉326台，实施机制丝绵及砂石料加工“低小散”企业整治，85家企业完成整治。全年工业用电68.6亿千瓦小时，增长5.9%。规模以上工业总能耗281.3万吨标准煤，增长3.4%，单位工业增加值能耗下降1.9%。加大光伏项目推广力度，促进新能源应用。建成河山、洲泉2个渔光互补发电项目，新增巨石集团、桐昆集团等一批屋顶分布式光伏发电项目，并网装机容量95.7兆瓦，在建容量28.1兆瓦，完成投资7.8亿元。

【桐乡市入选浙江省两化深度融合国家示范区】 11月17日，省经信委公布2015年两化深度融合国家示范试点区域名单，桐乡市成功入选两化深度融合国家示范区，是嘉兴地区唯一入选市（区）。2015年，桐乡市结合“智慧城市”建设和“机器换人”工程，排摸确定智能化新产品与装备开发、机器联网等九大类100个两化融合重点项目，明确相关部门及镇（街道）职责分工，强化推进。同时，开展企业“三个一批”（打造一批总部型智慧企业、培育一批两化融合示范企业、带动一批信息化应用企业）建设，形成示范效应，有国家级两化深度融合示范企业1家，省级总部型两化深度融合示范试点培育企业2家，嘉兴市级两化深度融合示范企业19家、两化深度融合试点企业5家。开展优秀应用项目推选，帮助桐昆集团“产供销一体化协同系统”等企业的7个两化融合项目、信息化应用项目争取省级扶持资金。

【正泰—巨石14兆瓦光伏项目通过竣工验收】 9月17日，桐乡正泰光伏发电有限公司—巨石集团14兆瓦分布式光伏发电项目通过竣工验收。正泰—巨石14兆瓦光伏项目安装在市经济开发区的巨石集团厂房屋顶，涉及巨石攀登电子基材有限公司、振石集团华美复合新材料有限公司、振石集团恒石纤维基业有限公司4个厂区，安装面积近20万平方米。该光伏项目总投资1.12亿元，预计年发电量1420万千瓦小时，年可节约标准煤5040吨，减少排放二氧化碳1.4万吨、二氧化硫420吨，减少粉尘3800吨，项目已并网发电。至此，桐乡市光伏发电总装机容量139.53兆瓦。

【浙江华友钴业股份有限公司公开发行A股】 1月29日，浙江华友钴业股份有限公司在上海证券交易所举行首次公开发行A股上市仪式。股票简称“华友钴业”，股票代码603799，发行价为4.77元。此次公开发行股份9100万股，全部为新股，不发售老股，总股本53519万股。网下初始发行6370万股，占发行总量的70%；网上初始发行2730万股，占发行总量的30%。开盘当日涨幅44.03%，首次公开发行募集资金4.34亿元。

2015年桐乡市工业区建设情况表

表9

工业区名称	规划面积（公顷）	已开发面积		进区企业总用地面积		进区投产企业		基础设施投入		
		历年累计（公顷）	其中：年内新增（公顷）	历年投产企业（公顷）	在建企业（公顷）	历年累计（个）	年内新增（个）	历年累计（万元）	2015年累计（万元）	比上年（±%）
梧桐街道工业区	1315	393.27		234.13	41.27	285	23	62061	964	－16.9
凤鸣街道工业区	329.73	150.73		93.53	6.67	78	1	8904		

续表 9

工业区名称	规划面积（公顷）	已开发面积 历年累计（公顷）	已开发面积 其中：年内新增（公顷）	进区企业总用地面积 历年投产企业（公顷）	进区企业总用地面积 在建企业（公顷）	进区投产企业 历年累计（个）	进区投产企业 年内新增（个）	基础设施投入 历年累计（万元）	基础设施投入 2015年累计（万元）	基础设施投入 比上年（±%）
龙翔街道工业区	333.33	153.33		126.07	5.8	124	13	31551	2089	3.6
乌镇镇工业区	131.87	104.07		71.47	3.87	42	2	10520		
屠甸镇工业区	300.73	200.73		125.33	6.4	160	2	21393	298	−53.0
大麻镇工业区	337.07	84.87	6	62.07	6	122	11	7772		
石门镇工业区	400	215.8		177.13	13.07	179	15	47780	5063	32.5
河山镇工业区	150	88.13		42.47	9.87	43	2	15484	135	10.7
临杭经济区	2150	349.07		268.4	33.33	87	12	91665	6192	3.2
其中：核心区	668	87.47		70.4	22.07	4	1	42259	5500	0.0
其中：洲泉区	561.93	261.6		198	11.27	83	11	49406	692	37.8
高桥新区	1106	126.67		74.6	1.8	41	3	84306	6405	−30.5
崇福经济区	740.67	407.53	14.47	346.87	24.87	358	10	113806	9617	−0.8
小　计	7144.4	2274.2	20.47	1622.07	152.93	1519	94	495242	30763	−11.9
经济开发区	5904.8	2400	66.67	606.07	48.73	356	19	442878	48080	62.0
濮院针织产业园区	1700	408.53	9.87	228.2	22	628	13	168552	15485	20.0
合　计	14749.2	5082.73	97	2456.53	223.67	2503	126	1106672	94328	21.7

2015 年桐乡市工业区产出情况表

表 10

工业区名称	全部工业总产值 累计（万元）	全部工业总产值 比上年（±%）	规模以上工业产值 累计（万元）	规模以上工业产值 比上年（±%）	利税总额 累计（万元）	利税总额 比上年（±%）	应交税金 累计（万元）	应交税金 比上年（±%）
梧桐街道工业区	692945	8.3	610874	19.6	82680	8.0	33285	18.8
凤鸣街道工业区	887235	19.7	650858	5.6	98599	26.7	22649	4.5
龙翔街道工业区	391587	−6.8	245896	1.9	17283	−2.7	8426	−3.7
乌镇镇工业区	193846	11.2	172519	14.5	19250	5.6	9700	28.7
屠甸镇工业区	642851	15.4	504651	18.2	68667	24.7	31845	18.4
大麻镇工业区	260082	−17.6	234074	30.5	19148	−10.7	8486	−3.9
石门镇工业区	696000	−8.7	431300	−21.0	51470	−16.3	20270	2.8

续表 10

工业区名称		全部工业总产值		规模以上工业产值		利　税　总　额		应　交　税　金	
		累　计（万元）	比上年（±%）	累　计（万元）	比上年（±%）	累　计（万元）	比上年（±%）	累　计（万元）	比上年（±%）
河山镇工业区		281380	34.9	264157	31.4	17976	75.4	9473	30.7
临杭经济区		2741868	−11.0	2727316	−10.9	130022	−8.3	54782	−1.0
其中：	核心区	890784	−18.7	890784	−18.7	22638	−23.3	8482	17.6
	洲泉区	1851084	−6.8	1836532	−6.5	107384	−4.4	46300	−3.8
高桥新区		600729	−0.6	588950	−0.6	71026	−1.4	20365	−20.2
崇福经济区		1687938	2.6	1481688	2.9	173652	4.8	54674	5.9
小　计		9076461	−0.8	7912283	−0.7	749773	4.4	273956	4.9
经济开发区		3785708	12.0	2453660	1.4	358845	13.8	173539	6.7
濮院针织产业园区		1851653	25.7	439460	5.8	101675	9.6	35759	−1.1
合　计		14713822	5.1	10805403	0.0	1210293	7.5	483254	5.7

（吴国良）

纺织服装

【概况】 纺织服装业是桐乡市工业经济的传统产业和主导产业之一。2015年，全市有规模以上纺织服装企业501家，实现工业总产值336.3亿元，占全市规模以上工业总产值的24.5%；实现销售收入325.89亿元，增长8.7%；实现利税34.58亿元，增长7%，其中利润19.15亿元，增长6.3%。全市纺织服装业新增浙江省名牌产品1个，嘉兴市著名商标7个、嘉兴市名牌产品1个。

桐乡市纺织服装业经过多年发展，形成毛针织服装、家纺布艺、植绒、绢纺、蚕丝被等特色产业集群。毛针织服装以濮院镇羊毛衫市场为中心，与屠甸镇、梧桐街道、龙翔街道等地形成完整的生产、销售产业链。全市毛针织服装企业8000多家（含个体户）。规模以上毛衫针织企业164家，占全市规模以上企业总数的15.4%；实现产值107.3亿元，占全市规模以上企业产值的7.8%。10月13～15日，参加在上海举行的2015“PH Value时尚第一汇”活动，组织8家毛衫企业、3家原创设计工厂和1家专业市场，组成濮院毛衫时尚小镇主题展馆，展馆面积360平方米，展出羊毛衫、羊绒衫、双面呢大衣等。家纺布艺主要集中在大麻镇、洲泉镇，以大麻镇特色工业功能区为支撑，专业化市场为依托，销售覆盖全国各省，远销欧美、中东、东南亚、日本、韩国等多个国家和地区，成为大麻经济的支柱产业。2015年，该镇有家纺布艺企业3120家（含个体户），规模以上家纺企业66家，实现产值27.1亿元；实现销售收入22.78亿元，增长9.2%；实现利润1.18亿元，增长14.6%。该镇家纺从业人员1.25万人，有剑杆机8030台，雪尼纱机257台，加弹机303台。全年生产各类装饰布1.9亿米，主要产品有沙发布、窗帘布、家居布艺等软家居用品；生产各类纱1.8万吨。蚕丝制品是桐乡市特色产业，形成集养蚕、制绵、研发、生产、销售于一体的相对完整产业链，成为浙江省出口蚕丝被的重要产地。2015年全市从事蚕丝被生产、销售企业200多家，年产值30亿元，其中规模以上企业40多家，年产各类蚕丝被、丝毛被4000多万条，约占全国产量的10%；

年产真丝毯40多万条，约占全国产量的50%；出口约占全国的70%。

【桐乡纺织服装行业获全国奖项】 12月10日，由中国纺织工业联合会举办的2015中国纺织服装行业社会责任年会暨中国纺织服装行业社会责任建设10周年纪念活动在北京举办。会上，桐乡市获“中国纺织服装行业社会责任建设推动奖”称号，成为全国5个获评市(区)之一；浙江嘉名控股有限公司被评为“中国纺织服装行业社会责任建设工作先进单位”，为嘉兴市唯一获奖企业。近年来，桐乡市加快促进纺织服装行业结构调整和产业升级，制定纺织产业集群社会责任报告，推动行业健康持续发展。通过政策引导、专项治理、技术改造等多种措施，企业积极推进产品创新，提高回收利用率，淘汰落后产能，降低对环境的污染程度并主动承担环保责任。行业整治等工作开展以来，全市累计关停淘汰企业近百家，淘汰落后产能项目近50个，纺织印染行业化学需氧量减排超预期目标17%。至年底，桐乡纺织企业有国家认证实验室1家、院士专家工作站2个、省级以上企业技术(研发)中心55家。

【桐乡纺织产业获2个全国纺织集群称号】 5月8日，2015年全国纺织产业集群工作会议在桐乡市召开。会议由中国纺织工业联合会主办，桐乡市政府、中纺联产业集群工作委员会承办。会上，桐乡市被评为“纺织产业集群创新发展示范地区”“全国超千亿产值纺织产业集群地区”，濮院镇党委书记、濮院羊毛衫管委会主任沈根潮被评为“2014年度纺织产业集群工作突出贡献者”。纺织服装是桐乡工业的第一大支柱产业，总量占全市经济的55%以上。至2015年，全市纺织业有各类纺织企业及经营户2万多家，其中规模以上纺织服装企业501家，实现工业产值336.3亿元，实现销售收入325.89亿元，分别占桐乡市规模以上工业总量的24.5%和24.4%。

【桐乡市首个国家级检测中心成立】 参见《经济管理与服务·质量技术监督》中相关条目。

【“桐乡家纺”在上海家纺展展出】 8月26～28日，2015中国国际家用纺织品及辅料(秋冬)博览会在上海国家会展中心举行。桐乡市119家企业统一使用“桐乡家纺”标识参加博览会，并在展会上设“桐乡家纺馆”和“桐乡蚕丝被展区”集中展示。展馆面积9000多平方米，特装参展企业79家，标准展位参展企业40家，主要展出沙发布、窗帘布、蚕丝被、家纺面料等。展览期间，签订意向订单合计金额1亿多元，实际签约订单4300多万元，接待客商4500余人。

(李卓铭)

化　纤

【概况】 2015年，化纤行业仍在结构性、周期性、阶段性的深度调整之中。桐乡市有规模以上化纤企业76家，比上年增加5家；实现工业产值386.99亿元，比上年下降11.4%，占全市工业总产值的28.5%；实现工业增加值40.3亿元，增长6.9%，占全市工业增加值的16.6%。实现主营业务收入376.32亿元，下降9.7%；经济效益首次下降，实现利税14.5亿元，下降12.9%。

化纤产能继续增长。全市化学纤维实现总产量555.74万吨，比上年增长25.4%。桐昆集团旗下恒邦厂区年产40万吨超仿棉差别化纤维项目达产，新凤鸣集团中维公司加弹项目于4月投产。两大集团增长明显，桐昆集团连续多年成为世界最大的涤纶长丝生产企业，公司聚酯聚合产能350万吨，涤纶长丝产能400万吨，连续十多年在国内市场实现产量及销量第一，涤纶长丝的国内市场占有率超12%，全球占比超8%。桐昆集团各企业产能基本开足，生产总体稳定，全年涤纶丝实现总产量302.54万吨，增长8.3%。新凤鸣集团实现总产量217万吨，增长22.4%。浙江方圆聚合纤有限公司作为嘉兴唯一的锦纶生产企业，全年实现切片产量8.4万吨，增长7.6%；锦纶6纺丝全面达产，实现总产量1.3万吨，增长241%。

科技创新步伐加快。化纤企业继续加大技术创新和新产品开发力度。桐昆集团全年申报专利60个，其中发明专利11个、实用新型49个；立项或鉴定省级新产品46个；继续主持或参与《异形涤纶低弹丝》《纤维级聚酯切片试验方法》等国家、行业标准制(修)订，合计制(修)订

6个；全年形成QC项目32个，其中5个在嘉兴市第九届QCC成果发表与经验交流大会上获奖。桐昆集团科技项目“直纺半光多孔扁平纤维的研制与产业化技术”，获中国纺织工业联合会科学技术进步三等奖；总裁许金祥被中国化学纤维工业协会评为“十二五”化纤行业标准化领军人物。年内，新凤鸣集团股份有限公司开发wings-fdy细旦异形中强丝、可降解FDY再生纤维等100多个新产品，通过省科技厅、经信委立项130多个，通过省级新产品鉴定12个。

“互联网＋”促进转型。6月，桐昆集团推动“工银聚”电子商务平台在洲泉片熔体直纺企业中全面实施。4月，桐昆集团出资设立桐乡桐昆互联网金融服务有限公司，搭建互联网融资平台——新丝路金服，为上下游客户或中小微企业提供便利的融资渠道，为普通老百姓提供便捷的理财服务。桐昆集团成立金融公司，完善集团原有产业链，实现产业转型和多元化，全年发放借款1.85亿元，为投资人赚取收益1225万元。

重点项目顺利推进。新凤鸣集团中盈项目二期于年初动工建设，采用国内先进的聚酯熔体直纺在线添加吸光剂、柔软剂等连续化工艺技术，三釜流程，进口新型牵伸卷绕设备，以及配套的辅助生产装置及公用工程装置。新凤鸣集团中维公司加弹项目于4月投产，项目采用国际先进的加弹机及配套国产公用设备。桐昆集团项目主要集中在油剂及配套产品。恒隆公司二期技改项目于5月进入调试开车阶段，产出成品，恒隆化工的生产经营实现跨越式发展，为桐昆油剂及表面活性剂开辟市场；浙江华鹰风电设备有限公司退出高桥厂区，转移到濮院镇的桐乡市恒源化工有限公司，同时涉足化纤配件和色母粒行业，实现有效转型；恒祥木架子于6月开始试生产，产能满足集团各分公司新木架子的补充需求，有效降低成本。恒嘉厂区辅料车间(液态钛白粉项目)于4月投产，先后在各分厂试用后8月底实现集团液态钛白粉使用全覆盖。

5月，桐昆集团恒隆公司二期技改项目调试现场　　市经信局提供

【桐昆集团获产品开发贡献奖】12月11日，中国纺织创新年会在北京召开，会上颁发中国纺织工业联合会产品开发贡献奖获奖企业名单，桐昆集团股份有限公司名列其中。此次产品开发贡献奖以2014年～2015年期间新产品开发及量产化情况为主要依据，申报以集团公司园区厂区为核心，新产品涉及FDY荧光中强纤维、拉毛绒专用弹力纤维、高F柔绒仿棉纤维等。公司研发或量产化的新产品在近两年内实现5亿元以上的销售收入，取得良好的经济效益和社会效益。

【新凤鸣集团科技项目获“纺织之光”二等奖】 11月24日，“纺织之光”2015年度中国纺织工业联合会科技教育奖励大会在北京举行。会上，新凤鸣集团科技项目“高效节能短流程聚酯长丝高品质加工关键技术及产业化”获中国纺织工业联合会科学技术进步二等奖。该项目设计开发适合FDY的七辊无油牵伸短流程工艺技术，利用高温喷丝余热，突破传统有油牵伸工艺限制，攻克多头纺、高速均匀上油等技术难题；成功研制有光异形、超细FDY等产品，并开发WINGS异收缩复合纺丝新工艺。项目建成首条WINGS有光FDY生产线，与常规FDY工艺相比，产品综合能耗下降25%，

5月中旬，市委书记卢跃东（前右二）到新凤鸣集团调研工业经济运行情况　　市委办提供

废丝消耗下降15%，在用工、用地方面也显著下降，项目关键技术拥有自主知识产权，获授权实用新型专利2个。

【“直纺半光多孔扁平纤维”项目入选国家火炬计划】 12月，科技部公布2015年度国家火炬计划项目，桐昆集团恒嘉厂区“直纺半光多孔扁平纤维”入选，是桐乡市列入2015年度国家火炬计划的6个项目之一。该项目由公司自行设计、自主研发，已申请国家发明专利。新产品经浙江省纤维检验局抽样测试，各项指标达到FZ/54003-2012中优等品要求，产品使用过程中加弹稳定、染色均匀，所织成的西服布料布面挺括、反光性好。项目投资总预算1000万元，项目投资回收期2年以内。2015年，项目实现销售收入30307.36万元，利润2360万元。该项目11月被中国纺织工业联合会评为科学技术进步三等奖；4月24日被浙江省经信委、省财政厅评定为2015年浙江省优秀工业新产品（新技术）三等奖；8月18日被嘉兴市政府评定为2015年嘉兴市科技进步二等奖。

【桐昆集团全面实施“工银聚”电子商务平台】 6月，桐昆集团在洲泉片熔体直纺企业中全面实施“工银聚”电子商务平台。桐昆“工银聚”平台于2014年8月22日上线，是嘉兴地区首家实现网上交易的化纤企业，也是嘉兴市首家非商城式电商用户。平台将企业与上下游客户之间的信息流、资金流、物流有机结合起来，同时提供“桐昆贷”贷款业务，为下游客户提供供应链融资服务，以更好地满足公司上下游客户交易和融资的需求。至年底，“工银聚”平台实现网上交易涤纶长丝8.56万吨，交易金额25.45亿元。

·相关链接·

“工银聚”供应链电子商务平台

该平台是工商银行浙江分行创新推出的专门服务于大中型核心企业的电子商务销售管理系统，它通过与公司ERP系统实时对接，将客户管理、商品管理、价格管理、销售管理与企业的库存管理、物流管理、合同管理和内部审批管理有机融合。同时面向采购商，具备电子化的订单签订、款项支付、订单跟踪等功能，将企业与上下游之间的信息流、资金流、物流有机结合起来，还可以为下游客户提供供应链融资服务。通过电子商务和网络融资的结合，“工银聚”平台更好地满足公司上下游客户交易和融资的需求，促进公司销售规模的进一步扩展。

【新凤鸣集团中石项目CP9、CP10聚酯投产】 3月12日，新凤鸣集团湖州中石科技CP9聚酯项目投产。新凤鸣集团湖州中石科技总投资55亿元，其中一期投资20亿元，年产48万吨超仿真纤维项目，经过14个月建设，聚合装置点火试生产，运行7天后，嫁接德国巴马格纺丝线，形成年产48万吨超仿真涤纶长丝能力。6月27日，第二条生产线——CP10聚酯项目举行开车仪式，顺利产出切片。中石项目投产公司整体产能突破230万吨。

（叶青云）

建　　材

【概况】 2015年，桐乡市建材工业生产及主要产品产量平稳发展，行业整体经济效益持续回升。全市非金属矿物制品业规模以上企业49家，实现工业产值113.2亿元，实现工业增加值33亿元，分别比上年增长18.6%和23.9%，在五大优势特色产业中增速较快；主营业务收入100.63亿元，占全市规模以上工业企业主营业务收入的7.6%；实现利税19.89亿元，比上年增长25.5%，其中利润12.8亿元，增长34.5%。水泥产量稍有增长，全年生产水泥总量606.66万吨，增长0.97%。砖瓦行业全年生产新型墙体材料（折标准砖）5.12亿块，增长8.9%；黏土砖产量1亿块，下降50%，其中黏土实心砖产量为零；新型墙体材料占全部墙体材料的比例达83.7%，增长13.4个百分点。

玻纤行业龙头企业巨石集团2015年生产玻纤纱114.96万吨，比上年增长24.3%；生产玻纤制品6.59万吨，增长16%；玻纤电子布9579.09万米，增长39.6%；实现销售收入71.6亿元，增长16.1%；出口创汇5.15亿美元，增长4.7%；实现利润总额11.89亿元，增长56.9%；实缴税金6.57亿元，增长14%。企业工业增加值综合能耗1.2801吨标煤，下降9.5%；吨纱综合能耗0.4036吨标煤，下降8.1%。巨石集团承担省重点高新技术产品开发项目1个、省级工业新产品项目2个、省级新产品试制计划项目2个，通过桐乡市经信局、市科技局组织的验收。

【“中国巨石”非公开发行股票募集资金】 3月18日起，“中国玻纤股份有限公司”更名为“中国巨石股份有限公司”，公司证券简称由“中国玻纤”变更为“中国巨石”。5月，公司董事会审议通过非公开发行股票议案，向不超过10名特定投资者发行不超过2.33亿股A股股票，募集48亿元。12月，经中国证券监督管理委员会核准，公司以非公开方式发行普通股23289.67万股，每股发行价20.61元，募集资金48亿元，扣除发行费后的募集资金净额47.43亿元，12月28日到位。发行完成后，公司总资产与净资产均大幅增加，资产负债率降至59.34%。

【巨石集团被认定为国家知识产权优势企业】 12月4日，国家知识产权局发布2015年度国家知识产权示范企业和优势企业的名单，巨石集团被认定为国家知识产权优势企业，是桐乡市首家国家级知识产权优势企业。从2013年起，巨石集团贯彻《企业知识产权管理规范》（GB/T29490-2013）国家标准，建立符合企业自身发展实际需要的知识产权管理体系。公司申请的专利数每年近百件，每年年初公司根据前几年各相关单位的实际申报专利情况，制定年度计划，分解到各个分厂和部门。公司内部实行月度通报制，每月月底前公司通报完成比例。2015年，公司申报国内外专利87个，其中发明专利27个、实用新型专利60个，另外递交PCT国际发明专利申请3个；获授权专利77个，其中发明专利15个、实用新型专利62个；授权专利累计434个，其中发明专利57个、实用新型专利377个。巨石集团桐乡本部全年申报国内外专利63个，其中发明专利25个、实用新型专利38个，另外递交PCT国际发明申请2个；获专利授权57个，其中发明14个、实用新型专利43个；授权专利累计339个，其中发明专利51个、实用新型专利288个。

【巨石集团获建筑材料科学技术奖一等奖】 6月，巨石集团“高性能玻璃纤维低成本大规模生产技术与成套装备开发”项目成果鉴定会召开。会议由中国建材联合会组织，专家鉴定认为项目的部分技术达到国际领先水平。近年来巨石集团加强高性能玻璃纤维的研发，项目成果在巨石集团四大生产基地的15条生产线上推广应用2年以上，并建成年产12万吨规模的高性能玻璃纤维池窑拉线生产线，高强高模玻璃纤维经国家玻璃纤维产品质量监督检测中心测试，拉伸度2740MPa（兆帕）、弹性模量90.9GPa（千兆帕）。2016年1月4日，中国建筑材料联合会、中国硅酸盐学会联合发文，公布该项目获2015年度中国建筑材料联合会·中国硅酸盐学会建筑材料科学技术奖科技进步类一等奖。

【中国恒石基业有限公司香港上市】 12月21日，中国恒石基业有限公司在香港联交所主板挂牌上市，股票简称“中国恒石”，股票代码1197。恒石公司是第一家在香港上市的专业风电基材制造商和供应商，12月11日开始在香港公开招股，发售股份2.5亿股，引入中国建材（03323.HK）

12 月 21 日,"中国恒石"在香港联交所上市　　　　市政府办提供

为基石投资者,认购 1000 万美元。每股最终发售股份定价 2.15 港元,集资净额约 5.375 亿港元,主要用于巩固核心资本基础,以推动业务的持续增长。恒石公司成立于 2000 年,主要从事于风电叶片用玻纤织物的生产与销售,拥有中国浙江和埃及苏伊士 2 个生产基地,产品出口至欧洲、美洲、中东及东南亚等国家和地区。

(潘翌佳)

【预拌混凝土清洁化生产现场会在桐乡市召开】 4 月 1 日,全省散装水泥发展和应用工作会议暨预拌混凝土清洁化生产现场会在桐乡市召开。会议由省商务厅副厅长徐高春主持。省政府副秘书长陈宗尧出席会议并发表讲话,对 2014 年全省散装水泥发展和应用工作所取得的成绩给予充分肯定。省散装水泥办主任陈利永作工作报告。全省各级散装办行政主管部门领导、散装办负责人,部分散装水泥、预拌混凝土和预拌砂浆企业负责人等 230 人参加会议。桐乡市钟大建材有限公司作为全省预拌混凝土清洁化生产优秀企业在会上作《实施清洁化生产 行绿色发展之路》交流发言。工作会议后的预拌混凝土清洁化生产现场会在钟大建材公司召开。参会人员参观考察钟大建材公司全自动洗车点、废水回收循环利用设施、中央控制室、废水和废渣回收利用设施等一整套全封闭、内循环、无污染、零排放的生产全过程。2015 年,桐乡市散装水泥产量 542.9 万吨,列嘉兴市第一、全省第三,增长率列嘉兴市第一,水泥散装率首超 90%;预拌混凝土产量 304.19 万立方米,列嘉兴市第三,增长率列嘉兴市第一;预拌砂浆产量超 30 万吨,列嘉兴市第二。

(沈　佳)

皮　革

【概况】 皮革、皮毛及其制品业是桐乡市工业经济的重要行业,包括制革、制鞋、革皮服装、皮毛制品等自然门类,生产企业主要集中在崇福镇、石门镇、高桥镇、洲泉镇。2015 年,全市有皮革、皮毛及其制品工业企业 2800 多家,从业人员 3.6 万多人,规模以上工业企业 106 家,占全市规模以上工业企业的 10%。规模以上企业实现销售收入 93.01 亿元,比上年增长 4.4%;实现利润 8.33 亿元,增长 17.5%。11 月 18 日,中国·崇福国际皮草中心开业,项目总面积 17.8 万平方米,完成整体招商 80%。

皮毛业是皮革业重要分支之一,生产区域主要集中在崇福镇,有皮毛企业 1809 家,比上年增加 59 家,其中规模以上企业 46 家、小型企业 1763 家(含个体户)。皮毛行业累计有中国驰名商标 6 件,省著名商标 3 件、省知名商号 3 件,浙江省信用管理示范企业 2 家,崇福皮草行业被认定为"浙江省信用建设示范行业"。崇福皮毛协会组织皮毛企业参加在北京、上海、广州、深圳、香港等地举办的毛皮服装服饰展览会,全年参加展会 8 次。1 月,组织 39 家企业参加第四十一届中国国际裘皮革皮制品交易会,6 家企业参加香港秋冬时装节;2 月,组织 8 家企业参加香港国际毛皮时装展;3 月,组织 15 家企业参加中国服装协会上海服装服饰博览会;12 月,组织 22 家企业参加深圳的服装服饰贴牌展。

皮鞋业是桐乡市的特色产业,主要集中在洲泉镇、石门镇,总量约占全市 2/3,行业龙头企业有嘉兴市圣丹丽鞋业有限公司、浙江卓怡鞋业有限公司、嘉兴市芭妮鞋业有限公司等企业。全市有皮鞋企业 1600 余家,规模以上企业30余家，销售收入超亿元企业1家；年产真皮女鞋8500多万双，以OEM(原始设备制造商)、ODM(原始设计制造商)贴牌为主。全市皮鞋行业累计有中国驰名商标5件、浙江省著名商标4件、中国真皮名鞋1件、中国真皮鞋王1件。制革业主要集中在高桥镇，全镇有制革企业9家，桐乡市高桥皮革有限公司、浙江祥隆皮革有限公司、浙江牧羊人实业有限公司等企业规模较大。崇福镇有制革企业3家，企业规模较大，全市生产能力最大的制革企业——浙江开元皮革有限公司位于崇福镇。

【2015第七届中国·崇福皮草博览会】 参见《平台建设·崇福经济区》中相关条目。

【第六届"崇福杯"裘(革)皮服装设计大奖赛】 11月18日，第六届"崇福杯"裘(革)皮服装设计大奖赛在崇福镇举行。大赛由浙江省皮革行业协会主办，桐乡市经信局、崇福镇政府和崇福皮毛协会承办。大奖赛自4月开始面向全国征集作品，全国20多所大专院校和20多家生产企业参赛，参赛作品558件，其中设计图片440幅，设计服装实物118件。参赛作品体现环保理念，融入中国文化元素，艺术和现实融合。经评委会评审，评选出金奖作品2件，分别是浙江科技学院王怡维的作品《猫头鹰是大眼萌》，桐乡市本土企业——浙江钧泰科技有限公司沈薇的作品《东风妒芳约》；银奖作品5件、铜奖作品5件、创意作品奖10件。

第六届"崇福杯"裘(革)皮服装设计大奖赛作品评审现场　崇福镇提供

【皮毛企业主导修订的行业标准通过审定】 参见《平台建设·崇福经济区》中相关条目。

【4家企业入围"2015年中国裘皮服装排头品牌"榜单】 12月6日，"2015年中国裘皮服装排头品牌"专家验收组对桐乡申报的4家企业进行实地考核。专家组组长由中国皮革协会副理事长朱岩担任，专家组分别对浙江雪球皮草有限公司、桐乡银杉皮草有限公司、浙江中辉皮草有限公司、桐乡市鑫诺皮草有限公司进行实地察看，认为符合申报条件，入选"2015中国裘皮服装排头品牌"榜单。2016年1月11日，"2015中国裘皮服装排头品牌"颁奖盛典暨"中国国际皮业时尚汇"在北京举行。会上，发布27个裘皮服装品牌入选"2015中国裘皮服装排头品牌"榜单，其中5个品牌获"2015中国领先裘皮衣王"称号，8个品牌获"2015中国裘皮衣王"称号。桐乡市的浙江中辉皮草有限公司的"依奴珈"品牌、桐乡银杉皮草有限公司的"银杉"品牌获"2015中国领先裘皮衣王"称号，浙江雪球皮草制品有限公司的"雪雄"品牌、桐乡市鑫诺皮草有限公司的"罗珂维特"品牌获"2015中国裘皮衣王"称号。

【桐乡女鞋入驻阿里巴巴"中国质造"平台】 12月7日，阿里巴巴集团筹划的首届"中国质造"产业创新发展峰会在北京钓鱼台国宾馆举行。桐乡市政府牵头，由副市长潘敏芳带队，组织全市多家制鞋和毛衫企业参加峰会。"桐乡女鞋产业带"是"中国质造"在全国114个重点产业带的其中之一。"中国质造"是淘宝网为优秀自主品牌上线所设立的专属频道，区别于淘宝和天猫，享受"中国质造"专有标志。7月27日，阿里巴巴集团淘宝行业事业部"中国质造"鞋类运营项目负责人到桐乡考察女鞋产业带。8～12月，嘉兴市圣丹丽鞋业有限公司、桐乡市百喜福鞋业有限公司和桐乡市春秋鞋业有限公司等30多家桐乡女鞋企业入驻"中国质造”平台，全年实现销售收入9000多万元。

【皮研所制定毛皮类企业标准】 3月27日，嘉兴市皮毛和制鞋工业研究所首次制定发布毛皮材质鉴别方法企业标准——《毛皮材质鉴别通用方法》通过审定。该标准规定兔毛皮、狐狸毛皮、貉子毛皮等常见毛皮材质鉴别方法，采用现代分析检测设备，同时建立宏观图谱、纤维细度仪图谱、扫描电镜图谱三种谱库，有效解决单一方法不能有效区分物种的问题，为毛皮材质鉴定行业提供技术依据。近年来，嘉兴市皮研所先后参与制(修)订国际鞋类标准2项、鞋类国家标准2项、毛皮国家标准4项、毛皮行业标准9项、鞋类行业标准4项、崇福皮毛行业联盟标准4项，指导帮扶崇福皮草企业制定的皮毛行业标准占到全国半数以上。

(张善勤)

机械制造

【概况】 机械制造工业是桐乡市大力引进和培育的新型高新技术产业，主要包括通用设备制造业、专用设备制造业、汽车制造业和电气机械器材制造业，产品涉及煤矿机械、调速电机、微特电机、汽车及配件等。2015年机械制造行业有规模以上企业64家，其中亏损企业11家。全年规模以上企业实现工业产值60.38亿元，比上年下降11.6%；工业增加值13.73亿元，下降3.3%；实现主营业务收入57.28亿元，下降13%；实现利税7.13亿元，下降5.4%，其中利润4.1亿元，下降10.7%；亏损企业亏损额2.4亿元，下降22.6%。

机械制造业企业推进自身企业技术中心等创新平台建设，加大科研投入，开发新产品、新技术，推动产业转型升级。全年相关企业新增省级企业技术中心1家，嘉兴企业技术中心5家。浙江内曼格机械制造有限公司、浙江海得新能源有限公司2家企业的产品被认定为2015年浙江省装备制造业重点领域首台(套)产品，浙江伟联科技股份有限公司等4家公司的产品被认定为嘉兴市装备制造业重点领域首台(套)产品。

企业“机器换人”，推动传统产业装备升级，促进工业企业由传统制造向智能制造转变。全年实施“机器换人”项目370个，比上年增加32个，实施企业361家，占规模以上企业数量的37%，完成投资91.6亿元，比上年增长13.5%。浙江伏尔特医疗器械有限公司的年产1亿支精密过滤输液器技改项目，入选2015年浙江省“机器换人”技术改造重点项目。6月，浙江戴德隆翠汽车有限公司参加2015中国国际房车展览会，展出自主研发的房车7辆。

【海得新能源公司通过DNV GL认证】 参见《平台建设·经济开发区》中相关条目。

【先锋机械新三板挂牌上市】 12月4日，浙江先锋机械股份有限公司在全国中小企业股份转让系统(新三板)挂牌上市，成为桐乡市机械制造业首家挂牌企业。股票简称“先锋机械”，股票代码834685，转让方式为协议转让，总股本为4000万股。公司原为国营五三一六厂，系中国兵器装备集团公司下属企业，总资产1.5亿元。公司主要从事特种装备产品的研发、生产和销售；开门机及自动门系列产品的研发、生产和销售。2015年，实现销售收入1.05亿元，利润500万元，税金236万元。

【海得新能源公司获“中国专利优秀奖”】 11月，国家知识产权局发布第十七届“中国专利优秀奖”，浙江海得新能源有限公司发明专利“一种适用于大功率逆变器的IGBT模块驱动电路”获此奖，专利号ZL201110358654.8。此专利具有成本低、体积小、容量大、可靠性强、结构简洁的特点。海得新能源公司重视专利管理工作，设立知识产权管理部，配备专职专利管理员，制定《知识产权管理体系》《知识产权奖励管理办法》《专利管理制度》等。海得新能源公司累计获专利授权200多个，其中发明专利6个、实用新型专利140多个，并相继获桐乡市、嘉兴市、浙江省专利示范企业的称号。

【桐乡市装备制造企业参加装博会】 11月30日～12月3日，2015中国义乌国际装备制造业博览会暨第五届智能博览会在义乌市举行。桐乡市的浙江伟联科技有限公司、浙江中北机械有限公司等15家企业参加博览会。展会上设标准展位37个，参展企业通过展览展示、贸易洽谈等形式，接待客商2000余人，达成意向订单1000多万元。展会期间，桐乡市组织250名采购商赴义乌市采购观摩，了解国内外装备制造业最新发展成果，推动桐乡企业“机器换人”。

（朱　杰）

化工医药

【概况】　化工医药工业是桐乡市相对较小的产业，主要生产油漆、涂料、农药、化妆品、化学助剂、药品等。2015年有规模以上工业企业55家，实现销售收入69.4亿元，比上年增长5.2%，实现利税8.9亿元，增长16.4%，其中利润5.8亿元，增长20.6%；亏损企业4家，亏损额1996.8万元。

化工医药行业继续整治提升。9月，嘉兴宏麟皮化有限公司整体迁入经济开发区化工集聚区；10月，省环保厅污防处组织化工整治专家组，现场验收桐乡市百桃树脂厂原地整治，通过验收。至年底，全市45家化工企业，实现关停淘汰31家、原地整治提升12家、搬迁入园2家。桐乡市“十二”期间化工行业整治提升工作基本完成。

【伏尔特医疗公司科技创新结硕果】　2015年，浙江伏尔特医疗器械股份有限公司申请专利10个，其中发明专利1个。公司研发的“大流量多流速可调式一次性使用输注泵”项目被科技部列为2015年度国家火炬计划产业化示范项目，“一次性使用宫腔镜膨宫输液管路”“一次性使用正压接头（无针密闭输液接头）”2个科研项目被浙江省科技厅列入省级新产品计划项目。2013年立项的国家创新基金项目“新型麻醉、疼痛治疗系列用针及其产业化”通过专家组验收。公司主持起草《一次性使用活组织检验针第3部分机械装配式》《一次性使用活组织检验针第4部分机动一体式》2份国家行业标准，并为中国医疗器械行业协会医用高分子制品分会编写《一次性使用非灭菌过滤器》标准及《非灭菌过滤器医疗器械生产质量管理规范》。年内，公司被评为嘉兴市科技创新领先企业。

【浙江天女集团经济效益稳步提升】　2015年，浙江天女集团制漆有限公司生产销售持续稳步增长，创历史新高。全年完成油漆涂料产量4.2万吨，比上年增长7.7%；实现产品销售收入37978万元，增长3.1%；实现利税8390万元，增长21.1%。公司长期坚持创新驱动发展战略，加强人才培养。全年选派业务骨干6人，攻读武汉理工大学化学工程硕士；14人获专业技术职称，引进专业人才10人。与高校开展产学研合作，不断开发生产节能、环保、高效的水性化、高固体分、低VOC环保涂料产品。全年申报并进入实质审查阶段的发明专利5个，累计授权发明专利5个、实用新型专利23个。参与制订国家标准和行业标准4个。年内，公司被评为中国涂料行业最具发展潜力企业、嘉兴市科技创新领军企业，主导产品获中国防腐类涂料名牌奖。

（郑　涛）

电子信息

【概况】　2015年，桐乡市电子信息工业平稳增长，有规模以上企业52家，比上年增加6家；主要行业有电线电缆制造、通信系统设备制造、电子元件及组件制造、光电子器件及其他照明器具制造、光伏设备及元器件制造、工业自动控制系统装置制造等。全年实现工业总产值62.9亿元，比上年增长8.34%；实现产品销售收入57.8亿元，增长5.7%；实现利税6.78亿元，增长11%；实现出口交货值7.5亿元，增长3.2%；从业人员6890人，增长2.8%。年内，软件企业实现营业收入5.89亿元，增长71.7%。其中，软件业务收入2.32亿元，增长187.7%；实现利润0.84亿元，增长52.7%；从业人员624人，增长26.3%。

【桐乡市入选首批省级信息经济发展示范区】　12月，浙江省经信委、省财政厅联合发文公布首批省级信息经济发展示范区名单，全省有12个县（市、区）入选，桐乡市名列其中。桐乡市政府按照“一网引领四化”总体要求，发展信息经济作为全市经济社会发展新引擎。近年来，桐乡大力扶持信息经济产业发展，在全省率先组建桐乡市互联网经济发展办公室，出台《中国（乌镇）互联网产业基地建设与发展规划》等多项扶持信息经济发展的规划和政策措施；大力推进信息基础设施建设，建成4G网络基站1000多个，实现桐乡主城区及乌镇等主要镇区的无盲区覆盖，WiFi热点遍布全市城镇主要公共场所，开放AP点总数6214个，固定宽带网络全面光网化，实现“百兆到户、千兆到楼”；

推动信息经济发展，优化产业结构，逐步向宽带移动通信终端设备、汽车电子、特种扬声器和专业音响等高端信息产业方向发展。示范区建设周期为3年(2015～2017年)。通过创建省级信息经济发展示范区，进一步集聚资源，优化发展环境，推进各类信息经济企业、机构、人才的集聚发展和创新发展。

【神州量子通信技术有限公司落户桐乡】 参见《世界互联网大会·乌镇互联网创新发展试验区》中相关条目。

【桐乡市发布《中国(乌镇)互联网产业基地建设与发展规划》】 9月2日，桐乡市政府办印发《中国(乌镇)互联网产业基地建设与发展规划(2015～2020年)》。《规划》提出的发展目标是加快助推互联网新技术、新产品、新业态、新商业融合创新，探索互联网产业创新创业新路径，助推传统产业互联网化，加快形成"一核一带多点"发展格局，至2020年底，建成创新能力强、集聚效应显著、产业链完善、海内外创客云集的互联网产业基地。

·相关链接·

一核一带多点

"一核"是指互联网产业发展乌镇支撑核，以乌镇镇(含乌镇镇、龙翔街道)为互联网发展的引擎与核心。"一带"是指互联网创新应用发展带，承接乌镇支撑核的辐射，以乌镇大道为轴，形成一条贯穿南北的产业融合发展带，包括振东新区、经济开发区、高桥镇等。"多点"是指互联网产业外溢发展辐射群点，在桐乡市两侧形成互联网产业外溢发展辐射群点，主要包括濮院镇、屠甸镇、石门镇、河山镇、大麻镇、洲泉镇(临杭经济区)、崇福镇区，多点组线，线成面，实现外扩发展。

(缪建欣)

橡胶塑料

【概况】 橡胶塑料业是以橡胶塑料加工为核心，包括橡胶塑料合成、橡胶塑料加工及橡胶塑料模具在内的一个整体。2015年，全市规模以上橡胶塑料企业工业总产值49.82亿元，比上年增长4.2%；实现销售产值49.37亿元，增长5.1%，产销率99.1%。

桐乡市橡胶塑料企业项目进展顺利。浙江双箭橡胶股份有限公司年产500万平方米特种橡胶输送带生产线项目竣工投产。桐乡小老板塑料科技有限公司年产1.5万吨塑料制品三期扩建项目，桐乡市金盛彩印包装有限公司年产5000吨复合包装袋技改迁建项目，浙江权威胶粘制品有限公司年产23万吨软塑包装新材料等项目顺利实施。双箭橡胶公司生产各类输送带3122万平方米，比上年下降9.3%，销售各类输送带3195万平方米，下降4.1%；实现销售收入95430万元，下降13.4%；实现利润13114万元，下降19.9%；营业利润11815.38万元，下降19.6%；归属于上市公司股东的净利润10681.26万元，下降19.9%。

【双箭橡胶公司"管状输送带"产品获知名品牌称号】 11月11日，全国石油和化学工业质量标准化工作会议在北京召开。会上，表彰2015年中国石油与化学工业知名品牌企业，浙江双箭橡胶股份有限公司的"管状输送带"产品获此荣誉。管状输送带是以芯体(织物芯、钢丝绳等)为骨架，以高弹性、高耐磨、高强力橡胶为工作面组成的新型运输产品，主要用于输送粉状、颗粒状等易污染环境的物料。工作时胶带由平面渐变成U形，最后成为管状，将物料包住封闭输送。管状输送带密闭输送物料，输送倾角通常达30度，输送线路可按空间曲线布置。

【双箭橡胶公司与澳大利亚I-CON公司股权收购签约】 11月27日，浙江双箭橡胶股份有限公司与澳大利亚ICON公司股权收购签约仪式举行，双箭橡胶公司董事长沈耿亮与澳大利亚I-CON公司法人代表Mark Vincent Wilson签署《股份购买协议》。双箭股份以243.7万澳元(约合人民币1127.2万元)收购澳大利亚ICON公司60%股权，收购完成后ICON公司的人员拟计划全部保留。此次股权收购完成后，澳大利亚ICON公司将成为双箭橡胶公司的控股子公司。

(钱英杰)

企业选介

【桐昆集团股份有限公司】 公司是一家以PTA、聚酯和涤纶纤维制造为主业的大型股份制上市企业。公司有总资产150亿元，下辖直属厂区5个、控股企业14家，员工1.4万余人，具备350万吨聚合和400万吨涤纶长丝年生产加工能力，居世界涤纶长丝企业产能和产量之首。11月，在“纺织之光”2015年度中国纺织工业联合会科技教育奖励大会上，桐昆集团恒嘉厂区的科技项目——“直纺半光多孔扁平纤维的研制与产业化技术”，获中国纺织工业联合会科学技术进步三等奖；桐昆集团浙江恒通化纤有限公司被评为“纺织技术创新示范企业”。年内，恒通化纤公司、恒隆化工公司通过高新技术企业复审；恒通化纤公司浙江省恒通新纤维研究院通过2015年省级企业研究院建设认定；浙江恒腾差别化纤维有限公司教授博士柔性工作站设立。8月22日，中国企业联合会、中国企业家协会发布2015中国500强企业榜单，桐昆集团连续14年入围，列2015中国企业500强第263位（比上年上升24位）、2015中国制造业企业500强第121位（比上年上升22位）；8月25日，全国工商联公布2015中国民营企业500强榜单，桐昆集团位列中国民营企业500强第61位；10月12日，浙江省企业联合会、浙江省企业家协会、浙江省工业经济联合会发布2015浙江省百强企业榜单，桐昆集团列浙江省百强企业第27位、浙江省制造业百强企业第17位、浙江省成长性最快百强企业第33位。2015年，公司生产涤纶长丝产量302.54万吨，比上年增长8.3%；实现营业收入217.5亿元，下降13.3%；实现利润1.51亿元，下降19.1%。

（叶青云）

【巨石集团有限公司】　公司总资产180亿元，员工8000余人，玻璃纤维生产能力超110万吨，拥有浙江桐乡、江西九江、四川成都三个国内生产基地以及国外埃及生产基地，并设立巨石南非、韩国、意大利、西班牙、法国、加拿大、印度、新加坡、日本、美国等生产和贸易型控股海外子公司。2015年，巨石集团启动埃及二期8万吨玻璃纤维池窑拉丝生产线建设项目，铂加工、包装材料、制品车间相继投产，粉料车间、制氧站、变电站等正在施工，项目计划于2016年6月全面投产。巨石集团桐乡本部3.5万吨玻璃纤维池窑拉丝生产线、年产36万吨玻璃纤维池窑拉丝生产线冷修技改项目（一期工程），巨石集团成都有限公司年产14万吨池窑拉丝生产线技改项目（一期工程）分别进行冷修技改。4月24日，巨石集团的“抽油杆用玻璃纤维直接纱”被浙江省经信委、省财政厅评定为2015年浙江省优秀工业新产品（新技术）三等奖。8月5日，巨石集团收到中知（北京）认证有限公司下发的“知识产权管理体系认证证书”，成为桐乡市首家获《企业知识产权管理规范》国家标准审核认证的企业。12月4日，国家知识产权局发布2015年度国家知识产权示范企业和优势企业的名单，巨石集团被认定为国家知识产权优势企业，是桐乡市首家国家级知识产权优势企业。12月18日，科技部公布2015年度国家星火计划、火炬计划立项项目清单，巨石集团有限公司的“高性能低成本通用型增强PA用短切原丝”被列入国家火炬计划产业化示范项目。12月，巨石集团被浙江省知识产权局认定为2015年浙江省专利保护重点联系单位，期限为2015年11月～2017年11月。同月，获2015年浙江省技术创新能力百强企业称号。2015年，公司生产玻纤纱114.96万吨，比上年增长24.3%；生产玻纤制品6.59万吨，增长16%；生产玻纤电子布9579.09万米，增长39.6%；实现销售收入71.6亿元，增长16.1%；出口创汇5.15亿美元，增长4.7%；实现利润11.89亿元，增长56.9%；实缴税金6.57亿元，增长14%。

（潘翌佳）

【新凤鸣集团股份有限公司】　公司下设中维化纤、中辰化纤、中盈化纤、湖州中石科技等9家子公司，其中中辰公司系高新技术企业。公司占地面积133.33公顷，注册资本5.25亿元，总资产90亿元，员工7500余人。年内，公司承担的浙江省科技计划项目“高效节能短流程纺织先进加工技术”，通过省科技厅验收；公司的“两度深化融合提高生产效率”项目，被浙江省企业家联合会、浙江省企业家协会评为浙江省企业管理现代化创新成果（2015年度）一等奖。8月22日，中国企业联合会、中国企业家协会发布2015中国500强企业榜单，新凤鸣集团列2015中国制造业企业500强第352位，

新凤鸣集团股份有限公司卷绕车间　　市经信局提供

比上年前移10位;8月25日,全国工商联公布2015中国民营企业500强榜单,新凤鸣集团列2015中国民营企业500强第311位、中国民营企业制造业500强第187位;10月12日,浙江省企业联合会、浙江省企业家协会、浙江省工业经济联合会发布2015浙江省百强企业榜单,新凤鸣集团列浙江省百强企业第72位、浙江省制造业百强企业第48位。2015年,完成总产量217万吨,实现营业收入149亿元,利税5.1亿元。

（叶青云）

【浙江新澳纺织股份有限公司】公司继续加大对纺纱、染色等主业的转型升级投入。20000锭高档毛精纺生态纱项目于10月竣工并达产,该项目是在原有44000锭纺纱产能基础上的产能扩充;30000锭紧密纺高档生态纺织项目开工建设。公司控股子公司浙江厚源纺织股份有限公司年产15000吨生态毛染整搬迁建设项目有序推进,项目淘汰原有高能耗老旧设备,引进国际先进的小浴比染色机。9月,公司董事长沈建华被浙江省企业联合会、浙江省企业家协会评为“第十四届浙江省优秀企业家”。11月24日,“纺织之光”2015年度中国纺织工业联合会科技教育奖励大会在北京举行。会上,新澳纺织股份有限公司科技项目“怀旧毛针织绒低温染色技术的研究”获中国纺织工业联合会科学技术进步三等奖。全年开发新产品10多个,其中4个产品被列入省级新产品试制计划,新产品产值9.31亿元,占公司总产值的50.7%。年内,授予发明专利3个,实用新型专利8个,外观设计专利1个。2015年,公司实现销售收入18.35亿元,利税2.89亿元,缴纳税金1.41亿元,出口创汇9091万美元。

（郑　涛）

【浙江新都水泥有限公司】　公司创建于1993年,是嘉兴地区首家纯回转窑水泥生产企业。2015年,公司面对市场需求下降、水泥价格大幅下滑等困难,深挖内部潜力,不断完善内部管理,实施生产、销售、采购流程绩效评估“三个一”(生产消耗降一元、销售价格提高一元、采购价格降一元管理),合理安排开停机时间。加强经营管理,各环保排放指标达到新排放标准要求;加强节能管理,淘汰落后电机,调整产品工艺配方,各项能耗指标达到水泥行业能耗限额标准;加强品质管理,发挥品牌优势,采用“重优弃劣”的销售策略,实现水泥产量292万吨,产销平衡,全年实现销售收入7.8亿元,实现利税1.1亿元。

（潘翌佳）

【浙江华友钴业股份有限公司】公司原名浙江华友钴镍材料有限公司,是一家专业从事钴、铜、镍等有色金属湿法冶炼及其化学品新材料制造的中外合资股份公司。1月29日,浙江华友钴业股份有限公司在上海证券交易所举行首次公开发行A股上市仪式,股票简称“华友钴业”。4月29日,公司煅烧车间被桐乡市委、市政府授予“模范班组”称号。6月17日,公司承担的省重大科技专项重点社会发展项目“钴铜冶炼废渣综合利用关键技术的研究”通过省科技厅验收。11月6日,公司参股的刚果(金)华刚矿业总投资67亿美元的铜钴矿建设项目投产。年内,公司开发四氧化三钴和三元前驱体两大系列新产品。2015年,公司实现销售收入40.29亿元;各类钴产品销量(实物量)2.3万多吨,比上年增长41.8%；钴产量（金属量）超1.5万吨，占全球产量的15%；钴产品销售收入占总收入比例超56%，比上年上升17个百分点，钴产品占全部业务收入的比重首超铜、镍产品的总和。

（张善勤）

【浙江双箭橡胶股份有限公司】 2015年，公司积极拓展上下游业务，延伸产业链，在云南省建立天然橡胶加工基地。筹划股权融资，通过非公开发行股票募集资金，以收购股权和现金增资方式控股北京约基工业股份有限公司，优化公司产品结构和运营模式。公司旗下养老服务平台——桐乡和济颐养院有限公司5月投入运营。公司充分发挥企业技术中心和企业科研所作用，全年获国家授权实用新型专利3个、发明专利2个，主持起草国家和行业标准2个，开发新产品5个。9月，被中国橡胶工业协会胶管胶带分会评为2014—2015年度全国输送带十强企业，并列十强首位；董事长沈耿亮被评为2014—2015年度胶管胶带行业"优秀企业家"，总经理沈会民被评为2014—2015年度胶管胶带行业"优秀科技工作者"。2015年，生产橡胶输送带3122万平方米，实现工业总产值92817万元，实现销售收入95430万元；实现利税19449万元，其中利润13114万元；缴纳税金8747万元，产品出口创汇3509万美元。

【京马电机有限公司】 公司注册资本5000万元，占地面积17.5万平方米，总资产9.2亿元，员工1300多人，中级以上技术人员196人。公司注重人才队伍建设，2015年招聘应届毕业生47人、电机专业技术人才32人，聘请日本资深电机专家1人。持续扩大技改投入，全年投入技改资金12516万元，科研经费4059万元；加大科技成果的转化与应用，全年研发高效节能电机、串激电机、变频电机产品43个，投入批量生产32个，其中列入国家级高新技术产品2个、省级新产品11个、市级新产品和科研成果9个。9月，公司董事长朱春富被浙江省企业联合会、浙江省企业家协会评为"第十四届浙江省优秀企业家"。10月，公司被国家质检总局授予第一批"中国出口质量安全示范企业"称号。2015年，公司年产各类电机1140万台，实现销售收入9.8亿元、利税1.62亿元，出口创汇6017万美元。

（郑　涛）

【浙江易锋机械有限公司】 公司成立于1996年，是一家研发和制造汽车空调压缩机核心零部件的专业化制造企业，位于桐乡市石门镇，有员工462人，占地面积6.5万平方米，建筑面积6.8万平方米。公司拥有精密锻造、精密加工、热处理、表面处理和焊接等核心技术；主要产品包括斜盘外圈、活塞、连杆、斜盘、滑履、主轴、偏心轮、偏心轴套等；具备年产830万台汽车空调压缩机核心部件的生产能力和80万台二氧化碳压缩机零部件生产能力。公司先后获浙江省科技型中小企业、高新技术企业、浙江省100佳发展中小企业、浙江省最具活力创新型企业、桐乡市市长质量奖等称号。2015年，公司通过高新技术企业复审，被认定为浙江省创新型示范企业、浙江省专利示范企业，企业技术中心被认定为浙江省企业研究院。公司设计开发第四代通用的工业机器人，自主开发斜盘刮涂全自动生产线、设备管理及OEE软件，实施大量设备的自动改造及试验设备的研发工作。公司的高级技师钟耀权被评为"全国劳动模范"，金建春被评为"全国优秀农民工"。2015年，公司实现销售收入7.3亿元，实现利税1.51亿元。

（张善勤）

【浙江嘉名控股有限公司】 公司有嘉名染整、嘉名纺织、嘉名针织等5家子公司，是一家集高档面料织造、染色、印花、后整理、科技研发于一体的科技创新型集团公司，占地面积10.4万平方米，建筑面积9.2万平方米，有员工800余人。公司先后从德国、意大利、瑞士、奥地利、日本、韩国等地进口织造、染整、印花及其后整理设备230多台（套），建有一流的化学分析室和物理测试中心。公司被认定为高新技术企业，拥有省级研发中心、省级企业技术中心，参与制定国家和行业标准3个，拥有自主研发发明专利2个、自主研发实用新型专利34个。2015年2月，公司被中国针织工业协会授予"中国针织行业科技贡献奖"称号，被中国纺织工业联合会评为"中国纺织服装行业社会责任建设工作先进单位"。2015年，公司年产针织染色面料1.07万吨、印花面料1737.3吨，实现销售收入88026.8万元，实现利税7623.3万元。

（李卓铭）

国内贸易

概　述

2015年，桐乡市实现社会消费品零售总额298.84亿元，比上年增长11.2%，增幅居嘉兴各县（市、区）第三位。分行业看，批发零售业实现社会消费品零售额242.45亿元，增长7.7%；住宿餐饮业34.17亿元，增长11.5%；异地零售额12.36亿元，下降4.6%。

市场运行整体趋于平稳。传统商贸总体依然增长乏力，2015年桐乡市主要大型商场超市实现销售额12.7亿元，比上年下降2.78%。住宿餐饮业回暖明显，样本星级酒店全年实现营业额2.77亿元，比上年增长2.18%，其中振石大酒店实现营业额1.54亿元，增长10.94%。专业市场运行平稳。2015年末全市有各类商品交易市场62个，全年市场成交额550.17亿元，其中网上市场成交额65亿元，濮院羊毛衫市场成交额310亿元。

市场保供能力全面提升。进一步扩大监测范围，全市有监测样本企业56家，其中重点流通企业24家、生活必需品企业14家、商贸流通业典型企业18家，覆盖超市、酒店住宿、农贸市场等各个类型的商贸行业。重点节假日期间，应急企业积极准备货源，确保市场供应。年内，市商务局跟进上报18家商贸典型统计企业的年度数据和季度数据，及时掌握企业经营状况，为政府决策提供参考依据。

市场体系日益完善。2015年，桐乡市实际上报商贸流通项目19个，全年投资24亿元。东兴生活广场项目累计投资超10亿元，至年底进入装修招商阶段。振东新区新城吾悦广场城市综合体年内投资1亿元，年底部分工程完工进入验收阶段。这两个项目将打造成为集购物、休闲、人文、娱乐于一体的新商业中心，为消费者提供一站式购物体验。

市场流通规范有序。强化商贸领域安全生产工作，督促企业落实安全生产主体责任。2015年，桐乡市加强日常监管成品油企业、典当企业和废旧物资回收企业等，与重点企业签订安全生产责任书，排查油库和加油站，确保成品油市场安全稳定。落实酒类经营者备案制度和溯源制度，倒逼企业诚信经营。至年底，全市备案酒类流通企业1136家。组织开展创建"平安市场"活动，全市44个市场参与创建，其中20个被评为2015年度"平安市场"。

（程子路）

商　贸

【概况】 2015年，桐乡市国有城镇企业管理办公室负责管理商贸流通企业30家。商贸流通企业在岗从业人员578人，其中专业技术人员87人。在岗职工人均收入43346元。全年实现销售总额3.8亿元、利税3228万元、利润2004万元，分别比上年下降12.32%、24.26%和33.79%。30家商贸流通企业中，8家经营亏损，亏损204万元，12家资产负债率超过60%。负债率高、主营业务不突出、靠出租门面维持等仍是许多商贸流通企业的现状。

（徐　炜）

供　销

【概况】 2015年年末，桐乡市供销合作总社有所属企业16家（全资、控股、参股企业12家，自然人股份企业4家），基层供销社9家，产业活动单位749个，从业人员1807人。市供销合作总社2015年新领办、参办农民专业合作社 13 家，累计 63 家；新建农村综合服务社 11 家，累计 79 家。年内，市供销合作总社农产品物流配送综合服务基地、濮院供销社经营服务综合体建设项目先后开工。高桥供销社经营服务综合体项目建成，盐业公司同福食盐仓库启用，市农业生产资料公司搬迁至振东新区莲花桥港北侧，凤鸣供销社旧房改造项目完工。市供销系统全年实现总营业收入 52.7 亿元、商品总销售额 38.5 亿元，分别比上年增长 16.8%和 20.2%；实现综合经济效益 7719.1 万元、利润 3589 万元，分别比上年增长 11.4%和 15%；完成农副产品收购额 9 亿元，增长 15.6%；社会贡献总额 2.3 亿元，增长 10%。在全省供销社系统综合业绩考核中，市供销合作总社获 2014 年全省综合业绩考核特等奖。

【淘宝网“特色中国·桐乡馆”开馆】 2015 年，市供销合作总社全资企业市供销电子商务有限公司与淘宝网合作，在其“特色中国”栏目中开设“特色中国·桐乡馆”，旨在宣传介绍桐乡地方特色旅游、推介销售桐乡地方特色农产品。采取线上线下融合发展的 O2O 经营模式，包含淘宝网“特色中国·桐乡馆”线上馆和淘宝网“特色中国·桐乡馆”乌镇线下体验馆。10 月 19 日，线上馆上线，线下馆在乌镇景区开馆。线上馆上线品种主要包括湖羊肉、杭白菊、榨菜、乌镇姑嫂饼、董家茭白、三珍斋粽子、红烧东坡肉、三珍斋牛肉、桂花糕等特色农产品。线下体验馆展销商品除线上馆产品外，还有丝巾、蚕丝被、工艺品等近 200 个农产品和桐乡特色产品。

（郁春南）

粮　　食

【概况】 2015 年，桐乡市粮油货源充足，市场供应平稳，市级储备粮管理全年安全无事故，年末地方储备粮油足额到位。全市粮食总产量 16.4 万吨，粮食消费量 41.14 万吨，分别比上年下降 12.02%和 20.78%。粮食产需缺口 24.74 万吨，比上年缩小 7.96 万吨。年内，国有粮食购销企业收购稻谷 2.81 万吨，与全市 295 户种粮大户（粮食专业合作社、家庭农场）签订晚粳谷订单合同，收购订单晚粳谷 2.31 万吨。公开拍卖轮换储备粮 1.2 万吨。深入实施惠农政策，种粮大户订单晚粳谷收购价 171 元/50 千克。晚稻收获期间，稻谷市场价明显低于国家规定的最低保护价，为维护农民利益、保护农户种粮积极性，在订单粮食收购同时，首次启动最低收购价预案，晚粳谷 155 元/50 千克，甬优杂交谷 140 元/50 千克。市粮食收储公司核实农户粮食产量，收好余粮，避免发生“农户卖粮难”问题。完善粮食订单信用体系建设，市政府表彰奖励优秀售粮户 10 户。加强粮食安全体系建设，全面落实粮食安全责任。地方储备粮严格按照“科学化、制度化、精细化、规范化”管理要求，市粮食收储公司各库区库存粮油账实相符，无霉变，无虫害，无鼠雀，无事故。继续开展以“节本减损，增产增收”为主题的“丰粮仓”项目试点扩面工作，发放储粮装具“丰粮仓”631 套。健全粮食市场监测预警报告制度，开展监测预警，定期报送市场供应信息和价格监测信息，及时报告市场异动。加大对粮食应急加工企业、粮食应急供应网点、“放心粮油”创建店的日常监管力度，完善粮食应急体系建设。加强对市级储备粮（成品粮）、食用油的监管。年内，市粮食收储公司宗阳庙粮库投资 560 万元进行扩建，新增仓容 5000 吨，总仓容达 2.5 万吨。

10 月 19 日，“特色中国·桐乡馆”上线启动　　　市供销合作总社提供

2015 年桐乡市粮油批发价情况

表 11　　单位:元/千克

品种＼月份	1	2	3	4	5	6	7	8	9	10	11	12
菜　　油	9.40	9.40	9.4	9.40	9.40	9.40	9.40	9.4	9.4	9.40	9.40	9.40
玉　　米	2.47	2.45	2.46	2.53	2.53	2.53	2.51	2.46	2.43	2.25	2.13	2.19
晚 粳 米	4.12	4.12	4.16	4.25	4.28	4.28	4.29	4.30	4.30	4.30	4.26	4.18

（潘红阳）

烟　　草

【概况】 2015 年，浙江省桐乡市烟草专卖局(嘉兴市烟草公司桐乡分公司)围绕“稳中求进，转中求好”工作主基调，重视烟叶生产，加强市场监管。全年实现主营业务收入 16.72 亿元，比上年增长 3.51%；实现税利 5.4 亿元，增长 14.06%，其中税收 2.13 亿元，增长 13.67%。桐乡市烟叶种植规模稳定，5 个镇(街道)、34 个村种植烟叶 93.27 公顷，其中世纪一号晒红烟种植面积 85.81 公顷。烟草公司桐乡分公司与 1054 户烟农签订烟叶种植收购合同，约定收购 174.87 吨。由于烟叶晒制环节连续阴雨，致烟叶霉烂变质，实际收购烟叶 88 吨。烟农总收入 215.3 万元。烟草公司桐乡分公司全年销售烟叶 139.9 吨(工商普通购销 40 吨、出口备货 99.9 吨)，利用雪茄茄衣烟创新成果，加强成熟技术的实践推广，方便茄衣烟试验后期的推广和运用，租地 1.84 公顷，建立口含烟叶原料试验基地，开展口含烟叶原料研究。年内，桐乡市烟草专卖局注重“真烟监管、打假破网、法制宣传”，完善打假协作机制和激励保障机制，加强监管零售户、物流和互联网，加大法治宣传力度。全年查获各类卷烟销售违法案件 353 起，查扣卷烟 1.6 万条，总案值 413.56 万元，移送公安部门案件 1 起。2015 年，桐乡市卷烟市场净化率 99.14%。

【雪茄包皮烟栽培综合技术体系初步形成】 2013 年，烟草公司桐乡分公司在浙江省率先开始探索雪茄包皮烟栽培技术，至 2015 年底，初步形成一套比较系统、完整的优质雪茄包皮烟栽培综合技术体系。该技术体系包括：雪茄烟品种筛选、营养钵护根育苗、地膜覆盖栽培等多个方面。运用该技术体系生产的雪茄包皮烟颜色较均匀，经脉较细，质地柔软，油分足，弹性拉力较强，出丝率高，香味浓郁，尤其印尼品种已经可以替代其他国外进口的雪茄包皮烟。

（冯　卿）

烟技员实地指导烟叶种植　　烟草公司桐乡分公司提供

电子商务

【概况】 2015 年，桐乡市电子商务蓬勃发展，全年实现网络零售额 172.22 亿元，列嘉兴各县(市、区)第二。桐乡市有“淘宝村”5 个(《中国淘宝村研究报告(2015)》发布)，居嘉兴各县(市、区)第二位,分别是:崇福镇城郊村和东安村、洲泉镇青石村和义马村、石门镇羔羊村。年内,桐乡市电子商务工作领导小组组织了市十佳优秀电商企业评选。与知名电子商务平台广泛合作。与阿里巴巴合作建设的“1688桐乡产业带”入驻企业超1100家,2015年实现交易额33.5亿元,被省商务厅评为十佳优秀产业带;与阿里巴巴天猫男装合作举办线上线下“桐乡织造—天猫真丝节”活动;与苏宁云商合作,在苏宁易购开设“濮院毛衫馆”;与京东合作举办专场宣讲会;与阿里巴巴国际事业部合作,召开跨境电商生态大会;与网易秀品、楚楚街、美丽说等平台合作开展对接活动10余场;与阿里巴巴合作发展农村电子商务,全市建有农村淘宝服务站52个、农村青年电商创业创新孵化中心9个。市供销电子商务有限公司与淘宝网合作,在“特色中国”栏目开设“特色中国·桐乡馆”。突出蚕丝被、鞋业、皮草产业优势,新建洲泉、石门、崇福电商集聚区,全市“1+X”电商集聚区布局基本形成。市电子商务中心逐步形成电商生态圈,有入驻企业近80家;濮院毛衫电商集聚区的入驻企业逐步从销售型电商企业向平台型和服务型电商企业转型;大麻家纺电商集聚区有入驻企业65家,形成以O2O模式为主的电商集聚形态。重点电商企业成绩喜人。浙江钱皇网络科技股份有限公司筹划在新三板上市,年网络销售逾1亿元,同行居首。嘉兴三珍斋食品有限公司被评为省级农村电商龙头企业,2015年从天猫和阿里巴巴国际站获订单近亿元。青韧网络科技公司CEO陈柏臻成为第三届世界浙商论坛最年轻创客代表。浙江宇都经贸有限公司更名为浙江宇都网络科技有限公司,逐步由以分销和零售为主的电子商务销售型企业转型为兼顾电商培训、电商平台的综合性电商企业。

2015年桐乡市十佳电商企业

表12

序 号	企 业 名 称	主 营 业 务
1	浙江钱皇网络科技股份有限公司	蚕丝被生产销售、计算机网络技术开发等
2	浙江乐麦科技发展股份有限公司	皮鞋生产销售、电商服务等
3	嘉兴三珍斋食品有限公司	熟食制品等生产销售
4	嘉兴市圣丹丽鞋业有限公司	皮鞋、胶水等生产销售
5	桐乡市昱昊纺织有限公司	人造毛皮、靠垫等生产销售
6	浙江中辉皮草有限公司	皮草服饰等生产销售
7	桐乡市洲泉蚕丝被电子商务发展有限公司	蚕丝被生产销售等
8	桐乡市圣美绮纺织有限公司	靠垫、小家纺等生产销售
9	兔皇羊绒有限公司	羊绒服装服饰等生产销售
10	浙江金牌商标代理有限公司	商标转让、注册等

(冯叶萍)

大中型商场

【浙江东兴商厦股份有限公司】 2015年,浙江东兴商厦股份有限公司克服市场低迷,多措并举,在同类商场销售普遍下滑情况下,全年实现销售额12.75亿元,比上年增长6.9%。至年底,东兴商厦拥有各类连锁超市87家,其中大型连锁超市5家、校园连锁超市10家、药品连锁超市20家、社区连锁超市52家,全年实现连锁经营销售额4.25亿元,连锁经营已有较大经营规模和经营优势。年内,东兴商厦被中国商业联合会评为“全国诚信兴商双优示范单位”,成为全国首批 179 家上榜单位之一，系桐乡市首家。年底，省级服务业重点建设工程——东兴生活广场项目工程竣工并通过有关部门验收，转入装修招商阶段。

（朱显忠）

【沃尔玛桐乡店】 2015 年，沃尔玛桐乡店完成店内改造升级，丰富商品种类，扩大进口商品陈列区，店内接入支付宝支付系统，顾客享受移动支付的便捷性同时，还能参加沃尔玛专属的支付宝活动，赢取减免金额，进一步提升购物体验。沃尔玛桐乡店全年客流量约 98 万人次，实现销售收入 8442 万元。

（马朱平）

【桐乡太平洋时代百货】 桐乡市太平洋时代百货有限公司是宁波太平洋百货集团旗下的第六家门店，集购物、休闲、餐饮、娱乐于一体，总营业面积 3 万平方米，员工 300 余名。2015 年，太平洋百货秉承“企业与社会共赢”宗旨，坚持“引导消费时尚，传递美好生活”使命，努力给予消费者一站式新型购物体验。桐乡太平洋时代百货全年客流量约 45 万人次，实现销售近 6000 万元。

（张　燕）

【乐购桐乡店】 乐购桐乡店位于桐乡市区东兴街和鱼行街交叉口的中虹天地，卖场分 3 层，面积 1.87 万平方米，地下停车位 319 个，顾客消费满 50 元即可免费停车 2 小时。乐购桐乡店交通便利，经营商品种类齐全。2015 年，客流量约 145 万人次，实现营业额 1.33 亿元。

（黄钶辉）

住宿、餐饮业

【振石大酒店】 振石大酒店拥有各类客房 575 间套、大型多功能宴会厅 6 个、大小各异的会议室 23 个，可一次性接待会议、餐饮近 3000 人。酒店除经营餐饮、住宿外，还可提供庆典、家政、水疗、美容美发等服务。2015 年，振石大酒店完成第二届世界互联网大会·乌镇峰会、北京市科协会议、桐乡科创大赛等的会务接待。全年接待宾客近 50 万人次，其中团队 600 批次、外地宾客 13.9 万人次。实现营业收入 1.54 亿元、利润 531 万元，分别比上年增长 10.94％和 235.4％。

（袁春雷）

【钱塘新世纪大酒店】 2015 年，桐乡钱塘新世纪大酒店进一步明确市场定位，转变营销理念，重视企业管理，加强市场需求调查，采取短平快营销办法，积极开拓市场。推出 19 楼星座主题房，丰富客房内涵。餐饮针对目标市场，多管齐下，大力挖掘主题宴会市场，同时加强新菜开发，树立较好口碑。年内，该酒店获“桐乡市节水型酒店”称号，在全市旅游饭店中式烹饪桐乡特色创新菜肴技能比赛中，获团体铜奖。钱塘新世纪大酒店全年实现营业收入 3793 万元。

（吴依萍）

【银园大酒店】 2015 年，银园大酒店通过争创餐饮“阳光厨房”、改革劳动薪酬制度、改变销售策略等措施，加强酒店内部管理，提高服务质量。同时加强员工安全意识教育和职业健康知识教育，组织全员安全生产培训，继续强化各区域的安全生产主体责任。年内，银园大酒店各项管理有序推进，服务意识全面提高，酒店实现全年营业收入 2324 万元。

（周梅芬）

【东方大酒店】 2015 年，东方大酒店成立 20 周年。年内，东方大酒店坚持“诚信为本，宾客至上”服务原则，节能降耗，倡导绿色消费。投入 30 多万元，改造了空调系统和供水系统。在员工中组织开展服务意识培训、节能降耗主题培训和业务技能培训，全年接待大小团队、会议等 375 个。实现营业收入 2267 万元，比上年增长 8.99％。

（许晓维）

【光明大酒店】 2015 年，光明大酒店接待旅游团队、商务团体等 130 个次，会议接待约 6160 人次，接待就餐客人约 7.2 万人次、住宿客人约 4.1 万人次。实现营业收入 2540 万元，上缴税金 145 万元。12 月，光明大酒店通过嘉兴市旅游饭店星级评定委员会的“星级饭店”复核。

（陈建华）

对外贸易

概　述

2015 年，桐乡市 783 家企业与全球 166 个国家和地区开展贸易往来。全年实现进出口贸易总额42.56亿美元，比上年下降0.7%。其中，出口额30.62亿美元，与上年基本持平；进口额11.94亿美元，下降2.4%。

与上年相比，九大类主要出口商品类别中，纺织品、床上用品、塑料及橡胶制品、高新技术产品有不同程度增长。出口对重点外贸企业出口依存度高，出口二十强企业实现出口额16.64亿美元，占全市出口总额的54%。年出口额100万美元以下企业387家，合计实现出口额1.33亿美元，占全市出口总额的4%。一般贸易进出口占进出口主导地位，实现出口额25.29亿美元、进口额7.83亿美元，分别占总额的83%和66%。加工贸易实现出口额5.33亿美元、进口额3.69亿美元，分别比上年下降5.2%、5.9%。对欧美日等主要市场出口增减不一，对“一带一路”沿线国家出口逆势增长。全年遭遇来自巴西、印度、美国、欧盟等国家和地区发起的贸易摩擦案件8起，涉案金额近2110万美元，涉案企业15家。涉案100万美元以上的原审案件应诉率100%。

新批境外投资项目7个、增资项目8个，中方投资额4.14亿美元，比上年增长321.6%，居嘉兴各县（市、区）首位。其中华友钴业在刚果（金）增资2.35亿美元的刚果东方国际矿业有限公司项目是迄今嘉兴市境外投资历史上规模最大的项目。完成境外承包工程营业额1.19亿美元，增长11.5%，居嘉兴各县（市、区）首位。境外企业带动出口额3.62亿美元，增长0.4%。

对外商品贸易

【概况】 2015年，桐乡市783家企业有自营进出口实绩，比上年增加48家。全市实现出口额30.62亿美元、进口额11.94亿美元，分别比上年下降0.1%和2.4%，增幅均列嘉兴各县（市、区）第二位。出口增幅低于全省平均1.3个百分点，分别高于全国和嘉兴平均2.7个百分点和3个百分点。

【出口对重点外贸企业依存度高】 2015年，桐乡市709家企业有自营出口实绩，比上年增加36家，合计实现出口额30.62亿美元，比上年下降0.1%。其中，全年出口额超千万美元企业62家，巨石集团、桐昆集团、新凤鸣集团、外贸集团、恒美服饰、华友

2015年桐乡市主要商品出口情况

表13　　单位：万美元

商 品 名 称	出 口 额	比上年增长(%)
纺织纱线、织物及制品	126154	2.2
服装及衣着附件	51848	-4.5
机电产品	50458	-6.2
床上用品	15507	26.4
塑料及橡胶制品	15349	14.9
医药化工	13058	-7
毛皮、革制品及箱包	11039	-3.8
鞋类	5191	-10.4
高新技术产品	5146	63.5

2015年桐乡市主要商品进口情况

表14　　单位：万美元

商 品 名 称	进 口 额	比上年增长(%)
羊毛及毛条	24882	18
金属及制品	24258	86
化工产品	16432	-33
生皮、革及毛皮	16029	17
机电产品	15859	-43
矿产品	13989	1
塑料及橡胶制品	3611	16
亚麻及亚麻纱线	2411	-7

重点外贸企业座谈　　　　市商务局提供

2015 年桐乡市外贸出口二十强企业出口情况

表 15　　　　单位：万美元

位次	企　业　名　称	出口额	比上年增长(%)
1	巨石集团有限公司	37320	2.28
2	桐昆集团股份有限公司	18884	8.49
3	新凤鸣集团股份有限公司	15089	−7.41
4	浙江桐乡外贸集团股份有限公司	9775	−8.19
5	嘉兴恒美服饰有限公司	9236	−17.14
6	浙江华友钴业股份有限公司	8297	−16.49
7	浙江恒石纤维基业有限公司	7750	18.01
8	浙江新澳纺织股份有限公司	7431	−14.69
9	生迪光电科技股份有限公司	6978	67.36
10	浙江晶通塑胶有限公司	6281	42.43
11	桐乡市龙翔经贸有限公司	4729	49.58
12	桐乡波力科技复材用品有限公司	4655	−22.42
13	浙江花神丝绸进出口有限责任公司	4574	−16.19
14	浙江豪庭灯饰有限公司	4360	−36.31
15	振石控股集团有限公司	3810	517.65
16	浙江双箭橡胶股份有限公司	3620	−13.11
17	浙江嘉名染整有限公司	3510	−4.80
18	嘉兴欧美斯羊绒制品有限公司	3482	−10.14
19	嘉兴永发电子有限公司	3367	4.82
20	桐乡市永泰隆电子有限公司	3263	−14.60

注：出口额按集团公司计算

钴业、恒石纤维、新澳纺织、生迪光电、晶通塑胶等 10 家企业出口额均超 5000 万美元。出口二十强企业合计实现出口额 16.64 亿美元，占全市出口总额的 54%，比上年增长 0.85%，其中 5 家企业增幅超 10%。

【一般贸易进出口占主导地位】2015 年，桐乡市一般贸易进出口依然占主导地位，实现进出口额 33.12 亿美元，占全市进出口总额的 77.8%，其中出口额 25.29 亿美元、进口额 7.83 亿美元，分别占总额的 83%和 66%。加工贸易进出口由增返降，实现出口额 5.33 亿美元、进口额 3.69 亿美元，分别比上年下降 5.2%、5.9%。加工贸易出口中，进料加工出口额 4.93 亿美元、来料加工出口额 0.4 亿美元，分别比上年下降 2.3%、30.9%。加工贸易出口出现下降主要是因为新凤鸣集团、华友钴业、波力科技 3 家企业加工贸易出口额大幅下降，分别比上年下降 12%、15%和 24%。

【对主要出口市场出口增减不一】　2015 年，桐乡市 783 家企业与全球 166 个国家和地区有贸易往来。479 家企业与"一带一路"沿线国家有贸易往来，实现出口额 11.44 亿美元，比上年增长 6%；进口额 1.11 亿美元，比上年下降 26%。对欧美日传统出口市场增减不一。全市实现全年对美国出口额 4.53 亿美元，比上年增长 19%。实现对欧盟出口额 7.8 亿美元，对日本出口额 1.46 亿美元，分别比上年下降 9%和 7.7%。从新兴市

按国别 2015 年桐乡市出口情况

表 16　　　　单位:万美元

国　别	出口额	比上年增长(%)
美　国	45349	18.9
德　国	17737	−9.7
土耳其	16912	−3
埃　及	16499	−2.5
越　南	15627	24.5
日　本	14621	−7.7
韩　国	12610	−10.4
印　度	11752	2.3
英　国	10779	−13.4
意大利	8598	−18.6

场角度看,实现对西亚出口额 3.28 亿美元、对东盟出口额 3.09 亿美元,分别比上年增长 5%和 23%。实现对非洲出口额 2.53 亿美元、对拉美出口额 1.69 亿美元,分别比上年下降 4%和 9%。销往香港地区货值 0.6 亿美元,销往台湾地区货值 0.26 亿美元,分别比上年下降 15%和 14%。

【企业应对国际贸易摩擦意识提升】 2015 年,桐乡市遭遇来自巴西、印度、美国、欧盟等国家和地区发起的贸易摩擦案件 8 起,涉案金额近 2110 万美元,涉案企业 15 家。分析案件特点,新兴市场仍为主要发起国,另外涉案商品种类增多。全年 8 起案件中,7 起由新兴市场国家发起。涉案商品种类除纺织制品外,精密机械、化工制药等产品也遭受国外反倾销制裁。商务部、地方各级商务主管部门、行业协会、企业"四体联动"应对,市商务局动员涉案企业积极参加反倾销案件应诉,组织企业参加全国案件应诉协调会,全程跟踪进展。年内,桐乡市涉案 100 万美元以上案件的应诉率 100%。

【桐乡市首届商务人才大赛】 桐乡外贸企业处于转型发展关键时期,迫切需要商务人才。1 月,市商务局联合市人社局、市教育局举办桐乡市首届商务人才大赛。来自桐乡市外贸、电子商务领域和全省 3 所高校的 43 名选手进入决赛。经过外贸专业知识问答、桐乡市情知识问答、互联网知识问答、商务英语演讲、才艺表演等 5 个环节的比拼,最终浙江嘉途通进出口有限公司的张翀、嘉兴商晖培训有限公司的沈晓敏和桐乡技师学院(筹)的吴亚红分获外贸职业组、电商职业组和外贸学生组冠军。

对外经济技术合作

【概况】 2015 年,桐乡市新批境外投资项目 7 个、增资项目 8 个,实现投资总额 5.23 亿美元,比上年增长 394.5%,其中中方投资额 4.14 亿美元,增长 321.6%,均居嘉兴各县(市、区)首位。华友钴业和巨石集团境外投资规模超 5000 万美元,两家企业中方投资 3.5 亿美元,占全市境外

1 月,桐乡市首届商务人才大赛　　市商务局提供

中方投资总额的84.5%。按投资主体分，华友钴业2个项目总投资2.55亿美元；巨石集团3个项目总投资0.95亿美元。按投资行业来分，新批、增资境外资源开发和生产项目5个，中方投资额3.51亿美元；新批、增资境外营销机构建设项目10个，中方投资额0.63亿美元。全市全年完成境外承包工程营业额1.19亿美元。境外企业带动出口总额3.62亿美元。

【华友钴业收购刚果(金)PE527矿权区】 2015年，华友钴业向刚果东方国际矿业有限公司增资2.35亿美元，全面收购刚果(金)PE527矿权区。该项目主要从事钴、铜矿的开采和冶炼，中方累计投资3.11亿美元，投产后年采矿规模将达133万吨，将很大程度缓解国内钴、铜资源供给不足现状。该项目系嘉兴市迄今境外投资历史上规模最大的项目，标志着桐乡市"走出去"战略迈上新台阶。

【巨石集团获境外工程承包资质】 2015年，市商务局鼓励企业在"走出去"过程中，申请境外工程承包资质，承接境外工程项目。9月，巨石集团取得浙江省商务厅颁发的境外工程承包资格证，成为继华友钴业后桐乡市第二家获境外工程承包资质的非工程类企业，也是桐乡市第七家获境外工程承包资质企业。全年桐乡市完成境外工程承包营业额1.19亿美元，比上年增长11.5%，占嘉兴全市境外工程承包营业额总额的90%，列嘉兴各县(市、区)首位。

·相关链接·

一带一路

一带一路，是"丝绸之路经济带"和"21世纪海上丝绸之路"的简称。2013年9月和10月，国家主席习近平在出访中亚和东南亚国家期间，先后提出共建"丝绸之路经济带"和"21世纪海上丝绸之路"的重大倡议。其战略目标是要建立一个包括欧亚大陆在内的、世界各国在内的政治互信、经济融合、文化包容的利益共同体、命运共同体和责任共同体。

（葛晓婷）

海　关

【概况】 2015年，嘉兴海关驻桐乡办事处围绕"五型"(学习型、服务型、法治型、创新型、廉洁型)海关建设目标，积极参与长江经济带海关区域通关一体化改革。全年审核报关单3624份，征收税款2.44亿元，补税159.91万元；验放进出口货物12.47万吨、2.74亿美元，查验率1.92%；办理加工贸易合同备案560份，进口备案总值5.15亿美元，报核率、结案率均为100%；海关注册(登记)新企业168家。优化通关环境，推行"属地申报、口岸验放"一体化模式，全年一体化进出口通关476票。与检验检疫部门合作开展"三个一"(一次申报、一次查验、一次放行)通关，全年合作办理通关货物39票。推进无纸化通关，通关无纸化率100%。推行加工贸易联网监管，将高桥皮革有限公司新纳入加工贸易联网监管。参与桐乡市"转型升级服务年"活动，主动走访企业，收集解决重点企业的困难，为其提供通关便利。开展加工贸易差别化管理，结合桐乡市主要行业的实际情况，制订《桐乡加工贸易企业差别化管理方案》，为桐乡市15家、合计业务量占全市总量90%以上的加工贸易企业建立单耗(单位成品耗用料件数)管理模型和核销管理模型，为化纤、皮革、金属加工等行业量身订制海关监管方案。开展关企合作，做好政策宣传培训，设立"关企合作——梧桐讲堂"，开展政策宣讲、海关实务培训5次，45家企业、90人次参训。做好企业年审工作，巡查企业104家；完成200多家企业的信息变更。

【推行汇总征税】 2015年，海关总署为提高贸易便利化，降低通关成本，决定在试点基础上，全面推广汇总征税。全国各地海关7月27日起，对符合条件的进出口纳税义务人在一定时期内多次进出口货物实施汇总征税。进出口企业凭借商业银行出具的保函或提交保证金，向注册地海关办理汇总征税备案后，货物在各口岸通关时，暂不缴纳税款即可申请货物放行，所有应缴税款可于次月前五个工作日集中缴纳。政策出台后，嘉兴海关桐乡办事处加强政策宣传培训，努力让企业最大限度享受海关通关改革红利和外贸政策红利。至年末，为桐乡2家企业办理汇总征税手续16票，涉及货物金额749万美元，

8月24日，海关梧桐讲堂走进桐昆　　嘉兴海关桐乡办事处提供

征税款772.36万元。

（陆振中）

出入境检验检疫

【概况】 2015年5月11日，“沪浙出口直放和无纸化通关”正式实施。浙江出口企业在产地检验检疫合格后，申领电子通关单，直接向上海海关报关，不再需要到上海检验检疫局申报换发通关单。嘉兴出入境检验检疫局桐乡办事处按照上级部署要求，迅速行动，桐乡市受惠出口企业逾300家。2015年，检验检疫桐乡办事处检验检疫出口货物5464批、货值18848万美元，检出不合格货物6批、货值31万美元。全年检验检疫入境货物71批、货值654万美元，检出不合格36批、货值516万美元。检疫入境集装箱99批、590标箱，入境木质包装48批、4158个。截获有害生物208批次、27种，其中检疫性有害生物17批次、4种，其他一般性有害生物191批次、23种。全年签发出入境通关单1566份、出入境换证凭条1969份、入境检验检疫证明22份、各类检验检疫证书868份。为56家企业进行产地证备案、121家企业自理报检单位备案登记。检验检疫桐乡办事处简化原产地企业备案手续，取消企业年审制度。为支持桐乡市外贸综合服务平台“嘉途通”运作，简化原产地证书申领手续，允许代理人申领。组织政策宣传培训，走访大企业，鼓励企业利用原产地政策享受进出口关税优惠待遇，推进原产地证书申办无纸化。全年签发各类原产地证书11098份，签证金额45731.8万美元。其中，签发普惠制产地证书4265份，签证金额18611.72万美元；签发一般原产地证书4199份，签证金额16209.79万美元；签发区域优惠原产地证书2634份，签证金额7402.8万美元。11月，中韩、中澳自贸协定生效，两自贸区原产地证书开始签发。2015年，桐乡市区域优惠原产地证书签证量、签证金额分别比上年增长33%、77.2%。桐乡企业申请签发中韩、中澳两自贸区原产地证书53份，签证金额305万美元，其中：华友钴业申请签发中韩自贸区原产地证书12份，签证金额160多万美元；东兴羽绒公司申请中澳自贸区原产地证书20份，签证金额80多万美元。10月，浙江京马电机有限公司被评为中国出口质量安全示范企业，成为嘉兴市首家机电类中国出口质量安全示范企业。

【开展产品质量提升活动】 9月质量月，检验检疫桐乡办事处根据桐乡市出口产品的特点，开展质量督察行动。监督检查木制品出口企业的内部管理、原料及成品仓库设施及出入库台账、原料检验以及除害处理指标和成品含水率控制等，要求企业发现问题及时整改。启动出口杭白菊农药残留和重金属残留质量监控工作。至年底，抽检杭白菊出口企业1家，抽检合格。对法定检验目录外的出口工业品进行国家质量监督抽查，抽检5批次出口鞋，其中1批次不合格。

【简化、创新检验监管模式】 2015年，检验检疫桐乡办事处进一步优化出口木制品生产企业注册登记的申请及考核流程，将受理到考核控制在2周内，全年检验检疫桐乡办事处完成6家木制品出口新企业的注册登记工作。推进桐乡市出口农产品模式改革工作，选择两家出口量较大、管理规范的家具生产企业试行报检、检验、监管、放行全程无纸化。创新进口货物监管方式,企业转关到桐乡国际物流监管场站的进口货物,在风险评估和防疫风险可控的基础上,允许部分产品(如进口原羊毛)享受“先放行后检验检疫”便利模式,缩短查验滞留时间。

(石巧灵)

招商引资

概　述

2015年,桐乡市在全球经济持续低迷、国家宏观政策调控情况下,提高招商人员素质,优化发展环境,强化招商服务,招商引资工作稳中有进。年内,14个招商主体和各相关部门突出互联网产业,以北京、上海、深圳、杭州为主要城市,境内外联动,开展各类招商活动90余场。重视招商引资项目的推进和落实,尤其是大项目,开展“招商引资推进月”主题活动。市商务局牵头拟订《互联网产业招商工作方案》《互联网产业招商扶持政策(送审稿)》和《桐乡市“双招双引”联络处工作考核管理办法(试行)》等,为下一步重点开展互联网产业招商奠定基础。加强全市招商队伍建设,增设深圳、欧洲“双招双引”(招商引资、招才引智)联络处,重新抽调24名工作人员派驻联络处,在北京、上海、杭州、深圳驻点招商,并以委托招商方式开拓欧洲“双招双引”工作。出刊《“双招双引”工作动态》,跟踪发布各主体和联络处“双招”工作动态及全市在谈签约项目的进展情况。全年组织“双招双引”培训2期,204人次参训,培训内容涵盖政策解读、招商实战经验分享、最新前沿知识信息解析和PPT实战讲演评比等。全年桐乡市引进外资项目47个(新设项目32个、增资项目15个),合同利用外资5.07亿美元,实际利用外资3.36亿美元,分别比上年增长8.08%和1.43%。全市市外内资项目239个,实际利用市外内资103.37亿元,新引进市外内资项目171个,实际利用市外内资59.6亿元。全市外商投资企业实现税收14.25亿元、出口额11.45亿美元。

利用外资

【概况】 2015年,桐乡市引进外资项目47个(新设项目32个、增资项目15个),合同利用外资5.07亿美元,其中:总投资1000万美元以上项目19个,合同利用外资4.3亿美元;总投资3000万美元以上项目3个,合同利用外资1.75亿美元;总投资1亿美元以上项目2个,合同利用外资1.4亿美元。32个新设外资项目中,有鼓励类项目11个,合同利用外资1.86亿美元,涉及机械装备、纺织服装等行业。按产业分,新设及增资二产项目20个,合同利用外资2.23亿美元;新设及增资三产项目27个,合同利用外资2.84亿美元。

(张　颖)

利用内资

【概况】 2015年,桐乡市市外内资项目239个,实到市外内资103.37亿元、注册资金36.98亿元。其中,工业项目113个,实到市外内资54.78亿元、注册资金17.18亿元;服务业项目116个,实到市外内资45.67亿元、注册资金17.44亿元。年内新引进市外内资项目171个,实到市外内资59.6亿元、注册资金32.07亿元,分别占全市内资总额的57.65%、86.73%。2015年,桐乡市市外内资引资质量提升显著,171个新引进项目中,新兴产业项目12个,总投资48.3亿元,比上年增长3.7%;装备制造业项目10个,总投资4.9亿元,比上年增长9.99%。引资总体呈现区域合作良好格局,实施长三角市外内资项目167个,实到市外内资69.96亿元、注册资金23.92亿元,其中沪杭投资项目82个,实到市外内资45.53亿元、注册资金12.19亿元。2015年,桐乡市企业上市融资步伐加快,华友钴业在A股成功上市,先锋机械、联洋新材料在新三板成功融资,中国巨石再次上市增发。

(徐建华)

经济开发区

【概况】 2015年，桐乡经济开发区实现工业总产值378.57亿元，比上年下降2.4%。新增规模以上企业21家，累计157家；新增亿元企业4家，累计42家；新增限额以上服务业7家，累计58家。全区企业缴纳税金21.54亿元，增长9.5%。其中，工业企业缴纳税金17.35亿元，增长6.7%；第三产业企业缴纳税金4.18亿元，增长22.9%。实现利润26.23亿元，增长60.1%。其中，工业企业实现利润18.53亿元，第三产业企业实现利润7.7亿元。企业实现进口总额15.92亿美元，增长1.7%；出口总额10.8亿美元，下降3%。列入区内考核统计的规模以上工业企业149家，实现工业总产值199.22亿元，增长13.2%；完成销售产值183.7亿元，增长3.9%；累计产销率94.8%，新产品产值86.1亿元，新产品产值率44.4%；实现利润15.88亿元，缴纳税金12.8亿元。全年完成全社会固定资产投资43.71亿元，增长15.4%。工业生产性投入34.59亿元，增长22.8%。其中：设备投入22.3亿元，占比64%；技改投入28.4亿元，占比82%。完成第三产业投资9.1亿元。

围绕玻纤及复合材料、汽车及零部件产业、互联网产业进行招商。依托区内巨石集团有限公司、浙江华友钴业股份有限公司、浙江戴德隆翠汽车有限公司、浙江合众新能源汽车有限公司等企业，以企引企，实施产业链招商，形成复合新材料、汽车及零部件两大支柱产业。同时，依托中国·乌镇互联网产业园的建设，积极引进互联网产业相关项目。全年合同利用外资2.4亿美元，实际利用外资1.98亿美元，引进市外内资17.14亿元、“浙商回归”资金14.16亿元。

【中国·乌镇互联网产业园建设】 8月，桐乡经济开发区设立中国·乌镇互联网产业园。产业园位于开发区人民路以东、乌镇大道以西地块，规划建设用地1平方千米，计划总投资100亿元。11月14日，桐乡市政府、桐乡经济开发区管理委员会与浙大网新集团旗下的杭州网新长城科技服务有限公司签订《乌镇互联网产业园项目战略合作协议》，按照“政府主导，企业专业化运营”的方式，共同打造中国·乌镇互联网产业园。项目遵循“让专业的人做专业的事”的理念，委托网新长城公司为产业园建设、运营，提供战略定位研究、项目品牌推广、开发运营顾问等服务。通过政府搭建平台，企业委托运营，双方通力合作，共同培育、打造互联网产业创新发展试验田。项目采取“整体规划、分步实施”的推进思路，分过渡区、先导区和拓展区三个阶段开发建设。过渡区建筑面积约1万平方米，于2015年8月动工，12月投入使用，用于产业园规划展示、招商管理中心入驻和安排先期入驻企业。12月18日，先导区举行开工奠基仪式，国家网信办副主任庄荣文，浙江省委常委、宣传部部长葛慧君，嘉兴市委副书记、市长林健东等出席奠基仪式。

【开发区入选浙江“智慧园区”示范开发区】 6月19日，2015浙商大会暨“互联网+”峰会在杭州举行。大会公布桐乡经济开发区获2015浙江“智慧园区”示范开发区称号。近年来，桐乡经济开发区推动企业加大科技和人才投入，鼓励企业建设研发中心，引进技术型人才，加快“机器换人”、智能制造和转型升级的步伐。2015年，规模以上工业企业投入研发经费3亿元，新增各级科技型企业71家、高新技术研发中心 28 个，新增专利 741 项(其中发明专利 120 项)、各类科技项目立项 125 个。

【戴德隆翠公司一次性交付拖挂式房车 35 辆】 6 月 4 日，浙江戴德隆翠汽车有限公司与秦皇岛碧螺塔旅游开发有限公司在北戴河举行“风情北戴河 · 房车新生活”战略合作签署暨房车交车仪式。戴德隆翠公司向河北省北戴河碧螺塔酒吧公园房车营地一次性交付拖挂式房车 35 辆。交付的房车主要用于碧螺塔滨海四星级房车营地和桃林口山地形五星级房车营地。戴德隆翠公司结合两处营地的气候及环境因素，按照四星级标准及休闲旅游的性质，专门设计“梧桐一号”R19 拖挂式房车。该款房车车架采用高强度合金钢镀锌材料，车身采用镁铝合金辊涂工艺，能有效防止盐雾腐蚀。

【海得新能源公司通过 DNV GL 认证】 9 月 28 日，浙江海得新能源有限公司双馈风冷变流器 HD01DF2000AAL 通过国际权威认证机构 DNV GL 认证，这是国内首家取得 DNV GL 部件认证证书的变流器生产商。4 月，海得新能源公司与 DNV GL 公司就 WINGREEN 全系列风电变流器产品签署认证框架协议。此次通过认证的 WINGREEN 系列中 HD01DF2000AAL 产品是一款 2 兆瓦双馈风冷变流器，该产品上市后总销售额 6.4 亿元。产品能接受主控并网指令实现自动并网，独立控制有功功率和无功功率，满足双馈发电机组变速恒频控制，具有电网故障、雷击、低电压穿越、过电流保护功能。HD01DF2000AAL 获认证通过，为其余产品的认证奠定基础。

（王敏媛）

9 月 28 日，浙江海得新能源有限公司获 DNV GL 认证证书

市开发区提供

濮院针织产业园区

【概况】 濮院针织产业园区建成面积 10 平方千米，入驻毛衫企业 628 家。2015 年，濮院针织产业园区创新企业管理，新增规模以上企业 10 家，实现产值 2.5 亿元，完成“个转企”65 家。“两改两创”(股份制改造、技术改造，管理创新、品牌创新)不断深化，实施技改项目 60 个，新增规模以上企业研发机构 14 家，获专利授权 340 个。盘活存量土地 22.92 公顷，腾退低效土地 10 公顷，低效用地再开发 12.22 公顷。全年投入基础设施建设资金 1.5 亿元，建设道路、桥梁等。工贸大道人行道改造、恒乐路(320 国道—富民桥)、宏苑路等路段的改造提升项目顺利推进。绿化提升改造永越大道、濮院大道沿线等主要路段以及 320 国道等区域，投入资金 700 万元。

积极参与各类招商活动。10 月，参加在上海举行的 2015“PH Value 第一汇”活动，组织 8 家毛衫企业、3 家原创设计工厂和 1 家专业市场，组成“桐乡濮院毛衫时尚小镇主题馆”，展出羊毛衫、羊绒衫、双面呢大衣等。12 月，参加在深圳举行的第十七届深圳国际服装贴牌、纺织面辅料、服饰配件博览会暨第二届深圳原创设计时装周，组织濮院 320 创意广场、濮院毛衫品牌企业以及濮院轻纺城等单位，组成“濮院毛衫时尚小镇展团”，展出原创设计的濮院毛衫。同时，参加深圳桐乡互联网产业推荐会、上海迪斯尼 · 桐乡项目对接会、余杭梦想小镇 · 桐乡毛衫时尚小镇交流会等活动。加强与韩国的交流合作，先后与韩国首尔中区区长崔昌植带队的经贸考察团、韩国开放福祉财团、韩国设计师团队进行对接，达成多项合作意向。

加强省级现代服务业集聚区建设。5月,国家质检总局和国家认监委联合发文批准成立国家纺织服装产品质量监督检验(浙江桐乡)毛针织品分中心,这是桐乡市首个国家级质检中心。推进濮院320创意广场建设,累计入驻设计服务类机构58家,引进各类设计人才516人。320创意广场成功创建为省级特色工业设计产业基地,被评为浙江省第二批省级创业孵化示范基地。

【320创意广场成为省级创业孵化示范基地】 12月16日,濮院320创意广场入选第二批省级创业孵化示范基地,成为桐乡市首家获省级认定的创业孵化示范基地。320创意广场以"创新引领未来、创意推进转型、创业成就梦想"为指导,整合全社会优质创新资源,开展毛衫设计、品牌策划、文化传播、信息化软件开发、电子商务服务、知识产权服务等高技术服务业,先后入选浙江省级工业设计示范基地、浙江省科技创业孵化器、浙江省工业设计中心、浙江省大学生校外文创实践教育基地。320创意广场为入驻企业提供保姆型、导师型、经纪人型服务。保姆型服务是为入驻的创业团队免费提供100平方米以下的场所,配备开发设备等;导师型服务是引导创业企业成长,开办创业培训班等;经纪人型服务是每年编制服务指南、技术推广等,开展与企业对接活动。320创意广场"互联网+毛衫设计"助推濮院毛衫产业转型升级,濮院毛衫电子商务公共服务中心启用,服务辐射桐乡市周边乡镇。至年底,320创意广场使用面积1.8万平方米,累计入驻设计服务类机构58家,引进各类设计人才516人,其中中级职称6人。同时,320创意广场服务各类企业4802家,除桐乡企业外还为嘉兴市秀洲区,宁波、台州、湖州等地区,江苏省苏州市吴江区、张家港市、常熟市等地,以及广东省东莞市、河北省清河县和山东省海阳市等毛衫产业基地提供毛衫款式设计、品牌策划等服务。

【"濮院毛针织"品牌价值53亿元】 12月12日,由中央电视台财经频道、中国品牌建设促进会、中国国际贸易促进委员会、中国资产评估协会联合举办的2015年中国品牌价值评价信息发布活动在北京举行。此次品牌价值评价中,桐乡市的区域品牌"濮院毛针织"首次入选"2015年中国品牌价值评价信息发布"名单,品牌价值53亿元。"濮院毛针织"品牌价值的评价是依据濮院镇综合实力、濮院毛针织产业基础和产业链等相关数据,根据构建的有形资产、质量、服务、技术创新和无形资产五要素评价模型和指标体系,采用多周期超额收益法或溢价法进行预算,同时引入品牌强度系数,将影响品牌价值的质量指标、技术与市场指标等通过打分换算,最终得到品牌货币价值。

· 相关链接 ·

中国品牌价值评价信息发布活动

活动自2012年起逐年举办。2015年的评价对象覆盖第一产业、第二产业、第三产业,评价种类从企业品牌拓展到产品品牌、区域品牌和自主创新品牌,评价依据21个国家标准。品牌价值评价主要面向全国具有产业优势、占国民经济生产总值比较高、品牌建设基础较好、品牌评价条件成熟的相关行业。申请参加评价的品牌具有较高的知名度,总体实力名列前茅,近三年营利为正,且处于同行业领先水平。

【第二届国际高级服装设计师研修班】 6月,第二届国际高级服装设计师研修班在桐乡市举办。研修班由濮院针织产业园区管委会与浙江欧纬时尚创意有限公司联合主办。桐乡市毛衫设计师协会及理事单位、部分会员企业、濮院毛衫企业、濮院320创意广场的20名企业代表和服装设计师参加培训。此期研修班分2期课程开课,培训18天、计136课。6月,第一期课程由意大利籍国际著名设计师,原范思哲总设计师莫拉罗·吉恩·彼亚特罗担任讲师。莫拉罗带领学员到杭州实地考察学习,结合濮院毛衫的设计,讲解毛衫从保暖向时尚转型,从针织向梭织转型的趋势。7月,由意大利卡莱凯利学院版型师德·拉扎丽·安东妮拉担任讲师,课程侧重高级版型、裁剪、手工制作和成衣制作的实操型练习。7月19日,第二届国际高级服装设计师研修班结业典礼在浙江传媒学院艺术设计学院举行,意大利卡莱凯利学院院长卡莱凯利参加结业典礼,为8名学员颁发欧盟成员国承认的意大利卡莱凯利学院结业证书。其他12名学员获意大利制造学院的单科培训证书。

【桐乡一站通园区开园】 10月28日，桐乡一站通园区举行开园仪式。一站通园区位于濮院物流园区内，租赁面积9500平方米，投资100万元，由南极电商（上海）股份有限公司与桐乡一站通网络科技服务有限公司共同投资成立。一站通园区是互联网电子商务模式、信息化管理模式和大数据分析在传统物流货运行业中运作的产物，在依托传统物流行业的基础上，通过建立对接平台，让经销商、供应商与客户之间互相对接和选择，优化货品在经销商和客户间流转，减少经销商的库存压力和风险，节约仓储成本。一站通园区优化物流、资金流以及信息流，整合桐乡毛衫供应链大数据，为毛衫企业提供仓库管理、分销、物流配送、资金结算等一站式服务，电商企业提供货源、仓储、发货、物流、售后等一体化的服务。至年底，入驻的品牌有恒源祥、南极人、波司登、卡帝乐鳄鱼、花花公子、明龙、鹿王、克利雅等国内外知名品牌20多个，淘宝、天猫、京东、唯品会等大型电商企业50多家，近100家供货商、近1000家经销商成为合作伙伴。

【桐乡市与中国纺织工业联合会签署框架协议】 6月，浙江省发改委发布浙江省首批特色小镇创建名单，濮院镇作为"桐乡毛衫时尚小镇"入选。11月26日，时尚产业与城镇化融合新实践——共建桐乡毛衫时尚小镇签约仪式暨世界毛衫博览中心建设高端研讨会在桐乡召开。国务院发展研究中心市场经济研究所所长任兴洲，中国纺织工业联合会副会长夏令敏、顾问陈树津，中纺联产业集群工作委员会秘书长邢冠蕾参加会议。会上，桐乡市政府与中国纺织工业联合会共同签署《共建桐乡毛衫时尚小镇框架协议》，探讨濮院毛衫时尚服饰暨世界毛衫博览中心项目建设方案。濮院毛衫时尚小镇建设项目规划面积3.5平方千米，计划2015年～2017年总投资55亿元，其中2015年投资10亿元。濮院毛衫时尚服饰暨世界毛衫博览中心建设项目是省级建设项目，与濮院轻纺城、濮院羊毛衫市场提升项目、古镇观光区、生态度假区和时尚文化创意区等项目一并纳入"桐乡毛衫时尚小镇"项目的建设规划。濮院毛衫时尚服饰暨世界毛衫博览中心项目位于濮院针织产业园区，由浙江华新实业集团有限公司投资建设，于2013年4月经省政府批准，列入2013年省级重点建设项目。项目总用地面积17.06公顷，总建筑面积41万平方米，计划总投资20亿元，建造世界毛衫博览中心、时尚产业发布平台、毛衫时尚服饰品牌培育区、毛衫时尚服饰制造升级区。2015年，完成投资2.6亿元，一期工程占地5.6公顷，建筑面积13万平方米，建成并投入使用，入驻企业65家；二期工程占地5.93公顷，主体建筑正在建设中；三期工程占地5.53公顷，计划总建筑面积15万平方米，正在设计规划方案。

（李　昇　张夏啸）

11月26日，共建桐乡毛衫时尚小镇签约仪式在桐乡举行

濮管委提供

崇福经济区

【概况】 2015年，崇福经济区有工业企业358家。新增规模以上企业5家，计93家；新增亿元企业1家，计25家。实现工业总产值171.72亿元，比上年增长

2.79%。规模以上企业工业增加值28.85亿元，增长5.8%；实现利税18.48亿元，增长4.76%。合同利用外资（含崇福镇）3543.66万美元，实际利用外资2500万美元；引进市外内资13.01亿元，注册资金到位3.14亿元，引进“浙商回归”资金3.05亿元。皮草业实现产值176.74亿元，占全镇工业总产值43.8%。

建设中国皮草名城。生态产业园、皮草服装品牌园两大产业集聚平台建设进展顺利，建成国际皮草中心、南区皮毛市场，发挥产业集群效应。开展品牌和标准化创新，崇福经济区累计有省级以上皮草行业名牌、商标7个。

发展互联网产业。电商生态产业园落户名城广场，规划入驻皮草电商200多家。11月18日中国名孚皮草电子交易中心上线，平台以商品远期交易的合同结算价作为基准价格，根据不同的皮草标准及价格提供标准转换系数，供买卖双方根据自身情况协商议价，平台协助其完成交易配对，通过交易定价系统，实现南北原料市场价格的统一。新型现代农业园区中食虫植物园、玫瑰园、紫薇园等3个“互联网＋”项目建成投产，新增网上销售企业和店家144家，实现电子商务营业额9.2亿元。

加快经济转型升级。全年实施技术改造项目83个，完成投资额19.74亿元，占工业生产性投入的85.2%，其中实施以“机器换人”的技改项目43个，完成设备投资7.06亿元，比上年增长38.4%；浙江联洋新材料股份有限公司新三板挂牌上市，桐乡市新千禧时装有限公司实施股份制改造；增强企业的品牌和管理意识，全年获批桐乡市管理创新示范企业1家，桐乡市管理创新达标企业2家。实施“退低进高”项目7个，腾退土地面积15.33公顷。完成国家级淘汰落后产能项目2个，预计每年可节约标煤4500吨，节水6万吨，减少化学需氧量排放2.15吨。

崇福镇食虫植物园　　崇福经济区提供

【联洋新材料新三板挂牌上市】 3月6日，浙江联洋新材料股份有限公司在全国中小企业股份转让系统（新三板）挂牌上市，成为桐乡市首家在新三板挂牌上市的企业。股票简称“联洋新材”，股票代码832047。7月，公司完成首轮融资，引进机构投资者6家，定增500万股，每股12元，募集资金6000万元。公司位于崇福镇湾里村，注册资本3000万元，是一家专业从事复合材料技术织物及结构芯材研发、生产、销售为一体的制造商。公司生产的增强材料、结构芯材产品大量应用于风能、造船及海洋工程，运动休闲、交通运输等行业。2015年实现销售收入2.26亿元，净利润2831万元。

【2015第七届中国·崇福皮草博览会】 11月18日，2015第七届中国·崇福皮草博览会在崇福镇举行。此届博览会以“拥抱互联网，皮草新风尚”为主题，由中国皮革协会、浙江省皮革行业协会、桐乡市政府主办，崇福镇政府、崇福经济区管委会、崇福皮毛协会、中国·崇福国际皮草中心、浙江传媒学院承办。中国皮革协会常务副秘书长聂玉梅、中国皮革协会副理事长、浙江省皮革行业协会理事长李伟娟等出席开幕式。博览会举办2015第七届中国·崇福皮草博览会开幕式暨中国·崇福国际皮草中心开业仪式、崇福南区皮毛市场原皮展览展示暨市场开业启动仪式、2015年崇福小城市投资环境说明会、第六届“崇福杯”裘革皮服装设计大奖赛和“崇福皮草杯”第十二届中俄蒙

11月18日，第七届中国·崇福皮草博览会　　崇福经济区提供

美丽使者国际大赛中国赛区总决赛等活动。

【皮毛企业主导修订的行业标准通过审定】 9月18日，全国《毛皮服装》行业标准审定会在绍兴市上虞区举行。会议由全国皮革工业标准化技术委员组织召开，主要审定由桐乡银杉皮草有限公司、桐乡鑫诺皮草有限公司等单位主导修订的《毛皮服装》行业标准。中国皮革协会、全国皮革工业标准化技术委员会、嘉兴市皮毛和制鞋工业研究所等单位专家，以及毛皮生产基地的协会、加工行业、检测机构的代表50余人参加标准审定。经审定会专家组全体委员表决，全票通过新的QB/T 2822《毛皮服装》行业标准的审定，并报工信部审批。崇福镇皮毛企业近年承担皮毛行业省部级标准化项目2个，制修订皮毛行业各级标准25项，其中行业标准数占全国半数以上。

（陆明钢）

高桥新区

【概况】 2015年，高桥新区（含高桥镇）完成固定资产投资23.87亿元，比上年增长5.6%；工业生产性投入7.81亿元，增长20.1%；服务业投资18.72亿元，增长12.7%；引进市外内资10.17亿元，合同利用外资3348万美元，实际利用外资2433.8万美元，"浙商回归"到位资金3.78亿元。年内，耀华国际学校、合悦·百翠农庄、东润国际总部大厦，以及金凯悦总部大楼等重大服务业项目启动建设，桐乡旅游广场项目主体建筑结顶，高桥信用社营业大楼竣工。

调整高桥新区"多规合一"方案，启动高桥大道两侧（南日港西侧）控制性详细规划编制，编制面积约1平方千米。完善基础建设，南日新社区六个区块，约500户农户的宅前宅后基础设施配套工程基本竣工；实施高桥大道两侧、迎宾大道两侧绿化提升工程，越丰村高铁安置点宅前绿化工程，新增绿化面积约9万平方米；新区农贸市场项目基本完工；配合第二届互联网大会召开，开展"公铁"沿线环境整治，高桥大道、迎宾大道两侧农房立面改造，改造农房113幢；沪昆高速两侧立面改造农房24幢。推进安置房建设，新城花园B组团11幢680套房交付，C组团4幢242套房主体结顶，D组团2幢15层高层公寓式安置房180套完成桩基施工；进区建房拆迁户130户，累计进区建房拆迁户1259户，竣工1094户。

【金凯悦总部大楼项目开工】 6月，金凯悦总部大楼项目正式开挖基坑工程。浙江旭帆纺织品有限公司系香港独资经营企业，注册资本1200万美元，主营纺织品批发及进出口业务。公司在濮院镇与屠甸镇分别设有生产基地，总部金凯悦大楼设在高桥新区。金凯悦总部大楼用于商业及办公，包括中高端纺织面料的技术开发、面料展示、贸易批发、国际纺织面料代购业务及总部办公。大楼规划面积2.76万平方米，计划总投资1.2亿元。至年底，大楼地下1层建设完工，投入资金1100万元，累计投入资金约3000万元。

【祥隆皮革公司迁建技改项目完成】 8月，浙江祥隆皮革有限公司3000万平方尺绵羊皮服装革迁建技改项目完成。根据市政府"退二进三"政策要求，公司搬迁至高桥迎宾大道，占地面积4.23公顷，比迁建技改前厂区面

浙江祥隆皮革有限公司新厂区　　　　高桥新区提供

积减少约40%。公司投入约2亿元，按照国家规定的制革行业64条验收标准进行规划建设；生产设备全部引进国际先进的意大利生产流水线，淘汰制革前道生皮加工工艺，充分利用原料皮资源，开发高附加值产品；全面采用清洁生产、中水回用、生态鞣制和污泥资源化利用等先进技术，替代传统的制革和废物处理技术。

（姚伟东　胡璐曼）

临杭经济区

【概况】　2015年，临杭经济区规模以上企业实现工业总产值429.3亿元，工业增加值46亿元，实现利税18亿元，其中利润9.5亿元。新增规模以上企业12家，年销售收入超亿元企业4家。年内，完成"机器换人"项目42个、循环经济项目2个、"退低进高"项目1个；通过浙江省名牌产品复评的产品3个、嘉兴市名牌产品认定3个；新增市级管理创新企业2家、股份制企业改造1家。启动控制性详细规划修编工作，省级循环化改造示范试点园区工作深入推进，华能桐乡天然气热电联产项目供热。全年开工建设项目6个。桐昆加弹园一期开工建设；新凤鸣中盈二期、三期项目，桐昆恒隆化工项目，浙江卡希诺纺织有限公司项目进入施工阶段；桐昆恒邦二期项目、浙江土畜凯兴畜产有限公司项目完成报批。

以商引企，依托区内桐昆集团股份有限公司、新凤鸣集团股份有限公司、华能桐乡燃机热电有限责任公司、浙江双箭股份有限公司、浙江京马电机有限公司等企业，联系重点客户，建立项目联系跟踪机制，派专人常驻上海、杭州。扩展招商渠道，建立信息共享机制，加大装备制造、机械电气、纺织新材料等项目的招商力度。先后赴北京、上海、杭州等地开展招商活动，参加各类招商100余次，会见客商500多人次。

完善基础设施建设，全年基础设施建设总投入2157万元。推进配套设施建设，练杭高速公路桐乡西互通绿化提升工程、崇新线（崇福—新市）两侧绿化改造工程、叶家桥港生态护岸工程竣工；昆明路绿化工程、雨水管道工程、路灯工程相继完工；实施湘溪大道延伸段浇筑工程。全年铺设自来水管道1800米，雨水管道3.3千米，浇筑路面600平方米，安装路灯230杆。

【华能桐乡天然气热电联产项目启动供热】　12月8日，华能桐乡天然气热电联产项目投产，启动供热。首批11家企业关掉燃煤锅炉，使用天然气提供的热能。2011年8月8日，桐乡市政府与华能集团浙江分公司签订战略合作框架协议，在临杭经济区投资兴建天然气热电联产项目；2012年12月，华能桐乡燃机热电有限责任公司在洲泉镇临杭经济区开工建设；2014年9月23日、30日，1号机组和2号机组相继通过96小时满负荷试运行，2个机组可正式投产；2015年5月8日，华能桐乡公司与浙江明瑞亚麻纺织有限公司等企业签订首批《蒸汽供热合同》。华能桐乡公司是桐乡市引进的第一家中央企业，投资超20亿元。公司以天然气为燃料，生产电和蒸汽，投产后每年可提供电量23亿千瓦小时、蒸汽400万吨。项目通过替代现有供热小锅炉，每年将节煤33万吨，年削减固体废弃物约4万吨，减少排

华能桐乡燃机热电有限责任公司厂区夜景　　临杭经济区提供

放二氧化硫约 3500 吨，氮氧化物约 260 吨，烟尘约 2000 吨。

（黄　照）

石门湾现代农业示范区

【概况】　石门湾现代农业示范区位于石门镇中北部，近期规划范围为石门镇的民丰、墅丰、春丽桥、叶新、民联、白马塘等 11 个村，规划区域面积 4000 公顷；远期规划范围为运河以北，包括河山镇、龙翔街道、乌镇镇部分区域，总规划面积 6666.67 公顷，辐射面积 1.33 万公顷。2015 年，区域内农业人口 3 万人，耕地面积 2720 公顷，农民人均纯收入 2.52 万元，粮食产量 7520 吨、湖羊饲养量 9.23 万头。

推进基础设施建设。崇练公路（崇福—练市公路安兴段）及果园路道路绿化景观工程竣工，项目总长度 6.6 千米，总投入 1036 万元，绿化面积 7.3 万平方米。全国中小河流治理重点县综合整治石门项目区疏浚河道 15.63 千米，坡岸整治 45.21 千米，护岸绿化 16.5 千米，新增投资 540 万元，累计完成投资 2906 万元。开展大项目招商活动 21 次，接待境外客商 8 批次，引进招商项目 4 个，协议总投资 1900 万元，其中外资 1200 万元、市外内资 500 万元。全年新建生态农业基地 4 个，分别是位于墅丰村的丰安果园，计划投资 100 万元，种植盆栽水果；位于周墅塘村的联翔食用菌基地，注册资金 500 万元，计划总投资 3000 万元，工厂化生产食用菌；位于周墅塘村的木子生态农庄，注册资金 100 万元，主要种植蓝莓；位于周墅塘村的满园生态庄园，注册资金 200 万美元，主要种植有机蔬菜。嘉兴华圣农业科技有限公司建成石斛科普馆和养生休闲园；启动墅丰蓝莓园扩建工程，计划建成集蓝莓采摘、餐饮、娱乐于一体的蓝莓主题园；石门湾四季果园、殷家漾红心火龙果基地、华渤园农场项目建成。继续实行土地流转收储政策，流转土地面积 71.27 公顷，涉及 3 个村。

【石门湾四季果园整体完工】　5 月，石门湾四季果园整体完工。该园是石门镇首个集农业科研、新品种试种、名优果蔬种植、特色餐饮、休闲于一体的生态庄园，位于春丽桥村。石门湾四季果园由桐乡市四季园果蔬专业合作社投资建设，占地 17.33 公顷，总投资 1300 万元。园区与上海交通大学农业与生物学院合作，引进优质新品种和先进管理技术。园区内设施齐全，有玻璃温室、联栋大棚、露天果园、雨水回收循环系统、环境绿化区块、管理设施区块等。种植夏黑葡萄、达米娜葡萄、红心猕猴桃、黄心猕猴桃、以色列水果黄瓜、牛奶草莓、日本甜柿、韩国沙梨等果蔬品种。垂钓鱼塘，占地 1 公顷；休闲小木屋 4 间，野炊灶头 60 台。

【沈家墩庭院经济示范点基本建成】　8 月，沈家墩庭院经济示范点项目开工建设。示范点位于墅丰村沈家墩自然村，涉及农户 43 户，总耕地面积 5.67 公顷，计划投入资金 450 万元，进行环境整治、房屋立面改造、特色景点布置。示范点区域内土地统一流转整理后按庭院重新划分到户，统一种植日本甜柿“亚林 36”。破旧房屋立面改造，拆除违章建筑，自然隔离 18 户农户庭院，房前屋后菜园围起竹编篱笆，农田整齐种植各种蔬菜。庭院周边铺设石板路，建造休闲小广场；开挖人工池塘，种植荷花，建亲水平台、水车、高塔风车等。至年底，沈家墩庭院经济示范点基本建成。

（朱　斌）

文化创意产业园区

【概况】　文化创意产业园区位于桐乡市区北部，庆丰路两侧，规划范围北至龙翔大道，东至世纪大道，南至体育西路，西至新板桥港，跨京杭大运河两岸，总面积463.33公顷，其中一期（运河南岸）323.33公顷，二期（运河北岸）140公顷，规划区运河段长3.28千米。文化创意产业园发展的目标是打造集高等教育、影视制作、动漫展示、艺术培训、体验交流、旅游休闲等为一体的文化创意产业基地。2015年，文创园围绕版权产业、影视制作、创意设计、互联网产业、娱乐游戏、文化旅游等业态，开展招商引资工作。高等教育和创意设计方面，与中国国际文化交流协会、清华大学人文社科学院文化创意产业研究中心等开展合作洽谈，并与多家机构达成初步意向；版权产业方面，与中国作家出版社、国际版权交易中心、杭州出版集团等进行合作洽谈，其中中国文学影视版权交易平台项目正在推进中；影视拍摄和制作方面，与中央新影集团、浙江华策影视、浙江传媒学院等加强合作洽谈，华策影视产业园项目签约；新（融）媒体研发运用方面，与新华网股份有限公司、中国教育电视台、湖州日报报业集团等开展合作洽谈，其中与新华网股份有限公司达成投资意向和项目初步内容框架；互联网产业和娱乐游戏方面，与浙江聚进文化传播有限公司、天鸽娱乐（浙江）有限公司、禾影文化传媒有限公司等开展合作洽谈，聚进文创园和天鸽娱乐互联网文化园项目签约并启动建设；文化旅游方面，与台湾巨力旺国际投资有限公司等行业龙头企业就体验式文化旅游综合体项目开发进行多轮洽谈，其中巨力旺文化产业园项目投资意向明显，正在开展项目设计与资源调配工作。至年底，园区新签约项目3个，注册资金1亿元，到位资金3000万元。

【中央新影桐乡园一期项目举行奠基仪式】　12月31日，中央新影桐乡园一期项目举行奠基仪式。项目位于桐乡市区西北部，浙江传媒学院桐乡校区北侧，东临文华路，南侧为环城北路。项目总用地面积2.07万平方米，建设用地面积1.78万平方米，总投资5亿元。文娱教育综合楼为地上13层，地下1层，总建筑面积5.62万平方米，其中地上建筑面积4.25万平方米、地下建筑面积1.37万平方米。规划1～3层为纪录片博物馆和演播厅，4～5层为文创企业服务中心和影视播放厅，6～8层为多功能教育培训中心，8～10层为影视制作中心，11～13层为大师工作室。年内，中央新影桐乡园项目的教育培训、影视制作、品牌培育和纪录片博物馆四大板块工作陆续启动。

（黄大奇）

振东新区

【概况】　振东新区位于桐乡市区东部，东起永兴港，西至景雅路，北接濮院大道，南达经济开发区，规划面积18.46平方千米。管理城南、革新2个村，振东、凤凰、莲花3个社区，下设70个村民小组、271个居民小组。2015年，新区总人口7.43万人，其中户籍人口2.28万人；登记在册新居民21588人，发放两类居住证4453人，其中浙江省临时居住证2384人、浙江省居住

12月31日，中央新影桐乡园一期项目举行奠基仪式　文管委提供

证2069人。全年全社会固定资产投资完成30.97亿元，市级重大项目投资完成14.63亿元；合同利用外资7940万美元，实际到位外资3850万美元；引进市外内资7.3亿元、“浙商回归”资金5.95亿元；新增服务业限额以上企业13家，办理“个转企”18家；实现税收5.29亿元，比上年增长15.3%。

推进项目建设。应急备用水源工程（凤凰湖）竣工，景观工程总体建成。协调办理新城吾悦广场、新都诚园等12个招商项目，华贸置业、金海置业、物流园区二期等重大项目有序推进。9月，振石控股集团总部大楼建设工程举行奠基仪式，项目位于振东新区革新区块。实施绕城东路振东段整治提升工程，清除道路两侧垃圾，建立长效保洁机制，拆除违章建筑，种植绿化带，新增绿化面积35万平方米。整治改造濮院大道金马转盘至浮石立桥段，路面拓宽成双向6车道，路南侧种植20米绿化带，全长1.3千米。改造配套设施落后的老旧小区，完成振华小区、东苑新村、锦苑小区建后配套工程改造，投资2000多万元。全年开工建设项目89个。

发展民生事业。大力推进村级文化活动中心和排舞小广场建设，振东新区凤凰湖幼儿园开园招生。加强社会管理。全年无人员伤亡事故发生，消防工作连续四年被嘉兴市政府评为全市消防工作先进单位。平安综治工作在2015年度市政法委组织的全市“网格民情大比武”活动中获一等奖。加强和创新社会管理，区内各村（社区）封闭式住宅小区和专业市场内，开展平安流动红旗评比活动，并由政法委专门下文在全市推广。全市首批成立新居民自治工作站。

凤凰湖　　振东新区提供

【桐乡市应急备用水源工程竣工】 12月，桐乡市应急备用水源（凤凰湖）工程竣工。凤凰湖位于桐乡市东北部的振东新区革新村，是浙江省重点建设农水项目和桐乡市重大民生工程，其主要功能为应急备用水源，并兼有城市景观、区域水环境改善、城市防洪排涝调蓄等综合功能，是嘉兴地区应急备用水源工程中首批被列为省重点的项目。应急备用库容189.8万立方米，满足应急供水6天，蓄水保证率及供水期保证率可达到97%。配套的景观工程占地89公顷，绿化面积66.93公顷。凤凰湖项目总投资8.97亿元，其中应急备用水源投资4.72亿元，景观工程投资4.25亿元。项目于2010年10月举行开工仪式，2012年3月开工建设，景观工程于2014年3月开工建设，应急备用水源面积59.1公顷，最大水深近8米。

【新城吾悦广场开工建设】 6月29日，在桐乡市公共资源交易中心举行的国有建设用地使用权拍卖会上，挂牌出让的振东新区圆明路以东、振兴东路以南、二环东路以西、和平东路以北区域地块，出让用地面积12.19公顷，由香港卓盛发展有限公司竞得，地价款4.85亿元。香港卓盛发展有限公司是新城控股集团股份有限公司全资控股公司。此地块开发的新城吾悦广场项目于11月开工建设，总投资约30亿元，项目总建筑面积45.88万平方米，包括购物中心、商业街区、住宅。其中，商业区规划楼房4幢，建筑面积17.61万平方米；住宅区规划楼房12幢，建筑面积28.27万平方米。

（俞伟斌）

概　　述

2015年，桐乡市出台《关于进一步促进旅游业发展政策的实施意见》，召开旅游工作会议暨建设世界知名旅游城市工作领导小组扩大会议。签订2015年度旅游行业安全生产管理目标责任书、消防工作目标责任书和社会管理综治维稳责任书。成立旅游联合会。建立旅游政务网、资讯网、WAP网和微信平台组成的“三网一平台”智慧旅游公共服务平台。全市主要公交车、高铁站、汽车站、公园、广场等均实现免费无线WiFi信号全覆盖。乌镇国际旅游区抓住世界互联网大会在乌镇召开的机遇，以“国际风情小城”“全球智慧名镇”为战略目标，实施“两区两化”（镇区景区化、景区全域化）发展战略，发展“互联网＋旅游”产业，打造以古镇旅游、休闲养生、文化创意、互联网产业为主导的国际旅游综合体，提升乌镇旅游在国内外知名度。桐乡市被认定为浙江省休闲农业与乡村旅游示范县，石门镇被认定为浙江省休闲农业与乡村旅游示范镇。红杉邨景区创建国家AAAA级旅游景区通过省级景观质量专家评审，稻乡人家景区被评为国家AAA级旅游景区，港龙木屋世界博览园被评为国家AA级旅游景区。全市有国家AAAAA级旅游景区1个，

2015年桐乡市国家级旅游景区

表17

名　　称	等　级	地　　址	联系电话
乌镇景区	AAAAA	乌镇镇石佛南路	88713999
福严寺景区	AAA	凤鸣街道合星村	88488051
红杉邨景区	AAA	龙翔街道宗扬路	88797255
世贸中心旅游综合体	AAA	桐乡市世纪大道	88588888
稻乡人家景区	AAA	洲泉镇道村村	88533737
丰子恺纪念馆	AA	石门镇西市街	88611275
君匋艺术院	AA	桐乡市庆丰南路	88103627
博物馆	AA	桐乡市环园路	88104125
植物园	AA	桐乡市振兴东路	88133258
锦绣天地蚕桑博览园	AA	高桥镇高架路东侧	80889352
文化恒基特色旅游园	AA	桐乡市齐福路	89396076
桂花村景区	AA	石门镇子恺路	88623773
森利园景区	AA	崇福镇东安村鸽子浜	88441188
店街塘村景区	AA	崇福镇店街塘村	88333847
濮院中国毛衫城景区	AA	濮院镇中兴路	88815222
蚕桑产业观光园	AA	梧桐街道新玄村	88893333
坝桥景区	AA	洲泉镇坝桥村	88511110
中山公园	AA	崇福镇崇德东路	88411704
畅想园	AA	大麻镇海华村	80899778
太师山庄	AA	乌镇镇分水墩村	88730076
东浜头村漫画文化园	AA	河山镇东浜头村	88687266
菊博园	AA	屠甸镇君匋大道	88863556
港龙木屋世界博览园	AA	桐乡市人民路	88589188

2015年桐乡市星级旅游饭店

表18

名　　称	星　级	地　　址	电　话
振石大酒店	五星	桐乡市振兴东路东199号	88188888
钱塘新世纪大酒店	四星	桐乡市庆丰南路6号	88108888
东方大酒店	四星	桐乡市振兴中路23号	88880884

续表 18

名　　称	星　级	地　　址	电　话
银园大酒店	四星	桐乡市庆丰南路 7 号	88107999
乌镇黄金水岸大酒店	四星	乌镇镇青镇路 8 号	88728888
梧桐大酒店	三星	桐乡市振兴中路 42 号	88880178
光明大酒店	三星	桐乡市振兴中路 11 号	88103777
子夜大酒店	三星	乌镇镇子夜路 3 号	88728088
元顺商务宾馆	三星	洲泉镇足佳鞋业市场	88598010
乌镇水岸之星度假酒店	二星	乌镇镇植材路 323 号	88738158

2015 年桐乡市旅行社

表 19

名　　称	星级	地　　址	电　话
春秋旅游公司	四星	桐乡市景雅路 21 号	88038691
大众旅行社	四星	桐乡市润丰商业步行街 35—37 号	88886000
桐乡市旅游公司	四星	桐乡市梧桐大街延伸段 212 号	88101499
中青旅旅游公司	四星	桐乡市振兴中路 2 号	88116192
山水旅行社	三星	桐乡市中山东路 800 号	88099935
假日旅行社	三星	桐乡市振兴东路 199 号	88035588
东方旅游公司	三星	桐乡市梧桐大街延伸段 153 号	88183900
景秀年代旅行社	三星	桐乡市景雅路 765 号	88028222
江南旅行社	三星	桐乡市振兴东路 783—8 号	88023773
职工休养旅行社	三星	桐乡市县前街 198 号	88326987
凤鸣旅游公司	三星	桐乡市梧桐大街延伸段邵介桥 7 号	88117802
星光旅行社	三星	桐乡市润丰商业步行街 99 号	88078688
光大旅游公司	三星	桐乡市茅盾西路 101 号	88038900
宝地旅游公司		桐乡市振兴东路 700 号	80882233
诚石旅游公司		桐乡市振兴东路 199 号	80880697
兢磊旅行社		桐乡市茅盾东路 5 号	88039500
康泰旅行社		桐乡市校场西路 31 号	89383396
快乐假期旅游公司		桐乡市梧桐大街南 29 号	88192211
青年旅游公司		桐乡市振兴西路 20 号	88097277
梧桐水乡旅行社		桐乡市广福路 87—89 号	88180010
新世纪旅游公司		桐乡市振兴东路丰润国际 328 号	88138800
新天地旅游公司		桐乡市润丰商业步行街 135—137 号	80881833
信游旅行社		桐乡市世纪大道 1648 号	88112990
和平旅游公司		桐乡市振兴东路 781 号	88025999
金凤凰旅游公司		桐乡市和平路 162 号	88187228
国旅桐乡分公司		桐乡市振兴东路 679 号	88110789
崇德旅行社		崇福镇青阳西路 227 号	88335866
同行旅游公司		桐乡市梧桐街道润丰步行街西 108 号	88887781
妙途旅行社		凤鸣街道草庵头集镇嘉德公路南侧 201 号	88480660
天佳旅游公司		桐乡市茅盾东路 5 号	88587733
乌镇中青旅旅游公司		桐乡市振兴西路 36 号	81888855
众欢旅行社		桐乡市人民路 268 号	88890610
中国旅行社桐乡分公司		桐乡市振兴东路 785－789 号	88023773

AAA 级旅游景区 4 个，AA 级旅游景区 18 个；星级饭店 10 家，其中五星级饭店 1 家、四星级饭店 4 家、三星级饭店 4 家、二星级饭店 1 家；旅行社 33 家，其中四星级旅行社 4 家、三星级旅行社 9 家。全年接待海内外游客 1765.11 万人次，比上年增长 8.5%，其中境外游客 31.36 万人次，下降 2.3%。实现旅游总收入 184.35 亿元，增长 12.1%。在 2014 浙江旅游总评榜上，桐乡市获“浙江 2014 年度旅游发展十佳县（市、区）”称号，乌镇景区智慧旅游建设获“浙江 2014 年度智慧旅游发展十佳成果”称号。

规划建设

【概况】 2015 年，桐乡市编制的《桐乡市重大旅游基础设施规划（2014－2030 年）》《大运河桐乡段综合保护和旅游开发规划》完成部门意见征求。年内，桐乡市被认定为浙江省休闲农业与乡村旅游示范县，石门镇被认定为浙江省休闲农业与乡村旅游示范镇。红杉邨景区创建国家 AAAA 级旅游景区通过省级景观质量专家评审，稻乡人家景区被评为国家 AAA 级旅游景区，港龙木屋世界博览园被评为国家 AA 级旅游景区。恒基建设集团被评为浙江省工业旅游示范基地，非物质文化遗产馆被评为浙江省首批文化旅游示范基地，桃园村槜李基地被评为浙江省首批果蔬采摘旅游基地。蚕桑产业观光园、森利园农庄、大麻镇海华村畅想园、石门湾四季果园被评为桐乡市级休闲农庄，濮院休闲购物区被评为桐乡市级休闲区。

【檇李采摘基地入选省首批果蔬采摘旅游基地】 6月30日，梧桐街道桃园村檇李采摘基地入选浙江省果蔬采摘旅游基地，成为首批浙江省果蔬采摘旅游基地。桃园村檇李是珍稀名果。据传已有2500年栽种历史，早在春秋战国时期开始就被列为朝廷贡品。檇李果顶微凹之处，有一形似指甲掐过的印记，传说为美女西施所留。2014年被农业部认定为农产品地理标志。桃园村有近500户农户种植檇李，全村有86.67公顷种植面积。全年檇李产量约80吨。

【稻乡人家景区被评为国家AAA级旅游景区】 10月，嘉兴市旅游区（点）质量等级评定委员会批准稻乡人家景区为国家AAA级旅游景区，成为桐乡市第四家国家AAA级旅游景区。稻乡人家位于洲泉镇道村村，景区占地20多公顷，主体以典型的东方江南园林建筑为风格，粉墙黛瓦，古色古香，体现明清江南特色，空间开阔，景中套景，是一个集休闲观光、美食餐饮、休闲垂钓、园林赏析、农事体验、水果采摘为一体的生态乡村旅游景区。稻乡人家景区先后被评为浙江省农家乐特色点、长三角休闲农业与乡村旅游博览会推荐景点、全国休闲农业与乡村旅游四星级示范企业等称号。全年接待游客22.8万人次。

【乌镇国际汽车露营地项目签约乌镇】 10月9日，乌镇国际汽车露营地项目签约仪式在乌镇国际旅游区管委会举行。该项目由杭州友晖投资有限公司和奇瑞露营地股份有限公司联合投资建设，以房车为主题，结合物联网、云平台等新一代信息技术，实现房车营地数字化管理和运行，打造国内第一个集房车展示、露营、休闲、体验、娱乐于一体的5A级智慧型国际汽车露营地。项目占地面积约15公顷，计划总投资约5亿元，计划建设周期1年。通过融合互联网信息技术，建造自行式房车营位区、精品营地示范区、高端商务主题区、海洋风情主题区、艺术创意主题区、江南文化主题区、木屋区、会议中心区等功能板块。

10月9日，乌镇国际汽车露营地项目签约仪式　　乌管委提供

【桐乡市被认定为省级休闲农业与乡村旅游示范县】 12月31日，桐乡市被浙江省农业厅、浙江省旅游局认定为浙江省休闲农业与乡村旅游示范县（市）。石门镇被认定为浙江省休闲农业与乡村旅游示范镇。近年来，桐乡市按照“诗画水乡典范、旅游休闲名城”的总体要求，加快推进旅游业驱动新型农业化，发展休闲观光农业、农家乐、乡村旅游、现代庄园经济等多种旅游业态，农旅互促产业融合发展模式基本形成。至此，桐乡市有市级以上休闲观光农业园13个，市级以上农家乐特色村（点）21家，其中全国休闲农业与乡村旅游五星级企业（园区）1家、四星级1家，省级农家乐特色村2个，省级农家乐特色点5个，省级农家乐四星级点2个，省级农家乐四星级经营户1家。全市有庄园经济建设点42个。推动旅游产业结构优化转型，开展节庆旅游、会展旅游、禅修旅游、城市自驾车旅游等活动。

【乌镇—石门省级旅游度假区】 12月30日，浙江省政府批复同意设立乌镇—石门省级旅游度假区。乌镇—石门省级旅游度假区选址为乌镇镇和石门镇。乌镇镇板块东起南浜斗，西至镇域范围线，北起大运河河道，南至镇南路，西南至申嘉湖高速公路，面积22.5平方千米。石门镇板块东起镇域范围线，西至镇域范围线，北起白马塘村村界，南至桂花村村界，面积15.12平方千米。两者之间由长15千米的白马塘河道相连，构成一个整体。整个乌镇—石门旅游度假区项目范围总面积38.29平方千米。度假区以水乡为载体，以“枕水生活”为主题，以古镇旅游生活化作为内涵和主线，以原汁原味的水乡生活为主要内容，以“古镇休闲、康体养生、水乡栖居、乡村度假”为主要功能，是一个集古镇风情度假、水乡养生度假、运河休闲娱乐、生态养生养老及文化创意等为一体的江南水乡度假旅游目的地。

【恒基建设集团被评为浙江省工业旅游示范基地】 12月28日，省旅游局、省经济和信息化委员会联合公布2015年度浙江省工业旅游示范基地名单，桐乡市恒基建设集团有限公司名列其中，成为浙江省工业旅游示范基地。恒基建设集团有限公司根据企业自身市政工程及桥梁建设的生产特点，在原有企业文化中心基础上开发建设恒基文化博览园。园区内设有企业文化中心、国学馆、桥梁博物馆、民风民俗馆、农耕博物馆、峥嵘岁月馆、藏品馆等主题展馆，是一个集旅游、企业文化、桥梁文化、国学教育、建设历史、民风民俗、休闲体验与企业生产实践于一体的工业旅游示范基地。全年接待游客5.1万人次。

【非物质文化遗产馆入选浙江省首批文化旅游示范基地】 12月30日，省旅游局、省文化厅联合公布第一批浙江省文化旅游示范基地名单，桐乡市非物质文化遗产馆名列其中，成为浙江省文化旅游示范基地。非物质文化遗产馆是文化中心的核心区，分“传奇天虫”“传说乡土”“传唱遗韵”“传统风情”“传习百工”“传真乡音”六大板块，展出89项非遗项目和1000多件非遗实物。全年接待游客50余万人次。

桐乡市非物质文化遗产馆 市旅委提供

行业管理

【概况】 2015年，市旅游委员会与旅行社、星级酒店、旅游景区等65家旅游企业签订2015年度旅游行业安全生产管理目标责任书、消防工作目标责任书和社会管理综治维稳责任书。成立旅游联合会，聘请旅游行风监督员10名，受理旅游投诉54起（嘉兴转办19起，电话受理23起，游客上访3起，市长电话转办9起），其中理赔案件5起，理赔金额3.4万元。市旅委编制印发《中国公民国内旅游文明公约》《旅游安全注意事项十五则》《十大文明旅游提醒语》折页8万余份，引导游客树立文明旅游意识，营造文明旅游大环境。乌镇梵璞酒店被评为银鼎级特色文化主题饭店。举办旅游业发展专题培训班、烹饪技能比赛和导游大赛。

【第二届旅游行业专场招聘会】 4月25日，桐乡市举办2015年第二届旅游行业专场招聘会。浙江港龙木结构科技有限公司、乌镇旅游股份有限公司、浙江雅达国际健康产业园发展有限公司、振石大酒店等100多家企业入场招聘，提供岗位近2000个，涉及导游、销售经理、媒体专员、产品策划专员、文秘、酒店行政采购等多种岗位，吸引近1000人次前来应聘、咨询，最终达成意向协议300余份。

【旅游业发展专题研讨班】　5月25～27日，旅游业发展专题研讨班在浙江大学华家池校区举行。研讨班由市委组织部、市旅委、市委党校和浙江大学继续教育学院共同举办，市建设世界知名旅游城市工作领导小组成员单位，各镇（街道）、经济开发区、振东新区等领导共42人参加培训。研讨班邀请知名专家教授，开设浙江省旅游业发展的现状与前景、乡村旅游开发与管理、旅游营销策划与案例、宏观经济环境与经济发展趋势分析、互联网＋智慧旅游发展等一系列理论教学课程。通过培训，提升市领导干部对旅游业发展的认知水平和行动能力，为全市打造诗画水乡典范、旅游休闲名城、互联网智慧城市提供智力支持。

【成立旅游联合会】　6月18日，桐乡市旅游联合会成立，由桐乡市旅游行业近百家企业单位和个人会员组成。经选举，乌镇旅游股份有限公司、桐乡世贸中心有限公司、振石大酒店有限公司、桐乡市旅游有限责任公司担任轮值会长。旅游联合会的成立是“法治、德治、自治”三治理念实践、创新旅游行业管理，在政府和旅游行业之间架起沟通桥梁，促进桐乡市旅游业安全、健康和发展。旅游联合会开展旅游市场调研和预测，协助旅游部门规范市场行为，为建立市场竞争环境创造条件，组织会员诚信经营，开展有关旅游产品和服务质量的提高工作。

【特色创新菜肴技能比赛】　9月2日，旅游饭店中式烹饪——桐乡特色创新菜肴技能比赛在振石大酒店举行。此次比赛由市劳动竞赛委员会主办，市旅游委员会承办，市人社局、市总工会协办。全市10家旅游饭店21名选手参加比赛。每位选手在100分钟内完成两个中式热菜，要求烹制具有桐乡特色的创新菜肴，菜肴主要原料须采用本地生产的农副产品或者水产品。经过专家评委评定，评出团体奖、个人奖两大类。团体金奖由银园大酒店获得，银奖由乌镇旅游有限责任公司获得，铜奖由新世纪大酒店获得。个人奖中一等奖1名，二等奖2名，三等奖3名。

6月18日，桐乡市旅游联合会正式成立　　市旅委提供

【“文明旅游”导游大赛】　11月24日，桐乡市旅游委员会、市妇联主办，桐乡市旅游联合会、旅游行业协会协办的2015年桐乡市“文明旅游”导游大赛决赛在桐乡技师学院（筹）北校区举行。此次比赛以“魅力新桐乡，文明伴我行”为主题，于11月5日启动，46名选手报名，42名选手参加比赛。经过初赛（笔试）后，11名选手脱颖而出，角逐决赛。复赛经过知识问答、模拟讲解、才艺表演等环节比赛，评出一等奖1名、二等奖2名、三等奖3名、优胜奖5名，最佳导游气质奖1名、最佳导游讲解奖1名、最佳导游才艺奖1名、最佳导游知识奖4名，授予桐乡市导游标兵称号1名。

【乌镇梵璞酒店被评为银鼎级特色文化主题饭店】　12月，浙江省饭店星级评定委员会按照《特色文化主题饭店基本要求与评定》标准和《特色文化主题饭店评定实施办法》，对全市唯一一家申报特色文化主题饭店称号的乌镇梵璞酒店进行检查评定。乌镇梵璞酒店最终被评为银鼎级特色文化主题饭店。乌镇梵璞酒店位于乌镇客运中心对面。梵璞酒店以禅文化为主题，旨在传达温暖洗练、清净自在的生活态度。酒店有客房169间，风格简约，室内装饰沉静朴素。餐饮区可容纳 600 人同时就餐，主打乌镇特色美食。

市场开发

【概况】 2015 年，桐乡市建立旅游政务网、资讯网、WAP 网和微信平台组成的“三网一平台”的智慧旅游公共服务平台。全市主要公交车、高铁站、汽车站、公园、广场等均实现免费无线 WiFi 信号全覆盖。乌镇启动信息智慧亭工程，建立智慧交通体系方便游客出行，建设“刷卡、微信、二维码支付一条街”。先后策划开展“四季花果”系列活动、七彩金秋旅游系列活动，举办芽麦塌饼制作评选活动、第二届福严寺素食文化旅游艺术节、“走读浙江”第二届亲子文化旅游节暨桑葚采摘节、“七彩金秋 美在旅居”屠甸新十景摄影大赛、桐乡市民卡旅游消费功能启动仪式等旅游宣传推广活动。开展桐乡市美食评选活动，评选出桐乡名小吃 10 强、桐乡特色菜 10 强。组织参加 2015 年浙江（江西）旅游交易会、杭州湾都市圈旅游推介会、“看晚报・游浙江”等系列宣传活动。

【桐乡获浙江年度旅游发展十佳县（市）称号】 4 月 15 日，由浙江省旅游局、浙江日报报业集团、浙江省旅游协会共同筹划主办的 2014 浙江旅游总评榜颁奖仪式在杭州举行。桐乡以建设乌镇省级旅游试验区和全国旅游综合改革试点县为契机，全力推进“镇区景区化”，改善投资环境，吸引总投资超百亿元的雅达、平安等一批重点项目落户，提升群众满意度和幸福感，实现社会效益、经济效益、生态效益三赢目标，获浙江 2014 年度旅游发展十佳县（市、区）称号，乌镇景区智慧旅游建设获浙江 2014 年度智慧旅游发展十佳成果称号。

【“走读浙江”第二届亲子文化旅游节】 5 月 8 日，“走读浙江”第二届亲子文化旅游节暨桐乡市“四季花果”——桑葚采摘节在沈莉高蚕桑产业观光园举办。活动由浙江在线、桐乡市旅游委员会、梧桐街道办事处主办。浙江理工大学、浙江工商大学、浙江工业大学、浙江传媒学院、浙江大学等 5 所高校 100 余名学生游客（留学生）参加本次活动。游客们参观沈莉高蚕桑文化生活馆，在景区桑园内采摘桑果，烧桐乡特色野火饭。此外，桐乡市还推出“四季花果”旅游攻略，即游客可以根据不同的时间选择不同的赏花和采摘线路。

【桐乡十大特色菜、名小吃评奖活动】 8 月 24 日，“难忘，那口桐乡味道”桐乡十大特色菜、名小吃颁奖仪式在银园大酒店举行。经过美食寻访、食客投票、专家品鉴，桐乡十大特色菜、名小吃获奖名单最终出炉。十大特色菜获奖名单：桐乡特色的红烧小羊肉、黑鱼煲、番茄黑鱼煲、红烧鱼头、稻草鸭、酒糟鱼、羊肉、韭菜炒蚕蛹、酱鸭、红烧老鹅。十大名小吃获奖名单：干汁小青蟹面、冬笋鲜肉烧卖、姑嫂饼、金镶玉嵌、桂花年糕、满桃片和一口酥、芽麦塌饼、油墩、阿炎羊肉面、阿能面。

【中国・濮院毛衫时尚小镇金秋时尚购物节】 11 月 7 日，2015 中国・濮院毛衫时尚小镇金秋时尚购物节开幕。时尚购物节由嘉兴市旅游委员会、桐乡市政府主办，桐乡市旅游委员会、濮院羊毛衫市场管委会和濮院镇镇政府承办，中国毛衫城、世贸大厦、国贸名品港、环贸中心、国

5 月 8 日，沈莉高蚕桑产业观光园举办桑葚采摘节　　市旅委提供

际时装城五大市场主体及 1000 余家商户以批发价进行零售销售。浅秋、圣地欧、褚老大、纯爱、开开毛衫、懂你、貂帅、衣香丽影八大品牌生活馆共同参与购物节并给予价格优惠。同时举行“民星”模特大赛，选出 18 名“民星”模特。

【市民卡旅游消费功能启动】 10 月 16 日，“风雅桐乡 · 七彩金秋”桐乡秋季旅游系列活动之桐乡市民卡旅游消费功能启动仪式在红杉邨景区游客服务中心大厅举行。桐乡市旅游联合会与嘉兴市民卡服务中心有限公司签订合作协议，桐乡市涉旅企业代表与嘉兴市民卡服务中心有限公司签订合作协议。市民卡旅游消费主要涉及景区门票、乡村旅游餐饮住宿、工业企业休闲购物、酒店餐饮住宿和特色街区等 5 大类别，共计 26 家涉旅企业向市民推出优惠方案，为桐乡人游桐乡提供吃、住、游、购、娱等方面的惠民服务，推动本地旅游市场发展。至年底，市民卡旅游消费近 10 万元。

（寿利宏）

10 月 16 日，市民卡旅游消费功能启动仪式在红杉邨举行　市旅委提供

乌镇国际旅游区

【概况】 2015 年，乌镇国际旅游区抓住世界互联网大会在乌镇召开的机遇，以“国际风情小城”“全球智慧名镇”为战略目标，实施“两区两化”（镇区景区化、景区全域化）发展战略，发展“互联网＋旅游”产业，打造以古镇旅游、休闲养生、文化创意、互联网产业为主导的国际旅游综合体，提升乌镇旅游在国内外知名度。2 月 11 日～3 月 11 日，消失 60 多年的乌镇水灯会在西栅景区重启；10 月 15～24 日，举办第三届乌镇戏剧节。在第二届世界互联网大会开幕式上，乌镇得到中共中央总书记、国家主席习近平高度评价。

全年实现服务业地区生产总值 15.45 亿元，占乌镇镇地区生产总值 51.2%；实现服务业税收 4.18 亿元，占乌镇镇税收 65%；完成服务业投资 31.6 亿元，比上年增长 44.4%；引进外资 2000 万美元，引进市外内资 8.36 亿元，完成市外内资注册资金 2.64 亿元，引进“浙商回归”资金 5.01 亿元。乌镇景区接待游客 685.35 万人次。

结合“两区两化”发展战略，助力乌镇峰会，启动环境综合整治工作，实施 117 个整治项目，进行全镇域、全方位、全空间软硬件改造提升。在黄金通道沿线及重要节点，进行会标小品、形象地标、景观小品、宣传广告牌等设计，实现黄金通道亮化、绿化、美化。结合“五水共治”“三改一拆”等工作，在全镇范围内开展治水拆违等环境整治工作，启动背街小巷改造工程，改善镇区面貌，提升镇区环境质量。抓住互联网发展机遇，打造智慧旅游亮点。启动乌镇信息智慧亭工程，在子夜路商圈试行二维码支付，开启“智慧支付”新模式；全国首家互联网医院上线运行，试点“智慧医疗”新模式；“乌镇发布”微信公众号、乌镇民情服务与管理平台运行，搭建“智慧政务”平台；规划建设智能行车系统，公共自行车实现网上租赁支付，打造“智慧交通”模式；智慧养老综合服务平台于 8 月启动试运行，探索“线上＋线下”智慧养老新模式。搭建创业创新空间，加快乌镇创业小镇建设。CIFC 乌镇金融中心暨普众创客空间、乌镇凤岐茶社相继落户乌镇。乌镇国际汽车露营地项目成功签约。传统企业转型升级和新兴互联网产业注入，延伸、拓展乌镇发展空间，促进乌镇互联网经济与互联网金融的融合创新与健康发展。推广“乌

CIFC 乌镇金融中心暨普众创客空间　　乌管委提供

对古北和乌镇的各项反馈，同时向国内外市场展示新型商旅体验。CIBTM是由励展旅游展览集团举办的全球会奖专业系列展会，是国内外屈指可数的古镇功能活化商务会议典范，为全球旅游业界提供专业的MICE资讯、产品及服务，促进从业者交流，推动世界会议及奖励旅游发展。展会吸引400多家国内外顶级供应商参展。古北水镇以其训练有素的管家队伍、高水准的商旅活动服务、与众不同的新型休闲商旅体验被评为北京最佳主题MICE小镇。

镇人家”旅游业协会经验，统一安装“民宿通”、联网公安系统。借鉴民宿管理，开展乌镇夜宵摊点整治，规范经营行为，引导至统一区域经营。景区推出“乌镇人免费游乌镇”“桐乡人免费游东栅”等一系列惠民活动，乌镇景区惠民范围再次扩大，推出桐乡市民游乌镇西栅景区特别优惠门票政策。

【小城故事项目正式签约】 2月8日，乌镇国际旅游区建设管理委员会与新亚洲娱乐集团有限公司在北京签订乌镇小城故事项目合作协议。乌镇小城故事项目由新亚洲娱乐集团有限公司投资建设经营，项目选址乌镇镇浮澜桥村，占地面积21公顷，计划总投资约20亿元，计划建设周期三年。项目以千年古镇与一个时代的邂逅、千年古镇与现代科技的碰撞为线索，传承两岸文化，打造一个以音乐、影视娱乐、文化创意为主题，集商业、旅游为主的一站式休闲文化旅游项目。该项目是乌镇首个大型文化娱乐项目，也是乌镇文化旅游产业的首次创新。

【乌镇官方微信号“乌镇发布”上线】 7月10日，乌镇展参2015中国智慧城市国际博览会首日，作为乌镇“发声器”和连接世界窗口的“乌镇发布”官方微信公众号正式上线。“乌镇发布”是一个集传递旅游讯息、提供咨询服务、发布政务信息、展示乌镇魅力的综合性平台，分设“今日乌镇”“走进乌镇”“游在乌镇”3个菜单栏。至年末，有固定粉丝2万余人。

【乌镇景区与古北水镇联手参展北京国际商务及会奖旅游展览会】 8月5～6日，2015年北京国际商务及会奖旅游展览会(CIBTM)在国家会议中心举行。乌镇景区与古北水镇携手参展，向国内外买家宣传、推广景区会务资源，了解市场新需求，接触会展行业的衍生区域、听取市场

【乌镇受邀参展中国智慧城市国际博览会】 7月10～12日，以“智慧、创新和实践”为主题的2015中国智慧城市国际博览会在北京展览馆举办，乌镇受邀参展。此届展会由中国智慧城市发展联盟(国家发展改革委城市和小城镇改革发展中心)、中城智慧城市建设研究会(住建部)、中国智慧城市产业联盟(工信部)、中国智慧城市产业技术创新战略联盟(科技部)共同主办，由北京金博会投资有限公司承办。展览规模2万平方米，分10个展馆，参展单位约100家，是迄今为止国内举办的最大规模的智慧城市国际博览会。乌镇以旅游开发、古镇保护、商务会展、休闲养生、文化娱乐、互联网产业为主导，打造开放共享“互联网+”生态圈和全球智慧实验室等国际旅游综合体，受邀参展。乌镇馆面积122平方米，通过《互联网智慧小镇》宣传片，展现乌镇智慧小镇的探索与展望。智慧内容有网上订房买票、电子

7月10～12日，乌镇受邀参展中国智慧城市国际博览会

乌管委提供

支付；通过智能穿戴设备，居民一起床就能获知自身身体状况，有专业人员给出锻炼建议，上门服务等“智慧养老”措施；动动手指，将问题反映给镇、村干部，相关人员立即跟进解决，“智慧政务”等，展示乌镇智慧化进程。乌镇智慧旅游、智慧养老、智慧政务等带有“互联网”符号的词汇和元素，向全国乃至世界宣告：乌镇将成为古韵与现代完美融合的“互联网智慧小镇”。

【互联网医院正式开业】 参见《世界互联网大会·乌镇互联网创新发展试验区》中相关条目。

【智慧养老综合服务平台投入试运营】 参见《街道镇发展概况·乌镇镇》中相关条目。

【浙江卫视现场直播乌镇“斗香祭月”仪式】 农历八月十五中秋佳节晚上，乌镇中秋“斗香祭月”仪式在西栅升莲广场举行。浙江卫视现场直播乌镇中秋“斗香祭月”仪式，并在浙江新闻联播中，以《光缆连线：桐乡乌镇——斗香祭月 祈福中秋》进行独家播报，将乌镇传统文化传播到千家万户。乌镇中秋“斗香祭月”是千年传统习俗。祭月仪式中，自制“三戟斗香”（寓意连升三级），上贡品、读祭词、舞霓裳、分月饼，还有“洗眼明目”等环节。游客与本地居民共同参与斗香祭月、洗眼明目、赏花灯等传统习俗。本地居民和游客纷纷走上祭台，燃香三支，对月当空，为家人、为朋友、为自己祈求安康。

【乌镇公共自行车启用】 9月，乌镇公共自行车正式运营。乌镇镇设立26个服务网点，62个车棚，8个服务亭，850辆自行车以及相关配套设施，300米左右设一个服务网点，并在人流量密集的汽车站、东栅景区等增加自行车棚投放自行车。乌镇公共自行车系统实行二维码租车功能，方便游客出行。游客只要在智能化公共自行车租赁点扫码关注微信“i单车”，按照提示步骤简单注册后，缴纳200元押金，就能直接扫描自行车停放点边上的二维码，扫描成功，就可直接提取自行车。国庆期间，乌镇公共自行车累计租车5820人次，占桐乡全市租车量15%，日均租车约830人次，其中微信租车占80%。至年底，租车3万人次，其中微信租车1.6万人次，租车卡租车1.4人次。

【市民游乌镇景区优惠门票活动启动】 乌镇景区自2012年推出“乌镇人免费游乌镇”“桐乡人免费游东栅”“吃年夜饭免费游乌镇”等一系列惠民活动以来，有数万名桐乡市民享受优惠。2015年10月8日，乌镇旅游股份有限公司启动桐乡市民游乌镇景区优惠门票活动。桐乡本地户籍居民和持有浙江省临时居民证的桐乡新居民，通过预约可享受西栅景区成人40元/人、儿童20元/人优惠票价。公司专门成立服务部门，在原有网络预约基础上，增设电话预约。只要拨打专用热线，就会有专门的工作人员帮助填写预约信息，确保老人小孩都能享受这一惠民举措。预约成功，有短信回复反馈相关情况。

【第三届乌镇戏剧节】 10月15～24日，第三届乌镇戏剧节在西栅景区举行。此届戏剧节荣誉主席著名戏剧家彼得·布鲁克、主席陈向宏、常任主席赖声川、艺术总监孟京辉、总监制黄磊、艺术顾问田沁鑫、总策划丁乃竺、总执行陈瑜。戏剧节主题为“承/Transmittal”，在原有“国际特邀”“青年竞演”“小镇对话”“古镇嘉年华”四个各具特色的单元构成基础上，新增“戏剧小课堂”，邀请托马斯·奥斯特玛雅（德国）、铃木忠志（日本）、赫伯特·弗里茨（德国）、赖声川、沈林、史航授课。法国北方剧院、瑞士苏黎世国家剧院、德国塔利亚剧院、俄罗斯塔甘卡剧院、波兰羊之歌剧团、意大利都灵国家剧院、立陶宛国家剧院以及中国国家话剧院等艺术戏剧团体参加戏剧节，12个国家和地区的20台剧目参演，演出73场。戏剧节的开幕戏为瑞士导演赫伯特·弗里茨的戏剧《物理学家》和李建军导演的戏剧《飞向天空》，闭幕戏是彼得·布鲁克的新作《惊奇山谷》。

【木心美术馆开馆】 11月15日，乌镇木心美术馆举行开馆典礼，正式对外开放。纽约古根海姆现代美术馆亚洲部主任阿丽克珊德拉·梦露，芝加哥大学美术史教授巫鸿，木心读者团队等400多人嘉宾参加开馆典礼。木心美术馆位于乌镇西栅景区，总占地6700平方米，坐北朝南，跨越乌镇元宝湖水面，由纽约OLI事务所冈本博、林兵设计督造，历时4年。美术馆馆长由画家陈丹青担任。木心是著名文学家、画家，留有绘画作品600余幅，文学手稿约1000份。美术馆首次展出木心画作100多幅、手稿50多份，包括书法、彩墨肖像、中型风景画；旅美初期的人体素描、石版画抽象系列；晚年绘制的微型彩墨风景画等。美术馆设序馆、专馆。序馆以实物展为主，介绍木心生平；1～2层是专馆，分设5间，长期陈列木心作品。其中1～4号馆陈列木心不同时期的绘画作品，包括其很多手稿；5号馆为文学专馆，陈列木心各时期大量手稿，并辟有小型影视馆。地下层设有特展馆2间，多功能厅1间。

11月15日，乌镇木心美术馆开馆　　市委办提供

【乌镇镇获“中欧绿色和智慧城市奖”】 11月24日，2015中国国际新能源汽车暨智慧交通展览会在香港亚洲国际博览馆开幕。乌镇利用互联网信息技术，围绕智慧政务、智慧养老、智慧医疗、智慧会展等领域，推进智慧小镇建设；以“一体化运行、智能化管理、便捷化服务”为策略，提升乌镇论坛（会展）服务管理品质，形成互联网、旅游两大主题，成为国际知名小镇，获“中欧绿色和智慧城市奖”。该奖项由中国城市和小城镇改革发展中心，联合法国前总理拉法兰担任主席的法国展望与创新基金会共同发起。旨在通过奖励在绿色、生态、低碳、智慧等领域取得成效和实践经验的中国和欧洲城市，推动绿色城市、生态城市、智慧城市发展，加强中、欧城市在绿色和智慧交通领域的交流与合作。

（陈瞻昉　陆　远）

濮院旅游经济区

【概况】 2015年，濮院旅游经济区围绕市委、市政府工作要求，从房屋征收逐步转入旧镇改建。继续做好濮院镇旧镇改建项目房屋征收及农村集体土地征迁工作。年内，国有土地上房屋征收新增签约131户，总签约率96.07%；项目涉及10个村民小组。其中9个村民小组完成房屋征迁，农村集体土地征迁129.47公顷，完成率96.5%。搬迁桐乡三中等学校3所，区内部分公共设施关闭关停；启动濮院镇旧镇改建项目(二期)房屋征收调查摸底工作。举行项目开工仪式并开展项目建设前期准备工作。分区域开展土地使用权收回工作,完成部分河段清淤工作,拆除无保留价值的征收房屋;制订项目建设 3 年工作计划,濮院镇《项目审批办法》《招投标管理办法》《结算办法》等 9 项制度办法;完成《濮院镇有机更新项目总体规划方案》的编制论证工作,启动《濮院老镇区控制性详细规划》《濮院镇有机更新项目可行性研究报告》《濮院镇有机更新项目环评报告》和《濮院镇有机更新项目水域占补平衡方案》等编制工作。一区多层安置房提前 10 个月,于 7 月底实现交付;二区高层地下车库完成安置优先优惠认购,二区高层于 2015 年年底结顶,预计于 2016 年 5 月底前完成交付。

【开展房屋征收扫尾工作】2015 年,濮院旅游经济区在联动全市机关部门共同做好房屋征收攻坚的基础上,开展濮院镇旧镇改建项目国有土地上房屋征收工作百日攻坚计划。4 月 1 日～6 月 30 日,攻坚期新增签约 33 户。8 月,市委、市政府从全市镇、机关部门抽调领导干部组成征收扫尾专项工作组,加快征收扫尾进程,确保建设项目早开工,引导被征收人早签约早安置。10月,从项目规划调整、整个项目配套建设以及三中北区块部分居民诉求考虑,启动濮院镇旧镇改建项目(二期)即三中北扩征区域调查摸底工作。二期拟征收范围:濮院镇大庆路以北,紫金路延伸段以南,梅泾公园以东,坝底头以西,拟征收总户数 83 户。至年底,区内绝大多数房屋产权人递交征收申请书。

【旧镇改建项目开工】 2 月 25 日,濮院旅游经济区在濮院镇蚬子滩举行濮院旧镇改建项目开工仪式。市四套班子领导及市级相关部门主要负责人出席开工仪式,濮院镇党政机关领导、濮院旅游经济区管理委员会全体工作人员、濮院镇旧镇改建项目房屋征收人员、濮院镇旧镇区居民代表近百人参加开工仪式。市委书记卢跃东宣布项目开工,市委副书记、市长盛勇军致辞,市委常委、常务副市长朱明杰主持开工仪式。开工仪式后,蚬子滩河道清淤工作和危旧房屋拆除工作正式启动。清淤部分河道,拆除无保留价值房屋;启动国有土地使用权收回,2014 年年底前被征收户资料收集整理及相关土地权属调查等工作,为征收项目结束后转入土地收储、供地做好准备;开展旧镇区外围周边主要道路等基础设施配套对接工作。7 月通过公开招投标确定项目跟踪审计单位。年内,收回濮院工艺染整有限公司等 23 家企业 32 宗约 13.05 公顷土地使用权;完成蚬子滩河段清淤工作,拆除旧房 96750 平方米。

(潘　琦)

濮院镇启动河道清淤和危旧房屋拆除工作　　今日桐乡报社提供

概　　述

2015 年，桐乡市有注册登记商品市场 62 家，其中消费品市场 55 家，生产资料市场 7 家，总占地面积 110.96 公顷，建筑面积 91 万平方米，店铺摊位 2.57 万个。全市市场成交额 485.17 亿元，比上年增长 13.3%。其中消费品市场成交额 436.45 亿元，增长 17.2%；生产资料市场成交额 48.72 亿元。

全市有濮院羊毛衫市场、副食品批发市场、桐乡世贸中心、一舟车城、洲泉足佳鞋业市场、崇福皮毛市场、皮草大世界、南方家园建材五金装潢市场、凤鸣装饰材料市场、桐乡市铭豪二手车交易配件市场、桐乡国际新能源市场、桐乡杭州湾轻纺城等专业市场，涉及生产生活的各个方面。

桐乡市场依托区域经济发展，区域特征日渐显现。濮院羊毛衫市场，从小企业和家庭作坊发展成一大批规模以上企业，形成完整的研发和产、供、销产业链，是浙江省首批重点市场，已成为全国毛衫发展风向标。以经营原料为主的崇福皮毛市场和经营成衣、箱包为主的崇福皮草大世界，依托崇福皮毛加工技术、经营历史传承，发展成浙江省区域性重点专业市场。洲泉鞋业市场具有地域特点，辐射洲泉镇、石门镇。这些市场带动周边相关产业发展，一个市场带动一方产业，一个市场致富一方百姓。

桐乡市场投资规模扩大，桐乡世贸中心二期完工，市场档次得到提升。各市场创星意识提高，全市有省四星级市场 12 家、三星级市场 16 家、二星级市场 6 家。集贸市场遍布各镇（街道），在完成集贸市场改造提升基础上，创建“放心农贸市场”3 个、四星级省规范农贸市场 3 个、三星级省规范农贸市场 4 个、二星级省规范农贸市场 3 个。便民交易点基本完成改造，提升了市场档次。

桐乡市政府及桐乡金凤凰集团加大投资，完善市场基础设施建设，市场监管、公安、商务、技监、物价、卫生检疫等部门强化市场监管，保护合法经营，打击非法经营，完成第二届世界互联网大会安保配套工作。全年市场监管部门出动检查人员 1.13 万人次，检查市场 421 个次，立案查处 32 起，罚没款 31.05 万元。

（张国贤）

濮院羊毛衫市场

【概况】 2015 年，濮院羊毛衫市场成交额 310 亿元，比上年增长 11%。实现货物周转量 40 万

5 月 9 日，濮院轻纺城项目开工　　濮管委提供

吨，其中市场卸货量 11.1 万吨，增长 2.6%。投入市场建设与改造资金 5000 万元。全年合同利用外资 5115 万美元，实际利用外资 2906 万美元；引进市外内资 10.7 亿元，其中注册资金 3.5 亿元；浙商回归到位资金 4.6 亿元。实现电子商务交易额 68 亿元。积极推进上市工作，组建濮院毛衫发展公司，加快处理股份公司遗留问题。濮院轻纺城项目开工，小牛津幼儿园迁建工程竣工并投入使用，市场双电源改造等工程竣工，建筑面积 4.79 万平方米的物流仓储二期完成招商，投入使用。

6 月，濮院镇以毛衫时尚小镇成功入选浙江省首批省级特色小镇建设名单，毛衫市场作为毛衫时尚小镇建设项目的重要环节，开启市场提升促转型工作，通过“请进来、走出去”活动，着力推广濮院毛衫时尚小镇、旅游购物、电商平台与原创设计。5 月，举办 2015 中国·濮院国际毛针织服装博览会，在开展地区经贸活动的同时，推广毛衫知名品牌，打造品牌形象。10 月，组织市场知名品牌经营户走进上海，在上海百联中环购物广场举办毛衫时尚小镇推介暨毛针织时尚发布秀、濮院毛衫走进上海品牌精准对接交流、濮院品牌展览展销等主题活动，“濮院毛衫”组团亮相上海。11 月，举办金秋时尚购物节，组织国贸名品港、国际时装城等 5 大市场和浅秋等 8 大品牌生活馆参与，吸引江苏、上海、杭州等地众多客商前来购物、洽谈。经 2015 年中国品牌价值评价信息发布，“濮院毛针织”区域品牌价值评估达 53 亿元。

【韩国开放福祉财团与濮院签约合作】 12 月 6 日，应濮院羊毛衫市场管委会和濮院轻纺城邀请，韩国开放福祉财团理事长河英秀携开放福祉财团、韩国东大门市场相关负责人、韩国知名设计师等 14 人，对濮院毛衫产业发展情况和投资环境进行为期 3 天考察，先后参观濮院毛衫创新园、浅秋生活馆、濮院轻纺城、濮院旧镇改建项目和濮院 320 创意广场。韩国开放福祉财团与濮院羊毛衫市场管委会签署合作协议。根据协议，韩方在濮院设立办事处，不定期开展时尚教育类活动；在濮院设立工作室，吸引韩国设计师进驻；在濮院开设韩国馆，引进韩国时尚面料；与濮院知名毛衫品牌进行合作，一方面将濮院知名品牌引入韩国，另一方面为韩国知名品牌牵线搭桥，在濮院寻找代工生产机会；利用濮院毛衫在电商方面资源优势，助推韩方服饰线上发展，同时带动濮院毛衫产业向时尚转型。

12 月 8 日，韩国京畿道扬州市开放福祉财团与濮院羊毛衫市场管委会签署合作协议　　濮管委提供

【毛衫时尚小镇主题展馆在上海开馆】 10 月 24～25 日，濮院毛衫时尚小镇“走出去、请进来”系列活动第一站在上海举行。濮院毛衫时尚小镇主题展馆在上海百联中环购物中心开馆，褚老大、纯爱、千圣禧、卡雁、思齐之家、莫萨摩索、纽纳斯、紫品、欧街、第五大道、例卡、西门蒂克、堡地亚、伊利思郎等 14 个知名品牌企业在主题馆展出。展览期间，举办濮院毛衫时尚小镇推介暨毛针织时尚发布秀、濮院毛衫走进上海品牌精准对接交流会、濮院品牌展览展销等活动。濮院优秀毛衫企业自主研发设计的服饰在走秀活动中吸引嘉宾客商观看，20 家上海商场负责人和濮院品牌负责人进行面对面交流，吸引采购商和品牌商的关注，达成初步合作意向。

【2015中国·濮院国际毛针织服装博览会】 5月8～9日，2015中国·濮院国际毛针织服装博览会在濮院镇举行。中国纺织工业联合会副会长、中国纺织工业联合会流通分会会长夏令敏，中国纺织工业联合会副会长杨纪朝，中国针织工业协会会长杨世滨等出席博览会。博览会由桐乡市政府主办，濮院镇政府、濮院羊毛衫市场管委会承办，以打造“毛衫之都，时装名城”为主题。博览会期间举办2015中国·濮院毛针织服装原创设计发布会、体验智慧采购之旅——濮院羊毛衫市场采购节、濮院网商大会暨“云濮院”建设启动仪式、中国毛针织服装新生力量论坛、“毛衫与‘势’俱进”——2015濮院设计师大讲堂、濮院轻纺城项目开工奠基仪式、“流光溢彩”——濮院镇书画摄影作品展、“三治合一促发展，争做最美毛衫人”——2014年度濮院羊毛衫市场“三好商户”表彰典礼、悠游濮院·时尚小镇——桐乡时尚休闲购物节启动暨濮院品牌生活馆联盟成立仪式等9项活动。

【举办金秋时尚购物节】 参见《旅游·市场开发》中相关条目。

【中国濮院毛针织服装移动互联网平台启动】 12月，由浙江星网科技有限公司搭建的中国濮院毛针织服装移动互联网平台正式启动。该平台是在“互联网+”模式基础上建立的以毛针织服装为主题的PC端网站（中国毛针织网）、移动端APP（指购网）、微信端（中毛网微商城）三位一体的专业化、垂直化、细分化互联网平台。平台涉及产业链整合、在线设计师、智能成衣、星网学院、星网服务、大学生就业和创业等，提供产品原辅料采购、原辅料工艺处理、成衣制作及后期处理、现货直售、款式开发、智能化成衣加工定制、产品质检、线上店铺装修、行业大数据信息采集分析等功能，帮助濮院毛针织服装企业解决找设计师难、留设计师难等问题。560余家毛针织服装领域的商家、企业及30余名设计师入驻该平台。

【苏宁易购“濮院毛衫馆”上线】 9月14日，苏宁易购“濮院毛衫馆”正式上线。这是由苏宁易购平台开设的濮院本地优质商家和产品展示销售的官方频道，标志着濮院毛衫企业又多了一个线上展示、销售窗口，开启濮院毛衫企业抱团拥抱电商新模式。苏宁易购“濮院毛衫馆”上线后，利用苏宁易购平台不定期推出濮院毛衫馆特色产品，借助苏宁集团与阿里、万达等合作平台推广入驻企业的相关产品，在苏宁云店项目中展示和销售濮院优秀毛衫企业产品。此次合作有助于濮院毛衫在更高层次、更大平台上拥抱互联网浪潮，加快电商发展步伐，提升濮院毛衫产业集群水平。2015年，苏宁易购濮院毛衫馆实现销售额500万元，在苏宁云商平台中排名第10位。

（张夏啸）

崇福皮毛市场

【概况】 2015年，崇福皮毛市场以稳定发展、保障服务、开拓市场为目标，把握崇福小城市建设契机，加快崇福皮草市场转型升级。崇福皮毛市场由原皮市场和成品市场组成，全年成交各类原皮1445.63万张，比上年下降38.7%；交易额28.3亿元，下降19.2%。全年皮毛市场有限公司实现营业收入1765万元，比上年增加83万元；公司营业成

9月14日，苏宁易购“濮院毛衫馆”正式上线　　濮管委提供

本604万元，比上年减少64万元，成本降低9.6%。实现税前利润1054万元，增加44万元，增长4.3%。11月18日，崇福皮毛市场（南区）正式开业。

崇福皮毛市场和崇福皮毛协会多次组织崇福皮毛企业参加境内外毛皮服装展览会。1月，39家企业参加第四十一届中国国际裘皮革皮制品交易会，6家企业参加香港秋冬时装节。2月，8家企业参加香港国际毛皮时装展。3月，2家企业参加香港亚太皮革展、15家企业参加中国服装协会上海服装服饰博览会。12月，22家企业参加深圳服装服饰贴牌展。

崇福皮毛市场继续开展“平安市场”建设和社会单位消防“四个能力”（提高检查消除火灾隐患的能力，提高组织扑救初起火灾的能力，提高组织人员疏散逃生的能力，提高消防宣传教育培训的能力）建设，做好“平安市场”和社会单位消防“四个能力”建设的各项基础工作，落实各种安全责任制和安全措施，根据市场现状，制定突发事件应急预案，保障市场安全和平稳发展，市场全年无事故发生。巩固“三星级文明规范市场”“全国诚信示范市场”成果，提升市场知名度。

【深化异地战略合作】 2015年，崇福皮毛市场探索“走出去、引进来”战略，与皮毛原产地和重点销售区域市场开展战略合作。8月，组织35家崇福皮毛协会会员企业考察内蒙古集宁国际皮革城。通过考察，崇福皮毛行业的浙江中辉皮草有限公司、浙江雪球皮草制品有限公司等3家企业入驻集宁国际皮革城，享受第一年免租金的优惠政策。

【第六届“崇福杯”裘（革）皮服装设计大奖赛】 参见《工业·皮革》中相关条目。

（陆明钢）

11月18日，“崇福皮草杯”第十二届中俄蒙美丽使者国际大赛中国赛区总决赛在崇福镇举行　　崇福镇提供

其他专业市场

【南方家园装潢五金材料市场】 2015年，南方家园装潢五金材料市场实现交易额1.9亿元，比上年增长2.1%，上缴税收92万元。市场位于桐乡市区平安路529号，市场占地5.9公顷，建筑面积8万余平方米，由中央综合大楼和24幢连体别墅式建筑及1万平方米大型停车场组成，楼幢之间建有宽12米以上的无障碍经营通道，有商铺800多间、经营户208户。商铺一楼经营，二楼仓储，三楼办公，经营灯具、陶瓷卫浴、电器、板材、管道、油漆、家具、移动木门等。商铺均配水、电、电信、宽带、有线电视等设施。该市场成立“消费者联络站”“商户诚信联盟”“市场管委会”，确保消费者、经营者安全。

【桐乡汽车商贸城】 2015年，桐乡汽车商贸城交易汽车5956辆，实现交易额17.46亿元，比上年增长10.2%，上缴税收732.1万元。其中，二手车销售额4.17亿元，增长2.2%；上缴税收37.4万元，增长35.5%。商贸城位于市区杏南路106号，是集汽车交易、汽车展示于一体的商贸平台，是浙江省服务业重点项目和“浙商回归”重点项目。商贸城建设分两期进行，一期占地13公顷，建筑面积15.26万平方米，总投资3亿元。一期工程于2011年竣工并投入使用，有桐乡市铭豪二手车交易配件市场及宝马、大众、起亚、五菱、别克、英伦、东风本田、丰田等10家汽车4S店。消费者青睐的汽车品牌有上海大众、宝马、起亚、别克、丰田。桐乡市铭豪二手车交易配件市场有商户112家,其中二手车交易商户(企业)31家,汽车配件、汽车装潢等商户(企业)81家,引进汽车保险、汽车评估等专业服务机构,设有市公安局交警大队车管所市场服务点、国税局车购税办税大厅及开票服务大厅,基本达到功能齐全、服务完善的建设目标。二期占地7.67公顷,建筑面积11.86万平方米,计划投资6亿元。

(俞伟斌)

【副食品批发市场】 2015年,桐乡市副食品批发市场成交额10.27亿元,比上年增长2.7%;商铺出租率100%;进场商品二、三线品牌地区级总代理,总经销商品215个。市场配合振东新区、综合行政执法局、市场监管局等有关部门,对和平路马路市场进行整顿,专门在市场蔬菜交易区划出100个摊位,免费给当地农民经营自产自销农产品。在水果交易区专门开辟一块交易场地,用于车载西瓜、橘子、甘蔗等大宗水果的交易业务,除收取少量管理费外,免收场地费用,吸引外地经营户进场交易,彻底整治和平路马路市场。市场作为创建国家卫生城市复查的必检单位之一,投入130万元,重点整理维修围墙、路面、下水道、厕所等硬件设施,规范车辆停放,责任区划分,门前三包等交易秩序,完善制度,市场经营面貌改观,受到国家卫生城市复查组肯定。市场自营业务量增长较快,改变单纯性的资产经营格局。水果、蔬菜连锁超市在城区新开3家,企业、学校、机关食堂固定配送点86家。9月,新设立肉禽批发中心,组建鲜肉加工车间。年底,海鲜水产批发中心试营业,经营特色初步形成。全年市场自营业务额1.03亿元,占整个市场成交额的10%。市场重视食品安全卫生和消防安保工作,进场商品源头索票、索证,电子台账登录,商品可追溯资料健全。检测室每天抽检各类商品不少于70个批次,并与市场监管局、市食安办、市农经局等职能部门联动,处理不合格商品,确保消费者食品卫生安全。市场建有义务消防队,全年组织各类安全培训148人次,消防演练3次,监控室24小时全天候值班,安保工作实行网格化管理,关键岗位由市场领导担任责任人。全年组织各类安全检查39次,更换水带、灭火器等消防设备81件。全年安全无事故。

(朱显忠)

【凤鸣装饰材料市场】 桐乡市凤鸣装饰材料市场简称凤鸣商城,位于桐乡市梧桐街道崇福大道(原320国道)与文华路交汇处,占地面积5.33公顷。其中一期项目建筑面积3.1万平方米,于2001年10月开始运营,房屋出租率、市场开铺率常年达100%。凤鸣装饰材料市场是一家以经营陶瓷、卫浴、五金、灯具、橱柜、门业、板材、石材等产品为主的建筑装饰类专业市场。市场内产品门类齐全,高、中、低档消费结合,住宅与公共建筑装饰类商品多达数千种,国内、国际知名品牌20多个。入驻商户160余家,吸纳就业580余人。2015年,市场销售额4.22亿元。凤鸣装饰材料市场是市区西南部区域经济的重要平台,通过举办厂方直销、商品砍价联谊会等活动,提升市场竞争力。凤鸣装饰材料市场被桐乡市政府确定为C级重点三产企业,连续四年获桐乡市平安市场称号。

(王敏媛)

【洲泉足佳鞋业市场】 洲泉足佳鞋业市场占地面积8公顷,总

凤鸣装饰材料市场　　开发区提供

建筑面积11.29万平方米，总投资4.2亿元。其中一期市场建筑面积2.02万平方米，123个商铺，2006年3月开业，市场开业率100%，主要经营鞋材、辅料为主。二期市场建筑面积3.65万平方米，2007年8月开业，有3层商业裙房，1层主营鞋、皮革、辅料；2层主营饰扣、鞋、五金；3层主营鞋样设计、样品展示及仓储。三期市场建筑面积2.4万平方米，底层为开放式商铺，上层为酒店式公寓，集酒店、宾馆、会务、住宿为一体。随着周边行业不断扩大，占地2公顷、建筑面积3.22万平方米的四期工程开工建设，将于2016年投入使用。足佳鞋业市场有经营户280户，从业人员1000多人，市场总体入驻率86%。市场内聚集来自温州、江苏、河南、甘肃、广州及周边等地的商家。市场运作和物业管理由足佳鞋业市场管理公司负责，以商铺招商、委托经营、物业管理、安全保卫、环境卫生为主要服务内容。2015年获“浙江省三星级文明规范市场”称号。全年实现市场销售额35亿元。

（张龙俊）

农贸市场

【概况】 2015年，桐乡市办理市场名称登记证的农贸市场有18家，分布于各主要镇（街道），建筑总面积10.18万平方米。其中，隶属金凤凰集团8家，镇（街道）政府4家，其他6家。全年农贸市场成交额32.72亿元。其中，桐乡、乌镇、崇福、濮院、屠甸、洲泉、石门等7家农贸市场成交额30.33亿元，占成交额92.7%；桐乡集贸市场全年成交额13.02亿元，占成交额39.8%。继续以星级市场创建引领农贸市场提升发展。鼓励各类农贸市场创新提档、改造升级，推进市场信用建设和食品安全工作。崇福、大麻两市场成功创建省四星级文明规范市场，桐乡集贸市场等5家市场完成食品安全快速定性检测室建设及免费开放工作。城北菜场、梧丰路菜场、龙翔街道集贸市场、桐南菜场等8家市场搬迁开业；西门农贸市场、长乐菜场、灵悟菜场等8家市场完成提升改造。

【认定“放心农贸市场”3家】 2月，桐乡市农贸市场改造提升领导小组办公室与市场举办者进行沟通，经市政府研究并报上级政府同意，确定3家“放心农贸市场”创建单位；3月，将创建标准发放给创建市场，并进行解读、研究，要求各创建市场对照标准认真自查，找出存在困难和问题，提出相关意见建议；4～5月，指导各市场制定创建方案，确立重点工作，落实创建举措，开展相关工作。重点抓好统一农贸市场标识、更新添置检测设备、增加检测项目、加强市场管理人员和市场经营户教育培训、重点商品配套冷藏保鲜设施及防蝇防尘设施等工作；6～7月，对3个创建市场进行全方位检查，列出问题清单，督促逐项整改落实；8～10月，结合创卫要求，对创建市场开展检查督查，再列问题清单进行整改。同时推进市场快检室建设和对外开放工作，对照创建标准，逐一查遗补缺，迎接创建验收。投入创建资金165万元，培训市场管理人员90余人次、经营户340余人次。2016年1月，浙江省商品交易市场及农贸市场提升发展工作领导小组公布桐乡市洲泉集贸市场、桐乡市乌镇集贸市场、桐乡净菜市场为2015年度省“放心农贸市场”示范单位。

（殷桂民）

第二中心菜场　　市场监管局提供

交通运输

概　　述

2015 年，桐乡市继续加大交通基础设施投资，完善交通网络，发展公共交通，加强行业管理，提升交通形象。全市形成由沪杭铁路客运专线，沪昆高速公路、申嘉湖高速公路、练杭高速公路，京杭运河、东宗线、杭平申线等三种运输方式构成的主要交通运输网络。

桐乡市境内有铁路 18.858 千米；公路总里程 2024.27 千米；航道 271.85 千米，其中四级航道 66.32 千米。全年铁路客运量 409 万人次；公路客运量 905 万人次，公路客运周转量 3.75 亿人/千米。全市水路货物运输量 1597 万吨。公路货物运输量 1171 万吨，公路运输货物周转量 12.6 亿吨/千米。全年城市公交客运量 1255.6 万人次。全市有各类汽车 18.5 万辆，其中货车 8520 辆、私家车 16.28 万辆，全年新增汽车 2.9 万辆。摩托车新增 2095 辆，累计 13.57 万辆。在册营运船舶 728 艘。

交通运输行业全年投入交通基础设施建设资金 10 亿元，建设项目 7 项，其中被列入市重点工程项目 1 项、省重点工程项目 5 项。桐九公路(桐乡—海宁九里桥)于 11 月竣工，12 月通车。桐九公路景观绿化工程完成投资 1.7 亿元，占总投资的 87.4%。临杭大道 7 月 1 日开工，完成投资 3.5 亿元，占总投资的 35%；杭平申线航道工程(长山河)完成 45.5%，桥梁工程完成 33.6%，累计完成投资 7739 万元，占投资额的 58%。东宗线航道改造二期工程进场施工。全年县道公路大中修 26.9 千米，总投资 6927.75 万元，维修的公路包括湖盐线、姚太线、乌塍线、桐九线、320 国道桐乡绕城段。乡村公路大中修 44.3 千米，投资 4020 万元。改造羔民线、骑荆线等 42 条农村公路，计 51.54 千米，总投资 5489.96 万元。改造农村桥梁 51 座，总投资 2980 万元。

2015 年完成公共自行车系统三期建设项目和乌镇、濮院、崇福三个镇区的公共自行车建设项目，投资 2840 万元，投放自行车 2500 辆，建成服务站点 110 个，服务亭 17 个，全市实行通借通还。公共自行车租借方式从单一的公共自行车卡衍生到市民卡，开通市民卡借车功能。全年办理公共自行车服务卡 5822 张，累计办理 3.79 万张，全年出租自行车 193.29 万辆次，日均租车量 5296 辆次。

公　　路

【概况】 2015 年，桐乡市公路总里程 2024.27 千米，新增公路 12.2 千米。其中国道 54.31 千米、省道 24.81 千米、县道 368.89 千米、乡道 473.65 千米、专用公路 11.44 千米、村道 1091.17 千米。按公路等级分，境内高速公路 43.69 千米、一级公路 166.76 千米、二级公路 91.57 千米、三级公路 245.04 千米、四级公路 1008.58 千米、准四级公路 468.63 千米。全市公路密度为百平方千米 278.44 千米。有公路桥梁 1506 座，新增 13 座，计 6.22 万延米，其中互通式立交桥 13 座，特大型桥梁 2 座、大型桥梁 62 座、中型桥梁 416 座、小型桥梁 1026 座。

继续加大公路建设投入。全年投入公路建设资金 9.47 亿元，其中绿化工程建设投资 9000 万元，农村公路投资 5748 万元。桐九公路客运中心至高铁桐乡站段改建工程竣工通车。桐乡至莲都公路桐乡市区至乌镇段建设工程 2014 年 3 月 20 日开工，主线全长 11.94 千米，按一级公路双向六车道标准建造，全年投资3.5 亿元，占中标合同价的63%。累计完成投资8.51亿

正在建设中的莲都公路京杭运河大桥　　市交通局提供

元，占投资的80.5%。临杭大道(桐乡段)建设工程全长16.08千米，按一级公路双向六车道标准建造，完成前期工作，年底开始施工，完成投资2.5亿元，占总投资的35%。乌镇大道(市区至乌镇段)景观绿化及配套设施工程1月31日通过实施方案审定工作。

公路养护管理。2015年，桐乡市实施干线公路养护大中修工程，投资4732万元，完成320国道桐乡绕城段和湖盐线龙翔至梧桐段工程全长16.94千米。同时，投资920万元完成日常养护工作，解决路面损坏和平整度问题。全年修补路面6.9万平方米，检测桥梁61座，修补桥面467平方米。投资480万元，改造湖盐线龙翔段、屠甸段、乌镇段沿河线总长10千米的绿化带提升。推广新技术，在湖盐线大中修工程中首次采用乳化沥青就地冷再生技术，并将该技术引入农村公路乌塍线(乌镇一新塍)大中修中，两项节约投资330万元。

公路路政管理。2015年，桐乡市教育纠正占用公路违章设摊行为1250件；清理公路沿线各类堆积物785立方米；拆除非公路标牌(各类广告横幅)1199块(条)，拆除违章建筑363平方米；查处违法违章案件4件，办理涉路许可项目11件。年内，检测车辆2286辆次，查处违法超限超载车辆260辆，其中超限处罚66辆，处罚款22.87万元。卸载货物362.07吨，卸载几何尺寸超限货物20.49米，除整体性不可卸载货物外，卸载率100%。确保公路畅通、安全。全年投入资金483万元，对辖区内多条县道公路的临水高落差路段增设护栏，总长8522米；修复受损钢制护栏5331米；更新维护公路沿线的指路、禁令、警告等标志530套；漆画热熔标线3.71万平方米；更新示警桩1802根；更新轮廓标1656只。

加强维修企业及驾驶员培训行业的监督管理。至年底，全市有维修企业450家，年内新增6家，注销36家。其中一类维修企业7家、二类维修企业53家(包括4S店18家)、快修36家、三类专项维修166家、摩托车维修188家，从业人员1526人。驾驶员培训企业11家，教练车704辆，教练员771人。桐乡市桐诚驾驶员培训有限公司全年完成驾驶员理论科目考试2.67万人，术科考试2.85万人。年内，完成驾驶培训计时系统升级，开展不定期检查脱岗培训、理论教育不规范等行为，全年查处教练车违章11件。贯彻实施国家质量监督检验检疫总局、国家标准化管理委员会新颁布的《机动车驾驶员培训机构资格条件》《机动车驾驶员培训教练场技术要求》。在嘉众、良益、福源三家驾校的8辆车进行先培训、后付费的模式试点。加快信息化建设管理，利用车载视屏监控系统，加强对教练车辆的监督，13名教练被处分。开展道路运输从业人员继续教育，举办培训班8期，培训人员244人次。开展从业资格证培训4期，培训人员210人次。组织驾驶教练员技能竞赛。规范城区维修摊点经营行为。开展无证维修摊点专项整治活动，整治维修摊点125家。

加强监管平台建设和使用，在乌镇、崇福增设视频监控点30个，全天候动态监控。查处非法营运车辆61辆，办理行政处罚案件183件，受理行政许可403件。

12 月，桐九公路（桐乡—海宁九里桥）建成通车　　市交通局提供

【桐九公路建成通车】 12 月，桐九公路建成通车。工程于 2013 年 3 月 20 日开工，全长 10.13 千米。桐九公路从桐乡客运中心起，南至海宁九里桥，按一级公路标准设计。起点客运中心至高铁桐乡站，采用双向六车道（部分四车道），路基宽度为 32 米，其中行车道宽 2×3×3.75 米，硬路肩宽 2×2.5 米，土路肩宽 2×0.75 米，中间带宽 3 米，总长 8.1 千米。高铁桐乡站至九里桥采用双向四车道，路基宽度为 24.5 米。10 座桥梁总长 1090 米。桐九公路穿越梧桐街道、凤鸣街道、高桥镇的 7 个村。主线征地范围 82 米，征地面积 45.7 公顷，拆迁房屋 142 户。桐九公路建设工程是省政府重点工程，工程概算 5.4 亿元，其中由省交通运输厅补助 2600 万元，其余由桐乡市政府财政筹措解决。

【优化公交线路】 2015 年，市交通管理部门开通 K353（乌镇—雅园）、K289（洲泉—高铁桐乡站）线路。延伸 K350、K382、K17 路公交线路。5 月起，桐乡至萧山机场从每天 8 班增加至 12 班。城市公交全年投入公交车辆 178 辆，其中大巴车 138 辆（含 78 辆天然气大巴），配置驾驶员 212 名，公交线路 17 条，总长 202 千米，日均客流量 3.44 万人次，年客流量 1255.6 万人次。4 月 23 日，完成 K191 公交线国有化改造，涉及公交大巴 19 辆和快客直达车 5 辆。K191 线收购标志着桐乡市所有公交线路都由国有客运企业经营。加强客运站场建设。4 月 1 日，梧桐街道公交北站启用。5 月 1 日，大麻镇车站启用。9 月推出使用市民卡乘坐公交车，年内调整优化 4、10、13、15、16 路车 5 条线路。春节、“五一”“十一”期间全市安全发送旅客 230.08 万人次，节假日期间全市未出现旅客滞留现象，未发生一起重特大交通事故。全年手机订票 13.2 万张，占网上订票的 91%。桐乡客运中心新添 3 台自助售（取）票机。23 个电子公交车候车亭实行免费 4G－WiFi 全覆盖。通过延长城市夜班车营运时间、开通手机移动网络订票业务，方便旅客出行。

【出租车行业服务质量管理】 2015 年，市交通管理部门加强出租车服务质量管理。细化车辆、驾驶员考核内容，建立驾驶员服务质量档案，每月将考核结果通报各公司，并利用视频监控强化非现场检查，督促驾驶员规范经营。做好从业资格证报名和换证工作。1 月，全市在册的 600 多名出租车驾驶员进行从业资格证换证工作，并重新建立驾驶员从业资格档案。开展新一轮出租车车型选型工作，确定现代索纳塔、大众新桑塔纳、新捷达 3 款双燃料车型为更新车型。调查桐乡市出租车合理拥有量，根据调查结果拟订出出租车区域投放方案。

【加强乌镇客运运力保障】 第二届世界互联网大会期间，市交通部门加强乌镇客运运力保障。乌镇客运线路新增 28 辆机动大巴车。延长乌镇镇至高铁桐乡站公交营运时间。购置 12 辆气电混合动力公交大巴投放到乌镇镇区公交运行中。改善公共交通候车、乘车环境，乌镇车站及乌镇所有公交开通无线上网服务，规范使用中英双语语音报站，站内落实乘车引导服务，增设母婴候车室等，完成镇区至乌镇沿线 8 个公交站港湾式停靠站改造。在乌镇景区设立客运班车售票点，并增设出租车停车位。加强乌镇车站内乘客安全检查，增配安检仪。规范道路运输经营行为。组织稽查力量在主要干道巡查执法，并在乌镇车站门口增设视频监控点，实施动态监管。

（计琪伦）

高速铁路

【概况】 沪杭铁路客运专线桐乡段北起屠甸镇联星村，南至崇福镇御驾桥村，全长18.858千米。沪杭高铁桐乡站属嘉兴车务段管辖，有职工32人，干警5人，保安10人。2015年，沪杭高铁桐乡站有71趟列车停靠，比上年减少2趟。其中高速动车58趟，比上年增加20趟；动车组13趟，比上年减少25趟；上行（上海、北京方向）35趟，下行（杭州方向）36趟，与上年基本持平。车站列车运行图在1月1日、3月20日、5月20日、7月1日先后发生4次变化，沿途停靠站点比上年增加20个。车站日均客运量1.15万人次；全年上下客409万人次，比上年增加约44万人次，其中上行客204万人次、下行客205万人次。为方便市民出行，全市设火车票代售点6个，全年出售火车票98万张。第二届世界互联网大会期间，车站迎往与会嘉宾及记者2000余人。

高铁桐乡站社会停车场停车位由641个增加到730个。10月1日，铁路涵洞南侧设置一座小型露天临时停车棚，以供停车场车位全满时临时性应急使用。每日最后一班火车结束后，广场协警进行清场，对滞留人员，采用各种方法帮助离开。

1月1日，K289路（高铁桐乡站—洲泉镇）公交车投入运行

高桥新区提供

【高铁桐乡站公交线路增至8条】 1月1日，高铁桐乡站社会停车场实行收费，为进一步方便桐乡市民出行，增设往返高铁桐乡站的公交班次1条，即高铁桐乡站往返洲泉镇的K289路公交车，投入公交车4辆，每隔30分钟一趟。至年底，高铁桐乡站的公交线路由上年的7条增加到8条。

【安全乘车服务】 2015年，为创造优质、安全的乘车环境，高铁桐乡站进站口正北面新设公安管理岗亭1座，岗亭四面墙壁均为透明玻璃，并安设监控，24小时监控进站口情况，安排保安24小时值班，火车运营期间，增加4名巡特警值班。市运管部门强化出租车管理，增加常驻管理人员3名，新设监控2个；并增设出租车广场管理组，火车下客期间，有专职运管人员现场监督，确保乘坐出租车按表计费。

（姚伟东　胡璐曼）

水　　路

【概况】 2015年，桐乡市境内航道271.85千米，其中四级航道66.32千米，五级航道17.63千米，六级航道101.89千米。全市在册营运货船728艘，总吨位184.43万吨。乌镇景区游船144艘，客位1130个。全年水路运输货运1597万吨，货物周转量25.05万吨千米，港口吞吐量1763万吨，其中出港263万吨、进港1500万吨。征收港航事业费409.53万元，通行费征收69.5万元。年内，辖区内接处警173件，其中碰船事故116件，直接损失3000元以上事故1件，直接损失5.6万元，无死亡事故。全年办结行政执法案件79件，罚没款总额18.97万元，受理并准予本级行政许可49件、审批8.8万件。

加强水路运输市场管理。由

于整个市场运力过剩，竞争激烈，市场形势不乐观，桐乡崇德内河航运有限公司、桐乡市金舟内河航运责任公司停止运作。在月度抽样调查中，268 艘样本船舶中，停航 45 艘，占 16.79%，月平均停航 3 航次，比上年减少 0.57 航次。继续开展银企合作，帮助船户搭建融资和船舶交易平台，解决 28 艘船舶 1195 万元的贷款。新发、换发普通货船运输个体经营者资格证书 191 件。

继续深化老旧船舶和京杭运河过闸小吨位船舶淘汰工作。年内，拆解老旧船舶 33 艘，累计拆解 58 艘；拆解过闸小吨位船舶 11 艘，改造船舶 35 艘，累计发放补贴 660.41 万元。

加强船舶管理。2015 年检验船舶 869 艘次，总吨位 16.93 万吨，主机总功率 11.33 万千瓦，载货参考吨位 20.15 万吨，其中制造检验船舶 9 艘、换证检验船舶 120 艘、中间检验船舶 65 艘，完成乌镇景区游船年度检验 144 艘。发放临时船舶吨位证书 152 件、长期船舶吨位证书 159 件。严把新建船舶检验关，加强现场检验、完善现场检验记录。督促造船单位按图施工，提高船体装配规范性、精确度和焊接质量，提高船体建造质量。落实新建船舶防污管路与设备专项检查工作，确保新建船舶防油污、防生活污水设备与管路的安装正确、有效，从源头上推进船舶防污染工程。督促做好现有船舶生活污水防污染改造工作，至年底，桐乡市辖区内 36 艘船舶（2011 年 9 月 1 日前制造，且 400 总吨以上）除 1 艘已转籍江苏盐城外，都按现行法规要求完成改造。开展为期一周的水路运政大检查，出艇 17 艘次，出动 96 人次。保证水路正常营运秩序，避免水路运输经营违章现象发生，规范辖区水运市场秩序。

【开展桐乡市水路货运调查】 桐乡河道纵横，水路运输发达，虽进入发达的交通运输新时代，但水路运输依旧有着非常重要的地位。2015 年，市交通运输局开展水路货运调查，全面了解、掌握桐乡市辖区内水路运输的现状、特点，以及将来发展的趋势。走访辖区内年吞吐量在 20 万吨以上的桐昆集团、巨石集团等企业，涉及水泥厂 8 家、混凝土公司 4 家，砖瓦厂 4 家，危险品码头 17 个，热电厂 2 家，大中小型砂石料堆放点及其他码头。通过调查，从桐乡水运发展环境、航道分布情况、水运占综合交通的比重、辖区内主要码头分布及基本情况、水路货运量分析、船舶经营情况分析、2015 年水运趋势分析、“十三五”期间水路运输发展趋势、桐乡辖区内水运市场发展不利因素以及建议九个方面作了调查并写出详尽的调查报告，送上级有关部门参考。从调查结果来看，因大环境影响，水运行业不景气，需要加大扶持。

（计琪伦）

物流仓储

【概况】 2015 年，桐乡市“一主三副多节点”的物流布局功能趋于完善，综合物流园完成初步规划，濮院物流园区分拣配送中心项目、洲泉华腾粮食物流项目投入使用，振东物流园二期项目竣工并开展招商工作，崇福普洛斯物流园项目前期工作顺利推进。振石集团浙江宇石国际物流有限公司成为全国首批甩挂运输试点企业。公司全年完成货运量 506.27 万吨，完成进出口业务 5.56 万标箱，实现营业收入 7.39 亿元，上缴各类税费 5463.9 万元。濮院物流园被浙江省综合交通物流行业协会评为“十大仓储企业”，全年完成货运量 25.42 万吨，比上年增长 1.1%；振东物流园一期入驻率 100%，全年完成货运量 13.5 万吨，增长 25%。

（沈慧超）

概　　述

2015 年，桐乡邮政与通信业加强四网协同，满足全市用户现代化通信需求，提高生活质量，促进桐乡经济发展。全年邮电业务总量 14.94 亿元，基本与上年持平。

全市有邮政所 24 个，全年发行报纸 1156 万份，杂志 157 万份，投递函件 199 万件，包件 20 万件，汇票 8 万张，特快专递 21 万件。

年末，全市城乡固定电话用户 20.45 万户，比上年减少 8.21%；移动电话用户 116.73 万户，增长 3.57%；国际互联网用户 26.94 万户，增长 2.82%。固定电话普及率 29.7 户/百人，减少 8.33%；移动电话普及率 169.4 户/百人，增长 3.23%。

邮　　政

【概况】 2015 年，中国邮政集团公司实施法人体制调整，将集团公司对各省（区、市）邮政公司的管理体制，由母子制改为总分制，简称“子改分”。5 月 1 日邮政局更名为“中国邮政集团公司浙江省桐乡市分公司”。9 月 23 日，桐乡邮政管理局成立。

中国邮政桐乡分公司围绕“一体两翼”的发展战略，实现“三个一流”（效益一流、管理一流、作风一流）为主要目标，主抓“三个一把手”（金融业务、包裹快递业务、农村电商业务）工程。全年业务总收入 7134 万元，实现利润 531 万元。其中，代理金融发展势头良好，年收入完成 3968 万元，比上年增长 10.65%；年末，储蓄余额 24.13 亿元，年增加 3.97 亿元，比上年多增 1.9 亿元；日均余额 21.93 亿元，年增加 2.9 亿元，实现余额规模上新高，综合业绩跨入全省先进行列。2015 年，桐乡市快递业务量 6059.2 万件，占嘉兴全市的 25.4%，比上年增长 40.7%，业务收入 4.78 亿元，占嘉兴全市的 17.5%，比上年增长 30.1%。年末有快递法人企业 23 家，分支机构 85 家。

（楚盛洁）

【桐乡邮政管理局成立】 9 月 23 日，桐乡邮政管理局成立暨揭牌仪式在桐乡市行政中心举行，这是全省第四个、嘉兴市首个县级邮政监管机构。浙江省邮政管理局局长王文海、桐乡市市长盛勇军出席揭牌仪式并讲话。桐乡邮政管理局为嘉兴市邮政管理局派出机构，机构规格为正科级，内设办公室和行业监管

9 月 23 日，桐乡邮政管理局成立暨揭牌仪式举行　　市邮管局提供

科，行政编制2名，事业编制6名。桐乡邮政管理局主要承担职责是：负责桐乡市辖区内的邮政企业、快递企业、邮政用品用具生产企业、集邮市场等实施场地检查，和邮政行业实施行政审批有关事项开展实地核查并出具意见，处理邮政行业法律、法规、规章规定范围内的违法行为举报和投诉等。近年来，桐乡邮政业保持、持续、快速、健康发展的良好态势，邮政普遍服务水平和快递业务量均位居全省前列。桐乡邮政管理局成立是桐乡大力发展互联网产业、建设互联网智慧强市的现实要求，不仅标志着桐乡市完善邮政监管体制工作取得了阶段性成果，也为加强邮政业监管、促进互联网经济发展提供了更为有力的组织机构保障。

【乌镇邮(快)件安检中心设立】 12月，市邮管局为确保互联网大会期间进入乌镇区域的邮(快)件安全，以政府购买服务的方式，在乌镇镇区外围镇南路，设立乌镇邮(快)件安检中心，设置警戒区，安全检查来往的邮(快)件。大会期间，经过乌镇邮(快)件安检中心安检的进口件为14911件，其中进入核心景区的邮(快)件4件，处理疑似件366件，确保大会期间寄递渠道安全畅通。

（杨玲凤）

【试行区域投递制度】 2015年，中国邮政桐乡市分公司以“提升投递服务质量”和“投递能力”为导向，启动全市投递网改造，试行区域投递制度。按就近原则将全市邮政网点，划分为濮院、洲泉、崇福、乌镇4个片区，片区集营揽投功能为一体，从而减少邮车转运班次，将每日1趟发运提速为每日2趟，既能将收件时间延长至晚上，也能对农村电商分销批销业务的配送提供有力支撑。试行期间，优化市区投递线路，市区仍采用机动车、电瓶三轮车、摩托车二班次投递队伍进行投递，加大对农村支局的资源配置，对包裹量大的农村支局采用购置指定电瓶三轮车进行投递，逐步过渡到用汽车投递。全部改造工作完成后，实现下午1时前到达的邮件，镇(街道)本级范围内当日投送。

12月，省、嘉兴市邮管局领导探望邮件快件安检中心工作人员

市邮管局提供

【石门、庆丰网点重新装修开业】 2015年，市邮政分公司标准化装修改造石门支局营业厅和市区庆丰储蓄营业所，分别于9月26日、10月18日对外营业。改造后的石门支局营业厅配备专门的VIP室、网银体验区和理财室，自助银行区新增CRS1台。庆丰储蓄营业所由最初的2间增至8间门面，设储蓄服务窗口3个、邮政柜台1个、VIP室1个、ATM自助取款机2台和CRS一体机2台，完善邮政服务配套设施，为客户提供良好的服务环境，提升企业形象。

（楚盛洁）

中国电信

【概况】 2015年，中国电信桐乡分公司遵照集团公司“创新与服务双领先带动规模发展”的总体思路，投入“百兆中国、决战4G”通信建设与发展，持续深化企业改革，加快互联网化转型步伐。安装并开通108个电信4G基站，通过设备新增、扩容、升级和OLT上联带宽瓶颈问题，全市完成788个网格单元的梳理、规划、建设交付工作，同时陆续对原有ADSL用户迁移至光纤。至年底，电信光纤宽带用户占比

85.62%；桐乡81、83局（桐乡固定电话号码以81、83开头的程控电话母局）传统语音交换机退网。年内，重点实施第二届世界互联网大会的相关网络建设与保障工作。

【全市公共场所无线上网安全管控试点】 5月，市政府为提升全市信息化建设水平，推进桐乡“智慧城市”建设和互联网＋产业发展。出台《桐乡市公共场所无线局域网（WiFi）基本全覆盖建设方案》。电信桐乡分公司是唯一符合公安部要求的通信运营商，中标“桐乡市无线城市WiFi项目”，项目新建AP点位744个，涵盖全市各镇（街道）办事处、经济开发区、35个社区、176个村委会、公共服务大厅及公园广场等人流聚集区，实现296辆城乡公交车载WiFi全覆盖，投入资金387万元。5月27日，与公安局联合召开全市无线网络环境第一次整治工作会议，全面铺开全市公共场所无线上网安全管控建设工作，8月15日，首期集中排摸与改造工作完成，成为浙江省首个试点区域。

（傅新伟）

中国移动

【概况】 2015年，中国移动桐乡分公司主动适应地方经济新常态，内强管理，外塑形象，在网络建设、市场发展、服务提升、管理优化等方面取得新成绩，实现健康、稳健和可持续发展。移动通话用户市场占有率、4G用户规模以及宽带市场份额等多项重要经营指标位列嘉兴移动系统前列，继续保持市场的主导地位。配合地方政府和乌镇景区，完成第二届世界互联网大会通信保障和现场服务工作。完善基础设施，新建站点138个、扩容基站28个，新建WiFi站点5个、AP425个，铺设4条万兆、2条千兆专用宽带，出口带宽从56G提升至160G。同时引入VoLTE、载波聚合、Pre 5G等新技术。推进深度优化，道路测试6次，专项测试及优化整治11次，测试优化景区内酒店客房，进行百部终端压力测试。会议期间投入14个现场保障小组，3辆应急通信车及2辆应急发电车参与现场应急保障。在乌镇东栅景区服务中心嘉宾注册签到处、黄金水岸媒体中心设立现场服务点，提供便捷入网、话费充值、免费补卡、移动电源免费租赁、手机租机、手机快修及相关业务咨询等服务。大会期间网络运行稳定，未发生网络故障、客户投诉和信息安全事件。年内，移动桐乡分公司获嘉兴市“第二届世界互联网大会·乌镇峰会保障服务工作先进集体”、嘉兴市“安康杯”竞赛优胜企业、桐乡市“第二届世界互联网大会·乌镇峰会承办工作先进集体”。

志愿服务　　　　移动桐乡分公司提供

·相关链接·

VoLTE技术

VoLTE技术即Voice over LTE，它是一种IP数据传输技术，无需2G/3G网，全部业务承载于4G网络上，可实现数据与语音业务在同一网络下的统一。

载波聚合技术

载波聚合技术即Carrier Aggregation，它可以将2～5个LTE成员载波（ComponentCarrier，CC）聚合在一起，实现最大100MHz（兆赫）的传输带宽，有效提高上下行传输速率。

Pre 5G技术

Pre 5G技术即第五代移动电话行动通信标准，也称第五代移动通信技术。利用最实用的5G核心技术，为用户提供接近5G的体验，后向兼容商用LTE终端。

【推进4G(TD-LTE)网络建设运营】 2015年，移动桐乡分公司与中国铁塔股份有限公司嘉兴分公司合作，完成152个4G站点及相关配套设施建设，4G基站累计951个，4G网络基本覆盖桐乡所有镇(街道)及村，人口、面积覆盖率均达到98%以上，网络质量显著提升。同时，完成桐乡地区所有4G基站的4G+高清语音通话功能升级改造，11月启动商用。

·相关链接·

4G+高清语音通话

“4G+高清语音通话”主要采用VoLTE技术，通过该技术，4G网络在可以提供高速率的数据业务的同时，还能提供高质量的音视频通话。

【移动用户实名制登记】 9月1日起，桐乡市所有移动营业厅和授权渠道(网点)配备第二代身份证识别设备，未配备设备的网点一律停止售卡入网。同时在全渠道张贴实名制入网公告，营业厅以外的社会网点配置唯一的放号授权标识，用户可根据上面的二维码确定渠道放号的资质，认清正规授权门店。至年底，新入网用户实名率100%，存量用户实名率97.96%。

【落实“宽带中国”战略】 2015年，移动桐乡分公司落实国家有关加快建设高速宽带网络促进提速降费的要求，围绕建设“高速畅通，覆盖城乡，质优价廉，服务便捷”的宽带网络基础设施和服务体系，推进桐乡宽带普及和提速，助推桐乡市“互联网+”发展。全年新建驻地网7.06万户，家庭总覆盖28.2万户，城镇覆盖率92%，60个村接入宽带。同时推出“移动光宽带，加‘量’不加价”活动，发展20M宽带，提升宽带带宽，下调宽带资费。

【推进“面向家庭的社区综合宽带应用示范”项目建设】 2015年，移动桐乡分公司在乌镇三里塘小区及南宫社区推行“面向家庭的社区综合宽带应用示范”试点项目。项目在无线网络方面进一步扩大4G网络容量，满足用户需求；在有线网络方面采用暗管地埋方式光纤到户，建成每个家庭具备独立100M带宽接入能力。同时，在社区安装18路视频监控和小区基站天眼，社区工作人员可通过手机、电脑连接这18路分布在社区各个角落的监控，实现24小时实时安防监管。在三里塘小区服务中心设立展示区，集中展示家庭宽带、宽带电视、社区文化平台、社区监控等项目的操作和应用。

【助推桐乡市“智慧城市”建设】 2015年，移动桐乡分公司整合行业资源，推进移动信息化在各个行业的应用，助推桐乡市“智慧城市”建设。加快建设政务云、阳光厨房、智慧综治等公共服务项目，充分利用现有丰富的基站和传输资源，在农村及城乡结合部建设“城乡天眼”86路，实现镇(街道)全覆盖。并与公安、交警、气象、环保、行政执法等部门合作，在“五水共治”“三改一拆”“秸秆焚烧治理”等工作的长效机制建立方面发挥作用，提升桐乡市城市信息化水平。

(邱飞燕)

“面向家庭的社区综合宽带应用示范”项目——乌镇三里塘小区

移动桐乡分公司提供

中国联通

【概况】 2015年，中国联通桐乡分公司聚焦“移动宽带领先与一体化创新”战略，全面推进经营模式转变，重点抓好市场营销和网络建设，强化质态管控和存量经营，调整发展结构和用户结构，参与乌镇互联网大会的信息网络建设和服务支撑，推进信息化应用、扩大信息消费，以第二届世界互联网大会为契机，推进网络建设与设备升级工程，投资9300万元用于新建基站及室分系统，新建3/4G基站205个，测试无线信号弱覆盖站点40多个，实现对乌镇互联网大会场馆区域及沿途交通道路的3/4G信号连续覆盖，在乌镇西栅景区4G站点开启载波聚合功能，实现下载平均速率210M以上，道路下载平均速率100M以上，相比普通4G网络实现速率倍增。投资260万元，完成46个小区以及1个工业园区的光改工作，完成70台FTTB设备qinq内层vlan更改工作。实现3G网络人口覆盖率从82%提升至97%，4G网络人口覆盖率5.6%提升至83.9%，客户满意度持续上升。

·相关链接·

FTTB设备

FTTB即Fiber to The Building(光纤到楼)，它是利用数字宽带技术，将光纤直接接到小区里，再通过双绞线(超五类双绞线或4对非屏蔽双绞线)连接到各用户。

【“黑卡”专项治理】 2015年，联通桐乡分公司开展“行风纠风”“扫黄打非 净网2015”和“综合治理不良网络信息防范打击通讯信息诈骗”等专项活动，严格落实工业和信息化部、公安部、国家工商总局等关于“黑卡”(“非实名电话卡”，“黑卡”持有者往往冒用他人的姓名登记，根据其电话卡号无法查证其人，被不法分子利用进行违法犯罪活动)专项工作要求，强化源头防范，落实用户实名制。2月1日起，办理电话入网手续时，必须使用二代身份证，各营业厅及代办点均配备二代身份证识别设备，加强人证核验。开展未实名登记老客户的补登记工作，在所有代办点进行实名公告、授权标牌上墙，与109家售卡点签订“违规责任追究告知单”，统一回退未签售卡点的库存卡，清退102家，问题库存卡1000多张。全年全市联通用户实名率92.29%，其中新增用户实名率100%。

【“智慧城市”建设】 2015年，联通桐乡分公司顺应桐乡“一业一网”发展战略，发挥基础通信运营商的网络优势，聚焦重点行业应用，参与“智慧城市”建设。智慧工地持续推进，承接卫生监督所移动执法和出租车“萤WiFi”项目，采用自建、合作等方式，推动安装公共免费WiFi。参与“智慧乌镇”项目建设，根据乌镇的发展目标和规划，结合乌镇大数据建设信息化项目，整合乌镇基础数据资源，实现游客服务和城市管理的全面智能化。一期工程包括“智慧乌镇数据中心”“智慧旅游生活服务系统”“智慧城市社会管理系统”三个板块和WiFi管理平台，以及满足系统运行的相应硬件建设。联通承建的微信版APP“乌镇发布”6月30日上线，主要板块有今日乌镇(包括新鲜速递、最美乌镇人家、诗歌大赛、乌镇概念规划、乌镇规划公众参与)、走进乌镇(包括乌镇概况、美图欣赏、乌镇特产)、游在乌镇(包括游购地图、乌镇视野、自驾攻略、出游天气)。

·相关链接·

出租车“萤WiFi”

出租车“萤WiFi”是软件公司为全国范围的出租车量身打造的一款便捷移动WiFi产品，通过快速安装在出租车上的车载无线发射设备，搭建以出租车为载体的无线WiFi环境，为乘客及司机提供车载免费WiFi服务。

(郑一农)

城乡建设管理

概述

2015年，桐乡市建成区面积42.6平方千米，比上年增加1.53平方千米。建成区绿地率和绿化覆盖率分别为38.2%和42.5%，人均公共绿地面积14.78平方米。

桐乡市建筑业从过去几年高速增长的模式进入中低速增长的新常态阶段。2015年，桐乡市建筑业实现产值305.5亿元，比上年下降12%，其中市外产值155.6亿元、省外产值89.8亿元，完成招投标项目208个(标段)，建筑面积248.39万平方米。建筑行业质量安全监督管理工作进一步加强，重点实施工程质量治理两年行动，优化监管手段和模式；完善招投标制度，加大建筑市场整治力度；支持建筑企业开展资质就位和“营改增”工作。

房地产市场健康发展，供应结构基本合理，投资投机性需求得到遏制，刚性需要和改善性需求有效释放。全年房地产开发投资69.96亿元，商品房销售面积90.66万平方米。调整住房保障相关标准，桐乡市住房和城乡规划建设局修订完善《桐乡市公共租赁住房管理办法实施细则》《桐乡市经济适用住房管理实施细则》。开展危旧住房排查治理工作，编制《桐乡市城镇危险住宅房屋治理改造专项规划(2015－2017)》及年度工作计划，计划用三年左右时间完成全市现有危旧房的解危避险工作，通过建立长效管理机制改善城镇房屋使用安全状况。开展直管公房消防安全整治，规范直管公房租赁管理，确保人民生命财产安全。

住房公积金总体运行良好，归集额稳步增长，贷款和提取金额大幅增长。全年新增住房公积金缴存人数4255人，归集住房公积金8.62亿元，比上年增长18.7%。至年底，住房公积金归集余额20.38亿元，增长17.5%。全年发放个人住房公积金贷款2016笔，贷款金额6.34亿元，增长94.48%，创历史新高。

全年安全供水1.02亿吨，售水8226万吨，出厂水水质综合合格率100%，管网水水质综合合格率99.9%；生产家家乐天然水74.3万桶，销售62.3万桶，生产家家乐纯净水35.7万桶，销售39.9万桶，产品合格率100%；全年收集污水4788万吨，处理污水3253万吨，分流污水1539万吨，外排尾水6588万吨。

桐乡市公投集团实施重大项目4个，全年完成投资3.62亿

污水厂高效沉淀池　　　　水务集团提供

元。桐乡市老年大学迁建工程、桐乡市逾桥路菜场工程、桐乡市文教公寓项目、桐乡市庆北区块康泾塘绿地景观工程相继竣工。

【调整住房公积金贷款政策】 2015年，调整桐乡市公积金贷款政策，加大对职工住房消费的支持力度。提高住房公积金最高贷款额度：家庭最高贷款额度由50万元上调至60万元，个人由25万元上调至30万元。设置保底贷款：对购买首套房并首次申请住房公积金贷款、低收入、缴存额度较少的申请人，个人保底可贷15万元、夫妻双方保底可贷30万元。降低首付比例：对购买首套新建商品住房(精装修除外)并首次申请个人住房公积金贷款的缴存职工家庭，最低首付款比例由30%下调至20%，对购买精装修新建商品住房的首付比例由40%降至30%。购买二套房住房公积金贷款首付，由60%降至30%并取消基准利率上浮，贷款额度为最高可贷额度(双方60万元、单方30万元)减去已贷额度。开放住房公积金省内异地贷款，允许省内异地缴存住房公积金的职工到桐乡购房并申请公积金异地贷款。通过一系列政策组合，激发大量刚需及改善型需求，有效激活房地产市场，让市民真正享受到住房公积金贷款的政策红利。

【住房公积金综合业务系统上线】 6月1日，桐乡住房公积金综合业务系统上线。嘉兴市公积金中心桐乡分中心挖掘和利用新系统的互联网开放功能，将住房公积金贷款受理业务前置至委托银行，通过组织培训、上机实习和现场指导，8月起在全市10家委托银行中全面推行贷款前置业务，实现住房公积金贷款一站式办理，优化业务流程，提高办事效率。桐乡分中心9月1日起在全市全面推行住房公积金单位业务网上申报制度，并为全市471家行政事业单位统一制作数字证书，实现网上年度验审申报、网上业务变更和网上基数调整。

【建设项目审批实行“期望办理”和“容缺受理”】 1月1日，市建设局在审批项目办理中实行“期望办理”和“容缺受理”机制。全年实施“期望办理”项目33个，为乌镇国际健康生态产业园(核心区)等33个市重点项目提供企业“容缺受理”服务，助推企业项目开工建设。

· 相关链接 ·

期望办理

期望办理是指企业主在项目获得准入后，根据企业生产建设实际需要，希望各个部门在一定时间内完成全部项目审批手续，使项目具备开工建设条件。各个审批职能部门根据企业主希望，倒排办理时间进度，采取提前介入、个性服务、容缺受理等措施，引领项目各项审批手续办理，通过部门、业主、中介的紧密配合，在业主希望办毕全部开工手续时间前，完成项目审批全部手续，确保项目能如期开工建设，为项目早开工、早建设，提供高效审批服务的新方式。

容缺受理

容缺受理事项主要是指在主要材料齐全且符合法定条件、次要材料欠缺的情况下，允许其在承诺期限内补齐，由相应部门先行受理，并启动审查程序办理的一项缩短审批时限、提高办事效率的服务模式。桐乡工业建设项目审批容缺受理制度主要适用于工业建设项目(含新建、改建、扩建和续建)依法由市建设局审批和办理的建设用地规划许可、建设工程规划许可、建设工程施工许可和质量安全监督手续等事项。

城乡规划与管理

【概况】 2015年，市建设局不断完善规划体系，优化城乡空间布局，着力提升城市品位。推进“多规合一”工作，完成国民经济和社会发展规划、城乡规划、土地利用规划、环境功能区划等多个规划的对接融合，形成桐乡市“多规合一”技术成果。完善市域总体规划修编方案，结合“多规合一”技术成果和互联网产业基地建设与发展规划等，对方案进行修改优化。启动乌镇镇总体规划修编工作，会同乌镇镇政府开展乌镇镇概念性总体规划的邀请招标工作，乌镇镇概念性总体规划形成综合方案初稿。开展市区重点规划编制工作，完成桐乡市中心城区ZX—19单元振西公交加气站地块控制性详细规划、桐乡市凤鸣商务区概念规划等5项规划编制并形成成果；对城市防洪防涝综合规划、凤鸣工业园区三期控制性详细

1月，桐乡市文教公寓竣工　　　　市公投集团提供

规划等3项规划进行论证；编制产城融合规划、市域加油加气站布点规划等8项规划初稿。完成城镇规划的审查、上报工作，完成崇福城镇总体规划(修改)、乌镇东栅南部控制性详细规划等15项规划的上报审批工作和乌镇西栅景区及周边区块控制性详细规划等3项规划论证工作。开展重大项目选址研究工作，完成桐乡市城市中心区公园路停车场扩容改造方案研究、桐乡市档案馆再选址方案、世界互联网大会永久会址选址方案和世界互联网大会临时会址选址方案。

加快“数字桐乡”地理信息公共服务平台推广应用，启动建设桐乡市地下综合管线管理系统。建立测绘与地理信息动态更新机制，实现基础测绘数据更新，从传统的以年度为单位的定期更新向以月为单位的动态更新转变。

加强村镇建设规划指导，配合农办完成以“1＋X＋Y”为布点形式的新一轮村庄布点规划，增加传统自然保护村落点155个。有序推进省级美丽宜居示范村创建，龙翔街道元丰村、濮院镇新联村、石门镇桂花村三个美丽宜居示范村于8月通过省级美丽宜居示范村试点建设考核组验收，大麻镇吉字浜村、屠甸镇汇丰村、河山镇王家弄村创建为2015年度省级美丽宜居示范村。

加大行业管理力度，启动《桐乡市临时改变房屋用途管理暂行规定》《桐乡市城乡规划编制管理暂行规定》《桐乡市城市规划建设管理办法》修编工作。市建设局出台《关于进一步规范经营性建设项目行政审批和批后监管相关工作衔接流程的通知(试行)》，有序推进规划核实工作，全年完成规划核实项目275个，建筑面积463.4万平方米；制定《关于进一步加强建设工程规划放线、验线管理工作的通知》，进一步强化项目批后管理。全年办理规划审批服务项目409个，建筑面积528.83万平方米，用地面积430.69万平方米。

【开展“多规合一”试点工作】 1月21日，根据嘉兴市“多规合一”试点总体方案，桐乡市同步开展试点工作。“多规合一”试点工作坚持“三个并行”(市域统筹与突出重点并行，“一张蓝图”与“一本规划”并行，规划编制方式与编制手段创新并行)，实现“五个统一”(建立统一的规划体系，储备统一的基础数据，遵循统一的技术标准，建立统一的信息平台，形成统一的管理机制)。“多规合一”试点工作旨在加强国民经济社会发展规划、土地利用规划、城乡规划、生态环境保护规划等相关规划之间的衔接，从规划内容、信息平台、协调机制、行政管理等方面理顺关系，真正实现“一本规划、一张蓝图”，切实增强规划的统一性、系统性和权威性。4月，基本完成“城规一张图”，完成建设用地控制线、基本农田控制线和基本生态控制线初步划定。6月，开展第一轮图斑比对工作，初步划定产业区块控制线。8月，开展第二轮图斑比对工作，完成建设用地规模控制线、产业区块控制线、基本农田保护控制线、基本生态控制线划定。9月，完成桐乡市“多规合一”技术报告、图件编制工作，并上报嘉兴。至年底，全市层面完成“城规一张图”拼合和城乡单元划分，初步划定2020年城乡建设用地规模控制线、2030年城乡建设用地规模控制线、自然生态红线、基本农田控制线。

【启动村庄规划编制工作】 2015年，桐乡市新一轮村庄布点规划编制完成，并于7月经嘉兴市政府批复实施。规划期限近期至2020年，远期至2030年，规划至2030年全市设立新村集聚点336个，形成“12＋114＋155”[12个镇(街道)、114个城乡一体新社区、155个传统自然保护村落点]布点格局。规划在保持新市镇社区、城乡一体新社区两类新村集聚点的基础上，增加传统自然保护村落点155个，强调在合理规划布点外，保护好有特色的水乡民居、古树名木、古桥等原生态文化遗存。以新一轮村庄布点规划为指导，桐乡市组织崇福镇御驾桥村和屠甸镇海星村开展村庄规划编制试点，在试点基础上启动全市34个村的村庄规划编制工作。

【数字桐乡地理空间框架建设项目获国家级奖项】 11月12日，数字桐乡地理空间框架建设项目获2015中国地理信息产业优秀工程银奖。中国地理信息产业优秀工程奖由中国地理信息产业协会评选颁发，评选对象为中国(含港、澳、台地区)地理信息工程建设的业主单位与承建单位，获奖工程的质量应具有国内同期一流技术与管理水平。数字桐乡地理空间框架建设项目被列为浙江省2012年县(市、区)数字城市地理空间框架建设计划，是“智慧桐乡”建设的重要组成内容。浙江省测绘与地理信息局、嘉兴市城乡规划建设管理委员会与桐乡市政府签订三方合作协议，浙江省测绘与地理信息局、嘉兴市城乡规划建设管理委员会负责技术指导，桐乡市政府委托桐乡市测绘与地理信息局负责项目的具体建设工作。项目于2012年12月立项，2013年4月技术设计书通过专家评审，并委托浙江省地理信息中心进行项目开发建设，2014年12月通过验收，历时2年，累计总投入资金2086万元。项目建设内容主要包括数据建设、系统平台建设、应用示范建设、标准规范建设、支撑环境建设、长效机制建设六方面，其主要建设成果可概括为“一库、一平台、七应用”，即构建一个基础地理信息数据库，搭建一个统一、权威、标准的地理信息服务平台(数字桐乡地理信息公共服务平台)，开发城乡规划管理信息系统、地名地址管理系统、农业农村申报系统、桐乡市文物信息系统、智慧旅游信息平台、城市真三维辅助分析系统和桐乡市园林绿化管理系统七个示范应用系统。项目实现了良好的社会效益和经济效益。

【桐乡文物信息系统获全国应用开发大赛三等奖】 11月11日，由桐乡市测绘与地理信息局组织开发的桐乡文物信息系统获全国第三届天地图应用开发大赛三等奖。文物信息系统是天地图·桐乡的一项重要应用示范工程。该系统9月启动开发，10月完成，划分浏览展示模块、文物管理模块、查询定位模块、专题统计模块、系统维护模块五大功能模块，将计算机技术、网络技术和文物相关的影像信息及文字资料有机结合起来，将大量的文物数据进行信息化处理，并使其产生的信息达到广泛共享和有效利用，为桐乡市文物保护管理和深入研究提供科学依据，提升文物保护工作效率。

(朱铁波)

城市管理与执法

【概况】 2015年，桐乡市综合行政执法局以全面实施综合行政执法工作、开展国家卫生城市复查和第二届世界互联网大会市容环境综合整治为重点，全年参与拆除违章建筑12.3万平方米、户外广告设施4.58万平方米，清除建筑(工业)垃圾8.89万立方米，规范“十乱”12.87万起，规范车子停放15.66万辆，清理路面垃圾9.8万吨，打捞河道垃圾1.21万吨。全年办理一般程序案件870起，其中新划转职能案件48起，简易程序案件2.5万起，罚没款1300余万元，办案数量和罚没款总额均居嘉兴市综合执法系统第一位。报请市政府责令属地政府强制拆除违法建筑3起，申请法院强制执行案件37起。信访办件22件，处理市长电话791起、“96310”举报投诉2564起，接待来人来访202人次，妥善解决市民群众诉求，化解矛盾和纠纷。办好官方网站和政务信息公开，开通“桐乡综合执法”官方微信，继续发挥“桐乡数字城管”政务微博作用，与网民共同维护城市环境，电视、报纸宣传报道综合行政执法工作212次。

【市容环境综合整治】 5月，市综合行政执法局成立乌镇环境综合整治指挥部，并首次实行全

市容环境大整治　　市综合行政执法局提供

市执法系统大轮训。在乌镇实施“黄金通道”、违法建设、夜间环境秩序、建筑（工业）垃圾、镇区市容市貌等五大专项整治。在全市范围内先后实施“六六三”行动（实施“六大”整治，强化“六类”保洁，落实“三项”严管）、攻坚行动、靓洁行动、嘉兴市执法系统城市整序行动、9条沿线整治行动等五大专项行动，取缔城河路马路市场，整治南方家园“石材一条街”、文华路“钢材一条街”占道经营现象，探索建立夜间烧烤常态化管理模式，创建3条市区市容管理示范路（街），实现主要道路“六无一禁”，卫生环境大改观。市容环境秩序管理工作考核居嘉兴市首位。

【综合执法稳步推进】 2015年，市综合行政执法局全面实施新的“三定方案”（重新明确职责、内设机构、人员编制），严格按照法律法规及相关制度履行执法职能，狠抓执法纪律，加强综合执法能力建设，全面提升执法权威。加强与市国土资源局、市建设局等相关部门的协同配合，有序推进执法办案工作，查处一批重大复杂违法案件，加快推进违建案件办结效率。全年办理一般程序案件1296起，简易程序案件2.6万起，罚没款总额1300余万元，办案数量和罚没款总额均居嘉兴市综合执法系统第一位。

【整治改造户外广告】 2015年，市综合行政执法局以《桐乡市户外广告专项规划》为依据，整治改造三纵一环六线范围内户外广告、32座热网管道桁架改造工程按时完成。全年拆除户外广告设施1707块，面积2.66万平方米；改造58块，面积2139.9平方米；完成《桐乡市户外广告专项规划》出台后两年改造的目标。

【市区生活垃圾分类处置扩面】 2015年，市综合行政执法局在原2个居民小区与1个机关单位大楼的市区生活垃圾分类处置试点的基础上，全面启动市区生活垃圾分类处置扩面工作，包括市区48个机关单位和15个居民小区，实施方式由原来的定时定点回收改进为小区定点回收、机关单位定时预约的回收形式。全年收集可回收垃圾230吨，总价值近21万元；完成现场物品兑换8000余件，总参与次数近1万次；回收有害垃圾5万多件，整体回收成效明显。

【餐厨废弃物统一收运处置】 10月26日，桐乡市正式实施餐厨废弃物统一收运处置工作，对废弃物进行集中收运处置，餐厨废弃物由专业服务企业定时、定点、密闭进行统一收集和运输。工作开展以来，市区主城区签订统一收运处置协议的机关、企事业单位和大型酒店120家，开展收运工作113家，日均收运餐厨废弃物12吨～13吨，统一运输至嘉兴市绿能环保科技有限公司，运用先进的生物发酵技术对餐厨废弃物进行无害化、资源化处置，变废为宝。

【加强停车管理】 2015年，市综合行政执法局新增停车泊位3432个，完成对市区中心道路设置的22个停车点293个车位实施道路机动车停放收费管理工作。强化公共停车位收费管理和人行道违法停车执法管理，规范各类车辆停放近20万辆，依法查处违法停车3.53万起，清理人行道水泥接坡409个，努力缓解停车难、行车难矛盾。增设乌镇、濮院镇人行道违法停车受理窗口，及时处理违停记录。加强乌镇镇停车收费管理，有效改善景区周边主要路段的停车秩序。

【推进“智慧环卫”建设】 2015年，市综合行政执法局运用互联网思维，探索适合桐乡本地的智慧城管建设思路，稳步推进“智慧环卫”建设。12月，“智慧环卫”启动试运行，39辆环卫机械保洁车辆、7座垃圾中转站、53座公厕和部分道路保洁员、部分环卫设施纳入监管范围，初步实现保洁车辆、人员及中转站等远程实时掌控，确保及时发现问题和突发事件，有效消除管理盲区，保障环卫工作高效运行，提升管理效能。

（黄佳莉）

城镇建设

【概况】 2015年，桐乡市不断加大村镇规划编制力度，完善村镇功能，加快城镇化发展步伐，实现城乡“双轮驱动”，统筹发展。

编制农房集聚和危房改造计划，全市完成危房改造80户，农房集聚2600多户。完成渔民上岸安居工作。乌镇镇入选国家第三批美丽宜居小镇试点。大力推进农民住宅建筑样式创新，设计出台现代理念和水乡特色相结合的农民建房参考图集方案18套，供农户选择。推选上报6套体现江南水乡特点的优秀农村住宅建筑设计方案，均入选《嘉兴市农房设计方案通用图集》。

依法开展国有土地上房屋征收，启动征收补偿办法和相关配套政策修订工作，市政府修订出台《桐乡市国有土地上房屋征收与补偿办法》和《桐乡市国有土地上房屋征收补偿奖励标准》，6月8日施行。濮院镇、乌镇镇旧镇改建项目房屋征收工作进入扫尾阶段。至年底，濮院镇旧镇改建项目累计签约3153户，签约率96.1%，乌镇镇旧镇改建项目累计签约228户，签约率96.2%，实施杨家门旧城改建（一期）项目房屋征收，至年底完成签约239户，签约率94.5%。推进农村“三权”改革工作，制定农房登记相关表式，明确对测绘、超面积建设等问题的处理标准。全年核发崇福、濮院两个试点镇的69户农房产权证，建筑面积3.6万平方米。

推进城乡供水、污水处理项目建设。全年累计完成重大项目投资2.91亿元。其中，黄金港岸等21个小区，5571户的高层住宅二次供水改造工程完工，全年投资620万元。“两新”工程建设配套给水管网工程安装总管25.7千米，全年投资795万元；同福水厂扫尾工程基本完成，全年投资560万元；城镇生活污水入网改造一期工程完工，全年投资2004万元；城镇生活污水入网改造二期工程完成改造9471户，全年投资6300万元；农村生活污水入网改造工程完成改造5018户，全年投资6983万元；城市污水处理厂提标改造工程完成深度处理设施，并投入运行，全年投资1.03亿元；申和污水厂至迎宾大道尾水外排管线工程基本完工，全年投资795万元；崇福污水处理厂二期扩建工程完成环保“三同时”（同时设计、同时施工、同时投产使用）验收工作。城市污水处理厂至申和污水厂分流工程完成选址意见书、环评、可研报批；桐乡市城乡污水治理工程完成项目包装，并获得中国农业发展银行下发专项建设基金1.9亿元。为保障第二届世界互联网大会顺利召开，投资817万元对乌镇慈云路两侧、环河路北侧、吴家浜新村等5个老旧小区的供水管网进行改造，管道总长约11.9千米，1900多户用户受益。

（朱铁波　徐恩惠）

【桐乡市文教公寓竣工】 桐乡市文教公寓位于梧桐街道环城北路北侧，康慈医院东侧。建筑面积2.88万平方米，项目主体由3幢16层高层住宅、3幢6层多层住宅组成，户型分2室1厅、3室1厅和1室1厅，户型面积有47平方米至131平方米，可供294户教职工居住。项目总投资1.26亿元，2013年6月开工，2015年1月竣工。桐乡市文教公寓建造解决了传媒学院教师的居住问题，完善了大学的生活配套设施。

（范升一）

【加快推进旧城改造】 2015年是“城中村”改造的攻坚之年，围绕市委、市政府决策部署，加快推进旧城改造工作步伐。通过前期摸底调研，依据群众意愿，启动复兴社区张家门组和环南社区太平街组两个“城中村”的改造。其中张家门组房屋征收签约率100%，签约7户，房屋征收总建筑面积4223.6平方米。太平街组签约29户，签约率80%，房屋征收总建筑面积12674.42平方米。同时，开展2014年度“城中村”房屋征收扫

“城中村”改造现场　　市旧城改造指挥部提供

尾工作，签约55户，房屋征收总建筑面积14229.72平方米。“城中村”改造工作平稳有序推进。

【完成广福公共文化设施建设项目房屋征收工作】　3月3日，市政府发布《关于广福公共文化设施建设项目房屋征收范围的公告》，征收范围东至金仲华故居，西至原文化局，南至九曲港，北至原文化馆，区域内涉及住户20户，房屋征收总建筑面积1987.77平方米。根据《桐乡市国有土地上房屋征收与补偿办法》，该区域被征收人均为货币安置，拆迁费用1563.77万元。至7月20日，签约率100%，广福公共文化设施建设项目房屋征收工作完成。

【杨家门旧城改建（一期）项目房屋征收工作启动】　7月3日，市政府公布《关于杨家门旧城改建（一期）项目房屋征收决定的公告》，杨家门区域国有土地房屋征收工作启动。征收范围为市区杨家门社区，东至润丰步行街，南（东段）至杨家门路、（西段）至东杨家门6幢，西（北段）至原调速电机厂宿舍、（南段）至原广电局宿舍、北至迎风路。总区域面积约10公顷。该项目涉及被征收户253户，房屋征收总建筑面积4.82万平方米。至年底，该区域房屋征收签约及搬迁腾空工作基本完成，签约239户，签约率94.5%，房屋征收总建筑面积4.55万平方米。拆迁费用约2.69亿元，其中6户为调产安置，33户为商业产权置换。

（沈亚杰）

【破旧农房立面专项整治】　5月，桐乡市启动破旧农房立面专项整治工作。市建设局开展破旧农房外立面现状、环境卫生等情况的调查排摸，制定提升整治具体方案。整治工作涉及11个镇（街道）和振东新区、经济开发区、市公投集团，总整治任务为3863户（含严控区、可视区、二高线），整治外墙立面面积106.8万平方米，涉及环境清洁村、组539个，房前屋后美化面积23.5万平方米，预算资金1.29亿元。破旧农房立面整治历时4个月。各整治部门全力抓好农户思想动员和征迁，工程招投标、施工进度、质量、安全生产等工作，采用“白加黑”“5＋2”工作机制，利用晴天抢抓工期和质量。11月13日、15日、17日，全市组织三次专项集中检查，对一些尚未整治到位的破旧农房即时整改、查漏补缺。市建设局组织对各实施主体的整治情况进行考核验收。至年底，全市验收农房立面整治4447户，整治率115%。

建　筑　业

【概况】　2015年，桐乡市实现建筑业总产值305.5亿元，其中市外产值155.6亿元，实现税金6.9亿元，利润总额4.3亿元。全市办理质量监督（施工许可）项目219个，建筑面积283.3万平方米，工程造价47.1亿元。完成招投标项目208个（标段），建筑面积248.39万平方米，中标总价54.58亿元，应招标工程招标率100%。全市企业未发生一般及以上质量安全事故。全年获“钱江杯”优质工程2个，省级文明标化工地5个，地市级优质工程8个。同福水厂供水工程获国家市政金奖。加大建筑市场整顿力度，重点整治招投标中出现的弄虚作假、串标等违法违规行为，处理4家违规企业。加大招标代理机构管理，检查企业（中介机构）12家次，限期整改12家次。至年底，全市有建筑业企业72家。其中，总承包特级1

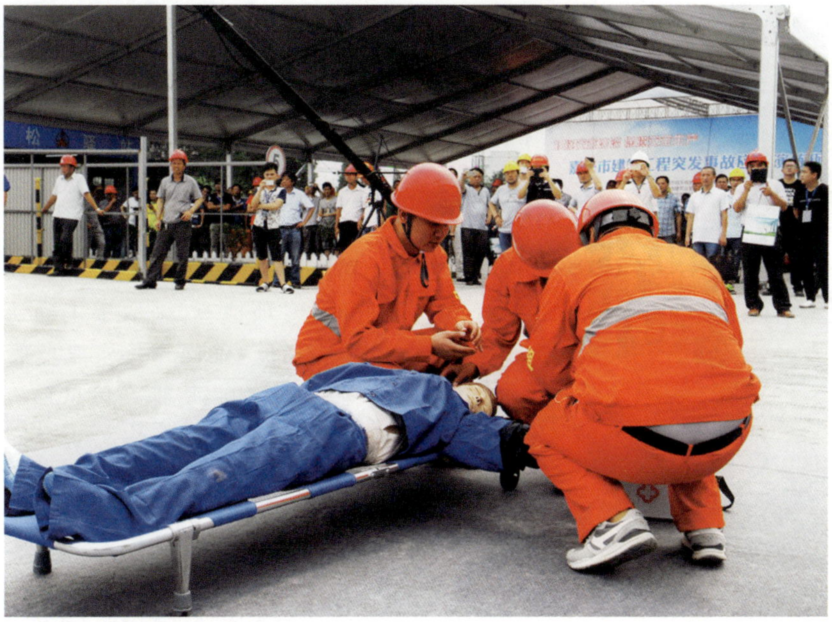

建筑工程突发事故应急演练现场　　市建设局提供

家，一级6家，二级10家，三级3家，劳务分包企业11家。全年1家企业资质晋级，新设立企业1家。

【加强市场行为监督管理】 2015年，市建设局指导建筑企业开展资质就位和“营改增”工作，联合市人力社保局培训技术工人1600余名。开展民工清欠工作，将民工工资发放与工程验收实行同步管理，加强班组诚信管理，对外地进桐企业加强劳务分包，实施多元化劳务管理。民工欠薪上访形势总体平稳。全年接待民工上访50起，涉及1875人、金额2973万元，未发生大规模讨薪事件。完善市场准入清出机制，加强事中监管。根据省建设厅要求，废止市外施工、监理、招标代理企业进桐备案制度，破除地方壁垒。对外省企业必须要求提供省级备案证明及核实办公场所、人员到位（要求公司发文任命相关人员）情况，对含有国家资金的项目对监理公司总监代表实行押证管理，督促监理企业提高服务水平。

【巨匠建设集团晋升为特级建筑企业】 10月9日，巨匠建设集团有限公司晋升国家房屋建筑工程施工总承包特级资质，成为浙北地区首家特级建筑企业。2007年，巨匠建设集团获国家房屋建筑施工总承包一级资质。2014年，巨匠建设集团新签合同业务超110亿元，施工产值超102亿元，成为嘉兴市首个超百亿元建筑企业。同年，被浙江省住房和城乡建设厅命名为第二批“浙江省建筑强企”。2015年，巨匠建设集团“产学研”平台建设实现新突破，经嘉兴市科协批准为“嘉兴市第七批院士专家工作站”成员。同年，巨匠建设集团获3个国家发明专利。至年底，巨匠建设集团累计有有效国家发明专利4个、国家实用新型专利18个、国家外观设计专利11个。年内，巨匠建设集团大力推动标准化建设，打造江西上饶阳光时代工程、桐乡旅游广场二期工程、江苏盛泽永恒大厦工程等一批标准化优秀示范工程。

【加强招投标管理】 2015年，市建设局出台《桐乡市房屋建筑和市政基础设施工程项目招标投标实施细则》，规范招投标行为，加大建筑市场整顿力度，对招投标中出现的弄虚作假、串标等违法违规行为进行重点整治，落实处罚措施，联合有关部门对4家违规企业作出处理。加大招标代理机构管理，加强招标代理机构人员业务培训，1～12月开展专项检查1次，检查企业（中介机构）12家次，限期整改12家次。

【加大质量安全监管力度】 2015年，市建设局建立企业联动检查、约谈等制度，依托新技术创新监管方式，加大质量安全监管力度。全年新增数字化管理工地128个，新纳入LBS无线定位管理系统的现场管理人员153人次，新安装使用塔吊黑匣子41台次。启用建筑业信息化监管平台，实现一条龙管理。全面推进工程质量治理两年行动。开展专项监督执法检查3次，检查项目53个，涉及面积163万平方米，下发整改通知书53份；开展质量检查巡查6次，检查工地151个，发出整改意见书151份；开展安全生产检查7次，检查工地154个。发出整改意见书154份，9个工程被责令停工整改。联合质量技术监督局开展住宅排气道专项整治工作，抽查13个工程8家生产企业，对不合格产品责令拆除、返工，提高企业

工地安全生产检查　　市建设局提供

质量意识。国家卫生城市复查期间，检查整治建筑工地318个，待建、闲置地块30余处。第二届世界互联网大会期间，开展建筑工地环境质量保障督查工作，检查全市323个在建工地。

房地产业

【概况】　2015年，全市有房地产企业101家。房地产开发投资69.96亿元，比上年下降3.5%。核发商品房预售许可证38件，面积131.11万平方米。全年商品房销售面积90.66万平方米，增长11.7%，商品房销售额70.26亿元，增长28.1%，其中住宅销售面积78.57万平方米，增长35.9%，住宅销售额62.62亿元，增长53.5%。年末，全市待售面积49.16万平方米，下降3.2%。新开工建设公共租赁住房(民工公寓)243套，竣工124套。制定和完善住房保障相关政策、标准，公共租赁住房(包括廉租住房)保障家庭的收入标准调整为申请家庭人均年收入3.3万元以下(含)；经济适用住房申请家庭收入标准调整为人均年收入2.9万元以下，可享面积由75平方米调整为70平方米。保障经济适用房申请家庭152户，发放货币补贴3524万元。推进危旧住房治理改造，完成6幢丙类房屋的安全鉴定工作，完成16幢丙类房屋改造治理，建立危旧住房安全动态监管机制，落实巡查制度，确保群众生命财产安全。全年受理各类房产登记4.47万件，办结4.43万件，发放房屋权证2.76万本，预告证明1.26万本。其中，办理房屋所有权登记1.3万件，面积700.22万平方米；办理房屋交易转让登记5024件，面积62.95万平方米，成交金额27.99亿元；办理房地产抵押登记1.02万件，面积1245.69万平方米，抵押金额365.34亿元；办理预告登记1.05万件，面积155.26万平方米；完成房产测绘成果备案1521件，面积723.5万平方米；办理房地产开发资质61件；物业资质16件；核发商品房预售许可42件，面积131万平方米。加强商品房预售资金监管，会同中国人民银行桐乡市支行、桐乡银监办出台《桐乡市关于进一步加强商品房预售资金监管工作的通知》，通过开展预售资金专项检查、采取手工确认备案等措施，确保预售资金监管落到实处。加强房地产信息系统建设，上线运行商品房买卖合同网上备案系统，推进存量网交易网签系统建设。

【桐乡市第十四届房地产展示交易会】　11月6～9日，由桐乡市房地产业协会主办的桐乡市第十四届房地产展示交易会在市会展中心举办。14家房地产开发企业携10多个新老楼盘参展。展会成交商品住宅209套，成交面积2.6万平方米，成交金额2.16亿元。成交量、成交金额分别比上年增长1.45%、2.37%。

【规范直管公房管理】　2015年，市建设局结合市出租房屋综合整治“回头看”工作要求，对全市范围内的直管公房开展消防安全整治行动，排查4616户，涉及面积23.18万平方米，发现存在安全隐患并改造完毕126户。通过开展直管公房消防安全整治行动，全面摸清全市直管公房出租基本情况，市建设局出台《关于进一步规范我市直管公房租赁管理工作的通知》。各房管所与辖区内直管公房承租人重新签订租赁合同，进一步理顺租赁关系，严格落实承租人消防等安全责任。至年底，重新签订租赁协议553户，清理转租户12户。

【白蚁防治首次应用智能化技术】 11月，桐乡市白蚁防治所在梧桐街道环北新村安装智能型白蚁控制装置983套，对涉及小区内1200余户住户，10.04万平方米房屋建筑的白蚁危害情况进行跟踪检测，并根据危害情况开展综合治理，从根本上解决小区白蚁危害蔓延势头。该智能化白蚁监测控制系统由浙江鼎昆环境科技有限公司研发，由地下型白蚁信息电子采集收发装置，手持遥感检测仪和互联网电脑终端旬区分级管理平台三大部分构成，实现从第一代纯人工开舱式检查装置到白蚁防治检测中非开舱检查装置的转变，并实现检测状态和检测结果的数字化存储、显示及运用。12月底，对小区内所有装置全面检测，结果表明，总蚁害率0.9%，缺损率2.34%，误报率0.61%，从检查效率看，无线遥感检测技术较传统开仓式检查工作效率提高10倍以上。

市政公用事业

【概况】 2015年，桐乡市深入推进“五水共治”工作，编制完成《城乡生活污水三年行动计划》《桐乡市城市节约用水规划》，大力开展市区雨污分流治理，新建污水管网89千米，改造城镇生活污水9471户；高层住宅二次供水改造5571户，改造市区积水点4个，分别位于中山路与稻乐路交叉口、公园路、校场东路人民医院路段、庆丰北路与环城北路交叉口东北角。实施大发小区、城新小区、振华小区、东苑新村、康民小区老旧小区改造提升，涉及改造住户4100户。其中大发小区和城新小区由梧桐街道实施，涉及改造住户3000户，振华小区、东苑新村、康民小区由振东新区管委会实施，涉及改造住户1100户。全年办理占道挖掘审批96件；完成排水许可证检查验收237件。启动各镇(街道)垃圾清扫、收集等环卫服务行为的许可申请受理、审查核准和日常管理工作，给予9家满足环卫服务企业发放城市生活垃圾经营性处置服务许可证。加快天然气管网建设，铺设天然气管网48.74千米。加强燃气行业安全监管，联合综合行政执法大队，检查违法用气、供气20余次。开展市政道路修复工程。全年完成市区人行道修补面积9800平方米；完成文华路、庆丰北路、崇福大道、世纪大道、环城东路等道路沥青路面修复，修复面积5.01万平方米；完成振兴路、庆丰路、环城北路、公园路、齐进路、齐福路、康泾塘路、崇福大道、中华路、校场路等道路混凝土路面的修复，修复面积9800平方米；完成市区茅盾东路、逾桥东路、市场路、世纪大道、振华路、和平路、幸福路、屠甸路、城河路、宏源路、体育路等道路排水管道机械疏通，疏通排水管道总长度10.16万米；更换修复窨井及井盖1252个。实施第二届世界互联网大会市政设施改造提升工程。改造提升凤鸣路、县前街、茅盾路、逾桥路、学前路等8处路段，面积4.17万平方米；实施文华路、复兴路、体育路、人民路、永兴路等市区18条道路侧石油漆粉刷，总长193.5千米，针对市区部分路段路面破损、盲道铺设不符合规范等情况，开展集中维修整改。大力推进市区危旧桥梁改造工作。至年底，中山西桥、广福桥、南门桥、万福桥改造完工，亭子桥和高尔夫桥处于改造维修阶段，梧桐大桥处于重建方案论证阶段。

【处置生活垃圾外运】 1～5月，桐乡市全市垃圾日收集量850吨～900吨。浙江新都绿色能源

2月10日，市燃气协会、市园林市政局人员上街向市民宣传燃气安全使用　　市建设局提供

公司作为桐乡市唯一一家垃圾焚烧企业，垃圾日处理量650吨～700吨。5月初，新都绿色能源有限公司垃圾库容1.8万吨，呈每日增长态势，且2台焚烧炉需轮流大修改造，耗时3～5个月。为保证停炉检修期间全市垃圾处理正常进行，于5月26日启动生活垃圾外运处置方案，委托第三方企业外运生活垃圾至安徽、江苏等地的焚烧厂进行处置，日外运处置量在300吨～550吨。至10月，外运处置生活垃圾5万吨，新都绿色能源公司垃圾库容降至5000吨以下。5～10月生活垃圾外运处置期间，市建设局印发《关于实行生活垃圾焚烧应急措施的紧急通知》《关于桐乡市生活垃圾处置规定的通知》等文件，对焚烧厂采取暂停休整、控制垃圾进厂量及严格工业垃圾分流等措施，进行垃圾减量处理。同时联合财政部门，下发《关于桐乡市生活垃圾处置规定的通知》，按照2011～2013年各镇(街道)平均日处理量为基数(全市日均627.5吨)，对各镇(街道)生活垃圾进厂量采取按日计量、按月控制、年底结算方式，同时利用价格机制允许各镇(街道)垃圾进厂量上浮20%以内。通过一系列政策措施，有效推动生活垃圾外运工作顺利进行。

(朱铁波)

“三改一拆”行动

【概况】 2015年，桐乡市持续深化“三改一拆”与“无违建”创建工作。“三改一拆”行动在拓空间、优环境、惠民生、促转型等方面成效明显。全年完成“三改一拆”总面积543万平方米，其中“三改”(旧住宅区、旧厂区、城中村改造)面积356万平方米，拆除违法建筑187万平方米。拆还土地面积150万平方米。继续开展不断深化无违建创建工作。全市列出6条主干道路、2条河道和2个工业园区开展无违建示范道路、无违建示范河道、无违建示范工业园区等活动，各镇(街道)申报1～2个典型村(社区)作为无违建创建示范点全部通过示范点验收。龙翔街道、振东新区获嘉兴市2014年度“无违建镇(街道)”称号，濮院镇、梧桐街道获嘉兴市2014年度“无违建镇(街道)”创建先进集体。

【推进违法建筑拆除工作】 2015年是“三改一拆”三年行动冲刺之年。桐乡市紧扣第二届世界互联网大会承办筹备工作，突出重点区域和重点类型违法建筑的整治，坚持以专题行动为载体，推进拆违工作。开展“三沿两区”拆违百日攻坚行动，对沿路、沿河、沿街和工业园区、镇村交接区违建开展集中整治。全面实施“销案清零”专项行动，集中力量攻克“违建大户”“遗留大户”“疑难大户”。两大专项拆违行动拆除违法广告牌、违建彩钢棚、违法搭建简易房、违建养殖棚舍等违法建筑115万平方米。同时，不断加强“控违禁新”(严格控制、禁止违法建筑重新抬头)机制建设。全市12个镇(街道)、实施主体单位继续落实“112”〔一张防控网，一支巡查队伍，强化镇对村、社区)，镇对巡查队伍两项考核〕“控违禁新”长效管理机制，并将“控违禁新”巡查工作纳入基层社会网格化管理重要内容之一。

【开展“公铁”沿线专项整治行动】 参见《世界互联网大会·设施建设》中相关栏目。

(朱建刚)

电力配送

【概况】 2015年，桐乡市全社会用电量81.64亿千瓦小时，比上

7月26日，执法人员依法拆除320国道沿线违法建筑现场

“三改一拆”办公室提供

年增长6.5%。其中,工业用电68.57亿千瓦小时,增长5.9%;城乡居民生活用电5.88亿千瓦小时,增长8.4%。供电量57.96亿千瓦小时,增长4.6%。售电量55.79亿千瓦小时,增长5.3%。最高负荷140.95万千瓦,增长10.3%。地方并网电厂3家,装机容量10.5万千瓦,累计发电量6.71亿千瓦小时。综合电压合格率99.685%,城网供电可靠率99.98%,农网供电可靠率99.91%,变电、线路设备完好率100%。至年底,全市用电户数37.69万户,比上年增加8913户。其中大工业用户增加36户、普通工业用户增加286户、非工业用户增加905户、农业用户减少1226户、居民用户增加7821户、商业用户增加1091户。全市10千伏及以上专变4500台,3691户,容量197.61万千伏安。全市有余热发电企业2家,发电机3台,装机容量0.75万千瓦。全年累计发电1288.63万千瓦小时。桐乡市域内有公用变电所220千伏5座、110千伏20座、35千伏3座,变电总容量494.05万千伏安。110千伏输电线路365千米,中压配电线路3648.02千米。年内,桐乡市供电公司获"浙江省五一劳动奖状"。浙江省电力公司、嘉兴供电公司、桐乡市供电公司三级联动,完成第二届世界互联网大会期间供电任务,实现"零故障、零差错、零投诉、零闪动"保供电目标。市供电公司获省公司乌镇峰会电力保障专项立功竞赛"一等功臣集体"称号、营销部(客户服务中心)和检修(建设)工区线路组获"二等功臣集体"称号、工会获"优秀组织奖"称号等。

【500千伏翔云输变电工程投入运行】 5月23日,桐乡市首座、同时也是嘉兴地区首座500千伏全智能变电站——500千伏翔云输变电工程投入运行,该变电站位于濮院镇红旗漾村,投运1000兆伏安变压器2台,500千伏出线6回,220千伏出线8回,工程总投资4.56亿元。投运后,将秦山核电三期清洁能源输送至桐乡电网,为桐乡市地方经济发展提供智能电源保障。

【"渔光互补"专线工程投产】 参见《街道镇发展概况·河山镇》中相关条目。

【乌镇景区第二路电源投运】 9月8日,乌镇景区供电第二路电源——乌镇西栅联络站工程投入运行,西栅联络站建设工程作为桐乡市供电公司2015年1号工程,自5月开始土建施工,7月下旬进入电气施工,工程新增1.6千伏安主变2台、20千伏配电柜6台、10千伏配电柜14台,及相关一二次设备、综合自动化设备。新增安兴变至联络站20千伏双回路线路,联络站至世界互联网大会开闭所两回10千伏电缆线路,110千伏乌镇变至世界互联网大会开闭所两回10千伏电缆线路。

5月23日,桐乡市首座500千伏翔云输变电工程投入运行

市供电公司提供

2015年桐乡市全社会用电构成

表20

项　　目	用户数(户)	装接容量(千瓦)	全年用电量(万千瓦小时)
全社会用电总计	376418	4861870	816422
一、农、林、牧、渔业	24566	212216	4774

续表 20

项目	用户数（户）	装接容量（千瓦）	全年用电量（万千瓦小时）
二、工业	34288	1818749	685711
三、建筑业	1268	170530	6982
四、交通运输、仓储和邮政业	529	26914	2054
五、信息传输、计算机服务和软件业	2587	27567	2801
六、商业、住宿和餐饮业	31495	525304	33780
七、金融、房地产、商务及居民服务业	4834	115445	6167
八、公共事业及管理组织	5232	189126	15394
九、城乡居民生活用电	271619	1776019	58758
其中：城镇居民	143213	962460	34144
农村居民	128406	813559	24614

（张海霞）

园林绿化

【概况】 2015年，桐乡市围绕第二届世界互联网大会环境整治重点，对市区绿化进行提升改造，11个改造工程均在10月中旬完工。实施市区绿化补种，更换部分老化灌木，更换庆丰路、振兴路花箱用花，补种缺株少株区块及绕城路香樟。实施城市绿网建设，全年新增绿地66.7公顷，新建绿道10.6千米，改造环城东路8千米绿道，增设休闲节点(供市民休憩的小场所)、路灯等配套设施，改造3个入城口和5个城市立交桥绿化，建造1个街心游园。市区人均公共绿地14.78平方米，建成区绿地率和绿化覆盖率分别为38.2%和42.5%。全年办理城镇绿化指标审批146件，办理市区绿化指标审批85件；办理绿化砍伐、移植项目和临时占用绿地审批58件，收取绿化移植、占用费(因建设需要移植、占用绿化需缴纳的补偿费)37.6万元。全市有园林企业28家，其中一级园林企业2家、二级3家、三级23家。组织参加嘉兴市园林绿化工人技能大赛，桐乡代表队获团体二等奖、个人一等奖及最佳创意奖。

【举办首届“家庭微花园”布置竞赛】 3月，市园林市政局、市花卉协会、《嘉兴日报桐乡新闻》联合举办桐乡市首届“爱绿护绿，我们一起行动”之“家庭微花园”布置竞赛。参赛对象为桐乡市区居民家庭，通过对家中阳台、庭院、窗台等布置，打造“家庭微花园”，以此拍摄作品秀参赛。竞赛历时4个月，收集作品150多份，整体布置、花草养护、创意小景搭建各具特色。通过照片初选、现场评选、网络投票等形式，评出一等奖2名、二等奖4名、三等奖6名、入围奖18名，获奖作品在“嘉兴日报桐乡新闻”微信公众号集中展示。

【开展方翅网蝽等绿化树种病虫害防治】 2012年，桐乡市首次发现方翅网蝽。2013年、2014年该虫害在市区、农村地区相继大面积发生，危害法国梧桐等桐乡市广泛种植的悬铃木树种。2015年，市园林市政局与浙江梧桐园林市政工程有限公司联合开展病虫害防治试验，针对方翅网蝽近距离飞翔、借风传播等特性，通过高压喷射、树干注射等化学防治措施，有效控制虫害，并及时清理树皮和落叶，减少越冬虫源。除了对危害悬铃木的方翅网蝽重点防治外，市园林市政局还加强对柳树、樱花、香樟等其他主要绿化树种的病虫害防治工作，编制桐乡市主要树种病虫害防治手册，组织全市绿化养护单位开展病虫害防治培训。建立例会制度，对市区绿化各标段养护中病虫害防治等问题集中探讨交流；建立日常监督巡查机制，对各绿化养护单位的绿化养护工作现场检查，确保病虫害防治落到实处。

（朱铁波）

环境保护

概　述

2015 年，桐乡市以加强环境执法监管，推进水环境整治、大气环境防治、污染减排及互联网大会环境质量保障为工作目标，生态环保工作成效显著。全市环境质量稳中趋好，在全省跨行政区域交接断面水质考核中被评价为优秀，基本消除劣五类水质，总体水质明显改善；城市空气环境质量优良天数 296 天，占总监测天数 82%，比上年上升 10.9 个百分点，可吸入颗粒物平均浓度 50 微克/立方米，下降 9.1 个百分点。

强化生态示范建设，以生态村镇、绿色系列创建活动为依托，提高社会绿色生态理念。开展大麻镇百富村等 13 个嘉兴市级生态村的县级验收工作，完成 2013 年度 25 个嘉兴市级生态村复查工作。以新环保法为切入点，将贯彻执行环保法和培训工作作为依法行政重点。开展全市规模以上企业负责人集中轮训，规模以上企业法定代表人、环保负责人及操作员参加的培训班 18 场次，重点讲解《中华人民共和国环境保护法》关于行政拘留、按日连续处罚、企业环境信息公开等规定；印制《环境保护法》和配套的《实施办法》单行本 5000 册，环保知识宣传手册 5000 册，通过各种活动向社会发放。

6 月 5 日，市环保局举行贯彻《中华人民共和国环境保护法》宣传服务活动　　市环保局提供

加大环境执法力度，围绕第二届世界互联网大会环境整治和“雳剑”系列专项行动，通过按日计罚、限产停产等行政处罚手段，查处和曝光一批典型环境违法案件。全年出动执法人员 1.99 万人次，检查企业 7421 家次，立案查处案件 171 件，罚款 962 万元。其中：实施按日计罚 2 件，查封扣押 11 件，罚金 57 万元，实施限产停产 4 件，移送公安机关行政拘留 4 件，移送公安机关采取刑事强制措施 4 起计 10 人。公开曝光违法排污“黑名单”89 件。

环境管理

【概况】 2015 年，市环保局编制完成《桐乡市环境功能区划》，启动“十三五”环境保护规划编制工作，全年审批建设项目环评文件 331 项，实施污染物总量替代建设项目审批 22 项，通过以新带老或总量替代削减化学需氧量 272.36 吨/年、氨氮 38.91 吨/年、二氧化硫 172.181 吨/年、氮氧化物 176.919 吨/年；总量变化为化学需氧量减少 235.59 吨/年，氨氮减少 34.09 吨/年，二氧化硫减少 171.06 吨/年，氮氧化物减少 158.19 吨/年。不符合审批政策或选址不当建设项目予以否决，全年否决建设项目7项，否决项目总投资3.02亿元；深化项目存量削减，完成16个减排重点工程，并发挥减排效益。严格执行行政审批“两集中、两到位”，承办嘉兴市环保局下放审批事项250项；完善建设项目竣工复核验收，检查验收238个建设项目环保设施落实情况，出具复核验收意见236份。加快工业企业“零土地”技改项目环评审批改革，全年参与实施、审批桐乡市工业企业“零土地”技术改造项目102项。市生态办出台《桐乡市全面清理违法违规建设项目环保专项行动实施方案》，对全市2003年以来建设项目进行分类梳理和摸底排查，全年清理建设项目1100项。

2015年，市环保局完成“清三河”（黑河、臭河、垃圾河）扫尾工作，落实长效管护机制，整治“三河”21条。推进工业污水集中处理，年内完成工业污水入网企业345家，完成115%；城镇污水配套管网建设89千米，完成率134.8%；推进农村生活污水治理工程，完成农村生活污水治理20244户，完成113%；加强饮用水源地管理，强化水源地安全巡查，全面完成保护区短信提示及一级保护区物理隔离工程。省级重金属污染防控区通过省环保厅验收，“十二五”重污染高耗能行业整治工作全面完成。推进畜禽养殖污染治理，全年累计拆除猪舍28.62万平方米。

市政府办出台《第二届世界互联网大会桐乡市环境质量保障工作应急方案》等方案，推进企业工业废气整治、工业污水入网、浴室锅炉整治、固体废物规范处置等专项整治行动，加强沪昆高速、申嘉湖高速、练杭高速、沪杭高铁4条高速高铁沿线，320国道、湖盐线、迎宾大道等9条重要道路沿线企业的环境监管。整治沿线厂房外观124家、整顿厂区内外环境114家、规范污染物治理排放69家。

畅通环境信访渠道，通过“12369”环保举报热线，“桐乡环保”微博等平台，妥善处置各类环境信访。全年受理调处各类环境信访384件，比上年下降9%，其中大气污染类183件占47.7%。通过“以访查案”办理行政处罚案件30件。

· 相关链接 ·

两集中、两到位

审批事项向审批科室集中、审批科室向行政审批服务中心集中，审批部门进驻审批服务中心的人员到位、审批权限授权到位。

【开展大气污染防治工作】 2015年，市生态办出台《桐乡市大气污染防治五大专项实施方案》《2015年桐乡市大气污染防治实施计划》。市环保局牵头实施全市大气污染防治工作，有序推进六大专项大气污染（调整能源结构、防治尾气污染、治理工业污染、调整产业布局与结构、整治城市扬尘和烟尘、控制农村废气污染）防治工作；以公路铁路沿线为重点，全面开展小锅炉淘汰改造工作。淘汰燃煤（重油）小锅炉231台，完成102%。浴室锅炉专项整治81家，16家企业完成挥发性有机物整治，4家水泥企业完成除尘改造（或停产）。火电企业脱硫、脱硝及除尘改造完成。淘汰黄标车2447辆，发放环保标志6.67万张。加强机动车尾气防治工作，建立排气检测管理系统，实现省级联网并开展尾气检测。

【推进“五渣共治”工作】 2015年，市环保局推进“五渣共治”工作，强化再生资源回收利用管理，完善城乡生活垃圾收集处置体系，试点市区生活垃圾分类处置，实现餐厨废弃物统一收运处置；强化工业固体废物规范处置，市政府办出台《桐乡市污泥规范化管理暂行办法》《桐乡市工业污泥规范化管理暂行办法实施细则》，落实工业污泥处置工作；启动桐乡市与嘉兴新爱斯热电有限公司一般工业污泥处置合作，全市工业污泥全部实现规范化处置；建筑垃圾焚烧飞灰固化与填埋项目，审批完成危险废物转移计划申请198项，批准转移危险废物7908.1吨。开展试点政府协调、企业运作的工业垃圾收集清运机制。

【巩固污染行业整治成果】 2015年，市环保局全面完成印染、造纸、制革、化工四大行业整治。整治工作于2012年启动，列入四大行业整治的企业147家，关停淘汰企业62家，原地整治提升69家，搬迁入园（整合）提升企业16家。至年末，四大行业整治完成整体验收，整治企业完成率100%。开展特色行业整治工作，在上年全市开展机制丝绵行业、榨菜加工行业、涉汞行业等特色行业整治基础上，

2015 年开展豆制品行业专项整治，关停豆制品加工生产小作坊 161 家，整治提升 3 家。

【启动环境要素改革创新】 2015 年，市政府办出台《桐乡市深化环境资源要素市场化配置改革的若干意见》等五个政策性文件，重点将排污权交易范围、出让方式以及差别化管理作为改革的主要内容予以确定。继续推行排污权有偿使用，至 7 月，改扩建项目新增氨氮、氮氧化物指标全部纳入有偿使用范围，全年交易化学需氧量 64.21 吨、氨氮 3.88 吨、二氧化硫 236.5 吨、氮氧化物 250.07 吨，累计交易额 283.32 万元。

2013～2015 年桐乡市环境空气质量情况

表 21

项　目	2013 年	2014 年	2015 年
二氧化硫(毫克/立方米)	0.034	0.026	0.018
二氧化氮(毫克/立方米)	0.050	0.043	0.038
可吸入颗粒物(毫克/立方米)	0.101	0.098	0.090
细颗粒物(毫克/立方米)		0.055	0.050
臭氧(毫克/立方米)		0.102	0.090
一氧化碳(毫克/立方米)		0.9	0.8
空气质量级别	劣于Ⅱ级	劣于Ⅱ级	劣于Ⅱ级
空气质量描述	轻度污染	轻度污染	轻度污染
一级天数(天)	53	30	41
二级天数(天)	259	226	255
三级及三级以上天数(天)	53	94	65
主要污染物	可吸入颗粒物(PM10)	可吸入颗粒物(PM2.5)	可吸入颗粒物(PM2.5)
全年优良率(%)	空气污染指数(API)85.5	空气污染指数(API)71.1	空气质量指数(AQI)82

注：因 2014 年起实施空气质量新标准，新增细颗粒物、臭氧、一氧化碳三项指标，故表中一级、二级、三级及三级以上天数和全年优良率数据较之前无可比性，其中 2014 年和 2015 年全年分别有 5 天和 4 天无监测数据

环境监测

【概况】 2015 年，市环境监测站获各类监测数据 23434 个(包括噪声)，出具监测报告 567 份，检测报告 474 份，验收报告 84 份，监测收费 34.3 万元。组织对粪大肠菌群、溶解氧、降水的电导率、pH 值等项目进行实验室间(内)比对，确保监测数据准确性。全年完成省控以上废水污染源监督监测 162 厂次，省控以上废气污染源监督监测 16 厂次，污水处理厂监督监测 19 厂

4 月 16 日，桐乡市召开“雳剑Ⅰ号”环保专项行动新闻发布会

市环保局提供

次,废水在线监控系统比对监测104厂次,污水厂在线监控系统比对监测18厂次,废气在线监控系统比对15厂次。涉重金属重点防控企业监测16厂次,国控固废1厂次,省控固废8厂次。做好市环保局网站自动监测空气质量日报、周报更新发布工作。

【乌镇空气质量监测站建成运行】 2015年,市环保局在第二届世界互联网大会期间加强空气环境质量监测。12月,在乌镇建成移动式空气质量监测站点,站点设在乌镇镇乌管委楼顶平台,通过专家认证、单机测试、移动站点与永久站点之间数据比对测试等,大会期间进行空气质量预警,确保站点按时准确监测乌镇镇区空气质量,为省环境监测中心空气质量预报会商和管控措施提供数据。大会期间,上报乌镇监测站点日报12期、实时报35期、转发省中心预测预警报告15期。

【水环境质量】 2015年,全市地表水环境质量略有改善,氨氮和总磷依然是桐乡地表水中的主要污染物。全市地表水水质基本消除劣五类水质,12个地表水常规监测断面水质类别范围为四类至五类,其中四类断面11个,占91.7%,五类断面1个,占8.3%。对比功能区要求,全市除崇福市河外,其余监测断面均不满足功能类别要求,主要污染因子为化学需氧量、氨氮和总磷,氨氮浓度比上年下降29.3%,总磷浓度下降5.37%。市控以上监测断面平均值与上年相比,氨氮浓度下降32.4%,总磷浓度下降9%。

【交接断面水质考核保持优秀】 在2014年桐乡首次获得全省跨行政区域河流交接断面水质考核优秀之后,2016年5月17日,浙江省环保厅公布2015年度桐乡交接断面考核结果为优秀,除高锰酸盐指数外出境总体略好于入境,氨氮和总磷平均浓度出境好于入境。饮用水源地水质监测结果(全指标评价)为劣五类水质,项目达标率79.3%,与上年同期75.9%有所提高。

桐乡市12个地表水常规监测断面水质情况

表22　　单位:个

项　目	2013年	2014年	2015年	项　目	2013年	2014年	2015年
三类断面	1	0	0	五类断面	9	6	1
四类断面	1	6	11	劣五类断面	1	0	0

【市区环境空气质量】 2015年,全市环境空气质量保持稳定。空气质量达到一、二级的天数为296天(其中4天无监测数据),占监测总天数的82%,空气质量综合指数为5.52,首要污染物为细颗粒物(PM2.5)。监测结果显示,大气中年平均浓度二氧化硫为0.018毫克/立方米、二氧化氮为0.038毫克/立方米、可吸入颗粒物为0.09毫克/立方米、细颗粒物为0.05毫克/立方米、臭氧为0.09毫克/立方米、一氧化碳为0.8毫克/立方米,比上年同期平均值,二氧化硫、二氧化氮和可吸入颗粒物年平均浓度分别下降30.7%、11.6%和8.16%。

【市区声环境质量】 2015年,全市声环境质量监测状况符合生态建设要求。市区设有交通噪声监控点50个、区域环境噪声监控点118个,每年进行一次例行监测。全市交通噪声加权均值65.9分贝,区域噪声均值54.9分贝。完成功能区8个定点点位监测,1类区、2类区、3类区和4类区昼夜噪声平均声级均达标。

【全市酸雨情况】 2015年,全市实施降水监测129次,降水总量1398.1毫米,酸雨率62%,比上年下降38个百分点。降水pH范围3.76～6.86,pH均值为4.73。

生态建设

【概况】 2015年,市环保局制定《2015年度桐乡生态市建设工作任务书考核评分标准》,细化分解生态市建设工作任务,将考核任务落实到责任部门、责任科室。落实生态市建设年度任务,创新生态创建机制,2015年开始

10 月 21 日，桐乡市召开全市企事业单位环境信息公开工作部署会
市环保局提供

对生态镇（街道）实施退出机制，打破创建荣誉“终身制”，对全市12 个生态镇（街道）实行定期巡查和不定期抽查，加强动态管理。推进生态绿色系列创建活动，开展大麻镇百富村等 13 个嘉兴市级生态村的县级验收工作，完成 2013 年度 25 个嘉兴市级生态村复查工作；下拨 2014 年度生态补助资金近 400 万元，发挥生态示范辐射效应；推进环境风险评估和“绿色保险”工作，以梧桐街道、石门镇、河山镇印染和化工企业为试点，完成环境风险评估企业 10 家、新投保企业 10 家、续保企业 9 家。继续推进城乡绿化工作，全市城镇、农村新增绿化造林面积 482.2 公顷，其中重点防护林 237.47 公顷。洲泉镇和河山镇申报省级森林城镇，屠甸镇荣星村和乌镇镇民合村省级森林村庄及 10 个嘉兴市级绿化示范村申报工作全部通过验收。

推进农村生活污水治理，实施桐乡市城乡生活污水治理三年行动计划，完成农村生活污水处理 20244 户，完成率 113.5%。推进农作物秸秆综合利用，制定出台《桐乡市农作物秸秆综合利用和禁烧工作实施方案》，推广秸秆综合利用方式，开展秸秆禁烧专项执法行动。综合利用秸秆量 19.5 万吨，推广测土配方施肥技术 38400 公顷，推广商品有机肥 1.62 万吨。

【加强环境综合整治】 推进公路边、铁路边、河边、村庄边等四个重点区域的洁化、绿化、美化行动。全年综合整治河道 160 千米，河道绿化 40 公顷。全市高速高铁、9 条重要道路，城区、乌镇镇区195个点位的河道水荡，开展常态化督查，发现问题及时整改。完成公路、铁路沿线 10876 个点（项目）整治工作，占计划整治量 131%，其中清除沿线各类乱搭乱建 14 万余平方米，整治废品收购点 48 处，改造农房外立面 4577 户，整治厂区内外环境 307 家；开展公路、铁路沿线“黑烟囱”专项整治，消除可视范围内小锅炉（小炉窑）冒“黑烟”问题。提高沿线绿化覆盖率，练杭高速和申嘉湖高速两侧各 30 米宽绿化带基本完成，新增绿化面积 71.87 公顷，总投入 1.1 亿元。

【推进畜禽养殖污染治理】 2015 年，市环保局有序推进畜禽养殖污染治理，拆除猪舍 143.36 万平方米，全市仅保留规模化养殖场 13 家，生猪存栏量控制在 4.6 万头以下，实现“生猪退养镇”5 个、“生猪退养村”164 个。优化死亡动物无害化生态处理模式，建成嘉兴市首个年处理能力 7300 吨的桐乡市病死动物无害化生物处理中心，完善“场（户）定点暂存、镇（街道）统一收集、工厂集中处理”机制，该模式在全国病死畜禽无害化处理机制建设现场会上得到农业部高度评价。提升规模场生态化治理水平，出台规模场规范发展实施意见，建立“华腾牧业绿色生猪全产业链模式”“濮院工业化集中处理模式”“双丰农牧结合循环利用模式”等优化模式，生猪养殖业逐步实现升级。

（朱跃红）

概　　述

2015年，桐乡市财政收入平稳增长，收支基本平衡。全市财政总收入100.27亿元，比上年增长9.5%，其中一般公共预算收入55亿元，增长6.3%。全市一般公共预算支出63.07亿元，比上年增长13.7%，其中市本级一般公共预算支出51.14亿元，增长14%。

税收收入占比提高。一般公共预算收入占财政总收入的54.9%，税收收入（地税部门组织税收收入以及国税部门组织划归地方税收收入）52.29亿元，占一般公共预算收入的95.1%。加强税收收入管理，细化重点税源监控，编制重点税源月报和年报。规范清理政府非税收入，2015年取消、减免行政事业性收费项目14个。试点推进政府非税收入电子化征缴改革，公安交通违法处罚可网上缴款。

支持经济创新发展。落实国家各项优惠政策，引导扶持创业创新，2015年拨付各项补贴奖励资金5.5亿元，涉及企业2372家次，减免税费7.5亿元。进一步利用财政资金，引导解决中小企业融资难问题，对桐乡市中小微企业贷款支持计划企业名录内的786家中小企业进行银行联合授信，授信总额40.35亿元。树立“亩产论英雄”发展理念，实施差别化城镇土地使用税减免，结合桐乡市产业结构状况及企业转型升级现状，根据工业企业A、B、C、D不同类型，适当调整其土地使用税和房产税减免比例，促使税收政策倒逼企业转型发展。

服务保障民生事业。2015年全市民生支出52.39亿元，比上年增长15.7%，占一般公共预算支出83.1%。“三农”投入38.03亿元，增长9.7%，扶持农业产业化，促进农村信息化发展及现化农业发展，加强中小河流重点综合治理，加快水利基础设施建设。教育支出16.27亿元，增长0.8%，推进教育现代化建设，保障全市各阶段教育经费。医疗卫生支出5.1亿元，增长11.1%，加大财政保障力度，为群众创造良好的医疗条件，减轻群众医药费用负担。社会保障和就业支出3.74亿元，增长9.8%，提高城乡居民社会保障水平，加大城乡居民保险制度覆盖率，优化人力资源结构。

财　　政

【概况】　2015年，桐乡市一般公共预算收入55亿元，一般公共预算支出63.07亿元。市财政局做好政府预算、政府性基金预算、社保基金预算和国有资本经营预算的全口径预算编制工作。继续压缩“三公”经费，2015年“三公”经费支出6215万元，比上年下降12.7%。出台政府购买服务指导目录，政府购买公共服务项目增至31个，涉及购买服务金额1.13亿元。完成农业方面3个重点项目的绩效评价工作，涉及财政资金1.36亿元。完成绩效评价重点自评项目31个、一般自评项目110个，涉及财政资金13.31亿元。加强评价结果应用，扩大绩效管理覆盖面。调整集中采购评分标准，提高通用设备集中采购竞争性，提升财政资金效益。严格执行债务计划和审批程序，实行先审批后举债，规范举债行为，严格控制无序举债，全年核减债务33.09亿元。

【助推互联网经济发展】　2015年，桐乡市财政出资设立“互联网＋”政府引导母基金，总规模10亿元，引进申万新成长、灏蓝成长等5个子基金，撬动社会资本9.4亿元。加强创新创业平台建设，中国·乌镇互联网产业园年内投入运行，参与设立100

12月18日，中国·乌镇互联网产业园奠基仪式　　市互承委提供

亿元浙商乌镇互联网产业投资基金项目，助推“互联网＋”新兴产业发展。联合相关职能部门共同梳理政策，针对互联网经济特点，整合出台8大类40项政策，优化互联网企业发展环境，年内签约浙大网新“互联网产业园”等50个项目，总投资100亿元，其中25个项目开工建设。

【着力盘活政府存量资金】2015年，桐乡市分类清理存量资金，对结余结转资金按基本支出、经常性项目、一次性项目采取不同清算方式，通过政府性基金结余转列、收缴以前年度部门结存财政资金、收回省专项一般转移支付资金等方式，盘活存量资金5.4亿元。对各部门预算追加支出优先动用结余资金，通过统一预算编排，盘活结余资金。开展财政存款竞争性存放，盘活存量社保资金用于支持政府性贷款项目，降低融资成本，至年底配套社保资金37.85亿元，节约财务成本1.06亿元。

【整合财政支农资金】2015年，桐乡市加强部门、镇（街道）、涉农项目三级负责人联动机制，通过现场踏勘涉农项目和基地、组织领导小组集体讨论等，结合自身农业特色，制订支农资金整合方案，突出杭白菊、蔬果、苗木等主导龙头产业，把控源头，整合支农项目，以点带面，促进产业整体发展。探索“政府支持、社会资助、农民兴办”多元化投入机制，鼓励引导民间资金、信贷资金和社会资金投向“三农”。发挥一事一议财政奖补带动作用，年内通过该奖补获省级专项资金2012万元，居嘉兴市首位。采取多种资金拨付、使用管理方式，对基层实施项目，建立财政直拨专户，减少资金运行环节；对涉及范围较广项目，由主管部门统一在会计核算中心单独建账，专款专用；对重大支农项目，实行分段评价拨付机制，实现资金到项目的直达、串联。

【提高国资平台运行实力】2015年，桐乡市以做大做强为目标，进一步推进五大国有资产营运平台体系建设。按照“先集中，后整合盘活”原则，成立金源股权投资有限公司，整合分散在各部门的国有公司和股权。清理甄别全市存量债务，年内通过存量债务置换，取得34亿元低成本、长期限的地方政府债券，置换存量债务额度居嘉兴市首位，为腾出资金用于重点项目建设创造空间。市财政局做好各平台资金的统筹调度，全年为各大经济平台、政府引导基金及旧城改造等重大项目提供资金支持和资金周转合计20亿元。

（沈嘉佶）

国家税务

【概况】2015年，桐乡市国家税务局组织税收收入54.91亿元，比上年增长12.35%。全年办理各项税收优惠37.21亿元，其中出口货物退（免）增值税21.82亿元，增值税转型固定资产进项抵扣7.29亿元，高新技术企业税收优惠、资源综合利用减免退税、民政福利企业先征后退等合计8.1亿元。开展行业纳税评估，入库评估税款和滞纳金3920万元，冲减留抵税款和调整以前年度亏损1863万元。打击各种涉税违法活动，依法查处举报案件、大案要案、虚开增值税专用发票案件和骗取出口退税案件

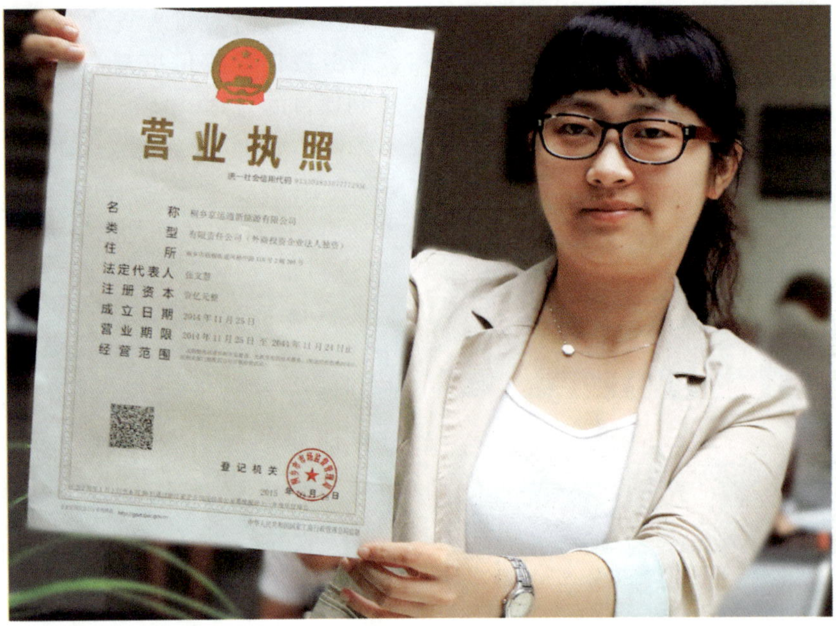

9 月 28 日，桐乡市核发首份“五证合一”营业执照　　市国税局提供

等，查处涉税超过 100 万元以上案件 6 件，查补款项 3907 万元。加强羊毛衫、皮毛、皮鞋等行业的税收管理。开展 C 类、D 类企业税收问效，直接补征税款 924.68 万元。与工商、地税、质监等部门合作，实现营业执照、组织机构代码证、税务登记证、社会保险登记证、统计登记证“五证合一”登记。推进国地税联合办税，实现联合办税全市全覆盖。市国税局在嘉兴国税绩效考核中获第一名。

【出口退税无纸化全国试点】浙江省是全国出口退税无纸化管理首批试点单位之一，5 月 1 日起，桐乡市、湖州市和绍兴市柯桥区先行开展试点。市国税局在实施出口退税分类管理、下放出口退税审批权限、开展财税库银横向联网电子退库等的基础上，依托升级版增值税发票系统的税控数字证书签名功能，取消报送出口退税纸质资料，出口企业通过网上申报电子数据实现退税。市国税局同时加强出口退税风险管理，强化预警监控、风险分析和调查评估，及时发布风险预警信息，根据无纸化管理特点，区分风险级别，及时处置风险。2015 年市国税局办理出口货物退（免）税 26 亿元，比上年增长 24%。

【深化税务行政审批制度改革】2015 年，市国税局贯彻简政放权要求，深化行政审批制度改革，加强部门分工协作，对照 2012 年国务院要求取消和下放涉税行政审批项目，梳理国税系统现行的行政审批事项，形成目录清单，印制成册，供纳税人和税务干部参考学习。至年底，市国税局保留税务许可审批事项 4 项，其他非行政许可审批事项全部取消，同时放管结合，加强后续监督管理。按照浙江省国家税务局及嘉兴市国家税务局的要求，组织开展税务行政审批专项检查，发现问题及时分析原因并落实整改。

【加强税务诚信建设】2015 年，市国税局按照上级要求，加强税务诚信建设，开展纳税信用评价及 A 级纳税人激励工作。与市地方税务局加强沟通，运用纳税信用评价系统，系统自动采集评价与人工补录调整相结合，完成 9459 户纳税人的初评和复评，评价产生 A 级纳税人 1169 户、B 级纳税人 7637 户、C 级纳税人 559 户、D 级纳税人 94 户。评价结果产生后，按照“守信激励、失信惩戒”原则，落实《纳税信用管理办法（试行）》各项 A 级纳税人激励措施。探索实施“银税互动”，与中国建设银行股份有限公司桐乡支行、桐乡市农村信用合作联社合作，以信授贷，助力企业发展，通过“税易贷”及“税融通”项目，为 21 家企业提供信用贷款 1570 万元。

【成立“毛师傅”服务团队】2015 年，市国税局打造纳税服务新品牌，成立“毛师傅”服务团队。该团队有队员 12 人，平均年龄 27 岁，由拥有近 30 年基层税务工作经验的毛铁峰担任队长，其他 11 名成员都是市国税局纳税服务科 30 周岁以下的年轻干部，在常规的涉税宣传基础上，开设“毛师傅”专窗、“毛师傅”热线、“毛师傅”课堂和“毛师傅”维权办公室。根据纳税人实际办税诉求，服务团队可提供税收宣传、纳税咨询、办税培训、权益保护等各项涉税服务。年内，“毛师傅”服务团队上门辅导 2 次，开课11次，培训纳税人 670

“毛师傅”服务团队税法宣传进车间　　市国税局提供

余名，发放宣传资料 3000 余份。年底，该服务团队项目入评桐乡市“十佳志愿服务项目”。

（徐春莉）

地方税务

【概况】 2015 年，桐乡市地税部门组织各项收入 73.71 亿元，比上年增长 10.3%。其中，税收收入 43.49 亿元，增长 8.7%；非税收收入 30.22 亿元，增长 12.7%。非税收入中，社保基金 25.4 亿元，增长 13.5%。加强涉税数据采集维护，市地税局与市国税、工商、法院等 16 个部门建立信息传递和协作机制，以“数据大集中”工作为契机，推进税源管理科学化、专业化、精细化。确定 1181 家重点税源监控企业，监控入库税收收入 32.91 亿元，占全部地税收入的 75.67%。加大税收执法监督力度，坚持公平执法、依法稽查，开展调研式稽查和解剖式稽查，以查促收，以查促管。工商、质监、国税、地税、行政审批中心协作配合，实行营业执照、组织机构代码证、税务登记证、社会保险登记证、统计登记证“五证合一”登记制度。

【建立涉税工作协作机制】 2015 年，市地税局和市人民法院签订《地税、法院执行涉税工作备忘录》，完善法院执行拍卖企业房地产涉税协作机制。法院在拍卖款项中扣缴转让方需缴纳的各项税款，地税部门完成税款入库工作后出具完税凭证，承受方缴纳相关契税后，即可直接办理房产过户手续。涉税协作机制建立后，全市司法拍卖房地产 188 宗、金额 4.9 亿元，市人民法院协助市地税局扣缴转让方税款 4700 万元，买受人缴纳契税 1400 万元，追缴欠税纳税人 5 户、税费款 1307 万元。

【助推税源经济发展】 2015 年，市地税局分析应用税收贡献等各项企业发展数据指标，助推经济转型升级、创新发展。银税互动，联合建行桐乡支行，推出“税易贷”，根据企业纳税信用级别和税款缴纳情况，向企业提供无抵押免担保信用贷款，最高额度 200 万元，贷款期限不超过 1 年。完善《桐乡市工业企业绩效综合评价办法实施意见》，细化政策分档，优化绩效评价 A 类、B 类企业土地使用税差别化减免幅度，减轻高效企业发展负担。制订《优质税源培育方案》，结合定量分析指标要求，筛选培育对象，实现“小微企业创业创新、传统企业转型升级、高新企业快速壮大”的梯队式发展。

（沈嘉佶）

金　融

概　述

2015 年，桐乡市有银行业金融单位 20 家、保险业 29 家、证券业 5 家、其他金融业 19 家（含典当、担保和小额贷款公司）。年内，桐乡金融业在宏观形势整体复杂情况下，把握新机遇，迎接新挑战，积极适应经济金融新常态，创新发展模式，服务实体经济，支持“走出去”企业、惠及民生工程，优化网点服务。

年末，全市银行业金融机构本外币各项存款余额 965.22 亿元，比上年末增长 8.8%，比上年多增 29.47 亿元。存款增量和增速均列嘉兴五县（市）首位。2015 年，非金融企业存款比上年多增 21.92 亿元，经济活力偏弱，企业投资放缓，资金呈回笼状态，同时大企业直接融资形成一部分存款，拉动企业存款增长。住户存款增长放缓，比上年少增 11.82 亿元。利率市场化进程不断推进及连续多次降息对老百姓存款收益冲击日趋明显，理财产品分流了住户存款，且呈常态化。

年末，全市银行业金融机构本外币各项贷款余额 813.77 亿元，比上年末增长 9.8%，比上年少增 16.64 亿元，增量和增速分别列嘉兴五县（市）第二位和首位。制造业贷款年末余额比 2014 年多增 24.89 亿元。年销售 3000 万元以下小企业贷款比上年增长 2.55%，低于各项贷款增速 7.35 个百分点；个人经营性贷款操作便利，使中小微企业从中受益，2015 年个人经营性贷款比上年增长 15.86%，高于各项贷款增速 5.96 个百分点。政府类贷款由于政府融资平台存量贷款置换明显回落，比上年增加 3.4 亿元，少增 45.7 亿元。在房地产去库存大环境下，金融机构一方面对房地产开发贷款持谨慎态度，另一方面加强对个人住房贷款支持，房地产开发贷款和住房按揭贷款“一降一升”，分别比上年减少 6.24 亿元和增加 17.75 亿元。

2015 年，全市外汇存贷款新增出现“双升”。受人民币贬值预期影响，企业结汇意愿进一步下降，外汇存款留存较多，年末全市各项外汇存款余额 3.64 亿美元，比上年末增加 4400 万美元，增长 13.72%，比上年多增 5849 万美元；各项外汇贷款余额 5 亿美元，比上年末增加 8816 万美元，增长 21.41%，比上年多增 8120 万美元。外汇存贷款的变化受汇率变动、本外币融资规模、境内外融资利率差异等多种因素影响。年内，桐乡市外贸进出口形势严峻，出口持续低迷，出口额比上年下降 0.1%，银行结汇因此减少。全市进口形势 8 月起止跌好转，但增幅下滑，全年进口比上年下降 2.4%。2015 年，桐乡市外汇改革试点工作走在嘉兴市五县两区前列，全市年内新增跨国公司外汇资金集中运营管理试点企业 5 家，累计 6 家。

2015 年，桐乡市各银行业金融机构积极贯彻稳健的货币政策，创新金融产品，优化金融服务，社会融资总量合理增长，为实体经济发展提供有力资金保障。全年全市社会融资总规模 243.98 亿元，其中本外币贷款年内新增 72.94 亿元，直接融资年内新增 156.78 亿元。全市不良贷款小幅反弹，不良贷款余额 5.09 亿元，比年初增加 3.39 亿元；不良贷款率 0.68%，比年初上升 0.34 个百分点，不良率低于嘉兴市五县两区 0.54 个百分点，资产质量居嘉兴市五县两区第二。年内，桐乡市未发生重大信贷风险和重大责任事故，实现案件零发生，银行业金融单位堵截电信网络诈骗 64 起，为客户挽回损失 868 万元。

2015年末桐乡市各银行业金融机构人民币存贷款余额统计

表23　　单位:万元

机　构　名　称	年末存款余额	本年增减	年末贷款余额	本年增减
人民银行	27364	430		
工商银行	1121999	37076	1012070	85960
农业银行	1971188	189472	1498696	119007
中国银行	496236	47346	454895	-41035
建设银行	876209	-10951	726089	-88632
农发银行	74804	31842	148351	10542
交通银行	197744	61787	191586	14795
中信银行	386858	-911	312075	-8228
浦发银行	161312	-24752	211439	-16300
嘉兴银行	231892	12190	199245	10265
农村信用社	2589305	225805	1668657	135321
邮储银行	378295	48720	108300	40684
杭州银行	187885	25422	254368	46949
浙商银行	100950	16282	128769	3055
招商银行	79851	11045	85973	-2805
平安银行	187180	29198	208603	16041
民生银行	49754	-13679	201057	38354
民泰村镇银行	123732	21277	110568	15561
湖州银行	49085	17877	12559	4536
兴业银行	87801	87801	237580	237580
绍兴银行	35096	35096	42054	42054

2015年末桐乡市各银行业金融机构外汇存贷款余额统计

表24　　单位:万美元

机　构　名　称	年末存款余额	本年增减	年末贷款余额	本年增减
工商银行	6153	3662	8187	332
农业银行	3591	880	9628	4359
中国银行	6071	-8957	13490	743
建设银行	12158	5722	10589	1628
交通银行	765	663	98	-37
中信银行	5315	1410	5715	2726

续表 24

机构名称	年末存款余额	本年增减	年末贷款余额	本年增减
浦发银行	307	−156	289	−618
农村信用社	768	478	1024	121
杭州银行	864	193	739	−1173
招商银行	250	222	257	−408
平安银行	105	105		
民生银行	0	−9		

（沈骁露）

银行业

【概况】 2015年，兴业银行股份有限公司嘉兴桐乡支行、绍兴银行股份有限公司嘉兴桐乡支行相继开业。至此，桐乡市银行业有金融单位20家。年内，中国人民银行桐乡市支行、中国银行业监督管理委员会嘉兴监管分局桐乡办事处引导各金融单位践行普惠金融，网点不断向社区、镇（街道）延伸，至年末全市有银行网点159个，其中乡镇网点103个。桐乡银行业贯彻执行稳健货币政策，为第二届世界互联网大会·乌镇峰会做好金融服务工作，维护良好的金融生态，推进金融改革，主动适应经济发展新常态，为经济转型发展提供金融支持。年末，本外币各项存款余额965.22亿元，比上年末增长8.84%，其中人民币存款余额941.62亿元，增长8.59%；本外币各项贷款余额813.77亿元，比上年末增长9.85%，其中人民币贷款余额781.29亿元，增长9.28%。引导银行和重点项目对接，15家银行对接57个重点项目，授信107.46亿元，年末各项融资余额73.2亿元，其中产业转型升级千亿工程重点项目占86%以上。2015年，人行桐乡市支行连续第二年被中国人民银行嘉兴市中心支行评为工作业绩综合考核A等行。市农信联社连续第六年入评省“十强信用联社”，连续第二年获浙江农信系统“特级行社”称号，被评为2015年度全省农信系统优胜单位，被省政府评为2015年度全省“支农支小优秀单位”。年内，桐乡银监办引导银行业打造平安金融和降低企业融资成本。中国工商银行股份有限公司桐乡支行等7家金融单位被评为2014年度桐乡市“平安金融示范网点”，市农信联社被评为嘉兴市级平安金融单位。各银行减少收费项目649个，减免收费金额435万元。14家银行创新小微企业贷款还款方式，推出创新产品18个。人行桐乡市支行组织开展争创“优秀反假货币示范工作站”活动，评出2015年桐乡市优秀反假货币示范工作站5家。2015年，桐乡市率先出台《小额创业贷款管理办法》，扶持大学生创业。出台《桐乡市扶贫小额信贷实施细则》，全年发放扶贫贷款9户、47万元。出台《关于开展农村集体资产股权质押贷款工作的意见》，农村“三权”抵押贷款实现零的突破，年内发放农村土地经营权抵押贷款5笔、500万元。创新农村融资产品，在全国率先开办农村“三权”保证保险贷款业务，发放全省首笔“土地节余指标凭证”质押贷款。桐昆集团跨境人民币资金集中运营业务2月在中国人民银行杭州中心支行成功备案，成为浙江省首家取得本外币资金集中运营业务备案的跨国企业。

（沈骁露　朱剑光）

【人行组织开展“优服务、强保障”主题活动】 2015年，人行桐乡市支行组织开展“优服务、强保障”主题活动，提出“一增、一降、三提高”目标，适度增加银行贷款主渠道，降低银行融资成本，提高制造业贷款、小微企业贷款和“三农”贷款的占比。落实“稳中求进、转中求好”工作主基调，发挥金融对实体经济的支撑作用，提升为经济转型升级服务的水平，畅通信贷资金向实体经济传导的渠道。召开全市经济金融恳谈会，促成18个项目现场签约，授信68.7亿元。指导中国农业银行股份有限公司桐乡市支行成立科技专营机构，在科技型企业中推广央行“票融通”业务，杭州银行股份有限公司桐乡支行为4家科技型企业办理专利权质押贷款3500万元，向1家重点科技项目企业投放5000万元中长期贷款，实现金融与科技的有效融合。年末，全市各项贷款比年初增加72.94亿元，增速连续三年居嘉兴五县(市)首位；全年发行债务融资工具60.5亿元，嘉兴市五县两区最多；全市完成跨境贸易人民币结算量93.62亿元。

【人行举办互联网金融体验活动暨技能竞赛】 9月“金融知识普及月”，为有效普及金融知识，人行桐乡市支行组织举办两场互联网金融体验活动暨技能竞赛。全市19家银行现场展示互联网产品30多个，讲解员围绕产品优势和作用，向近100名来自社会各界的体验者详细介绍移动金融服务。人行桐乡市支行开发利用“桐乡金融在行动”微信公众平台，向体验者推送产品微信海报，方便体验者现场查阅、互动体验，并派发《金融网络安全知识手册》等宣传资料。体验者在各银行的互联网金融体验区通过网上银行、手机银行及APP等模拟操作互联网金融产品，进一步了解产品特点和特色，引导市民安全使用互联网金融产品。

【人行组织各银行创建电子支付示范区】 2015年，人行桐乡市支行在各行业、各领域中推广应用电子支付。组织银行积极创建“网上支付示范区”和“手机支付示范区”。至年末，全市创建成功省级“网上支付示范区”1个、嘉兴市级“网上支付示范区”5个、“手机支付示范区”2个。“乌镇景区电商结算平台”年内上线，在乌镇实施“智慧支付”项目，逾200家商户安装集银行卡支付、微信支付和支付宝支付于一体的BMP－MIS收银一体机，消费者手机扫BMP－MIS收银一体机的二维码，或用BMP－MIS收银一体机扫描消费者的手机二维码，即能付款，为第二届世界互联网大会·乌镇峰会提供安全、顺畅的支付结算服务。优化全市助农服务点布局，整改存量服务点，择优确定28个助农服务点与村级电子商务服务点合作共建，打造“助农服务＋农村淘宝”的电商模式。

(沈骁露)

9月20日，互联网金融体验活动暨技能竞赛之PPT讲解＋微信互动
人行桐乡市支行提供

【银监办组织开展“百名金融服务指导员进百企”活动】 6～11月，桐乡银监办联合市政府办、市金融办、市经信局、人行桐乡市支行，开展两期“百名金融服务指导员进百企”活动。活动的考核评价结果作为市政府年度考核全市银行机构的加分依据。全市19家银行机构的146名中层干部、业务骨干主动对接全市190家成长企业及股份制改造后备企业，了解企业金融服务需求，帮助企业改进管理、实现转型发展。活动走访企业58家，金融指导员提供金融指导服务2293次，发现问题困难306个，解决274个，帮助企业新增融资金额53337.5万元、节约财务成本721万元、防范或化解信贷财务风险667.6万元。活动还评

6 月，"百名金融服务指导员进百企"活动动员大会　　桐乡银监办提供

出先进集体 6 个、优秀金融指导员 26 名。

（朱剑光）

【农发行加大信贷支农力度】2015 年，中国农业发展银行桐乡市支行把握信贷政策，加大信贷支农力度，大力支持水利项目建设和新农村项目建设。为支持扩大杭嘉湖南排工程（桐乡段）建设，申请获批国家重大水利工程建设专项过桥贷款 8.49 亿元，至年末投放 3 亿元，为该项目提供过渡性资金支持。支持石门镇农村土地综合整治项目建设，申请获批全省首笔农村土地流转贷款 3 亿元，引导农村土地有序流转，推进新型城镇农业现代化建设，涉及农户 291 户、1172 人，流转土地 1507.33 公顷。抓好中国农发重点建设基金投资项目的申报和投放工作，获批中国农发重点建设基金 4 笔、金额 3.1 亿元，分别支持城乡污水管网工程建设和地下管廊项目建设。

【农发行做好秋粮收购信贷服务工作】 2015 年，农发行桐乡市支行及时筹措信贷资金，做好桐乡市的秋粮收购资金供应和管理工作。在不打"白条"前提下，积极防控风险，年内发放粮食收购、储备贷款 8439 万元，支持市收储公司收购秋粮 2.3 万吨。针对粮价不稳定的实际，按照储备粮轮换计划，支持市收储公司轮出地方储备粮 4200 吨，归还地方储备粮轮换贷款 1302 万元；轮出县级储备粮 1.2 万吨，归还县级储备粮贷款 3645 万元。

（张　璐）

【工行对接"互联网＋"支持实体经济发展】 2015 年，工行桐乡支行对接"互联网＋"，支持实体经济发展。推介兔皇羊绒、太平洋钓具、欧思璐羊绒等 13 家本土企业上架中国工商银行股份有限公司的"融 e 购"平台，全年实现网上交易 4167 笔、7510 万元。随着桐乡市互联网经济的升温，工行桐乡支行以本地互联网龙头企业为核心，整合企业资金流、物流和信息流，推出"工银聚"平台，帮助企业完成线上订单处理、货款结算和贷款申请等。年内，"工银聚"平台总结算量 49.62 亿元，向 19 家小企业授信逾 3000 万元，为核心企业下游小企业发放"控货 E 贷"在线信用贷款 2782 万元。

【工行优化服务渠道打造智能银行】 2015 年，工行桐乡支行加大技术投入，支行营业部、濮院支行完成智能化设备安装，机器换人，将原 90%以上的柜面业务转由智能设备处理，实现业务处理的自助化和智能化。至年末，工行桐乡支行在全市拥有自助银行 10 家、ATM 机 83 台、自助终端 32 台，服务渠道进一步优化，逐步实现网点"业务流程精简化、交易处理离柜化、客户体验人性化"。稳步推进实施"e－ICBC"战略，全年 33.41 万户电子银行客户完成交易额 2152 亿元。

（周　霞）

【农行发放浙江省首笔土地节余指标凭证质押贷款】 2015 年，农行桐乡市支行加强银政合作，加快探索"三农"融资模式，创新信贷产品，推出土地节余指标凭证质押贷款。6 月 30 日，与市国土资源局、濮院镇政府、濮院镇农村建设开发有限公司签订四方合作协议，向红旗漾等 11 个村的农村土地综合整治项目授

6月30日，濮院镇红旗漾等村农村土地综合整治项目签订四方协议　　农行桐乡市支行提供

信1.64亿元，支持农户拆并零散乱的旧村庄，建设新村镇农居。至年末，该笔贷款已投放1.42亿元。

（赵　静）

【外汇局、中行举办“汇率避险与跨境人民币”主题宣讲活动】 2015年是人民币汇率改革10周年和实施人民币跨境结算5周年。8月10日，外汇局桐乡市支局和中国银行股份有限公司桐乡支行共同举办“汇率避险与跨境人民币”主题宣讲活动，100余家外贸企业的分管领导和财务部门负责人参加。活动邀请有关专家讲解跨境人民币政策框架、最新进展及展望，针对性地分析人民币的汇率趋势及当前几种有效汇率避险产品。进一步引导涉汇企业主动应对新常态，防范汇率风险，推进跨境人民币结算。桐乡市2010年起实施人民币跨境结算，累计完成跨境人民币结算额371.25亿元，参与结算企业196家，交易地区58个国家、地区。2015年，中行桐乡支行跨境人民币结算量19.57亿元，市场份额为29.77%。

（洪小芳）

【建行国际结算量列嘉兴建行系统县（市）支行首位】 2015年，建行桐乡支行面对激烈的同业竞争和偏紧的国际收支政策，境内外联动，发展跨境金融业务，服务跨国企业。年内，为巨石集团香港公司在中国建设银行（亚洲）股份有限公司获得4000万美元授信。私人银行6月完成嘉兴建行系统县（市）支行首单1000万港币“私享联联”业务，全年完成2单、1440万港币。10月，完成建行桐乡支行首笔家族信托业务投资项目的对接，全年签约7笔、3亿元。年末，建行桐乡支行外汇一般性存款余额1.22亿美元，年内新增0.57亿美元，新增列当地四大国有股份制商业银行之首。全年建行桐乡支行完成国际结算量18.11亿美元，居嘉兴建行系统县（市）支行首位，其中跨境人民币结算量15.16亿元。年底，建行桐乡支行获评2015年外汇管理政策A类行。

【建行贷款项目申报有较大突破】 2015年，面对实体经济下滑、政府类贷款被政府债券置换的不利局面，建行桐乡支行转换工作思路，创新营销模式，实施“大中小并举”发展策略，通过多层联动，贷款项目申报有较大突破。新增中国巨石12亿元授信、华能热电6亿元流动资金贷款、乌镇旅游4亿元流动资金贷款，向中国建设银行股份有限公司报请30亿元互联网产业基金，高桥新区新城开发建设项目获批，帮助市凤鸣新市镇投资开发有限公司向中国建设银行股份有限公司申请调整其新能源产业园3亿元项目的贷款期限，获准由5年调整为8年。

（沈学清）

【交行POS贷助力小微客户成长】 2015年，交通银行股份有限公司嘉兴桐乡支行在互联网金融理念推动下，运用大数据，满足专业市场小微客户短、频、快融资需求，创新产品，推出POS贷。交行嘉兴桐乡支行筛选海量客户信息，生成优质家易通客户“白名单”。符合POS贷准入标准、能依照POS贷线上或线下审批流程通过核批的“白名单客户”，可得到由交行提供的全天候、纯信用、可循环使用的短期流动资金——POS贷支持。POS贷支持客户通过网银、手机银行等电子渠道完成贷款申请、贷款提用、贷款还款等，随借随还、按日计息。至年底，交行嘉兴桐乡支行为近百户优质家易通客户自动核定贷款总额2000余万元。

（张建平）

【杭州银行服务“三农”推出无抵押“农户贷”】 桐乡市不少农户以自家住宅为生产场地，无抵押房产，融资难、担保难，难以扩大生产规模。杭州银行桐乡支行2015年针对该情况，下沉市场定位，创新农户贷款担保方式，推出无抵押“农户贷”。桐乡市的农户、种植养殖户、个体工商户为农业投入、农村建房装修和个体经营投入等，都可向杭州银行桐乡支行申请“农户贷”。单户最高贷款额度50万元，在一年贷款期限内，随借随还，按日计息，利息按照实际使用天数计算。杭州银行桐乡支行全年发放“农户贷”117户、4215万元。

（樊宇扬）

【民泰村镇银行加大创新力度】 2015年，浙江桐乡民泰村镇银行股份有限公司优化服务，加强对地方经济发展的金融支持，加大创新力度，推出“网商贷”“菊花贷”和“排污权质押贷款”。面向濮院镇电商市场，推出“网商贷”，支持电商平台商户经营周转、扩大经营规模、支付保证金等。桐乡民泰村镇银行全年发放“网商贷”60余笔、3000万元，年末余额1500万元。根据桐乡农业产业的特色和季节性需求，向菊花种植户、加工户和制品厂发放用于菊花种植、加工等的经营性贷款——“菊花贷”。“菊花贷”期限最长不超过一年，利率低于同档次的贷款利率，额度最高500万元，随借随还，按天计息。至年底，桐乡民泰村镇银行发放“菊花贷”90多笔、4000万元，年末余额1500万元。配合染整企业更新设备，推出“排污权质押贷款”。该贷款以企业排污权为质押，桐乡民泰村镇银行加强贷款流程设计、排污权评估，全年发放“排污权质押贷款”5户、2000万元，年末余额2000万元。

（张志强）

【民生银行打造“不一样的小微金融”】 中国民生银行股份有限公司针对小微企业经营压力增大、融资困难显现的状况，2014年8月，出台《中国民生银行小微续授信业务管理办法(2.0版)》，主动升级创新小微金融服务模式，致力打造“不一样的小微金融”。该公司的小微信贷客户续贷时无需自筹资金归还本金，只需按时归还贷款利息。中国民生银行股份有限公司嘉兴桐乡支行2015年1月起试点该项服务。全年为93家小微企业办理贷款转期业务，合计放款1.06亿元。另外，民生银行嘉兴桐乡支行践行普惠金融，发展社区支行。1月31日，民生银行嘉兴桐乡碧水云天社区支行开业，年末该支行金融资产余额5351万元。

（综合管理部）

【兴业银行嘉兴桐乡支行开业】 1月23日，兴业银行股份有限公司嘉兴桐乡支行开业，地址：景雅路677号。该行成立后，秉持总行、分行“科学、可持续”发展理念，紧跟上级行创新步伐，延伸业务领域，丰富产品种类，提升服务水平，以企业金融、零售银行和金融市场三大业务体系为核心，开办个人资产、负债业务、“寰宇人生”出国金融综合服务业务、“兴业通”综合金融服务业务和兴业信用卡等。至2015年年末，兴业银行嘉兴桐乡支行

1月23日，兴业银行嘉兴桐乡支行开业　兴业银行嘉兴桐乡支行提供

各项存款余额8.78亿元，各项贷款余额23.75亿元。

（项飞烨）

【绍兴银行嘉兴桐乡支行挂牌】2015年，绍兴银行股份有限公司进驻桐乡。6月8日，绍兴银行股份有限公司嘉兴桐乡支行试营业，9月14日正式开业，地址位于校场西路158号。该行成立后，贯彻桐乡市委、市政府重点工作要求，执行总行、分行“立足中小，和谐共赢”经营理念，风险管控，转型发展并举，优化金融服务，积极为实体经济服务。2015年年末各项存款余额3.51亿元，各项贷款余额4.21亿元，贷款不良率为零。

（华 晶）

【市农信联社上线“丰收购·桐乡馆”】8月，市农信联社利用省农信联社技术，上线桐乡市首家县级银行电商平台——“丰收购·桐乡馆”（http://shop.zj96596.com/MallWeb/tongxiang）。该电商平台可为客户提供发布信息、在线交易、支付结算等服务，与传统电商平台不同的是，该平台以农村和社区客户为中心，主打农副产品、农家乐消费、农资等“三农”产品，主要销售菊花茶、蚕丝被、家纺、榨菜等。2015年，该平台39家商户上线商品451件，成交433件。

【市农信联社发放首笔创客厂房租金按揭贷款】2015年，市农信联社助推“大众创业、万众创新”，解决创业企业主融资担保难难题，创新贷款方式，推出创客厂房租金按揭贷款。该贷款可满足小微企业、个体工商户创业初期租赁经营场所需求，专门用于向出租方支付租金。贷款期限不超过租赁合同剩余期限，最长不超过3年，贷款金额不得高于租金总额的70%，还款采用按月（或季）等额本息还款方式。11月，市农信联社向桐乡市恩泽广告传媒有限公司发放全市首笔创客厂房租金按揭贷款。年末，市农信联社创客厂房租金按揭贷款余额330万元。

（程 远）

保 险 业

【概况】2015年，史带财险退出桐乡市场。至年末，桐乡市有财产险保险业金融单位（含营销服务部）16个。财产险全年实现保费收入78925.77万元，比上年增长14.58%，增速下降0.2个百分点。其中，企财险保费收入5783.01万元，下降1.35%；农业保险保费收入1293.84万元，增长19.07%；车险保费收入67351.47万元，增长15.45%。财产险全年赔款支出47251.26万元，比上年增长15.15%，其中企财险赔付3352.3万元、车险赔付41673.91万元，分别下降12.34%、17.59%。简单赔付率59.87%，比上年上升0.3个百分点。中国人民财产保险股份有限公司桐乡支公司全年实现保费收入27242.1万元，增长20.62%。承保各类机动车辆45977辆。实现车险保费收入21915.8万元、商业非车险保费收入4199.1万元、农险保费收入1127.2万元。全年处理各类赔款案件30179件，支付赔款14904.8万元，增长30.98%，简单赔付率54.71%。2015年，桐乡市有人寿险保险业金融单位13个（含营销服务部），有在岗营销人员2203人，年内新增686人。人寿保险业全年实现保费收入80441.52万元，比上年增长12.57%；短险赔付支出1331.4万元，增长23.41%。年内，中国人寿保险股份有限公司桐乡市支公司实现保费收入39508万元，增长13.8%；全年处理各类赔款案件5241件，支付赔款1744万元。

（郑倩茜 李月）

【全市水稻100%投保农业险】2015年，桐乡市促成全市水稻全部投保农业险。12个镇（街道）、176个村、4.8万户农户、1.2万公顷水稻投保，承保单位人保财险桐乡支公司为此承担1.35亿元风险保障。为进一步体现政策性保险支农惠农的优越性，人保财险桐乡支公司将政策性农业保险的保额提至每亩750元，保费降至每亩45元，并将内涝、冻灾、地震、病虫草鼠害等新列入保险理赔范围，种植户损失在80%及以上视为全部损失。至年底，人保财险桐乡支公司受理水稻政策性农业保险赔案96件，支付赔款454.62万元。

【全国首单农村“三权”保证保险贷款在桐发放】2015年，为盘活农村资产要素，满足农村创业资金需求，桐乡市探索“政银保”合作模式，创新推出农村“三权”保证保险贷款。农户以所拥有的土地承包经营权、集体经济股权、房屋所有权向保险公司投保，保险公司则为投保农户贷款提供还贷保证保险。农村“三权”保证保险贷款，最高额度50万元，期限最长不超过1年，贷款

6 月 30 日，桐乡市农村“三权”保证保险贷款启动仪式

农行桐乡市支行提供

利率和保费费率都在政策允许范围内执行最优惠标准，在还款方式上可按照需求采取分期付息、到期一次性偿还本金等方式。9 月 30 日，桐乡市农村“三权”保证保险贷款试点村（崇福镇钱家埭村和濮院镇永联村）首批 6 位农户分别与中国农业银行股份有限公司浙江省分行、中国人民财产保险股份有限公司浙江省分公司、中国太平洋财产保险股份有限公司浙江分公司签订“三权”保证保险贷款合同和保单，合计获农村“三权”保证保险贷款 120 万元，系全国首创。至年末，农行桐乡市支行累计发放“三权”保证保险贷款 7 户、140 万元。

（郑倩茜）

证　券　业

【概况】　1 月，申银万国证券股份有限公司更名为申万宏源证券有限公司，原申银万国在桐乡的两个证券营业部作相应更名。至 2015 年年末，桐乡市有证券营业部 6 家，分别是：申万宏源证券有限公司桐乡和平路证券营业部、中信证券（浙江）有限责任公司桐乡复兴北路证券营业部、财通证券股份有限公司桐乡世纪大道证券营业部、方正证券股份有限公司桐乡市场路证券营业部、申万宏源证券有限公司桐乡崇福镇崇德西路证券营业部和浙商证券股份有限公司桐乡世纪大道证券营业部。可以办理沪深 A 股、B 股、基金、债券、债券回购、融资融券、期货（商品期货及金融期货）、约定购回、股票质押融资、债券质押式报价回购等业务。2015 年，上证指数年初 3351.45 开盘，最低盘中探至 2729.29，年底收于 3539.18；深成指开于 11667.97，最低盘中探至 9290.81，年底收于 12889.83。2015 年年底，桐乡市 6 家证券营业部有 A 股股东账户 157152 户，B 股账户 2176 户，托管客户资产总数 200.73 亿元，2015 年完成成交量 4136.14 亿元。年内，桐乡市各家证券营业部正逐步实现由临柜业务向互联网业务转型，客户可通过电脑、手机等设备办理网络开户、手机开户、密码重置、创业板转签、合同签署等业务，效率不断提升。

（姚玲梅）

其他金融业

【概况】　2015 年，浙江金不换典当有限公司和浙江阳光普泽融资担保有限公司成立。至年末，桐乡市有小额贷款公司 6 家，注册资本合计 8.2 亿元；典当公司 8 家，注册资本合计 1.55 亿元；融资性担保公司 5 家，注册资本合计 3.03 亿元。年内，桐乡市各小额贷款公司、典当公司、融资性担保公司坚持以“支农支小、小额分散”为经营原则，积极为小微企业和“三农”经济服务。小额贷款公司实现营业收入 1.05 亿元、净利润 6789 万元，上缴税金 3646 万元。全年累计发放贷款 1888 笔、20.64 亿元，其中 100 万元以下小额贷款 954 笔、11.38 亿元。年末贷款余额 9.72 亿元，其中 100 万元以下小额贷款余额 6.81 亿元。典当公司净资产合计 1.66 亿元，有从业人员 44 人，实现净利润 458 万元，上缴税金 293.63 万元，年末典当余额 1.5 亿元，中小微企业融资占典当业务总量的 90% 以上，全年为 700 多家中小微企业办理典当业务 1227 笔、总额 21 亿元。全市担保公司实现净利润 840.84 万元，上缴税金 386.83 万元。全年累计担保户数 881 户、担保总额 8.33 亿元，其中工业企业 843 户、担保额 8.07 亿元。年末在保企业 1120 家、在保余额 8.47 亿元，其中工业企业 764 家、在保余额 7.38 亿元。

（姚玉良　茅叶旸　程子路）

综合管理

【概况】 2015年，桐乡市发展和改革局贯彻落实市委、市政府决策部署，把握"稳中求进、转中求好"主基调，围绕"一业一网"战略，化解各种风险挑战，各项工作成效显著。桐乡市入选全国中小城市综合改革试点城市，市发改局被评为嘉兴市发展改革工作综合先进单位。完成《强化全球视野和战略思维——十三五时期桐乡经济社会发展分析与展望》等10个重点调研课题以及《关于乌镇智慧居家养老模式的调查与建议》《新形势下财政政策的支持重点及实现途径》等专题调研，形成《关于促进经济转型升级创新发展若干政策意见》；完成《关于桐乡市2014年国民经济和社会发展计划执行情况及2015年国民经济和社会发展计划草案的报告》和《桐乡市2015年一季度经济形势分析》等全市经济形势分析，提交市十五届人大五次会议审议。推进经济运行监测扩容工作，新增样板企业32家，全市样板企业总数163家；完成省发改委经济运行监测任务，各季度省级监测问卷填报率100%。全年实现地区生产总值652.6亿元，按可比价格计算，比上年增长8.1%，其中服务业增加值298.1亿元，增长11.8%、第三产业比重提高2.6个百分点；实现城镇居民人均可支配收入4.47万元，增长7.9%；完成固定资产投资总额428.1亿元，增长15%，其中服务业投资229.8亿元，增长18.7%、生产性服务业投资占比21.1%。

【加大项目推进力度】 2015年，桐乡市以推进省级重大产业项目、省"411"(万亿产业转型升级工程、万亿基础设施完善工程、万亿统筹城乡建设工程、万亿公共服务提升工程，建设1000个以上省重大项目，带动全社会固定资产投资超过10万亿元)项目、省重点建设项目、嘉兴"三个千亿"(千亿基础网络工程、千亿惠民安康工程、千亿产业提升工程)项目建设为抓手，落实市级领导联系项目制度，强化统筹协调，加大项目推进速度，195项市级重大项目开工建设192项，开工率98.5%，比上年提高3.5个百分点，完成投资197.4亿元，年度计划123%，提高13个百分点。召开政府投资项目竣工验收、预验收会议9次，174个项目通过竣工验收。强化项目前期管理，优化项目前期决策程序，完善项目储备，在库储备项目229项、前期项目88项、实施项目177项。深化项目前期工作，开展通用机场、连接杭州轨道交通、世界互联网大会配套等项目，加快探索政府和社会资本合作(PPP)模式。12个项目列为省重大产业项目，获省级预留新增建设用地奖励指标40公顷。城乡污水治理工程等4个项目获国家专项建设基金3.8亿元。

【加快现代服务业发展】 2015年，桐乡市加快服务业集聚区建设，服务业集聚示范区综合发展水平名列全省前列，濮院生产性服务业集聚平台建设列入全省服务业发展重点领域试点并获奖励资金500万元。新增服务业规模以上企业110家，引进服务业市外内资49.6亿元，注册资金20.8亿元，崇福名城广场等5个项目列入省服务业重大项目计划。加快培育楼宇经济，8月4日，市政府出台《桐乡市楼宇经济发展三年行动计划(2015—2017年)》，全市楼宇入驻率、注册率、税收贡献率分别提高19个、45个和6.3个百分点，商会大厦、金源大厦列入嘉兴首批重点楼宇单位。

【推动低碳循环发展】 2015年，市发改局按照省委、省政府推进生态文明建设总体要求，推动低碳循环发展，出台年度考核办法，首次将节能环保产业纳入考核。指导开发区、临杭区抓好省级园区循环化改造示范区建设推进工作，29个重点支持项目累计完成投资33.1亿元。推进温室气体编制工作，完成2010～2014年温室气体排放清单编制；指导完成第一批13家重点企业温室气体排放报告编制与核查工作。鼓励发展使用绿色能源，制订“十三五”太阳能利用项目计划，新备案光伏发电项目17个，累计82兆瓦。年内，全市光伏发电项目完成并网98.45兆瓦，河山11.5兆瓦和洲泉20兆瓦渔光互补电站并网发电。全市天然气使用总量约2.2亿元，比上年增长12%。

【创新推进农业保险】 2015年，市发改局加强全市政策性农业保险统筹工作，调整优化全市政策性农业保险工作，水稻保险实现全覆盖。探索地方特色保险，开展政策性家庭农场和粮油农机专业合作社综合保险试点工作，全市39家规范性家庭农场参加保险，参保率93%。全市保费收入1682.2万元，赔付农户1120户，赔付金额714.6万元。在嘉兴率先开展生猪保险与无害化处理联动工作，《桐乡市开展生猪保险与无害化处理联动实施方案》经省发改委批复同意。开展农村“三权”（土地承包经营权、集体经济股权、房屋所有）保证保险贷款试点工作，发放首批6户农户“三权”贷款120万元，全国“三权”贷款第一单在桐乡诞生。

【促进区域协作发展】 2015年，市发改局深入推进浙商回归工作，加大浙商信息采集力度，入库桐乡在外知名人士及浙商信息1000余条。完成浙商回归项目到位资金57.7亿元（其中资本回归资金10.6亿元），完成年度目标128.2%，资本回归、人才科技、总部经济等各项指标均创历史新高。中国巨石股份总部迁址桐乡。探索全省首个山海协作生态旅游共建园区试点，与开化县合作共建“生态旅游文化示范园区”启动。加强对口支援，累计拨付到位各类帮扶资金643万元。

9月8日，开化—桐乡山海协作生态旅游文化产业示范区共建协议签约 市发改局提供

【深化经济领域改革】 2015年，市发改局深化经济领域改革，加快要素差别化配置工作，制订《桐乡市资源要素交易市场建设方案》，采用“1+2”（一个统一平台、两个独立主体）模式，推进各类资源要素的一级市场和二级市场建设，提高资源要素配置效率。开展小城市培育试点工作，完成2014年度省级小城市培育试点考核，崇福镇列全省第6位，比上年上升5位，获考核优秀等次。推进审批制度改革，实行提前介入、并联办理、模拟审批等服务，加强行政权力网上透明公开运行，提升项目审批效率，行政审批中心发改窗口获评年度先进单位，蝉联“十连冠”。推进“多规合一”改革，促进国民经济和社会发展规划与城乡建设、土地利用、环境保护等各类规划的统筹整合。

【桐乡市入选国家中小城市综合改革试点】 3月17日，桐乡市被国家发改委确定为国家中小城市综合改革试点地区，成为嘉兴市唯一入选县市。桐乡市按照试点工作有关要求，加快推进产城融合、城市治理等重点领域改革，出台实施方案，报国家发改委备案。探索推进综合改革试点工作，一是引领经济转型升级，优化投资结构，高要素利用效率，加快实施“一业一网”(旅游业和互联网)；二是加快推进新型城镇化，分层培育新市镇，推进“多规合一”试点，建设“智慧城市”；三是公共服务领域提高均等化程度，深化医药卫生体制改革，推进居住证制度改革试点，加大政府投入。

(程跃峰)

物价管理

【概况】 2015年，桐乡市物价局以服务稳增长、调结构、治环境、惠民生为重点，推进价格改革，加强市场价格监管，完善民生价格政策。1月1日起，全市停止行政事业性收费许可证核发及收费年度审验工作，建立收费执行情况报告制度和收费情况公示清单制度，加强事中事后监管。贯彻落实国家推进药品价格改革意见，绝大部分药品取消政府定价。8月1日起，取消医疗特需服务价格备案制。探索公立医院停车场收费管理，缓解拥堵现象，市第一、第二人民医院和市中医医院停车场实行停车收费。做好定价成本监审工作，完成崇福经济适用住房、城市供水等八项成本监审，核减不合理成本费用6684.92万元，核减率5.9%。做好生猪养殖、蚕桑种植、菊花生产、烟叶生产四项农业生产成本调查工作，定期上报国家发改委全国农产品成本数据库管理系统。畅通“12358”价格举报管理系统，确保举报电话专人值守，网络举报及时受理，举报案件依法办理。全年受理举报234件，其中电话举报183件、网络举报16件，来访6件。市长电话交办29件，涉及电价、通行费、药价、天然气收费、停车收费、幼儿园收费、医疗收费以及零售、餐饮、娱乐业收费等，办结率100%。其中达成调解协议5件，处罚案件2件，处罚金额1万元。移交综合行政执法局案件7件。加强价格认证工作，为公安、检察机关出具价格鉴定结论603件，涉案标的金额1190余万元。

【调整天然气价格】 2015年，桐乡市建立居民生活用天然气阶梯价格制度。市发改局(物价局)根据有关文件精神，经市场调研、成本监审、召开听证会、公开征求意见和市政府常务会议审议，11月18日出台《桐乡市居民生活用天然气价格调整公告》，自2016年1月1日起执行。居民生活用天然气阶梯价格分为3档，第一档气量300立方米(含)以下部分，价格3.05元/立方米；第二档气量300立方米以上，480立方米(含)以下的部分，价格3.66元/立方米；第三档气量480立方米以上部分，价格4.57元/立方米，一年为一个计价周期。学校、社会福利场所、宗教场所、城乡社区居委会公益性服务场所等用户，价格为3.35元/立方米，对困难家庭采取优惠措施，每月每户免费使用2立方米。

【开展价格宣传活动】 2015年，市发改局实行《浙江省定价目录》，将《目录》转发各部门，宣传解释调整内容，让社会各界了解价格改革情况。同时做好网上政策宣传，在省价费平台上补充加载新出台的价格政策文件，清理原有文件86份。开展“3·15”消费者权益日价格宣传等活动，发放价格宣传资料200多份。组织桐乡市东兴商厦、沃尔玛等商场工作人员参加嘉兴市

9月15日，桐乡市召开居民生活用天然气阶梯价格听证会

市物价局提供

关于禁止价格欺诈行为规定培训班。常用价格和收费标准编纂成册,发送全市各部门、各镇(街道)、村(社区)及社会各界人士参阅。

【强化价格管理工作】 2015年,市物价局加强有关民生价格管理,根据省幼儿园收费管理办法,考虑保教人员工资上涨等因素,于秋季开学调整公办幼儿园保教费收费标准。调整后省一级幼儿园保教费收费标准为500元/生·月,省二级为450元/生·月,省三级为350元/生·月,其他未定级为250元/生·月。对全市11个民办幼儿园保教费收费标准调整进行备案;核定崇德家园经济适用住房销售价格,对全市9个普通住宅小区前期物业服务收费标准进行备案;批复K289桐乡高铁站至洲泉车站公交票价,K192站点调整后票价向嘉兴物价局报备。加强价格监测工作,价格采集崇福、乌镇、梧桐三个大型农贸市场猪肉、水产、禽蛋、豆制品、粮油、蔬菜等六大类22种商品,分析形成农贸市场价格周报;每月监测56种农资商品价格和城市重要商品,向嘉兴物价局报送价格信息,并在中国桐乡阳光工程、桐乡市政府信息公开、市发改局网站发布价格信息。

【加强价格专项检查】 2015年,市发改局(物价局)组织开展元旦、春节、“五一”、中秋、国庆和互联网大会期间市场价格大检查,分别对商业零售市场、交通运输与旅游市场进行专项检查。全年出动检查人员252人次,检查单位121家,确保市场价格稳定。围绕民生价格,重点检查桐乡客运中心、高铁站,联合市运管所提醒和告诫出租车,制止违规收费;巡查乌镇、福严寺等景区,联合市旅委检查全市旅行社,制止以零负团费等虚假价格宣传误导游客,违反合同约定擅自减少景点和服务项目等行为;突击检查超市、菜场等明码标价,制止违规收费和价格欺诈等违法行为。9月21日,开展涉企专项检查,会同经信局、财政局,摸排梧桐、崇福等11个镇(街道)涉企收费,特别是治安收费情况。世界互联网大会前,联合市场监管局、综合行政执法局等部门,检查乌镇商户,发放宣传资料2万份,暗访3次,无违规现象发现。

(张永清)

1月20日,桐乡市物价局巡查菜场价格情况　　市物价局提供

市场监督管理

【概况】 2015年,桐乡市市场监督管理局加强机构整合后干部队伍、工作职能融合,稳定大局,强化市场监管执法,各项工作成效显著。全年新注册各类市场主体1.61万户,比上年增长22.1%。其中企业2707家,增长9.3%;个体工商户1.41万户,增长31%。全市商品市场成交额550.17亿元,其中网上市场成交额65亿元。完成行政处罚案件138起,其中大案要案72起,罚没款154.4万元。加强“12315”投诉平台处置工作,接受消费者投诉举报咨询1884起,其中受理消费者投诉558起,调处532起,调处率95.3%,为消费者挽回经济损失176.8万元。食品安全列入综合目标责任考核和平安建设考核内容,实行“一票否决”制。市政府与各镇(街道)签订食品安全工作目标责任书。完善食品安全“地方政府负总责、各部门各负其责、企业是第一责任人”的责任体系。开展“执法百日攻坚”专项行动,完成世界互联网大会食品安全保障工作。

【深化工商登记制度改革】 4月，市市场监督管理局率先在嘉兴市范围启动工商营业执照、组织机构代码证和税务登记证“三证合一”工作基础上，推进“五证合一、一照一码”（营业执照、组织机构代码证、税务登记证、社会保险登记证、统计登记证五个证照，改为统一社会信用代码的营业执照）登记制度改革。全年办理“五证合一、一照一码”营业执照2281件。推进“先照后证”（从事后置许可经营项目的市场主体，先向工商部门申请办理营业执照，再到许可审批部门办理许可审批手续）改革，落实国务院决定保留的工商登记前置审批事项目录，对目录清单外且无法律明确规定的审批事项，不再实行前置审批。全年办理“先照后证”登记5437家，涉及工商登记前置审批事项改为后置审批事项5920项。

8月19日，市场监管局组织全市食品生产企业食品安全知识培训会　　市市场监管局提供

【助推小微企业提质增效】 2015年，市市场监督管理局完成“个转企”318家，公司制比例100%。成立实施工作领导小组。牵头策划连万家小微企业服务活动，梳理出信息经济、环保、健康、旅游、时尚、金融、高端装备制造七大重点产业及重点区域小微企业名单，从中选取802家企业进行走访和确定样本企业建档。

【桐乡市被认定为浙江省品牌示范市】 12月31日，桐乡市被省商标品牌评价委员会认定为浙江省品牌示范县（市），崇福镇被认定为浙江省品牌示范镇，大麻镇被认定为嘉兴市家纺布艺专业商标品牌基地。这是嘉兴市唯一入选的县（市）和镇（街道）。2015年，桐乡市新增注册商标2122件，新增浙江省著名商标4件，嘉兴市著名商标11件。全市累计注册商标1.5万件，其中中国驰名商标7件、浙江省著名商标50件、嘉兴市著名商标152件，注册商标总数超额完成“十二五”规划目标数。

【开展豆制品行业整治规范行动】 4月，市市场监督管理局联合市环保局、市综合行政执法局、水务集团等16个部门开展全市豆制品行业整治规范行动。全市限期关停无食品生产许可证、无营业执照豆制品生产加工小作坊154家，不符合标准的有证照豆制品生产企业（小作坊）7家；完成布局设点规范提升企业3家。建立桐乡市豆制品行业长效监管机制，巩固整治成果，强化长效管理。

【实施城乡居民食品安全工程】 2015年，市市场监督管理局参与实施城乡居民食品安全工程。引导乌镇集贸市场、洲泉集贸市场和东兴净菜市场成功创建省级“放心农贸市场”；指导嘉兴市三毛煲餐饮有限公司、桐乡市南海渔村餐饮有限公司等28家餐饮单位（其中25家大中型餐馆、1家机关食堂、1家企业单位食堂、1家集体用餐配送单位）成功创建“阳光厨房”。桐乡市高级中学、桐乡市第一中学等有校内商店的12所学校采取公开招投标方式重新确定入驻经营的品牌超市，实现品牌超市进校园全覆盖。组织全市食品生产企业进行食品安全知识培训。

【加强食品安全监管】 2015年，市市场监督管理局办理76家企业86个单元的食品生产许可换发证申请材料初审，发放小作坊许可证6份，办理食品委托加工备案28家次；新核发流通许可证 2666 份、餐饮服务许可证 1439 份。生产环节抽检各类食品 256 批次，合格率 98.1%；流通环节抽检各类食品 393 批次，合格率 94.9%；餐饮环节抽检 175 批次，合格率 98.9%。在食品批发经营户中安装电子监管平台用户 202 家，上传进销货台账 127.02 万批次。按照市政府关于《桐乡市餐桌安全治理行动三年计划(2015～2017 年)》要求，开展农村聚餐备案管理，走访农村家宴服务中心，指导农村集体聚餐活动 3661 次，餐次累计 1.19 万次。开展进口食品清查、白酒小作坊和散装白酒生产整治、食品加工小作坊清查建档等各类专项整治。与农经部门共同开展肉品和水产品安全专项整治“百日会战”，检查畜禽、水产养殖场 541 个，屠宰场(点) 8 个，仓库、冷库 62 个，副食品(农副产品)批发市场 2 个，农贸市场 67 个次，肉品水产品生产经营消费单位 3150 个，肉品和水产品集中加工地 5 个，查处问题肉及肉制品 1560 千克，问题水产品 200 千克。

【强化药品、保健食品和化妆品安全监管】 2015 年，市市场监督管理局加强药品行政审批层级一体化改革，承接上级下放的药械行政审批事项，全市药品、医疗器械审批及备案事项 943 件，行政许可工作规范有序；推进药品监管信息化工作，基本完成药品生产、经营企业电子监管追溯系统建设。加强药品不良反应、医疗器械不良事件监测工作，全年药品不良反应上报 1055 例，医疗器械不良事件上报 137 例。推进全市保健品、化妆品电子信息化监管工作，全市 150 多家生产、经营保健品、化妆品的企业纳入电子信息化监管平台。

【规范市场经济秩序】 2015 年，市市场监督管理局规范市场经济秩序，完善、打击传销长效机制，取缔涉传窝点 69 个。推进企业信息公示，完成企业和个体工商户年报工作。开展无证无照经营规范整治，引导办照 3560 户，查获案件数 33 件。开展红盾网剑专项行动，以网络交易平台、大型购物网站和团购网站为重点，查处违法案件 6 起。以新《中华人民共和国广告法》实施为契机，加大广告监管力度。对桐乡电视台、广播电台行政约谈 2 次，立案调查违法广告 5 起。

(朱炜君)

国土资源管理

【概况】 2015 年，桐乡市国土资源局根据国家审计署土地出让金收支和耕地保护审计方面反馈的问题，查找土地出让金和耕地保护审计廉政风险原因。3 月，市政办出台《关于进一步加强土地征收工作监管规范征地行为的通知》；5 月，市国土资源局出台《关于“国审”整改设定“红线”“底线”的通知》，提升国土资源管理和依法行政水平。完成农村土地综合整治复耕面积 214.53 公顷，农村土地整治项目立项 21 个，规划复垦新增耕地总面积 140.86 公顷。调整完善土地利用总体规划工作，全市范围内跨乡镇统筹调节规划面积 68 公顷，落实新增建设用地指标 421.4 公顷。土地一级市场办理供地 101 宗，面积 213.98 公顷，成交土地出让金 30.43 亿元。存量土地挖潜 237.68 公顷，腾退低效建设用地 109.8 公顷，城镇低效用地再开发 63.76 公顷。开发单独供地地下空间项目 2 个，面积 0.72 公顷。开展推进低效利用土地再利用专项行动。加强土地执法监管，成立巡查队伍，增强综合执法力量。推进国土工作信息

第 25 个全国土地日，工作人员上街宣传　　市国土资源局提供

化建设。11月20日，市国土资源局信息平台项目通过验收。全市各镇(街道)组建“一机构一平台”(综合行政执法机构和联动综合行政执法办公室)网络。开发完善建设用地审批，建设用地供应及土地征收、储备、测绘、执法等8个子系统，建立国土资源“一张图”核心数据库，搭建国土资源电子政务平台，实现国土资源“批、供、用、补、查”全程监管，提升国土执法监察效率。定期巡查、督促巡查和错时巡查相结合，遏制国土资源违法行为发生。全年开展土地执法巡查953次，登记各类土地2.62万件，农村村庄地籍调查数据通过验收。做好“6·25”全国土地日等普法宣传工作，接听“12336”国土资源信访举报电话12次，受理群众来信来访27件，承办市长电话43件，办结率、反馈率100%。

【加强耕地保护】 2015年，市国土资源局落实耕地保护目标责任机制和共同责任机制，逐级签订耕地保护目标管理责任书，建立健全土地执法监管共同责任长效管理机制，创新执法动态巡查手段，组建“一机构一平台”。实施“812”土地整治工程。与中国农业银行桐乡支行协作，完成全市首例土地综合整治节余指标质押贷款，拓展项目融资渠道。全年复耕任务164.9公顷，实际完成214.53公顷，完成率130%。农村土地整治项目立项21个，规划复垦新增耕地面积140.86公顷。重点保护已建成高标准农田、粮食生产功能区和农田水利工程长效运行管护区，给予不低于100元/亩的重点补偿。已建成的高标准基本农田给予30元/亩的单独补偿，对农田水利工程长效运行管护区给予20元/亩单独补偿，全部直补至种粮农户和村集体经济组织。落实永久性基本农田划定工作，优化布局，健全基本农田保护制度，强化永久性基本农田用途管控，划定永久性基本农田3.32万公顷，永久性基本农田示范区1.63万公顷，永久性基本农田划定方案报省国土厅审查。

【优化规划用地空间】 2015年，市国土资源局完成土地利用总体规划调整完善工作。11月，市级及中心城区规划完善方案通过省政府审批；12月，乌镇等8个镇规划调整完善方案获嘉兴市政府批复同意。落实规划局部调整，实现全市范围内跨乡镇统筹规划空间，全年跨乡镇统筹面积68公顷。通过调整，保障世界互联网大会会址、普洛斯现代物流园、桐乡宝湾智慧供应链中心项目等一批重点项目落地。落实规划预留指标，保障生活垃圾填埋场及飞灰固化等涉及民生的基础设施项目用地空间。探索“多规合一”工作，注重与环保、建设、水利、交通等多种规划衔接，合理设置各类规划指标，融合创新、协调、绿色、开放、共享发展理念，科学划定城乡建设用地边界线、永久基本农田红线、生态保护红线。

·相关链接·

多规合一

多规合一是将国民经济和社会发展规划、城乡规划、土地利用规划、生态环境保护规划等多个规划融合到一个区域上，实现一个市县一本规划、一张蓝图，解决现有各类规划自成体系、内容冲突、缺乏衔接等问题。

【落实各类用地指标】 2015年，市国土资源局落实新增建设用地指标421.4公顷，其中计划指标178.27公顷，单独选址项目

6月29日，省委常委、宣传部部长葛慧君(左三)到乌镇调研城镇总体规划 市委办提供

指标243.13公顷。全市土地一级市场办理供地101宗，面积213.98公顷，成交土地出让金30.43亿元。其中工业用地46宗，面积125.28公顷，成交金额5.17亿元，成交均价412.68万元/公顷；经营性用地54宗，面积83.38公顷，成交金额24.21亿元，成交均价2903.145万元/公顷；科教用地（学校）1宗，面积5.32公顷，成交金额1.05亿元。办理超面积补办等改变出让条件项目77个，涉及面积38.52公顷；集体使用67宗，面积130.92公顷；设施农用地24宗，面积2.2公顷；临时土地16宗，面积12.03公顷。全市实际收储土地47宗，面积105.6公顷，其中市区14宗，面积48.8公顷；镇33宗，面积56.8公顷。

【保障农户建房用地】 2015年，市国土资源局推进“规范宅基地管理，破解农民建房难问题”专项行动，保障农户建房用地空间和指标，在规划修改中优先安排新农村建设用地空间712公顷，占全市总用地空间25.4%。调整全市新村点规划布局，规划修改新增村庄点161个，优化完善村庄点87个，置换村庄点11个。至年底，农村土地综合整治项目57个，覆盖全市100多个村，保障6630户农户建房需求，安排农户建房计划指标8.87公顷，安排“三房户”（无房户、危房户、困难户）建房1712户。

【工业土地实行差别化供应】 2015年，市国土资源局制订《桐乡市工业土地差别化供应认定标准及处置办法（试行）》，实施弹性出让年限，对用地面积、约定指标完成情况、承诺容积率等设置“硬杠”，建立以亩产效益为导向评价机制，按照亩产效益实行城镇土地使用税分类分档差别化减免政策。加大存量土地挖潜和批而未供土地消化利用工作，全市存量土地挖潜任务153.33公顷，其中盘活供应100公顷，批而未供土地消化利用（2006－2010年）108公顷，实际完成存量土地挖潜任务237.68公顷，其中盘活供应105.81公顷，批而未供土地消化利用（2006－2010年）22.67公顷。全市腾退低效建设用地任务106.67公顷，实际完成109.8公顷；城镇低效用地再开发任务66.67公顷，实际完成63.76公顷。

【开发地下空间】 2015年，市国土资源局开展地下空间开发，首创“地下桐乡”建设范本，开发单独供地地下空间项目2个，面积0.72公顷。通过地下空间开发，中国农业银行桐乡支行营业用房从0.46公顷升级到1.08公顷，容积率由0.9提高到1.6。探索推进地下空间确权登记发证，根据使用权人各自建筑面积占建筑总面积比例分别发证。做好地下空间开发指导服务，发挥城市地质调查三维空间模型成果作用，为世界互联网大会会址提供地下空间开发、地质分析和工程防护措施等建议。

【开展推进低效利用土地再利用专项行动】 2015年，市国土资源局制订《桐乡市低效建设用地再开发专项规划》，推进低效利用土地再利用专项行动。专项督查转而未供、供而未用、低效工业用地再利用三项工作落实情况。由市长带队，分组听取被督查单位工作进展情况汇报，形成问题清单，实地踏勘地块现状，建立月报制度，加强动态监管。市政府印发《桐乡市深化节约集约利用土地促进扩大有效投资若干意见的通知》，加大低效用地再开发力度，加快批而未供土地消化利用。通过专项行动和专项督查，全市专项行动考核开工项目129个，已开工128个，开工率99.2%。专项行动考核竣工项目141个，已竣工121个，竣工率85.8%。

【深化国土资源领域改革】 2015年，市国土资源局深化行政审批制度改革，涉及耕地保护、地籍管理、土地利用等相关审批事项全部进驻桐乡市行政审批中心，精简审批报件内容，规范文书格式，优化审批环节和流转时限，通过“绿色通道”、提前介入、模拟评估等方式，实现审批再提速。深化用地制度改革，落实土地出让金和耕地保护审计发现的问题以及教育实践活动中有关问题的整改工作。深化基层土地管理制度改革，完成“一乡一所”建设目标；撤销原梧桐国土中心所建制，根据街道分设梧桐、龙翔、凤鸣三个国土所，实现国土资源服务基层全覆盖。指导乡镇国土所做好事权下放承接工作，对原有的基层所管理机制、工作流程进行再梳理。

【提升依法治地能力】 2015年，市国土资源局深化国土部门职权清理，推行权力清单制度，通过梳理部门职责，分析履职情况，提出职权清理意见，编制权力清单和权力运行流程图，建立健全事中事后监管制度，并依法向社会公布权力清单和权力运行流程，接受社会监督。依法落实听证制度和政府信息公开工作。全年发出土地征用听证告知书170份；通过政府信息公开平台累计发布政府信息1120条，受理依申请政府信息公开21件，因具体行政行为引起的诉讼案件5件，行政复议案件9件。做好2014年度土地卫片执法监督检查工作，立案查处违法用地案件142件，查处土地面积35.32公顷(耕地21.61公顷)，全部依法作出处罚决定，责令限期拆除34.84万平方米违法建筑物(构筑物)，全部申请人民法院强制执行；依法没收14.92万平方米建筑物，全部移交市财政；应收缴罚款2125.5万元，全部收缴到位，收缴率100%。

【做好地籍管理工作】 2015年，市国土资源局做好土地登记发证等日常管理工作，完成各类土地登记2.62万件。推进不动产统一登记工作，印发《桐乡市不动产统一登记工作实施方案》《关于整合不动产登记职责有关事项的通知》《桐乡市不动产登记服务中心主要职责、内设机构和人员编制规定》，明确工作目标、主要任务、机构职责等，推进村庄数字地籍调查数据入库工作。完成龙翔街道、梧桐街道(城区部分)、濮院镇(镇区部分)和20个原乡政府所在地小集镇，约18.3平方千米农村村庄数字地籍测绘、22平方千米权属核查工作项目的村庄地籍调查数据验收，并对调查数据进行检查入库，更新地籍调查数据。

(陆艳艳)

质量技术监督

【概况】 2015年，桐乡市质量技术监督局推进“三强一制造”(质量强市、标准强市、品牌强市、浙江制造)建设，完成“浙江制造”品牌认证1家，通过“浙江制造”团体标准评审1家，形成“浙江制造”行业、企业、产品培育梯队。加强质量强市与品牌创建工作，1家企业获嘉兴市市长质量奖、1家企业获桐乡市市长质量奖，新增“浙江名牌”2个。嘉兴市年度质量工作考核，桐乡市以97.01分位居嘉兴市五县两区榜首，获质量工作考核第一。深化标准强市工作，全市66家企业制订、修订标准230个，其中国际标准2个、国家标准106个、行业标准108个、地方标准4个、联盟标准8个、“浙江制造”团体标准2个。开展企业产品标准自我声明公开试点工作，全年公开企业产品标准52个。强化科技支撑，质监局下属技术机构检测产品2.18万批次，检定计量器具4.46万台件，获省级科研项目1个、桐乡市级科研项目8个、1名技术人员获“全国质量监督检验检疫工作先进个人”，成为嘉兴市唯一获评人员。强化特种设备安全监管，出动执法人员2101人次，检查特种设备使用单位771家，下达安全监察指令书192份，消除各类安全隐患354起，立案查处特种设备违法行为32起，特种设备超期未检特种设备率下降2%。全年办理报废重污染燃料锅炉301台。抓产品质量安全，开展产品质量专项整治行动11次、立案110起，以质量风险信息为线索检查企业107家，查处蚕丝被、羊毛衫等行业质量不合格企业21家；完成产品质量监督抽查307批次，受理举报投诉51起。做好行政审批制度改革层级一体化与下放承接工作，14个审批事项均纳入浙江政务服务网公共平台。配合市场监管局完成“五证合一”登记制度改革，自10月1日起，市质监局不再面向企业、农业专业合作社和个体工商户办理和更新组织机构代码证。第二届世界互联网大会期间，出动执法人员530人次，检查特种设备使用单位151家、特种设备321台，消除安全隐患28起。

【首次承担国际标准验证试验工作】 4月，嘉兴市皮毛和制鞋工业研究所受全国制鞋标准化技术委员会委托，试验验证鞋内底用纤维板的尺寸。这是皮毛和制鞋工业研究所自2012年担任鞋标委验证试验实验室以来，首次承担国际标准的验证试验工作。试验针对国际标准草案ISO/PWI 20535《Footwear-Test methods for insoles-Dimensional variation》(鞋类、鞋帮的测验方法、尺寸变化)验证。近三年，嘉兴市皮研所承担全国鞋标委下达的验证试验累计37批次。

【桐乡市首个国家级质检中心成立】 5月31日，桐乡市首个国家级质检中心——国家纺织服

1月23日，桐乡市首个国家级质检中心通过国家质检总局现场验收　　　市质监局提供

装产品质量监督检验（浙江桐乡）毛针织品分中心，经国家质检总局和国家认监委联合发文批准成立。国家纺织服装产品质量监督检验（浙江桐乡）毛针织品分中心于2011年12月获国家质检总局批准筹建，现有人员32人，其中中高级职称人员19人，其他人员13人。一期检测大楼于2012年1月投入使用，建筑面积8200平方米，实验室面积2000平方米。拥有总价值1380万元的液相色谱—串联质谱联用仪等精密检测设备149台套，获批检测项目215个，检验能力覆盖毛针织品、纺织原料、纺织面料、服装、家纺等多个领域。筹建期间，浙江桐乡毛针织品分中心获得由中国合格评定国家认可委员会授权的毛针织产品项目CNAS认可和国家认证认可监督管理委员会颁发的计量认证，拥有向社会出具公正检测数据和结果的法定资格。二期综合研发大楼将于2016年正式投入运行。

【嘉兴首个“浙江制造”品牌通过认证】　9月，桐乡市巨石集团有限公司通过“浙江制造”品牌认证会议专家组审议，成为嘉兴市首家通过“浙江制造”品牌认证的企业。桐乡市作为全省首批“浙江制造”品牌试点县（市）之一，以《桐乡市开展“浙江制造”品牌培育试点工作实施方案》为基础，通过政策扶持、部门协同、培训引导等举措提升试点建设水平。至年末，全市形成行业、企业、产品培育梯队，包括玻纤、毛纺等试点行业2个，巨石集团、新澳纺织、双箭橡胶等试点企业3家，试点培育企业12家。其中双箭集团完成“浙江制造”标准备案，毛纺行业品牌培育路线图制定完成。

【《毛皮服装》行业标准通过审定】　参见《平台建设·崇福经济区》中相关条目。

【发布首个服务业地方标准规范】　11月，桐乡市发布首个服务业地方标准规范——《桐乡市古镇旅游气象综合条件等级》。这是桐乡市首个气象地方标准规范。该标准涵盖古镇观景气象指数、人体舒适度等级、古镇旅游安全气象等级、古镇旅游气象综合条件等级等内容，填补了桐乡市在古镇旅游气象预报和服务领域的空白。

【两机构入选省区域技术标准联合创新基地】　12月，省质监局和省科技厅联合发文公布2015年度浙江省技术标准研究创新基地名单，国家纺织服装产品质量监督检验（浙江桐乡）毛针织品分中心与嘉兴市皮毛和制鞋工业研究所入选省区域技术标准联合创新基地。这是嘉兴唯一入选的两家技术机构。两家机构在毛纺针织、皮草、皮鞋等行业标准创新方面做了大量工作，走在全省前列。其中，浙江桐乡毛针织品分中心主持、起草或制修订国内、行业各类标准/技术规程20余个，2010年以来该中心开展80多次专题讲座，为500多家企业3000多名员工提供标准、检测技术等知识培训。嘉兴市皮研所整合中国皮革和制鞋工业研究院、制革清洁技术国家工程实验室、陕西科技大学等高校标准化资源，联合科研机构、高等院校、标准化技术组织和产业链上下游企业，协同开展关键共性技术研发和相应标准研制工作，参与国内外标准化活动，提升区域标准化水平，主导或参与制定的皮毛行业标准已占全国半数以上，主导或参与制定鞋类国际标准2个、鞋类国家标准2个。

【两产品及一品牌入围中国品牌价值榜】 12月12日，2015中国品牌价值评价信息发布活动在北京举行。浙江双箭橡胶股份有限公司的"管状输送带"和"耐高温带"两个产品分别以801.5、765的品牌强度，3.24亿元、2.4亿元品牌货币价值，分别位列第二产业及其他产品品牌的第34、第42位。作为知名品牌示范区的"濮院毛针织"区域品牌以609的品牌强度和53亿元的品牌货币价值位列全国知名品牌示范区第30位(共61家)。

【服务企业助力"众创"】 2015年，市质监局发挥技术机构优势，服务企业，助力"大众创业、万众创新"。加强公共技术服务。强化检测技术服务，运用互联网思维，建成智慧检测项目3个。开展检测设备共享及实验室开放活动，全年接待实验室参观及检测设备使用人数120人次，开展毛衫、制鞋等产业质量提升专题培训5次，举办专家专场报告会1次，提供技术咨询服务10场次。提升科技创新服务。根据桐乡市科技创新券管理办法，依托"浙江省羊毛衫质量检验中心"和"浙江省嘉兴皮毛产业技术创新服务平台"两大省级平台，服务企业57家，企业实际使用额度120余万元，助力企业盘活创新资源、降低创新成本。加强企业质量帮扶。立足企业"减负"，对小微企业实行开办2年内委托检验费用减半优惠，2年后继续享受折扣优惠，首次送检和大学生创业企业免当年委托检测费用，年内减免检测费用10.9万元，减免"两农"(农村医疗卫生单位，农村集贸市场)计量检定费用32.36万元。召开标准培训会议5次，组建工程师服务队，下企业帮扶指导28次，服务企业300余家次。

【注重蚕丝被行业质量提升】 2015年，市质监局注重蚕丝被行业质量提升，通过暗访、突击检查、建立村居行业监测哨到制假窝点等办法，打击制假违法行为。先后出动执法人员200余人次，检查蚕丝被生产企业105家次，立案查处蚕丝被质量违法案件8起，查处假冒伪劣蚕丝被、蚕丝毯等3000余条。加强企业质量帮扶。依托浙江桐乡毛针织品分中心搭建公共技术服务平台，开展蚕丝被检验检测、科技研发、质量分析等技术服务与帮扶。至年末，中心承担蚕丝被委托检验、监督抽查检验737批次，开展蚕丝被行业质量提升工作会议4次，"蚕丝纤维中锡类化合物增重剂检测研究"科研项目1个，工程师服务队下企业帮扶5次，走访调研蚕丝被生产企业100余家次，为企业解决蚕丝被中含油脂率、pH值等技术难题8个。

(裴付宇)

3月18日，桐乡市召开蚕丝被行业质量提升工作会议

市质监局提供

安全生产监督管理

【概况】 2015年，桐乡市安全生产监督管理局贯彻新《安全生产法》，落实安全生产"党政同责，一岗双责，齐抓共管"工作机制，坚守安全发展理念，强化责任落实、完善监管体系。开展危化企业专项整治、烟花爆竹专项整治、"三场所三企业"(有限空间作业场所、涉及可燃爆粉尘作业场所、喷涂作业场所、金属冶炼企业、涉氨制冷企业、船舶修造企业)专项整治、世界互联网大会安全生产保障等行动。全市发生各类安全生产事故(不含火灾)280起，死亡65人，直接经济损失450.2万元，分别比上年下降10.5%、3%和8.3%。其中，工商贸领域事故发生5起，死亡

6 人；道路交通事故发生 275 起，死亡 59 人；生产经营性火灾 140 起，无人员伤亡，直接经济损失 275.46 万元。全程参与乌镇“十剑联动、百日攻坚、千人执法、万人参与”专项行动，出动检查人员 1345 人次，发放告知书等宣传资料 387 份、宣传挂图 86 张，检查企业 328 家，消除各类安全隐患 557 处。

【加强安全生产基础建设】 2015 年，市安监局加强新增规模以上企业完成安全生产标准化建设，推进微小企业规范化达标工作。全年创建安全生产标准化三级企业 76 家，完成标准化三级复审企业 26 家，二级复审企业 21 家，安全生产规范化达标企业 220 家。引导企业利用安全中介机构专业技术力量，推进安全生产社会化服务，与中介公司签订协议，开展安全生产指导服务企业 189 家。完善安全生产网格化管理，安全生产网格融入综合治理网格，调整网格长，充实网格化管理队伍。组织村（社区）安全管理员 225 名，开展安全业务教育培训。

【加强安全生产执法检查】 2015 年，市安监局按照《2015 年度安全生产监管行政执法工作计划》，检查企业 545 家，出具整改指令书 165 份、现场处理措施决定书 25 份、强制措施决定书 1 份，排查并整改事故隐患 1063 个。开展全市经营易燃易爆、有毒物品、出租房屋安全整治行动等活动。检查经营单位 66 家，排查、整改隐患 119 个。推进重点危险化学品企业专家检查全覆盖，聘请有关危险化学品专家 19 人，为全市 43 家重点危化企业把脉问诊，发现并整改安全隐患 347 条。开展全市烟花爆竹经营（零售）店专项整治，检查整治 463 家，淘汰关闭不符合国家法律法规要求和市布点规划的烟花爆竹经营（零售）店 285 家。开展“三场所三企业”安全生产专项整治，一对一跟踪检查，检查企业 432 家次，发现安全隐患 910 个，限期整改全部完成，实现安全隐患闭环管理。

10 月 19 日，市安监局检查危化品企业　　市安监局提供

【强化安全生产宣传培训】 2015 年，市安监局贯彻《中华人民共和国安全生产法》，依托媒体平台，开展安全生产公益宣传。在市人代会和政协会议上，向人大代表和政协委员发放《安全生产事故案例汇编》，扩大宣传效果和社会效应。向全市规模以上企业发放企业安全生产责任体系“五落实”“五到位”规定挂图 1100 份。在安全生产月期间，开展安全生产上街宣传咨询、广场文艺演出、专项执法督查、应急演练、知识竞赛等安全知识宣传活动。全年举办各类培训班 107 期、培训人员 8473 人，举办安全讲座 24 场，受训人员 2425 人次。

【推进职业安全健康监管工作】 2015 年，市安监局完成职业安全健康监管工作职能交接。开展职业病防治法律法规宣传，推进用人单位职业病危害项目申报工作，完成网上申报企业 703 家。做好建设项目职业卫生“三同时”（建设项目职业病防护设施必须与主体工程同时设计、同时施工、同时投入生产和使用）工作，开展涉及可燃爆粉尘、喷涂（喷漆、喷塑）企业职业病危害治理专项行动，发现职业危害隐患 117 个，要求企业落实整改到位。开展制鞋业、木质家具制造、水泥制造企业职业安全健康专项执法行动，加强宣传服务引导，促进企业依法履行职业病防治主体责任。

（周艳娇）

审批办证服务

【概况】 2015 年，桐乡市行政审

批服务中心(公管办)深化行政审批制度改革,承接省市下放事项、深化“一站式”政务服务体系建设,强化行政审批中介服务管理,规范公共资源交易管理。全年受理各类行政审批服务项目25.97万件,办结25.8万件,平均日办理1032件,承诺项目按时办结率100%。7个市级分中心(港航、农经、社保、交警、烟草、出入境、崇福分中心)全年受理项目9.88万件,办结9.88万件,办结率100%。市公共资源交易平台组织各类招投标项目2625件,交易金额96.83亿元。全市12个镇(街道)便民服务中心办理、代理各类事项4.97万件;招标采购中心组织各类招投标项目1100件,交易金额8.24亿元。承接嘉兴市下放事项213件,受理办结下放事项3.05万件;向镇(街道)下放经济类管理事项65件、社会管理类事项42件。

【推进省政务平台建设】 2015年,市行政审批服务中心按照省政务服务平台建设要求,实现行政权力和便民服务事项网上运行,全市33个部门审批事项293件,43个部门便民事项在浙江政务服务网上对外发布3195件。做好政务服务平台三级便民试点工作。8月上旬,新政务服务三级便民平台向镇(街道)、村(社区)延伸工作进入试运行阶段,初步实现服务事项网上运行,为实现政务服务五级联动夯实基础。

【创新审批服务方式】 2015年,市行政审批服务中心创新审批服务方式,简化商事登记制度。4月,实现营业执照、组织机构代码证、税务登记证“三证合一”,办理时限从5个工作日压缩到2个工作日;10月,实行“五证合一、一照一码”制度。全年办理“三证合一”2260家,“一照一码”登记2193家。完善经信、环保、建设、气象、消防等部门“零土地”技改项目审批服务指南,实现不新增建筑面积项目审批时限从原来法定18个工作日提速到1个工作日,新增建筑面积项目审批时限从原来的法定72个工作日提速到2个工作日,116个项目取得浙江省工业企业“零土地”技术改造项目备案通知书。建立桐乡市行政审批服务中心微信公众号。此微信公众号成为市行政审批服务中心与市民交流互动新平台,实现咨询、查询和办理等在线审批服务。

· 相关链接 ·

“零土地”技改

“零土地”技改是指企业不涉及新增建设用地的技改项目。以前需要多个部门审批,推出“零土地”技术改造审批方式改革后,“零土地”技改项目实行审批目录清单管理制度,企业不涉及新增建设用地的技改项目只要是不属于负面清单上的项目,向相关部门实行承诺报备即可。对于备案承诺的项目,相关部门在收到企业提交的申请材料后,分别在1个工作日内进行预审把关,对符合受理条件的出具承诺备案受理书。对于清单以外的项目,企业向经信部门立项备案后,可同时向节能、消防、环保、建设(规划)、安监、气象等部门办理承诺验收手续,提高办事效率。

【建立窗口部门首席代表制】 2015年,市行政审批服务中心深化“两集中,两到位”(行政机关的审批事项向一个科室集中、行政审批科室向行政审批服务中心集中;保障进驻行政审批服务中心的审批事项到位、审批权限到位)改革,建立窗口部门首席代表制,中心部门派驻一名窗口首席代表,得到授权直接行使审批权,从而有利于实现部门审批服务前移,提高现场办结率。审批中心19个窗口部门完成首席代表授权,授权事项363个,授予直接审批权事项325个,减少审批环节101个,压缩时间88天,提高窗口现场办结率,受理、办理事项比例和“一审一核率”(行政审批机关授权本部门设在行政审批服务中心窗口一般工作人员对行政许可申请依法予以受理审查,窗口负责人或科室负责人审核把关直接签发的审批制度),分别达到90.98%和86.1%。

【加大项目代办服务力度】 2015年,市行政审批服务中心降低代办服务准入门槛,拓展代办服务范围,将2000万元以下投资建设项目及前期商事登记与后期竣工复核验收列入受理范围,全年受理代办项目80个,办结49个,协办27个,指导办理100余个。简化建设项目竣工复核验收流程,实行关口前移和并联验收,缩短复核验收时间,加快建设项目竣工复核验收速度,减轻业主负担,全年完成建设项目竣工复核验收工程260件。

【完善审批中介机构监管】 2015年,市行政审批服务中心根据《桐乡市行政审批中介机构管理办法》,实施行政审批中介机构AA、A、B、C、D五级信用等级评定,督促行业主管部门完成中介机构脱钩改制。健全桐乡市中介机构信息网,实现信息共享,并依托办证大厅实体平台和中介机构信息网,实现网上网下双向服务模式。7月,审批中心出台《关于清理规范行政审批中介服务的通知》,制定桐乡市行政审批中介服务项目目录,督促各行业破除中介服务垄断,放开中介服务机构执业限制;9月,审批中心出台《关于进一步规范行政审批中介服务的通知》,开展中介机构不良行为自查自纠,要求中介机构签订诚信承诺书,实体平台中介机构印制中介服务事项办事指南;11月,审批中心牵头联合物价、国税、地税、建设等相关行业管理部门进行2015年度桐乡市行政审批中介机构联合检查,全市134家社会中介机构服务质量明显提升。

【优化公共资源市场配置】 2015年,市行政审批服务中心打造资源交易服务平台,推行政府采购竞争性磋商采购方式,通过网上在线竞价系统,实现一般办公设备网上竞价功能。推行全流程电子招投标平台,6月,审批中心制订《桐乡市电子招投标管理办法》,按照统筹规划、分批上线要求,优化电子招投标系统,方便招投标网上操作流程,避免招投标过程中围标、串标等问题。全年实施建设工程电子招投标项目62个。建立公共资源交易管理诚信体系,制订《公共资源交易不良行为记录和黑名单管理办法》。《办法》明确对不良行为记录及黑名单认定办法,建立诚信档案信息库并加强结果运用,打击公共资源交易活动中违法违规及失信行为,规范各种交易活动主体行为。开展上门指导、培训等方式,提升小型招投标平台规范化水平。10月,开展镇(街道)招投标统一平台专项检查,针对检查出的问题召开通报会议,提出整改要求。

(杨丽莉)

4月5日,桐乡市审批中心举办政务服务网应用系统培训会

市审批中心提供

审　计

【概况】 2015年,市审计局围绕市委、市政府中心工作,以《国务院关于加强审计工作意见》《浙江审计条例》为指导,以审计价值提升年活动为依据,依法履行审计监督职责,加强财政预算执行审计,领导干部任期经济责任审计,政策贯彻落实情况审计,落实政府投资项目审计全覆盖,强化审计服务,做好审计价值提升工作。全年实施审计项目30个,完成省审计厅、嘉兴市审计局下达审计项目2个,查处不规范金额15.91亿元,违规金额7306万元;组织中介机构审价项目92个,送审造价4.47亿元,审定造价4.13亿元,核减工程造价3453万元,平均核减率7.7%。

【加强财政预算执行审计】 2015年,市审计局围绕建立透明规范的公共财政框架总体要求,坚持以规范预算管理、提高财政资金使用效益,实现公共资金审计监督全覆盖为目标,重点监督预算执行和管理、财政收支、税收征收管理等情况。提出推进税费执收监管,健全预决算体系,强化政府和部门支出监管,盘活财政存量资金,控制债务总体规模等审计意见和建议,监督财政地税部门追缴入库税款1086万元,收缴国有资产经营收益426万元。

【开展领导干部任期经济责任审计】 2015年，市审计局探索经济责任审计方式，加强与各联席会议成员单位协调配合，根据年度审计项目计划要求，对龙翔街道、屠甸镇、大麻镇、财政局、经信局、人防办、发改局、水利局、科协、人社局、振东新区等单位开展领导干部任期经济责任审计；对各单位领导任期内财务收支、资产、预算内外资金、专项资金及有关经济活动等进行审计，通过审计客观公正评价领导干部履行任期经济责任情况和工作实施情况。

【落实政府投资项目审计全覆盖】 2015年，市审计局对全市政府投资项目审计按照投资规模、项目资金来源等原则进行划分，分类管辖，委托政府投资建设项目工程审核备选库中的18家服务机构进行造价审核、审计、监督。监督范围从政府重点项目扩大至全市所有投资项目，落实政府投资项目审计全覆盖。按照审计质量管理要求，加大对中介机构审价质量检查力度，抽取2014年度承接审价业务报告，复审中介机构11家，项目11个，实行必抽、必查制。全年出具移送处理书1份，清退备选库中介单位2家。加强审价质量监督，启动桐乡市政府投资审计系统，所有政府投资项目的审价过程，全部纳入系统进行全程跟踪管理，实现项目审价信息实时采集、项目审计网上申报、联网单位意见交互、造价数据智能分析，使相关管理部门掌控审价时间、人员和进程，对审价质量实施实时监督和管理。

【强化政策落实情况审计】 2015年，市审计局加强对政策贯彻落实情况审计，实施2014年城镇保障性安居工程跟踪审计、公务支出公款消费审计、“五水共治”政策落实情况审计、科技经费专项审计调查、融丰小额贷款公司上年度经营风险专项审计调查、“退二进三”政策执行情况及实施绩效专项审计调查、“三改一拆”部分政策执行情况审计；摸清政策落实、资金分配使用、项目建设及管理情况，针对存在问题，提出改进意见，从体制、机制层面提出意见建议，得到市领导和有关部门肯定和采纳；“退二进三”政策执行及绩效情况审计中发现问题，市长专门批示发改局采纳审计意见，加强调查研究，修订完善“退二进三”政策。

【加强审计督查整改工作】 2015年，市审计局按照审计整改督查工作管理办法，明确督查程序和内容，落实市人大常委会对加强审计整改工作要求，督促检查被审单位整改落实情况，对已整改的被审单位及时回访，实行问题销号管理，确保整改落实，提升审计成效。年内，审计中发现的问题均得到整改。加大审计结果文书复核力度，把好质量关，完成审计项目复核23个，促使被审单位结合自身实际，围绕审计中发现的问题和隐患，完善相关制度，从源头上解决问题，规范财务管理，巩固整改成果。

【国家审计与内部审计协同配合】 2015年，市审计局针对镇、乡、街道几经撤并、资产管理普遍混乱状况，创新审计方式，联合各镇（街道）、内部审计办公室对全市镇（街道）政府性资产进行专项审计。发现土地、房屋建筑物等不动产管理方面问题突出，存在大量账外资产、无产权证资产、有账无实虚假资产、长期闲置资产、权属有争议资产和有风险隐患资产等情况。此次国家审计与内部审计协同配合，通过上下联动审计，增加土地254宗，面积206.8公顷；房屋399处，面积35公顷。针对发现的问题，提出加强管理的意见建议。

【计算机审计及联网平台建设】 2015年，市审计局加强推进计算机审计工作，实现审计实施和审计管理规范化，提高网络管理水平，强化审计管理系统、现场审计实施系统交互及现场管理与控制。建设桐乡市政府性资金综合监控分析平台。至年末，完成审计分析系统基础平台开发和标准化部署，制订数据采集、数据转换接口制作、数据规划建设和数据清洗转换策略；完成财政、部门预算执行和社会保障资金审计3大业务模块建设、相关业务数据迁移及相关数据采集。入选浙江审计厅年度计算机审计项目案例2个。

（戚　新）

统　　计

【概况】 2015年，桐乡市统计局深化统计服务、统计改革，开展法治统计。加强经济社会运行监测和分析，做好地区生产总值核算，农业、工业、建筑业、服务业等日常统计工作，进行社情民意等专项调查，开展统计法宣传教育、统计执法检查、统计分析研究工作，为市委、市政府决策和管理提供统计分析研究报告。完成统计公报编辑工作，编印《桐乡经济动态》《桐乡服务业》、月度主要经济指标动态卡片，出刊《2015桐乡统计简要本》《2015桐乡统计年鉴》等。全年提供统计信息82篇，上报政务信息112篇，撰写统计分析22篇，统计专报10篇。拓宽统计服务领域，做好企业申报国家、省级名牌和免检产品数据核实工作，为申报企业开具书面证明材料。利用统计工作联席会议制度，开展基本单位名录库管理、固定资产投资统计、工业科技统计、地区生产总值核算与综合监测评价、服务业统计、农业统计六个专项小组活动。实施基层统计领头雁培育工程，进行专题学习培训。强化星级统计中心创建工作，发挥星级示范作用，推进镇（街道）统计机构星级评价，围绕嘉兴市统计局镇（街道）统计中心星级评价要求，对照星级评分细则，指导各镇（街道）争创四星、五星级统计中心。完善地区生产总值统一核算制度方法，利用桐乡市第三次经济普查成果，做好2009～2013年桐乡市地区生产总值总量修订工作。开展固定资产投资统计改革试点工作，制订投资统计改革试点方案，完成试点培训工作，总结、分析试点中出现的新情况新问题。开展龙翔街道投资数据质量联审，核查濮院镇和屠甸镇投资数据质量，实施5000万元以上项目投资核实工作。校对桐乡市第三次经济普查数据，编辑第三次经济普查主要数据公报，并在《今日桐乡》刊登，同时编印第三次经济普查简要本550本。深化统计稽查与统计巡查工作，抽调专业人员组成稽查组6个，抽取稽查统计单位46家，依法查处提供不真实或不完整统计资料单位5家。发现问题单位6家，当场警告1家、警告1家、警告并罚款4家。

【加强联审辅导制度】 2015年，市统计局加强联审辅导制度，以《专业统计联审辅导实施意见》为指导，制订工业、投资、服务业等重点专业人员计划，确定数量，做到专业互动、三级联动。组织联审辅导21次，辅导调查对象110家，科技、劳动工资，工业产值、效益、能源等专业联动9次。联审辅导过程中，发现企业存在统计口径、指标理解有误，数据漏报等问题，各专业人员填报联审辅导记录表，督促企业整改落实，同时指导检查镇（街道）联审辅导工作。

【强化企业联系制度】 2015年，市统计局建立重点企业联系制度，形成基层走访常态化，每个专业人员重点联系1～2家企业，定期定点开展走访，实时查询企业数据变化情况。强化统计工作督查，每月对镇（街道）统计中心（科）督查1次，走访40余次。采取月报制度，及时上报督查中发现的各类问题，全年发现难题7个，内容涉及规模以上企业培育难、基层报表收集难等方面，市统计局及时做好联系指导工作，组织年度重点工作督促、互查，开展经常性回访，确保各项统计工作开展。

【1%人口抽样调查工作】 2015年全国1%人口抽样调查是一次国情国力调查，涉及桐乡市12个镇（街道），38个村（社区），1万多人。4月，市政府印发《关于做好桐乡市2015年全国1%人口抽样调查的通知》，成立人口抽样调查协调小组，明确各成员单位职责，建立沟通工作机制。市统计局制定工作计划明确各调查阶段具体工作，召开抽样调查样本框整理工作会议，对样本框整理工作进行全面部署，落实各级调查经费，开展PDA（掌上电脑）设备清查、检测、维修、登记工作，规范PDA设备管理和使用。组织镇（街道）业务人员参加嘉兴市统计局综合业务培训，召开普查员、普查指导员专题培训会议，开展清查摸底工作。至年末，完成全市1%人口抽样调查任务，取得统计数据，为有关政策制定提供重要依据。

【开展电子商务调查】 2015年，市统计局调研全市电子商务企业、电子商务中心和其他管理机构。全市参与调查住户980家、企业1330家。4月，在濮院和洲泉开展电子商务调查试点，通过培训、走访、审核，确保电子商务调查取得实效；7月，召开全市电子商务统计工作会议，部署电子商务调查并做好数据录用审核工作；10月，召开专题会议进行电子商务数据解读，撰写电子商务发展分析报告。

（沈红雅）

中共桐乡市委员会

重要会议和决策

【全市工商强市暨互联网经济发展大会】　3月10日，桐乡市召开工商强市暨互联网经济发展大会。会议的主要任务是，贯彻落实上级重大战略部署，聚焦“一业一网”，全力干好“大整治、大转型、大招商”三件大事，加快建设美丽幸福新桐乡。市委书记卢跃东指出，要借“一业一网”东风，创工商强市大业。会上，市委、市政府向到会的国家信息化专家咨询委员会委员、中国工程院院士方滨兴，中国电子科技集团公司首席科学家、中国工程院院士杨小牛等16名桐乡互联网经济发展专家咨询委员会特聘专家颁发聘书。桐乡市政府与电信、移动、联通、华数四大运营商签订共同推进桐乡市信息经济发展全面合作协议，与中国航天科工集团第二研究院签订战略合作协议，与阿里巴巴签订农村电子商务合作项目协议。相关部门及其他开发主体也分别与一些投资方签订互联网产业合作项目协议。市委、市政府还表彰2014年为桐乡发展做出重要贡献的企业和个人。

【省委第一巡视组巡视桐乡】　4月7日，省委第一巡视组巡视桐乡工作动员会召开，省委第一巡视组组长周益扬作动员讲话，省委巡视工作领导小组办公室副主任邱志明就配合做好巡视工作提出要求。嘉兴市委常委、宣传部部长陈越强出席动员会并讲话，桐乡市委书记卢跃东主持会议并作表态发言。省委第一巡视组全体成员，桐乡市委、市人大常委会、市政府、市政协领导班子成员，市人武部部长，市法院院长，市检察院检察长，县处级干部出席会议。近五年退休的副县级以上领导干部，纪委、组织部班子成员，各镇（街道）党委书记、镇长（办事处主任），市直属各部门、各单位党政主要负责人，部分嘉兴市级以上“两代表一委员”等列席会议。8月28日，省委第一巡视组副组长夏一鸣代表巡视组向桐乡市领导班子反馈巡视工作情况。根据省委统一部署，2015年4月7日～5月6日，省委第一巡视组对桐乡市进行巡视。省委巡视组认真贯彻落实中央巡视工作方针和省委要求，围绕党风廉政建设和反腐败工作这个中心，坚持“四个着力”，广泛开展个别谈话，受理群众来信来访，调阅有关资料，深入了解情况，完成巡视任务。

【全市“三严三实”专题党课暨专题教育部署会】　5月28日，桐乡市召开全市“三严三实”（严以修身、严以用权、严以律己，谋事要实、创业要实、做人要实）专题党课暨专题教育部署会，对在全市县处级以上领导干部中开展“三严三实”专题教育进行动员部署，市委书记卢跃东上专题党课。桐乡市委、市人大常委会、市政府、市政协领导班子成员，市人武部部长，市法院院长，市检察院检察长，县处级干部，各镇（街道）党委书记，市直属各部门、各单位党政主要负责人参加。市委常委、组织部部长汤云良主持会议并作工作部署。“三严三实”专题教育以领导干部讲党课启动开局，以这次党课为标志，桐乡市“三严三实”专题教育正式启动。桐乡市将以学习和践行“三严三实”为主题，聚焦对党忠诚、个人干净、敢于担当，着力解决“不严不实”问题，推动领导干部更加坚定理想信念，强化党性原则，增强纪律意识，做到心中有党不忘恩、心中有民不忘本、心中有责不懈怠、心中有戒不妄为。本次专题教育不分批次，不划阶段，不设环节，融入领导干部经常性学习教育之中，将以专题党课、专题学习研讨、专题民主生活会和组织生活会、整改落实和立规执纪等方式开展。

【市委十三届七次全体(扩大)会议】 7月27日,桐乡市召开市委十三届七次全体(扩大)会议、市十五届政府第八次全体会议。会议指出,2015年,全市上下把握“稳中求进、转中求好”工作主基调,突出抓好“大整治、大转型、大招商”三件大事,保持定力、精准发力,全市经济社会呈现较好发展态势。市委书记卢跃东要求干部“干在实处永无止境、走在前列要谋新篇”,要深入贯彻落实中央、省委和嘉兴市委决策部署,以永无止境的追求干在实处,以要谋新篇的担当走在前列,确保全面完成年度目标任务,实现“十二五”规划圆满收官;要做深研究、找准定位、谋定策略,精心编制好“十三五”规划纲要和各个专项规划,为引领“十三五”的转型发展绘好蓝图、理清思路;要进一步鼓足干劲、克难攻坚,持之以恒打好转型升级组合拳,凝心聚力推进经济社会大发展,为实现“十三五”良好开局奠定坚实基础。

7月27日,桐乡市召开市委十三届七次全体会议、市十五届政府第八次全体会议 市委办提供

办公室工作

【概况】 2015年,市委办公室围绕“稳中求进、转中求好”主基调,聚焦“一业一网”。全年市委(办)发文151个。完成包括市第十三届党代会第五次会议市委工作报告、省委巡视组到桐乡巡视的市委汇报材料、市委整改工作方案、市委整改工作报告等重大文稿在内的各类文稿200余篇。出刊《桐乡信息》191期、《桐乡通讯》12期。向上级报送信息999条,录用432条,多条信息直接转化为决策。被省委办录用信息64条,并得到国务院副总理刘延东批示1条,省级以上录用得分列居嘉兴五县两区第二。全年在《人民日报》《红旗文稿》《浙江日报》《今日浙江》等期刊上发表领导署名文章10余篇。健全完善督查考评落实机制,组织实施省“五水共治”“三改一拆”,以及嘉兴“双推”“三项”(五水共治、三改一拆、生猪养殖业减量提质)重点工作、秸秆禁烧等各项重点督查,推介桐乡特色成果。对世界互联网大会环境整治专项督查13次,现场检查“9+4”(9条重要道路,4条高速高铁沿线)道路沿线环境整治问题,下发督查通知书11份,编发督查专报6期。顺应经济社会发展新常态,主动改革优化考核内容。经济发展考核上,更加突出考核转型升级、存量土地挖潜、有效投入、发展效益等关键性指标,指标权重(占当年度考核权重)提至72%。综合目标责任制考核上,更加突出社会建设、民生改善、生态文明、法治建设、平安建设等领域的考核,指标权重提至56.7%。强化协调沟通能力优化服务水准,2015年承办各类会议162次,完成捷克总统在内的4次警卫接待和46批次党政考察团接待任务。认真落实密码安全保密责任制,全年收发各类电报1401份,收到办理各类电报1056份,发送345份。加强涉密高清视频会议系统管理,全年保障视频会议51场,组织保密检查5次、保密培训4次,开展对全市保密重点部门的289台连接互联网计算机保密检查,存在问题的5台计算机进行整改。做好涉密载体集中回收和销毁工作,收到上交涉密文件3564份,销毁涉密文件资料和内部刊物近27吨,全市未发生泄密事件。

(李大略)

纪检监察工作

【概况】 2015年,桐乡市各级纪检监察组织聚焦中心任务,强化监督执纪问责，持续深化“三转”（转职能、转方式、转作风），改革体制机制，深入推进纪律检查工作。全市各级各部门层层签订责任书1095份。加强督促指导，约谈116名科局级领导干部，座谈25个部门领导班子，28家单位接受监督检查。强化党风廉政建设责任制考核，深化主体责任年度报告制度。建立巡察工作机制，分两轮对13家单位开展巡察，督促指导各镇（街道）二级巡察78个村（社区）和单位，整改问题340个。协助市委做好省委巡视组对桐乡市的巡视工作。落实中央八项规定精神，市正风肃纪组开展专项检查73次，检查单位614家次，查实违规违纪人员7人，查处违反中央八项规定精神3起，给予党政纪处分5人。围绕国卫复查、世界互联网大会等中心工作，调查核实行政不作为、慢作为、乱作为等懒政怠政问题48起，问责处理8起30人。创新执纪方式，扩大谈话、函询、诫勉范围，探索实践“四种形态”（党内关系要正常化，批评和自我批评要经常开展，让咬耳扯袖、红脸出汗成为常态；党纪轻处分和组织处理要成为大多数；对严重违纪的重处分、作出重大职务调整应当是少数；严重违纪涉嫌违法立案审查的只能是极少数），市纪委谈话函询57人次，党纪轻处分和组织调整74人，党纪重处分和作出重大职务调整36人。建立纪律审查专题会议机制，集体排查152条次问题线索。全年受理信访举报567件，立案查处违纪违法案件110件，涉及科（局）级领导干部15人，中层干部16人，涉嫌犯罪移送司法机关9人。坚持抓早抓小抓苗头，全面开展“找问题”专项行动，推动全市各级纪检监察组织主动查找问题。分三期对全市588名科局级领导干部开展党章党规党纪专题集中轮训。开展警示教育活动，1.4万名党员干部接受教育。加强网站、微博、微信“三位一体”平台建设，建立纪委“每月发布”制度，营造崇廉拒腐态势。巩固议事协调机构和内设机构调整成果。完善“分工、分管、联系”三项制度，对全市基层纪检监察组织实行紧密型、一体化管理。加强派驻机构统一管理，实施“三报告”制度（一事一报告、一月一报表、一季一汇报），全市各派驻机构向市纪委书面报告工作406次。改革完善派驻机构领导体制和工作机制，在全市61个市级机关部门、市直属单位设立18家派驻机构，加强人员力量配备，实现派驻监督全覆盖。推动全市纪检监察干部“学思践悟”，建立入职宣誓制度，打造一支忠诚干净担当的纪检监察干部队伍。

庭审现场警示教育会　　市纪委提供

【建立纪委“每月发布”制度】 2015年，桐乡市纪委建立“每月发布”工作制度，以多元化媒体为渠道，每月集中向社会公开发布纪委执纪监督问责情况，搭建“信息公开、问题曝光、群众监督、全员参与”的宣传平台。每月最后一天为“每月发布”日，以动真格、有价值为原则，围绕“监督执纪问责”主线，突出及时性和经常性，公开党风廉政建设重点工作推进情况。坚持问题导向，加大实名曝光力度，针对党员干部违反作风效能和违纪违法典型案件，对涉事单位和人员一律点名道姓曝光，及时回应群众关切问题。采用传统媒体与新（自）媒体（自媒体又称“公民媒体”或“个人媒体”，是指私人化、平民化、普泛化、自主化的传播者。自媒体平台包括博客、微博、微信等）相结合的方式。纪委书记走进电视台演播室，向全市群众发布每月纪检监察工作情况。《嘉兴日报》、桐乡新闻网等当地主流媒体全文刊发通报内容，并跟进报道。同时，运用网站、微博、微信等同步推送通报内容。建立群众代表信息库，定向推送每月发布工作内容，注重收集意见建议。全年发布12次，曝光各类案例55起，实名通报64名违规违纪党员干部。

【开展“找问题”专项行动】 2015年，桐乡市纪委围绕监督执纪“四种形态”，聚焦党风廉政建设和反腐败斗争这个中心任务，转变监督执纪方式方法，以“找问题”工作机制为抓手，推动全市纪检监察组织主动出击查找问题线索，查实通报一批违规违纪问题，查处问责一批党员干部。建立问题发现机制，紧扣“六大纪律”（党的政治纪律、组织纪律、廉洁纪律、群众纪律、工作纪律、生活纪律）起底问题线索，重点查找违反中央八项规定精神、损害基层群众切身利益或公共利益、推动市委市政府中心工作落实不力、不依法履行监管职责或依法行政不到位等违规违纪问题。各基层纪检监察组织以“一事一报”形式上报，市纪委筛选确定“可到事到人”的问题线索，形成月度统计报表进行通报。督促问题整改，综合运用“批评教育、诫勉谈话、组织处理、纪律处分”等多种方式，对相关责任人进行分类处置。实行问题零报告制度，对连续三个月未发现问题或线索的镇（街道）和部门（单位），由该单位纪检监察组织负责人和党委（党组）主要负责人进行情况说明并签字背书，作为全市巡察的目标单位。2015年，全市各基层纪检监察组织上报问题线索111条，查实通报违规违纪问题77个，“问责”处理96人，其中给予党政纪处分10人，组织处理18人，通报批评、诫勉谈话或书面检查68人。

【推动主体责任落实】 2015年，市纪委在构建“定责、述责、督责、评责、问责”党风廉政建设主体责任落实链条的基础上，同步发力、多措并举补强责任落实链条的薄弱环节，推动主体责任的落实。加强督促指导，面对面推进。请上来一对一，纪委领导分别面谈16名科局级领导干部。一对多，召开10场市管领导干部座谈会，推动“一岗双责”落实。走下去与25个镇（街道）、部门领导班子沟通交流，推动主体责任落实。开展“党委书记谈主体责任、班子成员谈一岗双责”活动，撰写体会文章190篇，出刊专栏2期。深化主体责任年度报告制度，全市86家单位上交书面报告，12个镇（街道）和7个部门（单位）实行口头报告，并面对面接受市纪委委员的评议质询。通过笔记抽查、财务检查、案件调查等方式，督促检查28家单位主体责任落实情况。强化党风廉政建设责任制考核，年度综合考评中，26家单位扣分，4家单位“一票否决”。实施“一案双查”6起，11人被追究领导责任。

（李　俊）

组织工作

【概况】 2015年，全市组织工作按照市十三届党代会四次会议的部署，紧扣“从严治党”这一主线，把握“一业一网”重大机遇，深入实施党建高地行动计划，统筹抓好各项工作，为加快建设美丽幸福新桐乡提供坚强的组织保证。

切实优化干部队伍建设。有步骤有计划地做好全市干部人事调整和超配干部整转消化。市委常委会票决调整干部9批314人次，整转、消化超职数配备干部74人次。加强镇（街道）、市级机关部门主要领导、班子成员联系走访，专题了解班子情况，定期开展分析研判。深化干部人事制度改革，署名干部推荐，根据推荐结果，择优提拔干部22名；开展干部调整反向推荐，调整7名镇（街道）、市级机关部门主要领导干部；深化领导干部“日志月评”，建立领导干部月度评价结果信息库和月度分析报告制度；探索领导干部日常管理反向计分，畅通干部“下”的出口。加强培养选拔年轻干部，深化年轻干部“多岗锻炼、一线实战”成长工程，11名表现优秀的年轻干部提拔到领导干部岗位；市委组织部、市人力社保局出台《机关单位中层干部管理办法》，实行中层干部调整组织部预审制。创新干部教育培训，深化领导干部学分制管理和考核，实施“创新项目＋现场教学示范基地、品牌课程”的“1＋2”干部教育培训项目，举办主体班13期。深化领导干部监督管理预警制，试行领导干部监督管理预警平台，完善领导干部有关事项报告制度，核查113名科级领导干部个人重大事项，继续规范清理领导干部在企业、社团兼职情况。强化领导干部经济责任审计，13 名镇、部门主要领导接受经济责任审计，10 名镇（街道）、部门主要领导实行经济事项离任交接。严格领导干部出国（境）审批，全年因公出国（境）备案 24 批 55 人次、赴台备案 10 批 18 人次、审批因私出国（境）139 人次。

全面加强基层党组织和基层政权建设。认真贯彻上级部署和精神，扎实开展“三严三实”专题教育。深入推进“抓镇促村、整体提升”工作，市委出台《关于深化抓镇促村全面加强基层党组织和基层政权建设的意见》，市委书记卢跃东作为唯一一位县（市）委书记在省委十三届七次全会上作了经验交流。实施各级书记领办基层党建攻坚项目制度，全市各级书记领办基层党建攻坚项目 53 个。实施村青年干部培养“青蓝工程”，纳入培养计划 176 人，向 9 个软弱落后村党组织选派第一书记。深化党务红领队伍建设，选派新一轮专职党建工作指导员 23 人，认证党务红领 188 人。强化党员队伍建设，开展“学党章、守纪律、讲规矩”党员全员集中轮训，向全市党员印发《党员应知应会手册》；深化党员队伍“净化工程”，处置不合格党员 322 人，其中劝退除名 69 人。探索互联网党建，优化党建红云平台、手机党务掌中宝等网络平台，完善党组织党员“双先指数”考评管理；深化电商企业党建工作，建立嘉兴首个电商党群服务中心；加大远教课程开发力度，连续 6 年获嘉兴市电教片展评一等奖。以“五个和谐”为目标，重点推进商圈楼宇党建工作和旅游业党建工作，开展两新组织“和合共同体”（活力和谐，合作共赢）创建，被嘉兴市委组织部推广；深化青春党建五大工程，在党群组织中集中开展红色发布、红色推优等“红色在线”六大行动；深入推进“三联三会”“四必谈五必访”工作机制。健全落实直接联系服务群众 10 项制度，建立市党员志愿服务联席会议制度，强化“党员志愿服务日”品牌建设，评选表彰“红色志愿达人”10 人。市委组织部出台镇（街道）党委书记落实基层党建工作责任制文件，在全市七大领域、2100 余个基层党组织中全面建立基层党建工作责任清单。健全党员关爱机制，全面落实“三老”关爱、农村困难党员定期补助、党员创业扶助等一系列补助措施。建立党代表任期制“1＋10”工作制度，市委办印发《党代表资格管理办法》，开展党代表“察民情、听民声、解民忧、助民富”活动和“五大行动计划”代表现场跟踪询问活动，畅通党代表评议监督渠道。

4 月 14 日，全市行政村青年干部培训班——“青蓝工程”启动

市委组织部提供

加快集聚高层次人才。健全党管人才工作机制，深化人才工作目标责任制考核，推行党委（党组）“一把手”人才工作述职制度。强化招才引智队伍建设，推行“双招双引”工作机制，选派 23 名干部分赴北京、上海、杭州、深圳长期驻点。推进重大人才计划，申报国家“千人计划”6 人、省“千人计划”11 人、嘉兴精英计划 83 人，实施快速决策及评审桐乡市级创业创新人才项目 9 个，培育国家“千人计划”1 人，入选嘉兴精英计划 9 人。开展中国·桐乡“互联网＋”人才项目对接活动，推行“人才＋项目＋路演＋资本”的人才对接活动新模式。实施领军人才汇聚工程，参加浙江省赴欧引才活动，建立海外招才引智联络站 3 个，聘请招才引智专员 4 人，全年组织各类招才引智活动 50 余次，引进各类人才3118人。加强人才项

8月29日,"互联网+"科技人才项目对接会召开　市委组织部提供

目管理,全年用于各级各类人才奖励和项目资助资金859万元。

【健全干部能下工作机制】 2015年,市委组织部深化领导干部"日志月评",建立领导干部月度评价结果信息库和月度分析报告制度,强化评价结果运用。探索领导干部日常管理反向计分,设置29条量化标准,经常性监督领导干部执行制度、履行职责、廉洁从政和自身形象等4方面的情况,并明确从严处置干部10条"红线"。加大"下"的力度,以实的精神、严的态度、细的举措,分类推动干部能下,全年有9名领导干部被调整出领导岗位或由重要岗位转任一般岗位,对2名领导干部提醒谈话。同时,加强对受处置干部的教育引导和跟踪管理,确保干部能下规范运行、有效健全干部能下工作机制。市委书记卢跃东接受浙江电视台"党建好声音"栏目采访就推进干部能下作了专题访谈。

【完善干部选任推荐方式】 2015年,市委组织部完善干部选拔任用推荐方式。开展正职领导专题推荐和空缺岗位定向推荐,推荐结果作为干部选任交流的重要参考,全年推荐人选中有5名干部提拔为镇(街道)党政正职和部门正职,2名35岁以下干部走上正职岗位。开展干部署名推荐,以全市所有干部为推荐对象,由市级领导和部门、镇(街道)"一把手"以实名的方式推荐可提拔干部人选,根据署名推荐结果,择优提拔22名领导干部,其中正职领导6名。开展调整建议人选推荐,由市级领导根据分管条线对现任镇(街道)党政正职及部门主要领导提出调整建议,根据建议情况调整7名镇(街道)、部门正职领导的岗位。

【健全基层党建责任清单体系】 2015年,市委组织部在全市2100多个基层党组织中建立党建责任清单制度,构建职责明确、任务具体、落实有效的治党管党责任体系。分层分类制定镇(街道)党委、部门党组(党委)、村社党组织等7个领域、18张基层党建工作责任清单样本,要求各级党组织分别制定各自党建责任清单,并细化党建任务。抓住党组织、党组织书记、党组织成员三大责任主体,突出书记抓党建工作第一责任人职责,定性定量明确具体工作任务。健全季度分析、书记领办基层党建攻坚项目、督查整改三项制度,把清单落实情况作为党组织书记抓基层党建工作述职评议的重要内容。

【加强互联网党建工作】 2015年,市委组织部把握桐乡永久承办世界互联网大会这一重大机遇,深入推进互联网党建工作,打造指尖上的红色堡垒。依托"红云平台+PC+APP+IC卡"体系基础,深化党组织党员"双先指数"考评管理,优化党建红云平台、手机党务掌中宝、微信公众号等网络平台,在乌镇建立开发智慧小镇民情服务与管理平台——乌镇民情,率先在全省与时代先锋网实现对接融合。加大远教课程开发力度,参与嘉兴市"红船·追梦印记"微视频大赛,桐乡市获最佳组织奖,3D微动漫《五星的小杨》获"梦想·互联"全国微党课创作评选活动三等奖和全省党员教育微课件观摩交流活动一等奖。深化远教入企省级试点工作,建立恒基、铭龙等一批示范化站点和区域化站点。深化电商创业党建和青春党建,建成嘉兴市首个电商党群服务中心,评选出电商红色达人11名,举办青年电商创业大赛，每月举办电商青年沙龙。

【推进商圈楼宇党建】　2015年，市委组织部以“支部建在楼上、党建落在实处”为理念，探索推行“一会一课一站一规范”（党建联席会、楼宇课堂、党群服务站、工作规范）模式，实施“红色纽带”工程，推进商圈楼宇党建工作。市委组织部出台《桐乡市商圈楼宇党建工作规范（试行）》，明确组织架构、工作力量、教育管理、作用发挥、工作保障五个方面建设内容，在商会大厦试点建立商圈楼宇党建联席会，全年建立商圈楼宇党组织40余个，党员500余人。整合各方资源，紧贴实际需求，开设“楼宇课堂”，全年举办各类楼宇讲座、青年论坛8场，楼宇经济培训班3期，参与党员、职工群众1800多人次。探索在体量较大、人员较多、党员集中的商圈楼宇中建立党群服务站（中心），开展政策咨询、事务代办、组织关系接转、文体娱乐、组织孵化等服务，组织举办“党建邻里节”，促进党员发挥作用。至年底，开展活动80多次，服务党员群众1300多人次。

（钟　欢）

宣传工作

【概况】　2015年，桐乡市宣传思想文化工作贯彻“四个全面”战略布局，落实中央宣传部“基层工作加强年”及省委宣传部“基层宣传文化工作‘四张清单’”（基层公共文化服务重点项目清单、基层宣传文化机构和队伍建设清单、基层宣传文化阵地建设重点项目清单、基层宣传文化工作重点政策保障清单）部署要求，围绕中心、服务大局，为美丽幸福新桐乡建设提供思想舆论支撑。

开展理论武装工作。深化重大主题理论宣传教育。通过课堂讲师授学、每月集中学习、发放理论书籍（书目）自学、撰写学习心得体会等方式，坚持学原著、读原文、悟原理，增强党员干部对重大政策精神的理论认知。开展“三严三实”专题教育，以“学党章、守纪律、讲规矩”为主题，在全市副科级以上干部中进行党章专题轮训，深化对党章党纪的学习体会。完善桐乡大讲堂、每月夜学、干部教育新干线等平台，围绕“一业一网”、城市形象与城市文化等主题进行专题辅导，组织各类专题学习25次，全年平台学习访问次数14.42万次。完善考学述学评学制度、中心组学习情况定期通报制度。开展领导干部讲党课、领导干部调研文章和学习心得评比活动。深入开展红船系列学习宣讲活动，举办征文比赛和党课活动，邀请红船精神研究专家走进机关和高校，围绕“红船精神与中国共产党政党形象建设”等主题进行集中授课，提升党员干部对红船精神的理解认同。推动理论大众化。安排“电视党校”时间和内容，每月一期，满足基层群众理论需求。强化理论宣讲员队伍建设，组建85名基层宣讲员队伍，开展“领导干部上党课、理论讲师登讲堂、基层干部入农家”理论宣讲活动123次，受教育人数15万余人次。充实理论教育资源库，收录教育资源130多项。拓展农村理论教育阵地，开展送党课进文化礼堂活动，提升农村党员干部的党性修养，受教育人数2000余人。社科联制定《桐乡市社会科学界联合会学会管理办法（试行）》，保障社团工作规范健康发展。开展2015年度桐乡市社科研究课题工作，组织社科课题申报，收集上报23篇，获嘉兴市社科联调研成果二等奖1篇、三等奖

桐乡大讲堂　　　　市委宣传部提供

2篇。开展社科普及活动。举办“社科专家基层行”活动，编印、发放《互联网生活100问》《互联网安全》等书籍，组建讲师团开展科普讲座。深化学习型社会建设，开展“全民读书月”系列活动，评选“十佳学习之星”“十佳学习型民间社团”“书香之家”等，开展移动图书馆建设工作。

营造正面舆论氛围，抓好重大主题活动宣传报道。精心组织新闻媒体开展“拥抱新常态·绽放新优势”主题宣传报道，开设“聚焦‘一业一网’干好‘三件大事’”（大整治、大转型、大招商）、抗日战争胜利70周年、环境综合大整治、迎接国卫复查等专题专栏，通过动态报道、新闻评论、人物访谈、深度报道等方式，全方位展现市委、市政府各项中心工作的进展成效和经验典型。完善新闻宣传要点传达机制。每月发布《新闻宣传要点》，及时向新闻媒体传达宣传要点和要求。完善新闻宣传工作例会制度。设立新闻宣传专用短信平台，分类布置新闻宣传侧重点，增强新闻宣传时效性和针对性，发挥新闻媒体舆论的先导作用。拓展新闻舆论监督渠道。开设“今日曝光”栏目，全年播出36期，以舆论督促“三改一拆”“五水共治”、卫生创建等问题整改到位。统筹对外宣传，实施城市形象塑造工程，征集设计城市形象定位语、形象LOGO和吉祥物，举办“美丽幸福新桐乡”主题摄影、第五届中国大学生公关策划大赛等活动，为城市形象宣传推广和世界互联网大会宣传提供优质素材和图像储备。制作《桐乡画册》《美哉桐乡》《手绘桐乡海报折页》等对外宣传品，全方位展示桐乡五位一体发展成果。拓展名人、品牌的影响力。统筹开展城市形象宣传，以工业品牌、服务业品牌带动城市品牌。深化对茅盾、丰子恺、徐肖冰等名人品牌活动的宣传，提升桐乡市人文名城形象。借域外媒体开展宣传报道。以大型活动为契机，邀请域外媒体进行宣传，形成集中报道声势；聚焦重点新闻事件，盘点科学发展成就，形成典型系列报道；追踪日常新闻，精选媒体一对一采访，挖深挖透形成独家报道，及时与《人民日报》、中央电视台、凤凰卫视、台湾《旺报》、英国BBC、《华尔街日报》、新加坡《联合早报》等知名媒体对接，推荐桐乡亮点，在《浙江日报》《嘉兴日报》头版刊登桐乡文字稿件98篇。强化舆论引导，加强对本地网站、论坛、微信、微博等网络平台日常巡查，做到第一时间发现、研判、报送。开展热点事件舆论引导和处置，有针对性地开展热点事件舆情引导，与涉事镇（街道）、部门联合开展乌镇黑旅馆整治、世贸中心返租金等50余起热点事件的舆情处置，引导网络民意，确保网络空间平稳有序。加大对域内新媒体的管理。组建桐乡市互联网自律合作联盟，通过签署文明办网文明上网自律公约、组织网盟成员走访交流、对微信公众号登记备案、主动约谈等方式，加强对“桐乡发布”及微博、微信等新媒体的管理。做好《桐乡手机报》编辑、校审和推送工作。推进浙江新闻客户端桐乡页卡上线，及时向全省展现桐乡科学发展成效。

推进文化繁荣发展。加快城市文化公园建设，新建公民道德馆和德孝主题长廊。市文化局出台《关于推进公共文化服务体系建设的若干政策意见》，加强对基层公共文化设施建设、运营、管理扶持。加强基层文化人才队伍建设，实施镇（街道）文化员下派制度、村（社区）文化专职管理员制度、文化推广员制度等，深入开展文化惠民工程。加大种文化、送文化力度，举办“拥抱梦想、绽放魅力——美丽幸福新桐乡”系列文化活动，以座谈会、音乐会、图片展、纪录片等形式开展抗战胜利70周年纪念活动。挖掘民风民俗，开展“我们的节日”系列非遗宣传活动。举办“拥抱2015”桐乡特色春晚，选用本地演员、本土原创节目，展现群众文化特色。宣传部出台《桐乡市文化精品创作扶持奖励办法》，推动文化体制机制建设。完善文化精品创作扶持机制。建立文化精品创作规划项目库，助力文化精品的制造和文化生产力的转化。组织浙江省文化精品扶持工程项目申报工作，话剧《大先生》入选国家艺术基金2015年度舞台艺术创作资助项目、第十批浙江省文化精品扶持工程项目、2015年度嘉兴市重大题材文化精品工程扶持项目。挖掘基层特色文化精品。举办“一村一韵”精品大赛、第六届“群众文艺菊花奖”评选、开展村（社区）歌曲、企业歌曲演唱大赛等活动，展示桐乡乡土特色文化，歌曲《菊海桂雨中的村庄》获嘉兴市第十二届精神文明建设“五个一工程”奖。编撰《桐乡历史文化丛书》名人专辑，举办第七届“金仲华上海国研杯”征文颁奖系列活动，承办第十九届“中国少儿戏曲小梅花荟萃”浙江赛区选拔赛，北港小学学生获“第十九届全国少儿戏曲小梅花荟萃”金花奖。推进文化管理体制改革，制订文化体制改革年度工作计划，确定建立健全现代公共文化服务体系、公益性文化事业单位实施理事会制度等18项工作内容作为2015年度文化体制改革重点。成立市文化馆、市博物馆首届理事会，完成公益性文化事业单位管理制度改革试点。推进文化产业发展。加大政策扶持，市委宣传部制定《关于加快文化产业发展的若干政策意见》，围绕互联网、大旅游概念，突出对影视文化、“互联网+”、文化旅游方面的重点扶持。加强文化招商。创新阶梯租金管理发展楼宇经济，引进聚进文创园、天鸽娱乐等项目，推动中央新影桐乡园项目开工建设，强化引进项目后续服务，提升招商成效。推动文化企业“走出去”，组织丰同裕染坊等文化企业参加深圳文博会、义乌文交会，推荐桐乡文化企业及产品，丰同裕染坊获义乌文交会“最佳参展企业”银奖，其作品《山水一流年，韵色一蓝》获“工艺美术奖”金奖。

提升服务科学化管理水平。加强意识形态领域管理。推动提升意识形态工作在党委工作中的重要地位。坚持党管媒体原则，加强广播电视和重要信息系统网络安全保障工作，确保播出安全、信息安全。深化宣传思想文化工作项目化管理制度，以月度例会制度加强项目绩效跟踪评估。完善镇(街道)宣传思想文化工作考核激励机制，指导基层开展宣传思想文化工作特色创新奖申报，加大督查力度，推进重点工作落实，提高宣传思想文化工作时效性和科学化水平。做好第二届世界互联网大会新闻宣传工作。全方位开展环境氛围宣传，投放各类广告、道旗2000余块(处)。配合做好互联网大会特刊和会刊工作。实行24小时网络值班制，重点对涉及乌镇峰会的负面信息进行巡查、研判、引导，对不实信息进行查删。加强全市重点网站安全管理工作，确保网站安全实现“零事故”。全面服务直播团队，制作媒体接待方案，编印中英文版《记者接待手册》。做好后勤保障服务，优化注册报到程序，安排接送机(站)服务，接待记者800人次。加强日常导服，开通24小时服务热线，组建“桐宝宝新闻服务队”，为大会宣传报道提供“保姆式”服务，解决采访需求200多个、帮助落实后勤服务事项100多项。

(陈厚文)

统战工作

【概况】 2015年，市委统战部坚持同心引领，运用法治思维，树立服务意识，强化创新理念，不断提高统战工作科学化水平。加强党外人士队伍建设。深化坚持和发展中国特色社会主义学习实践活动，组织举办民主党派，知联会新成员培训班，党外律师代表座谈会，党外后备干部座谈会，党外代表人士学习会，开展“同心·服务”活动，“同心·服务团”全年组织各类活动20余次，服务群众5000余人。支持党外人士参政议政，发挥“党派工作联络室”联络、服务、协调工作职能，支持各民主党派和知联会不断加强自身建设。加强党外人士教育阵地建设，在市社会主义学校设立“党外人士之家”，并与省社会主义学院合作建成“多党合作宣传教育基地”，全年有各民主党派、知联会成员400余人次参观学习和开展活动。规范民族宗教事务管

8月19日，民主党派成员参观“党外人士之家”　市委统战部提供

理。支持宗教界开展"正言·正行·正能量"活动,举办第十四期爱国爱教培训班、基督教教牧义工培训班,组织第三期"宗教界人士看桐乡"活动。成立太虚大师研究会,举办纪念太虚大师追思法会。开展全市宗教团体和场所负责人年度管理绩效考评工作,深化年度"和谐寺观教堂"评创活动。注重对少数民族新居民的服务工作。拓宽侨务工作领域。做好海外侨胞、侨商及重点人士到桐乡参访接待服务工作,全年接待第十届世界华裔杰出青年华夏行代表团等200余人。完善社区侨务工作站及"梧桐侨心苑"平台建设,濮院镇锦苑社区被国侨办授予"全国社区侨务工作示范单位"称号。增进桐台两地交流合作。组织7个批次58人赴台湾考察,桐乡市老年书画研究会赴台湾南投市进行桐乡·南投两岸两地老年书画交流展,承办嘉兴市第六届"两岸邻里节"桐乡站活动,开展"创业桐乡·最美台胞"系列采访活动。加强对非公有制企业的实地走访,开展电子商务发展、新居民创业者等专题调研。在非公有制经济人士中开展理想信念教育实践活动。

(洪　宇)

信访工作

【概况】 2015年,桐乡市信访工作坚持信访事项规范化办理,推动事要解决,做好第二届世界互联网大会期间信访维稳工作,推进信访工作信息化、法治化和规范化建设,全市信访形势总体平稳可控,全市各级信访部门受理群众信访3323件,比上年下降3.2%。其中,来信736件,下降12.8%;网上信访439件,上升43.9%;来访2148批次8545人次,分别下降6%、1.2%。

【引导群众逐级上访】 2015年,市信访局建立便民信访平台。在全省率先将网上信访受理中心与省系统联网运行,全市信访业务全部纳入网上信访信息系统,信访事项办理全过程上网流转,实现全领域、全覆盖。根据互联网时代新形势,在"桐乡发布"微信号上开通"市长信箱"栏目,使群众诉求更快地得到受理。完善领导下访接访制度,每月市四套班子领导在市级部门主要领导陪同下定期到镇(街道)下访接访,各镇(街道)党政领导每周定期接待群众来访,村、社区干部随时开门接访,市级部门根据自身职能开展定向下访、约访,全市上下形成了各级领导干部开门大接访的工作格局,畅通群众信访渠道,有利于信访问题及时就地解决,减少群众越级上访。至年底,市四套班子领导下访接待群众374批1031人次,其中集体上访30批467人次,批示交办126件,当场调处248件。加大依法信访宣传力度,开展全市依法信访宣传活动,引导群众依法、理性、有序、文明信访,传递信访工作为民解忧的正能量、提高"依法信访"社会影响力、增强广大群众依法信访观念和理性维权意识。制作宣传展板6块,印发宣传资料1.5万份,开展信访讲座14场次。

【规范信访工作程序】 2015年,市信访局规范办理信访事项,落实初信初访首办责任制。依托网上信访工作平台,受理、办理的事项,在保证质量的前提下,尽可能缩短办理周期,确保事事有回音、件件有着落,提高初次信访办理过程和结果的满意度。信访局每月对规范办理情况进行检查、通报,并纳入信访工作

11月23日,浙江省委副书记王辉忠(左一)、省信访局局长周维亮(右一)视察第二届世界互联网大会安保工作　市信访局提供

目标管理考核,确保每一件信访事项都能及时进入程序、得到处理,用解决问题的实际成效取信于民。全年,市信访局审查镇(街道)、部门(单位)答复意见书1400多份,通报12期。全市初信初访按期处置率100%,化解率95%以上。做好信访复查复核工作。经市编委批复,将原由市政府法制办承担的信访事项复查复核工作职能划转至信访局,全年,接到信访事项复查复核申请40件次,其中受理14件,作出复查维持意见7件,作出不予复查决定5件,上报嘉兴市作出信访复核维持意见2件。强化积案化解推动事要解决。年初,在全市开展排查梳理信访积案,确定2015年度信访积案35件,全部以文件形式下发落实责任领导、责任单位、责任人。至年底,化解10件,占28.6%;有效稳控21件,占60%;仍持续上访的4件(3件是涉法涉诉,1件已复查终结),占11.%。

【建立"法定途径优先"工作机制】 5月,市政府法制办、法院、政法委、信访局联合印发《在信访工作中落实"法定途径优先"要求协调会议纪要》,市信访局建立"法定途径优先"工作机制,实行访诉分流,建立信访事项依法分流制度、针对信访事项分流的监督纠错制度和信访工作交流例会制度,确保"分流由法定、救济有渠道"。建立通过法定途径分类处理信访投诉请求工作机制。以"把信访工作纳入法治化轨道"为总要求,厘清信访与行政、司法等其他法定途径的边界,推动各职能部门出台信访投诉请求分类处理清单,使群众信访投诉请求能够按照清单规定合理分流、依法处理。至年底。市发改局等21家行政单位率先做好清单梳理工作。建立律师参与市级领导干部定期下访接访工作机制。6月,市司法局、信访局联合发文《关于建立律师参与市级领导干部定期下访接访工作的实施意见》,每月由市司法局选派9名律师参与市级领导下访,为接访领导处理涉法信访事项提供法律服务。

(黄　群)

政研工作

【概况】 2015年,桐乡市委市政府政策研究室围绕全市中心工作,扎实开展政研工作。组织协调市级重点课题调研。围绕"互联网+"等主题,确定市级领导重点调研课题48个。协调和指导全市各部门、镇(街道)年度重点课题的确定和开展,评选优秀调研文章,出版《调研文选》。年内,收到部门、镇(街道)主要领导调研文章100多篇,评出优秀调研文章一等奖4篇、二等奖12篇、三等奖17篇,编写《调研与思考——桐乡市2014年部门单位、镇街道主要领导获奖调研文集》。协调配合其他各级调研课题开展。与省委政研室、嘉兴市委政研室和桐乡市相关部门、镇(街道)合作完成《桐乡市突出"四抓"推进全国旅游综合改革试点》《关于桐乡市重大行政决策情况的调研报告》《环境污染第三方治理》《桐乡市推动户籍制度改革工作情况调研报告》等课题调研文章。

服务领导决策,承担情报和参谋职能。出刊《资讯博览》,刊登经济、社会、文化、生态、党建、改革等各类外地的先进工作或探索性工作总结介绍类信息130篇。全年出刊26期。政研室立足参谋服务,出刊《决策参考》,刊登《2015年全国百强县省内50强与我市相关数据对比及简要分析》《关于改善桐乡空气质量打造互联网大会优美环境的调研报告》《探索实施PPP模式,开辟政府融资新渠道》等调研文章。全年出刊6期。完成市领导布置的《"沙集模式"概况及对我市电商产业发展的启示建议》等课题调研以及《关于深圳市"政府引导、市场运作,平衡利益、多方共赢"的城市更新新模式的调研报告》《勤政周记》等交办单,承担调查研究机构职能。

围绕热点难点重点自主调研,建言献策。全年结合调研工作撰写《探索推进"法治、德治、自治"三治建设 创新基层社会治理新模式》《桐乡积极推动众创空间建设》《加强我市干部团队精神建设的思考》《加快地下空间开发利用的对策建议》《运用众筹思维推进城市公共设施建设》等各类调研文章和理论文章12篇,被《政策瞭望》《新嘉兴》《桐乡通讯》等刊物录用。

承担市委改革办工作,为全市全面深化改革做好服务与协调。完善工作机构。3月,建立经济体制改革专项小组等8个改革专项小组,明确组长、副组长、成员和牵头单位责任人(联络员)。根据桐乡的改革发展实际,下发《关于印发〈市委全面深化改革领导小组2015年工作要点〉的通知》。同时，各改革专项小组和相关部门、单位制定具体的改革实施办法和改革方案，确保各项改革计划能有效落地。抓好统筹协调，确保改革项目的顺利推进，多次组织改革专项小组和相关部门、单位召开各类改革项目推进协调会，重点协调开展国家中小城市综合改革试点、旅游综合改革、全面深化资源要素市场化改革、深化行政审批层级一体化改革、深入推进综合行政执法体制改革等改革重点突破项目。年内，结合全市改革工作，梳理上报《桐乡探索推进"法治、德治、自治"三治建设创新基层社会治理新模式》《桐乡探索"互联网＋审改"效果显现》《桐乡：积极探索党建工作新机制，努力开创基层党建新局面》等改革工作经验介绍类和动态信息类文章10多篇，部分文章和信息被《浙江改革》《嘉兴政研（改革专刊）》录用。多篇文章获奖，其中《桐乡特色城镇化路径研究》获2014年嘉兴市党政系统优秀调研成果三等奖、《加快桐乡市农家乐休闲旅游业发展的对策思考》获2014年嘉兴新农村研究会调研报告优胜奖等。

【创办《信息参考》】 2015年，市政研室围绕"一业一网"，开展主题调研，创办决策参谋刊物《信息参考》。《信息参考》主要收集全国各地特别是县市级层面有关"一业一网"以及五位一体改革方面的先进经验做法和相关资讯，并通过调研提出本土如何学习借鉴的发展性建议，主送市四套班子领导、全市部门、镇（街道）科级以上领导、全市副处级以上离退休干部。全年《信息参考》出刊18期，刊登各类信息文章96篇，其中，"一网引领四化"相关信息59篇、"一业驱动四化"相关信息12篇、"五位一体"改革相关信息15篇，结合调研，撰写《完善电子商务生态系统，打造中国电子商务最强县》《关于桐乡众创空间发展的思考》《加快我市跨境电子商务发展的对策建议》等主题调研文章10篇，刊出互联网金融、特色小镇、两化融合、跨境电商等专题，提出旅游产业的空域开发（低空领域开发，主要指直升机、热气球观光等低空游览项目的开辟）、智能交通的绿波带建设、众创空间的氛围营造、基础设施的高端建设等理念和建议，为相关领域开拓思路和决策落实提供意见建议。

（钱　昉）

老干部工作

【概况】 至2015年年底，全市有离休干部145名，其中享受厅（局）级待遇1名，县（处）级待遇70名，科（局）级待遇74名。按工作年代分：抗战时期24名，解放战争时期121名。属行政机关44名，事业单位34名，企业单位67名。垂直管理部门委托代管12名，异地到桐安置14名。

落实离休干部政治待遇。市领导春节前上门慰问曾任县（团）实职的离退休干部。举办全市老干部读书会、迎春茶话会，改进和完善其内容和形式。市政府工作报告征求老干部意见、建议；市委常委会征求意见座谈会，市人大、市政协"两会"以及其他重要会议安排老干部代表参加。市委老干部局每月定期到有关镇（街道）组织老干部学习或向老干部传达上级重要文件精神。加强离退休干部思想政治建设，建立曾任县处级实职老同志每月集中学习制度，每次由一名市委常委领学。发挥老干部党校的教育引导作用，邀请市委党校老师和有关部门领导为离退休干部作专题辅导报告讲座。

老同志考察崇福小城市建设　　市委老干部局提供

落实离休干部生活待遇。加强与相关部门协调，规范统一离休干部生活待遇的相关政策，加大对基层老干部工作检查力度，确保各单位离休干部各项生活福利补贴按标准发放。发挥离休干部帮困机制作用，全年发放困难补助金3.25万元。落实服务关爱机制，开展送温暖活动，走访慰问生病住院、家庭有特殊困难、异地到桐乡安置及异地安置在外的离休干部和部分离休干部遗属。与医疗机构协调，确保离休干部看病"绿色通道"落到实处。市委组织部、市委老干部局、财政局、人力社保局共同出台《关于调整离休干部无固定收入配偶（遗孀）医疗保障办法的通知》，1月1日起实施。5月，组织离休干部健康检查，根据离休干部特点，提供多样化选择，优化体检方式，行动不便离休干部上门体检。7月，开展高温慰问，给离休干部送去防暑养生食品。深化社区"四就近"（就近学习，就近活动，就近得到关心照顾，就近发挥作用）服务工作，定期与社区互动，改进和完善"四就近"工作举措，加强与各镇（街道）协调，将"四就近"工作服务范围拓展到各镇（街道），全年下拨"四就近"工作经费6.1万元。

深化老干部工作阵地建设。推进市老干部活动中心和市老年大学两个阵地建设。市老干部活动中心以切实增强老干部活动中心的吸引力、凝聚力和满意度为目标，组织老干部开展形式多样的政治理论学习；引导兴趣小组开展活动，延伸老干部活动空间，丰富老干部精神文化生活。市老年大学按照"政治建校、质量兴校、平安立校"的办学原则，在抓好第一课堂教学质量的同时，注重开展第二课堂活动，丰富广大老年学员的课余生活。市老年大学迁建工程进入工程验收阶段。

发挥老干部作用。4月，市委老干部局下发《关于实施"四大行动"　进一步发挥离退休干部作用的通知》，在全市离退休干部中实施"红色典藏""走基层、看变化、促发展""争做最美老干部"和"银色人才志愿"四大行动。关工委讲师团围绕社会主义核心价值体系，举办理想信念、道德法制、科普环保、心理与生理健康、家庭教育等五大块内容69个课题的专题教育，报告100多场次，受教育人数2万余人次，同时在老干部活动中心和老年大学招募各方面的银色人才40多人，初步建立银色人才库。根据需要调整充实"五老"（老干部、老军人、老教师、老专家、老模范）网吧监督员，依法对全市有经营执照网吧进行义务监督，配合市场监管局、公安局等部门到学校周边的文体用品店、音像制品店监督检查，净化青少年身边文化环境。

【开展"四大行动"活动】　2015年，市委老干部局结合纪念抗战胜利70周年，开展"四大行动"活动。"红色典藏"活动，4月开始，市老干部活动中心每天播放红色经典电影（电视剧），至9月底结束；8月，开展纪念抗战胜利70周年书画、摄影展。"走基层、看变化、促发展"活动，围绕市委、市政府的重大决策部署，突出抓好县处级老领导及各离退休干部党支部的"走、看、促"活动。争做"最美老干部"活动，各离退休干部党支部开展推举和宣扬老同志身边典型的活动；9月，开展"最美老干部"宣讲活动。"银色人才志愿"活动是了解和掌握有关涉老团体协会基本情况、专业特长、参与志愿活动等情况，组织引导其在促进社会和谐、社区建设、帮困扶贫、环境保护等方面有所作为。

【开展纪念抗战胜利70周年系列活动】　5月29日，市委老干部局在市政广场举办"献礼抗日

9月1日，桐乡市召开抗战老战士老同志座谈会

市委老干部局提供

战争胜利70周年，圆大学之梦、展银龄风采”文艺演出。7月下旬开始，市委老干部局结合抗战胜利70周年，联合宣传部门，开展“寻找抗战老战士”活动。组织桐乡电视台、桐乡广播电台、今日桐乡、桐乡新闻报社四家新闻单位的记者到9名抗战离休干部家中采访，并在相关媒体上开辟专栏，再现老同志那段烽火岁月。8月，市委老干部局、市老干部活动中心、老年大学和老干部文体协会联合举办纪念抗战胜利70周年书画、摄影展，收到老同志书画作品80多件、摄影作品160多件。9月，向18位抗战老战士、老同志颁发“中国人民抗日战争胜利70周年”纪念章，并召开抗战老战士老同志座谈会。

【建立县(处)实职老同志定期集中学习制度】 2015年，桐乡市建立曾任县(处)实职老同志定期集中学习制度。每次集中学习活动原则上安排在每月第一周，由一名市委常委领学，老同志围绕学习内容发言、讨论、提出意见建议。3月3日，市委常委、组织部部长汤云良主持第一次学习活动，学习习近平总书记关于“四个全面”重要论述及相关精神、省长李强在桐乡调研“开门红”时的重要讲话和传达嘉兴市三级干部大会精神。

（潘连城）

党校工作

【概况】 2015年，桐乡市委党校围绕市委市政府中心工作，结合桐乡发展实情，立足主业主课、聚焦科研动态、狠抓内部管理，发挥党校“三个阵地，一个熔炉”重要作用，党校事业稳步发展。全年举办21个主体班次培训班及3个计划外办班，培训时间108天，培训人员2408人。根据新形势新要求，党校增设3期科(局)级领导干部党章党规党纪集中轮训班，历时1个月，受训干部582人。

以基层发展需求为导向，专题举办行政村青年干部培训班、行政村党组织书记培训班、社区党组织书记培训班、两新组织党务红领培训班等多个涉及基层干部能力提升的培训班。为服务于桐乡打造“旅游大县”的发展目标，市委党校专门开设旅游业发展专题研讨班，利用桐乡旅游发展优势，总结经验成果，增强新形势下桐乡领导干部谋事创业能力。组织宣讲团围绕“四个全面”、习近平治国理政新思想、十八届四中全会精神等重大时政热点，深入社区、农村，为全市干部群众作宣讲32次，受益人数1500余人次。

【提升教学科研影响力】 2015年，市委党校立足桐乡经济社会文化发展面临的难点热点问题，整合教学科研资源，组建科研团队，开辟现场教学“精品基地”，深入基层，认真开展调查研究，撰写多篇具有实践价值的调研文章。组建科研团队分期进驻乌镇以及高桥蹲点调研，开辟世界互联网大会以及“三治”建设现场教学点，接待多批省市内外的领导干部到现场观摩学习；针对“三治”建设模式，完成《桐乡市“三治合一”与基层矛盾多元化解决机制研究》《“法治、德治、自治”语境下的社会管理创新研究》调研文章。全年申报省市各级课题40余项，立项12项，2项课题被评为嘉兴市哲学社会科学发展重点资助规划课题，1项课题列入桐乡市“十三五”规划发展课题并结题。

（方　莉）

5月25日，市委党校开设旅游业发展专题研讨班　　市委党校提供

市直机关党建工作

【概况】 2015年，桐乡市直机关党工委按照市委提出的"打造党建高地"要求，围绕服务中心、建设队伍两大任务，坚持求真务实，努力奋发有为，认真履职尽责。

突出思想教育。认真学习习近平总书记系列讲话精神，深刻领会"四个全面"战略布局。举办全市机关"忆峥嵘·颂英烈"红色记忆诗歌朗诵比赛、纪念抗战胜利70周年知识竞赛，组织学习习总书记系列讲话精神、学党章、学宪法等专题学习活动。开展"学宪法、知党章、守规矩"专题学习活动和"学党章守纪律讲规矩"集中轮训活动，增强机关党员干部严守党的纪律和政治纪律意识。继续开展系列文化讲座活动。利用业余时间，举办"与党员干部谈法制思维""丰子恺艺术成就与漫画欣赏"等5期讲座，近1000人次参加。与市文化体育局联合举办全市机关团队运动会，组织机关代表团参加市第十七届运动会。年内，受市委表彰的先进基层党组织4个、优秀共产党员4人、优秀党务工作者1人。

规范组织建设。严格组织生活会制度，规范组织生活会的程序，调研文章《克服"三区三难"，用好"批评锐器"，不断提高基层党组织的组织生活会质量》被列入浙江省机关党建理论研讨会的交流材料。贯彻落实《发展党员工作细则》，举办全市机关入党积极分子培训班，87名入党积极分子参加培训。创新项目"探索实施会考联审制度，提高发展党员质量"被嘉兴市直机关党工委评为县（市、区）"十佳创新成果奖"。全年发展新党员33名，预备党员按期转正35名。指导机关基层党组织选好领导班子，配强党组织书记。继续开展积分制管理，运用党建红云平台，认真做好机关基层党组织和党员"双先指数"考评工作。

6月，桐乡市纪委、市机关党工委联合举办"激浊扬清"辩论赛

市直机关党工委提供

深化创新项目化管理。组织机关基层党组织围绕市委市政府提出的中心工作开展机关党建工作创新，公布立项项目41个，通过党建工作创新项目化管理培育团队精神，更好地发挥机关党组织和机关党员的表率作用。深化干部"结民亲"活动。发挥组织优势，组织机关党员干部与困难群众结对，动员71个市级部门的党员干部与1067家困难户结对。开展在职职工医疗互助保障活动，参保率100%。做好党员志愿服务工作。深化"一员双岗"制度，全力做好志愿服务工作。开展"礼让斑马线"文明出行劝导、"点亮微心愿"等活动，政协机关党员陈晓鹏倡导发起的"跟着晓鹏做公益"，被嘉兴市委直属机关党工委确定为"知行者十"志愿服务项目。

加强廉政建设，坚持转作风，树新风，把从严治党责任落到实处。开展"三严三实"专题教育，与市纪委联合举办以"守纪律讲规矩"为主题的征文活动，收到征文109篇，以及"激浊扬清"为主题的辩论赛，16个机关部门组队参赛。签订《党风廉政建设责任书》，抓好"一岗双责"落实到位。配合市纪委开展正风肃纪检查，始终保持正风肃纪的高压态势。审查和处置党员干部违反党纪政纪、涉嫌违法行为，机关纪工委办理案件6件，对6名党员作出党纪处分。

（俞国强）

机构编制工作

【概况】 2015年，桐乡市机构编制工作突出创新体制机制，服务转型发展，全面完成新一轮政府职能转变和机构改革工作，推进综合行政执法改革试点工作，进一步完善权力清单和责任清单工作，提升机构编制科学管理水平。

落实机关事业单位编制精简工作，控制和减少编制总量。市党政群机关各部门精简行政编制35名；事业单位精简编制137名。改革完善纪检派驻机构建设，落实市纪委向市级机关部门、市直属单位派驻纪检机构工作。全市61个市级机关部门、市直属单位采用单独派驻和综合派驻两种形式，设立18家派驻机构。市纪委派驻机构全覆盖后，核定各派驻机构人员编制3～5名，配备编制70名，其中行政编制61名，政法编制9名。稳步推进不动产登记职责和机构整合工作，设立不动产登记局及市不动产登记中心，分别为市国土资源局的内设机构和下属事业单位。做好新组建不动产登记机构的人事调整。推进妇幼保健和计划生育技术服务资源优化整合工作，市妇幼保健院和市计划生育宣传技术指导站合并，组建成立市妇幼保健计划生育服务中心。

【完成新一轮政府职能转变和机构改革工作】 3月，嘉兴市机构编制委员会办公室批复同意桐乡市政府职能转变和机构改革方案。7月2日，桐乡市召开政府职能转变和机构改革动员大会。至年底，完成本轮政府职能转变和机构改革各项工作。全面落实职能转变和机构改革方案，政府工作部门由28个核减为25个。建立互联网经济发展办公室，与市经济和信息化局合署办公；设立世界互联网大会承办工作委员会，作为市政府派出机构。制定涉改部门的“三定”规定。结合部门权力清单、责任清单梳理，以及政府职能转变和机构改革要求，及时调整和完善部门职责权限，对涉及改革的卫生和计生、商务和粮食、建设和人防、经信和互联网发展办四部门的“三定”规定进行多次调研沟通，经编委会审核通过并实施。

【推进综合行政执法改革试点工作】 2015年，市机构编制委员会办公室重点推进综合行政执法“一机构一平台”[市综合行政执法局派驻至各镇（街道）、开发区、振东新区的综合行政执法机构，各驻地职能部门派驻机构为成员的联动综合行政执法办公室]改革试点工作。建立各镇（街道）联动综合行政执法领导小组，下设办公室，在镇（街道）综合行政执法中队（分局）挂牌。领导小组组长由镇长（主任）担任，常务副组长由分管政法副书记担任，并兼办公室主任。通过上下联动，推进综合行政执法工作开展，提升基层政府的治理能力和社会管理水平。

【完善权力清单和责任清单工作】 2015年，市编委办根据法律法规修改及机构改革，推进由部门申请，经编委办及法制办审核，及时做好权力清单、责任清单数据库的更新调整。全面部署桐乡市政务服务网向镇（街道）村（社区）延伸试点工作，根据浙江省政府下发的镇人民政府、街道办事处权力清单目录，对乡镇延伸行政权力事项基本目录进行比对审核，并报嘉兴市审定，最终形成全市政务服务网乡镇（街道）村（社区）延伸试点样本。对全市40家部门（单位）5012项权力事项进行比对规范，核对纳入行政权力事项库的事项与基本目录，调整、修改、增补相关事项信息，使本部门入库的行政权力事项与基本目录中相关事项保持严格一致，并确保本部门实际在办事项全部入库。

【提升机构编制科学管理水平】 2015年，市编委办加强机构编制实名制管理。进一步加强与组织、财政、人力社保、公积金管理中心等部门的协调配合，严肃机构编制工作纪律，凡涉及人员变动的社保、工资、公积金办理等必须先由编委办确认，从而确保机构编制数据库的及时、准确。全年根据单位发展和人员更替，核准行政机关（含参公）增人计划136名，事业单位增人计划555名。加强机构编制监督检查。通过对机构编制台账资料梳理和实地检查，完成全市科级领导职数和配备情况的调查统计；调研全市机关事业单位中层干部岗位配置情况，会同组织部门规范完善全市中层干部设置。加强事业单位登记管理。首次实行事业单位年度报告公示制度。根据桐乡市现状，清理注销事业单位登记库中应注销而未注销的10家历史遗留下来的事业单位。完成事业单位网站开办资格复核和加挂网站标识工作。党政机关和事业单位网站加挂标识有助于公众识别、区分党政机关网站和非党政机关网站。全年全市党政机关挂标41家，事业单位挂标69家，完成率100%。

（朱　亮）

桐乡市人民代表大会

概　述

2015年，市人大常委会围绕改革发展和法治建设大局，紧密依靠广大代表，依法履行宪法和法律赋予的职责，各方面工作取得新进展。全年举行常委会会议6次，听取和审议专项工作报告19项，提出审议意见13项，就重大事项作出决议、决定5项，召开主任会议13次，听取专项工作汇报13项次。开展专题视察市政府7个方面的重要工作，依法任免国家机关工作人员48人次。完善任前法律知识考试制度，举行国家工作人员向宪法宣誓仪式。加强调查研究，参与市委重大课题调研。重视群众来信来访，受理来信43件，接待来访9件，及时转交"一府两院"及有关单位研究处理。按照《中华人民共和国各级人民代表大会常务委员会监督法》规定，审查33件规范性文件。参与乌镇国际旅游区建设、崇福省级小城市培育试点建设、农业面源污染整治、综治维稳、乌镇环境综合整治等工作。全力助推第二届世界互联网大会召开。注重调查研究和理论研讨的制度化建设，开展人大理论与工作研讨活动，完成市级调研课题8个。"人大视点""人大之窗""人大园地"等与新闻媒体联办的栏目得到巩固，全年上报各类信息稿件320篇。及时编印常委会会议公报、简报、纪要，完善人大网站建设。

11月27日，市人大常委会第二十六次会议任命的干部向宪法宣誓　　市人大办提供

·相关链接·

农业面源污染

农业面源污染(ANPSP)是指在农业生产活动中，农田中的泥沙、营养盐、农药及其他污染物，在降水或灌溉过程中，通过农田地表径流、壤中流、农田排水和地下渗漏，进入水体而形成的面源污染。这些污染物主要来源于农田施肥、农药、畜禽及水产养殖和农村居民。

重要会议

【市十五届人民代表大会第四次会议】　2月4～7日，市十五届人大四次会议在梧桐街道举行。会议应到代表261名，实到代表260名。市委、市政府领导及在桐乡市的省、嘉兴市人大代表等174人列席会议，会议听取和审议《政府工作报告》《市人大常委会工作报告》《市人民法院工作报告》《市人民检察院工作报告》，审查《关于桐乡市2014年国民经济和社会发展计划执行情况及2015年国民经济和社会发展计划草案的报告》《关于桐乡市2014年财政预算执行情况和2015年财政预算草案的报告》，通过相应的6个决议。会议依法补选市十五届人大常委会副主任2名、委员3名和市人民法院院长、市人民检察院检察长。大会收到代表十人以上联名提出的议案64件。根据地方组织法、代表法和《桐乡市人民代表大会代表议案处理办法》有关规定，经议案审查委员会审查，64件代表议案全部作为建议、批评和意见处理。其中，龚林海等10名代表提出的"关于加快濮院镇旧镇改建步伐的议案"，董志超等5名代表分别领衔提出的"关于要求加快推进工业固废物处置工作"为内容的5件议案，吴丽娅等4名代表分别领衔提出的"关于加快推进智慧城市建设进程"为内容的4件议案作为重点建议。会议期间，大会秘书处议案组收到代表提出的建议、批评和意见142件。

【市十五届人大常委会第二十一次至第二十六次会议】 1月26日，市十五届人大常委会召开第二十一次会议。会议听取和初审市政府《关于桐乡市2014年国民经济和社会发展计划执行情况及2015年国民经济和社会发展计划草案的报告》《关于桐乡市2014年财政预算执行情况和2015年财政预算草案的报告》；听取和审议市政府《关于政府投资重大建设项目2014年执行情况和2015年计划草案的报告》《关于桐乡市2015年政府组成部门及街道、经济开发区预算编制情况的报告》；听取和审议市人大常委会代表资格审查委员会《关于补选代表的代表资格审查报告》《关于市十五届人大四次会议筹备情况的报告》；审议市人大常委会代表资格审查委员会《关于代表变动情况的报告》，市人大常委会关于代表变动情况的公告草案。会议表决通过有关报告的决议、公告和审议意见草案，以无记名投票方式通过了有关人事事项。

3月31日，市十五届人大常委会举行第二十二次会议。会议听取和审议市政府《关于实施创新驱动发展战略情况的报告》，听取市政府提请的《关于调整桐乡市土地利用总体规划(2006～2020年)的议案》及说明，审议通过市人大常委会《关于调整代表资格审查委员会组成人员的决定草案》，会议表决通过有关报告的决议、公告和审议意见草案，以无记名投票方式通过有关人事事项。

5月28日，市十五届人大常委会召开第二十三次会议。听取和审议市政府《关于"六五"普法规划实施情况的报告》，表决通过有关人事任免事项。

7月29～30日，市第十五届人大常委会举行第二十四次会议。会议听取和审议市政府《关于2015年上半年国民经济和社会发展计划执行情况及下半年工作重点的报告，2015年上半年财政预算执行情况的报告》《关于2014年财政决算情况的报告》《关于2014年财政预算执行和其他财政收支的审计工作报告》《关于政府组成部门及街道2014年预算执行情况报告》，市政府《关于大气污染防治和再生资源利用工作情况的报告》；审议市政府《关于2014年度依法行政工作情况的报告》《关于全市创新驱动发展战略实施情况审议意见落实情况的报告》。会议表决通过有关报告的决议、公告和审议意见草案，以无记名投票方式通过有关人事任免事项。

9月29～30日，市第十五届人大常委会举行第二十五次会议。会议听取和审议市公检法司机关负责人《关于市公检法司机关工作人员依法履职公正司(执)法情况的报告》和市政府《关于代表议案建议办理工作情况的报告》。首次以无记名投票方式对代表议案建议办理工作进行满意度测评。听取和审议市政府提请的《关于调整2015年度政府投资重大建设项目计划的议案》，单独表决4个政府投资超2亿元的重大建设项目，听取和审议市政府提请的《关于批准桐乡市环境功能区划的议案》，审议市政府《关于桐乡市"六五"普法规划实施情况审议意见落实情况的报告》，补选朱红为嘉兴市第七届人民代表大会代表。会议表决通过有关报告的决议、公告和审议意见草案，以无记名投票的方式通过人事任免事项。

6月23～25日，桐乡市人大干部履职培训班举办　市人大办提供

11月27日，市十五届人大常委会召开第二十六次会议，会议听取和审议市政府《关于桐乡市“十二五”规划执行与“十三五”规划纲要编制情况的报告》《关于调整2015年市本级财政预算的议案》；审议市政府《关于2014年度财政预算执行和其他财政收支审计问题整改及审议意见落实情况的报告》《关于依法行政工作情况的审议意见落实情况的报告》《关于大气污染防治和再生资源回收利用管理工作情况的审议意见落实情况的报告》；审议市发改局、市水利局《关于落实人大评议意见的整改落实情况的报告》。会议举手表决通过有关审议意见和决议草案，并以无记名投票方式通过有关人事事项。

重要活动

【督促检查依法行政】 2015年，市人大常委会对市发改局和市水利局工作开展评议，审议市政府年度依法行政工作报告。按照省人大常委会的统一部署，对市公检法司机关工作人员依法履职、公正司(执)法情况开展检查。通过走访、开设意见征求栏、召开人大代表和律师座谈会、检查办案场所、抽查相关案卷等形式，收集整理54条问题与建议，及时反馈公检法司机关整改落实，听取和审议市公检法司机关专项工作报告。主任会议听取市政府关于经济犯罪预防和侦查、市人民法院关于民商事案件审判和市人民检察院关于民事行政检察等工作的汇报。听取和审议“六五”普法规划实施情况的报告，督促市政府及时查漏补缺，确保规划按期保质完成。配合做好省人大常委会有关立法和工作调研，参与嘉兴市第一部地方法的调研。

【关注民生生态改善】 2015年，市人大常委会围绕全市大气污染综合治理、工作机制建设、监督管理、能源结构与产业结构调整、再生资源回收利用管理等工作，深入开展调查研究，召开各类座谈会15个，广泛听取部门、企业和社会各界的意见建议，整理形成调查报告。常委会会议和主任会议分别听取和审议市政府专项工作报告，重点就明确部门职责、加强宣传教育、加大投入力度和创新管理方式等方面提出审议意见，并对工作落实情况进行满意度表决。督办市十五届人大一次会议“关于实施生态优先，推进桐乡经济社会持续发展”大会议案，围绕是否真摘“三河”帽子，是否落实治水责任，是否建立长效监管机制三大问题，强化专项监督和跟踪监督，组织开展“人大代表监督已治理的河”等活动，督促政府巩固全市治水成果。持续监督饮用水源保护工作，推动水源地一级保护区内企业全面关停和备用水源地规划及时出台。关注农村生活环境改善，专题视察农业面源污染治理工作。继续开展食品安全执法检查，针对审议意见中提出的存在问题，再次进行督促检查，听取政府落实情况报告。关注公共文化服务体系建设，专题视察全市公共文化服务体系示范区工作。视察惠民实事工程和“四位一体”长效保洁工作。

·相关链接·

四位一体

2014年，市政府提出全市城乡环境卫生“四位一体”，就是在镇区、公路、河道、村庄四大区域实行“一个部门统筹、一条线管理、以块为主、属地负责”的环境

3月20日，市人大常委会领导视察乌镇两区两化(镇区景区化、景区全域化)工作　　市人大办提供

12 月 25 日，市人大常委会领导视察梧桐街道大发社区老旧小区改造工程现场　　市人大办提供

卫生保洁新机制，力求做到市级一个部门统筹、属地一个平台管理、实行一个专账核算、集中一个体系监管、建立一支专业队伍，促进城乡环境质量不断提升。

【扩大代表参政范围】 2015 年，市人大常委会坚持常委会组成人员联系代表、代表联系选民制度，邀请 33 名代表列席常委会会议，参加常委会视察、调研和评议活动，不断扩大代表对常委会工作的参与范围。常委会以集体和分组的方式接待市人大代表，听取代表对"一府两院"及人大工作的意见建议，汇总 6 个方面 52 条意见建议反馈给"一府两院"。认真做好代表培训、补选等有关工作。组织代表开展转型升级十大组合拳落实情况的监督。在代表中开展环境综合整治专项督查、查找审批难问题、核查贫困人口等主题活动，发挥代表在推进五水共治、三改一拆等工作中的作用。全市各代表小组与 12 个市级部门开展定向视察，31 名市人大代表向选民述职。推进代表联络站规范化、制度化建设，实现各镇（街道）网上代表联络站全覆盖。全年有 1011 人次代表进站，反映问题 146 个，协调解决问题 119 个。206 件议案建议均在规定时间内办理，问题解决的 99 件，占 48.1%，比上年上升 0.8%；问题基本解决的 56 件，占 27.2%，下降 7.2%；问题尚未解决的 51 件，占 24.7%。闭会期间代表提出的 4 件建议得到较好办理，代表首次对市政府议案建议办理工作开展满意度测评。

· 相关链接 ·

转型升级十大组合拳

6 月 24 日，省人大常委会在杭州召开会议，研究部署"全省各级人大代表开展转型升级十大组合拳"主题监督活动。重点监督浙商回归、五水共治、三改一拆、四换三名、四边三化、一打三整治、创新驱动、市场主体升级、小微企业三年成长计划、七大产业培育等十个方面转型升级组合拳的落实情况。

（吕春燕）

10 月 10 日，市人大代表在梧桐街道安乐村开展述职评议和接待选民活动　　市人大办提供

桐乡市人民政府

重要会议和决策

【政府全体会议】 2015 年，桐乡市政府召开全体会议两次。

2 月 28 日，召开市十五届政府第七次全体会议。会议认真贯彻落实市第十三届党代会第四次会议精神，根据市十五届人大四次会议通过的《政府工作报告》，全面部署 2015 年政府工作各项目标任务。

7 月 27 日，召开市十五届政府第八次全体会议。（参见《党政 · 中共桐乡市委员会》中相关条目）

2 月 28 日，市十五届政府第七次全体会议召开　　市政府办提供

【政府常务会议】 2015 年，市政府召开政府常务会议 12 次。

2 月 7 日，召开市十五届政府第三十八次常务会议。会议原则同意《2014 年全市招商引资考核奖励方案（送审稿）》。同意给予朱建林记个人三等功1 次。

2 月 16 日，召开市十五届政府第三十九次常务会议。会议原则同意《桐乡市饮用水水源地规划（送审稿）》《桐乡市大气污染防治五大专项实施方案（送审稿）》《桐乡市互联网经济发展专家咨询委员会专家管理办法（送审稿）》《关于 2014 年度桐乡市市长质量奖评审工作情况汇报》《2015 年〈政府工作报告〉主要工作责任分解方案（送审稿）》《2015 年“三会”建议提案办理工作分解方案（送审稿）》《关于东宗线航道嘉兴段二期工程灵安港以南标段相关工程的解决报告》《关于建立市政府常务会议学法制度的通知》。听取《桐乡市土地利用总体规划 2014 年度调整完善工作汇报》。通报《关于桐乡市第五届优秀中国特色社会主义事业建设者评选情况》。同意授予市公安局集体嘉奖 1 次。

4 月 3 日，召开市十五届政府第四十次常务会议。会议原则同意《关于加快发展互联网经济的实施意见（送审稿）》《桐乡市开展“浙江制造”品牌培育试点实施方案（送审稿）》《关于印发桐乡市营业执照、组织机构代码证“三证合一”实施办法的通知》《桐乡市豆制品行业规范整治工作方案（送审稿）》《桐乡市全面清理违法违规建设项目环保专项行动实施方案》。

5 月 8 日，召开市十五届政府第四十一次常务会议。会议原则同意《桐乡市无线局域网（WiFi）建设方案》《桐乡市实施“政府送云”服务工作方案》《关于浙江飞尔康有限公司股权转让的情况汇报》《桐乡市中小城市综合改革试点实施方案》《桐乡市关于农作物秸秆综合利用和禁烧工作的实施方案》《关于加快推进新型农业现代化的实施意见》《关于进一步加强活禽交易管理的实施意见》《关于世界互联网大会乌镇整治项目招投标有关事宜的汇报》《关于加强行政事业单位个人所得税代扣代缴工作的汇报》《桐乡市深化环境资源要素市场化配置改革的若干意见》《桐乡市环境资源要素指标量化管理实施办法》《桐乡市主要污染物排污权有偿使用和交易办法（修订）》《桐乡市排污权指标差别化管理实施意见（试行）》《关于加强建设项目主要污染物总量准入和事中事后监管的实施意见》。

5 月 29 日，召开市十五届政府第四十二次常务会议。会议原则同意《关于推进公共文化服务体系建设的若干政策意见（送审稿）》《关于加快推进城乡供水经营管理一体化改革的实施意见》《关于同福水厂扫尾工程情况汇报》《2015 年桐乡市工业企业绩效综合评价办法（送审稿)》《桐乡市国有土地上房屋征收与补偿办法(草案)》和《桐乡市国有土地上房屋征收补偿奖励标准(送审稿)》《关于加快发展养老服务业的实施意见(送审稿)》《桐乡市机关事业单位新录(聘)用人员管理办法(试行)》。听取《关于桐乡市政府职能转变和机构改革方案的情况汇报》。讨论《桐乡市工业创业园区(标准厂房)评价办法(试行)(送审稿)》。

6月30日,召开市十五届政府第四十三次常务会议。会议原则同意《桐乡市人民政府关于公布2015年度住房保障相关标准的通知》《桐乡市人民政府关于杨家门旧城改建(一期)项目房屋征收的决定(送审稿)》《桐乡市应对极端天气停课安排和误工处理实施意见》《桐乡市军人随军家属就业安置实施细则》《桐乡市市级财政专项资金管理办法(送审稿)》《关于进一步完善镇(街道)和经济开发区财政管理体制的意见(送审稿)》。同意授予余成记三等功1次。

8月4日,召开市十五届政府第四十四次常务会议。会议原则同意《关于加快推进全市农村宅基地使用权确权登记发证工作实施方案》《关于促进经济转型升级创新发展若干政策意见》《桐乡市政府产业基金管理办法》《关于筹建混合所有制投资管理公司的方案》《桐乡市加强和改进新形势下征兵工作的实施办法》《关于增补乌镇大道(莲都公路桐乡市区至乌镇段)景观绿化及配套设施项目为2015年度政府投资项目的报告》《桐乡市楼宇经济发展三年行动计划(2015～2017年)》《关于公布取消和调整非行政许可审批事项目录的通知》《1～7月安全生产工作和下阶段工作重点》《2015年度全市节约集约利用土地促进扩大有效投资专项行动推进情况及相关建议》《桐乡市关于深化节约集约利用土地促进扩大有效投资的若干意见》。

9月2日和6日,召开市十五届政府第四十五次常务会议。会议原则同意《桐乡市环境功能区划》《桐乡市农村土地承包流转经营权登记管理办法(试行)》《桐乡市关于推进智慧农业建设的实施意见》《关于调整2015年度2000万元以上政府投资项目计划的报告》《桐乡市国民经济和社会发展第十三个五年规划基本思路研究》。同意授予王夏记三等功1次。

9月23日,召开市十五届政府第四十六次常务会议。会议原则同意《桐乡市服务业项目不分割产权管理暂行规定》《桐乡市文化精品创作扶持奖励办法》《桐乡市关于支持大众创业促进就业的实施意见》《关于中国创新创业大赛筹备情况和有关事项的汇报》。

10月29日,召开市十五届政府第四十七次常务会议。会议原则同意《桐乡市突发公共事件预警信息发布管理办法(试行)》《桐乡市重大行政决策程序规定》《桐乡市重大行政决策实施后评估制度》《桐乡市工业污泥规范化管理暂行办法》《桐乡市不动产统一登记工作实施方案》《桐乡市居民生活用天然气价格调整方案》《关于实施市重大项目需求要求开展新一轮征迁的情况汇报》《关于公布2016年度城乡居民基本医疗保险筹资标准的通知》《关于调整被征地农民养老基本生活保障有关政策的通知》《1～9月安全生产工作总结及下阶段工作重点》。听取崇福镇政府《关于要求协调桐乡崇福宝马花园在建工程办理第三者抵押贷款的请示》。

11月24日,召开市十五届政府第四十八次常务会议。会议原则同意《关于桐乡市"十二五"规划执行与"十三五"规划纲要编制情况的报告》《桐乡市国民经济和社会发展第十三个五年规划纲要》《桐乡市"小微企业三年成长计划"实施意见(2015～2017年)》《关于调整自主就业退役士兵一次性经济补助经费发放标准的通知》《关于调整2015年度财政预算的议案》《2015年度桐乡市地方政府债券置换存量债务情况的报告》。

12月30日,召开市十五届政府第四十九次常务会议。会议原则同意《桐乡市市级行政事业单位公款竞争性存放管理暂行办法》《桐乡市国有土地上房屋征收与补偿办法修订意见》《关于推进全市"退二进三"工作实施意见》《关于全面实施桐乡市网格化环境监管体系实施方案的通知》《桐乡市大气污染防治实施细则重点工作部门分工方案》《关于实行生态办抄告督办制度的通知》《桐乡市生态基金使用管理办法》《关于提请批准2015年地方政府债务限额的议案》《桐乡市重大行政决策责任追究制度》《关于废止市政府行政规范性文件的通知》。

(陈海林)

【"12345"市长电话】 2015年，市长电话受理中心通过"12345"市长电话、市长信箱、"15988312345"短信平台、微信平台、嘉兴市长电话、行风热线等渠道，受理市民诉求1.79万件，比上年增长1.6%，交承办单位办理0.76万件，占42.5%；其余均由受理中心直接答复。网络单位按时办结率99.9%，反馈率98.3%，满意率92.7%，问题解决率88.4%。领导重视，工作到位。全年10名市政府领导和25个部门主要负责人参加"市长电话市领导值班"及"行风热线"，市领导通过接话日现场批办市长电话上报信息材料批示120件(次)。完善机制、确保信息。2015年，受理中心完善交办件运作、交办件落实情况、回访复核等工作机制，整理汇编《市长电话工作手册》，编发《今日要情》248期、《市长电话专刊》5期、《市领导呈报表》7期，为领导决策和部门工作部署提供参考。强化督办，提高效能。加大督查督办力度，认真落实市委、市政府开展整治"懒政怠政"专项行动，督促各单位对办件"回头看"，发现问题限期整改，考核工作细化量化。整合资源，形成合力。市长电话继续与新闻媒体密切配合，共同关注和解决群众关心的社会热点和难点问题；与市纪委、广播节目中心共同主办"行风热线"，全年录播节目25期。

（王　蕾）

办公室工作

【概况】 2015年，市政府办围绕全市中心工作，根据"内聚合力，外树形象"的工作要求，树立"流畅顺畅、谋略谋划、有序有效、服从服务、合作协作、和睦和谐"的基本工作理念，努力推进各项工作任务完成。

发挥市政府办的统筹协调作用，加大对全市中心工作的协调力度。建立工作联系单制度，形成重点工作沟通、反馈机制。引入政府工作交办系统，实现交办事项"交办、督办、销号"全流程监督。注重完善工作方法，确保政令畅通，推动工作落实。全年交办市政府领导批示116件，勤政周记处理单489件，承办嘉兴市级以上领导批示219件。全年市政府系统承办党代表提案建议、人大代表建议和政协提案504件，占党代会和两会提案建议总数的94.4%。

提升办文办会质量。严格规范行文程序，完善发文审批制度，有效控制发文数量。全年印发各类文件400件，比上年减少7%。签收处理各类公文3000余件，承办请示、报告467件。及时梳理归纳各类信息，为领导决策提供参考。编发《每日要讯》159期、《工作交流》15期。上报信息被国务院办公厅录用10条、省政府办公厅录用63条，获国务院办公厅领导批示5条，省领导批示22条、嘉兴市领导批示34条，政务信息工作考核列嘉兴地区首位、全省第三位。

推进法治政府建设。制定市政府常务会议学法制度，坚持把领导干部带头学法、模范守法作为树立法治意识的关键。出台《桐乡市政府法律顾问列席政府相关会议实施办法(试行)》，发挥市政府法律顾问智囊团作用，提高政府决策民主化、科学化水平。围绕政府重点工作及新修订的《中华人民共和国行政诉讼法》，强化法律法规培训工作，提高一线人员业务水平。发挥法制办参谋助手作用，做好国有土地上房屋征收、濮院旧镇改建项目等重大具体行为的法制审查。严格执行规范性文件"三统一"制度，做好文件的合法性审查、编号、备案工作，全年审查规范性文件41件，废止文件12件，公布失效文件9件。

深化政务信息公开。推进"政务服务一张网"建设，逐步实现行政权力网上运行，服务事项向乡镇延伸，桐乡市行政许可事项全部纳入浙江省政务服务网上运行。完善信息公开相关制度。规范政府信息依申请公开受理、审查、处理和答复程序，促进依申请公开工作依法依规执行，确保重点领域政府信息公开工作稳步推进。加大信息公开力度。政府信息公开平台全年主动公开信息4880条。及时办理依申请公开事项，全年受理政府信息公开申请49件，均按时办结。编发《桐乡政报》5期，发行3900余份。

提升应急管理水平。建立健全社会应急联动平台，完善社会应急联动工作机制，开展公共安全风险管理工作情况调查，编制修订专项应急预案，提高应急处置能力，稳步推进应急管理工作。强化考核结果应用，推动应急工作实现常态化运作，全年组织开展模拟报警督查、明察暗访、应急演练8次，受理处置群众各类报警求助27.7万起。

加强因公出国(境)管理。

从严控制境外培训团组、无实质性内容团组和国际会议，全年申报因公出国（境）团组 23 批 60 人次。列入计划管理党政干部 49 人次。发挥侨务优势做好牵线搭桥工作，成立市侨商服务领导小组服务侨企。举办由意大利设计师主讲的第二期高级服装设计师培训班。配合市人才办做好招才引智工作。暑期组织海外留学人员开展交流座谈、参观活动。组织侨界政协委员开展界别活动。在《嘉兴日报·桐乡新闻》上开辟“桐乡人在海外”专栏，宣传桐乡在海外的优秀人士。

深化金融服务工作。持续推动企业对接多层次资本市场。华友钴业、中国恒石顺利上市，联洋新材、先锋机械成功挂牌新三板。鼓励引导股权投资业发展。设立“互联网＋”政府产业基金和 5 个政府引导子基金。优化传统金融服务。创新推出农村“三权”保证保险贷款，完成信用社改制，设立科技专营支行。推动金融改革创新。继续开展“幸福新桐乡”农民普惠理财计划试点工作，全年为农民增加财政性收入 1300 余万元。民间融资服务中心正式开业，引导民间资本阳光化。加强金融风险防控。组织开展两链风险排查，加强类金融组织监管与资本运作类企业监测预警，落实应急转贷资金，协调化解企业风险。

（陆亚英）

外事侨务工作

【概况】 2015 年，桐乡市切实规范因公出国（境）管理，严格审核程序，办理因公出国（境）团组 23 批 60 人次，与上年相比，全市因公出国（境）人次明显下降。市外侨办配合第二届世界互联网大会，完成相关外事工作。协助嘉兴市外侨办做好热点和敏感地区外国人士来华邀请审核，受理 47 批 65 人次。市外侨办（侨联）加强与海外华侨华人、留学人员和港澳同胞的联络联谊，凝聚侨心、汇集侨智、发挥侨力、维护侨益。走访慰问归侨侨眷 45 户，妥善处理侨眷拆迁、建房、就学信访件 10 件。利用“梧桐侨心苑”平台，为侨眷及留学生家属英语培训 15 场。组织海外留学人员交流座谈、参观 320 创意广场活动。组织侨界政协委员开展界别活动，赴屠甸镇调研城镇防洪措施，召开座谈会并实地察看闸站、泵站等设施。组织 2 名侨眷参加省侨联组织的“立家训·树家风”活动，分别获二等奖和三等奖。濮院镇锦苑社区通过验收，被国务院侨务办公室授予“全国社区侨务工作示范单位”称号。香港同胞张小幼捐款 10 万元，支持家乡教育事业，帮助困难学生和奖励优秀学子。年内，接待各类外宾、海外港澳同胞、侨团等 480 余人次，包括捷克总统米洛什·泽曼一行、苏丹前国家元首阿卜杜拉赫曼·哈桑·苏瓦尔·达哈卜一行、中国—阿拉伯国家产能合作与投资促进研讨会嘉宾团、美国驻沪总领事、韩国驻沪总领事、驻沪相关领事馆官员团和日本茶道交流代表团，美国加州大学圣地亚哥分校药学系教授管坤良、新加坡国立大学教授沈汉明、北美互联网与电商协会会长李玮，以及第十届世界华裔杰出青年华夏行代表团、夏威夷中华总商会第六十六届水仙花皇后友好代表团、马来西亚侨团等重要团组及海外重点人士。促进海外及两岸在教育、经贸、学术、文化等方面合作交流。12 月，市委副书记蒋惠玲率团赴香港举办香港桐乡同乡会联谊活动。

【参加中阿产能合作与投资促进研讨会的嘉宾考察巨石集团】 8 月 25 日，参加中国一阿拉伯国家产能合作与投资促进研讨会

8 月 25 日，参加中阿产能合作与投资促进研讨会的嘉宾考察巨石集团　　市政府办提供

的苏丹工业部国务部长阿布杜·达奥德·苏里曼·阿卜杜拉、埃及投资部副部长哈娜·达克鲁里等阿拉伯国家智库专家学者一行19人在外交部亚非司负责人陪同下考察巨石集团。代表团一行听取玻璃纤维的应用领域、全球营销网络、发展概况和国际化进程介绍，特别是在埃及建立生产线情况。代表团成员对中国巨石的国际化战略产生浓厚的兴趣。埃及投资部副部长哈娜·达克鲁里表示，希望巨石能进一步扩大产能规模，期待埃及二期项目的投产。代表团考察巨石集团四分厂，参观捻线车间、织布车间。

【捷克总统泽曼一行到乌镇访问】　9月6日，捷克总统米洛什·泽曼一行到访乌镇。米洛什·泽曼总统是在应邀参加纪念抗战胜利70周年阅兵后，到乌镇参观访问的。这也是乌镇景区自2002年以来迎来的首位外国现任国家元首。嘉兴市委书记鲁俊，省外侨办副主任顾建新，桐乡市委副书记、市长盛勇军陪同。米洛什·泽曼总统对乌镇美好环境予以赞赏。其间，米洛什·泽曼总统将一枚捷克克朗硬币，请市长盛勇军转交乌镇景区，并希望再访乌镇。

【成立市侨商服务领导小组】
1月14日，桐乡市成立市侨商服务领导小组。侨商服务领导小组由市委常委、统战部部长潘家春任组长、分管副市长周国强任副组长，任务是切实做好侨港资企业的服务工作，营造桐乡市亲侨商、护侨商、爱侨商的良好氛围。领导小组通过召开座谈会、实地走访等形式，深入开展侨资企业服务月活动，听取企业有关经营拓展、市场研发、项目引进等过程中存在的问题及困难，研究探讨企业把握机遇、加快发展、积极服务桐乡经济发展的具体对策和措施。同时，对本区域侨商企业进行全面调查摸底，建立档案。

9月6日，捷克总统米洛什·泽曼（前排中）一行到乌镇访问

市政府办提供

【开设"桐乡人在海外"专栏】
12月，市外侨办（侨联）与嘉兴日报桐乡报社合作在《嘉兴日报·桐乡新闻》开辟"桐乡人在海外"专栏，每半月一期，专版宣传桐乡市在海外生活、工作的优秀人士，连续报道多名海外人士，在桐乡市引起较好反响，给一些将要出国留学、工作生活人员提供借鉴与帮助。同时，合作建立"桐乡留联"QQ及微信群，为留学生及留学生家长提供服务。

【全国人大华侨委员会到桐调研海归创业企业】　4月8日，全国人大常委会委员、全国人大华侨委主任委员白志健带领调研组到桐乡调研海归创业互联网事业示范企业。浙江省人大常委会副主任毛光烈，桐乡市人大常委会主任张林洪、副主任费玉林陪同调研。调研组一行实地考察桐乡市濮院镇320创意广场，走访由海归学子在濮院创立的电子商务企业。濮院羊毛衫市场管委会负责人向调研组一行介绍濮院320广场发展情况。嘉兴市青韧电子商务有限公司介绍企业发展情况。青韧电商创立者陈柏臻毕业于英国阿斯顿大学，于2011年创办该公司，是浙江省首批电子商务有限公司之一。4月，受市政府委托，青韧电子商务运营桐乡电子商务公共服务中心及各级产业服务中心。调研组一行在青韧电商样品区参观桐乡特色农副产品的展示样品，查看淘宝店"桐乡

4 月 8 日，全国人大常委会委员、华侨委主任委员白志健（中）带领调研组到桐乡调研海归创业互联网企业——青韧电子商务
市政府办提供

特产店”土鸡蛋网络销售等活动的情况。白志健表示，海归从事互联网创业在濮院的发展十分成功，农村电商发展前景美好，希望濮院与海归创业者再接再厉，将成功的典型推广出去，吸引更多海外学子回国创业。

（沈　伟　范　瑜）

台务工作

【概况】 2015 年，桐乡市台界人士担任嘉兴市人大代表 1 人，政协委员 2 人，桐乡市人大代表 1 人，政协委员 9 人。全年组织赴台湾交流项目 7 个批次 58 人，其中：市政府常务副市长朱明杰率团赴台进行城市环境考察和项目招商活动，市政协副主席顾根梁率团赴台进行现代农业项目考察。桐乡市老年书画研究会赴台湾南投县举办桐乡・南投两地老年书画交流展。全年指导企业赴台商务活动 9 家 16 人；赴台交流学生 3 人。组织台资企业联谊会会员单位例会 8 次，邀请有关部门作政策、法律讲座和咨询服务。开展相关法律法规宣传，依法保护台胞合法权益，全年受理台胞台属来信来访 22 人次（件）。帮助 12 名台属办理赴台探亲手续，接待台胞 300 余人次。举办台胞台属联谊活动 2 次，走访台属及台属所在企事业单位 30 余次。台联界人士积极参政议政、建言献策，在桐乡市政协八届四次会议期间递交提案 6 件。做好涉台调研信息工作，年内向上级台办系统等报送各类信息 23 篇。开展桐台两地交流联谊，全年向台胞寄发贺信、贺卡、宣传资料和赠送桐乡土特产品等 400 封（份），与在台桐乡籍台胞通信、通电 20 多件（次），及时传递家乡信息，开展联络问候。做好台湾上层人士及台胞到桐乡的接待工作，年内重点接待台湾基隆特殊教育访问团，台湾南投县议会农业交流团、台湾苗栗县农业参访团，台湾海峡两岸青年创业创新服务协会，台湾香港两地养老产业考察团，台湾海外留学生“科技之旅”冬令营等到访团。组织第六届“两岸邻里节”桐乡站活动，邀请台湾南投市光荣里（村）22 名基层民众来访，并与桐乡市洲泉镇东田村签订“两岸邻里友好结对交流协议书”。加强与在台湾桐乡籍配偶的联络工作，年内接待 3 名桐乡籍新娘配偶家庭到桐乡参访探亲。加强与桐乡市在台湾的大陆学生联系，年内第四批 3 名新生赴台；8 月下旬，召开桐乡籍在台湾的大陆学生座谈会。为推进和鼓励台资、台属企业在桐乡创业发展，宣传台资、台属企业先进典型事迹，5 月，市台办会同宣传部门开展“创业桐乡・最美台胞”系列宣传活动，集中对 5 家台资、台属企业进行重点采访，通过新闻媒体宣传报道以及宣传图版巡回展，增强台资、台属企业在桐乡创业的信心。6 月，组织台胞台属，在桐台商去嘉兴参加 2015 中国・嘉兴端午民俗文化节系列活动。9 月，组织台联界政协委员、理事、在桐居留台胞、台属代表，赴嘉兴听取“面向 2016 台海形势与对台工作”专题讲座。7 月，组织台联界人士、桐乡籍陆生、台属代表赴嘉兴参加“两岸一家亲・共圆中国梦”嘉台大学生联欢活动。10 月，组织在桐青年台商、台干赴嘉兴参加嘉兴市青年台商创业中心成立仪式暨培训活动。

【开展台资企业走访服务月活动】　2015年，市台办以“服务台商转型发展，深化桐台产业合作”为主题，5月、9月、11月为台资企业走访服务月活动，了解台资企业的困难和检查安全生产现状诉求，营造良好的投资发展环境，促进台资企业转型升级、创新发展。服务月活动期间，走访台资企业62家，举办座谈会、培训会4场次。全面组织对台农业招商活动，组织台商赴石门湾现代农业示范区考察，到上海举办对台农业招商宣传专题活动。市台办与石门镇到广东顺德走访4家从事农业项目台资企业，推介桐乡引进农业项目的政策和投资环境，其中台湾巨力旺集团与石门湾现代农业示范区签订现代休闲农业项目投资协议。

（严伟明）

档案工作

【概况】　2015年，桐乡市机关部门、镇（街道）有档案从业人员120人，其中专职档案人员65人，占54.2%；室藏档案208.77万卷（件、张、盒），比上年增长11.7%。全市机关、镇（街道）利用档案1.1万人次，提供档案资料3.46万卷（册）次；形成2014年度文书档案9.95万卷（件），至年底，馆藏档案186个全宗、33.57万卷（件），其中寄存档案9.2万卷（件）。市档案馆接待利用3199人次，7431卷（册）次、306件次，复制档案资料1.48万页，提供档案证明1730份。城市档案中心建设前期工作有序推进。2015年，市政府将桐乡档案新馆项目调整为桐乡城市档案中心项目，规划用地面积1.53公顷，建筑面积2.4万平方米，总投资1.5亿元。全年，市档案局报送各类工作信息93篇，录用77篇，用稿率为82%，其中被省级以上档案网站刊物采用56篇。

档案服务民生能力不断增强。依法开展部门档案接收工作，接收各类档案0.05万卷、7.82万件，内容涵盖婚姻登记、计生、食药监管等民生档案以及首届世界互联网大会、创建文明城市等全市重大活动档案。深化民生档案远程利用服务工作，在远程利用平台上新增招工、离职辞职、独生子女等8类民生档案，实现民生档案远程利用平台查询内容增加到20种。编印《桐乡市重要民生档案目录指南》，内容涵盖14个部门约50种重点民生档案保管利用基本情况，方便群众查档。

数字档案馆建设步伐加快。4月，数字档案馆建设方案通过专家可行性论证。全年投入资金769万元，完成馆藏系统相关软硬件设备采购与安装、机房改造及馆藏档案数字化加工。至年底，馆藏档案管理系统进入试运行阶段。完成馆藏档案数字化810万页，同时开展馆藏档案资源总库和专题数据库建设，实现数据在线运行利用。

深化档案文化建设。加强与吴敫木家属、丰一吟、吴蓬等名人的走访联系，征集到丰一吟提供的研究丰子恺摘录的万余张卡片和其他各类名人档案资料488件。结合“6·9”国际档案日活动，开展桐乡老照片征集活动，多渠道发布征集公告，陆续征集到老照片142张。纪念抗日战争胜利70周年，搜集桐乡抗战时期相关资料，征集到桐乡地区抗战珍贵图片119张。重视对馆藏资源的开发利用，完成省档案局《浙江省各级综合档案馆馆藏精品介绍》（第一辑）中《茅盾档案》章节的编辑工作。乡贤文丛系列第二辑《星逸文稿》出版。

【创新档案年检工作】　2015年，市档案局创新档案年检工作，将进馆序列的所有基层单位纳入年检范围；年检方法也在原网上年检的基础上，新增归档评查工作，并以协作组会议形式开展归档评查。通过互评互查，既检查必检单位的实体档案，又是对档案工作人员的一次业务培训。年检结果，全市156家单位除91家是免检单位外，57家优秀、8家合格。

【举办桐乡市纪念抗日战争胜利70周年图片展】　9月，市档案局（馆）与市委宣传部、市史志办联合在市图书馆举办桐乡市纪念抗日战争胜利70周年图片展，其中“抗日战争在桐乡”这一篇章是市档案馆首次向社会公开的一批抗战时期桐乡地区珍贵图片档案。展览从9月1日起为期1个多月，引起公众极大关注，约有1万人次市民参观。生动的展览向社会传递“铭记历史、缅怀先烈、珍爱和平、开创未来”的社会正能量。同时，市档案局还与多家媒体合作通过专版介绍、微信推送等方式展示这段历史。

（沈　琳）

史志工作

【概况】 2015年，市委党史研究室、市地方志办公室贯彻浙江省第九次党史工作会议精神，落实《全国地方志事业发展规划纲要(2015～2020年)》，推动二轮修志、党史征编、年鉴编纂、组织史编写等史志工作。年内，采取逐编审读志稿，加快内部审稿进度，督促承编单位核实、补充史料，形成约240万字的《桐乡市志(1991—2010)》初审稿。4月，《桐乡风俗》由方志出版社出版发行。有序开展镇志、部门专业志编修工作，《桐乡市政协志》《桐乡市交通志》出版；《乌镇志》编修被列入中国名镇志丛书工程；指导《濮院镇志》《凤鸣街道志》等镇(街道)志，《桐乡市财税志》《桐乡市金融志》《桐乡市教育志》等专业志及《福严寺志》《新联村志》的编修；指导启动企业志书《铭龙志》编修工作。旧志文献收集整理取得新成果，光绪《石门县志》完成三校，并送出版社审稿；征集到康熙《乌青文献》(善本)电子版1套。完成《浙江通志》中桐乡人物材料、《嘉兴市志》桐乡部分内容。完成《嘉兴年鉴(2015)》桐乡部分撰稿任务。编印《政府工作报告汇编》《历届党代会工作报告》《桐乡市重要会议报告选编》三辑资料册，搜集《浙江日报》和《嘉兴日报》有关桐乡系列报道，整理1979—2002年间“浙江日报写桐乡”相关内容。8月，《中国共产党桐乡历史(1979—2002)》编写工作启动，并被列为浙江省试点单位，多次召开党史专题写作培训会，深化开展党史专题征编工作，认真研究梳理党史三卷框架结构。整理组织史第六卷2007—2011年文件目录。收集2014年组织史文件资料，编写《中国共产党浙江省桐乡市2014年度组织史资料》。

【《桐乡风俗》出版】 4月，桐乡市史志办编撰的《桐乡风俗》由方志出版社出版发行，主编姚建明，执行主编陆建华，全书约30万字，50余幅图片。《桐乡风俗》由人生礼仪习俗、岁时节令习俗、生产生活习俗三大板块组成，以“桐乡人的一生有多少礼俗相伴”“桐乡一年有多少风俗”，以及“桐乡有多少生产生活风俗”为串联，涉及重点民间习俗100多项，详细、完整地记录桐乡丰富、独特的风俗，具有较高的历史研究价值和地域文化价值，从侧面体现桐乡民间风俗的多姿多彩和独特神韵。

【《桐乡年鉴(2015)》出版】 11月，《桐乡年鉴(2015)》由方志出版社出版发行，这是《桐乡年鉴》自1998年创刊以来的第18部。该书由市委、市政府主办，市地方志编纂委员会编纂，主编姚建明、陆建华，执行主编谭晓杰。年鉴首次采用全彩印刷，设31个栏目、224个分目，计72.8万字，大16开本，附彩色插页35页，收录彩色随文照片152幅、穿插表格60张。该书系统翔实地记载2014年度桐乡市深入实施“五大行动计划”，牢牢把握“狠抓落实、稳中求进”的主基调，坚持改革引领、创新驱动，全面反映经济、政治、文化、社会和生态建设发展进程中取得的新成就、新风貌。年鉴框架抓住桐乡年度亮点、地方特色，对首届世界互联网大会进行全方位记录，内文设《专记》、彩页设专版。在《贸易》栏目增设《电子商务》分目，《城乡建设管理》栏目增设《“三改一拆”行动》分目等。

【纪念抗战胜利70周年系列活动】 7月，桐乡市委党史研究室编印《桐乡抗日战地遗迹》图片集。图片集收录桐乡各地的45处抗日战地遗迹，回顾桐乡沦陷期间，桐乡军民同仇敌忾、英勇抗日的悲壮历史。制作《敬礼！抗战老兵》专题片，以口述历史的方式，反映日本侵略者在中国，尤其是在桐乡犯下的滔天罪行，展现中华儿女，尤其是桐乡人民奋起抗敌的历程。与宣传部、市档案局联合举办纪念抗战胜利70周年图片展。展览以63块展板、134幅图片，生动、翔实地反映中华民族特别是浙江、桐乡军民艰苦卓绝的抗战历程。

(沈　贤)

政协桐乡市委员会

概　　述

2015年，桐乡市政协以“聚焦经济发展新常态、推进协商民主新实践、助推法治建设新进程”为工作主线，坚持团结民主两大主题，切实履行政治协商、民主监督、参政议政职能，全年召开全体会议1次、常委会5次、主席会议10次。

聚焦稳中求进，助推科学发展。常委会议以“适应经济发展新常态，加快转型升级新步伐”为议题开展重点协商，围绕加快推进“两化”深度融合、促进桐乡高速公路服务区产业转型发展等进行专题调研，提出意见建议。主席会议关注编制“十三五”规划和财政金融工作，成立“十三五”规划编制调研课题组，并从发展目标、战略定位、重点项目、转变政策扶持模式、营造创新创业氛围等方面提出建议。对政府重大投资项目调整、环境功能区划确定等重大决策部署开展专题协商。将“加快发展电子商务，推进我市经济转型升级”等8件提案列为重点提案，主席会议重点督办、专题协商，助推市政府完善和出台相关政策。对扩大杭嘉湖南排工程的推进情况进行调查，为项目开工建言献策。成立由委员组成的经济服务队，赴镇（街道）开展“企业对接、促进发展”活动。

突出“为民”导向，聚力民生幸福。常委会议围绕“聚焦民生事业，建设‘两美’桐乡”议题开展重点协商，提出要科学编制规划、坚持绿色发展、注重民生保障等意见建议。主席会议专题协商现代农业与旅游、中医药事业发展、“六五”普法工作，提出要注重远近结合、融合发展，全面实施“名院、名医、名科”建设，构建普法宣传资源整合机制等建议。加大重点提案“加快养老事业发展，完善养老体系建设”协商督办力度。围绕安全生产、食品安全、道路交通安全等工作开展对口协商。专项视察宗教工作、治安监控体系建设等，建言加强社会治安防控网络体系建设，提升人民群众安全感。持续关注凤凰湖建设，参与设计书法广场，建议注重水体保护、完善功能配套，尽快建立健全湖区管理机制。

创新履职载体，激发工作活力。开展五水共治长效机制专项集体民主监督活动，建立6个民主监督小组。加强提案办理情况的督查，对提案的“办理态度”和“办理落实情况”实行两次反馈机制。建立提案办理民主评议工作机制，深化提案的跟踪报道，加强提案信息化工作，完成建议提案信息管理平台建设。举办经济形势报告会。围绕美丽乡村建设、学校改造提升、道路设施建设等开展基层民主协商。拓展和深化社情民意信息工作，为各级党委政府把握社会舆情、妥善解决矛盾，提供信息服务和决策参考。

发挥独特优势，凝聚社会合力。参与第二次世界互联网大会承办、国家卫生城市复查等中心工作，促进“公铁”沿线环境整治、公路“路长”制、河道“河长”制等工作任务落实。主动为各民主党派、工商联、人民团体履职创造条件，邀请参与专题视察、提案督办、专项监督、民主评议等活动，组织专委会、联络处（组）与其联合调研。围绕运河沿线资源利用与保护、夏家浜公共文化设施项目、公共数字文化建设等进行调研或专题协商；参与首届全球丰子恺散文奖颁奖

5月13日，市领导视察凤凰湖建设　　市政协办提供

典礼、“吴赵风流”书画印澳门特展、浙江纪实摄影大展、中国女摄影家协会“送文化、下基层”走进徐肖冰、侯波故乡桐乡市摄影系列活动；编纂出版第三十四辑文史资料《桐乡传统美食》。

强化自身建设，提高履职水平。完善政府政协联席会议制度，健全委员联络机构，设立委员工作委员会。各界别发挥自身优势，选择互联网经济、小城市建设、生态旅游等内容开展界别活动32次；各专委会、联络处（组）、界别选择不同主题开展联合视察、联合调研，组织开展各类活动50余次。注重履职成果和委员风采的宣传，18篇相关报道在《中国政协》《联谊报》等国家、省级媒体上发表。

重要会议

【市八届政协第四次会议】 2月3～6日，政协第八届桐乡市委员会第四次会议举行。会议审议《政协第八届桐乡市委员会常务委员会工作报告》《政协第八届桐乡市委员会常务委员会关于八届三次会议以来提案工作情况的报告》，与会人员列席市十五届人大四次会议，听取并讨论《政府工作报告》等。大会收到以提案形式提出的意见建议312件，经提案委审查，立为提案273件，立案率87.5%；会议期间，市政协经科委、文教卫委、社法三胞委和民进桐乡总支、市工商联以及屠甸镇政协委员联络组，分别就构建小微企业服务新模式、公共体育设施建设、防范和化解专业市场矛盾、电子商务发展、提升森林城镇建设水平等作大会发言；大会通过《政协第八届桐乡市委员会第四次会议决议》和《政协桐乡市委员会提案委员会关于八届四次会议提案审查情况的报告》。

【市八届政协第十六次至二十次常委会议】 1月22日，市八届政协举行第十六次常委会议，协商讨论《政府工作报告（征求意见稿）》《市八届政协常委会工作报告（讨论稿）》及报告人、《市八届政协常委会关于八届三次会议以来提案工作情况的报告（讨论稿）》及报告人。

2月5日，市八届政协举行第十七次常委会议，审议市八届政协四次会议决议（草案）和讨论有关人事事项。

5月27日，市八届政协举行第十八次常委会议，专题协商适应经济发展新常态，加快转型升级新步伐。会议听取副市长冯中海关于桐乡市有效投入情况的通报。市政协经科委、文教卫委、社法三胞委和民盟桐乡市基层委员会分别围绕“两化”深度融合、高速公路服务区转型升级、公正司法助推转型升级、打造楼宇经济新高地四方面作专题发言。

7月22日，市八届政协举行第十九次常委会议暨形势报告会，协商讨论全市经济社会发展情况。

9月29日，市八届政协举行第二十次常委会议，专题协商聚焦民生事业，建设‘两美’桐乡。会议听取副市长郑利民关于2015年度政府惠民实事工程进展和市八届政协四次会议以来提案办理情况的通报，市政协提案委、经科委、文教卫委、社法三胞委分别围绕坚持公交优先确保桐乡市城市公交健康运营、科学编制“十三五”规划、不断完善养老服务体系和提升社区卫生服务体系四方面作专题发言。

重要活动

【提案工作】 2015年，市八届政

7月22日，市八届政协第十九次常委会议暨形势报告会召开

市政协办提供

协四次会议以来，政协委员、各参加单位以提案形式提出意见建议314件。经审查，立案275件，转来信处理39件。立案中集体提案33件，委员个人和联名提案242件，有200名委员参与提案，委员参与率76.9%。提案分别送交51家承办单位办理，均全部办复，委员对办理态度的满意和基本满意率为100%。提案涉及领域广泛，反映情况真实，研究分析深入，所提建议有针对性和可操作性。2015年，市政协探索和创新提案工作，实行提案办理"两次见面答复""两次意见反馈"的机制，实现部门提案办理与委员沟通的常态化。市政协出台《提案办理工作民主评议办法》和《2015年提案办理工作民主评议实施方案》。常委会首次开展对市交通运输局、市民政局、市商务局三个单位的提案办理工作现场民主评议。深化提案的跟踪报道，加强提案信息化工作，完成建议提案信息管理平台建设。

【反映社情民意信息工作】 2015年，市政协拓展和深化社情民意信息工作，全年收到社情民意信息87件，上报嘉兴市政协36件，专报桐乡市领导9件，其中26件被省、嘉兴两级政协采用，7件得到桐乡市领导批示，为各级党委政府把握社会舆情、妥善解决矛盾，提供信息服务和决策参考。

【开展"五水共治"长效机制建设专项集体民主监督活动】 2015年，市政协制定"五水共治"长效机制专项集体民主监督实施方案，建立由主席、副主席牵头，各专委会、各民主党派、界别、联络处(组)组成的6个民主监督小组，重点对运河两岸砂石料场整治后的还耕复绿、畜禽养殖的减量提质、豆制品行业的专项整治、农村生活污水纳管入网、"四位一体"保洁长效机制建设等进行民主监督。通过视察调研、明察暗访、提案督办、基层民主协商、委员约谈会等形式，查干流，巡支流，点对点追溯污染源，用手机"随手拍"污染河道，现场询问沿河居民水质"病因"，面对面与主管部门协商，"回头看"意见建议落实和问题整改情况。全年开展各类民主监督累计200多次，实地检查河道1800多千米，查看企业500多家，群众反映问题225条，提出建议246条次，有效推动"五水共治"各项政策措施、长效机制建设的落实和完善。

【第三十四辑文史资料出刊】 12月，由中国文史出版社出版，市政协文教卫体与文史资料委员会编辑的第三十四辑文史资料《桐乡传统美食》出版。该书选择数十种深受桐乡人喜爱，富有地方特色的传统家常菜肴、小吃和糕点，简明介绍美食制作方法，收录文章73篇，计10万余字，并配以照片。全书分传统美食之春季篇、夏季篇、秋季篇、冬季篇四部分。依节令风俗，对传统美食的民俗文化内涵、制作方法及特色与营养，进行较全面的考证与记述。

(邱 亚)

6月17日，市政协领导视察砂石料加工场整治现场　市政协办提供

民主党派和人民团体

民主党派

【概况】 2015年，全市有民主党派总支(基层委员会)6个。吸收新成员14名，至年底有成员358名。其中：中国国民党革命委员会桐乡市总支有党员37名，中国民主同盟桐乡市基层委员会有盟员67名，中国民主建国会桐乡市总支有会员65名，中国民主促进会桐乡市总支有会员58名，中国农工民主党桐乡市总支有党员69名，九三学社桐乡市基层委员会有社员62名。民主党派担任浙江省十一届政协委员1名、嘉兴市七届政协委员12名、嘉兴市人大代表5名。桐乡市八届政协委员64名(其中2名为传媒学院民盟支部盟员)，其中政协常委9名，市十五届人大代表2名。担任人大常委会副主任1名，担任正科(局)级干部2名、副科(局)干部6名。民进桐乡市总支被民进浙江省委会评为“2015年度社会服务爱心模范”基层组织。民主党派成员被评为基层先进工作者36名，系统先进工作者12名，桐乡市级先进个人14名，嘉兴市级以上先进个人21名。民盟盟员曾正君被民盟浙江省委会评为优秀社情民意通讯员。

各民主党派加强自身建设。坚持以思想建设为核心，加强组织建设、制度建设、班子建设，提高全体成员和领导班子的整体素质。各民主党派认真组织学习中共中央总书记习近平在浙江和十八大以来系列重要讲话精神，贯彻中央统战工作会议精神，深入开展坚持和发展中国特色社会主义学习实践活动。

各民主党派发挥自身优势，参与经济建设和社会服务。组织“同心·服务团”成员到“同心·服务基地”、街道、社区，开展送法律、送健康、送文化、送教育活动216场次；举办大型演出活动20场，公益演出13场；开展各类咨询活动112次，接受咨询2000多人次；义务体检(义诊)25次，体检人数5000多人次。巩固和深化“同心·服务”的品牌效应和党派影响力。民进桐乡市总支“同心·法律服务团”举办法制讲座6次，大型普法知识展8次，发放法律宣传册1.5万册，解答群众法律咨询800人次。民建桐乡市总支“同心·经济服务团”举办新企业所得税申报表填报和政策辅导培训班4期，参训人员300多人次；成立“同心·经济服务团”桐乡科创园联络点，为科创园入驻企业免费提供法律、财会、环保、经信等方面咨询服务。九三学社桐乡市基层委员会“同心·农业服务团”在崇福、高桥、石门镇进行“双服务”(服务企业、服务基层)活动，向农民发放技术资料1200份，举办各类农业技术培训班23次，受训人员1500人次。农工民主党桐乡市总支“同心·医疗服务团”每月开设定期便民义诊及社区健康讲座，开展义诊活动10次，服务群众800人次；在高桥卫生院开设特色门诊3个，诊疗3100多人次。民盟桐乡市基层委员会“同心·教育服务团”开展流动乡村学校少年宫进新居民子女学校系列活动，举办“圆梦桐乡·共享阳光”桐乡市新居民子女科普公益夏令营活动和送教下乡活动。民革桐乡市总支“同心·文体服务团”举办“美丽屠甸——女画家笔下的屠甸风情展”“纪念贝琼诞辰700周年座谈会”，举办“拥抱新常态、合力谋新篇暨同心大舞台”德孝进万家文艺演出。

【民主监督】 2015年，全市各民主党派在中共桐乡市委领导下，发挥民主党派参政议政和民主监督作用，进一步推进桐乡市多党合作制度化、规范化、程序化建设。全年参加市委、市政府重要会议、重大活动5次，通报会、座谈会、协商会 6 次，提出建议 110 多条。在浙江省政协十一届三次会议上提交提案 4 件，嘉兴市政协七届四次会议上提交提案 20 件。在桐乡市政协八届四次会议期间，各民主党派及成员递交提案 120 件，其中 8 件提案被评为重点提案，7 件提案被评为优秀提案；在桐乡市人大十五届四次会议期间，提交人大议案 3 件。市委、市政府各有关职能部门聘请民主党派成员担任特约审计员、纪检监察员、教育督导员、交通执法监察员、干部教育监督员、行风评议员和人民监督员等 41 名，被聘成员认真履行职责，开展民主监督。6 个民主党派组织与 12 个政府职能部门开展对口联系活动，相互交流工作，征求意见建议，积极建言献策。

【调研献策】 2015 年，各民主党派注重调查研究，通过各种渠道向市委、市政府及有关部门反映社情民意，建言献策。编辑《党派建言》2 期，送市委、市政府主要领导参阅，为党委、政府科学决策提供依据。向市委、市政府提交调研报告 10 篇，如民革桐乡市总支撰写的《律师如何参与法治桐乡建设》，民盟桐乡市基层委员会撰写的《关于教师职业倦怠现象的调查报告》《充分发挥互联网优势，提升我市基础教育现代化水平》《盘活存量、提升质量，着力打造楼宇经济新高地》《坚持事业产业并举，不断完善养老服务体系》《互联网促进服务业现代化发展的实践与探索》，民建桐乡市总支撰写的《以亩产论英雄，提效益促转型》，民进桐乡市总支撰写的《关于我市中小企业借势“互联网＋”实现转型发展的思考》，农工民主党桐乡市总支委员会撰写的《卫生信息化建设的现状与对策》，九三学社桐乡市基层委员会撰写的《以科学发展观来引领我市的畜牧业转型发展》等调查报告受到市委、市政府领导充分肯定，为有关部门所重视和采纳。6 月、12 月，分别组织全市民主党派负责人专题调研振东新区凤凰湖工程、濮院毛衫时尚小镇，为民主党派参政议政、民主监督、建言献策提供知情平台。

6 月 30 日，桐乡市各民主党派负责人调研凤凰湖工程建设情况

市委统战部提供

【开展“三个为什么”大讨论活动】 7 月，市委统战部在全市开展“加入民主党派为什么、历史责任是什么、我为桐乡‘四个全面’（全面建成小康社会、全面深化改革、全面推进依法治国、全面从严治党）做什么”大讨论活动。收到党派成员体会文章 30 篇，《嘉兴日报・桐乡新闻》刊登 14 篇。通过大讨论，引导全市各民主党派成员积极投身改革发展实践，争做协调推进本市“四个全面”战略布局的坚定拥护者、积极宣传者、自觉实践者和有力推动者。

【建立多党合作宣传教育基地】 2 月，市委统战部在市社会主义学校建立“多党合作宣传教育基地”。该基地同时也是党外人士之家。基地面积 200 平方米，有图板 69 块，主要宣传中国共产党领导的多党合作制进程、中国八个民主党派简介和桐乡市多党合作事业发展情况。至年末，全市各民主党派 400 多人次到基地参观学习和开展活动。

（张 军）

桐乡市工商业联合会

【概况】 2015 年，市工商联（总商会）深入开展以守法诚信为重点的非公有制经济人士理想信念教育实践活动，促进非公有制经济健康发展和非公有制经济人士健康成长，努力发挥工商联职能作用。

开展以守法诚信为重点的非公有制经济人士理想信念教育实践活动。市工商联在十届四次执委（扩大）会议暨桐商论坛会上作全面部署，市委常委、统战部部长潘家春作动员讲话。制订下发教育实践活动实施意见，要求联系党委、政府中心工作，与“大整治、大招商、大转型”“三改一拆”“五水共治”“四联四强”、重点项目推进等活动有机结合，推进守法诚信教育活动深入开展。开展“事业成功靠什么、人生出彩为什么、历史责任是什么、我为桐乡‘四个全面’做什么”的讨论和征文活动，召开座谈会2次，征集文章5篇。围绕“桐企逐浪资本市场”“身边的智造”“品牌的力量”“桐乡遇见互联网”“企业文化建设”等主题挖掘先进典型，发挥舆论影响力。举办统战工作学习会，50多名非公有制经济代表人士参加。开展“四信”（对中国特色社会主义的信念、对党和政府的信任、对企业发展的信心、对社会的信誉）教育。出刊《桐乡商界》5期，刊登市委、市政府经济方面相关政策20篇，宣传报道优秀企业家12人次，上报各类信息50余篇。

开展专题调研，提高参政议政水平。政协八届四次会议上，委员联名提出关于桐乡市固废处理方面的提案，市工商联对此进行调研，7月在桐乡市钢铁有限公司开展工商界政协委员活动，邀请市政协、市环保局领导参加，了解全市环保形势及新环保法对企业转型带来的影响，形成固废处理意见。围绕“一业一网”和“互联网＋”，开展专题调研，形成《对我市电子商务发展的思考和建议》，在政协会议上作大会发言。参与市政协对周边省市高速公路服务区建立商会事宜可行性调研和市委统战部关于新居民创业者工作调研。完成民营企业社会责任发展情况调研、全国工商联第十七次上规模民营企业调研、浙江省大型民营企业运行状况调研、全省民营企业网上调研、非公有制经济人士“两个健康”调查等各类调研统计150余份。

举办“互联网思维驱动企业经营管理创新”论坛和“新三板”知识讲座。5月，市工商联在浙江传媒学院桐乡校区举办桐乡商界论坛，邀请时代光华管理培训网首席讲师方永飞到桐授课，围绕互联网思维驱动企业经营管理创新这一主题，进行分析与探讨。6月，市工商联与市金融办和申万宏源证券有限公司联合举办新三板知识讲座。组织企业家参加中央社会主义学院培训、香港理工大学研修、“企业股权架构与股权激励”讲座、工商管理研修班等。

开展第五届桐乡市优秀建设者评选表彰活动，评出优秀非公有制经济代表人士10人，在全市三级干部大会上进行表彰。推荐省、嘉兴市级优秀建设者5人。召开第五届优秀建设者座谈会，交流分享成功经验。5月，组织三届优秀建设者、工商联执委、协会商会会长53人分两批赴杭州海勤疗养院参加免费健康检查。

组织企业家外出学习参观考察。6月，组织10名企业家赴甘肃省武威市民勤县投资考察，促成机械制造和棉花采购2项合作意向。9月上旬，组织10名企业家赴湖北省荆州市江陵县开展产业转移投资考察。9月下旬，组织15名企业经营者和管理人员参观考察万丰奥特和达利丝绸两家上市公司，学习他们的成功经验及先进理念。

完善协会商会考核奖励制度。市工商联修订完善《桐乡市工商业联合会（总商会）工作规则》《桐乡市2015年度协会商会工作达标考评办法》《桐乡市工商联协会商会管理办法》，增强基层商会协会和执常委的主体意识。对全市协会商会的基础条件、内部治理、工作绩效、社会评价、工作创新、否决事项等进行综合考评，明确考评细则。针对协会商会组织“机构民间性、活动自主性”特点，考评以“项目细化明方向、栏目打分重综合”原则给予综合评估打分。考评工作遵循分类考评、社会参与、客观公正原则，采取协会商会自我评价和社会参与评价相结合，工商联会同行业主管部门实地考核相结合的办法。考评结果作为协会商会评优主要依据，考评达标协会商会将优先获得《关于向经济类行业协会商会新型市场主体购买服务的政策实施意见》中政策支持。

【商会大厦党群服务站揭牌】 7月30日，市工商联召开商会大厦党建联席会和党群服务站揭牌仪式。市委常委、组织部部长汤云良到会讲话，商会大厦内各党支部书记、业主单位等40余人参加会议。会议选举产生桐乡商会大厦党建联席会成员单位和商会大厦党建联席会议领导班子。党群服务站有党支部5个，党员52名，入驻企业65家，为大厦内入驻企业的党员提供学习、交流和活动场所。

【新生代企业家走进浙江传媒学院】 4月28日，新生代（青年）企业家创业联谊会75名青年企业家会员走进浙江传媒学院桐乡校区，与学院师生、创业青年代表，共话青年创业创新未来。市委、市政府对新联会非常重视，市委副书记、市长盛勇军参加活动，并在会上讲话，指出青年企业家能不能接好老一辈企业家的接力棒，不仅是企业的"家事""私事"，更是关系到桐乡经济社会发展的"大事""要事"。激励青年企业家与时俱进，敢于打破条条框框限制，以超前思维去谋划企业发展，坚持创新驱动，爱拼敢赢，借助互联网带来的商机，顺应时代大潮，找准坐标定位，干出一番红红火火的事业来。勉励青年企业家向老一辈企业家学习，有志气、勇气和底气赶超老一辈企业家，主动承担社会责任，积极参加慈善活动。其间，新生代（青年）企业家创业联谊会与浙江传媒学院桐乡校区和桐乡市信用合作联社，分别签订校会合作框架协议、银会合作框架协议。协议的签订，新生代企业家创业联谊会为即将毕业大学生提供实习平台和就业机会，也为新联会会员企业融资提供新的渠道，安排大学生实习和就业岗位10个，帮助企业融资3.4亿元。

【举办"企业与人生经营感悟"主题沙龙】 8月21日，由桐乡市新生代（青年）企业家创业联谊会主办、浙江上善资产管理有限公司承办的"企业与人生经营感悟"主题沙龙吸引全市40余位新生代青年企业家参与。浙江

4月28日，桐乡市新生代（青年）企业家与浙江传媒学院桐乡校区师生、创业青年代表，共话创业创新未来　　市工商联提供

上善资产管理有限公司董事长、嘉兴中华化工有限责任公司总经理汪建根与新生代青年企业家分享自己人生经历和企业经营管理感悟。汪建根认为，对生产型企业而言，管理是重点、生产是关键，要管理好企业须着重抓好管理团队、销售团队、技术团队、财务团队等，把握好生产工艺。同时建议新生代青年企业家未来应多关注道德、生态科学发展以及旅游、养生、娱乐产业。青年企业家结合自身经历和感受畅所欲言，各抒己见，并就各自生产经营中的困难进行探讨、交流。

（陈三星）

桐乡市总工会

【概况】 2015年，桐乡市总工会围绕中心，服务大局，推动经济社会转型升级，各项工作取得一定成效。中国人民银行桐乡市支行工会委员会、桐乡市广播电视台新闻中心工会小组获"全国模范职工小家"称号，国网桐乡市供电公司获"浙江省五一劳动奖状"，浙江中鼎纺织有限公司工会等4家基层工会被命名为"浙江省工会职工书屋示范点"，巨石集团有限公司"沈志杰电工技能大师工作室"被命名为第五批浙江省职工高技能人才创新工作室，恒泰精密机械有限公司钟耀权获"全国劳动模范"称号，教育工会章纪法获"全国优秀工会工作者"称号，中鼎纺织有限公司沈国飞获"全国纺织行业技能能手"称号，卫生和计划生育局工会费玉娥获"浙江省职工职业道德建设标兵"称号。桐乡市总工会获2015年度嘉兴市工会

重点工作考核一等奖。

加强工会组织建设，工会凝聚力得到提升。4月，开展基层工会组织建设情况普查工作，着重关注新居民、农民工以及劳务派遣工入会率；6月，联合市公安局开展协警入会工作，入会协警1400余名。年末，全市有基层工会2190家，工会会员27.75万人。厂务公开和民主管理建制率国有企事业单位100%，非公有制企业95%。

开展《中华人民共和国工会法》《中华人民共和国劳动法》学习宣传月活动。举办全市工会干部"两法"教育培训班，发放《职工普法手册》7000余册。各级工会开展"两法"宣传200余场(次)，5万余人次参与。推进法治、德治、自治建设，倡导运用"大事大家干、好事大家赞、难事大家管"工作理念，以法治为纲，开展各类法律培训600余场次；以德治为基，开设"道德讲堂"、德孝文化进企业活动1600余场次；以自治为要，200余家基层工会组建治安纠纷自解、环境保护自查、安全生产自纠小分队，创新自治模式。培育"三治"示范点30家，发放"三治"宣传折页1.2万余份。

开展"比、学、赶、超"为主题的社会主义劳动竞赛。围绕"争当工人发明家，创新逐梦促发展"主题，推进"工人先锋号"、劳模创新工作室、高技能人才创新工作室创建，表彰桐乡市级工人发明家11人。举办桐乡市第九届职工技能运动会暨首个"劳动竞赛月"活动，举办旅游饭店中式烹饪、互联网金融等市级竞赛11场，镇(街道)、企业组织各类比赛2120场，参与职工15.3万人。通过劳动竞赛，33人获"桐乡市技术操作能手"、20人获"桐乡市党员技能能手"称号，26人分获高、中级职业资格证书。

继续实施工会工作创新奖考核，各级工会申报《"互联网金融"劳动竞赛》《创建职工代表工作室 深化民主管理》等创新成果37项；市总工会首次试行重点工作项目化管理，互联网工会、工会资产退商还文等八项重点工作分别由市总工会8名中层干部领衔负责，《工会重点工作项目化管理》《桐乡市创新探索网上"职工心灵驿站建设"》两项创新成果获2015年度嘉兴市工会创新工作一等奖。

构建社会主义和谐劳动关系，开展劳动关系和谐企业考核验收，命名表彰第五批四星级劳动关系和谐企业14家、五星级劳动关系和谐企业17家。出台《桐乡市工资集体协商规范化建设标准》，五大行业1886家建会企业开展工资集体协商，续签率100%。开展工会大服务体系建设，构建市职工服务中心、镇(街道)职工服务站、企业工会网格三级服务工作平台，为4620名职工提供法律援助、矛盾纠纷化解、安全生产保护、困难救助等服务。

关注职工民生，市总工会出台《关于推进桐乡市职工医疗互助保障工作的指导意见》，成立桐乡市职工医疗互助保障会，参保单位400家，职工4.4万人，年内向107名参保职工发放医疗互助金17.4万元。完善工会困难职工帮扶体系建设，建立困难职工档案118人(其中特困职工16人)，发放帮扶救助金21.65万元。开展"安康杯"竞赛活动，举办安全生产合理化建议(金点子)征集活动，征集职工合理化建议1142条，采纳278条，组织安全生产检查4337次。全年受理职工来访45人次，结案率98%。

3月4日，桐乡市总工会举行全市职工医疗互助保障工作启动仪式　　市总工会提供

【人行工会获“全国模范职工小家”称号】 12月，中国人民银行桐乡市支行工会委员会被中华全国总工会授予“全国模范职工小家”称号。支行工会履行工会“维护、建设、参与、教育”职能。加强工会民主管理，每年召开工会会员大会，审议工会工作报告，征集落实相关提案；以“大家讲堂”、《敬业日记》为抓手，开展争创活动；以家园文化建设为载体，打造记忆篇、才艺篇、味道篇、运动篇等特色活动；保障会员合法权益，为全体会员投保桐乡市在职职工医疗互助保险；加强会员培训教育，连续八年组织举办金融系统劳动竞赛；参与扶贫帮困、“五水共治”等活动，2005～2014年，工会会员累计捐款8.6万元。

【广电台新闻中心工会小组获“全国模范职工小家”称号】 12月，桐乡市广播电视台新闻中心工会小组被中华全国总工会授予“全国模范职工小家”称号。工会小组坚持客观报道、正面引导、反映“民声”、传递社会正能量。2013年5月，新闻中心“民生五姐妹”团队获嘉兴市“十佳政府服务品牌”先进团队；同年5月，新闻中心《今日评道》栏目获“全国市县电视台优秀电视节目”二等奖，2014年获浙江省广播电视协作二等奖。多年来，工会小组帮助困难职工家庭解决实际问题。成立篮球队、羽毛球队、乒乓球队，开展丰富多彩的职工业余文化生活。

【供电公司获“浙江省五一劳动奖状”】 4月，国网桐乡市供电公司被浙江省总工会授予“浙江省五一劳动奖状”。多年来，公司推进“一强三优”（电网坚强、资产优良、服务优质、业绩优秀）现代供电公司建设。连续十六年完成安全考核指标，综合安全日5870天。2006年建成全国首批新农村电气化县，2007年、2008年率先在全国实现“镇镇电气化”“村村电气化”，全域推进20千伏电网建设，配电网建设走在全国前列。履行社会责任，推出“红船服务队”“光明驿站”等供电服务品牌，完成首届世界互联网大会等重要保电任务和抢险救灾任务。加强党的建设、优秀企业文化建设和员工队伍建设，发挥政治保障作用。公司先后获全国电力行业用户满意企业、全国首批新农村电气化县、全国电力行业质量奖、国家电网公司一流县供电企业、国网公司县供电企业资产运营标杆、浙江省文明单位等称号。公司工会被评为“浙江省模范职工之家”、浙江省“安康杯”先进单位。梧桐供电所被评为全国“安康杯”竞赛优胜班组、“全国模范职工小家”，公司电力调度控制分中心获“浙江省工人先锋号”称号。

（王　鲁）

中国共产主义青年团桐乡市委员会

【概况】 2015年，团市委贯彻落实市第十三届党代会第四次会议精神，树立共青团工作“新常态思维”，深化基层服务型团组织建设，注重思想引导、助推转型升级、服务青年需求、提升组织活力，引领广大团员青年为加快建设美丽幸福新桐乡贡献青春力量。团市委被评为嘉兴市团建工作先进县。至年底，全市有基层团委56个（其中直属团委34个，二级团委22个），团总支57个，团支部1539个，共青团员2.29万人。

深化思想引领，夯实青少年共同思想基础。以建团93周年、五四运动96周年等为契机，开展“我的中国梦”“奋斗的青春最美丽”“红领巾相约中国梦”等主题教育活动，举办主题论坛、青年大讲堂、18岁成人宣誓仪式、14周岁集体生日、“中国梦 青春梦 创业梦”青春分享会等多种形式的活动36场。五四期间，团市委召开纪念建团93周年、五四运动96周年表彰大会，举办桐乡市青年农产品营销设计大赛决赛，在全市开展优秀团员、团干部、美德少年、优秀青年农产品营销设计项目等评选表彰活动，培育和宣传一批优秀青年典型，引导广大青年向身边的青春榜样学习。弘扬主流时尚的青年文化，先后举办单身青年联谊会、少儿轮滑大赛、“奔跑吧！青年”等活动。成立桐乡市“青春有约”线上线下俱乐部，提高广大单身青年交友积极性。加强共青团微博、“青春桐乡”微信公众号等新媒体平台建设，通过平台广泛开展公益快闪、公益随手拍等活动，吸引青少年关注参与。组建由团干部、青年骨干200人组成的网评员队伍和团员青年3200人组成的网络文明志愿者队伍，开展青年舆情监测和主题宣传引导活动16次。

围绕中心工作，投身美丽幸福新桐乡建设。成立桐乡市电子商务公共服务中心，举办青年电商创业沙龙，开展业务培训、创业交流、经验分享等活动。启动“百村千人”青年电商培育计划，召开“百村千人”青年电商培育工程＋“濮院毛衫”智慧集群新闻发布会。助力平安桐乡建设，成立平安志愿者队伍15支，招募平安志愿者1.24万人。举办平安志愿者助力“三治”建设年启动仪式，成立老娘舅调解工作室5个，“心灵坊”心理咨询工作室5个，开展法治宣传、矛盾调解、志愿者助残阳光行动、文明行车礼让斑马线交通安全宣传劝导等活动。组建基层社会治理督评团、网络宣传引导服务队，重点开展心理咨询、重点工作督评和网络宣传引导等工作。注重培育青年人才，招募230多名暑期返乡大学生参与“五水共治”、寻访老干部、警务体验、电子商务实战等实践活动。对推荐进驻科创中心、电子商务中心的青年创业企业进行持续关注和走访调研，协调解决实际困难。五四期间举办青年专场招聘会，提供300余个工作岗位，100多名青年与企业达成就职意向。开展浙江传媒学院桐乡校区大学生暑期实习活动，征集103个岗位供传媒学生实习。以“青年文明号”为抓手，促进广大青年职工立足岗位、锻炼成才。举办各类青年岗位比武练兵活动，提升青年职工技能水平。

紧贴实际需求，优化青少年健康成长环境。有序推进志愿服务工作，开展“幸福桐乡”志愿驿站便民服务活动，全年开展服务520余场，服务群众15万余人次。开展“指尖创业”电商助残项目，该项目获2015年浙江省首届志愿服务项目大赛金奖和中国青年志愿服务项目大赛银奖。开展“投身创卫攻坚、共建美好家园”志愿服务专项行动，参与志愿者960多人。做好第二届世界互联网大会志愿服务筹备工作，招募桐乡志愿者126人，协助省志愿服务部做好志愿者培训、演练、上岗服务及后勤保障服务。市志愿者协会义工委员会被评为浙江省十大杰出志愿服务集体。继续推进重点青少年群体服务管理和预防犯罪全国试点工作，依托综治工作平台和双网网格开展重点青少年群体信息采集，推进重点青少年群体“5＋1”帮教模式、青少年安全自护教育、“蒲公英”青年就业帮扶基地建设、“青春使者”关爱服务团等工作，为全市闲散青少年每周发送青年就业信息手机报。加强“12355”青少年热线建设，开展考前减压“阳光行动”、流动少年宫下基层、父母学堂、童玩空间体验等活动。围绕高级人才、青年职工等群体，成立“青春有约”单身青年俱乐部，开展“幸福桐乡 青春有约”单身青年联谊会，250多名在桐单身青年加入俱乐部参与活动。每周为特教学校和福利院残疾儿童提供功课辅导、益智游戏、互动交流等服务项目，累计开展服务40余次；开通心愿直通车微心愿公益平台，145个“微心愿”被社会爱心人士认领。

加强自身建设，提高共青团工作科学化水平。深化“双网互动”团建工作，探索运用网格群模式、团建联合体模式、趣缘模式三种网格划分模式，进一步优化网格设置，推动构建“网络＋网格”的组织覆盖格局，全市建有网格397个，日常管理服务团队465支。推进“两新”组织建团工作，新建非公企业团组织26家，新社会组织团组织34家。以开发区、园区团建为重点，推进非公企业团建工作。以农民专业合作社为重点，加强新社会组织团的建设力度。继续深化镇（街道）实体化大团委建设工作，以青年自组织、青年兴趣小组、农村专业合作社、农民工集聚区为重点，加快新兴领域团建工作发展。深化“青春党建 活力团建”工作，在屠甸镇试点建立15个青春支部，实行设立党支部青年委员、团支部辅导员制度，激发基层党团组织的整体活力。完成镇（街道）、振东新区团委换届选举工作。少先队工作扎实有效，开展“红领巾相约中国梦，争做美德少年”主题教育系列活动，举办第四届少儿轮滑大赛。发挥青联凝聚和服务青年人才的作用，举办青联趣味运动会、青联主题日等活动。

【共青团桐乡市第十九次代表大会】 12月22日，中国共产主义青年团桐乡市第十九次代表大会召开。共青团浙江省委副书记朱斌、共青团嘉兴市委书记朱永领到会祝贺，桐乡市委书记卢跃东出席会议并讲话。会议审议通过陈晓雷代表共青团桐乡市第十八届委员会所作的《坚定信念 与时俱进 求实创新 团结带领广大青年为加快建设美丽幸福新桐乡而努力奋斗》的工作报告。大会选举产生新一届共青团桐乡市委员会，其中书记1名，

12 月 22 日，共青团桐乡市第十九次代表大会召开　　团市委提供

副书记 2 名，常委 9 名，陈晓雷当选为新一届团委书记。

【"指尖创业"电商助残项目获金、银奖】　5 月，团市委、市志愿者协会启动"指尖创业"电商助残项目，通过摸底，招募桐乡市优秀电商企业专业志愿者，为身体残疾而无法正常就业创业的残疾人提供专业电商培训，并为其提供货源及技术支持，帮其谋得电商就业岗位或开设网店。后期，由相应专业志愿者与其结对开展业务指导，提供上门专业技术指导，有效促进残疾人群体就业创业。36 名残疾人通过专业电商培训。该项目获浙江省志愿服务项目大赛金奖，中国青年志愿服务项目大赛银奖。

【桐乡市青年电商农产品营销设计大赛】　3～5 月，团市委联合市委两新工委、市商务局、市农经局、市供销总社举办桐乡市青年电商农产品营销设计大赛。大赛收到各类农产品营销设计项目书 45 份，经初赛、复赛、决赛等环节答辩和展示，评出金奖 1 个、银奖 3 个、铜奖 6 个、优秀奖 10 个。凤鸣街道红冠土鸡合作社"红冠土鸡的微信销售与农场有机结合探索"项目获金奖。

【"百村千人"青年电商培育计划】　9 月 11 日，团市委联合市商务局、市残联、濮院羊毛衫市场管委会召开桐乡市"百村千人"青年电商培育工程＋"濮院毛衫"智慧集群新闻发布会。团市委书记陈晓雷介绍桐乡市电子商务发展导向及相关政策，"濮院毛衫"智慧集群，"濮院毛衫"智慧集群供销平台和渠道，残疾人创业政策及桐乡市"百村千人"青年电商培育工程等情况。团市委与桐乡市电子商务公共服务中心签订"百村千人"青年电商培训项目。《中国经济时报》《浙江日报》《电商评论》《嘉兴日报》《南湖晚报》和浙江在线、浙江之声等新闻媒体到会采访报道。

【平安志愿者助力"三治"建设年活动】　2015 年，团市委助力平安桐乡建设，成立平安志愿者队伍 15 支，招募平安志愿者 1.24 万人，开展治安防范、交通安全、矛盾调处、禁毒防艾、网络文明、普法宣传等活动。举办平安志愿者助力"三治"建设年启动仪式，开展平安志愿者集中上街宣传活动。围绕"法治"建设，成立 5 个老娘舅调解工作室，开展法治宣传、矛盾调解等综治维稳工作；围绕"德治"建设，开展志愿者助残"阳光行动""文明行车礼让斑马线"交通安全宣传劝导等活动，弘扬中华传统美德，树立时代新风；围绕"自治"建设，成立 5 个"心灵坊"心理咨询工作室，组建基层社会治理督评团、网络宣传引导服务队，重点开展心理咨询、重点工作督评和网络宣传引导等工作。

（归振华）

桐乡市妇女联合会

【概况】　2015 年，市妇联致力于构建妇女创富建功、美丽示范、民生服务和固本强基四大体系，认真履职，勇于创新，各项工作取得新进展。至年末，全市有镇（街道）、振东新区妇联 13 个，系统（局）妇委会 22 个，社区妇联 35 个，村妇代会 176 个。

助推妇女就业创业。实施 2015 年度妇女劳动技能培训计划，分类分层开展电子商务、蚕业饲养、家政育婴等培训班 102 期，培训妇女 6000 余人，其中

500人取得相关劳动资格证书。举办第十二届“架金桥、促发展”妇女就业创业促进活动等各类女性招聘会，为妇女提供就业技能和岗位。完成女企业家协会换届工作。继续落实妇女创业小额贷款贴息扶持政策，全年对29个妇女领办创业项目实施贷款贴息，贴息金额16.4万元，涉及贷款500余万元。推动巾帼文明岗岗位创优。以市巾帼赛工作会议、新创岗位工作交流会、“岗长论坛”等为载体，推进岗位间相互交流学习。集中开展巾帼文明岗创建工作回头看，5个岗位退出巾帼文明岗。2015年乌镇旅游公司游客服务中心被评为国家级“巾帼文明岗”，受邀在全国妇联“三八”节表彰大会上进行交流发言。新增省级巾帼文明岗5个，嘉兴市级5个，桐乡市级7个。

推动家庭和谐发展。发挥“五心”（知心姐姐、爱心妈妈、仁心天使、丹心警花、热心岗长）巾帼志愿服务团作用，开展“巾帼志愿行、岗位展风采”主题活动，推进治水治气、法治宣传、关爱他人、便民服务、德孝传播、服务创业等六项志愿服务活动。鼓励女企业家主动承担社会责任，开展“暖冬行动”、爱心书画拍卖等公益行动，为贵州毕节地区贫困妇女儿童和桐乡市贫困单亲家庭送去温暖。发动女性社会组织开展妇女儿童公益社工服务项目4个，内容涉及亲子关系调适等方面。弘扬美丽家庭文化。举行“身边的幸福家庭”事迹报告会、开展家风家训征集活动和“最美家庭”暨百户特色文明家庭寻找展播，评选出桐乡市级文明家庭100户，其中最美家庭10户。弘扬德孝文化，德孝文化主题园落成，聘请第二届德孝文化传播大使，开展“德孝伴成长”亲子嘉年华活动、“我眼中的最美家庭”摄影比赛等各类德孝主题活动。建设美丽幸福家园。推进第二轮“优美庭院”创建工作，开展互促互评活动、“一村一品”微田园创建、“诗意阳台、最美庭院”评比等活动。全年创建“优美庭院”示范村嘉兴市级13个，桐乡市级21个。

3月5日，在庆祝“三八”纪念表彰会上，市领导与获奖“幸福家庭”合影　市妇联提供

维护妇女儿童合法权益。启动市妇女儿童发展“十二五”规划终期监测评估和“十三五”规划编制工作。发挥“12338”婚姻家庭咨询热线、市法律援助中心妇女援助站和“李瑾流动法律服务岗”作用，开展“法庭开放日”活动，组织妇女干部进法庭听课观摩，落实反家暴告诫制度，发出家庭暴力告诫书17份。组织动员妇联系统干部参加社工师和婚姻家庭咨询师考试，50人取得婚姻家庭咨询师资格，76人获社工师及助理社工师资格。全年处理来信来访来电55件，调处率100%。建立市妇女儿童关爱基金，募得捐款49.8万元。实施农村贫困单亲家庭关爱行动项目，对150个单亲贫困家庭开展服务，该项目获浙江省福利彩票公益金20万元资助。开展2015年“桐乡市彩虹助学行动”，为30名贫困学子发放专项助学金6.48万元。实施城乡妇女“两癌”（宫颈癌、乳腺癌）免费检查项目，受惠妇女14万余人次。发放贫困“两癌”母亲关爱金7.25万元，救助妇女26人。慰问尿毒症贫困妇女2人，救助资金0.76万元。开展科学家教城乡行活动。印发《0－18岁家庭教育手册》和《家庭教育摘编》等宣传资料2万册，以“父母课堂”、彩虹社工家庭教育公益系列讲座等为载体，开展亲子关系改善、考前减压、心理疏导干预等家庭教育讲座239场，受益家

长3.6万人次，开展家庭教育优秀教案征集评选活动，征集优秀教案81份。新增市级家长学校11所。

加强组织建设。在“两新”（新经济、新社会）组织建立妇女组织98个。探索妇女社会工作新模式，发展女性社会组织，建立彩虹社工所4家。建立有特色的示范性“妇女之家”，建设“网上妇女之家”。在桐乡妇联网、微博、妇联工作QQ群、微信群的基础上，新开设桐乡妇联微信公众号，每天一期，及时传递妇联工作动态及相关资讯，以网络方式开展妇联工作。全年微信公众号发布信息320余条，其中原创80余条，拥有粉丝3万余人。开展“进万家门、访万家情、结万家亲”大走访大调研活动，市妇联干部走访12个镇（街道），市、镇、村三级联动走访4485次，走访村（社区）211个，走访率100%，走访家庭3.76万户。针对性地办好实事，做好一户一表建档工作。

【建立市政策法规性别平等咨询评估机制】 4月，根据省法制办和省妇联工作部署，市妇联与市法制办联合建立市政策法规性别平等咨询评估机制。该机制包括政策法规性别平等咨询评估工作联席会议、专家组和办法三个部分。该机制的建立对维护妇女合法权益、促进妇女平等参与发展、推动两性和谐发展具有重大意义。在具体工作中，政府法制机构在规范性文件合法性审查中，把性别意识和平等要求作为审查重点，特别关注相关表述是不是会影响妇女合法权益的行使、有没有可能造成制度上的男女不平等；注重加强与妇联、相关部门和专家的沟通，把所有涉及妇女权益政策纳入咨询评估范围，做到应评尽评。对需要进行评估的，由联席会议研究商定后，委托专家组按照规定程序和规范要求，开展评估。评估工作以综合运用问卷调查、实证研究等多种方式，对选定项目中涉及性别平等规定的合法性、合理性、科学性和有效性进行全面评估，提出修订意见和建议。专家组办公室设在市妇联。

【启动市“十三五”妇女儿童发展规划编制工作】 9月，召开市妇女儿童工作委员会成员单位工作会议。市妇儿工委副主任、市妇联主席赵银海对启动市妇女儿童发展“十二五”规划终期监测评估和市妇女儿童发展“十三五”规划编制作出部署。会后，市妇儿工委出台《桐乡市妇女儿童发展“十二五”规划终期监测评估工作方案》。11月，市妇儿工委办制定下发《桐乡市妇女儿童发展“十三五”规划编制工作方案》，要求各地、各部门结合实际，开展前期调研，统筹专项计划，做优总体规划。

【乌镇游客服务中心获国家级“巾帼文明岗”称号】 3月，乌镇旅游股份有限公司游客服务中心被全国妇联授予“巾帼文明岗”称号。游客服务中心成立于2001年，员工186人，其中女性员工131人，占70%。乌镇旅游股份有限公司加强对巾帼文明岗争创活动领导，成立以公司副总裁为岗长、公司中层领导为副岗长、各下设部门第一责任人为成员的创建工作领导小组，对照巾帼文明岗创建标准，贯彻创建实践主题思想，结合岗位实际，制定详尽的创建制度和工作计划，有计划、有步骤地开展创建工作。2011年创建为省级巾帼文明岗，2013年开始争创国家级巾帼文明岗。自开展争创工作以来，岗位成员秉承“一心为游客”宗旨，历经乌镇戏剧节、世界互联网大会等历练，赢得国内外游客的一致好评。

（王增学）

桐乡市科学技术协会

【概况】 2015年，桐乡市科学技术协会所属市级学会（协会、研究会）33个；市级农村专业技术协会5个；镇（街道）科协13个（含振东新区科协）；企业科协13家，新成立海德新能源有限公司企业科协。市科协首次被中国科协评为2015年全国科普日优秀组织单位，连续两年被省科协评为浙江省县级科协工作先进单位。

指导财政学会、机电工程学会等6个学会换届。在全市社会组织评估中，教育学会、中医学会晋级为4A级学会，土木工程学会、汽车技术协会、会计学会晋级为3A级学会。会计学会、土木工程学会、安全生产技术协会等学会、协会承接政府转移和委托事项累计23项。所属学会全年上报学术活动、继续教育、技术培训、科普宣传、课题研究、厂会协作等工作项目270多项，其中立项开展的重点学术活动项目28项、重点软科学研究

10 项、重点“厂会协作”项目 15 项。围绕医疗纠纷和城市管理等主题，编印《科技工作者建言献策》3 期，供市领导参阅。8～10 月，在所属各市级学会中开展向生产一线会员和科技工作者送知识、送政策、送关怀的“‘三送’助力‘三治’(法治、德治、自治)”走访服务活动。开展桐乡市第九届优秀科研论文评选，征集论文 198 篇，评出一等奖 10 篇、二等奖 17 篇、三等奖 23 篇、优秀奖 10 篇。组织第七批桐乡市青年科技奖和优秀科普工作者评选，评出青年科技奖、优秀科普工作者各 10 名，在青年科技奖评选中首次运用报刊和微信投票方式，参与人数 5 万余人次。

全年进社区举办科普讲座 200 余场。配合嘉兴市科协完成在桐乡展开的全省 2015 年公民科学素质抽样调查。5 月 18 日，在市区菊花广场承办“创新创业·科技惠民”为主题的 2015 年嘉兴市科技活动周开幕式暨桐乡市“普及互联网知识行动”启动仪式，现场开展防震减灾、知识产权、互联网知识科普宣传和法律咨询、医疗义诊等服务，嘉兴市五县两区代表和桐乡市各相关部门、镇(街道)、企业、科协所属学会等近 200 人参加，当天还在桐乡技师学院(筹)举行“互联网＋解读九大行业新红利”科普讲座。开展“旅游科普网页”巧手制作比赛、“创新圆梦放飞理想”科幻画比赛等青少年科技创新实践活动。6 月，桐乡市振兴农业科技开发有限公司被中国科协命名为 2015～2019 年度全国科普教育基地，成为桐乡首个国家级科普基地。

【开展人才助力创新驱动发展活动】 2 月，牵线推荐阿里巴巴首席技术官王坚、浙江大学计算机学院院长庄越挺和杭州安恒信息技术有限公司总裁范渊 3 位互联网业界专家成为市委、市政府互联网专家咨询委员会成员。3 月 26 日，市科协举办嘉兴市首次院士专家工作站协成创新工作推进会，中国工程院院士汪槱生、蒋士成、高从堦参加会议。新建浙江巨匠建设集团有限公司、浙江宏冠药业有限公司 2 家嘉兴级院士专家工作站；浙江朝晖过滤技术股份有限公司院士专家工作站升级为省级站，并入选全省院士专家工作站建设典型案例。至年末，全市已建立嘉兴市级院士专家工作站 9 家，其中 3 家升级为省级站。6 月和 12 月，组织有关企业参加清华长三角研究院(嘉兴)组织的海外学子项目对接会。8 月 23 日，召开桐乡市互联网经济发展恳谈会，省经信委等省级部门领导和 29 名桐乡籍在杭高级知识分子联谊会成员围绕“互联网＋”和桐乡互联网经济发展献智献策。11 月 8～9 日，承办浙江省院士专家工作站“五水共治”技术成果推广暨全省制革皮毛行业清洁生产与转型升级技术交流会，中国工程院院士石碧作主题报告。2015 年，在全市企业科协中开展“讲理想、比贡献”活动，开展技术攻关 273 项、新产品开发 142 项、节能减排项目 104 项，实施合理化建议 718 项，产生经济效益 5.2 亿多元；1 家企业被评为省级“讲理想、比贡献”活动先进集体，2 人分别被评为省先进个人和优秀组织者。

【开展省科普信息化试点市建设】 1 月，桐乡市被省科协列为全省科普信息化试点市。开展“普及互联网知识行动”，组建互联网科普讲师团，开展科普宣讲 85 场；编印浙江省首本互联网题材科普丛书——桐乡市“一业一网”科普知识读本《互联网生活 100 问》7 万册；编印《互联网安全》等科普挂图 800 套。在市区环城东路和康泾塘沿岸建成东西两条“一业一网”科普大道，宣传互联网科普知识；指导乌镇植材小学建设省级“青少年创客教育试点基地”，在乌镇居家养老照料服务中心设置触摸屏、一体式电脑等网络科普终端，在高桥镇锦绣天地蚕桑博览园设置科普信息化触摸屏，在石门华圣铁皮石斛有限公司建设综合性科普信息化平台，打造全市首个科普信息化教育基地。完善智慧科普新平台，与《北京科技报》合作推出“桐乡科普”微信公众号，与《今日桐乡》《嘉兴日报·桐乡新闻》等媒体合作，推出“科普让生活更美好”互联网知识专栏，扩充市科协门户网站“东方科普网”资源，增强科普功能。举办“科学＋”活动，邀请中科院老科学家及中电集团 36 所专家举行互联网知识讲座 9 场；邀请中国科技馆原馆长李象益教授作“创客与创客教育”讲座，邀请中国教育学会创新思维教育研究中心理事长、北京师范大学教授李亦菲团队为创客教育基地建设试点学校作“‘创客＋教育’：变革蕴含其中”讲座。

【2015 年浙江省全国科普日活动】 9 月 19 日，2015 年浙江省

9月19日，2015年浙江省全国科普日活动启动仪式在浙江传媒学院桐乡校区举行　　市科协提供

全国科普日活动启动仪式在浙江传媒学院桐乡校区举行。科普日活动由浙江省科协、省教育厅、省科技厅、省经信委、浙江传媒学院主办，桐乡市科协、市教育局、市科技局、市经信局、腾讯大浙网、浙江传媒学院管理学院承办。省科协党组书记、副主席李德忠，省教育厅副厅长韩平，浙江传媒学院党委书记彭少健出席启动仪式。科普日活动以“万众创新，拥抱智慧新生活”为主题，现场设智慧生活产品展览，展出bong手环、磁悬浮音响、智能家居、智能车位锁等。启动仪式上，省科协“科学＋”微信矩阵上线，桐乡市科协“桐乡科普”微信开通。召开“科学＋”特别活动暨创客极客分享会，元宝铺（互联网金融）、云造（智能电动车）、鸿雁（智能家居、开关）、QQ物联（智能安防）等4个项目负责人畅谈科技创业。科普日活动期间，桐乡市科协面向全市公众推出30余项科普活动。

（陈晓翔）

桐乡市文学艺术家联合会

【概况】　2015年，市文联深入学习和贯彻习近平总书记在文艺工作座谈会上的讲话，围绕市委、市政府中心工作，履行联络、协调、服务职能，培育“德艺双馨”文艺队伍，引领指导文艺精品创作，为桐乡文艺事业繁荣和“人文名城”建设做出积极努力。全年主办、承办的重大活动包括纪念丰子恺逝世40周年系列活动，中国女摄影家协会“送文化、下基层”走进桐乡系列活动，第三届菊乡文学新苗培育工程，《我的抗战——嘉兴抗战亲历者口述实录》创作活动，“移动4G杯”互联网与生活征文比赛等。

市文联下属各协会走进基层开展惠民活动。市作家协会赴大麻、石门、乌镇进行采风创作活动。市书法家协会在青少年宫成立“桐乡市君匋少年书社”。市漫画家协会举办“芷江保卫战”抗战动漫作品展。市曲艺家协会承办省民间艺术家协会走亲送戏进桐乡活动，举办150场评话弹词惠群众以及流动书场进社区活动。市民间文艺家协会举办“剪纸名家进课堂，照亮非遗传承路”剪纸教学传承活动。市吕留良研究会举办乡贤精神进校园活动。市茅盾研究会在乌镇举办“郭沫若与茅盾”图片展。市舞蹈家协会举办排舞培训班。市太虚大师研究会去演教寺、福严寺参加太虚追思法会。市名人研究会举办纪念贝琼诞辰700周年座谈会。

市文联各协会、研究会出版的书籍包括中篇小说集《业余时间》、诗歌集《自言自语》、诗文集《梦春诗文》、军事史著作《中国野战炮兵史》、文史读物《吴之振诗选注》以及《桐乡百景》《女人一片天——女作家笔下和女企业家》《湘溪恋》《桑榆集》《江南情调》《道旁》《不变也是一种美》《雾豹集》《角落》《马鸣村纪略》《桐荫话书》《爱木心》。主要获奖情况有市戏剧家协会在第十九届“中国戏曲小梅花”浙江赛区选拔赛中，3名选手获一等奖，其中越剧《哭祖庙》获第一名；小戏《接新娘》获创作金奖、表演银奖和优秀组织奖。市漫画家协会王惠玲创作的《白骨铺就的T台》《洗肺》获第七届中国·嘉兴国际漫画双年展最佳自由创意作品奖。市书法家协会费胤斌创作的篆刻作品获第五届中国书法兰亭奖三等奖，获“陆维钊奖”和第七届浙江省中青年书法银奖；费胤斌、张明、潘利平创作的作品入选“百年西泠·吉金乐石”西泠印社大型篆刻选拔赛。

市美术家协会胡少青创作的国画《秋染一色》获中国美协举办的“水墨彭城”全国中国画大展优秀奖。市曲艺家协会沈甫泉谱曲的三跳《孝敬父母要趁早》参加浙江省第五届曲艺新作会演，获创作、表演铜奖。

各镇（街道）文联主要活动包括梧桐街道文联第三届农民文化月活动。崇福镇文联举办“瑞庭御园杯”崇福好声音比赛。洲泉镇文联举办“法治平安，谐美洲泉”书画摄影作品展，“德孝进万家”文化礼堂小戏巡演活动。

【太虚大师研究会成立】 1月8日，太虚大师研究会成立大会在桐乡凤鸣禅寺召开，58名会员参加，市委统战部部长潘家春到会并讲话。会议选举叶瑜荪为会长，褚万根、徐玲芬、周云飞、贤宗为副会长。市太虚大师研究会先后在演教寺、福严禅寺、香海寺举行纪念太虚大师圆寂68周年追思法会；去奉化雪窦寺了解太虚大师宗教事迹，为编写大师传记积累素材；向统战部门建议设立太虚出生地标志；编辑出版会刊《太虚大师》1期。

· 相关链接 ·

太虚大师

太虚（1890—1947），原崇德县梵山乡（今桐乡市高桥镇湘庄村）人，俗姓吕，本名淦森，法名唯心，字太虚，号华子、悲华、雪山老僧、缙云老人。近现代中国著名佛学家、佛教革新家，一生致力于倡导“人间佛教”，著有《太虚大师全集》。

【吴蓬配画《群书治要360》出版】 4月，桐乡籍著名书画家吴蓬根据《资治通鉴》等古代文献典籍摘录并配画的《群书治要360》由中国美术出版社出版。《群书治要》是中国古代圣贤先王修齐治平的智慧、方法、经验的集大成之作，也是中国古代文化结晶，于唐代贞观年间汇编成书。《群书治要360》精选出适合当前社会迫切需要的360个小段，加以注解，译成白话文，分君道、臣术、贵德、为政、敬慎、明辨六大纲。吴蓬为此书配绘插图64幅，共印5000册。

【丰子恺逝世40周年系列纪念活动】 参见《文化体育传媒·文物博物》中相关条目。

【第三届“菊乡文学新苗”系列培育活动】 9月，由市文化局、市文联、市教育局和浙江传媒学院文学院主办，市作家协会承办的“菊乡文学新苗”系列活动正式启动。活动包括全市中小学生作文现场赛，《雏凤清声——获奖作品集》结集刊印，“文学之星”、优秀文学社和优秀文学指导老师评颁、文学讲座、采风等。11月28日，现场作文赛在浙江传媒学院文学院进行，265名中小学生参赛，10名学生获一等奖，被授予“文学之星”称号，2名学生获二等奖、30名学生获三等奖。

【首届“丰子恺杯”散文大赛颁奖典礼】 参见《街道镇发展概况·石门镇》中相关条目。

【“移动4G杯”互联网与生活征文活动】 11月19日，“移动4G杯”互联网与生活征文活动举行颁奖仪式。征文活动由市委宣传部、市文联、今日桐乡文化传媒有限公司主办，市作家协会和中国移动桐乡分公司承办。征文活动从6月开始，截至8月20日，收到稿件332篇。经评选，《春山的淘

9月15日，桐乡市举行纪念丰子恺逝世40周年暨丰子恺纪念馆馆藏精品展 市文联提供

宝店》《耳关》获一等奖；《互联网，你是我的眼》等5篇获二等奖；《互联网奇遇》等10篇获三等奖；《夏夜》等20篇获优秀奖。

（颜剑明）

桐乡市残疾人联合会

【概况】 2015年，桐乡市残联围绕桐乡市残疾人事业“十二五”发展规划目标，贯彻全省残疾人工作会议精神，加强残疾人社会保障体系和服务体系建设，残疾人生存状况持续改善，生活水平明显提高。

实施残疾人基本生活保障工程，从2015年12月起，将低保标准588元/月调整到664元/月，全市801名（享受低保金556人，享受补助金245人）符合条件的重度贫困残疾人全部纳入基本生活保障工程，全年发放低保补助金400多万元；实施重度残疾人托（安）养工程，全市1434名残疾人纳入托（安）养培养工程，其中集中托养154人，居家安养1280人，发放服务补助经费567万元；实施残疾人康复工程，完成白内障复明手术1200多例，做好助听、助明、助行和0～6周岁残疾儿童抢救性康复筛选、适配等相关工作，发放辅助器具595件（套），装配假肢18条，验配助视器22台，助听器28台，为全市450余名贫困精神障碍患者服用基本抗精神药物进行全额保障；发挥市残联托养康复中心作用，为210名有康复需求的残疾人提供上门康复指导服务，为113人（次）持证残疾人和61名肢体功能障患者提供康复治疗与训练，机构服务费、康复训练费和护理费等投入资金100多万元；做好政府惠民实事工程，桐乡市残疾人托养（庇护）中心（精神病人福利中心）年末基本完工，持续推进残疾人宜居家庭——家居环境（无障碍进家庭）改造，全年改造99户家庭，其中家居环境改造90户、无障碍进家庭57户，投入资金100万元。做好残疾人意外伤害险的参保扩面工作。第三轮残疾人意外伤害险参保对象扩大到所有就业年龄段残疾人，为8754名残疾人投保，投入保费43.8万元。全年保险公司受理理赔案件47件，理赔金额34万元。

开展“走亲连心”和志愿助残活动。4月，市残联开展“走亲连心、服务群众”走访调研活动，走访残疾人家庭200多户。通过“一问两送”（问需求、送政策、送服务），了解残疾人家庭社会保障、康复服务、政策享受等方面的情况与需求，督促基层落实残疾人工作。贯彻落实《浙江省助残志愿者注册管理实施办法（试行）》，开展“关爱残疾人——志愿助残阳光行动”，全年组织活动3次。年底，表彰“优秀助残志愿者”6人、“优秀助残志愿者服务团队”7家。

推进残疾人就业创业。利用“互联网＋”，引导残疾人居家从事电子商务。9月，与浙江万花筒信息科技有限公司合作，建立桐乡市残联电商就业创业孵化基地；举办首期残疾人电子商务培训班，14名残疾人参加培训；市残联出台《桐乡市扶持残疾人电子商务就业创业工作实施意见》，通过“培训＋孵化”一条龙服务，为残疾人就业创业提供帮助和服务。全市残疾人在福利企业集中就业1900人、按比例就业3069人，从事个体灵活就业855人。鼓励残疾人自主创业就业，给予残疾人创业补助和贷款贴息，全年补助残疾人（残疾人家庭、扶贫基地）小额贷款贴息110多万元，用于残疾人扶贫基地帮扶补助资金75万余元。

加强残疾人事业宣传工作，开展残疾人文体活动。与市广电台合作，联办《爱的家园》专栏6期，举办以“讲残疾人就业创业故事”为主题的征文比赛；报送的《桐乡市创新扶残助残信息化平台建设》信息得到副省长熊建平批示，在全省学习推广；市残联和市特殊教育学校创作的《鼓舞我心》《七彩阳光》舞蹈节目，在嘉兴市特教学生艺术节目评选活动中，分别获一等奖、三等奖，在第六届浙江省特教学校学生艺术汇演评选中，分别获智残人综合类启智奖、鼓励奖；组织15名残疾人参加嘉兴市残疾人体育比赛，获团体总分第二名；残疾人运动员孟国芬在2015年世界轮椅及截肢人运动会和第九届全国残疾人运动会游泳项目中获得3金3银2铜，并两次打破世界纪录。

【第二十五次“全国助残日”系列活动】 5月13日，第二十五次“全国助残日”启动仪式暨桐乡市首届扶残助残爱心单位（爱心人士）表彰大会举行。会议表彰桐乡市扶残助残爱心单位8家、桐乡市扶残助残爱心人士8人。5月16日，市残联与市人力社保局联合举办残疾人就业专场推介会，10多家企业为残疾人提供岗位85个，27名残疾人参加专场推介会，其中12名残疾人与企业达成就业意向。5月17日，举办残疾人才艺大比拼活动，17名选手参加才艺表演。“助残日”期间，市四套班子领导分别走访慰问8户困难残疾人家庭，全市各级政府慰问困难残疾人家庭300余户，发放慰问金20多万元。做好残疾儿童康复教育工作，上门为重度残疾儿童送康复服务，进行健康检查、康复指导及心理辅导等。

9月18日，桐乡市第五届残疾人运动会开幕　　市残联提供

【完成全国残疾人基本服务状况与需求专项调查】 2014年11月～2015年4月，市残联开展全国残疾人基本服务状况与需求专项调查，浙江省在本市开展数据录入工作试点。专项调查期间，对全市16964名残疾人在生活救助、生活保障、康复服务等方面的状况和需求进行调查，并完成全部调查数据的录入工作。实际调查16862名持证残疾人，调查率99.59%，数据复录差错率0.014‰。桐乡市的做法、经验得到省残联领导肯定，并在全省推广。

【第五届残疾人运动会】 9月18日，桐乡市第五届残疾人运动会在梧桐街道举行。此次运动会由桐乡市政府残疾人工作委员会主办，市残疾人联合会、市体育局承办。运动会在市体育馆、一中操场、少体校设赛点3个，全市13个代表队156名运动员分别参加男女聋哑组、男女肢残组比赛。设有田径、举重、游泳、乒乓球、羽毛球5个大项和15个小项，产生金牌135枚、银牌97枚、铜牌69枚，有50人次打破纪录。洲泉镇、石门镇代表团获团体一等奖。

（张　萍）

红十字会

【概况】 2015年，桐乡市红十字会以“情暖桐乡·红十字惠民行动”为主线，巩固省级红十字工作示范县（市）创建成果，做精做强“三救三献”（应急救援、应急救护、人道救助；捐献造血干细胞、捐献器官遗体以及无偿献血）核心业务，连续四年获嘉兴市各县（市、区）红十字会重点工作考评一等奖，桐乡市高级中学、凤鸣高级中学被授予“浙江省红十字达标校”称号。

加强红十字会建设。3月，召开桐乡市红十字会第四届理事会第四次（扩大）会议，表彰2014年度红十字“三救三献”工作先进集体、先进个人，选举更换部分理事。12月，市委办、市政府办联合出台《关于加快发展红十字事业的实施意见》，《意见》要求深刻认识加快发展红十字事业的重要意义、着力推进红十字事业创新发展、重视加强红十字会组织队伍建设、大力支持红十字会依法履行职责、切实加强对红十字会工作的组织领导等，对进一步加强新形势下红十字工作，促进红十字事业健康可持续发展提供政策保障。

以“5·8”世界红十字日等活动为载体，宣传红十字精神。开展“党在我心中，我在群众中”为主题的党员志愿服务工作，开展造血干细胞捐献、博爱救助等红十字党员志愿服务活动和党员先锋日广场活动，发挥红十字会党委政府人道领域助手作用；联合市卫生局开展“献血志愿行动”、上街便民志愿服务活动；联合工商银行桐乡支行组织青年志愿者开展爱心募捐箱清点活动；联合世界互联网大会志愿服务组开展大会志愿服务活动。龙翔街道红十字会联合嘉兴中医院红十字志愿服务队多次在街道社区“邻里中心”定期举行义诊、健康咨询、救护培训等活动。全年开展各类志愿活动40余场次。5月，在嘉兴地区率先开通"桐乡红十字"微信公众订阅号，每周及时发布相关信息，全年在各级媒体、上级网站上录用信息130条次，总量居嘉兴首位。在三个公共自行车出租点设立宣传位，继续做好全省试点"红十字博爱家园"项目建设。

【开展"百场万人公益救护培训"活动】 2015年，市红十字会联合今日桐乡报社启动桐乡市红十字"救"在身边——百场万人公益救护培训活动，每季举办1期，通过微信平台报名和发证培训等方式，面向市民普及应急救护知识，变"要我学"为"我要学"。推广红十字救护培训品牌，在世界急救日、世界互联网大会召开前，开展红十字进旅游、百名师资学急救、红十字应急救护培训进支部、急救知识送军营、基层维稳队骨干救护培训、互联网大会骨干志愿者救护培训、初任公务员培训等形式多样的培训活动，全年办班143期，发证培训3100多人，普及培训1.3万人，在全省红十字会系统应急救护培训基地经验交流会上作典型经验介绍。

【生命关爱工程实现新突破】 2015年，市红十字会在全市团员青年、机关干部中发展造血干细胞捐献志愿者，在世界红十字日、世界献血日，联合市中心血站，宣传造血干细胞知识，开展造血干细胞志愿捐献集中采样活动。全年有87名志愿者登记采样入库，初筛25人次，再动员11人次，高配5人次，体检6人次，实现成功捐献2例。5月，红十字志愿者陈强在浙江省中医院成功捐献250毫升造血干细胞悬液，陈强成为桐乡市第3例、全省第235例、全国第4915例造血干细胞成功捐献者，也是嘉兴公安系统和政法系统首例。12月末，市卫校老师周新杰在浙江省中医院成功捐献130毫升造血干细胞悬液，成为桐乡市第4例、浙江省第259例、全国第5314例造血干细胞捐献志愿者，也是全市卫计系统首名完成造血干细胞捐献的志愿者。张剑获中华骨髓库五星级志愿者和第三届桐乡市道德模范称号。年初，根据河山镇吕某生前遗愿，市红十字会通过多方电话联系、协调做好服务工作，实现桐乡第4例遗体捐献。11月，家住崇福镇的新居民唐某遭遇车祸导致头部严重受伤，因伤势过重不幸离世，经器官捐献志愿者动员，根据家属意愿，在省第一人民医院成功捐献肝脏1个、肾脏2个，实现桐乡市第2例器官捐献。全年新增遗体捐献志愿者3名，累计28名，器官捐献志愿者10名，累计24名。

【打造"情暖桐乡"工作品牌】 2015年，继续开展春节"红十字博爱送万家"活动，发放慰问金和慰问品价值31万余元，惠及全市330多户家庭，覆盖全市每个村（社区）。积极参与灾害救援，为西藏地震灾区募集捐款2800元。联合团市委为洲泉镇患脑瘤男孩屈某募集爱心捐款2.79万元。崇福镇崇德社区、店街塘村成立红十字会，6个村级博爱救助金（石门镇部墩村，濮院镇永越村，龙翔街道元丰村，崇福镇联丰村、店街塘村，河山镇庙头村）运作良好。联合市创建办、石门镇红十字会开展"防暑降温送清凉"活动，慰问环卫工人近2000人。全年接受爱心捐款、物资价值30.97万元，发放慰问金及物资53.15万元，惠及困难群众4000多人次。联合桐乡东方医院继续开展"红十字爱心病房"活动，为群众实施结石病普查，6439人参与筛查，完成手术援助233人，东方医院为该项目捐赠150万元，首批38名结石病患者得到救助款12万元。

（钱小磊）

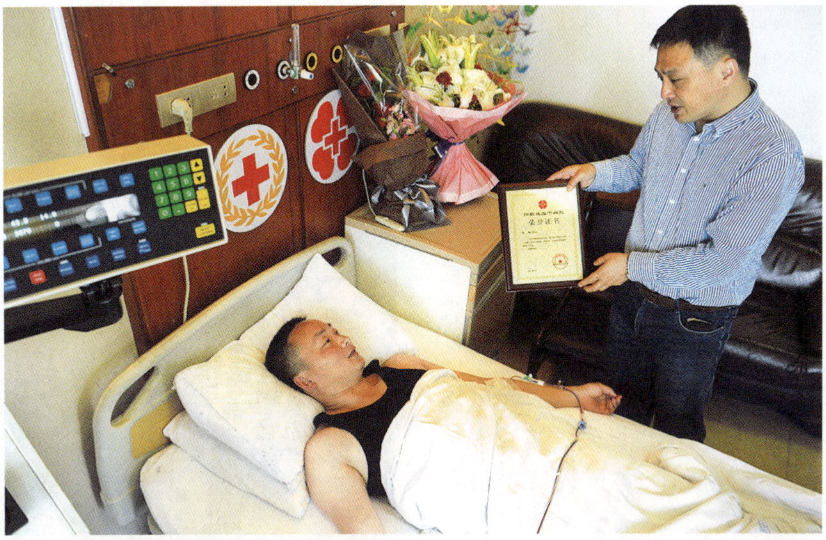

5月18日，志愿者陈强在浙江省中医院成功捐献250毫升造血干细胞悬液　　市红十字会提供

武　装

概　述

2015年，桐乡市人武部按照"干在实处永无止境，走在前列要谋新篇"要求，组织"践行强军目标，做新一代革命军人"等专题教育，学习《中国共产党纪律处分条例》《中国共产党廉洁自律准则》，巩固作风建设成果，提高党委班子凝聚力、战斗力。开展全民国防教育工作，举办"全民国防教育日"系列活动。加强民兵预备役和国防后备力量建设，组织民兵开展多种训练。推进"智慧国防"信息化建设，提高全市国防动员信息化、实战化水平。强化党管武装工作，制订《基层人武部和专武干部工作量化考评细则》，按照"能者上、平者让"要求，调整3名专职人民武装部部长岗位。协调召开市委议军会，会同市委、市政府联合下发《桐乡市军人随军家属就业安置实施细则》。完成年度新兵征集任务，人武部被浙江省政府和省军区评为"征兵工作先进单位"。市人武部被省军区评为"先进团单位""信息化建设先进单位"，被嘉兴军分区评为"民兵情报信息先进单位"。

抓实战化训练。开展"每月军事训练周"和"四知、一明白"(知我、知敌、知环境、知技术，搞明白信息化条件下作战制胜机理)活动，组织20千米战斗体能训练，提高干部军事素质，在军分区按纲施训考核中获综合第二名。组织专武干部、民兵骨干进行全要素训练，参加军分区考核获综合第一名。市民兵应急连在军分区"红红对抗""红蓝对抗"比武中，获集体第一名。抓企业和行业武装部规范化建设，落实战备工作。参加军分区组织的基层规范化建设"评星挂牌"活动，全市12个镇(街道)人武部均被评为"三星级"人武部。创新"智慧国防"建设。投入380万元，构建联通市、镇两级人武部和市国防动员委员会成员单位局域网，开发征兵业务、民兵工作、政治工作、自动化办公等9个模块。开展法治军营建设，形成党委依法决策、机关依法指导、部队依法行动、官兵依法履职常态化。组织专武干部、民兵连长开展应知应会法规竞赛。健全法律维权机构，聘请常年法律顾问1名。年内提供法律援助1起，军人军属维权6起。落实安全管理制度。贯彻省军区安全管理"六个规范"(规范安全组织体系、规范安全制度机制、规范安全教育训练、规范安全常态活动、规范安全基础设施、规范安全人文环境)，分析安全形势，进行安全常识教育，加强安全检查督查，开展安全管理工作

9月11日，桐乡市召开全市新兵欢送大会　　市人武部提供

大讨论，增强干部职工安全意识。组织安全整治活动。开展“条令学习月”“条令学习日”活动，结合冬季和暑期两次“百日安全竞赛”活动，排查、消除安全隐患。坚持“人防”与“技防”并重。加强战备规范化建设，完善网络信息和指挥信息系统建设，确保战备信息化设施安全可靠。

桐乡市人防（民防）完成年度人防战备资产普查、人防宣传教育基地建设、工程档案整理和《崇福镇城市地下空间开发利用规划》《乌镇镇城市地下空间开发利用规划》编制工作，行政审批260件；通过嘉兴市国防动员委员会、嘉兴市人防办年度人防（民防）工作目标任务综合考评、考核。市人防办被省人防办评为人民防空工作先进单位。7月，市人防办根据市机构改革统一部署，与建设局合署办公。

武装警察部队桐乡市中队参加嘉兴支队“五四”万米长跑赛获团体第三名，军事比武获干部组团体第一名。年内，中队被省武警总队评为基层建设标兵中队。

国防教育与军民共建

【概况】　2015年，桐乡市人武部围绕“大国防、大武装、大融合、大发展”目标要求，开展全民国防教育工作，构建以领导干部、中小学生、非公有制企业主、民兵预备役人员为重点，政府、部队、社会、学校、家庭“五位一体”的全民国防教育体系。开展国防动员工作。4～5月，开展国防潜力调查，查清国防动员潜力数据，落实国动委五项（应急应战的指挥部、地方党委的军事部、后备力量的建设部、同级政府的兵役部、军民融合的协调部）基本制度。开展国防教育“五进”和“全民国防教育日”系列活动，开设“八一光荣榜”、报刊专栏和教育网站。推动“智慧国防”系统建设，提高国防动员信息化、实战化水平。加强典型培训和宣传报道工作，在《军区要讯》《解放军报》《国防报》等用稿30余篇。结合全民国防教育日、全省国防教育宣传周、纪念中国人民抗日战争暨世界反法西战争胜利70周年和“九一八事变”84周年，联合市委宣传部、市建设局（人防办）、市文化局等部门，开展以“弘扬伟大抗战精神，同心共筑强大国防”“铭记历史，振兴中华”为主题的国防文艺演出活动，增强干部群众国防观念。在嘉兴市组织的国防动员工作检查考核中，桐乡市国防动员工作获综合考评第一名。

【召开国防动员工作会议】　6月4日，市人武部召开全市国防动员工作会议，讨论研究年度武装工作重大事项。市委、市政府主要领导，全体人武部、专武干部，各镇（街道）负责人、市国动委相关单位及各行业企业系统武装部兼职武装工作干部等58人参加会议。会议由市长、市国动委主任盛勇军主持，市委副书记、市国动委副主任蒋惠玲宣读表彰通报，常务副市长、市国动委副主任朱明杰传达上级国防动员工作会议精神，人武部部长、市国动委常务副主任何建撑总结部署市国防动员工作，市委书记、市国动委第一主任卢跃东作重要讲话，并对国防动员工作提出具体要求。

【加强学校国防教育工作】　2015年，市人武部贯彻省委、省政府、省军区《关于加强新形势下全省国防教育工作的若干意见》，树立大国防理念，坚持国防教育从娃娃抓起。组织全市中小学利用暑期、新学期开学、全民国防教育日等时机，开展国防教育和军训活动，在全市60多所中小学校建立“军人荣誉墙”。荣誉墙上张贴从本校走出去的优秀官兵，现在就读学生主要近亲属的照片和他们的先进事迹。

小学生参观国防教育图片展　　市人武部提供

其中，桐乡市第六中学、濮院小学多次接受浙江省军区和嘉兴军分区检查检验，得到省军区和嘉兴军分区主要领导肯定。

兵役工作

【概况】 2015年，桐乡市征兵办公室贯彻执行上级征兵命令，坚持创新征兵、规范征兵、安全征兵和廉洁征兵，以提高兵员素质为目标，深化兵役登记、体检、政治考核和征兵宣传等工作。完成征兵任务，所征新兵党团员占总数54.1%，高中以上文化程度占总数100%，大学以上文化程度占总数70%，大学生比例为历年新高。桐乡市担负浙江省征兵办、嘉兴征兵办赋予的全国征兵体检信息化管理系统试点任务，投入29万余元，信息化改造市征兵体检站，购买电脑及其他配套设施。7月28日，桐乡市征兵工作会议召开，市委书记卢跃东作动员讲话，市四套班子领导参加应征大学生及家长政策解读会。会后市人武部组织100余名大学生代表到空军嘉兴机场体验军营生活。8月征兵工作全面展开。9月11日，举行全市新兵欢送大会，市长盛勇军作欢送词。

【制订出台征兵政策】 8月13日，桐乡市政府、市人武部联合出台《关于加强和改进新形势下征兵工作的实施办法》。规范征兵工作宣传，5月第二周为全市大学生“征兵宣传周”，7月为全市“征兵宣传月”。征兵工作期间，新闻媒体开辟征兵工作专栏；“桐乡新闻网”“桐乡国防教育网”及学校“校园网”开设征兵（国防教育）工作网页；桐乡电台、电视台等主流媒体在重要时段插播征兵宣传标语和专题宣传片；运用新媒体拓展征兵宣传渠道。提高艰苦地区优待标准。进藏义务兵家庭按照内地义务兵家庭优待金标准3倍发放，并发放一次性奖励金。凡应征入伍的全日制大专以上毕业生，每人奖励1.5万元，入学前户籍非桐乡市的在校大学生奖励2万元，士官奖励3万元；西藏和新疆部队服役新兵，一次性给予生活补助2万元。

7月28日，桐乡市召开大学生预征对象集中教育动员大会

市人武部提供

民兵、预备役

【概况】 2015年，桐乡市人武部加强民兵预备役和国防后备力量建设。围绕应急队伍、支援队伍、储备队伍三种类型队伍职能要求，开展民兵组织整顿，落实基干民兵队伍，提高退伍兵、党团员和专业对口率比例。加强民兵应急大队建设，落实“月训练”“分级训练”制度。开展民兵红旗党支部创建活动，在每个镇（街道）选1个村（社区）建立普通民兵连党支部，在基干民兵分队预设党支部、党小组，发挥战斗堡垒作用。开展“两入四员”活动。民兵预备役在抢险救灾、“五水共治”“三治合一”（德治、法治、自治）等工作中发挥作用。在第二届世界互联网大会期间，出动民兵应急大队550人，基干民兵1050人，全程参与社会治安巡逻任务，受到军地好评。

【重要目标防卫实兵现地演练】 5月25～27日，市人武部根据省军区、军分区有关通知要求，依据《桐乡市民兵协助空军嘉兴机场防卫预案》，组织基干民兵100余人，进行训练演练。内容是进行警戒执勤、地段巡逻、设卡盘问、疑犯追捕、警棍盾牌术、防暴棍和轻武器操作等课目训练；到空军嘉兴机场，对协防的重要目标单位进行任务对接，并组织“三个现地”（现地组织队伍点名核对身份、现地明确防卫任务、现地展开防卫训练）训练演练。根据防卫重要目标的实际情况，建立卡点警戒组、区段巡逻组、核心守卫组、机动支援组等战斗小组，按照定点、定地段、定任务，分别展开现地演练。通过训练演练，提高分队指挥员和民兵的职责意识、使命意识，熟悉组织程序、防卫任务、任务地形，掌握各种应急突发事态处置方法。

【组织民兵应急大队训练】 3～11月，市人武部根据省政府、省军区《关于进一步加强民兵预备役重点应急力量建设的意见》，培养民兵应急大队“平时服务、急时应急、战时应战”能力，每星期集中3～4天，组织2个民兵应急中队轮训，主要进行体能基础训练，队伍基础训练，事故预防知识（防淹亡、防火灾事故、实弹射击事故预防、体能训练事故预防、车辆交通事故预防、防触电、防雷击事故预防、防煤气中毒事故预防、防毒虫咬伤事故预防），维稳基础训练（防暴恐袭击训练、设卡警戒训练、地段、区域巡逻警戒），重点训练课目（防暴队形、防暴棍术、盾牌警棍术、擒拿格斗术、警体拳）。通过训练，提高民兵体能素质、队列水平、安全防事故能力、防暴应急处突能力。

【民兵应急分队“红红对抗”比武考核】 3～4月，市人武部集中民兵应急连在民兵训练基地，集中强化训练“紧急出动”“基础理论”“非整百米实弹射击”“3000米轻装武装越野”“构筑单人掩体”“小功率电台操作使用”“操舟机基本操作”7个比武考核课目；打造“一队多装、一队多能、一队多用”的民兵应急力量。5月，在嘉兴军分区组织的五县两区民兵应急连参加应急分队军事技能“红红对抗”和分队战术“红蓝对抗”考核中，桐乡市民兵应急分队有16人获个人名次，3个单项单位综合成绩获第一名，2个单项单位综合成绩获第二名，1个单项单位综合成绩获第三名，单位团体总分获第一名。

【民兵水上课目训练】 5月18～22日，市人武部按照嘉兴军分区通知要求，在市民兵训练基地集中民兵60人，进行水上课目训练。主要训练冲锋舟操作前的检查和准备，冲锋舟舷外机安装与启动，冲锋舟离岸、航行和靠岸的驾驶操作，橡皮艇划桨操作，水上救援5个内容。通过强化训练，所有参训民兵熟练掌握冲锋舟、橡皮艇驾驶和水上救援技能，全部通过考核验收。

（苏学成　倪宇阳）

7月21日，市人武部组织民兵应急分队进行水上训练　市人武部提供

人民防空

【概况】 2015年，桐乡市人防（民防）工作完成年度人防战备资产普查、人防宣传教育基地建设、工程档案整理和《崇福镇城市地下空间开发利用规划》《乌镇镇城市地下空间开发利用规划》编制工作，行政审批260件，其中易地建设设计审批87件、施工图设计审批140件、人防工程竣工验收33件。基本完成2013年前开工项目和2014年新建审批项目档案整理。由建设局（人防办）组织申报的桐乡市城市地下综合管廊工程，被国家发改委列入第二批国家专项建设资金投资项目。落实人防工程巡查制度，4月，已建人防工程开展汛期专项检查，排查各类安全隐患23个。嘉兴巨匠防护设备厂在全省人防工程防护设备质量检查中，获厂区产品生产现场质量检查第一名。民防志愿者骨干参加嘉兴市民防志愿者技能竞赛获心肺复苏项目第二名。与市民政局合作，落实应急疏散避灾场所建设“双挂牌”（市民防局、民政局）工作，推进社区综合防灾减灾示范单位创建，濮院镇锦苑社区获评综合防灾减灾示范单位称号，完成人防应急物资库建设，基本形成与民政应急物资相匹配的保障机制。通过嘉

兴市国防动员委员会、嘉兴市人防办年度人防(民防)工作目标任务综合考评、考核。桐乡市人防办被省人防办评为人民防空工作先进单位。7月,市人防办根据市机构改革统一部署,与建设局合署办公。

【开展人防教育活动】 2015年,市人防办以人防宣传教育进党校、进学校、进企业、进社区、进网络"五进"为重点,以"3·1"国际民防日、"5·12"防灾减灾日、"九一八"事变等重要时间节点为抓手,完善人防宣传教育基地建设,开展不同形式的宣传活动。人防办与市国防动员教育办公室在市政广场联合举办大型文艺晚会;在市委党校,濮院、河山等镇(街道),市老年大学,浙江传媒学院开展人防知识教育授课培训;组织崇福、乌镇、石门、凤鸣等9个镇(街道)开展企业、社区和学校应急逃生演练;梧桐街道九曲、复兴社区开展人防漫画和储蓄罐涂鸦比赛;振东新区开展民防志愿者集结点验、参观防灾减灾科普馆、组织医疗急救知识培训,组织民防知识有奖竞赛。全市参与民众2.6余人。通过大型LED电子屏、移动通信和"桐乡人防"微信、"掌上桐乡"等宣传平台发播人防民防知识。与市教育局协同落实市实验中学和乌镇中学开展人防示范学校创建工作,选送4名中学教师参加全省人防教师培训。

【地下空间开发利用】 2015年,市人防办按照城市地下空间开发利用规划领先原则,全市新增地下空间竣工项目33个,新增地下停车位1.18万个。F1101、F1102工程进入项目审计阶段;自建工程市F801项目完成招投标工作,进入桩基施工建设。基本完成乌镇西栅景区一号停车场地下空间利用项目主体建筑。该项目引入国内先进投资建设理念,集雨水收集系统与光伏发电于一体,确保工程自身水电自给自用。

【"浙江金盾-15"演习】 9月,市人防办根据"浙江金盾-15"系列演习要求,组织重要目标单位果园桥水厂,进行防护救援演练,开展医疗救护、心理防护,伪装隐蔽、消除空袭后果等科目演练,同时组织乌镇、河山、石门、洲泉、龙翔5个镇(街道)人防办工作人员20人,利用已建民防应急指挥中心,参与省、市、县(市)、镇四级联动演练。

人防队员参加"浙江金盾-15"演习　　市建设局提供

【政府投资建设项目验收】 2015年,市人防办重点对2000年以来的政府投资项目进行项目竣工集中验收,对自建工程和代建工程资料进行清理和整理;完成2014年人防工程竣工项目验收2个(市F0202工程与F0202配套工程),完成2015年人防工程竣工验收项目4个(桐乡市景卫疏散基地、新世界广场人防公用工程、F0902工程、机关事务局人防工程)。

【推进民防应急指挥中心建设】 2015年,市人防办推进镇(街道)民防应急指挥中心建设,完成龙翔、崇福、洲泉、大麻4个镇(街道)民防应急指挥中心建设任务,在建项目3个(高桥、振东、经济开发区),申报建设项目2个(梧桐街道、凤鸣街道)。民防应急指挥中心引入相关部门信息,实现资源共享,在第二届世界互联网大会期间,成为集"党政会议中心、突发事件应急处置中心、民防应急指挥中心"为一体的综合场所,为峰会安保应急指挥作战发挥作用。

【人防专业队按纲施训暨岗位练兵比武活动】 10月13日,市人防办根据国家人防办颁布的《人民防空训练规定》和《人民防空训练与考核大纲》要求,首次组织嘉兴康慈医院心理防护人防专业队和城市公交公司交通运输人防专业分队开展按纲施训活动，受训人数20人。通过自编教案、制作多媒体教学课件、相互交流、自我授课等形式按纲施训。同时，交通运输人防专业分队组织岗位练兵比武活动，进行“理论考试、车辆例检、车辆倒库、道路运行、港湾停靠、平稳性测量”六大课题训练与考核，最终决出一等奖1名、二等奖2名、三等奖3名。

（盛森荣）

武装警察部队

【概况】 2015年，武装警察部队桐乡市中队根据武警省总队、嘉兴支队部署贯彻落实《军队基层建设纲要》和支队党委决策，加强部队自身建设，履行工作职责，中队人员编制从38人调整至66人。投入30万元完成看守所监区照明和高压电网改造工程；组织新兵入伍训练，重点实施军事技术操作及体能基础科目训练，提高军事训练水平；开展执勤动作、执勤技能、特殊情况处置等专勤训练，提高正规化执勤能力。做好市看守所监区警戒执勤工作，担负押解勤务44次，押解440名判决犯人投入劳改。参与市公安局组织的常态化城市武装巡逻，做好高考试卷看护等临时勤务。定期开展双拥共建活动，协助市教育局开展国防教育和中学生军事训练活动，指导桐乡高级中学、凤鸣高级中学、茅盾高级中学等学校学生军训。第二届世界互联网大会期间，组织反恐处突机动队，每天出动20名兵力，协助市公安局负责市政府、商业街、高铁站、客运中心等武装执勤巡逻，协助处置警情10余起。参加嘉兴支队“五四”万米长跑赛获团体第三名，军事比武获干部组团体第一名。年内，中队被省武警总队评为基层建设标兵中队。

武装警察部队桐乡市消防大队下辖桐乡中队和城南中队。市消防大队有消防53米云梯车1辆、16米高喷车1辆、水罐车3辆、泡沫车2辆、抢险救援车1辆。开展冬季火灾防控、劳动密集型企业专项整治和夏季消防安全检查等系列专项行动，查处火灾隐患，打击消防违法行为。全年检查单位1483家，督促整改火灾隐患或违法行为2135处，下发责令改正通知书798份、行政处罚决定书71份，临时查封单位11家，责令“三停”（停产停业、停止施工、停止使用）单位44家，处罚款112.16万元。

反恐处突机动队　　　　市公安局提供

【健全消防责任体系】 2015年，市消防大队推进消防安全责任制落实，召开全市消防工作会议，与12个镇（街道），17个消防安全委员会成员单位、行业主管部门和187家消防安全重点单位签订消防工作目标管理责任状，挂牌督办3家重大火灾隐患单位、4家区域性火灾隐患场所。年内，完成省级重点区域性火灾隐患濮院镇梅园社区内36家企业搬离工作，3026户社区居民签约搬离，签约搬离率92.2%。

【开展出租房屋“三合一”整治】 3月20日～12月31日，市消防大队在全市开展出租房屋“三合一”（住宿、生产、仓储使用功能违章混合设置在同一空间）专项整治行动。在全市17个政府挂牌督办重点区域，落实相应整治措施。排摸掌握出租房屋“三合一”场所5930户，建立符合消防安全标准样板房200余户。改造电瓶车充电点156个，配备灭火器4326只、烟雾报警器265只、应急照明945只、逃生绳1356根、电线穿管5600余米。年内，全市接报火警数比上年下降12%，出租房屋火灾发生数下降20%。

（姚　杰）

法治

概述

2015年，桐乡市深入实施“安康家园行动计划”，深化基层社会治理实践，推进“平安桐乡”建设和“法治桐乡”建设。年内，全市未发生严重危害国家安全事件、严重影响社会稳定事件、重特大刑事犯罪案件、严重影响经济秩序案件、重大安全生产事故和重大公共安全事件。

维护社会稳定。加强国家安全人民防线建设，开展屯警街面全天候武装巡逻。加强邮件、快件寄递安全管理工作。落实全员维稳责任制，定期下村、入户、进网格。制订《桐乡市2015年度维稳队伍训练实施方案》，组织基层、专业、预备维稳队训练。贯彻省、嘉兴市关于做好重大决策社会稳定风险评估的各项要求，每季检查社会稳定风险评估责任单位工作。抓好重大活动的维稳安保，重点做好第二届世界互联网大会·乌镇峰会期间的维稳安保工作。落实24小时网上巡查制度，依法严厉打击涉网犯罪。

夯实基层基础。深化“法治、德治、自治”工作，梳理形成18项工作机制，为“三治”工作常态化和长效化提供制度保证。开展“制订修订村规民约、社区公约”活动。开展“三治”建设巡回交流评比，全市培育建成“三治”建设示范点56个，并评出十佳示范点。加大矛盾纠纷排查力度，开展矛盾纠纷“大排查、大调解”百日攻坚专项行动。全年受理调处矛盾纠纷7764件，调处成功7666件。完善专业性、行业化调解委员会建设，各专业性、行业化调解组织全年调处各类矛盾5602件。融合浙江省平安建设信息系统和“网格化管理，组团式服务”，推进基层社会治理体系建设。建立完善社会治理信息化建设工作机制，落实信息采集、流转处理、督查督办、奖惩激励、工作保障五大机制。全市划分网格1122个，配备专职网格管理员400名，实行“一格一员”“一格多员”网格化管理模式。条块结合，扩大平安创建覆盖面，确定32项平安创建项目。出台《深化“平安桐乡”建设相关意见》，建立平安建设形势分析会商、约谈工作制度等。

维护公共安全。加强社会治安防控体系建设，打造以“乌镇管家”为品牌的群防群治力量。开展“智慧小区”建设，新接1000个视频入公安平台。推进“智慧平安”建设。启动“智慧警务”建设，动员民警运用“警务通”每两个月采集一次基础信息，建成可容纳50亿余条数据的“云计算”数据中心。深化“智慧交通”，组建专业研发小组，研发智慧工具，提升科技支撑力。依法打击各类刑事犯罪，实现现行命案和五类恶性案件全破。深化新居民积分制管理，建立健全新居民自治组织，加强新居民调解工作，9个新居民集居村试点建立新居民自治组织。在新居民聚集度高、治安相对复杂的开放式小区成立公安直属警务室。对问题青少年、严重精神障碍患者、社区戒毒人员和社区服刑人员等特殊人群加强服务管理。开展“平安桐乡·你我共享”主题宣传月活动，宣传道路交通、消防等安全防范知识。推进出租房屋综合整治回头看、“禁酒驾”等系列专项整治行动，排查小药店、农贸市场、食品加工小作坊等的安全隐患。加强护路护线联防工作，确保道路运行畅通。

2015年，市委政法委被省委、省政府命名为“百日维稳攻坚大会战”先进集体。市公安局被省公安厅记集体二等功1次，连续第八年被省公安厅评为优秀单位。市人民法院被国家网信办和浙江省政府评为互联网安保先进单位。崇福司法所被司法部命名为“全国先进司法所”。

市委政法委根据上级统一部署，结合桐乡实际，在全市政法系统开展“政法干警联网格送服务”活动和“系列十佳”评选等。评选出“十佳调解能手”“十佳办案能手”“十佳执法标兵”“十佳政法辅助人员”和“十佳综治维稳队员”，评出人民满意先进集体 10 个、人民满意先进个人 17 人。

社会管理综合治理

【概况】 2015 年，桐乡市社会管理综合治理工作以第二届世界互联网大会・乌镇峰会等重大活动的安保为主线，创新基层社会治理，提升综治工作水平。年初，召开市委综合工作会议，签订综治责任书。年中，召开平安建设工作(会商)会议、创新基层社会治理工作现场推进会和出租房屋整治专项会议等，解决短板，统筹推进综治工作。结合省平安考核特点，与 51 个平安成员单位签订《创建“平安桐乡”领导任务书》，将责任落到具体职能部门。平安综治联络员定期研判分析，排查梳理平安建设薄弱环节。健全完善平安创建“月通报、季测评”机制，每月编发《打造“平安桐乡”情况通报》，委托第三方机构每季模拟测评基层平安建设的“四感三率”。培育建设“三治”建设示范点 56 个，发挥典型示范引领作用，评选出“十佳示范点”。出台 18 项“三治”建设长效机制，修订村规民约、社区公约。发挥道德评判团、法律服务团、百事服务团和百姓参政团的作用，拓宽群众参与基层社会治理渠道。根据上级“建立健全事件处理网上网下联动工作体系”要求，建立市社会治理综合指挥中心，受理、分流处理、分析研判全市社会治理领域事件，该中心配备工作人员 7 名，以省平安建设信息系统为骨干系统，同时接入视频监控系统、应急联动指挥系统、舆情监测系统、视频会议系统和部门业务对接系统等。结合反恐维稳新特点，加强维稳队伍建设。构建“大维稳”“大情报”“大网络”三大平台，开展常态化武装巡逻。落实领导班子维稳工作“一岗双责”制度，每月召开全市维稳形势分析会和矛盾纠纷分析会。制订完善突发性事件处置工作预案。每月排查化解矛盾纠纷，定期会商分析重大矛盾纠纷。开展矛盾纠纷“大排查、大整治”百日攻坚专项行动，及时有效化解矛盾纠纷。升级社会治安防控体系，防控命案发生，2015 年命案发生率比上年下降 41.7%。完善动态视频监控系统建设，开发视频一体化平台，累计整合接入公安平台社会治安视频监控点 7922 个。推广创建“平安流动红旗”“智慧小区”等。加强群防群治队伍建设，开展“红袖章”万人平安大巡防活动，打造以“乌镇管家”为品牌的群防群治力量。在新居民聚集度高、治安相对复杂的开放式小区建立新居民自治组织，成立公安直属警务室。加强特殊人群服务管理，年内无极端案事件发生。对道路交通、消防等重点领域加强安全防范宣传，对从业人员加强安全生产教育和培训。加强对电视、电信、电力、输油(气)管道等线路的安全监管，推进“禁酒驾”“纠违治危”等系列专项整治行动。全面抓好安全生产责任制，严格落实部门监管责任和企业主体责任。将系统平安创建与平安村(社区)、平安镇(街道)等基层创建有机结合，按照“系统抓、抓系统”思路，切实抓好系统平安创建。

(姚晓青)

政府法治建设

【概况】 2015 年，桐乡市政府法制工作以建设法治政府为目标，以《国务院关于加强法治政府建设的意见》和《浙江省法治政府建设实施标准》为要求，履行政府法制的各项职责，服务于桐乡经济社会发展。坚持会前学法，制发《市政府常务会议学法制度》，提高领导干部依法行政能力和善于担当能力。制定《桐乡市重大行政决策程序规定》，完善公众参与、专家论证、风险评估、合法性审查、集体审议等相关规定，确立重大行政决策的法定程序。发挥政府法律顾问作用，出台《桐乡市政府法律顾问列席政府相关会议实施办法(试行)》，为政府决策提供法律支撑。提高依法行政在镇(街道)、行政执法部门年度目标责任制考核中的比重，分别提至 2%、5%。修订《桐乡市依法行政指标体系》，单列依法行政满意度指标，分值提至 15 分。发挥互联网思维，实施电子资料台账考核，网上评估计分，考核结果和排名通过政府门户网站向社会公布。成立市规范性文件审查小组，严格审查违法前置审批、增加公民义务等内容，市政府全年审查规范性文件 41 件，出台规范性文件 32 件，皆按规定报备。对《调整城镇土地使用税政策促进土地集约节约利用工作的实施办法》等重要文件出台规范性文件解读。开展市级规范性文件清理，废止文件 12 件，公布失效文件 9 件。举办首届行政执法“十佳办案能手”评比活动，15 名选手入围现场赛。评查市级行政执法部门行政执法案卷 107 卷。组织行政执法证培训考试，130 人参加，94 人通过考试。网上公开行政处罚结果信息，全年发布行政处罚结果信息 9413 条。市政府全年收到行政复议申请 43 件，比上年多 29 件，提出行政复议意见书、建议书各 1 份。市政府被复议案件 11 件、行政诉讼案件 57 件，分别比上年多 9 件和 43 件。全年全市办结行政调解 5135 件，比上年增长 11.3%，调解成功率 99.5%。

【加强行政应诉】 2015 年，桐乡市为贯彻落实 5 月 1 日起施行的新《中华人民共和国行政诉讼法》，及时修订出台《桐乡市行政应诉规则》，强化行政机关及其负责人出庭应诉职责。全年市政府各部门共发生行政诉讼案件 29 件，行政机关负责人出庭率 100%。加强行政执法人员培训，年初部署全市行政执法机关开展宣传培训《行政诉讼法》活动。4 月 29 日，组织全市分管领导、法制人员、执法人员《行政诉讼法》执法培训。为保障复议应诉工作更好开展，建立市政府法律顾问库，制定《桐乡市政府本级行政案件聘请律师代理的若干规定（试行）》和《市政府本级行政案件聘请律师服务费参考标准》。

（赵云飞）

公　安

【概况】 2015 年，桐乡市公安机关积极履行公安职能，维护全市社会治安稳定。配合政府和有关部门排查化解各类不稳定因素，全年妥善处置涉众涉稳事件 7 起。侦破各类刑事案件 3938 起、移送起诉 1904 人，命案破案率 100%。破获经济案件 89 起，挽回经济损失 1.7 亿元。集中打击传销类违法犯罪，推进无传销社区、镇（街道）建设。组建反恐处突机动队，以濮院羊毛衫市场、政府机关、金融网点、学校为重点，开展全天候武装巡逻。开展治安巡逻、设卡检查、区域清查等，加强娱乐场所、旅馆业、网吧等重点行业场所管理，依法查处治安行政案件 9302 起，处罚违法人员 1.44 万名。护航“五水共治”，全年巡查河道 20 次，巡航 480 千米，检查沿岸企业（单位）20 家次。加强户政管理，全年登记常住人口 68.9 万人、流动人口 42.06 万人。加强道路交通安全管理，全年全市发生交通事故 275 起，死亡 59 人，受伤 255 人，直接经济损失 210.3 万元，分别比上年下降 10.13%、1.67%、12.67%、0.08%。推进火灾安全事故防控体系建设，全年发生火灾 450 起，死亡 1 人，直接经济损失 442.83 万元。启动“114”社会化移车服务，年内提供社会化移车服务 5.4 万次。开展“全警进万家 · 携手筑平安”活动和“万众进警营 · 共筑平安梦”活动，全市群众安全感满意度列嘉兴各县（市、区）第二位。开展“黄标车”淘汰专项行动，全市淘汰低于国家一级排放标准汽油车和国家三级排放标准柴油车合计 2476 辆。启动“智慧警务”建设，制订《“智慧警务”建设三年规划（2015～2017）》，年内

6 月 19 日，反恐处突机动队揭牌成立　　市公安局提供

建成可容纳50亿余条数据的“云计算”数据中心，研发“情报魔方”系统平台、“警务微信”等。

【全面深化公安改革】 2015年，市公安局将全面深化公安改革列为重点工作。结合桐乡实际，梳理确定重点改革项目20个，其中“健全涉恐资金来源动态监控机制”和“健全完善经济犯罪案件受立案制度”分别被公安部和省公安厅列入第一批试点项目。6月，桐乡市在嘉兴各县（市、区）中率先成立案审大队，严把接案环节、侦查环节和诉讼环节，实现全年检察机关零增捕、零增诉、零纠违。健全经济犯罪案件受立案制度，形成“一统一、二分离、三配套”工作新机制。创建情报综合研判工作示范区，推行接处警精细化管理，防止因接处警不规范引发信访、投诉事件。

【开展百城禁毒会战】 2014年10月至2015年3月，市公安局参与公安部组织的全国公安机关集中开展百城禁毒会战，加强收集涉毒违法犯罪线索，严打涉毒团伙犯罪和零包贩毒犯罪活动。落实“逢嫌必检”工作，排查社会面隐性吸毒人员。将“毒驾”纳入“酒驾”查控范畴，挤压涉毒犯罪空间。其间，侦破涉毒案件90起，其中公安部目标案件2起、省级目标案件3起，抓获涉毒犯罪嫌疑人115名，查处吸毒人员437人次，强制隔离戒毒91人，缴获各类毒品2000余克。

【开展“两打三防”大会战】 2014年11月11日至2015年2月28日，桐乡市开展以“打侵财、打丑恶，防暴恐、防命案、防事故”为重点的“两打三防”大会战。其间，全市各类刑事警情接报比上年同期下降2.5%；侦破各类侵财案件390起，打击犯罪嫌疑人210名，抓获侵财类逃犯18名；侦破黄赌案件31起，打击犯罪嫌疑人98人；侦破食品、药品、环境类案件39起，打击犯罪嫌疑人45名。

【违法废品收购点专项整治行动】 3月19日～12月31日，市公安局在全市开展违法废品收购点专项整治行动。按照“一站一档一负责人”要求，掌握违法废品收购点数量、分布及从业人员情况。召开联席会议，加强与国土、环保、建设等责任单位的协作。其间，拆除违法建筑3421平方米，清退违法占地11276平方米，取缔无证收购点191个，复耕绿化面积8000余平方米，涉及高速高铁、重要道路沿线的48家废品收购点全部整改到位。

【道路交通“三查三治”专项整治行动】 4月15日～12月31日，市公安局组织开展道路交通“三查三治”专项整治行动。严查道路隐患、施工路段、动态监管，严治酒驾、超员、超速。加强道路交通秩序管理，重点整治校车、危化品运输车、建筑工程车等“八类重点车辆”及超速、超载、毒驾、酒驾等“八类违法行为”。专项整治行动排查道路安全隐患855处，全部落实整改；查处各类道路交通违法行为33.21万起，其中无证驾驶1798起、饮酒驾驶1808起、醉酒驾驶364起、货车超载1562起、非机动车违法1.71万起；全市城镇道路和公路拥堵路段未发生死亡3人以上交通事故。

（姚　杰）

检　察

【概况】 2015年，桐乡市人民检察院践行“强化法律监督、维护公平正义”检察工作主题，提高

违法废品收购点专项整治　　市公安局提供

办案质量，规范司法行为，深化司法改革，依法全面履行法律监督职责。服务中心工作，出台《关于加强检察环节互联网法治保障的实施意见》，依法查处网络售假案件1起，涉案金额80余万元，涉及受害人1800余人。依法受理提请批准逮捕1067人，移送审查起诉2034人，经审查，决定批准逮捕767人，提起公诉1720人，移送嘉兴市人民检察院和其他检察院审查起诉47人。首次对不捕案件进行公开听证。深化以审判为中心的刑事诉讼制度改革，与市人民法院、市司法局联合出台《关于进一步强化刑事案件庭审功能的若干规定》。加强监督刑事审判和刑罚执行场所，依法出庭支持公诉1210件，提出抗诉并获法院采纳1件，重视追究遗罪漏犯，追诉被判处三年以上有期徒刑漏犯6人，审查看守所呈报减刑77人，监督纠正19人，开展羁押必要性审查，建议公安机关变更强制措施9人，均获采纳。加强民事审判监督和行政诉讼活动监督，向市人民法院发出民事再审检察建议2件，均获采纳并改判，向行政执法机关发出检察建议5件，均获采纳。推进惩防体系建设，依法立案侦查职务犯罪嫌疑人14人，其中受贿10人、贪污2人，滥用职权2人，内含现职科级领导干部4人。深化涉法涉诉信访改革，完善检察长接待日、心理咨询等措施，畅通远程视频接访、"12309"举报电话等申诉维权渠道，受理首次举报信访126件，接待群众来访158批275人。努力推动规范司法，组织开展以"规范执法行为，确保安全办案"为主题的内部专项检务督察，重点督察同步录音录像、办案安全防范等。进一步保障犯罪嫌疑人诉讼权利、辩护律师会见权利，出台《关于保障侦查阶段律师会见权利的实施办法（试行）》。推进阳光检察，建设桐乡检察官网、微博、微信"三位一体"新媒体，完善网络预约、查询、互动等服务功能，通过微信接受行贿犯罪档案查询1067次，占总数的58.9%。全年在人民检察院案件信息公开系统中公开发布法律文书766份、案件程序性信息1801条、重大案件信息98条。

【单独出台《关于保障侦查阶段律师会见权利的实施办法（试行）》】 8月3日，市人民检察院结合办案实践，在总结前两年保障律师会见权试点工作经验的基础上，出台《关于保障侦查阶段律师会见权利的实施办法（试行）》，以确保职务犯罪案件侦查程序的合法化、合理化，进一步提高职务犯罪侦查办案质量。文件进一步细化职务犯罪案件嫌疑人辩护权利的告知以及辩护人委托等程序，保障犯罪嫌疑人在案件侦查阶段会见辩护人权利。基层检察院单独出台关于保障侦查阶段律师会见权利的专门文件，在全省尚属首次。

【与武汉大学法学院签订检校共建合作协议】 8月10日，市人民检察院与武汉大学法学院签订检校共建合作协议，建立武汉大学法学院教学研究基地。嘉兴市人民检察院党组书记、检察长孙厚祥和武汉大学法学院院长肖永平为基地揭牌。双方将结合社会管理创新的要求，针对司法实践中出现的重大疑难案件和问题开展多角度、深层次的研讨，在检察理论与实务问题研究、课题申报、人员培养、短期学习交流等方面加强合作。基地成立后，武汉大学法学院教授莫洪宪、副教授何荣功到桐乡为全体干警授课，12名武汉大学法

8月10日，武汉大学法学院教学研究基地揭牌　　市人民检察院提供

学院学子分两批到市人民检察院实习交流。

【依法办理桐乡市首例强制医疗申请案】 5月5日，市人民检察院依法向市人民法院提出对涉案精神病人贾某进行强制医疗的申请。此案是实施修改后的《中华人民共和国刑事诉讼法》以来，桐乡市首例强制医疗案件。2014年10月，贾某在桐乡市梧桐街道某小区，用剪刀多次猛刺其外甥头部及胸背部，致其死亡。司法鉴定贾某患有精神分裂症，案发时处于发病期，不具有刑事责任能力。市人民检察院审查后认定，涉案精神病人贾某实施暴力行为，致一人死亡，严重危害公民人身安全，经法定程序鉴定为依法不负刑事责任的精神病人，有继续危害社会的可能，应当对其强制医疗，市人民检察院据此向市人民法院提出强制医疗申请。

（凌哲婕）

审　　判

【概况】 2015年，桐乡市人民法院努力维护社会公平正义和和谐稳定，依法履职，宽严相济，依法惩治犯罪，积极为地方发展服务。受理刑事案件1215件，审结1210件，判处罪犯1622名，其中审结社会关注度较高的盗窃、赌博、毒品、危险驾驶、危害食品药品安全等犯罪843件1154人，审结贪污、贿赂等职务犯罪2件2人。1622名罪犯中，判处五年以上有期徒刑58人，614人符合条件依法适用缓刑。推进以审判为中心的刑事诉讼制度改革，会同市人民检察院、市司法局出台实施《关于进一步强化刑事案件庭审功能的若干规定》。坚决防止发生冤假错案，贯彻落实浙江省委政法委关于防范冤假错案的33项制度，为191名被告人落实通知辩护人。坚持调判结合，妥善处理民商事纠纷，60%的案件通过调解或和解撤诉解决。受理民商事案件10506件，审结8976件，分别比上年上升28.3%和13.7%，结案标的27.1亿元，其中审结离婚、赡养、继承等案件761件，劳动争议案件456件，道路交通事故等损害赔偿及权属纠纷案件2984件，借款、买卖、承揽等商事合同纠纷案件1331件，民间借贷纠纷案件1061件。妥善处置涉市场群体性纠纷，受理11个专业市场、城市综合体纠纷案件2300余件，涉案标的2.7亿余元。差异化处置涉企纠纷案件，对有救助希望的企业努力做到“放水养鱼”，对恶意逃债企业依法采取强制措施，全年办结涉企纠纷案件4607件，解决争议标的11.6亿元。贯彻新修改的《中华人民共和国行政诉讼法》，促进依法行政。向市政府提交《关于做好新修改行政诉讼法施行应对工作推进法治桐乡建设的报告》，到相关部门宣讲6场。受理行政诉讼案件39件，审结27件，注重行政争议的实质性化解，协调促成52%的案件和解撤诉。落实“裁执分离”工作机制，依法审查行政非诉执行案件340件，裁定准予执行216件。依法惩治抗拒执行行为，保障胜诉当事人权益，受理执行案件3660件，执结3290件，执行到位资金4.1亿元。综合治理执行难，完善与公安、国土、银行等部门（单位）的执行查控机制，新增投资入股、支付宝余额、沪市证券账户和银联卡消费记录等财产查控渠道。完善便民利民举措，推进多渠道、一站式、综合性的诉讼服务中心建设，提供诉讼指导、诉前调解、立案、信息公开等服务。开展立案登记制改革，98.5%以上的案件当场立案。会同市司法局，在立案大厅设立市法律援助中心人民法院工作站，进一步拓宽法律援助服务渠道，提高诉讼服务能力，满足人民群众的法律援助需求。畅通欠薪纠纷处理绿色通道，与镇（街道）、有关部门协作应对群体性欠薪事件，为涉及51家企业的696名工人快速兑现工资款1500余万元。加大司法救助力度，为困难当事人缓交、减交、免交诉讼费69万元，发放司法救助金129.5万元。助推基层社会治理法治化，选派40余名干警参与全市三级法律服务团，以授课培训、现场参与等方式，加强对基层调解组织的业务指导。有序开展司法改革，崇福人民法庭启动司法改革试点工作；试行无书记员参与的庭审记录改革，庭审录像率100%；完善网上案款缴退费系统，在原有缴退诉讼费的基础上新增执行款结算、退费功能；在嘉兴市率先完成数字法庭高清视频改造。

【依法加强打击抗拒执行犯罪行为】 5月，市人民法院会同市人民检察院、市公安局出台《关于依法严肃查处拒不执行判决裁定和暴力抗拒法院执行相关刑事犯罪的若干意见》，建立公检法联席会议制度和专案会商机制，

关于执行工作及打击拒不执行判决、裁定罪情况的新闻发布会

市人民法院提供

加强打击以暴力、威胁方法妨害或阻碍执行等11种抗拒执行的犯罪行为。7月，市人民法院作出首例拒不执行判决、裁定罪判决，判处在执行过程中恶意转移财产并逃匿的被告人何某有期徒刑1年。同月，召开"集中打击拒不执行判决、裁定犯罪行为专项行动"新闻发布会，通报2013年以来市人民法院的执行工作情况及下一步工作安排，并公布典型案例。年内，市人民法院综合运用征信网站、微博微信、LED屏等平台，曝光失信黑名单，实行24小时值班备勤制度，依托与公安的联动机制，控制被执行人287名。打击逃避执行和抗拒执行行为，限制出境23人次，司法拘留143人次，移送公安机关立案侦查4人，判处刑罚1人。

【推进诉讼档案信息化建设】 2015年，市人民法院进一步推进诉讼档案信息化建设，加快归档报结案卷的实时电子化进程，办案人员通过审判系统可直接查询5年内办结案件。在嘉兴法院系统率先建立电子档案远程查询系统。该系统依托全省法院信息共享平台和律师服务平台，供法官、诉讼当事人、律师等进行网上预约、远程调卷、异地查阅和自助查询等。全年2435人次利用电子档案，打印电子影像1.6万页。

【审结28名被告人网络诈骗案】 2014年7～8月，袁某等27名被告人以非法占有为目的，通过在QQ上发布低价销售苹果手机的虚假信息，骗取他人财物，单独或结伙作案119起，作案金额44.48万元。被告人赵某明知上述27人实施诈骗仍提供银行卡为其转账并从中牟利，参与诈骗45起，涉案价值18.04万元。28名被告均构成诈骗罪。2015年，市人民法院受理此案，由于案件被告人众多且遍布全国各地，案情复杂，市人民法院成立专案小组，启动应急预案，向相关部门借调警力，确保案件审理各环节顺利进行。6月1日，市人民法院对28名被告人通过QQ实施诈骗的网络诈骗案进行宣判，以诈骗罪判处赵某等人拘役4个月至有期徒刑3年不等的刑期。

（吕佳瑜）

司法行政

【概况】 2015年，桐乡市司法局围绕"法律服务促发展、法治宣传润民心、法律保障强基础"，履行司法行政职能，为建设平安桐乡和法治桐乡发挥积极作用。围绕第二届世界互联大会·乌镇峰会的维稳安保工作，建立应急处置制度和值班备勤制度，开展互联网法治宣传、矛盾纠纷"大排查、大调解"百日攻坚战、社区矫正大排查大走访专项行动等，组织首届"遵纪守法好公民"评选，评出村（社区）级"遵纪守法好公民"1103名、镇（街道）级"遵纪守法好公民"118名。制订《桐乡市城乡基本公共法律服务体系建设三年行动计划》，加强市、镇、村三级公共法律服务中心（站、室、点）建设。深化法律顾问制度建设，完善"一村（社区）一法律顾问"制度，健全三级法律服务团工作机制，发挥律师、基层法律服务工作者、公证员的专业优势，进一步服务于经济转型升级、法治桐乡建设和基层民主自治。年内，各律师事务所律师担任法律顾问307家，代理诉讼、非诉讼案件1473件；基层法律服务工作者担任法律顾问46家，代理诉讼非诉讼案件511件。市公证处办理各类公证事项7440件。对法律服务行业加强监管，开展法律服务诚信体系建设。推进“六五”普法工作，通过“六五”普法总结验收。开展法律进机关、进乡村、进社区、进学校、进企业、进市场、进单位、进家庭、进工地、进新居民集居区“十进”活动。对重点对象和重点领域加强法治宣传，培育法治文化。培育创建“民主法治村（社区）”“诚信守法企业”和“依法治校示范单位”，提高基层民主法治水平。创建成功桐乡市民主法治村22个、嘉兴市民主法治村（社区）9个，屠甸镇汇丰村被评为全国民主法治示范村。评出表彰第三批桐乡市“诚信守法示范企业”6家，创建成功嘉兴市“诚信守法示范企业”2家。巩固浙江省星级规范化司法所创建成果，实现全市星级规范化司法所全覆盖，其中五星级3个、四星级4个、三星级7个。构建人民调解专业化格局，打造集人民调解、司法调解、行政调解于一体的矛盾纠纷化解平台，推进检调、诉调、警调、访调衔接机制建设，扩大行业性专业人民调解组织的覆盖面。全年全市受理矛盾纠纷7764件，调处成功7666件。加强社区矫正执法监督，推进社区矫正中心建设。排查管控社区服刑人员，联合有关部门开展4次督查活动。拓展社区矫正帮扶渠道，成立“一米阳光”法律服务中心。做好帮教安置工作，深化监（所）地共建，与省乔司监狱联合建立嘉兴市首家“出监教育实践基地”。扩大法律援助范围，降低申请门槛，将农民工主张劳动报酬和工伤赔偿，请求给付赡养费、抚养费、扶养费，主张因见义勇为行为产生的民事权益纳入免经济困难审查范围。在市人民法院立案大厅设立桐乡市法律援助中心人民法院工作站。全年办理法律援助案件665件，挽回经济损失1815.77万元，1390人受援。

【创新矫正安置工作】　2015年，市司法局围绕“矫正安置规范化建设年”活动，融合监管、教育、帮扶三大信息管理平台，推进社区矫正中心建设，发挥其动态监管、视频指挥、巡查督察、应急处置、在线教育、执法管理等功能。开展“关心桥驿站”试点工作，在崇福镇、振东新区设立“关心桥驿站”工作点，创新青少年社区服刑人员帮教帮扶活动的形式和内容。运用“司法E通”，通过移动互联网的区域监管、信息交互、警示告知、信息发布等功能，使“人防”“技防”有机结合，监管工作向“八小时外”延伸。全市在册矫正人员518人，归正人员1988人，再犯罪率和重新犯罪率分别控制在0.5%和2%以下。

10月9日，“遵纪守法好公民”评选活动启动　　市司法局提供

【推进法治文化阵地建设】2015年，市司法局把法治文化与地方特色文化、校园文化、群众文化有机融合，加强法治文化广场、法治文化公园、法治文化长廊、法治文化馆等法治文化示范点的建设，推进市、镇、村三级法治文化阵地建设。投入180万元，建设市级法治文化广场，广场5517平方米，以法治立柱、桐乡法治名人场景组合、浮雕墙、法治雕塑、法治长廊和系列景观小品等为表现手法，分“开篇序曲、温故知新、法治进程、崇法循法、法在心中”五大篇章。至年底，桐乡市形成“一地一品”法治文化特色示范群，建有“一地一品”法治文化示范点30个，其中莲花法治园、屠甸镇汇丰村农民法治文化公园、龙翔街道杨园村法治苑被嘉兴市司法局评为嘉兴市法治文化建设示范点。

（周　丽）

教　育

概　述

2015年，桐乡市有各级各类学校、幼儿园102所。其中全日制高校1所、成人高校2所、普通高中5所、中等职业学校2所、义务教育学校54所、特殊教育学校1所、少体校1所、幼儿园36所，注册学生11.12万人，在职教职工8636人。5月，桐乡市入选浙江省首批基本实现教育现代化市，教育综合发展水平走在浙江省前列。年度财政性教育经费预算资金11.01亿元，比上年增长10.3%。生均公用经费小学650元，初中800元，均超过省最低标准30%以上。完成濮院小学教育集团翔云小学、桐乡三中等9个中小学新建、改扩建项目；启动洲泉中学体艺综合楼、屠甸镇小晏城校区、濮院第四中心幼儿园等新建项目；加快实施学生饮用水提升工程。设立市教育装备与信息中心。年内新增省标准化学校1所，标准化学校达标率90.7%；嘉兴市数字校园示范学校5所、嘉兴市数字校园11所、浙江省示范图书馆2所、嘉兴市示范图书馆6所。通过浙江省师训干训中心考核，初步完成“十二五”教师专业发展培训学时。实现2015年度市政府惠民实事工程——餐饮提升工程。启动“校园安保监控指挥中心”建设，实现人防、技防、物防全覆盖。

迁建的桐乡三中竣工并投入使用　　　　市教育局提供

2015年是“校园文化建设年”，桐乡市教育局实施办学理念引领、制度完善创新等六大行动项目，命名校园文化特色示范学校10所，实施校园文化建设项目87个。深化区域推进学校“真人德育”的实践研究，80%的学校开发富有特色的德育校本课程，打造“真人德育”教育品牌。

学前教育、基础教育、成人教育、高等教育、社区教育和职业教育等各类教育健康、协调发展。2015年，学前三年幼儿入园率99.5%、义务教育入学率100%、在校生巩固率100%、“三残”（智残、体残、肢残）儿童入学率100%、初中升入高中段比例99.6%、十五年（三年学前教育、九年义务教育及三年高中教育）教育普及率99.9%。高考文理科一类上线770人（文科198人，理科572人），上线率17.9%，再创新高。

加快实施《桐乡市发展学前教育第二轮三年行动计划（2014～2016年）》，新增嘉兴市学前教育示范镇2个、省一级幼儿园1所、省二级幼儿园3所、省三级幼儿园3所。核增事业编制教师33人。市教育局制定实施《桐乡市学前儿童看护点星级评估方案

（试行）》，采用星级评估的方式给看护点定级，评出二星级学前儿童看护点3个、一星级学前儿童看护点10个。

实现义务教育新发展。坚持“阳光招生”，巩固市区学校学区划分“零择校”成果，完善“中考”保送生制度、民办学校招生等教育热点工作，推进学校“一校一品”工程，抓特色学校创建、学科基地建设和学校体育艺术工作。年内，桐乡实验小学教育集团振东小学被评定为全国首批体育工作示范学校，河山中心学校被评定为全国青少年校园足球特色学校，新增省青少年校园足球特色试点学校3所、省级健康促进学校1所、嘉兴市第七批语言文字规范化示范校1所。成立桐乡市特殊教育指导中心，推进个别化教育和送教上门工作，开展资源教室建设试点工作，启动残疾人职业教育基地建设项目，推动特殊教育由义务教育向学前教育和高中阶段职业教育两头延伸。平稳实施新居民子女积分入学管理办法，妥善解决符合接收条件的新居民子女的入学问题，初步达成“控量提质”的阶段目标。

普高教育实现新跨越。深化普通高中课程改革，以特色办学为导向，加强校本课程开发与实施的研究与指导，推进普通高中多样化发展，整体提升普高教育的品位与质量。新增省示范高中1所。至年底，桐乡市高级中学被评为首批“浙江省一级普通高中特色示范学校”，凤鸣高级中学、桐乡一中、茅盾高级中学被评为“浙江省二级普通高中特色示范学校”。

职业和成人教育有新突破。以筹建桐乡技师学院为契机，加强职业教育资源优化整合，推进中等职业教育发展，桐乡技师学院（筹）被确定为省级高技能人才公共实训基地建设项目单位，数控技术应用实训基地被评为省级实训基地，服装设计与工艺专业被评为省级骨干专业。桐乡卫生学校被评为省级德育基地，健康服务开放实训中心被评为省级开放实训中心。实施《职业学校师生参加各级各类竞赛奖励办法》，职高学生在各级技能大赛中多次获奖，高职单考单招取得好成绩。完善三级成人教育网络，推进扫盲教育、家政服务人才培养培训和公益性职业技能培训等工作。

·相关链接·

控量提质

“控量提质”是指控制学生数量，提高教学质量。实施新居民子女积分入学办法后，提升了入学门槛，学生数量得以有效控制，管理部门提出控制数量的一个重要目的是提高教育质量。

基础教育

【概况】 2015年，桐乡市有幼儿园36所，其中市区11所、镇（街道）25所；省一级幼儿园9所，省二级幼儿园14所。在园幼儿2.24万人。小学27所，在校学生4.53万人。普通中学32所，其中初中27所（含九年一贯制学校10所），在校学生2.12万人；普通高中5所，在校学生1.14万人。高中学校录取新生6868人（普通高中3897人、职业类高中2971人）。完善中考招生制度，加大保送生招生力度，保送生录取实行提前招生，增加保送生招生名额，全年1286名初中毕业生被保送进入桐乡市高级中学等5所普通高中就读，30名考生分别被5所普通高中录取为体育类特长生，4名考生被桐乡市高级中学录取为美术类特长生。高考一本上线率连续7年增长。茅盾高级中学“中加班”（中国与加拿大联合办学）毕业班学生100%被国外大学录取。执行义务教育阶段学校新居民适龄子女积分入学管理，全年1568人持积分卡申请入学。开展随迁子女接受义务教育后参加高中段学校录取资格审查，472名随迁子女通过审核。至年底，全市有民办教育机构52所，其中民办中小学4所，在校学生7832人；民办新居民子女学校2所，在校学生3905人；民办幼儿园18所，民办培训学校28所。

【建设“一校一品”体育特色项目】 2015年，桐乡市教育局以“一校一品”体育特色项目校本课程建设为突破口，科学规划全市体育项目布点工作，重点布点8个项目25所学校。年内，学校代表桐乡市参加嘉兴市第八届运动会获金牌118枚、银牌82枚、铜牌55枚，列嘉兴市金牌及奖牌第一名。桐乡市高级中学女子篮球队和现代实验学校男子篮球队，分别获浙江省中学生篮球联赛嘉兴赛区高中组冠军和初中组冠军，茅盾高级中学获浙江省中学生乒乓球联赛总决赛男子团体第三名，桐乡市高级中学在浙江省中学生田径运动会上取得团体总分第十名。桐乡六中入选浙江省阳光体育后备人才基地学校，实验小学教育集团城北小学入选嘉兴市高水平学校体育后备人才训练基地，桐乡市高级中学等18所学校被评为嘉兴市体育特色项目学校。河山中心学校被评为国家级足球特色学校，桐乡二中、振东小学、同福初中被评为浙江省级足球特色学校。

【实施"校园文化建设年"】

2015年，市教育局在全市中小学实施"校园文化建设年"。市教育局通过全面部署、科室协同、整体推进的方式，营造中小学共建校园文化、重视校园文化建设氛围，推动桐乡市中小学校尽早建成品位高、特色明显的校园文化。市教育局召开全市中小学"校园文化建设年"推进会，通过经验交流、专家引领等方式，在全市中小学中形成抓校园文化建设的共识，实现校园文化建设全覆盖、常态化、规范化、特色化。实施校园文化建设六大行动项目（办学理念引领行动，制度完善创新行动，真人德育提升行动，课程文化建设行动，环境文化建设行动，网络文化建设行动）。年内，全市各中小学申报项目87个，其中43个项目作为重点项目加以推进。

高桥镇中心小学开设《碗莲种植》拓展课程，建设校园"荷文化"
市教育局提供

【深化义务教育课程改革】

2015年，市教育局下发《关于深化义务教育课程改革实施工作的指导意见》。指导意见从加强课程建设，满足学生成长多样化教育需求；改进课程实施，全面提高学生综合素质；推进教学变革，促进学生自主高效学习；深化评价改革，创造良好教育环境四方面，进一步改进学校工作，全面提高育人效果，促进每一个学生的健康成长。深化义务教育课程改革，进一步转变学校、教师、家庭和社会对教育的正确认知，提升广大教育工作者的教育理念。年内，29所学校实施课程改革，各初中学校制订并实施学生综合素质评价办法。通过深化义务教育课程改革，能关注学生成长过程，以事实为依据，全面反映学生发展情况和个性特长，促进学生个性化发展与健康成长。

2015年桐乡市学生参加省级及省级以上竞赛主要获奖情况

表25

序号	赛事名称	获奖等第	人数	学科
1	2015年浙江省高中生物竞赛A组（浙江省级）	一等奖	2	高中生物
		二等奖	21	高中生物
		三等奖	43	高中生物
2	2015年浙江省高中学生化学竞赛（浙江省级）	一等奖	4	高中化学
		二等奖	9	高中化学
		三等奖	27	高中化学

续表 25

序号	赛事名称	获奖等第	人数	学科
3	“希望杯”全国数学邀请赛(七年级组　国家级)	一等奖	9	初中数学
		二等奖	8	初中数学
		三等奖	156	初中数学
4	“希望杯”全国数学邀请赛(八年级组　国家级)	一等奖	6	初中数学
		二等奖	7	初中数学
		三等奖	161	初中数学
5	“希望杯”全国数学邀请赛(九年级组　国家级)	三等奖	47	初中数学
6	“希望杯”全国数学邀请赛(高中组　国家级)	一等奖	3	高中数学
		二等奖	7	高中数学
		三等奖	56	高中数学
7	2015 年浙江省高中数学竞赛(浙江省级)	一等奖	16	高中数学
		二等奖	20	高中数学
		三等奖	24	高中数学
8	2015 年浙江省高中物理竞赛(浙江省级)	一等奖	4	高中物理
		二等奖	8	高中物理
		三等奖	13	高中物理
9	2015 年全国中学生物理奥林匹克竞赛(国家级)	一等奖	1	高中物理
		二等奖	4	高中物理
		三等奖	15	高中物理

职业教育

【概况】　2015 年,全市职业教育学校 3 所,包括中等职业学校、技工学校和成人中等专业学校。专任教师 621 人,专业课、实习指导课教师 374 人,“双师型”(专任教师中文化课教师之外的专业技能教师)教师 308 人。开设 11 个专业大类,34 个专业。在校学生 8633 人,招收新生 2971 人,毕业 3475 人。毕业生“双证书”(等级技能证书和学历证书)取证率 100%,中级及以上职业资格取得率 84.7%,毕业生一次就业率 98.22%。全市职业类学校报考高职考生 514 人,上线 491 人,上线率 95.5%。其中本科录取 143 人,全省各专业大类前 100 名中有 103 名学生名列其中,桐乡市卫生学校学生在 2015 年浙江省中等职业学校学生技能大赛中获 2 金 4 银 5 铜 11 块奖牌,1 名学生获医学护理专业第一名。争创浙江省中等职业教育现代化建设工程项目 4 个。桐乡技师学院(筹)的数控技术应用实训基地被评为省级实训基地;桐乡技师学院(筹)的服装设计与工艺专业被评为省级骨干专业;桐乡市卫生学校被评为省级德育基地;桐乡市卫生学校的健康服务开放实训中心被评为省级开放实训中心。

成人教育

【概况】　2015 年,全市各镇(街道)成人文化技术学校继续实施劳动者素质提升培训工程,全年组织各类劳动力素质培训 10.89 万人次。继续实施成人“双证书”教育培训,1011 人取得成人高中(或成人初中)毕业证书。

完成农村预备劳动力培训233人。2015年是桐乡市新一轮扫盲教育工作第三年，全年扫除文盲5345人。濮院镇成人文化技术学校被命名为嘉兴市级示范社区教育中心。桐乡社区学院被评为省级社区教育示范学校。桐乡社区学院获嘉兴市社区教育工作考核一等奖。启动桐乡市村（社区）市民学校建设工程。桐乡社区学院主持的“借助文化礼堂建设市民学校的实践探索”列入浙江省社区教育指导中心重点项目。桐乡社区学院主办的《桐乡社区教育实验与研究》（半年刊）创刊，论文《社区教育语境下的电大教师角色的转型及其策略》获浙江省社教指导中心一等奖。

（陈中华）

高等教育

【概况】 2015年，桐乡市有浙江传媒学院桐乡校区1所高等学校，校区设有文学院、管理学院、设计艺术学院、文化创意学院和音乐学院5个二级学院，开设汉语言文学、文化产业管理、艺术设计、摄影、公共关系、文化创意、舞蹈编导等24个本科专业及专业方向。校区有2012～2015级在校学生5470人，教职工400余人，其中正高职称26人、副高职称70人，浙江省新世纪“151”人才工程培养对象11人，省中青年学科带头人5人。学年度校区省部级以上立项课题13项，厅局级21项，取得各项科研成果80余项，发表各类论文100余篇，出版专著18部。组织学生参加各类大赛，获各类竞赛国家级奖项、省级奖项200余项。1100余名毕业生走向社会。

桐乡校区与桐乡市委、市政府在多个领域、多个平台开展多种形式合作。通过与桐乡市10家企事业单位洽谈对接，结合校区专业特点，与对口企业发展需要寻求合作空间并签署校外合作基地协议。在世界互联网大会期间，200余名学生参加大会服务工作，将学校的文化、专业和行业优势融入到大会中。文学院与桐乡市文化局开展茅盾研究延伸项目、木心研究项目，与海盐县文化局开展张元济影视剧剧本创作合作项目。管理学院在学校首次实行短学期的背景下，根据各专业优势和学生发展需求，基于“产学相融，校地合作”原则，参与创建“中国文化小镇”石门镇主题式实践项目，以项目制形式推进校地合作。由设计艺术学院牵头的浙江传媒学院桐乡校区浙江省毛衫产业科技创新服务平台文创产业校外实践教育基地入选浙江省大学生校外实践教育基地建设项目，系浙江传媒学院（桐乡校区）首个省级大学生校外实践教育基地，实现校企深度合作。文化创意学院与桐乡市文化局共同举办“魅力桐乡”微电影大赛。音乐学院以实践教学周为契机，与桐乡市政府、市文化局开展丰子恺展览馆开馆演出、桐乡文化广场实践汇报演出、桐乡专职文化管理员培训等实践教学活动。

校区各二级学院结合自身专业优势发扬校园文化特色。9月25日，由中国国际公共关系协会主办，桐乡市政府、浙江传媒学院文化创意学院承办的第五届中国大学生公共关系策划大赛总决赛暨颁奖典礼在校区小剧场举行。11月8日，由桐乡市政府、西安美文杂志社主办、浙江传媒学院文学院等承办的首届全球丰子恺散文奖文学论

11月22日，2015首届世界互联网音乐大赛暨“中国意象”音乐创编大赛颁奖典礼　　浙江传媒学院桐乡校区提供

坛在桐乡校区行政楼报告厅举行。11 月 22 日，由中国互联网协会、北美音乐家协会、亚洲文化交流协会及中国原创音乐基地（酷狗音乐）共同策划，浙江传媒学院音乐学院、中国互联网协会网络文化与新媒体工作委员会、桐乡市音乐家协会等承办的 2015 首届世界互联网音乐大赛暨“中国意象”音乐创编大赛在桐乡市会展中心大剧院举行。文学院组织校书法大赛、新概念作文大赛、“剧才杯”原创剧本大赛、桐乡市第三届“菊乡文学新苗”现场作文赛，组织学生参加国家职业汉语能力测试，同时承担省艺术统考的监考、阅卷工作。设计艺术学院与英国考文垂大学合作开办的服装与服饰设计专业本科教育项目启动。音乐学院选送的舞蹈作品《潮头盼》，在教育部主办的全国第四届大学生艺术展演专业组中获一等奖。

· 相关链接 ·

短学期

短学期，也称“小学期”，是浙江传媒学院在教学方面推出的一项改革举措，即通过压缩理论教学时长和周数、压缩考试周等方式，增加原来的综合实践教学周数，旨在更好地开展实践教学活动，提高学生创新意识、实践能力，实现应用型人才培养目标。

【凤鸣大讲堂】 2015 年，浙江传媒学院桐乡校区举办凤鸣大讲堂 21 期，内容涵盖文化传播、传媒、公关危机、影视、摄影类、设计艺术、音乐等多个领域，在数量和质量上较往年均有提高。凤鸣大讲堂在对外宣传、嘉宾邀请、审批程序等方面都进行一些改进和创新。讲堂在原有的网站宣传、海报宣传的基础上推出利用手机平台 H5 实时推送讲堂举办情况。在邀请嘉宾和审批程序方面，由原来的一年一报改为半年一报，在总体规划凤鸣大讲堂年度计划的同时，提高嘉宾邀请的时效性和准确性，讲堂更加注重外宾和业界专家的邀请，进一步丰富讲堂文化元素和专业实战的指导。先后邀请江苏卫视《最强大脑》栏目主持人蒋昌建，华裔钢琴家、施坦威钢琴签约艺术家安宁，国际主题环境与电影场景设计大师蒂姆 · 贾勒特教授夫妇，中国互联网协会副理事长、国家互联网应急中心主任黄澄清等业界精英到场演讲。凤鸣大讲堂自 2011 年 11 月开办以来，讲堂的文化品牌价值凸显，已经成为桐乡校区乃至桐乡市文化讲堂的一张名片。

【首个中外合作服装与服饰设计专业教育项目启动】 2015 年 9 月，浙江传媒学院与英国考文垂大学合作的服装与服饰设计专业本科教育项目启动。此项目是桐乡校区经教育部资格认定的首个中外合作办学项目。学制四年，学生纳入国家普通高等教育招生计划，按照浙江省普通高校第二批次录取分数线择优录取，高考英语单科成绩不低于 95 分，每年计划招生 60 人，项目合作期限 9 年。双方共同承担教学任务，其中英方承担 20 门专业课程的教学任务。引进的外方课程占全部课程的 39%，引进的专业课程占全部专业课程的 91%，外方机构教师担负的专业课程占全部专业课程的 91%、占全部专业课程学时的 90%。学生完成项目培养方案规定的课程，经考试合格，获浙江传媒学院颁发的普通高校本科毕业证书（服装与服饰设计专业）；符合学位授予条件者，授予艺术学学士学位。同时英国考文垂大学负责向修完规定课程并符合学位授予条件的学生颁发与英国本土完全相同的服装专业艺术学学士学位。2015 年实际招生 27 人。

2015 年浙江传媒学院桐乡校区各二级学院省部级以上科研立项课题

表 26

序号	学　院	课 题 名 称	课题级别	项 目 类 别
1	文学院	唐代园林与文学之关系研究	省部级	2015 年度教育部人文社会科学研究青年基金项目
2	管理学院	他乡与我乡：媒介与城市青年新移民文化身份认同的建构	省部级	2016 年度省哲社规划课题

续表 26

序号	学院	课题名称	课题级别	项目类别
3	管理学院	“一带一路”对浙江海洋文化旅游业的影响、融合及提升策略——基于旅游融合的视角	省部级	2015年浙江省哲学社会科学研究 海洋文化与经济研究中心基地课题
4	管理学院	具有坐标无关性的稀疏数据线性回归方法研究	省部级	浙江省自然科学基金项目
5	管理学院	项目导向教学法在“会展管理与实务”中的应用与研究	省部级	省级课堂教学改革项目
6	设计艺术学院	群众本位视域下的国家治理现代化理论与实践研究	国家级	国家社科基金项目
7	设计艺术学院	“后家族世代”浙江祠堂建筑文化艺术当代价值研究	省部级	省哲学社会科学规划项目
8	设计艺术学院	近现代欧洲独立艺术展览制度研究	省部级	省哲学社会科学规划项目
9	文化创意学院	“盎格鲁—美利坚”体系对我国引进电视节目模式“再造”的借鉴性研究	国家级	2015国家社科基金艺术学项目
10	文化创意学院	利基媒介理论视角下我国电视频道建构研究	省部级	广电总局
11	文化创意学院	学科融合背景下复合型创意传播人才培养路径探索	省部级	新世纪教改课题
12	文化创意学院	基于学科范式的新媒体理论建构研究	省部级	2015省哲社课题
13	音乐学院	中国南方鼓词音乐研究	省部级	省哲学社会规划重点课题

（葛燕青）

教师队伍

【概况】 2015年，桐乡市各级各类学校教职工1.05万人，其中在职教职工8636人、离退休教职工1888人。在职教职工中普通高中1004人，职业中学663人，初中1963人，小学2708人，幼儿园2212人，电大桐乡学院27人，特殊教育学校37人，少体校22人。全市专任教师学历合格率分别为普通高中99.7%，职业高中96.6%，初中99.9%，小学100%。高一层次学历分别为初中93.1%，小学97%；有硕士（含在职取得）学位280人。全年招聘教师117人，其中研究生学历8人、本科学历93人、大专学历16人。继续开展中小学教师专业发展培训，重点强化全面质量管理，完善教师发展培养机制。倡导“让最好的教师做培训，让最好的学校做项目”。开展名优教师推荐评选，6名教师被嘉兴市教育局授予“嘉兴市教坛新秀”称号，其中4名教师被省教育厅授予“浙江省教坛新秀”称号；1名教师被授予“嘉兴市优秀教育工作者”称号，8名教师被嘉兴市教育局授予“嘉兴市优秀教师”称号。

【建立农村特岗教师津贴】 2015年，根据省人力社保厅、省财政厅和省教育厅文件精神，市教育局加强农村教师队伍建设，鼓励教师安心从事农村教育，在现有农村教师任教津贴的基础上，建立农村特岗教师津贴，1月1日起实施。农村特岗教师津贴实施范围为条件相对比较艰苦

9 月 19 日，举行桐乡市第四届教职工健身运动会篮球比赛
市教育局提供

或地理位置相对偏远的农村中小学校、幼儿园；对象为上述具体实施区域学校中在编在岗的专任教师；津贴标准为在实施区域内学校任教教师每人每月 300 元，其中洲泉镇、河山镇区域内学校任教教师每人每月 400 元，大麻镇区域内学校任教教师每人每月 500 元。全市有 3200 余名教师享受特岗教师津贴，全年投入特岗教师津贴 1248 万元。

教育行政

【概况】 2015 年，市教育局投入基本建设资金 2.3 亿元，建设完成教师进修学校改扩建工程、乌镇植材小学民兴校区教学楼改造工程、桐乡三中迁建工程、桐乡六中西校区综合楼拆建工程、桐乡二中学生宿舍楼建设工程。推进濮院茅盾实验小学、桐乡市高级中学三期改扩建工程、北港小学改扩建工程、大麻青少年素质教育基地的工程建设。做好屠甸镇小晏城校区、少体校综合楼、洲泉中学体艺楼新建工程建设工作。推进幼儿园建设，完成濮院第三中心幼儿园、大麻镇中心幼儿园、梧桐街道同庆社区幼儿园、安乐幼儿园工程、振东新区凤凰湖幼儿园工程建设。启动梧桐街道中心幼儿园迁建、崇福中心幼儿园迁建、乌镇中心幼儿园民兴分园新建工程。做好义务教育标准化学校建设工程，全年达标学校 49 所，标准化学校达标率 90.74%。投入资金 85 万元，提升寄宿制学校住宿条件，完成农村义务教育寄宿制学校热水淋浴工程，安装淋浴喷头 125 个。

2015 年，桐乡市通过浙江省基本实现教育现代化县（市）督导评估，成为省内首批基本实现教育现代化县（市）之一。年内，完成乌镇植材小学等 8 所学校办学水平的综合督导评估，6 所中心幼儿园的幼儿园规范办学督导、15 所中小学校园文化建设专项督导，16 所中小学、幼儿园的依法治校专项督导，完成 8 所学校教育质量综合评价专项调研和 45 所学校章程建设的指导，市教育局公布《桐乡市中小学第五轮（2016～2020）办学水平综合督导评估方案》。全年教师资格认定 231 件，受理民办学校行政许可申请 10 件，其中设立申请 4 件，变更申请 6 件。

义务教育学校公用经费稳步提高。学校规模 700 人以内的小学学生人均公用经费每年 650 元，初中 800 元。义务教育学校投入设备经费 2803 万元，用于购置新一轮省标准化学校建设的设备。投入特色装备 300 万元，推进学校录播教室、资源教室等新型教育场所建设。学前教育专项经费投入 3000 万元，小班化经费补助 200 万元。完善公共教育经费资助民办教育制度，民办教育专项经费投入 2331.47 万元，其中民办高中经费补助 1146.44 万元，民办义务教育免课本费和免杂费 727.86 万元，民办中小学安保经费 77.22 万元，民办幼儿园经费补助 46.9 万元。加大对农村教育点经费投入，每个教育点增加投入 6 万元。全市中小学添置图书 28.5 万册、配备计算机 1309 台、多媒体 192 套。

发挥教育资助中心作用，做好助学工作。严格执行资助流程，严把审核关。开展资助工作检查，检查率 100%，实行全覆盖。2015 年，学前教育免保教费、代管费 73 人次，金额 13.03 万元；义务教育学校开展营养餐资助 2807 人次，金额 140.35 万元；普高助学金受助 883 人次，金额 88.3 万元，普高免学费 221 人次，金额 22.99 万元；中职助学金 646 人次，金额 64.6 万元，中职免学费 17228 人次，金额 3113.35 万元。

【桐乡市入选“浙江省基本实现教育现代化市”】 桐乡教育坚持以教育现代化建设为主线，改善办学条件，优化师资队伍，强化教育管理，深化教育改革，提升教育品质，实现教育“优质均衡”发展。1 月 14～15 日，浙江省人民政府教育督导室在省教育厅副厅长丁天乐带领下，对桐乡市创建“省基本实现教育现代化县（市、区）”工作进行实地督导评估。评估组通过查阅台账资料、选择不同类别的 18 所学校实地考察、对部分人大代表和政协委员及学生家长进行面谈和随机电话访谈等形式，最后总结肯定桐乡教育现代化建设的成绩：党政领导重视，目标定位准确；加大教育投入，改善办学条件；深入推进教育公平，促进均衡发展；坚持育人为本，推进素质教育。5 月，省政府发文公布桐乡市为“浙江省基本实现教育现代化县（市）”，桐乡成为全省 13 个基本实现教育现代化的县市之一。这是继 2013 年通过全国义务教育基本均衡发展县市督导评估认定后的又一成果。

桐乡市创建省基本实现教育现代化市督导评估反馈会

市教育局提供

【实施学校食堂提升民生实事工程】 2015 年，桐乡市将义务教育学校食堂改造提升列入教育民生实事工程。食堂提升工程分成新建项目、五常法提升项目、阳光厨房项目三个类型，在做好整体方案设计的基础上，开展分类指导，提高项目推进的精准度。加强经费保障。投入建设经费 1960 万元，做好茅盾高级中学、洲泉镇永秀小学、乌镇植材小学民兴校区、桐乡三中、翔云小学 5 所学校食堂的新建工程建设，推进 10 所中小学校食堂的五常法提升工作，推进学校安保设备改造升级和学校“阳光厨房”建设，投入经费 440 余万元。至年底，全市中小学幼儿园有 44 家“阳光厨房”设备安装完毕。

【推进学校平安校园建设】 2015 年，市教育局继续推进平安校园建设，全市学校安全稳定和谐。开展校园方责任险和食品安全责任保险，专门为义务教育学校实验室配备危化品专用柜，完善学校安保监控系统，全年投入专项资金 800 余万元。市教育局安全科对学校安保措施落实情况、校园周边环境状况、交通安全设施、学校消防设施安全状况、学校食品卫生和疾病防控教育情况和校内交通安全管理等安全工作，进行 6 次专项督查。市教育局联合公安局、保安公司进行 2 次全市学校安保工作普督普查，并联合公安、综合执法、市场监管等部门进行 2 次学校周边综合治理普督普查。组织各学校分管领导 100 多人，开展推磨式交叉检查，全面排查消除各种消防安全隐患。2015 年开展校园传染病防控、预防接种、食品安全和食堂“五常法”管理、消防安全管理、校园安保等多个培训，校园安全管理常态化。做到时间上常态值守、空间上常态管理、专项上常态建设。11 月，桐乡市教育局学校安保监控管理平台全面投入建设。11 月 19 日，嘉兴市校园防暴恐应急疏散演练现场会在濮院小学教育集团毛衫城小学召开。全面推进公共卫生防控工作和持续推进学生交通安全工作。全

市教育局在桐乡六中举行安保培训　　市教育局提供

年新增 7 所 5A 级平安校园、15 所 4A 级平安校园。

教育科研

【概况】 2015 年，桐乡市省级课题立项 13 项，其中省教育科学研究院规划课题 7 项，省教研室教研课题 6 项；嘉兴市级课题立项 105 项，其中重点课题 2 项、一般课题 39 项、微型课题 47 项、教育学会重点调研课题 8 项、教育技术专项课题 9 项；桐乡市级课题立项 462 项，其中规划课题 250 项、微型课题 184 项、学科带头人专项课题 28 项。嘉兴市第九届教科研优秀成果获奖 89 项，其中一等奖 14 项、二等奖 22 项、三等奖 53 项；桐乡市第九届教科研优秀成果获奖 305 项，其中一等奖 30 项、二等奖 90 项、三等奖 185 项。获省教研室教学论文评比一等奖 4 篇，二等奖 8 篇，三等奖 12 篇；获嘉兴教育学院教学论文评比一等奖 82 篇，二等奖 328 篇；获桐乡市教育教学论文评比一等奖 1585 篇。省教科院 2014 年度浙江省优秀教研成果评比中，教师邱建伟、杨建芬获二等奖；浙江省（2013～2014 年度）重视教科研先进单位、集体和个人评比中，崇福镇中心幼儿园被评为“浙江省重视教科研先进集体”，桐乡市高级中学教师陆国良被评为“浙江省教科研先进个人”。贯彻落实《桐乡市中小学教师专业发展培训实施细则》，开展教师专业发展培训项目 84 项，培训教师 6966 人次。

【推进精品课程和优质课评比】 2015 年，市教育局推进精品课程和优质课评比。在第四届浙江省义务教育精品课程评比中，实验小学集团北港小学的“书意北港”、崇德小学的“蓝印花布”、屠甸镇小的“舞刀弄剪”、石门镇羔羊中心小学的“可爱的运河湾”、河山中心学校的“蚕乡风韵”和乌镇民合小学的“澜溪船拳”被评为省级精品课程。在第二届全国绿色课堂杯优质课评比中，市实验中学教师徐建利获国家级特等奖；全国历史优质课评比中，茅盾高级中学学生沈玉林获高中历史国家级一等奖；全国科学实验教学说课比赛，崇德小学学生陈梅娟获小学科学国家级一等奖。2015 年全国中等职业学校文秘类专业“创新杯”教师信息化教学设计和说课大赛，桐乡卫生学校教师平晓丽获国家级一等奖。

2015 年桐乡市教育系统参加省级以上教学活动获奖

表 27

序　号	名　　称	获奖等第（名称）	获奖人次
1	课堂教学优质课大赛	国家级一等奖	3
		国家级二等奖	3
		省级一等奖	8
		省级二等奖	6
		省级三等奖	5
2	“一师一优课”教案评比	国家部级优课	11
		省级优课	29
3	浙江省义务教育课程评比	省级精品课程	8

（陈中华）

科学技术

概　　述

2015 年，桐乡市加快科技体制改革步伐，围绕“大整治、大转型、大招商”三件大事，落实“八倍增、两提高”专项行动，以科技创新促转型升级。全年获省级以上科技项目立项 458 项，争取资金 1135 万元；国家高新技术企业数 88 家、省级科技型中小企业数 237 家、发明专利授权量 224 件、技术市场交易额 0.75 亿元，4 项指标提前两年完成。根据省科技统计监测报告显示，桐乡市科技产出综合评价列浙江省第 7 位。桐乡市成功承办第四届中国创新创业大赛互联网和移动互联网行业总决赛。通过新媒体平台对创业创新大赛进行推广，大赛获 50 万微信关注，20 万人次观看视频直播。优化政策体系，扩大科技资金扶持面。修订《桐乡市科技计划与项目管理办法》等 16 个科技政策配套管理办法，对市级重点科技计划项目由事先立项补助 50%、事后验收补助 50%，改为事先立项、事后补助方式，强化科技项目资金绩效管理。推广实施普惠制“创新券”补助制度，企业持券与服务机构开展共享仪器设备、科技文献、标准资源等活动，可用科技创新券直接抵用 50%。创新券自 9 月实施后，有 173 家企业申请使用、81 家企业实际使用，实际使用额度 175 万元，居嘉兴市首位、全省第 10 位。

加强服务管理，营造良好创新条件与氛围。科创园规划面积 600 平方米的“创客公社”作为初创项目孵化苗圃，被嘉兴市政府授予首批“众创空间”称号；成立“云头花朵”众筹茶馆，为创业者提供交流互助、资源共享及创投融资咨询平台；建立《企业成长档案》，掌握入驻企业发展动态，为企业量身定制个性化创业服务。市科技局强化科技宣传，提升创新意识，树立创业典型，连续 7 年获评省级科技宣传与普及工作先进单位。

· 相关链接 ·

八倍增、两提高

浙江省委十三届三次全会提出，到 2017 年实现“八倍增、两提高”目标，即到 2017 年，“R&D 经费支出、研发人员数、发明专利授权量、规模以上工业新产品产值、高新技术产业产值、技术市场交易额、高新技术企业数、科技型中小企业数”八项指标要在 2012 年的基础上实现“倍增”，“科技进步贡献率、全社会劳动生产率”两项指标要比 2012 年大幅提高。

高新技术

【概况】 2015 年，市科技局加快高新技术企业培育，促进产业结构转型升级，通过构建“机制管控、考核监督、科技服务”三大体系，高新技术企业认定工作成效显著。全年新增高新技术企业 25 家，不通过复评 1 家，累计 88 家，增幅居嘉兴市首位，是嘉兴唯一提前两年完成高新技术企业“倍增”任务的县市。全市高新技术产业增加值达到 88.63 亿元，比上年增长 10.6%，占规模以上企业工业增加值 37%，提高 2.9 个百分点。加大科技研发投入，激发创新原动力，全年投入企业技术开发费 17.6 亿元，增长 7.7%，占地区生产总值比重 2.7%，增长 0.02 个百分点；加强企业研发平台建设，新增省级高新技术企业研发中心 7 家，居嘉兴市首位，新增省级企业研究院 7 家，居全省各县级市首位，全市“设置研发机构企业数”列浙江省第 6 位。新增国家火炬计划项目 6 项，连续两年居嘉兴市首位，培育省科技型中小企业 52 家，累计 237 家，全市 52% 规模以上工业企业向市场推出新产品，高出嘉兴平均水平 9.1 个百分点。

2015 年桐乡市新增高新技术企业名单

表 28

序 号	企 业 名 称	所 在 地
1	浙江胜祥机械有限公司	开发区
2	桐乡市运盛纺织有限公司	龙翔街道
3	浙江弘盛印染有限公司	崇福镇
4	浙江新远虹高分子材料有限公司	大麻镇
5	浙江巨能环境工程设备公司	梧桐街道
6	桐乡市致远环保科技有限公司	凤鸣街道
7	桐乡市易德纺织有限公司	河山镇
8	浙江中辉皮草有限公司	崇福镇
9	浙江帝斯曼中肯生物科技有限公司	高桥镇
10	浙江鸿利机械有限公司	开发区
11	桐乡市恒泰精密机械有限公司	河山镇
12	浙江方圆聚合纤有限公司	凤鸣街道
13	浙江和泰电器有限公司	乌镇镇
14	桐乡波力科技复材用品有限公司	开发区
15	桐乡市恒泰纸管有限公司	洲泉镇
16	浙江卓逸铝业有限公司	开发区
17	浙江曼得丽涂料有限公司	屠甸镇
18	浙江乐仁精密工业有限公司	开发区
19	浙江轩鸣新材料有限公司	崇福镇
20	浙江科隆五金有限公司	河山镇
21	嘉兴市耀阳新材料科技有限公司	开发区
22	垦青(浙江)拉链有限公司	开发区
23	浙江德盛铁路器材股份有限公司	开发区
24	速飞得(浙江)自动化科技有限公司	开发区
25	浙江伟联科技有限公司	开发区

【生迪科技公司获“CES 最佳创新奖”】 1 月，生迪光电科技股份有限公司的 Snap 和 Boost 两个产品获“CES 最佳创新奖”。CES 最佳创新奖于 1976 年设立，由美国工业设计师协会和美国消费电子协会专家联合授予，每年全球各大知名品牌会提前将最具影响力且能够引领行业潮流的新品提交参与评选。2015 年，“CES 最佳创新奖”从全球企业中评选出 20 个品牌产品，生迪科技公司是唯一获奖的中国企业，同时也是智能家居类产品中唯一获奖品牌。获奖产品 Snap 是一款智能创新产品：1080P 全高清拍摄模式、配合超大广角捕捉技术，起到家庭安防、语音对话、行为识别功能，除此之外，Snap 还可以支持云服务，运用云存储进行回看、分析、追踪等，确保存储内容的绝对安全性。这些功能将灯泡拧入灯口即可完成，无需布线；产品 Boost 在 LED 灯中集成 WiFi 功能，Boost 内置 WiFi 双天线，最高可以达到 300Mbps 的传输速率，产品同样兼容通用灯头。两项产品操作简单，安装 APP 软件就可以在手机和 PAD 上随心控制，产品因设计颠覆家庭监控理念，智能便捷，赢得 CES 评委一致认可。

【致远环保公司发明雾霾“克星”】 2 月，桐乡市致远环保科技有限公司研发国内首套“臭氧—羟基自由基干湿结合的脱硫脱硝工艺”，攻破行业难题。该套工艺堪称国内行业“鼻祖”，二氧化硫去除率 98%以上，脱硝率 95%以上，能有效降低可吸入颗粒物（PM2.5）浓度。公司与巨石集团合作将该套工艺用于玻璃窑炉尾气处理，使用后二氧化硫排放量由每立方米 100 毫克（已达到排放标准）左右下降到每立方米 20 毫克以下，减排效果获行业一致肯定，已申请发明专利。公司注重后期“打包服务”，依托从设计、设备制造、安装调试到运营承包在内的全方位综合性服务，客户遍及四川、江西、江苏、上海及印尼、非洲等地。

【新增 7 家省级企业研究院】 10 月，省科技厅公布《关于 2015 年省级企业研究院认定结果的通知》，桐乡市“浙江省易锋机械汽车空调压缩机研究院”“浙江省京马高效节能电机研究院”等 7 家企业研究院榜上有名，数量居全省各县级市首位。全市省级企业研究院累计 11 家。

桐乡市省级企业研究院名单

表 29

序　号	研究院名称	企　业　名　称	文　　号
1	巨石玻璃纤维研究院	巨石集团有限公司	浙科发条〔2009〕280 号
2	浙江省新凤鸣纤维材料技术研究院	新凤鸣集团股份有限公司	浙科发条〔2012〕177 号
3	浙江省华友钴业绿色钴冶炼技术及新材料开发研究院	浙江华友钴业股份有限公司	浙科发条〔2013〕238 号
4	浙江省双箭橡胶输送材料研究院	浙江双箭橡胶股份有限公司	浙科发条〔2015〕9 号
5	浙江省京马高效节能电机研究院	浙江京马电机有限公司	浙科发条〔2015〕163 号
6	浙江省易锋机械汽车空调压缩机研究院	浙江易锋机械有限公司	浙科发条〔2015〕163 号
7	浙江省海得新能源风电变流器研究院	浙江海得新能源有限公司	浙科发条〔2015〕163 号
8	浙江省恒通新纤维研究院	桐昆集团浙江恒通化纤有限公司	浙科发条〔2015〕163 号
9	浙江省健民新型过滤材料研究院	桐乡市健民过滤材料有限公司	浙科发条〔2015〕163 号
10	浙江省新澳纺织技术研究院	浙江新澳纺织股份有限公司	浙科发条〔2015〕163 号
11	浙江省恒石玻璃纤维制品研究院	浙江恒石纤维基业有限公司	浙科发条〔2015〕163 号

注：浙江省双箭橡胶输送材料研究院在统计上已列入 2014 年度

【6 个项目入选国家火炬计划】 11 月，科技部下达《关于 2015 年度国家星火计划、火炬计划项目的通知》，巨石集团有限公司的“高性能低成本通用型增强 PA 用短切原丝”、桐昆集团股份有限公司的“直纺半光多孔扁平纤维”等 6 个项目入选国家火炬计划项目，数量与上年持平，连续两年保持嘉兴市首位。国家火炬计划项目始于 1988 年，重点支持电子与信息、生物工程和新医药、新能源与高效节能等领域项目，获评项目通常来自研发实力较强的高新技术企业。2015 年全市 6 个火炬计划项目均出自高新技术企业梯队，全市 88 家高新技术企业均有省级新产品推出。

农业和社会科技

【概况】 2015 年，市科技局民生科技取得重大突破。全年获省级以上项目立项 5 项，争取上级资助经费 595 万元。其中，乌镇智慧养老综合服务平台被列入 2015 年省科技惠民专项，成为全省 6 项科技惠民专项之一；“基于物联网技术应用的智慧农业示范项目”被立为全省十大示范工程之一；为期 3 年的省级科技示范村建设完成，将于 2016 年 7 月验收。加强防震减灾建设，全市防震减灾科技示范基地累计 18 个，位列全省第一；地震观测资料“水位水温”数据质量评比连续两年获浙江省第一名。市地震局（科技局）首次被评为浙江省防震减灾先进单位。

【智慧养老服务平台列入浙江省科技惠民项目】 6 月，省科技厅

5 月 8 日，嘉兴市科技活动周开幕式暨桐乡市“普及互联网知识行动”启动仪式

市科技局提供

公布第二批科技惠民专项名单，桐乡市城乡社区智慧养老服务体系构建及其平台示范项目名列其中，成为全省6项科技惠民专项之一。该科技惠民计划项目意在解决桐乡市社会养老问题，计划总投入资金5000余万元，其中省级专项资金335万元。项目通过互联网技术，整合政府与社会为老资源，实现老人信息化健康管理、居家照护服务、个性化定制、专业队伍建设以及养老服务监管信息化等目标，逐步在全市范围内建立起以居家养老为主、居家与机构养老相结合的“城乡智慧养老”服务体系。项目选取乌镇镇作为示范点，计划通过三年（2015－2017）探索实践，以点带面逐渐推广至全市，进而缓解人口老龄化对社会与家庭带来的压力。

【龙翔蔬菜（茭白）产业示范区通过考核验收】 7月14日，桐乡市龙翔蔬菜（茭白）主导产业示范区创建点通过省农业厅组织的专家现场考核验收。验收专家一行先后到桐乡市董家茭白专业合作社自建基地，运北秸秆利用专业合作社，现场查看龙茭2号新品种、套养泥鳅新技术等推广情况，考察茭叶氨化制作湖羊饲料、茭白废弃秸秆沤制有机肥等生态循环利用模式。茭白主导产业示范区完成各项建设目标任务。主导产业示范区面积900公顷，新建标准钢管大棚66.67公顷，茭白保鲜库5287立方米，整理场地440平方米，推广大棚设施栽培166.67公顷，路沟渠电及相关配套设施齐全。桐乡市董家茭白专业合作社、运北秸秆利用专业合作社，实行订单生产和“五统一”（统一采购农业投入品，统一专家技术培训，统一生产档案记录，统一检验检测；统一包装销售）服务，开展茭白秸秆综合循环利用，促进产业可持续发展。通过实地查看创建现场、听取创建工作汇报和查阅相关台账资料等方式，专家们一致同意通过验收，并建议加大资金投入，建立长效管护机制。

董家茭白基地　　市科技局提供

【农业物联网项目获省级科技立项】 8月，浙江省国家农村信息化示范省建设领导小组办公室公布全省10个农村信息化示范工程建设项目，桐乡市申报的“基于物联网技术应用的智慧农业示范项目”榜上有名，成为嘉兴地区唯一入选的项目。该示范项目以石门湾现代农业示范园区为核心，在崇福、石门、濮院三个镇（街道）农业主体中，建设一套智慧农业物联网生产、监控、作业系统和灾变预警远程指挥系统，实现对农业生产管理的实时生产数据采集、智能化控制、精准作业和可视化远程诊断、决策，提升全市农业信息化运用水平。

【推广“智能化”废水处理系统】 8月，浙江中创环保设备有限公司卤水处理“智能化”科技项目研发成功，解决蔬菜行业污染物处理问题。该项目是一套含盐有机废水处理系统，通过物联网技术自动感应调节废水盐度和pH值，解决了蔬菜加工行业难题。有机废水处理系统集成运用微滤分离技术、脉冲进水技术以及生物降解方式，使污泥产生量仅为其他处理系统的几千分之一，高效率，低成本，实现人对系统运行全过程控制，保证污水排放质量。该“智能化”废水处理系统在本地普及的同时，还推广至金华市及广东省。

【华腾生猪养殖模式在美国杂志刊出】 4月，美国《Science》杂志刊登题为《抗生素污染触目惊心，

华腾科技养猪博览馆　　市科技局提供

畜牧业治污刻不容缓》一文，其中正面列举桐乡市浙江华腾牧业有限公司关于饲料抗生素使用的先进做法。华腾牧业的生猪养殖模式引起世界顶级杂志的关注，并树立品牌效应，归结于两个方面的创新：一是变废为宝，治理污染物。华腾牧业旗下的嘉华牧场引进先进的猪粪碳化技术，结合自身的创新技术，使猪粪处理后形成的碳化有机肥每吨卖到1800元。二是创新养殖模式。猪舍造型奇特全封闭，猪吃的是过滤水和无抗生素饲料，生长期8个月。通过科学养殖的生猪，在专卖店的售价是平常猪肉的两倍，浙江华腾牧业有限公司被选为世界互联网大会猪肉供应商。

科技合作

【概况】 2015年，市科技局拓展内外合作交流渠道，发挥技术转移平台作用，带领专家教授进企业对接难题80余次，促成项目合作11项；新建"膜材料技术联合研究开发中心"等3家创新载体，全市创新载体增至63家。作为首批26家省科技大市场建设试点单位之一，发挥平台"交易、共享、服务、交流"四位一体功能，全年新增加盟企业80余家，签约金额7500余万元，其中浙江海得新能源有限公司与浙江大学合作签约3300万元，创嘉兴市校企合作单笔合同金额之最。打造"专家教师进企业"与"名校硕博进桐乡"两大科技助企品牌，累计组织专家教师25人次，硕博研究生172人次进企业实践，为企业改进技术及工艺51项。

【开展专家教师进企业活动】 3月9日，桐乡市举行第二届"创新驱动促转型、专家教师进桐乡"活动启动仪式，来自华东理工大学、上海理工大学、浙江工业大学、浙江理工大学、浙江科技学院、中国计量大学6所大学13名专家教师受聘创新驱动特聘科技顾问。桐乡市委常委、组织部部长汤云良，副市长潘敏芳，6所高校领导，专家教师和各派驻企业家代表60余人参加启动仪式。13名受聘专家教师进驻纺织服装、化纤新材料、机械电子、环保印染等产业领域13家企业单位，开展为期一年的实践服务工作，主要为派驻单位在发展方向、新产品开发、专利申报、各类科技项目研发等方面出谋划策；与派驻单位共同解决在生产关键环节上的技术需求和技术难题，以点带面，提升全市企业的科技攻关、科技创新能力。

【第三届名校硕博进桐乡活动】 7月，第三届"创新驱动促转型、名校硕博进桐乡"活动在桐乡市科技创业园正式启动。浙江理工大学党委副书记程刚，浙江科技学院党委委员、宣传部部长毛建卫，桐乡市委常委、组织部部长汤云良，桐乡市副市长潘敏芳出席启动仪式，来自国内11所知名高校的专家教授、进企硕博士及全市对接企业代表120余人参加启动仪式。启动仪式上，浙江科技学院与桐乡市科技局签署《研究生桐乡实践合作项目协议书》，来自浙江大学、华东理工大学等高校的48名硕博士研究生，包括5名博士和1名博士后，带着课题任务进驻27家企业，开展为期一个月的技术服务工作。科技局对收集到的企业技术难题进行分类整理，有针对性地发往各高校院所，并联合高校研究生处、科研处及工作站老师帮助组织对接学生，通过信息反馈并经企业多次调整，最后确

7月9日，浙江科技学院研究生桐乡实践合作项目签约仪式
市科技局提供

定该批研究生进驻相关企业，至年末，桐乡市科技局连续3年组织硕博研究生172人次进企业实践。

【新纪元管业获国家科技进步奖二等奖】 12月，由中国地科院勘探所牵头、浙江新纪元管业科技有限公司等5家企业参与完成的“2000米以内全液压地质岩心钻探装备及关键器具”项目，获2015年度国家科技进步奖二等奖。国产地质勘探装备深度一般在1000米～1500米，要深入至2000米是重大技术突破，对钢管的性能要求非常高。勘探所邀请新纪元管业公司参与研究，历时15年，项目在全液压岩心钻机、新型事故处理工具、新钻探器具标准制定等5个方面取得创新成果，使国内全液压岩心钻机、高性能绳索钻杆由进口国转化为出口国，完成钻探工程量超1000万米，创间接经济效益超50亿元。

知识产权

【概况】 2015年，市科技局加大知识产权宣传与执法力度，利用“4·26”世界知识产权日、知识产权宣传周、知识产权服务进百家企业等开展宣传活动。首次试点知识产权托管服务，企业创新意识提升。全年专利申请4464件，其中发明专利申请959件；专利授权3257件，其中发明专利授权量224件，比上年增长109.3%；获中国专利优秀奖1件，累计5件，居嘉兴市首位。巨石集团被认定为国家知识产权优势企业。注重专利执法保护，检查沃尔玛超市桐乡店等商品流通企业日用品、电器、玩具等商品300余件，立案14起，查实2起假冒专利案件。

【开展世界知识产权日宣传活动】 4月，桐乡市科技局牵头组织市工商局、文化局、公安局、法院等多家单位在市区东兴商厦广场开展知识产权联合宣传咨询活动，倡导市民共同尊重知识产权、保护知识产权。活动现场，各单位通过设立宣传展板、悬挂横幅、发放宣传资料、开展知识产权问答和现场讲解的方式向市民宣传专利法、商标法、版权法等法律法规，并就广大市民提出的疑难问题提供现场咨询及法律服务。

【专利权质押贷款助企业发展】 7月，科技型中小企业——浙江宏冠生物药业有限公司通过专利质押的方式与杭州银行桐乡支行达成协议，获1500万元贷款额度，成为继桐乡小老板特种塑料制品有限公司、嘉兴永发电子有限公司、浙江德盛铁路器材股份有限公司后的第4家获专利权质押贷款企业。为解决企业发展和资金需求之间的难题，桐乡市从2014年开始推行专利权质押贷款，相比传统的贷款，专利权质押贷款不需要以土地、厂房、设备等不动产作为抵押物，也不用担保方式实现贷款，只需要以企业专利作为质押物就可以向银行申请融资，深受科技型中小企业欢迎。至年底，累计4家企业获授信额度4245万元。

【实行知识产权托管服务】 2月，桐乡科创园出资委托专业知识产权服务机构为入驻企业提供知识产权托管服务。托管服务包含为企业开展知识产权培训，协助企业制定和完善知识产权制度，帮助企业对各项知识产权情况进行梳理汇总并提供知

3 月 20 日，知识产权托管服务培训班开班　　市科技局提供

识产权法律咨询等内容，企业不需要花费任何费用就可享受一年期服务。至年末，托管服务机构为 20 余家入驻企业开展首次知识产权知识培训，托管服务机构还为企业提供每年至少两次的上门服务，提升桐乡市入驻孵化器的中小企业知识产权创造、运用、保护和管理综合能力。

【专利行政执法专项检查】 7 月，市科技局受嘉兴市科技局委托，开展专利行政执法专项检查。执法人员检查沃尔玛超市桐乡店等商品流通企业，检查日用品、电器、玩具等商品 300 余件，抽样取证 4 件专利标识标注不规范商品，9 件专利法律状态不明确商品。执法人员在执法检查的同时，向超市管理人员进行专利知识普及宣传，发放专利法、专利法实施细则、专利标识标注办法等法律法规宣传资料，现场讲解怎样辨别假冒专利商品、专利标识标注的注意事项，并就如何从源头上避免假冒专利商品流入商场等提出建议。

【巨石集团通过国家知识产权管理体系认证】 8 月 5 日，巨石集团有限公司收到中知（北京）认证有限公司下发的“知识产权管理体系认证证书”，成为桐乡市首家获《企业知识产权管理规范》国家标准审核认证的企业。《企业知识产权管理规范》是首个关于知识产权管理的国家标准，贯标认证过程中能够帮助企业建立与完善知识产权运用和保护机制。2013 年，巨石集团有限公司借助浙江省专利示范企业复核的契机，启动知识产权管理标准的贯标认证工作。在省知识产权研究与服务中心贯标咨询老师指导下，通过体系诊断和制定相关管理控制程序，公司在内部构建符合自身管理要求的知识产权管理体系，知识产权创造、运用、保护及管理能力获得提升。公司累计拥有有效专利 319 件，其中发明专利 44 件；拥有国内外注册商标超 300 件。

【海得新能源公司被认定为省专利示范企业】 12 月，浙江省知识产权局和浙江省经济和信息化委员会联合公布 2015 年省专利示范企业名单，浙江海得新能源有限公司名列其中。至年底，桐乡市有省级以上专利示范企业 15 家。作为以技术创新为主导的企业，浙江海得新能源有限公司重视专利申请、分析、布局工作。公司的“一种适用于大功率逆变器的 IGBT 模块驱动电路”项目获国家知识产权局颁发的“中国专利优秀奖”，成为 2015 年嘉兴市唯一获此优秀奖的企业。通过专利示范企业认定，桐乡市推进全市企业知识产权战略布局，提高企业运用知识产权制度水平。全年新增桐乡市专利示范企业 16 家，市级以上专利示范企业累计 94 家。

科技创业

【概况】 2015 年，市科技局以科创园（国家级科技企业孵化器）为载体，拓宽招商渠道，引入 32 项高端项目落户，在孵企业 96 家，毕业企业 56 家。深化科技金融结合力度，引入 3 家民营创投基金落户科创园，设立投资基金规模 2.3 亿元，全程跟踪扶持在孵企业成长；与财政、金融部门联合设立科技创业风险投资引导子基金，实现投资金额超亿元；新设农行科创支行，拓展小微企业融资渠道。承办第四届中国创新创业大赛互联网和移动互联网行业总决赛。国内首

10月28日，浙江神州量子网络科技有限公司与桐乡市政府签约
市科技局提供

家量子通信高科技企业落户桐乡。推进科技信用贷款、科技担保贷款，累计贷款余额1.3亿元；专利权质押贷款企业4家，获授信4245万元。年内，桐乡市获评“桐乡金凤凰计划”项目11项、“创新嘉兴·精英引领计划”项目6项，省科技型企业4家，全年实现销售收入4.48亿元，比上年增长23%。

【科创园社会服务站成立】 6月，桐乡科创园创业沙龙活动在“云头花朵”众筹茶馆举行。沙龙活动主要是启动民建桐乡总支社会服务站及同心经济服务团联络点（简称“一站一点”）。企业代表与同心经济服务团讲师共话企业成长。活动中，民建总支和同心经济服务团人员介绍“一站一点”基本功能、服务方向等，同时与参与沙龙的园区企业就创业中所遇到的法律、金融、财务等问题进行交流。“一站一点”以每月举办一次沙龙活动和驻点服务两种形式，长期免费为园区内企业和个人提供法律、财税、银行贷款融资、环保审批等方面的咨询和策划服务，促进园区在孵企业健康成长。

【首家创业投资基金落户科创园】 7月，中沃联城投资公司正式落户桐乡科创园。这是桐乡引进的首家创业投资基金，为科技型小微企业提供专业融资服务。该创投公司具有股权投资和资产管理经验，投资的40家企业有1/3上市。引入创投公司，放大资金效应，政府参股3000万元通过创投放大为1亿元，满足初创企业融资需求。放大招商效应，初创企业对有创业投资基金落户的创业环境更加青睐，利于全市互联网及相关产业集聚；风投对外地项目与本市企业的互动交流起到链接作用，利于以商引商。放大管理效应，风投机构有经验丰富的投资专家、财务专家和经营管理团队，在帮助初创型企业提高竞争能力过程中，对企业跟踪了解更加深入，提供的信息对考核评价企业起到重要参考作用，利于优化资源及信息共享机制。至年底，政府出资5000万元“政府产业基金”通过创业投资基金放大到2.3亿元，实现投资1.01亿元。

【“创新券”使用额度居全省前列】 9月，桐乡市科技局实施创新驱动发展战略，激发中小企业创新活力，推出科技“创新券”制度。“创新券”采取无偿资助方式对全市企业发放，专用于企业向高校、科研院所、科技服务机构购买产品监测、科技查新等系列服务活动，是一种普惠式政策。企业在新产品、新技术研发过程中如需开展相关检测、查新，持券可直接抵用费用50%。“创新券”推出以来，全市有173家企业申请使用，发放总额度348万元，居全省第13位；有81家企业实际使用，实际使用额度175万元，居嘉兴市首位、全省第10位。助力企业盘活创新资源、降低创新成本，依托浙江省羊毛衫质量检验中心和浙江省嘉兴皮毛产业技术创新服务平台服务企业57家，占使用创新券企业数的70%。

· 相关链接 ·

科技查新

科技查新是文献检索和情报调研相结合的情报研究工作，它以文献为基础，以文献检索和情报调研为手段，以检出结果为依据，通过综合分析，对查新项目的新颖性进行情报学审查，写出有依据、有分析、有对比、有结论的查新报告。查新是以通过检出文献的客观事实对项目的新颖性作出结论。因此，查新有较严格的年限，范围和程度规定，有查全、查准的严格要求，要求给出明确结论，查新结论具有客观性和鉴证性，但不是全面的成果评审结论。这些都是单纯的文献检索所不具备的，也有别于专家评审。

【国内首家量子通信高科技企业落户桐乡】 参见《世界互联网大会·乌镇互联网创新发展试验区》中相关条目。

【第四届中国创新创业大赛互联网行业总决赛在桐乡举办】 10月23～27日，第四届中国创新创业大赛互联网和移动互联网行业总决赛在桐乡举办，科创园为大赛培训和半决赛主要场地。该大赛创办于2012年，是国内最具权威性、最高规格的创业赛事，由科技部、教育部、财政部和全国工商联共同发起，采用“政府引导、公益支持、市场运作”的模式。大赛分新材料、先进制造、生物医药、互联网和移动互联网、新能源及节能环保、文化创意、电子信息7个行业赛。此次桐乡承办的互联网和移动互联网行业总决赛，有来自全国各省市的239个企业和78家团队参赛，展现互联网与金融、医疗、农业、物流、运动、着装等各领域深度融合。大赛邀请100多名互联网精英、国内顶级创投、券商等，担任嘉宾、评委、导师。同时，大赛举办互联网创业论坛、创业大讲堂、创业对对碰、项目路演等活动与互联网创业者互动。经评选，江苏吆喝科技获团队组第一名，杭州龙盈互联网金融信息技术有限公司获企业组第一名。科技部火炬中心主任张志宏、省科技厅厅长周国辉等观摩决赛并参加闭幕式。

【“创客公社”入围嘉兴市首批众创空间】 11月，桐乡科创园的“创客公社”在2015嘉兴创新发展投资贸易洽谈会上，被嘉兴市政府授予“嘉兴市众创空间”称号。此次获“众创空间”授牌的孵化机构有12家，“创客公社”是桐乡市唯一入围机构。“创客公社”是由科创园发起创立的众创空间，是鼓励大众创业、万众创新的公益类低门槛创业服务平台，免费为创客提供办公场地与交流平台，打造一个低成本、便利化、全要素的创业服务环境。“创客公社”首期面积600平方米，依托市科创园配套设施及运营团队，为入驻创业者提供创业指导、工商和税务登记办理、公司注册及经济、法律、政策咨询等服务。至年底，入驻企业3家，多家企业洽谈中。

10月23日，中国创新创业大赛互联网及移动互联网行业总决赛开幕式　　市科技局提供

【三因科技公司获首届“创蓝奖”】 12月，中国清洁空气联盟在北京举办首届“创蓝”国际清洁空气技术大会，并对首届“创蓝奖”评选的入围及获奖企业进行颁奖表彰。“创蓝奖”是国内环保科技最高奖项，旨在推动最佳可行清洁空气技术的应用和发展，受到国际、国内社会高度重视。首届“创蓝奖”将室内空气净化技术与大气污染控制技术并重向全球征集参评项目，有来自8个国家56项技术向评审委员会提交申请。大会集中表彰26个“创蓝奖”入围技术项目。科创园内的嘉兴市三因环境净化科技有限公司的“禹科MKJ－4000空气净化消毒器”为医院等室内环境提供可移动空气净化消毒，凭此获得“创蓝奖”室内空气净化组桂冠。

（王连秀　姚益焕）

文化 体育 传媒

概 述

2015年，桐乡市文化部门围绕人文名城建设目标任务，以公共文化服务示范区创建为重点，以“能力建设年”为载体，统筹城乡发展，提升公共服务水平，加强文化管理，繁荣文化事业。加大文化投入，强化设施建设。夏家浜公共文化设施（吴蓬艺术院）完成工程80%；启动图书馆新馆建设，完成旧房拆除，概念性方案通过规划委员会审批；君匋艺术院景区化改造提升工程完成审批立项、图纸设计；文化艺术服务中心新设排练厅、创作室、小剧场等设施；完成农村应急广播体系建设；新建拆装式游泳池2个；用“以奖代补”形式开放全市53所公办中小学校体育设施。

提升文化层次，拓宽惠民广度。开展纪念丰子恺先生逝世四十周年、“我们的节日”等系列活动，实施“文化与群众零距离”工程，开设“文化夜宵”活动。组织广场文化活动80余场、文化下乡活动400多场、2131工程电影放映3000多场。加强公共文化人才队伍建设。举办首届“丰子恺杯”全球华人散文大赛；推进“双员”（文化下派员、文化专职管理员）建设，完成文化下派员工作，覆盖率100%；实现176个村，35个社区文化专职管理员全覆盖。深化群众文化品牌。举办浙江省排舞师资培训班，浙江省第九届排舞大赛暨“激情十载舞动梦想”浙江排舞推广十周年颁奖盛典活动；举办江浙沪现代小戏会演，“桐乡好声音”等活动。

打造文物保护品牌，挖掘非物质文化遗产资源。完成第一次全国可移动文物普查信息采集登录工作；开展“6·13中国文化遗产日”主题活动；举办非遗年俗活动，举办非遗传习班，出版省级非遗代表作名录。

引导、扶持文化产业，发展体育彩票等事业。文化产业公司开发特色产品，扩大人文影响。销售体育彩票1.17亿元，获公益金445万元。电影公司和会展中心放映电影8000场，观众16万人次。

加强审批改革，强化市场管理。实行行政审批改革，正式运行首席代表制；规范文化市场秩序，开展上网服务场所管理长效机制试点和上网服务行业转型升级试点。开展“净网”“秋风”“剑网”“护苗”等专项整治行动。

纵深推进基层，开展全民健身。成功创建“全国武术之乡”，实施“武术六进”（进机关、进乡镇、进新居民区、进村社区、进学校、进企业）惠民工程；举办“体彩杯”中美篮球对抗赛、桐乡市机关团队运动会等重大赛事；开展“一校一品”阳光体育工程。

社会文化

【概况】 2015年，市文化部门以构建现代化公共文化服务体系为目标，以示范区创建为主要内容，完善文化阵地，培训文艺骨干，开展文化惠民活动。全年举办广场文艺80余场、文化下乡活动400多场、2131工程电影放映3000多场，重点有“我们的节日”系列活动、“文化与群众零距离”工程、“文化夜宵”活动等。举办首届“丰子恺杯”全球华人散文大赛、第六届群众文艺“菊花奖”活动、浙江省第九届排舞大赛暨“激情十载舞动梦想”浙江排舞推广十周年颁奖盛典、江浙沪现代小戏会演、第十九届“中国少儿戏曲小梅花荟萃”浙江赛区选拔赛、第二届世界互联网大会“相约乌镇”主题晚宴文艺表演等。北港小学学生沈楚涵以96.61分成绩获得中国少儿戏曲金奖。

【“两员”建设实现全覆盖】 2015年，桐乡市文化部门加强基层文化队伍建设，提升公共文化服务能力和效能，启动“两员”（文化下派员、文化专职管理员）建设，以“新招一批、调剂一批、选拔一批”方式，从文化馆、文化艺术服务中心、体育馆抽调12名人员到各镇（街道），开展文化服务，并制订《桐乡市文化下派员双重管理考核办法》；以政府购买劳务形式，招募文化专职管理员到176个村、35个社区工作。文化下派员协助所在镇（街道）策划组织各类文化活动，组建业余文艺团体，开展舞蹈、音乐、书法、美术及其他各类艺术培训，参与各类群众文化演出和比赛；挖掘当地文化人才，抓好文化队伍建设，收集素材，联系创作文艺作品；协助管理农村文化活动场地、设备、器材，协助文化市场监管、体育、文物工作和调查研究工作，撰写理论调研文章与宣传信息等。文化专职管理员负责管理村（社区）公共文化活动设施、农村文化礼堂、农家书屋（图书室）、文化示范户；组建培训各类文艺团体，开展文体活动，丰富群众业余文化生活；发挥文化阵地作用，宣传党的方针、政策，用先进文化引领人、凝聚人、激励人。

【春节文艺系列活动】 2月4～18日，市文化部门在各镇（街道）和会展中心进行“文化送福贺新春”和“拥抱2015”迎春联欢晚会。“文化送福贺新春”采用文艺演出、送春联、送“福”字、送年画、送灯笼、送全家福等形式，赴各镇（街道）进行文化下乡活动。“拥抱2015”迎春联欢晚会在会展中心举行，原创节目数、参与人数和观众人数均为历年之最。

【“我们的节日”系列活动】 2月14日，市文化馆广场举办非遗年俗展演活动，项目有臼打年糕、搨镬糍、做茧圆、印雪糕等，约2000人次参与。3月8日，文化馆广场举办“做花灯·闹元宵”民俗体验活动，特邀国家级非遗灯彩传承人胡金龙进行元宵灯彩制作培训；4月5日，石门镇举办芽麦塌饼制作大赛；6月20日，非物质遗产馆举办巧手妈妈端午民间饰物展示、最美端午宝宝评选和裹粽子大赛，各镇（街道）组队参加；中秋国庆期间，在非遗馆举办“非遗主题灯展”，展示海宁硖石灯彩、海盐滚灯、平湖西瓜灯、秀洲纸凉伞、嘉善鱼灯与桐乡剔墨纱灯。

【百名中国女摄影家到桐乡采风】 3月22～26日，中国女摄影家协会百余名女摄影家到桐乡开展“送文化下基层”活动，先后在徐肖冰侯波纪念馆、丰子恺纪念馆、京杭大运河、港龙木屋、濮院新联村、320创意广场、乌镇西栅、洲泉马鸣村、坝桥文化礼堂、江南丝绸博物馆等地采风摄影。

【市文化馆、博物馆理事会成立】 8月13日，市文化馆、博物馆召开理事会成立大会。6月，市文化局面向市民发布招募文化馆、博物馆理事公告，接受社会各界人士报名。根据理事产生办法和审核推选，分别产生文化馆理事11名、博物馆理事11名。两个理事会成员由社会工作者、文化工作者、企业代表、媒体代表等组成。根据理事会章程，理事任期为3年，享有发言权、提议权、表决权、选举权和被选举权；对理事会会议和馆内业务活动享有知情权、建议权、监督权以及理事会赋予的其他权利。

【第二届“伯鸿书香奖”评选活动启动】 8月19日，桐乡市政府和《光明日报》、人民网、中华书局主办第二届“伯鸿书香奖”同一本书主题阅读活动启动仪式在上海举行。桐乡市市长盛勇军、中国出版集团原总裁杨牧之、中华书局总经理徐骏、人民网副总裁罗华等出席。活动持续到2016年5月，此届书香奖确定的同一本中华文化经典书籍是《论语》。桐乡市开展我读《论语》征文比赛、《论语》背诵比赛、《论语》故事比赛、《论语》知识竞赛、国学讲座等。“伯鸿书香奖”每两年评选一次，分伯鸿书香组织奖、伯鸿书香人物奖、伯鸿书香阅读奖。

【“桐乡好声音”大赛】 10月9～11日，市文化馆、市音乐家协会和嘉兴日报桐乡分社主办“桐乡好声音”大赛（少儿组、青年组、中老年组）总决赛在市文化中心广场举行。大赛历时3个月，经近30场海选、复赛，各组均有18名选手进入总决赛。经过角逐，各组分别决出金音奖、百灵奖、优秀歌手和最佳人气奖。6人获金音奖，入选“桐乡好声音”文化服务团，赴各镇（街道）开展国家级公共文化服务示范区创建巡演活动。

【首届“丰子恺杯”全球华人散文大赛】 参见《街道镇发展概况·石门镇》中相关条目。

浙江排舞十年盛典　　市文化局提供

【浙江省第九届排舞大赛】 11月15日，由浙江省文化厅主办，省文化馆、桐乡市政府承办的浙江省第九届排舞大赛在市会展中心落幕。当晚，举办"激情十载·舞动梦想"浙江排舞十年推广成果颁奖盛典，省文化厅、嘉兴市文化局相关领导出席。大赛于3月启动，先后举办全省排舞师资培训和海选赛，最终产生102支团队2000余名选手，于11月13～15日在桐乡参加决赛。大赛分少儿、青年、中年、老年以及系统行业、新创、串烧七个组分别进行，评选出金兰花奖、银兰花奖、兰花奖和浙江排舞十年推广贡献奖、浙江排舞十年推广优秀团队奖等。桐乡派出市乐动排舞队、市文化馆青年舞蹈队和振兴西路小学少儿舞蹈队3支队伍参赛，均获金兰花奖。市文化馆褚红斌和蒋灵云分别获"浙江排舞十年推广贡献奖"和"优秀指导老师"称号，市文化局获"浙江排舞十年推广突出贡献奖"。

【世界互联网音乐大赛颁奖典礼】 11月22日，由浙江传媒学院、北美音乐家协会、亚洲文化交流协会及中国原创音乐基地(酷狗音乐)主办，浙江传媒学院音乐学院、中国互联网协会网络文化与新媒体工作委员会及桐乡市音乐家协会承办的首届世界互联网音乐大赛暨"中国意象"音乐创编大赛颁奖典礼在科技会展中心举行，中国互联网协会、省教育厅、省文化厅相关领导出席。大赛于8月启动，以"筑华夏音乐千古梦，与世界音乐同辉映"为主题，旨在鼓励参赛者以电子音乐形式勾画中国形象，表达对祖国的感情，促进中国与世界电子音乐的发展。大赛收到来自世界各地参赛作品550部，经网络票选和评委会专家评审，80部作品分获电子音乐创编和原创流行音乐两个组别一、二、三等奖及优秀奖、入围奖。颁奖典礼上，中国著名作曲家、音乐制作人卞留念和瑞典音乐家罗伯特·威尔斯分别演奏《摇滚巴赫》《中国的月亮》和《摇滚贝多芬》等名曲。

文物　博物

【概况】 2015年，桐乡市博物馆完成第一次全国可移动文物普查第一阶段工作，完成全市文保单位、文保点巡查工作，协助省考古所小范围发掘谭家湾遗址，举办第三届"徐肖冰杯"全国摄影大展等展览12次。装裱、修复书画作品100件。濮院镇杨家桥明墓出土服饰保护修复工作进入实施阶段。凤栖梧桐——桐乡历史文化陈列获第九届(2014年度)全省博物馆陈列展览精品奖。开启"博物馆之夜"，探索参观服务新模式。君匋艺术院开展"零距离赏宝"活动；吴让之、赵之谦藏品赴澳门展出；与海宁钱君匋艺术研究馆举办夜潮秋月相思——书画印精品展；举办清风自来——杭嘉湖中青年花鸟扇面展等书画印章展览9次。钟旭洲钱币馆召开《南宋钱币大全》编委会会议。丰子恺纪念馆举办丰子恺逝世40周年纪念活动、"丰子恺艺术进大学"等活动。编辑出版国家级非遗项目丛书《桐乡高竿船技》。华云其木雕书刻《可爱的故乡》获省非物质文化遗产传统手工艺主题创作一等奖。

【"君艺赏珍"赏析研讨会】 4月25日，"君艺赏珍"——赵之谦、吴昌硕、黄牧甫、钱君匋篆刻原石赏析研讨会在君匋艺术院举行。君匋艺术院藏印1124方，以珍藏赵之谦、吴昌硕、黄牧甫印章而闻名。来自全国各地的西泠印社社员、中国书法家协会会员和篆刻艺术爱好者25人近距离观赏篆刻精品，其中有赵之谦的“餐经养年”、吴昌硕的“鲜鲜霜中菊”、黄牧甫的“六朝管花斋”、钱君匋的“钟声送尽流光”等传世名作。钱君匋嫡孙钱骏、弟子陈辉和西泠印社社员鲍复兴、袁道厚等在研讨会上作专题讲座。

【中央电视台到桐拍摄高竿船技】 5月20日，中央电视台科教频道节目拍摄组到桐乡市洲泉镇夜明村拍摄高竿船技。高竿船技是桐乡农村蚕神祭祀仪式上在水上模拟蚕宝宝吐丝作茧动作的民俗杂技表演项目，起源于明末清初，以清代后期和民国时期为盛，表演时间为每年清明节前后三日。高竿船技具有江南水乡、蚕乡特色，已入选第三批国家级非物质文化遗产名录。高竿船技第五代传人屠松根等表演了倒挂铆头、苏秦背剑、蜘蛛放丝等技巧动作。

【桐乡历史文化陈列获省展览精品奖】 6月，市博物馆主题展凤栖梧桐——桐乡历史文化陈列获第九届(2014年度)全省博物馆陈列展览精品奖。该陈列面积16万平方米，展线长300米，分凤栖梧桐、文明之源、历史之脉、鱼米之乡、文化之邦五个单元，运用声、光、电、多媒体等科技，选择最具典型性和表现力的文物进行展示，系统呈现桐乡历史发展脉络和桐乡人民的生产、生活及文化创造。

【谭家湾遗址小范围发掘】 5～6月，市博物馆协助省考古研究所小范围发掘全国重点文物保护单位谭家湾遗址。清理墓葬15座，出土陪葬品38件，其中玉器1件、陶器21件、石器16件。此次发掘基本摸清谭家湾遗址范围、文化堆积层深度和文化断代等情况，为开发保护提供了重要依据。

【修复濮院杨家桥明墓出土服饰】 6月，濮院镇杨家桥明墓出土服饰交由中国丝绸博物馆进行修复。2002年，濮院镇杨家桥发掘一座明墓，墓主人杨青生前曾任河南按察使佥事，卒于明天顺年间(1457～1465)。墓中出土纺织品17件，其中丝织品12件(套)。2013年，市博物馆委托国家文物局科研基地——中国丝绸博物馆对这批纺织品文物制定保护修复方案。经国家文物局批复同意，2015年交中国丝绸博物馆进行修复。

【吴蓬艺术院开工建造】 6月15日，吴蓬艺术院开工典礼在永宁社区夏氏府第举行。吴蓬艺术院占地2900平方米，由明代建筑夏氏府第、陈家厅等古宅院改建而成，分吴蓬艺术院和桐乡书画院两部分。建成后，将发挥其文化传承、学术研究、艺术交流、教育创作功能，打造成珍品收藏之库、展览陈列之馆、讲学传授之院、书画创作之家和艺术研究之宫。

【吴蓬捐赠书画作品仪式】 7月28日，吴蓬捐赠书画作品仪式在市博物馆举行。市委副书记、市长盛勇军，市委常委、宣传部部长王永飞，市人大常委会副主任费玉林，副市长柳国彪，市政协副主席顾根梁以及文化界人士50余人出席。吴蓬捐赠家乡的书画作品有2000多幅，包括山水长卷、册页、书法等。吴蓬，字抱虹，又字稚农，桐乡市石门镇人，当代著名书画家，现任中央国家机关美术家协会名誉主席、中央数字电视书画频道特聘教授等。

7月28日，吴蓬捐赠书画作品仪式在市博物馆举行　市文化局提供

【丰子恺逝世 40 周年系列纪念活动】 9月15日，纪念丰子恺先生逝世40周年暨丰子恺纪念馆馆藏书画精品展开幕式在桐乡市丰子恺纪念馆举行。中国美术家协会漫画艺术委员会主任徐鹏飞、副主任黎青，省政协文化卫生体育委员会主任钟桂松，丰子恺女儿丰一吟、弘一法师孙女李莉娟等参加纪念会。纪念活动至10月15日结束。其间举办六大书画展，分别是丰子恺纪念馆馆藏书画精品展，弘丰传人——丰一吟、李莉娟书画作品展，文心趣相——第二届子恺画院画师作品展，和谐之韵——吕士民、演一法师水墨趣画展，大师回家——丰子恺《护生画集》作品展，吴蓬《新护生画集》作品展。书画展展出丰子恺纪念馆书画精品34幅，其中丰子恺书画真迹7幅；大师回家——丰子恺《护生画集》作品展展出真迹60幅，这些作品首次在丰子恺家乡展出。

【中央电视台到桐拍摄人文纪录片】 9月20～26日，中央电视台“发现之旅——谁不说俺家乡好”栏目组到桐乡进行为期一周采访拍摄。该纪录片制作成“文化名人”和“群众文化”两集，在10月播出。采访对象有丰子恺女儿丰一吟、画家吴蓬、竹刻家叶瑜荪、书法家章伯年和篆刻家王勋等。拍摄地点石门镇桂花村、洲泉镇坝桥大礼堂等。

【《桐乡高竿船技》出版】 12月，浙江省非物质文化遗产代表作丛书（第三批）之一《桐乡高竿船技》由浙江摄影出版社出版。主编吴利民，作者颜剑明，全书8万字，插图53幅，印刷1500册。《桐乡高竿船技》从桐乡高竿船技产生背景、文化空间、表演技巧、传人情况、现状与保护等方面，系统介绍这一民俗杂技项目的历史渊源和文化积淀。

文化市场管理

【概况】 2015年，市文化部门推进文化市场建设，管理规范文化产业发展。市文化市场执法大队规范行政许可项目审批程序，及时进行审批，全年新批、变更文化经营单位97家，其中网吧33家，出版物经营单位12家，包装、装潢企业13家，娱乐场所10家，营业性演出场所19家，高危险性体育项目6个，电影放映单位4家。全年开展“净网”“清源”“秋风”“剑网”“护苗”专项行动5项。开展元旦、春节文化市场安全检查，“两会”期间文化市场实施保障行动，开学前开展校园周边文化市场专项整治。全年检查492次，出动文化执法人员1185人次，检查各类文化经营场所2881家次，收缴非法音像制品563张（盒）、非法书刊228册、非法广播电视信号发射装置3套、地面卫星信号接收设施6套，罚没款2.9万元。办理案件21件，处理各类举报、市长电话等20件。

【丰子恺纪念馆参展第十届中国（义乌）文化产品交易会】 4月27日，第十届中国（义乌）文化产品交易会在浙江义乌国际博览中心举行，展览会以打造文化产品交易平台，推动文化产业跨越发展为主题，以汇聚产业精英，展示产业成果，展现产业动向，引领产业潮流为宗旨，致力于打造一个专业化、国际化的文化产品交易平台。丰子恺纪念馆作为桐乡市文博单位参加此次展览。丰子恺纪念馆展出以子恺漫画为主题的精品茶具，《子恺风景画》《缘缘堂随笔》《乡土漫画》等书籍，丰子恺高仿漫画精品等一系列文化产品，吸引漫画爱好者和游客参观。

群众体育

【概况】 2015年，市体育局以创建“全国武术之乡”为契机，按照政府主导，部门协调，全民参与原则，围绕传递健康，共享快乐主题，推进公共体育设施建设，完善全民健身公共服务体系，开展全民健身体育活动。全年开展各级各类体育活动210次，参与人数6.83万人次。市级活动有第七个全民健身日系列活动、机关团队运动会、第十七届市运动会、企业职工团队运动会、第五届残疾人运动会等；镇（街道）级有梧桐街道第三届全民健身艺术节暨第五届体育会、崇福镇第四届全民运动会等。地市级及省级活动90余次，3000余人次参与，主要有嘉兴市第三届市民运动会、浙江省第二届海洋运动会等。申报省、市级创建项目有省级特色乡镇1个、省级现代化镇（街道）1个，省级中心村全民健身广场1个，社区体育俱乐部1个，村级体育俱乐部8个，老年体育活动中心（俱乐部）1个，星级职工体育俱乐部1个。加快体育设施建设，全年完成2个拆装式游泳池，12个镇（街道）全部完成健身器材大维修。组队参加嘉兴市第八届运动会青少年部所有比赛，获竞赛团体总分、金牌数、奖牌数第一。

【桐乡市第十七届运动会】 5～9月，桐乡市第十七届运动会在梧桐街道举行，设球类、田径、武术、棋类及趣味类运动等21项，分青少年部、成年部、老年部，参加单位包括各镇（街道）、市属部门，全市各中小学及老年体协，2万余名运动员参加。梧桐街道、崇福镇、濮院镇获镇（街道）组1～3名；教育局、经济开发区、交通运输局获行业系统组1～3名；梧桐街道、濮院镇、凤鸣街道新居民事务所获新居民组1～3名。

【桐乡市被命名为“全国武术之乡”】 8月31日，桐乡市被国家体育总局武术运动管理中心命名为“全国武术之乡”。桐乡市于2013年启动“全国武术之乡”争创工作，建立桐乡市创建全国武术之乡领导小组。实施文体惠民工程，推广武术运动，在全市范围内建设太极推广示范广场（站、点），建成太极示范广场4个、示范站22个、示范点68个。邀请专业老师到桐乡传授太极拳术，举办各类培训班。全面实施太极进机关、进乡镇、进新居民区、进村（社区）、进学校、进企业的“六进”活动，全市每天参与体育健身活动45万多人次，其中参与武术锻炼活动14.8万多人，12个镇（街道）武术协会实现全覆盖，有中国武术协会会员1396人。保护、传承桐乡市优秀武术拳种。洲泉、大麻、乌镇等6个镇，组织专业人员挖掘、整理流传在民间的船拳、高竿船技、大纛旗、舞方天戟等传统武术。

【组队参加嘉兴市第八届运动会】 4～8月，嘉兴市第八届运动会在嘉兴市区及各县（市、区）举行。桐乡市450名运动员组团参赛，参加田径、游泳、皮划艇、举重、篮球、排球、乒乓球、羽毛球、武术、跆拳道等10个大项目比赛。比赛结果获金牌115枚、银牌82枚、铜牌55枚，总分2171.5分，在五县（市）两区中名列第一。

竞技体育

【概况】 2015年，市体育局贯彻落实《关于加强青少年体育、增强青少年体质的意见》精神，协同市教育局，加强少体校和布点学校业余训练工作的协调和管理，完成2015～2018年周期业余训练布点学校布局工作，共8个项目25所学校。组队参加浙江省第三届阳光体育运动会。配合嘉兴市办好浙江省健美健身锦标赛。承办嘉兴市第八届运动会青少年部举重、篮球、田径比赛。

【桐乡市第五十一届中小学田径运动会】 11月23～25日，桐乡市第五十一届中小学田径运动会在桐乡技师学院（筹）北校区举行。全市中小学65支代表队766名运动员参加比赛。比赛项目分短跑、中长跑、跳高、跳远、铅球等15项。比赛结果：小学部团体总分，甲组第一名为城北小学、石门路学校（小学部）和濮院小学教育集团；乙组第一名为濮院桐星小学。初中部团体总分，甲组第一名为桐乡市第六中学、现代实验学校；乙组第一名为石门路学校（初中部）、濮院桐星学校（初中部）。高中部团体总分，第一名为茅盾中学。小学女子甲组800米、初中男子乙组跳远、初中女子乙组200米、初中女子甲组1500米、初中女子甲组标枪均打破桐乡市纪录。

【“体彩杯”中美篮球对抗赛】 10月10日，市体育局承办的“体

10月10日，“体彩杯”中美篮球对抗赛在体育馆举行　　市文化局提供

彩杯”中美篮球对抗赛在体育馆举行。这场家门口的国际赛事吸引1000余名篮球爱好者前来观看。浙江广厦队与美国波士顿队进行激烈较量。浙江广厦队发挥团队优势，凭借默契配合和精准技术最终以85∶78的比分赢得对抗赛胜利。

【振东小学入选全国首批体育工作示范学校】 11月28日，市实验小学教育集团振东小学入选全国首批体育工作示范学校。该校的体育教育品牌是笛子武术操、足球和田径项目，其中笛子武术操为该校体育老师编创，融合音乐元素，深受学生喜爱。学校建有“振东小学武术队”，在嘉兴市武术比赛中多次获得佳绩。学校足球队在嘉兴市首届青少年校园足球赛中获冠军，代表嘉兴市参加浙江省首届校园足球总决赛，并获亚军。田径队也曾在嘉兴市级、省级比赛中屡获佳绩。

（颜剑明）

广播电视

【概况】 2015年，桐乡市广播电视台坚持新闻立台、产业兴台、规矩管台，助推媒体融合发展，提升广播电视的传播力、影响力和引导力。围绕市委、市政府“稳中求进、转中求好”工作主基调，注重新闻策划，讲好桐乡故事。结合经济建设、平安市创建、世界互联网大会、抓好四张报表（经济报表、平安报表、世界互联网大会承办工作报表、党建报表）等重点工作与重大活动，开设专栏，推出“聚焦一业一网、干好三件大事”（旅游业，互联网，大整治、大转型、大招商）“开展环境综合大整治、迎接互联网大会”“巩固国家卫生城市成果、共建美好家园”等主题报道，促进经济、政治、文化、社会和生态建设“五位一体”的协调与发展，发挥主流媒体宣传和引导作用。发挥电视台优势，助推相关部门工作。为相关部门拍摄宣传片、专题片、微电影8部，策划、承办、录制“拥抱2015桐乡春晚”“机关优秀团队表彰大会”“五一劳模表彰”“机关辩论赛”等活动。

在浙江省广播电视新闻协作中，广播、电视分别获一等奖、二等奖。广播、电视首次双双被评为上送中央人民广播电台和中央电视台十强。桐乡广电台有23件作品获嘉兴市广播电视政府奖，其中3件作品获嘉兴市一等奖，1件作品获浙江省广播电视新闻奖三等奖。在第三届全国市县电视台推优活动中，1件作品获综艺晚会类一等奖、1件作品获第八届中国旅游电视周优秀旅游电视节目好作品奖。根据腾讯网提供数据显示，《伴你同行》最高网络收听率排列全省第28名，“蜻蜓FM上”“971桐乡旅游之声”在线每月收听3.3万人次，位列全省县级广播第10位。

12月，在第二届世界互联网大会服务工作中，市广电台派出工作组直接参与一系列国际性新闻直播，第二届互联网大会前后，市广电台被浙江卫视录用稿件23件，中央电视台《新闻联播》播出新闻7件。人防与技防齐头并进，安全播出层层把关。实行重要安全播出敏感期技术值班双岗制，在第二届世界互联网大会期间，做好户外大屏幕播出应急处置预案，确保安全运行。广电台安全播出工作获浙江省广播电视节目技术质量“金鼎奖”三等奖。

【发挥舆论监督作用】 2015年，市广电台《桐乡民生》推出电视

“全国交通安全日”主题宣传活动 市广电台提供

新闻监督栏目《今日曝光》。该栏目以“建设性舆论监督”为主旨，曝光“三改一拆”“五水共治”、创建卫生城市等方面存在的问题，全年播出36期。内容涉及违法建筑、水环境污染、破坏市容市貌等。栏目通过后期跟踪、督办，营造全市上下“动真格、敢碰硬”氛围。栏目组回访调查，曝光问题解决率99%，群众满意率98%。

【创新媒体融合方式】 2015年，市广电台创新媒体融合方式，设立集971旅游之声、桐乡新闻网、户外大屏、微信和农村有线广播于一体的新媒体中心。整合电视新闻、专题节目，借力互联网，实现手机屏、户外大屏、电视屏、电脑屏之间联动，通过不同媒介平台交融互补、使新闻力量成倍释放。971旅游之声作为广电台媒体融合的主阵地，从以新闻报道为主，向“新闻+服务”的方向转变，线上推节目，线下搞活动，全年开展各类线下活动19场。通过线上线下资源整合，锁定有车一族和智能手机用户，提升品牌影响力。首次推出“微信+广播+网络”三大平台联动的《寻访美丽乡村》系列节目，50多个美丽乡村成为桐乡新农村样板。

【开设《魅力桐乡》文化旅游节目】 2月，市广电台开设《魅力桐乡》栏目，每周播出四期，一、三、五、日首播，次日重播，每期时长10分钟左右。节目以桐乡大旅游为定位，推介全市旅游资源，挖掘桐乡人文历史，彰显文化旅游特色。年内还推出“走进乡镇”特别节目。节目主持人以体验报道的形式，走进乡镇景点，品尝特色美食，增强节目可看性。

（庄卫东）

走进乡镇景点——石门镇第二届麦芽塌饼制作展示活动

市广电台提供

报 业

【概况】 2015年，《嘉兴日报·桐乡新闻》紧贴市委、市政府中心工作，开展形式多样、百姓喜闻乐见的新闻报道，为桐乡建设与发展营造舆论氛围。重点推出“解码桐企”“创二代”“桐乡的‘三治’故事”“看传统产业互联网化”等大型综合性专题报道。6月，推出“干在实处永无止境，走在前列要谋新篇”系列报道。全年出刊245期。《农村“三权”保证保险贷款全国“第一单”花落桐乡》获浙江新闻奖二等奖，《桐乡一批民企争当“标准领袖”》获浙江新闻三等奖，《看传统产业互联网化》系列报道获嘉兴市好新闻三等奖。

《钱江晚报·今日桐乡》新闻宣传突出主线、明确重点、把握导向，第一时间发布市委、市政府重大决策部署及权威信息，注重热点事件回应，完成年初制定的宣传报道计划。重点推出“两会”“贯彻党的十八届五中全会重要精神”“贯彻落实全委会精神”“纪念抗战胜利70周年”“第二届世界互联网大会·乌镇峰会”等专栏和系列报道。报道形式改革创新，以《钱江晚报·今日桐乡》报纸为支点，微信公众号“钱江晚报今日桐乡”“周游桐乡”以及“桐乡发布”“乌镇发布”等代运营微信平台为端口，组成新媒体发布矩阵，为市民带来第一手资讯。《钱江晚报·今日桐乡》全年出刊244期。微信公众号“钱江晚报今日桐乡”“周游桐乡”累计粉丝10万余人。

【新闻报道栏目创新】 2015年，《嘉兴日报·桐乡新闻》创新新闻报道内容、形式。围绕中心工作，开辟“从项目看发展”“半年度经济观察”等栏目，以图文并茂形式，报道项目建设进程、投资进度，描绘新桐乡。在第二届世界互联网大会·乌镇峰会期间，推出系列报道“看传统产业互联网化”“热点关注”“一孔之见”等栏目，让世界看到桐乡亮点，并赢得点赞。一批互联网大佬表示，桐乡在探索传统产业的互联网+上游产业基础上，有创新氛围，典型案例，多个国家级媒体转发相关报道。6 月，出刊《市委书记四问桐乡干部》专题报道。报道摈弃原本时政新闻刻板、高大全报道模式，采用四问形式呈现，起到较好新闻宣传效果。

【强化报网融合发展】 2015 年，《嘉兴日报·桐乡新闻》强化互联网思维，推动传统媒体和新兴媒体在内容、渠道、平台、经营、管理等方面融合。推出《桐乡企业员工福利大比拼，哪一家最羡煞你?》等系列报道；微信和报纸形成联动，全方位展示桐乡企业对员工人文关怀，唤起员工对企业的自豪感和幸福感。活动得到数万市民点赞。借助“嘉兴日报桐乡新闻”微信公众号以及“嘉兴在线”等网络平台，打破传播地域界线，如《佟勇：力争做中国的 SGS》一文，通过网络传播，吸引一家广东风险投资公司前来洽谈。

【推出“行进百村，精彩故事”专栏】 2015 年，《嘉兴日报·桐乡新闻》立足实际，探索创新农村工作报道方式，结合桐乡美丽乡村建设，推出“行进百村，精彩故事”专栏。通过记者深入到村，走访到户，挖掘一个个美丽乡村嬗变背后的精彩故事。每周推出一个村进行专题报道，并通过微信、微博进行传播；通过联合市委组织部、市农村建设办公室，在嘉兴日报桐乡新闻微信公众号上为美丽乡村搭建“比班子、比人文、比实力、比和谐”擂台。这场擂台引起 5 万余市民关注与热议。这是媒体联合政府部门借助互联网+思维，推动基层工作创新的成功范例。

（潘晓琴）

【突出政府中心工作报道】 2015 年，今日桐乡报社宣传报道坚持正确舆论导向，围绕市委、市政府中心工作，组织策划，抽调精干力量现场采访报道，多角度反映桐乡经济社会发展成果。推出“贯彻党的十八届五中全会重要精神”之“我的这五年”专栏，以小角度展现大主题；与市五水共治办联合开展“治水美村”系列，以图文并茂形式推出整版报道，呼吁市民爱水、护水。其中《悠悠乌镇水，浸润小镇发展之梦》稿件获年度省县市区域报重大主题报道类一等奖。第二届世界互联网大会宣传报道贯穿全年，分会前、会中、会后对这一重大新闻事件进行全方位报道，向读者展现美丽乌镇、智慧乌镇。其中《“互联网+养老”的乌镇模式究竟牛在哪》稿件获年度省县市区域报好新闻通讯类一等奖。

【聚焦桐乡新经济】 2015 年，今日桐乡报社聚焦桐乡新经济，运用多种形式做好经济报道。年初桐乡召开市委经济工作汇报会，今日桐乡报推出“头版会议稿+跨版七个关键词”，全方位解读桐乡经济新变化；8 月推出“贯彻落实全委会精神系列报道”，围绕“大整治、大转型、大招商”三件大事，开设“提振一流精神 争创一流业绩”专栏，梳理总结全委会精神，解读会议新目标、新要求，让市民共同见证桐乡如何实现新跨越。今日桐乡报社代运营的《桐乡商界》杂志在运营过程中始终秉持为桐商“立传、立言、立志”使命，以“分享桐商创业精神、提振企业发展信心、弘扬桐商企业文化”为内容定位，介绍典型企业的经验、剖析相关政策等服务性内容，展示桐乡经济转型发展中的亮点。

【弘扬社会正能量】 2015 年，今日桐乡报社宣传报道民生民情弘扬社会正能量。为纪念抗战胜利 70 周年，开设“抗战寻迹”专栏，追忆抗战时期发生在桐乡这片土地上的人和事，配合动态新闻报道以及公益广告等，号召市民缅怀先烈。继续做好“寻找最美桐乡人”专栏，《千钧之际，两位好邻居冲进房子》《“好邻居”拾金不昧，物归原主》《朋友圈里的“最美”，请为他们点赞》等稿件引起市民热议。摄影记者抓拍的《最美路人 为车祸伤者撑伞》新闻图片获年度浙江省县市区域报好新闻奖摄影作品二等奖。

【发挥全媒体作用】 2015 年，今日桐乡报社旗下新媒体平台渐趋成熟，与报纸形成良好互动。其中，“钱江晚报今日桐乡”微信公众号定位于准确、及时传播桐乡时政、社会、经济与文化等方面新闻信息，成为市民了解桐乡发展变化的重要平台。“周游桐乡”微信公众号作为以提供吃喝玩乐游资讯的新媒体平台，以更接地气、更贴近用户的方式和内容，为市民提供多样化生活资讯服务。今日桐乡报社代运营“桐乡发布”“乌镇发布”“桐乡旅游”“桐乡新居民”等政务微信平台，通过配备专业采编力量，采编创作一批适合各个平台传播的原创性新媒体作品。7 月，台风“灿鸿”来袭，通过“桐乡发布”“钱江晚报今日桐乡”“周游桐乡”等微信、微博，第一时间发布汛情及防汛防台知识等服务性内容。12 月，第二届世界互联网大会举办期间，通过报纸与新媒体的融合报道，取得极佳传播效果。《第二届世界互联网大会·乌镇峰会系列报道》获年度浙江省县市区域报融合媒体报道奖三等奖。今日桐乡报社及时向浙江新闻客户端桐乡频道供稿，涵盖时政、经济、社会等多重领域，向全省展现桐乡新貌。

（张娟玉）

网络媒体

【概况】 2015 年，桐乡新闻网整合“两报一台”（《钱江晚报·今日桐乡》《嘉兴日报·桐乡新闻》、桐乡广电台）等本地新闻资源，刊发本地新闻（文字、图片）约 5000 条，发布本地视频新闻 1460 多条。围绕市委、市政府中心工作，制作推出“两会”（市十五届人大四次会议、市政协八届四次会议）“我的美好家园”“纪念抗战胜利 70 周年”“第二届世界互联网大会·乌镇峰会”等十多个重要专题，为桐乡凝心聚力、加快发展营造网络舆论氛围。桐乡新闻网微信平台，推出各类线上线下活动吸引用户量，从内容和特色上提高用户粘性，全年关注点击量 2.5 万人次，其中发布信息点击量超 3 万人次。8 月，新建视频网站——桐乡新闻网视听频道，每日更新当地新闻和有特色的视频。网站推出后市民反响良好。

【新建桐乡视听频道】 1 月，桐乡新闻网视听频道建立。该频道主要由印象桐乡、视频新闻、电视栏目、旅游之声、专题、拍客·微视频、在线爆料和便民服务等近十个特色频道和栏目组成。以服务、整合桐乡市广播电视台媒体资源为基础，致力于打造桐乡领先新闻、信息、娱乐、服务为一体的具有视听、互动特色的综合性网络媒体。

【推出“我的美好家园”专栏】 2015 年，桐乡市开展“我的美好家园”微征集活动。从 6 月 5 日起，桐乡新闻网在首页推出“我的美好家园”专栏，放在版面突出位置，并将微征集活动和“五水共治”等主题报道相结合，围绕“绿水青山就是金山银山”，征集一批以微视频、微图文作为主要表现形式作品。桐乡新闻网向微信微博客户端连续推出“我的美好家园”微征集活动。桐乡发布微信发出“快用你的创意来诠释‘我的美好家园’”征集令。此次系列活动得到众多网民参与，收到作品 60 多件，其中微图文 50 多张，微视频 10 多个。活动结束后，评选出 14 件优秀作品上报嘉兴市，并在微信公众号上集中展示。

（庄卫东）

“我的美好家园”活动　　市广电台提供

卫　生

概　述

2015年，全市有各级各类医疗机构285家，其中：公立综合性医院3家，中医医院1家，精神病医院1家，妇幼保健院1家，皮肤病专科医院1家，护理康复医院1家，卫生监督所1家，疾病预防控制中心1家，急救站1个，计划生育指导站1个，卫生学校1所，社区卫生服务中心（卫生院）12家，社区卫生服务站（村卫生室）163个。厂、校医务室（卫生站）18个。民营医疗机构77家，其中综合性医院3家、专科医院1家、康复医院1家。全市有医疗床位数3224张，每千人床位数3.88张。其中，市级公立医院2335张，镇（街道）卫生院412张，民营医疗机构477张。各类卫生技术人员4884人，其中：执业（助理）医师1576人，每千人执业医师（助理）1.9人；注册护士1922人，每千人注册护士2.32人。全市卫计系统事业编制工作人员2919名。其中：专技人员2850人；硕士研究生及以上学历114人，大学学历2078人，大专学历514人，大专及以上学历占92.7%；正高职称98人，副高职称444人，中级职称980人，中级及以上职称占53.4%。

全年办理卫生行政许可4531件，其中公共场所卫生许可601件，执业医师注册346件，护士注册455件，医疗卫生机构设置执业许可380件，放射诊疗许可18件，乡村医生注册（变更）2件，母婴保健专项技术服务许可2件，集中式供水单位卫生许可3件，放射诊疗建设项目卫生审查24件，再生育审批2700件。全年承办各类案件45起，其中一般程序45起。承办案件中，医疗卫生案件11起，公共场所卫生案件33起，消毒产品案件1起，作出警告处理28起，罚款45起，没收违法所得2起，罚没款总额16.3万元，办结的45件行政处罚均按规定公开。全年无提起行政复议或行政诉讼案件。

开展行政权力事项信息规范比对工作，省市县三级行政权力事项基本目录新增事项123项，根据实际情况增补58项，修改原有事项10项，取消2项（涉及职业病职责划转）。完成卫计系统延伸至镇（街道）、村（社区）政务服务事项内容梳理入库工作，梳理出入库事项17项，其中行政权力事项5项、公共服务事项12项。

卫生行政

【概况】 2015年，市卫生和计划生育局实施“接轨沪杭”医疗开放合作战略，市政府与浙江大学医学院附属邵逸夫医院达成医疗卫生战略合作协议，建立医疗合作项目20项。创新嘉兴二院托管桐乡四院模式，浙江雅达国际康复医院于7月经省卫计委执业验收，桐乡星光医院于9月经嘉兴市卫计局执业验收，批准设置乌镇雅园中西医结合门诊部和高桥瑞金中西医结合医院。市卫生学校高职考上线率99.33%。护士资格考通过率99%。首次参加浙江省医药行业特有工种（中药调剂员操作）技能竞赛，获一、二、三等奖各1名。

推进市卫生信息化建设工作。推动互联网+智慧医疗的桐乡健康云平台建设，完成市级医院HIS（医院信息系统）系统改造，推进综合管理平台、“健康桐乡”APP和双向转诊平台建设，实现全市就诊“一卡通”。完善居民电子健康档案系统，建成移动随访系统。推进区域共享中心建设，建成区域影像中心和全市医疗单位PACS（影像归档和通信系统）系统，实现基层医疗机构与市级医院之间的影像会诊和审核。履行职能部门和片长、路长单位职责，落实各项工作措施，实现国家卫生城市暗访“力争不失分、确保少失分”目标。12月，省卫计委命名桐乡市为浙江省卫生应急工作示范市。

实施卫生人才保障工程。根据《桐乡市卫生系统“1236人才工程”实施意见》，确定第四轮第三批学科带头人3名、学科骨干9名、医坛新秀22名。桐乡市中医医院正院级领导干部陈东晓、桐乡市第一人民医院副院长祝秀凤远赴非洲马里开展为期两年医疗援助工作；桐乡中医院沈之嶒工作室被列为全国基层名老中医药专家传承工作室建设项目。桐乡市第二人民医院主治医师盛晓杰、桐乡市中医医院主治医师张京成先后前往新疆沙雅县人民医院开展医疗援助工作；市卫校周新杰成为桐乡市第四位造血干细胞捐献者；市疾控中心被市政府授予桐乡市模范集体称号。

全市各医疗卫生单位在岗职工4971人，其中在编人员2949人、编外合同工1761人、乡村医生66人、退休返聘医生195人。全市医疗卫生单位面向普通高等院校医学类应届毕业生直接公开招聘81人，面向社会公开招聘111人，安排30人定向委培临床医学专科毕业生到社区卫生服务机构工作，引进硕士研究生2人，正高职称1人，桐乡市以外医疗单位取得中级职称人员以档案重建方式引进4人。经嘉兴市卫生高级专业技术资格评审委员会评审通过112人(其中正高25人)，取得卫生高级专业技术资格。市卫生学校10名教师取得教师系列高级专业技术资格。

【桐乡市卫生和计划生育局成立】 根据《桐乡市人民政府职能转变和机构改革方案》精神，桐乡市卫生局和桐乡市人口和计划生育局合并组建桐乡市卫生和计划生育局，主管全市卫生、计划生育工作。7月6日，市卫计局召开机构改革动员会，8月3日，桐乡市卫生和计划生育局举行揭牌仪式，副市长柳国彪出席。10月，桐乡市妇幼保健院和计划生育服务中心挂牌，全面承担辖区内妇幼公共卫生和医疗保健服务、计划生育公共服务及相关信息采集、指导等工作。

8月3日，原桐乡市卫生局和原桐乡市计划生育局合并，组建桐乡市卫生和计划生育局　　市卫计局提供

【完善基本药物制度】 2015年，市卫计局实施基本药物制度，遴选确定基本药物配送商。制定遴选方案，坚持公开、公正、公平原则，以票决制形式确定8家配送商，负责市医疗机构基本药物配送工作。调整基本用药目录，组织实施全省药品集中采购中标结果。根据上级要求，卫生行政部门不再组织遴选具体药品。各医疗机构根据规则，制定用药目录遴选方案，调整用药目录。控制基层医疗卫生机构使用非基本药物，非基本药物采购金额不得超过本单位药品采购总金额30%。12家社区卫生服务中心(卫生院)全部配备、优先使用国家基本药物和浙江省按基本药物管理的药品，其中80%以上药品与市级公立医院使用的基本药物相匹配。在社区卫生服务站试行慢性病常用药品与市级医院接轨，方便慢性病患者就医配药。定期做好阳光用药指标的收集和公示，完善处方点评制度，处方点评纳入医疗质量管理内容。开展医疗机构全处方点评和病历集中点评一次，点评情况汇总通报。继续做好抗菌药物临床应用专项整治，相关指标纳入全年医疗质量考核。

卫生监督与疾病控制

【概况】 2015年，桐乡市积极创建省级卫生应急示范市，深化第二届世界互联网大会卫生保障工作，加强重点传染病防控，推进卫生监督执法，为全市经济社会发展和人民群众健康服务。

第二届世界互联网大会期间，市卫计局抽调省、嘉兴市、桐乡市80多名医疗卫生技术人员和6辆救护车参与医疗卫生保障工作。三级卫生计生部门联合成立大会医疗保障工作领导小组，在市第三人民医院设立医疗卫生保障工作临时指挥部；桐乡专门采购抢救型120救护车1辆，价值90多万元；桐乡一院、桐乡三院硬件设施进行改造升级，购置相关医疗器械和设备；在乌镇景区安装饮用水水质卫生在线监测设备1套，在线监测水质数据变化及卫生质量。

推进省级卫生应急示范市创建工作，完善卫生应急救援体系。开展责任医生签约服务，完成签约12.49万人，签约率18.2%，其中重点人群签约5.53万人，签约率44.3%。基本公共卫生服务项目工作在全省考核中列第四位。加强以H7N9禽流感为重点的传染病防控工作，发挥卫计部门参谋作用，落实群防群控策略，实施暂停全市活禽交易措施，加强发热呼吸道门诊管理，H7N9禽流感防控成效显著。做好中东呼吸综合征、肠道传染病防控应对工作。加强布病和手足口病防控，推进规划免疫工作。开展乌镇百日执法攻坚专项行动。完善基层协管网络，省级卫生监督协管服务示范点全覆盖。3家单位通过嘉兴市卫生监督协管示范点创建评查组现场评查。开展打击非法行医活动，全年出动执法人员206人次，无证行医立案14起，处罚14起，追究非法行医罪1起，没收违法所得7550元，没收药品器械546公斤。发放打击非法行医投诉举报奖励7100元。集中整治乌镇片区公共场所单位417户，举办小旅店、小美容美发店、茶室等从业人员卫生知识培训4期，对“四小”行业（小旅店、小浴室、小歌舞厅、小美容美发厅）经营户公共场所控烟指导417家。规范化电子建档人数68.54万人，建档率83.7%；登记在册高血压患者8.74万例，发现率10.9%；按照分级管理要求，规范管理5.57万例，管理率63.7%；血压控制5.64万例，控制率64.5%；登记在册糖尿病患者1.95万例，发现率2.5%，其中规范管理1.24万例，管理率63.8%；空腹血糖控制1.21万例，控制率62.2%；全市登记在册精神疾病患者4673人，其中重性精神病患者3715人；在各镇、街道组织开展乙肝疫苗、卡介苗、脊灰减毒活疫苗、百白破疫苗、麻疹疫苗接种，“五苗”接种率99.51%；适龄儿童甲肝疫苗接种率99.3%。全年免费开展窝沟封闭3759人，封闭牙齿1.01万颗；报告糖尿病2603例，发病率371.15/10万；恶性肿瘤1439例，发病率344.51/10万；冠心病急性事件262例，发病率42.95/10万；脑卒中2167例，发病率339.99/10万。全市人均寿命80.63岁，其中，男性78.34岁，女性83.06岁。前五位死因死亡率及构成依次为：恶性肿瘤190/10万（25.95%），呼吸系统疾病126.04/10万（17.22%），脑血管病117.61/10万（16.06%），损伤与中毒99.58/10万（13.6%），心脏病86.35/10万（11.8%）。前五位恶性肿瘤死亡率及构成依次为：肺癌65.13/10万，肝癌21.66/10万，结肠直肠肛门癌

1月20～21日，桐乡市接受浙江省卫生计生委基本公共卫生服务项目现场考核　　市卫计局提供

18.9/10万，胃癌15.7/10万，胰腺癌13.08/10万。全市报告艾滋病感染者及病人48例，在管病人197例。新增抗病毒治疗45例，在治病人168例。施行艾滋病“四位一体”随访管理模式。全年为194例病人发放激励费和交通费计15.6万元。全市五种性病报告发病1433例，发病率172.96/10万，比上年下降14.4%。淋病报告675例，位居全市甲乙类传染病报告数首位。全市登记活动性肺结核病人346例，病人督导率95.66%。全年无甲类传染病发病、无丙类传染病死亡病例、无突发公共卫生事件。全市16家医疗机构采样297份，合格样本268份，合格率90.2%；抽样监测11家托幼机构采样145份，合格样本128份，合格率88.3%。

【开展“执法百日攻坚”专项行动】 6月1日～9月30日，市卫计局在乌镇开展“执法百日攻坚”暨创建国家卫生镇“四小”行业整治专项行动。市卫计局成立专项整治工作组，局长任组长，分管副局长任执行组长，下设4个专项整治小组。制定整治工作方案，实行分片包干、责任到人的“网格化管理”工作机制。根据“四小”行业整治工作方案，重点对店容店貌、卫生许可证照、人员健康管理、消毒保洁专间（设施）配备及公共用品消毒措施落实，卫生管理台账建立，公共场所控烟等作为整治内容，集中整治乌镇片区公共场所单位417家，其中住宿业单位326户（包括“乌镇人家”民宿246户），美容美发63户，茶座28户，约谈3家经营户负责人，新发许可证20余张，许可证持证率94%，各经营单位达到治理要求；开展“四小”行业从业人员卫生知识培训4期，对“四小”行业经营户公共场所控烟指导417户次，发放、张贴控烟标识1500余份。

【实施艾滋病“四位一体”随访管理模式】 2015年，市卫计局实施艾滋病防控“四位一体”（疾控中心、定点医院、社区卫生服务中心、病人）管理模式，出台《桐乡市艾滋病感染者和病人随访管理经费考核实施细则》。病人在强化自我管理和自我约束，配合社区卫生服务中心和定点医院工作的基础上，对疾控中心、定点医院和社区卫生服务中心服务质量和满意度进行反馈。同时，建立经济补助机制，对履行义务、配合随访的病人实施经济奖励。实施艾滋病“四位一体”随访管理模式，病人自我管理意识明显提高，依从率不断提升，有效减轻了防治单位的工作量与工作难度，并形成一个四方相互监督的有机整体，有效提升艾滋病防治质量。《健康报》内参对桐乡市“四位一体”模式进行了跟踪报道。

【成功创建浙江省卫生应急示范市】 2013年3月，桐乡市启动省级卫生应急示范市创建工作，进一步完善应急预案体系，加强队伍建设，建立专家咨询委员会，下设6个专业组专家库人员30人；公共卫生应急队伍12支，配专业人员24人；医疗救治应急机动队44人，流行病学调查人员59人。形成平战结合、反应迅速、保障有力的卫生应急救援体系，实现应急演练常态化。2015年12月，省卫计委命名桐乡市为浙江省卫生应急工作示范市。

医疗服务

【概况】 2015年，市卫计局深化公立医院综合改革和基层卫生综合改革，加强医疗质量规范化管理，修订完善医疗质控检查标准，突出医疗质量薄弱环节指标和药占比等内容考核。开展药品及医疗器械安全专项检查，落实医疗核心制度和“三个重点”（重点科室、重点人员、重点环节）管理制度。市卫计局出台《桐乡市医疗事故、医疗纠纷处理及责任追究办法》，以制度来规范对医务人员的长效管理，提高医疗安全防范意识。实施优质护理服务工程，加强护理内涵建设，提高护理服务能力。开展抗菌药物临床应用专项整治及处方点评工作。推进医疗开放合作和重点学科（专科）建设，开展医联体及托管业务，拓宽医院业务范围，各中心医院业务量明显增长。市卫计局出台《桐乡市进一步改善医疗服务行动实施方案》，优化就诊流程，开展诊间结算。6月，市一院、三院、妇保院、石门镇中心卫生院组建成桐乡市医疗中心。市卫计局、人力社保局、发改局、财政局、物价局出台《桐乡市分级诊疗实施方案》（试行），通过落实转诊制度，规范转诊程序，形成市级及以上医疗机构和基层医疗机构间的双向转诊机制。8月，成立中医药管理和妇幼保健科，为卫

6月2日，天津市副市长曹小红(前排右一)调研桐乡市公立医院改革情况　　市卫计局提供

计局内设科室。配备专职工作人员，加强中医药工作，发挥中医药特色优势。整合优质医疗资源，与全市42家居家养老服务照料中心结对，启动“守护健康·一米阳光”志愿服务活动。开展各类活动181次，参与人数1780人次，服务老年群众1.22万人次。市急救站“急救前移”执行率由上年64%提升到91.8%。全年120指挥调度受理电话4.79万次，救护出车1.8万次，接收病人1.37万例，救护出车空车(诊)率8.6%，回车率为零。完成政府工作医疗保障任务48次。

【发挥中医药特色优势】 2015年8月，市卫计局成立中医药管理和妇幼保健科，配备专职工作人员，加强中医药工作领导，发挥中医药特色优势。年内开展临床路径14个、优势病种43个、中医特色护理和中医适宜技术操作60余项，做好冬病夏治和冬令进补两大特色工作。市中医院接受省级三级中医院持续改进检查评估，在发挥中医药特色优势、队伍建设、药事管理、中医临床路径和中医诊疗方案推广等方面获得好评。

【桐乡市医疗中心建成】 2015年，市卫计局深化医联体建设。6月29日，桐乡市医疗中心建立。组建桐乡市医疗中心，进一步促进优质医疗资源下沉，实施分级诊疗和双向转诊，更好地满足群众的就医需求。医疗中心由市一院、市三院、市妇保医院、石门镇中心卫生院组成。市卫计局推进优质医疗资源下沉，对一院、三院进行人、财、物及业务发展统一规划管理。加强医疗中心和医联体建设，推进分级诊疗工作，提升基层就诊率。基层医疗机构门急诊353.93万人次，比上年增长7%，占全市门急诊总量56%；出院病人1.35万人次，增长12.7%，占全市出院病人总量15.9%，提高1.43个百分点；收支结余增长31.2%。康慈医院嘉兴经济技术开发区心理咨询中心投入正常运行。

妇幼保健

【概况】 2015年，市卫计局实施妇女健康促进工程，完成妇女病普查9.54万人，检查率86.53%，查出各种妇科病1.72万人，妇科病患病率18.06%。全市孕产妇死亡率0，婴幼儿死亡率2.79‰。孕产妇保健工作质量提高，重症高危孕产妇管理率100%，全年无孕产妇死亡。高危孕产妇管理率100%，住院分娩率100%。儿童保健工作质量持续稳定，儿童死亡率保持较低水平，5岁以下儿童死亡率3.77‰、婴儿死亡率2.79‰、新生儿死亡率2.3‰。全市有7岁以下儿童4.51万人，保健覆盖人数4.5万人，保健覆盖率99.66%，其中3岁以下儿童1.74万人，系统管理1.69万人，系统管理率97.43%。做好婚检、孕产妇住院分娩补助、孕前及孕早期增补叶酸预防神经管缺陷等公共卫生妇幼专项工作，全市婚检率90.99%；孕产妇住院分娩专项补助1288人，住院分娩补助率100%；叶酸服用人数4258人，叶酸服用率100%，叶酸知识知晓率100%，叶酸服用依从率89.5%。

【加强孕产妇保健工作】 2015年，桐乡市重症高危孕产妇管理率100%，全年无孕产妇死亡。全年本地产妇6039人，活产数6097人(部分为双胞胎、多胞胎)，建册率100%，早孕建册数5935人，早孕建册率97.34%，早孕检查率 97.34%，孕产妇系统管理率 97.28%。筛选高危孕产妇 3360 例，高危发生率 55.64%，高危孕产妇管理率 100%，住院分娩率 100%。

科研与交流

【概况】 2015 年，市卫计局加强医学科研工作，全年科研立项 88 项，其中省级及以上 3 项、嘉兴市级 5 项、桐乡市级 80 项。完成桐乡市级科技项目评审 45 项，嘉兴级 5 项。开展基层适宜技术培训 5 项。获桐乡市科技进步奖 8 项。全年举办各类培训班、学术活动 32 场。开展桐乡市基层卫生综合技能比赛、青年医生体格检查操作比赛等活动。加强医学继续教育工作，举办国家级继教项目 2 项，承办国家级继教项目 1 项、省级继教项目 5 项、嘉兴市级 32 项。赴三级以上医疗机构进修 176 人。邀请上海、杭州专家讲学 102 次，听课人数 4500 多人。邀请上海、杭州专家会诊手术 460 人次。加强市级医院支援基层卫生工作，全年派出 61 名市级医院医务人员支援基层，每人累计支援 30 天。智慧医疗深入开展，建成“互联网＋医疗”桐乡健康云平台，全年建立医疗合作项目 20 项。创新嘉兴二院托管桐乡四院模式。市中医院（脑病专科脑梗死建设项目）被列为浙江省中医优势病种建设先进单位。沈之嶒工作室被列为全国基层名老中医药专家传承工作室建设项目。

【开展重点学科建设】 2015 年，市一院与沪杭医院开展超声、麻醉科室、耳鼻咽喉科合作，探索

11 月 19 日，桐乡市政府与浙江大学医学院附属邵逸夫医院签订医疗卫生战略合作框架协议　　市卫计局提供

无痛中心建设；市二院与浙江大学医学院附属邵逸夫医院泌尿外科、杭州市第三人民医院肛肠科、浙江大学医学院附属妇产科医院妇科建立协作关系；市中医医院与浙江省立同德医院手外科、浙江大学医学院附属第二医院泌尿外科、浙江绿城心血管病医院心血管科建立院科合作，成为浙江省中医院医疗联合体桐乡成员单位。市一院心血管内科被列为浙江省第四批县级龙头学科，开展心血管介入治疗，填补桐乡市在这一领域的技术空白。创新嘉兴市第二医院托管桐乡四院模式，在泌尿外科、骨科实行医疗组托管，开展四肢关节、髋膝关节置换等新技术、新项目。

（夏滨彬）

爱国卫生

【概况】 2015 年，桐乡市创建国家卫生城市工作领导小组办公室巩固发展国家卫生城市和国家（省）卫生镇（街道）创建成果，推进爱国卫生工作。桐乡市区以 900.9 的暗访分数通过国家卫生城市第二轮复查。贯彻落实《桐乡市城乡环境卫生“四位一体”长效保洁工作实施意见》，完善创卫长效管理机制，巩固发展省级卫生镇（街道）创建成果。乌镇镇、河山镇启动国家卫生镇创建工作，其中乌镇镇通过嘉兴市级考核，洲泉镇通过国家卫生镇复查。开展居民健康素养监测工作，对 800 户居民开展健康素养监测。全年新命名省卫生先进单位 3 个、卫生村 3 个；嘉兴市卫生先进单位 12 个、卫生村 8 个；桐乡市卫生先进单位 23 个。

【国家卫生城市第二轮复查】 2015 年是桐乡市第二轮国家卫生城市复查年。3 月，市委下发《关于迎接国家卫生城市复查工作的实施意见》。同月 17 日，召开第二届世界互联网大会环境整治暨国家卫生城市复查动员会。对照国家卫生城市新标准，针对存在问题，做好迎检复查工

作。5月11～13日，国家卫生城市省级复查考核组分2个综合组、8个专业组开展考核，通过查资料、听汇报、看现场和抽查巡查、随机访问调查等形式，对桐乡巩固国家卫生城市工作进行考评。省复查组宣布桐乡市通过省级复查考评，复查结果上报全国爱卫办并申请复审。2016年1月6日，全国爱卫会公布2015年国家卫生城市（区）复审结果，桐乡市通过复审，列96个重新确认为国家卫生城市（区）中的第3位。桐乡市于2007年获“国家卫生城市”称号，2011年通过第一轮复查，此次是通过第二轮复查。

【开展病媒生物防治工作】 2015年，市创建办联合市农经局开展全市病媒生物监测和防治工作，在春、秋两季统一开展灭“四害”工作。制定和下发2015年城乡春、秋季灭鼠方案，举办培训班，培训1500多人，利用新闻媒体开展广播宣传62次，举办专题活动25次，发放宣传资料1万多份。投入灭鼠经费10多万元，投放各类溴鼠灵毒饵15810千克，平均鼠密度从灭前2.99%下降为1.72%。将“四害”密度控制在国家规定范围内。龙翔街道、凤鸣街道通过桐乡市“灭鼠、灭蟑先进街道”复查。

【开展第二十七个“爱国卫生月”系列活动】 2015年，市创建办开展以“全民参与爱国卫生，共建共享健康桐乡”为主题的第二十七个“爱国卫生月”系列活动。加强环境卫生专项执法整治，依法查处市区沿街店铺门前三包不落实现象及影响市容市貌的违法行为；组织卫生义务劳动，举办创卫宣传和健康知识讲座；镇（街道）结合“四位一体”长效保洁工作，开展环境卫生大整治。开展“世界卫生日”暨健康城市宣传活动、世界卫生日主题宣传活动、开展上街宣传咨询活动，向市民宣传健康、卫生等科普知识，开展健康咨询，举办健康知识有奖竞答，为市民量血压、血糖测试，国民体质测试；举行“爱国卫生月”广场文艺演出活动。开展春季病媒生物防制活动，采取专业除“四害”和群防群治相结合的方法，开展以春季灭鼠为重点的病媒生物消杀工作，清理早春蚊蝇孳生地。

（颜 辉）

健康城市建设

【概况】 2015年，市创建办贯彻市委、市政府《关于建设健康城市的决定》，以健康进万家行动、中国公民素养促进行动和全民健康促进行动为载体，推进健康城市建设。桐乡一中被省爱卫办命名为浙江省健康促进学校（金牌）单位。开展健康城市宣传周、世界无烟日大型宣传活动，成员单位参与活动180余次，受益市民2.5万多人次。建设健康主题公园2个，健康步道5条。

【公民健康素养教育】 2015年，市创建办组织健康教育讲师团成员开展健康教育讲座285次，受益人数1.6万多人次。世界无烟日，开展健康教育实践活动，组织镇（街道）25批次1000多名市民参观“关注健康 让学生和市民走进人体健康科普馆”，提高公民健康素养水平。开展健康知识知晓率抽样调查，市民健康知识知晓率85%，行为形成率81.2%。对梧桐街道、凤鸣街道、龙翔街道和乌镇镇进行居民健康素养监测调查，市民健康素养为13.5%。在世界无烟日，市创建办联合相关部门，对窗口单位、公共娱乐场所、商场、宾馆等单位进行检查；举行大型控烟宣传咨询活动，将控烟工作与卫生先进单位、卫生村建设、文明单位创建结合起来；组织讲师团开展“无烟世界，清新一片”专题控烟活动，传播无烟生活的健康理念。开展无烟单位和控烟积极分子评选工作，推选省级无烟单位5家、省级控烟积极分子2人、桐乡级无烟单位13家、省级控烟积极分子11人。

【创卫健康教育宣传】 2015年，市创建办开展创卫健康教育宣传工作，迎接国家卫生城市第二轮复查，制作各类健康教育宣传图板、展架、折页、草坪牌、DVD光盘等35种5万余张，在市区张贴和分发。在汽车站和滨河广场制作宣传写真20幅。创新健康教育形式，借助“桐乡发布”微信公众平台，增设“健康专线”专栏，市民不仅可以通过手机获取最新健康资讯，更能在线提问；在“嘉兴日报桐乡新闻”微信公众平台发布健康信息，开展市民吸烟情况“微调查”，通过市民调查数据分析，采取针对性控烟措施。桐乡市区以900.9的暗访分数通过国家卫生城市第二轮复查。

（陆明海）

计划生育

【概况】 2015年,桐乡市户籍人口68.9万人,流动人口41.98万人,出生人口5688人,人口出生率8.28‰,自然增长率0.96‰,计划生育率97.08%。市卫生和计划生育局以项目化管理促人口计生工作转型,确定实施建设人口文化礼堂等14个创新项目和12个经费补助项目,实施特殊家庭关爱帮扶、再生育审批制度改革、智能避孕药具发放机布点3个特色工作推广项目。推进幸福家庭关爱工程,落实计生家庭奖扶、特扶等利益导向政策,开展计生特殊家庭结对帮扶工作,开通"12356"阳光计生行动服务热线,24小时为群众解疑释惑和回复诉求,人口计生工作群众满意度90%以上。发挥计生协会作用,组建计生特殊家庭关爱"三叶草"服务站,实施计生特殊家庭帮扶模式探索项目,"三叶草"特色服务工作在中国计生协会"计生特殊家庭帮扶模式探索项目"交流会上作交流发言。6月28日,市人口计生局按照市委、市政府关于《桐乡市人民政府职能转变和机构改革方案》,与市卫生局组建成桐乡市卫生和计划生育局。桐乡市卫生和计划生育局被嘉兴市政府评为2015年度人口和计划生育目标管理责任制考核优秀单位。

【加强计生宣传技术服务】 2015年,市卫计局以幸福家庭关爱工程为统领,开展宣传婚育新风,人口文化"五进"(进农家、进社区、进校园、进企业、进新居民聚居地)活动1500多次,组织"五期"(青春期、新婚期、孕产期、育儿期和更年期)教育300多期,优生优育优教培训150多期,全市覆盖率83.3%以上。推进国家优生项目实施,预防出生缺陷发生,参检人数1.1万人,优生"两免"(免费婚前医学检查、免费孕前优生检测)率分别为93.99%和98.35%;落实计生"四项"(放取环、人流引产、结扎、皮埋)手术、产后、再生育随访工作,提供人性化服务;关心关爱妇女生殖健康,检查5.7万人次;新婚及待孕夫妇优生咨询指导率100%,病残儿父母再生育二孩优生指导和服务率100%。

【落实计生利益导向政策】 2015年,市卫计局落实奖扶对象1.08万人,发放奖扶金1038.24万元;特扶对象710人,发放特扶金612.9万元;救助459户,发

5月24日,市计生局举办《科学坐月子 新生儿巧护理》专题讲座
市计生局提供

放公益金50.79万元;奖励独生子女父母137.03万元;补助子女考取高校的计生低保家庭18户3.6万元。投入78.4万元,为9.8万名独生子女购买第四期“相伴成长”安康保险;投入8.3万元,为694名计生特殊家庭成员办理“三叶草”安康保险;投入130万元,为16.3万名独生子女父母购买安康保险,增强计划生育家庭抵御风险能力;投入12万余元,为300余名计生特殊家庭成员参加城乡居民社会基本医疗保险予以补助;对7户有再生育意愿的特殊家庭实施辅助生育技术公益金报销,协助6户计生特殊家庭办理收养手续。开展各类关爱活动60场次,心理介入帮扶30次。继续做好“生育关怀”冠名企业基金管理使用工作,1297户生育关怀对象得到帮扶。

【综合治理出生人口性别比】2015年,市卫计局加大与公安、新居民事务、市场监管等部门协作力度,落实新生儿分娩、B超检查、“四项”手术等实名制,完善孕情消失倒查机制,加强生育全过程服务管理。开展整治“两非”(非医学需要的胎儿性别鉴定和选择性别人工终止妊娠行为)专项行动,加强对民营医院、私人诊所、重点出租房屋等重点区域和重点环节的检查,“两非”举报奖励从最高1万元提高到5万元,全年无举报案例。年内出生人口性别比为107.55。

【提高计生依法行政能力】2015年,市卫计局推进单独二孩政策实施,做好再生育调查、科学引导、生育预警等工作,符合单独二孩对象实现再生育1055例。实施浙江省生育服务证改革试点工作,实施一孩生育服务证和独生子女父母光荣证信息登记备案,登记一孩生育服务证信息916件。简化再生育审批程序至镇级。推行生育状况承诺制,育龄妇女在办理生育证过程中,对婚姻、生育真实情况的证明可以由本人作签名盖章承诺。规范社会抚养费征收,促进征收兑现工作,全年征收社会抚养费102例500.84万元。

【深化新居民计生服务管理】2015年,市卫计局强化区域协作机制,与16个省、市的36个县(市、区)签订区域协作协议,做好信息交换、违法生育处理等工作。完善部门流动人口信息交换和住院分娩实名登记制度,全年与各部门交换信息60万多条。促进新居民卫生、计生公共服务均等化,崇福镇成功创建省级新居民计划生育规范化服务中心。全市流入、流出已婚育龄妇女登记管理率85%以上,举办各类流动人口培训班21期,走访慰问新居民774户,计生服务知晓率90%以上,报销计生“四项”手术费459人次5.5万元,为流出育龄妇女办理婚育证明129份。

(施亚英)

新居民事务

【概况】 2015年,桐乡市登记在册新居民42.05万人,其中16周岁以上38.15万人、16周岁以下3.9万人。新居民总数比上年上升5.9%。新居民党员739人,其中预备党员70人,新居民党员占新居民总数0.2%。登记在册新居民与全市户籍人口(68.9万人)比例为1∶1.61。全市12个镇(街道)中,有10个镇(街道)新居民超万人,其中濮院镇、振东新区、经济开发区新居民人数超本地户籍人口。新居民来源以省外人员,汉族为主。16周岁以上新居民中,来自省外的34.79万人,占总数91.12%,其中安徽、河南和四川省居多。新居民聚居化明显,相对稳定。区域上,以居住在梧桐街道和濮院镇两地居多,梧桐街道、振东新区、经济开发区有新居民14.23万人,占全市新居民总数37.31%;濮院镇有新居民10.41万人,占新居民总数27.3%。新居民住宿以租赁房屋为主。全市有25.27万新居民(不包含16周岁以下儿童)租赁房屋居住,占新居民总数66.25%。租赁房屋主要集中在城乡结合部和农民新村。推进居住证制度改革试点工作。发放两类居住证12.42万人,其中浙江省临时居住证11.79万人、浙江省居住证6303人。办理登记不发证39.41万人,新登记出租房屋2020户。全年发放新居民积分卡2194张。加强全市89家新居民需求服务站指导、考核及新居民来电来访、救助工作。答复处理新居民诉求15件,接听热线电话1836个,接办市长电话、市长信箱、三方通话28个;为18名新居民发放计生公益金1.08万元,为符合救助条件新居民7人,发放救助金1.25万元。开展送学服务50余次,各类排查活动 1535 次，调解各类纠纷 863 件；开展各类宣教活动 170 余场次，发放宣传资料 6800 余份；开展“清三河”（黑河、臭河、垃圾河）工作 200 余次，参与新居民 1.5 万人次。组织 382 名新居民参加桐乡市第十七届运动会，新居民代表在“迎国庆”嘉兴市新居民歌唱比赛中获一等奖，新居民学子在“法在心中”嘉兴市新居民学生演讲比赛中获二等奖。

【加强新居民基础信息管理】 2015 年，市新居民事务局按照“底数清、情况明、信息实”要求，依法准确采集各项基础信息。新居民居住登记率、登记信息准确率、居住出租房屋登记率及治安责任书签订率分别达到 91.96%、87.8%、100%、100%。针对全市新居民重复信息较多导致信息库数据失真问题，市新民局联系上级部门于后台导出重复登记新居民 1.84 万余人，以及周边地区重复做证信息 500 余条，并将该信息及时注销。每月对各镇（街道）新居民问题进行数据监测，撰写监测报告；每季度对新居民作年龄层次、来源地、男女比例、民族、文化水平、子女就学、居住情况、违法犯罪等数据进行分析。

【开通居住证签注短信提醒服务】 2015 年，市新居民事务局采取新举措服务新居民，配备流动人口移动终端 400 台，在全省首创开通居住证有效期临近签注短信提醒服务。新居民在收到提醒短信后，根据自己的实际情况重新办理居住登记。年内，通过短信提醒重新办理新居民居住登记信息 1.59 万条。

【提升新居民需求服务站建设】 2015 年，新居民事务局与各镇（街道）新居民事务所工作人员，对全市 87 家新居民需求服务站运行质量情况实行相互交叉检查。检查内容包括各需求服务站运行情况、管理员服务态度、服务质量，各站点服务设施及环境布局。经检查后撤销不合格服务站 3 家，新建服务站 5 家，累计 89 家。提升新居民需求服务站建设，新建新居民集居区 6 个，新居民自治村 9 个。

【实施新居民家庭“心灵护航”项目】 5 月，市新居民事务局启动实施新居民家庭“心灵护航”项目，委托桐乡市育新家园亲子服务中心，对全市 8～15 周岁在校新居民中小学生及其家长，开展心理咨询、法律援助、权益维护、公益服务和教育培训等服务，转变新居民家长教育方法，预防新二代青少年违法犯罪，探索建立“学校教育—家庭教育—社会工作”良性互动服务机制。年内，组织讲座 12 场，近 3000 人受益，个别咨询案例 80 次，帮教家庭 50 户。

【推出“桐乡新居民”微信公众号】 2015 年，市新居民事务局推出“桐乡新居民”微信公众号。微信公众号主栏目设 5 个，分别是“菊乡生活”“政情政务”“服务动态”“人物风采”“有奖问答”，每周更新 3 次。“菊乡生活”涉及新居民衣、食、住、行等方面的最新资讯及桐乡本地新闻；“政情政务”涉及新居民政策法规性内容，市新居民事务局及下属机构的动态内容；“服务动态”定期推出与新居民有关的服务举措、活动安排、招工信息；“人物风采”宣传全市各行各业新居民的感人事迹；“有奖问答”定期推出相关政策、法规题目，答对有奖。至年底，微信公众号发布信息 48 期，200 余条，关注量 1.8 万人次。

3 月 21 日，市育新家园亲子服务中心老师主讲“心灵护航”

市新居民局提供

【加强新居民党建工作】 2015年，全市新居民党员739人(含预备党员70人)。其中"两新"(新经济组织和新社会组织)组织和私营企业的新居民党员549人，占新居民党员总数74.3%；村(社区)和独资(合资)企业的新居民党员190人，占25.71%。市新居民事务局通过搭建三类平台，做好新居民党员教育工作。以各镇(街道)为单位，采取讲座、辅导、远程教育等形式，定期组织新居民党员集中培训；要求新居民党员先锋站站长和新居民党支部书记为新居民党员上好一次党课；运用现代网络技术，搭建党组织与党员、党员与党员互动交流平台，解决新居民党员"人员难集中、时间无保证"等难题，每月组织全体党员集中学习一次以上。全年累计学习18次，培训1000余人次；开展党员志愿服务，组织新居民党员清理卫生死角86次，200余人次参加，解决基层治安疑难问题38起，互联网大会期间参与治安巡逻90多人次。

【创建新居民法治文化建设示范点】 2015年，市新居民事务局立足新居民需求，创建梧桐街道环南社区新居民法治文化示范点。示范点建筑面积3000多平方米。印发《三治同行·印象环南》《永恒的主题——环南"三治"建设实例汇编》等宣传资料5000余份；举办法治、科普讲座24期，组织43名新居民加入嘉兴市新居民法治宣传志愿服务队，500余名新居民参与世界互联网大会、爱国卫生月、国家卫生城市复查、环境整治等系列活动。新居民学法、守法、用法等法治意识和法治观念得到提升。梧桐街道环南社区新居民法治文化示范点获"嘉兴市新居民法治文化建设示范点""全国法治社区建设示范社区"称号。

(江雪琴)

人民生活

【概况】 2015年，桐乡市实现地区生产总值653.12亿元，比上年增长8.1%。至年末，城乡居民本外币储蓄存款余额565.22亿元，增长10.1%。城镇非私营单位从业人员年平均工资6.6万元，增长16.4%。全市城镇居民人均可支配收入4.47万元，增长7.9%。人均工资性收入3万元，增长7.6%，占人均可支配收入67%；经营性收入5739元，增长7%；转移净收入4046元，增长9%；财产净收入4983元，增长10%。农村居民人均可支配收入2.74万元，增长8.6%，其中工资性收入1.61万元，增加1322元，增长9%，工资性收入增加额对可支配收入增加额的贡献率61.2%；经营净收入9114元，增长7.4%，其中第一产业经营净收入1172元，第二产业经营净收入4365元，第三产业经营净收入3576元，分别增长1.6%、7.6%和9.6%。

【城镇居民消费支出保持平稳】 2015年，桐乡市城镇居民人均生活消费支出2.28万元，比上年增长4.5%。八大类消费支出均有不同程度增长。人均食品消费支出6787元，增长3.6%，恩格尔系数29.7%，其中人均饮食服务支出1766元；人均衣着消费支出1647元，增长2.9%，其中人均服装类支出1355元，增长1.3%；人均居住消费支出4121元，增长3%；人均生活用品及服务类支出1739元，增长3.4%；人均医疗保健消费支出1256元，增长2.1%；受汽车大众化消费拉动，交通通信消费支出增长较快，人均消费支出4268元，增长8.7%，其中人均交通类支出3378元，增长11.1%；人均娱乐文教服务支出2569元，增长6.2%；人均其他用品和服务支出450元，增长0.6%。

【城镇居民生活质量改善】 2015年，桐乡市城区居民人均住房建筑面积40.6平方米。所有家庭都用上自来水、液化石油气或管道天然气。各种耐用消费品不断增加。抽样调查显示，折算成每百户家庭拥有家用汽车71.2辆、摩托车或助力车141.8辆、空调241.5台、计算机125.9台、彩电219.6台、移动电话300.2部。信息化水平提高，计算机和移动电话入网率分别为97.9%和78.6%。

【农村居民消费增长较快】 2015年，桐乡市农村居民生活消费保持较快增长。全市农村居民人均生活消费支出1.73万元，比上年增长6.1%。其中人均食品消费支出4796元，增长5.6%，恩格尔系数27.8%；人均衣着支出1004元，增长5.5%；人均居住消费支出3386元，增长5%；人均生活用品及服务支出753元，增长2.4%；人均交通和通信消费支出4266元，增长8.8%，受智能手机价格和通信资费下调影响，人均通信类支出

672 元，增长 41.9%；人均教育和文化娱乐消费支出 1699 元，增长 6.5%；人均医疗保健消费支出 815 元，增长 4.6%；人均其他用品和服务消费支出 553 元，增长 5.1%。

【农村居民家庭设施完备】 2015 年，桐乡市农村居民人均住房建筑面积 96.8 平方米，所有家庭均为管道供水入户。汽车和计算机等耐用消费品不断增多，抽样调查显示，每百户家庭拥有家用汽车 68.6 辆、摩托车或助力车 208 辆、空调 220 台、计算机 120.7 台、彩电 227.3 台、移动电话 235.4 部。信息化水平与城镇差异不明显，计算机和移动电话入网率分别为 96.1%和 74.8%。

2015 年桐乡城乡居民消费支出构成情况

表 30　　　　单位：元

指标名称	城镇		农村	
	绝对额	比上年(±%)	绝对额	比上年(±%)
人均消费性支出	22837	4.5	17273	6.1
(一)食品烟酒	6787	3.6	4796	5.6
(二)衣着	1647	2.9	1004	5.5
(三)居住	4121	3.0	3386	5.0
(四)生活用品及服务	1739	3.4	753	2.4
(五)交通通信	4268	8.7	4266	8.8
(六)教育文化娱乐	2569	6.2	1699	6.5
(七)医疗保健	1256	2.1	815	4.6
(八)其他用品和服务	450	0.6	553	5.1

（周长金）

民政和社会福利

【概况】 2015 年，桐乡市民政事业发展成效显著，养老服务体系建设、社会组织培育和监管、慈善事业发展等方面均受到省、市领导批示和肯定，在省民政厅和嘉兴市政府 2015 年度县（市、区）民政工作考核中，市民政局被评为先进单位。

开展各类救助工作，保障困难群众生活。全市有低保户 2193 户 3678 人，低收入户 629 户 1830 人，全年发放低保金及生活补贴 1884.54 万元，低收入家庭救助款及重残生活保障金 226.72 万元，并对低保和低收入家庭中参加城乡居民社会养老保险人员发放个人缴费补贴 560 人 42 万余元。加大低保家庭救助力度，12 月 1 日起城乡低保生活保障标准由每人每月 588 元提高至 664 元，比上年增长 12.9%；加大医疗救助工作力度，按人均 16 元标准筹集医疗救助资金，完善医疗救助即时结报系统，与医保系统进行并轨联网，11 月 1 日起实现与医保实时计算，全年救助 1.3 万余人次，发放救助金 945 万元；加大临时救助力度，按常住人口每人全年 3 元标准筹资，落实“救急难”措施，实施主动退保补助。落实城乡困难群众合作医疗投保补助政策，标准每人 260 元，发放补助款 6295 人 163.67 万元。开展重大疾病困难家庭生活救助，做好流浪乞讨人员救助管理工作，支出救助款 445.07 万元。开展低保、低收入户扶贫建房工作，在异地新建、原地拆扩建基础上，新增房屋维修项目，扶持 84 户，投入市级资金 296 万元。继续做好移民后期扶持工作，发放移民国家直补资金 57.42 万元。

规范居民家庭经济状况核对工作，扩大救助工作核查范围，完善部门信息定期核对制度，实现低保对象经济状况常态化核对，每月对新申请低保户进行银行存款（金融资产）、社保缴纳、残疾等级、殡葬信息等信息核查，定期对低保对象开展车辆、房产、存款、工商等经济状况集中核对。依托信息核对平台对申请低保、低收入、医疗救助、扶贫建房等救助家庭进行核对，核对人数2.1万人次。开展社会救助政策落实和专项资金管理使用情况专项执法监察及社会救助"织网行动"，举办镇(街道)、村(社区)业务培训，提升救助水平。

完善儿童福利督导制度，建立市、镇(街道)、村(社区)三级督导员队伍，开展业务培训和督导工作。发挥儿童福利指导中心作用，实施"残疾孤儿手术康复明天计划""0～6岁贫困残疾儿童抢救性康复项目"，12名贫困残疾儿童纳入抢救性康复项目。7名机构孤残儿童在杭州开展语言康复训练，1名普通困境儿童由市儿童福利院进行相应的语言康复。全市有散居孤儿和困境儿童769名，机构供养20名，全年发放散居孤儿和困境儿童基本生活费及物价补贴9750人次241.2万元。

加强福利企业监管工作，安装使用福利企业考勤监管信息系统，新办福利企业2家，办理变更2家，注销4家。现有福利企业40家，安置残疾职工1690人。在职残疾职工月平均工资2634元，比上年增长7.2%。社会统筹养老保险月参保额883元，参保率100%。全市福利企业销售额45.5亿元，实现利润3.7亿元，退税款5600万元。落实福利企业地方优惠政策，办理社保延缴企业23家96人，减免土地使用税、房产税、水利基金累计731.6万元，下拨企业超比例安置残疾职工奖励资金55.4万元。加强福利彩票发行销售安全管理，全年销售福利彩票2.1亿元，筹集福利彩票公益金986万元，福彩公益金使用规范。

加快社工人才培养，组织参加全国和嘉兴市社会工作职业水平与资格考试，新增持证社工国家级33人、嘉兴级40人，累计持证社工548人，城乡社区工作者持证率分别为83.1%、30.8%。全市登记社工机构12家，体制内社工机构4家。城市社区实现社工站全覆盖。指导完成社工机构开展专业社工服务案例472个，提供专业服务1.8万人次，5万余人次受益。市社会福利中心何维群被中国社会工作协会评为"中国最美社工"。

加强社会组织服务平台建设，社会组织孵化园以政府购买服务形式委托市社会组织服务中心进行日常托管和技术支持，入驻机构出壳8家、草根组织签约入驻7家。深化"三社联动"(社区、社工、社会组织)品牌建设，围绕"三社"公益创投项目，出台《关于加强社会组织培育发展和管理监督工作实施意见》《桐乡市"三社"公益创投活动实施方案》，开展"三社"公益创投工作，推进政府向社会组织购买公益服务经费398.9万元。

开展"双拥在基层活动"，成立首家民间拥军协会——洲泉镇民间拥军协会，凝聚社会力量开展拥军优属活动。加强双拥宣传，在桐乡广电台"生活路路通——创业故事"栏目对退役军人典型进行专题报道，开展"清明祭英烈"、送知识入军营、退伍老兵"第二故乡一日游"、为义务兵父母购买意外伤害险、"福彩助我行·重点优抚对象助行"、重点优抚对象短期疗休养、"勿忘历史、关爱功臣"纪念抗战胜利70周年等系列活动。完善《桐乡市民政局处置涉军上访问题应急预案》，做好涉军群体来信来访接待答复工作，维护涉军群体基本稳定。

执行抚恤补助待遇标准，全年发放优抚对象生活、医疗等各类补助1523.67万元。提高义务兵待遇，标准为1.68万元/

7月2日，市社会组织孵化园举行入驻机构出壳仪式　　市民政局提供

户，比上年增长11%，发放2014年度义务兵家庭优待金1184.49万元。大学生入伍奖励首次新增外地户籍在校生（浙江传媒学院桐乡校区），134名大学生入伍奖励171.4万元。发放2014年应征入伍南疆地区义务兵生活补助65人65万元。开展全国优抚信息管理系统优抚对象数据核查，完成494名优抚对象信息采集任务。出台《关于调整自主就业退役士兵一次性经济补助经费发放标准的通知》，明确退役经济补助计算方式，缩小退役安置城乡差别。发放2014年冬季退役士兵自主就业一次性经济补助金278人896.08万元。完成2014年冬季、2015年秋和冬季三批580名退役军人安置接收工作，4名符合安排工作条件退役士兵实现一人一岗。拓展退役士兵就业平台，会同市人力社保局举办2场退役士兵专场就业招聘会，其中2014年冬季退役士兵实现自主就业201人，就业率75.6%。联合市教育局、市人力社保局开展退役士兵职业技能教育培训，政策知晓率和有培训意愿退役士兵参训率100%。

推进惠民殡葬，出台惠民殡葬政策中生态葬法相关解释，明确享受生态葬法补助范围，全年实施5例海葬、1例树葬，为5163户丧户减免费用398万元。加大殡葬基础设施建设改造力度，在市龙山公墓圣皇庙区块建成占地面积200多平方米的"常青苑"树（花坛）葬区。市财政补助42.55万元投入安息堂、生态墓地扩建工程，公益性墓地镇（街道）覆盖率100%。落实殡葬服务收费管理工作，开展殡葬管理服务专项整治活动，镇（街道）生态公墓督查巡视工作。

推进平安边界建设，召开苏浙线联检暨平安边界建设工作联席会议，完成苏浙线联合检查，边界全年无纠纷。开展第二次全国地名普查。组建桐乡市地名评审专家委员会和评审专家库，征集7名专家入库。全年依法命名道路地名24条、住宅小区地名38个、商业（办公）建筑物地名9个；设置楼幢牌1238块、单元牌841块、楼层牌801块、户室牌5513块、道路门牌4367块、农村门牌239块，新发门牌证8393本；整治市区老住宅小区门牌2个（先锋新村、朝凤苑），整治老城区道路门牌1条（东兴街）。开发并运行桐乡市地名管理系统，实现数字化管理。

5月9日，桐乡电大退役军人班开学典礼　　市民政局提供

【启动收养评估"国家试点"工作】 2015年，桐乡市被民政部列为全国第二批收养评估试点城市，从2015年4月至2016年3月在全市开展收养评估试点工作。市民政局出台《桐乡市收养评估试点工作实施方案》，建立收养评估模式、指标体系和程序，从5月1日起对拟收养市儿童福利院孤残儿童的家庭进行评估，并将评估结论作为调整建立收养关系重要依据，好中择优，确定收养家庭。全年办理收养登记62件、解除收养2件、撤销登记1件。

【避灾安置场所实现三级全覆盖】 2015年，市民政局加强救灾物资储备库标准化建设，提高救灾物资应急保障能力，投入147万元，建设完善57个村（社区）级避灾场所建设，实现市、镇（街道）、村（社区）三级避灾安置场所全覆盖。各级避灾安置场所标识牌、指示牌设置率100%，与市第六中学、实验中学合作建设避灾安置点。开展防灾减灾宣传、救灾应急演练、村（社区）灾害信息员轮训等活动，培育防灾、减灾、救灾志愿者队伍，引导桐安救援队等社会力量有序参与防灾、减灾、救灾工作。创建综合减灾示范社区国家级1个（濮院镇锦苑社区)、省级2个(屠甸镇汇丰村、振东新区振东社区)。

【开展“自治”专项建设】 2015年,市民政局加强基层政权和社区建设,落实城乡社区工作事项准入机制,完善村(社区)前置盖章项目审批准入制度,明确“村(居)民证明类村(社区)盖章项目准入目录”40项,巩固村(社区)“机关化”整治成果。抓好城乡社区党务、村(居)务、财务公开栏公开情况专项检查,全年通报检查情况6次。深化基层民主法治建设,开展制定修订村规民约、社区公约活动,全市各村(社区)均完成“两约”修订。推进城乡社区建设对口见学活动,完成率50.2%,62.9%城市社区和40.9%农村社区达到嘉兴市“五星级”和谐示范社区标准。配合做好“96345”社会公共服务平台省、市联网工程,全年受理求助近4万件,办结率100%,回访满意率99.9%。

【加快构建现代化社会组织体制】 2015年,市民政局培育、发展社会组织,推行“四大类”(行业协会商会类、科技类、公益慈善类、城乡社区服务类)社会组织直接登记,至年底全市有注册登记社会组织313家、备案1687家,其中直接登记80家。完善社会组织等级评估机制,变“一对一”上门评估为集中评估,变社会组织自主申报评估为刚性要求评估,基本实现等级评估全覆盖。全市获A级及以上社会组织162家,奖励5家AAA级以上社会组织8万元。加强社会组织年度检查,启用网上年检系统,参检204家,合格率98%,实现年检服务与基础信息管理合二为一。推进政府购买社会组织服务工作,出台政府职能转移相关事项目录。扩大政府购买社会服务力度。

【实现优抚安置信息数字化管理】 2015年,市民政局创新现(退)役军人管理模式,自行研发并投入使用“桐乡市优抚安置信息管理系统”。该系统分为“现役军人”和“退役军人”两大板块,其中“退役军人”板块细化涵盖享受各类抚恤补助的优抚对象和其他退役军人,针对不同类别优抚对象设置相应管理服务功能,并与公安、人力社保等部门进行网络对接,实行信息资源共享。市、镇、村三级联动,多项优待抚恤政策均通过该系统申报审核审批,实现拥军优属服务信息全覆盖。该平台录入现(退)役军人信息1.6万余条,发放抚恤补助1157.52万元,调整已领取基本养老金优抚标准对象47人,注销死亡优抚对象84人。

【婚姻登记服务更趋便民利民】 2015年,市民政局婚姻登记服务管理工作更趋便民利民。从1月1日起取消婚姻登记收费,从9月21日起,除办理涉台和9个国家(哈萨克斯坦、芬兰、奥地利、荷兰、德国、阿根廷、乌拉圭、墨西哥和波兰)的公证事项外,不再向任何部门和个人出具(无)婚姻登记记录证明。加快婚姻登记历史数据补录核对工作,完成1949年以来历史数据补录和核对工作。全年办理结婚登记5234对,离婚登记1338对,补结婚登记证873本,补离婚登记证138本,出具无婚姻登记记录证明4569份。

2015年桐乡市新命名道路

表31

序号	新命名道路名	地　　址	里　程
1	兴民西路	崇福镇工业区,东起青年路、西至锦绣路	290米
2	春华路	振东新区革新区块濮院大道东侧,南起振东新区革新村村道、北至国源路	288米
3	凤贤路	濮院镇,南起屋底里路、北至工贸大道	320米
4	屋底里路	濮院镇,东起双燕路、西至栖凤南路(暂名)	350米
5	吉黎路	大麻镇工业园区运河北区,南起吉海路、北至黎明村庙前村	1907米
6	黎雅路	大麻镇工业园区运河北区,东起桐乡特瑞雅纺织有限公司、西至吉黎路	220米
7	光明东路	大麻镇,东起光明村劳家高桥、西至发展大道	1700米

续表 31

序号	新命名道路名	地　　址	里　程
8	子夜东路	乌镇镇，东起莲都公路、西至分水墩路	2526 米
9	白马路	乌镇镇，南起镇南东路、北至子夜东路	1085 米
10	文晖路	凤鸣街道，张家石桥港东面、新板桥港西面，南起高新西三路，北至灵安港	1420 米
11	椿熙弄	乌镇镇乌镇养老服务照料中心东侧，南起十景塘、西至甘泉西路	125.8 米
12	悦美路	振东新区，南起和平东路、北至东悦路	136 米
13	东悦路	振东新区，东起二环东路、西至圆明路	482 米
14	恒球路	崇福镇工业区内，中山东路北面、杭福路南面，东起经三路（暂名）、西至西干河	507 米
15	凤凰湖大道	振东新区，东南起环园路、西北至环城东路	2705 米
16	履祥路	振东新区，东起南永兴港、西至肖冰路	1433 米
17	肖冰路	振东新区，东起南永兴港、西至环城东路	1517 米
18	木心路	振东新区，东起濮凤路、西至凤桥路	726 米
19	青溪路	振东新区，东起南永兴港、西至凤凰湖大道	557 米
20	凤桥路	振东新区，南起凤凰湖大道、北至濮院大道	680 米
21	革新路	振东新区，凤桥路东面、南起凤凰湖大道、北至濮院大道	830 米
22	椿树路	振东新区，革新路东面、南起木心路、北至履祥路	567 米
23	凤仪路	振东新区，南起茅盾东路、北至凤凰湖大道	872 米
24	濮凤路	振东新区，东起南永兴港、西至凤凰湖大道	729 米

老龄工作

【概况】 2015 年，桐乡市 60 周岁以上老人 16.11 万人，占全市总人口 23.4%；80 周岁以上老人 2.17 万人，占老年人口 13.4%。全市新增百岁老人 16 人，下拨长寿保健补助 3.09 万元。全市设有社会养老床位 6520 张，每百名老人拥有床位 4.05 张。除正在建设的两家（凤鸣和河山）养老机构外，全市养老机构均获养老机构行政许可并投入使用。新增颐康养护院和桐乡和济颐养院两家民办养老机构，168 家居家养老服务照料中心投入运行，推进雅达和平安 2 个高端养老产业项目。政府出资为 16 万名多老年人购买意外伤害保险。加强政策引领，市政府出台《关于加快发展养老服务业的实施意见》。全市办理老年优待证 4946 张。60 周岁以

10 月 28 日，老年人意外伤害保险签约　　市民政局提供

上无保障老年人每月基础养老金从125元提高到145元，比上年增长16%；参加城镇职工基本医疗保险老年人近4万人，合作医疗保险13.68万人；享受高龄补贴老年人1.6万人，医疗救助5211人，经济困难救助4797人。推进老年电大实体化、规范化办学，成立讲师团，开展第二课堂教学活动。办理市政协重点提案5件，答复满意率100%。评选出"十佳敬老之星"10人，开展各类敬老宣传活动200多次，走访慰问困难老人8300多人次、发放慰问金68万元。加快居家养老服务照料中心建设，开展敬老文明号创建、宜居社区创建活动，关爱独居老人，累计受益老年人3000余人。开展为老志愿服务活动，42家照料中心与20多家医疗机构开展医养结对帮扶。推进养医结合服务社区化，联合市义工委员会为300多名养老服务中心老人开展免费体检活动。

【开展"智慧养老"项目试点】 参见《街道镇发展概况·乌镇镇》中相关条目。

【提升养老机构服务平台】 2015年，桐乡市推进公办养老机构改革，提升养老机构服务平台。投资1.2亿元的桐乡市社会福利中心和投资1050万元的河山镇养老服务中心先后投入使用；投资3000万元的凤鸣街道养老服务中心即将完工；洲泉镇养老服务中心改建、扩建工程已做好前期工作。高桥镇、大麻镇养老服务中心分别开展社会组织购买基本服务和整体托管试点，推动民办养老机构发展。颐康养护院是医养融合型养老机构，由原市中医院改建而成；和济颐养院采用公建民营运作模式，实行市场化运作。两家民办养老机构，设有养老床位585张。

【加快居家养老中心建设】 2015年，桐乡市为建设"便捷高效的20分钟养老服务圈"，加快居家养老服务照料中心建设进度，新增照料中心50家，下拨建设资金1029.54万元。至年底，全市累计建成照料中心168家，覆盖100%城市社区和88%农村社区。加强照料中心管理，开展三级暗访督查，全年督查、走访照料中心200多家次，下拨居家养老服务照料中心以奖代补运营资金364万元。全市新增为老服务社会组织2家，41家照料中心由为老社会组织托管，各项服务规范。做好老年人养老服务需求评估和补贴发放工作，全年新增612名老人，完成需求评估。3390人通过送餐、理发、代办、助浴等项目，享受服务补贴80余万元。

【强化养老机构安全管理】 2015年，桐乡市成立公办养老机构规范化建设工作协调小组，加强养老机构安全管理，投入300万元进行全市养老机构消防整改。至6月底，全市14家养老机构完成设立许可，桐乡市成为嘉兴地区首个、浙江省第二个率先全部完成养老机构设立许可的县级市。联合市消防大队对全市养老机构开展消防安全专项检查，全年开展各级各类消防安全检查200多家次。

【加强养老服务人才培养】 2015年，市民政局联合市人力社保局、卫生局，根据《桐乡市社会养老服务人才队伍素质提升工程三年实施计划》，开展养老护理员和失能半失能家庭护理员培训，培训养老护理员108名，获资格证书102人，2000名家庭养老护理员接受理论和实践培训。首次举办养老护理员职业技能大赛，培养技术能手，市社会福利中心1人获首届桐乡市"金蓝领"高技能人才奖。开展《浙江省养老服务促进条例》培训、市红十字会现场救护培训、养老机构安全和业务管理工作培训等各类养老服务培训，其中46人获红十字培训证书。邀请台湾清福养老院老年服务与管理资深专家许惠娟到桐乡讲课，传授台湾先进养老理念和社会化养老服务模式。

2015年桐乡市百岁老人名录

表32

序号	姓　　名	性　　别	出生年月	家庭地址
1	高春香	女	1910.02	崇福镇星火村
2	朱才娜	女	1911.06	洲泉镇义马村

续表 32

序号	姓　　名	性　　别	出生年月	家庭地址
3	郑素华	女	1912.07	洲泉镇湘溪村
4	劳叙英	女	1914.01	崇福镇东安村
5	张楚云	男	1914.06	石门镇墅丰村
6	徐雪珍	女	1914.09	龙翔街道翔厚村
7	何阿七	女	1914.09	梧桐街道永宁社区
8	王士元	男	1914.10	崇福镇上市村
9	吴金凤	女	1914.10	凤鸣街道建胜村
10	郎宝春	男	1915.01	洲泉镇屈家浜村
11	王茶英	女	1915.01	高桥镇迎丰村
12	金生浩	男	1915.01	崇福镇东安村
13	程阿大	女	1915.02	梧桐街道梧桐村
14	顾益新	男	1915.04	崇福镇中山社区
15	周季和	男	1915.05	梧桐街道永宁社区
16	周顺宝	女	1915.06	濮院镇梅园社区
17	周静娟	女	1915.06	梧桐街道大发社区
18	胡德荣	女	1915.07	崇福镇中山社区
19	李文宝	女	1915.09	乌镇镇银杏社区
20	郑祥龙	男	1915.09	崇福镇星火村
21	石锦文	男	1915.11	梧桐街道永宁社区
22	郑顺珍	女	1915.12	乌镇镇南庄桥村

（沈　娟）

慈善工作

【概况】 2015年，桐乡市慈善总会募集慈善资金和增值资金2895.54万元，全市三级慈善资金结余21429.94万元；各项救助和公益项目资金支出1555.26万元，5362户2.02万人受惠。慈善“一日捐”活动有102个部门（单位）、14个慈善分会，3.05万人参与，募集善款和互助基金475.53万元。企业冠名基金收益、企业定向捐赠、家属基金、微基金和各界爱心人士捐款及增值2420.01万元。开展三级慈善组织联动“祥和春节”救助活动，发放救助及慰问善款695.67万元，3673户困难家庭得到救助，3299名老人收到新年慰问金；节后对因病、因残、无劳力、无经济来源的困难家庭或发生突发性事故需要帮助的家庭发放救助金247.66万元。新学年发放助学金43万元，93名大学新生受惠；历届在读大学生（研究生）275名，发放助学金122.35万元。开展纪念抗日战争胜利70周年，走访慰问抗战老兵和优秀困难退伍军人活动，向石门路学校、世纪路学校新居民子女赠送爱心衣被。桐乡市慈善义工委员会更名，成立慈善义工协会，新建崇福、乌镇两个镇级慈善义工队，义工总数1825人，100名义工被授予星级义工称号，全年义工参与各类公益活动1.13万人次，服务时间3.25万小时；省农信造血型扶贫项目收官，“喜得宝”春蚕饲养帮扶项目正式实施。

【实现帮扶基金动态全覆盖】 6月，振东新区莲花社区建立帮扶基金，募集基金50多万元，获嘉兴市级慈善社区称号。全市村(社区)帮扶基金实现动态全覆盖。屠甸镇汇丰村、石门镇安全村、凤鸣街道新农村村经过再募集，帮扶基金总数均达100万元。崇福镇芝村村新增帮扶基金62.9万元，11个村开展募捐扩充基金240余万元。至年底，有29个村、2个社区帮扶基金达到50万元以上，13个村达到100万元以上，2个村达到200万元以上，全市累计募集帮扶基金9262.3万元，发放救助、慰问金1203.66万元，受惠群众2.26万人次。

【建立各类专项基金】 2015年，市慈善总会开创首次以家族名义建立慈善基金先河。年内，祖籍濮院镇的夏克同建立夏氏家族基金，首期资金100万元；香港人张小友出资建立张氏基金，首期资金10万元；增设微基金2个，建立精神文明基金、妇女儿童关爱基金。建立市行政事业单位人员大病医疗慈善互助基金，2.55万人参加，其中离退休人员4550人，募集基金255.86万元。

【实施造血型扶贫项目】 2015年，市慈善总会为期三年(2013～2015年)的省农信造血型扶贫项目收官。项目依托石门镇林丰果业专业合作社，扶持有一定劳动能力的困难户102户，3年投入资金126万元，扶持户3年获经济收入320多万元。年内完成嘉兴市慈善总会、桐乡市财政局、农办、农经局等部门参与的初评验收，获省慈善总会考评组赞誉，并筹划为期三年的第二轮省农信造血型扶贫项目。在开创龙翔养蚕项目基础上，实施“喜得宝”春蚕饲养帮扶项目。项目涉及全市6个镇(街道)的20个村，有57户低保家庭加入，饲养春蚕种100.25张，平均张产54.3千克，总产量5443.58千克，总收益21.94万元，户均收益3850元。

5月10日，三龄春蚕免费发放到低保户　　市慈善总会提供

【开创慈善宣传信息工作新局面】 2015年，市慈善总会开创慈善宣传信息工作新局面，有28家媒体报道桐乡慈善消息183篇。其中《今日桐乡》《桐乡通讯》等市级媒体43篇，《嘉兴日报》《嘉兴慈善简报》等地市级媒体76篇，《浙江老年报》《浙江慈善》杂志等省级媒体35篇，《中国社会报》《慈善公益报》等国家级媒体29篇。全年发行《今日桐乡·桐乡慈善》专版7期19.5万份，编印《2015年桐乡慈善爱心册》《桐乡市行政事业单位人员大病医疗慈善互助基金参加人员名册》。市慈善总会作为首批试点单位，被纳入省慈善总会“天慈网”专业网站。

(周汉江　胡佳境)

消费者权益保护

【概况】 2015年，桐乡市消费者权益保护委员会受理各类消费者来信、来电、来人1884件，其中咨询884件，举报442件，受理消费投诉558件，调处532件，调处率95.3%，为消费者挽回经济损失176.8万元。完成“12345”市长电话分流转办工作，承办市长电话、市领导批示362件。投诉、咨询、举报数比上年上升。与新闻媒体合作开展新消费者权益保护法系列宣传活动。在《嘉兴日报·桐乡新闻》《今日桐乡》刊登2014年度消费维权状况情况，引导消费者理性消费；结合市民日常消费，发布《豆制品消费提示》《桶装水消费警示》《预付式消费提醒》等消费警示，引导市民安全消费、放心消费；发布《新消法》实施一周年消费维权年度分析报告，印发《侵害消费者权益行为处罚办法》宣传资料2000多册，通过《嘉兴日报·桐乡新闻》将《处罚办法》重点亮点进行解读。

【开通微信投诉直通车】 2015年，市消费者权益保护委员会与桐乡新闻网在公共微信平台合作开设“3·15”消费维权栏目，进行网上宣传、消费教育引导、在线处理消费纠纷和投诉举报。消费者可以随时随地使用手机关注、学习、了解相关法律法规和消费动态，参与线上、线下互动，对违反法律法规、违背诚信和社会公德的商家、不法现象等，进行在线投诉举报。全年受理微信投诉56件，曝光侵害消费者合法权益行为5件。

【开展“3·15”消费者权益日宣传活动】 3月，市消费者权益保护委员会开展“3·15”消费者权益日宣传活动。联合卫生、农经、建设、旅委、物价、水务集团等30个部门和企业开展大型宣传活动。梧桐街道在时代广场设主会场，各乡镇（街道）设12个分会场，在集市主要干道设立宣传点，发放宣传资料，接受消费者咨询。现场就物价、住房、用水等问题接受市民咨询927件，现场提供各类检测维修服务91件，处理消费者投诉2件。

【打通消费维权绿色通道】 6月，市消费者权益保护委员会在全市范围内挑选东兴商厦、桐乡移动分公司、红星美凯龙商场等5家企业，打通消费维权绿色通道，运用“12315”执法系统电脑联网终端接通上述5家企业。至年底，通过绿色通道接受消费投诉21件，调处率100%。对消费投诉中发现的案件线索，进入“诉转案”（从解决消费投诉中发现违法、违规案件线索，转交市场监管部门对经营者的违法行为进行立案查处）程序处理32件。高桥分会在调解一起消费者商品投诉中，帮助消费者获得赔偿款1.4万余元。

【完善消费维权新机制】 2015年，市消费者权益保护委员会针对消费者“购买商品后，因质量问题投诉商家，商家让消费者自行找厂家解决”及“网购商品有质量问题，联系不上商家”这两类典型问题，建立消费维权新机制。内容是经营者负有首问责任，应主动帮助消费者找厂家解决；试行经营者保证金制度，消费者网购商品遇有质量问题，联系不上商家，可从该经营者保证金中先行支付赔偿。各分会摸底调查本辖区商场和市场平台；在城区和主要乡镇分步骤、有重点督促和引导特定大型商厦、超市、购物中心加强自律；对消费者投诉相对集中或处理消费纠纷不力的经营者，通过行政约谈、发送建议书等方式进行督促整改。在东兴商厦等主要商业圈和濮院、崇福等主要乡镇开展宣传教育活动，强化消费维权第一责任人法律意识，督促经营者自律。加强与政府有关部门、行业协会、新闻媒体配合协作，完善经营者首问和赔偿先付制度，营造安全、放心消费环境，保护消费者合法权益。

（程　辉）

宗　教

【概况】 2015年，桐乡市有佛教、基督教、伊斯兰教三大宗教和市佛教协会、基督教协会、基督教“三自”爱国运动委员会3个宗教团体。批准开放宗教活动场所25处，其中佛教寺院12处、基督教堂11处、天主教堂2处、穆斯林礼拜点1处，民间信仰活动场所52处。宗教教职人员83人。开展“寻梦中国·正言正行”主题教育实践活动和“和谐寺观教堂”创建活动。凤鸣禅寺、石佛禅寺被评为“浙江省和谐寺观教堂”。举办全市宗教界十八大精神专题报告会和市宗教界第十三期爱国爱教培训班，200余名宗教界代表参加会议及培训；首次开展宗教场所负责人年度考评工作，25处宗教场所主要负责人进行上年工作考核。桐乡市宗教活动场所统一标识牌悬挂启动仪式在福严禅寺举行，12块由国家宗教事务局监制的“宗教活动场所”（佛牌）标识铜牌分发至全市寺院。举行基督教濮院教堂迁建新堂奠基典礼，各堂点负责人以及濮院教会信徒等200余人参加典礼；市宗教界宗教政策法规知识竞赛，宗教界近40名骨干参与，评出组织奖2个，一等奖1个、二等奖2个、三等奖3个；举办濮院镇穆斯林礼拜点第一个开斋节、古尔邦节庆祝活动。嘉兴市委常委、副市长卜凡伟一行先后两次专程到桐乡调研民族宗教工作，视察指导濮院流动穆斯林礼拜点工作；嘉兴市民间信仰活动场所集中颁证授牌大会在桐乡举行。桐乡市佛教协会组织全市佛教寺院监院赴台湾考察交流佛教文化，先后参访中台禅寺、佛光山、慈济会等场所，并拜会知名佛教界人士。

【首批民间信仰活动场所登记编号】 2015年，全市有民间信仰活动场所161处。市民宗局与各镇(街道)、经济开发区、振东新区、安监、消防、供电、公安、市场监督等单位组成检查验收小组，对全市民间信仰活动场所进行安全检查、整治，以整治验收合格作为第一批申报登记编号场所基本条件。通过检查整治，52处民间信仰活动场所验收合格，进行首批申请登记编号管理。

【穆斯林礼拜点管理工作】 2015年，桐乡市有外来穆斯林(回族)1300余人，新疆籍165人。流动穆斯林礼拜点2处(濮院镇栖凤路、梧桐街道新兴弄)。市民宗局按省民宗委要求，对濮院镇栖凤路、梧桐街道新兴弄2处礼拜点加强管理，落实场所安全措施，建立管理组织，健全规章制度。5月7日，濮院镇穆斯林礼拜点经检查符合相关条件，民宗局行政许可。至此，嘉兴市首个流动穆斯林礼拜点获政府批准纳入正规管理。梧桐街道礼拜点完成重新选址工作，安装安保设施。

【开展佛道教领域乱象排查处置工作】 2015年，市民宗局按照省民宗委《开展佛道领域乱象排查处置工作的通知》要求，开展以“四个一”(一次学习讨论会、一次自查工作、一次集中排查、一份倡议书)活动为主要内容的排查处置工作。会同有关基层党委政府、旅游部门和市佛教协会，分组包片，出动30余人次，排查各寺院及乌镇景区、福严寺景区。市佛协专门召集佛协全体理事及各寺院监院，采取以会代训形式，通过学习、排查，各寺院统一按规定配备财会人员，制订财务制度、加强财务监管；设立宗教性捐赠点，接受宗教性捐款。全年无市民举报信息，所有寺院账目清楚，未发现佛道教领域乱建和承包寺观、假僧假道和非宗教活动场所设立功德箱等行为。所有寺院主持均由依法登记备案的教职人员担任。

民　　族

【概况】 2015年，桐乡市有少数民族45个，人口3.14万人，其中常住少数民族34个、人口3558人。新居民中少数民族41个，人口2.79万人。少数民族人士中，担任嘉兴市及桐乡市人大代表各1人，桐乡市第六届政协委员2人，桐乡市第十三届党代表1人。开展民族团结进学校、进社区、进市场“三进”活动。维护少数民族群众合法权益，会同有关部门开展民族团结宣传，做好服务工作；按照相关政策、法规，办理民族成分变更手续8人，高考确认证明18人。

【开展民族团结“三进”活动】 2015年，市民宗局开展民族团结进学校、进社区、进企业活动。在濮院羊毛衫市场开展“四个一”(设立一处公益宣传牌，举办一次上街宣传活动，编印一本宣传册子，制作一批宣传图板)活动，宣传民族政策。制作大型公益宣传牌2块、宣传图版100余幅、宣传手册3000份；建立“民族政策墙”“民族风情廊”“民族人文馆”“民族活动中心”“民族驿站”等宣传活动场所。会同市劳保所加强对少数民族新居民就业培训、咨询，依托新居民需求服务站设立招工就业服务信息，在农贸市场等人流集中地设立招工服务信息栏10多处，帮助有特长的少数民族人才联系就业，就业率80%。加强协调少数民族新居民子女就学服务，安排100多名符合条件的少数民族新居民子女就学，暑假开展“关爱小候鸟”系列活动；对20多名生活困难的少数民族居民建立结对帮扶机制，解决生活困难；联合各部门，开展服务少数民族居民活动5次，服务人数500余人。丰富业余文化生活，各镇文体活动中心，设立少数民族联谊活动室1个、民族驿站1个；增设符合少数民族居民特点活动器材，丰富少数民族居民业余文化体育生活。设立少数民族维权受理点，受理纠纷100多起，调解成功率85%。举办少数民族服饰展示会，市茅盾实验小学举行“小小民族运动会”、民族风情小报展。

(张峰峰)

人力资源和社会保障

概　　述

2015年，桐乡市引进各类人才8598人，其中高层次人才613人。全市人才总量18.14万人，每万人人才拥有量2680人。引进培育嘉兴市级以上创业创新领军人才10人。实施新一轮就业创业政策，创建创业型城市，统筹做好重点群体就业，开展就业状态调查登记工作，推进就业再就业工作。全市新增城镇就业人员1.53万人，城镇失业人员实现再就业6742人，其中帮助困难人员实现再就业1902人。安排大学生参加见习180人。全市“零就业”家庭动态消除，城镇登记失业率控制在2.9%以内，就业局势基本稳定。

全年新增养老保险参保9975人、基本医疗保险参保6492人、失业保险参保7136人、工伤保险参保7712人、生育保险参保7712人。社会养老保障覆盖率98%，城乡居民医疗保险覆盖率99%。企业退休人员社会化管理率和社区管理率均为100%。

全年办结各类劳资纠纷836件，其中欠薪案件538件，欠薪引发事件33件，涉及889人1173.7万元，其中欠薪逃匿案件15件，涉及职工142人165.25万元。劳动争议案件结案率100%，书面审查用人单位8226家，企业劳动保障信用评价1600家。

规范专业技术人才管理工作，1名在桐乡市的外国专家入选国家第五批“外专千人计划”，实现嘉兴市“外专千人计划”零突破，2名在桐乡市的外国专家获2015年度浙江省“西湖友谊奖”。全年新增高技能人才7428人，其中技师403人，完成创业培训1120人，职业技能鉴定发证14447人。

人才工作

【概况】 2015年，市人力资源和社会保障局推进“金凤凰计划”，继续加快高层次创业创新人才引进。开展国家“千人计划”、省“千人计划”和“创新嘉兴·精英引领计划”项目申报工作。全年申报国家“千人计划”6人（1人入选），浙江省“千人计划”11人（3人进入答辩），“创新嘉兴·精英引领计划”83人（8人公示），嘉兴市重点企业技术创新团队6家（5家公示）。评审认定9名海内外高层次人才及项目为2015年度桐乡市创业创新领军人才及项目。8个嘉兴市领军人才项目落户桐乡，累计29个领军人才项目落户桐乡并实现产业化，累计注册资本2.4亿元。全年引进创业风险投资机构3家，基金总额5亿元。

2015年桐乡市夏季人才招聘会　　市人力社保局提供

引进高层次人才，举办4次大型“互联网＋”项目暨“双招双引”（招商引资工作中大力推进招才引智工作）对接活动，在上海、深圳、厦门、杭州、武汉、苏州、嘉兴等地开展招才引智活动和接待高层次人才40余次，与海内外10多个国家和地区500余名高层次人才开展交流。在第四届中国创新创业大赛互联网和移动互联网行业总决赛、第二届世界互联网大会·乌镇峰会期间，开展招才引智活动，做好人才项目洽谈工作。推进全市“双招双引”工作，制定管理办法，选拔20多名工作人员驻4个城市开展“双招双引”工作。

加大高技能人才培养力度，推进企业经营管理人才、高技能人才、专业技术人才、社会工作人才等6支人才队伍建设，加快新农村建设人才、现代服务业高端人才、教育人才、文化人才、卫生专业人才队伍建设，推进企业技能人才自主评价工作，完善企业技能人才自主评价操作办法，25家企业开展27个工种企业技能人才自主评价。做好企业高技能人才直接认定工作，13人获高级技师职业资格。举办首届桐乡市“金蓝领”高技能人才评选活动，10人被评为“蓝金领”高技能人才，9人获高技能人才入围奖。新增嘉兴市级技能大师工作室1家、浙江省首席技师1人。举办蓝印花印染技艺非物质文化遗产培训班1期。做好2015年度高校毕业生到村任职选聘工作，129名高校毕业生通过选聘到村任职。提升人才服务工作水平，开展企业高层次人才需求情况调查，根据企业需求发布人才信息，重点引才。开展2010～2014年度嘉兴市创业创新领军人才及项目评估工作，发放各类人才资金560.24万元。协调解决高层次人才子女就学、居留、签证、入户、生产许可等问题。

规范专业技术人才评价管理，公布职称评审高级295人、中级264人、初级202人，职称初定中级25人、初级690人，考试合格人员名单21类1360人，2014年度享受政府特殊津贴1人。办理外国专家证7人次，2名外国专家获2015年度浙江省“西湖友谊奖”。桐乡市新凤鸣集团股份有限公司研究院院长赵春财和巨匠建设集团有限公司副总裁、技术中心总经理郑刚获教授级高级工程师专业技术职务任职资格。

11月20日，桐乡市召开首届“金蓝领”高技能人才表彰大会

市人力社保局提供

【上海互联网创业人才到桐考察创业创新环境】 4月25日，桐乡市委人才办、人力社保局、科技局、经信局、商务局联合举办上海互联网创业人才桐乡行活动，向来自上海互联网创新创业平台、企业、相关部门负责人以及在沪桐乡籍人士推介桐乡创业创新环境。创业人才参观市科创中心，听取有关情况介绍。在上海互联网创业人才桐乡行暨“双招双引”对接会上，来自上海40多名互联网精英交流各自创业项目，对桐乡互联网产业发展提出意见、建议。会议期间4个互联网相关创业项目签约落户桐乡。

【“互联网＋”项目发布和“两化深度融合”对接会】 6月1日，桐乡市委人才办通过微信平台发布“互联网＋”项目征集活动，吸引全国60多名从事“互联网＋”的人才报名。27日，桐乡市举行“互联网＋”项目发布和“两化深度融合”对接会，来自上海、深圳、杭州等地40多名互联网人才参加会议。桐乡市政府与苏州镤涞通信科技有限公司“基于频谱优化技术的高性能通信基站及室分无源系统”，杭州天富德泰信息技术有限公司“纺织印染企业信息化、微信移动应用”，嘉兴市阿木木网络有限公司“房地产行业信息化服务平台”以及东莞市见达信息技术有限公司“信息安全技术和基于三维地理信息的无人机和无人船行业应用”等4个项目签订项目协议书。

【两位外国专家入选“西湖友谊奖”】 11月10日，浙江省政府公布2015年度浙江省外国专家“西湖友谊奖”名单，桐乡市两位外国专家入选。入选的专家分别是保罗·范·欧斯顿(Paulus Van Oosten)，男，国籍荷兰，2007年始在桐乡市茅盾中学中加班工作，任加拿大课程中科学、化学和物理学科，2014年始任学校副校长；邹光耀，男，国籍马来西亚，2014年5月被浙江巨能环境工程设备有限公司聘为废水处理新技术开发与人才团队培养负责人。6月5日，邹光耀入选国家第五批“外专千人计划”，成为嘉兴市“外专千人计划”第一人。“西湖友谊奖”于1997年设立，每年评选1次，是浙江省政府为表彰外籍专家在浙江经济建设和社会发展中所作出的突出贡献而设立的最高奖项。至年末，桐乡市引进国(境)外各类专家17人。

【首次开展高技能人才直接认定】 2014年10月，桐乡市启动高技能人才直接认定工作。2015年1月，市人力社保局首次高技能人才直接认定综合评审会召开。19名来自8家规模以上企业、从事本专业工作10年以上技能人才参评，涉及数控车工、化纤聚合工、工艺染织制作工等10个职业(工种)。浙江省职业技能鉴定中心委派专家组对19名评审对象资料进行综合评审，最终18名评审对象通过评审，获高级技师职业资格，通过率94.7%。

人事管理

【概况】 2015年，市人力社保局考试录用选调生村官1人，公务员92人，警察学员7人，开展事业单位人员大型公开招聘3次303人，事业单位高层次人才招聘7次12人，镇(街道)事业单位面向大学生村官招聘5人，选调事业单位工作人员3人，机关事业岗位合同工招聘5次38人，选聘2名高校毕业生到村任职。

加强公务员日常管理。市人力社保局出台《桐乡市机关事业单位新录(聘)用人员管理办法(试行)》。完成2014年度部门科级领导以下公务员和镇(街道)副职领导及以下公务员考核工作，获嘉奖449人，立三等功93人，降职处理2人。2014年度考录87名公务员进行试用期满考核、任职定级，78名2015年新录用公务员进行初任培训，30名没有基层工作经历的新公务员进行基层锻炼。开展《心理调适与健康人生》网络课堂培训，参加培训公务员3100多人。调查摸底全市公务员户口情况，65名农业户口公务员办理户口农转非手续。

完成军转干部安置工作。采用考试、考核相结合的办法进行安置，根据考试、考核从高分到低分进行安置单位选择，安置2名营职及以下转业干部。5名在职企业军转干部按照上年度职工平均工资水平发放补助金22.02万元，90名企业军转干部发放慰问金63.06万元。根据嘉兴市企业军转干部因病因困救助办法，对符合医疗费补助条件的18名企业军转干部发放医

9月15日，桐乡市举办2015年公务员初任培训班

市人力社保局提供

疗费补助 3.92 万元。

加强事业单位人事管理。做好事业单位工作人员“进、聘、管”等人事管理工作，强化岗位设置分类管理，优化事业单位岗位结构比例，根据编制调整或事业发展实际情况，对部分事业单位进行岗位设置方案变更调整。对照执行岗位设置方案，做好专业技术人员聘任审核工作，全年审核聘任专技人员 1000 多人。开展教育系统事业单位第二轮岗位设置，94 所学校完成备案，设置岗位 6745 个，其中管理岗位 262 个、专技岗位 6479 个、工勤岗位 4 个。

做好工资福利工作。调整在职公务员、事业单位人员工资标准、测算和统计养老保险金缴纳。调整事业单位绩效工资，启动实施职务与职级并行工作。对条件相对比较艰苦或地理位置相对偏远的农村中小学，实施农村特岗教师津贴。提高人民警察、人民法院、人民检察院工作人员法定工作日之外加班补贴标准，镇(街道)机关事业单位工作人员实行乡镇补贴。调整机关、事业单位人员工资标准，5535 名离退休人员人均增资 355 元。组织 6000 多名公务员进行体检。做好退休老干部工作，慰问县(处)实职退休老干部，举办老干部读书会。举办第九届机关事业单位退休人员运动会，588 人参加比赛。组织重阳游园会，机关、事业退休人员 1200 人参加活动。

【事业单位公开招聘有新变化】 2015 年，桐乡市事业单位公开招聘有新变化。首次参加人社部考试中心统一招考，笔试由部考试中心统一组织命题、印制和统筹阅卷；笔试科目大调整，根据不同行业、不同类型事业单位特点以及各类工作人员专业特点，按照分类设置要求，公共科目笔试分为综合管理类(A 类)、社会科学专技类(B 类)、自然科学专技类(C 类)、中小学教师类(D 类)和医疗卫生类(E 类)五个类别，其中医疗卫生类(E 类)分为中医临床、西医临床、药剂、护理、医学技术和公共卫生管理岗位类(二级分类)；提供《考试大纲》，考试范围以《事业单位公开招聘分类考试公共科目笔试考试大纲(试行)2015 年版》为准。

【新录用公务员基层锻炼】 10～12 月，桐乡市安排 2014 年和 2015 年新录用，且无基层工作经历的 30 名公务员，到市综合行政执法局基层执法中队进行锻炼，从事市容管理工作。锻炼期间表现，作为新录用公务员试用期或年度考核、任职定级的重要依据。基层锻炼期间，组织、人力社保部门定期进行指导、监督和协调。

就业创业

【概况】 2015 年，市人力社保局实施新一轮就业创业政策，出台《桐乡市小额创业贷款管理办法》《关于支持大众创业促进就业的实施意见》。加大就业专项资金投入，6533 人次享受社保补贴 1809.29 万元、岗位补贴 35.26 万元。完成全民参保和就业状态调查登记工作，核准户籍人员 68.6 万人，发放工作经费 343.13 万元。

加强招聘和重点人群就业援助工作。举办各类人才招聘会 48 场，其中大型招聘会 9 场，专场招聘会 15 场，参加招聘企业 5982 家，提供岗位 9.6 万个，办理网络招聘会员企业 175 家，提供岗位月均 750 多个，免费求职登记 5600 余人，发放人才招聘周刊 1.8 万份。组织企业赴

6 月 5 日，桐乡市举办“校企合作”专场招聘会　　市人力社保局提供

省内外招聘12次，参会企业120家次。做好大中专毕业生报到工作，签订就业协议1715份。公益性岗位进村数176个，达标率100%。为47名困难大学生提供就业援助，在21家企业设立见习培训基地，见习培训大中专毕业生180名，开展企业用工监测221家。

推进创业型城市创建工作。加大电商创业培育扶持力度，助推农村电商创业就业，乌镇入选省级特色创业小镇试点。CIFC乌镇金融中心暨普众创客空间揭牌，10余家机构入驻。6个村被确定为乌镇淘宝试点村，1个村淘宝店开张。举办乌镇互联网知识培训班、电商创业培训班、乌镇人家民宿经营者培训班。乌镇镇创业培训基地与淘宝大学嘉兴分校签署《电商创业培训基地合作框架协议书》。承办第二届嘉兴市大学生创业大赛暨电商换市创业精英赛桐乡分赛区复赛，18个电商换市项目、83个大学生创业团队参赛。

加强职业能力建设。出台《关于做好我市电子商务“职业资格+创业培训”工作的通知》，加大电子商务人才培训力度。组织50人参加18个职业(工种)的嘉兴市职业技能竞赛，获评技师14人、高级工30人，获证率88%。做好各类培训开班审批、培训鉴定补贴发放、企业未成年工用工登记工作，办好社区学院职业技能培训基地，完成国家职业资格全国统一(鉴定)考试。举办各类培训班134期，其中高级工班75期，开展创业培训1120人。

加强困难人员就业援助。宣传就业优惠政策，规范公益性岗位开发管理，理顺管理体制，健全管理机制，加强管理督查，规范工资待遇，落实岗位、社保补贴，帮扶城镇、农村低保家庭户等就业困难群体实现就业。全年6533人次符合政策条件，享受社保补贴1809.29万元、岗位补贴35.26万元。其中政府公益性岗位吸纳就业困难人员58人，发放社保补贴14.09万元、岗位补贴35.26万元，对城镇自谋职业、灵活就业的“4050”就业困难人员1001人发放社保补贴264.9万元，对自谋职业、灵活就业的“4555”被征地人员5474人发放社保补贴1530.3万元。加大农村公益性岗位开发管理力度，公益性岗位进村达标率100%。

实施失地农民分流安置政策。全年分流安置失地人员5312人，其中养老保险安置3668人，一次性货币安置1644人。做好失地农民转职工基本养老保险手续办理、退休办理、生活补助费发放等工作。发放被征地人员生活补助费6500人次(每人每月100元)。落实生猪养殖退养人员就业和社会保障工作。做好征地人员享受灵活就业社会保险补贴的资格认定工作，审核通过符合享领条件征地人员2149人。

加强镇(街道)、村(社区)基层就业服务平台规范化建设。实现城乡人力社保政策落实和服务能力均等化，在就业失业登记、用工信息覆盖、公共职业介绍、就业再就业帮扶等公共就业服务方面就近就地为职工群众提供服务。重点对梧桐街道、振东新区、开发区人力社保基层平台建设进行评估验收，拨付人力社保基层平台建设资金11万元。核定发放全市2014年度基层人力社保平台协理员基本补助费112.17万元。14个基层平台全部通过验收，对外办理业务。2015年，14个基层平台办理人力社保业务20万件，比上年提高32.4个百分点。

【加快桐乡技师学院(筹)建设】2015年，加强桐乡技师学院(筹)南北校区融合，制定《桐乡技师学院(筹)五年发展规划(草案)》。省级公共实训基地获省人社厅批准，创业中心大楼列入2016年政府投资项目。电大教学楼改造完成，实训大楼改造工程完成立项。优化专业结构，结合桐乡实施“一业一网”战略，重点发展旅游、电商等服务类专业，2015年新设电子商务、计算机网络应用等4个高级工专业，申报烹饪专业为浙江省品牌专业。探索高技能人才培养模式，开展“校企合作”，成立“校企合作联盟”，实行工学结合。完成招生工作，招收新生1584名。

【浙江传媒学院桐乡校区首届招聘会】 5月23日，浙江传媒学院2015年夏季就业见习·实习招聘会暨桐乡市人才招聘会在该校桐乡校区体育场举行，19个省、直辖市400余家企业进场招聘，提供就业及见习实习岗位8200余个，涵盖现代传媒业、动漫游戏业、设计服务业、文化休闲旅游业等多个行业，招聘会吸引5200余人进场求职，达成初步就业意向1500余人。

【首期电子商务“职业资格＋创业培训”班开班】 7月10日，桐乡市首期电子商务“职业资格＋创业培训”班在乌镇镇虹桥村开班。培训班由桐乡市宇都职业技能培训学校承办，来自乌镇镇各村大学生村官、大中专毕业生42人参加培训。培训内容有电子商务发展趋势、创业意识培训、开店指南、店铺运营、店铺装修等，全方位教授学员如何经营电子商务，具有实战性、实用性强特点。学员在培训结束后通过电子商务类自主评价和创业培训考试，获得职业资格证书和创业培训结业证书。

【调整失业保险金标准】 11月1日，桐乡市调整符合条件失业人员失业保险金、生育补助标准。失业保险金标准从1103元/月提高到1245元/月，农民合同制职工失业后一次性生活补助按照城镇职工可享受失业保险金总额40%确定，从442元/月提高到498元/月，失业人员在享受失业保险待遇期限内或者享受待遇期满后仍处于失业状态，并符合计划生育规定生育子女的，一次性领取的生育补助标准从3309元提高到3735元。

劳动关系

【概况】 2015年，市人力社保局结合“平安桐乡”创建，开展“企业关爱职工、职工热爱企业”活动，加大宣传力度，丰富活动载体，提高用人单位和职工的参与率、知晓率，推动劳动关系和谐创建工作，对17家“五星企业”和14家“四星企业”进行综合评定并公示。完成样本企业薪酬调查、劳务派遣行政许可和特殊工时审批工作。

加强劳动保障监察执法力度，增强企业欠薪防范和处置能力。调研制鞋、皮毛等行业企业“包年制”工资发放问题并探索解决路径。开展以农民工工资支付、清理整顿人力资源市场、非法用工打击违法犯罪、欠薪隐患大排查为主要内容的专项行动，检查用人单位1.2万多家，涉及职工2.9万名，查处欠薪企业538家，涉及职工1991名，清欠工资1928.8万元，作出行政处罚24件。健全涉嫌拒不支付劳动报酬犯罪案件办理机制，在全省范围内率先成立公安局驻人力社保局联络室。开展劳动保障书面审查和企业劳动保障信用评价工作，全年书面审查企业8111家，企业劳动保障信用评价企业1500家。

全年受理市长电话230件，局长信箱792件。处理来信63件，来访571件951人次，办结各类劳资纠纷836件，其中欠薪案件538件、欠薪引发的重大事件33件889人1173.7万元。其中，欠薪逃匿案件15件，涉及职工142人165.25万元。接听“12333”咨询服务电话3万多个，接听率96%。全年立案受理劳动争议案件392件1164人，其中10人以上集体争议案件15件715人，劳动争议结案率100%。办结案件中调解结案314件，调解结案率80.1%。申诉经济标的4187万元，结案经济标的1600万元，其中劳动报酬类案件880万元，社会保险类540万元（其中工伤保险类案件505万元），经济补偿金、赔偿金类案件180万元。市人力社保局出台《加强行政审批层级一体化改革事中事后监管实施细则》，加强对行政许可事项在权力运行过程中进行实时监督、行政问责、责任追究以及相关法律法规制度执行情况的监管。年内，行政复议案件4件维持率100%，其中提请桐乡市政府3件，提请嘉兴市人力社保局1件；行政诉讼案件8件（含上诉案件2件），已结案5件均胜诉，1件中止，2件待宣判。

【整顿人力资源市场秩序专项行动】 3月27日～4月15日，市人力社保局、公安局、市场监管局联合开展全市清理整顿人力资源市场秩序专项行动。专项行动重点整治毛衫、制鞋、皮草等行业，在高铁站、客运中心、外来务工集聚小区、工业区等重点区域，开展针对性执法检查。参加专项行动执法人员356人次，检查各类人力资源服务机构24家，用人单位204家，查处扣押劳动者居民身份证1件，扣押被录用人员居民身份证和其他证件4件。

【市公安局驻市人力社保局联络室成立】 7月7日，桐乡市公安局驻人力社保局联络室成立。市公安局副局长吕卫强向市人力社保局副局长柏世明授牌。联络室由市公安局治安大队大队长任主任，市劳动保障监察大队大队长、市公安局治安大队副大队长任副主任，各派出所分管治安所长、市劳动保障监察大

7月7日，桐乡市公安局驻人力社保局联络室授牌仪式
市人力社保局提供

队各科室长、各镇（街道）人力社保所所长担任联络员。设立联络室旨在保障劳动者合法权益，及时、妥善处置因用人单位由于关停、企业主欠薪逃匿而引发的群体性突发事件，保护劳动者合法权益、维护市场经济秩序和社会稳定。全年向公安机关移送涉嫌拒不支付劳动报酬犯罪案件12件，4名涉嫌“恶意讨薪”带头者被公安机关治安拘留。

【开展社会保险法律法规专项检查】 7～8月，桐乡市开展全市用人单位遵守劳动用工和社会保险法律法规情况专项检查。检查招用农民工较多的建筑、制造、餐饮等劳动密集型企业，毛衫、皮鞋、皮草等行业和其他中小型劳动密集型企业以及个体经济组织。检查重点是签订劳动合同情况，按照法律规定支付职工工资、加班工资及执行最低工资标准情况，依法参加社会保险和缴纳社会保险费情况，遵守禁止使用童工规定及女职工和未成年工特殊劳动保护规定情况，遵守高温津贴规定情况和其他遵守劳动保障法律法规情况。专项检查出动执法人员103人，检查用人单位9400余家，涉及职工2.13万人，查处违反最低工资规定79件、拖欠工资72.7万余元，查处违反工时、休息休假规定4件，查处童工1名，行政处罚立案6件。

【用人单位欠薪隐患大排查】 9～11月，市人力社保局在全市范围内开展用人单位欠薪隐患大排查。对各类加工制造、建筑施工、餐饮商贸等领域易发生欠薪隐患的劳动密集型企业进行拉网式排查，重点排查租赁场地经营企业，生产经营不稳定处于停产半停产企业。全面掌握企业经营、用工和工资支付情况，及时发现和消除欠薪隐患，加强欠薪突发事件应急处置，健全欠薪突发事件预警预报制度，做好欠薪突发事件预防和排查工作。大排查出动执法人员327人次，检查用人单位3290余家，发现欠薪隐患140多条，处置欠薪10人以上群体性事件12件，处置欠薪逃匿案件3件，涉嫌拒不支付报酬罪移送公安案件2件。

【开展打击恶意欠薪违法犯罪活动】 10月21日～11月20日，市人力社保局、市公安局联合开展严厉打击恶意欠薪违法犯罪活动月活动。检查存在欠薪行为的用人单位，责令限期整改；调查取证以恶意欠薪方式逃避支付劳动者劳动报酬，涉嫌拒不支付劳动报酬罪的移送市公安局；市公安局辖区派出所加大恶意欠薪用人单位法人或直接负责人的追捕力度；坚持属地管理，正确引导，及时处置因恶意欠薪引发的群体性讨薪行为，防止恶意讨薪行为。活动月出动执法人员327人次，检查用人单位3290余家，发现欠薪隐患140多条，处置欠薪10人以上群体性事件12件，处置欠薪逃匿案件3件，涉嫌拒不支付报酬罪移送公安案件2件。

社会保障

【概况】 2015年，市人力社保局实施市民卡扩面和功能拓展工程。至年末，全市居民医保参保人员市民卡发放工作基本完成，总发卡量40.3万张，市民卡保有量超75万张，实现户籍人员市民卡基本覆盖目标。市民卡功能拓展包括中医院“诊间结算”，市区公交与市民卡整合，市民卡租用公共自行车，持市民卡

9月18日，举办机关事业单位养老保险培训班　　市人力社保局提供

进校园健身，市民卡在新居民管理中的应用，重点商户开通市民卡商业应用功能等。

扩大社会保险覆盖面，开展用人单位和全市户籍人员参保情况调查，推进小微企业、灵活就业人员和农村居民参保扩面工作。推进机关事业单位养老保险制度改革，完成全市机关事业单位2.21万名工作人员基础信息采集工作。职工基本医疗保险和城乡居民基本医疗保险信息系统整合成功并上线，实现人力社保信息系统一体化。

提升社保管理能力和服务水平。确保社会保险各项待遇按时足额发放，为1728名工伤职工落实待遇3566万元，为6934名生育女职工落实待遇3138万元。第十二次提高企业退休人员养老金，每月人均增加247元。第四次提高城乡居民基本养老保险基础养老金标准，每月人均增加20元。调整企业死亡职工遗属及精减退职等人员补助标准。企业退休人员社会化管理率100%。加大社会保险网上申报力度，开通网上申报企业9301家，占单位总数70%，新增1571家。扩大省内一卡通刷卡范围，增加桐乡市中医院、康慈医院为嘉兴市范围内异地联网医院，实现省内所有异地医疗机构直接刷卡结算。完善银行实时数据接口，实现医保、工伤、生育报销支付至个人账户。

强化社保基金监管。深化内控制度建设，完善经办流程，对机关事业养老保险基金和社保经办机构内控进行自查，并接受海宁市人力社保局检查。书面稽核251家企业，实地稽核52家企业。实行基本医疗保险总额控制，规范医疗保险费用结算，提高医保基金使用效率。加强“两个定点”管理，通过推进支付方式改革，实行定点零售药店“控费”结算，完善视频监控，试行定点零售药店违规记分制，引入第三方审计等手段确保基金安全。加强日常检查，处理违规定点医疗机构2家，违规定点药店3家。查处20起冒用他人城乡居民基本医疗保险卡骗保案件，追回医保费用14.85万元。查实多领养老待遇21人，收回养老金14.3万元。

【完善大病保险政策】 2015年，桐乡市大病保险四个报销比例分别提高5个百分点，其中起付线5万元（含）以下报销55%、5万元（不含）～10万元报销60%、10万元（不含）～15万元报销65%、15万元（不含）以上报销70%。全年2136人（4648人次）享受大病保险补偿，结算补偿金额1122万元，实际补偿率提高11.28个百分点。社区卫生服务机构门诊报销比例从45%提高到50%。2015年度职工基本医疗保险增加大病保险二次补偿。15种药品纳入大病保险支付范围。

【工伤保险缴费实施浮动费率】 2015年，桐乡市实行工伤保险缴费浮动费率。经核算，全市297家参保企业2014年度工伤保险支缴率达到工伤保险费率浮动标准，从2015年2月起上浮工伤缴费比例。工伤保险浮动费率分为两档，第一档基准缴费费率120%，第二档基准缴费费率150%。工伤保险支缴率大于150%、小于等于300%的，工伤保险缴费上浮为浮动费率第一档；工伤保险支缴率大于300%的，工伤保险缴费上浮为浮动费率第二档。全年工伤保险基金收入7702.87万元，比上年增长24.7%；支出5087.92万元，增长14%；当年结余2614.95万元，累计结余1.28亿元。

【医保定点零售药店“控费”结算】 2015年，桐乡市136家职工基本

4 月 9 日，桐乡市举办 2015 年度社会保险政策业务培训班

市人力社保局提供

医疗保险定点零售药店与市人力社保局首次签订《2015 年桐乡市职工基本医疗保险定点零售药店费用结算协议》。按照“总量控制，提高效率”原则，市人力社保局对定点零售药店实行总额控制结算办法（在一个结算年度内，按照核定的各医疗机构和零售药店年支付额度，控制医保基金支付总量的结算办法），引导定点零售药店建立自我管理、自我约束机制。建立由人力社保局牵头，发改委、财政局、市场监管局等部门参与的基本医疗保险费用结算管理联席会议，协调处理医疗费用结算管理过程中重大问题，对各定点零售药店实行“月预警、季通报、年考核”监察制度，实现医保基金健康发展。同时创新管理方式，在嘉兴市范围内率先开展职工医保定点零售药店违规记分制管理。对市域范围内所有基本医疗保险定点零售药店，包括连锁药店下属门店均实行单店医保违规行为“十二分制”记分量化监管办法。年内，市人力社保局通过明察暗访、网络监控等手段，查实 5 家定点零售药店违规行为 6 次，记 6 分。

【创新尿毒症患者医疗救助形式】 2015 年，桐乡市创新尿毒症患者救助方式，以救助卡形式进行发放，为方便参保群众，符合条件的尿毒症患者一年只需申领 1 次。患者凭卡就可在桐乡市内医院透析，按规定享受救助；每次免费救助须登记，并由医方、患方签字确认。全年向 243 名尿毒症患者发放透析救助卡。

【全民参保和就业状态调查登记工作】 1 月，桐乡市启动全民参保和就业状态调查登记工作。4 月中旬完成 68.6 万余户籍人员实地入户登记调查，并逐一将调查所获数据按要求分别在“省人力社保全民参保入户调查登记系统”“嘉兴市人力社保信息资源管理系统”进行录入，前者主要是未参保人员信息，后者是全体户籍人员信息。至 8 月，完成省系统录入率，嘉兴系统录入率、审核率均达到 100%。

【实行工伤认定网上申报】 2015 年，桐乡市创新工作思路，优化业务流程，在全省率先自主研发工伤事故网上申报系统。该系统包括工伤网上申报和信息查询功能，适用于全市所有参加工伤保险的用人单位。桐昆集团、巨石集团、新凤鸣集团有限公司等 10 余家企业试点运营。申请人通过登录桐乡市人力社保网上申报系统，在网上提交工伤认定申请表，申请人根据审核结果在规定时间内携带相关资料到市劳动能力鉴定处现场办理受理手续。全年受理工伤案件 1866 件，认定 1792 件，工伤认定办结率 95%以上；受理劳动能力鉴定申请 843 件，组织专场劳动能力鉴定 11 次，鉴定 807 件。

【整合城乡居民基本医疗保险信息系统】 2015 年，市人力社保局开展城乡居民基本医疗保险信息系统一体化整合工作，开发居民医保管理模块。11 月 1 日，整合后的桐乡市人力社保信息化系统正式上线使用，当日门诊、住院 9298 人次完成居民医保无差错实时结报，报销金额 34.5 万元，实现居民医保与人力社保一体化信息系统整合工作。城乡居民基本医疗保险参保 43.85 万人，参保率 99.5%，其中农民参保 38.81 万人、城镇居民参保 5.05 万人。2015 年筹资 920 元/人（其中两级财政筹集风险基金 120 元/人），个人缴纳 260 元，全年筹集资金 4.05 亿元。

（沈秀芬）

梧桐街道

【概况】 梧桐街道为桐乡市政府所在地，是全市政治、经济、文化、科技中心。南与高桥镇、凤鸣街道相邻，西与石门镇相接，东与濮院镇、屠甸镇相连，北靠京杭大运河，与龙翔街道隔河相望。西距杭州市63千米，东至上海市138千米，北距苏州市93千米，距沪昆高速公路屠甸入口8千米，高铁桐乡站6千米，320国道穿境而过。街道辖区面积78.3平方千米，其中建成区面积42.6平方千米。有14个村，406个村民小组；13个社区，1492个居民小组。总户数4.7万户，总人口14.6万人。2015年实现地区生产总值118.62亿元，比上年增长10.8%；工农业总产值213.01亿元，增长1.87%；财政收入4.95亿元，增长12.6%；完成全社会固定资产投资55.59亿元，增长9.8%；实现外贸出口交货值3.35亿美元，增长4.6%。农村居民人均可支配收入2.57万元，增长11.4%。

产业发展 全街道粮食播种面积1443.8公顷，油菜184.73公顷，烟叶44.87公顷，菊花491.06公顷，蔬菜872.47公顷，水果220.47公顷（其中果用瓜73.6公顷）。年产粮食9482吨，油菜籽495吨，烟叶104吨，菊花1251吨，蔬菜2.6万吨，果用瓜2495吨，桃园村槜李实现产销两旺。全年饲养蚕种1.19万张，蚕茧产量627吨。年出栏湖羊0.87万头、家禽0.93万羽、兔0.16万只，肉类产量877吨，小湖羊皮2.77万张。培育市级规范化家庭农场2家，桐乡市蚕桑产业观光园被评为市级休闲农庄。城西生态牧业小区建设竣工。规模以上企业工业总产值94.87亿元，增长15.3%。完成工业生产性投入14.59亿元，增长9.8%；完成服务业投入42.3亿元，增长17.4%。15个市级重点项目全部开工，投资4.99亿元；38个“机器换人”项目完成投资3.72亿元；83个技改项目完成投资13.15亿元。4个市级“退二进三”项目3个完成评估；完成存量土地挖潜20.97公顷，腾退低效建设用地10.24公顷。引导企业实施“两改两创”，1家企业实现新三板挂牌，完成股改企业1家，管理创新示范企业1家、达标企业2家，高新技术企业1家。加快发展服务业，新增限额以上服务业企业25家、“个转企”51家。着力发展旅游业和庄园经济，恒基文化博览园成功创建浙江省工业旅游示范基地，并正式

6月11日，梧桐街道草扎技艺展演　　梧桐街道提供

2015 年梧桐街道主要经济社会指标完成情况

表 33

指　　标	单　位	数　值	比上年(±%)
地区生产总值	亿元	118.62	
财政收入	亿元	4.95	12.6
农业总产值	亿元	2.24	−16.7
粮食总产量	万吨	0.95	−6.9
工业销售收入(规模以上企业)	亿元	92.27	14.7
固定资产投资	亿元	55.59	9.8
其中工业生产性投入	亿元	14.59	3.2
实际利用外资	万美元	2200	574.4
利用市外内资	亿元	8.07	8.3
外贸出口额	万美元	33475	14.6
农村居民人均可支配收入	万元	2.57	11.4

对外营业;夏家浜公共文化设施建设项目完成工程量 56.7%;君匋艺术院争创国家 AAAA 级旅游景区;港龙世界风情木屋庄园项目建成 3000 余平方米木结构房屋;桃园西施槜李庄园完成项目规划,槜李采摘基地入选首批浙江省果蔬采摘旅游基地;强化招商选资,主动接轨沪深等大都市驻点招商,引进浙江溜溜云大数据科技有限公司等互联网产业项目,利用市外内资 8.07 亿元、市外内资注册资金 4.76 亿元,“浙商回归”到位资金 4.5 亿元;引进合同外资 3010 万美元,实际利用外资 2200 万美元。园区平台进一步优化,三期征迁扫尾顺利推进,拆迁户签约率 98.6%,城东新社区安置房基本竣工。秋韵港开挖工程、园区文化活动中心等项目有序推进。

城乡建设　完成国家卫生城市迎检工作,发现问题并全部及时解决。成立环保指挥部和专项工作组,做好第二届世界互联网大会环保维稳工作。加大“四位一体”保洁和考核力度,改善农村环境。加快推进“五水共治”,完成中小河流治理重点县综合整治及水系连通试点梧桐项目区河道整治工作,点缀生态浮岛 60 处,完成 12 条河道清淤疏浚工程。全年工业企业污水入网 28 家、豆制品行业整治关停 24 家、城镇生活污水入网改造 3000 户、农村生活污水治理 807 户、市区易积水点改造 4 处。争创“无违建”街道,完成“三改一拆”45.75 万平方米,其中拆违 12.03 万平方米。启动凤鸣小区、城新小区 30.13 万平方米老旧小区改造,受益居民 3066 户。立面改造严控区域范围内 304 户农户,约 15.36 万平方米农房。开展废品收购点、码头、乱堆放场所及道路两侧占道经营整治,对公路沿线 198 个乱堆放问题进行整治。加快推进“创森”工作,在绕城公路、湖盐公路等重点路段新建绿化景观 15.7 千米、21.13 公顷。种植重点防护林 6.33 公顷,一般防护林 8 公顷,创建以安乐村为中心的梧桐街道“千亩片林”项目;做好桃园、同心两个“百亩片林”村的绿化提升整改;争创嘉兴市美丽乡村建设先进街道和桃园村省级森林村庄。推进农村土地综合整治,实施民安和民安城西 2 个项目,钱林村、同心村项目完工,复垦面积 22.73 公顷。完成桐九公路征迁工作,推进临杭大道、莲都公路征迁,实施梧桐村水墙门等组征迁安置工作。开展三新村车家埭征迁调研。启动实施扩大杭嘉湖南排(杭平申线航道改造)工程梧桐段项目。

社会事业　开展培育和践行社会主义核心价值观“三讲三进”活动、“智慧文化建设年”和“活力梧桐健康年”系列活动,举办第三届全民健身艺术节暨第五届体育运动会、第五届桃园槜李文化周、第三届农民文化月、第十二届市区邻里节暨社区区歌合唱大赛和“迎中秋烘焙”等活动,注册成立桐乡市梧桐菊乡艺术团,选配村级文化专职管理员,丰富居民群众文化生活。设立梧桐街道微信公众号,增强对外宣传力度。通过“社区+社工、项目+基地、动态+常态”模式,推进基层社会治理创新实践。整合各社区资源,成立社区幸福家园、梧桐义工和“三社联动”(社区居委会带动社区居民参与社区活动,社会组织为社区居民提供服务,专业社工参与社区建设)三支服务团队,提升服务居民水平和居民自治能力。壮大梧桐“义工时间银行”队伍,

2月3日，梧桐菊乡艺术团戏曲下乡贺新年　　　　梧桐街道提供

有注册义工1157人，组建社区金牌义工服务队30余支，举行“义起来更精彩”公益街等各类便民服务活动101场，服务居民3万余人。设立“爱满梧桐”公益基金，举办街道公益项目“创投”大赛，确定年度公益项目14个。至年末，街道社会组织培育发展中心入驻民办非企业单位（组织）5家、注册社区社团13个、备案社团105个，街道加入中国社会工作联合会社区工作委员会。优化配置学前教育资源和加强社区教育工作，启新幼儿园、同庆幼儿园工程竣工。关注慈善和社会福利事业，发放各类低保金、救助金785万元，新建和改建4家居家养老照料服务中心，累计有居家养老照料服务中心17家，其中市3A级及以上12家。全面实施残疾人共享小康工程，落实残疾人各项社会保障。狠抓社会保险扩面，完成全民参保和就业状态调查登记，净增养老保险参保人员3100人，城乡居民基本医疗保险参保率98.6%。贯彻落实计划生育政策，加强宣教服务力度，强化流动人口计生综合治理，计划生育符合率96.8%。

·相关链接·

“三讲三进”活动

培育和践行社会主义核心价值观“三讲三进”活动是通过专家学者讲理论、先进典型讲事迹、干部群众讲体会等方式，推动社会主义核心价值观更进一步进农村、进社区、进企事业单位。

【梧桐街道获“浙江省文明街道”称号】 1月，梧桐街道被浙江省精神文明建设委员会授予“浙江省文明街道”称号。街道一直注重文明创建工作，进行资源整合，大力弘扬社会新风尚，狠抓政务环境、法治环境、人文环境、社会环境、生态环境建设，经济社会各项事业得到迅速发展。街道有省级文明社区4个、文明单位14家。曾先后获浙江省首批生态街道、浙江省卫生街道、浙江省文化强镇、浙江省城市社区党建工作示范街道、浙江省社会治安综合治理工作先进集体、嘉兴市平安镇（乡、街道）、嘉兴市招商引资工作和利用外资十强乡镇等称号。

【梧桐街道加入中国社会工作联合会社区工作委员会】 7月29日，2015年中国社区工作委员会常委会在呼和浩特市召开。梧桐街道受邀参加会议，经中国社会工作联合会社区工作委员会批准，成为社区工作委员会委员单位。近年来，围绕“打造特色社区、构建幸福梧桐”的总体要求和“法治、德治、自治”三治合一的基层治理理念，街道注重创新工作载体、规范管理机制、强化服务功能、深化品牌效应、激发社会活力，社区建设取得长足的发展，尤其是党建共建机制建设走在全国前列。凭借社区建设工作的良好成绩和其他省市兄弟街道的推荐，经中国社会工作联合会社区工作委员会批准，街道成为社区工作委员会委员单位。中国社会工作联合会社区工作委员会始创于1989年民政部基层政权司，2010年4月根据民政部党组意见，在中国社会工作联合会原城区工作委员会、乡镇工作委员会和社区服务工作委员会基础上重组成立。专司城乡社区工作、社区服务工作、社区社会工作、区街社区工作、文明和谐社区建设工作的职能，为城乡基层政权和基层自治组织建设服务，为推进大社区共建共享服务，为文明和谐社区和社区建设服务。

2015 年梧桐街道各村(社区)基本情况

表 34

村(社区)	户数(户)	户籍人口(人)	中共支部(总支、党委)书记	村委(社区)主任	集体经济总收入(万元)
东方红村	970	4093	张海良	朱国强	447
城东村	1173	4782	沈士根		426
逾桥村	954	3633	钱柏祥	张永彬	390
庆丰村	918	3750	张荣祥	张荣祥	179
三新村	1251	4692	王松良	朱连根	800
民安村	982	3909	韩林松	占学林	466
城西村	1134	4560	高雪奎	高建兴	749
同心村	616	2538	钟　亮	范乙平	444
钱林村	624	2505	何振华	沈明强	467
梧桐村	908	3822	沈林荣	张金甫	235
安乐村	808	3200	吴明松	张建林	550
百福村	607	2462	许林川	许林川	170
新玄村	550	2353	高月明	李月兵	276
桃园村	590	2532	顾建荣	徐建锋	211
凤鸣社区	3543	9565	朱长兴		
环南社区	2161	5347	刘荣坤	姚晓春	
复兴社区	1196	3247	刘小妹	郑翠萍	
庆丰社区	2093	5498	周志红	周佳亮	
永宁社区	1628	4514	夏雪标	吴妍飞	
东兴社区	1713	4788		朱晓敏	
学前社区	4327	11516	包锡庆		
九曲社区	1831	4811	吴荣奎	毛晓芳	
杨家门社区	2844	7588	曹建奎	魏亚平	
文昌社区	2588	6845	沈汉康	徐佳燕	
大发社区	1882	4745		袁　扬	
同庆社区	298	749	蒋金浩	蒋金浩	
百乐社区	550	1755	胡　蓉	何　岚	

【环南社区被评为“全国法治社区建设示范社区”】 12 月，经中国社会工作联合会社区工作委员会批准，梧桐街道环南社区被授予首批“全国法治社区建设示范社区”称号。环南社区作为桐乡“法治、德治、自治”建设试点社区之一，不断探索完善法治建设，开创社区治理“三五”工作制(即 5 号我计划，15 号来自理，25 号环南行)。通过法治组长培训会、法治大家谈沙龙、法治手抄报比赛等活动，培养一批热心为民、为社区的优秀居民(新居民)骨干，把“法治文化”延伸到各个小区。

【梧桐街道完成国家卫生城市复查迎检工作】 2015 年，梧桐街道是国家卫生城市省级复查的重点区域，8 月至 9 月，在复查迎检前两个月内，街道成立 21 支突击队，取消双休和节假日，452 名党员干部驻守在农民新村、城中村、城郊结合部等地，每天 16 小时滚动巡查。其间，清除垃圾 3 万余吨，清理乱张贴 1.83 万处，清理乱堆放 9314 处，清理油污 545 处，清理违建 200 余处，拆除旱厕 171 处，改造简易垃圾箱 382 只，刷白楼道 3417 个，粉刷围墙 9.2 万平方米，补植绿化 20.9 万平方米。梧桐街道国家卫生城市复查环境整治工作团队被评为 2015 年度桐乡市优秀团队。

【开展“五位一体”综合整治工作】 2015 年，梧桐街道在农民安置小区开展消防安全、安全生产、环境卫生、违章建筑、平安建设为一体的“五位一体”综合治理工作。整治期间，排查出租房 8028 户，发出整改通知书 7690 份，砌实体分隔墙 465 处，安装逃生通道指示牌 4890 余块，配置灭火器 15500 余具、应急灯 2100 余盏、便民充电站 2 台、烟感自动报警器 2150 只，拆除违章建筑 400 多平方米，同时整治乱停乱放、毁绿种菜、违规饲养畜禽等现象。对不按要求整改或拒不整改的，由市公安局、市

9月1日，梧桐街道举行“五位一体”综合治理颁奖晚会

梧桐街道提供

场监管局、市行政执法局等组成联合执法小组会同各村（社区），依照相关法律法规启动执法程序。通过整治，基本消除出租房屋一般安全隐患，严重安全隐患整改率达100%。加强长效管理，街道建立健全常态化出租房屋管理工作机制，利用“三治合一”理念创新农民新村（社区）综合治理新模式，各村（社区）将治安、消防、门前“三包”等内容写入村规民约，实行村（居）民自治。

【全市首个系统性村（社区）干部管理办法出台】 2015年，梧桐街道出台《梧桐街道村（社区）干部管理办法》，成为全市首个出台系统性村（社区）干部管理办法的街道。办法围绕选拔任用、教育培训、考核考评、监督约束、工资报酬待遇、奖励与惩处等内容，突出“五个规范”，即规范进口关，保证干部队伍质量；规范教育培训，提升为民服务水平；规范考核考评，促进干部队伍健康发展；规范运作制度，完善监督约束机制；规范工资报酬，提高干事创业热情，强化村（社区）干部管理，使全街道村（社区）干部管理有章可循。

【浙江先锋机械股份有限公司新三板挂牌】 参见《工业·机械制造》中相关条目。

（朱阳红）

凤鸣街道

【概况】 凤鸣街道位于桐乡市中部，与梧桐街道、高桥镇、石门镇、崇福镇接壤。320国道斜贯境内，长山河横贯全境。总面积47.4平方千米，有1个社区，5个居民小组；11个村，279个村民小组。总户数1.26万户，总人口5.09万人。2015年实现地区生产总值25.67亿元，财政收入1.19亿元，农村居民人均可支配收入2.44万元。

产业发展 粮食产量3025吨，杭白菊种植面积923公顷，产量2817吨；饲养蚕种3.21万张，蚕茧产量1620吨；饲养生猪1.67万头，湖羊存栏2.45万头，家禽20.53万羽。狠抓“五水共治”，治理“三河”56条22千米，疏浚淤泥50万立方米。加强农田水利设施建设，投入资金300多万元，新建水闸2座、泵站7座、U形渠道15.5千米，新建凤鸣街道水文监测站。实施建胜村133.33公顷农业综合土地开发项目。全面完成生猪退养工作。推进农村生活污水治理，受益农户1200户。社会化服务中心建成，面积1400多平方米。蚕业大道及绿化建设完工，全长2千米。两个村建造小蚕共育室，面积1350平方米。国家级农业综合开发项目桐乡市现代蚕业特色园建设基本完成。村庄绿化、重点防护林、村级百亩林及百亩青桐林建设完工。完成主干道绿化工作，全年种植绿化90公顷。开展美丽乡村建设，路家园村通过省级中心村验收。按照庄园建设“八个有”标准，建设“红冠飨庄”现代农业庄园。街道有工业分区2个，规模以上企业80家，实现规模以上企业工业产值78.57亿元，比上年下降1%；完成固定资产投资11.24亿元，增长7.1%，其中工业生产性投入8.09亿元、服务业投资4.1亿元；利用市外内资2.57亿元，合同利用外资450万美元，实际利用外资250万美元。全年经信窗口备案工业项目22个，发改窗口备案项目2个，涉及总投资5.7亿元。实施总投资3000万元以上市级重点工业项目7个，总投资500万元以上街道级建设项目18个。全年省级新产品立项

2015 年凤鸣街道主要经济社会指标完成情况

表 35

指　　标	单　位	数　值	比上年(±%)
地区生产总值	亿元	25.67	
财政收入	亿元	1.19	18.7
农业总产值	亿元	3.30	−9.9
粮食总产量	万吨	0.30	2.5
工业销售收入(规模以上企业)	亿元	72.66	−9.3
固定资产投资	亿元	11.24	7.1
其中工业生产性投入	亿元	8.09	15.5
实际利用外资	万美元	250	2.9
利用市外内资	亿元	2.57	11.2
外贸出口额	万美元	10158	6.6
农村居民人均可支配收入	万元	2.44	9.52

2015 年凤鸣街道各村(社区)基本情况

表 36

村(社区)	户数(户)	户籍人口(人)	中共支部(总支、党委)书记	村委(社区)主　任	集体经济总收入(万元)
史桥村	846	3353	王建华	陈春光	206.99
环南村	3126	3262	姚建忠	陆利强	282.14
灵安村	1183	4721	顾利敏	黄洪强	349.98
红旗村	1007	4035	张锡良	蒋卫民	269.96
路家园村	705	2837	钟增烜	徐晓明	234.79
西牛桥村	511	2077	屠国强	王国强	125.1
新农村村	1086	3931	王兴标	倪利根	883.63
联庄村	1049	4249	吴秋秋	吴秋秋	265.78
建胜村	990	3766	鲍东明	徐建强	498.41
合星村	1056	3973	黄爱忠	沈建强	258.81
中群村	1053	4355	王永兴	孙国强	216.55
灵安社区	131	770	韩兴良	管民兴	

15 个，桐乡市级计划 2 项；申报专利 250 个，申报发明专利 61 个；新增桐乡市级高新技术研发中心 16 家；新增高新技术企业 2 家，嘉兴市企业技术中心 3 家，省级科技型中小企业 3 家。举办第二届福严寺景区素食文化旅游节。全年接待游客 46 万人次，增长 53.3%。

城乡建设　推进临杭大道、320 国道南段拓宽、扩大杭嘉湖南排等市级工程建设。“三改一拆”成效明显，全年拆除违法违章建筑 15.65 万平方米，其中拆除违法建筑(不包括猪舍禽舍)10.55 万平方米，拆除猪舍 7400 多平方米，拆除禽舍 1824 平方米；完成“三改”项目 38.19 万平方米，其中旧厂区改造 3.85 万平方米、旧住宅区改造 4.8 万平方米、城中村改造”29.54 万平方米。推进“两新”工程建设，完成街道新村点的增加布点工作，全年新进“两新”点建房 172 户。开展土地整治项目建设工作，土地整治 10.13 公顷。加强交通建设，大中修和新修农村道路 26.5 千米；改造农村危桥 2 座。新羔线与民茅线路口设信号灯，老桐九公路新装路灯 68 杆，整修同福集镇和灵安集镇的道路、人行道和部分公共建筑。开展主要道路沿线环境综合整治，重点道路两侧拆除违法建筑 4929 平方米，整治占道经营 74 处；立面改造沿线农房 957 户，整治面积 32.9 万平方米。

社会事业　有初中 2 所，在校学生 796 人，教师 103 人；小学 2 所，在校学生 2793 人，教师 165 人；中心幼儿园 1 所，分园 3 所，村点 1 所，在园幼儿 1198 人，教职工 114 人。有卫生院 1 所，卫生技术人员 95 人，床位 28 张。新建村(社区)居家养老服务中心 3 家，升级 2 家。街道养老中心结顶。建立村级文化专职管理人员队伍，新建农村文化大礼堂2个，推进公共文化服务体系示范区创建工作。投资建设标准化法律服务中心和两个标准村级综治室，文华小区安装227个视频监控，实现文华小区视频全覆盖。

【2015第二届福严寺景区素食文化旅游节】 5月1～3日，2015第二届福严寺景区素食文化旅游节在福严寺景区举办，文化旅游节汇聚各地素食美食文化为亮点，结合桐乡本地民俗素食文化和佛教养生文化，以“品素食之妙、论养生之道”为主题，以“参与、感受、体验”为特色，集素食展销、民俗文化表演和本地特色素食展演为一体，为游客呈现丰盛的素食文化盛宴。接待游客3.2万人次。

【开展“党员报到日”系列活动】 凤鸣街道党委将每年的7月1日设立为“党员报到日”，每年确定一个主题，报到日当天要求所有组织关系在街道范围的党员返回所在支部报到，向组织汇报思想、工作、生活情况。2015年“党员报到日”主题是“我报到、我承诺、我行动”，活动以“全覆盖、增活力、有实效、受欢迎”为总体目标，以“八有”（有科学的活动规划、有鲜明的活动主题、有具体的活动安排、有翔实的活动记录、有规范的活动机制、有明显的活动成效、有较高的参与率、有较好的吸引力）为要求，组织基层党组织、普通党员集中开展党员教育、联系群众、民主议事、志愿服务等活动，接受组织教育，展示党员形象，增强身份意识。报到日当天下午举行纪念建党94周年表彰大会，表彰先进基层党组织10个、优秀共产党员92人、优秀三小组长30人、两创先锋10人。

（韩莎里）

龙翔街道

【概况】 龙翔街道位于市区北部，与濮院镇、石门镇、乌镇镇接壤，与梧桐街道隔京杭大运河相望，湖盐公路、嘉湖公路、四级航道东宗线穿境而过，街区北部有申嘉湖高速公路出口。总面积39.83平方千米，辖1个社区，8个居民小组；9个村，179个村民小组。总户数6986户，总人口2.72万人。2015年，实现地区生产总值15.26亿元，财政收入6961万元，农村居民人均可支配收入2.44万元。

产业发展 实现农、林、牧、渔业总产值2.19亿元，完成农业投资1955万元，完成2015年县级粮食生产功能区创建任务206.67公顷。董家茭白产业做大做强，全年实现茭白总产值1.38亿元，龙翔蔬菜（茭白）主导产业示范区成功创建省级现代农业示范区。湖羊庄园建成一类现代农业庄园，并通过市级验收。全年新增家庭农场12家。乡村生态旅游产业持续壮大，红杉郙景区开展国家AAAA级旅游景区创建，通过资源评估；农旅综合项目乌老庄开工建设。全年农作物播种面积3426.8公顷，其中粮食播种面积1165.1公顷，总产量8036吨；饲养蚕种5333张，蚕茧产量272吨。生猪实现全面退养，湖羊饲养量0.7万头，家禽56.81万羽，肉类总产量388吨。种植杭白菊165.1公顷，产量520吨；晒红烟46.87公顷，产量128.4吨；蔬菜播种面积1853.8公顷。村级经济不断壮大，实现村组集体经营收入1479万元。以“稳增长、促发展”

2015年龙翔街道主要经济社会指标完成情况

表37

指　　标	单　位	数　值	比上年(±%)
地区生产总值	亿元	15.26	
财政收入	亿元	0.7	2.5
农业总产值	亿元	2.19	−1.4
粮食总产量	万吨	0.8	−6.9
工业销售收入(规模以上企业)	亿元	34.99	−3.8
固定资产投资	亿元	12.04	−6.9
其中工业生产性投入	亿元	4.9	−7.2
实际利用外资	万美元	254	1.6
利用市外内资	亿元	1.84	−13.9
外贸出口额	万美元	19828	−8
农村居民人均可支配收入	万元	2.44	10.3

为目标，推动企业开展"两化融合"，加快企业梯队培育，新增规模以上企业6家、服务业规模以上企业3家、个转企6家。新增高新技术企业1家、外资企业2家，新增省级、嘉兴名牌各1家。盘活存量要素，盘活土地13.69公顷。实施工业投资项目44个，完成工业生产性投资4.9亿元，比上年下降7.2%。加大招商引资力度，赢时胜实业、菊乡商贸综合体、振福农业等一批项目相继落户。全年利用市外内资1.84亿元，市外内资注册资金9292万元。合同利用外资539.5万美元，实际利用外资254万美元，引进"浙商回归"资金1.15亿元。

城乡建设 "两新"建设稳妥推进。推进"两新"工程农房改造集聚，843户农户参与"城乡一体新社区"农房集聚建设。双桥北苑二期公寓房建设项目结顶。皂林区块征迁工作全面铺开，243户农户签约。实施农村土地综合整治项目，宅基地复耕17.27公顷。加大基础设施改造，农贸市场进行整体改造。新建桥梁1座，完成道路大中修工程。投入600余万元，实施老集镇区域13千米污水管网提升工程。开展湖盐线、姚太线等主要公路沿线整治，沿线绿化景观提升4.8千米，景观改造20余处。完成23条黑臭河整治并通过验收。推进街道、村两级河长履职规范化，建立"五水共治"长效管理机制，全年镇级交界断面水质考核稳定在"合格"等次。创建市"生猪退养街道"，出台生猪区域退养长效管护工作督查考核办法。开展农村生活污水治理，完成省级改造605户目标。工业企业污水入网12家。"三改一拆"持续推进，拆除违法违章建筑3.83万平方米，养殖禽舍1.46万平方米。实施农房外立面改造77户。建设重点防护林10.02公顷，种植绿化10.51公顷，新增建成区绿化面积26.67公顷。

社会事业 新建农村文化礼堂2个；开展"最美龙翔人"评选，挖掘身边先进典型；开展"文体惠民"活动，举办街道第二届全民运动会。通过嘉兴市级文明街道复评。落实"四位一体"保洁机制，改造公共卫生设施，开展生活垃圾分类试点。通过嘉兴市级病媒生物防制先进街道复评，街道办事处成功创建无烟单位。义务教育巩固率100%；初升高比例、中考成绩居全市乡镇学校前列。标准化预防接种中心投入使用，全年无公共卫生事件发生。计生服务工作获市级优胜"十五"连冠。整治豆制品行业，全年无食品安全事故发生。开展农村特困家庭危旧房改造10户，残疾人家居环境及无障碍设施改造8户；加大养老服务力度，新建4A级居家养老服务照料中心1家，改造提升居家养老服务中心1家。街道就业率92.8%；受理调处劳资纠纷22起，无重大欠薪事件发生；在全市率先完成2016年度城乡医保征缴工作，参保率99.76%。

【开展"互联网+"智慧党建】 2015年，龙翔街道依托移动互联网平台开展智慧党建，落实好"走村不漏户、户户见干部"制度，进一步密切干群关系。从6月起，在元丰村试点，每家农户门口均张贴二维码，通过微信客户端扫描，可以一目了然了解农户家庭情况、党员结对情况以及街道干部走村入户走访情况。农户也可以通过网络平台更为便捷地提出意见建议与帮扶需

龙翔街道便民服务中心　　龙翔街道提供

2015年龙翔街道各村(社区)基本情况

表38

村(社区)	户数(户)	户籍人口(人)	中共支部(总支、党委)书记	村委(社区)主任	集体经济总收入(万元)
皂林村	822	3162	沈林泉	沈林泉	161
南王村	482	1861	俞有章	俞有章	32.78
董家村	626	2452	吕立峰	朱文娟	9.21
金牛村	780	3084	王建强	姚培根	6.64
正福村	468	1934	陈福新	陈福新	101.26
元丰村	732	2769	姚兴佳	姚兴佳	83.2
杨园村	836	3163	沈晓华	姚坤潮	80.3
单桥村	776	3003	穆建华	穆建华	33.6
翔厚村	1214	4572	邹雪明	邹雪明	80.5
秀溪社区	373	1136	陈福祥	朱红燕	

求。同时，组建“网络e支部”，加强对外出流动党员的管理教育。通过互联网技术，加强基层党组织建设。

【举办龙翔街道第二届全民运动会】 10月31日，龙翔街道举办第二届全民运动会。来自机关、村(社区)、企事业单位的20余支代表队、500多名运动员参加，比赛设拔河、乒乓球、趣味运动等5大项、8小项竞赛项目，经过激烈争夺，皂林村代表队获得团体总分第一名。通过竞赛，展示各单位团队风貌、强健体魄，增强集体凝聚力。

【开展“最美龙翔人”评选活动】 1～6月，龙翔街道开展“最美龙翔人”评选活动。此次评选旨在掀起学习先进典型，形成人人崇德向善氛围。活动以“美丽乡村、美在龙翔”为主题，从孝老爱亲、励志创业、邻里和睦、见义勇为、带动致富等方面，通过申报、初选、复选、公示等环节，从32名入围人选中评选出沈建根等8人为“最美龙翔人”。7月1日，街道召开表彰大会，并举行文艺汇演。

【“两网融合”打造平安龙翔】 2015年，龙翔街道实现平安建设信息系统与“网格化管理、组团式服务”融合，建立网上网下联动工作机制，建立街道社会治理综合指挥室，联网工作部门26个，开通平安通账号59个，开通平安通移动终端64部。全年收集各类社会治理信息4944条，信息处理率100%。加快公共安全视频监控系统建设，新装改造联网监控150个，实施双桥南苑视频封闭工程。开展“平安”系列宣传和创建活动，组织道路交通安全专项整治、出租房屋专项整治、易肇事肇祸精神障碍患者排摸救治、治安重点区域等专项整治工作。加强安全生产监管工作，推进重点企业(区域)专项整治，完成安全生产标准化(规范化)9家，全年无较大安全生产事故发生。全年街道刑事警情有所下降。

(谢寅杰)

崇福镇

【概况】 崇福镇位于桐乡市西南，西与大麻镇相接，东与高桥镇相邻，北与洲泉镇、石门镇、凤鸣街道相连，南与海宁市接壤。全镇总面积100.14平方千米。辖26个村，543个村民小组；3个社区，285个居民小组。总户数2.71万户，总人口10.16万人。2015年实现地区生产总值75.76亿元，财政收入3.13亿元，农村居民人均可支配收入2.67万元。

产业发展 强化粮食生产安全，新增粮食功能区366.67公顷，累计1378.53公顷。粮食播种面积4714.8公顷，产量3.33万吨。新增流转土地58.27公顷。饲养蚕种2.58万张，蚕茧产量1462吨，蚕茧总收入4754万元。全镇849户生猪散养户完成退养工作，拆除猪(棚)舍6.85万平方米，退养母猪1408头，退养肉猪21819头，生猪存栏量下降至4900头以内。湖羊存栏2.28万头，出栏2.56万头。新型现代农业园建设有序推进，食虫植物生态园、玫瑰园等项目运行良好，庄园经济发展成效显著，新增家庭农场10家，累计33家，全年完成农业投资5500万元，完成农业产值2.63亿元、林业产值235万元、

2015 年崇福镇主要经济社会指标完成情况

表 39

指　　标	单　位	数　值	比上年(±%)
地区生产总值	亿元	75.76	
财政收入	亿元	3.13	10.8
农业总产值	亿元	5.45	－11.5
粮食总产量	万吨	3.33	－4
工业销售收入(规模以上企业)	亿元	155.27	3.3
固定资产投资	亿元	59.2	22.4
其中工业生产性投入	亿元	27.33	9
实际利用外资	万美元	2500	－9.3
利用市外内资	亿元	13.01	41.2
外贸出口额	万美元	29534	－9.1
农村居民人均可支配收入	万元	2.67	10.8

牧业产值 2.18 亿元、渔业产值 2842 万元、农林牧渔服务业 3348 万元。工业经济转型提档，全镇有各类工业企业 4000 余家，其中规模以上企业 152 家，销售收入超亿元企业 34 家。认定高新技术企业 3 家，实施“退低进高”项目 7 个。崇福电商生态产业园落户名城广场，中国名孚皮草电子交易中心揭牌。全年实现工业总产值 403.87 亿元，比上年增长 3.3%。工业生产性投入 27.33 亿元，外贸出口额 2.95 亿美元。全年合同利用外资 3543.66 万美元，实际利用外资 2500 万美元，连续两年跻身嘉兴市利用外资十强镇。利用市外内资 13.01 亿元，注册资金 3.14 亿元，引进“浙商回归”资金 3.05 亿元，招商引资工作成效明显。加快服务业产业结构调整，完善城市中央商务区建设，嘉凯城·城市客厅项目主体竣工，主推皮草服饰销售的商贸综合体——中国·崇福国际皮草中心正式开业，全年实现服务业投资 34.67 亿元，完成服务业“个转企”69 家，新增服务业规模以上企业 20 家。推进旅游业发展，科学布局全镇旅游业态，编制崇福镇《中山公园片区开发整治规划》，全面实施崇福镇古镇保护工程，古镇保护与开发初见成效。

镇村建设　城乡防洪排涝、道路改造等工作有序推进，实施扩大杭嘉湖南排工程、中小河流治理等项目，语溪大道配套工程完工，崇福大道景卫至洲甸线区段整治工程和世纪大道延伸工程全面推进，人民桥工程加紧实施，吸引农村居民进城居住，语溪家园、北塘人家等安置小区交付使用，已交房 411 套。全年新增公共绿地面积 14.75 万平方米，人均公共绿地面积 14.4 平方米，建成区绿化覆盖率 24.6%。“美丽乡村”建设全面铺开，启动新村集聚点 3 个，完成集聚 724 户，创建省级中心村 2 个，景卫村建设成生态优美的旅游电商村。实施农村生活污水治理 3410 户，城镇生活污水治理 3156 户。完善农村道路设施，管养农村公路 231.8 千米，完成农村道路大中修和改造提升 6.1 千米，改造危桥 5 座，完善通村、通组交通网络，公交车通村率 100%。推进“三改一拆”工作，实施建成区三旧改造 27.84 万平方米，拆除违章建筑 29.14 万平方米。“五水共治”常态化，

崇福镇上莫村文化礼堂落成典礼　　崇福镇提供

镇域河道水质达到四类水以上，企业纳管入网61家，建成区污水集中处理率76.2%，农村生活污水治理受益率83.5%。

社会事业 加快基础设施建设，镇文体中心、图书馆、游泳池等相继改造完成并投入使用，全市首个乡镇公共自行车服务体系正式运营，新建村级居家养老服务中心6家，每千名老人养老机构床位数20张，等级幼儿园在园幼儿覆盖率100%。文化惠民工程持续推进，新建农村文化礼堂3个。“民星”文艺演出活动长年不断，全年开展各类文体活动58次，崇福镇被命名为省级历史文化名镇，上市村被命名为省级历史文化名村。开展“网格化管理、组团式服务”，用“法治、德治、自治”三治理念来指导实际工作，培养“民生三伯伯”“社区和事佬”等一批民间组织，全年调解各类矛盾800多起，获嘉兴市综合治理先进镇，被嘉兴、桐乡两级评为互联网大会服务保障工作先进集体，崇福司法所被评为全国先进司法所。在扩权改革基础上，认真履行职责，做好新增权限审批工作业务培训，加快新型城镇化进程。全年行政许可和审批服务事项297项，办结各类行政审批服务项目6.54万件，办结率100%。

2015年崇福镇各村(社区)基本情况

表40

村(社区)	户数(户)	户籍人口(人)	中共支部(总支、党委)书记	村委(社区)主　任	集体经济总收入(万元)
城郊村	1225	5432	朱冬毛	沈永根	599
上市村	1227	5336	徐雪强	沈伟国	333
东安村	1222	5479	钟红卫	金才学	439
民利村	1064	4557	邱国强	陈娟宝	275
星火村	603	2503	沈迎新	沈迎新	214
新益村	433	1825	戴叙兴	戴叙兴	246
上莫村	591	2526	李法学	李法学	343
联丰村	1218	5186	闻雪强	屠肖燕	424
利顺村	926	3907	俞佐国	俞佐国	554
五丰村	938	4093	闻明汉	闻明汉	335
芝村村	1100	4556	沈明虎	沈明虎	347
湾里村	883	3368	陈淼鑫	陈淼鑫	414
留良村	1124	4513	陈长青	陈长青	289
御驾桥村	611	2440	周建学	周建学	307
新桥村	797	3200	陆嵩祥	陆嵩祥	359
南阳村	595	2480	张国伟	张国伟	274
华光村	523	2170	蔡荣华	蔡荣华	253
李家浜村	470	1854	范煜忠	范煜忠	301
陈家埭村	517	2019	王林江	王林江	245
店街塘村	825	3275	方建清	方建清	330
芦母村	532	2102	方新荣	方新荣	264
景卫村	641	2689	费松良	费松良	219
中夫村	645	2682	姜锦泉	姜锦泉	242
钱家埭村	380	1577	沈加飞	沈加飞	294
茅桥埭村	762	3151	褚伟元	褚伟元	234
李家坝村	598	2545	沈伟强	沈伟强	286
中山社区	2558	6239	徐富仁	邹　武	
崇德社区	1739	4379	吕松发	沈志娟	
语溪社区	2379	5561	陈益群	孙红莺	

【崇福镇获2014年度浙江省小城市考核优秀单位】 6月，2014年度浙江省小城市培育试点工作考核结果公布，崇福镇位列全省43个试点镇的第6位，创历年来考核最好成绩。自开展小城市培育试点工作以来，崇福镇根据全省小城市培育试点“以人为本、四化同步、城乡融合、体制创新、特色发展”的总要求，全镇上下齐心协力、奋勇拼搏、克难攻坚，围绕建设中国皮草名城，加快推进新型农业化、新型工业化、新型城镇化以及服务业现代化，全镇经济社会继续实现平稳较快发展。

【崇福镇司法所获全国先进司法所称号】 11月30日，崇福镇司法所被司法部评为全国先进司法所。司法所自2008年成立以来，不断完善法律服务窗口，夯实基础设施，规范镇级公共法律服务中心建设；加大调解力度，高效率化解矛盾纠纷，维护社会平安稳定，年均化解矛盾纠纷近1000起；加强法制宣传力度，打造普法阵地，巩固普法成果；注重社区矫正人员管理，确保监管到位，构筑“精细化”帮扶体系；围绕“法治、德治、自治”三治建设工作，围绕“三改一拆”“五水共治”“一业一网”等中心工作推进优质化法律服务，取得良好效果。

【成立首支镇级慈善义工分队】 4月20日，桐乡市慈善义工队崇福慈善义工分队成立。义工分队有149名慈善义工，义工中有社区干部、退休教师、专业医疗护理人员等，为居民提供多样化慈善义工服务。崇福慈善义工分队是桐乡市首个镇（街道）级慈善义工队，标志着桐乡慈善义工组织开始向基层延伸。义工队开展上街服务、慰问老人、义务劳动等活动20余次，带动更多崇福人崇德向善，让需要帮助的人和弱势群体感受温暖，提振小城市精气神，提升小城市“软实力”。

【崇福镇文体中心启用】 11月，崇福镇文体活动中心投入使用。文体活动中心位于崇福镇北沙滩路170号，占地1.2公顷，崇福镇投资500万元，由桐乡市施康制药厂有限公司实施“退二进三”腾退的厂房进行改造。文体活动中心建筑面积5000平方米，设有图书馆、游泳池、“民星”文化艺术学校、乒乓球室、健身房、文化展示厅等。在文体活动中心先后举办健身展示、迎元宵广场文艺演出、镇机关趣味运动会、职工乒乓球比赛等十多场大型活动。

【留良中心小学迎百年校庆】 12月26日，崇福镇留良中心小学迎来建校100周年校庆，100多名留良中心小学学子回到母校团聚，参加建校100周年座谈会。留良中心小学原名崇德县立第四高等小学，1915年由吕在廷创办，校址几度迁移，现位于崇高公路（崇德至高桥）3号桥东。吕在廷是骑塘（今高桥镇湘庄村）斗富兜人，清初思想家吕留良裔孙，光绪辛丑（1901）岁试秀才。留良中心小学在“乡贤感召人生，科技启迪智慧”的教育实践中，初步形成“乡贤教育”和“科技创新”两大特色品牌。

（陆明钢）

12月26日，留良中心小学举办百年校庆活动　　崇福镇提供

乌镇镇

【概况】 乌镇镇位于桐乡市北部，东临濮院镇，南连龙翔街道，西接湖州市南浔区，北界江苏省苏州市吴江区。距市区13千米，距杭州、苏州均为80千米，距上海140千米，申嘉湖高速设有乌镇互通区。总面积67.22平方千米，其中建成区面积6.85平方千米。辖3个社区、121个居民小组；16个村，352个村民小组。总户数1.64万户，总人口5.72万人。8月29日，浙江省政府批复同意设立乌镇互联网创新发展试验区。“智慧旅游”“智慧支付”“智慧交通”等项目实施为乌镇互联网特色小镇建设植入了新的基因，获“2015中欧绿色和智慧城市奖”。全镇实现地区生产总值30.61亿元，比上年增长10%；完成工农业总产值92.61亿元，下降9.8%；财政收入2.5亿元；按户籍人口计算，全镇人均生产总值5.28万元，增长6.5%。城镇居民人均可支配收入4.47万元，增长7.9%。农村居民人均可支配收入2.55万元，增长10.8%。

2015 年乌镇镇主要经济社会指标完成情况

表 41

指　　标	单　位	数　值	比上年(±%)
地区生产总值	亿元	30.61	
财政收入	亿元	2.5	23.2
农业总产值	亿元	2.99	−4
粮食总产量	万吨	1.44	−1.7
工业销售收入(规模以上企业)	亿元	31.67	15.7
固定资产投资	亿元	37.11	38.6
其中工业生产性投入	亿元	5.39	19.1
实际利用外资	万美元	1000	
利用市外内资	亿元	8.36	−7.7
外贸出口额	万美元	12849	23.3
农村居民人均可支配收入	万元	2.55	10.8

产业发展　2015 年，全镇粮食功能区总面积 1168.67 公顷，年产粮食 1.44 万吨(其中晚稻 1.05 万吨)，油菜籽 264 吨，菊花 202 吨，蔬菜 2.73 万吨，蚕茧产量 640 吨，生猪、湖羊、家禽、家兔年终存栏分别为 5449 头、9171 头、46.86 万羽、3.33 万只。年产猪羊肉 976 吨，禽肉 916 吨，禽蛋 5475 吨，小湖羊皮 1.25 万张。全镇有农业龙头企业 4 家，实现销售收入 5.12 亿元，比上年增长 9.4%。有农业专业合作经济组织 3 家，成员 345 人。创办家庭农场 10 家，培育特色农庄 5 家。生猪养殖提质控量工作步伐加快，拆除棚舍面积 1.9 万余平方米，拆除不达标规模生猪养殖场 2 家，整治规范 1 家，全镇无治理设施生猪散养得到全面整治。全年完成工业生产性投入 5.39 亿元，增长 19.1%，实现工业总产值 89.62 亿元；加快 46 个重点项目建设，2013～2015 第一轮“两区两化”(镇区景区化，景区全域化)三年行动计划完成，雅达国际健康医疗公园基本建成。乡村旅游项目——江南乌村正式建成。全年新增规模企业 6 家，其中亿元企业 1 家，高新技术企业 1 家；实现规模以上企业工业总产值 32.48 亿元，增长 10.8%。“两改两创”(技术改造、股份制改造，品牌创新、管理创新)“两化融合”工作继续推进，完成生产性技改投入 4.5 亿元，股份制改造企业 3 家，创浙江省著名商标 1 件、省名牌产品 2 件，完成管理创新达标企业 3 家，完成“两化融合”桐乡市重点项目 5 个；全年申请专利 302 项，授权专利 143 件，新增省高新技术研发中心 1 家、省科技型中小企业 3 家，完成科技成果登记 1 项，盘活存量建设用地 8.41 公顷，完成土地二次开发利用 3.5 公顷。招商引资成效显著，利用市外内资 8.36 亿元，其中服务业完成 7.93 亿元，合同利用外资 2000 万美元，实际利用外资 1000 万美元，市外内资注册资金 2.6 亿元，引进“浙商回归”资金 4.2 亿元。互联网大会红利释放，引进互联网产业企业 23 家，完成服务业投资 34.44 亿元，增长 57.4%，实现营业收入 32.54 亿元，增长 20.5%，实现服务业税收 4.18 亿元，增长 23.1%，占乌镇全部税收的 65.6%；引进外资

10 月 27 日，乌镇智能养老综合服务平台运营，省科技厅厅长周国辉(右三)视察照料中心　　乌镇镇提供

企业1家，限额以上服务业企业5家，“个转企”16家。乌镇景区全年接待游客685.35万人次；乌镇旅游股份有限公司全年营业收入超10亿元，旅游收入、税收收入呈双升趋势。

· 相关链接 ·

两化融合

信息化和工业化的高层次深度结合，是指以信息化带动工业化、以工业化促进信息化，走新型工业化道路；两化融合的核心就是信息化支撑，追求可持续发展模式。

镇村建设 启动编制乌镇3.0概念性整体规划，初步成果在互联网之光博览会上展示。开展互联网大会环境整治，打造高速出口至景区南大门的“黄金通道”景观带，对全镇主要道路沿线房屋进行美化改造提升，房屋立面改造1414幢，计65.7万平方米。推进“三改一拆”工作，全年完成旧住宅区、旧厂区、城中村改造43.2万平方米，拆除各类违法违章建筑28.9万平方米。加快土地综合整治、征迁及新村集聚工程进度，完成土地综合整治新立项项目2个，计17.05公顷，基本完成莲都公路乌镇段及子夜路延伸段房屋征迁工作，完成新村集聚293户。全年盘活建设用地8.41公顷，实现土地二次开发利用3.5公顷。优化提升农村道路和农田水利基础设施建设，完成农村公路大中修23.5千米，改建危桥5座，新建防洪泵站17座、水闸7座，修筑渠系40余千米。推进“美丽乡村”“五水共治”工作，抓好生态建设，完成河道综合治理82.5千米，建设生态样板河道18条，种植水生植物1.7万平方米。抓好农业面源污染治理和城乡污水处理工作，拆除畜禽“两棚”25.5万平方米，新增污水入网企业12家、居民2974户。启动省级森林城镇创建工作，新增植树造林66.67公顷，全镇林木覆盖率23%。

社会事业 加大教育、文化、卫生、计生等事业投入，完成植材小学民兴校区改建及中心幼儿园迁建工程，启动中心幼儿园民兴分园改建工程。植材小学被评为桐乡市四星级学校、嘉兴市语言文字规范化示范学校，镇中心幼儿园被评为省二级幼儿园；推动公共文化服务体系示范区“两级联创”（创建国家和省级公共文化服务体系示范区）工作，注重非物质文化遗产的保护、传承，举行首届中国古村大会；深入推进垃圾不落地试点和精细化保洁工作，提高机械化保洁程度，实现餐厨垃圾分类处置，国家卫生镇创建通过嘉兴级考核验收；试点“智慧医疗”，建立全国首家互联网医院，创建五星级预防接种中心和浙江省卫生监督协管示范点；创建桐乡市级“优生、优育、优教”指导中心，促进人口素质提升。实施积极的就业政策，新增城镇就业人员1502人，帮助就业困难人员实现再就业179人；社保扩面提质稳步推进，社会养老保险覆盖率98.1%；社会救助力度持续加大，全年发放低保、低收入群体及残疾人各类生活补贴、临时补贴490.7万元，安置“四残”（盲、聋、哑及肢体残疾）人员241人；开启“智慧养老”模式，全年新建居家养老服务照料中心6家，智慧养老综合服务平台投入运营。推进依法行政，打造法治政府，创新开发智慧小镇民情服务与管理平台，试点虹桥村“智慧政务”。深化法治、德治、自治“三治合一”建设工作，“乌镇人家”旅馆业自治协会健康发展，创建“乌镇管家”信息员队伍，解决涉稳因素、安全隐患等各类问题1156个；“网格化管理、组团式服务”与省平安建设信息系统两网融合，成立乌镇社会治理综合指挥室，确保社会持续平安稳定。人民武装工作持续发展，237名基干民兵整组完成，为部队输送优质新兵27名。

【桐乡市启动“智慧养老”试点项目】 6月9日，桐乡市政府出台《关于加快发展养老服务业的实施意见》，在乌镇镇启动智慧养老试点工程，并逐步向桐乡全市推广。7月，乌镇智慧养老综合服务平台被浙江省科技厅列入2015年度省科技惠民项目。9月，桐乡市城乡社区智慧养老平台被民政部确定为首批养老服务和社区服务信息惠民工程试点单位和地区。开展“1+3”新型养老模式（学院式养老+敬老院+颐养园——乌镇居家养老服务中心+村级居家养老中心），建立乌镇智慧养老综合服务平台。8月15日，由乌镇镇政府委托桐乡市椿熙堂老年社会服务发展中心运营管理的乌镇智慧养老综合服务平台试运营。服务平台系中国首家基于长期

9 月 30 日，乌镇居家养老服务照料中心投入运营　　乌镇镇提供

照料体系的“互联网＋养老”服务平台，分为线上和线下两个部分。线上平台远程照顾管理老人生活，在老人家中安装智能居家照护设备、远程健康照护设备、SOS 呼叫跌倒与报警定位，并利用阿里云服务器、微信、APP 等进行远程管理。线下平台提供个性化高端服务，建设功能完善的居家养老服务中心，服务分为 7 个等级，订制满足老人个性化生活照护需求的服务套餐。至年底，系统录入老人相关信息 2010 人，提供设备 160 多台，接到报警及通知 700 多次。9 月 30 日，乌镇居家养老服务照料中心投入运营，中心位于乌镇镇银杏社区，面积 2000 平方米，设有健康管理室、图书馆、体能训练室、多媒体教室等。12 月 11 日，乌镇镇政府与中国科学院物联网研究发展中心、椿熙堂老年社会服务发展中心共同签署“物联网＋养老”实验基地战略合作协议，联合推进乌镇智慧养老综合服务平台建设。

【乌镇镇被评为全国标准化气象灾害防御镇】　11 月，中国气象局公布全国第三批标准化气象灾害防御乡(镇)认定结果，乌镇镇名列其中。近年来，乌镇镇不断强化气象为农服务标准化创建工作，提高基层农业气象服务能力和农村气象灾害防御水平，自 2012 年创建省级气象防灾减灾标准化防御示范乡镇以来，辖区内先后有陈家村、横港村等 7 个村和 1 个社区(南宫社区)完成创建省级气象防灾减灾标准化示范村(社区)，提升了气象为农服务质量和效益。

【成立“乌镇管家”信息员队伍】
11 月，乌镇镇成立“乌镇管家”信息员队伍。队伍成员由基层网格信息员和单位行业社会信息员组成，共计 2681 名，通过“传统＋科技”“网格＋行业”“管家＋管事”等途径实现全方位管理，实行社会信息网络全覆盖。依据“十户一人、一梯一人”进行人员配置，围绕重点人员、重点事件、重点物品、重点问题，积极收集和上报各类涉稳、安全隐患和民生问题等社会信息，重点突出“四清四报”(人口清，户数清，物品清，问题清；报违法，报可疑，报隐患，报动向)，年内上报各类信息 2058 条，信息处置率 97%，其中紧急事件实现快速处理，辖区警情及刑事警情分别比上年下降 11.5% 和 17.8%，协助查获各类违法犯罪嫌犯人 15 名，完善乌镇立体化治安防控体系，提升社会治理水平。

【虹桥村开展“乌镇民情”智慧政务平台试点】　2015 年，乌镇智慧小镇民情服务与管理平台以虹桥村为试点，以“一屋一码”为核心，建立村民信息全维度数据库，利用移动互联网、手机 APP 和乌镇完善的互联网基础设施优势，将政府、社区(村)管理、居(村)民服务整合在一起，所涉农户 1000 余户。试点工作开展以来，“乌镇民情”公众号通过微发布、微服务、乌镇管家三大板块，畅通社会管理，拓宽群众利益维护和诉求渠道，实现村民自我管理、自我教育、自我服务，同时提升基层政府服务和管理水平。

【乌镇镇获批“省级创业小镇”】
6 月，从浙江省就业管理服务局获悉，乌镇镇获批“省级创业小镇”。近年来，乌镇镇加大组织保障力度，党政领导把创业创新作为推动产业转型升级，促进经济社会发展的推进器，多次召开专题会议，成立发展工作领导小组；加大政策力度，制定专项配

2015 年乌镇镇各村(社区)基本情况

表 42

村(社区)	户数(户)	户籍人口(人)	中共支部(总支、党委)书记	村委(社区)主任	集体经济总收入(万元)
分水墩村	1079	4000	丁　蓉	丁　蓉	250.68
浮澜桥村	923	3529	邵建祥	邵建祥	345.17
横港村	716	2621	朱建新	朱建新	411.75
白马墩村	846	3391	胡金祥	胡金祥	394.35
虹桥村	1165	4180	杨丽芳	杨丽芳	171.5
陈庄村	662	2615	蒋小民	蒋小民	214.99
南庄桥村	777	3089	张国荣	张国荣	235.87
碓坊桥村	821	3246	彭子明	彭子明	403.68
陈家村	442	1732	冯和明	冯和明	160.35
彭家村	491	1922	钮培春	钮培春	199.68
双塔村	616	2433	钱建锋	钱建锋	351.75
新翁村	640	2517	蒋建平	蒋建平	516.12
颜家村	711	2760	王　震	王　震	132.94
浙月村	775	3137	沈惠章	沈惠章	147.63
民合村	712	2892	钱建松	钱建松	399.59
五星村	698	2844	宋京汉	宋京汉	148.59
东苑社区	1124	2542	徐文珍	徐文珍	
南宫社区	1655	4201	丁华君	丁华君	
银杏社区	1492	3507	戴生江	戴生江	

套政策措施，形成支持创业创新的政策体系；注重平台搭建，成立互联网创客空间，吸引创业人才集聚；开展创业创新服务，举办创业创新业务培训、开通创业创新项目绿色通道、开设投资政策服务平台等多种手段，加快了创业创新整体工作步伐。

【乌镇镇获“2015 中欧绿色和智慧城市奖”】 参见《旅游·乌镇国际旅游区》中相关条目。

（朱玲娟）

濮院镇

【概况】 濮院镇位于桐乡市东部，与嘉兴市秀洲区及桐乡市梧桐街道、龙翔街道、乌镇镇接壤。全镇总面积 64 平方千米。辖 5 个社区，144 个居民小组；14 个村，341 个村民小组。总户数 1.33 万户，总人口 4.79 万人，登记在册流动人口 11.5 万人。2015 年实现地区生产总值 79.92 亿元，财政收入 2.52 亿元，农村居民人均可支配收入 2.62 万元。

产业发展 有耕地 3567.23 公顷，粮食播种面积 2229.7 公顷，年产粮食 1.49 万吨、油料作物(油菜籽、芝麻)508 吨、蚕茧 393.5 吨。出栏生猪 4.6 万头、湖羊 1705 头、家禽 23.65 万羽。创建粮食生产功能区 266.67 公顷，新增土地流转面积 75.33 公顷，完成农业庄园经济规划布点 6 个。全年实现工业总产值 230.43 亿元，比上年增长 0.7%；利润 6.74 亿元，下降 4.5%。有市级重大项目 17 个，开工率 100%，完成投资 14.58 亿元。年内，新增规模以上工业企业 12 家，累计 102 家。实现规模以上企业工业产值 48.11 亿元，实现工业增加值 11.28 亿元，减少 1.6%。新增亿元企业 1 家，完成“个转企”65 家。实施技改项目 60 个，新增规模以上企业研发机构 14 家，申报专利 340 件。盘活存量土地 22.92 公顷，腾退低效土地 10 公顷，开发低效用地 0.82 公顷。全年完成服务业投资 28.27 亿元，增长 32.2%；实现服务业增加值 44.3 亿元，增长 10.3%；引进“浙商回归”省外投资方当年到位资金 4.6 亿元。新增规模以上服务业企业 11 家。改造提升濮院 320 创意广场，引进设计研发机构 8 家。创建濮院毛衫电子商务产业基地，成立濮院毛衫电子商务公共服务中心，苏宁易购“濮院毛衫馆”上线，桐乡一站通园区落户物流园区，羊毛衫质量检验中心升格为国家纺织服装产品质量监督检验中心(浙江)毛针织品分中心。经2015中国品牌价值评价

2015 年濮院镇主要经济社会指标完成情况

表 43

指　　标	单 位	数 值	比上年(±%)
地区生产总值	亿元	79.92	
财政收入	亿元	2.52	8.9
农业总产值	亿元	6.16	80.8
粮食总产量	万吨	1.49	−14
工业销售收入(规模以上企业)	亿元	46.27	4.2
固定资产投资	亿元	51.74	21.3
其中工业生产性投入	亿元	22.94	9.8
实际利用外资	万美元	3048.4	21.4
利用市外内资	亿元	13.36	12.6
外贸出口额	万美元	2067	−39.2
农村居民人均可支配收入	万元	2.62	11.3

2015 年濮院镇各村(社区)基本情况

表 44

村(社区)	户数(户)	户籍人口(人)	中共支部(总支、党委)书记	村委(社区)主任	集体经济总收入(万元)
新河村	909	3865	张兴强	祁桂仙	
永联村	535	2311	姚锦民	苏忠明	278.32
永越村	908	3993	朱坤荣(～9 月)	庄明火	383.11
永乐村	735	2967	胡建良	徐炳春	638.20
新濮村	801	3194	周哲斌	周哲斌	981.90
新星村	996	4139	朱建锋(8 月～)	朱建锋	721.49
新东村	542	2105	计利锋	计利锋	629.57
红旗漾村	562	2199	周建生	周建生	203.84
新妙智村	530	2109	杨森坚	杨森坚	302.44
油车桥村	412	1619	钟　华	钟　华	124.52
新联村	653	2543	朱永良	沈海杰	219.86
新港村	687	2744	黄培江	朱建峰	791.85
星旗村	459	1749	金国良	朱新美	785.37
西浜村	570	2157	胡国明、徐玉良	胡国明(～7 月)	249.06
锦苑社区	1468	3756	徐伟红	徐伟红	262.17
梅园社区	1897	4775	倪丽秋	倪丽秋	
双龙社区	77	199	甘晓莉	甘晓莉	
永乐社区	441	1084	胡建良	徐炳春	
新生社区	160	397	朱永良	沈海杰	

信息发布,“濮院毛针织”区域品牌价值达 53 亿元。全年实现电子商务交易额 68 亿元。

镇村建设　编制镇北区域、滨河大道区块控制性详规。城镇有机更新规划通过论证,旧镇改建项目国有土地房屋征收签约率达 96%,启动周边 10 个村民组集体土地征迁。紫金路、兴业路、宏苑路延伸段建设完工。桐乡 500 千伏输电变和 220 千伏送电工程竣工。完成城镇生活污水治理 2266 户、农村生活污水治理 963 户、工业企业生活污水入网 35 家,疏通污水管道 4.5 千米,疏浚河道 34 条。新立土地综合整治项目 2 个,完成宅基地复垦 35.8 公顷,集聚农户 450 户。深化“三改一拆”三年行动计划,拆除违法违章建筑 17.5 万平方米、完成“三改”面积 41.5 万平方米,过境道路沿线建筑立面改造 6.4 万平方米,拆除户外广告 1 万平方米,环境整治 25 个农民小区。新增重点防护林 24.13 公顷、绿化 32.6 公顷。

社会事业　有中小学 5 所,在校学生 6281 人,其中新居民学生 3511 人;有新居民子女学校 1 所,在校学生 1459 人。桐乡三中、濮院第三中心幼儿园迁建。有中心卫生院 1 所,卫生分院 1 所,社区卫生服务站 13 家。有敬老院 1 所,床位 126 张。发放低保金 126.3 万元,发放临时救助资金 93.48 万元。城乡居民合作医疗保险参保人数 3.45 万人,参保率 99.5%;城乡居民养老保险参保人数 1.19 万人。全镇有文化活动中心 7 个、文化活动室 7 个、农家书屋 14 个、农村文化礼堂5个,聘任村、社区专职文化管理员16名。承办全国陈氏太极拳高峰论坛暨首届王西安拳法研究会年会。放映电影708场次，观众40多万人次。出刊《濮院时间》6期。深化“法治、德治、自治”建设，全省创新基层社会治理现场会考察濮院镇。清理整顿校外培训机构33家。开展托运市场秩序等专项整治，羊毛衫市场治安刑事发案率比上年下降30.7%。

【濮院镇入选浙江省特色小镇创建名单】 6月1日，浙江省发改委公布第一批省级特色小镇创建名单，濮院镇作为“桐乡毛衫时尚小镇”入选。濮院镇以“一核两翼两带”（“一核”即时尚产业核心，“两翼”即旅游文化中心、博览制造中心，“两带”即时尚产业交融带、绿色生活漫步带）为中心，总规划面积3.5平方千米，建设面积140公顷，2015～2017年计划总投资55亿元。目标定位于以时尚产业为主导，通过引进国际高端设计研发人才、加强与国内外知名大学合作、创新技术开发、扶持一批著名品牌等途径，引领世界毛衫、服饰时尚潮流，建设成为集聚创意设计、针织材料开发、毛衫文化展示、流行趋势发布和旅游驱动为一体的国际一流特色小镇。预计到2017年，实现总产值55亿元、税收2.5亿元，接待游客300万人次。

【夏氏家族教育基金成立】 4月9日，夏氏家族教育基金成立。基金由86岁高龄的濮院籍人士夏克同捐出100万元的旧镇房屋征收补偿款成立。夏氏家属教育基金用于帮助濮院镇困难学生，奖励优秀学子，这是桐乡市首个家族基金。2015年夏氏教育基金奖励优秀学子35人、困难学子8人，发放奖（助）学金4.76万元。

4月9日，濮院镇夏氏家族教育基金成立　　濮院镇提供

（王寅苹）

石门镇

【概况】 石门镇位于桐乡市中部，距市区10千米，与梧桐街道、凤鸣街道、龙翔街道、乌镇镇、崇福镇、河山镇、湖州市接壤。全镇总面积63.23平方千米。辖1个社区，34个居民小组；18个村，360个村民小组。总户数1.33万户，总人口5.24万人。2015年实现地区生产总值26.4亿元，工农业总产值121.18亿元，财政收入1.12亿元，农村居民人均可支配收入2.58万元。

产业发展 全年粮食播种面积2315公顷，其中单季晚稻949.07公顷。年产粮食1.53万吨，油菜籽517吨，菊花2045吨，蔬菜6.58万吨，水果9207吨。饲养生猪2.3万头、湖羊6.28万头，家禽存栏33.64万羽，水产养殖面积41.97公顷，全年饲养蚕种1.41万张，蚕茧总产量745吨。强化粮食生产安全，新增土地流转面积89.8公顷。推进粮食功能区建设，完成兴农粮油合作社水稻产业提升项目，启动实施部墩粮食生产功能区等项目。对全镇866.67公顷粮食生产功能区建设规划进行总体调整，新建13.33公顷粮食生产功能区。完成工业生产性投入11.13亿元，比上年增长29.3%，实现工业总产值116.23亿元，完成工业增加值11.74亿元。年度5个市级重点项目（工业项目3个，服务业项目1个，政府投资项目1个）开工率100%。新增规模以上工业企业6家，累计70家，实现规模以上工业企业产值52.18亿元。完成“个转企”23家。全年淘汰落后产能项目1个，实施“机器换人”项目24个，

2015 年石门镇主要经济社会指标完成情况

表 45

指　　标	单　位	数　值	比上年(±%)
地区生产总值	亿元	26.4	
财政收入	亿元	1.12	1.3
农业总产值	亿元	4.95	−7.4
粮食总产量	万吨	1.53	1.5
工业销售收入(规模以上企业)	亿元	50.19	−22.7
固定资产投资	亿元	17.44	7.2
其中工业生产性投入	亿元	11.13	15
实际利用外资	万美元	601	
利用市外内资	亿元	2.81	−4.6
外贸出口额	万美元	3939	2.3
农村居民人均可支配收入	万元	2.58	12.7

完成投资 4.94 亿元。实施技改项目 40 个，完成技改投资 10.94 亿元。“两退两进”成效明显，完成“退低进高”4 个，腾退土地 7.67 公顷，完成存量土地挖潜 21.27 公顷。充实招商队伍、完善招商制度，利用市外内资 2.81 亿元，完成注册资金 1.43 亿元，合同利用外资 1200 万美元，实际利用外资 601 万美元，引进“浙商回归”资金 3.9 亿元。建设管理创新达标企业 2 家，申报专利 181 件，其中发明专利 51 件，新增市级研发机构 6 家。认定省级研究院 1 家，嘉兴市科技研发中心 1 家，省级科技型企业 1 家。发展旅游业，启动新型农业现代化试点建设，编制《石门湾国家农业公园总体规划》，形成“一心两带五区多点”的总体格局。乌镇—石门省级旅游度假区经省政府批复同意正式设立。编制“桃梨满天下”创建国家 AAA 级旅游景区规划，并启动建设。投资 130 万元，完善罗家角遗址公园基础设施，初步完成桂花村—罗家角遗址联合创建国家 AAA 级旅游景区规划。启动墅丰村沈家墩组庭院经济示范点建设。举办 2015 石门湾水果采摘节等活动，全年接待游客 20 万人次。石门镇被评为浙江省休闲农业与乡村旅游示范乡镇。

10 月 17 日，中国东部·石门湾鞋业城举行开工仪式　　石门镇提供

· 相关链接 ·

一心两带五区多点

“一心”：综合服务中心；“两带”：白马塘水乡风情带、江南田园景观带；“五区”：特色粮经示范区、果蔬精品采摘区、花卉园艺观光区、田野菊海体验区、高新农业科教区；“多点”：羊乐园(湖羊精品园)、菇香庄园(食用菌精品园)、石斛养生苑、蜜梨精品园、猕猴桃精品园、杭白菊精品园、桂花生态园、农产品加工物流园、罗家角遗址公园、丰子恺艺术馆，以及房车基地、露营区等。

镇村建设　深入实施“五水共治”，完成“清三河”28 条，长 37.52 千米，并通过市级验收。推进生猪退养工作，实现减量 1.1 万头。有序推进城镇生活污水改造二期工程，完成城乡生活污水治理2870户，新增工业企业污水入网24家。基本完成第五批全国小型农田水利重点县工程，全面完成中小河流治理重点县综合整治工程和应急水利工程，启动扩大杭嘉湖南排工程运西段——小羔羊港工程，完成临杭大道土地征用等工作。全年完成“三改一拆”面积19.87万平方米，拆违面积15.69万平方米。完成崇练公路、果园路绿化景观及亮化工程，整治练杭高速、洲甸线、崇新线（崇福至新市）、桐德线等主要道路路边绿化景观。实施羔民线（羔羊至民兴）羔羊集镇段市政改造工程，周墅塘至陆家庄道路提升改造工程。加快农村危桥改造，新（改）建桥梁8座。全年拆迁农户152户，安置失地农民1896名。优化镇村规划编制，新增“两新”集聚214户。开展环境综合整治，制定《石门镇环境综合整治工作方案》，改造破旧房屋立面222户，整治重要路段彩钢棚40户，完成无证无照豆制品小作坊整治和黄标车淘汰任务。完成第二届世界互联网大会·乌镇峰会环保任务，深入实施“四位一体”工作，完善环卫基础设施，创新城镇管理新模式，不断巩固国家卫生镇创建成果。推进农村生活垃圾分类资源化处理省级试点工作。创建嘉兴市绿化示范村1个，桐乡市绿化示范村1个。

社会事业 深化学前教育新三年行动计划，提升全镇学前教育水平。开展学校及周边治安综合治理工作，优化教育环境。承办首届全球丰子恺散文奖评选大赛，提升石门知名度。开展“做一个有道德的石门人”主题教育实践活动，深化公民道德建设。通过向社会力量购买公共文化服务为各村（社区）配备专职文化管理员，切实加强基层文化队伍建设。开展大型广场文艺演出、文化下乡、文化走亲等活动12场。建成首个公共拆装式游泳池，并对外试营业。推进医联体建设，促进上级优质医疗资源下沉，方便全镇群众就医；做好疾病预防等各项公共卫生工作，保障全镇群众医疗健康。做好人口和计划生育工作，全年计划生育符合率96.29%。坚持法治引领，深化“德治、法治、自治”建设，建成部墩“三治”公园，开展“三治”建设广场文艺演出，开通微信公众号，不断丰富基层“三治”建设手段。开展治安大巡防活动，全力做好第二届世界互联网大会·乌镇峰会安保工作。完成全民参保和就业状态调查登记工作。城乡居民养老保险参保人员新增165人，累计1.59万人；城乡居民基本医疗保险参保率达99.97%，全年为40.67万人次报销医药费3360万元。完成城乡供水经

2015年石门镇各村（社区）基本情况

表46

村（社区）	户数（户）	户籍人口（人）	中共支部（总支、党委）书记	村委（社区）主　任	集体经济总收入（万元）
安全村	723	3222	沈云丰	沈云丰	235.73
羔羊村	761	3173	顾铭强	顾铭强	261.09
二大埭村	384	1660	沈雪根	沈雪根	306.67
崇安村	762	3234	钟明鑫	钟明鑫	222.70
部墩村	921	3887	张晓平	徐　强	670.59
东池村	687	2949	陆永高	陆永高	173.51
石门村	341	1072	吴天义	褚云锋	106.93
颜井桥村	813	3342	郭振潮	张爱英	173.71
桂花村	637	2727	钟明富	钟明富	510.28
叶新村	772	3198	钟子兴	诸建强	353.13
民联村	758	3075	朱钰祥	邱晓东	450.13
白马塘村	611	2439	陈松良	朱一鸣	143.83
民丰村	746	2980	高掌莲	高掌莲	681.24
周墅塘村	656	2589	汤银根（～8月）	汤银根	432.34
墅丰村	872	3679	窦国勇	窦国勇	639.11
春丽桥村	565	2316	张卫兴	张卫兴	585.15
殷家漾村	476	1928	施玉祥	施玉祥	390.89
陆家庄村	526	2026	张惠强	张惠强	417.65
玉溪社区	1252	2891	颜伟强	张建丽	

营管理一体化改革。加大社会救助扶持力度，全年发放各类补助、救助金916.73万元，发放失业保险金151万元。发展养老服务事业，新增城乡社区居家养老服务照料中心3家，实现提档升级2家，有敬老院1个，安置老人50人。全年落实扶贫建房4户。

【首届“丰子恺杯”全球华人散文大赛】 11月7日，首届“丰子恺杯”全球华人散文大赛颁奖典礼在桐乡市举行。中国作协党组成员、中国作协副主席李敬泽，《人民日报》文艺部副主任李舫，浙江省作协主席麦家，西安美文杂志社常务副主编穆涛、西安市文联党组书记李伯钧、桐乡市市委书记卢跃东、桐乡市市长盛勇军等担当颁奖嘉宾。首届“丰子恺杯”全球华人散文大赛由桐乡市政府、西安美文杂志社联合主办，桐乡市文化局、市文联协办，石门镇政府承办。2014年5月始，大赛面向全球征集稿件，体裁为散文，内容不拘，怀古、察今、记人、述事均宜。收到散文类文稿4000余篇，其中收到德国、新加坡、马来西亚等海外作品100余篇。经过初评和复评两轮评选，由李敬泽、贾平凹、吴义勤、施占军、李舫、彭程、黄亚洲、麦家、穆涛等9名专家组成的评委会对作品进行最终评审，评选出金奖10名、优秀奖10名。11月8日，首届全球丰子恺散文奖文学论坛在浙江传媒学院桐乡校区举行。论坛围绕丰子恺散文艺术·当代散文的地方性与全球性、丰子恺精神家园·当代散文的精神性与审美性两个主题展开，“丰子恺杯”散文奖获奖作者代表顾彬、尤今、奚美娟、熊莺等出席论坛。

·相关链接·

首届“丰子恺杯”
散文大赛获奖作品

金　奖

《人散后，一钩新月天如水》，作者熊莺；

《悲哀中的快乐》，作者顾彬（德国）；

《执灯人》，作者苏沧桑；

《标点符号里的人生》，作者尤今（新加坡）；

《谈文论剑》，作者余光中（中国台湾）；

《不光是怀旧》，作者李忆莙（马来西亚）；

《庞贝石与诗》，作者奚美娟；

《先生》，作者张艳茜；

《被时间腐蚀过的魅力》，作者白德成；

《独行》，作者陈伟宏。

优秀奖

《唯水而河》，作者唐旭（嘎玛丹增）；

《老时光》，作者绿窗；

《磁性喉音》，作者赵钧海；

《师道——再记恩师饶芃子教授》，作者蔡义怀（中国香港）；

《与一川先生相处的几个窘迫瞬间》，作者马聪敏；

《我只专注于无法抵达的风景》，作者谢小灵；

《一个失血的村庄》，作者林纾英；

《香海寺庙会》，作者陈志农；

《漂泊在岸上的船》，作者万福建；

《绣花坳纪事》，作者张诗群。

【石门镇获评全市首个省级休闲农业与乡村旅游示范镇】 12月31日，石门镇被浙江省农业厅、浙江省旅游局认定为2015年浙江省省级休闲农业与乡村旅游示范镇，这在桐乡市尚属首个。近年来，石门镇对休闲农业与乡村旅游发展进行专项规划，出台扶持政策，制定工作措施，成立领导小组，健全管理制度，明确休闲农业与乡村旅游管理职能；建成多个休闲农业与乡村旅游点，形成“一心两带五区多点”休闲农业与乡村旅游产业格局；举办猕猴桃、蓝莓、火龙果特色采摘活动。

【首个全国科普教育基地落户石门】 5月，石门镇被中国科协命名为全国科普教育基地，这是桐乡市首个国家级科普教育基地。近年来，石门镇大力开展科普工作，通过建设科普旅游十八景，助推休闲观光农业与科普旅游紧密结合；通过建设科普大道、科普文化长廊、桂花科普植物园等，为美丽乡村营造科普氛围；围绕森林城镇创建，建立国内首个乡镇级森林科普馆。全镇有森林科普馆、杭白菊科普馆、循环养殖科普馆、科普超市等十多个科普场馆、科普阵地，每年接待国内外专家、学者、游客8万余人次。

【2015石门湾水果采摘节】 9月12日，石门镇举办2015石门湾水果采摘节。来自全市近200名群众受邀参加活动开幕仪式。石门水果远近闻名，其中猕猴桃、葡萄有多年栽种历史，受到广大游客、市民喜爱。此次时值猕猴桃、葡萄成熟采摘季，举办

石门湾红心猕猴桃精品园和天明葡萄园两大果园的亲子采摘游活动。采摘节至9月20日结束，接待游客5000余人次。

（周　慧）

洲泉镇

【概况】　洲泉镇地处桐乡市最西端，东接崇福镇、石门镇，南邻大麻镇和杭州市余杭区，西连湖州市德清县，北靠河山镇，距桐乡市区22千米，离杭州、嘉兴、湖州均不足50千米。全镇总面积73.36平方千米，其中城镇建成区面积9.3平方千米。辖19个村、433个村民小组；1个社区，44个居民小组。总户数1.56万户，总人口6.4万，新居民约2万人。2015年实现地区生产总值79.97亿元；财政收入3.08亿元，比上年增长37.9%；农村居民人均可支配收入2.49万元。

产业发展　全年粮食播种面积3211.8公顷，产量2.22万吨，水稻机械化种植面积434.41公顷，各类经济作物种植面积2767.07公顷，油菜籽421吨，蔬菜5万吨。全年实现牧业产值1.94亿元，占农业总产值的36.5%；饲养生猪6.73万头，出栏5.48万头；饲养湖羊1.76万头，出栏8850头；家禽出栏256.95万羽；饲养蚕种6226张，蚕茧产量344吨。完成农业投资3454万元，新增土地流转93.27公顷，新增专业合作社1家、家庭农场12家，新增嘉兴市级示范性家庭农场1家；桐乡市新型农业现代化建设示范区（马鸣村）八大工程基本完成，市级重点庄园嘉华牧场通过市级验收。投资1.8亿元的“渔光互补”项目顺利实施，利用鱼塘面积40公顷，12月实现并网发电。深入开展河道综合整治、农田基本水利建设，完成中小河流重点县综合整治洲泉西、含山塘港马鸣夜明段河道综合治理等项目，全年整治河道58条，新建泵站13座、高效节水灌溉64公顷。全镇有工业企业3087家。其中规模以上工业企业110家，增加12家；亿元企业20家，增加3家；10亿元企业4家；百亿元企业1家。全年规模以上工业企业实现产值408.35亿元，下降11.3%；实现工业增加值61.71亿元，增长4.43%；全镇实现工业利税26.1亿元，下降4.4%。其中规模企业实现利税17.43亿元，下降13.5%。全镇实现工业利润14.2亿元，下降8.4%，其中规模企业实现利润8.6亿元，下降13.1%。

全年新增建设用地28公顷，腾退低效用地10.67公顷，存量土地挖潜13.17公顷，其中二次利用开发2.77公顷。推进“四换三名”，全年完成机器换人项目42个、循环经济项目2个、退低进高项目1个。合同利用外资3163万美元，实际利用外资8万美元；利用市外内资12.2亿元，“浙商回归”项目到位资金7.9亿元，完成外贸出口交货值4.8亿美元，比上年下降3.3%，其中规模以上企业30.79亿元，增长2.8%。有市级研发中心26家、市级技术中心2家、省级技术中心5家、省企业研究院4家，申报专利219个。科技项目立项296个，其中国家火炬计划项目1个（桐昆集团），省级新产品试制计划295项，完成省级科技成果登记19项。全镇新产品产值率43.7%。有国家级高新技术企业8家，出口商品免验企业1家；中国驰名商标3件，中国名牌产品3个，国家免检产品3个，省级著名商标7件，省级

2015年洲泉镇主要经济社会指标完成情况

表47

指　　标	单　位	数　值	比上年(±%)
地区生产总值	亿元	79.97	
财政收入	亿元	3.08	37.9
农业总产值	亿元	5.17	−15.5
粮食总产量	万吨	2.22	−1.8
工业销售收入(规模以上企业)	亿元	402.18	−8.5
固定资产投资	亿元	41.82	−0.4
其中工业生产性投入	亿元	36.8	1.1
实际利用外资	万美元	8	2677.8
利用市外内资	亿元	12.2	−35.1
外贸出口额	万美元	48041	−3.3
农村居民人均可支配收入	万元	2.49	11.5

名牌产品6个，浙江省著名商号3件，嘉兴市级著名商标19件，嘉兴市级名牌产品8个。新增服务业规模以上企业5家，分离发展服务业企业2家，实现增加值14.84亿元，增长15.7%，完成服务业投入5.92亿元，增长13.2%。完成金鸡路沿线所有企业“退二”工作，腾退企业数和腾退面积位居全市首位。加快推进旅游项目建设，稻乡人家景区获评国家AAA级旅游景区，马鸣风情老街、坝桥红色公园形象初现，祇园寺佛教文化园建设有效推进。

镇村建设 嘉兴市级小城市试点三年行动计划收官，行政审批服务中心和民防应急指挥中心投入使用，完成项目投资93亿元，加强城镇精细化管理，启用“数字城管”。稳步推进“两新”工程，全年集聚农户114户。继续推进“三改一拆”，拆除违法违章建筑20.5万平方米，拆除两宗地185户，完成“三改”总面积40.2万平方米。投入1593万元，推进安置区基础设施及绿化建设，完成公寓房一期分配工作。推进“五水共治”，完成农村生活污水治理2122户、城镇生活污水治理641户，工业企业污水入网60家；完成18家豆制品作坊行业专项整治，断面水质考核保持优秀。推进大气污染防治整治，完善秸秆禁烧和综合利用长效机制。淘汰黄标车108辆，拆除燃煤锅炉87台。开展世界互联网大会环境整治工作，立面改造农户742户；种植、补植绿化12.7千米；拆除非法大型广告牌7块、隔离带灯箱45只；拆除临时搭建9798平方米，其中4个小集镇拆除违章搭建雨棚206个、临时棚182个，基本完成青石、义马、晚村、永秀等4个小集镇环境整治任务。湘溪大道延伸段实现半幅通车，完成乡村公路大中修7千米、危桥改造8座，开通洲泉汽车站至桐乡高铁站公交专线。开展平原绿化工作，新增防护林31.47公顷，村镇绿化40公顷，省级森林城镇通过验收。启动扩大杭嘉湖南排工程建设，完成坝桥、晚村、合兴、东田、岑山、青石等6个村42个村民组54.33公顷土地征用工作。

社会事业 持续推进文化惠民工程，新建3家农村文化礼堂、5个村级健身广场，启动镇文体中心建设，国家级非物质文化遗产项目——“高竿船技”获省群众舞蹈银奖。永秀小学食堂改造工程、义马小学停车场建设工程、中心幼儿园扩班建设及义马分园大修工程竣工。实施城乡环境卫生“四位一体”保洁机制，通过国家卫生镇复查，完成

2015年洲泉镇各村(社区)基本情况

表48

村(社区)	户数(户)	户籍人口(人)	中共支部(总支、党委)书记	村委(社区)主任	集体经济总收入(万元)
众安村	893	3656	金建华	吕祥兴	424
马鸣村	955	3990	屠香荣	谈文洪	343
义马村	1330	5325	钟雪华	沈银南	355
湘溪村	795	3367	朱雪根	杨继红	232
屈家浜村	722	3217	杨建忠	蔡钰湘	486
金家浜村	715	2971	钱建南	张金兴	483
石山头村	587	2469	徐根荣	朱子泉	295
南庄村	448	1918	王根明	吴焕杰	148
清河村	508	2265	吴立峰	翟荣坤	664
青石村	938	3788	唐惠兴	蔡跃章	2002
东田村	550	2343	费金伦	费荣平	2038
小元头村	658	2835	黄国如	赵家驹	394
岑山村	1049	4642	叶辛根	庄建学	370
合兴村	868	3630	俞伟清	俞伟清	524
后塘村	324	1355	钱觉明	倪志良	370
晚村村	931	3998	沈如孝	朱权康	152
道村村	745	3214	李维江	虞松祥	583
夜明村	588	2436	李金权	朱明权	278
坝桥村	574	2427	唐建忠	唐建忠	174
朝晖社区	1450	3694	俞雪根	俞雪根	

13座垃圾中转房标准化改造，餐饮垃圾资源化处理站投入运行。洲泉中心卫生院获“全国2014～2015年度群众满意的乡镇卫生院”称号。完成37名征兵任务。合作医疗参保率达99.8%。全年培训高技能人才514人，培育桐乡市级农村实用人才带头人50名。全年发放民政、慈善、残联低保救助金及生活补贴489万元，完成农村困难家庭危旧房改造5户，实现居家养老服务照料中心全覆盖。全面开展“六五”普法，企业“三治”获得高度肯定。组建镇级专职网格管理员队伍。深化城乡社会治安防控，新增治安监控装置107台。打击各类犯罪，破获各类刑事案件108起，打击各类犯罪嫌疑人112人，抓获各类逃犯12人，查处治安案件195起，处罚违法人员219人。加强人民调解，调处各类矛盾纠纷323起，其中疑难纠纷48起。办理嘉兴、桐乡两级市长电话244件，受理信访件31件。推进和谐劳动关系建设，调处劳资纠纷75起，涉及职工209人，涉及工资总额226万元。加强食品药品监督管理，保障群众饮食用药安全。深入推进安全生产、道路交通、消防安全、出租房管理等专项整治，全年发现各类隐患1253处，全部整改到位。加强专职消防队建设，全年出警125起，挽回经济损失795.2万元。

【“渔光互补”项目正式并网发电】 7月，由中电建华东勘测设计院设计投资的“渔光互补”项目一期正式启动。该项目投资1.8亿元，位于洲泉镇湘溪村、夜明村。利用鱼塘面积40公顷，装机容量20兆瓦，年均发电量1800万～2000万千瓦小时。这是中电建华东勘测设计院与洲泉镇自现浇屋顶分布式光伏发电项目之后的再次合作，为洲泉镇优化能源结构，转型绿色低碳发展打下基础。12月，“渔光互补”项目一期正式建成，并网发电。二期项目正在前期准备中，计划利用233.33公顷鱼塘，设计装机容量100兆瓦。

12月，“渔光互补”项目正式并网发电　　洲泉镇提供

【华能热电蒸汽正式商用】 参见《平台建设·临杭经济区》中相关条目。

【洲泉镇电子商务集聚区正式启用】 8月，洲泉镇电子商务集聚区正式启用。电子商务集聚区建筑面积6000余平方米，可容纳30～50家电商企业入驻，并提供统一的物业管理服务，配备电子商务企业运营所需的配套服务设施。首批入驻集聚区企业16家，涵盖蚕丝被、皮鞋、皮草、家居、家纺布艺、旅游开发、花卉种植、电商培训等多个行业，其中入驻企业龙头为桐乡市钱皇蚕丝被有限公司，该公司多年来在天猫蚕丝被类目销售稳居第一，在2015年“双十一”中，销售额突破4000万元。2015年，电子商务集聚区完成销售额超亿元。

【稻乡人家景区获国家AAA级旅游景区】 参见《旅游·规划建设》中相关条目。

【洲泉镇开通高铁站公交线路】 9月28日，洲泉至桐乡高铁站K289公交线路正式开通。该公交线路投入4辆中巴，始发站为洲泉新车站，终点站为桐乡高铁站，途径湘溪公园、洲泉镇政府、青石集镇、羔羊集镇、福严寺路口、同福集镇、联庄村西、新农村、太河荡(亭桥路口)、桐乡科创园等38个停靠站点，全长27.7千米，每天运营32个班次，单趟用时约50分钟。

(张龙俊)

屠甸镇

【概况】 屠甸镇位于桐乡市东南部，与梧桐街道、高桥镇和海宁市、嘉兴市秀洲区交界，东距上海107千米，西离杭州54千米，距桐乡、海宁市区各9千米，沪昆高速公路设有屠甸互通区，湖盐公路和南排工程长山河穿镇而过。总面积41.11平方千米，辖8个村、208个村民小组；1个社区，29个居民小组。总户数0.78万户，总人口3万人。2015年实现地区生产总值23.13亿元，财政收入8893万元，农村居民人均可支配收入2.43万元。

产业发展 实现农、林、牧、渔业总产值2.91亿元，比上年下降14.6%，其中：农业产值1.82亿元，下降15%；牧业产值0.53亿元，下降35.2%。农作物播种面积5352公顷，下降1.8%，其中粮食播种面积1930公顷，总产量1.32万吨，分别下降6.4%和7.6%。经济作物面积继续扩大，效益明显提高。蔬菜2449公顷，产量9.87万吨，分别增长0.9%和1.4%；杭白菊118.4公顷，产量332吨，分别下降3.8%和3.5%；果树172公顷，增长2.3%，产量4007吨，下降4%；花卉苗木349公顷，增长15.9%。流转土地1062公顷，占耕地面积45.4%。实施科技兴农战略，推广水稻良种1.3万公斤，创建省级粮食高产示范方2个，落实晚稻百户优质高产示范户16户。加大支农扶农力度，完成机械化插秧270公顷，晚稻机收面积1006.67公顷，机收率98%。饲养蚕种7701张，产量393吨。年末拥有农业机械总动力8940千瓦。农村经济总收入94.36亿元，增长10%。全年完成固定资产投资13.57亿元(其中房地产1亿元)，增长24.2%；其中工业生产性投入8.19亿元，增长31.2%；完成服务业投资5.02亿元，增长13.2%。规模以上企业实现产值57.71亿元，增长6.2%。加快推进退低进高、淘汰落后产能工作，腾退面积5.33公顷，淘汰落后产能项目4个，存量土地挖潜17.07公顷。推动科技创新，新增规模以上企业研发机构3家。新增高新技术企业1家，申请专利210个，发明专利32个。培育亿元企业2家，规模以上企业3家，限额以上服务业1家，完成“个转企”8家。

镇村建设 加大城镇基础设施建设，“千金圩区”整治项目基本完成，加快孙家门至罗清浜延伸工程、杭平申线五长段等一批重点工程建设，完成绿道建设6.5千米，启动扩大杭嘉湖南排(杭平申线航道改造)工程建设，完成城乡供水经营管理一体化改革。深化“三改一拆”行动，全年拆除违章建筑5万平方米，改造旧厂区6万平方米，改造城中村1万平方米，是全市第一批生猪退养镇。推进“两新”工程建设，调整并实现全镇“6+5+9”(石泾新社区6个点+行政村中心点5个+行政村附属点9个)新村点布局，新集聚农户181户，完成农村土地综合整治16.8公顷，汇丰村“整改拆”市级试点项目进展顺利。继续推进森林屠甸建设，新增绿化面积74公顷，全镇林木覆盖率33.04%，获省级森林城镇称号。海星村成功创建嘉兴市“优美庭院”示范村。开展互联网大会环境整治，完成湖盐公路及高铁、高速公路沿线120处旧农房、旧厂房的立面改造。加大“清三河”整治力度，完成工业企业污水入网12家，农村生活污水治理1059户，城镇生活污水入网630户。6月中旬，嘉兴市“双推”工作现场会在屠甸镇召

2015年屠甸镇主要经济社会指标完成情况

表49

指　　标	单　位	数　值	比上年(±%)
地区生产总值	亿元	23.13	
财政收入	亿元	0.89	10.3
农业总产值	亿元	2.91	−14.6
粮食总产量	万吨	1.32	−7.6
工业销售收入(规模以上企业)	亿元	57.26	7.2
固定资产投资	亿元	13.57	24.2
其中工业生产性投入	亿元	8.19	31.2
实际利用外资	万美元	302.8	−9.2
利用市外内资	亿元	2.08	6.9
外贸出口额	万美元	10877	19
农村居民人均可支配收入	万元	2.43	13.4

2015 年屠甸镇各村(社区)基本情况

表 50

村(社区)	户数(户)	户籍人口(人)	中共支部(总支、党委)书记	村委(社区)主任	集体经济总收入(万元)
汇丰村	1136	4737	陆炳康	陆炳康	881
恒丰村	721	2978	钱国强	张旭霞	304
荣星村	634	2536	金福良	姚勤锋	464
和平村	737	3083	徐瑞兴	范元松	226
联星村	742	3043	李建兆(～8 月) 陈银洲(8 月～副书记,主持全面工作)	陈银洲	222
万星村	748	3057	朱瑞强(副书记,主持全面工作)	朱瑞强	116
海星村	803	3399	王建锋	张珍松	325
红星村	976	4030	岳晓锋	张德松	175
屠甸社区	1302	3147	徐金明	陆千红	

开,"五水共治"成效显著。

社会事业 有中小学校 2 所,在校学生 2141 人,教师 150 人;义务教育普及率 100%,小学和中学入学率、巩固率均为 100%,初升高比例 100%;幼儿园 2 所,在园幼儿 1270 人。有公共图书馆 1 个,藏书量 3.93 万册;村级文化活动中心 8 个,文化茶馆 5 个,文化示范户 9 户,文化示范户专场演出 6 场,放映电影 108 场;文明家庭 7420 户,文明家庭率 96%;有线数字电视用户 8103 户,入户率 98.8%,广播喇叭 5840 只,入户率 89.6%。中心卫生院 1 所,社区卫生服务站 8 个,卫生技术人员 76 人,床位 20 张;城乡居民养老保险实现全覆盖,新一轮农村合作医疗参保 1.98 万人,参保率 99.6%;提高低保保障水平,发放低保救助金及生活补贴 72 万元;新建 4A 级居家养老服务中心 1 家,累计有 5A 级 2 家、4A 级 7 家、2A 级 1 家。做优居家养老服务中心建设,省长李强调研时给予充分肯定。继续巩固国家卫生镇创建成果,建立健全"四位一体"长效保洁考核奖励制度。开展法治德治自治工作,深化平安系列创建,汇丰村成功创建全国第六批民主法治示范村,完成第二届世界互联网大会屠甸维稳安保工作,获承办工作先进集体,全年治安秩序平稳,无重大涉稳事件发生。全年收集反映民生问题信息 191 条,办理市长电话 135 件,排查隐患 51 处。新建农村文化礼堂 1 个,完成农村文化礼堂重点村建设工作,实施全镇全民健身器材集中检查大修工程。开展"石泾好家风·德治新家园"建设活动,举办元宵系列文化活动、"拥抱新常态 合力谋新篇"暨"同心大舞台"德孝进万家文艺演出、"寻找屠甸好声音"活动、2015 年"屠甸杯"篮球联赛等大型文体活动。实施电影 2131 工程,全年放映电影确保不少于 116 场次,开展文化下乡巡演活动 9 场次。实施村(社区)文化专职管理员制度,每个村(社区)落实 1 名文化专职管理员。开设公益性戏曲、排舞、剪纸培训班,培训 20 多场次。坚持依法廉洁征兵,征集新兵 16 名。

【汇丰村获"全国民主法治示范村"称号】 3 月 25 日,司法部、民政部正式发文,表彰全国 779

6 月 18 日,屠甸镇举行"拥抱新常态 合力谋新篇"暨"同心大舞台"德孝进万家文艺演出　　屠甸镇提供

个村(社区)为第六批"全国民主法治示范村(社区)"。汇丰村名列其中。汇丰村大力开展争创活动,明确任务,落实分工,制订计划,建设法治长廊、法治驿站、法治公园、法治广场等群众喜闻乐见的载体,营造浓厚的法治氛围。村里还建立汇丰村民学院,聘请22位讲师,安排法治课程,全年开展4次法治文化讲座,发放宣传册1000多册。

【荣星村获"浙江省森林村庄"称号】 12月31日,屠甸镇荣星村通过"森林村庄"创建验收,被浙江省关注森林组织委员会命名为"浙江省森林村庄"。全村绿化面积128.23公顷,林木覆盖率31.2%;公共绿地面积8.97公顷,人均公共绿地面积35.48平方米,林木育苗面积11.23公顷。村域范围内建有绿化通道3844米,绿化面积6.15公顷,主要道路绿化普及率98%以上;水系长度5.46千米,绿化面积5.46公顷;全村有防护景观林面积8.97公顷,农田林网控制率92%。近两年村集体用于绿化投入510.73万元,民间林业资金投入超过500万元。

【开展"石泾好家风·德治新家园"建设活动】 9月,屠甸镇开展"石泾好家风·德治新家园"建设活动。在全镇中小学开展以经典家训推荐阅读、讲故事、主题班会、家长论坛等形式多样的践行活动,倡导和鼓励家长参与家规制定及评选活动。同时,以绘画、剪纸、书法等多种艺术手段传递青少年心中的"好家风",并开展评比与展示。发动群众在各村、社区寻找好家风、推荐好家庭,编立优良家训,树立"最美家庭"典型,推动全社会形成注重家庭、注重家教、注重家风的共识。举办"石泾好家风·德治新家园"文艺演出,培育和践行社会主义核心价值观,在全镇形成修身律己、崇德向善、礼让宽容的道德新风尚。

(周迅鸿)

大麻镇

【概况】 大麻镇位于桐乡市西南部,与洲泉镇、崇福镇、海宁市许村镇、杭州市余杭区接壤,京杭大运河、科洲公路贯穿全境,320国道、沪昆高速公路紧依其旁。全镇总面积32.64平方千米。辖1个社区,3个居民小组;11个村,264个村民小组。总户数8369户,总人口3.62万人。全年实现地区生产总值21.23亿元,比上年增长6.4%;财政收入6057万元,增长19.3%;农村居民人均可支配收入2.55万元,增长11.6%。

产业发展 实现农、林、牧、渔业总产值1.62亿元,其中渔业产值7895万元,占48.6%。有耕地1668.4公顷,其中水田1252.66公顷,旱地415.74公顷。严格耕地保护,强化粮食安全保障,鼓励土地流转,新增粮食生产功能区133.3公顷,新增土地流转面积184.9公顷。加快特色水产园区转型提升,完成温室甲鱼尾水尾气治理,建成桐乡市首个省级现代渔业主导产业示范区。继续推进畜禽养殖减量提质,完成永丰、光明两村生猪退养工作。实施国家中小河流治理和小农水重点县等水利工程项目建设,提升农田水利基础设施建设和防汛抗旱能力,建成泵、闸站11座,渠系24千米,疏浚河道17.2千米,新建护岸32.9千米,11个水利长效管护村全部达标。贯彻工业强市战略,坚持重实体、兴实业、强实力,产业优势得到巩固,全年完成"个转企"18家,新增规模以上企业6家,亿元企业2家,实现规模以上企业工业产值28.1亿元。深化镇领导班子成员联系重点项目制度,家纺科技创业园等市、镇重点项目全部开工建设,全年完成工业生产性投入4.24亿元,比上年增长13.8%。开展工业园区整治,完善管网、道路、绿化等软硬件设施建设。强化企业绩效评价,推动企业实施"机器换人"项目19个。鼓励企业"走出去",先后组织参加上海、法兰克福家纺展等国内外展会,帮助企业开拓市场,全年实现外贸出口额1.12亿美元。加强杭州湾轻纺城市场培育,推进"电商换市"工作,加快电子商务集聚区建设,成立电子商务公共服务中心,全年新引进各类电商企业11家,新增农村淘宝服务点3个。启动家纺物流园区建设,物流、贸易等生产性服务业得到发展,新增服务业规模以上企业5家。实施力兵化纤纺织有限公司"退二进三"项目,完成青少年素质教育实践基地土地征迁工作并启动建设,推动新天地公寓二期建设,做好原卫生院地块出让前的工作。全年完成服务业投资3.6亿元,比上年增长40.1%,经济结构进一步优化。探索"一业驱动四化"转型

2015 年大麻镇主要经济社会指标完成情况

表 51

指　　标	单　位	数　值	比上年(±%)
地区生产总值	亿元	21.23	
财政收入	亿元	0.61	19.3
农业总产值	亿元	1.62	−11.4
粮食总产量	万吨	0.71	1.1
工业销售收入(规模以上企业)	亿元	27.03	1.6
固定资产投资	亿元	7.84	22.2
其中工业生产性投入	亿元	4.24	13.8
实际利用外资	万美元	303.8	26.1
利用市外内资	亿元	1.44	−3.2
外贸出口额	万美元	11185	−1.4
农村居民人均可支配收入	万元	2.55	11.6

道路,注重发展乡村旅游,加快海华历史文化旅游村环河绿道、农耕文化馆等景点建设。深化“六大倍增”计划,启动亿元工业区基础设施建设,完成高压线铁塔搬迁,加快浙江优家家居等项目引进和建设力度。实施第二轮农村土地综合整治,获增减节余指标 7.13 公顷。全年利用市外内资 1.44 亿元,合同利用外资 437.8 万美元,实际利用外资 303.8 万美元。强化亩产效益,实施“退低进高”,完成存量土地挖潜 8 公顷,规模以上企业亩均工业税金比上年增长 8.6%。强化品牌创建和科技支撑,新增省级著名商标 1 件、嘉兴市级著名商标 4 件,新增发明专利 42 个;新增高新技术企业 1 家、省级科技型企业 2 家,新增市级企业研发中心 5 家;大麻镇被认定为嘉兴市家纺布艺专业商标品牌基地。

镇村建设　推进镇区环境综合整治,重点实施科洲公路沿线大整治和环境提升工程,镇容镇貌得到提升。加快城镇有机更新,完成大麻供电所大楼建设和西桥路幼儿园至新环桥段改造,新建镇西社会停车场,实施破损路面、窨井、绿化等修复工作,完善城镇基础设施建设。强化“三改一拆”行动,“两违”建房势头得到有效遏制,继续抓好“一户多宅”分类处置扫尾工作,拆除各类违法建筑 5.21 万平方米,完成“三改”面积 6.03 万平方米。深入实施绿化造林计划,完成绿化面积 16.87 公顷,创建嘉兴绿化示范村 1 个,桐乡绿化示范村 1 个,“百亩片林”示范村 3 个。完善“四位一体”长效保洁和垃圾外运处置工作,完善工业垃圾有偿清运服务机制。加强督查检查力度,提升辖区保洁质量。改建农村危桥 3 座,实施农村道路大中修 3 千米,新增光明、百富两个扩面提升村,农村基础设施不断完善。推进印染行业整治提升,依法对石材加工行业破坏环境行为进行查处打击。加强水环境治理,全面推进“五水共治”,严格落实“河长制”,完成 24 条河道清淤,巩固“清三河”成效。启动城镇二级污水管网建设,完成农村生活污水治理 1032 户,完成率 100%,完成工业企业入网 29 家,全市跨行政区域交界断面水质考核为优秀。

社会事业　有中心幼儿园 1 所,学生 828 名。九年一贯制中心学校 1 所,学生 2373 名。小学升初中、初中升高中比例均为 100%。中心幼儿园和大麻汽车站投入使用,农贸市场成功创建省四星级市场,交通管理站成功创建省级规范化农村公路管理

10 月 17 日,大麻镇第二届全民运动会举行　　大麻镇提供

2015 年大麻镇各村(社区)基本情况

表 52

村(社区)	户数(户)	户籍人口(人)	中共支部(总支、党委)书记	村委(社区)主　任	集体经济总收入(万元)
大庄村	915	4166	朱文根	吴日清	178
崇益村	721	3176	强忠良	强忠良	172
光明村	798	3518	费林甫	费林甫	129
麻溪村	594	2618	沈桂其	沈金狗	111
西南村	694	3150	潘其夫	钱国清	89
湘洋村	858	3710	李国富	李国富	124
百富村	741	3181	王荣毛	王荣毛	146
海华村	736	3123	李月清	杨惠娟	160
黎明村	649	2865	蔡惠昌	蔡惠昌	201
吉字浜村	557	2424	沈新权	舒智慧	139
永丰村	768	3170	蔡武强	蔡武强	146
大麻社区	338	1067	张熊麟	张熊麟	

站。加强公共文化服务体系两级联创工作,新增农村文化礼堂 3 个,开展“新艺虹杯”农民篮球赛和第二届全民运动会。推进系列文明创建,深化文明家庭星级动态评创,开展“四好五有”“德孝使者”等主题活动。完善社会保障服务基层平台,镇级、村(社区)级联网率 100%,构建和谐用工关系,调处劳资纠纷 26 起,涉及金额 22.3 万元。深化落实法治、德治、自治“三治合一”基层社会治理,实现村、社区“三治”示范点建设全覆盖。通过“六五”普法验收,开展第二届道德模范评选和表彰活动,修订村规民约和社区公约,推动社会管理向社会治理转变。建立社会治理综合指挥室,组建专职网格管理员队伍,开展“红袖章”万人大巡防活动,完成第二届世界互联网大会·乌镇峰会的保障工作,“平安大麻”实现十连贯。推进“三优”指导中心标准化建设,深化居家养老服务,新增 5 个居家养老服务照料中心,完善低保救助、优抚安置和扶残助残工作,全年发放低保金 97.37 万元,慈善金 30.46 万元,发放临时救助 10.05 万元,救助特困儿童学生 830 人次。

【首个省级现代渔业主导产业示范区通过验收】 参见《农业·水产业》中相关条目。

【畅想园举行首届全国钓鱼俱乐部总决赛】 1 月 1 日,杭州池励大麻畅想园钓鱼培训学校和垂钓训练基地在桐乡市大麻镇畅想园正式挂牌。5 月 3～4 日,杭州池励渔具有限公司首届全国钓鱼俱乐部总决赛在大麻镇畅想园农庄举行。此次大赛自 2014 年 3 月启动,从全国 1500 名运动员中筛选出 46 个参赛俱乐部,其中 138 名参赛选手进行晋级决赛。经中国钓鱼运动协会批准,大赛规格上升至国家级第四类赛事,总决赛列为中国钓鱼运动协会赛事,成绩计入积分。

【大麻镇第二届道德模范评选活动】 2014 年 10 月,大麻镇为推进全镇德治建设,培育和践行社会主义核心价值观,大力弘扬“德·孝”传统文化,发挥道德模范人物在公民道德建设中示范带动作用,开展第二届道德模范评选活动。此次评选活动分助人为乐、见义勇为、敬业奉献、孝老爱亲、诚实守信五种类型,经基层推荐筛选,20 人入围候选名单。2015 年初,镇党委成立评审组,通过深入了解情况及考察评议,最终评定 12 人获道德模范称号,8 名获道德模范提名奖称号。4 月,镇党委召开表彰大会,并通过媒体报道道德模范先进事迹。

【电子商务公共服务中心启用】 7 月 30 日,大麻家纺电子商务公共服务中心启用。杭州湾家纺电子商务集聚区作为桐乡三大电商集聚区之一,入驻电商经营户 62 家,另有 36 家企业入驻阿里巴巴桐乡产业带家纺专区,各村从事电商创业的青年 70 多人。在市商务局和杭州湾轻纺城支持下,引进嘉兴青韧电子商务有限公司,促成大麻家纺电子商务公共服务中心的启用,完善了电子商务集聚区服务配套如店铺装修、产品摄影、网上营销等功能。电商公共服务中心以服务大麻电子商务发展为宗旨,采用政府主导、企业运管、公益为主、市场为辅的运作方式,提供电商信息发布、政策公告、人才培养、创业孵化、产品供应、资源对接等多项服务，力求线上线下同步推进，覆盖全镇。

【运河北亿元工业区启动建设】2015年初，大麻镇启动运河北区亿元工业区建设，拓建发展平台、优化产业结构、加快经济发展。工业区规划可供出让面积20公顷，重点引进8～10家家纺、机械制造、家具生产等超亿元的大型企业，入驻企业竣工投产后三年内销售收入须达1亿元以上，将园区打造成为大麻镇龙头企业的孵化基地。年内先后实施工业区内高压线、地下污水管网搬迁，加快推进园区道路建设，完成工业区南、运河北岸绿化带建设，优化园区总体环境。启动亿元工业区招商工作，通过"一把手招商""以企引企"等一系列招商方式，引进上海优家家居有限公司、浙江龙冉纺织有限公司、桐乡市力兵化纤有限公司等8家企业，预计总投入5亿元，投产后预计年产值超9亿元。

（顾立强）

高桥镇

【概况】 高桥镇位于桐乡市东南部。东与屠甸镇交界，南与海宁市接壤，西邻崇福镇，北靠凤鸣街道。全镇总面积55.04平方千米。辖15个村、443个村民小组；1个社区，1个居民小组。总户数1.23万户，总人口4.79万人。区域内有高桥、骑塘、南日、亭桥等4个集镇。区域交通便利，沪杭高速铁路、沪昆高速公路横贯，并分别设立高铁站、互通区，为全国为数不多的同时拥有"高铁、高速"便捷通道的"双门户"乡镇之一。2015年实现地区生产总值27.34亿元，财政收入5735万元，农村居民人均可支配收入2.48万元.

产业发展 有耕地3498.93公顷，其中水田2871.75公顷。农业以粮食生产为主，蚕桑、畜牧、蔬菜等多种经营全面发展。粮食种植面积1935.5公顷，年产粮食1.39万吨；桑地773.01公顷，饲养蚕种4.3万张，蚕茧产量2222吨；种植蔬菜3030.93公顷，产量12.26万吨。深入推进农业"两区"（粮食生产功能区和现代农业园区）建设，全年实现农、林、牧、渔业总产值4.94亿元，新增粮食生产功能区1个、农业龙头企业1家、特色农业基地6个、示范性家庭农场1家，流转土地126.67公顷。工业以包装、皮革、轻纺、化工、食品加工等行业为主。2015年实现规模以上企业工业总产值71.75亿元。14个市级重点项目累计完成投资16亿元。推进"两改两创"，实施"机器换人"等重点技改项目25个，完成技改投入6.68亿元。做好"四换三名""两退两进"和"两化融合"等工作，淘汰落后产能项目2个，腾退低效工业用地8公顷。加强科技创新，全年认定高新技术企业1家，新增省级科技中小型企业4家，组建高新技术研发中心4个，申请专利327个。做大做强建筑业，全年完成建筑业总产值91.6亿元。加快推进服务业发展，平安养生养老项目进展顺利，累计完成投资25亿元；信用社大楼主体完工，旅游广场、东润国际、金凯悦等项目加快建设。全年完成服务业投资18.72亿元，增长12.7%。神州量子、富洛体育、金盛彩印等项目成功落地。全年完成合同利用外资3348万美元，实际利用外资2433.8万美元，利用市外内资10.17亿元，实到注册资金2.46亿元，"浙商回归"到位资金3.78亿元，均超额完成市定任务，获

2015年高桥镇主要经济社会指标完成情况

表53

指　　标	单　位	数　值	比上年(±%)
地区生产总值	亿元	27.34	
财政收入	亿元	0.57	7
农业总产值	亿元	4.94	0.3
粮食总产量	万吨	1.39	−5.5
工业销售收入(规模以上企业)	亿元	68.91	−1.3
固定资产投资	亿元	23.87	5.6
其中工业生产性投入	亿元	7.81	20.1
实际利用外资	万美元	2433.8	5.3
利用市外内资	亿元	10.17	14
外贸出口额	万美元	6433	47.1
农村居民人均可支配收入	万元	2.48	10.3

嘉兴市利用外资“十强乡镇”称号。

镇村建设 启动现代大道北侧、高桥大道两侧（南日街以西）区块控制性详规编制，调整优化“1＋9”新村布点规划（“1”指范桥、新丰、越丰、迎丰、永安、高桥6个村，“9”指三村、毛水浜、亭桥、龙南、落晚、楼下角、漕泾、骑力、湘庄9个村）。实施小型农田水利重点县建设、中小河流综合整治及农业综合开发等项目，做好骑荆线（龙南村元家桥北至湘庄村周家桥南）改建及毛平线（毛纺厂南至三村村涨木桥）拓宽工程，完成屠南线（迎丰村至屠甸镇）中修工程建设，新建、改建桥梁9座，修筑道路60千米，新筑生态护岸5千米。深化“美丽乡村”建设，推进“两新”工程，全年新增农户集聚202户，完成土地复垦19公顷。推进“森林高桥”建设，绿化覆盖率32%。实施“五水共治”，严格落实“三长管河”（河长、段长、公里长治理模式）“四位一体”（一个部门统筹、一条线管理、以块为主、属地负责的涵盖镇区、公路、河道、村庄四大区域的城乡环境卫生保洁新机制）等长效管护机制，完成“清三河”工程，启动实施城镇生活污水入网工程，完成城镇居民生活污水入网350户，农村生活污水治理1922户，新增入网企业27家。开展主要道路沿线环境综合整治，完成沿线绿化提升、农房立面改造、违章建筑拆除、破旧种养殖棚舍清理、废品收购点整治和石材加工场治理等工作。实施“三改一拆”，全年完成“三改”11.3万平方米，拆违9.3万平方米；实施生猪退养攻坚战，完成生猪退养目标。深化行业整治，完成3家制革企业整治提升和22家豆制品加工作坊整治任务。

2015年高桥镇各村（社区）基本情况

表54

村（社区）	户数（户）	户籍人口（人）	中共支部（总支、党委）书记	村委（社区）主任	集体经济总收入（万元）
迎丰村	1006	4117	李兴江	魏冰杰	252.2
越丰村	751	2973	沈春雷	沈春雷	269.9
新丰村	618	2539	沈炳洪	沈炳洪	308.6
落晚村	1232	4663	王学根	王学根	329.5
楼下角村	758	2869	戚连兴	戚连兴	181.1
高桥村	1090	4363	沈如胜	沈如胜	329.1
范桥村	585	2354	陆荣华	朱炳华	310
永安村	691	2755	计炳祥	计炳祥	244.6
毛水浜村	524	2135	计炳洪	计炳洪	294.3
三村村	675	2637	李瑞松	李瑞松	467.6
亭桥村	803	3095	张顺昌	张顺昌	231.2
漕泾村	636	2296	沈德金	沈德金	312.7
骑力村	750	2717	许利仁	许利仁	308
湘庄村	1070	4132	徐明强	范柏英	246.3
龙南村	815	3031	张晓东	张晓东	191.6
高桥社区	307	1216	张财坤	张财坤	

社会事业 深入实施学前教育新三年行动计划，获评嘉兴市学前教育示范乡镇称号。推进社区卫生服务中心规范化建设，促进优质医疗资源下沉。落实市公共文化服务示范区“两级联创”相关任务要求，完善镇村两级综合文化活动中心设施。实施文化惠民工程，全年开展群众性文体活动30余场次。通过政府购买服务形式，村（社区）全部配备文化专职管理员。推动社会保险提质扩面，养老保险、医疗保险参保率分别为98.8%和99.6%。深入实施就业再就业政策，社会就业率91.5%。加大社会救助力度，全年发放最低生活保障金、医疗救助金233万元，扶贫建房5户。大力发展养老服务事业，镇敬老院在全市率先实行第三方托管，三村村、越丰村等居家养老服务中心投入使用。创新社会治理，成立南日社区管理服务中心。越丰村、龙南村获评全市“三治”建设十佳示范点。深化全员维稳责任制，推进“六五”普法，“平安高桥”实现十连冠。

【“三治合一”模式在全省加以推广】 7月15～16日，浙江省创新基层社会治理提升社会风险防控能力现场推进会在高桥镇召开。省委副书记、政法委书记王辉忠，省委常委、公安厅厅长刘力伟，嘉兴市委书记鲁俊，嘉兴市委副书记、政法委书记胡海峰等参加会议。桐乡市委书记卢跃东作专题交流发言。高桥作为浙江“三治合一”基层社会治理的发源地，坚持问题导向、效果导向、群众导向，形成了全镇上下狠抓基层社会治理，创新基层社会治理的理念、方式、手段和体制机制，“三治合一”建设逐渐与基层党建相融合、与推进中心工作相融合、与发展村级经济相融合、与建设和谐社会相融合，取得明显效果，并在全市加以推广。王辉忠在会上对桐乡市在开创浙江先河，在高桥试点先行的“三治合一”基层社会治理模式给予充分肯定，并要求在全省加以推广。

【高桥镇豆制品行业整治显成效】 4月初，高桥镇全面启动豆制品行业规范整治行动，出台整治实施办法，召开整治工作动员会议，并与相关企业和村（社区）签订整治目标责任书。开展全面整治，2家合法经营单位建造污水处理池，废水处理达标后纳管排放；采用环保型生物质颗粒锅炉；购入新的生产设备，提高自动化生产水平。至7月15日，全镇22家无证无照豆制品加工小作坊全部实现关停，生产现场的锅炉、磨浆机、搅拌机等主要设备全部拆除，并对拆除现场拍摄照片存档。同时，各小作坊业主与镇政府均签订停产关闭承诺书，承诺不再恢复豆制品的无证加工与生产。

【高桥镇首届稻草人创意造型比赛】 10月24日，以“民间文化与美丽乡村”为主题的高桥镇首届稻草人创意造型比赛在高桥镇锦绣天地蚕桑博览园举行。全镇15个村以及学校的“创意达人”用稻草“造人”，制作出数十个创意十足的稻草人。有带着草帽，“摇滚范”十足的鼓手、二胡手；身穿蓝印花布，扎着马尾的浣纱女；提着竹篮，辛勤耕作的农民夫妇；还有造型逼真的老虎、萌态十足的海绵宝宝等。比赛展示高桥农村稻作文化和民俗风情、高桥农民纯朴善良的性格和爱乡恋土情怀。高桥镇永安村获一等奖，高桥小学、高桥初中、高桥新区学校获二等奖。

（夏　燕）

10月24日，高桥镇举行首届稻草人创意造型比赛　　高桥镇提供

河山镇

【概况】 河山镇位于桐乡市西北部，西临德清，北接湖州，距上海市198千米，邻杭州市85千米，离苏州市131千米。申嘉湖、练杭高速公路贯穿河山。全镇总面积39.3平方千米。辖9个村，241个村民小组；1个社区，3个居民小组。总户数6680户，总人口2.77万人。2015年实现地区生产总值18.62亿元，财政收入5951万元，农村居民人均可支配收入2.47万元。

产业发展 全镇农作物播种面积2632.6公顷，其中粮食播种面积1187.5公顷，年产粮食7974.6吨，蚕茧430.95吨，饲养湖羊1.13万头，实现农、林、牧、渔业总产值1.8亿元。农业产业化水平提高，新增流转土地面积69公顷，成功申报华台、河山、石栏桥三个整村流转行政村，申报嘉兴市级示范性农民专业合作社2家，创建家庭农场11家。实施工业强镇战略，全镇有工业企业802家，新增规模以上企业6家，累计60家，规模以上企业完成工业产值47.17亿元，占全镇工业总产值59.8%。培育限额以上企业5家，新增亿元企业1家，完成“个转企”12家。

发挥“一业一网”引领作用，推进“互联网＋”行动，发展农村电子商务3家。加快科技成果转化，全年认定高新技术企业3家，省级科技型企业5家，各类科技项目31个；申报各类专利260个，其中发明专利50个。加强“招才引智”工作，全年申报嘉兴“精英计划”1个，国家级、省级“千人计划”各1个。发展乡村旅游，完善东浜头村漫画文化园设施，做好景点开放工作，完成《俞家湾农业遗产景区旅游开发规划》项目评审，推进八泉村毛家浜度假村景区建设。

镇村建设 突出规划引领，优化调整村庄规划。实施“三改一拆”工作，全年拆除违法建筑10.41万平方米，完成“三改”面积6.98万平方米。推进“两新”工程建设，全年完成新村规划点农房集聚144户，东浜头村申报省级中心村，王家弄村申报省级美丽宜居示范村。加大农村土地综合整治力度，完成农村土地综合治理8公顷。开展环境综合整治，整治提升练杭高速（河山段）、桐德公路及河道公路两侧，完成练杭高速两侧各30米银杏带建设，种植绿化带7.87千米。深入开展“五水共治”，全国重点地区中小河流治理无量桥港综合治理项目竣工，启动西圣埭港综合整治工程。完成工业企业污水处理纳管19家，居民生活污水治理2816户。开展大气污染防治，拆除燃煤锅炉31台，淘汰黄标车36辆。开展“森林河山”建设，新建百亩片林4个、千亩片林1个，累计新增绿化造林124公顷，全镇林木覆盖率33.2%，成功创建省级森林城镇。改善基础设施，张桥路建成通车，河滨公园建设完成，临杭大道项目启动征迁，完成农村道路大中修3.5千米，改建农村危桥6座。

社会事业 重视教育事业发展，全镇有中小学校3所，在校学生1452人，教师121人，河山中心学校初升高比例99.4%。幼儿园、托儿所各1所，在校幼儿483名，教师29名，幼儿入园率98.7%。投入资金约100万元，完成中心学校校区室外改造、小学部五人制足球场、大操场草坪等改造工程，河山中心学校被命

2015年河山镇主要经济社会指标完成情况

表55

指　　标	单　位	数　值	比上年(±%)
地区生产总值	亿元	18.62	
财政收入	亿元	0.6	19.8
农业总产值	亿元	1.8	－13.1
粮食总产量	万吨	0.8	0.3
工业销售收入(规模以上企业)	亿元	44.27	15.7
固定资产投资	亿元	10.07	14.6
其中工业生产性投入	亿元	6.84	20.6
实际利用外资	万美元	301	22.9
利用市外内资	亿元	2.33	34.4
外贸出口额	万美元	9814	－2.3
农村居民人均可支配收入	万元	2.47	11

2015年河山镇各村(社区)基本情况

表56

村(社区)	户数(户)	户籍人口(人)	中共支部(总支、党委)书记	村委(社区)主　任	集体经济总收入(万元)
八泉村	891	3589	陈越新	陆月平	494
东浜头村	463	1926	朱树荣	朱树荣	219
庙头村	716	2863	陆锦良	诸顺年	428
堰头村	675	2829	唐荣方	唐荣方	633
五泾村	964	4050	陈荣法	张国强	269
华台村	509	2139	陆云松	陆云松	324
王家弄村	632	2628	倪剑峰	潘炳金	1016
河山村	777	3247	姚荣林	陈国民	863
石栏桥村	924	3946	陆建根	陆建根	713
河山社区	147	564	董钟良	董钟良	

名为首批国家级校园足球特色学校。投资1160万元，建成河山镇居家养老服务照料中心，新建村级居家养老服务照料中心3家。新建农村文化礼堂3个，推动基层文化团队建设，聘任村、社区专职文化管理员10人，充实基层文化队伍。加大公共卫生事业投入，成功创建省级卫生监督协管服务示范点，通过嘉兴市卫生强镇复查，成功创建省级卫生村1个，嘉兴市级卫生先进单位2家，桐乡市级卫生先进单位2家。民政救济、社会救助、医疗补助等工作得到较好落实，全年发放各类救助款436万元。做好基层后备力量建设和人防工作，17名新兵征集入伍，其中大学生比例70.6%。社会保险事业更加完善，养老保险参保率99.7%，完成市民卡换发工作。城乡居民医保参保率99.6%，全年有15.95万人次报销医药费1349.98万元。

【河山镇中心学校被命名为全国青少年校园足球特色学校】 7月，河山镇中心学校被教育部命名为全国青少年校园足球特色学校，这是桐乡市唯一一所足球特色学校。作为浙江省校园足球定点学校和桐乡市足球文化特色学校，学校以“阳光体育，快乐足球”为宗旨，以“以球育德，以球启智，以球健身”为指导思想，通过举办足球文化节，足球进课堂，校园足球联赛等系列活动，走出一条独具特色的发展之路。

【无量桥港综合整治工程竣工】 参见《农业·水利建设》中相关条目。

【河山镇成为全省首个光伏发电应用示范小镇】 2014年2月，经浙江省发改委和能源局联合批示同意，河山镇启动光伏发电应用示范小镇建设。该项目位于河山镇堰头村，占地面积16万平方米。太阳能电池板布设于14万平方米的鱼塘上方，项目总投资9600万元。2015年6月30日，全省首个“渔光互补”光伏电站——河山变20千伏渔光S441线送电，标志着河山镇11.5兆瓦“渔光互补”光伏电站并网发电。项目总装机容量11.5兆瓦，新建线路始于110千伏河山变，止于河山镇“渔光互补”光伏电站，实现太阳能电池组串汇流后的直流电经逆变器输出为交流电，再经升压变升压汇流到20千伏开关站，最后光伏电能通过1回20千伏专线接入20千伏电网的目标。至年底，企事业单位分布式光伏发电6.24兆瓦，全镇实现光伏并网总容量17.735兆瓦，成为浙江省第一个光伏发电应用示范小镇。

· 相关链接 ·

渔光互补

“渔光互补”是指对水域资源立体式综合利用，在保证下层水域渔业养殖的同时，利用水域上方空间建设光伏电站，其本质和太阳能屋顶类似。光伏发电正式并网发电，河山镇每年可节约标煤3532吨，减少二氧化硫30吨、氧化氮26吨、二氧化碳9254吨。

【成功创建省级森林城镇】 12月，河山镇成功创建“浙江省森林城镇”。全镇区域绿化面积1298.69公顷，林木覆盖率33.7%，村庄绿化覆盖率55.3%，建成区绿化覆盖率26.9%，建成区公园绿地4.02公顷，人均公共绿地面积12.12平方米，林木育苗面积230公顷，实现主要道路绿化普及率100%，水系林木覆盖率30.1%。

【省级卫生监督协管服务示范点创建成功】 5月，河山镇成功创建省级卫生监督协管服务示范点。依托河山镇卫生院公卫科卫生专业技术力量，建立长效培训监管机制，规范监督协管服务制度和流程。对全镇区域内的卫生院、社区卫生服务站、中心学校、幼儿园及43个公共场所70多名从业人员开展日常指导巡查监管，卫生许可证及健康证持证率100%，协管信息报告及时率100%，居民知晓率和满意度达到90%以上。

【东浜头村创建为浙江省中心村】 12月，东浜头村成功创建浙江省中心村。按照省级重点培育中心村建设要求，东浜头村落实规划，年内完成中心村农户集聚322户；完成文化礼堂建设工程，建筑面积2560平方米，投入资金262万元；完成居家养老服务照料中心建设工程，建筑面积1832平方米，投入资金236万元；完成全村通组通户水泥路浇筑；开展绿化提升工程，投入资金80万元；完成农村生活污水处理入网306户。

（范钟华）

桐乡市组织机构与领导人名录

（2015 年 1～12 月）

中共桐乡市委员会

书　记　卢跃东
副书记　盛勇军　蒋惠玲（女）
常　委　汤云良（　～8 月）
　　　　陈千颂　潘家春
　　　　徐鸣阳　严　培
　　　　戴金明　朱明杰
　　　　王永飞（1 月～　）
　　　　陈林根（8 月～　）

桐乡市人大常委会及其办事机构

主　任　张林洪
副主任　闻金根　沈济贤
　　　　吴娟芬（女，　～1 月）
　　　　曹荣金　孙　琦
　　　　朱　红（女）
　　　　沈建坤（2 月～　）
　　　　费玉林（2 月～　）

市人大办

主　任　俞少杰

研究室

主　任　吴志强

法工委

主　任　陆振宇

财经工委

主　任　顾伟楚

教科文卫工委

主　任　黄建兴

代表工委

主　任　王伟根

城建农经工委

主　任　蒋南强（1 月～　）

市人大党组

书　记　张林洪

市人大机关党组

书　记　孙　琦

桐乡市人民政府

市　　长　盛勇军
常务副市长　朱明杰
副 市 长　钱松华
　　　　　潘敏芳（女）
　　　　　周国强
　　　　　杨青海（　～5 月）
　　　　　郑利民　柳国彪
　　　　　冯中海
　　　　　邹志岗（9 月～　）

市政府党组

书　记　盛勇军

中国人民政治协商会议桐乡市委员会及其办事机构

主　席　池晓明
副主席　周　民　陈　英（女）
　　　　孙晓东　顾根梁
　　　　李云飞　陈炳荣
秘书长　张关林

政协办

主　任　赵兴华

提案委

主　任　杨庆祥

经科委

主　任　周跃荣

文教卫体与文史委

主　任　周少勤

社法与三胞委

主　任　章征宇（2 月～　）

市政协党组

党组书记　池晓明

市政协机关党组

党组书记　张关林

中共桐乡市纪律检查委员会

书　记　陈千颂
副书记　徐玉良　张月萍（女）

中国人民解放军桐乡市人民武装部

党委第一书记　卢跃东
党委书记　严　培
部　　长　何建撑
政　　委　严　培

桐乡市人民法院

院　　长　许邦清(2 月～　)
代理院长　许邦清(　～2 月)
党组书记　冀友佳(　～1 月)
　　　　　许邦清(1 月～　)

桐乡市人民检察院

检 察 长　何伟明(2 月～11 月)
代理检察长　何伟明(　～2 月)
　　　　　　沈小平(11 月～　)
党组书记　郭军毅(　～1 月)
　　　　　何伟明(1 月～10 月)
　　　　　沈小平(11 月～　)

市委工作部门

市委办
主　任　张建林
组织部
部　长　汤云良(　～10 月)
　　　　陈林根(10 月～　)
宣传部
部　长　沈建坤(　～1 月)
　　　　王永飞(1 月～　)
统战部
部　长　潘家春
政法委
书　记　蒋惠玲(女)
政研室
主　任　陈伟宏
机关党工委
书　记　穆鸣龙
编委办
主　任　姚叙才

市政府工作部门

政府办公室(政府法制办公室)
主　　任　姚毅军
党组书记　姚毅军
发展和改革局
局　　长　卢达民
党组书记　卢达民
经济和信息化局(互联网经济发展办公室)
6 月,设立市互联网经济发展办公室,与市经济和信息化局合署办公。
局　　长　罗永良(　～7 月)
　　　　　姜伟国(7 月～　)
党委书记　罗永良(　～6 月)
　　　　　姜伟国(6 月～　)
主　　任　姜伟国(7 月～　)
教育局
局　　长　施勤高
党委书记　施勤高
科技局
局　　长　卢爱驰
党组书记　卢爱驰
民族宗教事务局
局　　长　金雪明
公安局
局　　长　戴金明
政　　委　金培荣
党委书记　戴金明
监察局
局　　长　徐玉良
民政局
局　　长　陈建良
党组书记　陈建良
司法局
局　　长　王正华
党组书记　王正华
财政局、地税局
局　　长　姜　玮
党委书记　姜　玮
人力资源和社会保障局
局　　长　姚叙才
党委书记　姚叙才
国土资源局
局　　长　张明德
党委书记　张明德
环境保护局
局　　长　徐汉会
党组书记　徐汉会
住房和城乡规划建设局(人民防空办公室)
6 月,市人民防空办公室与市住房和城乡规划建设局合署办公。撤销中共桐乡市住房和城乡规划建设局委员会、中共桐乡市人民防空办公室党组,建立中共桐乡市住房和城乡规划建设局(人民防空办公室)委员会。
局　　长　王　勇(7 月～　)
党委书记　张应中(6 月～　)
住房和城乡规划建设局
局　　长　王　勇(　～7 月)
党委书记　王　勇(　～6 月)
交通运输局
局　　长　王利浩
党委书记　王利浩
水利局
局　　长　张雪根(石门镇人,～1 月)
　　　　　盛月良(7 月～　)
党组书记　张雪根(石门镇人,～1 月)
　　　　　盛月良(6 月～　)
农业经济局
局　　长　郭林江
党委书记　郭林江
商务局(粮食局)
6 月,市粮食局与市商务局合署办公。撤销中共桐乡市商务局党组、中共桐乡市粮食局党组,建立中共桐乡市商务局(粮食局)党组。
局　　长　屠建忠(7 月～　)

党组书记　屠建忠(6月～　)

商务局

局　　长　屠建忠(　～7月)

党组书记　屠建忠(　～6月)

文化广电新闻出版局(体育局)

局　　长　吴利民

党委书记　吴利民

卫生和计划生育局

6月,组建市卫生和计划生育局。撤销中共桐乡市卫生局委员会、中共桐乡市人口和计划生育局党组,建立中共桐乡市卫生和计划生育局委员会。

局　　长　沈炳林(7月～　)

党委书记　夏觉民(6月～　)

卫生局

局　　长　沈炳林(　～7月)

党委书记　沈炳林(　～6月)

人口计生局

局　　长　夏觉民(　～7月)

党组书记　夏觉民(　～6月)

审计局

局　　长　茅永良

党组书记　茅永良

统计局

6月,撤销中共桐乡市统计局、国家统计局桐乡调查队党组,建立中共桐乡市统计局党组、中共国家统计局桐乡调查队党组。

局　　长　徐剑东

党组书记　张茂华(11月～　)

粮食局

6月,市粮食局与市商务局合署办公。

局　　长　张雪根(凤鸣街道人,～7月)

党组书记　张雪根(凤鸣街道人,～6月)

市场监督管理局

局　　长　杨顺坤

党委书记　杨顺坤

安全生产监督管理局

局　　长　张富强

党组书记　张富强

质量技术监督局

局　　长　朱建平

党委书记　朱建平

综合行政执法局(城管行政执法局)

3月,撤销中共桐乡市城市管理行政执法局党组,建立中共桐乡市综合行政执法局党组。6月,市城市管理行政执法局更名为市综合行政执法局。

局　　长　胡国盛(3月～　)

党组书记　胡国盛(3月～　)

城管行政执法局

局　　长　胡国盛(　～3月)

党组书记　胡国盛(　～3月)

人防办(民防局)

6月,市人民防空办公室与市住房和城乡规划建设局合署办公。

主任(局长)　张应中(　～7月)

党组书记　张应中(　～6月)

市直属、派出单位

旅游委员会

党工委书记　卢跃东(兼)

主　　任　金水平

开发区管委会

党工委书记　周荣奎

主　　任　冯富强

振东新区管委会

党委书记　赵月祥

主　　任　赵月祥

濮院羊毛衫市场管委会(濮院针织产业园区管委会)

党工委书记　沈根潮

主　　任　沈根潮

高桥新区管委会

党工委书记　蔡立新(　～1月)
　　　　　　张雪根(石门镇人,1月～　)

主　　任　沈建良(　～5月)

临杭经济区管委会

党工委书记　盛月良(　～6月)
　　　　　　陈　政(6月～　)

主　　任　李建浩(　～1月)

乌镇国际旅游区建设管委会

党工委书记　(暂缺)

主　　任　陶咏椿

崇福经济区管委会(崇福皮毛市场管委会)

主　　任　徐鸣阳

石门湾现代农业示范区管委会

党工委书记　陈　东

主　　任　陈　东

档案局(馆)

局(馆)长　魏昱初

党组书记　魏昱初

老干部局

局　　长　张春标

信访局

局　　长　费朔军(　～11月)
　　　　　计亚平(12月～　)

机关事务管理局(接待办)

局长(主任)
　　　　　谢　峻(　～11月)
　　　　　陈丽悦(女,11月～　)

党组书记　谢　峻(　～11月)
　　　　　陈丽悦(女,11月～　)

新民局

局　　长　陈建华

党组书记　陈建华

审批中心

主　　任　陈　政(　～7月)
　　　　　张雪根(凤鸣街道人,7月～　)

党组书记　陈　政（　～6月）
　　　　　张雪根（凤鸣街道人，6月～　）

党校

党委书记　杨雪乾
校　　长　汤云良（　～10月）
　　　　　陈林根（10月～　）

史志办

主　　任　姚建明

广电台

台　　长　赵裕华
党委书记　赵裕华

国企办

主　　任　赵学明
党工委书记　赵学明

供销总社

主　　任　葛柏金
党委书记　葛柏金

信用联社

理 事 长　魏　良
主　　任　陈银华
党委书记　魏　良

水务集团

董事长（总经理）　冯和坤
党委书记　冯和坤

公投集团

董事长（总经理）　吴国良
党委书记　吴国良

金凤凰集团

董事长（总经理）　朱政华

垂直管理部门（单位）

国税局

局　　长　钟　华
党组书记　钟　华

国网桐乡市供电公司

总 经 理　张祖光
党委书记　项志荣

中国邮政集团公司浙江省桐乡市分公司（邮政局）

5月，桐乡市邮政局更名中国邮政集团公司浙江省桐乡市分公司；中共桐乡市邮政局委员会更名为中共中国邮政集团公司浙江省桐乡市分公司委员会。

局　　长　胡金泉
党委书记　胡金泉

烟草专卖局

局　　长　王　卫（　～10月）
　　　　　周雪峰（10月～　）
党组书记　王　卫（　～10月）
　　　　　周雪峰（10月～　）

气象局

局　　长　钱炳强

电信局（公司）

局长（总经理）　陈国庆
党委书记　陈国庆

人民银行

行　　长　胡菊新
党组书记　胡菊新

银监办

主　　任　陈为群（女）

工商银行

行　　长　冯小华（女）
党总支书记　冯小华（女）

农业银行

行　　长　胡　隽（　～6月）
　　　　　胡正茂（6月～　）
党委书记　胡　隽（　～7月）
　　　　　胡正茂（7月～　）

建设银行

行　　长　葛明洲
党委书记　葛明洲

中国银行

行　　长　周　亮
党总支书记　周　亮

农业发展银行

行　　长　周建林（　～7月）
　　　　　吴荣兴（7月～　）
党支部书记　周建林（　～7月）
　　　　　吴荣兴（7月～　）

人保财险

总 经 理　杨吉辰（　～4月）
副总经理　沈建洪（7月～主持工作）
党组书记　杨吉辰（　～4月）
党组副书记　沈建洪（4月～主持工作）

人寿保险

经　　理　王明臣
党支部书记　郭建华（女）

太平洋财险

总经理　刘露泽（4月～12月）
　　　　杨静艳（女，12月～　）
副经理　王　强（　～2月）

太平洋人寿

经　　理　孙剑波
党组书记　孙剑波

嘉兴日报报业传媒集团桐乡分社

社　　长　应丽斋

今日桐乡文化传媒有限公司

董 事 长　张　静（女）
总 经 理　朱越峰
党支部书记　张　静（女）

浙江传媒学院桐乡校区

党工委书记　戚鸿峰
主　　任　张　梁

人民群众团体

总工会

主　　席　祖建国
党组书记　祖建国

团市委

书　　记　赵银海（女，　～1月）
　　　　　陈晓雷（7月～　）
党组书记　赵银海（女，　～1月）

妇联

主　　席　张月萍（女，　～1月）
　　　　　赵银海（女，1月～　）
党组书记　张月萍（女，　～1月）

赵银海(女,1月～　)

科协

主　　席　周建富

党组书记　周建富

残联

主　　席　周国强

理 事 长　吴丽娅(女)

党组书记　吴丽娅(女)

红十字会

会　　长　费玉林

党组书记　朱雪良

工商联

主　　席　陈炳荣

党委书记　金雪根(6月～　)

文联

主　　席　王士杰(　～12月)

吴利民(12月～　)

侨联

主　　席　慎建法

街道、镇

梧桐街道

党委书记　蒋南强(　～1月)

苏伟明(1月～　)

人大工委主任　沈瑞芬(女)

办事处主任

陈丽悦(女，～11月)

吴伟杰(12月～　)

政协联络处主任　孙春祥

凤鸣街道

党委书记　张建根

人大工委主任

李建浩(1月～　)

办事处主任　张建平(　～1月)

蒋　凡(1月～　)

龙翔街道

党委书记　张凌云(女)

人大工委主任　李玉娟(女)

办事处主任　姚伟平(　～11月)

姚国中(12月～　)

濮院镇

党委书记　沈根潮

人大主席　龚林海

镇　　长　张茂华

政协联络处主任

蒋娟芬(女，　～9月)

乌镇镇

党委书记　陶咏椿

人大主席　黄伟明(3月～　)

镇　　长　朱学龙

政协联络处主任

黄伟明(　～2月)

屠甸镇

党委书记　顾妙根

人大主席　陈洪富

镇　　长　徐永强(　～8月)

蒋娟芬(女,8月～　)

崇福镇

党委书记　徐鸣阳

人大主席　范炳田

镇　　长　王　群

政协联络处主任　范炳坤

高桥镇

党委书记　蔡立新(　～1月)

张雪根(石门镇人,1月～　)

人大主席　肖元松(　～8月)

镇　　长　沈建良

政协联络处主任　曾正君(女)

大麻镇

党委书记　苏伟明(　～1月)

张浩锋(7月～　)

人大主席　章雪芳

镇　　长　张浩锋(　～8月)

穆海英(女,8月～　)

洲泉镇

党委书记　盛月良(　～6月)

陈　政(6月～　)

人大主席　陆永良

镇　　长　许　雷

政协联络处主任　许发根

石门镇

党委书记　陈　东

人大主席　高宜海

镇　　长　金雪根(　～7月)

吕忠飞(7月～　)

政协联络处主任

沈永础(　～5月)

河山镇

党委书记　姜伟国(　～6月)

徐永强(7月～　)

人大主席　姜伟国

镇　　长　沈富春

(董雅芬　孙　宇　黄松涛)

新任县处级领导简介

【王永飞】　男,汉族,1979年5月出生,浙江省海盐县人,1998年8月参加工作,2001年10月加入中国共产党,中央党校大学学历。曾任海盐县澉浦镇政府干事、澉浦村村民委员会主任助理(挂职),海盐县通元镇团委书记、党委秘书,海盐县委宣传部办公室副主任,共青团海盐县委副书记、党组成员,海盐县沈荡镇党委副书记(挂职),共青团海盐县委书记、党组书记,海盐县委宣传部副部长、县精神文明建设委员会办公室主任(正科长级),海盐县副县处长级干部,嘉兴市行政审批服务中心党组成员、市纪委驻市行政审批服务中心纪律检查组组长。2015年1月任中共桐乡市委常委、宣传部部长。

【陈林根】　男,汉族,1969年1月出生,浙江省绍兴市人,1989年8月参加工作,1991年6月加入中国共产党,中央党校大学学历。曾任嘉兴市洛东乡团委书记、共青团郊区区委常委,嘉兴市郊区油车港镇党委委员，嘉兴市郊区桃园乡党委委员，嘉兴市郊区（秀洲区）新塍镇党委委员，嘉兴市委组织部副主任科员、组织处副处长，上海市浦东新区区委组织部组织处处长助理（挂职），嘉兴市委组织部主任科员、组织处处长、干部一处处长、干部二处处长、部务会议成员、副处级组织员。2015年8月任中共桐乡市委常委，10月任组织部部长。

【许邦清】 男，汉族，1975年9月出生，安徽省肥东县人，1997年8月参加工作，1997年6月加入中国共产党，大学学历，法律硕士学位。曾任嘉兴市中级人民法院民事审判第二庭书记员、助理审判员、立案庭助理审判员、审判员、执行监督处副处长、办公室副主任兼研究室副主任、办公室主任，嘉兴市信访局党组成员（挂职），海盐县武原街道党委副书记、办事处副主任（挂职），南湖区人民法院副院长、党组成员（挂职），桐乡市人民法院副院长、代理院长、党组书记、市委政法委委员（兼）。2015年2月任桐乡市人民法院院长。

（周伟红）

先进人物

【金建春】 男，1971年5月出生，桐乡市河山镇人，1992年8月参加工作，大专学历，高级技师，嘉兴市首席技师。现任浙江易锋机械有限公司产制部部长，浙江省金建春车工技能大师工作室主任。2015年被国务院农民工工作领导小组授予“全国优秀农民工”称号。金建春参加工作以来，一直负责企业的新产品试制工作，先后完成70余项新产品的试制工作。2007年承担公司汽车空调压缩机主轴产品的开发任务，完成20多个型号压缩机主轴产品的试制，实现汽车空调压缩机主轴系列产品国产化的任务，每年可为公司直接增加销售收入5600万元，实现利税1200万元。2009年承担PXE活塞新产品开发任务，产品于2013年实现批量生产，每年可为公司直接增加销售收入超2亿元，产生直接经济效益3000万元。金建春先后承担公司大量的技术攻关项目，累计节约或创收超2500万元，金建春一直致力于公司人才的培养，所带徒弟有12人获技师资格，23人获高级车工执业资格。金建春曾先后被评为“浙江省优秀青年岗位能手”“浙江省优秀农民工”“嘉兴市第三批南湖百杰优秀人才”“嘉兴市职业技能带头人”“嘉兴市优秀青年岗位能手”等称号。

（张善勤）

【茅明华】 女，1966年10月出生，桐乡市崇福镇人，1986年7月参加工作，中共党员，大学学历。现任国家纺织服装产品质量监督检验中心（浙江桐乡）主任。2015年8月，被国家质检总局授予“全国质量监督检验检疫工作先进个人”称号。茅明华是国家质检总局WTO/TBT通报评议专家，国家质检总局“国家质检中心能力建设专家”，浙江省第二批块状经济转型升级专家服务组“桐乡濮院秀洲洪合针织产业集群”常驻专家，嘉兴市第五批、第六批新世纪专业技术带头人培养人员，先后担任中国毛纺织行业协会常务理事、全国纺织品（毛纺、羊绒制品等）标准化技术委员会委员、浙江省毛针织标准化技术委员会秘书长等。二十年多来一直负责羊毛衫质量检测、标准、咨询等技术工作，在科研创新方面取得成绩，累计主持和参与国家、省市级科研项目22项，参与制订修订国家、行业以及联盟标准19项，拥有国家专利2项，科技成果登记5项，在全国核心期刊上发表专业论文、专著15篇，编写《纺织纤维鉴别手册》（第3版）等著作2部，获国家、省、市各级科技奖励16项。茅明华曾先后获全国质检系统“科技兴检先进工作者”、浙江省质监系统“科技工作先进个人”等称号。

（裴付宇）

【钟耀权】 男，1970年4月出生，桐乡市河山镇人，1989年6月参加工作，中共党员。2008年被认定为“数控高级车工”，2009年通过“技师”职业资格鉴定。现任桐乡市恒泰精密机械有限公司生产技术部部长。2015年4月，被国务院授予“全国劳动模范”称号。参加工作以来，所参与研发的科技项目多次获奖，其中省级科技进步奖1

次，嘉兴市科技进步奖一等奖3次，桐乡市科技进步奖一等奖3次。2003年参与研发SPV716中空铝合金活塞项目，每年为公司新增销售收入5000万元；2010年参与PXE活塞项目研发，2013年为公司创造销售收入1.5亿元。钟耀权为公司培养一批又一批的技术骨干和业务能手。钟耀权先后获“嘉兴市杰出职工”“浙江省优秀职工”“嘉兴市劳动模范”“浙江省劳动模范”等称号。

【章纪法】　男，1962年3月出生，桐乡市梧桐街道人，教育管理副研究员，1978年8月参加工作。现任桐乡市教育工会副主席（专职）。2015年12月被中华全国总工会授予“全国优秀工会工作者”称号。章纪法在任工会副主席期间，推进由会员直接选举基层工会主席，实现教育系统81个基层工会换届直选工会主席的全覆盖。培养一批优秀工会干部，有8名工会主席被提拔为正职校长。吸纳编外人员入会，将民办学校、幼儿园和公办学校中编外教职工吸收入工会组织，扩大工会覆盖面。编外教职工会员，占总会员的15%。开展教代会制度建设，将教代会工作和票决制纳入学校工作年度考核中，坚持教代会在审议关系教职工切身利益的议案中全部实行票决制。章纪法曾获“嘉兴市优秀工会工作者”“浙江省教育工会优秀工会工作者”等称号。

（王　鲁）

【强海慧】　女，1987年12月出生，桐乡市梧桐街道人。2012年9月参加工作，大学学历，现任桐乡民泰村镇银行崇福支行行长助理。2015年10月，被中国银行业监督管理委员会授予“全国银行业小微企业金融服务先进个人”称号，成为桐乡市金融业唯一获此国家级荣誉的银行从业者。2013年，强海慧参与小微信贷技术研究，参与民泰村镇银行提出的小微信贷“七原则”，为银行客户经理找准小微客户调查方向，加快新客户经理成长速度，帮助民泰村镇银行防控信用风险；2014年，强海慧带领团队探索“小微贷款批量营销模式”，提出利用微信加快信息共享，搭建客户平台的建议，并在银行推广。2015年，参与“菊花贷”“随意贷”“年审贷款”等新产品的研发，推行一站式上门服务。

（张志强）

新闻人物

【沈建忠】　男，1963年3月出生，桐乡市梧桐街道人，1988年7月参加工作，现任中国农业大学动物医学院院长、教授、博士生导师。沈建忠还是教育部长江学者特聘教授，享受国务院特殊津贴，国家杰出青年科学基金获得者，新世纪百千万人才工程国家级人选，国家重点基础研究发展计划（973计划）项目首席科学家，教育部长江学者和技术创新团队发展计划“食品安全检测技术”首席科学家。2015年12月，当选中国工程院院士。沈建忠主要从事动物源性食品药物残留检测技术，动物源病原微生物耐药性产生、转移及风险评估和兽药环境生态毒理学等领域的研究工作。主持完成和正在主持的科研项目有30余项，包括973项目、国家科技支撑计划、杰出青年科学基金项目、国家食品安全重大科技专项课题、国家自然科学基金重点项目等。沈建忠主持制定动物源性食品安全检测方法国家或行业标准86项，已发布49项，先后研制出自主知识产权的食品安全快速检测ELISA试剂盒和胶体金试纸条产品60余个，其中20个产品获农业部批准备案文号，在全国20多个省（市）残留监控工作和国内大型养殖及食品加工企业日常监测中应用。此外，沈建忠还以第一发明人获46项国家发明专利，5次代表中国政府出席国际食品法典委员会药物残留国际会议。2006年获国家科技进步二等奖，2015年获国家技术发明二等奖。

（陈晓翔）

【孟国芬】　女，1992年5月出生，桐乡市崇福镇人，肢体二级残疾运动员，现任桐乡市残疾人联合会第六届主席团委员。屡次在国际国内大赛获得奖牌。2008年开始从事游泳训练，在各

级赛事中获奖牌 30 多枚。2015 年 9 月，在第九届全国残疾人运动会上，孟国芬获 S3 级 50 米仰泳冠军、S3 级 200 米自由泳亚军、4×50 米自由泳亚军、S3 级 100 米自由泳季军，其中 S3 级 50 米仰泳、S3 级 100 米自由泳分别打破世界纪录。10 月，在俄罗斯索契举办的 2015 年世界轮椅与截肢人运动会上，获女子 S3 级 50 米仰泳冠军、4×50 米自由泳冠军、女子 S3 级 100 米自由泳亚军。孟国芬先后被授予“嘉兴市自强模范”“嘉兴市三八红旗手”“第三届桐乡市自强模范”等称号。

（陆明钢）

逝世人物

【柳福兴】 （1931.1—2015.1） 男，山东省龙口市人。1948 年 9 月参加革命，并加入中国共产党。曾任解放军 23 军战士，桐乡县大队炉头区中队班长。转业到地方后，曾任濮院中粮公司保管员，乌镇米厂厂长，桐乡县粮食局乌镇粮管所副所长、所长、调研员。1991 年 12 月离休。

【王　奇】 （1927.4—2015.1） 男，山东省济南市长清区人。1947 年 5 月参加革命，并加入中国共产党。曾任第 18 兵团办事处管理科排长，第 60 军后勤部直供处审计员、野战医院物资保障处给养助理员，第 114 医院物资保障处给养助理员。转业到地方后，曾任桐乡县采购局梧桐烟厂副厂长、供销社农产站下乡工作人员、供销社崇福中转站负责人、贸易货站崇福仓库保管员、芝村商店营业员、百货公司崇福仓库保管员、日用工业品公司崇福仓库保管员。1988 年 3 月离休。

【张福兴】 （1925.6—2015.2） 男，江苏省响水县人。1949 年 3 月参加革命，并加入中国共产党。曾任解放军 10 兵团后勤部行政科通信员，福建省军区 205 部队班长。转业到地方后，曾任桐乡县百货公司仓库主任。1982 年 4 月离休。

【朱沁阳】 （1932.8—2015.2） 男，浙江省义乌市人。1949 年 5 月参加革命，并加入中国共产党。曾任解放军海军青岛基地防空司令部卫生员。转业到地方后，曾任衢县十里丰农场办事员，嘉兴运河农场管教员、副政治指导员，桐乡县民合乡管委会公安干部、文书、纪检员。1986 年 1 月离休。

【姚武成】 （1917.7—2015.2） 男，山东省苍山县人。1947 年 12 月参加革命，并加入中国共产党。曾任山东省鲁南 3 分区特务团 1 营机炮连战士，35 军 103 师 307 团 1 营机炮连班长、排长，公安 17 师 1 营 3 连班长、副指导员。转业到地方后，曾任乌镇镇长，桐乡县民政科科长，西山煤矿党委副书记，民政局副局长。1981 年 3 月退休，1982 年 4 月改办离休。

【陈启瑜】 （1928.1—2015.2） 女，四川省秀山县人。1949 年 5 月参加革命，并加入中国共产党。曾任桐乡县农林推广所工作人员，农林科科员，农场副场长，农业局副局长，农林局办事员、股长、副局长。1985 年 3 月离休。

【张锡珠】 （1925.5—2015.2） 男，山东省博兴县人。1947 年 2 月参加革命，并加入中国共产党。曾任山东省惠民县邮电局长途电话员，八路军渤海纵队司令部电话员，第 33 军 97 师师部通信员，公安第 14 师排长。转业到地方后，曾任崇德县邮电局工作人员，桐乡县邮电局机要员。1985 年 8 月离休。

【蒋汝坤】 （1926.10—2015.3） 男，江苏省宜兴市人。1949 年 4 月参加革命，并加入中国共产党。曾任桐乡县启新完全小学、屠甸完全小学教师，桐乡县政府秘书室档案员，团县委宣传部长，乌镇区委宣传委员，乌镇区抽水站站长、技术推广站站长，新生乡党委书记，民兴乡乡长，梧桐公社党委副书记兼社长，钱林公社党委书记，大麻蚕种场场长兼党支部书记，乌镇公社党委第一副书记兼社长，桐乡县良种场场长兼党支部书记，乌镇锅厂党支部书记、调研员。1987 年 4 月离休。

【倪长庚】 （1929.2—2015.3） 男，山东省莱阳市人。1947 年 1 月参加革命，并加入中国共产党。曾任山东省莱阳县望石区支前指挥部文书、财政助理，东平县粮食局会计；华东局征粮工作队队员；南下干部纵队一支队工作人员；杭州市军管会政务部内部机要员；浙江省人民政府秘书处监印，办公厅科员；浙江省省级机关交通机关团委副书记，政法机关团委副书记；桐乡县文教局副局长，科委副主任，社教工作队组长；乌镇公社党委副书记，革委会委员；炉头公社办事员，核心小组成员、革委会常委，党委副书记；濮院镇党委副书记，正科级巡视员。1987 年 3 月离休。

【汪士标】（1928.9—2015.4）男，浙江省缙云县人。1948 年 12 月参加革命，并加入中国共产党。曾任吴兴县蚕桑工作大队南浔组组长；桐乡县蚕业指导所炉头、乌镇区指导组长，蚕业指导所第一副主任，农林科副科长，农业局副局长，蚕桑局副局长，特产局副局长，安兴公社党委书记兼管委会主任，崇福镇党委副书记，崇福区委书记，桐乡县委打击经济领域犯罪活动领导小组办公室主任。1988 年 12 月离休。

【何　湧】（1925.10—2015.7）男，浙江省诸暨市人。1949 年 3 月参加革命。曾任诸暨县枫桥区粮政干事，诸暨县政府收发文印工作人员，嘉兴复员办事处工作人员，桐乡县政府民政科工作人员。1986 年 11 月离休。

【李孝宏】（1923.7—2015.7）男，浙江省余姚市人。1948 年 11 月参加革命。曾任慈南区中队副班长、班长，鄞慈中队宁波独立 6 营副排长、排长。转业到地方后，曾任洲泉卫生所所长，崇德县石门粮管所保管员，桐乡县乌镇粮管所保管员。1978 年 10 月退休，1982 年 4 月改办离休。

【罗云鹤】（1932.4—2015.9）男，福建省连城县人。1949 年 8 月参加革命。曾任解放军第三野战军 7 兵团 35 军卫校学员，华东海军青岛海军医院、海军第一医院见习化验员，华东海军后勤卫生部化验员，东海舰队 412 医院一级化验科负责人。转业到地方后，曾任桐乡县第一人民医院检验员，第三人民医院医师、主治医师。1992 年 10 月离休。

【刘季康】（1925.1—2015.9）男，浙江省海盐县人。1949 年 6 月参加革命，并加入中国共产党。曾任嘉兴县新丰区人民政府工作人员、陆介厅小学校长、张泾港小学校长、人民俱乐部主任。入伍后，曾任解放军浙江省军区警备 1 团 3 营 9 连文书、见习文化教员，嘉兴军分区政治部宣教科见习文化教员，步兵第 307 团团直机关文化教员，上饶通信兵预备学校 2 大队副中队长。转业到地方后，曾任桐乡县烟糖公司、副食品公司党支部书记、革委会主任。1980 年 4 月退休，1984 年 10 月改办离休。

【余光亮】（1927.8—2015.10）男，浙江省淳安县人。1949 年 6 月参加革命，并加入中国共产党。曾任浙江干部学校学员，崇德县委民运部工作员，崇德县商业局科员，桐乡县商业局办公室主任、股长。1986 年 2 月离休。

【王有章】（1923.6—2015.11）男，浙江省桐乡市人。1949 年 9 月参加革命，并加入中国共产党。曾任崇德县城关区公所工作员，洲泉区公所农会干事，崇德县公安局科员、预审股副股长、第一副局长，洲泉区派出所政治指导员，崇福粮管所党支部书记，桐乡县公安局预审股股长。1984 年 10 月离休。

【陶瑞明】（1931.5—2015.12）男，江苏省南通市人。1949 年 3 月参加革命，并加入中国共产党。曾任解放军第三野战军 10 兵团政治部文工团团员、青年干部训练大队 3 中队见习副区队长、政治训练大队副班长，华东军政大学福建分校 16 中队见习副区队长、23 中队副区长，海军航空兵 5 师水鱼雷科参谋、14 团司令部参谋、政治处干事、通信导航 2 连政治指导员、修理厂副政治委员。转业到地方后，曾任桐乡县梧桐丝厂党委副书记，桐乡县梧桐镇党委副书记、镇长。1991 年 7 月离休。

【孙永濂】（1925.3—2015.12）男，浙江省海宁市人。1949 年 5 月参加革命。曾任崇德县人民政府民政科工作人员、粮食局办事员、粮食局直属粮库负责人，崇福、留良、洲泉粮食管理所副所长，崇福粮食管理所保管组长。1985 年 6 月离休。

【陈树修】（1921.8—2015.12）男，山东省诸城市人。1944 年 1 月参加革命。曾任山东军区滨海县独立第 2 旅 6 团战士、副班长，解放军第 22 军 66 师 189 团班长、文书、副政治指导员、参谋、副中队长。转业到地方后，曾任崇德县供销社股长，保险公司办事员。1986 年 8 月离休。

（潘连城）

总户数总人口

表 57

	计算单位	2015 年	2014 年	2015 年为 2014 年%
一、年末总户数(户籍数)	户	187450	186402	100.6
二、年末总人口(户籍人口)	人	689006	686778	100.3
#城镇人口	人	395463	—	—
乡村人口	人	293543	—	—
总人口中:				
男	人	340295	339758	100.2
女	人	348711	347020	100.5
性别比(以女性为 100)	%	97.6	97.9	99.7
总人口中:				
18 岁以下	人	99908	101062	98.9
18—35 岁	人	145285	143588	101.2
35—60 岁	人	282702	286966	98.5
60 岁以上	人	161111	155162	103.8
总人口中:				
镇人口	人	464853	465148	99.9
街道人口	人	224153	221630	101.1
三、迁入人口	人	10743	6638	—
#省外迁入	人	2716	2969	91.5
四、迁出人口	人	9040	4630	—
#迁往省外	人	793	778	101.9
五、全年出生人口	人	5802	7021	82.6
出生率	‰	8.43	10.25	82.2
六、全年死亡人口	人	5027	4963	101.3
死亡率	‰	7.31	7.25	100.8
七、全年自然增长人口	人	775	2058	37.7
自然增长率	‰	1.12	3	37.3
八、暂住人口(12 月末)	万人	42.05	39.61	106.2

注:1.资料来源:市公安局、新居民局;

2.2015 年嘉兴全市完成户籍制度改革试点工作,取消农业户口和非农业户口,仅作城镇人口和乡村人口的区分,并对迁入迁出人口调整统计口径

城乡个体户基本情况

表 58

	户数（户）	从业人数（人）	注册资金（万元）
城乡总计	60264	130010	457310
#城镇合计	28680	59849	181654
#农村合计	31584	70161	275656
1.农、林、牧、渔业	453	1588	24643
2.采矿业			
3.制造业	8431	37485	80242
4.电力、燃气及水的生产和供应业	3	13	53
5.建筑业	63	252	704
6.交通运输仓储邮政业	2326	3036	12806
7.信息传输业	85	122	155
8.批发零售业	37836	62002	262899
9.住宿餐饮业	5286	12685	37932
10.金融业			
11.房地产业	71	101	270
12.租赁和商务业	318	634	2171
#广告业			
13.科研技术服务和地质勘查业	107	205	489
14.水利、环境和公共设施管理业	51	97	187
15.居民服务和其他服务业	4866	10461	25324
16.教育	13	41	117
17.卫生社保和社会福利业	49	135	551
18.文化体育和娱乐业	300	1146	8748
19.其他	6	7	19

注：统计范围为市场监管局注册登记的所有个体经营户

主要年份规模以上工业企业主要经济指标

表 59

	计量单位	2000	2010	2011	2012	2013	2014	2015
企业个数	个	196	1590	713	854	982	1057	1111
#亏损企业个数	个	11	160	80	96	79	69	99
工业总产值	万元	1129117	9545111	11075680	11329638	12547273	13671035	13584093
#新产品产值	万元	217969	1989792	2651876	3128872	5042254	5752071	5773093
工业销售产值	万元	1114140	9461246	10907559	11183469	12240122	13397704	13079379
#出口交货值	万元	247400	1324877	1485345	1544982	1583300	1842032	1771596
工业增加值(生产法)	万元	243773						
全部职工年平均人数	人	57915	153056	123998	129577	132415	136163	138913
利税总额	万元	113379	820163	912609	839613	1031896	1165722	1246257
#利润总额	万元	64690	563799	582376	437198	558689	702513	754594
亏损企业亏损额	万元	804	19659	20218	22052	22746	18182	32268
主营业务收入	万元	1079233	9485199	10909550	10998193	12173498	13208242	13050712
流动资产年平均余额	万元	373725	4049112	4171039	4644555	5544812	5928926	6346411
固定资产净值年平均余额	万元	324183	2860380	2927631	3571095	3716482	3976089	4669570
资产总计	万元	802837	7816303	8164189	9284483	10881131	11936628	13063931
负债总计	万元	455109	4568937	4476923	5127362	6326910	6854327	7461489
产品销售率	%	98.67	99.12	98.48	98.71	97.55	98.00	96.28
资产负债率	%	56.69	58.45	54.84	55.23	58.15	57.42	57.12
成本费用利润率	%	6.35	6.29	5.46	4.12	4.80	5.61	6.12
工业增加值率	%	18.44						
企业亏损面	%	5.61	10.06	11.22	11.24	8.04	6.53	8.91
亏损率	%	1.23	3.37	3.36	4.80	3.91	2.52	4.10
新产品产值率	%	19.30	20.85	23.94	27.62	40.19	42.07	42.50

注:"流动资产年平均余额"和"固定资产净值年平均余额"从 2009 年起调整为"流动资产"和"固定资产净值"

固定资产投资完成情况

表 60 单位:万元

	2010	2011	2012	2013	2014	2015
全社会固定资产投资额	2112601	2157390	2552250	3096814	3723334	4281450
#限额以上投资	1773234	2157390	2552250	3096814	3723334	4281450
#工业生产性投入	1121599	1071434	1227732	1452807	1747931	1940148
一、按报表种类分组						
1.固定资产投资项目	1715629	1493717	1928259	2186947	2998349	3581836
2.房地产开发	396972	663673	623991	909867	724985	699614
二、按经济组织类型分组						
1.国　有	214060	241793	245023	286215	446229	777382
2.集　体	144605	117024	126172	69712	248074	242379
3.其他有限责任公司	803700	601484	1056073	1002880	869304	922024
4.私　营	596734	918342	901943	1373998	1728581	1782368
5.港澳台商投资	62980	73580	101239	252920	210565	269614
6.外商投资	158081	143369	97452	84118	117361	128417
7.其　他	132441	61798	24348	26971	103220	159266
三、按三次产业分组						
第一产业	51690	20111	20149	31101	36876	42300
第二产业	1132691	1083326	1249596	1461778	1750366	1940698
#能 源 工 业						
第三产业(含农户建房)	928220	1053953	1282505	1603935	1936092	2298452

注:2000～2010 年统计范围为计划总投资 50 万元及以上项目,2011 年开始为计划总投资 500 万元及以上项目

主要年份社会消费品零售总额

表 61　　单位:万元

	2000	2010	2011	2012	2013	2014	2015
合　　计	400923	1571168	1867040	2160803	2386274	2686632	2988361
一、按销售地区分							
市	114380	1290007	1561570	1828950	1998453	2258378	2523581
市以下	286543	281160	305470	331853	387821	428254	464780
二、按行业分							
批发零售业	341719	1279264	1509802	1747206	1985505	2250778	2424520
#限额以上企业	48505	239651	335515	389692	435275	534293	575429
限额以下企业及个体户	293214	1039612	1174287	1357513	1550230	1716485	1849092
#批发业		74126	99923	109343	106994	117757	117485
零售业		1205137	1409879	1637863	1878511	2133021	2307036
住宿餐饮业	25433	176713	207871	244537	280678	306354	341677
#限额以上企业		31044	41383	43751	43951	37753	45035
限额以下企业及个体户		145669	166488	200786	236727	268601	296641
其他	33771						
异地零售额		115191	1493967	169060	120091	129500	123590

注:1.限额以上指批发业年主营业务收入2000万元以上,零售业年主营业务收入500万元以上,住宿餐饮业年主营业务收入200万元以上;

2.2010年零售额的分组中不包括其他栏,并且单列了异地在桐产业活动单位的零售额;

3.2010年按销售地区分城镇和乡村,与以前年份的分组方式不同

外向型经济主要指标一览

表 62

	计算单位	2000	2010	2011	2012	2013	2014	2015
一、当年新批三资企业	家	24	43	33	28	29	33	32
累计批准三资企业	家	314	950	983	1011	1040	1073	1105
累计投产(开工)三资企业	家	127	563	464	492	521	529	
二、当年新批三资企业总投资	万美元	6569	71248	61915	46500	75078	66240	67705
累计总投资	万美元	43991	553058	614973	661473	736551	802791	870496
三、新批三资企业注册资本	万美元	3883	38969	32725	25700	38241	46377	40496
累计注册资本	万美元	31623	322602	355327	381027	419268	465645	506141
五、当年合同利用外资	万美元	3700	38664	38118	32963	38494	46881	50670
累计合同利用外资	万美元	19783	280103	318221	351184	389678	436559	487229
六、当年实际利用外资	万美元	1434	24758	20229	22693	23928	33123	33597
累计实际利用外资	万美元	8154	138499	158728	181421	205349	238472	272069
七、引进技术设备投产项目	项	29	97	26				
全年实际用外汇	万美元	2928	24642	11635				
八、全市进出口总值	万美元	30883	293070	388221	386160	413791	428657	425558
#进口总值	万美元	6446	108231	148834	130882	144416	122334	119378
出口总值	万美元	24437	184839	239387	255278	269375	306322	306180
#外贸自营出口	万美元	20740	75119	98858	142474	162778	185014	187469
外商投资企业出口	万美元	3697	109720	140529	112804	106597	121309	118710

注:资料来源于市商务局、市经信局

主要年份财政一般预算收入

表 63 单位:万元

	2000	2010	2011	2012	2013	2014	2015
总　计	78568	530024	674624	759870	814935	916030	1002706
一、中央级收入	48959	246975	311754	342226	359634	398636	452701
增值税	41031	161181	179152	203553	232864	249360	273529
消费税	869	484	587	931	1165	1020	947
企业所得税	5040	64110	105126	111911	92887	112366	137762
个人所得税	2019	21200	26889	25831	32718	35890	40463
二、地方级收入	29610	283049	362870	417644	455301	517394	550005
增值税	13677	53727	59717	67958	82783	90524	100417
营业税	7359	88247	90739	106432	110798	117856	124916
企业所得税	3360	42740	70084	74607	61924	74910	91842
个人所得税	1346	14133	17926	17221	21812	23926	26975
城市维护建设税	2671	15239	25117	24336	26362	27986	29877
房产税	1800	11183	15049	17500	23990	26514	27759
耕地占用税	176	5820	9065	26928	13921	7340	9577
契税	440	27424	36101	32337	32185	30840	27267
其他税收	2695	30609	36376	39910	58967	61576	60155
国有企业亏损补贴	−8420	−22000	−19100	−15900	−9000	−7000	−7000
行政性收费收入、罚没收入及其他	2847	6823	7984	13615	18090	22542	11447
专项收入	1659	8723	13143	12322	13181	40223	46520
国有资源(资产)有偿使用收入		381	669	378	288	157	253

注:2000 年的数据按照现行口径进行调整,2014 年的数据有调整。资料来源于市财政局(地税局)

主要年份财政一般预算支出

表 64　　单位:万元

	2000	2010	2011	2012	2013	2014	2015
总　　计	36997	301962	380042	412294	471587	554989	630759
＃民生支出	24946	240213	302288	327345	374829	452681	523871
1.一般公共服务	7441	35118	42406	47557	50964	50126	54105
2.外交							
3.国防	0	552	663	681	709	775	828
4.公共安全	1972	24952	27509	30031	32740	36176	41354
5.教育	8723	85645	107240	126178	136680	161357	162666
＃教育费附加支出		7167	10276	10182	14059	8167	15933
6.科学技术	1096	13517	16549	17817	19863	22442	25642
7.文化体育与传媒	1346	10010	9479	10188	11146	13211	14730
8.社会保障和就业	1065	15917	21656	24273	26315	34032	37353
9.医疗卫生与计划生育支出	2787	23445	28337	29646	34117	45873	50978
10.节能环保支出	316	13897	17190	18688	20852	24012	29764
＃排污费支出	316	1073	2335	1199	1833	2110	1669
11.城乡社区事务	5123	24679	38785	28432	44384	41263	73186
12.农林水事务	2518	25894	34646	38937	45297	71998	82513
13.交通运输	888	13614	19496	20726	25338	31339	28616
14.地震灾后恢复重建支出		2257					
15.住房保障支出			897	3155	3435	2317	5685

注:1.民生支出是指地方财政支出中用于社会保障和就业、教育、文化体育传媒、医疗卫生、公共安全、环境保护、科学技术、城乡社区事务、农林水事务、地震灾后恢复重建、住房保障的支出;

2.2000 年的数据按照现行口径进行调整,2014 年的数据有调整

重要文件选载

中共桐乡市委
关于全面深化法治
桐乡建设的实施意见

桐委发〔2015〕5 号
（2015 年 2 月 16 日）

为深入贯彻党的十八届四中全会精神，认真落实省委、嘉兴市委关于全面深化法治浙江、法治嘉兴建设的决策部署，结合我市实际，就全面深化法治桐乡建设制定如下实施意见。

一、总体要求

1. 指导思想。全面贯彻落实中央、省委和嘉兴市委的决策部署，坚持党的领导、人民当家作主、依法治国有机统一，抓住用好“一业一网”两大机遇，以法治、德治、自治“三治合一”基层社会治理实践为抓手，以依法执政、依法行政、公正司法为重点，全力推进依法办事、严格执法、公正司法、全民守法，促进治理体系和治理能力现代化，为实现“四大奋斗目标”、加快建设美丽幸福新桐乡提供有力的法治保障。

2. 目标任务。围绕建设中国特色社会主义法治体系、建设社会主义法治国家总目标，认真落实形成完备的法律规范体系、高效的法治实施体系、严密的法治监督体系、有力的法治保障体系和形成完善的党内法规体系的要求，全面提升全市经济、政治、文化、社会、生态文明建设以及党的建设的法治化水平。到 2020 年，法治桐乡建设取得明显成效，力争在推动民主政治、建设法治政府、促进公正司法、建设法治社会等方面走在前列。

二、深入推进依法执政

3. 维护宪法和法律权威。坚持把依宪执政作为依法执政的重中之重，教育引导全市各级各部门和广大干部群众以宪法为根本活动准则，在宪法和法律范围内活动，坚决捍卫宪法和法律的尊严。依法追究和纠正违反宪法和法律的行为，确保宪法和法律的实施。弘扬宪法精神，充分利用“桐乡大讲堂”等阵地，加强对宪法和法律的学习、教育和宣传，提高广大干部群众依法办事能力。认真落实宪法宣誓制度，深入开展国家宪法日活动。

4. 完善依法执政方式。充分发挥党委总揽全局、协调各方的领导核心作用，把加强党的领导与人大、政府、政协及法院、检察院依法依章程履行职能、开展工作统一起来，充分发挥这些组织中党组的领导核心作用。坚持和完善人民代表大会制度，支持和保障市人大及其常委会依法行使职权，加强对镇、街道人大工作的联系和指导。坚持和完善中国共产党领导的多党合作和政治协商制度，加快构建程序合理、环节完备的协商民主体系。加强和改进党对政法工作的领导，充分发挥政法委在把握政治方向、协调各方职能、统筹政法工作、建设政法队伍、督促依法履职、创造公正司法环境等方面的职能作用。领导和支持工会、妇联、共青团、工商联等群众团体和社会组织在法治建设中发挥积极作用。落实依法治军要求，强化党管武装工作。

5. 加强党内法治建设。强化党内法规执行力，运用党内法规把党要管党、从严治党落到实处。加强党内民主制度建设，建立完善重大决策法律咨询、法律支持和合法性审核机制，推进各级党组织依法民主开展决策活动。完善市党代会年会制和镇党代会常任制等各项制度，保障党员民主权利。加强党内法规制度和工作体系建设，严格落实党内规范性文件制定要求，维护党内法规制度体系的统一性、权威性和严肃性。完善干部考核评价体系，严格按照《干部任用条例》选人用人，依纪依法严抓干部管理。

三、加快建设法治政府

6.转变政府职能。坚持法定职责必须为、法无授权不可为，优化机构设置和人员编制配备，推进政府机构、职能、权限、程序和责任法定化。以"四张清单一张网"为抓手，加大简政放权力度，深化行政审批制度改革，进一步提高行政效能。加快网上政府和电子政务建设，打造网上政务服务平台。深入开展"依法行政指数"评估工作，强化对依法行政工作的监测、引导和规范，提高依法行政水平。深化资源要素市场化配置改革，加快建立统一规范、上下衔接的公共资源交易平台。创新公共服务供给模式，建立和完善政府购买服务标准、招投标和监督评估等制度，积极推进政府向社会力量购买服务。

7.健全行政决策机制。完善行政决策工作规则，严格执行重大决策公众参与、专家论证、风险评估、合法性审查、集体讨论决定的程序规定。制定和完善重大行政决策出台前向人大报告制度。落实政府法律顾问制度，发挥法律顾问在重大决策和规范性文件合法性审查等方面的积极作用。对涉及民生的重大决策、重大工程项目建设和重大政策，实施社会稳定风险评估。加强行政规范性文件、重大决策合法性审查，健全决策后评估和纠错制度。

8.规范行政执法行为。深化综合行政执法改革，相对集中执法权。完善执法协作配合机制，推动跨部门、跨领域联动执法。落实行政执法责任制要求，实行行政执法案件主办人制度和案件审核制度，建立案件质量跟踪评判机制。健全行政执法和刑事司法衔接机制，严格案件移送标准，完善案件移送程序。加强执法行为标准化建设，落实行政执法裁量权基准制度和执法依据定期梳理、公布制度。加强行政执法信息化建设，推行行政处罚结果信息公开。支持法院受理行政案件，落实行政机关负责人出庭应诉和旁听审理制度，自觉履行法院生效裁判。认真做好行政复议工作，充分发挥行政复议监督纠错、权利救济和化解争议的作用。严格执行重大执法决定法制审核制度。

四、促进公正司法

9.深化司法改革。按照公正、高效、权威的总体要求，积极稳妥推进司法体制改革各项工作，确保法院、检察院依法独立公正行使职权。建立健全领导干部、司法机关内部人员干预司法活动、插手具体案件处理的记录、通报和责任追究制度。完善主审法官、合议庭、主任检察官和主办侦查员办案责任制，建立健全案件质量终身负责制和错案责任倒查问责制。完善审判委员会、检察委员会、检察长列席审委会制度。健全检察机关督促起诉、支持起诉制度以及直接提起公益诉讼制度，建立检察机关与行政执法部门的协同合作机制。加大对虚假诉讼、恶意诉讼、无理缠诉行为的惩治力度。落实终审和诉讼终结制度，抓好涉法涉诉信访工作改革，将涉诉上访纳入法治轨道。

10.规范司法行为。深入贯彻宽严相济刑事政策，坚持实体公正与程序公正并重，不断提高办案水平和办案质量。完善落实罪刑法定、疑罪从无、非法证据排除以及证人、鉴定人出庭等工作制度，确保案件事实证据经得起法律的检验。严格案件办理期限，推行繁简分离和速裁机制。健全案件管理工作机制，完善案件流程监控、质量评查、考核评价体系。推行执法办案网上流程管理，全面落实侦查讯问全程同步录音录像、庭审实况监控和执法窗口监控。加快政法系统信息化共享平台建设，推动实现跨部门网上执法办案业务协同。

11.强化人权司法保障。完善人民陪审员和人民监督员制度，拓宽人民群众有序参与司法渠道。完善当事人权利义务告知、群众旁听庭审及司法新闻发布等制度，保障当事人的诉讼权利和人民群众的知情权、参与权、监督权。完善对限制人身自由司法措施和侦查手段的司法监督，落实冤假错案及时纠正机制，坚决防止和纠正冤假错案。严格查封、扣押、冻结、处理涉案财物的司法程序，健全司法网络拍卖制度。加大生效裁判执行力度，保障当事人的合法权益。完善法律援助和司法救助机制，加强对弱势群体的司法保护。完善社区矫正工作机制。

五、加强权力运行监督和制约

12.加强权力监督。完善权力监督体系，增强监督合力和实效。强化党内监督，认真执行述职述廉、民主生活会、谈话诫勉等党内监督十项制度。强化人大监督，确保行政权和司法权得到正确行使。强化行政监督，完善行政监察和审计制度，增强行政执法监察、廉政监察和效能监察实效。强化司法监督，完善党委政法委执法监督机制，强化检察机关法律监督职能，促进公正司法，维护公平正义。强化民主监督，完善人民政协民主监督机制，发挥民主党派、无党派人士以及工会、妇联、共青团、工商联等群众团体的监督作用。强化社会舆论监督，支持新闻媒体正确开展舆论监督，重视运用和规范互联网监督。

13.推进权力公开。深化权力"阳光工程"建设，推进党务、政务、司法公开。深化党务公开，完善党内情况通报、党内事务听证咨询等制度，规范党务公开的内容、形式和程序。深化政务公开，加快推进财政预算、公共资源配置、重大建设项目批准和实施、社会公益事业建设、行政执法等领域的信息公开。深化司法公开，完善法院"公众开放日"和"检察开放日"制度，探索开展法院庭审网络直播、录播上网和检察环节案件流程信息互联网查询等工作。

14.加强党风廉政建设。贯彻落实中央"八项规定"精神，严格执行市委"三大纪律""八项要求"，健全作风建设长效机制，巩固提升党的群众路线教育实践活动成果。健全财务预算、核准和审计制度，严格控制"三公"经费支出。强化党风廉政建设主体责任和监督责任，扎实推进惩治和预防腐败体系建设，建立健全不敢腐、不能腐、不想腐的长效机制。严肃处理违反党规党纪的行为，及时发现和解决苗头性、倾向性问题。加强对执纪办案工作的监督，确保依法依纪安全文明办案。

六、推进法治社会建设

15.拓展法治实践平台。始终坚持围绕中心、服务大局，把抓好"大整治、大转型、大招商"三件大事，建设诗画水乡典范、旅游休闲名城、互联网智慧强市作为全面深化法治桐乡建设的平台载体，集中力量，精准发力，全力推动经济社会平稳健康发展。整合法律服务资源，探索建立法律服务重点领域、重点工程、重点项目的常态化工作机制，更好地解决问题、服务发展。强化法治保障合力，严格依法办事，推动法律有效实施。加强法规政策宣传教育，利用正反典型，善于以案释法，推动形成全民守法良好氛围，确保各项中心工作在法治轨道上加快推进。

16.加强基层社会治理。坚持以法治为纲、德治为基、自治为要，深化"三治合一"基层社会治理实践。发挥基层党组织的战斗堡垒作用，强化镇街道指导、推动基层依法治理的职能，提高基层依法治理水平。加强道德建设，着力打造"四型"社会、建设"四好"家庭、培育"五有"市民，努力形成崇德向善的良好社会风尚。发挥村规民约、行业规章、团体章程等在社会治理中的作用，依法推进基层民主和行业自律，引导各类社会主体自我约束、自我管理。加强对社会组织的培育和监管，建立健全社会组织参与社会事务的机制和制度化渠道。深化"平安桐乡"建设，完善立体化社会治安防控体系和公共安全体系，加强网上动态监管、安全生产和食品药品安全工作，提升社会和谐水平。

17.提升全民法治素养。突出抓好以宪法为核心的中国特色社会主义法律体系宣传教育，弘扬社会主义法治精神，增强全民法治观念。健全普法宣传教育机制，充分发挥宣传、文化、教育部门和群众团体在普法教育中的职能作用，全面落实"谁执法谁普法"责任制，加强普法讲师团、普法志愿者队伍建设，构建"大普法"工作格局。把法治教育纳入国民教育体系，重点加强国家工作人员、企业经营管理人员、青少年和新居民的法治教育。加强法治文化阵地建设，因地制宜建设一批法治主题公园、文化广场等法治文化设施，推动法治文化设施与公共文化服务设施功能互补、资源共享。广泛开展"法律十进"等普法主题教育活动，运用电视、广播、报纸等传统媒体和互联网等新兴媒体开展法治宣传，加快形成人人知法守法、各方依法办事的浓厚氛围。

18.维护群众合法权益。建立健全矛盾预警、利益表达、协商沟通、救济救助等机制，加快构建党政主导的维护群众权益体系。完善信访制度，深入开展下访、约访活动，严格落实信访事项终结制，依法规范信访秩序。按照"人性化服务，精细化管理"的要求，认真做好新居民、特殊人群的管理服务工作。健全人民调解、行政调解、司法调解联动的"大调解"工作体系，完善调解、仲裁、行政裁决、行政复议、诉讼等有机衔接、相互协调的多元化纠纷解决机制，努力把矛盾纠纷化解在萌芽状态。加强诚信体系建设，提高全社会诚信守法水平。优化公共法律服务体系，完善市、镇、村三级法律服务团等基层法律服务制度，着力为人民群众提供专业性、公益化的法律服务。完善法律援助制度，加强对律师、公证、基层法律服务等法律服务行业的管理，提高法律服务水平。

七、强化组织保障

19.加强组织领导。强化市委对法治建设的统一领导、统一部署、统筹协调，进一步完善党委领导，人大、政府、政协分别负责，各部门分工实施的法治建设工作机制。完善党委法治建设工作领导小组例会制度，坚持问题导向，定期听取工作汇报，研究解决工作中遇到的实际困难。健全领导小组办公室工作制度，完善协调机制，加强工作调度。完善部门联动协作机制，增强法治建设工作合力。

20.强化队伍建设。弘扬团结、拼搏、奉献的团队精神，全力抓好法治队伍建设，进一步提升队伍的正规化、专业化、职业化水平。严格法律职业准入，加快建立符合职业特点的法治工作人员管理制度。抓好基层法律服务队伍建设，推进执法、司法力量向基层倾斜。完善法治人才引进、培养、使用和管理制度，努力为全面深化法治桐乡建设提供人才支撑和智力支持。

21.狠抓工作落实。对照狠抓落实“八大能力”要求，加大对法治桐乡建设工作的督查、问责力度，确保各项任务落到实处。坚持运用法治手段固化工作成果，将成熟的经验做法经法定程序，真正成为可复制可推广的长效机制。坚持运用法治思维和法治方式推进桐乡“五位一体”改革，正确处理改革发展稳定与全面深化法治桐乡建设的关系，推动桐乡经济社会又好又快发展。

中共桐乡市委
关于深化抓镇促村
全面加强基层党组织
和基层政权建设的意见

桐委发〔2015〕23号

（2015年8月25日）

为深入学习贯彻党的十八大和十八届三中、四中全会及习近平总书记系列重要讲话精神，全面贯彻落实全国农村基层党建工作座谈会和省委十三届七次全会精神，根据《中共浙江省委关于全面加强基层党组织和基层政权建设的决定》（浙委发〔2015〕10号），结合我市实际，制定如下意见。

一、总体要求

认真学习贯彻习近平总书记系列重要讲话，特别是在浙江考察时的重要讲话精神，按照“干在实处永无止境、走在前列要谋新篇”的要求，继承和弘扬“红船精神”，深入实施党建高地行动计划，以“抓镇促村、固本强基”为重点，着力强化党的政治引领、思想引领、制度引领和作风引领，扎实推进基层治理体系和治理能力现代化，进一步巩固党的执政基础，确保我市基层党组织和基层政权建设走在前列。

二、强化基层党组织在基层的领导核心作用

1.加强党组织对各类基层组织的领导。按照党章要求，突出基层党组织的政治责任、政治属性、政治引领功能，加强对基层各类组织的统一领导和对群众的教育引导，强化基层党组织的领导核心地位。加强村党组织对村级组织机构和村级事务的领导，支持和保证村级其他组织机构依法依规行使职权。明确村级组织换届选举候选人（自荐人）资格条件，严格资格审查，从源头上把好村干部的素质关。对规模较小、村委会主任无合适人选、村党组织书记综合素质好驾驭全局能力较强的村，可通过法定程序把村党组织书记选为村委会主任。提倡按照法定程序将村党组织书记推选为村（股份）经济合作社社长（董事长）。坚持和完善村党组织书记主持村务联席会议制度。完善社区“两委”议事协调机制，加强社区党组织对居委会的领导。加强基层党组织对群团组织的统一领导，把党的理论和路线方针政策贯彻落实到群团工作各方面、全过程。

2.推动中心工作在基层不折不扣落实。充分发挥基层党组织在全面建成小康社会中的重要作用，组织动员党员干部群众投身经济发展、“五水共治”“五气共治”“三改一拆”和美丽乡村建设等。充分发挥基层党组织在全面深化改革中的重要作用，尊重基层首创，保护创新积极性，推动重点改革任务取得新突破。充分发挥基层党组织在全面深化法治桐乡建设中的重要作用，教育引导基层党员干部带头尊法学法守法用法，推动基层工作依法开展、基层事务依法办理、基层问题依法解决。充分发挥基层党组织在全面从严治党中的重要作用，认真落实“三严三实”要求，推动基层党员干部转变作风，促进“四个全面”战略布局在基层落实。

3.巩固基层思想文化阵地。加强和改进面向基层的宣传教育工作，以群众喜闻乐见的方式，深入推进中国特色社会主义和中国梦的宣传教育，广泛开展“立家训、树家风”活动，弘扬中华民族优秀传统文化，努力践行社会主义核心价值观。加强基层科普宣传，反对封建迷信，推进移风易俗。完善道德模范、“最美人物”选树宣传机制，通过事迹报告会、道德讲堂、文艺创作、公益广告等方式，宣传模范典型的感人事迹和崇高品质。加强镇（街道）文化中心、农村文化礼堂等基层文化活动阵地建设，构建现代公共文化服务体系。完善文化管理体制，促进政府部门由办文化向管文化转变。优化社会文化资源，鼓励社会力量参与文化建设，切实满足基层文化服务需求。开展互联网知识普及行动，引导全体市民懂网用网，积极参与网上正面宣传和舆论引导，传播正能量，构筑清朗网络空间。

4.发展壮大最广泛爱国统一战线。加强对统一战线工作的领导，将统战工作纳入镇（街道）党委重要议事日程。重视对党外干部的发现、培养和使用，支持镇（街道）知联分会加强自身建设，发挥党外知识分子积极作用。依法管理宗教事务，保护合法、制止非法、遏制极端、抵御渗透、打击犯罪，引导宗教界人士和信教群众正言正行，积极引导宗教与社会主义社会相适应。坚决防止利用宗教势力干扰基层事务、影响基层稳定。引导非公有制经济人士爱国、敬业、创新、守法、诚信、贡献，做合格的中国特色社会主义建设者。加强与港澳台侨各界人士、出国和归国留学人员的联系，做好服务工作。

三、加强镇(街道)政权建设

5.加强镇（街道）党委建设。加强镇（街道）党委领导班子思想政治建设，提高镇（街道）党委抓党建、保稳定、谋发展、惠民生的能力。选拔“狮子型”“担当型”干部担任镇（街道）党委书记，优先推荐优秀镇（街道）党委书记进入市级领导班子和担任市委委员。完善镇（街道）党委议事规则和决策程序，对重大问题决策实行票决制。深化市党代会年会制和镇（街道）党代会常任制。深入开展推动发展好、服务群众好、社会治理好、工作效能好、自身建设好“五好”镇（街道）建设。

6.加强和改进镇（街道）人大工作。把镇（街道）人大工作纳入党委总体布局，充分发挥人大在基层民主法治建设中的作用。合理安排镇人代会会期，改进审议和表决方式，保障代表真实意愿表达。深化镇人代会预算审查监督，探索开展参与式预算、政府实事工程代表票决制等做法。做好镇人大代表选举工作，完善代表候选人提名和审查机制，严肃查处选举中的违法违纪行为。加强和改进镇（街道）人大代表工作，健全代表向选民述职、联系群众制度，推进代表联络站规范化建设和代表履职服务平台建设。完善镇政府负责人领办同级人大代表议案建议制度。加强镇（街道）人大组织建设，配好配强镇（街道）人大干部及工作人员，落实镇（街道）人大干部享受党政同级干部的政治、经济待遇，推进镇（街道）人大工作规范化。

7.加强服务型镇（街道）建设。科学界定镇（街道）职能，在推动经济发展的同时，强化社会管理、公共服务、环境保护等职能。加快推进镇（街道）法治建设，全面推进政务公开，坚持用制度管权、管事、管人，保障群众的知情权、参与权和监督权。加快城乡基层社会事业发展，重点加强社会保障、医疗卫生、计划生育、文化教育、法律服务和档案管理等基本公共服务，探索编制镇（街道）公共服务目录。改进镇（街道）绩效管理和考核，归并精简考核项目，按镇（街道）不同功能建立差别化绩效评估指标体系，将“一票否决”事项严格限制在廉政建设、计划生育、平安建设、环境保护、耕地保护等五项。加强镇（街道）服务力量，完善政府购买服务，合理设置公益岗位，促进服务内容向镇（街道）延伸、人员编制向镇（街道）倾斜。

8.深化镇（街道）体制机制改革。按照责权利统一和合法、便民的原则，进一步理顺镇（街道)与市级部门关系,优化配置行政管理资源,依法赋予镇(街道)履行职责必要的事权,实现镇(街道)权力清单和责任清单全面覆盖。加快在省、嘉兴市级小城市试点镇开展扩权改革试点步伐,逐步赋予试点镇行使县级法定行政管理权。根据镇(街道)功能定位和发展规划,合理确定市、镇财政收入分成比例和转移支付,建立稳定增长的财政保障机制。市级部门派驻镇(街道)的工作机构,纳入镇(街道)日常管理和考核,机构负责人的任免事先需征得镇(街道)党委同意,未经同意,不得任免。提升镇(街道)统筹协调能力,加快构建镇(街道)综合治理、市场监管、综合执法、便民服务四个平台。深化"多规合一"试点工作,建立特色功能区与镇(街道)"区镇合一"的开发管理体制,提升区域竞争力。建立重大基础设施和社会事业的镇(街道)间共建共享机制,实现经济社会效益最大化。

四、加强以村(社区)为重点的基层党组织建设

9.加强村党组织建设。健全村党组织班子"党员推荐、群众推荐、党内选举"制度,坚持先定事、后选人,完善落实村干部竞职承诺、创业承诺、辞职承诺等制度,提高党组织在群众中的公信度。按照构建城乡统筹基层党建新格局的要求,优化调整村党组织设置,着力加强网格党建,把党支部或党小组建进网格,依托党员中心户全面推进"党员先锋站"阵地建设。把符合条件的党支部升格为党总支或党委,积极探索建立特色党支部和党小组,增强党支部的自转功能。定期分析研判村党组织战斗力,实施星级管理,每年倒排一批软弱落后村党组织,滚动开展整顿转化。以农民专业合作社、专业协会、农业龙头企业、家庭农场等为重点,大力推进农业产业链富民党建工作。坚持军地联动,加强民兵党组织建设。

10.加强社区党组织建设。以服务型党组织建设为统领,创建管理有序、文明和谐的新型现代化社区。全面推行社区联合党委制,吸纳共建单位和区域内党政机关、企事业单位和社会组织党组织负责人进社区联合党委班子,统一调配、集约利用党建资源和公共服务资源,共同参与区域管理服务。重视城乡一体新社区党建工作,针对"一村一社区""多村一社区"等情况,创新党的组织和工作覆盖,加快推动农村社区向城市社区转型。加强村改居、新建社区党建工作。

11.加强"两新"组织党组织建设。坚持属地管理为主,加强镇(街道)党委对"两新"组织党组织的领导,推进镇(街道)"两新"工委的实体化运行。加强"两新"组织党组织对村(社区)党组织工作的支持和配合,充分发挥"两新"组织党组织在职工群众中的政治核心作用和在改革发展中的政治引领作用,引导"两新"组织履行社会责任,为巩固党的基层执政基础服务。深化青春党建、三联三会、远教入企,推进以"组织和谐、党群和谐、劳资和谐、政企和谐、区域和谐"为目标的"和合共同体"创建。探索商圈楼宇党建、电商创业党建、旅游业党建。完善小微企业党组织"防瘫预警"机制。

五、深入推进基层社会治理创新

12.完善村(社区)依法自治。健全以村(社区)党组织为核心、村(居)民自治和村(居)务监督组织为基础、集体经济组织和农民合作组织为纽带、各种经济社会服务组织为补充的社区治理结构,实现党的领导和村民自治相统一,夯实基层社会治理基础。落实村级重大事项"五议两公开"民主决策程序,全面实施党务村(居)务财务公开,并围绕群众反映强烈的民生问题和重大事项,全面实施以百姓议事会为主要形式的民主恳谈、民主听证、民主议事活动和民情沟通日等制度,稳步推进基层协商民主。积极探索"三社"联动,推动建立以社区为平台、社会组织为载体、专业社工人才队伍为支撑的社区服务管理新机制。推进基层服务资源融合,鼓励和引导社会组织参与基层社会治理,形成多元主体合作互补、共同治理的局面。

13.维护基层社会安定有序。深化基层社会治理法治德治自治建设,健全长效机制,发挥好"道德评判团、百姓参政团、百事服务团"的作用,倡导"大事一起干、好坏大家判、事事有人管"的良好社会风气。健全立体化社会治安防控体系,完善多元化矛盾纠纷解决机制,全面落实基层公共安全、社会治安、生态保护责任制。加强重大决策社会稳定风险评估,严密重大活动安保措施,不断提高应对处置突发事件的能力，打造更高层次的平安桐乡。

14.提升基层治理信息化水平。加快推进社会治理“一张网”建设，发挥网格管理员、信息员在收集社会治理信息上的作用，依托省平安建设信息系统，搭建统一的信息收集处置平台，实现一次采集、多方共享。建立市、镇（街道）、村（社区）、网格四级信息处理网上网下联动体系，“平安通”移动终端实现网格全覆盖。规范网上办事流程，及时将网格内发现的问题交办给有关部门，做到一网联动、限时办结，全面提升网上办事和服务群众的综合效能。建立完善社会治理信息化建设工作机制，落实“以奖代补”政策，提升信息收集和处置能力。

六、打造过得硬打胜仗的基层执政骨干队伍

15.建设敢担当善担当的镇（街道）干部队伍。优化镇（街道）干部年龄、性别、专业结构，注重补充城建规划、生态环保、农业技术、电子商务、互联网发展等急需的专业人才，注重多渠道培养和选拔本土干部，注重发挥“老乡镇”作用。健全镇（街道）干部内部交流轮岗机制。每年开展部门与镇（街道）干部双向挂职锻炼。深化年轻干部“多岗锻炼、一线实战”成长工程，积极培养选拔镇（街道）优秀年轻干部，注意选拔结构性干部进镇（街道）领导班子。严格执行镇（街道）干部任期调整、最低服务年限、工作限调等规定，未经组织人事部门批准，市级部门一律不准到镇（街道）借调、选调工作人员，确保镇（街道）干部队伍稳定。充实基层党建工作力量，明确镇（街道）党委专职副书记分管党建，合力抓好基层党建工作。落实镇（街道）纪委书记专职从事纪检工作的规定。镇（街道）要配好组织委员、组织干事，确保主要精力抓基层党建工作；配好宣传委员、宣传干事；配好统战委员、统战干事，统战工作任务重的镇（街道）党委应当明确专人负责统战工作；配好专武部长、专武干事。注重关心爱护镇（街道）干部，完善分层谈心谈话机制，落实镇（街道）机关公务员职务与职级并行、镇（街道）干部经济待遇一般高于市级机关同职级干部20%以上、镇（街道）公务员年度考核优秀等次比例提高到20%等政策，改善镇（街道）干部工作生活环境。

16.打造百姓喜爱的“先锋书记”队伍。按照干事创业有思路、村务管理有规矩、服务群众有感情、带领队伍有办法、廉洁公道有口碑的要求，选好、用好、管好村（社区）党组织书记。深入开展推选宣传“百姓喜爱的好支书”活动，根据上级要求开展村（社区）“先锋书记”推选，开展优秀村书记“耕耘奖”和“金口碑奖”好干部选树。加大从优秀村（社区）党组织书记中选拔镇（街道）领导干部、从优秀村（社区）主职干部中定向招录镇（街道）事业编制人员力度，镇（街道）换届时全市有1名以上优秀村（社区）党组织书记进入镇（街道）领导班子，每届期不少于2名。每年开展基层党组织书记集中轮训，由市委主要领导带头授课。健全村党组织书记市级备案管理办法，村党组织书记岗位调整实行党员群众推荐、镇（街道）党委研究决定、市委组织部审核备案，探索村党组织书记积分管理制度。加强基层后备人才队伍建设，每个村（社区）主职后备人才不少于1名。鼓励党政机关和企事业单位领导干部退休或退出现职后回村（社区）任职。市委每年对基层带头人队伍进行专题研究，在村级换届前听取村书记3年履职情况汇报。

17.建设充满生机活力的党员队伍。各级党组织要把认真学习党章、严格遵守党章作为从严管理党员的根本要求，每年至少组织开展一次党章专题学习活动。深入探索互联网党建，依托党建红云平台，以大党建理念集成开发云平台，升级党建移动终端，扩大党员在线参与。纵深推进“净化工程”，分类实施基层党组织和党员双先指数考评，定期开展“党性体检、民主评议”，严格不合格党员处置工作。党组织与每个党员“约法三章”，即党费按时交、组织生活准时过、重大事项主动报；全体有议事和服务能力的党员做到“五个必须”，即必须向党述职、积分管理、勤学党章、亮明身份、争当志愿者。深化党员固定活动日制度，确定每月首个周一为“学习日”，集中开展夜学等活动；每月最后一个周六为“服务日”，集中开展党员志愿服务活动；基层党组织结合实际，探索开展“关爱日”活动。认真贯彻《发展党员工作细则》，坚持保证质量、慎重发展、均衡发展，加强和改进发展党员工作，重视在青年工人、农民中发展党员。完善党内激励关爱机制，深化党群创业扶助工程，健全各级党员关爱专项资金。以解决最基层“神经末梢”老化问题为重点，加强村(居)民代表、村(居)民组长、党小组长、妇女组长和社区工作者队伍建设。建好党员干部现代远程教育终端站点，镇(街道)党委每年全员轮训村(社区)党员。

七、提升服务基层服务群众工作水平

18.落实党员干部直接联系群众制度。坚持完善领导干部联系镇(街道)、村(社区)、困难户、重点企业、领军人才、重大项目制度。届期内镇(街道)党委书记走遍所有自然村(社区)、“党员先锋站”和困难户，走访情况列入考核内容，健全“走村不漏户、户户见干部”长效机制。深化村(社区)“一联三会”制度，按照“四必到、四必访”要求，常态化开展“联系不漏户、党群心贴心”活动。推动镇(街道)干部包村联重点网格、村(社区)干部进网格联重点户、党员和“三小组长”在网格联广大群众。健全完善民情民事收集研判、交办督办、评价反馈联动处置机制。基层工会、共青团、妇联等组织要把“四必到、四必访”作为防止和克服机关化和少数人活动倾向的抓手。

19.推动各级机关重心下移服务群众。坚持和完善领导干部调查研究、定期下访接访等制度，帮助基层解决实际问题。完善镇(街道)干部联系村(社区)制度，实施村党员大会和重大事项决策联系干部必到制，联系情况纳入干部考核，对失职事项实行责任追究，压实联村干部责任。全面落实党支部结对困难家庭“1＋X”暖心帮扶机制。健全“干部结民亲、帮扶不漏户”长效机制，每名机关干部结对困难户不少于1户，每年上门走访不少于4次。推进机关事业单位、企业、社区和村党组织结对共建“四方红色联盟”，推动优势互补、城乡互促。完善政协委员联络制度，推动政协委员进镇村、进社区、进企业、进网格。完善12316农业综合服务信息平台，提升农业公共服务能力。

20.深化党员志愿服务。深化党员“一员双岗”制度，推动机关在职党员到社区报到，广泛开展“点亮微心愿·共筑中国梦”活动。建立健全以“热线求助常态服务、围绕中心专题服务、上门入户结对服务、上街下乡推送服务、点亮心愿个性服务”为主要内容的党员志愿服务体系，全面推行党员志愿服务项目领办制度，加快推进党员专业服务工作室、特色品牌服务队等党员志愿服务品牌建设。加强农村党员志愿服务，组建“红色代办员”队伍。注重把党员志愿服务与居家养老服务、扶贫助残救孤等民生工程结合起来，与助力“五水共治”“三改一拆”等中心工作结合起来。完善党员志愿服务激励保障制度，推动形成“党内带党外、党员带群众”的良好风尚，全力打造“红色志愿之城”。

八、加强基层党风廉政建设

21.落实基层党风廉政建设主体责任。推动镇(街道)党委、村(社区)党组织全面履行党风廉政建设主体责任，建立健全宣传教育、项目化管理、约谈报告、监督检查、考核评价等机制，认真落实主要负责人“第一责任人”职责和班子成员“一岗双责”。对履行党风廉政建设主体责任不力、“四风”问题突出或发生严重违法违纪问题的，坚持“一案双查”，严肃责任追究，加大案件通报和曝光力度。建立健全村级事务权力清单，规范基层组织权力运行。强化农村集体经济审计。对村(社区)干部实施“教育、监督、管理、选用、考核”等五项从严制度，将纪律规矩立在前、严在前。

22.充分发挥村务监督委员会作用。明确村务监督委员会的工作定位，村务监督委员会要在村党组织的领导下，向村民会议和村民代表会议负责，村民委员会要自觉接受村务监督委员会的监督。加强对村务决策、村务公开、村级集体“三资”管理、工程项目建设、惠农政策落实、耕地保护和土地流转以及村干部廉洁履职等情况的监督。完善市、镇、村三级层层定点联系、定人指导、定责监督和定期培训等“三级四定”机制，推行联系督导制度、工作例会制度和报告评议制度，强化镇(街道)纪委对村务监督委员会的工作指导。统一村监会的建设标准，打造“一镇一品”村务监督样本。坚持村务监督委员会每年向村党组织和村民代表会议报告工作制度，接受村民民主评议和信任度测评。

23.着力解决发生在群众身边的“四风”和腐败问题。始终保持正风肃纪的高压态势，加大执纪监督、公开曝光、公众参与力度，建立正风肃纪常态化机制。弛而不息抓好中央八项规定、省(市)委“28条办法”、市委“三大纪律”“八项要求”“四个严禁”“四个不准”等纪律规定的贯彻落实，坚决防止“四风”问题反弹回潮。深入落实《农村干部廉洁履职若干规定》，严肃查处基层党员干部生冷硬推、吃拿卡要、与民争利和以权谋私、虚报冒领、贪污侵占等侵害群众利益的突出问题。坚持抓早抓小，完善防控体系，强化阳光服务，在基层形成良好的社会风气。

九、进一步增强基层基础保障

24.大力发展壮大村级集体经济。把发展壮大村级集体经济纳入市对镇、镇对村目标责任制考核的重要内容，与村干部的绩效报酬紧密挂钩。深入实施村级集体经济壮大工程，创新发展模式，突出发展物业项目，鼓励抱团发展，在用地、信贷和财政转移支付等方面加大政策扶持力度，开辟审批绿色通道，力争在2017年底全面转化年经常性收入低于100万元的行政村。加大政府向村级组织购买公益性社会服务的力度，增加村级服务性收入。健全农村集体“三资”管理监督和收益分配制度，深化农村集体资产产权制度改革和村股份合作制改革，完善农村产权交易市场体系，促进农村产权合理流动和资产保值增值。

25.健全村(社区)干部报酬正常增长机制。健全村(社区)干部报酬随经济社会发展逐步提高的增长机制，保障村主职干部平均报酬不低于上年度全市农村居民人均可支配收入的两倍，并按照不低于上年度全市农村居民人均可支配收入的标准，全面落实村干部基本报酬财政全额转移支付。逐步提高社区专职工作者平均薪酬，按照不低于上年度全社会单位在岗职工平均工资上浮20%的标准予以保障。完善村(社区)干部参加城镇职工基本养老保险和基本医疗保险办法。特别优秀的村(社区)书记可享受相当于镇(街道)中层正职的平均报酬，正常退职到龄后可享受专项补贴。

26.推进村(社区)组织活动场所功能提升。加强城乡社区服务中心建设，发挥三级便民网上办事大厅和镇、村便民服务中心作用。推行联村干部到村(社区)服务中心驻点服务、村(社区)干部服务群众“综合岗”及AB岗轮值等制度，实现为民服务无休接办、全程代办、网络联办。加强村(社区)活动场所标准化、规范化建设，完善党员活动、居家养老等服务设施，提升活动场所服务功能。

27.加强基层党组织活动经费保障。市财政落实每个村每年不少于10万元的基本运转经费，每个社区每年不少于15万元的服务群众专项经费。财政保障村、社区、两新组织党员每人每年不少于200元的教育经费。多渠道解决“两新”组织党建工作经费问题，根据有关法律和规定，把非公有制企业党组织工作经费纳入企业管理费列支，落实相关税前列支、党费拨返等制度，市财政落实每个“两新”组织党组织每年2000元的工作经费，完善“两新”组织党建工作指导员、党务红领资格认证制度，落实专项工作津贴。

十、强化党委抓基层打基础责任

28.发挥镇(街道)党委龙头作用。镇(街道)党委要坚持基层党建报表与经济报表、平安报表、世界互联网大会承办报表一起抓，切实履行抓基层党组织和基层政权建设的政治责任。健全落实基层党建工作责任清单、党组织书记领办党建攻坚项目制度。建立基层党组织和基层政权建设专题分析研判制度，市委召开基层党建季度分析会，市党代会年会听取市委委员抓党建述职。

29.切实为基层减负减压。全面实行村(社区)事务准入制度，厘清村(社区)组织依法依规履行和协助党委、政府工作事项，凡未列入准入事项的，一律不得交村(社区)办理。巩固村(社区)机构牌子、考核评比、创建达标“三多”问题清理成果，规范精简村(社区)各类台账和材料报表以及创建评比项目。

30.构建抓镇促村的目标责任管理体系。把基层党组织和基层政权建设情况作为干部考核的重要内容，根据基层党建报表和各主体抓党建责任清单，建立百分制目标管理体系，加大在实绩考核、年度考核、任职考核中的权重。完善市委市政府对抓镇促村工作的考核评价机制，镇(街道)抓村(社区)工作情况作为对镇(街道)考核的重要内容。大力褒奖、优先使用敢于担当、守土尽责的干部，严肃问责轻视懈怠、守土失责的干部，形成大抓基层的工作导向和用人导向。加大暗访督查、通报追责力度，以抓铁有痕的力度打通落实基层党组织和基层政权建设“最后一公里”。

中共桐乡市委 桐乡市人民政府 关于促进经济转型升级创新发展若干政策意见

桐委发〔2015〕24号
（2015年9月1日）

为深入贯彻落实党的十八届三中、四中全会精神，加快推进“一业一网”和创新驱动发展战略实施，促进产业转型升级，营造最优发展环境，增强核心竞争力，特制定本政策意见。

一、全面实施智慧升级

1.加快互联网经济发展。推进“互联网＋”战略，促进互联网与产业的融合发展，打造“互联网智慧强市”。加强市场主体培育引进，对新设立的互联网金融、运营平台、智慧旅游、数字媒体、研发培训、云服务等互联网企业（项目）予以支持。对运用“互联网＋”实现产业协同化、网络化生产的改造提升项目，按设备投资额采取竞争性分配方式予以补助。（互联网经济发展办公室、宣传部、旅委、发改局、农经局）

2.大力发展先进制造业。推动智能装备、机械制造、节能环保、新材料等先进制造业的发展壮大，坚持内外资并举，积极引进国外先进技术装备，不断优化工业产业结构，加快形成经济发展新动力。对新投资的先进制造业产业项目，按设备投资额采取竞争性分配方式予以补助。（经信局）

3.提升传统优势产业。鼓励“空间换地”，推动传统优势产业通过“机器换人”“两化”融合、重大装备（项目）投入等途径，不断提高产业竞争力。对新投资的传统优势产业重点项目，按设备投资额采取竞争性分配方式予以补助。（经信局）

4.加强核心技术研发。对围绕互联网、智能装备、节能环保、新材料等先进制造业获得全省领先核心技术攻关，以及研究和推广应用提升我市传统优势产业起到重大作用的关键共性技术的重点企业、研究院等，采取竞争性分配方式予以奖励。（科技局）

5.促进科技成果转化。着力培育创新主体，对设立的省级以上企业研究院、重点实验室等平台（载体）予以资金支持；鼓励企业向国内外科研机构、高校等购买或预订研发一批科技成果并转化的，采取竞争性分配方式予以补助。实施创新券制度。对国内外发明专利予以奖励。（科技局）

6.激发创业创新活力。支持社会力量创办创新工场、创客空间、智慧小企业创业创新基地、科创中心、小微企业孵化器、工业设计基地等各类众创平台，按实际入驻率、发展速度予以奖励。大力发展电子商务，促进产品销售，助推产业发展。推进小微企业成长计划，鼓励实施“个转企”“小升规”。（经信局、科技局、商务局、人力社保局、市场监管局）

二、推行绿色生态发展

7.加快发展现代农业。促进农业转型发展，稳步提高农业生产经营的质量和效益。支持现代农业园区建设和农产品精深加工项目投入，采取竞争性分配方式予以投资补助。鼓励庄园经济发展。（农经局）

8.鼓励服务业集聚发展。加快培育形成一批带动作用强的服务业重点行业、重点平台，不断提升服务业发展水平。对经认定的生产性服务业、文化产业、总部企业，按规模和贡献度采取竞争性分配方式予以奖励。鼓励发展楼宇经济，按企业入驻率、贡献度等采取竞争性分配方式予以奖励。（发改局、宣传部）

9.促进旅游融合发展。推动旅游产品向观光、休闲、度假并重转变，大力发展古镇旅游、乡村旅游、文化旅游等，满足多样化、多层次的旅游消费需求，推动“旅游休闲名城”建设。对重点旅游项目及旅游相关设施建设，采取竞争性分配方式予以投资补助。（旅委、宣传部）

10.促进用能结构优化。设立节能专项资金，对粘土砖瓦窑关停、燃煤锅炉淘汰予以支持，对实施节能改造的企业按节能量予以奖励。鼓励使用清洁能源，对符合条件的分布式光伏发电项目实行电价补贴；对分布式智能能源网络建设项目除电价补贴外，采取竞争性分配方式予以投资补助。（经信局）

11.推动资源要素高效配置。鼓励企业加大节能减排投资力度，对相关企业按政府收回环境容量、能耗等要素资源指标数给予补助（不再享受技改投资补助）。（经信局、环保局）

12.鼓励实施“两退两进”。对实施“退低进高”“退二进三”

的企业，按照实际效果予以奖励（修订原政策）。（经信局、发改局）

三、鼓励拓展内外市场

13.积极开拓国际市场。鼓励企业扩大出口，增强企业应对贸易摩擦的能力。对“两反一保”应诉费等予以补助；对中小微企业出口信保实行政府联保，联保费用由财政全额承担。（商务局）

14.鼓励开展跨境经营。鼓励通过跨境资源利用、产业链整合等方式提升企业国际竞争力。对在境外新办（收购）生产型、贸易型企业、研发中心等按实际投资予以补助。（商务局）

15.支持企业参展。对相关主管部门统一组织参加的重点会展，采取竞争性分配方式择优选择，实行总量控制，政府购买服务。（相关主管部门）

16.鼓励开展创牌定标。推进“浙江制造”，鼓励争创省“三名”企业、省级及以上名牌产品、著名商标、知名商号和建筑业奖杯，对主导开展国际标准、国家标准、行业标准和地方标准制（修）订，以及参与（前三位）制（修）订国际标准、国家标准的企业予以奖励。对晋升一级以上资质的总承包、二级以上资质的专业承包以及乙级以上资质的勘察、设计、监理企业分别予以奖励。（经信局、市场监管局、质监局、建设局）

四、完善金融服务体系

17.扩大产业基金引导作用。设立产业转型升级发展基金，首期规模不少于5亿元，通过母基金参股与专业机构合作方式，重点投向“互联网＋”、先进制造等产业和符合导向的初创型企业。（金融办）

18.鼓励股权投资行业发展。加快拓宽直接融资渠道，引导更多资本在我市积聚。对在我市设立的股权投资企业及股权投资管理企业予以奖励。（金融办）

19.鼓励多层次资本市场发展。加快推进企业股份制改造，对在境内外成功上市的企业及其经营团队、进入省股权交易中心或在“新三板”挂牌交易的企业予以奖励；对进行增发、并购重组或收购（引进）市外上市公司、发行企业债等企业予以奖励；对限售股在我市完成交易的予以奖励。（金融办）

20.鼓励金融机构扩大信贷支持。对从事小微企业、“三农”等信贷服务以及支持“互联网＋”、先进制造业等重点产业的银行、担保公司、保险公司等金融机构予以政策支持。（金融办）

五、健全人才支撑体系

21.支持人才引进培养。鼓励引进海内外高层次人才，对创业创新领军人才、创新团队按评审结果予以奖励。对互联网、高端制造、旅游、基金管理等重点领域的高层次人才予以政策支持。加强企业管理创新和企业家队伍建设，对全市统一组织的培训予以经费支持。对新取得高级以上职业资格证书的予以奖励。（人才办）

22.支持智库建设。鼓励各类机构、企业和新型市场主体（商协会等）建立各类“智库”，对为我市相关行业提供咨询服务、技术支撑和解决方案等按实际效果予以政策支持。（工商联）

六、附则

23.对嘉兴市级及以上工作考核中有明确分值的认定、评比、示范等（不含桐乡市级），酌情予以奖励。

24.对重大项目采取“一事一议”，不再享受本政策。

25.市级层面成立“2＋X”政策协调机构，对政策调整进行协调。本意见所有条款原则上都应实行竞争性资金分配方式，充分发挥中介机构作用，成立专家组对申报项目进行综合评价，择优确定支持名单，并向社会公开公示后予以兑现。

26.每年对政策实施绩效进行全面评估，评估结果作为政策调整的重要依据。

27.对同一项目符合多项条款的，按就高原则不重复享受；上级补助项目要求本级配套的，视情予以支持。对由财政（国资）承担的项目和奖补对象为部门、镇、街道或园区的，均不纳入本政策；对由政府（国资）参股的项目、平台等，按民资比例予以奖补。对未按要求完成各项强制性倒逼任务或严重违反工商、财政、税务、国土、环保、安全生产、人力社保等法律法规的企业，不得享受本政策。

28.根据本意见确定以下十五个主要配套政策，相关部门要充分发挥牵头作用，会同财政局及其他有关部门共同制定配套政策实施细则。

（1）关于加快互联网经济发展政策的实施意见（牵头部门：互联网经济发展办公室）；

（2）关于发展电子商务和促进创业政策的实施意见（牵头单

位:商务局、人力社保局);

(3)关于进一步促进全市工业经济平稳增长提升发展的实施意见(牵头部门:经信局);

(4)关于进一步促进创新发展政策的实施意见(牵头部门:科技局);

(5)关于加快现代农业发展政策的实施意见(牵头部门:农经局);

(6)关于促进服务业集聚发展政策的实施意见(牵头部门:发改局);

(7)关于促进旅游业发展政策的实施意见(牵头部门:旅委);

(8)关于加大节能减排促进绿色发展政策的实施意见(牵头部门:环保局、经信局);

(9)关于加快“两退两进”政策的实施意见(牵头部门:经信局、发改局);

(10)关于鼓励市场开拓促进经济发展政策的实施意见(牵头部门:商务局);

(11)桐乡市产业基金管理办法(牵头部门:金融办);

(12)关于促进金融创新发展政策的实施意见(牵头部门:金融办);

(13)关于发展多层次人才体系政策的实施意见(牵头部门:人才办);

(14)桐乡市“小微企业三年成长计划”实施意见(牵头部门:市场监管局);

(15)关于加快文化产业发展政策的实施意见(牵头部门:宣传部)。

29.本意见自2015年1月1日起试行,试行期两年,之前各类专项政策原则上一律停止执行。

30.本意见由市发改局、财政局负责解释。

中共桐乡市委办公室 桐乡市人民政府办公室 印发《关于推进公共文化服务体系建设的若干政策意见》的通知

桐委办发〔2015〕52号

(2015年8月14日)

为深入贯彻党的十八大和市第十三次党代会精神,加快创建国家、浙江省公共文化服务体系示范区,推进人文名城行动计划,促进公共文化事业大发展大繁荣,不断满足人民群众多层次、多样性的精神文化需求,根据中共中央办公厅、国务院办公厅印发《关于加快构建现代公共文化服务体系的意见》和中共桐乡市委、桐乡市人民政府《关于推进公共文化服务体系示范区“两级联创”的实施意见》(桐委发〔2014〕32号)精神,特制定以下政策意见。

一、加强基层公共文化设施建设

1.新建镇(街道)综合文化站(中心),市财政给予300元/平方米补助。利用现有闲置房产进行改建的,市财政按50%的改建成本经审计核实后给予补助,最高补助额不超过500元/平方米。新租赁馆舍的,市财政按50%的年租赁费给予一次性补助,最高补助额不超过50万元。综合文化站(中心)面积达2000平方米以上并经验收合格的纳入本政策补助范围,补助资金均按综合文化站(中心)实际使用面积计算。

2.加强村(社区)综合文化服务中心建设,按照《桐乡市村(社区)综合文化服务中心建设标准》,充分利用现有文化设施,建设以农村文化礼堂为代表的村(社区)综合文化服务中心,经验收合格,市财政给予一次性文体设施补助5万元。新建村级灯光球场,市财政给予一次性3万元补助。

二、加强公共文化人才队伍建设和文艺精品创作

1.推广文化员下派制度,由市文化局落实人员向各镇(街道)下派。

2.推行村(社区)文化专职管理员制度,每个村(社区)配备1名以上文化专职管理员,采取以政府聘用和购买服务相结合的方式,经费统一纳入行政村(社区)公共文化服务绩效管理考核。

3.推行文化推广员制度,采用政府购买文化服务的方式,向社会招聘一批热爱群众文化事业、业务能力强的文化推广员,任职采取合同聘用的方式,对签约的文化推广员,根据年度个人考核结果给予一定的报酬。

4.实施文化体育人才、精品扶持工程,加大对文艺精品的事前、事中扶持和事后的奖励力度。

三、加大公共文化服务创建工作扶持力度

1.成功创建浙江省文化强镇、浙江省文化示范村(社区),市财政分别给予一次性15万元、3万元补助；成功创建嘉兴市公共文化服务体系示范镇（街道）、嘉兴市十佳村（社区）文化示范中心、嘉兴市村（社区）文化示范中心，市财政分别给予一次性5万元、4万元、2万元补助；成功创建其他浙江省、嘉兴市文化项目的，按以上同类型创建项目给予相应补助。

2.成功创建浙江省现代化体育镇乡（街道）、浙江省体育特色乡镇，市财政分别给予一次性30万元、20万元补助；成功创建其他浙江省体育项目的，按要求给予配套补助。

3.成功申报国家历史文化名镇、国家历史文化名村，市财政分别给予一次性40万元、20万元补助；成功申报浙江省历史文化名镇、浙江省历史文化名村，市财政分别给予一次性20万元、10万元补助。

四、加强基层公共文化服务绩效评估

1.实施镇（街道）公共文化服务绩效评估制度，实行图书馆总分馆制度，每年根据考核结果区分档次，市财政按3—7万元的标准对镇（街道）及图书馆分馆给予补助。

2.实施村（社区）公共文化服务绩效评估制度，每年根据考核结果区分档次，市财政按1—6万元的标准对村（社区）给予补助，其中对严格按要求配备村（社区）文化专职管理员的，绩效管理资金补助不少于2万元。对村公共文化服务绩效评估将统一纳入桐乡市美丽乡村建设目标责任制考核办法。加强文化示范户管理，对发挥作用良好的文化示范户进行适当补助。

3.实施业余文艺团队绩效管理制度，每年对现有的业余文艺团队进行评选，根据团队的规模、活动情况、艺术成果等进行综合评定，分别给予适当奖励。

4.设立文物保护专项资金、非物质文化遗产保护专项资金，加强文化遗产保护、传承和利用。

五、其他

1.以上创建按从高不重复的原则进行补助。

2.对村（社区）的补助要求镇（街道）按1∶1配套。

3.涉及考核、专项资金条款的由市文化局（体育局）、市文联会同市财政局制定具体实施办法。

4.本政策意见由市文化局（体育局）、市文联会同市财政局负责解释并组织实施，自发布之日起执行。

桐乡市人民政府关于印发加快发展互联网经济实施意见的通知

桐政发〔2015〕9号
（2015年4月8日）

一、指导思想和主要目标

（一）指导思想。将发展互联网经济作为全市经济社会发展新引擎，按照“一网引领四化”总体要求，以改革创新为动力，以应用需求为导向，以产业发展为核心，加快智慧城市建设，优先发展互联网产业，提升发展电子商务，推进“两化”深度融合。加快推进中国（乌镇）互联网创新发展试验区建设，大力发展“互联网＋”新业态，努力建设互联网智慧强市。

（二）主要目标。力争到2020年，全市互联网经济增加值达到200亿元，互联网相关产业产值突破500亿元，网络零售额达到300亿元以上，互联网经济在全市经济中的主导地位初步确立。基本建成信息基础设施一流、信息技术应用广泛深入、“两化”融合示范引领、信息化指数全国领先的国家互联网经济发展先行区。

——产业基地初具规模。以世界互联网大会永久落户乌镇为契机，制定实施《中国（乌镇）互联网产业基地建设与发展规划》，围绕“一核一带多点”的空间布局，明确产业定位，健全工作机制，强化工作推进，努力将中国（乌镇）互联网产业基地建设成为互联网产业创业发展策源地、互联网应用示范区、互联网创新发展试验区。

——智慧应用广泛深入。加快推进经济社会各领域的“互联网＋”转型，信息技术应用深入广泛，特色产业线上线下融合发展，城市运维和民生领域智慧化水平一流，乌镇“互联网小镇”特色彰显。

——“两化”融合示范引领。扎实开展“两化”深度融合试点，深入推进“机器换人”、机联网、物联网等“两化”融合项目建设，促进企业信息化从基础应用、单项应用向集成应用、创新应用、产业链协同应用根本转变，创建省两化融合示范区。

——创新发展先行先试。以改革创新为动力，创建国家互联网创新发展试验区，积极在新技术应用、新政策试验、新标准推广、新机制创新等方面先行先试，打造互联网创业创新发展新高地。

——信息保障安全有序。网络通信设施一流，信息保障安全有序，重点领域、重点设施网络信息系统安全防护能力、信息化装备安全可控水平、信息安全事件应急指挥协同处置能力有效提升。

二、重点工作

（一）建设功能完善的信息基础设施

1.加强新一代网络信息基础设施建设。大力推进覆盖全市的宽带、融合、安全、泛在的新一代信息网络建设，构建多元化、立体化、高性能的网络接入条件。加快无线城市建设，实施4G网络全覆盖。加快推进公共场所Wifi全覆盖，提升城市互联网感知度。部署基于IPv6的下一代互联网，推进城域网优化和扩容，大幅提高城域网带宽和出口速率。积极向工信部申请争取互联网国际通信业务出入口专用通道，满足互联网企业大容量业务数据进出口需要。探索建立更加“开放、安全、可控”的互联网管理新模式，着力提高项目承载能力。

2.推进“三网融合”和公共平台建设。统筹新一代移动通信网、下一代互联网和下一代广播电视网络建设，强化基础设施标准化建设，促进共建共享和互联互通。加强云计算数据中心、互联网实验室等公共信息基础平台建设，提升接入能力。

（二）打造协同配套的互联网产业生态圈

1.加强互联网产业服务体系建设。加快产业布局，充分利用块状经济发达、专业市场众多等优势，围绕行业电子商务中心、数字内容创意服务、旅游产品服务延伸、两化融合协同推进等环节和方面，培育发展平台、营造发展生态，促进产业发展。

2.加快培育互联网产业链。围绕互联网产业链核心环节，点（项目）、线（产业链）、面（产业集群）结合，积极引进大型互联网企业入驻，以国家级科技孵化器桐乡科创园为依托，培育和孵化中小型互联网服务应用创新企业，带动产业链上下游发展。鼓励互联网企业向研发设计、生产制造、销售经营等领域延伸，提升产业协同配套能力。

（三）优先发展互联网产业

1.加快发展特色电子信息及智能装备制造业。重点发展基于新一代信息技术的通信设备、LED、智能家电等智慧产品，培育发展可规模商用的车载系统硬件、智能家居控制设备等智能终端产品，集聚形成具有明显优势的特色电子类制造业。加快智能装备研发，重点发展微电子设备、专用仪器、电子材料装备、智能传感器等产品，培育发展自动化控制整机及智能化成套设备制造，加快推进“浙江制造”品牌培育试点县（市）建设。

2.重点发展软件与信息技术服务业。加快高桥科创园“众创空间”平台建设，提升平台承载功能，大力引进软件企业，重点支持开发行业性应用软件、信息化和工业化深度融合软件、智慧城市专项业务操作系统等软件服务业；积极推进信息服务外包，大力发展信息系统集成、信息技术咨询、网络中介服务业；鼓励发展网络支付、位置服务、社交网络服务等基于下一代互联网、移动互联网、物联网环境下的新服务、新业态。

3.大力发展数字内容产业。大力推进文创园建设，融合乌镇江南水乡古镇文化、马家浜文化、良渚文化、运河文化等特色文化元素，着力发展以动漫点播、个性化3D打印、手游创作、互动新媒体、数字阅读等数字文化创意产业以及网剧制作、微电影O2O定制等数字影视产业。创新影视发展融资模式和招商服务体系，推动特色数字内容产业有序集聚，打造文化名片。

4.探索发展互联网教育培训。创新办学模式，整合多方资源，积极引进国际国内一流企业、一流大学合作共建互联网大学与互联网教育区域运营平台，发展开放式网络教学业务。整合线下院校教学资源，线上发布教育课程，推广全日制在校学生在线多种互动教学模式。同时，构建面向产业发展、成人职业教育的线上职业教育服务体系，提供继续教育、终身学习等针对性教育服务。

5.积极发展互联网金融。加快信息技术在金融领域的应用，支持互联网企业与金融机构合作，支持基于互联网的金融产品、技术、平台和服务创新。推进商业模式创新，探索建立网络银行，拓展第三方支付、网络支付、网络借贷、小额信贷、网络众筹、网络理财、网络保险等相关业务，探索跨境电商支付和结算业务。建立并完善社会信用体系，利用大数据等技术加强互联网金融的监管与服务，防范互联网金融风险。

6.加快发展大数据服务业。创新运营和服务模式，出台鼓励企业购买云服务的政策措施。进一步挖掘社会数据资源，扩大政府数据的开放领域，实现全市数据的共建共享。培育发展云工程与服务企业，重点发展消费类行业电商、智慧旅游、数字内容以及互联网教育、互联网金融、车联网等行业性大数据服务业，挖掘数据价值，推进产业集聚，形成在全国有一定影响的行业性大数据、云服务应用平台。

（四）积极推进信息技术应用

1.加快推进“两化”融合。加快实施企业“四个一批”工程，着力打造一批总部型智慧企业、培育一批“两化”融合示范企业、带动一批信息化应用企业、实施一批信息化重点项目，深入推进重点企业、主导产业、发展平台的多层次“两化”深度融合，争创省“两化”深度融合综合性示范市。积极推动细分行业“提档升级”，加快化纤、纺织等传统特色产业生产设备的数字化、智能化、网络化改造，深化信息技术的集成应用。深入推进“机器换人”、机联网、物联网、总部型企业、协同制造等“两化”融合项目建设，支持企业信息化从基础应用、单项应用向集成应用、创新应用、产业链协同应用根本转变，促进产业高端化发展。

2.深入实施“电商换市”。全面普及电子商务应用，推动电子商务与特色优势产业融合发展，重点推进毛衫、皮草、蚕丝被、家纺、皮鞋等传统行业电子商务应用，鼓励实体企业和品牌企业在第三方平台开设旗舰店、专营店扩大市场份额；鼓励发展跨境电子商务，引导企业利用第三方跨境电子商务平台开展跨境电子商务出口业务。推动电子商务与商贸流通业融合发展，鼓励以大型商场为主的商贸流通企业和专业市场通过自建平台或利用第三方平台发展电子商务，实现线上线下融合发展。推动电子商务与农村经济融合发展，通过与阿里巴巴合作，加大农村电子商务的推进力度，实现“以网惠民”。

3.务实推进“智慧城市”建设。加强信息技术在社会保障、市场监管、环境监测、信用服务、应急保障、治安防控、公共安全等社会治理领域集成应用，促进社会治理精细化、城市管理科学化。大力推进智慧旅游、智慧交通、智慧安防、智慧医疗、智慧社区、智慧养老、智慧园区、智慧民生等智慧系列建设，按照“一揽子”问题解决的要求，开发云、管、端一体化的业务平台，实现城市基础设施智能化和公共服务智慧化。

4.加快电子政务建设。加快信息技术在政务领域的应用，顺应行政审批制度改革、加快转变政府职能的总体要求，建设电子政务公共服务平台，加快建设集行政审批、便民服务、政务公开等功能于一体的政务服务网，实现行政审批等服务事项“一站式”网上办理与“全流程”效能监督。深入推进政务云平台建设，整合全市人口、法人单位、城市空间地理信息、社会经济统计指标等基础数据库，促进政务信息资源的共建共享。

5.促进信息化与农业现代化融合发展。加快现代信息技术在农业生产、经营、管理领域的应用，实施智慧农业发展工程，建立、完善农业大数据管理平台和应用服务平台，发展农村电子商务和农产品电子商务平台，拓展农产品营销空间。

（五）扎实推进乌镇“互联网小镇”建设

1.发展会务会展经济。以承办世界互联网大会为契机，建设智慧化会议场馆，提供“会议管理一站通，会议全程无纸化，会议行程全掌控，会议沟通多渠道”的全新体验。积极举办互联网领域国际性重要会议、重大论坛、会展活动，打造具有全球知名度的互联网会务会展品牌。

2.加快智慧系列建设。以建设国际一流的“互联网小镇”为目标，有重点、分阶段推进智慧会务会展、智慧安防、智慧旅游、智慧社区、智慧养老和智慧产业等载体建设，促进互联网新技术、新产品、新模式在乌镇建设与发展中的广泛应用，提升乌镇互联网聚合力，增强互联网创新的体验感。

3.加快中国（乌镇）互联网产业基地核心区建设。重点推进“乌镇街”（互联网创业街区）、“创客村”等互联网创新创业载体建设，吸引和集聚互联网相关人才，提升乌镇互联网品牌影响力和聚合力。承接乌镇核心区的辐射，突出桐乡经济开发区、高桥科创园两个重要节点，形成一条互联网产业和人才集聚、互联网创业创新氛围浓厚的“乌镇大道”，将“乌镇大道”打造成为集众创空间、生态空间、旅游休闲空间于一体的“城市客厅”。

三、保障措施

（一）加强组织领导。成立市互联网经济发展领导小组，由市政府主要领导担任组长，相关市领导任副组长，市政府办、金融办、人才办、发改局、经信局、科技局、统计局、公安局、民政局、财政局（地税局）、人力社保局、国土资源局、环保局、建设局、交通运输局、农经局、商务局、市场监管局、行政执法局、审批中心、人民银行、银监办等部门负责人为成员。领导小组下设办公室，办公室主任由市经信局局长兼任，统筹协调全市互联网经济发展工作。

（二）创新管理体制。进一步强化互联网经济工作职能，设立互联网经济发展工作机构，切实抓好互联网经济发展的政策制订、专项规划、统筹协调、检查指导等工作。市级有关部门和其它各镇（街道）、开发区、振东新区要配备互联网经济工作专职人员，制订具体工作方案，明确分工，落实责任，形成分工合理、责任明确的互联网经济综合管理体制。建立市互联网经济发展专家咨询委员会，邀请行业内权威专家、知名企业家组成专家咨询委员会，为互联网经济发展出谋划策。

（三）强化要素保障。以世界互联网大会永久落户乌镇为契机，积极向上争取政策、要素支持。加大对互联网经济发展的财政支持力度，设立互联网经济发展专项基金，制定专项产业政策支持中国（乌镇）互联网产业基地建设。鼓励建立各类互联网创业投资基金，支持银行信贷资金、各类风险基金、民间资本投向互联网产业重点项目、互联网优势企业、互联网产业基地及产业平台建设。创新投融资模式，支持互联网企业发行债券和挂牌上市。加快“退低进高”，推进产城融合，优先保障互联网产业项目用地、用能及其他要素需求。

（四）实施精准招商。抓住世界互联网大会永久落户乌镇的机遇，根据各主体的产业定位，结合实际情况，实施精准招商，加快引进一批技术水平高、带动性强的重大项目和一批发展前景好、产业集聚度高的孵化项目，形成集聚效应。

（五）加强人才支撑。积极引进互联网产业研究院和互联网大学，加大创新型、应用型专业技能人才的培养。完善人才政策，加快互联网经济领军人才特别是互联网创新团队的引进工作，帮助解决人才落户、住房、子女就学等方面问题。开展企业经营者、管理者互联网知识和“两化”融合等专题培训，提高企业经营管理人员“互联网化”意识。

（六）保障信息安全。加强网络与信息安全保障体系建设，重点加强党政机关重要信息系统、基础信息网络及涉及国计民生的重要应用系统、互联网大会永久会议设施的信息安全防护，完善应急预案，建立信息安全保障的长效机制，不断提高处置网络与信息安全突发事件的能力。加强网络安全知识的宣传推广，广泛开展网络安全和防治网络犯罪的法制教育，增强全民信息安全意识。

（七）加强考核评价。加强互联网经济统计，合理界定产业门类、范围，为衡量发展水平和强化目标考核提供依据。建立互联网经济评价考核体系，建立以信息产业、“两化”深度融合、电子商务应用、信息基础设施建设等为重要内容考核评价体系，实施专项考核奖励。

（八）营造发展氛围。加强互联网大会、互联网产业发展、智慧城市、产业互联网化转型等方面的宣传工作，组织开展互联网经济的各类宣传讲座、知识宣传和科普活动，加强党政干部互联网经济知识轮训，着力营造发展氛围。

桐乡市人民政府
关于印发加快发展养老服务业实施意见的通知

桐政发〔2015〕17 号
（2015 年 6 月 9 日）

一、工作目标

到 2020 年，全面建成以居家为基础、社区为依托、机构为支撑、信息为辅助，功能完善、布局合理、规模适度、覆盖城乡的养老服务体系；基本形成“9643”的养老服务总体格局，即 96%的老年人居家接受服务，4%的老年人在养老机构接受服务，不少于 3%的老年人享有养老服务补贴。围绕桐乡打造未来中国“休闲养生目的地”的目标，全市城乡社区形成 20 分钟左右的居家养老服务圈，每百名户籍老年人拥有社会养老床位5张，其中机构床位数不少于4张，护理型床位占比不低于50%，民办（民营）机构床位占比力争达到70%。养老服务业增加值在服务业中的比重有所提升，高龄津贴制度进一步完善。

二、政策保障

（一）完善财政支持政策

1.继续加大财政扶持力度。市级福利彩票公益金，要将50%以上用于支持发展养老服务业，并随老年人口的增加逐步提高投入比例。市财政将养老服务业务指导工作经费纳入同级财政预算，支持市老年电大享受有关扶持政策，扶持公益性养老服务社会组织发展。

2.重点抓好养老机构建设。建立公办养老机构资源阳光分配制度和入住评估制度，充分发挥公办机构的托底保障作用，每个镇（街道）原则上都要建设1所以上以护理为主的养老机构。出台养老机构星级评定办法，建立养老机构补助政策、收费与星级挂钩机制。鼓励和吸引民间资本参与养老机构建设，在省补助的基础上，对用房自建（含通过购买、新建、改建并拥有房屋合法自有产权）、床位数达到20张及以上、符合相关部门规定资质条件的非营利性民办养老机构，入住对象以本市老年人为主的，按核定床位分期给予每张床位12000元补助。以上补助政策中，已享受市政府优惠的项目除外。对租用用房且租用期3年以上的非营利性民办养老机构，达到前述条件的，按核定床位给予每张床位每年1000元补助，连续补助3年。对自建的非营利性民办护理型养老机构，待其护理老人入住率达到60%及以上，在一次性床位建设补助的基础上，每张床位增加补助2000元，租用用房的每张床位增加补助1000元。对养老机构接收本市户籍老人的，以机构星级为依据，按照失能、半失能、自理老人分别进行补贴，每人每月最高不超过300元，补贴主要用于人员工资、养老护理员特殊岗位津贴、社保补贴、养老机构综合责任保险和承担社会责任等用途。

3.全面发展居家养老服务。大力推进社区居家养老服务照料中心建设，确保到2015年底城市（城镇）社区全覆盖，到2017年底农村社区全覆盖。乌镇镇作为世界互联网大会永久举办地，在乌镇启动智慧养老试点工程，并逐步向桐乡全市范围推广应用。从2016年起，居家养老服务照料中心新建用房的，城市（城镇）社区、农村社区分别给予每平方米1000元、500元的面积补助，分两年发放（补助面积原则上不超过500平方米，区域性的照料中心可适当增加面积）；租用房屋建设的，按租金额度的50%给予补助，连续补助三年；购买房屋建设的，参照新建标准执行。居家养老服务照料中心建成后第一年不定级，运营满一年后再评定等级，并落实2至20万元基础设施建设资金和1至8万元以奖代补的运营补助资金。镇（街道）配套相应的运营资金。充分利用服务业发展专项资金和引导资金，支持发展居家养老服务业。民间资本投资兴办的符合政府规划的社区居家养老服务照料中心参照执行。

4.完善养老服务补贴制度。完善养老服务补贴制度，通过政府购买为老服务的形式，对城乡低保、低收入家庭中的失能、失智等生活不能自理的老年人以及高龄、独居、空巢、失独等特殊困难老年人实行养老服务补贴制度。“五保”“三无”集中供养对象供养标准随我市居民人均纯收入的提高同步提高。根据老年人自身意愿和养老服务接收能力，到养老服务机构接受服务的，其养老服务补贴由民政部门支付给相应的养老服务机构；居家接受服务的，其养老服务补贴由民政部门支付给提供服务的居家养老服务企业或社会组织。

（二）加强用地用房保障

1.充分保障养老用地指标。编制中长期养老服务业发展规划和城乡养老服务设施建设专项规划。按照到2020年养老床位占老年人口总数5%以上的要求和养老机构床位年增长10%的基数，规划养老机构和居家养老服务照料中心的设置。单列养老机构（含老年活动设施）用地指标，纳入年度用地计划，并分年度予以落实。其中，社会力量投资的200张以上床位的养老机构建设项目，其建设用地指标在市政府统筹指标中予以优先安排。符合条件的民间资本投资非营利性养老机构建设项目要积极争列省重大产业项目库的示范项目，争取新增建设用地计划指标奖励。

2.完善居家养老用房政策。按照20分钟养老服务圈的要求，合理规划配建居家养老服务用房，标准为城镇新建住宅项目应按套内建筑面积不低于项目总建筑面积的2‰且最低不少于60平方米的标准集中配建居家养老服务设施，并与住宅同步规划、同步建设、同步验收、同步交付使用。农村养老服务设施纳入新农村建设规划，在集中安置小区的规划建设上，参照城市社区养老服务用房纳入配套设施建设。老城区、已建成居住区无养老服务设施或现有设施没有达到规划和建设指标要求的，要通过购置、置换、租赁等方式配齐养老服务设施。城乡规划确定的社区居家养老服务设施用地，未经法定程序不得改变用途。居家养老服务用房应集中布置于底层。

3.明确养老供地方式。公办福利性机构和社会力量举办的接收本市老年人为主的非营利性养老机构享有相同的土地使用政策，可以依法使用国有划拨土地或者农民集体所有的土地。对营利性养老机构建设用地，参照成本逼近法或收益还原法进行地价评估后，采取招标拍卖挂牌出让方式供地。通过招拍挂出让方式取得的民办养老机构用地，可确定为商服用地—其他商服用地(养老机构用地)。

4.积极盘活闲置资源。在符合城乡规划和相关规定的条件下，鼓励对现有闲置的厂房、学校、社区用房等进行改造利用，兴办养老服务机构。原以出让方式取得的土地需要改变土地用途的，经相关部门同意后，按评估结果补缴出让金；原以行政划拨方式取得的，经相关部门同意，可以依法办理出让手续，按评估结果补缴出让金。

5.加强对养老用地的监管。以出让方式取得的养老服务设施用地使用权可以整体转让和转租，但不得分割转让、转租；不得改变用地性质，改变用途用于住宅、商业等房地产开发的，必须依法收回土地使用权。民办非营利性养老机构停办后，其通过行政划拨方式取得的土地使用权由政府收回或经批准后转由其他民办非营利性养老机构使用。

（三）完善人才培养政策

1.加强养老专业人才培训。养老服务机构负责人、养老护理员及其他从业人员统一纳入培训教育规划。进一步加大在职轮训，到2015年，全市养老机构护理人员培训率达到90%以上。到2020年实现所有养老护理人员持证上岗，持有初级及以上职业资格证书人员占比达到50%以上。

2.提高护理人员福利待遇。定期向社会公布养老护理人员职位工资指导价位，建立养老服务岗位就业补贴和养老护理员特殊岗位津贴制度，对养老服务机构和组织中取得职业资格证书并从事养老护理岗位工作的护理人员给予技术等级津贴。在非营利性养老机构和社区居家养老服务照料中心开发公益性岗位，其中每个城市社区居家养老服务照料中心根据需要设置公益性岗位，重点吸纳农村转移劳动力、城镇就业困难人员和高校毕业生从事养老服务。养老服务机构和组织应当依法缴纳社会保险，对单位缴纳的部分给予社保补贴。就业困难人员以灵活就业方式从事居家养老服务的，可按规定享受灵活就业社保补贴。

3.实施人才入职奖补制度。对从2013年起进入养老服务机构直接从事养老服务、康复护理等工作的大中专院校毕业生，持有《养老护理职业资格证书》并与养老服务机构签订正式劳动合同的，就业满5年后给予入职奖补。奖补范围和标准按《浙江省老年服务与管理类专业毕业学生入职奖补办法》(浙民福〔2013〕113号)执行，高等院校毕业生奖补费本科40000元，专科(高职)26000元，中等职业技术学校毕业生奖补费21000元，超出省奖补名额的，资金由市财政承担。

4.推进社工融入养老服务。在养老服务工作中引入社工方法，渗透社工理念，提升养老服务的人性化水平。实现养老机构社工服务全覆盖，100张以上床位的规模较大养老机构要建立专门的社工工作室或配备专门社工。在与养老服务密切的社区居家养老服务照料中心、基层党组织、村(居)民委员会等设置社工岗位，配备专业社工，提升居家养老服务水平。

（四）加强医疗服务政策

1.推动医养融合发展。医疗机构要积极支持和发展养老服务，有条件的二级以上综合医院应当开设老年病科，增加老年病床数量，做好老年慢性病防治和康复护理。鼓励部分二级医院转型为养老护理院，引导镇(街道)卫生院等基层医疗卫生机构开设养老护理床位。鼓励兴建老年康复医院，提高老年医疗康复水平。要支持有条件的养老机构设置医疗机构，100张床位及以上的护理型养老机构应单独设置卫生所(医务室)，条件具备的可申请设立医院；100张床位以下的护理型养老机构和助养型养老机构可单独设置卫生所(医务室)，也可与周边医院、社区医疗卫生服务机构合作，促进养医结合。加快推进面向养老机构的远程医疗服务试点。医疗机构应当为老年人就医提供优先优惠服务。推进养医结合服务社区化，加强社区居家养老服务照料中心与社区医疗卫生服务中心(站)的合作。社区卫生服务机构应当为老年人建立健康档案，与老年人家庭建立医疗契约服务关系。积极探索通过购买服务方式满足老年人的其他特需医疗服务。

2.健全医疗保险制度。养老机构内设的医疗机构、老年康复医院符合职工基本医疗保险和城乡居民基本医疗保险定点条件的，可申请纳入定点医疗机构范围。探索建立针对养老机构内设的医疗机构、老年康复医院总额预算和单病种结算方式，保障各类入住老人的医疗需求。健全医保异地就医平台建设，切实解决异地入住老年人就医结算问题。

(五)完善税费优惠政策

1.落实好现行支持养老服务业的税收优惠政策，对养老机构提供的养护服务免征营业税，对各类非营利性养老机构自用房产、土地免征房产税、城镇土地使用税。经批准设立的养老机构内专门为老年人提供生活照顾的场所免征耕地占用税。对认定为非营利组织的养老机构，其取得符合条件的收入作为企业所得税免税收入。对企事业单位、社会团体和个人向非营利性养老机构的捐赠，符合相关规定的，准予在计算其应纳税所得额时按税法规定比例扣除。

2.对非营利性养老机构建设免征有关行政事业性收费，对营利性养老机构建设减半征收有关行政事业性收费。对养老机构免征水利建设基金，接纳残疾老年人达到一定比例的免征残疾人就业保障金。对养老机构提供养老服务适当减免行政事业性收费。各类养老机构免缴城市基础设施配套费、有线(数字)电视建设费(入网费)，减半缴纳有线(数字)电视终端用户收视维护费，用电、用水(含污水处理费)、燃气按居民生活类价格执行，使用固定电话、宽带互联网费用执行家庭住宅价格；向城市污水集中处理设施排放达标污水、按规定缴纳污水处理费的，不再征收污水排污费。新建养老机构，适当降低车位配置标准。

3.对经依法成立的养老服务组织和机构，按规定享受国家对中小企业、小型微利企业和家庭服务业等相应的税费优惠政策。凡我市登记失业人员、残疾人、退役士兵以及毕业2年以内的普通高校毕业生创办养老服务机构的，自其在工商部门首次注册登记之日起3年内免收管理类、登记类和证照类等有关行政事业性收费。

4.中小型居家养老服务企业缴纳城镇土地使用税确有困难的，可按有关规定报经当地地税行政主管部门批准，给予定期减免城镇土地使用税的照顾；对符合条件的员工制居家养老服务企业在政策有效期内按规定给予免征营业税的支持政策。

5.境内外资本举办养老机构享有同等的税费等优惠政策。

(六)拓展产业投融资政策

1.加大信贷支持力度。金融机构要加大对养老服务机构信贷支持力度，拓宽信贷抵押担保物范围，合理利率定价，满足养老服务业的信贷需求。对招用毕业2年以内高校毕业生、登记失业人员、就业困难人员、城镇复退军人等符合小额担保贷款条件的人员达到机构现有在职职工总数20%(超过100人的机构达到10%)以上，并签订1年以上期限劳动合同的民办养老服务机构，根据招用人数，可给予最高不超过200万元的贴息贷款，贷款期限不超过2年，并可享受50%贷款利息的贴息，贴息所需经费从促进就业资金中列支。

2.允许养老机构利用有偿取得的土地使用权、产权明晰的房产等固定资产办理抵押贷款，国土资源、房产管理部门应予办理抵押登记手续。支持养老机构以包括股权融资在内的各种方式筹集建设发展资金，各级财政出资的融资性担保机构应优先为符合条件的营利性养老机构提供担保。对产权明晰、管理规范、诚信度高、偿债能力强的民办养老机构及其建设项目，银行业金融机构应通过多种方式给予信贷支持。

(七)确保养老产业投资权益

1.凡捐资举办的非营利性

养老机构，所有净资产归社会所有，机构停办后，由行政许可部门负责统筹，继续用于养老服务事业；其余民办非营利性养老机构、居家养老服务组织，出资者拥有实际出资额（含存续期间追加投资额）的财产所有权。

2.依法登记的民办非营利性养老服务机构，明确出资财产属于出资人所有。经营管理较好的，在扣除举办成本、预留单位发展基金以及提取其他有关费用后，如当年仍有收支结余，经养老服务机构决策机构同意并经审计符合规定的，可以从收支结余中提取一定比例用于奖励举办人，年奖励总额不超过以举办人累积出资额为基数的同期银行一年期贷款基准利率2倍利息额。投入满5年后，在保证不撤资、不影响法人财产稳定的前提下，经单位决策机构同意，出资人产（股）权份额可以转让、继承、赠与。

3.民办非营利性养老服务机构经依法清算后，有资产增值的，经养老服务机构决策机构同意并经审计符合规定的，可对举办人给予一次性奖励，奖励总额不超过资产增值部分的10%。

（八）发挥保险风险管理作用

建立养老服务机构政策性综合责任保险制度，鼓励养老机构投保以减轻机构运行风险。公办养老机构参加政策性综合保险和居家养老服务照料中心参加意外伤害保险所需保费可列入年度预算；鼓励民办养老机构参加政策性综合保险。探索推进政策性老年人意外伤害保险工作，探索建立老年人养老护理保险，鼓励老年人投保健康保险、长期护理保险等人身保险产品，鼓励和引导商业保险公司开展相关业务。

（九）健全养老服务监管评估制度

1.健全养老服务需求评估体系。开展区域性的养老服务需求评估工作，掌握老年群体养老服务需求，作为规划布局养老服务设施的依据。对申请养老服务补贴的老年人，要对其经济状况、身体状况、居住状况、养老意愿等进行评估，作为提供养老服务补贴和确定补贴方式的依据。要组建统一的需求管理和服务平台，形成统一的需求评估队伍，建立基本养老服务第三方评估机制。要制订完善老年护理院出入院标准，在医保配套政策、出院执行保障措施等政策基础上推广实施，形成机构护理与机构养老、居家养护等合理分工，有序衔接。

2.健全养老服务监督管理制度。建立养老机构监管信息披露制度，探索多形式的居家养老服务照料中心督查方式。符合民办非企业单位登记条件的照料中心，应当办理法人登记，其他照料中心可以通过社区服务组织备案方式进行登记管理。新建养老机构要按照《养老机构设立许可办法》，提交建设、消防、卫生防疫等有关部门的验收报告或审查意见书及其他必备材料。在《养老机构设立许可办法》出台之前设立的养老机构要加快整改、补办手续。加强对非营利性养老机构监管，对其存在侵占、私分、挪用其资产或所接收的捐赠和资助的，依法予以处罚。加大对养老服务补贴等财政资金使用的监管力度，对接受财政补贴的个人和机构通过瞒报、造假等方式骗取财政性资金的，依法予以处罚。强化对政府投资举办或者接受政府补助的养老机构财务状况的审计监督，并依法向社会公布审计结果。

3.加强各类养老机构分类管理。完善养老机构准入、退出机制，根据法人性质、运行模式、服务对象等对养老机构进行分类管理。逐步统一各类养老机构收费项目，营造养老服务业公平竞争的环境。公办养老机构的普通服务项目收费实行政府指导价管理，其他收费实行市场调节价。民办养老机构收费以市场调节为原则，实行自主定价。养老机构要按照机构分类的不同价格标准进行公示，不得擅自设立收费项目。未获得许可和依法登记前，养老机构不得以任何名义收取费用、收住老人。

三、组织领导

（一）健全工作机制。要将养老服务业发展作为重要内容，纳入国民经济和社会发展及城市（城镇）总体规划，制订养老服务设施建设专项规划和养老服务产业发展规划，引导养老服务业科学发展。要把养老服务水平列入镇（街道）绩效考核主要内容。市老龄工作委员会要加强政策协调，定期分析问题，研究推进措施。要加强养老服务指导中心建设，确保机构、职责、编制、人员、场地、经费“六到位”。

（二）明确部门职责。民政部门要切实履行监督管理、行业规范、业务指导职责，会同规划建设部门组织编制养老服务设施规划，指导养老服务设施有序建设。发改部门要将养老服务业纳入经济社会发展总体规划和专项规划，扶持培育龙头企业，支持养老服务设施建设，加强对政府投资的养老机构普通服务项目的价格管理。经信部门要支持养老服务信息服务平台建设。财政部门要对养老服务业发展给予财力保障。规划建设部门要制订城镇居家养老服务设施配建标准。统计部门要建立完善养老服务业统计制度。老龄工作机构要发挥综合协调作用，加强督促指导工作。残联要充分发挥自身优势，促进养老服务业的发展。机构编制、教育、公安、消防、卫生、人口计生、国土资源、人力社保、税务、金融、质监、市场监管、安监等部门要各司其职，按照职责分工做好促进养老服务业发展工作。同时，要积极培育和发展养老服务行业协会，发挥行业自律作用。

（三）加强绩效考评。各镇（街道）要加强工作绩效考核，确保责任到位、任务落实。为加快推进我市养老服务体系建设和促进养老服务业发展，市财政每年安排专项资金，用于推进各镇（街道）养老服务体系建设和促进养老服务业发展工作。各镇（街道）要根据本实施意见精神和各自实际抓紧制订具体实施办法。市级相关部门要根据本部门职责，制订具体政策措施，切实抓好落实工作。市民政局（市老龄办）要加强对本意见执行情况的监督检查，及时向市政府报告，市政府适时组织专项督查。

本意见自发布之日起施行，此前发布的政策意见与本意见不一致的，以本意见为准。

附件

加快发展养老服务业的重点任务分工及工作进度安排表

表 65

序号	工作任务	负责部门	时间进度
1	制定“十三五”老龄事业和养老服务业发展规划	民政局、发改局	2015 年 12 月前
2	制定促进医养融合系列政策	民政局、卫生局、发改局、财政局、人力社保局	2015 年 12 月前
3	制定养老服务补贴实施细则	民政局、财政局	2015 年 12 月前
4	制定养老机构星级评定暂行办法	民政局、财政局	2015 年 6 月前
5	制定居家养老服务照料中心管理办法	民政局、财政局	2015 年 8 月前
6	制定养老机构补助细则	民政局、财政局	2015 年 8 月前
7	制定居家养老服务照料中心补助细则	民政局、财政局	2015 年 12 月前

重要文件存目

桐乡市委文件存目

桐委发文号	时间	标题
1号	1月13日	关于进一步加强人大工作发挥人大作用的意见
16号	6月28日	关于印发《桐乡市人民政府职能转变和机构改革方案》的通知

桐委办发文号	时间	标　　题
4号	1月21日	关于印发《桐乡市党政机关国内公务接待实施细则》的通知
22号	4月24日	印发《关于加快推进基层协商民主机制建设的实施意见》的通知
33号	6月2日	印发《关于加快推进新型农业现代化的实施意见》的通知
34号	6月8日	印发《关于进一步完善桐乡市工业企业绩效综合评价办法实施意见》的通知
40号	6月23日	印发《关于进一步健全完善"三治"建设长效机制的实施意见》的通知
41号	6月30日	印发《关于推进基层社会治理"一张网"建设的实施意见》的通知
42号	5月26日	印发《关于进一步落实"河长制"完善"清三河"长效机制的实施意见》的通知
44号	7月2日	印发《关于进一步加强社区矫正工作的实施意见》的通知
60号	9月24日	关于印发《关于开展整治"懒政怠政"专项行动的实施方案》的通知
75号	11月26日	关于印发《桐乡市"红袖章"万人大巡防活动实施方案》的通知
76号	11月26日	印发《关于加强桐乡市纪委派驻机构建设实施方案》的通知
81号	12月10日	印发《关于加快发展红十字事业的实施意见》的通知

桐乡市政府文件存目

政府令文号	时间	标　　题
105号	6月8日	桐乡市国有土地上房屋征收与补偿办法
106号	10月30日	桐乡市重大行政决策程序规定
107号	12月31日	桐乡市国有土地上房屋征收与补偿办法

桐政发文号	时间	标　　题
2号	1月7日	关于进一步完善行政执法责任制的意见
4号	2月27日	关于印发2015年《政府工作报告》主要工作责任分解方案的通知
23号	8月10日	关于印发桐乡市政府产业基金管理办法的通知
26号	8月28日	关于印发进一步完善镇(街道)和经济开发区财政管理体制意见的通知
27号	9月6日	关于印发桐乡市饮用水水源地规划的通知
35号	11月16日	关于印发桐乡市行政应诉规则的通知

桐政办发文号	时间	标　　题
58号	7月3日	关于印发《桐乡市深化环境资源要素市场化配置改革的若干意见》等5个文件的通知
91号	9月2日	关于印发中国(乌镇)互联网产业基地建设与发展规划(2015～2020年)的通知
93号	9月6日	关于印发进一步促进全市工业经济平稳增长提升发展实施意见的通知

（市委办、市政府办提供）

索引

1. 本索引为汉语拼音音序索引，以主题词列条，按主题词的首个中文字的字母顺序排列，首字相同，则按第二字的音序排列，以此类推。

2. 索引页码后的“a”表示左栏，“b”表示中间栏，“c”表示右栏。

3. 为便于检索，除栏目名、分目名及易产生歧义者外，一般将单位、组织和事件前的“桐乡”“桐乡市”“市”省略。

4. 阿拉伯数字、标点开头的主列条以第一个中文字排序。

5. 本索引中栏目、分目名用黑体字；《特载》《大事记》《国民经济统计资料》《文件选编》四栏目的内容未做索引。

D

F

G

H

J

T

X

Y

2月4日，梅州市梅县区第一届人民代表大会第六次会议在梅县区文化活动中心礼堂举行

国际无水港保税物流园举行

2月6日，梅州市梅县区人民政府与广东欣桐科技股份有限公司智能电子控制器项目签约仪式在智慧梅县政务指挥中心举行

3月4日，梅县区召开党史学习教育动员大会

3月16日，梅县区在白渡镇沙坪工业园区举行"3113"绿色产业重点项目2021年一季度集中开工（签约）活动

3月18日，梅县区在丙村镇新圩村举行东山中学·客都人家分校动工仪式

4月13日，梅州综合保税区发展平台推介会在东莞市举行

5月14日，梅县区在梅南镇龙文公学举行“中国共产党人精神谱系展”揭幕系列活动

6月8日，梅县区乡村振兴局挂牌成立

7月26日，广东嘉元科技股份有限公司举行嘉元科技国家企业技术中心研发综合楼启用暨国家技术创新示范企业挂牌揭幕仪式

8月17日，梅县区生态环境保护委员会第一次会议召开

8月26日，中国共产党梅州市梅县区第一届委员会第十三次全体会议在梅县区文化活动中心礼堂召开

9月8日，广东外语外贸大学附设梅州实验学校举行开学典礼

9月10日，梅县区庆祝2021年教师节大会在梅县区文化活动中心礼堂举行

11月16日，梅州市梅县区第二届人民代表大会第一次会议在梅县区文化活动中心礼堂举行

11月16日，中国人民政治协商会议第二届梅州市梅县区委员会第一次会议在梅县区文化活动中心礼堂举行

12月6日，梅县区举办学习贯彻中共十九届六中全会精神市委宣讲团报告会暨梅县区科级领导干部学习贯彻中共十九届六中全会精神专题研讨班

12月13日，梅县区召开铜箔项目建设工作推进会议，研究部署嘉元科技、宁德时代年产10万吨高端锂电铜箔项目建设工作

城东莲塘　　（吴腾江　摄于2021年）

松口镇铜琶村　　（吴腾江　摄于2021年）

石扇镇全力推进肖向荣故居修缮和周边环境提升工程，大力塑造红色村落风貌

（吴腾江　摄于2021年）

石扇镇新东村

（吴腾江　摄于2021年）

丙村芦陵　　（吴腾江　摄于2021年）

水车镇茶山村　　（吴腾江　摄于2021年）

南口镇侨乡村南华又庐

（吴腾江 摄于2021年）

南口镇侨乡村

（吴腾江 摄于2021年）

最美跑道

12月30日，梅县区沿江金岸跑道提升项目工程通过验收

目 录

大 事 记

梅县区概况

政 治

经　济

科教文旅

社会生活

乡镇建设

国民经济主要指标

内设机构

名　录

文献辑存

索　引

大　事　记

1月

1日，梅县区不动产业务“一窗受理”房产交易智能办税系统实现全面上线。

14日，梅县区召开“十四五”规划建议征求意见座谈会。

18日，梅县区第二人民医院（松口镇中心卫生院）举行“二级综合医院”挂牌仪式。

22日，梅县区在“客都人家”康养文旅综合体开展农村地区新冠肺炎疫情联合应急演练。

23日，总投资约25880万元的重点民生工程——人民南路“断头路”实现主路面六车道双向通行。

25日，中国共产党梅州市梅县区第一届委员会第十一次全体会议在梅县区文化活动中心礼堂召开。

26日，省道242线梅县区梅西至程江公路建设工程（梅县区西部旅游快线项目）开工仪式在梅县区程江镇长滩村举行。

30日，梅州国际无水港（松棚铁路物流基地）及配套工程开工仪式在梅州市梅县区畲江镇梅州国际无水港保税物流园举行。

2月

2日，南口镇中心卫生院举行“锋光综合门诊楼”挂牌揭幕仪式。

3日，梅州市妇联联合梅州市爱心天使义工协会到梅县区石扇镇、城东镇开展“把爱带回家”春节慰问活动。

4日，梅州市梅县区第一届人民代表大会第六次会议在梅县区文化活动中心礼堂举行。

同日，中国人民政治协商会议第一届广东省梅州市梅县区委员会第六次会议在梅县区文化活动中心礼堂举行。

6日，梅州市梅县区人民政府与广东欣桐科技股份有限公司智能电子控制器项目签约仪式在智慧梅县政务指挥中心举行。

同日，连接高铁梅州西站与葵岗高速入口的进城大道延长段市政道路工程全面完工，实现双向六车道通行。

23日，梅县区征收第一笔防空地下室易地建设费。

26日，梅县区武装部征兵视力检测矫正指导中心揭牌仪式在梅州爱尔眼科医院举行。

3月

4日，梅县区召开党史学习教育动员大会。

10日，梅县区在全市率先举办新一届村（社区）党组织书记履职专题培训班。

16日，梅县区在白渡镇沙坪工业园区举行“3113”绿色产业重点项目·2021年一季度集中开工（签约）活动，6个项目现场开工、签约，总投资24亿元。

18日，梅县区在丙村镇新圩村举行东山中学·客都人家分校动工仪式。

19日，梅县区收听收看党史学习教育中央宣讲团宣讲报告会。

23日，梅县区召开政法队伍教育整顿政治轮训宣讲大会。

同日，广东省委政法队伍教育整顿驻梅州指导组、梅州市委政法委联合到梅县区开展“铭记光辉历史，传承红色基因”主题党日活动。

24日，广东省农科院农业经济与信息研究所调研组到梅县区调研乡村振兴工作，就“创建广东省乡村振兴综合试验区”这一课题进行深入交流探讨。

25日，中国扶贫杂志社一行到梅县区开展脱贫攻坚和乡村振兴调研采访工作。

26日，第一届广东民宿大会在梅县区召开。

4月

8日，2021年梅县区“党史学习教育进校园”启动仪式在梅县外国语学校举行。

13日，梅州综合保税区发展平台推介会在东莞市举行。

19日，2021年梅县区创建全国文明城市业务骨干培训班在梅县区委党校开班。

同日，梅县区举行党史学习教育专题宣讲报告会。省委宣讲团成员、省委党史研究室副主任王涛应邀作题为《在学习领会党的历史及其经验中奋进新时代》的宣讲报告。

20日，由广东中共党史学会、市委党史研究室、梅县区委联合举行的中央九月来信首次传达贯彻学术研讨会在梅县区召开。

25日，梅州综保区招商推介会在广州越秀国际会议中心举行。

28日，叶剑英元帅124周年诞辰纪念活动在叶剑英纪念园举行。

是日，中山大学附属第三医院粤东医院与广东飞翔云计算有限公司战略合作暨粤东医院城市医联体信息互联互通建设启动仪式在粤东医院举行。

5月

10日，梅县区新城办事处举行华丽苑、怡迪苑、富贵花园二期老旧小区周边道路提升工程项目开工仪式。

12日，梅县区在松源镇中心卫生院举行“传承红色基因，创新发展护理”暨“5·12”国际护士节纪念及表彰活动。

13日，梅县区在雁洋镇综合实践教育营地举行2021年中小学校传承红色基因研学实践教育活动启动仪式。

14日，梅县区在梅南镇龙文公学举行“中国共产党人精神谱系展”揭幕系列活动。

17日，梅县区文体中心新冠疫苗临时接种点正式对市民开放。

19日，梅县区华侨城新冠疫苗临时接种点正式对市民开放。

27日，由梅县区委组织部、区委党校、团区委联合举办的2021年梅县区新时代年轻干部成长工程培训班开班。

6月

1日，梅县区民政和人力资源社会保障局发布《2021年梅州市梅县区事业单位公开招聘工作人员公告》，面向社会公开招聘281名事业单位工作人员。

8日，梅县区乡村振兴局挂牌成立。

15日，梅州综保区建设指挥部邀请汕头海关牵头梅州市直相关单位组成模拟预验收小组，参照正式验收流程，对梅州综保区（一期）基础和监管设施建设情况进行模拟预验收。

23日，梅县区召开创建全国文明城市工作推进会。

25日，“中央九月来信传达贯彻历史陈列室”揭牌仪式在松源镇同怀别墅举行。

27日，梅县区在梅县区人民广场举行“梅县区城市党群服务中心”、梅县区有声智慧党建、“庆祝中国共产党成立100周年主题展”启动仪式。

同日，梅县区新党员代表宣誓活动在区委组织部党建大厅举行，来自全区各基层党委的100名新党员代表参加宣誓。

28日，庆祝中国共产党成立100周年大型书画摄影艺术展在梅县区图书馆开展。

29日，梅南镇在胡一声故居举行胡一声陈列馆开馆仪式。

7月

1日，梅县区各界认真收听收看庆祝中国共产党成立100周年大会直播。

5日，梅县区召开全区学习贯彻习近平总书记在庆祝中国共产党成立100周年大会上重要讲话精神干部动员大会。

8日，由梅州市委宣传部、市委宣传部讲师团主办，由梅县区委宣传部、梅南镇党委承办的“学党史、感党恩、跟党走”百镇千村巡回宣讲活动（梅县区专场）在梅县区梅南镇水美村举行。

9日，梅县区首个乡镇消防所——程江镇消防所举行揭牌仪式。

13日，梅县区第二实验幼儿园竣工验收，将于9月正式开园投入使用。

21日，2021年梅县区现役军人立功受奖表彰大会暨全区退役军人工作会议在区退役军人事务局召开。

26日，广东嘉元科技股份有限公司举行嘉元科技国家企业技术中心研发综合楼启用暨国家技术创新示范企业挂牌揭幕仪式。

同日，梅县区全面启动12—17岁人群新冠疫苗接种工作。

8月

9日，梅县区国家现代农业产业园石扇园区项目启用活动暨“三位一体”综合合作示范基地建设推进会在石扇镇举行。

17日，梅县区生态环境保护委员会第一次会议召开。

18日，2021年“梅州茶王”颁奖会暨嘉应茶品牌推介活动和2021年广东梅州柚市场营销启动仪式在客都人家先贤堂举行。

同日，梅县区2021年“8·19”中国医师节庆祝大会在智慧梅县政务指挥中心召开。

20日，客都人家三期项目动工仪式在梅县区雁洋镇举行。项目包括五星级酒店、水上乐园、会议中心、康养社区。

25日，梅县区总工会、共青团梅县区委员会联合举行“2021年金秋助学”启动仪式，为60余名困难学子发放助学金计30余万元。

26日，中国共产党梅州市梅县区第一届委员会第十三次全体会议在区文化活动中心礼堂召开。

9月

6日，农业农村部农村合作经济指导司发布《拟认定第二批全国乡村治理示范村镇名单公示公告》。梅县区丙村镇芦陵村入选拟认定第二批全国乡村治理示范村名单。

8日，广东外语外贸大学附设梅州实验学校举行开学典礼。

10日，梅县区庆祝2021年教师节大会在梅县区文化活动中心礼堂举行。

14日，“百团”传扬梅州柚·助力乡村振兴——粤港澳大湾区“菜篮子”产品梅州配送中心梅州柚直播推广系列活动之一——兴盛优选每天一品“亿方梅州蜜柚”专场活动在梅县区举办。

23日，梅县区举行区、镇人大代表换届选举。

同日，梅县区入选中国最美县域榜单。

10月

14日，梅县区被生态环境部认定为“绿水青山就是金山银山”实践创新基地。

18日，梅县区沿江金岸跑道提升项目工程开工建设。

20日，“梅州市生态环境局梅县分局”印章启用。

22日，中山大学附属第三医院——粤东医院举行感染性疾病救治中心项目动工仪式。

27日，梅县区城东司法所获评“全国模范司法所”。

29日，梅县区召开2021年度河长制工作培训会议。

30日，“匠心种好柚·品质赢市场”——2021年广东梅州柚·梅县金柚开采节活动在梅县区雁洋镇南福金柚公园举行。

11月

2日，梅县区创建国家级水产健康养殖和生态养殖示范区通过广东省农业技术推广中心验收。

12日，梅县区召开共青团基层组织改革试点工作协调推进会。

同日，梅县区公安分局打私大队到东山中学新城分校开展“反走私进校园”宣传活动。

16日，梅州市梅县区第二届人民代表大会第一次会议在梅县区文化活动中心礼堂举行。

是日，中国人民政治协商会议第二届梅州市梅县区委员会第一次会议在梅县区文化活动中心礼堂举行。

17日，梅县区在华侨城广场举行以“参与无偿献血·共筑健康中国”为主题的无偿献血活动。

23日，梅县区2021年“全国安全用药月”宣传活动在南寿峰健康产业园举行。

12月

2日，梅州综合保税区通过国家正式验收。

4日，梅县区在“第八个国家宪法日”组织开展2021年国家宪法大型法治宣传活动。

5日，“文明实践·志愿有我”2021年梅州市梅县区第一届志愿服务文化月启动仪式在梅县区人民广场举行。

6日，梅县区举办学习贯彻中共十九届六中全会精神市委宣讲团报告会暨梅县区科级领导干部学习贯彻中共十九届六中全会精神专题研讨班。

7日，梅州市委党史学习教育第二巡回指导组对梅县区巡回指导意见反馈会召开。

8日，梅县区召开省道223线梅县区雁洋至松源段改建工程第一、二标段征地拆迁工作推进会。

13 日，梅县区召开铜箔项目建设工作推进会议，研究部署嘉元科技、宁德时代年产 10 万吨高端锂电铜箔项目建设工作。

21 日，梅县区组织收听收看全省新冠肺炎疫情防控工作电视电话会议。

29 日，共青团梅县区第二次代表大会在梅县文体中心召开。

30 日，梅县区沿江金岸跑道提升项目工程通过验收，元旦期间正式启用并面向群众开放。

梅县区概况

基本概况

【建置沿革】 梅县建置始于南朝齐（479—502年），时称程乡县，以纪念乡贤程旻而得名，析海阳县地置县。南汉乾和三年（945年）于程乡置敬州，领程乡一县，州、县并置。北宋开宝四年（971年）避宋太祖赵匡胤祖父赵敬之讳改名梅州，因境内有梅溪、梅山，“因山水而得名”（见清光绪《嘉应州志·山川》），有说境内多梅花而得名。明代，撤梅州，仍设程乡县。清雍正十一年（1733年）升格为直隶嘉应州，领兴宁、长乐（今五华县）、平远、镇平（今蕉岭县）4个县，连同嘉应本属（原程乡县）称为“嘉应五属”。清宣统三年（1911年）辛亥革命推翻清朝在嘉应州的地方政权后，嘉应本属复名梅州。民国元年（1912年）废除州府制，改称梅县。中华人民共和国成立后仍称梅县。1978年，划出县城梅州镇和附城部分乡镇成立县级的梅州市。1983年6月，县、市合并，称梅县市。1988年1月，撤销梅县地区，设立地级梅州市，实行市管县体制。梅县市撤销。析为梅县和梅江区（县级），隶属梅州市。2013年10月，国务院正式批准梅州市撤销梅县建置，设立梅州市梅县区。

【位置面积】 梅县区位于广东省东北部，韩江上游，梅州市中部。位于北纬23°55′—24°48′、东经115°47′—116°33′，东西宽78千米，南北长98千米；东邻大埔，西界兴宁，南连丰顺，北接蕉岭；东北与福建省上杭、永定毗连，西北与平远接壤，中部环接梅州市梅江区。2021年年底，全区总面积2482.86平方千米。向有“八山一水一分田”之说，盆地、丘陵、山地分别占总面积的22.5%、55.4%和22.1%。

【自然环境与资源】 境内千米以上山峰9座，最高为阴那山五指峰1297米，次为王寿山1147米。主要河流有梅江河、石窟河、程江河和松源河，梅江为主干流（母亲河），流经区境约70千米，年平均径流总量90亿立方米，水能理论蕴藏量30万千瓦，占全区水能理论蕴藏量40.13万千瓦的75%。隆文镇岩前村“绿窟潭”是国内首个顶级待开发的水下全淹洞。

矿产资源以大理石、煤、铁、锰、钨、锌、铜、石灰石等为大宗，其中大理石储量40多亿吨、煤近4亿吨、铁1318万吨、锰700万吨。

野生动物资源兽类主要有野猪、黄猄、大灵猫（五段子）、狐、狸、野兔、黄鼠狼、豪猪、松鼠等10多种，禽类有竹鸡、雉鸡等，鸟类有斑鸠、鹧鸪、猫头鹰、喜鹊等10多种，鱼类有河鲇、斑鱼、黄鳝、泥鳅等近10种，两栖爬行类有鳖、龟、青蛙、金环蛇、银环蛇等10多种。

植物资源主要有金柚、茶叶、柑橙、香蕉、柿子、西瓜、烤烟、仙人草、竹笋、南药等。

【气候】 2021年，梅县区年平均气温23.0℃，比历年平均偏高1.4℃；年降水量823.4毫米，比历年平均偏少45.1%；年日照时数2142.3小时，比历年平均偏少0.17%。年极端最高气温39.2℃，出现在7月28日；年极端最低气温–1.6℃，出现在1月13日。最冷月平均气温比历年同期平均偏低0.3℃，最热月平均气温与历年同期平均偏高0.8℃。

2021年的气候特点是：气温偏高，高温日数创历史新高。降水量偏少，日照时数略偏少。

【旅游景区景点】 主要有国家AAAAA级旅游景区雁南飞茶田度假村，国家AAAA级旅游景区叶剑英纪念园、雁山湖国际花园度假区、千年古刹灵光寺，国家AAA级旅游景区南寿峰健康产业园和大观天下文化旅游产业园，省级文物保护单位元魁塔，最具代表性的中国五大特色建筑客家民居围龙屋南华又庐、丙村温公祠，国家级文化产业园南口麓湖山庄，国家级古村落水车茶山村、南口侨乡村，广东省十大最美古村落雁洋桥溪村、国家历史文化名镇和历史文化名街松口、世界最大圆形建筑——梅县文体中心，主要地方名胜阴那山、王寿山、九龙嶂等。

【荣誉与人物】 梅县区先后荣获中国金柚之乡、全国水果百强县、中国旅游强县、全国文化先进县、中国民间艺术之乡（山歌艺术之乡）、全国绿化模范县、全国绿色小康县、全国文明县城、国家卫生城市等称号，并被确认为中央苏区县、中国长寿之乡。是传统的文化之乡、足球之乡、华侨之乡。2019年，梅县区获评全国森林康养基地试点建设区、全省首批全域旅游示范区，入选国家、省级现代农业（金柚）产业园创建名单，于2021年11月获评中国民间文化艺术之乡，梅州综合保税区于2021年12月通过国家正式验收。客家文化源远流长，客家话方言以梅县客家话为代表，文化底蕴深厚，孕育出不少杰出人物。著名的有清代著名诗人宋湘、黄遵宪，辛亥革命烈士陆军上将邓仲元，中华人民共和国十大开国元帅之一叶剑英，现代著名画家林风眠，全国政协副主席叶选平，全国人大常委会委员、香港金利来集团有限公司董事局主席曾宪梓，两院“院士”古德生、张楚汉等杰出人物。

【行政区划】 2021年，梅县区辖新城工委、扶大高新区管委会、程江、南口、畲江、水车、梅南、梅西、石坑、大坪、城东、石扇、白渡、丙村、雁洋、松口、隆文、桃尧、松源等19个镇（办事处、高管会），梅县区共有355个行政村、34个社区居委会。

【地区生产总值】 2021年，梅县区生产总值为237.71亿元，同比增长6.2%；一般公共预算收入16.38亿元，同比增长12.34%。

【人口】 2021年，梅县区户籍人口618012人，性别比102.09（以女性为100）；全区常住人口557248人。2021年，梅县区人口出生率7.71‰，死亡率5.84‰，人口自然增长率1.87‰，政策生育率93.45%。

经济社会发展概况

【概况】 2021年，梅县区政府坚持以习近平新时代中国特色社会主义思想为指导，深入学习贯彻习近平总书记对广东系列重要讲话和重要指示批示精神，认真落实省、市工作部署，在区委的坚强领导下，在区人大及其常委会、区政协的监督支持下，统筹疫情防控和经济社会发展，狠抓“六稳”“六保”工作，扎实推动高质量发展。全区地区生产总值完成237.71亿元，同比增长6.2%，一般公共预算收入16.38亿元，同比增长12.34%，完成规上工业增加值59.41亿元，同比增长13.4%，外贸进出口总额5.01亿美元，同比增长81%，固定资产投资完成86.13亿元，社会消费品零售总额完成149.38亿元，实现“十四五”规划良好开局。

一是集中精力发展实体经济，大力推动制造业高质量发展，特色产业体系加快构建。培育规上工业企业10家、“专精特新”企业1家。完成工业投资20.9亿元，其中技改投资11.41亿元，同比增长50.4%。铜箔产业成功入选全省“双十”战略性产业集群和广东“强芯工程”。嘉元科技年产3.1万吨锂电铜箔首期1.5万吨项目建成投产，铜箔产业产能提高到4.6万吨。以铜箔为主的电子信息产业实现产值52.96亿元，同比增长81.4%。BPW车轴八期、欣桐科技智能电控板、庆达科技智能电机、伟友耐磨二期、盛富金属二期、福德金属二厂等一批大项目建成投产，装备制造、智能家电产业链条不断延伸，产值突破38亿元。获评广东省制造业发展较好区，宝丽华、BPW（梅州）车轴、嘉元科技、卡莱橡胶位列梅州工业企业2021年度纳税20强。

二是抢抓老区苏区振兴发展政策机遇，加大力度扩投资促消费，高质量发展动能不断增强。积极对接国家和省支持老区苏区振兴发展政策，获中央预算内投资、地方债券等资金支持27.56亿元。发挥投资关键作用，42项省、市重点项目完成投资56.63亿元，总量居全市第一。宁德时代、嘉元科技年产10万吨高端锂电铜箔等14个项目签约落户，计划总投资154.66亿元。商贸物流、电子商务等服务业加快发展，电商交易额达83.76亿元，同比增长23.9%。推进文旅产业融合发展，承办第一届广东民宿大会，成功创建国家全域旅游示范区，“客都人家”成为华南文旅新标杆，雁洋镇获评全国乡村旅游重点镇和广东省乡村民宿示范镇。

三是深化改革开放，激发创新创业活力，内生发展动力充分释放。扎实推进“放管服”、数字政府和商事制度改革，营商环境持续优化，新增市场主体6240户。深化财政制度改革，完成41.98亿元隐性债务化解清零。全面落实各项惠企政策，发放财政扶持资金5588万元，减税降费9400多万元。打造对外开放新平台，梅州松棚铁路物流基地开工建设，梅州综合保税区（一期）通过国家验收，入驻企业10家。加速培育创新动能，获批省市科技项目44项，新增高新技术企业6家、国家科技型中小企业35家。嘉元科技挂牌国家技术创新示范企业，超华科技获批牵头组建广东省高性能电解铜箔区域创新中心，自远环保获省级企业技术中心认定，云电商生态城获省科技企业孵化器认定。

四是扎实推进城市提质扩容，不断完善基础设施，城乡融合步伐加快。统筹推进文明城市创建、卫生城市巩固和“两美”行动，市容市貌持续提升，入选中国最美县域、省级海绵城市建设示范城市。天虹购物中心等一批城市综合体加快建设，三丰、大沙安置小区和程江棚户区改造项目基本建成，城市功能配套日益完善。“十个一批”城建项目滚动实施，亲水公园、梅花山公园和一批市政道路、老旧小区、农贸市场完成改造提升，沿江“最美跑道”建成使用。外联内畅交通体系加快构建，瑞梅铁路获批建设，梅龙高铁、东西部快线等项目加快推进，建成92千米“四好农村路”、50千米美丽农村公路，成功创建国家“四好农村路”示范县，入选全国城乡交通运输一体化示范创建县。5G基站、智能电网建设和农村电网升级改造稳步推进，天然气输送管网基本覆盖城区。

五是深入实施乡村振兴战略，努力推动农业强农村美农民富，乡村全面振兴稳步推进。全区农林牧渔业总产值93.25亿元，同比增长8.1%。巴庄水库灌区改造等农田水利基础设施不断完善，新建高标准农田253.33公顷，新增垦造水田154.53公顷，复耕复种撂荒耕地926.67公顷，全年粮食播种面积2.58万公顷、产量17.54万吨。“一村一品、一镇一业”初具规模，建成全国示范镇1个、省级专业镇2个、专业村17个，入选国家农业现代化示范区创建名单，成功创建首批国家级水产健康养殖和生态养殖示范区。金柚扩种面积1000公顷，建成全国首条柚苷提取生产线，带动农民增收3.5亿元，国家现代农业产业园通过考核认定，梅县金柚获国家农产品地理标志登记产品认定。扎实推进乡村建设行动，18个美丽乡村示范点和畲江等美丽圩镇试点加快建设，完成涉及334个自然村约9万人的集中供水任务。全域1386个自然村基本完成村庄整治，无害化卫生户厕普及率、生活垃圾和污水处理率不断提升。实施丙雁沿线农房风貌改造提升，“叶帅故里·大美梅县”乡村游线路入选全国乡村旅游学习体验线路。18个驻镇帮镇扶村工作队全面进驻，乡村振兴有效衔接脱贫攻坚。全区行政村集体经济收入均达5万元以上。

六是牢固树立“绿水青山就是金山银山”理念，持续改善生态环境，绿色低碳发展水平不断提高。获评全国“绿水青山就是金山银山”实践创新基地。建立“三线一单”生态环境分区管控体系，实施韩江中上游山水林田湖一体化保护和修复工程。88宗中央环保督察交办信访案件基本办结。聚焦水、气、土壤等重点领域持续攻坚，新建农村污水处理设施21座，有序推进水生态清洁小流域综合治理工程，建成碧道27.3千米，考核断面水质优良率100%，空气质量优良率99.7%。深入开展“绿满梅县”大行动，“三江四线”生态景观廊道不断提升。扎实推进地质灾害隐患治理，整治削坡建房风险点630户。实施高耗能行业绿色化改造，推广光伏发电、绿色建筑，节能减排降耗稳步推进。

七是统筹安全和发展，持之以恒保障和改善民生，人民群众获得感更有保障。常态化抓好新冠肺炎疫情防控，疫苗接种率居全市前列。办成一批“我为群众办实事”项目，完成年度十件民生实事，民生支出占一般公共预算支出的75%。新增城镇就业和失业人员再就业4000多人，城镇登记失业率2.67%。成立综合养老服务中心9家，建成“长者饭堂”示范点5个，城乡低保、特困人员供养标准持续提高。广外附设梅州实验学校、华业外国语学校、第二实验幼儿园建成使用，新增学位7080个。严格落实“双减”政策，中考、高考成绩再创新高，梅县外国语学校高考本科率全市第一。粤东医院入选省高水平医院建设名单，感染性疾病救治中心动工建设，妇保院、中医院综合大楼建成使用。医联体、中医专科联盟实现乡镇全覆盖，获评全国基层中医药工作先进单位、省健康促进区。文化惠民活动深入开展，获评中国民间文化艺术之乡。稳妥防范化解地方法人金融机构风险隐患，依法处置海晟公司非法吸收公众存款案。扫黑除恶、公共安全、信访等工作扎实有效，群众安全感和政法工作满意度保持全省前列。强化食品药品市场监管，市场经济秩序平稳有序。兵役征集和民兵后备力量建设质量不断提升，退役军人政策全面落实。民族宗教、外事侨务、妇女儿童、残疾人、档案、方志等工作取得新成效。

【旅游】 “十四五”时期，梅县区以文化和旅游深度融合为主线，以创意人文构建城市品牌体系，以社区引领驱动供给改革，以活动导向塑造文旅品牌、以创意赋能树立城市标签，彰显文旅的大产业、大民生、大展示功能，实现文化和旅游名区、强区高质量建设，提升梅县区在全国的文化旅游影响力。公共服务水平得到进一步提升，培育具有引领性的城市公共文化品牌，主客共享的全域旅游服务体系不断完善；产品供给体系实现新一轮迭代升级，基于社区的生态旅游模式探索取得成效，一批以精品度假为核心的集聚区初步形成，旅游跨界融合频繁；文化和旅游融合体制机制改革取得新成效，居民获得感不断增强，精神文化生活日益丰富。“十四五”时期，在社区导向型旅游发展、人文导向型城乡发展理念引导下，提出打造生态型休闲度假旅游高地、红色旅游融合发展示范区具体目标。

生态型休闲度假旅游高地 2021年，梅县区坚持以习近平生态文明思想为指导，立足广东生态发展区定位，牢固树立“绿水青山就是金山银山”的生态发展理念，着力探索生态资源转变为生态旅游优势的创新路径，继续将全域旅游作为推动经济可持续发展、推进乡村振兴及城乡融合发展的重要抓手，逐步实现“原生态客乡 · 慢生活国际旅游目的地”品牌深入人心，城乡人居环境高颜值建设全面开展，社区旅游导向型的文旅开发成为趋势，形成一批乡村型、城镇型的精品度假群落，旅游消费水平、供给品质、便利化体系和旅游综合贡献率稳步提升，以生态优先为导向的全域旅游高质量发展的“梅县经验”示范全国。

红色旅游融合发展示范区 2021年，梅县区立足原中央苏区县和革命老区定位，深度挖掘红色革命遗址价值，通过红色领域标杆景区建设、重大红色名人IP延伸、红色旅游融合发展教育示范、红色文化营销推广创新等方式率先在全市打造红色旅游融合发展示范区，深化爱国主义和革命传统教育，实现革命老区经济社会协调发展，红色文化影响力明显增强，“叶帅故里 · 大美梅县”品牌深入人心。

【交通基础设施建设】 2021年，梅县区公路硬化通车总里程3380.66千米，公路密度达每百平方千米136.2千米。其中：高速公路7条（段）共136.42千米、国道2条84.4千米、省道11条共489.7千米（包括320.5千米新升省道）、农村公路2670.14千米。全区通镇公路达到三级路以上，镇通村公路全部实现路面硬化，通100人（20户）以上自然村道路基本实现路面硬化。全区开通城乡公交线路82条，途经梅县区新能源电动公交车1361辆，全区355个建制村开通公交。2021年，全区统筹推进3类13项交通运输重点项目建设。年度计划投资15.03亿元（其中国省道12.44亿元、农村公路2.49亿元、普铁整治0.1亿元），全年完成投资约14亿元，占年度计划的93.1%。

国省道公路建设。主要有7项，年度计划投资12.44亿元，完成11.34亿元，占年度计划的91.2%。其中国道206线梅县区梅平径至育豪段及锭子桥至梅州大桥段路面改造、省道223线梅县区客都大桥至高铁西站段路面改造、省道227线梅县区宝坑至松口变电站段路面改造3个项目建成通车；省道242线梅县区梅西至程江公路建设工程（西部旅游快线）顺利解决PPP项目合规性和建设资金不足问题，已完成征拆工作，正式进入实质性施工阶段；省道223线松源至雁洋段（出省通道）改建工程加快推进；受上级部门计划下达及前期报批工作的影响，省道223线梅县区南口至五华县水寨段改建（梅县段）项目需进行调整，省道224线梅县区雁上圆盘至黄坳段路面改造工程推进缓慢，暂未完成年度计划。

“四好农村路”建设。主要有5项，包括县道947线南口龙塘至兴宁石马公路（梅县段）工程、蓬辣大桥（渡改桥）、72千米农村公路四级双车道改造（“四好农村路”单改双）、50千米美丽农村路建设、梅县区城东、白渡至客都人家道路升级改造工程，年度计划投资2.49亿元，已完成年度投资任务。

普铁整治。2021年，重点推进普铁“平改立”工程改造及新增安全隐患问题治理6处，计划投资1067万元。完成年度投资约200万元。

【城乡建设】 2021年，梅县区受监工程86项，建筑面积353.75万平方米。建成区面积约为30平方千米，建成区绿化覆盖率43.76%，绿地率40.68%，人均公共绿地面积为17.3平方米。

【环境保护】 2021年，梅州市生态环境局梅县分局统筹推进常态化疫情防控和经济社会发展生态环保工作，污染防治攻坚战各项工作任务顺利开展，全年工作任务基本完成，全区环境质量保持良好，未发生因环境问题引发的集体上访和群体性事件，未发生重大污染事故。梅县区获评全国第五批“绿水青山就是金山银山”实践创新基地。区生态环境分局被广东省第二次全国污染源普查领导小组办公室评为广东省第二次全国污染源普查表现突出的集体。

【自然资源】 2021年，梅县区有耕地面积11171.43公顷，园地26852.03公顷，林地181725.74公顷，草地1465.07公顷，城镇村及工矿用地14066.22公顷，交通运输用地4032.45公顷，水域及水利设施用地7595.37公顷，其他土地733.24公顷，湿地42.63公顷。共有27家矿山企业（12家建筑石场、1家矿泉水企业、3家铁矿、1家铜矿、8家石灰石、1家银锑矿、1家大理石）。

【科学技术】 2021年，梅县区有国家高新技术企业38家；国家企业技术中心1家；国家“星创天地”1家、省“星创天地”2家；省创新型企业2家、省创新型试点企业1家；省企业重点实验室1家；省工程技术研究中心10家、市工程技术研究中心28家；省部产学研示范基地3家、省科技特派员工作站7个；省部产学研合作重点实验室培育单位1家；省产业技术创新联盟1个；省技术创新专业镇8家、市技术创新专业镇2家；省众创空间试点单位2家；省科技企业孵化器1家、市科技企业孵化器1家；省青少年科技教育基地4家。

科技项目申报 2021年，梅县区积极组织相关企事业申报2021年省科技创新战略和乡村振兴战略专项资金（大专项+任务清单）等省级专题项目23项、市级科技计划项目34项，获批准立项实施的省级专题项目10项、市级科技计划项目33项，争取上级核拨科技经费325万元。其中：广东嘉元科技股份有限公司“锂离子动力电池用普强型高延伸率双光4.5μm电解铜箔核心技术及产业化”、广东自远环保股份有限公司“农村点源污染源头减量协同面源污染防治关键技术研究及应用”和梅州康立高科技有限公司“电解质分析仪（MINI ISE）的研发与产业化”3个项目被列入省提升区域创新能力及中小企业创新能力专项，立项经费分别为100万元、30万元和30万元。梅州市梅县区企业服务中心“梅州市梅县区科技服务能力与体系建设项目”被列入省提升地市科技服务能力专项，立项经费15万元；广东十记果业有限公司“梅州市梅县区松口金柚产业专业镇金柚品牌打造及电子商务营销体系建设”和梅州市雁山湖实践教育文化发展有限公司“雁山湖综合实践教育营地自然科普园的建设”2个项目被列入省科技支撑市县创新能力提升专项，立项经费各30万元；广东万斛源生态农业有限公司“梅州市生态循环农业在茶园的应用与推广示范”、梅州市南方金柚研究院“梅州柚果精深加工与全产业链创新”和梅州市客家一品百果园生态农业发展有限公司“南方无花果全年可采收种植技术攻关”3个项目被列入省农业农村新动能培育专项，立项经费各10万元；梅州市客迁食品有限公司“高品质盐焗鸡整鸡超高压杀菌技术研究”被列入省农业农村新动能培育专项，立项经费30万元；中山大学附属第三医院粤东医院“缺血性脑白质疏松患者的小脑白质纤维束改变的研究”被列入梅州市应用型科技专项项目，立项经费30万元。

科技创新平台建设 2021年，梅县区新增市级工程技术研究中心4家，分别是广东特变电气股份有限公司的“梅州市大容量变压器工程技术研究中心”、广东励图空间信息技术有限公司的“梅州市空间大数据应用工程技术研究中心”、梅州市福德金属制品有限公司的“梅州市福德金属制品工程技术研究中心”、广东省俊耀控股有限公司的“梅州市电力电气设备运维工程技术研究中心”。2021 年，梅县区规上工业企业建立市级以上技术研发机构的比例为 40%。嘉元科技斥资 8000 万元建成配备国际先进研发检测设备的国家企业技术中心研发楼，于 2021 年 7 月 26 日正式启用，投资 1.5 亿元建成集研发创新、工业设计、技术交流等功能于一体的嘉元（深圳）科创中心，为公司未来发展注入新的动能。2021 年，梅县区组织做好广东梅兴华丰产业集聚带梅县产业集聚地申报省级高新技术产业开发区“以升促建”工作，梅县区产业集聚地《战略发展规划（2021—2030 年）》和《产业发展规划（2021—2030 年）》已编制成册，积极组织申报地块环境评价，根据市生态环境局评审意见对高新区申报范围及时进行调整。

【教育】 2021 年，梅县区有各级各类学校 61 所（其中：完全中学 7 所，十二年一贯制学校 1 所，初级中学 11 所，九年一贯制学校 6 所，中心小学和直属小学 28 所；民办中小学 4 所，即梅州富力足球学校、北实新世纪实验学校、广外附设梅州实验学校、华业外国语学校；中等职业学校 2 所，即第一职业学校和梅州英才外语学校，特殊教育学校、青少年宫各 1 所）。有幼儿园 133 所（其中：公办幼儿园 36 所、民办幼儿园 97 所）。另外，在建民办学校 1 所即梅州市东山培英高级中学。

【文学艺术】 2021 年，梅县区被命名为 2021—2023 年度中国民间文化艺术之乡（客家山歌）和 2021—2023 年度广东省民间文化艺术之乡（客家山歌），梅县区雁洋镇被列入第一批全国乡村旅游重点镇名录和广东省民宿示范镇，梅县区图书馆被认定为省人文社会科学普及基地。2021 年，梅县区提升文旅融合试点、推进“粤书吧”新型阅读空间试点建设。一是梅县区雁洋镇综合文化站被列为国家级文旅公共文化服务机构功能融合试点单位，按照“宜融则融、能融尽融”的总体思路，在原综合文化站大楼基础上，进一步优化功能场室、丰富群文活动、推动体验文化旅游，在功能服务、场地设施、管理运营、宣传引导、资源共享等方面融合提升。二是建成雁南飞、客都人家、大观天下—花间慢民宿三个粤书吧。区图书馆增设母婴室和妇女之家。松口图书馆推进服务点建设，全面提升服务点 14 个。2021 年，创作的艺术作品主要有红色人文国画长卷《梅县红》、山歌表演唱《九月来信》、音诗舞《我们的绿水青山》《多彩三河竞春晖》、歌伴舞《迈向新征程》《新月光光》、歌舞《江山》、木偶戏《猴趣》、小品《谁能证明》、山歌对唱《网络安全记在心》等。

责任编辑：黎志康

政 治

梅县区领导机关

中共梅州市梅县区委

【概述】 2021年，中共梅州市梅县区委员会坚持以习近平新时代中国特色社会主义思想为指导，深入贯彻落实习近平总书记对广东系列重要讲话和重要指示批示精神，按照省委“1+1+9”工作部署和市委工作要求，统筹疫情防控和经济社会发展，着力兴实业、攻项目、筑平台、惠民生、优服务、强保障，经济社会发展稳中向好、稳中有进。2021年实现地区生产总值237.71亿元，同比增长6.2%，一般公共预算收入16.38亿元，同比增长12.34%。获评全国“绿水青山就是金山银山”实践创新基地、国家全域旅游示范区、中国民间文化艺术之乡、国家“四好农村路”示范县，入选国家农业现代化示范区创建名单、中国最美县域、全国城乡交通运输一体化示范创建县。

【区委工作】 2021年，中共梅州市梅县区委员会政治建设、经济建设、社会建设统筹协调推进。坚持全面从严治党，党的建设不断加强。始终把党的政治建设摆在首位，严格落实第一议题制度，进一步增强“四个意识”、坚定“四个自信”、做到“两个维护”。圆满完成区、镇、村换届选举，选出新一届领导班子，描绘了未来五年发展蓝图，提出以打造“叶帅故里·大美梅县”为目标，以建设“三新三城”为主线，以“六个聚力”为抓手，奋力打造“绿水青山就是金山银山”广东样本，推动梅县老区苏区全面振兴发展步步高。深入开展党史学习教育，实施454项“我为群众办实事”实践活动项目，建成全省首个中国共产党人精神谱系展、全市首个区级城市党群服务中心和同怀别墅、卢伟良故居等一批红色教育基地。精心打造“奋斗百年路 启航新征程”情景党课，成为“党课开讲啦”广东实践范例。成立新城“大工委”、社区“大党委”，打造城市基层党建“梅县模式”。深入实施加强党的基层组织建设3年行动计划，扎实推进“头雁工程”“党员先锋工程”，全力创建抓党建促乡村振兴示范区，基层党组织全面进步、全面过硬，行政村集体经济年收入全部达5万元以上。牢牢把握意识形态工作主动权，意识形态阵地持续巩固。政法队伍教育整顿成效明显。党风廉政建设纵深推进，始终保持反腐高压态势，省委巡视反馈问题基本完成整改，常规巡察和对村巡察实现全覆盖，2021 年共立案查处 181 件 181 人，党纪政务处分 179 人，移送司法机关 2 人，政治生态更加风清气正。

坚持狠抓实体经济，发展动能不断集聚。“11115”产业集群稳健发展，成为拉动经济增长的新动能。梅州综合保税区一期通过国家验收，2021 年入驻企业达 10 家。梅州国际无水港转入全面施工阶段。铜箔产业发展势头强劲，总产能达 4.6 万吨，约占全国产能的 7.8%，入选全省“双十”战略性产业集群、广东“强芯工程”和省制造业高质量发展“十四五”规划。嘉元科技年产 3.1 万吨锂电铜箔项目首期 1.5 万吨顺利投产。宁德时代、嘉元科技投资 81 亿元的年产 10 万吨高端锂电铜箔项目签约落地；投资 43 亿元的年产 5 万吨电子铜箔项目正在开展环评。装备制造、智能家电产业链条持续延伸，BPW（梅州）车轴八期、伟友耐磨二期、盛富金属二期、福德金属二厂进入试产阶段；欣桐科技电控板、庆达科技智能电机项目首期全面投产，庆达桂仪厚膜加热项目成功签约。金柚产业提质增效，获得国家农产品地理标志登记产品认定，柚苷精深加工成功试产，国家现代农业产业园通过验收，金柚产值达 43.5 亿元，带动农民增收 3.5 亿元。2021 年，梅县区规上工业增加值预计达到 59.41 亿元，同比增长 13.4%，超额完成年度目标任务。

坚持城乡融合发展，城乡面貌不断改善。18 个驻镇帮镇扶村工作队全面进驻，巩固拓展脱贫攻坚成果，全面推进乡村振兴。完善“1+N”生态宜居美丽乡村建设方案，18 个区镇示范点和“三江四线”生态景观廊道建设有序推进，“叶帅故里·大美梅县”乡村游线路入选全国乡村旅游学习体验线路。芦陵村入选全国乡村治理示范村。成功举办全省乡村振兴“万企兴万村”行动现场推进会和第一届广东民宿大会。“十个一批”城建民生项目滚动实施，亲水公园、潮塘古梅、梅花山公园完成改造提升，沿江“最美跑道”建成使用。全国文明城市创建稳步推进，新建、改建和提升一批停车场、农贸市场、老旧小区，市民生活更加便利。高铁西站至剑英大道、锭子桥至梅州大桥道路完成柏油改造提升。梅龙高铁加快建设，瑞梅铁路获国家发展改革委批复，东西部快线全面推进。生态文明建设成效显著，中央环保督察交办案件基本办结。考核断面水质优良率 100%，空气质量优良率达 99.7%，多项生态环境指标居全省前列。

坚持人民至上理念，民生福祉不断提升。落实常态化疫情防控措施，持续巩固防控成果，全人群疫苗接种率全市第一。困难群众保障水平进一步提高。养老服务不断完善，9 家综合养老服务中心、5 个“长者饭堂”示范点建成使用。“粤菜师傅、广东技工、南粤家政”三项工程深入实施，城镇新增就业 2661 人，城镇登记失业率 2.67%，保持在较低水平。东山中学·客都人家分校、宪梓中学扩建项目有序推进，华业外国语学校、广外附设梅州实验学校、第二实验幼儿园等 3 所学校建成使用，新增学位 7080 个。高考成绩再创新高，中考成绩位居全市前列。粤东医院入选省高水平医院建设单位、粤东医院感染性疾病救治中心动工建设，梅县区妇保院、梅县区中医院综合大楼建成使用，医联体、中医专科联盟实现乡镇全覆盖，获评省健康促进区、全国基层中医药工作先进单位。坚持统筹发展和安全，积极开展市域社会治理现代化试点工作，扎实推进扫黑除恶常态化制度化，稳妥防范化解地方法人金融机构和上市公司风险隐患，社会大局保持和谐稳定。

同时，加强党对人大、政府、政协、法院、检察院、群团组织等工作的领导，做好党管武装、民族宗教、新时代侨务工作，爱国统一战线持续巩固壮大，各项事业取得新进展。

2021 年年底中共梅州市梅县区委办公室

主　任：赖宇坚

（供稿：办公室）

组 织 工 作

【干部队伍建设】　2021年，梅县区委组织部坚持以习近平新时代中国特色社会主义思想为指导，坚持党管干部原则，坚持新时代好干部标准，严格按照建设忠诚干净担当的高素质专业化党政领导干部队伍的要求，坚持人岗相识、人事相宜，着眼事业发展需要和领导班子建设需要，大力选拔忠诚干净担当的优秀干部。严把进人质量关，不断拓宽干部来源渠道，充实稳定干部队伍。同时，围绕脱贫攻坚、乡村振兴、梅县区中心工作和重点任务，加大培训力度，强化实践锻炼，着力提升干部队伍整体素质，注重加强实践锻炼，围绕不断提升梅县区干部队伍的综合素质和整体效能，为梅县区社会经济全面健康发展提供优质的干部队伍保障。

【基层党组织建设】　2021年，梅县区委组织部加强基层党组织建设。1.扎实开展党史学习教育，精心组织庆祝中国共产党成立100周年系列活动，广大党员干部受到了全面深刻的政治教育、思想淬炼、精神洗礼。建成全省首个中国共产党人精神谱系展、全市首个区级城市党群服务中心。精心打造“奋斗百年路 启航新征程”情景党课，成为“党课开讲啦”广东实践范例。完成454件“我为群众办实事”项目，人民群众从党史学习教育中看到了变化、得到了实惠，达到了学党史、悟思想、办实事、开新局的目的。2.组织体系建设进一步增强。深入实施新一轮基层党建三年行动计划，扎实推进“头雁工程”“党员先锋工程”，整顿9个软弱涣散村级党组织，创建抓党建促乡村振兴示范县。推进雁上村、金星村、水美村3个中组部红色村试点建设。行政村集体经济年收入全部达5万元以上。建立“大工委”“大党委”工作机制，成立1个街道“大工委”、9个社区“大党委”。推行“支部进小区”，建立小区支部35个、物业支部1个，改造老旧小区19个，打造了党建引领老旧小区改造的“梅县模式”。开展国企党建“五强五化”示范创建活动，推动公立医院内设机构建立党组织，加强公立学校和民办学校党建工作，实现党的工作全覆盖。深入开展“双报到、双服务”活动，设立党员示范岗，成立党员先锋队，动员1万多名党员投身疫情防控、重点项目建设、创文工作，党旗在基层一线高高飘扬。3.队伍建设进一步优化。坚持新时代好干部标准，高质量完成区镇村换届选举。村（社区）党组织书记、主任“三个一肩挑”比例达100%；“两委”干部交叉任职比例达98.7%；平均年龄43岁，比上届下降7岁；大专以上学历688人，占比38.1%，比上届增加25.1%，多项指标位居梅州市前列。同步抓好村级班子教育、管理、监督、激励工作，建立389个导师团队，开展“扶上马、送一程”专项帮带行动，不断提升“头雁”综合能力素养。充分利用苏区红色资源，打造了1个省级、3个市级镇街党校示范点以及8个区级党员教育基地，开辟了以“叶帅故里·苏区梅县”为主题的红色教育线路，各级干部队伍履职尽责能力水平持续提升。

【党员队伍建设】　2021年，梅县区委组织部加强党员队伍建设。至年底，梅县区共有党员34282人，其中：女党员10770人。职业分布情况：公有制单位7968人，非公有制企业和社会组织1646人，农牧渔民18708人，离退休人员5824人，其他人员136人。年龄分布情况：35岁及以下6525人，36—50岁9383人，51—60岁6094人，61岁及以上12280人。学历分布情况：大学本科及以上7001人，大学专科7528人，高中、中专、中技11527人，初中及以下8226人。2021年共发展党员650人。

【干部监督管理】　2021年，梅县区委组织部加强干部监督管理工作。1.加强监督管理。一是全程做好换届风气监督工作。实时监测和了解换届风气状况，把换届工作全过程置于有效监督之下，对拉帮结派、拉票贿选、买官卖官、跑官要官、说情打招呼等违纪行为，坚持露头就打、快查严办，坚决做到发现一起、查处一起。二是加强干部选任监督和日常监督。严格按照全国干部监督工作会议精神要求，执行廉政意见“双签字”制度，强化党组织的监督把关作用；坚持干部选拔任用“凡提四必”，切实防止“带病提名”“带病提拔”；严格执行经济责任审计和离任责任交接制度；推动提醒函询诫勉常态化，对苗头性、倾向性问题早发现早纠正。2.开展专项整治工作。一是全力做好巡视整改。根据省委第十三巡视组巡视反馈意见，切实提高政治站位，细化制定整改措施，逐条逐项真改实改。二是进行选人用人工作检查。根据《一届梅县区委巡察“回头看”工作方案》要求，组织人员先后到供销联社、农业农村局、水务局、文广旅局等单位，详细检查选人用人情况。同时，结合全区政法队伍建设巡查工作，对政法部门的干部队伍建设选人用人情况进行了专项整顿。对2021年提拔重用的区管干部53人（不含乡镇换届），全部进行了干部档案“凡提必审”及任前“一看两谈”，共办理干部退休审批32人。

【档案管理】 2021年，梅县区委组织部加强档案管理工作。区委组织部管理在职干部档案1841卷，退休干部档案4318多卷。抓好档案的日常管理，严格执行档案管理制度。做好档案材料收集归档、新录用干部档案审核整理工作。加强档案保管和保密，做好库房“六防”（防火、防潮、防蛀、防盗、防光、防高温）设施工作。2021年共办理查阅档案1450人次，借阅档案390人次，接收干部档案261卷，转出档案49卷。认真做好机构改革期间干部人事档案接收工作。认真做好换届工作中严格审核考察对象干部人事档案。严格执行干部档案任前审核制度，全年共审核各类干部人事档案1051卷。

【党员干部培训】 2021年，梅县区委组织部抓好党员干部培训工作。干部教育培训工作坚持将学习贯彻习近平新时代中国特色社会主义思想作为党员干部教育培训的首要任务，围绕中国共产党成立100周年，将党史学习教育、习近平总书记“七一”重要讲话精神、中共十九届六中全会精神等党的重要事项和重要理论成果贯穿到全年的干部教育培训班次中。做好新冠肺炎疫情风险防控预案，确保培训平稳安全有序。在区一级层面共举办26期培训班，培训3500多人次，梅县区镇（高管会、办事处）党校共举办针对镇村基层干部的培训班396期，培训3.4万多人次。

【党员远程教育】 2021年，梅县区委组织部继续抓好远程教育平台开机学习，共做好省、市利用远程教育平台信号直播会议12场次，确保直播零故障。充分挖掘苏区红色资源和先进典型，共制作《苏区梅县党旗红》《红色印记（梅县篇共三集）》《芦陵村的“三同”梦》等18部专题片和微视频，分别在市、区电视台播出。成功举办了梅县区“奋斗百年路 启航新征程”情景党课和梅县区“红色信仰·时代之声”主题演讲比赛，并制作了相关专题视频在区电视台多次播出，收到良好效果。积极创建市级示范点，松源镇同怀别墅教育基地、卢伟良故居被评为第二批市级党员教育基地，南口镇委党校被评为第二批市级镇街党校示范点，并制作了相关视频在市委组织部微信公众号上进行宣传展示。结合党史学习教育，在梅南镇新塘村龙文公学二楼打造全省首个“中国共产党人精神谱系展”、在松源镇金星村同怀别墅布置中央九月来信传达贯彻历史陈列室，在梅县区城市党群服务中心打造“中国共产党成立100周年主题展”，并打造了以“叶帅故里·苏区梅县”为主题的红色教育线路，在全市党员教育现场会和梅县区有声智慧党建平台上宣传推介。

【公务员管理】 2021年，梅县区委组织部做好公务员管理工作。1.公务员队伍基本结构。截至2021年12月31日，梅县区公务员女性占比30.88%；本科以上学历占比72.74%，其中研究生以上学历 70 人。2.认真做好招录工作。一是突出为基层一线选才，让乡镇机关和一线部门优先充实力量。2021 年梅县区共招录公务员 88 名，其中基层一线 78 名。二是突出高素质引才，引导国内“双一流”高校及省属重点大学大学生尤其是急需紧缺专业的优秀大学生，积极报考梅县区专项招录选调生职位。3.建立健全考核和奖惩制度。综合绩效考核、年度考核和平时考核等各项考核体系，强化和整合结果运用，落实公务员福利制度，既切实减轻基层负担，又准确评价公务员的德才表现，实现公平、科学奖惩，切实发挥考核的“指挥棒”作用。扎实开展争当“人民满意的公务员”、争创“人民满意的公务员集体”活动和庆祝中国共产党成立 100 周年系列表彰活动，激励公务员学典型、树标杆、当先进。2021 年为梅县区表现优秀的 29 名公务员记三等功。

【直属机关工作】 2021 年，梅县区委组织部抓好直属机关工作。1.加强机关党组织规范化制度建设。一是抓好对区级机关（党群口、政府口）、事业单位绩效考核工作。按照区直机关绩效考核工作要求，对 22 个单位和列入区级政府机关考核的 26 个单位，8 个事业单位进行了党建工作绩效考核的全覆盖实地核验。二是抓好梅县区发展党员工作。三是优化调整机关党组织设置。指导财政局总支升格党委、法院总支升格党委工作等。四是做好国有企业退休党员社会化管理工作。五是继续抓好机关党建阵地建设和党员先锋模范作用发挥。2021 年度共指导区直机关党建文化展示厅升级 2 个和党员活动室多个。机关各单位共开展主题党日活动共 1300 场次，党员志愿者活动共开展 1600 多场次。2.深化区直机关模范机关创建。2021 年在前期创建工作的经验、成效基础上，围绕“讲政治、守纪律、负责任、有效率”，梳理需要重点解决的焦点问题，全面落实整改，深化区直机关模范机关创建，切实解决好区直机关中的“中梗阻”问题，全面提升广大区直单位党员干部干事创业、推动梅县老区苏区全面振兴发展步步高的精气神。3.做好全区党费账户的管理。及时下拨党建经费、收缴下级党组织党费和上缴党费及每月梳理汇总梅县区党员关爱基金收支情况。

【老干部工作】 2021 年，梅县区委组织部抓好老干部工作，截至 2021 年年底，梅县区有 75 名离休干部、31 名处级退休干部和 7500 多名退休干部。

1.以庆祝建党 100 周年为契机，持续深入抓好老干部思想政治建设。一是为老干部购买指定用书，结合走访慰问开展送学上门活动；指导全区 50 个离退休支部开展支部学习会、主题党日等组织生活，共召开主题党日专题学习会 81 场，参与老党员达 2000 多人次。二是组织召开离退休干部“我看建党百年新成就”“党史学习教育”专题座谈会 4 次，共有 120 人次参加；“七一”节后组织原班子退休老领导参观考察梅州综合保税区、梅南镇龙文公学中国共产党精神谱系展，并召开学习习近平总书记“七一”重要讲话精神座谈会；重阳节前组织原班子退休老领导到 BPW（梅州）车轴有限公司、白沙坪工业园区广东嘉元科技股份有限公司参观考察。三是注重宣传引导，充分利用老干部大学和老干部活动中心两个“阵地”，运用报纸杂志、微信群、梅县区融媒体等媒体，发布党史学习教育内容，营造舆论氛围。2.坚持精准服务理念，不断丰富和拓展服务管理工作内容，进一步提升服务管理水平。2021 年共上门慰问离退休干部 600 多人次，慰问资金达 42 万元。同时进一步完善困难帮扶机制，不断拓宽离休干部困难帮扶渠道，持续关心离休干部遗属 52 人，每月为遗属发放补助共 16000 多元。“七一”节前，区委分管领导亲切走访慰问老党员、老干部、光荣在党 50 年纪念章获得者等代表；组织召开原班子退休领导学习习近平总书记“七一”重要讲话精神座谈会；及时贯彻落实《关于在建党 100 周年之际提高离休干部生活补贴标准的通知》《关于提高解放战争时期参加革命工作的部分离休干部医疗待遇的通知》等上级文件精神，保障老干部政治和生活待遇得到落实；支持老干部大学书法班学员举办建党百年书法作品展览，在老干部活动中心设立流动阅读点，放置党史学习教育主题图书、时事政治、红色思想等各类书籍400多本。3.坚持党建引领，宣传先进，创造发挥离退休党工委作用。一是下发《关于组织开展“三个100”活动的通知》，离退休党工委指导各级各单位认真组织实施。经严格筛选，选送了8个赞颂中国共产党的故事、8堂精品党课、8名最美老党员等材料上报。二是邀请梅州“客都桑榆”老干部宣讲团成员到梅县区学校举办了以“学习革命历史，弘扬苏区精神”“中国共产党的成立”等为主题的4场宣讲报告会。报告会共吸引了1200多名师生参加，有效引导广大党员、学生、离退休干部传承苏区精神。4.关心下一代工作。梅县区关工委坚持以习近平总书记对关心下一代工作重要指示为指导，认真贯彻落实中国关工委成立30周年纪念大会精神、纪念省关工委、市关工委成立20周年暨全省关心下一代工作表彰大会精神，紧紧围绕立德树人根本任务，关心关爱青少年，大力培育青少年践行社会主义核心价值观，以“传承红色基因，争做时代新人”“党史学习教育进校园”“感党恩、听党话、跟党走”等为主题开展形式多样的宣传教育活动，突出传承苏区红色革命精神，努力培育新时代好少年。

2021年年底中共梅州市梅县区委组织部
部　长：曹志辉

宣传工作

【**概述**】 2021年，梅州市梅县区委宣传部坚持以习近平新时代中国特色社会主义思想为指导，贯彻习近平总书记关于宣传思想工作的重要论述，把握舆论导向，紧扣主题主线，积极推动区第二次党代会提出的以“三新三城”为目标，着力构筑全市高质量发展新引擎、粤北生态发展区对外开放新高地、全省城乡融合发展新样板，加快建设产业新城、文旅名城、幸福之城，打造生态惠民富民、宜居宜业宜游的“叶帅故里·大美梅县”而奋力工作。

【**重大主题宣传教育**】 2021年，梅县区委宣传部做好重大主题宣传教育工作。聚焦党史学习教育宣传氛围营造。开设《百年恰风华 赓续前行路》《学党史 悟思想 办实事 开新局》《我为群众办实事》《红色印记》《革命先辈精神耀梅县》《革命小故事》等“党史学习教育”专题专栏；推出《红色印记》主题海报宣传展，策划《百年恰风华·赓续前行路》主题宣传报道活动。

开展庆祝中国共产党成立100周年宣传活动。开设“奋斗百年路　启航新征程·脱贫攻坚答卷”专栏，举办“奋斗百年路　启航新征程”全媒体主题采访报道活动。组织举办“庆祝中国共产党成立100周年”主题文艺活动，征集文艺作品，编辑《梅州市梅县区“庆祝中国共产党成立100周年”文学作品集》《庆祝中国共产党成立100周年·美术书法摄影作品集》，举行“庆祝中国共产党成立100周年”主题美术、书法、摄影作品展。围绕中国共产党成立100周年重要时间节点，开展重点文艺创作。创作排演红色题材剧目大型山歌剧《九龙烽火》，记录真实的革命历史，铭记党的光辉历程；提升文艺精品节目情景表演唱《九月来信》，通过舞台艺术手法提升为情景表演唱，再现当年革命战争年代的峥嵘岁月，为100周年献礼。

抓好中心工作社会宣传。及时全面宣传梅县区深入学习贯彻习近平总书记“七一”重要讲话精神、中共十九届六中全会精神，统筹推进梅县区在立足新发展阶段，贯彻新发展理念，构建新发展格局方面，各行业高质量发展的新思路、新举措、新成效；积极做好重大项目宣传，为推进梅县区高质量发展营造良好的舆论氛围；开展依法治区和宪法、民法典宣传教育，抓好抓实乡村振兴、疫情防控、森林防火、创建文明城市、巩固国家卫生城市、加强安全生产监管、生态环境综合治理和打好污染防治攻坚战及中央环保督察，加强平安建设、扫黑除恶和政法队伍教育整顿等各项社会宣传。

【网络宣传管理】 2021年，梅县区委宣传部做好梅县区宣传网、“梅县发布”微信公众号、“南方+”客户端等日常网络新闻发布工作，全年编印《梅县区网络舆情工作》12期、发布新闻稿件1.5万多条。加强网络舆情管理，及时准确地把握意识形态领域思想动态，研判和处置工作，2021年共处置28宗。提升网络综合治理水平。开展“清朗”专项行动，举办“网络安全宣传周”系列活动。

【对外宣传】 2021年，梅县区委宣传部围绕梅县区委、区政府的中心工作和发展思路开展对外宣传工作，充分利用《梅县侨声》外宣刊物平台，积极宣传梅县区乡情侨情、乡风民俗；借助印度尼西亚侨领熊德龙创办的《国际日报》平台做好梅县侨联海外传播工作，讲好梅县故事，传递梅县声音；配合梅县区实施的“乡贤回乡投资兴业工程”，加强与“一带一路”沿线国家和客属社团及侨领的联系沟通，拓展海外联谊、弘扬中华文化和客家文化。

【群众文化活动】 2021年，梅县区委宣传部积极筹划开展“2021年梅县区农村业余文艺会演”、“梅县区群众文艺会演”、“相约梅县”文化惠民展演（线上）、新时代文明实践活动“我们的节日·中秋”2021年群众文艺节目线上展演活动等文化惠民活动。梅县区文化馆开展各类公益培训活动共50多场次，服务约5000人次。由梅县区文化馆牵头对参加“2021年梅县区农村业余文艺会演”“梅县区群众文艺会演”等比赛活动的节目进行筛选和辅导，提升节目质量，确保会演顺利进行。实施惠民农村公益电影放映，结合森林防火、疫情防控工作，开展农村电影宣传放映4260场，观影约20万人次；开展新时代文明实践宣传放映活动，2021年共放映228场；开展看电影学党史专题放映活动，通过送电影进机关、进社区、进企业形式，区直单位、社区和企业放映全年达50场。

【文艺创作】 2021年，梅县区委宣传部结合梅县区2021年十件民生实事重点工作“我为群众办实事”。创作的文艺作品主要有：山歌表演唱《九月来信》、音诗舞《我们的绿水青山》《多彩三河竞春晖》、朗诵《我是共产党员》、歌伴舞《迈向新征程》、歌舞《江山》、木偶戏《猴趣》、歌伴舞《新月光光》、小品《谁能证明》、山歌对唱《网络安全记在心》《文化非遗进校园》《奋斗百年创辉煌》《文化惠民暖民心》等。同时积极开展庆祝中国共产党成立100周年系列演出活动，主要有梅县区“奋斗百年路 启航新征程”情景党课、“永远跟党走·逐梦新时代”梅县区庆祝中国共产党成立100周年文艺展演录播、到梅南镇水美村开展“学党史、感党恩、跟党走”百镇千村巡回宣讲行动演出、庆祝中国共产党成立100周年南方+线上展播大型山歌剧《春闹》。山歌组刘谦隆表演山歌剧《等郎妹》选段、温秋灵表演山歌剧《酿蜜人家》选段参加广东省第十届中青年戏剧演艺大赛（梅州赛区决赛）分别荣获铜奖；木偶组黄锦涛表演木偶戏《蓝继子》选段，荣获广东省第十届中青年戏剧演艺大赛（木偶皮影赛区）“银奖”。区文化馆参赛作品《谁能证明》荣获2021广东省群众艺术花会（戏剧曲艺）戏剧类铜奖。

【文明创建】 2021年，梅县区委宣传部加强文明创建工作。推进创建全国文明城市工作。印发《梅州市梅县区2021年创建全国文明城市工作方案》《梅州市梅县区创建全国文明城市（2021—2023年创建周期）行动方案》《梅州市梅县区“扣好人生第一粒扣子”主题教育实践活动实施方案》《关于进一步健全完善学校、家庭、社会“三结合”教育网络加强未成年人思想道德建设工作的通知》等一系列指导性文件和制度方案，推动创建工作上新台阶。

扎实开展文明村镇创建。根据《梅州市精神

文明创建三年行动实施方案（2021—2023年）》要求，开展市级、区级文明村镇创建活动。推荐雁洋镇、畲江镇、丙村镇等5个镇为梅州市文明镇提质行动示范点，松口镇大黄村、城东镇玉水村、白渡镇创乐村等18个村为梅州市文明村提质行动示范点，审核“十佳乡风文明镇、百佳乡风文明村”推荐候选人。

深化文明主题实践活动。举办“红色信仰·时代之声”主题演讲比赛，依托叶帅故居、“九月来信先声地”——同怀别墅、九龙嶂革命根据地旧址群、龙文公学、肖向荣故居、卢伟良故居等红色革命遗址、爱国主义教育基地开展主题鲜明的文明实践活动；大力开展道德模范、身边好人、客家好乡贤、文明家庭、诚信经营示范户等宣传活动。加强未成年人思想道德教育，梅县区获评梅州市文明校园9所，评选梅州市“新时代好少年”6名，区级“新时代好少年”31名；开展宪法、民法典等法律法规学习宣传教育活动共106场次，受教育达4.7万余人次，解答法律咨询300多人次；利用中国传统节日开展“我们的节日”主题活动；组织开展地方文艺会演、体育竞赛、戏曲进农村、进校园等文体活动。

深化拓展新时代文明实践活动常态化。打造一批各具特色的新时代文明实践中心（所、站）示范点和志愿服务驿站示范点；发挥覆盖区、镇、村（社区）的“1+35+389+N”文明实践体系，按照“十个一”要求重点打造一批优秀示范点，成立梅县区志愿服务促进中心，指导挂点网格单位落实党员干部、志愿者“双到”责任，将其纳入挂点单位考核指标。实名注册志愿者人数55108人，各类志愿者团体503个，设立学雷锋志愿服务岗100多个。开展志愿服务活动13045场，累计志愿服务2147295小时，人均志愿服务38.97小时，本地在职党员、团员文明实践志愿服务活动参与率达100%。

【文化惠民工程】 2021年，梅县区委宣传部加强实施文化惠民工程，一是通过线上线下相结合的演出形式，积极开展文化惠民展演活动。二是围绕各类型主题积极开展文艺演出活动。三是在丙村客都人家景区驻点完成“非遗进景区”每天三场的木偶戏演出任务、开展梅县区“文化和自然遗日”系列活动；“非遗进军营”到武警中队开展非遗传承健康生活——2021年我们的中国梦——文化进万家惠民活动“军民携手 共建和谐”文艺晚会；到客天下景区开展“非遗进社区 传承客家非遗 畅享客家文化”“非遗”进社区系列活动启动仪式演出。四是参加大埔蜜柚开采节、推介会活动；梅县区金柚开采节；广东省旅博会、“乡村振兴大擂台”节目录制等大型演出活动。五是构建现代公共文化服务体系，促进基本公共文化服务标准化均等化。以梅县区被命名为“2021—2023年度中国民间文化艺术之乡”“2021—2023年度广东省民间文化艺术之乡”为契机，推动基层公共文化服务创新发展和乡村优秀传统文化保护与传承。

【文化遗产保护利用】 2021年，梅县区委宣传部立足特色文化资源，推动文化遗产科学保护与利用，活化利用好客家文化资源。持续推进梅县区非物质文化遗产保护工作，投入80万元，提升建设“非遗”展示馆和梅县区客家山歌传习中心、梅县提线木偶传习所以及保护范围内的重点乡镇松口镇、南口镇、雁洋镇建成了梅县客家山歌、梅县竹板歌、客家娘酒酿造技艺等6个“非遗”项目的传习场所（点），对标完善各个点位的基本设施设备。投入12.4万元，对区级代表性传承人进行每人每年2000元的补助。积极组织申报推荐工作，梅南镇绍安庐（胡一声旧居）和东江红军军事学校旧址（星拱楼）已公布为第八批梅州市文物保护单位；同怀别墅、萧向荣故居、作庐、爱春楼等4处文物入选广东省第十批文物保护单位公示名单；推荐11名区级传承人申报梅州市第八批非物质文化代表性传承人，启动第五批梅县区文物保护单位申报工作。积极做好山歌木偶传承人梯队及申报工作，完成区博物馆新馆财审工作，区博物馆与嘉应学院合作，签约为嘉应学院实践教学基地。

【理论学习与党史学习】 2021年，梅县区委宣传部加强意识形态管理工作。强化理论武装工作。开展中共梅州市梅县区委理论学习中心组学习会14场（次），聆听省市专家专题报告5场（次）；邀请省、市、区和基层宣讲团成员到梅县区各级党组织开展党史专题宣讲、学习贯彻习近平总书记“七一”重要讲话精神宣讲等共590多场（次），受众近3万人（次）。梅县区各级各部门征订党史学习教育指定教材和理论书籍5.55万册。组织对9个基层党委（党组）理论学习中心组开展学习旁听巡听工作，梅县区党委（党组）书记带头撰写心得体会和调研报告70多篇。

压实意识形态责任。组建5个专项督查组，对19个镇（高管会、办事处）和11个区直涉意识形态重点单位开展政治理论学习、宣传阵地建设、精神文明创建等工作的情况进行专项督查。抓好巡视反馈意见整改工作。

推动党史学习教育。梅县区各级基层党组织召开了党史学习教育专题组织生活会896场。策划并实施454项“我为群众办实事”项目。推广党史学习教育“有声图书馆”。编发党史学习工作简报43期。组建7个区委党史学习教育巡回指导组。举办“中央‘九月来信’传达贯彻历史陈列展”、《梅县红》人文国画长卷暨“家乡情”彭强华美术作品捐赠展等“红色历史展览”布展揭牌活动，排、演“红色文化传承”节目和庆祝中国共产党成立100周年专题文艺晚会、庆祝中国共产党成立100周年——梅县区“奋斗百年路 启航新征程”情景党课、梅县区“红色信仰·时代之声”主题演讲比赛等系列活动等，全面推动党史学习教育。

2021年年底梅州市梅县区委宣传部

部 长：赖启忠

统 战 工 作

【思想建设】 2021年，梅县区委统战部通过举办社会主义民主政治建设培训班、召开主席（会长）座谈会、统战系统学习会，宣讲报告会、情况通报会，采取外出参观调研学习、“三会一课”“纪教月”等线下学习，结合“学习强国”、广东省干部网络学院等线上学习平台，教育引导广大统一战线成员忠诚拥护“两个确立”，坚决做到“两个维护”。结合党史学习教育、庆祝建党百年，组织统战成员前往大埔三河坝、松源同怀别墅、梅南镇龙文公学、水美村等地开展“四史”、爱国主义史等10多场次教育活动。指导各民主党派深入开展中共党史学习教育活动。加强非公有制经济人士理想信念教育，举办各类型学习教育活动。组织宗教界代表人士赴韶关开展以“爱党爱国爱社会主义”为主题参观学习，新阶联举办“建党百年、琴音向党”系列活动。通过开展形式多样，具有统战特色的“自选动作”，引导广大统一战线成员坚持中国共产党的领导，努力形成同心向党、砥砺奋进的生动局面。

【民主党派建设】 2021年，梅县区委统战部以换届工作为契机，深化多党合作事业。指导各民主党派严格按照换届程序，圆满完成换届工作，实现和深化政治交接。新一届民主党派领导班子年龄结构、知识层次、队伍建设都得到优化提升，实现“一降一升”新风貌。支持各民主党派加强自身建设。全年各民主党派自觉维护以习近平同志为核心的党中央的统一领导，深入开展党史学习教育活动。区民盟在微信公众号“盟萌新天地”设立“党史课堂”，开展线上党史学习教育，以“同心共赴复兴路”为主题拍摄《同心同行创辉煌》宣传视频获得民盟中央采用。2021年推荐1名民主党派干部到异地任县处级副职，实现党外人士副处职配备新的突破。

【参政议政】 2021年，各民主党派积极履行参政党职能，围绕区委、区政府中心工作深入调研，全年共提交和撰写提案、建议、理论研究文章100多篇，其中10多篇获得省、市、区有关奖项。此外提交集体提案16件，个人提案52件，有7

篇被列为市、区优秀提案，得到有关部门的重视。充分利用特约监察员、检察员、审计员、教育监督员等平台，认真履行民主监督职能。积极引导非公有制经济人士为梅县区经济社会发展建言献策，2021 年工商联会员提交人大议案 9 件，政协提案 7 件，8 名会员获优秀政协委员。

【社会服务】 2021 年，梅县区委统战部学史力行，扎实开展“我为群众办实事”系列活动。侨务部门优化涉侨行政服务事项办理流程尽量让群众实现“零跑动”，为梅县区 1000 名侨界困难群众送上棉背心，协助宗教教职人员购买社保，工商联组织引导民营企业积极投身乡村振兴、扶贫济困、抗疫救灾工作，已发动 29 家企业参与“百企兴百村”行动。选派的驻镇帮扶大坪镇工作队主动作为，全力服务乡村振兴。积极开展垃圾分类，全民“创文”“两美”、献礼建党百年·共创美好家园，周末双到、文明交通引导等志愿活动，为“叶帅故里·大美梅县”建设凝聚统战力量。

【非公有制经济】 2021 年，梅县区工商联作为商会建设走在广东省前列的先进代表，在全省工商联组织工作会议上作经验介绍。水车商会、大坪商会成立党支部。2021 年，梅县区有 10 个基层商会成立党支部。深化民营经济人士理想信念教育。以开展全国工商联“五好”商会、省“四好”商会认定工作为抓手，结合开展党史学习教育活动，推动民营经济健康发展。组织开展“稳岗留工·暖心过年”及“双节”慰问活动，组织企业家开展党史学习教育暨《中华人民共和国民法典》相关知识学习培训，并与区法院签订共建法治化营商环境合作协议。深化减税降费政策宣传，开展“春雨润苗助力小微企业发展”专项活动，为参会企业进行了贷款授信达 4.2 亿元。全力配合全省工商联（总商会）十二届五次执委会在梅召开，在招商引资推介会上，现场签约意向项目 3 个。发动会员企业家投身“万企兴万村”和扶贫济困活动。

【侨界统战】 2021 年，梅县区委统战部稳步推进“七个一”（打造一个展馆、创作一首歌、编排一部剧、编辑一本书、修订一本刊、上好一堂课、开展一次大走访）建设，擦亮“华侨之乡”名片。已完成《梅县侨声》升级改造，《梅县侨界名人故居》（初定）一书的前期资料收集有序进行，维护侨益解侨困，不断夯实侨务工作基础。加强侨法宣传。以宪法日活动为契机，联合“五侨”积极开展“一法两办法”的宣传活动，印发 500 多份侨务政策法规宣传小册子和 100 多本涉侨政策汇编发至各乡镇和有关部门。积极做好为侨服务，协助做好广东侨心慈善基金会“侨心图书室”项目在梅县区松口新民小学及隆文中学捐赠“侨心图书室”的相关工作，两所学校的“侨心图书室”均已挂牌。认真处理好群众来信来访工作，全年共接受群众来信 13 批次、来访 21 人次。认真协助做好疫情防控工作，积极开展暖侨行动，为在梅华侨华人接种疫苗提供服务。

【民族宗教】 2021 年，梅县区委统战部推动民族团结进步创建活动进机关、进企业、进社区，在新城办成立民族之家和民族教育基地。坚持宗教中国化方向。全面贯彻落实两个“条例”，通过举办培训班，发放小册子等加强对宗教工作“三支”队伍的学习教育。召开宗教界代表学习习近平总书记在全国宗教工作会议上重要讲话精神和全国宗教工作会议精神，指导梅县区佛教、基督教两会开展场所负责人学习两个“条例”、《中华人民共和国安全生产法》等法规知识，扎实开展宗教界庆祝中国共产党成立 100 周年系列活动，引导宗教界人士更加坚定感党恩、听党话、跟党走的政治自觉、思想自觉、行动自觉。全面开展“四进”活动，为梅县区登记开放宗教活动场所免费订阅《梅州日报》和提供国旗。完善区、镇、村三级宗教工作网络，全面推进宗教事务依法管理。坚决打击非法宗教活动，督促梅县区宗教活动场所建立健全安全防控体系。协助区基督教召开第二次代表大会。

2021年年底中共梅州市梅县区委统战部

部 长：李瑞金

（供稿：办公室）

党 校

【教学科研工作】 2021年，梅县区委党校加强教学科研工作创新推进工作。1.扎实完成年度培训任务。一是科学制订年度梅县区干部教育培训计划。结合梅县区实际，起草《2021年梅县区党员干部教育培训计划》。二是合理设置培训内容。围绕当前中央、省、市重要会议精神和重大决策部署等内容展开培训，并结合不同岗位职责要求，分类确定培训对象，因岗设置培训课程，提升教学培训的精度。三是建立健全课程评估体系。四是严格落实培训管理制度。在各类培训班次中加强培训日常管理，执行考勤签到和请假制度，引导学员强化纪律意识，保证完成规定学时。2021年共举办主体班14期（1655人），专题班8期（621人），共培训2276人。2.重点抓牢培训主业主课。一是重点夯实党员干部的理论基础。二是重点加强党员干部的党性修养。按照要求，党校的主体班党性教育课程比重不低于总课时的20%，确保党的理论教育和党性教育主体班全覆盖，切实把党性教育摆在教学突出位置。三是重点开展党史学习教育。举办了科级领导干部党史学习教育专题研讨班，并在主体班次突出百年党史学习主题，邀请党史研究专家授课，举办“读红色经典，学百年党史”赠书活动，引领学员深度学习党史。四是重点打造梅县区红色教育品牌。把梅县区首批8个区级党员教育基地作为学习苏区精神、梅县革命历史的重要载体，借力梅县区丰富的红色资源，开设了苏区精神、叶帅精神、九龙嶂精神、“九月来信”在松源等专题课，承办了梅南镇龙文公学“中国共产党人精神谱系展”。3.大力加强师资队伍建设。一是加强师资库建设。借助市领导干部、理论宣讲人才、百姓宣讲团人才、嘉应学院马克思主义学院人才库的师资力量，充实师资库。二是拓宽教师视野。积极选派骨干教师到各类院校、各级党校进修、培训，帮助教师扩大视野，学习新的理论、先进教学理念和教学方法，不断提高教学水平。4.改革创新教学形式内容。一是实施“八式一体”教学模式，即理论式、调研式、情景式、现场式、体验式、辩论式、讨论式、案例式等多元化教学方式，丰富教学体验，调动学员的学习积极性。二是打造党校精品课。结合党史学习教育任务，打造“学党章 守初心 担使命”研讨课、“学习马克思主义，做马克思主义的忠诚信奉者和坚定实践者”微党课、“梅县区‘守初心、担使命’”情景党课、“铭记光辉历史 传承九龙精神”“弘扬叶帅精神”“九月来信的传达——拨开迷雾明航向”“学习中国共产党简史”等吸引力较强的红色教育精品课程，并助力区委组织部打造梅县区“奋斗百年路 启航新征程”情景党课。三是提高课程吸引力。各类培训中，不仅将优秀领导干部、知名专家教授“请进来”党校授课，还充分利用本地区红色资源、爱国主义教育基地、警示教育基地、廉政教育示范基地等，组织培训班开展党的历史、党的优良传统和作风、党的纪律等的教育培训。同时不断开拓新的异地教学资源，组织培训班学员到大埔、丰顺、蕉岭、珠海、湘潭、西柏坡等地区进行党性教育和素质提升，取得良好效果。5.不断完善教学制度体系。一是建立党建引领干部教育培训管理制度。在2021年梅县区新时代年轻干部成长工程培训班（中青班）中，设立了临时党支部和班委，形成“支委”+“班委”的“两委”管理模式，变强迫式学习为自主式学习，提高了学员培训的参与感和主体责任感。二是健全教育培训管理制度。三是构建区镇党校联动教学体系。共建共享阵地资源，充分运用各乡镇高质量、有影响力的省、市、区级党性教育和红色教育示范点和各村（社区）党群服务中心、闲置小学、名人故居等分教点开展各类培训，利用区、镇两级师资库老师和各乡镇红色讲解员讲好红色故事、乡村振兴等主题课。

【人才队伍建设】 2021年，梅县区委党校为适应新形势下干部培训工作需要，结合区级党校实际，坚持以提高素质和能力为核心，紧紧围绕人才培养、引进、使用等重要环节，切实加强区委党校人才队伍建设。一是选优配强党校领导班子。2021年，在区委的重视下，从教学科研队伍中选拔产生了1名主管教学、科研的副校长。二是加强师资建设。2021年，专项招录了1名中山大学社会学专业的公务员，有效地增强了师资力量。三是分期分批选派骨干教师到上级党校、行政学院和高等院校进修学习，并组织教师到大埔、英德等地调研，提升教师的业务水平和理论素质，进一步提高党校教师的执教水平。

【科学管理服务】 2021年，梅县区委党校做好科学管理服务规范推进工作。1.建立健全制度。全面贯彻落实《中国共产党党校（行政学院）工作条例》和上级关于加强党校工作的系列重要指示精神，严格落实党中央关于党校办学治校的原则和要求，对标中央八项规定及其实施细则精神、意识形态工作责任制，上半年对党校《机关学习制度》《教师守则》《教师年度考核实施办法》等11项制度进行了修改和完善，坚持以制度管人管事，真正做到有章可循、有章必循、违章必究。2.抓实教学管理。一是开展教学评价，在主体班组织学员对培训班课程及整个培训班办学水平进行评教，为进一步改进和提高培训班教学水平和管理水平的提高提供量化参考。二是严格学员管理。严格落实中组部《干部教育培训学员管理规定》，健全各项管理制度，确保培训管理力度不断加强。3.做细外培工作。一是扎实开展教务工作，确保培训全过程顺畅圆满。在主体班和部分专题班中，外培股全体人员积极作为，扎实开展教务工作，为师资联系协调、资料汇编编印、会场准备、现场教学点的讲解、车辆和用餐安排，没有出现教学失误，为各类培训班全过程顺畅圆满提供坚实保障。二是盘活红色资料，确保外培工作有序进行。充分利用红色资料和师资，对外来培训党员干部培训提供现场教学和专题课程讲授，提供教学后勤服务。2021年共承接珠三角、周边市县党员干部到梅县培训班次25期，累计1150人次，为积极融入双区建设服务贡献了党校力量。

【党史学习教育】 2021年，梅县区委党校抓好党史学习教育推进工作。1.以阵地建设为抓手，增强党史学习教育凝聚力。梅县区委党校加强自身建设，奋力打造党史学习教育的“主阵地”。一是第一时间传达了重要讲话精神；二是召开了一场组织生活会，查摆了6个问题，已即时整改；三是支部书记上了一堂专题党课；四是突出了一个百年党史学习培训主题，同时依托区、镇两级党校体系，推动学习贯彻向基层延伸，实现全覆盖、无遗漏；五是打造了一系列党史学习教育精品课程；六是开展了一系列“我为群众办实事”实践活动，为身边群众办实事好事共14件（次）。2.以红色资源为依托，增强党史学习教育感染力。梅县区党校深入挖掘梅县区红色文化资源内涵，全力打造党史学习教育的“大熔炉”。一是举办了一次演讲比赛。由区委组织部牵头，配合举办了梅县区“红色信仰·时代之声”主题演讲比赛。二是承办了一系列“红色历史”主题展览。三是配合出版了一批红色书籍。四是形成了一批党史理论成果。已有《利用红色资源增强干部党性教育实效的探索研究——以梅县区为例》《全媒体时代红色基因的传承与教育的研究》等论文，并以务实举措推动理论研究成果转化。五是开展一系列党史宣讲系列活动。组织骨干教师分赴企事业单位、乡镇街道、村（社区）以及学校进行宣讲，全年宣讲65场4141人次，为推动梅县区党员干部群众学党史、悟思想、办实事、开新局积极贡献力量。六是组织党员到松源镇同怀别墅开展党史学习教育主题党日活动。3.以形式创新为根本，增强党史学习教育吸引力。梅县区委党校创新学习形式，拓展学习载体，努力打造党史学习教育的“新模式”。一是在主体班推出一系列活动。通过举办读书会、开设党员讲坛、诵读红色党史经典、讲授“我认为最感人的党史故事”、进行党史知识抢答、设置激情教学党史课程等，丰富党史学习形式，提升党史学习教育实效。二是增设了一批中国共产党党史相关书籍。充分利用校内红色书吧“红书”资源优势，为学员提供在课余时间进行党史学习的场所。三是举办了一系列“党史学习教育进校园”活动。四是利用一些现场教学点，通过“叶剑英纪念园”“同怀别墅”“九龙嶂革命根据地旧址群”等党史学习教育实践基地，组织培训班学员到现场进行党史学习教育，进一步发挥革命遗址、纪念场馆的教育引领功能。

·学术研讨

1. 罗芳梅撰写文章《利用红色资源增强干部党性教育实效的探索研究——以梅县区为例》发表在《魅力中国》2021年第一期。

2. 钟智巧申报2021年梅州市哲学社会科学课题并撰写论文《全媒体时代红色基因的传承与教育的研究》。

3. 钟智巧撰写了第五届长三角—珠三角党校智库合作联盟论坛征文——《珠三角在“十四五”规划后发展的新格局》。

2021年年底中共梅州市梅县区委党校

校　长：曹志辉

（供稿：办公室）

区人民代表大会

【**概述**】 2021年，梅县区人大常委会在梅县区委的坚强领导下，区人大常委会坚持以习近平新时代中国特色社会主义思想为指导，深入学习贯彻习近平总书记在庆祝中国共产党成立100周年大会、中共十九届六中全会、中央人大工作会议上的重要讲话和对广东工作重要指示精神，依法履职尽责，积极担当作为，顺利完成了区一届人大六次会议确定的各项目标任务。2021年，共召开常委会会议12次、审议议题36项，听取审议专项工作报告13项，开展视察调研9次、执法检查2次，作出决议决定28项，为推动梅县区经济社会高质量发展作出了积极贡献。

【**区一届人大六次会议**】 2021年2月4日至5日，梅县区第一届人民代表大会第六次会议在梅县文化中心胜利召开。本次大会听取和审议了区人民政府工作报告、区人大常委会工作报告、区人民法院工作报告和区人民检察院工作报告，审查了梅县区国民经济和社会发展第十四个五年规划和二〇三五年远景目标纲要、区2020年国民经济和社会发展计划执行情况与2021年计划草案报告、区2020年预算执行情况和2021年预算草案报告，表决通过了区政府工作报告等七项决议和2021年十件民生实事，选举李培军为梅县区人民检察院检察长。按照法律规定，须报经梅州市人民检察院检察长提请梅州市人民代表大会常务委员会批准。会议期间，来自梅县区各条战线的人大代表，认真履行宪法和法律赋予的职责，积极参政议政，提出了许多宝贵的建议。本次大会共收到代表建议25件。

【**区二届人大一次会议**】 2021年11月17日至19日，梅县区第二届人民代表大会第一次会议在梅县文化中心胜利召开。本次大会听取和审议了区人民政府工作报告、区人大常委会工作报告、区人民法院工作报告和区人民检察院工作报告，审查了梅县区2021年1—9月国民经济和社会发展计划执行情况的报告、梅县区2021年1—9月预算执行情况的报告，表决通过了区政府工作报告等6项决议。大会选举产生了区人大常委会主任、副主任、委员；区人民政府区长、副区长；区监委主任、法院院长、检察院检察长；市八届人大代表；通过了区人民代表大会法制委员会组成人员名单。曾庆辉当选为梅县区第二届人大常委会主任；王锋当选为梅县区人民政府区长；涂戈峰、谢芳、王英豪、梁新强、叶世振、张炳荣当选为梅县区第二届人大常委会副主任；张贤亮、吕瑜泉、王宏基、刘演政、陈海晗、陈春妮、彭华当选为梅县区人民政府副区长；曾万灵当选为梅县区监察委员会主任；毛嘉鹏当选为梅县区人民法院院长；选举李培军为梅县区人民检察院检察长。按照法律规定，须报经梅州市人民检察院检察长提请梅州市人民代表大会常务委员会批准。卜敬勤、古文辉等26人当选为梅县区第二届人大常委会委员。戚优华、王庆利、温助民、王锋等49人当选为梅县区出席市八届人大会议代表。钟俊方当选为区人大法制委员会主任委员，卜敬勤当选为区人大法制委员会副主任委员，饶梅兰、黄敬、张晴洪当选为区人大法制委员会委员。区委书记温助民为新当选的区人大常委会主任、区人民政府区长颁发当选证书。区人大常委会主任曾庆辉为新当选的区人大常委会副主任、区人民政府副区长、区监察委员会主任、区人民法院院长、区人大常委会委员颁发当选证书。新当选的区人大常委会组成人员、区政府区长、副区长和监委主任、法院院长举行了宪法宣誓仪式。会议期间，来自全区各条战线的人大代表，认真履行宪法和法律赋予的职责，积极参政议政，提出了许多宝贵的建议。本次大会共收到代表建议44件。

【监督工作】 2021年，梅县区人大常委会坚持围绕中心、服务大局、突出重点，聚焦区委中心工作，聚焦人民群众所思所盼所愿，综合运用多种监督方式，加大监督推动力度，切实增强监督的刚性和实效。助推经济高质量发展。围绕促进经济平稳运行，听取审议计划执行、预算执行等报告，审查批准区级决算和预算调整方案。听取和审议区级预算执行和其他财政收支的审计工作报告、审计查出问题整改情况报告，要求区政府及审计部门加强跟踪督促检查，推动审计查出问题整改落实。听取审议国有资产管理情况报告，推动政府进一步深化国资国企改革，健全国有资产管理机制，确保国有资产安全完整和保值增值。围绕科技成果转化工作情况开展调研，助推梅县区经济高质量发展。巩固深化三大攻坚战成果。落实党中央关于防范化解重大风险的部署，加强对地方政府债务的审查监督，审议批准地方政府债务限额。听取审议环境状况和环保目标完成情况报告，推动打好污染防治攻坚战。首次听取审议区监委关于开展扶贫领域腐败和作风问题专项治理工作情况的报告，推动监察机关聚焦扶贫和乡村振兴开发项目建设情况履行监察职责，切实整治群众身边的腐败和作风问题。组织代表对梅县区现代农业产业园建设等工作开展监督，全力推动巩固拓展脱贫攻坚成果同乡村振兴有效衔接。促进民生福祉改善。聚焦常态化疫情防控和人民健康，听取审议公共卫生体系建设情况报告，推动解决梅县区公共卫生领域突出问题，及时开展疫情防控法律法规宣传，发出公开信倡议梅县区各级人大代表投身疫情防控工作。听取审议区政府关于加快梅县区农村人居环境综合整治、建设美丽乡村议案实施情况的报告，检查城乡规划法、残疾人保障法的实施情况，围绕广东省未成年人保护条例实施情况开展调研，组织代表对十件民生实事实施情况、文旅产业发展情况、交通基础设施重点项目建设、落实退伍军人政策等工作开展监督，督促政府加快城乡基础设施建设，扩大基本公共服务的覆盖面，优化提升城乡发展环境，提升人民群众生活品质。推进法治梅县建设。听取审议区政府关于在梅县区开展法治宣传教育第八个五年规划的议案，并作出开展第八个五年法治宣传教育的决议，推动全社会深入学习贯彻习近平法治思想，形成尊法学法守法用法的良好氛围。听取审议区检察院关于公益诉讼工作情况报告，组织代表对法院执行工作等开展视察调研，监督和支持"两院"依法履行审判和检察职能，促进司法为民、公正司法。持续加强备案审查制度和能力建设，听取审议规范性文件备案审查工作情况报告，接收报备规范性文件11件，做到"有件必备、有备必审、有错必纠"。积极妥善处理群众来信来访，着力为群众排忧解难。

【依法行使重大事项决定权和选举任免权】 2021年，梅县区人大常委会坚持党委决策与人大依法作出决定相统一，围绕经济社会发展，及时作出批准财政决算、预算调整、债务限额等决议决定，作出关于加快推进省道242线梅县区梅西到程江公路建设工程（西部旅游快线）的决议，并批准该PPP项目列入财政预算，加快补齐基础设施短板。坚持党管干部原则和人大依法行使选举权任免权相统一，2021年共依法选举和任免地方国家机关工作人员87人次，严格执行宪法宣誓制度，组织66名新任命人员进行宪法宣誓。

【代表工作】 2021年，梅县区人大常委会坚持尊重代表主体地位，不断健全代表工作机制，支持和保障代表依法履职，努力使发挥代表作用成为实现全过程人民民主的有效形式。密切代表同人民群众的联系。坚持和完善常委会组成人员联系代表、代表联系群众“双联系”工作机制，依靠代表做好人大工作，全年邀请区人大代表列席常委会会议、参加视察调研、执法检查、工作评议等180多人次。组织开展“更好发挥人大代表作用”主题活动，区镇两级人大组织各级人大代表统一开展集中履职活动，听取和收集群众意见建议86条，推动解决一批群众“急难愁盼”问题。强化代表履职服务保障。加强代表履职能力建设，举办了区人大代表履职培训班1期，组织常委会组成人员和部分人大代表参加省市人大组织的培训，不断增强代表履职水平。推进人大代表联络站规范化建设，不断加强代表联系选民、服务选民工作，2021年，全区共建立镇人大代表中心联络站19个、村（居）人大代表联络站226个，代表联络站工作走在全市前列。加强代表建议办理工作。听取审议区政府代表建议办理情况的专项报告，建立健全“建议交办、政府领办、人大督办、代表测评”机制，有力提升了办理质效。区一届人大六次会议期间代表提出的25件建议全部办理完毕，代表反馈满意及基本满意率为100%，推动解决了一批群众关注的热点难点问题。

【依法做好区镇人大换届选举工作】 2021年，梅县区人大常委会严格按照中央和省、市、区委关于人大换届选举的部署要求，坚持党的领导、充分发扬民主、严格依法办事有机统一，强化统筹协调，加强工作指导，开展工作培训，严格依法按程序办事，梅县区共划分区代表选区160个，登记选民508802人，在选区划分、选民登记、提名推荐候选人、组织投票等各选举环节，广泛动员人民群众参加，切实将全过程人民民主落实到换届选举每个环节。9月23日，是梅县区区、镇人大换届选举日，广大选民踊跃到各自所在的选区投下庄严神圣的一票，依法选举产生新一届区人大代表257名、镇人大代表1154名，顺利召开新一届区镇人大一次会议，依法选举产生了区镇两级新一届地方国家领导成员，真正实现了选举过程风清气正、选举结果人民满意。

【人大自身建设】 2021年，梅县区人大常委会坚持以政治建设为统领，全面加强思想、组织、纪律、作风和队伍建设，不断提高依法履职能力。持之以恒加强纪律作风建设。常委会党组扛牢抓实从严管党治党责任，严格落实党风廉政建设主体责任，组织党员干部接受廉政教育和警示教育，不断强化纪律规矩意识。层层压实意识形态工作责任，加强人大新闻舆论工作，筑牢意识形态安全防线。大力弘扬求真务实的工作作风，严格执行中央八项规定及其实施细则精神，力戒形式主义、官僚主义，努力营造风清气正的政治生态。坚持不懈加强履职能力建设。坚持把提高政治能力放在首位，组织引导常委会组成人员、人大代表、人大工作者在理论学习和实践锻炼中提高政治定力，提升政治素养。扎实开展调查研究，深入基层全面掌握情况，切实做好调研成果转化，不断提升发现问题、解决问题的能力。合理安排常委会会议议题，完善会议组织形式，着力提高审议质量。凝聚合力提升人大工作质效。持续加强县乡人大工作和建设，积极实施“巩固基础、强化履职”两年行动计划，区镇两级人大组织建设更为健全，履职行权更加规范，职能作用得到更好发挥。牢固树立“一盘棋”思想，主动加强向省市人大沟通汇报，配合做好省市人大在梅县开展执法检查、立法调研、代表视察等工作，围绕重大问题同向同步开展监督，实现解决问题、工作协同、上下联动常态化，梅县区人大工作合力和整体实效明显增强。

2021 年年底梅州市梅县区人大常委会

主　任：曾庆辉

（供稿：办公室）

区人民政府

【概述】 2021 年，在中共梅州市委、市人民政府和中共梅州市梅县区委的坚强领导下，在梅县区人大及其常委会和梅县区政协的监督支持下，梅县区人民政府坚持以习近平新时代中国特色社会主义思想为指导，深入学习贯彻习近平总书记对广东系列重要讲话和重要指示批示精神，认真落实省、市工作部署，统筹疫情防控和经济社会发展，狠抓“六稳”“六保”工作，扎实推动高质量发展。2021 年，梅县区地区生产总值完成 237.71 亿元，同比增长 6.2%；一般公共预算收入 16.38 亿元，同比增长 12.34%；完成规上工业增加值 59.41 亿元，同比增长 13.4%；外贸进出口总额 5.01 亿美元，同比增长 81%；固定资产投资完成 86.13 亿元，社会消费品零售总额完成 149.38 亿元，实现“十四五”良好开局。获评全国“绿水青山就是金山银山”实践创新基地、国家全域旅游示范区、国家“四好农村路”示范县、国家级水产健康养殖和生态养殖示范区、中国民间文化艺术之乡、全国基层中医药工作先进单位、省健康促进区、广东省制造业发展较好区，入选国家农业现代示范区创建名单、中国最美县域、省级海绵城市建设示范城市、全国城乡交通运输一体化示范创建县。梅州综合保税区（一期）通过国家验收。

【区政府工作】 2021 年，梅州市梅县区人民政府集中精力发展实体经济，大力推动制造业高质量发展，特色产业体系加快构建。培育规上工业企业 10 家、“专精特新”企业 1 家。完成工业投资 20.9 亿元，其中技改投资 11.41 亿元，同比增长 50.4%。铜箔产业成功入选全省“双十”战略性产业集群和广东“强芯工程”。嘉元科技年产 3.1 万吨锂电铜箔首期 1.5 万吨项目建成投产，铜箔产业产能提高到 4.6 万吨。以铜箔为主的电子信息产业实现产值 52.96 亿元，同比增长 81.4%。BPW（梅州）车轴八期、欣桐科技智能电控板、庆达科技智能电机、伟友耐磨二期、盛富金属二期、福德金属二厂等一批大项目建成投产，装备制造、智能家电产业链条不断延伸，产值突破 38 亿元。获评广东省制造业发展较好区，宝丽华、BPW（梅州）车轴、嘉元科技、卡莱橡胶位列梅州工业企业 2021 年度纳税 20 强。

抢抓老区苏区振兴发展政策机遇，加大力度扩投资促消费，高质量发展动能不断增强。积极对接国家和省支持老区苏区振兴发展政策，获中央预算内投资、地方债券等资金支持 27.56 亿元。发挥投资关键作用，42 项省、市重点项目完成投资 56.63 亿元，总量居全市第一。宁德时代、嘉元科技年产 10 万吨高端锂电铜箔等 14 个项目签约落户，计划总投资 154.66 亿元。商贸物流、电子商务等服务业加快发展，电商交易额达 83.76 亿元，同比增长 23.9%。推进文旅产业融合发展，承办第一届广东民宿大会，成功创建国家全域旅游示范区，“客都人家”成为华南文旅新标杆，雁洋镇获评全国乡村旅游重点镇和广东省乡村民宿示范镇。

深化改革开放，激发创新创业活力，内生发展动力充分释放。扎实推进“放管服”、数字政府和商事制度改革，营商环境持续优化，新增市场主体 6240 户。深化财政制度改革，完成 41.98 亿元隐性债务化解清零。全面落实各项惠企政策，发放财政扶持资金 5588 万元，减税降费 9400 多万元。打造对外开放新平台，梅州松棚铁路物流基地开工建设，梅州综合保税区（一期）通过国家验收，入驻企业 10 家。加速培育创新动能，获批省市科技项目 44 项，新增高新技术企业 6

家、国家科技型中小企业35家。嘉元科技挂牌国家技术创新示范企业，超华科技获批牵头组建广东省高性能电解铜箔区域创新中心，自远环保获省级企业技术中心认定，云电商生态城获省科技企业孵化器认定。

扎实推进城市提质扩容，不断完善基础设施，城乡融合步伐加快。统筹推进文明城市创建、卫生城市巩固和“两美”行动，市容市貌持续提升，入选中国最美县域、省级海绵城市建设示范城市。天虹购物中心等一批城市综合体加快建设，三丰、大沙安置小区和程江棚户区改造项目基本建成，城市功能配套日益完善。“十个一批”城建项目滚动实施，亲水公园、梅花山公园和一批市政道路、老旧小区、农贸市场完成改造提升，沿江“最美跑道”建成使用。外联内畅交通体系加快构建，瑞梅铁路获批建设，梅龙高铁、东西部快线等项目加快推进，建成92千米“四好农村路”、50千米美丽农村公路，成功创建国家“四好农村路”示范县，入选全国城乡交通运输一体化示范创建县。5G基站、智能电网建设和农村电网升级改造稳步推进，天然气输送管网基本覆盖城区。

深入实施乡村振兴战略，努力推动农业强、农村美、农民富，乡村全面振兴稳步推进。梅县区农林牧渔业总产值93.25亿元，同比增长8.1%。巴庄水库灌区改造等农田水利基础设施不断完善，新建高标准农田253公顷，新增垦造水田155公顷，复耕复种撂荒耕地927公顷，2021年粮食播种面积25780公顷、产量17.54万吨。“一村一品、一镇一业”初具规模，建成全国示范镇1个、省级专业镇2个、专业村17个，入选国家农业现代化示范区创建名单，成功创建首批国家级水产健康养殖和生态养殖示范区。金柚扩种面积1000公顷，建成全国首条柚苷提取生产线，带动农民增收3.5亿元，国家现代农业产业园通过考核认定，梅县金柚获国家农产品地理标志登记产品认定。扎实推进乡村建设行动，18个美丽乡村示范点和畲江等美丽圩镇试点加快建设，完成涉及334个自然村约9万人的集中供水任务。全域1386个自然村基本完成村庄整治，无害化卫生户厕普及率、生活垃圾和污水处理率不断提升。实施丙雁沿线农房风貌改造提升，“叶帅故里·大美梅县”乡村游线路入选全国乡村旅游学习体验线路。18个驻镇帮镇扶村工作队全面进驻，乡村振兴有效衔接脱贫攻坚。梅县区行政村集体经济收入达5万元以上。

牢固树立“绿水青山就是金山银山”理念，持续改善生态环境，绿色低碳发展水平不断提高。获评全国“绿水青山就是金山银山”实践创新基地。建立“三线一单”生态环境分区管控体系，实施韩江中上游山水林田湖一体化保护和修复工程。88宗中央环保督察组交办信访案件基本办结。聚焦水、气、土壤等重点领域持续攻坚，新建农村污水处理设施21座，有序推进水生态清洁小流域综合治理工程，建成碧道27.3千米，考核断面水质优良率100%，空气质量优良率达99.7%。深入开展“绿满梅县”大行动，“三江四线”生态景观廊道不断提升。扎实推进地质灾害隐患治理，整治削坡建房风险点630户。实施高耗能行业绿色化改造，推广光伏发电、绿色建筑，节能减排降耗稳步推进。

统筹安全和发展，持之以恒保障和改善民生，人民群众获得感更有保障。常态化抓好新冠肺炎疫情防控，疫苗接种率居全市前列。办成一批“我为群众办实事”项目，完成年度十件民生实事，民生支出占一般公共预算支出的75%。新增城镇就业和失业人员再就业4000多人，城镇登记失业率2.67%。成立综合养老服务中心9家，建成“长者饭堂”示范点5个，城乡低保、特困人员供养标准持续提高。广外附设梅州实验学校、华业外国语学校、第二实验幼儿园建成使用，新增学位7080个。严格落实“双减”政策，中考、高考成绩再创新高，梅县外国语学校高考本科率全市第一。粤东医院入选省高水平医院建设名单，感染性疾病救治中心动工建设，妇保院、中医院综合大楼建成使用。医联体、中医专科联盟实现乡镇全覆盖，获评全国基层中医药工作先进单位、省健康促进区。文化惠民活动深入开展，获评中国民间文化艺术之乡。稳妥防范化解地方法人金融机构风险隐患，依法处置海晟公司非法吸收公众存款案。扫黑除恶、公共安全、信访等工作扎实有效，群众安全感和政法工作满意度保持全省前列。强化食品药品市场监管，市场经济秩序平稳有序。兵役征集和民兵后备力量建设质量不断提升，退役军人政策全面落实。民族宗教、外事侨务、妇女儿童、残疾人、档案、方志等工作取得新成效。

【信访工作】 2021年，在区委、区政府的领导和省、市信访局的指导下，梅县区信访局认真贯彻落实中央和省、市信访工作新要求，依托广东省一体化信访信息系统，严格落实各项信访工作机制，通过各种有效措施及时调处化解各类信访问题，2021年信访态势实现整体平稳，为梅县区经济社会发展创造了良好的社会环境。

梅县区受理情况：

1．本级受理群众来信5件，比上年下降58.3%。

2．本级接待群众来访543批1360人次，同比批次上升56.5%，人次上升37.2%（其中：集体访42批659人次，同比批次下降12.5%，人次上升15.8%）。来访立案121批190人次，同比批次下降5.5%，人次下降40%（其中：集体访4批41人次，同比批次下降75%，人次下降75.3%）。

3．受理群众网上信访来信380宗，同比下降12%。

上级受理情况：

1．市级信件64件；省级信件30件；国家信访局信件94件。

2．群众进京上访3批3人次，同比批次下降57.1%，人次下降57.1%。

3．群众到省上访24批25人，无集体访。同比批次上升71.4%，人次上升38.8%。

4．群众到市上访54批113人，同比批次上升28.6%，人次下降44.6%。其中：集体访4批43人次，同比批次下降33.3%，人次下降71.7%。

5．上级交办第一批重复治理件59宗，办结59宗。第二批14宗，正在办理中。

高位推动落实信访工作责任。区委常委会、区政府常务会、区信访联席会议多次专题研判梅县区信访形势及矛盾化解攻坚等重点任务，压实信访工作责任。区领导坚持每月接访、下访群众以及包案化解重点问题，通过重点约访、带案下访、下基层接访、领导包案等形式，及时了解掌握辖区群众反映的热点难点问题，及时解决群众的合理诉求，切实控制和减少群众越级上访。

2021年年底梅县区人民政府办公室

主　任：王庆润

（供稿：办公室）

区政协

【梅县区政协一届六次会议】 中国人民政治协商会议第一届梅州市梅县区委员会第六次会议，于2021年2月4日至5日在梅县区举行。这次会议是在“十三五”规划收官、“十四五”规划开局的关键时期召开的一次重要会议。会议期间，副市长、区委书记吴泽桐，区长温助民等区领导出席开幕大会和闭幕大会，参加分组讨论，与委员们共商大计、共谋发展。会议审议通过了梅县区政协主席罗时亮代表一届区政协常务委员会所作的工作报告、钟梅福代表一届区政协常务委员会所作的提案工作情况报告，表彰了区政协一届五次会议以来的优秀提案、提案办理工作先进单位和优秀政协委员。会议听取并讨论了政府工作报告，讨论了《梅州市梅县区国民经济和社会发展第十四个五年规划和二〇三五年远景目标纲要（草案）》，赞同区法院、区检察院工作报告以及其他报告。会议期间，全体委员认真学习贯彻习近平新时代中国特色社会主义思想，紧扣梅县区各项重点任务议政建言，充分彰显了人民政协作为专门协商机构的重要作用。会议圆满成功，是一次增进共识、凝聚力量、共谋发展的大会。会议高度评价了区长温助民所作的《政府工作报告》。一致认为，“十三五”时期，梅县区以习近平新时代中国特色社会主义思想为指导，按照市委、市政府和区委的决策部署，主动服务融入“双区”建设，用心用情用功推进苏区振兴发展，梅县区经济基础更加扎实、改革开放更加深入、发展环境更加优化、民生保障更加有力，高质量发展态势进一步形成。梅县区科学统筹疫情防控和经济社会发展，推进“六稳”工作，落实“六保”任务，疫情防控取得阶段性胜利，经济发展回暖向好，乡村振兴提质增效，脱贫攻坚任务如期完成，城乡环境不断优化，民生事业持续改善，决胜全面建成小康社会取得决定性成就。

【梅县区政协二届一次全会】 中国人民政治协商会议第二届梅州市梅县区委员会第一次会议，于2021年11月15日至18日在梅县区举行。区委书记温助民在闭幕大会上作了讲话，对政协工作提出明确要求，寄予更高期望。会议审议通过了罗时亮代表一届区政协常务委员会所作的工作报告、钟梅福代表一届区政协常务委员会所作的提案工作情况报告。会议选举产生了政协第二届梅州市梅县区委员会主席、副主席和常务委员。会议听取并讨论了政府工作报告，赞同区法院、区检察院工作报告以及其他报告。会议圆满完成了各项议程，是一次求真务实、民主和谐、团结奋进的大会。会议高度评价了区长王锋代所作的《政府工作报告》。会议认为，过去五年来，梅县区坚持稳中求进工作总基调，贯彻新发展理念，抢抓“双区”“双城”“两个合作区”建设和苏区振兴发展重大机遇，统筹疫情防控和经济社会发展，坚持产业兴区、坚持城乡融合、坚持底线思维、坚持以人为本、坚持深化改革，扎实做好“六稳”工作，认真落实“六保”任务，实现“十三五”圆满收官，与全国同步全面建成小康社会。会议认为，《政府工作报告》提出今后五年的目标任务和发展措施符合梅县老区苏区全面振兴发展实际，能够更好统筹推进稳增长、促改革、调结构、惠民生、防风险工作，对于梅县区全面完成“十四五”规划目标任务起到重要指导作用。会议期间，委员们还对做好今后五年梅县区各项工作积极建言献策。会议号召，梅县区政协组织、各参加单位和广大政协委员，要紧密团结在以习近平同志为核心的党中央周围，以习近平新时代中国特色社会主义思想为指导，加强思想政治引领、广泛凝聚共识，立足新发展阶段，贯彻新发展理念，构建新发展格局，围绕打造生态惠民富民、宜居宜业宜游“叶帅故里·大美梅县”发展目标，同心协力，团结奋进，开拓创新，积极作为，为推动打造“绿水青山就是金山银山”广东样本，实现梅县老区苏区全面振兴发展步步高贡献智慧和力量。

【提案办理】 自2021年2月区政协一届六次会议以来，至2021年11月二届一次区政协换届会议止，政协梅州市梅县区委员会共收到委员提案61件，立案48件，至年底48件立案提案已全部办理答复完毕，提案办复率和委员满意率达100%。2021年11月召开的区政协二届一次换届会议，共收到提案52件，立案37件，这些提案将和这次大会收到的提案一同经由区政府办公室统一交办。

【民主监督】 2021年，政协梅州市梅县区委员会充分发挥民主监督职能，拓宽民主监督渠道，到梅州综保区和城东—白渡工业园区开展专项民主监督，对发现的问题及委员提出的意见建议，向区委、区政府专题报告，助推重点项目和工业园区建设和高质量运营。组织社会法制专委会委员开展对村级换届选举进行民主监督，深入梅县区各镇的选举现场开展监督，促进村级换届选举工作规范有序进行。

【专题调研视察】 2021年，梅县区政协党组高度重视专委会职能作用，注重发挥各专委会结合各自委员所处阶层、所属界别和职业性质，履行自身职能，发挥自身优势。认真选取相关课题，精心组织实施了“加强水生态环境保护”“培优育强，打造高端铜箔新材料产业集群”等7次调研视察，并形成7份调研报告。组织编撰了一届梅县区政协优秀提案及答复汇编(2016—2021年)。

【关注民生】 2021年，政协梅州市梅县区委员会围绕“老旧小区改造”“学校周边“三无”产品整治”“完善梅花山森林公园公共设施”等涉及民生的政协提案，主要领导亲自组织对办理情况进行现场督办，提升办理实效，让老百姓共享履职成果。同时委员还组织各团体和各界别委员开展送政策、送科技、送健康、送法律、送文化“五送”下乡活动。2021年12月，文教卫体专委会组织医卫界的委员到梅西卫生院开展送医送药活动，率领肝脏科、消化科等10多个科室，10多位专家、医生，为群众义诊，并赠送家用便药，充分彰显政协为民情怀，继续擦亮梅县区政协的民生品牌。发动港澳台侨专委会委员捐款21万元开展“扶残助学”爱心活动，资助梅县区104名高中（含职中）以上困难残疾人学生和残疾人家庭学生。

2021年年底政协梅州市梅县区委员会

主　席：罗时亮

（供稿：办公室）

区纪委监委

【主要职责】 纪律检查委员会是党内监督专责机关，主要任务是：维护党的章程和其他党内法规，检查党的路线、方针、政策和决议的执行情况，协助党的委员会推进全面从严治党、加强党风建设和组织协调反腐败工作。监察委员会履行监督、调查、处置职责。1. 对公职人员开展廉政教育，对其依法履职、秉公用权、廉洁从政从业以及道德操守情况进行监督检查。2. 对涉嫌贪污贿赂、滥用职权、玩忽职守、权力寻租、利益输送、徇私舞弊以及浪费国家资财等职务违法和职务犯罪进行调查。3. 对违法的公职人员依法作出政务处分决定；对履行职责不力、失职失责的领导人员进行问责；对涉嫌职务犯罪的，将调查结果移送人民检察院依法审查、提起公诉；向监察对象所在单位提出监察建议。

【梅县区纪委一届六次全会】 2021年4月2日，梅县区纪委一届六次全会召开。会议由区委常委、纪委书记、监委主任古裕主持，区委副书记、区长温助民传达十九届中央纪委五次全会、十二届省纪委六次全会和七届市纪委七次全会精神，副市长、梅县区委书记吴泽桐出席会议并讲话。古裕代表区纪委常委会作题为《持续推动纪检监察工作高质量发展为梅县“十四五”开好局起好步提供坚强保障》的工作报告。抽取6名科级党政“一把手”在区纪委全会上进行述责述廉。

【梅县区纪委二届一次全会】 2021年10月28日，召开梅县区纪委二届一次全会，会议由区委常委、纪委书记、监委代主任冯振主持，会议通过举手表决的方式，通过了《中国共产党梅州市梅县区第二届纪律检查委员会第一次全体会议选举办法（草案）》和监票员名单。随后采取无记名投票差额选举产生了中国共产党梅州市梅县区第二届纪律检查委员会常务委员，等额选举产生了中国共产党梅州市梅县区第二届纪律检查委员会书记和副书记。

【监督服务保障】 2021年，中共梅县区纪律检查委员会加强监督服务保障工作。坚持深学笃行习近平新时代中国特色社会主义思想。区纪委常委会严格落实“第一议题”制度，自觉把深入学习贯彻习近平新时代中国特色社会主义思想作为首要政治任务，专题传达学习习近平总书记重要讲话和重要指示批示精神51次，始终跟进监督、做实监督，确保各级党组织和广大党员干部聚焦“国之大者”履职尽责。推进重要决策部署落实落细。扎实开展政法队伍教育整顿，立案18件18人，党纪政务处分16人。狠抓省委巡视整改和监督，督促各单位整改省委巡视反馈的66

个问题，对由区纪委监委牵头整改的6个问题，制定了19条具体整改措施，并全部完成整改；办结省委巡视组移交问题线索（信访件）80件，办结率100%，立案8件9人，诫勉2人。严格查办中央第四生态环境环保督察组交办案件，推动生态环保领域治理，立案8人，党纪政务处分8人，诫勉4人。压实新冠肺炎疫情防控责任，开展明察暗访和督查督办11次，检查督促85个单位，印发督查通报7份，督促立行立改问题58个、限期整改问题20个。严明政治纪律和政治规矩。认真贯彻执行《党委（党组）落实全面从严治党主体责任规定》和《中共中央关于加强对"一把手"和领导班子监督的意见》精神，对区委新提任或转任的党组织"一把手"发放《提醒函》22份，及时打好廉洁"预防针"。严把党风廉政意见回复关，回复党风廉政意见2841人次，建议暂缓使用22人次，建议不宜使用10人次。巩固深化肃清李嘉、万庆良恶劣影响成果，持续净化政治生态。严格落实换届纪律"十严禁"要求，对区、镇、村换届选举实施情况进行密切监督，对违反换届纪律的问题立案3人，党纪政务处分2人。

【查处违纪违法案件】　2021年，梅县区纪检监察机关共受理群众信访举报305件，同比下降22.7%，共立案查处181件181人，同比上升1.7%，其中科级干部23件23人。结案178件，党纪政务处分178人，其中：免予处分3人，党纪政务轻处分153人，党纪政务重处分22人；移送司法机关2人。

【专项治理工作】　2021年，中共梅州市梅县区纪律检查委员会加强专项治理工作。加强乡村振兴领域专项整治。针对乡村振兴工作存在的"一些干部的工作作风和方式方法仍需改进"问题开展监督，印发《梅县区纪委监委开展落实乡村振兴突出问题整改监督的通知》，对照4个具体表现，明确职责单位、部门和整改时限。原32个省定贫困村建立了廉情信息员制度。全区355个行政村全部完成基础环境整治和"三清三拆三整治"工作，原32个省定贫困村全部完成自然村集中供水任务，惠及农户12675户。聚焦民生关切开展专项监督。深刻领会习近平总书记对耕地保护工作作出的重要指示批示精神，深入开展违规占用农村耕地建房的整治，督促相关单位压紧压实主体责任和属地责任，对党员干部违规占用耕地问题立案4件4人，问责1人。推进重点建设项目、民生实事监督。做实粮食购销领域腐败问题专项整治。加大对违建别墅整治力度，对省级自然保护区、县级自然保护区违建别墅项目案件进行"回头看"，立案4件，党纪政务处分4人，诫勉3人。深入开展人防领域廉政问题专项整治工作。

【巡察工作】　2021年，中共梅州市梅县区纪律检查委员会加强巡察工作力度。稳步推进巡察全覆盖。完成一届区委对80个单位的常规巡察全覆盖任务，完成对387个村（社区）的巡察，覆盖率100%，共移交问题线索330条，立案158件158人，党纪政务处分140人。科学谋划二届区委巡察全覆盖工作，完成了第一轮对村巡察，组建6个对村巡察组，对南口镇榕岗村等80个行政村（社区）党组织开展巡察。开展巡察"回头看"工作。派出2个巡察组分别对区农业农村局等4个单位党委（党组）开展巡察"回头看"，坚持监督老问题与发现"新问题"并重，对巡察整改进行严肃的政治再监督、再检查，进一步推动巡察整改工作和成果运用落实落地。抓好巡察"后半篇文章"。实施区委、区政府分管（挂点）领导与被巡察单位党组织主要负责人约谈机制，层层压实镇、村党组织落实整改的主体责任。建立问题线索库，对问题线索实施倒逼办理、对反馈问题实施动态跟踪督办，压实派驻组、镇级纪委的监督责任，把巡察整改监督作为重要抓手，对梅西镇等8个单位党组织进行巡察整改情况督查。

【宣传教育】　2021年，中共梅州市梅县区纪律检查委员会加大宣传教育力度。积极在国内重点论坛发表正面网评文章，汇聚正能量，在《南方日报》、南粤清风网、《梅州日报》、客都清风等媒体上共刊发稿件56篇，在区广播电视台设立《纪检监察之窗》栏目，播放了4期工作动态，传播纪检监察工作好声音。加强意识形态的引导和管控，加大对廉洁文化宣传阵地、网站网络等舆论阵地的建设和管理力度，切实守好意识形态“南大门”。

【干部队伍建设】 2021年，中共梅州市梅县区纪律检查委员会抓好干部队伍建设。扎实开展党史学习教育。区纪委常委会注重加强政治建设，通过理论学习中心组、“三会一课”、主题党日等形式，高标准高质量推进党史学习教育，把学习“四史”和开展庆祝中国共产党成立100周年各项活动结合起来，与学习贯彻中共十九届六中全会精神联系起来，贯通“十个坚持”历史经验和“九个必须”重要要求，引领纪检监察干部自觉践行初心使命、坚决做到“两个维护”。深入推进“我为群众办实事”实践活动，对一楼接访室进行标准化改造升级，方便群众来访；着力解决村教学点学生转学和送教上门等“急难愁盼”问题。积极开展志愿服务、筹措资金支持富贵社区改建排水沟、铺打水泥路面等。全面提升业务能力。提升干部队伍业务水平，开展干部培训11场，参加人数598人次。通过以案代训、跟班学习、协作办案、案件交流等途径，推动干部在实战中强本领、提素质。抓好区镇两级纪委班子换届，不断优化改善自身队伍年龄结构、学历结构和专业结构。19个乡镇共调整纪委书记18人、平均年龄34.6岁，正、副书记大专及以上学历达100%。对区纪委监委4名干部进行轮岗调整，提拔使用干部7名，晋升职级17名，调入或招录优秀干部13名。强化队伍监督约束。自觉接受人大监督，区监委向区人大常委会报告扶贫领域腐败和作风问题专项治理工作，认真落实区人大常委会审议意见。扎实开展纪检监察干部警示教育，及时对全区纪检监察干部廉政档案进行更新完善。坚持刀刃向内，对涉及纪检监察干部问题线索认真核查，严防“灯下黑”，开展谈心谈话、党内谈话260多人次，收到反映纪检监察干部的问题线索2条，均已办结。

2021年年底中共梅州市梅县区纪律检查委员会

书　记：曾万灵

（供稿：办公室）

民主党派

民　革

【概述】 2021年，民革梅县区委员会在民革梅州市委会、梅县区委的坚强领导下，围绕市委“123456”思路举措和区委加快推动生态发展区高质量发展要求，加快构建“3113”绿色产业体系，打造“三宜”城市，争当“绿水青山就是金山银山”实践创新排头兵，团结广大党员，积极参政议政，做好本职工作，为梅县区经济社会高质量发展作出积极贡献。至年底，全区共有5个支部，党员66人。其中：市人大代表1人、市政协委员2人、政协副主席2人（梅县区1人，兴宁市1人）、区人大代表2人（常委1人）、区政协委员8人（常委1人）。

【思想建设】 2021年，民革梅县区委员会结合党史学习教育和民革作风建设年活动，采用微信转发文章、集中学习、自学、现场教学等多种形式开展学习教育。组织党员学习2020年12月21日中共中央发布的《中国共产党统一战线工作条例》和中共中央召开党外人士座谈会精神、中共广东省委召开党外人士情况通报会精神等。号召各支部开展各种形式纪念活动：3月和11月，分别在松口中山公园开展纪念孙中山逝世96周年和155周年诞辰活动；10月，组织党员到兴宁何天炯旧居开展纪念辛亥革命110周年主题教育活动等。

【组织建设】 2021年，民革梅县区委员会加强自身组织建设。1.全力做好换届工作，强化班子建设。按照省、市相关文件精神，在梅县区委的坚强领导下，在区委统战部统一指导和各民主党派的协助下，于2020年12月开始启动换届相关工作。2.做好基层建设。区委会十分重视与各支部的联系、沟通，及时、准确地了解情况，尽力帮助其解决各种困难和问题，结合创建“达标支部”“示范支部”的工作要求，在经费方面竭尽所能支持支部开展好活动，努力提升支部的活力。3.加强组织建设。区委会坚持高标准、严要求，发展好新党员。2021年，发展宪梓中学的曹思英、梅县区税务局程江税务分局李晓等2人加入民革。正在培养5人。4.抓好机关管理。机关工作人员在区委会领导下充分发挥机关的参谋、服务、联系、协调职能，做到及时寄送资料、通知，密切联系基层，及时了解党员的思想动态，热情接待来访，做好文书、档案及各种会务工作，保证机关工作正常高效运转，真正起到桥梁和枢纽作用。

【参政议政】 2021年，民革梅县区委员会紧紧围绕参政议政、服务大局这一中心工作，结合梅县区的经济社会建设、群众关心的热点难点问题积极建言献策。副主席余洪昌和区委会正副主委们经常参加区委、区人大、区政府、区政协组织的专题调研、学习教育等各项活动。主委李朝晖11月当选为兴宁市政协副主席。政协会议是民主党派参政议政的主渠道，民革区委会很重视提高政协会议的发言和提案质量，要求区委会机关和支部积极开展调研，认真建言献策。在1月召开的市政协会议上，李朝晖提出的《关于壮大金柚产业，助推我市乡村振兴发展的建议》被评为优秀提案。在区政协一届六次全会上，区委会提交的《关于高标准加快梅县区畲江工业园区梅州综合保税区建设的建议》被评为优秀提案；赵严君代表区委会作了《振兴实体经济，推动我区经济社会高质量发展》的大会发言；提交了1份集体提案，5份个人提案。在区政协二届一次全会上，区委会提交了《持续发展壮大金柚鲜果产业，精准发力助推乡村振兴》的集体提案。在个人提案方面，冯剑辉提交了《关于校内课后服务的几点建议》；廖国优、徐建伟、黄国敏3人虽然是新委员，但是他们参政议政热情高，分别提交了《梅畲快速干线存在问题与改善措施》《整合活化松口古镇文旅资源，可持续助推乡村振兴》《关于加强公厕建设和维护的建议》等3份提案。

【社会服务】 2021年，民革梅县区委员会密切联系群众，积极践行“我为群众办实事”。4月，开展第14个“世界孤独症日”暨关心关爱未成年人思想道德建设送温暖·献爱心活动——“星闪粤湾”活动，为自闭症儿童送温暖；开展无偿献血活动；5月铁炉桥医院支部到利民老年公寓开展关爱老人送温暖活动，7月和8月分别到芹洋半岛和白渡开展义诊活动，为老百姓送医送药、赠送防疫抗疫物资；中秋节前开展了关爱抗战老兵活动，组织志愿者到抗战老兵家为他们送上节日祝福及慰问品。

【取得荣誉】 2021年，民革梅县区委员会充分发挥人才智力优势，立足本职，扎实工作，取得可喜成绩。林小苑荣获从医30周年医师称号；钟李峰荣获梅州市医学会优秀分会主委奖；曾彩霞担任梅县区新阶联副会长；魏利娟荣获梅州市高新技术产业开发区抗疫模范奖；林映华荣获区2021年优秀教育工作者称号；郭瑞霞荣获区2021

年教学工作先进者称号；廖国优的《浅谈小学低年级衔接教学的重要性》在梅县区语文科2021年年会上评为三等奖；肖伟雄的书法作品毛主席诗词《七绝·咏蛙》在“百年华诞·翰墨薪传”第二届广东省教室书法作品展中荣获二等奖，《岁月无声》入选“光辉历程·红色画卷”庆祝中国共产党成立100周年梅州文艺百年大展；刘胜金的《借助互动教学营造高效小学语文课堂的策略研究》发表于2021年第3期《中国教师》，《加强对学生的教育引导方法浅谈》发表于2021年第9期《师道》；梁德新的《疫情期间山区的老年大学教学管理探索》荣获广东省第五次老年教育理论研讨会优秀论文二等奖。

2021年年底中国国民党革命委员会梅州市梅县区委员会

主　委：李朝晖

（供稿：赵严君）

民　盟

【概述】 2021年，民盟梅县区委员会不断加强自身建设，认真履行参政党职能，紧紧围绕区委、区政府中心工作开展调研，积极履行参政议政、民主监督，扎实开展社会服务，为促进梅县区高质量发展作出积极贡献。至年底，全区共有7个支部，盟员181人。其中：省人大代表1人、市人大代表1人、市政协委员1人、区人大常委会副主任1人、区政协委员11人（其中常委1人）。

【思想建设】 2021年是“十四五”的开局之年，是中国共产党成立100周年，也是中国民主同盟成立80周年。民盟梅县区委员会不断加深盟员对中国特色社会主义和多党合作制度优越性的认识，树牢“四个意识”、坚定“四个自信”、坚决做到“两个维护”，始终保持同中国共产党同心同德、团结奋斗的政治本色。一是采取集中学习与自学同步、线上与线下联动、理论学习与业务技能融合等方式，切实把党史学习教育内化于心、外化于行。至年底，盟区委共开展教育学习座谈会11场次，现场教学活动11次，红色主题观影2场次。二是充分利用多媒体平台，特别在“盟萌新天地”公众号开设专栏《党史课堂》《周一学盟史》，夯实盟员履职尽责的政治定力；全年共发布学习资料33篇。三是组织盟员积极参加各级组织的学习培训活动：2021年3月26日，梅县区委常委、统战部部长张小兰率统战系统干部赴汕尾市开展党史学习教育活动，盟区委主委叶柳华、专职干部钟宇参加活动。2021年10月20日至22日，梅县区委组织部、区委统战部、区委党校联合举办2021年社会主义民主政治建设培训班，盟区委主委叶柳华，副主委钟宇参加了培训班。

【组织建设】 2021年，民盟梅县区委员会抓好组织建设。1．加强领导班子建设。2021年6月16日，召开换届代表大会，顺利实现新老交替和政治交接。大会选举产生了民盟梅县区第十六届委员会委员7名，叶柳华当选主委，吴志宏、童大东、钟宇当选副主委。2．开展丰富多彩的活动。盟区委举办“风雨同舟同心筑梦”喜迎中国共产党成立100周年、中国民主同盟成立80周年庆祝活动；开展“铭记历史·感恩奋进”红色主题观影活动，组织盟员观看抗美援朝电影《长津湖》；在盟员之家举行庆祝中国共产党成立100周年座谈会，“感怀党恩喜迎国庆”红色主题学习会活动，欢迎新盟员活动等。3．注重宣传思想工作。充分运用微信公众平台“盟萌新天地”，及时刊发中共中央总书记习近平系列重要讲话精神、盟中央领导的重要文章，充分发挥宣传联络作用，向盟员通报盟务信息，并鼓励盟员积极报送社情民意信息、盟务活动通稿和书画作品等；建立“优秀教师风采”专栏，广泛宣传盟区委的工作和盟员勇于担当、甘于奉献的风采；拍摄制作《风雨同舟 同心筑梦》《同心同行创辉煌》《感怀党恩 喜迎国庆》《梅县盟员热议十九届六中全会精神》等微视频作品，其中2部作品经民盟中央和盟省委微信公众号采用后并发布推广。4. 做好社情民意工作。盟区委《关于强化村级卫生站运行使用，推动乡村振兴战略实施的建议》获得盟省委采用。

【参政议政】 2021 年，在区政协一届六次会议上，夏丹丹代表盟区委作《贯彻新发展理念，高质量推进垃圾分类》大会发言。盟内政协委员、人大代表积极参与讨论，献言建策，提交了集体提案 2 件：《关于高质量推动康养文旅综合体项目建设的建议》《关于推动梅县区体育产业融入新发展格局的建议》，政协委员个人提案 7 份。在区政协二届一次会议、区人大二届一次会议上，盟区委共有 1 名人大代表和 11 位政协委员当选；其中谢芳当选为区人大常委会副主任，钟宇当选为区政协常委；提交了个人提案 4 件：涂妍委员的《关于提升改造沿江金岸河堤健身步道的建议》、童大东委员的《维护完善松口古镇繁荣路沿江古街设施的建议》、陈立菲委员的《关于促进非物质文化遗产客家围龙屋水塘保护的建议》、陈立菲委员的《关于进一步推广“老年食堂”建设的建议》。

【社会服务】 2021 年 12 月 30 日，民盟梅县区委员会与梅县区体育局党支部携手开展“我为群众办实事”主题实践活动，为梅县区城东镇葵下村的困难群众送上慰问品以及新年美好的祝福。另外，盟员积极参与扶贫济困日活动（共计捐款 9438 元）、送医送药活动；开展法律宣讲、“百车南粤万村行”消防安全知识公益宣传活动、2021 年高考学子摘镜圆梦计划活动等。赖瑜明、李玉珍等文艺支部盟员始终以文化惠民为抓手，开展送戏下乡演出活动上百场，奋力书写“智志双扶”大文章。

【取得荣誉】 2021 年，民盟梅县区委员会工作获得上级盟组织的肯定，盟区委被民盟中央表彰为“庆祝民盟 80 周年微视频宣传工作优秀集体”，叶柳华被民盟中央表彰为“庆祝民盟 80 周年微视频宣传工作优秀个人”，文艺支部荣获“民盟广东省委基层组织先进集体”称号，钟宇荣获民盟广东省委“脱贫攻坚先进个人”称号。赖瑜明荣获“广东乡村振兴先进一线工作者”称号；杨笑梅荣获广东省第九批援藏工作队“先进个人”称号。

2021 年年底民盟梅县区委员会

主　委：叶柳华

（供稿：钟　宇）

民　建

【概述】 民建梅县区总支部成立于 2006 年。2021 年，共有城区支部、华侨中学支部、松口镇支部 3 个支部，实有会员 45 人，其中松口支部 17 人、城区支部 16 人、侨中支部 12 人，领导班子成员均为兼职干部。近几年，总支部一方面积极加强班子建设，维护班子团结，对重大问题始终坚持集体领导、民主集中、会议决定的议事规则，积极搞好后备干部队伍建设，强化人才储备。另一方面，在会员发展上，始终坚持“注重质量，注意数量，优化结构，保持特色”的原则，从实际出发，努力争取发展高层次有代表性的人才，在保持经济界特色的基础上适当发展其他界别的人，以适应履行职能的发展需要。

【思想建设】 2021 年，民建梅县区委员会始终把思想建设放在自身建设的首位，结合自身实际，积极引导和组织会员学习统一战线基本知识和理论，学习民建会章、会史的学习。通过会章会史讲座、中秋团拜、“三八”节活动、专题调研、“五一口号”纪念活动、“学党史、讲会史”主题教育等多种形式开展各式各样调研活动。积极组织会员参加省委会、市委会的各项会议、学习培训、主题教育、演讲竞赛等各类活动。

【组织建设】 2021 年，在市委会、区委统战部关心指导下和各民主党派的支持下民建梅县区总支部及 3 个支部于 6 月圆满完成换届工作，产生新一届班子成员。在会员发展上，始终坚持“注重质量，注意数量，优化结构，保持特色”的原则，城区支部吸收何圳德、赖楚政入会；松口镇支部吸收李吉、廖祥奎入会。

【参政议政】 2021 年，民建梅县区委员会加强党史会史教育，重视参政议政质量，各支部积极开展社情民意和参政议政工作，由李剑锋会员执笔的《大力发展梅州市社区居家养老服务》和刘宇靖会员撰写的《提升市民文明素养，推进新一轮全国文明城市创建》等 2 篇年度调研报告均入选市委会年度调研课题。2021 年，在区政协会议，各支部也积极撰写政协提案，共提交 5 篇政协提案。

【社会服务】 2021 年，民建梅县区委员会松口支部通过结合会员所在的区政协专委会和志愿者协会组织，进行下乡送温暖活动，自愿出钱出力、送医送药帮助困难群众，支部会员李剑锋个人带队或参加各类活动 10 多场，个人捐款达 4000 多元，获得民建广东省委、区政协的多个奖项或荣誉称号。侨中支部通过争取市委会的扶贫助学金和社会捐赠资金，给资助对象送去温暖。

【本职工作】 2021 年，民建梅县区委员会认真做好本职工作。一是自觉接受中国共产党领导，坚持走有中国特色的社会主义道路，在政治上思想上与中国共产党“同心、同向、同行”。二是认真贯彻落实中国共产党领导的多党合作和政治协商制度，按照民建广东省委会既要做好经济界人士的发展工作，又要做好专家型人才队伍建设要求，在发展会员队伍上要突出代表性、专业性和经济界特色，坚持注重质量、注意数量、保持特色、优化结构的原则，加强会员培训和基层组织建设工作，关注后备干部队伍建设，注意培养和选拔中青年干部，坚持自身培养和积极引进并举，让优秀人才能脱颖而出。三是积极建言献策，提高参政议政水平，结合区委工作报告、认真谋划区政协提案建议，为梅县苏区振兴发展作贡献。充分发挥民建的党派特色，切实履行参政党职能，进一步建立健全参政议政工作机制，调动广大会员积极性，提高参政议政能力。

2021 年年底民建梅县区委员会

主　委：曾文彬

（供稿：办公室）

民　进

【概述】 2021 年 6 月，民进梅县区总支部第七届委员会成立，下设华侨中学支部、高级中学支部、区直机关支部、宪梓中学支部、广益中学支部、丙村中学支部等 6 个支部，会员人数 103 人。总支主委周志贤，总支副主委陈永忠、李福生。

【思想建设】 2021 年，民进梅县区总支部加强思想建设。旗帜鲜明讲政治。坚持中国共产党的全面领导，增强“四个意识”、坚定“四个自信”、做到“两个维护”。强化学习强素质。学习研讨习近平总书记“七一”重要讲话精神，中共十九届六中全会精神，习近平总书记在纪念辛亥革命 110 周年大会上的讲话精神。扎实开展党史学习教育活动。6 月 29 日，举行“不忘合作初心，继续携手前进”学中共党史专题教育活动。8 月 5 日，总支召开“学党史 悟思想 跟党走”主题座谈会。

【组织建设】 2021 年 6 月 16 日，民进梅县区总支部召开第七次会员代表大会，55 名会员代表出席会议。立足全局，周密部署。严格遵守换届纪律，营造风清气正的换届氛围；制定具体的工作方案，做到人员、时间、责任精准到位。分配名额，推选代表。按照每个支部会员总数的 50% 以上确定会员代表，确保会员代表能够充分反映全体会员意志，更好地发扬会内民主。规范操作，发扬民主。严格按充分酝酿，民主推荐，报统战部和民进梅州市委会批准的程序确定新一届委员会候选人名单。精心组织，履行程序。6 月 16 日，民进梅县区总支召开了第七次会员代表大会，55 名会员代表出席会议。大会严格遵守选举规定，认真履行法定程序，选举产生了民进梅县区总支部第七届委员会主委周志贤，副主委陈永忠、李福生。

【参政议政】 服务发展积极建言献策。2021 年，民进梅县区总支部及各支部共向市政协提交建议提案 22 个，向区政协提交建议提案 61 个。围绕中心深入调研。2021 年 2 月，总支部提案《关于高起点规划建设以同怀别墅为重点的爱国主义教育基地的建议》被区政协评为优秀提案、重点提案。注重民生民声收集信息。总支部共向民进梅州市委员会报送各类信息 16 条。

【社会服务】 定期开展关心慰问活动。2021 年 11 月 7 日，民进梅县高级中学支部专门为一名会员老师离岗举行“荣休不忘初心志 永葆本色跟党走”欢送会。传承红色苏区精神。7 月 1 日，总支部专门在梅县民进会员之家举办“百年党史知识巡展”。深入基层开展关爱活动。12 月 7 日，总支部组织骨干会员走进梅县区城东镇中心小学，携手开展“爱心相伴·快乐成长”社会服务活动。

2021 年年底民进梅县区总支部

主　委：周志贤

（供稿：陈永忠）

农工党

【概述】 2021 年，在农工党梅州市委和中共梅县区委员会的正确领导下，在中共梅县区委统战部的具体指导下，农工党梅县区委员会紧紧围绕区委、区政府的中心工作，按照“四新”“三好”要求，认真开展中共党史学习教育，顺利完成换届工作，扎实履行参政党职能，各项工作圆满完成。至年底，全区有农工党员 80 人、5 个支部，其中在职 51 人、退休 29 人。在职党员中医卫界 33 人，占 75%；教育界 6 人，占 14%；公务员 2 人，占 4%；新阶层人士及其他 3 人，占 7%；中高级职称 34 人，占 85%；市政协委员 1 人、区人大代表（常委）1 人、区政协委员 8 人（常委 1 人）。

【参政议政】 2021 年，农工党梅县区委员会积极参政议政。一是积极参与政治协商，就梅县区的一些重大决策、工作部署、政府工作报告和工作安排等方面发表意见和建议。二是利用“两会”平台积极建言资政，在梅县区政协一届六次会议期间，钟素芬委员代表农工党梅县区委会作题为《做优做精文旅产业，助推梅县区经济高质量发展》的大会发言，共提交集体提案 3 件、个人提案 3 件。集体提案《立足梅县金柚资源优势，加快力度打造国家金柚现代农业产业园》被选为政协副主席督办案，被评为优秀提案。在梅县区人大、政协二届一次会议期间，主委谢正当选为人大常委，副主委廖晖当选为政协常委，共提交政协个人提案 3 件。三是认真开展调查研究，在区委统战部组织的理论课题调研活动中撰写提交《梅县区网络人士思想状况调研情况汇报》。

【思想建设】 2021 年，农工党梅县区委员会认真加强思想建设工作。一是加强学习，增进政治共识。认真学习贯彻农工党中央、广东省委会有关会议精神和中共梅州市第八次、梅县区第二次党代会精神，认真学习研读《中国共产党统一战线工作条例》，始终在思想上政治上行动上同以习近平同志为核心的党中央保持高度一致。二是积极参加农工党市委会、区委统战部组织开展的中共党史学习教育活动，在农工党省委会举办的“庆祝中国共产党成立 100 周年”线上知识竞赛中，刘雅芳、宋国良获得个人优秀奖。

【组织建设】 2021 年，农工党梅县区委员会加强自身建设。一是圆满完成换届工作。6 月 18 日，中国农工民主党梅县区第十三次党员大会在梅县区新县城隆重召开，共有 53 名党员参加。会上，主委张清祥代表第十二届委员会作了题为《不忘初心、履职奋进，为梅县区高质量发展贡献力量》的工作报告。梅州市政协副主席、农工党梅州市委员会主委李利平，中共梅县区委常委、统战部部长张小兰等到会祝贺并分别作讲话，对农工党梅县区委员会过去五年所做工作给予高度评价，对新一届领导班子提出了殷切希望和建议。大会选举产生谢正、廖晖、钟素芬、李干文、曾筱雯、林百润等6名农工党梅县区第十三届委员会委员，谢正当选主委，廖晖当选副主委。二是注重组织发展和队伍建设工作。全年共发展6名医生、1名教师为新党员。

【社会服务】 2021年，梅县区农工党员立足本职，奋发作为，在本职岗位上取得新成绩。林百润获评2021年度梅县区好医生。张清祥、李干文入选2021年度《岭南名医录》。曾翠霞获评梅州市初中教师职务培训优秀课例网上晒科三等奖。一是服务常态化疫情防控大局。李干文担任粤东医院发热门诊负责人。林百润到程江卫生院及水车卫生院等基层指导培训医务人员穿脱防护服。黄念先战斗在疫情防控与宣传一线。曹锐、罗琼瑶、刘雅芳、黄苑琴、廖淑洪坚持工作在疫苗接种一线。二是开展义诊活动。2021年11月9日，谢正主委带队到梅南镇文化广场开展以"送健康献爱心 共建美丽乡村"为主题的义诊活动。共有10余名来自中医科、外科、神经内科、肝胆科、内分泌科、耳鼻喉科以及区疾控中心的农工党员专家们为当地群众开展免费检查、诊断。在义诊活动中，专家们接待问诊群众100余名，共发放外用药物和健康宣教资料100多份、测量血压80人次、血糖和丙肝检测各50多人次。

2021年年底农工党梅县区委员会

主　委：谢　正

（供稿：廖　晖）

致公党

【概述】 2021年，致公党梅州市梅县区委员会在致公党广东省委、梅州市委和梅县区委的领导下，在区委统战部的指导下，致公党梅县区委员会紧紧围绕区委、区政府中心任务开展工作，积极建言献策，带领全体党员为梅县打造"绿水青山就是金山银山"广东样本，推动老区苏区加快振兴发展贡献智慧和力量。至年底，有城区一、二支部，丙村和松口4个支部，各支部于2021年完成了换届，有党员91名。全区党员中有市人大代表1人、市政协委员1人；区人大代表1人（常委）、区政协委员8人，其中副主席1人，常委1人。

【第十四次党员大会】 2021年6月15日，举行了"中国致公党梅州市梅县区第十四次党员大会"。大会民主选举产生了第十四届区委会（主委：徐婉玲；副主委：谢讯华、李发达；委员：张晴洪、蓝伟杰、谢战忠、罗庆容），并成立参政议政、海外联谊、妇女工作、社会服务4个工作委员会。

【组织建设】 2021年，致公党梅县区委员会不断夯实多党合作政治基础，发挥本党派特色优势，认真履行参政党职能。通过健全完善和贯彻落实领导班子理论学习制度、集体领导和个人分工负责制度。不断强化领导班子成员为党员服务、为社会服务的意识，密切联系基层组织和广大党员，提高本党的向心力和战斗力。大力宣传先进典型，发挥先进典型的示范效应和引导作用。2021年，梅县区致公党员有10多人次获得各级各单位表彰奖励。黄祯妮被致公党中央授予中国致公党脱贫攻坚先进个人。李依薇在2018—2020年连续3年年度考核被中共梅州市梅县区委组织部评为优秀等次，记三等功。谢讯华被市卫健局等单位联合评为2021年度"梅州好医生"。刘琼媛被梅州市教育局评为优秀教师。李国泰任会长的梅州市客家文史研究会获"2020年度全国先进社科组织"称号，出版学术专著3本；李国泰在各级报纸杂志发表文章或论文获得奖励。

【参政议政】 2021年2月，梅县区召开一届六次会议，致公党员中有9名区政协委员和1名人大代表加了全区“两会”，为梅县区的发展建言献策。会议期间，区委会提交大会发言材料；提交集体提案1件，个人提案5件，区委会2020年集体提案《关于提质改造城区老旧小区的建议》被评为2020年度优秀提案。会后区委会迅速成立新一年度的调研小组，围绕课题开展深入细致的调查研究，通过前往大埔、蕉岭、兴宁等地调研，完成打造“治未病”梅州品牌 加快我市中医药事业发展、关于大力实施乡村振兴战略巩固脱贫攻坚成果、充分发挥梅县区红色文化资源的价值、推进梅县区农业产业园建设加快农村现代化的建议等课题，所有课题均转化为提案或大会发言，向统战部提交了《在互联网+时代下统战工作探索》的统战课题。11月，梅县区召开二届一次会议，区委会向大会提交集体提案2件，个人提案3件。会议进行了换届选举，区委会有8名党员成为政协委员，1名党员成为人大代表，其中主委徐婉玲当选为区政协副主席，另有政协常委和区人大常委各1人。

【社会服务】 2021年，致公党梅县区委员会发挥自身优势，提升服务质量，于12月19日牵头联合中山大学附属第三医院粤东医院、梅县区中医医院到梅县区水车镇泮坑村开展“义诊服务进乡村 与爱同行暖人心”送医送药活动。义诊期间，共接诊160余名村民，测血压、血糖、各专科常规检查共300多人次，免费派送50多种药品共1000多盒，并发放普法宣传纸巾、口罩。

【海外工作】 2021年，致公党梅县区委员会发挥自身的特色开展工作，鼓励党员以乡情亲情为纽带，积极开展多层次、多渠道、多形式的侨海工作，向他们介绍国家社会主义建设取得的伟大成就和家乡的发展情况，特别是主动宣传“一带一路”的机遇；积极主动帮助寻根寻亲和维护归侨侨眷的合法权益，帮助多名海外侨胞与家人重聚。鼓励党员们在侨海工作中，发动侨胞捐资桑梓福利事业和协助发动投资兴办实业。

2021年年底致公党梅县区委员会

主 委：徐婉玲

（供稿：李发达）

九 三 学 社

【概述】 2021年，九三学社梅州市梅县区支社不断加强自身建设，认真履行参政党职能，紧紧围绕区委、区政府中心工作开展调研，积极建言献策，团结带领全区社员为打造宜居宜业宜游的“叶帅故里·大美梅县”贡献智慧和力量。至年底，九三学社梅州市梅县区支社共有社员16人。其中：硕士生1人，研究生1人，本科学历8人，大专学历6人；高级职称4人，中级职称6人，律师1人；区政协委员4人（常委3人）。

【思想建设】 2021年，九三学社梅州市梅县区支社全面加强思想政治建设，不断提高思想政治素质和加强自身建设，动员全体社员立足本职工作，发挥岗位优势，对社员进行政治思想教育，及时传达学习中国共产党各级各类会议精神，组织社员学习社中央和社省委文件，贯彻落实九三学社广东省委关于开展“不忘合作初心，继续携手前进”主题教育活动精神，持续开展革命传统教育和爱国主义教育，积极组织支社社员开展多种形式的主题学习活动。2021年，梅县区支社共开展教育学习座谈会6场次，现场教学活动6次。3月26日，梅县区委常委、统战部部长张小兰率统战系统干部赴汕尾市开展党史学习教育活动，区支社副主委肖秋兰参加活动。10月20日至22日，梅县区委组织部、区委统战部、区委党校联合举办2021年社会主义民主政治建设培训班，副主委肖秋兰参加了培训班。

【组织建设】 2021年，九三学社梅州市梅县区支社切实加强自身建设。1.加强领导班子建设。

2021 年 6 月 18 日，在新县城召开梅州市梅县区支社第二次社员大会，顺利完成换届选举，同时大会选举产生第二届正、副主委，吴东超任主委，肖秋兰任副主委。2.重视组织发展，不断提升组织活力，注重年轻干部队伍建设和组织发展工作。继续深入开展“不忘合作初心，继续携手前进”主题教育。通过实地参观、集中学习，社员们纷纷表示要把中共十九届六中全会精神深入学习好、宣传好、贯彻好。

【参政议政】 2021 年，九三学社梅州市梅县区支社紧紧围绕区委区政府的中心工作，积极开展调查研究，开展多种多样的调研，收集社情民意，认真撰写发言和提案，积极建言献策。2021 年，在中国人民政治协商会议第一届梅县区委员会六次会议上，肖秋兰副主委撰写大会发言，并代表九三学社梅县区支社作大会发言，题目是“发展农村电商，助推乡村振兴”；同时提交提案 5 篇，分别是《关于发展农村电商，助推乡村振兴的建议》《关于加强午托机构监督管理的建议》《关于提升中小学教育质量的建议》《关于加强共享单车管理的建议》《关于加强梅县区医疗共同体信息化建设的建议》；提交市统战理论调研报告《抓住换届契机，加强党外代表人士队伍建设研究》。

【社会服务】 2021 年，九三学社梅州市梅县区支社立足本职、爱岗敬业、竭诚服务社会。支社各位社员都能在各自的岗位上发挥作用，并积极参加各项社会活动，树立九三形象，扩大九三影响力。主委吴东超向梅江区江南大园居委捐款 2 万元，向梅江区江南新中居委捐款 2 万元，向梅县南口瑶东村捐款 10 万元，向百花洲市场和江南街道办新冠疫苗接种点捐款 1.4 万元；杨思忠社员向畲江镇教育基金捐款 20 万元。

【取得荣誉】 2021 年是换届年，吴东超、肖秋兰分别任主委、副主委；区政协委员有 4 人，其中政协常委有 3 人（吴东超、杨思忠、钟其云）；钟其云当选区工商联副会长；宋越担任中山大学附属第三医院粤东医院副院长，入选 2021 年度《岭南名医录》，获评第五届“南粤好医生”；何问理获评第五届广东省“南粤好医生”；肖秋兰荣获“2021 年梅州市梅县区最美志愿者”称号。

2021 年年底九三学社梅州市梅县区支社

主　委：吴东超

（供稿：肖秋兰）

群众团体

总工会

【概述】 2021 年，梅县区总工会下辖 11 个区直系统工委会、19 个乡镇（办事处、高管会）工委会、19 个乡镇（办事处、高管会）工会联合会，另外在畲江现代创业孵化园设有工会联合会 1 个；有社会化工会工作者 23 人。全区有基层工会 284 家，其中机关事业单位工会 199 家、企业工会 85 家；发展会员 29283 人，其中农民工入会 7113 人。

【基层工会组织建设】 2021 年，工会组建工作以指导基层工会开展换届为主，共帮助 32 家已届满区直机关事业单位和 14 家已届满非公企业工会做好换届工作，指导 24 家单位补选完善工会班子。在区直机关事业单位和非公有制企业新建工会组织 10 家，其中非公有制企业有广东客家生态科技股份有限公司等6家。全区共61家机关事业单位（首次申领4家、补选更名24家、换届32家、旧换新1家）和25家非公有制企业（首次申领6家、补选更名5家、换届14家）办理工会法人资格证书。分批举办工会会员实名制管理暨“粤工惠”App推广培训会，新增45家企业注册登录“粤工惠”App，新增会员3232多名。

【争先创优】 2021年，梅县区总工会通过推荐在梅县区经济社会发展和中心工作中取得突出贡献的个人和集体参与到劳模评选中来，凝聚正能量，营造劳动光荣的良好氛围。2021年，梅县区广东嘉元科技股份有限公司技术研发部被授予“全国工人先锋号”，梅州客商银行股份有限公司陈金龙被授予“广东省‘五一’劳动奖章”，卡莱（梅州）橡胶制品有限公司OPE&Bias价值流106车间和BPW（梅州）车轴有限公司被授予“广东省‘五一’劳动奖状”。此外，60人分别获评“梅县区劳动模范”“梅县区先进工作者”，30个集体获评“梅县区先进集体”。

【职工服务】 2021年，梅县区总工会筹资124.08万元开展各类帮扶活动，其中30多万元开展金秋助学活动，资助困难职工和困难农民工子女60人次；筹资27.92万元开展生活救助，救助困难职工159人次；筹资11.5万元开展医疗救助，慰问患重病、癌症的困难职工16人次；筹资6000元慰问困难职工家庭儿童10人次；筹资35.06万元开展“两节”送温暖活动，慰问劳动模范、困难企业和困难职工1280人次；筹资19万元开展高温送清凉活动，慰问奋战在一线的户外工作者和环卫工人1800多人次。做好职工互助保障工作，全年有26865名职工参与职工互助保障活动，835名职工在互助活动中得到经济帮助共141万元，其中24名职工获得大病理赔共53万元。全年组织全区1652名女职工进行免费“两癌”筛查，为5300多名基层工会会员赠送“二次医保”共40万元。

【职工维权】 2021年，梅县区总工会以重点企业、行业建制带动协商工作开展，至年底，梅县区存续有效集体合同覆盖企业287家、职工16115人：其中区域性集体合同16份、覆盖企业189家、职工6046人；企业单独签订集体合同45份、覆盖企业45家、职工9950人；行业性集体合同2份、覆盖企业53家、职工119人，已建制企业集体协商覆盖率97.3%。不断健全完善“法院+工会”“民社+工会”矛盾纠纷多元化解决机制，加强与民社、劳动仲裁等部门合作，主动参与到劳资纠纷化解的各个阶段中，通过诉调对接调处化解劳资纠纷案件103宗，涉及职工103人、金额150多万元。

【职工活动】 2021年4月，梅县区总工会开展致敬劳动者、百年党史诵读、“我和我的工会”视频征集等活动。做深做实产业工人思想政治的引领工作，不断深化“中国梦·劳动美”主题教育活动，大力弘扬劳模精神、劳动精神、工匠精神，讲好工会故事，传递工会正能量，其中广东梅雁吉祥水电股份有限公司工会视频荣获为十佳作品。5月，联合梅州爱尔眼科医院工会举办“关爱职工·眼健康”的公益活动，免费为职工提供眼健康检查和眼健康知识科普。8月，举办“穿越百年　相遇梅县”单身青年交友嘉年华活动。来自梅县区企事业单位40余名单身青年共赴这场浪漫的“七夕”之约，为梅县区青年职工搭建友好、真诚的交友平台，发挥工会服务职能，不断提升职工的幸福感，激发干事创业热情。9月，选派2支参赛队伍参加梅州市“嘉元杯”首届职工羽毛球比赛总决赛，经过激烈角逐获得“八强”的优异成绩。12月，组织开展“中国梦·劳动美——永远跟党走，奋进新征程”全国职工线上运动会，落实全民健身国家战略，推动健康中国建设，大力弘扬劳模精神、劳动精神、工匠精神，突出“工”字品牌，开展特色职工文化体育活动，梅县区共组织22家基层工会，441人参加活动。

【**经费收缴和管理**】 2021 年，税务代收工会经费工作全年实现上缴上级工会 206 万元，实现了工会经费稳步增长，为做好工会各项工作提供保障。

【**工会管理监督**】 2021 年，梅县区总工会为加强对基层工会的经费审查监督，规范工会经费收支管理，2021 年重点对 30 家基层工会 2020 年度的经费收支和资产管理等经济活动的真实性、合法性和效益实施进行了审查，强化了基层工会经费使用的规范性和合法性，提高了工会经费的使用效益，维护了工会资产安全。

2021 年年底梅县区总工会

主　席：张炳荣

（供稿：张绚彬　黄淦）

共青团

【**概述**】 2021 年，共青团梅县区委员会坚持以习近平新时代中国特色社会主义思想，中共十九大和十九届五中、六中全会精神为指导，全面贯彻落实党中央决策部署和区委、团市委工作要求，团结带领全区广大团员青年为“3113”绿色产业体系、一江两翼、一核两城、乡村振兴、创建全国文明城市等重点项目奉献青春力量，切实推动梅县区共青团事业再上新台阶，以优异的成绩庆祝党的百年华诞。至年底，梅县区有基层团组织数 1020 个，其中团支部数量 911 个；有团员 16510 名、团干 1613 名。

【**组织建设**】 选优配强团干力量。2021 年，团区委高质量完成了区、镇、村三级换届工作，全区 19 个镇（高管会、办事处）均规范选配由班子成员兼任团（工）委书记，设立专职副书记及委员，选优配强基层团组织力量，夯实团的队伍建设。顺利召开了共青团梅州市梅县区第二次代表大会，选举产生了共青团梅州市梅县区第二届委员会成员。凸显改革实效。梅县区作为县域共青团改革试点单位，区委制定并印发《梅州市梅县区县域共青团基层组织改革试点实施意见》，率先成立区级团代表联络站，实现村级“青年议事小组”全覆盖；明确将党建带团建、队建工作纳入区委巡察监督内容，推动落实区、镇团委工作经费保障，不断强化党委、政府对共青团的领导和保障机制。

【**思想建设**】 深化理论学习。2021 年，团区委坚决落实“第一议题”制度，持续深化“大学习、深调研、真落实”，按照区委和团市委统一部署，高质量开展全区共青团系统学习教育活动。以“团干讲党团课”活动为载体，强化全体共青团员学习科学理论的刚性要求，推动团属青年组织骨干、青年志愿者和中学生等各领域青年群体积极参与“青年大学习”网上主题团课，参学率名列全省县级团委前十。开展新时代年轻干部成长工程培训班，真正将学习作为团员青年补足精神之钙的重要抓手，引导广大青年团员在思想上政治上行动上同以习近平同志为核心的党中央保持高度一致，不断增强“四个意识”、坚定“四个自信”、做到“两个维护”。突出思想政治引领。结合“清明”“五四”“六一”“七一”等重要节点和节日，集中开展了“传承红色基因、缅怀革命先烈”清明祭英烈、“青春心向党、奋进新征程”五四文艺晚会、“童心向党”手抄报比赛、“十八岁成人礼”等主题教育活动，引导青少年“扣好人生第一粒扣子”。广泛开展“与人生对话——我的中国梦”“奋斗的青春最美丽”“十八岁成人礼”系列主题活动，引导青少年深入学习中国特色社会主义理论体系。开展“我们的节日”主题文化价值培育活动，引导各学校团队组织利用多重渠道宣传、体验中国传统文化和客家文化，引导青少年从小树立爱国、爱家的淳朴思想。开展形式多样的党史学习教育活动。团区委将党史学习教育贯彻整年，创新活动方式，扩大活动覆盖面，提升活动影响力，以“党史学习教育进校园”“百名青年读党史”“青年讲师团”

等活动为载体，落实基层团组织广大青少年开展形式新颖、线上线下互动结合的党史、新中国史、改革开放史、社会主义发展史宣传教育活动，将党史学习教育贯穿团工作的方方面面，进一步打开思路、拓宽视野、振奋精神，积极推动梅县区共青团事业向前发展。2021年，梅县区各中小学开展党史宣讲工作200多场次，参与6万多人次。

【志愿服务】 2021年，团区委结合创建文明城市、国家卫生城市复审、美丽乡村建设等中心任务以及“青春暖流”“暖阳行动”“学雷锋志愿服务月”“洁净家园”“两美行动”“争当河小青”“金晖行动”等主题广泛开展志愿服务活动，组织巡河护河、无偿献血、垃圾分类、植树护绿、护林防火等志愿活动150余次。开展抗疫防疫应急志愿服务，广泛动员青年志愿者参与疫情防控，为大规模核酸检测和疫苗接种等方面提供有力支持，共招募防疫应急志愿者3000多人，服务超过11万小时。组织“抗汛救灾 梅豫同心”支援河南紧急行动，在短短不到24小时的时间，筹集了价值230万元的爱心物资和7名专业应急救援志愿者驰援河南，充分体现了“党有号召 团有行动”的优良作风。至年底，梅县区在“i志愿”系统注册志愿者55251人，其中发布志愿活动15488个，志愿服务时长217万小时，各项指标均居全市前列。

【扶贫助学】 2021年，团区委积极开展“大学生乡村振兴志愿者项目”，招募了18名乡村振兴志愿者奔赴梅县区乡镇振兴主战场，开展为期2年的志愿服务，为推动梅县苏区振兴发展作出积极的贡献。深入实施“希望乡村教师计划”和“美丽中国”支教志愿服务项目，共引进34名支教老师，惠及近2000名山区学子。联合区妇联、区总工会举办梅县会亲活动，共筹集善款33.8万元资助儿童338名；持续开展扶助特困学子上大学，深入各乡镇实地调查贫困学子情况，筹集资金16.8万元资助学生28名。

【服务青年】 2021年，团区委组织青少年开展“快乐假期”征文比赛、免费夏令营、“两帮两促”“梦想学堂”专题培训等有益身心健康发展的活动6场，成立一家市级少先队名师工作室，青少年综合服务中心建设实现镇级全覆盖。选送优秀青年参与客家菜师傅工程培训，依托“展翅计划”平台服务大学生社会实践。联合嘉应学院开展“青马工程”项目，选拔嘉应学院20名优秀大学生暑期赴梅县区基层社会实践。常态化开展青年婚恋交友活动，设立3个区级青年之家，全覆盖创建镇级“青年之家”，进一步整合社会资源，提升服务功能。树牢青年优先发展理念，作为全市唯一的广东省中长期青年发展规划实施首批综合试点地区，全力推动制订梅县区青年发展规划，召开梅县区青年联席会议第一次全体会议，整合相关部门资源形成支持试点工作合力，科学谋划、高效推进试点工作。

2021年年底共青团梅县区委员会

书　记：古　彦

（供稿：张姗姗）

妇　联

【基层组织建设】 2021年，区妇联认真贯彻落实上级部署要求，切实加强新时代妇联组织建设，根据工作实际制定《梅县区深化妇联组织建设改革“破难行动”实施方案》。2021年，全区镇、村（社区）妇联全面完成换届工作，选举产生新一届镇级妇联主席19人、新一届村（社区）妇联主席389人；区直机关事业单位建立了妇委会47个，并选举产生了妇委会主任。同时为更好服务妇女群众，维护妇女权益，展示妇女风采，建立了395个“妇女之家”。

【精神文明建设】 2021年，区妇联扎实开展党史学习教育活动和“文明家庭”创建活动，充分发挥“巾帼大宣讲”宣讲队作用传播好声音，传递正能量，把社会主义核心价值观全面融入家庭建设。通过开展“最美家庭”“文明家庭”“书香家庭”“自强不息好少年”“孝老敬亲好媳妇”等评选；开展亲子阅读、亲子实践、家庭助廉等教育活动，广泛开展宣传，激发正能量、弘扬真善美，引导广大妇女积极参与移风易俗、志愿服务等工作，促进社会主义核心价值观在千家万户生根；联合区文明办开展了2021年梅州市梅县区寻找“最美家庭”活动，评选出2021年梅州市梅县区“十大最美家庭”；2人获评梅州市第六届“自强不息好少年”，2人获评梅州市“孝老敬亲好媳妇”；城东镇郑尽平家庭获评全国“最美家庭”。

【促进城乡妇女事业发展】 2021年，区妇联联合区人社、农业、财政、金融等部门大力宣传妇女创业就业小额担保贷款优惠政策，持续实施妇女小额担保贴息贷款项目。全年发放贷款255万元，贴息补助19.64万元，扎实有效帮助农村妇女解决创业生产经营过程中资金紧缺的问题，帮助24名创业妇女发展生产，辐射带动全区1000多名妇女创业就业。建立女性人才信息库，组建巾帼创业创新联盟，为女企业家提供政策指导服务、搭建信息交流平台。积极组织开展农村妇女素质培训，动员妇女聚焦发展“一村一品”产业，助力发展特色产业，一批农村致富女能手脱颖而出。2021年，区妇联组织农村女带头人、女能手参加各级培训班63人（次）。2021年，全区获评广东省“巾帼文明岗”1个；梅州市“巾帼文明岗”2个，梅州市“我心中的的三八红旗集体”2个，“我心中的的三八红旗手”4名，第二届梅州市“最美妇联执委”2名，梅州市梅县区“我心中的三八红旗集体”6个，“我心中的三八红旗手”33名。

【关爱妇女儿童健康】 2021年，区妇联扎实开展贫苦母亲“两癌”救助工作，联合区卫健局完成4800多名妇女的乳腺和宫颈“两癌”免费检查任务和购买“两癌”保险。对于已确诊的“两癌”妇女且符合救助条件的，均已登录中国妇女网救助系统进行申报，有3名患者获得“两癌”救助款3万元；关心保护困境儿童健康成长，营造全社会爱心助学良好氛围，开展“扣好人生第一粒扣子·争当新时代好少年”拓展活动、“童心向党·红色传承”——“学党史 颂党恩 跟党走”少先队员主题活动和扶贫助学活动。

【维护妇女儿童权益】 2021年，区妇联通过“12338”妇女维权热线和创建舒心驿站，依托妇女之家建立妇女维权服务站（点），及时为妇女群众提供便捷的法律咨询和帮助及提供心理疏导等公益服务。联合相关部门推动执行《婚姻家庭纠纷调解》《家事调查员》《保护妇女儿童权益工作》及“护苗行动”等工作机制，动员“家事调查员”等深入基层排查婚姻家庭矛盾纠纷，做到关口前移、源头化解。通过开展“法治新征程·巾帼在行动”、“三八维权周”、“6·26禁毒宣传日”、“12·4”宪法宣传日等主题宣传活动，促进妇女自觉学法守法用法。2021年，区妇联开展普法宣传教育活动4场次、服务人数2000多人次；接访案件37宗、服务妇女37人次，妥善帮助妇女解决家庭纠纷、解决遭受家庭暴力的问题。

【扶贫帮困】 2021年，区妇联深化开展“巾帼暖心关爱行动”。通过开展“爱心父母大联盟”“情暖母亲·爱润孩子”“关爱贫困母亲”“贫困母亲安居工程”“家家幸福安康工程”等工作关心关爱特困单亲母亲和困难儿童，联合中国人寿保险股份有限公司开展“她健康·粤幸福”“两癌”救助保险公益活动，为全区1万多名困难妇女赠送“两癌”健康保险。2021年，区妇联举办2场“大手拉小手”“情暖母亲爱润孩子”会亲活动，筹集资金约60万元；资助困境儿童480多人，慰问特困母亲120人；有4名贫困母亲获省妇女儿童基金会、省扶贫基金会救助金3.3万元。

【妇儿规划】 2021年，区妇联深入实施“妇女儿童发展规划”，加强协调、督导和调研，坚持男女平等基本国策，保障妇女儿童合法权益，有效地推进了“两个规划”的实施。一是加大宣传，提高群众对“两个规划”的知晓率和关注度，积极开展多种形式的主题宣传活动，利用“三八”、国庆等节点开展“男女平等基本国策”和“两个规划”知识进社区、进乡村、进校园主题宣传活动。二是认真开展性别平等教育课题研究等各项工作，做好《广东省未成年人保护条例》实施情况调研工作。

2021年年底梅县区妇女联合会

主 席：余红梅

（供稿：李彩诗）

科 协

【概述】 2021年，梅县区科学技术协会在上级科协和区委、区政府的领导下，坚持以习近平新时代中国特色社会主义思想为指导，深入学习贯彻习近平总书记系列重要讲话和在科学技术方面的重要论述，紧紧围绕区委、区政府的经济社会发展各项重点工作，积极践行科协组织“四个服务”职能，传播科学思想，弘扬科学精神，普及科学知识，科协各项事业取得新发展。

【开展科普系列活动】 2021年，区科协开办“科学小实验”公益课堂。根据年度科普宣传活动计划安排，区科学馆在青少年创客基地内开办“科学小实验”公益课堂，通过化学和物理实验，培养孩子“动手”“动脑”能力，在动手操作的过程中领悟科学原理，激发青少年的科学兴趣和创造激情。“科学小实验”公益课堂每月开办一次，深受学生们喜爱，既活跃了孩子们的第二课堂，又培养了大批对科学感兴趣的学生。

开办人工智能编程进校园活动 区科协积极开办“梦想学堂”人工智能编程进校园活动，帮助学生掌握信息技术基础知识与技能，增加信息意识，发展计算思维，不断提高数字化学习与创新能力。活动中评选出300多名科技小能手参加“梦想学堂”线下公益科技训练营，通过形式多样的科普展览、科技项目体验（3D打印、激光雕刻、趣味科学游戏），科学实验课堂，科技讲座等内容，让学生充分学习了解科学技术方方面面的影响，激发学生的科学兴趣，提高梅县区青少年的科学素养。

举办科普大篷车进校园活动 为解决梅县区科普手段单一的问题，2021年5月18日至19日，区科协邀请广东科学馆分别到丽群小学、德兴小学举办“童心齐向党 追梦新时代”科普大篷车进校园活动。活动以科学实验、航模表演、机器人展演、体验移动球幕影院等形式进行，共有3000多名师生参与，通过科技教学、科普展示、科技制作和互动体验等形式，激发青少年的科学兴趣和创新能力，培养青少年爱科学、学科学、用科学的习惯，营造了良好的校园科技文化氛围。

举办第一届青少年科技创新大赛 2021年10—12月，区科协联合区教育局、区团委，举办梅县区第一届青少年科技创新大赛。大赛启动以后，相关单位和各中小学高度重视，精心组织，广大科技辅导员和青少年学生踊跃参加，共征集到各类作品249份。各参赛项目作品切合主题，内容丰富，集中展现了梅县区中小学生和科技辅导员良好的科学文化素质和创新实践能力，反映了梅县区近年来实施素质教育和开展科技创新活动取得的良好成效。

【加强自身队伍建设】 2021年，区科协严格按照区委党史学习教育领导小组统一工作部署，紧紧围绕学党史、悟思想、办实事、开新局，扎实开展党史学习教育各项活动，引导党员干部学史明理、学史增信、学史崇德、学史力行，有力推动单位党史学习教育活动全面展开，取得实效。

周密部署，认真制订实施方案。成立党史学习教育领导小组，认真制订党史学习教育实施方案、党史学习教育专题学习方案、党史学习教育专题组织生活会工作方案和“我为群众办实事”实践活动实施方案，严格按照党史学习教育领导小组统一工作部署，扎实深入开展党史学习教育各个阶段工作。

聚焦主题，推动学习教育走深走实。严格按照实施方案的工作安排，扎实开展各种类型的党史学习教育活动。一是召开党史学习教育动员会，学习贯彻习近平总书记在党史学习教育动员会上的重要讲话，结合单位实际对学习教育作出专门部署和具体安排。二是组织专题学习，组织单位干部职工深入学习习近平总书记在庆祝中国共产党成立100周年大会上的重要讲话，组织研读《论中国共产党历史》和《中国共产党简史》读本，专题学习中共十八大以来的历史，同时采用集中学习和自主学习相结合，形式多样开展学习教育。三是开展专题宣讲培训和领导干部上党课，邀请区委党校教研室主任罗芳梅为党员上题为《奋斗百年路 启航新征程》的党史学习教育专题宣讲课，支部书记黄玉为全体党员上题为《党的生日诞生过程》的党课，科协领导班子王伟和黄明清也为支部党员上了专题党课。四是组织主题党日活动开展现场教学，组织全体党员到梅县区党员教育基地——大坪镇卢伟良故居和大埔张弼士故居参观学习。五是组织召开专题组织生活会，会前做好精心准备，会上党员干部逐一发言，联系思想和工作实际，突出从思想收获和为群众办实事方面进行党性剖析，进行盘点和检视，查摆问题和不足，形成问题清单，明确整改事项和整改措施、整改期限。

坚持为民，积极谋主业办实事。2021年，区科协积极开展“我为群众办实事”活动，开展“问计于民、问需于民”活动，在传统节日、科技工作者日等各时间节点，开展了新时代文明实践中心科技志愿服务进社区、进农村、进校园系列活动，结合巩固国家卫生城市、创建全国文明城市等工作，组织党员干部参加志愿服务活动。

【“创文”工作】 2021年，区科协严格按照《区委办关于进一步完善单位党组织和在职党员到社区报到开展服务工作的通知》要求和区创文办的统一部署，主动作为，联系服务群众，参与社区治理，组织开展创文和巩卫相关活动。

提高站位抓落实。高度重视全国文明城市创建工作，把创文工作提高到政治任务的高度抓紧抓好，制定了单位主要负责人负总责，分管人员具体负责，全体干部职工共同参与的工作模式。同时，多次召开创文工作推进会，专门对创文工作进行动员和部署，确保创文工作落实到位。

加强宣传造氛围。注重营造积极参与的创文工作氛围，充分利用公众号、LED（发光二极管）电子显示屏、宣传栏等载体大力宣传创文工作内容，促进全体干部职工热情高涨，积极参与。同时，多次组织干部到挂点村开展入户调查，尽量做到人人知晓、户户参与，确保创建工作扎实高效、有序推进。

开展活动见成效。积极开展周末挂点双到进社区（程江镇西山村）活动、文明交通志愿服务行动、“我们的节日·春节”慰问贫困户活动、“我们的节目·元宵节”慰问环卫工人活动、“我们的节日·清明节”祭奠英烈活动等一系列的创文活动。与此同时，为了更好地弘扬社会主义核心价值观，助力创文工作，2021年3—6月，在梅县区青少年创客基地内开展了社会主义核心价值观教育实践活动、加强未成年人思想道德建设系列活动等活动，通过社会主义核心价值观知识和科普知识游戏抢答、创文知识问卷调查、科学实验等多种形式，引导青少年扣好人生第一粒扣子，积极践行社会主义核心价值观。

2021年年底梅县区科学技术协会

主　席：黄　玉

（供稿：张科华　黄华新）

侨　联

【概述】 2021年，梅县区侨联在区委、区政府的领导下，在上级侨联的具体指导下，坚持以习近平新时代中国特色社会主义思想为指导，认真贯彻落实中共十九大和十九届五中、六中全会精神，以及习近平总书记重要讲话重要指示批示精神及关于群团、侨务工作的重要论述，认真学习宣传贯彻习近平总书记在庆祝中国共产党成立100周年大会上的重要讲话精神，扎实开展党史学习教育，紧紧围绕区委、区政府工作大局和中心任务，统筹推进常态化疫情防控和侨联各项工作，为推动梅县区经济社会高质量发展、争当“绿水青山就是金山银山”广东样本排头兵发挥了应有的作用。2021年，梅县区侨联获得“全国侨联系统助力脱贫攻坚先进集体”表彰。

【对外联谊】 2021年，梅县区侨联拓展海外联谊，扩大侨联“朋友圈”。深化与海外华人华侨社团联谊工作，维系好与海外荣誉主席、名誉主席的密切联系，加强与他们的日常联络，互通信息，共克时艰，增进感情。特别是疫情发生以来，依托“微信公众号”“交流群”等平台，及时向海外侨胞发送各类指引、信息，鼓励他们坚定信心、战胜疫情。

【为侨服务】 2021年，梅县区侨联加强基层组织建设，打造为侨服务平台。深化侨联组织改革创新，大力推进“党建带侨建”工作，积极打造为侨服务的“侨胞之家”。至年底，梅县区建有4个“侨胞之家”，其中南口镇侨乡村是“广东省侨界人文社区示范点”和市级“侨胞之家”，隆文镇木寨村、松口镇南下村为市级“侨胞之家”，丙村镇联和村是区级“侨胞之家”。

服务梅县区经济社会建设。一是牵线搭桥，积极做好引资引智工作。

积极参与社会建设。一是做好侨法宣传和依法维护侨益工作。加大对《中华人民共和国民法典》和侨法的宣传力度，印发宣传资料向广大群众发放，在全区“侨胞之家”设立侨法宣传栏，在创文挂点网格区设侨法宣传角，引导侨界群众遵法、守法、学法、用法；与区人民法院合作，积极探索涉侨纠纷多元化解工作机制试点工作，为全市推行该项工作积累了经验；认真做好涉侨来信来访处理工作，2021年，共处理归侨、侨眷来信2件，来访5人次，信访结案率100%，未出现侨界群众集体上访现象，积极地维护了侨界的和谐稳定。二是做好华侨事业经费使用工作。按照专项资金使用管理规定，规范有序推进2021年华侨事业经费的发放工作，确保资金使用公平、公正、公开，帮助到有需要的困难归侨、侨眷。全年发放补助资金101.8万元，受惠群众236户。三是以侨为桥，侨爱助侨。积极争取侨界热心人士帮助相对困难群众。比如缅甸归侨王俊宏成立的教育助学金，资助困难大学生完成大学学业；马来西亚侨贤李有权每年为老年人发放御寒物资；省侨心慈善基金会捐赠棉背心57件，均已发放到有需要的群众手中。

【联谊交流】 2021年，梅县区侨联配合做好中国侨联培训班在梅县区现场教学工作。配合做好中国侨联4月举办的辽宁省、上海市、云南省、青海省，江苏省苏州市、陕西省咸阳市等六省市侨联干部“学习习近平总书记视察汕头重要讲话精神”专题培训班在梅县区的现场教学活动。在做好疫情防控的前提下，230多名学员错峰参访了叶剑英纪念园、松口古镇移民纪念广场、张榕轩故居、侨批馆及客都人家康养文旅综合体，让学员们更深入了解客家华侨的历史及客侨建筑的特点，完成现场教学任务。

【侨联宣传】 2021年，梅县区侨联协办好《梅县侨声》刊物。梅县区侨联充分利用《梅县侨声》，积极宣传梅县区乡情侨情、乡风民俗。借助印度尼西亚侨领熊德龙创办的《国际日报》平台，做好梅县区侨联海外传播工作。讲好梅县区故事，传递梅县声音。以“侨刊、侨微”平台为基础拓展侨界媒体宣传阵地，在《南方日报》《梅州日报》、梅县区融媒中心等主流媒体上广泛宣传侨界在抗疫和支持家乡建设等方面先进事迹，积极传播中国好声音，讲好中国故事、广东故事、梅县区故事，讲好侨联故事，广泛凝聚侨界正能量。

2021年，梅县区侨联在省、市侨联网站和区侨联微信公众号分别发布了信息30多条。

2021年年底梅州市梅县区归国华侨联合会

主　席：朱晓云

（供稿：梁文华）

工商联

【概述】 2021年，梅县区工商业联合会以习近平新时代中国特色社会主义思想为指导，深入开展党史学习教育活动，全面落实上级各项决策部署，围绕“两个健康”工作主题，充分发挥自身优势，开拓创新，奋发有为，团结带领全区非公有制经济人士为梅县区经济振兴发展作出新的贡献。区工商联及基层商会、所属企业、个人荣获多项全国、省、市、区荣誉称号。在市、区开展“两优一先”评选活动中，区工商联黄志平主席荣获梅州市优秀共产党员称号，并在第十届梅州市道德模范评选活动中获评“诚实守信模范”；BPW（梅州）车轴有限公司党支部、梅州市喜多多超市连锁有限公司党支部获评梅州市先进基层党组织；在梅县区国家机关“谁执法谁普法”履职报告评议活动中，区工商联获评履职优秀单位；在全国“五好”县级工商联评选活动中再次被确认为全国“五好”县级工商联，已连续6次获此殊荣；区工商联所属商会市松源商会、梅西商会、白渡商会获评2021年广东省工商联系统“四好”商会；在全省工商联组织工作会议上，区工商联作为商会建设走在全省前列的先进代表，就“如何做好县级工商联组织建设工作”作经验介绍。

【思想建设】 2021年，区工商联发挥“头雁”领学促学作用，把深入学习贯彻习近平新时代中国特色社会主义思想和中共十九届六中全会作为首要政治任务，严格落实工商联党组理论学习中心组、机关干部理论学习制度，坚持党组会议“第一议题”制度，不断加强商协会理论学习，强化政治站位，增强非公有制经济人士“四个意识”、坚定“四个自信”、做到“两个维护”。

深入开展党史学习教育，引导党员干部深刻领会党史学习教育的重大意义，与非公有制经济“两个健康”发展、乡村振兴工作相结合，用功学、用心做。区工商联组织带领会员到潮州涵碧楼、大埔三河坝、松源同怀别墅、大坪卢伟良故居、丰顺李坚真纪念馆等开展党史学习教育。自党史学习教育工作开展以来，区工商联以专题学习研讨、党史宣讲、党日活动、上党课、参观红色场馆、革命旧址等多种方式，开展集中学习活动25次，上党课5次，组织党员干部及所属商会支部到革命遗址、纪念馆、爱国主义教育基地等开展党史现场学习12次。区工商联机关及基层商会积极为群众排忧解难，开展扶贫助学、支持抗疫、义诊活动、关爱儿童老人为贫困户修缮房屋等，为群众、困难人员、留守儿童等群体办实事18件。

【组织建设】 2021年，区工商联直属基层组织有14个，其中完成商（协）会法人注册的有11个。一是按照省、市换届统一部署，认真做好2021年换届工作，成立领导小组，制定换届方案，走访基层商协会及执委会成员企业，听取企业家们的意见建议，收集人选信息进行综合评价等会务筹备工作，努力把思想品质优秀、社会贡献大、公众形象好的非公有制经济人士选配到工商联班子中。8月31日，召开第二次会员代表大会，会议以无记名投票方式选举产生了第二届执委会成员209人和监事会成员3人。二是加强基层商会建设，基层商会建设是工商联事业发展的根基，区工商联牢牢抓住统一战线的法宝作用，多次召开基层组织建设工作培训会议，推进基层商会建设。上半年推动完成丙村商会换届选举工作，下半年推动成立城东商会，不断增强基层商会的覆盖面。三是3月助推水车商会成立党支部，6月大坪商会党支部成立。有10个基层商会成立党支部。四是开展全国工商联“五好”认定和广东省“四好”商会认定工作，促进商会健康有序发展。围绕“政治引领好、队伍建设好、商会发展好、作用发挥好、工作保障好”五个方面工作目标，不断强化政治引导、不断提升队伍素质、不断拓展组织覆盖面、不断创新服务方式、不断规范自身建设，着力打造新时代山区县级工商联基层组织建设的标兵。

【联络交流与宣传】 2021 年，区工商联搭建平台，促进交流工作。区工商联积极开展副主席（副会长）轮值活动，组织企业家到旭泰能源、客都人家、鲴龙归生态农业有限公司、佳视通科技公司等进行参观交流，与深圳梅县商会等异地商会开展交流活动，促进资源、信息共享，拉动内部需求，增强在商会的参与感、获得感，树立社会责任意识。

【参政议政】 2021 年，区工商联会员中有 27 人担任区人大代表，有 50 人担任区政协委员，为梅县区经济社会发展建言献策。一是开展调研走访，陪同全国、省、市工商联到梅县区会员企业调研，并多次组织召开民会员企业座谈会，听取企业发展的实际情况，鼓励大家对民营经济发展和梅县区经济发展的建设规划，多提意见和建议，为领导的科学决策提供依据，当好党和政府发展经济和社会各项事业的参谋和助手，切实发挥好桥梁和纽带作用。二是积极参政议政。区工商联会员提交人大议案 9 件，政协提案 7 件，区工商联廖平元、房金伦、黄森勇、曾愿平等 8 名会员获评优秀政协委员。

【服务非公有制企业】 2021 年，区工商联立足实际，着力为企业办实事，服务企业、服务会员，营造良好的营商环境。一是增强民营企业诚信守法、依法经营的自觉性和主动性。区工商联与区人民法院签订共建法治化营商环境合作协议，并组织副主席，常、执委开展《中华人民共和国民法典》相关知识学习培训，邀请区法院副院长杨晓东作《中华人民共和国民法典》合同编讲解，提高运用民法典维护合法权益、化解矛盾纠纷。二是深化减税降费政策宣传，解决小微企业融资难融资贵的问题，促进小微企业健康发展，区工商联与区税务局、梅州农商银行共同开展“春雨润苗助力小微企业发展”专项活动，活动中，梅州农商银行还根据企业良好的纳税信用转化成信贷信用，为参会企业进行了贷款授信，授信额度 4.2 亿元。三是推动普法工作，促进民营企业学法尊法守法用法。区工商联、区司法局、区民政和人社局联合开展非公有制经济人士法治专题讲座，并聘请广东世纪华人律师事务所律师为工商联总商会法律顾问，为企业提供法律服务。区工商联普法工作获评梅县区第四届“谁执法谁普法”履职优秀单位。

【履行社会职责】 2021 年，区工商联积极引导广大会员自觉履行社会责任，积极开展社会公益事业活动。区工商联充分落实属地责任，4 月，积极协助市工商联承办省工商联（总商会）十二届五次执委会议暨全市招商引资推介大会，高标准、高质量、高水平地完成了各项工作任务。同时，在活动中积极推介招商引资项目，现场签约意向项目 3 个。

助力乡村振兴。组织引导民营企业积极投身乡村振兴大潮，鼓励支持企业“连片包镇”，5 月，积极协助广东省乡村振兴“万企兴万村”行动现场推进会在梅州市顺利召开。此外，梅西商会促成 55 家会员企业与梅西镇 19 个村对接帮扶，水车商会组织 20 多家会员企业与该镇 18 个村集中签约。广东振声科技公司投入 100 万元帮扶梅西幸福村，广东嘉元科技股份有限公司与城东镇进行“千企帮千镇”签约，并签订战略合作协议。

助力社会民生工作。引导各基层商会关注民生公益事业。丙村商会捐资 100 万元购置卫生院设备，市松源商会捐资 195.8 万元捐建 2 座桥梁和捐赠 34 万元打造红军路，水车商会捐资近 80 万元用于支持小桑新湖桥建设和为卫生院购置彩超设备。在广东扶贫济困日活动中，振声科技、辉丽达、客家园林等 10 多个企业和个人在广东扶贫济困日活动中捐款200多万元。6月，梅州市农村工作领导小组对一批有社会责任感、乐于奉献的爱心企业和爱心人士进行表彰，古苑钦荣获“2020年度梅州扶贫济困奖金奖”，广东嘉元科技股份有限公司、梅州市勇兴集体有限公司荣获“2020年度梅州扶贫济困奖银奖”，石扇商会、梅州市松源商会等6家单位获“2020年度梅州扶贫济困奖铜奖”。全年各商会发动会员捐资奖教奖学工作共100多万元。

助力抗疫和救灾工作。充分发挥商会职能优势，动员会员捐赠生活必需品和防疫物资，助力广州坚决打赢疫情防控攻坚战。区工商联会员企业向广州捐赠300箱矿泉水；桃尧商会向广州捐赠大米1吨，为省际防疫检查点捐赠清补凉、八宝粥、矿泉水等一批物资；南口商会向南口镇卫生院捐赠5万元；丙村商会向丙村镇医务工作人员捐赠慰问金1万元；慰问品40多件，价值5000多元；梅县区青年企业家协会向河南筹集救灾物资饮用水666件、桶面500件、八宝粥270件。

2021年年底梅县区工商业联合会

书　记：钟加练

（供稿：罗永红）

文　联

【**概述**】　2021年，梅县区文联以习近平新时代中国特色社会主义思想为指导，认真学习贯彻中共十九大和十九届五中、六中全会精神，深入学习贯彻习近平总书记在党史学习教育动员大会上的重要讲话精神，深入学习贯彻习近平总书记在庆祝中国共产党成立100周年大会上的重要讲话精神，扎实推进党史学习教育，把文艺工作和开展党史学习教育结合起来，发挥文联作为党和政府联系广大文艺工作者的桥梁和纽带作用，团结引领全区广大文艺工作者，围绕中心、服务大局、创作精品，努力推动梅县区文艺繁荣发展。

【**文艺惠民活动与志愿活动**】　2021年，梅县区文联组织举办了各类大型文艺活动，激发了广大文艺工作者的创作热情。6月，区委宣传部、区文联主办了“庆祝中国共产党成立100周年”美术、书法、摄影作品展览和征文比赛。共选出105幅美术、书法、摄影作品，在梅县区图书馆一楼举办了为期1个月“庆祝中国共产党成立100周年”书画摄影展，受到广大干部群众好评。9月，举办了“宋湘杯”全国书法大赛和大型展览。由区总工会、区文联、区文广旅局、区教育局、白渡镇主办，区书法家协会承办的“宋湘杯”全国书法大赛自4月份开始启动，征集到全国各地书法家作品共计1121幅。国庆节期间，在中国客家博物馆举办书法作品展览，此次书法大赛和大型展览，范围广、标准高、影响深，对继承和发扬中华优秀传统文化，对广泛宣传梅县区客家文化、苏区文化、红色文化起到了很好的推动作用；在国庆来临之际，在区图书馆举行了由区文联主办，区作协承办的“庆祝国庆·新书首发”活动，现场签发了红色历史题材小说《九龙嶂英雄》和抒情散文集《梦里追求》。通过活动坚定了广大文艺工作者继承和发扬苏区文化和中华优秀传统文化的信心，调动了广大文艺工作者进行文艺创作的积极性和主动性。在清明节、端午节、中秋节等重要传统节日期间，举办了3场“我们的节日”文化活动。通过书法笔会、诗歌朗诵、书画创作等艺术形式，开展丰富多彩、积极健康、富有价值内涵的民俗文化活动，引导广大群众在积极参与中体验节日习俗，增强对中华优秀传统文化和客家传统文化的认知认同，展现中国精神，增进文化自信。组织区民间文艺家协会会员到梅南镇水美村开展了“我为群众办实事·文艺走基层”活动。现场为群众写春联、送剪纸、刻印章、献歌舞，为群众免费照相，解读客家泥塑作品，广泛宣传民俗文化、客家文化、红色文化。中秋节期间，组织区文联支部党员到“创文”挂点的程江镇墩上村开展困难群众节日慰问活动，为困难群众送上慰问金和慰问品。同时，开展了“我为群众办实事”活动，送上了红色小说《红色种子》和《梅苑》杂志，为基层百姓增添了精神食粮，丰富了人民群众文化生活。

【对外文化交流】 2021年，梅县区文联主要领导带队到区作家协会、区书法家协会、区梅岭诗词联学会、区客家文化研究协会、区文艺创作协会等协会进行了调研，与文艺家谈思想、讲觉悟、明方向，鼓励文艺工作者以逢山开路、遇水架桥的无畏精神克服困难，勇攀文艺高峰。

积极开展“文化进万家”活动，推动文艺下基层，到人民群众中去，以人民为中心创作文艺精品。春节期间，梅县区文联组织书法家开展“挥春送福”活动，到松口镇、松源镇等地为群众写春联。2021年，梅县区文联3次组织文艺家协会会员130多人，深入桃尧镇、丙村镇、松源镇等地开展文艺采风，创作文艺精品，通过文艺形式展示乡镇重点企业、文化旅游景点、红色革命根据地、乡村振兴建设、特色古民居建筑、党史学习教育、基层党建工作等成果。

【文艺人才培养】 2021年，梅县区文联举办“国展标杆——李世水”书法培训班和“书法名家交流笔会”，邀请中国书法家协会会员李世水和书法名家张会议为广大书法爱好者进行书法培训和作品现场点评，努力提升梅县区书法艺术水平。

2021年年底梅县区文学艺术界联合会

主 席：刘火云

（供稿：吴睿峰）

残 联

【概述】 2021年，根据第二次全国残疾人抽样调查统计，梅县区有残疾人3.4万多人，占总人口的5.39%；有持证残疾人16783人，其中重度残疾人11075人。

【民生工程】 2021年，梅县区残联将残疾人扶贫解困纳入各级政府扶贫解困计划同步实施。扶残助残力度不断加大。2021年，为12.87万人次发放重度护理补贴，共3127万元；为5.13万人次发放残疾人生活津贴，共928万元。为6494人重度残疾人购买2022年城乡居民医疗保险，共207.81万元；为6387人重度、精神和智力残疾人购买城乡居民养老保险，共76.64万元。为90名残疾人发放260元/人的机动轮椅车燃油补贴，共2.34万元。

【残疾人康复】 2021年，梅县区残联在完成中国残联下达的任务指标后，区残联继续做好残疾预防宣传及实施重点干预项目工作任务。2021年，完成孕产妇产前筛查并诊断80例，共补助4万元；0—6岁儿童筛查并诊断16例，共补助4800元；残疾评定789名，共补助6.3万元。有效地减少、控制残疾的发生，为建设健康梅县作出应有贡献。

按照《梅州市残疾人精准康复服务行动实施方案（2017—2020）》《梅州市残疾儿童康复救助实施办法》，结合实际，梅县区制定了实施《梅县区残疾人精准康复服务行动实施方案（2017—2020年）》《梅州市梅县区开展残疾儿童康复救助定点服务机构管理试点工作实施方案》，不断健全以社区康复为基础、专业康复机构为骨干、残疾人家庭为依托的残疾人康复服务体系。全区建立残疾人精准康复定点服务机构23个，定点评估机构4个，残疾儿童康复机构4个。2021年，为230人次0—6周岁孤独症及脑瘫儿童提供抢救性免费康复服务，并为他们购买儿童意外险，发放康复救助经费2.04万元；安排精准康复经费共420万元，为301人次残疾人提供辅助器具适配，辅具适配服务率96.78%；为722人次提供精准康复服务，服务覆盖率95.88%。

在梅州华南康复医院、爱尔眼科等医疗机构

的大力支持下，开展“白内障复明”活动。2021年，为137名符合手术条件的白内障患者实施免费复明手术，共22万元，大大减少了视力残疾的发生。

改造和完善梅县区残疾人托养服务中心的设备设施，实现集托养与医疗、康复等为一体的多功能的康复托养中心。2021年，托养残疾人2147人次（主要为精神病人），共托养经费107万元，着力解决残疾人残有所养的问题，真正做到为政府分忧、为百姓解难。

【扶残助学工程】 2021年，梅县区残联积极实施“南粤扶残助学”工程，对当年考取全日制专科生的2名残疾人士给予各1万元补助、4名残疾人本科生给予1.5万元资助；在香港力行植林慈善基金会、区政协委员及社会各界人士的大力支持下，为173名贫困残疾人及残疾人家庭子女发放共41.8万元助学金，在全社会营造良好的扶残助学风尚。

【扶残助残活动】 2021年，梅县区残联各级党委、政府关心关爱残疾人，重视发展残疾人事业，把残疾人事业发展纳入经济发展的大局。每逢春节、“助残日”、“国际残疾人日”等节日，各级党政领导亲自走访慰问残疾人，关心了解残疾人的生产生活状况，丰富残疾人的精神文化生活。全年，通过政府关心支持、社会各界（深圳商会等）扶残助残，用于解决困难残疾人临时救助、慰问等约30万元。

【残疾人就业】 2021年，梅县区残联贯彻落实《残疾人就业条例》和有关政策，不断加大残疾人就业创业帮扶力度。一是会同区财政局、区税务局认真执行《残疾人就业保障金征收使用管理实施办法》，扎实推进残疾人按比例就业。2021年，全区有203个用人单位按比例安排残疾人就业460人。二是加大残疾人就业保障金征收力度。在税务部门的大力支持下，2021年，收缴残疾人保障金1558万元，使梅县区残疾人就业保障金征收工作迈上一个新台阶。三是举办农村实用技术培训班，多形式、多层次开展残疾人就业技能培训，2021年，培训残疾人166名，通过开展培训，帮助残疾人掌握就业技能，提高了残疾人就业能力，拓宽就业渠道。四是加大残疾人创业就业帮扶力度。2021年，区财政投入资金36.25万元，专项用于残疾人创业就业扶持，共扶持230人残疾人创业就业，此项政策开展以来，真正为残疾人提供了切实帮助，减轻了他们的创业负担，有力地促进残疾人就业发展。五是依托全区20个残疾人社区康园中心，为379人次残疾人提供日间照料、辅助性就业等服务，出勤率每月12天及以上，每人每天补助10元，并为会员购买意外险，共3.92万元，提高了残疾人参与社会生活的适应能力，实现了残疾人劳动就业的权利。

【信访工作】 2021年，梅县区残联认真落实《中华人民共和国残疾人保障法》，高度重视涉残维权信访案件的处理，开设了政府行风热线、“12345”、办公电话、公共邮箱等申诉、投诉、举报渠道。2021年，接待残疾人来访31人次、来信3件，均按政策进行妥善处理，帮助有特殊困难的残疾人解决生产、生活和工作中的问题，做到了事事有回音、件件有落实。

2021年年底梅县区残疾人联合会

党组书记：谢建业

（供稿：王艾平）

责任编辑：杨东梅

军　　事

人民武装

【概述】 2021年，梅县区人民武装部（以下简称人武部）在上级军事机关和区委、区政府领导下，深入学习贯彻习近平新时代中国特色社会主义思想和习近平强军思想，以“建强党委班子、突出练兵备战、打牢建设基础、确保安全稳定”为统揽，凝神聚气，鼓足干劲，全面建设不断取得进步。军事训练、征兵工作、“四个秩序”建设和新闻宣传等工作均走在军分区前列，全市轻舟分队比武取得“八连冠”。先后迎接国家国防动员委员会、东部战区和省军区等各级首长机关的考察，得到首长和工作组高度评价。

【政治建设】 2021年，区人武部坚持以习近平新时代中国特色社会主义思想和习近平强军思想为指导，着力打牢人武部机关干部职工、基层专武干部和广大民兵预备役人员听党指挥、强军兴武思想根基。牢牢把握党管武装工作正确方向，突出抓好党管武装制度落实，及时研究解决国防动员和后备力量建设重大问题。6月4日，区委召开议军会，学习习近平强军思想和上级关于国防和军队建设重要指示精神，研究出台推进全民国防教育、民兵调整改革、两季征兵改革保障等措施。11月10日，区委、区人大常委会、区政府、区政协和区直各局（办）到驻地部队开展“过军事日”活动。深入贯彻落实全军思想政治教育工作会议精神，突出抓好政治教育质效，坚持“周讲一课，月读一书，每季度一次体会交流”，人武部党委班子成员各个有调研课题、人人有授课任务。干部职工学习氛围浓厚，干事创业劲头足，学用结合效果明显。年内，在省级以上各类新闻媒体刊发理论文章38篇，其中国家级16篇、省级22篇。突出抓好全民国防教育，第二季度结合征兵宣传，组织开展国防法规进校园活动，第三季度对全区5100多名高一新生进行军训；在农业银行、邮政集团、华普医院等国有、民营企业开展国防教育；组织区国动委成员单位、各镇和驻梅县区企业主要负责人开展学习习近平强军思想专题讲座，持续营造热爱国防、关心国防、支持国防的氛围。

【军事训练】 2021年，区人武部坚持聚焦中心，把备战训练摆在中心位置，深入纠治和平积弊，破除不实作风，强化打仗意识。着眼应急应战职能使命，及时调整完善战备方案预案，分阶段组织战备演练，扎实开展专攻精练。4月，区人武部承办梅州市民兵整组现场观摩会，为全市开展民兵整组提供参考。在梅州市轻舟分队集训考核中，梅县区轻舟分队连续第八年夺得第一。6月，在梅州市专武干部集训中，取得团体总分第二名。梅县区后方区域综合保障中心接受上级检查考评，受到国家国防动员委员会、东部战区和省军区三级工作组好评。

【征兵工作】 2021年，区人武部突出抓好以大学毕业生为重点的征兵宣传，调取全区大学应届毕业名单，分解任务至镇村，逐人挖掘。通过制作优质宣传片、印制宣传资料，召开大学生专题座谈会、入伍政策咨询会、家长恳谈会等多种方式，深入宣传发动，营造浓厚的参军氛围。强化业务培训，严把征兵体检、政审和廉洁关，落实签订廉洁征兵责任书，确保无违规违纪问题发生。

【双拥工作】 2021年，区人武部坚持以人为本，以解决官兵实际问题为导向，不断推动双拥工作向纵深发展。积极协调区政府解决随军家属就业、子女入学等问题，保证符合政策的100%得到妥善解决。通过一系列措施，极大增强军人职业荣誉感，激发官兵积极投身支援驻地经济社会建设的热情。充分发挥民兵在疫情防控、抗击自然灾害、维护社会稳定等行动中的主力军和突击队作用，先后出动民兵，完成疫情防控、抗洪抢险、扑救山火、创文巩卫等任务20余次。

（供稿：陈雄辉）

责任编辑：卢　清

法　　治

政法委及综治

【概述】 2021年，梅县区政法委员会在区委领导和上级政法委的指导下，按照中央和省委、市委、区委对政法工作的部署，充分发挥牵头抓总和统筹协调指导作用，围绕庆祝中国共产党成立100周年维稳安保工作主线，扎实推进维护政治安全专项行动、维护社会稳定化解社会矛盾专项治理和扫黑除恶专项斗争，积极推进创建全国市域社会治理现代化试点城市工作，努力推动全区政法工作走在全市前列，为加快建设“平安之乡”，推动梅县区经济社会发展提供坚实保障。

【平安梅县建设与社会治理】 2021年，区委政法委压实平安建设工作责任。深入学习贯彻《广东省平安建设条例》，以综治工作（平安建设）考核工作机制为抓手，围绕目标任务，增强考评工作的实效性，切实压紧压实各镇党（工）委、政法各部门和平安建设成员单位主体责任，采取有效措施推进平安建设，不断增强人民群众安全感。推进市域社会治理现代化试点工作。成立市域社会治理领导小组，围绕推进国家治理体系和治理能力现代化总目标，根据市行动方案和工作指引，结合梅县区实际，制订并印发梅县区推进市域社会治理现代化3年行动方案，明晰各成员单位职责任务，加大人财物保障力度，建立定期研判会商制度，组织各方力量扎实推进，形成问题联治、工作联动、平安联创的良好局面。发挥基层综治平台作用。用好覆盖城乡社区的“综治中心+网格化+信息化”平台，抓好综治网格化管理，让综合信息系统在化解矛盾纠纷、防控违法犯罪、排除公共安全隐患等方面发挥有效作用。2021年，全区网格员上报网格事件总数21301件，办结21196件，办结率为99.51%，超过省级95%办结率的要求。推动项目规划建设。积极谋划和实施了2个“平安之乡”实践创新项目，分别是区公安分局打造基层智慧警务社区（村）和区检察院“刑事案件不起诉公开听证”工作项目。完成在全区基层综治中心建设社会心理服务站（室）任务；“雪亮工程”平安乡村视频监控区级平台已建成，实现区、镇、村三级联网；全区中小学校建立一键式紧急报警、视频监控系统与公安机关联网率100%。抓好校园周边环境整治。制订综合整治工作方案，积极牵头组织区教育局、区公安分局、区住建局、区市场监管局等相关单位开展4次集中整治行动，通过联合整治行动，校园周边环境得到有效改善，为全区未成年人健康成长营造良好社会环境。做实精神障碍患者救助管理工作。投入450多万元，为全区3592名精神障碍患者监护人发放补助及购买责任保险，至年底，全区未出现精神障碍患者肇事肇祸事件。

【维护社会稳定】 2021年，区委政法委牵头协调各镇（办事处、高管会）、政法各部门和各综治成员单位切实履行主体责任，紧紧围绕区委、区政府部署的中心工作，主动谋划服务措施，提供法律服务，简化审批程序，提高办事效率，减少社会对抗，从源头上消除社会不稳定因素，努力打造法治化营商发展环境。抓好重大决策社会稳定风险评估。对重大项目建设、重大活动举行、重大行动开展等，要求各相关工作部门切实提高风险意识，做好社会稳定风险评估，完善预警机制和突发事件应急预案。对由此引发的不稳定因素和矛盾纠纷，逐一落实防范化解责任，充分运用民主协商和法治方式，做到调解、仲裁、行政裁决和复议、诉讼的有机衔接和相互协调，妥善解决，严防演化成群体性事件。抓好社会矛盾问题八个专项治理行动。结合基层矛盾纠纷排查化解专项行动，积极统筹协调，组织政法各单位、各镇（办事处、高管会）和各成员单位深入开展重点领域和重点行业各类风险隐患排查治理，积极搭建协商沟通平台，压实主体责任，引导利益诉求群体依法依规表达诉求，通过合法途径解决矛盾纠纷。圆满完成全国“两会”、村（社区）“两委”换届、庆祝中国共产党成立100周年、国庆节、广交会、区党代会、中共十九届六中全会和市、区“两会”等重大活动、重要节日防护期的维稳安保任务。抓好疫情防控工作。围绕社会稳定工作职责，进一步压实社区“三人小组”工作责任，牵头建立工作联络机制，成立由政法委副书记为组长的4个挂片督导组，抽调6名干部组成大数据推送专班工作组，每天督促各镇党（工）委第一时间对公安部门推送的涉疫重点人员名单逐一开展落地核查，落实健康管理措施并及时汇总排查工作情况。

【反邪教工作】 2021年，区委政法委统筹协调防范打击邪教活动，牵头相关单位切实加强排查、稳控工作力度，落实制定梅县区防范打击邪教破坏专项行动工作方案，严防严打邪教反宣窃密渗透活动。对邪教人员散发反宣品、悬挂条幅等现行反宣煽动活动，依法严厉打击。持续抓好反邪教宣传警示教育工作，以“反邪教、创无邪、喜迎建党百年华诞”为主题，推动反邪教宣传教育进机关、进课堂、进企业、进社区、进乡村、进宗教活动场所，夯实基层反邪基础，大大提高了防邪反邪知识的知晓率，在全社会形成自觉反邪防邪的良好氛围。

【扫黑除恶专项斗争】 2021年，区委政法委严格执照以常态化推进扫黑除恶斗争为牵引，扎实做好举报线索清理办结、存量涉黑涉恶案件财产集中处置、五大行业领域专项整治等重点工作，全年共立涉恶案件60宗、破51宗，刑拘99人，逮捕76人，打掉恶势力犯罪集团1个，恶势力犯罪团伙2个，执行涉黑涉恶案件2宗，执行到位金额8824.7万多元，查处涉黑涉恶“保护伞”2人。公安机关持续保持对突出违法犯罪的严打高压态势，强力推进“飓风2021”“梅安2021”等专项行动，深入推进打击治理电信网络诈骗工作，全年破获刑事案件603宗，刑拘446人，检察机关审查逮捕260件423人，法院机关受理刑事案件309件，审结296件。

【队伍建设】 2021年，区委政法委坚持把政治建设摆在首位。全面落实“第一议题”制度，统筹组织政法各单位深入学习宣传贯彻习近平新时代中国特色社会主义思想、习近平法治思想和习近平总书记“七一”重要讲话，举办全区政法系统学习贯彻中共十九届六中全会精神培训班，引领政法系统党员干部进一步增强“四个意识”、坚定“四个自信”、做到“两个维护”。认真抓好《中国共产党政法工作条例》贯彻落实。自觉把《条例》作为做好全区政法工作的总遵循、总依据、总规范。同时，加大对镇级政法工作的督促指导力度，出台《梅县区委政法委员会委员述职工作制度（试行）》《梅县区镇街综合治理委员会建设工作指引（试行）》等工作机制。扎实开展政法队伍教育整顿。积极履行“组织者”“协调者”“参与者”的职能责任，协调成立以区委书记为组长的区委政法队伍教育整顿工作领导小组，高质量完成学习教育、查纠整改、总结提升等各环节工作任务。通过4个多月刮骨疗毒式的自我革命、激浊扬清式的“延安整风”、铸魂扬威式的主题教育，干部职工思想普遍受到了洗礼、作风得到了锤炼、能力得到了提升，各项工作得到省驻梅州市指导组、市委政法队伍教育整顿工作领导小组和区委的充分肯定。同时，坚持把队伍建设作为永恒课题、终身课题，持续巩固深化教育整顿成果。持续开展正风肃纪和警示教育活动。深入落实习近平总书记关于进一步纠正“四风”的重要指示精神，驰而不息纠正“四风”。抓好纪律教育学习月活动，2021年，共组织召开区纪委书记廉政报告会1场次、警示教育大会19场次、党规党纪专题培训10场次，参加政法干警3800多人次，组织干警参观廉政教育基地和旁听职务犯罪庭审活动1371人次。

2021年年底梅县区政法委员会

书　记：张小兰

（供稿：陈伟岳）

公　安

【**概述**】 2021年，梅州市公安局梅县区分局坚持以习近平新时代中国特色社会主义思想为指导，以中国共产党成立100周年安保维稳为主线，以增强人民群众安全感和满意度为总要求，以推进公安队伍教育整顿为抓手，扎实做好疫情防控和防风险、保安全、护稳定、促发展各项工作，为中国共产党成立100周年、梅县区经济发展营造良好社会治安环境。

【**队伍建设**】 2021年，区公安分局深入开展公安队伍教育整顿工作，全面加强公安队伍思想、作风建设和制度建设。全年通报嘉奖民警196人，表彰优秀辅警400人次，集体嘉奖15个，集体三等功5个，荣立个人三等功17人，荣立个人二等功1人，追授二级英模称号1人。

【**维护社会稳定**】 2021年，区公安分局强化维稳机制建设，深入推进专项行动，注重关口前移，注重风险防控，围绕建党百年庆典等重要节点大力提升预警防范能力。

【**治安管理**】 2021年，区公安分局全年查处涉赌刑事案件22宗，行政案件16宗，提请逮捕56人、刑拘60人、拘留102人、罚款385人；查处涉黄刑事案件5宗，行政案件9宗，提请逮捕9人，刑拘15人，拘留47人，罚款8人；侦破涉枪案件2宗，刑拘2人，起诉5人；立涉食药案件17宗，破17宗，提请逮捕38人；立拒不支付劳动报酬犯罪案2宗，破2宗，追回欠薪24万多元；查处行政案件1364起，抓获处理违法人员237人，其中行拘128人。

【**刑事案件侦查**】 2021年，区公安分局全年立刑事案件1695宗，破603宗，刑拘犯罪嫌疑人446名，提请逮捕305名，抓获逃犯52名。侦破1997年命案积案1宗，抓获2名犯罪嫌疑人；侦破现发命案2宗，抓获犯罪嫌疑人3名。立盗抢四类案件483宗、破269宗，刑拘57人，提请逮捕50人。立诈骗案件882宗，先后抓获涉电诈人员152人，刑拘78人，提请逮捕20人，破案78宗，起诉案件61宗，冻结止付27多万元，追赃挽损300万元。

【**经济犯罪案件侦查**】 2021年，区公安分局共立、破案15起，刑拘44人，提请逮捕64人，取保候审7人，移送起诉32人，抓获网上在逃人员2人。“海晟”专案共提请逮捕34名犯罪嫌疑人，取保候审2人，依法冻结、扣押涉案资金资产约 18831.9 万元。

【道路安全】 2021 年，区公安分局紧密围绕“保安全、保畅通、促平安”的总要求，严格落实各项工作措施，全年检查各类车辆 27358 辆次，查处交通违法行为 80849 起，暂扣车辆 4879 辆，查处酒驾违法行为 462 宗，醉驾 40 宗，无证驾驶 3902 起，驾驶假、套牌车辆违法行为 232 起，车辆乱停乱放 61606 起，骑乘摩托车不戴安全头盔 3495 起，大货车违法行为 5255 起（其中超载 634 起）。全区发生交通事故宗数 6966 宗，死亡 66 人，受伤 627 人，与上年同期相比分别上升 21.59%、下降 13.16%、下降 4.57%。

【禁毒工作】 2021 年，区公安分局破获涉毒案件 18 宗，查处易制毒案件 2 宗，提请逮捕 9 人，查处吸毒人员 14 人次，送强制隔离戒毒 6 人。

【户政管理】 2021 年，区公安分局审批签发市外迁入 1241 人，迁出市外 4408 人，审核登记各类出生入户 5370 人，死亡注销户口 3969 人，市内（含所内）移居 4141 人，其他注销人员 110 人，恢复户口登记 42 人，人口信息项目变更、更正 45246 人次，补打证件（含户口簿）8377 人次。办理居民身份证 28264 张，临时身份证 2854 张。

【出入境与往来港澳台管理】 2021 年，区公安分局按照“外防输入、内防反弹”的要求，劝阻各类非必要出境申请 2500 多人次，严格审核确有出境需求人员申请材料，共受理护照 15 份、往来港澳通行证 946 份、往来台湾通行证 14 份，台胞证 12 份、回乡证 13 份。侦破组织他人、偷越边境案 2 宗，提请逮捕 5 人；办理行政案件 6 起。

【监所管理】 2021 年，区公安分局看守所共收押 458 人，投送监狱 197 人，留所服刑 62 人。深挖犯罪线索 12 条，深挖犯罪查证属实线索 3 条，协助破案 2 宗。

【警务监督】 2021 年，区公安分局组织开展各类督察行动 212 次，督察单位 177 个次，发现查纠问题 147 个，提出督察建议 5 条；发督查通报 42 份。

【“110”报警服务】 2021 年，区公安分局“110”报警服务台受理、处置各类警情 74199 起。其中，刑事类警情 1291 起、治安类警情 1297 起、交通类警情 14920 起、火灾类警情 56 起。快速、妥善处置自杀、溺水、水电煤气等紧急求助 70 起，及时协助处理纠纷、咨询、噪声等非紧急求助 7621 起，协助抢救伤、病人员（含交通事故伤者）800 多名，协助查找走失人员 312 名。

2021 年年底梅州市公安局梅县区分局

局　长：陈海晗

（供稿：罗继东　吴陈婧）

检　察

【概述】 2021 年，梅县区人民检察院紧紧围绕区委工作部署，充分发挥法律监督职能作用，各项检察工作取得新成效。全年受理审查逮捕各类刑事犯罪案件 260 件 423 人，批捕 167 件 290 人；受理移送审查起诉 348 件 513 人，起诉 289 件 436 人；移送其他院 11 件 42 人。办理民事检察监督案件 17 件；办理行政检察监督案件 48 件；办理公益诉讼案件 112 件。共 7 个集体和 26 名干警获市级以上表彰奖励，4 件案件被省、市检察院评为先进典型案例。

【打击各项刑事犯罪】 一是严厉打击各类刑事犯罪。严密防范和打击邪教等犯罪活动，起诉邪教组织犯罪 7 人。依法打击涉疫违法犯罪不放松，起诉生产、销售伪劣医用口罩犯罪 4 人。起诉电信网络诈骗犯罪 9 人，侵犯公民个人信息犯罪 5 人。成立专案组，办理梅州海晟实业投资有限公司涉嫌非法吸收公众存款案，批捕 34 人。加强与监察委的衔接配合，起诉职务犯罪6人。二是常态化开展扫黑除恶斗争。起诉涉黑犯罪案件1件1人。三是用心呵护未成年人健康成长。对侵害未成年人犯罪零容忍，批捕12人，起诉16人。对涉嫌轻微犯罪的未成年人精准帮教，不批捕18人，不起诉2人，附条件不起诉3人。严格落实未成年人特殊检察制度，实现社会调查、心理测评全覆盖。深化未成年被害人“检警医”一站式询问救助办案方式，合力构建关爱未成年人社会支持体系。针对落实未成年人刑事案件特别程序、宾馆违规留宿未成年人等问题，向有关部门制发检察建议2份，建立预防侵害未成年人的“隔离带”。

【社会管理与服务】 一是更强担当护航民营经济健康发展。持续落实服务保障民营经济发展“2241”工作品牌，依法打击侵害民营企业和企业家合法权益犯罪，批捕5人，起诉8人。依法妥善办理涉民营企业家的案件，不批捕2人，不起诉1人。依法打击破坏社会主义市场经济秩序犯罪，起诉生产、销售伪劣商品犯罪19人，起诉侵犯知识产权犯罪18人，起诉扰乱市场秩序犯罪9人。通过走访民营企业、开展案后回访、协调推动社区矫正机构对符合条件的涉民营企业社区矫正对象简化外出审批流程等方式，维护企业正常经营。深化法治宣传，动画作品《护航民企发展检察官来支招》获得全国检察微电影微视频微动漫作品征集展播优秀作品奖。二是更大力度助力乡村振兴。开展“司法救助助力巩固拓展脱贫攻坚成果助推乡村振兴”专项活动，救助五类农村地区困难当事人5人，发放救助金13万元，向民政部门移送3条事实无人抚养儿童救助线索，确保基本生活保障。开展“公益诉讼助推‘厕所革命’”专项监督活动，强化农村公厕建设和管护，有效改善农村人居环境。三是更实举措守护绿水青山。起诉环境污染和破坏资源保护犯罪8人，办理生态环境领域公益诉讼案件87件。开展“保障梅县区水库水质和食用水产品安全”公益诉讼专项监督工作，促使全区检测水库水质得到有效改善。在全市率先启动“林长+检察长”工作机制，积极探索对失火案犯罪嫌疑人及其家属以劳务代偿方式修复生态，通过办案挽回生态环境损失24.06万元。四是更有温度参与社会治理。落实群众信访件件有回复，受理群众信访161批208人次，检察长接访10批21人次。开展集中治理重复信访、信访积案化解专项工作，办结重复信访积案2件。完善“一三四”刑事和解工作模式，促成刑事和解17件18人。召开公开听证会20场次，面对面听取当事人意见，有效化解“法结”“心结”“情结”。搭建“司法救助+社会救助”多元救助模式，办理司法救助案件5件，发放救助金17万元，向教育、民政部门移送6条救助线索，实现救助效果最大化。组织开展民法典、防电诈、未成年人保护、公益诉讼等领域法治宣传活动，助力提升全民法治意识。

【法律监督】 一是做优刑事检察。贯彻“少捕慎诉慎押”刑事司法政策，依法不批捕159人、不起诉46人，开展羁押必要性审查76人，变更强制措施23人，审前羁押率65.6%。依法适用认罪认罚从宽制度403人，适用率为87.05%。强化刑事立案、侦查活动监督，共监督撤案3件，纠正漏捕7人，纠正移送起诉遗漏罪行3人，纠正遗漏同案犯1人，改变定性38人，发出纠正违法通知书13份。强化刑事执行监督，全面倒查前30年的减刑、假释、暂予监外执行案件。开展看守所、社区矫正检察监督，纠正监管执行活动49件、财产刑罚执行39件。开展剥夺政治权利刑罚执行专项检察监督，发出监督意见书6份。召开刑事工作联席会议、检律协作座谈会，深化检警、检律协作，提升执法办案质效。二是做强民事检察。办理民事检察监督案件17件，民事支持起诉案件1件，生效裁判监督案件2件，发出个案检察建议3件，类案检察建议1件。促成民事执行和解2件，通过公开听证实质性化解一起长达5年多的民事争议，取得良好的法律效果和社会效果。开展民事执行案件违法适用终结本次执行程序专项监督，立案办理 12 件违法终本案件。三是做实行政检察。共立案受理行政非诉执行监督案件 48 件，发出个案检察建议 9 件。全面梳理 2018 年以来进入法院强制执行阶段的土地违法案件，发出类案检察建议 1 件。四是做好公益诉讼检察。共立案公益诉讼案件 112 件，其中刑事附带民事公益诉讼 3 件(诉前和解 2 件、提起诉讼 1 件)，行政公益诉讼 109 件，发出诉前检察建议 60 件，诉前磋商结案 31 件。开展食品自动售卖机整治专项监督、“规范汽车美容维修经营服务”“规范处置医疗废水废物”“餐饮行业燃气安全”等公益诉讼专项监督，切实服务保障民生福祉。

【队伍建设】 一是加强政治建设。结合中国共产党成立 100 周年，组织形式多样的党课宣讲、红色教育、主题演讲等活动，教育引导检察人员从百年党史中汲取智慧和力量。聚焦群众“急难愁盼”问题，扎实开展“我为群众办实事”实践活动 131 场次。二是扎实开展政法队伍教育整顿。抓实政治教育、警示教育、英模教育，筑牢政治忠诚根基。聚焦六大顽瘴痼疾，开展大排查大整治，深入查纠整改，剖析顽瘴痼疾背后的管理“短板”，建章立制 27 项，巩固整治成效。严格执行防止干预司法“三个规定”，记录报告有关事项 58 件。三是加强队伍综合素能。结合新时代“五好”基层检察院建设，组织参加各类业务培训、讲座，“每月一讲”、辩论赛等大学习大练兵活动，促进法律监督能力提升。四是持续抓实作风建设。坚持“每月一督察、每月一通报”，加强对关键环节、重点岗位的检务督察，落实“抓在日常、严在经常”的正风肃纪长效机制。扎实开展提醒谈话，加强警示教育，及时通报各类违纪违法典型案例，强化政治纪律、工作纪律和廉洁纪律。

2021 年年底梅县区人民检察院

检察长： 李培军

（供稿：刘燕花）

法 院

【概述】 2021 年，梅县区人民法院坚持服务大局、司法为民、公正司法，扎实开展党史学习教育、队伍教育整顿和梅州法院“五个提升年”活动，忠诚履职，各项工作取得新进展。全年受理案件 7262 件，审结 6568 件，同比分别增长 43.75% 和 33.69%。区法院荣获省法院《法庭》“十佳组稿单位”“梅州市扫黑除恶专项斗争先进集体”“梅州法院学术论文组织工作先进奖”及梅州法院五个提升年活动“先进集体”“十大品牌”等多项荣誉。刑事审判庭荣获“全省法院先进集体”荣誉称号，11 名干警获得市、区两级表彰，6 篇案例在中央、省、市级刊物登载，其中 1 篇被最高院《中国法院 2021 年度案例》采用，多篇裁判文书和多场庭审在市级评优评先活动中获奖。

【刑事审判】 2021 年，区法院受理刑事案件 309 件，审结 296 件，结案率 95.79%。严惩涉枪犯罪，审结非法持有、私藏枪支、弹药罪案件 7 件。严惩腐败犯罪，审结贪污贿赂罪案件 6 件。维护社会和谐稳定，审结故意伤害、抢劫、盗窃、危险驾驶等案件 152 件。严惩破坏社会主义市场经济秩序犯罪，审结金融诈骗、集资诈骗、非法经营等案件 41 件。净化社会风气，审结黄赌毒等案件 100 件。

【民商事审判】 2021 年，区法院受理民商事案件 3921 件，审结 3455 件，同比分别增长 12.93% 和 2.28%。坚持“调解优先、调判结合”原则，调撤结案 1351 件，调撤率 40.29%。审结交通事故、生命权健康权纠纷、劳动争议、医疗纠纷等涉民生案件 385 件，维护群众合法权益。审结借款合同纠纷、金融保险纠纷等案件 2564 件，保护健康有序的市场经营交易秩序。审结离婚、继承、抚养、赡养等家事纠纷案件 384 件，倡树家庭美德、文明新风。

【案件执行】 2021年，区法院受理执行案件3032件，结案2817件，同比分别增长139%和130%，执行到位金额8.38亿元。其中，执结涉黑恶案件2件,执行到位金额1.67亿元。开展“南粤执行风暴2021”“根治欠薪冬季行动”等专项执行活动，执结涉金誉公司员工劳动纠纷等涉民生案件425件，有效维护民生权益。创新执行举措，在各媒体平台发布“悬赏寻车令”，成功扣车70辆。深化网络司法拍卖，在阿里拍卖平台推出司法拍卖专场，举行车辆司法拍卖直播活动，全年司法网拍344次，成交193件，成交金额7179万元。加大对失信被执行人惩戒力度，限制高消费3291人次，纳入失信被执行人名单1830人次。

【体制改革】 2021年，区法院深化审委会运行机制改革，制定《关于建立类案强制检索报告制度的规定》，规范法官自由裁量权，保障类案同判。强化速裁机制建设，优化司法资源配置。推行繁简分流，制定《民商事案件速裁快审工作规程（试行）》，提升办案质效，组成速裁团队，对诉前调解不成功、当事人对事实无争议的案件，由速裁团队审理，审结案件45件；调解成功由速裁团队进行司法确认案件446件。

【便民服务】 2021年，区法院在丙村镇客都人家游客服务中心挂牌成立旅游巡回法庭工作室，在各镇（高管会、办事处）司法所挂牌成立诉讼服务站19个，实现诉讼服务全域覆盖。推广网上立案、线上办理保全、跨域立案等，网上审核通过立案2135件，跨域立案9件。推行“互联网+”模式，网上庭审案件68件，线上调解案件22件。开启“文书网上跑，邮件同城送”在线送达新模式，集约送达6286项法律文书。把“我为群众办实事”实践活动贯穿队伍教育整顿和党史学习教育全过程，推出便民利民的16项长效机制，开展送法活动40场次。在审判执行中切实解决人民群众“急难愁盼”事项21项。

【队伍建设】 2021年，区法院建成党员活动室，开展“传承叶帅精神·法护红色梅县”党建品牌创建活动，推进“一支部一品牌”建设。扎实开展党史学习教育活动、政法队伍教育整顿。培树梅州政法英模3人，1个基层党组织和4名党员受到“两优一先”表彰，1名党员获评市2021年度第三季度“敬业奉献好人”，1名党员获评区“五一”先进工作者。落实中央八项规定及其实施细则精神，层层签订党廉责任书。落实防止干预司法“三个规定”月报告制度，未发现违规干预过问情况。开展审务督察12次，查纠问题3个。

2021年年底梅县区人民法院

院　长：毛嘉鹏

（供稿：李　露）

司法行政

【概述】 2021年，梅县区司法局全年开展法治宣传、咨询等活动89场次，向干部、群众、学生印发普法学习资料和法律知识宣传资料9万多份。全区社区矫正对象新接收178人，解除矫正179人，在册194人，切实让社区矫正对象得到有效监管；接收刑满释放人员，安置率和帮教率均达100%。调处各类民间纠纷2268件，调解成功2211件，调解成功率97.4%，无因调处不及时或调处不当而引发矛盾激化的事件，未发生影响社会稳定的重大矛盾纠纷。受理法律援助案件215宗，见证签署《认罪认罚具结书》案件243宗，接待群众法律咨询1175宗1668人次；公证处办理各类公证1644件；全区顾问律师接访咨询4613人次，出具法律专业意见41件，法治宣传1639场次，调解纠纷96件，其他48件。区普法办公室被宣传部、司法部和全国普及法律常识办公室联合评为“2016—2020年全国普法工作先进单位”；城东司法所被司法部授予“全国模范司法所”荣誉称号；1人被中华全国总工会、司法部和中华全国律师协会联合评为“2017—2020

尊法守法·携手筑梦 服务农民工公益律师法律服务行动成绩突出个人”；1人被省人力资源和社会保障厅、省司法厅联合授予“全省法律援助工作先进个人”荣誉称号。

【开展政法队伍教育整顿工作】 2021年，区司法局严格按照党中央决策部署和省委、市委、区委工作要求，高度重视全区司法行政队伍教育整顿工作，加强领导、精心组织、迅速投入，高质量开展好各项工作。教育整顿期间共开展政策宣讲5场次，召开专题民主生活会，征求意见建议29条，观看警示教育片2场次，选树宣传政法英模感人事迹4人次。广泛开展谈心谈话和填写自查报告，坚持把学习教育贯穿始终，深入开展政治教育、党史学习教育、警示教育和英模教育，进一步增强查纠整改的思想自觉，开展谈心谈话205人次，谈话提醒98人次，收到意见建议107条，整改完成率达100%；开展3轮自查填报和1次自查补报，其间共收到主动说明问题299人次；收到省驻梅州指导组受理的线索2条，全部进行调查取证，并将线索核查情况报区委政法委整顿办。建立健全并完善了涉及行政执法监督、行政复议、社区矫正工作及工会、人事档案管理等制度共9项。

【法治建设】 2021年，区司法局召开全面依法治区委员会第三次会议，研究部署并印发2021年依法治区和依法行政工作要点。举办“2021年梅县区依法治区专题培训班”，落实会前学法制度，提请区政府常务会议组织专题学法活动2场，不断压实法治建设第一责任人年度述职述法制度。切实肩负法制审核责任重担，依法依规对政府规范性文件、重大行政决策开展合法性审查，全年审查区政府常务会议议题230个、政府重大行政决策3个、政府合同120件，组织召开法律事务讨论会7次，按规定审查规范性文件12份，其中已送市政府、区人大备案11份。依法办理行政复议与应诉案件，2021年，共收到行政复议案件25宗，其中受理22宗，不予受理3宗；共办理行政诉讼案件13宗，已审结3宗。统筹组织实施对镇街综合行政执法工作的统一部署、统一培训、统一指导、统一监督，严格遵照“实际需要、宜放则放”的原则，发布《梅州市梅县区人民政府关于乡镇人民政府实行综合行政执法的公告》，明确梅县区乡镇实行综合行政执法起始时间，确定审核下放的行政执法事项共519项。组织区直有下放执法事项单位的业务骨干人员到全区17个乡镇开展综合行政执法的对接协调、业务指导、跟踪推进等工作，按照“需求什么、培训什么，欠缺什么，提升什么”的原则，分别举办了全区乡镇综合行政执法人员专题培训班4场。制定印发《梅州市梅县区乡镇综合行政执法委员会建设指引》《梅县区乡镇综合行政执法会商协调机制》，严格审核各乡镇制定的《乡镇综合行政执法委员会运行规则》，确保梅县区乡镇体制改革工作顺利开展。全年办理行政执法新证369张，全区行政执法人员持证总数895张。

【人民调解】 2021年，区司法局落实人民调解员“以案定补”工作，完成全区19个镇（办事处、高管会）385个村（社区）人民调解委员会换届工作。推进“一站式”多元解纷和诉讼服务体系建设，在19个司法所设立诉讼服务站，健全落实矛盾纠纷分析研判制度，深入开展矛盾纠纷大排查大调解活动，共排查发现纠纷258宗，预防纠纷106宗；全区各级调解组织共受理各类矛盾纠纷2268宗，调处成功2211宗，调处率100%，调处成功率97.4%，无“民转刑”案件及群体性事件发生。

【社区矫正】 2021年，区司法局成立梅县区社区矫正委员会，组织开展“心理矫治”特色项目。开展“减、假、暂”专项整治排查工作，对2009年7月开展社区矫正工作以来接收的63例假释类社区矫正卷宗和23例暂予监外执行卷宗进行集中整治，经排查，无违法违规行为。开展社区矫正重点案件排查，对2018年1月1日至2021

年4月30日接收的601名社区矫正对象档案，解除矫正626份解矫档案，办理的86份调查评估、执行地变更等重点案件进行自查和交叉评查，对发现问题及时整改。举办社区矫正对象就业帮扶推介会。组织远程视频会见288宗，会见家属511人次；开展调查评估16件；新接收社区矫正对象178人，解除矫正179人，在册194人；为117名社区矫正对象办理出入境报备手续，对57名社区矫正对象进行边控报备；对违反监督管理规定的6名社区矫正对象进行训诫谈话、1名作出书面警告，确保社区矫正对象得到有效监管，未发生脱管、漏管现象。

【安置帮教】 2021年，区司法局协助各监狱对服刑人员信息真实性开展核查，核查率100%；及时做好预释放人员和重点人员的回执反馈工作，回执率100%；积极落实刑满释放人员安置帮扶政策，全年接收刑满释放和解除社区矫正人员355人，其中外省监狱释放人员23人，协助办理低保3人，建档率、安置率和帮教率均为100%。

【律师工作】 2021年，区司法局通过印发区镇村三级《梅县区法律服务网服务事项清单（2021年版）》及《梅县区法律服务网服务事项指南》，明确了广东法律服务网实体、网络、热线三大平台多项服务事项，实现区级司法行政公共法律服务事项全覆盖。收集上报“12348”广东法网运行日报实体平台数据，完成广东法网“12348”任务管理工单4宗，为群众提供免费法律咨询、纠纷调解、法治宣传、服务投诉等法律服务。每天安排1名局中层干部和1名以上律师在区公共法律服务中心轮值，接受群众法律咨询1175宗1668人次。实现全区391个村（社区）（含梅西水库两个管理区）“一村（社区）一法律顾问”零距离服务，帮助群众解决“急难愁盼”问题，全年共接受法律咨询4613人次，出具法律专业意见41件，法治宣传1639场次，调解纠纷96宗，法律援助1宗，其他48件。强化律师行业监管和职业道德监督检查，开展律师事务所工作检查9次；组织律师参与区领导接访活动和区信访局召开的重大疑难复杂信访研判会，为区委、有关职能部门及区领导交办的信访案件等及时提供法律意见；组织律师参与和代理涉诉、涉法信访案件的化解工作。积极推动设立公职律师制度，充分发挥公职律师在推进依法行政方面作用，至年底，全区有公职律师30名。

【法律援助】 2021年，区司法局实施法律援助民生工程，对法律援助案件全面推行证明事项告知承诺制，开通农民工等群体维权绿色通道，落实刑事案件律师辩护全覆盖工作，严格执行法律援助值班律师工作。全年办理法律援助案件215宗，见证签署《认罪认罚具结书》案件243宗。

【公证服务】 2021年，区司法局扎实开展公证行业突出问题专项整治，落实公证“最多跑一次”，大力开展“送公证进养老院”“送公证进乡村”活动，推出“节假日预约办证”服务等一系列便民利民措施。全年办理各类公证1644件。

【法治宣传】 2021年，区司法局精心谋划、部署启动“八五”普法规划征求意见、人大审议和通过实施等相关工作，召开全区普法工作领导小组会议，有力增强各单位各部门切实履行普法主体责任，有效推动构建全民普法大格局。突出以“美好生活·民法典相伴”为宣传重点，推动梅县区民法典普法讲师团宣讲活动，2021年，共开展民法典宣讲24场次。培育镇、村法治文化宣传阵地，引燃基层法治创建热情，程江镇槐岗村、丙村镇芦陵村成功创建并获批“广东省民主法治示范村（社区）”。积极运用融媒体宣传优势，拍摄“以案说法”普法专题栏目2期，制作民法典动漫宣传视频1期和社矫案例宣传短视频1期。组织开展2021年履职报告评议活动，对南口镇人民政府等6家单位开展履职评议。强化法治宣传教育职能，组织开展国家工作人员学法活动和领导干部旁听职务犯罪庭审活动。深入开展“法律六进”等法治宣传活动，利用“4·15”全民国家安全教育日、“6·26”国际禁毒日、“12·4”国家宪法日等重要时间节点，开展法治宣传89场次，现场解答群众咨询2万多人次，派发法律知识学习宣传资料9万多份，为“八五”普法开局营造全民尊法学法守法用法的深厚氛围。

【司法所工作】 2021年，全区19个司法所严格按照区司法局党组下达的各项工作任务和要求，认真开展人民调解工作，及时有效地排查化解大量矛盾纠纷；不断提升特殊人群管控水平，扎实做好社区矫正和安置帮教工作；积极开展法律服务，协调、督导“一村（社区）一法律顾问”工作，耐心细致解答群众法律咨询；扎实深入开展普法依法治理，指导协助当地党委政府依法行政等工作，承担了司法行政大量的基层基础工作，为推动全区司法行政各项工作创新发展，维护社会和谐稳定，促进基层法治建设作出积极贡献。

2021年年底梅县区司法局

局　长：徐婉玲

（供稿：张　妮）

责任编辑：卢　清

行政管理事务

编 制 管 理

【概述】 2021年，梅县区委机构编制委员会按照上级编委的工作部署，在坚持和加强党的全面领导体制机制、完善机构职能体系、深化乡镇体制改革、推进事业单位改革等方面持续发力、狠抓落实，以改革创新精神推动梅县区机构编制工作高质量发展。

【行政管理体制改革】 2021年，区编办开展行政管理体制改革。一是理顺管理体制，调整优化区直部门职能体系。调整优化公安职能配置、内设机构和人员编制；调整区直机关工委领导配备；规范区机要局、区保密局领导职数；增加团区委、区审计局、区住建局、区司法局机关编制；印发《梅州市梅县区党政部门及省、市属驻梅有关单位安全生产工作职责》。二是深入推进乡镇街道体制改革。梅县区加快构建权责清晰、运行顺畅、精简高效的基层治理体系，不断完善乡镇党委统一指挥协调五大平台运行机制，统筹协调基层综合治理、公共服务、综合行政执法、应急管理、规划建设等重点工作。按照“优化协同高效”的原则，进一步优化机构设置，印发《加强乡镇执法能力建设工作方案》《关于明确乡镇综合性办事机构与区级职能部门职责对应关系的通知》《关于推动乡镇岗位标准化建设工作的通知》，切实加强乡镇综合行政执法队建设，确保上下职责对应、责任落实到人、工作运行顺畅。为充实基层力量，推动编制资源向基层倾斜，共增加乡镇机关编制240名。三是全力推进梅州综合保税区建设。在审定梅州综合保税区主要职责、人员编制、内设机构问题，完善管理体制和管理机构设置等方面主动作为，积极为梅州综合保税区的建设发展提供体制机制保障。5月，设立梅州综合保税区管理委员会，为正处级市政府派出机构，梅州综保区开始正式规范运营；12月2日，梅州综合保税区（一期）通过正式验收。

【机构编制管理】 2021年，区编办坚持把机构编制作为重要政治资源、执政资源，严格执行机构限额、领导职数和总量等规定，坚决做到不在限额外设置机构、不突破总量增加编制。一是严格编制管理。在全区机关事业单位实行机构编制审核和编制卡管理，凡梅县区机关事业单位人员调动、招录和外县工作人员调入梅县区的，用编单位都必须进行编制审核。坚持调动和招录在编内进行，招录实行“凡进必考”，严把入口关。二是保障人才编制。深入贯彻落实省委、省政府实施人才强省战略部署，制定《梅州市梅县区区直急需紧缺人才专项事业编制保障管理办法（试行）》，建立区直“急需紧缺人才用编周转池”，主要用于保障区直科技、卫生、农技等领域事业单位人才引进工作，为梅县区经济社会发展引进人才提供编制保障。三是完成问题整改。2021 年，通过自然减员、人员分流、调剂增加编制等措施加大力度对因历史遗留的违规超编和因政策性原因超编问题进行整改。至年底，70 个违规超编问题已全部完成整改，44 个因机构改革等政策性原因造成的超编问题已完成整改 38 个，剩余 6 个，剩余问题将继续按相关政策要求逐步消化。

【事业单位改革】 2021 年，区编办一是持续推进区直事业单位改革。一方面，对事业单位改革进行“回头看”。主要对规模较小、职能分散事业单位进行撤并或整合；对职责任务相近、服务对象相似或重复设置的机构进行整合优化。调整优化农业、民政、教育、卫生等部门的所属事业单位，进一步优化事业单位布局，完善事业单位机构编制事项，强化事业单位公益属性。2021 年，区编办对 19 个区直事业单位进行改革，具体有撤销的事业单位 5 个，调整优化事业单位 11 个，重新制定机构编制方案事业单位 3 个。另一方面，统筹事业编制管理。聚焦民生需求重新研究编制分配问题，提高事业编制使用效率。在改革的同时，考虑到部分事业单位存在编制分配不均衡问题，区编办着力优化事业编制配置，围绕推进基本公共服务均等化，加强事业编制统筹调剂，盘活用好沉淀和低效配置的编制资源，引导资源要素聚焦重点领域，保障教育、公共卫生、政务服务、就业创业、社保医保等公共服务领域用编需求。通过事业单位改革，梅县区大力精简事业单位机构数量，盘活事业编制，解决事业单位结构性问题。推进公益类事业单位去市场化，回归事业单位提供公益服务的本质属性，完成公益三类事业单位改革。自 2019 年事业单位改革至 2021 年年底，梅县区撤销事业单位 18 个、整合或调整优化事业单位 76 个、调整分类事业单位 9 个，重新制定机构编制方案事业单位 7 个。二是深化镇街事业单位改革。为贯彻落实党中央构建简约高效基层管理体制要求，进一步深化乡镇街道体制改革，完善基层治理体系，推进治理体系和治理能力现代化，梅县区制定《梅州市梅县区深化乡镇体制改革规范事业机构设置工作方案》。方案要求理顺乡镇事业单位管理体制、调整优化镇级事业单位布局、合理核定人员编制和领导职数。为规范完善乡镇事业单位机构编制事项，制定《梅州市梅县区乡镇所属事业单位机构编制方案》。方案明确乡镇事业单位设置及其工作任务、事业单位编制和领导职数、事业单位统一名称等三个方面。同时，明确乡镇卫生院设置及其工作任务调整。三是理顺规范机构编制事项。2021 年，完成理顺扶大高管会管理权限、区疾控中心人员经费、区妇幼保健计划生育服务中心定级等 3 个事业单位机构编制事项，梅县区事业单位机构设置更加规范合理。

【事业单位登记管理】 2021 年，区编办事业单位登记管理稳步推进，对新设立的梅州市梅县区农资监测与农业安全应急中心、梅州市梅县区社会保险档案馆、梅州市梅县区铁路建设服务中心、梅州市梅县区城区供排水服务中心 4 个事业单位进行了登记发证。全年办理 242 个变更登记事项，因机构改革注销 11 个事业单位法人登记。在线正常登记的事业单位共 330 个，全部按时提交了年度报告书并公示，接受社会监督。承担机关群团统一社会信用代码赋码工作，为 36 个机关群团办理事项变更，至年底，共发出 40 张统一社会信用代码证书。

【机构编制电子政务中心】　2021年，区编办电子政务中心围绕机构改革，以域名变更为重点。积极对接行编事编等业务股室，形成联动机制，并对照事业单位登记管理网相关信息，对调整的机构进行整理，收集新设立或合并机构信息，对需要做出调整的中文域名重新进行申请或信息变更；对无效或因合并而失效的中文域名进行清理删除。有效保障了网上名称注册管理系统、事业单位登记管理系统数源准确。至年底，已为梅县区92个机关事业单位进行域名变更；为2个机关单位进行域名新注册。在做好域名变更工作的同时，对到期域名进行统一续费；与财政部门进行衔接沟通，做好财政预算，以确保全区政务和公益机构中文域名的正常运行。

【档案管理工作】　2021年，区编办完成机构编制纸质档案整理1925件（文书档案1335件，其他专业档案224件，编卡366件），著录条目1925条，扫描档案5523页。机构编制档案数字化以来，大大提高机构编制工作效率和方便各单位查找利用，也为档案信息资源数据库建设打下坚实基础。

【第二次机构编制核查】　2021年，区编办按照上级编委工作部署和要求，梅县区委编办于2021年10月中旬开始在全区范围内开展为期2个月的机构编制核查工作。为推动核查工作落实、落地、落细，成立由办主任任组长，分管领导任副组长，相关业务股室骨干为成员的机构编制核查工作领导小组，切实加强对机构编制核查工作的领导。专门印发《关于梅州市梅县区开展第二次机构编制核查工作实施方案》《关于扎实做好梅县区第二次机构编制核查工作的通知》《关于开展第二次机构编制核查实地核实和集中对账工作安排的通知》，进一步明确核查工作单位自查、群众监督、数据比对、实地核实和数据更新5个环节的要求和工作流程、注意事项、操作指引等。11月24日至12月3日，区编办结合近年来开展机构编制监督检查的情况，按照不低于全区核查单位总数30%的要求抽选了200个单位（其中实地核实单位164个、集中对账单位36个），会同区纪委监委、区委组织部、区委巡察办、区财政局、区民政和人社局、区审计局等部门相关人员，分成2组开展实地核实和集中对账工作。在核查期间，各有关部门（单位）未收到有违反机构编制管理问题的投诉举报。通过此次核查，各机关和事业单位实现了机构清、编制清、领导职数清、实有人员清的目标，进一步完善机构编制实名制管理系统，实现具体机构设置与按规定审批的机构相对应，实际配备人员和财政供养人员与批准的编制和职数相对应。

2021年年底梅县区委机构编制委员会

主　任：李敏均

（供稿：邓　峰）

政务服务数据管理

【概述】　2021年，梅县区政务服务数据管理局在区委、区政府领导下，认真贯彻落实国务院和省、市政府对政务服务工作的部署要求，积极抓好机关党建、依法行政、廉政勤政和队伍建设各项工作，深化“放管服”“数字政府”改革，提高审批服务便民化程度，提升服务群众、服务企业、服务高质量发展的能力和水平，取得了较好的工作成效。2021年，区级共受理行政审批及服务事项241276件，办结240804件；镇级受理13974件，办结12982件。

【推进行政审批各项改革创新】　2021年，区政数局深化政务服务“就近办”。结合深化乡镇街道体制改革，加快事权下放，下放镇级事项686项（其中委托事项677项、授权事项为9项），村级事项58项（初审事项57项、全权事项1项）。积极构建区、镇、村三级政务服务体系，配强政务服务队伍，形成600多人的区、镇、村三级政务服务人员团队（区级 220 多人、镇级 38 人、村级 386 人），制定区、镇、村三级绩效考核办法，对政务服务人员工作纪律、工作质量、工作效率等方面进行量化考核，提高办事效率，充分发挥区、镇、村三级业务流转质效，有效解决群众办事“最后一公里”问题。

推广数字政府移动服务平台运用。至年底，粤省事平台用户注册 394065 户，粤商通注册用户 27647 户，粤政易注册用户 12094 户。同时在“粤省事”政务平台地市特色板块开设政务服务预约功能，统筹完成区级 214 项高频事项和教育、民社、农业等 15 项惠民事项与“粤省事”政务平台对接，初步实现政务事项“指尖办”。

推行政务服务“网上办”“免证办”。按照“应上尽上、全程在线”原则，全区政务服务实施事项共 1585 项，其中可登录广东省政务服务网办理的事项 1384 项，占比 87.31%。推动政务服务“免证办”，用省发电子证照（如营业执照）替代原有纸质材料，通过直接在系统调取的方式，取代由办事群众、企业自行提供纸质材料，进一步优化办事流程。至年底，梅县区已发布第一批和第二批免证办清单共 114 项，制作 76 个电子印章，每天调用电子证照 500 次以上。

建立“跨省通办”“省内通办”。构建跨区域协作机制，优化调整通办事项业务规则，政务服务大厅设置了跨省办、省内通办专窗。跨省通办事项 983 项，跨市通办共 980 项。

推进工程建设项目审批制度改革。加强与相关职能部门沟通协调，对工作人员进行业务培训，熟悉掌握系统操作流程，做到全区工建项目审批统一标准、统一受理。至年底，全区工建项目审批系统已受理事项 1203 宗。

深化证照联办改革，完善“主题式”办事服务。梅县区梳理出第一批（59 项）“证照联办”主题事项，召开“证照联办”工作推进会，下发《梅县区“证照联办”改革实施方案》，按照“一窗受理”“一网通办”“一次申请”“互认共享”“一次办结”原则，在区中心、镇级大厅综合窗口开设“证照联办”专窗，不断优化办事创业和营商环境。区中心、程江、扶大、新城试点已开始运行。

积极做好政务外网升级改造。大力推进全区镇村和区直机关事业单位政务外网改造，做好梅县区全部线路的接入、改造、开通和使用，实现千兆到区、百兆到镇、50 兆到村，构建高速智能、集约共享、分级保障、安全可靠、面向未来的“数字政府”电子政务外网。

扎实开展“信息系统数据”普查。进一步摸清政务信息系统和公共数据资源底数，建立完善全区政务信息系统清单、公共数据资源清单和需求清单，逐步解决当前系统台账不全、数据家底不清、数据基准性不高、数据碎片化等问题，形成公共数据资源目录维护常态化更新机制。至年底，数据普查录入信息系统 91 个，资源目录 1192 个，数据挂接率 100%。

积极做好信息化项目管理。印发《梅州市梅县区区级政务信息化项目管理办法（试行）》《梅州市梅县区区级政务信息化项目立项审批细则》，按照统筹规划、互联互通、资源共享和安全稳定的原则，逐步实现区级政务信息化项目由条线化管理向整体化管理转变。

持续推动自建系统迁云上线。2021 年，上线“梅县区惠民信息平台”“梅州市梅县区妇幼保健院网站”“中共梅州市梅县区委党校官方网站”“梅县区政务服务中心运行概览图”“梅县名人故居智慧旅游导览系统”，筹备上线“智慧农业”“智慧公路”等业务系统，以统一平台、共享数据、租用服务、统一维护的模式，最大限度地共享数据资源、节约建设运行成本、提高平台的负载能力、降低维护难度。推进政务信息资源共享，共有 4252 路视频信号接入智慧梅县，为“数字政府”提供监控“一张网”的功能应用和平台支撑。

探索智慧科学的“一网统管”区域治理新模式。结合智慧梅县二期升级改造，探索引入“粤政图”，围绕经济运行、应急指挥、消防救援、住房管理、自然资源、生态环境、水利等领域，扩大智慧梅县政务指挥中心数据接入范围和数量，优化“应急指挥、辅助决策、大数据分析和应用”等相关功能，推动数据融合共享，大力提升社会治理智能化水平，力争打造粤东“数字政府”改革建设示范点，“一网统管”相关设计方案正在规划中。

设置24小时自助服务区。在政务服务中心一楼设置24小时自助服务区，配备有个人惠民信息查询、纳税信息查询、社保信息查询、养老资格认证、港澳通行证办理、交通违法事项办理和1083项行政审批事项的自助服务，解决了周末及法定节假日群众办事不方便的问题。

设立企业开办专区。安排刻章企业进驻，为新办企业现场提供免费刻制2枚印章服务。同时，新办企业还可以通过绿色通道一次性办理和领取营业执照、公章、普通发票，实现“照、章、税”“一窗通取”和“最多跑一次”的目标。

实现“不动产过户+水电气过户”一窗通办。完成与省不动产登记“一窗登记”系统、水电气业务系统对接，办事人只需交一套材料，填一张表单，提供身份证、不动产交易信息、不动产电子证照信息等即可通过省不动产“一窗登记”系统实时共享给水电气部门，申请材料由4份减为1份，跑动次数由4次减到1次，实现不动产过户、水电气过户“四件事一次办”，实现不动产过户及关联市政公用事项一窗通办。

研发梅县区政务服务中心运行概览图。对区政务服务中心办件量、人流量、红黄牌等进行数据分析。

【完善“12345”政府服务热线和作风效能工作】 2021年，区政数局发挥惠民平台作用。统筹完成惠民信息公开平台升级建设，增加新农村专项资金公开、百岁老人人脸识别、基层招聘、扫黑除恶专栏、黑名单应用等11项功能，完善宣传、公开、查询、监管“四位一体”惠民便民服务系统，进一步扩大惠民信息公开范围，公开事项49项，在涉农资金监管方面实现了社会和政府监督的双向结合。

提升热线服务效能。按照市政府和市政务服务数据管理局对“12345”政府服务热线和作风效能的工作要求，认真做好服务热线管理和作风效能工作，努力完善运行机制，落实责任，强化管理，提高了政府服务热线和效能投诉运行管理水平，扩大了热线服务覆盖范围。同时围绕提高现场解答率、工单回复率和群众满意率的目标，认真协调各职能部门解决群众诉求问题，全年受（处）理政府服务热线工单8804个，按时办结率100%，回访满意率99.7%；受（处）理机关作风、行政效能投诉18件，其中存在作风效能问题8件。

2021年年底梅县区政务服务数据管理局

局　长：冯丽锋

（供稿：江岸婷）

责任编辑：卢　清

经　济

经济管理

发展与改革

【概述】 2021年，梅县区发展和改革局坚持贯彻落实好中央和省、市、区各项决策部署，坚持一切从实际出发，以思想破冰推动工作破局，以关键性牵引带动工作全局，清单化推动工作落实，全面提升服务经济高质量发展水平，凝心聚力开创发展改革工作新局面。

【规划编制】 2021年，区发改局抓好重大战略实施，强化经济运行研判。编制《梅县区国民经济和社会发展第十四个五年规划和二〇三五年远景目标纲要》《梅县区2021年国民经济和社会发展计划》及梅州市丙雁松华侨经济文化合作试验区发展规划。加强双循环战略研究，积极对接"双区"大市场，贯彻落实《国务院关于新时代支持革命老区振兴发展的意见》，全力争取中央和省对老区苏区、生态发展区的扶持政策，加快推动城乡融合发展，跟进畲江镇省级城乡融合发展示范区建设，助推梅县区振兴发展。

【重点项目建设】 2021年，区发改局加强重点领域补短板，强化督促指导，加快项目进度形成实物工作量。不定期通过"不打招呼、直插现场"方式到项目现场了解掌握项目推进情况及各单位责任落实情况。全力推动梅县区82项重点项目建设，全年完成投资73.02亿元，在全市各县（市、区）完成总量第一。其中，省道242线梅县区梅西至程江公路建设工程（西部旅游快线）、梅州综合保税区公共设施建设项目、嘉元科技新增年产1.6万吨高性能铜箔技术改造项目、梅州市梅县区人民医院感染性疾病救治中心项目等30个项目新开工建设，梅州综合保税区查验设施与信息化建设项目、广东省梅州市梅县区国家现代农业产业园和梅县区华师华业外国语学校等26个项目建成投入使用。积极推进梅龙高铁、梅州松棚铁路物流基地（梅州国际无水港）建设工作，协调处理梅汕高铁遗留问题，扎实做好瑞梅铁路、蕉岭货运专线梅县区段前期各项工作。进一步吃透苏区振兴文件政策精神，谋划更多高质量项目纳入国家和省规划"笼子"，围绕发展壮大高端铜箔、装备制造、电力能源三大绿色工业，科学布局梅县区重大产业项目。成功举办广东省重大工程建设项目总指挥部会议暨2021年第一季度全省重大项目集中开工活动（梅州分会场）活动，以重大项目建设推动“十四五”开好局、起好步。

【固定资产投资管理】 2021年，区发改局积极谋划储备项目，争取上级资金，全年争取上级资金19.82亿元，其中地方政府专项债资金19.6亿元、中央预算内资金1601万元和省前期工作经费（韩江治理工程）610万元，大大缓解了梅县区财政压力，解决了项目因资金短缺、推进难问题。落实行政审批体制改革，动态完善行政审批事项清单，压缩审批时限，实现“一码通行、一网通办”，进一步提升行政审批效能，全面实施市场准入负面清单制度，全年依法依规审批、核准、备案固定资产投资项目463个，总投资约378.22亿元。

【信用建设】 2021年，区发改局持续推进社会信用体系建设，切实做好信用信息归集共享工作，扎实推进“双公示”数据，全区录入数据共1.46万条，其中行政许可9833条、行政处罚4776条。全面建立信用承诺制度，全年上报信用承诺信息190条数据。开展失信约束措施清理规范工作。组织各招标投标行业主管部门开展招标投标制度规则清理，营造公开、公平、公正的招标投标市场环境。

【能源管理】 2021年，区发改局推进天然气主干管道“县县通工程”建设，加快梅州末站接收门站及配套进城3.5千米管道建设，让苏区人民群众早日用上质优价廉的天然气。做好加油站的日常管理，完成全区57家加油站的成品油零售经营许可证年检及区“十四五”时期新建加油站布点规划工作，保障成品油市场的有效供给。加大成品油市场综合整治力度，2021年，联合打击非法成品油案件3宗，查出非法成品油41.79多吨，捣毁非法加油点3个。推进独立供电区域农电改造，保障有序用电，处理整治3例电力安全隐患案件。对油气长输管道、加油站、电力设施、充电桩、发电企业等开展安全生产和消防安全大排查、大整治工作，落实三年行动专项整治方案和重点安全隐患挂牌督办制度，确保能源行业和在建能源企业安全，为促进经济社会稳定运行提供有力支撑。超额完成市下达梅县区充电桩任务，2021年，24处充电桩建成。大力推进清洁能源太阳能光伏发电应用，抓好投资主体遴选和项目备案审批，指导企业、居民依法依规建设光伏电站，至年底，梅县区光伏发电项目备案230宗，总并网消纳约166兆瓦。

【节能管理】 2021年，区发改局科学有序推进碳达峰碳中和，制定能耗“双控”（能耗消费总量和强度控制）应急调控工作方案，合理有序开展能耗调控，促进经济绿色发展。坚决遏制“两高”（高耗能、高排放）项目盲目发展，加强存量“两高”项目管理，督促15家违规用能企业完成整改。制订《2021年梅县区节能监察工作计划》，开展节能专项监察13家，超额完成市下达任务。做好7件“百千万”重点用能单位节能目标责任评价考核工作。推动节约型机关创建工作，完成年度创建任务。组织各领域、各系统开展节能宣传周和低碳日活动，邀请电视台对宣传活动进行报道，宣传绿色发展理念和节能降碳知识。加强塑料污染治理，全面落实按要求带头使用可降解塑料制品或者非塑制品。

【粮食管理】 2021年，区发改局完成梅县区县级储备粮9981吨轮换任务，落实动态储备大米700吨的储备任务。做好粮油库存检查、粮食行政监管、粮油应急供应和调控统计。切实加强救灾物资管理，投入16万元，完成物资仓库修缮搬迁工作。开展粮食人才培训、世界粮食日和全国粮食安全宣传周活动。

【价格管理】 2021年，区发改局落实清理规范城镇供水供电供气行业收费政策，制定梅县区三间民办学校收费标准及梅州西站停车收费标准，调整高中年级学生住宿费收费标准和隆文镇、丙村镇供水价格，开展环境价格、污水处理收费、中小学服务性收费和代收费的调研，协助完成生猪屠宰加工费调整工作。强化价格监测调控，加强粮油菜肉等民生相关商品价格监测分析，持续提升公共服务水平。切实做好农产品成本调查和价格认定工作，2021年，办结价格认定事项148项。

2021年年底梅县区发展和改革局

局　长：钟匡仁

（供稿：肖桂芳）

市场监督管理

【概述】　2021年，梅县区市场监督管理局积极贯彻区委、区政府的决策部署，坚持贯彻新发展理念，狠抓疫情防控、激发市场主体活力、筑牢市场安全底线、提升市场监管效能，各项工作取得了良好的成绩，全区市场经济秩序平稳运行。

【登记注册管理】　2021年，区市场监管局全面落实创建企业开办“无费市”“互联网+政务服务”全程电子化登记、提升企业开办和注销便利度、加强“银政合作”、企业名称自主申报、深化“证照分离”改革等一系列便民措施，服务效能再提升，为区域经济发展注入新动力。2021年，全区新发展各类企业1364家，个体工商户4842家；全区各类经济主体4.6万家，其中企业9900家。

【食品安全监管】　2021年，区市场监管局一是加强进口冷链食品监管。进一步加强冷链食品安全监管，严防进口冷链食品带来的输入性风险，对进口冷链食品冻库坚持人员、产品、环境核酸检测每周全覆盖，共完成进口冻库从业人员核酸检测1622份，环境样本1371份，产品样本996份，检测结果均为阴性；33家进口冷链食品冻库100%登录“冷库通”应用系统。二是加强专项检查。开展冻库食品、“保健品”市场、集体食堂、学校校园及周边食品、“湿粉统一查”等专项检查，共出动执法人员2595人次，检查经营户952户，检查餐饮单位2106家次，检查单位食堂175家次，责令整改35户，立案查处生产销售不合格食品案件118宗。充分利用“互联网+明厨亮灶”系统加强学校食堂监管，承担大型活动食品安全保障工作13宗，开展2次“查餐厅”检查活动。三是加强抽查检测。快检食用农产品4.66万批次，不合格467批次，不合格率1%，不合格产品全部进行无害化处理；抽检食品2700批次，不合格71批次，不合格率2.6%，对抽检不合格的批次进行依法核查处置。

【药品安全监管】　一是强化药店疫情防控工作监管，发挥药店“哨点”作用。为切实有效发挥药店在疫情防控中的“哨点”监测作用，对辖区零售药店疫情防控工作实施网格化监管。2021年，共检查药店1475家次，发出整改通知123份，停业整改14家次，移送医保部门处理28家次。二是加强专项检查。全面落实重点药品销售登记报告制度，组织开展中药饮片质量、兴奋剂药品经营、药品网络销售、药品经营环节、药品经营企业书面检查、特殊药品及其他麻醉用药品经营使用、化妆品专项检查、医疗器械等专项检查。共出动执法人员1182人次，检查各类单位1024家次，发出整改通知75份。抽检药化械61批次，查办“两品一械”案件76宗，收到药化械不良反应监测报告916例。

【特种设备安全监管】　2021年，区市场监管局健全企业主体责任落实机制，督促指导特种设备使用单位开展分险分级管控和隐患排查治理。对特种设备重点监控单位、重点设备，包括在用电梯、压力容器、锅炉、景区游乐设施、盛装危险化学品的高风险特种设备开展全面检查，共出动执法人员890人次，检查特种设备使用单位357家，电梯146家，气瓶充装站18家，发现一般隐患272处，发出《特种设备安全指令书》25份，立案查处10宗。

【网络市场监管】 2021年，区市场监管局对梅县区10家电子商务平台经营者依法进行核查，重点核查是否在网站显著位置亮证亮照及广告、宣传的合法性等，引导经营者加强合规管理，遵守法律和商业道德，公平参与市场竞争。对14家入网餐饮服务提供者未亮证亮照经营违法线索进行核查并督促整改。查处涉及网络类违法案件4宗。

【企业监督管理】 一是全部推行部门联合“双随机、一公开”监管工作，牵头制定全区部门联合抽查事项清单，组织开展“双随机”抽查280次，共抽查各类企业1204家，其中部门联合“双随机”抽查计划共33次，共抽查企业86家，对抽查中发现的问题及时指导企业整改。二是扎实推进市场主体年报工作，2021年，全区公示企业9180家，公示率96.42%。三是积极开展“守合同重信用”企业评选活动，全区共评选公示2020年度“守合同重信用”企业580家，形成引领带动效应。

【市场监管执法检查】 2021年，区市场监管局始终以打击人民群众反映强烈、切身关系人民群众身体健康和生命安全、涉疫产品的重点领域违法违规行为重点，着力提高综合执法的权威性、有效性，加大力度对保健品市场、制假售假、虚假广告宣传、不正当竞争、校园食品安全、特种设备安全、市场垄断、传销、非法集资等违法违规案件的查处力度。至年底，共立案查处各类案件359宗，罚没金额116万元。

【商标与广告管理】 2021年，区市场监管局依托第三方为梅县金柚种植户提供商标咨询和服务，对“梅州金柚”地理标志产品保护，“梅县金柚”地理标志证明商标运用、管理和保护开展行政指导，指导梅县金柚协会发挥品牌带动效应，拓展延伸产业链，形成规模效应。2021年，梅县区商标申请件数3712件、注册件数2608件；专利授权件数365件；全区共有有效注册商标7795件，专利授权5898件，有效发明专利233件，1个中国专利优秀奖，共查处商标专利侵权案20宗，移送公安2宗。加强广告导向监管，清理整治宣传低俗庸俗媚俗内容广告，加大对药品、保健食品等重点领域广告监管执法力度，规范移动端互联网广告。2021年，监测互联网、微信公众号等媒体广告952条，查处违法广告案件10宗。

【消费者权益保护】 2021年，区市场监管局推进放心消费创建活动，创建“广东省放心消费承诺单位”35家，“无理由退货承诺单位”6家，成立“消费维权服务站”81家，及时受理群众各类消费投诉举报。2021年，受理群众举报183宗，投诉231宗。

2021年年底梅县区市场监督管理局
局　长：李文海

（供稿：郑文敏　何翠婵）

自然资源

【概述】 2021年，梅州市自然资源局梅县分局紧紧围绕区委、区政府重要举措、市自然资源局“1+1+5”年度工作部署，务实做好全区自然资源各项管理工作，奋力推动建设“叶帅故里·大美梅县”，为打造“绿水青山就是金山银山”广东样本提供坚实有力的自然资源保障，推动梅县老区苏区全面振兴发展步步高。梅县区2020年度耕地面积11171.43公顷，园地26852.03公顷，林地181725.74公顷，草地1465.07公顷，城镇村及工矿用地14066.22公顷，交通运输用地4032.45公顷，水域及水利设施用地7595.37公顷，其他土地733.24公顷，湿地42.63公顷。共有27家矿山企业（12家建筑石场、1家矿泉水企业、3家铁矿企业、1家铜矿企业、8家石灰石企业、1家银锑矿企业、1家大理石企业）。

【保障用地计划指标】　2021 年，市自然资源局梅县分局获得市自然资源局批准 1 宗城镇批次用地，面积 0.45 公顷；获取省批准 9 宗城镇批次用地，面积 72.35 公顷；获取省批准 3 宗单独选址项目用地，面积 47.79 公顷。

【规划修改、耕地占补】　2021 年，为保障重点项目用地，市自然资源局梅县分局共推进 40 个土地利用总体规划调整方案，完成调整土地利用总体规划方案 25 个。全年经省批准单独选址项目和城镇批次用地占用耕地 22.32 公顷（其中水田 20.47 公顷），单独选址项目 7.44 公顷水田指标通过向省自然资源厅预购方式解决，其他耕地指标通过先补后占方式，落实耕地占补平衡。

【土地征收储备、土地融资】　2021 年，市自然资源局梅县分局协助做好省道 242 线梅西至程江公路建设工程（西部旅游快线）项目约 126.66 公顷、梅州综保区及综保区广铁物流用地、客都人家三期约 26.66 公顷、梅州监狱约 35.33 公顷、白渡工业园约 20 公顷、新县城城市建设用地原梅县电厂约 53.33 公顷、梅县工业园区约 13.33 公顷、梅龙铁路和瑞梅铁路的征地工作。协助做好储备土地的供地工作，做好区政府 2022 年土地储备计划有关事项及储备土地数据的报省工作。

【整合和盘活土地资源】　2021 年，市自然资源局梅县分局共供应土地 44 宗，面积约 174.52 公顷土地价款 153599.22 万元。其中，已挂牌出让的新增国有建设用地使用权 27 宗，面积 119.28 公顷，出让金额 144812 万元；协议出让的新增国有建设用地使用权 5 宗（4 宗“三旧”改造用地），面积 21.23 公顷，出让金额 6525.43 万元；划拨国有建设用地使用权 12 宗，面积 34.01 公顷，划拨地价 2261.69 万元。

【耕地保护责任制落实】　2020 年，市下达梅县区耕地保有量任务为 19624.6 公顷，永久基本农田任务为 16081.6 公顷；根据 2019 年时点更新数据，梅县区耕地面积为 24983.67 公顷，永久基本农田实际划定 16216.2 公顷，均大于市下达梅县区 2020 年度耕地保有量和永久基本农田任务指标。2020 年度，梅县区与市签订耕地质量目标责任书，按照市下达给梅县区的耕地保护目标责任情况，区与镇、镇与村、村与村民小组由一把手层层签订耕地保护目标责任书，明确耕地保有量、基本农田保护面积等保护目标责任情况。

【基本农田保护】　2021 年，市自然资源局梅县分局高度重视做好基本农田保护工作。梅县区 18 个镇（高管会）及梅西水库共有基本农田保护区面积 16216.2 公顷。梅县区自 2013 年制定并印发了《印发梅县基本农田保护经济补偿制度实施办法的通知》（梅府〔2013〕14 号），每年按照该实施办法要求，以每亩 5 元的标准下发给永久基本农田保护单位，配合省级每亩 30 元的补助资金，用于基本农田的后续管护、修缮农田水利设施等，同时各镇按照基本农田经济补偿面积与各村签订了《基本农田经济补偿协议书》。

【矿产资源管理】　2021 年，市自然资源局梅县分局对 27 家矿业权人开采信息进行公示，并加强日常监管。积极推动绿色矿山建设，至年底，全区建设 14 家省级绿色矿山，2 家国家级绿色矿山。加强对探矿权人管理，重点是检查硐探、槽探有无“以采代探”及超工作量硐探等，未发现有违法行为。

【执法监管】　一是按时保质完成卫片执法工作。2020 年，下发梅县区季度卫片图斑共 1195 个，监测面积 556.24 公顷，占用耕地面积 70.69 公顷。经核实，全区违法用地共 246 宗，图斑总面积 66.86 公顷，扣除农村一户一宅及重点工程项目用地，需整改违法用地 189 宗，面积 60.78 公顷，其中占用耕地 4.83 公顷。2021 年，共整改违法用地 20.33 公顷，其中完善用地手续 1.8 公顷，复耕 3.63 公顷，复绿 13.58 公顷，恢复土地原状 13.31 公顷。未整改到位违法用地 159 宗，面积40.32公顷，其中占用耕地12.21公顷。违法用地占用耕地面积占新增建设用地占用耕地面积的比例为8.38%。下发梅县区3月、5月、6月土地卫片执法图斑及上半年年度补充图斑一、二批数据共158个，监测面积共11.363公顷，占用耕地面积19公顷。经核查，进行图斑分割后共177个卫片图斑，上报合法用地40宗；其他用地115宗；违法用地22宗，违法占地面积10.12公顷，违法占用耕地面积1.4公顷。已整改5.56公顷，其中完善用地手续2.68公顷（耕地0.64公顷）、复耕0.38公顷、复绿2.44公顷、恢复土地原状0.07公顷。未整改到位违法用地18宗，面积4.56公顷，未整改耕地面积0.29公顷。二是抓好农村乱占耕地建房问题整治工作。1. 根据2020年第四季度卫片图斑，部、省、市分别下发梅县区疑似新增农村乱占耕地建房图斑清单，共涉及图斑28个，经核查，其中6个属于农村乱占耕地建房问题，纳入农村乱占耕地建房问题摸排范围，均已录入农房摸排系统，其余图斑大部分为建房不占用耕地或占用耕地部分已复耕；该28个图斑均不属于新增农村乱占耕地建房问题，已逐宗进行举证，并将材料上报。2. 从各部门抽调2人参加区农村乱占耕地建房问题整治工作专班，在区自然资源分局设立专门办公室，并配备好相应办公设施，加强对镇、村两级业务指导，及时发现和解决问题，加强摸排成果把控。三是为进一步加强成果把控，确保数据精确，针对农村乱占耕地建房问题摸排工作成果，区专班正在开展图斑复核工作，通过实地调查，将系统中信息采集表的内容与实际情况相对照，核实图斑信息。至年底，已核查17个乡镇、110个村、422户。

【不动产登记】 2021年，市自然资源局梅县分局开展不动登记。一是基本实现高频不动产登记业务事项“跨省通办、省内通办”。基本完成“全省通办”“一码通”“不动产+法院服务”和“不动产+金融服务”等各项工作任务。2021年梅县区不动产登记机构发放不动产登记证明20132本，不动产登记证书37643本，其中林权证15本；受理法院总对总案件12件；受理金融总对总案件18300件。二是全力做好历史遗留问题工作。推动落实政府属地管理责任、构建“政府主导、部门联动”的工作机制，坚持“尊重历史、照顾现实、信守承诺、让利于民、完善手续”“缺什么补什么、谁审批谁负责”，积极推动处理国有建设用地使用权及房屋所有权因历史遗留问题导致的不动产“登记难”，有效化解历史遗留问题，存量问题应解尽解。对增量问题严格控制。确保不动产登记所依据的要件齐全，及时为群众办证。三是积极开展“不动产登记+民生服务”，已实现不动产登记与自来水、用电、燃气过户一并申请的“集中办”服务模式。同时，不断推进不动产与电视、网络过户同时办理服务模式。四是梅县区“房地一体”农村不动产登记发证工作共有19个乡镇（含新城办、扶大高、梅南林场），369个行政村，需调查房屋权籍190678宗。已在369个行政村开展调查，4家公司共完成外业调查宗数189584宗，占总任务量的99.42%，共完成169个村的公示，剩余200个村暂未公示。完成第一批房地一体外业检查合格验收工作。

【信访和土地权属纠纷调处】 2021年，市自然资源局梅县分局受理各类信访件106宗，其中反映农村“三乱”5宗，不动产方面59宗，土地利用方面6宗，矿产资源方面13宗，土地规划方面23宗，受理信访件已按规定期限全部办结，办结率100%。做好政务信息公开工作，全年回复依申请公开事项3宗。对各类信访件，均做到件件有落实，帖帖有回复，宗宗有反馈。积极做好群众向省厅和市、县信访办反映的有关土地权属纠纷问题处理、复核和答复工作。

【地质灾害防治】 2021年，市自然资源局梅县分局一是结合上级文件及梅县区实际制定《梅州市梅县区地质灾害防治三年行动实施方案（2020—2022年）》和《梅县区实施地质灾害防治三年行动方案联席会议制度》。按省厅部署完成2021年

152 处核销任务。二是完成梅州市梅县区梅西镇崇化村崩塌群、滑坡治理工程二期初验。组织做好梅州市梅县区白渡镇悦来村崩塌群、滑坡治理工程各项工作。同时做好梅州市梅县区松口镇蓬下村民小组滑坡地质灾害专业监测和群测群防工作。

【地价评估及土地使用权交易】 地价评估：2021 年，市自然资源局梅县分局一是推进公示地价体系建设项目工作：1. 完成梅县区国有建设用地基准地价更新和集体建设用地及农用地基准地价建设项目工作，经请示梅州市梅县区人民政府批准，《梅县区国有建设用地基准地价更新成果》和《梅县区集体建设用地基准地价制订项目成果》于 2021 年 4 月 16 日公布施行。2. 按照自然资源部和省厅的有关工作要求，开展梅县区 2021 年城镇国有建设用地标定地价更新项目工作。二是组织土地使用权价格评估工作 96 宗，面积 192.08 公顷，显化土地资产 21.02 亿元（其中：挂牌出让评估 36 宗，划拨用地评估 2 宗，协议出让评估 11 宗，个人补办出让评估 47 宗）。土地使用权交易：通过梅州市公共资源交易中心成功拍卖土地 25 宗，总面积 116.65 公顷，总金额 143697.86 万元，流拍 2 宗。

【土地变更调查与遥感监测】 2021 年，市自然资源局梅县分局完成 2020 年土地变更调查与遥感监测下发两批数据共 3393 个图斑 1346.9 多公顷核查上报工作。并按时保质保量做好土地利用现状核对和上报工作。同时完成 2021 年各个批次建设用地报批所需地类面积数据核算、相关图件制作和资料报送；矿场企业年审、卫片检查、规划修编等工作所需地类面积和图件制作等工作。完成梅县区各乡镇设施农用地审批、用地预审、用地规划调整等所需土地利用现状图 260 宗，面积约 300 公顷。

【测绘管理】 2021 年，市自然资源局梅县分局完成土地测绘业务 24 宗，面积约 1.8 平方千米；放线 3 宗；完成不动产土地测绘约 346 宗，面积约 1.4 平方千米；完成 21 批次启动公告业务，共 33 宗，用地面积约 0.3 平方千米；完成 8 批次报批业务，共 19 宗，用地面积约 0.4 平方千米；完成用地报批、违法用地查处、设施农用地审批及不动产登记等制图业务 600 多宗。

【档案管理服务】 2021 年，市自然资源局梅县分局完成各类档案归档 3169 卷。其中划拨国有使用权补办出让审批表〔2020〕29 卷、耕保〔2020〕105 卷、梅县区 2018 年度供地台账 45 卷，文书类〔2019〕605 份，不动产类 2385 卷。认真做好档案的借阅登记工作，严格执行档案借阅制度，提供利用服务 36430 余次，定期开展档案安全和涉密检查，做到专机专用。

【地理信息管理】 2021 年，市自然资源局梅县分局积极配合各单位各部门工作任务，提供数字梅县数据链接服务，为各项管理工作提供参考。更新完善政府网站涉及自然资源数据，做到发布真实、及时。2021 年，共发布信息 453 条，其中向区人民政府门户网站报送自然资源的部门动态 31 条，公告 375 条，切实做好政府政务网站内容要求的保障工作，发布重点领域信息公开 25 条，住宅用地信息公开 2 条，部门预决算与“三公”经费预决算 2 条。认真做好局内部信息管理工作，为自然资源管理工作提供数据信息保障。

2021 年年底梅州市自然资源局梅县分局
局　长：李志兴

（供稿：刘钦炜）

统　计

【经济运行形势监测】 2021 年，梅县区统计局坚决贯彻落实中共中央、国务院、省、市、区各项决策部署，坚持稳中求进工作总基调，科学统筹推进疫情常态化防控和经济社会发展，扎实做好“六稳”工作、全面落实“六保”任务，坚持把发展作为第一要务，狠抓实体经济发展，经济总体呈现持续复苏、稳中趋缓的态势。梅州市地区生产总值统一核算结果，全区实现地区生产总值237.71亿元，同比增长6.2%，两年平均增长4.8%。其中，第一产业增加值59.52亿元，同比增长5.7%，两年平均增长4.0%；第二产业增加值79.34亿元，同比增长5.6%，两年平均增长6.6%；第三产业增加值98.85亿元，同比增长6.9%，两年平均增长3.8%。三次产业结构比为：25.0：33.4：41.6。一般公共预算收入完成16.38亿元，同比增长12.3%；税收收入完成29.73亿元，同比增长0.4%。年末，居民消费价格指数比上年同期上涨0.1%，商品零售价格指数比上年同期上涨1.8%。全区城镇新增就业2661人，帮助城镇失业人员实现再就业1872人，帮助就业困难人员实现再就业150人，城镇登记失业率2.67%。年末城镇登记失业人数1895人。全区7家民办养老院拥有备案床位722张，服务对象人数158人；20家敬老院拥有床位685张，入院人数315人。梅县区城镇、农村低保标准分别由772元、532元提高到800元、551元；城镇、农村低保补差水平分别由每月609元、302元提高到632元、312元；城镇、农村特困供养标准分别由每人每月1236元、852元提高到每人每月1280元、882元；孤儿基本生活最低养育标准分散供养水平由每人每月1110元提高到1227元。困难残疾人生活补贴、重度残疾人护理补贴标准，分别由每人每月175元、235元提高到181元、243元。通过专项治理，共清退450户1064人，新增323户544人。至年底，共有低保户5905户11049人，其中城镇低保户255户390人、农村低保户5650户10659人。

【联网直报】 2021年，全区联网直报企业总数为342家，与上年同期相比减少9家，同比下降2.6%。其中：工业企业96家，减少5家，同比下降5.0%；建筑业企业56家，增加1家，同比增长1.8%；批发零售业企业66家，增加4家，同比增长6.5%；住宿餐饮业企业11家，减少2家，同比下降15.4%；房地产开发企业92家，减少7家，同比下降7%；规上服务业企业21家，与上年持平。

【基层建设】 2021年，区统计局继续对完成统计台账建设和准时上报数据的“四上”及房地产开发企业、5000万元以上固定资产投资联网直报企业统计员每月发放工作补贴150元。同时，把镇（高管会、办事处）统计台账是否健全和村级报表保存是否完善作为衡量统计规范化建设的重要标志，通过开展常态化的检查，对台账、村级报表保存仍然不完善的，着力采取措施加以整改。同时，大力加强对辅调员和企业统计人员的统计业务和统计法律法规知识培训，全年举办各类型专业培训班10多期,参训人数1300多人次。

【统计服务】 2021年，区统计局以强化服务意识为抓手，持续提升统计服务能力。一是深入开展“大学习、深调研、真落实”活动。坚持落实各股室专业人员每月深入3—5家企业开展调研，了解情况，发现问题，分析原因，作出研判和预测，帮助基层和企业解决统计工作问题，促进全区实体经济高质量健康发展。二是强化经济运行分析，发挥参谋作用。紧紧围绕区委、区政府的经济工作，密切关注梅县区经济运行中的热点难点问题，全年撰写统计分析25篇，按时编印和发送《统计监测月报》，及时主动为区领导提供主要经济数据分析报告，真正发挥参谋助手作用。三是加强统计信息公开，加大统计服务影响。每月（季）定时反映经济运行状况，发布年度统计公报，编印统计年鉴，向区广电台提供统计数据、统计分析等新闻稿件，大力推进电子政务信息建设，认真做好本单位公开信息资料的采集，及时更新、维护梅县区政府网站责任栏目内容，及时为社会各界提供统计信息资料。

【统计法制】 2021年，区统计局以强化《中华人民共和国统计法》宣传为抓手，持续提升依法统计能力。一是强化统计法律法规知识宣传。着重结合人口抽样调查、劳动力抽样调查等工作，以“中国统计开放日”“国家宪法日”活动为载体，采取形式多样的宣传方式，加大《中华人民共和国统计法》《中华人民共和国统计法实施条例》等法律法规宣传力度。2021年，在开展人口抽样调查、劳动力抽样调查工作中，悬挂横额20多条，张贴宣传海报近80多张，发放《中华人民共和国统计法》《中华人民共和国统计法实施条例》300多本、《统计法律法规及案件选编》450份，为统计工作营造良好的社会氛围。二是开展统计执法检查。按照上级工作部署，全区采取“双随机”检查与重点检查相结合的方式开展统计执法检查，全年共组织对“四上”企业、房地产开发企业、固定资产投资项目和镇（高管会）统计执法检查共43个单位。三是认真学习贯彻落实《关于深化统计管理体制改革提高统计数据真实性的意见》《统计违纪违法责任人处分处理建议办法》《防范和惩治统计造假、弄虚作假督察工作规定》《关于更加有效发挥统计监督职能作用的意见》等中央重要文件，不断规范统计业务工作流程，积极推动“两防”（防止弄虚作假，防止少报漏报）工作。

【专项调查统计】 2021年，区统计局有序推进第七次全国人口普查工作，全面完成比对复查工作，完成普查质量验收工作，全力推进数据整理工作，发布人口普查公报。配合国家统计局梅州调查队共同推进城乡住户一体化调查、劳动力调查和粮食生产大县抽样调查等工作；完成各专业各领域国家、省、市、区布置的常规统计调查和各项专项调查，如实施规模以下工业企业抽样调查、工业企业成本费用抽样调查、开展主要畜禽监测抽样调查、规下服务业抽样调查、限下贸易业抽样调查等。

2021年年底梅县区统计局

局　长：李文杰

（供稿：薛莹莹）

审　计

【概述】 2021年，梅县区审计局在区委、区政府和上级审计机关的坚强领导下，梅县区审计工作坚持全面履行审计监督职责，更加注重揭示体制机制障碍和各类风险隐患，不断拓展审计监督的广度和深度，着力发挥审计“治已病、防未病”的作用。区本级审计共查出问题233个，出具《审计专报》2份，出具《审计决定》7份；查出违规金额2384.64万元，管理不规范金额7.34亿元；审计作出处理应上缴财政和归还原渠道资金1381.74万元，提出审计建议42条，被采纳42条。

【财政管理审计】 2021年，区审计局组织实施2020年度区级预算执行、决算草案和其他财政收支情况审计，区域生态补偿体制完善情况专题审计，新增财政资金直达市县基层直接惠企利民专项审计，积极推进财政审计全覆盖，努力构建“横向到边、纵向到底”财政审计监督体系。审计结果表明，区财政积极推进各项财政改革，各部门认真落实相关财政政策措施，优先保障基本民生和重点项目，财政收支管理总体较为规范，预算执行总体平稳。通过审计指出区财政部分预算编制不规范、部分预算执行不到位、债券资金未充分发挥效益、社会保险基金预算编制不准确、区域生态补偿金管理使用和政策落实不到位等问题，增强了区级“三保”能力，促进重点领域支出有效保障，推动惠企利民政策精准落实。区审计局运用大数据、现场核查和现场审计相结合的方式，组织对全区74个一级预算单位2020年度部门预算执行情况进行了全覆盖审计，对部分二级单位进行了必要的延伸和追溯。审计结果表明，区级部门单位基本能够贯彻执行预算管理规定，遵守财经法规，控制行政支出，压减“三公”经费等一般性开支，预算执行情况总体较好。通过部门预算审计共推动盘活资金620.78万元（存量资金 146.79 万元、非税收入 473.99 万元），审计期间整改上缴财政资金 458.43 万元，查出 70 项固定资产未入账反映，查出资产闲置 213 处，为加强国有资产和资金管理，提高使用绩效，发挥了较好的监督促进作用。

【民生项目审计】 2021 年，区审计局组织对梅县区 2019 年困难群众基本生活保障政策落实情况进行审计，审计结果表明，相关部门能落实困难群众基本生活保障政策，努力保障低保户、特困人员、孤儿等群体，较好保障困难群众基本生活和减轻群众负担。通过审计指出民政等相关部门未牵头制定具体的临时救助对象认定办法和流浪乞讨人员救助资金发放管理实施细则、11 个事实无人抚养儿童和 1 名艾滋病病毒感染儿童未及时纳入保障范围、向 17 名死亡人员发放补助、12 名事实无人抚养儿童和低保人员困难群众救助资金未足额发放等问题，通过审计推动及时、足额地保障困难群众基本生活和减轻群众负担。组织对梅县区疫苗流通和预防接种安全情况进行专项审计调查，重点关注疫苗流通和预防接种总体政策保障情况、疫苗流通和保存管理情况、疫苗预防接种管理情况等，指出非免疫规划疫苗储存运输收费收入未上缴同级国库、报废疫苗仍未销毁等问题，较好推动疫苗运输接种规范化。

【经济责任审计】 2021 年，区审计局组织对梅西镇、石坑镇、区卫生健康局、区统计局、区市场监督局、区教育局共 6 个单位领导干部进行经济责任审计以及对梅西镇、石坑镇实施自然资源资产审计，并延伸审计相关下属单位。审计结果表明，相关领导干部和单位基本能贯彻执行上级经济方针政策和决策部署，着力推动各项事业发展，对公共资金、国有资产资源管理基本规范，财务管理情况总体良好，较好地履行了经济责任，自然资源资产管理和生态环境的保护取得一定成效。通过审计指出单位未严格执行集体研究决策规定进行大额资金支出、国有资产处置、个别制度制定、合同签订，财务管理不规范，国有资产闲置未发挥使用绩效，公务支出和公款消费超标准等方面，更好推动领导干部担当作为和规范权力运行。

【探索绩效审计】 2021 年，区审计局组织对区专利技术孵化园区投资一期项目进行审计。审计结果表明，区相关部门能按上级要求组织工程建设，积极提升园区的服务配套水平。通过审计指出工程建设在未取得建设用地规划许可证的情况下申请划拨土地、项目招标过程中联合体评标委员会成员结构及评分设置不合规、监理的投标书不齐全、部分项目多计工程费用等问题，推动政府工程更加规范合规。

【推动村级换届审计】 2021 年，区审计局根据区村（居委会）“两委”换届工作方案要求，区审计局会同区委组织部、区农业农村局等部门主要围绕加强村集体财务管理监督、村（居委会）“两委”经济责任履行情况，推动梅县区 2021 年村（居委会）“两委”换届审计工作平稳进行，保障村级换届完成。区审计部门切实履行指导监督职能，主动与相关部门协调对接具体工作，制定全区村（居委会）“两委”换届审计统一实施方案，严格审计工作流程等，并对全区各镇负责村换届审计的工作人员进行专题培训。换届审计过程中，对各镇村（居委会）“两委”换届审计工作进行现场督促检查，及时发现存在相关问题，并提出针对性整改建议，跟进督促整改成效，较好地推动全区各镇共 387 个村（居委会）“两委”换届审计工作有序、稳健进行，村级换届审计总体统筹把控较为到位，村级换届审计工作按时完成。

【其他工作】 2021 年，区审计局积极参与配合审计署、省审计厅、市审计局交办开展的审计工作，持续对社会影响大、群众关注度高的重大项目进行专项或跟踪专项审计工作，包括开展区疫苗流通和预防接种安全情况专项审计调查、对区违法用地情况审计调查、对区 2021 年重点项目推进情况进行审计调查、对区社会保险基金预算执行情况审计、对辖区内万里碧道项目进行审计抽查、对大埔县百侯镇党政领导干部开展异地交叉经责审计、配合对市国有资产资源审计调查等。

【审计整改工作】 2021年，区审计局通过主动作为，推动区各部门单位认真落实主体责任，按项逐条落实区本级查出问题的整改，整改成效较为显著。至年底，上一审计年度区审计查出的172条问题，已整改到位157条，整改完成率91%，推动建章立制8项。

2021年年底梅县区审计局

局　长：李晓斌

（供稿：办公室）

工　业

科工商务

【概述】 2021年，梅县区科工商务局紧紧围绕中央经济工作会议和省、市经济工作部署，坚持稳中求进总基调，全面做好“六稳”工作，统筹做好稳增长、促改革、调结构、惠民生、防风险、保稳定各项工作，全区经济社会实现稳健发展，各项事业取得新进步。至年底，全区有工业企业585家，其中：规上工业企业96家。全区规模以上工业企业实现工业总产值185.33亿元，同比增长15.8%（可比价）；实现规模以上工业增加值59.41亿元，同比增长13.4%。工业产品主要有电能、电子元件、水泥、车轴、橡胶轮胎、编织工艺品、电解铜箔、覆铜板、服装、医药化工等产品。实现规模以上工业企业完成工业总产值185.33亿元，同比增长15.8%（可比价）；实现规模以上工业增加值59.41亿元，同比增长13.4%；全区工业投资完成20.9亿元，同比增长5.1%；其中：技改投资完成11.41亿元，同比增长50.4%；全区实现社会消费品零售总额149.38亿元，同比增长1.4%；全区电商线上交易额83.76亿元，同比增长23.9%；全区完成进出口总额32.58亿元，同比增长69.7%。

【支柱产业】 2021年，梅县区规上工业按行业划分有五大支柱产业：1.电力生产业；2.电子信息新材料；3.装备制造；4.建材；5.医药及医疗设备制造。2021年五大行业实现产值161.93亿元，占全区规模以上工业总产值的87.38%。其中：1.电力生产业：2021年实现工业总产值49.65亿元，同比增长8.7%，占规上工业总产值的26.79%。至年底，全区电力生产企业共有2家，其中1家火力发电企业，1家水力发电企业。亿元以上企业有广东宝丽华电力有限公司。2.电子信息新材料产业：实现工业总产值52.96亿元，同比增长81.4%，占规上工业总产值的28.57%。全区电子信息新材料产业规模以上企业共有12家。亿元以上企业有广东超华科技股份有限公司、广东嘉元科技有限公司、梅州紫晶信息存储技术股份有限公司、梅州超华电子绝缘材料有限公司、梅州市量能新能源科技有限公司。3.装备制造产业：实现工业总产值38.16亿元，同比增长0.6%，占规上工业总产值的20.59%。全区装备制造产业规模以上企业共有18家。亿元以上企业是BPW（梅州）车轴有限公司、梅州市盛富金属制品有限公司、广东嘉和微特电机股份有限公司、卡莱（梅州）橡胶制品有限公司、梅州宏原汽车配件有限公司。4.建材产业：实现工业总产值18.23亿元，同比下降14.1%，占规上工业总产值的9.84%。

全区建材产业规模以上企业共有24家。亿元以上企业有梅州市梅县区金盘商品混凝土有限公司、梅州市建兴水泥有限公司、梅州市梅县区恒发建材有限公司、梅州市梅县区嘉鼎水泥有限公司、梅州市梅县区泰山建材有限公司、梅州市梅县区恒塔旋窑水泥有限公司。5.医药及医疗设备制造业：实现工业总产值2.93亿元，同比下降15.5%，占规上工业总产值的1.58%。全区医药及医疗设备制造业规模以上企业共有3家。亿元以上企业有广东科伦药业有限公司。

【工业建设】 2021年，全区（含梅州高新区）备案入笼工业投资（含技改投资）项目共83项，全年新增工业投资项目（含技改投资）47项，结转2022年工业投资（含技改投资）项目共50项（含技改投资项目26项），项目投资额都偏小，部分项目完工周期较长，因供地等各种因素，部分结转项目进度偏慢、畲江园区工业投资、技改投资乏力等因素将影响技改投资的增速。

【信息化建设】 2021年，区科工商务局围绕省、市工信部门工作部署，抢抓新基建政策机遇，加快推动5G网络建设，全区新增5G基站359座，5G基站数达到635座。梅县移动投资1.5亿元建设“梅州移动第三通信机楼项目”，项目建成后，主要承担业务为通信数据调度、为企事业单位提供IDC机架服务。项目已完成主体结构、土建装修等施工。正跟进省移动公司完成机电系统施工招标和机架投资批复。

【技术改造升级】 2021年，全区实施技术改造规上工业企业18家，共备案技改项目19个，项目总投资14.66亿元，固定资产投资13.66亿元。2021年获得财政资金情况：1.根据粤工信技改函〔2021〕14号《广东省工业和信息化厅关于组织2022年省级促进经济高质量发展专项企业技术改造资金项目入选项目库的通知》精神，组织嘉元科技公司等9家企业的项目申报了2022年省级促进经济高质量发展专项企业技术改造资金项目入选项目库，9个项目已通过完工评价验收。经市工信局党组审核，入选项目库有2个项目，分别是广东嘉元科技股份有限公司《5000吨/年新能源动力电池用高性能铜箔技术改造项目》和广东超华科技股份有限公司《完善高端铜箔制造生产线技术改造项目》，共获得省级财政资金2465.77万元。2.一是做好2022年省级普惠性制造业投资奖励测算项目申报工作。根据市局《关于组织申报梅州市2022年先进制造业发展专项资金（普惠性制造业投资奖励）测算项目的通知》梅工信技术〔2021〕35号的文件精神，按照《广东省工业和信息化厅关于组织实施2022年先进制造业发展专项资金（普惠性制造业投资奖励）的函》（粤工信技改函〔2021〕46号）、《广东省工业和信息化厅 广东省财政厅印发广东省先进制造业发展专项资金（普惠性制造业投资奖励）管理实施细则的通知》（粤工信技改函〔2021〕45号）的文件精神，省财政对2021年1月1日至2025年12月31日期间河源、梅州等地市总投资5亿元以上的制造业项目，按其申报期间新增实际固投总额不超过2%的比例核算奖励资金额度，梅县区“广东嘉元科技股份有限公司年产9000吨高性能铜箔技术改造项目”，预计“十四五”期间可完成总投资额65200万元。该项目于2021年3月首次纳统，2021年1月1日至6月30日期间已纳入统计的新增固定资产投资额13454万元，对梅州市人民政府予以申报事后奖励，经请示梅县区人民政府同意，将符合条件的“广东嘉元科技股份有限公司年产9000吨高性能铜箔技术改造项目”，组织上报给市经济和信息化局，由市局上报给省厅，积极争取269.08万元资金预算支持。二是做好2022年省级普惠性制造业投资奖励支持项目入库工作。按省相关文件要求，梅县区以设备事后奖励方式开展申报了广东嘉元科技股份有限公司“高洁净度铜线加工中心建设项目”项目入库，该项目已通过验收，获得省级普惠性制造业投资奖励资金248.88万元。

【招商引资】 2021年，区科工商务局一是大力开展产业链招商。为认真落实省政府主要领导2021年1月到梅县区调研指示精神，积极抢抓全省培育“双十”战略性产业集群，实施“强蕊工程”等政策机遇，瞄准重点产业集群，大力开展产业链招商。区委、区政府主要领导带队分别到广州、深圳、东莞等地登门拜访对接企业，开展招商活动。组成5个招商小队分别开展招商推介活动，考察企业，拜会商会，乡情通报、招商推介。4月中旬，在东莞市召开梅州综保区发展平台推介会，邀请52名东莞市重点加工贸易企业负责人和13名在莞乡贤企业家代表参加推介会；广州组织召开第二场梅州综保区发展平台推介会，省商务厅领导、广州市政府领导以及500多位企业代表参加推介会。推介会上，市政府与省商务厅以及有关商协会、政银机构签订合作协议，并与有意向落户企业代表签订招商项目协议。新签约10个项目，计划投资总额19.8亿元。至年底，区内入驻企业9家，新签约加工制造、跨境电商和物流仓储项目12个。二是强化招商机制建设。（1）修订出台新的优惠政策。根据市政府促进先进制造业文件新制定《梅州市梅县区促进先进制造业及主导产业招商若干措施》，修订《梅县区产业集聚地招商引资管理办法》《梅县区产业集聚地工业项目平整土地费用补贴办法》。（2）认真落实优惠政策。按照与企业签订的投资协议，做好产业扶持资金的上报请示、手续办理等优惠政策的兑付落实工作，办理企业平整土地费用1宗，为投资人、企业高管子女6人在梅县区公办学校办理就读手续。三是抓好项目用地再利用实施。根据国家、省、市关于促进低效产业用地再利用的实施意见和要求，5月，对全区已开发建设但用地现状仍有提升空间的产业用地进行调查摸底、核查认定，走访、调查了56家企业，清理出低效用地11宗。四是全力推进《客都人家》项目建设。省重点项目“客都人家”项目于2019年5月动工建设，各项目建设单位围绕目标，全力以赴推进项目建设。2020年12月25日开业以来，每天的客流量达到3万多人次，高峰时达到6万多人次，打造了梅州文旅的新标杆。2021年，投资10亿元，建设内容主要包括客乡老街游览区、客家大型实景演出、文旅创意园、会展中心、悦麓度假酒店、康体颐养社区、小学、邻里中心等相关配套服务基础设施。

【招商情况】 2021年，梅县区引进项目13个。其中，新引进项目7个、增资扩产项目6个。计划投资总额73.66亿元,实际投入资金8.85亿元。

【安全生产】 2021年，区科工商务局一是做好广东省四〇一厂有限公司、梅州市兆安民爆专卖有限公司梅县分公司等民爆生产销售企业的日常监管。9月28日，联合梅县区应急管理局、梅州市梅县区公安分局、梅州市自然资源局梅县分局、梅州市消防支队梅县区大队、交通运输局、气象局，城东镇人民政府在梅州市兆安民爆专卖有限公司梅县分公司开展2021年度民爆生产销售行业安全隐患联合执法行动，民爆生产销售企业安全生产风险得到进一步管控，企业主体责任有效落实，安全事故得到有效防控。二是结合梅县区安委会关于安全生产工作的部署，做好2021年“安全生产月”和“119”消防安全宣传月活动，大力普及安全生产法律法规和消防安全知识；督促指导各相关企业专门开设专题，设置专栏、张贴挂图等形式开展安全生产宣传教育活动。三是督促民爆生产销售企业进行应急演练及贯彻落实“一线三排”工作机制，深化安全隐患排查治理，坚决遏制重特大事故发生，为中国共产党成立100周年营造稳定的安全生产环境。

【工业节能】 2021年，区科工商务局认真贯彻落实习近平总书记关于碳达峰和碳中和工作的重要讲话精神和上级的决策部署，积极推动工业领域碳达峰和碳中和工作。一是指导、督促列入梅州市2021年计划实施清洁生产审核企业名单的有关企业严格按照国家和省规定的审核程序和有关要求开展清洁生产。二是加强宣传引导及培训。广泛宣传国家关于节能减排的法规政策，组织重点用能企业围绕节能宣传周及低碳日活动的主题，通过悬挂节能宣传横幅，利用黑板报、宣传栏等形式多样的宣传工具认真开展节能宣传活动。组织节能诊断服务机构相关人员、重点耗能企业能源管理人员（共10家企业20人次）参加2月2—4日省工信厅开展的“节能服务进企业”高效节能电机推广应用线上培训。组织7家重点用能企业负责人参加省工信厅年3月12日举办的第一期工信大讲堂（碳达峰和碳中和专题）会议，通过培训，进一步增强了企业对碳达峰和碳中和工作的认识和理解。三是配合区发改部门，开展水泥、造纸等高耗能行业能耗限额专项监察。

【商流贸易】 2021年，区科工商务局进一步贯彻落实中央和省、市统筹推进疫情防控和经济社会发展的工作部署，积极应对新冠肺炎疫情影响，着力稳定居民消费，加大力度推进促消费工作。（一）加大推进促消费工作方面：1.开展促销活动。5月20日上午，在梅县区红星美凯龙商场主办2021广东省促消费（夏季）暨“家520”购物节（梅州）活动启动仪式，以“提升传统消费 培育新型消费 全面促进消费”为主题，打造贯通全年、多元融合、模式创新、涵盖全域的消费促进新平台，推进常态化促销费活动取得新提升、新成效。2.推动转型发展。鼓励和支持客家菜企业跨地区开设直营连锁店、加盟连锁店、逐步培育跨区域、全国性的客家菜连锁示范企业。积极引导餐饮企业调整经营思路，大力发展大众文化餐饮，在特色化、大众化上下功夫，努力促进餐饮消费。3.大力发展新兴商贸业。积极引导支持现有商贸企业大力发展连锁经营，并引进国外、省内外有实力的连锁经营企业来梅县区投资、合作。（二）贯彻落实疫情防控工作方面：1.做好风险隐患排查。不定期对商流企业进行实地抽查、督查，要求企业对照最新版本《疫情防控指南》，查找并完善疫情防控漏洞，做好自查自纠工作。2.做好生活必需品市场保障工作。一是落实基本生活必需品市场供应保障工作，坚持生活必需品保供工作的周报制度；重点跟踪监测梅县区梅州市喜多多有限公司、梅州市佰为超市连锁有限公司、卜蜂莲花生活必需品应急保供情况，及时掌握市场供求和价格变化情况，指导商超加强供销对接、拓宽货源渠道、丰富商品市场，着力在“稳货源、稳通道、稳预期”上下功夫，确保生活必需品市场供给不脱销不断货。二是联合市、区新冠肺炎防控物资保障二组举办应急处置演练。7月6日下午，在梅州市明华贸易喜多多物流中心，梅州市和梅县区新冠肺炎防控物资保障二组成员单位联合举办应急处置演练。（三）抓好内贸流通领域安全生产工作方面：紧密围绕商务部门的职责做好风险识别防控和隐患排查治理，加强对内贸特种行业（备案的拍卖、二手车交易市场、报废机动车回收拆解等）及商贸流通企业（大型批发市场、超市等）开展安全生产大检查及配合市场管理局等开展“双随机、一公开”检查。通过开展安全生产大检查，有效提升行业安全风险防控能力和水平，促进相关行业企业生产和平稳健康发展，坚决遏制安全生产事故，切实维护好人民群众生命财产安全和社会稳定。（四）政府服务热线“12345”处理工作方面：紧紧围绕“让群众满意”这一办理宗旨，结合工作实际，狠抓办理实效，对市民反映的问题，能立即解决的就立即解决，因客观原因无法解决的，不能立即解决的问题，耐心细致地向来电人做好说明和解释，争得广大群众的理解和支持。全年处理汽车销售和商业预付卡等消费者维权50多宗，替消费者挽回了经济损失，营造安全放心的消费环境。（五）做好诚信体系建设工作方面：一是为进一步推进家政服务业信用体系建设，促进行业规范发展，组织开展家政服务业信用体系建设项目申报工作。二是组织10多名志愿者，到梅县区华侨城广场参加以“守护安全 畅通消费”为年主题的2021年“3·15”国际消费者权益日宣传咨询服务活动。三是通过举办“2021广东省促消费（夏季）暨梅州‘家520’为爱置家节活动”开展“讲好诚信故事 弘扬诚信文化”为主题的“诚信兴商宣传月”活动。（六）贸易高质量发展工程推进方面：一是贯彻市委、市政府对振兴老字号的工作要求，发挥老字号老品牌企业在稳增长、促消费、惠民生中的积极作用，不断提升老字号的文化特产、产品质量、品牌信誉和竞争能力，努力把老字号企业打造成推动梅县区经济高质量发展的“金字招牌”，结合梅县区实际，推荐7家申报老字号企业，经专家评审，梅县区广东莲泉酒业有限公司、梅县区白渡镇生利德盛老牌牛肉干脯厂被认定为“梅州老字号”。二是贯彻落实梅县区农贸市场升级改造工作文件精神，积极参与农贸市场升级改造方案审核等相关工作。

2021年年底梅县区科工商务局

局　长：陈天新

（供稿：李晓莹）

产业转移工业园

【概述】 2021年，广州增城市（梅县区）产业转移工业园管理委员会在区委、区政府领导及区相关单位的关心支持下，紧紧围绕市委构建“5311”绿色产业体系和区委构建“11115”产业集群部署要求，全面贯彻新发展理念，全力筑平台、攻项目、优服务，扎实推进梅州综保区建设验收、工业园区提质增效等中心工作，取得较好经济和社会效益。全年梅县集聚地完成工业总产值73.71亿元，同比增长45.21%；固定资产投资15.24亿元（其中工业固投10.08亿元）；29家规模以上企业实现工业增加值19.73亿元，同比增长34.5%；实现税收（全口径）4.45亿元，同比增长48.65%。

【基础设施建设】 2021年，区产业转移工业园管委会科学规划园区用地布局，将城东上坑、葵下和白渡沙坪等工业地块约66.67公顷用地列入2021年土地成片开发方案，根据铜箔产业发展和承接综保区产业配套，对城东白渡产业园、水车生态园现行控规进行修编。畲江园区（综保区）主要市政道路已建成，水电气热供应以及网络、通信线路畅通，一批标准厂房及仓库已建成，实现企业“拎包入驻”。城东白渡园区沙坪污水处理站建成使用，梅州综合保税区污水处理设施、白渡园区汶水和梅州坑污水处理站完成可研编制；雁洋松坪工业地块场地平整工程扎实推进。

【招商引资】 2021年，区产业转移工业园管委会积极践行新发展理念，全力申报省级产业园和省级铜箔特色产业园，围绕“2+1”产业布局，着重培育以BPW（梅州）车轴为龙头，汽车零部件、机电制造、工程机械为主的装备制造业和嘉元科技、超华科技为代表，铜箔为主的电子信息两个主导产业，加快培育智能家电制造产业，推动BPW车轴八期、嘉元科技1.5万吨锂电铜箔、欣桐科技智能电控板、庆达科技智能电机等一批项目投产。至年底，梅县集聚地入园企业有92家，在投产企业65家中，有规模以上工业企业29家。

【综合保税区建设】 2021年，区产业转移工业园管委会根据市、区工作部署，积极发挥责任主体作用，围绕一年内建成验收的目标，园区班子带头，全员下沉，严格对照验收标准，挂图作战、倒排工期，克服工期紧、任务重、标准高的压力，用不到一年时间，全面对标完成了梅州综合保税区（一期）市政道路、管网、卡口、围网、查验场、信息化系统等基础和监管运营设施建设，牵头完善验收台账，细之又细做好国家验收各项准备工作，全力推动梅州综合保税区（一期）于2021年12月2日通过海关总署牵头的国家八部委验收，完成市委、市政府和区委、区政府下达的目标任务。同步谋划梅州综合保税区二期建设，制订建设实施方案，有序开展用地用林报批等前期工作，积极协调松棚铁路物流基地全面开工建设，早日实现与综保区“区港联动”、融合发展。

2021年年底广州增城市（梅县区）产业转移工业园管理委员会

主　任：曾　辉

（供稿：杨文宇）

电 力

【概述】 2021年，梅县供电局在区委、区政府和梅州供电局党委的领导下，坚决贯彻落实上级重大决策部署，全力构建适应生态文明建设和“双碳”目标有序实现的新型电力系统，年度各项任务完成良好。全年完成供电量22.4亿千瓦时；客户平均停电时间（低压）3.77小时/户；农村居民端电压合格率100%；设备消缺率100%；线损率2.7%；政府公共服务满意度86分，第三方客户满意度89分。

【电力安全生产】 2021年，梅县供电局把安全发展理念贯穿局工作各领域全过程，把安全稳定作为企业高质量发展的基础和前提。严抓“铁腕反违章　同心保平安”从严治安20条举措，建成并有效运作作业风险监控中心，推动现场作业风险管控机制有效落地，确保全年6242项作业安全开展，全年未发生五级及以上事件。完成中国共产党成立100周年、高考等33项保电任务。持续开展公共区域用电和防山火安全隐患排查和治理，共排查隐患2795宗，缺陷1745宗，重大以上缺陷整改率100%，完成23台高损耗变压器立项改造，不断提升设备健康水平。全年出动警力945人次，成功解决外力破坏电力纠纷57起，有效维护电网安全。

【供电服务】 2021年，梅县供电局全力保障电力有序供应，在有序用电和能耗“双控”任务最重、涉及企业最多的背景下，按照“错峰不减产”原则，积极指导企业合理安排工期，用足用好网供指标。全面优化电力营商环境，精简业扩办电资料，执行“一证受理”。实行全市范围160千瓦及以下小微企业用电报装“零投资”，实现中压用户平均用时52天。着力挖掘客户多元化需求，成功推广15种共22项增值服务。政府公共服务满意度86分，第三方客户满意度89分，实现“双第一”。优化综合停电计划管理，做到“能转必转、能带不停、能保尽保”，科学高效开展带电作业305次。加快构建适应大规模新能源发展的网架，保障光伏等清洁能源并网。全力保障福德金属、嘉元科技用电线路顺利投产，为助力梅州建设铜箔地方特色产业集群、打造“铜箔之都”提供坚强有力的电力支撑。完成175个基建配网工程项目决算，实现1.01亿元增资目标。联合地方媒体开展“以案说法”电力法制宣传教育，进一步增强群众安全用电、依法护电意识。全年开展“民法典”“网络安全”等普法活动7场，营造内部学法氛围。巩固计量大数据运用成果，试点所精准降损效果显著，全年查处窃电75宗，追回经济损失208.69万元。实现供电区域接管后连续3年电费回收率100%。

【电力建设】 2021年，梅县供电局加强农网规划建设，实现重点工程按期投产，大力提高梅县电网供电能力和电能质量，全年完成馈线自动化改造工程24个，有效覆盖率提升至66.9%。完善中压网架工程30个，解决重过载台区10个、低电压台区87个，完成“小容量、多布点”37台。新建和改造中压线路92千米，中压线路可转供电率提升至82.93%。强化配网项目投资资金完成率和工程投产率考核，高效完成143个工程项目，工程投产率122.22%，解决过载及低电压重点项目投产率100%。落实电力市场化改革政策，推动一般工商业用户全部进入市场，高效完成4.2万户工商业用户的政策告知和1164户中压用户代购协议签订。专业协同实现现货市场跨年跨月连续结算“零差错”。超额完成智能配电网V3.0项目，上线项目达28项，建成梅州首个预制式智能配电房，推动配电网创新发展。

2021年年底电网有限责任公司梅州梅县供电局

局　长：杨毅斌

（供稿：黄楚强　王海东）

责任编辑：卢　清

农　业

种植业

【概述】 2021年，梅县区实现农林牧渔业产值93.25亿元，同比增长8.1%。梅县区以壮大金柚、水稻、茶叶和特色水产为四大主导产业，因地制宜发展南药、食用菌、鹰嘴桃、葡萄、柰李、小龙虾等特色产业，打造建设一批现代特色农业产业基地，形成“一村一品、一镇一业”的特色农业与旅游业相结合格局，不断拓展农业功能形态，促进一、二、三产业融合发展。2021年，梅县区获评“绿水青山就是金山银山”实践创新基地、首批全国农作物病虫害绿色防控示范县，成功创建首批国家级水产健康养殖和生态养殖示范区，入选首批国家农业现代化示范区创建名单。

【粮食生产】 2021年，梅县区认真贯彻习近平总书记关于粮食安全的重要论述，坚持“藏粮于地、藏粮于技”，努力提高粮食生产能力。梅县区是“八山一水一分田”的山区农业大县，全区划定粮食生产功能区8886.67公顷。2021年，全区粮食种植面积2.58万公顷，总产17.54万吨，其中水稻种植面积2.29万公顷，总产16.36万吨，粮食生产种植面积、单产、总产基本保持稳定。全区主要粮食生产企业、合作社有20家，包括梅州市稻丰实业有限公司、梅州市正佳农业发展有限公司、梅州市丰禾源实业有限公司、梅州市梅县区嘉园农业发展有限公司、梅州市金稻实业有限公司、梅州市惠兴米业有限公司、广东桦粤农业发展有限公司、广东山粮生态农业发展有限公司等。培育形成的主要特色品牌有“金良稻丰”“君惠”“酥穗”“嘉园”“嘉州梅花”“桦福米”“社夏米”等。

【金柚生产】 梅县区是著名的“中国金柚之乡”，金柚种植已有百年历史，是全国最大金柚商品基地、集散中心。梅县金柚以独特美观的外形、优良的品质、响亮的品牌获得广大消费者的高度评价，先后获“中华名果”“岭南十大佳果”“广东十件宝”等荣誉称号，是广东人民最喜爱的土特产，并获得地理标志商标认证登记。2021年，全区金柚种植面积1.75万公顷，产量58.8万吨，金柚总产值43.5亿元，金柚已成为农民的“摇钱树”“致富果”。

【金柚基地与品牌建设】 全区从事柚类产业农业龙头企业115家、农民专业合作社780家、深加工基地12家，年销售量500吨以上的金柚销售大户89家。柚类产品“三品”认证企业70家，绿色食品柚园526.67公顷，有机柚园873.33公顷。大力实施企业品牌、区域品牌、长寿品牌三位一体的农业品牌工程，培育扶强了一批现代农业经营主体树品牌，梅县区全区注册的金柚品牌有100多个，其中被认定为广东省名牌产品10个，省十大名果2个，“木子”金柚获得GAP认证。梅县金柚被评为全国名特优新农产品；梅县区桃尧镇被评为全国一村一品示范镇；桃尧镇、石扇镇被评为省级金柚专业镇。梅县金柚品牌评估价值113.27亿元，位居广东全省第一，品牌影响力指数66.378。2021年6月，获得农业农村部农产品地理标志认证。

【经济作物】 茶叶。2021年，全区茶叶种植面积3693.33公顷，产量2550.4吨。主要种植品种有金萱、金观音、梅占、白叶单丛、金牡丹、本地小叶种等，种植茶区分东部、南部、西部三个茶区。全区有省级茶叶龙头企业2家、市级龙头企业8家、区级农业龙头企业6家。2010—2020年共获得国内外名优茶竞赛奖20多项，其中阴那山“金螺春”绿茶2013年荣获广东第十届名优茶质量竞赛特等金奖，2015年被评为广东十大名茶之一，雁南飞茶园获评2015年岭南最美茶园，2018年获评广东最美茶园，雁南飞金单枞2013—2016年被评为广东省名牌产品等。2020年“梅县绿茶”获得国家农产品地理标志认证。2021年，花生种植面积2375.4公顷，产量8139吨。大豆种植面积833.33公顷，产量2985吨。

【蔬菜基地建设】 2021年，全区有省级“菜篮子”认定基地8家，分别是广东省“菜篮子”工程梅县兴缘水果基地、广东省“菜篮子”工程梅县安裕水果基地、广东省“菜篮子”工程梅县佳诚蔬菜基地、广东省“菜篮子”工程梅县西南泰岭水果基地、广东省“菜篮子”工程梅县木子金柚水果基地、广东省“菜篮子”工程梅县梅龙水果基地、广东省“菜篮子”工程梅县丰都家禽基地、广东省“菜篮子”工程梅县荷泗洋坑生猪基地。粤港澳大湾区“菜篮子”认定基地4家，分别是广东李金柚农业科技有限公司、广东十记果业有限公司、梅县客家乡下农产品有限公司、广东兴缘农业发展有限公司。

【种子管理】 2021年，全区完成了省下达的农作物冬春、夏秋季种子监督抽查检测任务，受梅州、汕头、潮州等三市委托共完成128个种子样品，通过对样品4个指标的检测，检测指标全部合格，合格率100%。组织广东兆华种业有限公司在城东镇石下村水稻品种美巴香占等纯度鉴定和新品种试验示范展示共37个品种，种植面积6公顷，收到很好的展示引导作用，为农户在品种选择和粮食生产高产、稳产奠定了坚实基础。全区在第三次全国农作物种质资源普查完成提供22个农作物样品的基础上，2021年10月，在省农科院的指导带领下，完成了2021年度梅县区种质资源系统性普查和收集工作，收集稻、桑、花、果、豆、菜、粟等农作物品种共141个，并由省农科院负责保护和遴选。积极响应春夏季抗旱救灾改种计划，联系省、市种子管理部门紧急调拨2500多公斤玉米种子，号召全区各镇抢种玉米，为梅县区粮食高产稳产夯实基础。在“深两优898良种良法技术推广与应用”农业技术推广工作中，有2人获得广东省农业技术推广奖三等奖。

【农业科技推广】 全区推广应用测土配方施肥技术，技术覆盖率98%，技术推广配方肥应用面积5万公顷；推广应用化肥减量增效技术，全区化肥使用量4.16万吨（折纯），同比减少1.01%，化肥利用率41.2%；推广应用耕地保护与质量提升技术。双季稻轮作试点增施有机肥和种植紫云英733.33公顷；推广应用金柚水肥一体化技术，全区推广应用面积3466.67公顷；推广应用秸秆还田技术，秸秆还田率82%、综合利用率92%；推广金萱茶品种绿、乌、红兼制技术，列为梅州市农业主推技术，全区推广应用面积1466.67公顷；推广梅州螺形绿茶（金螺春）采制工艺技术，列为梅州市农业主推技术，全区技术覆盖率98%，培育国家级三级制茶技工50名。

【病虫害预测与防治】 2021年，梅县区获评“全国农作物病虫害绿色防控示范县”。全区主要农作物病虫草鼠总体发生程度为中等、局部偏重发生。农作物病虫草鼠合计发生面积14.2万公顷次，防治面积23.84万公顷，挽回经济损失2.56亿元。积极做好草地贪夜蛾的监测普查和防控工作。2021年，设立草地贪夜蛾绿色防控示范点3个，虫情监测数据对上汇报43次，防治面积约186.67公顷。严格落实属地管理责任，积极推进红火蚁阻截防控工作。2021年，投入项目资金104万元，指导乡镇开展春、秋两季红火蚁统防统治，建设红火蚁防控示范点4个，下拨乡镇应急防治药物19.6吨，防控面积7320公顷。积极推广农作物绿色防控技术。建立了水稻、蔬菜、果树、茶叶等9个农作物病虫绿色防控示范点，通过提供技术指导、现场观摩，以点带面，全面辐射核心区开展绿色防控工作。梅县区主要农作物病虫害绿色防控覆盖面积2.67万公顷，水稻绿色防控覆盖率57.14%，金柚绿色防控覆盖率78.25%。农药减量方面，全年实际使用量349.5吨，较上年减少2.92%。

【农产品认证与质量监管】 2021年，全区通过农产品无公害、绿色、有机认证、地理标志的产品161个，其中无公害51个、绿色食品32个，有机农产品76个，地理标志农产品2个。2021年，梅县区不断完善和探索创新农产品质量安全监管机制，大力推进镇级农产品质量安全网格化监管，加强农产品质量安全监管监测，实现全区农产品风险监管全覆盖，2021年，省抽查43批次农产品100%合格。一是全年开展了蔬菜、茶叶、水果、水产品、畜禽等农产品的风险、专项、监督抽检。二是开展省级水产品质量安全组织定性检测抽检19个，合格19个，合格率100%；水产品质量安全用水定性检测抽样14个，合格14个，合格率100%；水产品定量检测抽样10个，合格10个，合格率100%；水产品监督抽检5个，合格5个，合格率100%。三是畜禽产品质量安全定量抽检35个，合格35个，合格率100%；畜禽产品质量安全监督抽样10个，抽查重点为养殖场的猪尿3个、屠宰场的猪尿2个、猪肝3个、猪肉2个，合格10个，合格率100%。四是积极配合做好了全年省级水产品风险监测2次共抽样12批次、市级畜禽产品质量安全例行监测抽样4次共抽样223个、市级农产品质量安全监督抽查抽样25个等工作，上级抽检合格率均100%。

【农业执法检查】 2021年，区农业农村局坚持将依法行政工作纳入重要议事日程，着力推进农业综合执法改革，7月，重新组建农业行政执法队伍，进一步规范农业执法。农业行政执法范围涉及农业、林业（陆生野生动物保护）、畜牧、水产（水生野生动物保护）等方面，涵盖从种子到初级农产品上中下游全产业链。2021年，区政府下放519项行政执法（检查）事项到乡镇（街道），其中涉农业事项计83项，推动镇级行政执法建设。按"双随机、一公开"监督检查制度要求结合专项整治，对全区重点加强农资市场的种子、肥料、农药、兽药等和涉及农产品质量安全的蔬菜基地、水产养殖大户及禽畜养殖大户的投入品等方面的执法检查，加强电、炸、毒鱼等违法行为的执法巡查。按照安全生产三年专项行动实施方案的要求，加强农业行业各企业的安全生产执法检查。全年出动农业执法人员2483人次、执法车辆133次、执法快艇8次，执法检查企业门店960间次、农产品种植基地39场次、兽药经营门店110间次，抽样送检农资、农产品样品71个，抽样送检样品经检测全部合格。全年立案查处违法案件7宗，涉案农资货值6856元，为群众挽回经济损失11万元，依法罚缴财政1.8万元。加大林业行政执法检查力度，对2019年至2021年122宗森林违法图斑进行清理查处，对乡镇森林违法案件进行指导帮助，指导乡镇立案26宗，罚缴财政78.3万元，积极配合中央环保督察，对交办案件进行调查处理，共查处14宗。通过执法检查，有效整顿和规范了全区农业市场秩序，假劣农资坑农害农案件率显著下降，维护了农民的合法权益，确保了农业生产安全和农产品质量安全，保护森林资源，维护"绿水青山"。

【惠农补贴】 2021年，区农业农村局积极落实惠农政策。2021年，全区登记耕地地力保护补贴面积1.85万公顷、11.41万户、补贴金额2346.71万元（每亩补助标准84.8元）。农机购置补贴下拨资金32.44万元，补贴农机具256台，其中农机报废2台，补贴报废资金1.28万元；农民购置各类补贴农机具254台，补贴购置资金31.16万元；包括微耕机158台、收割机5台、田园管理机68台、拖拉机2台、果树修剪机19台、植保无人机1台、薯类收获机1台、受益农户250户，受益企业5家。及时、准确、足额发放生态公益林补偿资金。2021年，全年拨付损失性补偿金额4240.65万元，涉及10.28万户。

【高标准农田建设与项目扶持】 2021年，区农业农村局认真完善已竣工的高标准农田建设项目资料，2020年第一批、第二批和补建项目共1120公顷高标准农田建设项目通过市级验收。狠抓工程进度，严把工程质量，按时完成2021年度253.33公顷高标准农田工程施工建设任务；积极谋划2022年项目入库工作，拟在石坑镇澄江、澄上、蓝坑、龙径、七朱、澄坑、示岭、扬化村，南口镇荷田、金声、七贤、群达、维山村建设高标准农田100公顷。2021年，按照上级部门的工作部署，认真谋划2023—2030年高标准农田建设项目储备，拟改造提升高标准农田5333.34公顷，计划总投资2.4亿元。

【农业产业化建设】 2021年，区农业农村局培育壮大新型农业经营主体，新认定市级重点农业龙头企业4家、区级10家；省级农民合作社示范社2家、市级1家、区级3家；省级示范家庭农场4家、区级12家。全区区级以上农业龙头企业166家，其中省级23家、市级58家、区级85家；农民专业合作社926家，其中国家级示范社6家、省级22家、市级28家、区级78家；家庭农场2330家，其中省级示范家庭农场10家、区级73家。通过公司（合作社）+基地+农户（贫困户）的模式，强化联农带农作用，带动农民增收致富。

【农业社会化服务体系建设】 2021年，全区农机社会化服务组织30个，其中18个农机专业合作社，社员408人。全区农业机械总动力18.05万千瓦，其中耕整机械8000多台，机动植保机械424多台，修剪机械1000多台，联合收割机417台，水稻插秧机101多台，拖拉机753台，烘干机104台，农用无人机11架。农机户利用自身机械在满足自身生产需求基础上加强开展农机社会化服务，主要开展社会化服务范围有耕整、收割、修剪、采收、植保、烘干等社会化服务。农机社会化服务组织根据市场需求成立水稻耕种收机械化服务队，茶园修剪、采收、加工服务队，果树修剪、病虫防治、采收、清洗打蜡包装机械化服务队，服务范围涵盖梅县区三大主导产业，服务农户1万多户，作业服务面积3333.33公顷。遴选4家社会化服务主体，完成冬季修剪、松土埋施冬肥各2.67万株、高位换种5.38万株，使用绿色防控设备118套，开展金柚技术全程指导服务，促进绿色高质高效发展。

【农业经济组织管理】 2021年，区农业农村局扎实推进农村集体产权制度改革，全面完成改革试点目标任务。2021年，全区361个村和4447个组级集体经济组织进行了赋码登记，成员身份认定527622人；进行股份量化的经济组织127个，经营性资产1.42亿元；进行份额量化的经济组织234个，占比64.82%，折股量化资产1.42亿元，份额量化资产1.04亿元，颁发成员及股权证13.4万本。2021年，全区新注册成立农民专业合作社36家，新评定省级示范社2家、市级1家、区级3家。至年底，农民专业合作社总数926家，其中国家级示范社6家、省级22家、市级28家、区级78家。

【农业信息化建设】 2021年，区农业农村局积极推进梅县区国家“互联网+”农产品出村进城工程建设，“互联网+”农产品出村进城工程试点合作参与企业广东十记果业有限公司在雁洋、南口、松口、石坑、白渡等镇新建了26个村级“互联网+”农产品出村进城工程服务站点。同时，融合益农信息社和电商企业服务网点，进一步加强基层网络服务站点建设，全区益农信息社申报认定建设通过验收272家，其中建成A类益农信息社示范社201家、B类益农信息社示范社70家、区（县）级运营益农信息社1家，严格按省厅益农信息社建设规范统一进行门头、标牌、标识建设和配备了多媒体触控屏设备和益农通，并开展运营。各益农信息社和电商服务站点积极发挥在基层群众中联农带农职能，为广大群众提供信息、技术、物流等方面的服务。建成金柚智慧科技展厅，打造了1个基础数据资源库，搭建了1个大数据综合服务平台，建设了5个应用系统，包括物联网管理系统、种植管理系统、农资管理系统、区块链溯源系统和柚服务系统。汇总、统计、分析基础数据，为产业链各环节提供服务。

林　业

【概述】 2021年，梅县区积极践行“绿水青山就是金山银山”的发展理念，深入打好污染防治攻坚战，大力实施“绿满梅县”大行动，努力创建县级国家森林城市，强化森林资源培育保护，提升绿色发展水平。全区林地面积18.17万公顷（含梅南林场），森林覆盖率75.54%，森林蓄积1184.93万立方米。先后建成了1个省级、4个市级（含梅南林场1个）、6个县级共11个自然保护区；建成1个国家级、1个市级、12个县级、26个镇级共40个森林公园；1个湿地公园；1个省级风景名胜区。

【植树造林与森林抚育】 2021年，梅县区认真实施林业重点生态工程建设，完成高质量水源林造林466.47公顷，新造林抚育1166.4公顷，培育大径材333.33公顷，实施称子岌森林景观提升工程43.13公顷。

【生态公益林建设】 2021年，梅县区有省级以上生态公益林98796.02公顷，占林地面积的54.39%，其中：按事权等级分，国家级生态公益林18686.75公顷，占公益林总面积的18.91%，省级生态公益林80109.27公顷，占生态林总面积的81.09%；按森林类别分，重点公益林34303.48公顷，占公益林总面积的34.72%，一般公益林64492.54公顷，占生态公益林总面积的65.28%。

【自然保护区建设】 2021年，梅县区对自然保护地进行了整合优化，整合优化后，全区自然保护地总面积为28671.57公顷，自然保护地数量整合为22个，其中保护区7个，自然公园15个（含森林公园14个，湿地公园1个）。整合优化预案中保留7个自然保护区，面积为17715.86公顷。自然公园15个，面积为10955.71公顷。自然保护地整合优化预案已通过省政府审批，正报国家林草局审核。

【城乡美化绿化】 2021年，梅县区积极创建县级国家森林城市，开展“绿满梅县”大行动，全面实施城乡绿化美化工程，推进丙村镇称子岌景观提升、城东镇潮塘千年古梅保护、乡村绿化美化和绿美古树乡村建设、“三江四线”节点绿化等工程建设，培育大径材333.33公顷，完成高质量水源林工程造林备耕446.67公顷、新造林抚育1166.4公顷，做好3453.33公顷中央财政森林抚育。全面完成市、县两级2个义务植树点24.41公顷造林备耕和种植工作。

【林业基地建设】 2021年，全区培育2家国家级林业龙头企业、1家国家级林下经济示范基地、8家省级林业龙头企业、5家省级林下经济示范基地、1家省林业专业合作社示范社、2家特色经济林。

【森林资源保护】 全面推行林长制。区农业农村局定期召开专题工作会议，推进梅县区林长制工作方案实施，确认区级林长20人，镇级林长157人，村级林长710人，监管员355人，已聘用护林员712人，实现了林长责任区域全覆盖。区、镇两级成立林长制办公室，配备专（兼）职工作人员，构建了以村级林长、基层监管员、专职护林员为主体的“一长两员”森林资源源头管护架构，制定完善了相关制度和考核办法，建立了“林长+检察长”工作机制。在全区树立了376块三级林长公示牌，建立了智慧林长制信息平台，实现“山有人管、树有人护、责有人担”。

切实加强森林防火工作。区农业农村局高度重视森林防火工作，加强基础设施建设，全年投资1635.23万元，建设生物防火林带115千米，防火隔离带20.8千米，进一步筑牢森林防火“隔离墙”；投入宣传资金近140万元，持续加强森林防火宣传，营造浓厚氛围，切实提高全民森林防火意识。

有效强化森林资源管理保护。区农业农村局做好林业行政案件查处工作，对2019—2021年122宗森林违法图斑进行清理查处，加强对乡镇林业违法案件的指导协助，指导乡镇立案26宗，罚款金额78.3万元。严把行政审批关，2021年，办理项目征占用林地30宗，面积78.04公顷，征收森林植被恢复费2043.2万元，为全区重点项目建设提供用地保障。

加强森林病虫害防治。投入350万元，采用绩效承包、专业化治理的方式，将工程承包给具有防治资质的公司进行防治，并聘请具有监理资质的公司对工程进行全程监理，森防站不定期进行检查，实施综合防控面积1万公顷，全面超额完成省下达任务，防治作业安全无事故，取得良好的防治效果。

加快推进全区自然保护地优化整合和勘界立标工作。在自然保护地面积不减少、保护地性质不改变和保护强度不降低的基础上更高水平地做好自然保护地管理工作，切实保护全区生态环境。

畜牧·水产

【概述】 2021年，梅县区以发展生态、环保、健康养殖为中心，建立健全绿色畜禽生产体系，加快畜牧业转型升级，有效促进全区畜牧业生态绿色健康发展。发展渔业主导产业，引导特色养殖、健康养殖，有效促进了渔业增效、渔民增收。大力推广稻渔综合种养等生态循环农业发展模式，打造“稻鱼共生”示范基地，广泛推广“稻鱼、稻虾、稻鳖”等综合种养模式，示范推动绿色养殖。2021年，全区生猪饲养量47.18万头，其中存栏20.98万头；三鸟饲养量997.9万只，肉鸡出栏491.1万只；牛饲养量1.21万头，羊饲养量4.56万头，肉类总产3.87万吨。渔业养殖面积3000公顷，水产品产量3.01万吨，产值5.15亿元。

【畜牧】 迅速恢复产能，完成稳产保供任务。2021年，梅县区紧紧围绕生猪恢复产能为目标，通过强化政策指导服务，落实扶持生猪生产的各项政策和防疫措施，引进大型农牧企业新建或兼并重组，带动中小养殖企业升级改造，加快规模产能扩张，生猪存栏继续稳步提升，完成了涉农领域省级对全区的存栏生猪21万头的考核任务。

推进现代化绿色健康生猪养殖企业重点项目建设。通过新建、并购、合作等方式，利用大型农牧企业资金和技术优势，带动梅县区生猪产业向标准化、规模化、集约化、现代化转型。如正大康地（梅州）原种猪有限公司于2021年7月喜迎首批断奶小种猪。该公司可以生产出优秀的曾祖代、祖代、父母代种猪，为梅县区生猪稳产保供，养猪业转型升级、“打好种业翻身仗”贡献积极力量。江西双胞胎饲料有限公司与梅州生原农业有限公司合作。梅州猗顿白渡畜牧有限公司于2021年9月建成投产。梅西镇宝嘉石赖种猪繁育基地预计2022年下半年建成投产。这些大型农牧企业项目建成投产，可提供年40万头生猪产能，梅县区也将成为粤港澳大湾区猪肉供应基地。

优化产业结构，大力发展畜禽特色养殖。按照“生态优先，绿色发展”工作部署，梅县区继续大力发展生态健康养殖，加快培育优势主导产业，引导特色养殖，如广顺海食品有限公司存栏肉牛800多头，其中有澳大利亚安格斯种母牛300头，是梅州地区规模最大的安格斯牛养殖基地；梅县区丰都综合养禽场养量60多万只、梅州市鸽天下农业科技发展有限公司饲养量70多万羽，辐射带动全区肉禽肉牛规模化养殖水平，实现养殖结构多元化，优化了肉类供给，丰富了梅州市民的“菜篮子”工程。

继续抓好畜禽粪污资源化利用工作。对畜禽规模场采取“一场一策”指导企业建设配套粪污处理设施装备，全区规模化畜禽养殖场有 56 家，大型规模化畜禽养殖场 22 家，2021 年备案考核的畜禽规模养殖场粪污处理设施装备配套率为 100%，大型规模养殖场粪污处理设施装备配套率为 100%，全区规模养殖场粪污资源化利用率为 90.1%，规模以下粪污资源化利用率为 83.75%，总资源化利用率为 85.1%。

持续抓好动物疫病防控。切实做好非洲猪瘟防控工作，持续深入推进“3+1”各项关键措施。全面落实生猪调运各项措施，强化运输车辆备案管理，实现信息化管理。持续开展防疫“大清洗、大消毒”行动，全区发放消毒药品 10.3 吨，消毒面积 3230 万平方米。夯实防疫基础，构筑免疫屏障，共筹集防控专项经费 122 万元，拨给各镇人民政府和购买防控物资。扎实做好高致病性禽流感、口蹄疫、小反刍兽疫等重大动物疫病的防控工作，高致病性禽流感、口蹄疫、小反刍兽疫等畜禽群体免疫密度 95%以上，免疫合格率均达 90%以上。加强畜禽无害化处理监管，利用病死畜禽无害化处理监管系统对梅县区病死畜禽处理的报案、收集、运输、处理全过程监管，2021 年，无害化处理厂共收集处理病死猪 3.78 万头。积极推进全区规模养殖场重大动物疫病强制免疫财政直补试点工作，共有 3 家养殖场完成“先打后补”工作。

积极做好第三次全国畜禽遗传资源普查工作。为确保顺利完成第三次全国畜禽遗传资源普查工作任务，落实省农业农村厅《关于开展广东省农业种质资源普查工作的通知》，对全区下辖乡镇（含梅西水库）391 个行政村（居委会）开展畜禽遗传资源普查，完成本次畜禽遗传资源普查登记工作。

【水产】 加快特色渔业发展。2021 年，区农业农村局不断总结“稻鱼共生”项目经验，推广“稻鱼、稻虾、稻鳖”等综合种养生态循环农业发展新模式，示范推动质量兴渔，绿色养殖，制订梅县区“稻鱼共生”综合种养模式项目实施方案，积极宣传发动梅县区有条件企业申报，已有 7 家企业实施了稻渔综合种养基地建设项目，实施建设面积 115.90 万公顷。全区形成了水产苗种生产、龟类养殖、小龙虾养殖基地等八大特色养殖基地。

大力倡导健康养殖。2021 年，区农业农村局实施健康养殖“五大行动”，开展水产养殖污染防治行动，加大生态健康养殖技术推广和培训力度，加强水产养殖尾水排放监测，推动质量兴渔。成功创建国家级水产健康养殖和生态养殖示范区。在省市上级支持下，梅县绿色健康渔业示范园区项目通过验收。全区创建了农业农村部水产健康养殖示范场 10 家，无公害水产品产地认定 15 家和产品认证 13 家，有机水产品认证 1 家，有效示范、带动全区水产健康养殖发展。

完善渔业基础设施建设。2021 年，区农业农村局以创建国家和省级水产健康养殖示范县为契机，聚焦绿色养殖、水产品“三品一标”、水产品质量安全等多点发力，加大财政投入，完善国家级水产健康养殖和生态养殖示范区建设，加快推进梅县区松口渔港升级改造项目建设，实施养殖标准化建设、水库健康养殖示范、水产养殖机械化示范等项目，有效完善梅县区渔业基础设施建设。

落实惠渔政策。2021 年，区农业农村局开展渔业油价补贴及禁渔补助工作，安排专人负责油补系统操作及对各镇操作员进行培训指导，确保由镇组织申报顺利开展、油补审核发放公开透明、准确及时。做好 2021 年市十件民生实事——大力推动农业保险扩面、增品、提标行动，宣传发动全区水产企业投保，有 6 家水产企业投保，投保面积 55.26 公顷，投保金额 3.32 万元。

抓好渔业安全生产。2021 年，区农业农村局做好渔业从业人员新冠疫情防控工作，对全区 185 条渔船和 359 名渔业船员进行安全生产检查，确保渔船安全生产。养殖生产安全上抓好水产品质量安全检测和苗种产地检疫，全年抽检样品数量245份，合格率100%，水产苗种产地检疫4批次共149.65万尾，动物检疫合格证4张。

乡村振兴

【概述】 2021年，梅县区始终坚持以习近平新时代中国特色社会主义思想为指导，深入学习贯彻中共十九大和十九届历次全会以及中央农村工作会议精神，按照省委、省政府《关于全面推进乡村振兴加快农业农村现代化的实施意见》和省委实施乡村振兴战略领导小组《关于实施“三农”领域短板“九大攻坚”行动的指导意见》工作部署，围绕农业农村现代化取得重大进展目标，结合党史学习教育，牢牢扭住“五个振兴”，以发展精细农业、建设精美农村、培养精勤农民为主攻方向，推进巩固拓展脱贫攻坚成果同乡村振兴有效衔接，加快农业农村现代化，促进农业高质高效、农村宜居宜业、农民富裕富足，打造“叶帅故里·大美梅县”。

【巩固拓展脱贫攻坚成果同乡村振兴有效衔接】 2021年，统筹抓好体制机制、政策、规划等方面的衔接，稳定现行帮扶政策体系，持续巩固拓展脱贫攻坚成果，有效衔接全面乡村振兴。

完善现行帮扶政策体系。制定出台关于实现巩固拓展脱贫攻坚成果同乡村振兴有效衔接和乡村振兴驻镇帮镇扶村工作的具体细化实施方案，保证现行帮扶政策和帮扶力量总体稳定。健全防止返贫动态监测和帮扶机制，加强防止返贫大数据监测平台建设，对脱贫不稳定户、边缘易致贫户，以及因病、因残、因灾、因意外事故等基本生活困难户，开展常态化监测；对收支变化和“两不愁三保障”及饮水安全情况，定期检查；对原32个相对贫困村脱贫稳定性进行持续跟踪。加强动态监测及时纳入帮扶，对符合条件的，依规纳入低保、特困人员救助供养范围；对有劳动能力的，及时纳入产业帮扶、就业扶持范畴。

巩固脱贫攻坚成果。继续做好农村义务教育控辍保学工作，落实分类资助参保政策，巩固维护好已建农村供水工程成果。持续加大就业和产业扶持力度，加强扶贫项目资产管理和监督。实施特色种养业提升行动，广泛开展农产品产销对接活动，深化拓展消费帮扶。深入开展“千企帮千镇”“万企兴万村”行动，承办全省乡村振兴“万企兴万村”行动现场推进会，梅县区经验在全省推广。健全社会力量帮扶精准对接机制，动员企业、社会组织、人民群众积极参与全面推进乡村振兴。广泛发动各界参与广东扶贫济困日活动。

开展驻镇帮镇扶村工作。全面推进驻镇帮镇扶村工作，省、市、区18个驻镇帮扶工作队全面进驻、有效对接。选派党政机关、企事业单位干部、金融助理、科技特派员、“三支一扶”人员、志愿者等210名优秀年轻干部组成18个工作队参与驻镇帮镇扶村工作。加快建立驻镇帮镇扶村工作机制，各镇（高管会）正在进行镇域乡村振兴规划、驻镇帮镇扶村五年规划和年度计划编制工作。

【美丽乡村建设】 2021年，区农业农村局积极开展农村人居环境整治提升五年行动和实施“千村示范、万村整治”工程，全面开展农村厕所革命问题摸排整改和“三清三拆三整治”“回头看”工作，有序推进“1+N”生态宜居美丽乡村示范创建，加强农房管控和乡村风貌提升，加快打造全域生态宜居美丽乡村。梅县区农村人居环境整治工作获得了时任国家乡村振兴局局长王正谱的肯定和表扬。抓好农房管控和乡村风貌提升。出台了《梅县区关于全面推进农房管控和乡村风貌提升实施方案》，全面推进梅县区农房管控和乡村风貌提升，丙雁沿线2个镇6个村民房风貌整治提升项目已完成108座农房风貌改造提升，雁洋镇阴那至东洲沿线11个村21千米的乡村风貌示范带成效初显。打好农村旱厕“歼灭战”。制定《梅县区农村厕所问题摸排整改工作方案》，扎实推进农村厕所问题摸排整改工作，全面完成摸排农村户厕12.32万户，农村公厕920座，旅游公厕105座和63所学校厕所。完成278户农村问题户厕、4座问题公厕年度整改任务，切实让“厕所革命”民生工程发挥作用。建好美丽宜居乡村。按照“1+N”生态宜居美丽乡村示范创建工作部署，以“精致规划、精美打造、精细管理”推进生态宜居美丽乡村示范区、镇、村三级创建，建立了美丽乡村项目库，收录项目70个，打造了如画水乡芦陵村、广东粤菜师傅名村玉水村、美丽红色水美村、宋湘故居创乐村等示范村67个。充分发挥“客都人家”景区、街区、社区“三区一体”的辐射带动作用，打造了3个镇14个村庄总长26千米的沿石窟河连线连片美丽乡村精品游线路。

2021年年底梅县区农业农村局

局　长：陈永征

（供稿：巫达文　张清祥　卢晓燕）

水利水电

【概述】 2021年，梅县区着重开展中型灌区续建配套与节水改造建设工作，完成梅县区巴庄水库灌区改造提升工程总体方案编制与报批，顺利进入项目立项等前期工作；继续推进农业水价综合改革工作，完成梅县区大劲水库灌区1043.33公顷农田的农业水价综合改革任务；继续完成大劲水库灌区和丙村镇人和潭廖队灌区灌溉水有效利用系数测算工作，为落实最严格水资源管理制度、建立节水型社会提供科学依据。

【水利工程建设与管理】 2021年，完成梅县区白渡镇汶水水库除险加固等3宗工程初步设计等技术文件的审查、审批和上报工作。完成梅县区乡道244线铁炉桥危桥改造等3宗工程洪水影响评价报告的审查、审批和上报工作。在全面完成中央规划中小河流治理项目和列入2015—2020年度广东省山区五市山区中小河流治理项目后，完成梅县区中小河流治理（二期）实施方案编制工作，梅县区仍有42宗（整合后）山区中小河流需治理，总长446.2千米，总投资约为10.19亿元。按照广东省水利厅关于开展小型水库安全运行管理标准化工作的通知（粤水运管〔2019〕10号）要求，拟对梅县区129宗小型水库开展小型水库安全运行管理标准化工作，总体目标:（一）2019年底前按照《广东省小型水库安全运行管理标准化工作指引（试行）》开展小型水库安全运行管理标准化前期工作。（二）2020年完成小（1）型和坝高15米以上（含15米）小（2）型水库34宗达到二级标准、坝高15米以下小（2）型水库21宗以上达到三级标准。（三）2021年计划完成小（1）型和坝高15米以上（含15米）小（2）型水库40宗以上达到二级或以上标准、坝高15米以下小（2）型水库34宗以上达到三级或以上标准。（四）2022年底完成评估认定。根据《广东省水利厅关于印发《广东省小型水库除险加固攻坚行动实施方案》的通知》（粤水建设函〔2020〕745号）、《转发广东省水利厅关于进一步加快推进山区五市中小河流治理工程竣工验收工作的通知》（梅市水建管函〔2020〕120号）要求。梅县区列入历次全国规划（方案）的尚未竣工验收的小型病险水库项目47宗，2020年完成32宗小型病险水库项目竣工验收工作，梅县区仍有15宗水库、27宗中小河流治理工程、1宗县城防洪堤达标工程和韩江梅江沿岸重点堤围工程（180河堤27.3千米）未及时竣工验收工程，共43宗工程需办理竣工验收。根据梅州市水务局《转发关于印发水库大坝安全鉴定年度目标任务的通知》（梅市水建管函〔2020〕162号）要求，根据《水利部运行管理司关于印发水库大坝安全鉴定年度目标任务的通知》（运管函〔2020〕11号）要求，水库大坝安全鉴定是及时准确掌握工程安全状况，科学设定管理措施的法定制度，2020年完成38宗水库大坝安全鉴定工作。

【农田水利建设】 2021年，全区着重开展中型灌区续建配套与节水改造项目建设工作，完成梅县区巴庄水库灌区改造提升工程立项、初步设计批复、施工建设等一系列工作；继续推进农业水价综合改革工作，组织石子岭灌区与梅县区2021年度小型灌区农业水价综合改革方案编制与多部门联合技术评审，完成水利部门6560公顷的改革任务。

【农村安全饮水工程建设】 2015年以前，梅县区实施了农村饮水解困和农村饮水安全工程，解决了部分农村人口饮水困难和安全的问题。由于梅县区地处山区丘陵地带，难于进行大范围集中供水，受资金不足和群众个人意愿影响，未能全面进行农村自来水全面覆盖。且农村饮水安全工程多采用相对实施时间较短、难度较低的小型单村集中供水，供水保证率相对较低，遭遇连续干旱易出现饮水困难问题。2016年起，梅县区通过省财政补助、银行贷款、企业投资、群众自筹等方式筹集资金，全力推进村村通自来水工程建设，批复概算总投资为5.67亿元。通过村村通自来水工程建设，全区18个乡镇355个行政村1386个自然村已基本形成供水安全保障体系，其中32个贫困村130个20户以上的自然村集中供水已全面完成，实现了355个行政村集中供水100%覆盖。随着工程建成后，各镇村供水管理体制逐步完善，通过对口扶贫、村民集资入户等形式，村村通自来水建成的供水站陆续运行起来，自然村集中供水覆盖率和入户率将进一步提高。2020年，开始实施梅县区全域自然村集中供水工程，梅县区将对剩余未覆盖的156个行政村中的392个自然村进行集中供水全覆盖，覆盖人口11.1万人，实现全域自然村集中供水率100%，同时应当地镇政府要求对12个圩镇的镇级水厂升级改造和更换圩镇老旧管网。总投资约2.89亿元。2020年度建设任务为白渡、丙村两镇58个自然村，总投资约5536万元，由梅州市梅县区水务局下属事业单位梅州市梅县区村镇供排水服务中心作为实施主体，工程已完成。2021年度总投资约2.34亿元，受益人口约9万人，主要任务有：一是对剩余未实现集中供水的334个自然村（涉及14个镇134个行政村）进行集中供水全覆盖，投资约1.1亿元；二是对12个圩镇的镇级水厂升级改造和更换圩镇老旧管网，投资约1.24亿元。至2021年12月底，2021年度攻坚任务的14个乡镇由各乡镇政府作为建设主体负责建设，攻坚台账的建设任务已完成，受益人口约9万人，基本完成了集中供水全覆盖的任务，农村自来水普及率达99%以上，农村生活饮用水水质合格率达90%以上；对12个圩镇的镇级水厂升级改造和更换圩镇老旧管网工程有序施工中，预计2022年6月底完工并验收。

【农村小水电建设】 2021年，全区着重开展继续推出一批小水电与生态流量核定工作，完成梅县区新九龙水电站竹子坪分站退出工作；完成全区186宗小水电生态流量核定，形成生态流量核定报告，为后续水电站泄放生态流量提供依据；进一步加强农村水电站安全生产标准化建设工作，下达梅县区2021年小水电站安全生产标准化建设任务，不断推进农村小水电安全良性发展。同时，抓好水电站技术改造监督管理工作。

【水资源保护与开发利用】 2021年，梅县区水资源总量8.48亿立方米，全区用水总量31612.3201万立方米，其中农业用水22808.01万立方米、工业用水3152.6438万立方米、生活用水5628.5055万立方米、其他23.1608万立方米，万元生产总值用水量133立方米、万元工业增加值用水量52立方米。用水总量、万元生产总值、万元工业增加值用水量均未超过市下达控制指标。

【水土保持】 2021年，为促进全区的水土保持监督管理步入法治化和规范化的轨道，梅县区继续做好辖区内水土保持监管工作；督促辖区内新上生产建设项目依法依规办理水土保持方案报批，依法依规做好水土保持方案行政许可和水土保持补偿费的征收工作；积极开展水土保持监督检查和管理，努力遏制新的违法行为产生。2021度下达梅县区水土流失治理面积25平方千米。

2021年，共开工建设2条生态清洁小流域综合治理工程，其中：丙村镇大雅水生态清洁小流域综合治理工程于2021年7月6日正式开工建设，至年底，工程已基本完成年度投资计划1870万元，完成年度水土流失治理面积25平方千米。石扇镇巴庄水生态清洁小流域综合治理工程列入梅州市山水林田湖草沙一体化保护和修复工程项目，工程已于2021年11月17日正式开工建设，至年底，工程完成投资约585万元。

【河道管理】 2021年，区水务局进一步落实绿色发展理念，推进生态文明建设，维护河湖健康生命，完善水治理体系。以保护水资源、保障水安全、防治水污染、改善水环境、修复水生态为主要任务。强化河湖监管，建立了“河长+警长”“河长+检察长”工作联动机制，全面推进“水利行业强监管”向纵深发展。河长制工作进展有序、成效显著。

高标准推动万里碧道建设，打造“天蓝地绿水清”的优美生态长廊。根据《广东万里碧道总体规划（2020—2035年）》和《梅州市碧道建设总体规划（2019—2035年）》的要求，梅县区高质量完成广东省“1+10”碧道试点项目梅县区丙雁大堤景观提升工程，成为群众休闲运动、娱乐的好去处，有力推动了客都人家文旅立业的发展。建设梅县新城大沙河唇段亲水公园，为梅县新城区市民提供一个集休闲、游览、文化、健身、娱乐为一体的亲水环境。全力推动程江碧道项目7千米（城镇型）和南口水碧道项目20.3千米（乡野型）建设。划定管理红线，精准推进河湖管理范围划定和河湖水域岸线保护与利用规划工作。

河湖管理范围划定方面，为加强河湖管理，根据《广东省河长办关于加快河湖管理范围划定和河道采砂规划编制工作的通知》粤河长办函〔2020〕20号的相关规定，实施管理范围划定工作。全面完成2021年度梅县区河流管理范围划定任务25条，长度185.04千米。

河湖水域岸线保护与利用规划方面，根据《广东省水利厅关于加快河湖水域岸线保护与利用规划工作的通知》粤水河湖函〔2020〕1689号的相关规定，协助做好梅江梅县区段80.69千米、石窟河梅县区段27.88千米的河湖水域岸线保护与利用规划工作。按《广东省河长办关于开展我省2021年河湖健康评价工作的通知》粤河长办函〔2021〕29号的相关规定，流域面积大于200平方千米的河流需进行健康评价，梅县区已开展松源河（河长51.24千米）、隆文水（河长37.43千米）河流健康评价工作。

强化三个“监管”，全面推进“水利行业强监管”向纵深发展。河长巡河监管方面，全面普及使用智慧河长平台，以问题为导向，各级河长高效履职巡河。2021年，梅县区河长巡河共3.19人次，其中区级河长巡河131人次，镇级河长巡河5057人次，村级河长巡河2.67万人次。各级河长巡河发现问题1416宗，处理1416宗，问题处理率100%；收到智慧河长公众投诉35件，办结35件，办结率100%。按体系建立要求及时更新调整区级、镇级全面推行河长制工作领导小组组成人员，更新全区区、镇、村三级河长人员。区级河长4人，镇级河长85人，村级河长311人，自然村河长258人。

水事执法监管方面，结合扫黑除恶专项斗争，持续加大对非法采砂、侵占河道、破坏水利工程等涉水违法犯罪打击力度，开展打击“蚂蚁搬家”式非法采砂、打击水土保持违法行为等联合执法专项行动，持续加大涉水违法犯罪打击力度。全年巡查121次，巡查河道总长度1592千米，出动巡查252人次，巡查车辆121车次。受理群众举报5宗、查处偷采砂案件3宗。制订《梅县区水务局打击“蚂蚁搬家”式非法采砂工作方案》，发挥“河长+警长”工作机制和“河长+检察长”工作机制优势，加强工作联动机制，形成河湖综合监管保护合力，共同守护河湖生态安全。

水质断面考核监管方面，各成员单位全力推进镇村生活污水处理管网建设，推进农业农村污染治理，清理整治畜禽养殖，推广科学合理养殖模式，加强水电站生态流量管控，保障水质环境。据环保监测统计，3个水功能区国考断面梅江干流水车桥、长沙滩下、蓬辣考核断面水质全部达标。

扎实推进“清四乱”“五清”，持续改善河湖面貌。一是全面核查梅县区河湖“四乱”问题，坚决遏增量、清存量为目标，以“边查边改、发现一处，清理一处，销号一处”的总体工作原则。2021年，发现“四乱”问题4宗，完成整改率100%。二是按省韩江流域河长办开展韩江流域片2021年两次水面漂浮物清理专项行动的要求，完成两次“清漂”专项行动，投入资金200万元，清理河道长度96.77米，保洁水域面积16.47平方千米，打捞清理漂浮物1.01万吨，完成既定目标任务，实现了全区水面漂浮物清理全覆盖、无死角。三是梅县区建立河道管理养护常态化机制，明确责任单位，通过政府购买服务的方式引进第三方管理公司，年度投入400多万元，实行河道日常化管理养护，确保全区河道水面流畅、清洁、亮化。

污染防治无盲区，全力全面组织水库水质整治。全区现有水库135宗，经排查有89宗存在水产养殖问题，导致水质不同程度污染，过量养殖造成水库水质检测合格率仅为30%，水库水质问题周边群众反映意见大。根据区主要领导指示要求，组织开展全区水库水质整治专项工作。制定整治实施方案，落实各部门主体责任，成立水库水质专班工作组，开展水库水质整治全面指导、督查，建立水库系统排查和整治台账，层层压实责任、挂图作战、精准施策、巩固并进，全区水库水质整治成效显著。据10月水库水质检测结果，梅县区水库水质全面达标，保障水质安全。

河长制先进集体和先进个人。2021年4月，中共梅州市委、梅州市人民政府授予吴均平（梅县区农业农村局畜牧与饲料股股长）、温林文（梅州市生态环境局梅县分局党组成员）、李志雄（梅县区水务局河湖服务中心高级工程师）2020年梅州市全面推行河长制湖长制先进个人荣誉称号，授予梅县区桃尧镇人民政府、梅县区丙村镇人民政府2020年梅州市全面推行河长制湖长制先进集体荣誉称号。2021年5月，中华人民共和国水利部授予古健（梅县区丙村镇党委副书记、镇长）全国优秀河长荣誉称号。

【“三防”工作】 防汛、防风应急响应。2021年8月4日8时，南海热带低压加强为第9号台风“卢碧”（热带风暴级，8级）。4日16时43分，区气象台发布台风白色预警信号；4日17时，区三防办启动防风一般级应急响应。5日8时27分，区气象台将台风白色预警信号升级为蓝色预警信号；5日9时，区三防办将防风一般级应急响应升为防风较重级应急响应；5日11时，区水务局启动水利防汛较重级应急响应。8月5日19时，第9号台风“卢碧”位于福建省漳州市漳浦县境内，对梅县区的影响减弱，区气象台于5日19时31分解除台风预警信号，区三防办于8月5日21时结束防风较重级响应。区水务局于8月5日21时将水利防汛较重级应急响应降为Ⅳ级，于8月6日10时结束水利防汛一般级应急响应。

蓄水抗旱保供水方案。鉴于冬春连旱，2021年2月，编制了《梅县区城乡群众生活供水保障方案》。因旱情持续，2021年6月，编制了《梅县区蓄水应对方案措施和能力提升实施计划方案》。因旱情进一步扩大，为充分合理利用有限的水资源，2021年11月，编制了《梅县区抗旱保供水方案》。以上方案对城乡供水形势进行了分析，提出了供水保障措施，对科学蓄水和计划供水提出了具体要求。

水旱灾害风险普查。2021年9月13日，按照第一次全国自然灾害综合风险普查的要求，以梅县区水务〔2021〕124号印发了《梅县区水旱灾害风险普查实施方案（试行）》，启动梅县区水旱灾害风险普查工作。

洪水干旱灾害防治规划。根据《地方党委政府、党政工作部门主要领导干部履行经济责任及自然资源资产管理和生态环境保护责任问题清单》（粤审委办〔2020〕1号）和《2019年中华人民共和国防洪法》，通过政府采购，确定了《梅州市梅县区洪水干旱灾害防治规划》编制单位，启动了规划的编制工作。

【水政执法】 加大宣传力度，营造舆论氛围。执法大队通过下乡、巡查等机会，会同镇、村干部，深入基层一线，密切联系接触群众，积极宣传水法律法规，在重点河段水域派发宣传册和竖立警示牌，提高群众特别是沿江、库区群众的知晓率，发动群众积极参与线索举报。

依法依规，严格执法。加大巡查执法力度，严厉打击水事违法行为。大队高度重视群众投诉举报线索，多次利用夜间、节假日时间加大巡查力度，全年巡查147次，巡查河道总长度1705千米，出动巡查298人次，巡查车辆147车次。受理群众举报12宗、阻止河道取砂2宗、查处偷采砂案件3宗。全年处以行政处罚3宗，罚款40万元。部门联合，上下联动。大队紧紧依靠当地党委政府，充分利用基层水利部门力量，做到水事违法行为及早发现，及时制止，及时查处，使危害减少到最低程度；积极加强与政府、海事、航道、公安、国土等部门沟通联系，成立了由政府牵头，部门联合的联合执法领导小组，建立联合执法机制，重点对河道采砂、河湖专项整治进行巡查执法，极大地遏制和打击了违法行为。

强化细化管理，确保安全有序。根据梅县区水利实际情况结合扫黑除恶专项斗争，重点关注“盗采河砂”行为，大队开展了打击行业治乱专项行动，先后制定了《开展内河通航水域河道采砂执法行动方案》《梅县区集中打击水土保持违法行为联合执法专项行动方案》《梅县区水务局打击“蚂蚁搬家”式非法采砂工作方案》《梅县区水务局常态化开展扫黑除恶斗争暨打击河道非法采砂执法工作实施方案》《梅县区开展河道非法采砂专项整治行动工作方案》，以“零容忍”的态度，坚持有黑扫黑、有恶除恶、有乱治乱，做到打早打小、黑恶必除、除恶务尽，使扫黑除恶专项斗争在水利系统落到实处、见到实效。

2021年年底梅县区水务局
局　长：冯勇文

（供稿：张　敏）

气　象

【概述】 梅县区气象局始于1952年7月建站，为国家基本气象站，根据梅州市气象局批复的《广东省梅州市梅县区国家气象系统全面深化气象改革机构优化调整实施方案》，全局有参照公务员法管理编制4名、事业编制9名，内设气象灾害防御管理办公室（重大气象灾害应急指挥部办公室）、办公室（人力资源股）、站网管理股、预报股、发展改革与财务股5个管理机构，气象公共服务中心、气象公共安全技术支持中心、机关服务中心直属事业单位3个。地方气象事业机构2个：梅县区突发事件预警信息发布中心（副科级）、生态气象服务中心（正股级），编制共有30名。2021年，有在职人员37人，其中本科学历34人、大专学历3人，有副高级专业技术人员1人，有中级专业技术人员11人，有初级专业技术人员12人。

【天气预报】 2021年，全区全年降水量较常年偏少，年平均气温较常年偏高，高温日数创历史新高，“龙舟水”偏少，气象干旱阶段性发展。影响梅县区的台风2个，较常年略少，总体影响轻。全区平均高温日数（日最高气温≥35℃）97天，为历史同期最多。其中，9月，梅县区气候异常暖干，平均高温日数高达27天，历史罕见！年平均气温23.0℃，比历年平均偏高1.4℃；年降水量823.4毫米，比历年平均偏少45.1%，为有气象记录以来同期最少。年日照时数2142.3小时，比历年平均偏少0.17%。年极端最高气温39.2℃，出现在7月28日；年极端最低气温-1.6℃，出现在1月13日。最冷月平均气温比历年同期平均偏低0.3℃，最热月平均气温与历年同期平均偏高0.8℃。

【气象服务】 2021年，区气象局继续做好气象预报服务工作，强化业务 24 小时值班制度，科学调度，加强天气预报研判，保证了预报业务质量的稳定和提高。坚持重要天气会商制、局长签发制、值班登记制，紧紧抓住灾害性、关键性、转折性天气做好预测预报及资料服务工作。及时分析制作天气快报，专题服务，按时发布长、中、短期天气预报，及时发布气象预警信息。通过多种平台将气象预报预警传播到乡镇及相关单位；每天通过气象影视产品发布短期天气预报。2021年，全区气象干旱持续发展，呈现“持续时间长、影响范围广、阶段性发展”的特点，高温少雨。

全力做好决策气象服务。加强重要天气过程监测预报预警服务，坚持“形势早会商、服务早研判、天气早提醒”，不断提高预报精准化和预警提前量，为区委、区政府精准决策提供科学依据。严格执行决策气象服务周年方案和有关规定，通过专报、快报、天气报告及天气提醒等形式，全方位做好汛期强对流、暴雨、台风、干旱等灾害性天气，为春运、春节、春耕春播、中甲联赛、高考、中考、金柚开采节等关键节点气象服务保障工作，守牢防灾减灾第一道防线。通过省突平台及时向区委、区政府及有关各部门发送天气预警信号、《重要天气报告》、《重要天气快报》、《重要天气专报》、节假日专题预报、梅县区一周天气等共 343 次。面对 2021 年复杂的天气形势，严抓各项规章制度，认真组织预报人员的学习培训，通过强化职业道德及业务知识学习，使预报业务人员的素质进一步提高，基础业务质量保持稳定。

积极开展人工影响天气工作。为缓解旱情和降低森林火险等级，全年在石扇镇新东村开展人工影响天气作业 10 次，共发射增雨火箭弹 52 枚。

持续开展为农服务。深入开展直通式为农气象服务，一是将全区重点涉农企业、专业合作社负责人、大型种养殖户、气象信息员等纳入决策服务平台，无偿为其提供重要天气预报、天气实况等信息，切实解决“最后一公里”问题，为防灾减灾提供了坚实基础。二是通过电视、手机短信、电子显示屏、气象预警大喇叭等传播渠道，将农用天气预报、农业气象灾害预警等信息及时传播给重点服务对象。三是探索本地特色生态农业气象服务。利用广东省农业气象业务系统技术平台，结合气候变化，对农业气象条件进行分析预测，制作气象服务专题预报，提出相关农业生产建议，让农户及时掌握天气实况，助力蜜柚丰产，提高水稻生长效率。

【灾害天气预警发布】 2021 年，区气象局完善与区政府以及应急、自然资源、教育等部门的信息共享、加密会商、24 小时在线响应工作机制，做到重大灾害天气信息直报区领导。全年发布各类决策文件 100 份（《重大气象信息快报》47 期、《天气报告》16 期、《重大气象信息专报》37 期）；发布各类预警信号 92 次（寒冷预警信号 14 次、暴雨预警信号 25 次、森林火险预警信号 13 次、高温预警信号 15 次、雷雨大风预警信号 19 次、冰雹预警信号 4 次、台风预警信号 2 次），通过电视、网络、大喇叭、手机短信等多渠道、全方位地及时传送给千家万户。2021 年，发送党政决策服务短信 167 条，共计 38.57 万人次，启动应急响应 2 次、启动恶劣天气领导一线带班 15 次。2021 年 7 月 29 日，梅县区出现局地短时强降水。根据气象水文资料统计，全区日平均面雨量为 36.1 毫米；其中桃尧镇出现最大降水量 125.3 毫米，最大小时雨量 99.2 毫米。出现大暴雨的站点有 2 个，占站点总数的 2.7%；出现暴雨的站点有 15 个，占站点总数的 20%；出现大雨的站点有 19 个，占站点总数的 25.6%。此次强降水过程气象局共发布 2 次暴雨橙色预警，1 次暴雨红色预警，启动 1 次暴雨四级内部应急响应，启动 1 次恶劣天气领导一线带班。气象局做好分镇预警、分镇强降水预报服务的同时，积极与各部门（水务局、自然资源局、应急局）做好联动，做到了面向党委、政府主要领导的极端强降雨、雷雨大风等突发性、致灾性天气的直通式报告机制。发布暴雨红色预警后，气象局每隔 1 小时向领导和有关部门通报雨情及未来降水趋势。

【测报站点管理】 2021年，在全区范围内建成1个闪电定位系统、1个土壤水分自动观测站，1个酸雨自动观测站、1个生物舒适度观测站、1个大气电场仪、1个蓝天观测仪、1个环境气象观测站。在全区19个乡镇共建设自动气象站26个和标准化乡镇气象信息服务站19个，覆盖率100%，实现了短时临近、局地性气象灾害的连续观测，全方面接收显示气象预报预警信息和本地天气实况，有力地提升了农村气象灾害的监测能力和防御能力。全区建成377台气象应急大喇叭，实现全覆盖，充分发挥大喇叭覆盖面广、直面基层群众的优势，联合相关部门播放和发布党史宣传、疫情防控、森林防灭火、地质灾害防治等政策信息，为防灾减灾、应急联动，提高气象预警水平提供重要保障。

全年利用省农业业务平台，共制作农情调查36期、梅县区气象月报12期、春耕春播夏收夏种秋收秋种关键农时气象服务专报3期、梅县金柚开采节天气专报1期，为做好农业气象专题服务及各种农业气象灾害提供技术参考。

【防雷安全管理】 2021年，加强梅县区域内的雷电灾害防御管理工作，全面履行安委会成员单位工作职责，分管领域无安全事故发生。依法加强防雷安全检查工作。2021年，区气象局办理行政许可8宗，全部在规定时限内办理完毕，没有发生因行政许可引起的投诉、行政复议、行政诉讼情况。完成188个项目的易燃易爆场所（包括加油站、石油液化气库、化工企业、炸药仓库和烟花爆竹仓库等）和77个项目的一般场所（包括人员密集场所、公司和企业大楼及车间仓库、单位办公楼等）的防雷定期检测业务。完成23宗共57个项目的新建、改建建（构）物的防雷装置竣工检测业务。完成2宗技术评价工作。受理新建检测业务12宗，建筑面积37万平方米。

【气象灾害防御】 2021年，区气象局落实安全生产“党政同责”“一岗双责”“齐抓共管、失职追责”，全年召开党组会议或局务会议研究安全生产重点难点工作共22次，召开安全生产领导小组会议12次。积极开展春运交通安全，元旦、春节期间安全生产，燃气安全大检查，重点单位气象灾害防御专项执法检查，危险化学品从业单位气象灾害防御检查，学校防雷安全检查等工作。加强日常和重大节假日施放气球巡查力度，及时查处各类违法违规施放气球行为，杜绝一切施放气球安全事故的发生。认真落实“双随机、一公开”监管工作，根据市气象局要求，结合梅县区实际，4月9日印发了《梅县区气象局关于印发2021年度防雷安全“双随机”执法检查计划的通知》（梅气〔2021〕7号），并在4月14日修订了《梅县区气象局“双随机、一公开”实施细则》，进一步细化了各股室、直属单位落实“双随机、一公开”工作任务。成立梅县区防范化解恶劣天气交通安全风险工作领导小组，制定《梅县区防范化解恶劣天气交通安全风险工作实施方案》，与公安交管共同建立气象监测预警应急处置互通融合机制。加强与交通、交管、高速公路等部门的合作，组建了工作群，根据天气的实时情况推送气象预警信号，并通过广东省突发事件预警信息发布平台为区公安分局、区交通运输局、区应急管理局、路达分公司、天汕分公司等部门的相关责任人发送《重大气象信息快报》和预警信号，提升道路交通的恶劣天气监测预警和应急处置能力，最大限度降低恶劣天气对道路交通造成的影响，保障人民群众安全出行。

2021年年底梅县区气象局

局　长：涂毓洪

（供稿：李仕安　林晓鸣）

交通运输·公路事务

交 通 运 输

【概述】 2021年，梅县区交通运输局在区委、区政府的正确领导下，在上级主管部门的关心支持下，全局上下一心，始终坚持以习近平新时代中国特色社会主义思想为指导，深入学习贯彻中共十九大和十九届五中、六中全会精神，深入开展党史学习教育，深入学习贯彻习近平总书记对交通工作的重要指示批示精神，认真贯彻落实省、市、区工作部署，坚持新发展理念，抢抓苏区振兴发展重大机遇，统筹疫情防控和交通事业发展，较好完成年度主要目标任务，“十四五”实现良好开局。至年底，全区公路硬化通车总里程3380.66千米，公路密度达每百平方千米136.2千米。其中：高速公路7条（段）共136.42千米、国道2条84.4千米、省道11条共489.7千米（包括320.5千米新升省道）、农村公路2670.14千米。全区通镇公路达到三级路以上，镇通村公路全部实现路面硬化，通100人（20户）以上自然村道路基本实现路面硬化。全区开通城乡公交线路82条，途经梅县区新能源电动公交车1361辆，全区355个建制村已开通公交。

【交通基础设施建设】 2021年，全区统筹推进“三大类”13项交通运输重点项目建设。年度计划投资15.03亿元（其中国省道12.44亿元、农村公路2.49亿元、普铁整治0.1亿元），全年完成投资约14亿元，占年度计划的93.1%。

国省道公路建设。主要有7项，年度计划投资12.44亿元，完成11.341亿元，占年度计划的91.2%。其中国道206线梅县区梅平径至育豪段及锭子桥至梅州大桥段路面改造、省道223线梅县区客都大桥至高铁西站段路面改造、省道227线梅县区宝坑至松口变电站段路面改造3个项目建成通车；省道242线梅县区梅西至程江公路建设工程（西部旅游快线）顺利解决PPP项目合规性和建设资金不足问题，已完成征拆工作，正式进入实质施工阶段；省道223线松源至雁洋段（出省通道）改建工程加快推进；受上级部门计划下达及前期报批工作的影响，省道223线梅县区南口至五华县水寨段改建（梅县段）项目需进行调整，省道224线梅县区雁上圆盘至黄坳段路面改造工程推进缓慢，暂未完成年度计划。

“四好农村路”建设。主要有5项，包括X947线南口龙塘至兴宁石马公路（梅县段）工程、蓬辣大桥（渡改桥）、72公里农村公路四级双车道改造（“四好农村路”单改双）、50千米美丽农村路建设、梅县区城东、白渡至客都人家道路升级改造工程，年度计划投资2.49亿元，已完成年度投资任务。

普铁整治。2021年，重点推进普铁“平改立”工程改造及新增安全隐患问题治理6处，计划投资1067万元。完成年度投资约200万元。由于该项目与铁路部门共建，预计至2022年5月底完成。

【公路规划】 2021年，初步完成梅县区综合交通运输体系发展“十四五”规划，正结合市、区相关规划进行完善修订。

【公路养护】 2021年，严格按照“十四五”公路养护工作方针，着力推进设施数字化、养护专业化、管理现代化、运行高效化、服务优质化“五化”建设，在加强日常养护的同时，建设路长制云平台信息系统，全面推行路长制精细化管理和预防性养护，不断完善地方公路自然灾害应急预案，确保公路安全畅通。全年完成16千米美丽农村路提升和52千米乡村公路安全隐患治理，清除水毁塌方22处约3300立方米，完善重点路段安全警示标志32处，新建绿色廊道84千米，种植乔灌木3万多株，雁洋“柚海茶峰”道路和丙村客都人家道路同时获评梅州市十大最美农村公路，整体农村公路路况水平得到进一步提升。

【交通综合执法】 2021年，加强学法普法，不断增强依法行政意识，提高依法治理能力。强化源头监管，详细制订源头治理分组、分片工作计划，扎实开展源头治理全覆盖，加强货物源头追查，深入推进货运源头治超监管系统建设，对路面查处的超限超载车辆一律追索源头，从源头上减少安全隐患。进一步深化与公安交警部门治超联勤联动机制，错峰执法常态化制度化。全年出动执法人员1875人次，出动执法车辆385辆次，检查车辆1850辆次，走访源头等各类企业206家次，查处各类交通违法行为346宗（含非现场执法81宗、源头处罚案件49宗），强制卸货6034.67吨，记分处罚945分，罚款116.19万元（其中交警部门罚款30.95万元，交通部门罚款85.24万元）。同时，扎实推进省货物源头治超信息监管系统建设工作，持续完善电子抓拍监控系统，确保科技治超24小时不间断。

【道路运输管理】 2021年，围绕“市场为主、政府引导、以人为本、服务全局”原则，坚持“备案制”和“放管服”相结合，服务行业经济发展。引导企业主动对接市场需求，为11辆班线客车办理班线转旅游包车业务，全年完成审批普通货物运输企业42家，办理营运车辆新增入户1717辆，淘汰高污染营运车辆353辆，完成营运车辆年度审验5702辆次；新开通及优化延伸城乡公交线路9条，全区城乡公交线路增加至82条，发放公交车辆燃油补助154万元，完成公交惠民政策财政补贴资金4105万元。同时，按时完成全区重型货车智能视频监控安装，强化驾培、维修行业规范化管理，不断创新管理机制，促进网约汽车、共享单车等新时期运输新业态健康有序发展，为经济发展新旧动能转换发挥积极作用。

【安全生产管理】 2021年，持续深入贯彻习近平总书记关于安全生产工作的重要指示批示精神，全面落实行业安全生产监管责任和“一岗双责”，持续开展“八大整治”、安全生产专项整治三年行动、系统防范化解道路交通安全风险等专项行动。定期组织开展全区交通运输行业安全督查，检查企业150多家次，排查安全隐患82处，发出整改通知书7份，约谈企业5家，责令停业整顿2家，并按照“零容忍”和“五落实五到位”要求认真整改到位。投入148万元，完成“一清一灯一带”建设216处、“平安村口”建设249处，推广使用稀土蓄能自发光路标15.5千米。全面加强交通行业安全生产风险管理，督促企业认真落实安全生产主体责任，健全安全预防控制和隐患排查治理体系。积极开展“安全生产月”活动，组织辖区1500多名营运驾驶员开展安全文明驾驶教育培训,组织辖区200多名危运驾驶员、押运员进行专项培训，达到全员覆盖。不断完善应急预案，组织开展应急演练，提高应对突发事件的应急处置能力，进一步提高全区交通运输行业安全生产总体水平，安全生产形势持续稳定。

【公路绿化】 2021年，新建绿色廊道84千米，种植乔灌木3万多株，完成16千米美丽农村路提升，雁洋“柚海茶峰”道路和丙村客都人家道路同时获评“梅州市十大最美农村公路”。

2021年年底梅县区交通运输局

局　长：冯治山

（供稿：黄小明　林燕辉　李木炎）

公路事务

【概述】 2021年，梅县区公路事务中心贯彻落实习近平新时代中国特色社会主义思想，深入学习中共十九大精神和十九届历次全会精神，按照区委、区政府和市公路事务中心的工作部署，围绕公路“建养管”工作，抓好党建、疫情防控、党风廉政建设等工作，坚持项目为王，推进精细化养护，提升路政管理和安全生产管理，全力建设“美丽公路”“平安公路”“智慧公路”，打造一批优质公路工程，构建便捷的公路网和营造“畅、安、舒、美”的公路环境，推动普通国省干线公路事业的高质量发展，助力梅县区“叶帅故里·大美梅县”建设。2021年，全区养护线路6条,养护里程242.33千米,其中国道2条(G205、G206线)合计养护里程84.18千米；省道4条(S223、S224、S227、S332线)合计养护里程158.35千米；大桥9座，中桥11座，小桥74座；隧道2条。2019年以前沥青混凝土路面里程65.41千米，占总养护里程的27%，2019年路面改造后增加沥青混凝土路面里程61.33千米，现有沥青混凝土路面里程126.73千米，占总养护里程的52%。

【公路建设与改造】 2021年，大力推进公路基础设施建设，坚持稳中求进总基调，按照高质量发展要求，坚持项目为王，年度实施的项目多、投资大，全年投资5.65亿元，占年度计划的138%。

（一）主要公路项目　一是推动省道223线梅县区松源至雁洋段（出省通道）改建工程。二是完成国道206线梅县区梅平径至育豪段及锭子桥至梅州大桥段路面改造工程。三是完成省道227线梅县区宝坑至松口变电站段路面改造工程。四是实施省道224线梅县区雁上圆盘至黄坳段路面改造工程。五是完成隧道提质升级2项(寮子窝、凳仔岗隧道)。六是完成重点水毁修复1项（国道205线梅州市梅县区K2572+800—K2573+000段重点水毁修复工程）。七是停车区3项（雁洋、三乡、松东）。八是美化、亮化、绿化、路面提升4项（省道223线名扬村酒店至剑英大桥段及剑英大桥至省道224线石窟大桥段路灯亮化提升工程、梅县区畲江上墩至综保区连接线提升工程、省道227线梅县区宝坑至松口变电站段绿化提升工程、省道224线城东至剑英大桥段绿化补种）。九是完成梅县区交通基础设施项目国土空间规划编制。十是推进国道205线梅县区太和亭至黄竹洋段改建工程、国道206线梅县区畲江双螺至松棚段路面改建工程前期工作等。

（二）主要工作措施　一是坚持“项目为王”。按照“规划一批，建设一批，竣工一批”的思路，谋划实施“十四五”项目，加快普通干线公路建设，积极构建现代公路网络。二是咬紧重点项目。建立“零距离”服务制度，争取上级政策和资金支持，发扬钉钉子精神，积极协调发改、交通、国土、财政、乡镇等部门破解征拆、用地、资金等难题，掀起建设热潮。三是提升项目管理水平。加强项目质量、安全、进度和资金管理，打造精品工程；对重点项目倒排工期、挂图作战，统筹加快东部快线等项目建设进度。

【公路养护】 2021年，按照养护管理“十六字”方针要求，抓好养护现代化管理，营造国省道公路的“畅、洁、舒、美”环境。一是做好日常养护工作，落实及时性、预防性养护措施，提高养护机械化水平，确保养护水平持续提升。二是加强基层道班建设，开展职工养护技能集中培训，提升养护现代化水平和抢险救灾能力。三是高标准完成了省工商联会议、梅州综保区挂牌等大型活动路容路貌提升整治。四是提升公路安全保障水平，在S223线丙村段、G206线梅平径至育豪段、S224线城东至剑英大桥段安装自发光道钉6063个，其中省道223线丙村段是全省第一条应用新能源道钉的普通省道。五是实践“互联网+公路”模式，在全市率先建成“智慧公路”项目（第一期），提升公路监管现代化、信息化水平，科学保障公路安全通行。六是大力创建“美丽公路”。2021 年，各项路况指标良好，共清除塌方 1.8 万立方米，清挖水沟 92.5 万米，铲路肩 432 万平方米，耗用柴油 4.6 万公升、沥青 365 吨；机械完好率 94%，一、二类桥梁占桥梁总数的 91.5%。

【路政管理】 2021 年，履行保护路产、维护路权的职责，健全路政服务管理制度，完善路长制工作机制，保障公路畅通。加大路政巡查力度，及时发现、制止各类涉路违法行为，及时向执法部门报告并加强联动，切实保护路产路权；联合多部门加强对公路漏撒行为的治理，加强梅州综合保税区等重点路段的路域环境整治；加大力度追缴损坏路产赔偿费；做好管线迁移等工作。全年无公路“三乱”，路政人员全年上路 264 天 1730 人次，巡查里程 2.37 万千米；发现违法案件 50 宗，告知区交通运输局 50 宗；处理路产损害案件 74 宗，立案 74 宗，结案 74 宗，立案结案率 100%，收回路产赔偿收费 183.56 万元；受理行政许可 18 宗，办结 18 宗。

【安全生产管理】 2021 年，坚持安全生产方针，落实“一岗双责”，推进公路安全生产体系建设，投入安全经费 201 万元，排查主要隐患 26 宗，整改 26 宗，完成整改率 100%，打造“平安公路”“平安工地”，确保公路安全畅通。抓好系统防范化解道路交通安全风险隐患排查整治活动，进行“一清一灯一带”隐患项目整治，完善安全设施；开展了 3 次安全培训演练，提高安全技能，并加强宣传，提升群众护路意识；加强道班养护作业安全管理，规范安全操作，并加强在建工程安全施工监管力度；强化桥梁隧道专项检查；抓好应急建设和应急培训；严格执行值守制度等。

【公路绿化】 2021 年，按照市委、市政府“五沿绿化”及“美丽梅州·美好家园”城乡环境大提升行动要求，提高公路绿化水平。投入 310 万元，完成了 S227 线宝坑至松口变电站段绿化提升工程和 S223 线三堡大桥头渠化岛、S224 线城东至雁洋段绿化补种；完成了 G205 线南口开发区段、S224 线丙村段花木修剪，提升绿化效果。

【基层站建设管理】 优化基层管理。坚持每月养护路况综合检查，检查外业养护和内业管理情况，各业务部门对应进行指导，精准提升业务水平；专门抽调人员组成稽查小组，每天上路巡查，确保人员到位和作业质量；开展年终公路大整修，统一养护标准，全面提升路容路貌；重视大型活动准备工作，积极开展创文、创森和两美行动，加强保洁和绿化等，营造良好的路域环境。

抓好基层硬件建设。持续开展“职工之家”“职工小家”建设，丰富建家内涵，促进基层规范发展。并精选松源、三乡、丙村道班作为“职工小家”建设试点，通过多渠道筹集资金 70 多万元，按“职工小家”建设标准进行提升。其中丙村道班新建职工书屋并购置书籍等，丙村道班工会小组先后被广东省、梅州市总工会评为“省模范职工小家”“梅州市模范职工小家”。

加强基层队伍建设。加强养护培训，组织第一批养护骨干到新城养护中心进行为期半个月的养护技能培训，与五华县公路事务中心等单位开展学习交流，组织养护工职业技能竞赛实操指导训练、安全应急演练、消防演练等；开展“夏送清凉”“冬送温暖”“金秋助学”等活动；购买互助医疗保险和实施健康体检，关心慰问基层贫、病职工等。

2021 年年底梅县区公路事务中心

主　任：邓志军

（供稿：郭练忠　吴文华）

邮政·通信

邮 政

【概述】 2021年，是中国共产党成立100周年，中国邮政集团有限公司梅州市梅县区分公司（以下简称梅县区分公司）坚持把党史学习教育成效转化为企业经营发展强大动力，围绕有效益规模发展目标，各项经营管理工作有成效，全年实现业务收入同比增长2.27%。

【代理金融业务】 2021年，梅县区分公司充分利用全区25个城乡网点，为广大群众特别是偏远农村地区提供便捷的金融服务，开办了存取款、汇兑等金融基础服务，承办了国债、保险、理财、基金等金融延伸服务，拓展了手机银行、移动绑卡和扫码付等金融电子服务，还代发农村新农保、“五保”供养资金和农村低保、乡镇在职及离退休教师、公务员等各类资金，为群众带来极大的便利。2021年，余额规模59.82亿元。配合相关部门，做好打击非法集资、反洗钱、防范电信诈骗等风险防控工作。

【邮务类业务】 2021年，梅县区分公司积极践行“人民邮政为人民”初心使命，在做好函件、集邮、报刊发行、包裹等邮政传统业务的同时，全力保障普遍服务和特殊服务，普服网点营业时间达标率、乡镇普服网点覆盖率、邮件全程时限达标率、县及以上城市党政机关《人民日报》当日见报率均100%。普通给据邮件丢损率为0，条码平信丢损率为0，报刊短缺率为0。做好《论中国共产党历史》等4种图书发行工作，落实扫黄打非专项工作，保障了人民群众的用邮渠道畅通和寄递安全。通过“电商+扶贫+寄递+金融”的协同发展模式，助推梅州柚等走向全国，助力精准脱贫。

【邮政营业网建设与管理】 2021年，梅县区分公司对现有投递道段进行优化，优化了西阳、白宫邮路，设立了“西阳镇寄递共配中心”，开创三级物流体系新模式。2021年，完成扶大支局迁点工作；对丙村、水车、扶大、白渡、城东、梅西、槐岗等网点进行“微整治”。同时继续完善城区、农村投递网络的建设，持续解决农村“最后一公里”和城区“最后一百米”的难题，进一步提升邮政综合服务能力，为人民群众追求美好生活提供周到、便捷的服务。

2021年年底中国邮政集团公司梅州市梅县区分公司

总经理：李伟鑫

（供稿：谭顺龙 黄海励）

通 信

【电信】 2021年，梅县分公司在梅县区委、区政府及市分公司领导和大力支持下，坚持党建统领全局，深入开展党史学习教育活动，围绕有规模的高质量发展主题，统筹疫情防控和经营发展，深入推进企业“三维联动”改革、“平安乡村”及“智慧社区”建设、“云改数转”战略实施等专项工作。经过全体员工的共同努力，分公司圆满完成全年经营目标，在全市组织绩效考核中排名第二。中国电信山水城营销中心获评中国电信广东公司“先进集体”；销售部党支部荣获中共梅州市人民政府国有资产监督管理委员会、中国电信广东公司 2021 年“先进基层党组织”称号；梅县分公司及下属 6 个单元分别获评中国电信梅州分公司 2021 年度“先进绩效单位”。

【党政建设】 2021 年，梅县分公司强化政治建设，以党委中心组主阵地引领和基层支部规范开展“三会一课”相结合，坚决贯彻中央决策部署及上级公司战略部署，逐渐形成学习贯彻、推动执行的长效机制。深入开展党史学习教育活动，重点开展红色教育专题学习、党史知识竞赛、专题劳动竞赛等，在企业内部掀起学习热潮，增信崇德，从中汲取前行的智慧和力量。高质、高效完成省公司党委第一巡察组巡察配合工作，100%落实完成省公司巡察反馈意见整改工作，以巡察整改推动公司规范运营、促进高质量发展。开展“我为群众办实事”系列活动，宣传反诈、创建文明城市、线路整治等志愿活动。深入推进党建与生产经营工作融合，本部支部与农村支部开展“党建+”结对帮扶活动，13 个支部近 100 名党员参与助力“平安乡村”建设，发挥先锋表率作用。分公司党委部署落实疫情防控支撑工作，一是专门的会务保障团队以专业、高质支撑保障政府疫情防控会议；二是专业的通信保障队伍全力以赴确保疫情防控重点单位、重点场所、重点平台、重点网络疫情期间通信畅通；三是各基层党支部紧密配合属地政府开展核酸监测点、疫苗接种点、隔离点等疫情防控相关工作；四是内部强化防控措施执行落实。多举措助力乡村振兴，如积极响应政府号召提供“提速降费”服务；持续推进“平安乡村”建设，全县 378 个行政村，达标村渗透率 45%；完成挂钩帮扶脱贫攻坚工作后，继续选派涂小鹏参与梅县区雁洋镇乡村振兴驻镇帮镇扶村工作。

【业务发展】 2021 年，梅县分公司通过满足各类别、各场景客户需求，为客户提供更多连接、更多服务、更多应用，客户质态得到明显改善；对内实现存量客户保有、增值，对外实现市场空间拓展、获取。其中，实现全区“校园一键报警”市场份额占有率 100%，为梅县区校园安全提供信息化保障，大大提高园区治安水平。

【改革转型发展】 2021 年，梅县分公司结合收入规模、区域特征、市场环境等因素对部分营销服务中心进行整合归并为 10 个营销服务中心、13 个支局、11 个城市网格。通过市场化薪酬分配机制，实现收入能增能减，划小改革后，员工绩效收入得到较大提升。

【网络能力建设】 2021 年，新建 5G 站点 106 个、4G 站点 19 个；天翼 4G 覆盖城市、圩镇、行政村及 86%以上自然村；5G 网络已经覆盖市区及县城重点区域、重点产业园区和特色乡镇。千兆光纤网络覆盖梅县城乡，全区具备 1000M 带宽提供能力。政务外网访问互联网出口安全等级达到等保 2.0 三级标准。全面配合区委、区政府开展创建全国文明城市和美丽乡村线路整治工作，完成新城办、程江镇政府周边四网整治及雁洋添溪、城东莲塘、城东竹洋美丽乡村线路整治。

【助力梅县信息建设】 2021 年，梅县分公司聚焦政府重大活动，高质高效完成工商联会议、中高考、2021 年全省乡村振兴“万企兴万村”行动现场推进会、中国共产党成立 100 周年等专项通信保障工作。聚焦网络优化提升，持续完善光网、4G/5G 基站覆盖，开展光缆隐患整治、基站光衰整治。聚焦通信线路安全，强化巡视巡检工作，发现线路隐患马上整改处理，在巡线同时对沿线群众及各施工点负责人护线宣传工作。聚焦通信诈骗防范，实现业务源头把控，开展“断卡”行动，关停涉嫌反诈、骚扰号码。聚焦产业数字化、数字化产业，加大信息化投入，助力“智慧梅县”建设。

2021 年年底中国电信股份有限公司梅县分公司

总经理：温 雄

（供稿：廖艳霞）

【移动】 2021 年，中国移动通信集团广东有限公司梅县分公司，以习近平新时代中国特色社会主义思想为指导，认真落实市委、市政府工作部署，按照中国移动创世界一流“力量大厦”战略部署，改革创新激发新活力，转型发展催生新动能，实现市场发展、客户规模、网络能力行业领先，助力梅州统筹推进疫情防控和经济社会发展。

【5G 高质量发展】 2021 年，梅县分公司紧抓 5G 爆发式增长机遇，实现了网络和市场双领先。一是打造精品网络。加快新建 5G 站点建设，实现梅县城区、主要乡镇、工业园区连片覆盖，为政府及企业提供网络优质服务。积极争取公司资源覆盖偏远山村盲点新建基站，信号全覆盖。二是应用创新领先。着力创新高质量信息服务办实事，以专业优质服务带动客情沉淀，主动服务地方产业数字化转型，打造电子化管理平台；推动数字化、网络化、智能化转型升级。

【持续深化基于规模的价值经营】 2021 年，梅县分公司创新提供家庭数智化服务。加快构建“1 个千兆连接+2 个平台（和家亲平台和家庭综合网关）+N 项应用”数智家庭综合解决方案，全屋 Wi-Fi、移动看家等智慧家庭规模持续提升，不断满足梅州客户家庭数智新生活的向往。助力中小企数智化发展。2021 年，梅县分公司创新打造“移动 e 企”融合产品，围绕临街商铺、专业市场、酒店宾馆、商务楼宇、产业园区五大场景，创新打造“移动 e 企”融合产品，为中小企业提供宽带、云、移动看店等一揽子产品服务，助力中小企提升信息化水平，实现提质增效。

【助力梅州科技抗疫】 2021 年，梅县分公司主动担当，快速响应，助力梅州打赢疫情防控阻击战。一是针对梅县区卫生院的网络资源进行升级扩容。提供网络的备份冗余，形成备用线路保护机制，确保网络故障后快速切换，为新冠疫苗接种使用管理和信息系统提供有力保障，为梅县区防控疫情工作作出了积极的贡献。二是推出防疫集中隔离和居家隔离智能管理解决方案，为梅县区隔离医院和居民区安装智能门磁系统。三是加快防控信息化产品推广。针对医院的预防接种数字化门诊系统服务，助力完成数字化接种门诊软件的程序对接调试和部署，推动疫情期间接种门诊服务效率；发挥信息化服务能力，优化防疫健康服务，完善健康通行码“一码通行”、多“码”融合，为保健院、慢性病防治院、多个乡镇卫生院在健康码状态、核酸检测、疫苗接种查询体温检测等方面提供非接触式组合产品服务。

【扎实履行社会责任】 2021 年，梅县分公司坚持以人民为中心，持续提升人民群众获得感。一是完成 C-RAN（集中化无线接入）改造站点，简化无线组网、开展宽带网络优化整治专项。二是深入开展防范治理电信网络诈骗犯罪工作。深化警企联动，助力反诈中心开展防范治理电信网络诈骗工作，三是深化网络提速降费。推出家宽“双提升”活动，为家庭客户更换使用超 5 年的家宽设备。

2021 年年底中国移动通信集团广东有限公司梅县分公司

总经理：温国宗

（供稿：罗宇荣）

【联通】 2021 年，梅县分公司在区委、区政府的大力支持下，在上级公司的领导下，积极响应国家网络强国、数字中国战略，致力加快本地信息基础设施建设，推进“双千兆”发展，打造千兆 5G、千兆宽带，坚持 5G 网络应用双领先的原则，高起点规划建设 5G 网络。为梅县区政府企事业单位的信息化建设和信息化应用普及提供更加优质、丰富的服务。

【党建工作】 2021年，梅县分公司坚持以习近平新时代中国特色社会主义思想为统领，深入贯彻中共十九届历次全会精神，落实新发展理念，坚持以高质量党建引领高质量发展，梅县分公司党支部始终坚持党对企业领导不动摇、围绕经营发展不偏离、建强基层党组织不放松，持续推进党建工作与生产经营相结合，把党建成效转化为促进公司发展的内生动力和强大优势。加强学习，树立正气，做到诚信经营，全面落实上级党委党建统领全局、融入全局、推动全局的工作要求。扎实推进党史学习教育，积极开展"我为群众办实事"实践活动，协助社区积极开展"创文""巩卫"活动。

【生产经营】 2021年，梅县分公司坚持党建引领，坚持高质量发展，总体经营稳定，规模和业绩平稳增长。完成年度预算99.5%，全市排名第三。

【通信工程建设】 2021年，梅县分公司完成基础网络建设投资1323万元，投资完成率102.8%，其中光纤建设，新增1000M以上光纤接入端口0.5万端，到2021年开通5G基站178站，完善梅县区主城区和乡镇5G基本覆盖，重点完善党政军单位、广梅园、大中型医院、校园、客都人家、富力足校、畲江高新区等场景覆盖，完成年度5G网络建设开通目标，较好地完成本地信息基础设施建设主要指标任务。

【信息化建设】 2021年，随5G网络建设、5G应用场景推广，中国联通加速5G行业应用创新：1．5G+工业互联网，5G与工业互联网融合应用八大类新型场景：5G+超高清视频、5G+AR、5G+VR、5G+无人机、5G+云端机器人、5G+远程控制、5G+机器视觉以及5G+云化AGV等将助力梅县实现制造业向智能化、数字化、高端化转型。2．5G+智慧执法。利用5G的大带宽、低时延高可靠及海量连接特性，结合AI、大数据、IoT等支撑能力，打造立体5G+智慧执法应用系统，满足执法行业高清视频监控、灵活和快速部署、实时调度、广覆盖监控以及高可靠性保障的要求。3．5G+智慧医疗。已实现5G在医疗健康领域包括远程会诊、远程超声、远程手术、应急救援、远程示教、远程监护、智慧导诊、移动医护、智慧院区管理、AI辅助诊断等众多场景的广泛应用。4．5G+智慧农业。助力"智慧农业"精效生产，数字驱动产业升级。推出无人机植保、高清视频监测、虫害识别、精准种植、智能预警等创新应用，实现农业产业数据驱动，精准化生产，效率提升。5．5G+智慧教育。5G与人工智能、虚拟现实、全息互动教学的应用结合、物联网校园管理等可以提升区域教育资源的协作，助力梅县区教育智能化发展。梅县分公司5G应用场景推广将赋能千行百业创新升级。如5G新媒体、5G智慧建筑、5G智慧社区、5G智慧交通等。

【新定位、新战略】 2021年12月6日，中国联通在合作伙伴大会上发布公司新定位、新战略。中国联通新定位：数字信息基础设施运营服务国家队、网络强国数字中国智慧社会建设主力军、数字技术融合创新排头兵。中国联通新战略：强基固本、守正创新、融合开放。在新定位新战略下，中国联通将全面发力数字经济主航道，将"大连接、大计算、大数据、大应用、大安全"作为主责主业，实现全方位转型升级，融入梅县区新发展格局，为梅县区振兴发展贡献一份力量。

2021年年底中国联合网络通信有限公司梅县分公司

总经理：张　添

（供稿：刘桂青）

责任编辑：杨东梅

城乡建设·环境保护

住房和城乡建设

【概述】 2021年，梅县区住房和城乡建设局认真贯彻落实中央和省、市、区战略部署，坚持以人民为中心，持续建设宜居、整洁、优美的人居环境，让“叶帅故里·大美梅县”更有温度。以做好城市工作、加强历史文化保护为抓手，抓基础、促民生，扎实开展各项工作。2021年，全区受监工程86项，建筑面积353.75万平方米。建成区面积约为30平方千米，建成区绿化覆盖率43.76%，绿地率40.68%，人均公共绿地面积为17.3平方米。

【城市建设】 2021年，梅县区住房和城乡建设局推动重点工程及市政基础设施建设，扎实推进“十个一批”等民生实事。一是对续建梅县新城地下管廊等市政基础设施工程、梅县新城棚户区改造工程、程江河段棚户区改造工程、梅县区人民南路断头路市政道路工程、梅县区西片区储备地三条市政道路工程、梅县区公园北路梅花城侧道路工程、梅县区扶大变电站侧垃圾压缩中转站配套建设公厕工程、扶大变电站进站路及埋地高压电缆迁改工程及畲江北站连接道路与梅畲快线平面交叉改造工程、客都大桥至高铁梅州西站段沥青路面改造工程二期、梅县区进城大道延长段市政道路工程等建设项目进行项目监管和协调推进，同时做好部分已完工项目的收尾结算工作。二是对新建项目府前大道原青少宫侧市政道路及边坡防护工程、梅县区电力管沟项目、大新城新满街与新富街步行砖路面改造工程、梅花山公园环山路升级改造工程等项目做好前期调研、协调工作。全力推进广梅中路金锭花园人行天桥工程、扶外路市政道路改造工程。2021年，已完成计划投资约2.4亿元。三是推进梅县区梅州大桥至德龙大桥沿河跑道提升工程建设，在梅州大桥至德龙大桥人行道铺设透水混凝土跑道并将嘉应大桥桥头的花带改造成小公园，增加群众的休闲场所。四是改造梅县区人民南路人行道无障碍设施，改造路段长约2260米，工程项目总投资概算价约195.33万元。五是科学推进老旧小区改造，营造宜居家园。全年对5个项目5个小区及周边道路进行提升改造，合计78栋1166户，建筑面积约14.73万平方米，投资额3608.6万元。

【村镇建设】 1. 加强农村房屋安全隐患排查整治。全面完成梅县区辖区内357个行政村农村房屋排查，排查完成率100%，排查房屋总数9.68万户。加强农村削坡建房风险点整治。全面完成梅州市住建局下达给梅县区2021年度农村削坡建房风险点整治任务655户。加强农村贫困户危房改造，全面完成上级下达梅县区2021年危房改造国家任务数61户。2. 加强农村生活垃圾处理监管。全面推行“户收集、村集中、镇转运、区统筹处理”的农村生活垃圾处理模式，加快推进镇村生活垃圾处理设施建设工作。农村生活垃圾无害化处理率100%。3. 加强镇级生活垃圾填埋场封场后的运营维护。全区有11座镇级生活垃圾填埋场，整改工作于2019年通过市级竣工验收。运营维护期间，监督维护企业对各座填埋场及时清理场区的淤泥，对干枯的草皮处及时进行复绿，其中5处渗滤液处理系统均正常运行。

【建筑市场管理】 一是加强建筑工程施工许可证管理工作。严格按照《中华人民共和国建筑法》《建筑工程施工许可管理办法》等法律法规，核发建设工程施工许可证。共办理建筑工程施工许可证62份，其中政府投资类20个，社会投资类42个，建筑面积104.66万平方米。对3宗未取得施工许可擅自施工的进行行政处罚，共罚款36.5万元。二是做好招投标备案归档及招投标投诉处理工作。进一步规范房屋建筑和市政基础设施工程招标投标活动，全面推行电子招标投标，全年受理房屋建筑和市政基础设施工程全电子化招投标归档资料11宗，网上监督检查招标文件19宗，处理招投标投诉1宗，发出不良行为通报1宗，完成局内工程招标文件审查7宗，工程造价审查14项，核减43.44万元。三是做好该局房屋和市政设施基本项目管理工作。完成梅县区住建局房屋和市政设施基本项目管理办法（试行）编制工作。进行各类招标工作64次，抽查工程项目结算工作量21项，工程造价审查48项。四是做好严厉打击建筑市场违法违规行为工作。为进一步规范建筑市场秩序，严厉打击和遏制建筑工程施工违法发包、转包、违法分包及挂靠等违法行为，保障工程质量安全。本着“全覆盖、零容忍、严执法、重实效”的指导思想，结合自身实际，明确范围、突出重点、狠抓薄弱环节，做到点面有机结合。按照“双随机、一公开”的原则和不低于在建项目10%比例确定现场检查项目。全年出动检查72人次，对抽取的24个在建项目及建筑企业开展建筑市场监督执法检查、违法发包、转包、发包及挂靠行为专项执法检查，发放整改通知书24份。严厉打击违法施工无资质、工程分包转包、资质挂靠等违规违法市场行为，杜绝无施工资质单位和无证人员进入建筑市场。检查中未发现转包违法分包等违法行为。五是大力推动建筑节能。强力推进绿色建筑节能的正确使用；结合本地实际情况，推出新的建筑节能材料。2021年，新开工装配式建筑面积22.27万平方米，政府投资新开工装配式建筑面积3869.9平方米。新开工装配式建筑占新建建筑面积的2.3%。六是抓好工程竣工验收备案管理工作。完善工程竣工验收备案目录，进一步简化办事程序，办理81项竣工验收备案手续，建筑面积177.75万平方米，投资金额约42.05亿元。七是抓好建筑施工质量安全生产管理工作。与区属在建工地签订安全生产目标责任书40份，要求各企业加强安全生产管理，严格执行“安全第一、预防为主、综合治理”的安全生产方针，认真落实企业安全生产主体责任制度，加强对各项制度落实工作的日常考核，确保各项制度落到实处，确保企业安全生产。在安全生产方面对建筑工地施工单位约谈7家（次），处罚2宗，罚款7万元。八是抓好建设工程消防设计审查、验收、备案工作。从严把关，不断规范消防审查验收程序。共受理办结建设工程竣工验收消防备案39件，消防设计审查29件，建设工程竣工验收消防备案检查6件，建设工程消防验收23件。九是抓好农民工工资考核工作及清理拖欠农民工工资工作。为有效预防和解决拖欠农民工工资问题，维护社会和谐稳定，做好农民工工资考核工作，出动检查90人次，检查项目90家（次）。认真做好清欠宣传工作，协助处理农民工工资拖欠的投诉132宗，涉及687人次，追发工资款约2865.3万元。为进一步规范房屋建筑和市政基础设施工程用工行为，维护用工企业和劳动者合法权益，共30个在建工程落实建筑工人实名制管理。十是加强工程质量安全监督。以建设工程的结构安全和环境质量使用功能符合要求为出发点，实现建设工程的“文明施工、安全生产”。全年受监工程86项，面积353.75万平方米、市政道路3.25千米（其中在建项目64项，面积291.75万平方米；待验收18项，面积34.3万平方米；停工4项，面积27.7万平方米），投资106.13亿元；验收工程80项，面积215.17万平方米，投资61.55亿元，验收合格率100%。十一是散装水泥工作管理成效显著。销售预拌混凝土使用量111万立方米，建筑用砂使用56.89万立方米，预拌砂浆使用3.24万吨，用散率97%；城市规划区内审批一宗现场搅拌工程；建筑施工现场搅拌禁止率

98%，水泥厂生产散装水泥量达 313.04 万吨；散装水泥专项基金返退金额 3.94 万元。全区 12 家预拌混凝土生产企业全部完成绿色升级工作。

【房地产管理】 商品房管理 2021 年，梅县区核发商品房预售许可证 58 宗，预售合计 4411 套 59.5 万平方米。房地产销售 9484 套 76.01 万平方米，成交金额 41.27 亿元。房地产库存（含期房和现房）41313 套 256.07 万平方米。

住房公积金 按照"双贯标"的要求，完善内部管理机构，规范委托金融业务，账户设置，财会管理和会计核算，实行收支两条线的规定，防范风险，规范管理，认真细致审查。2021 年，办理住房公积金缴交单位有 598 个，缴存人数有 3.26 万人，全年归集住房公积金 4.78 亿元，同比增长 0.97%；缴存住房公积金总额 39.25 亿元，比上年末增长 0.92%；结存余额 12.35 亿元，比上年末增长 0.95%。审查发放贷款户数 977 户，全年发放贷款额 2.4 亿元，同比分别下降 0.12%、0.04%。贷款发放户数 9819 户，发放贷款总额 20.16 亿元，发放贷款余额 11.37 亿元。办理住房公积金提取额 3.95 亿元，同比增长 1.02%，占当年缴存额的 81%，提取总额 26.6 亿元，同比增长 0.85%。

保障性住房建设管理 一是梅县新城棚户区改造项目已总体完成约 99%，其中大沙项目已完成总工程进度为 99%，至年底，主体已完工，正进行电梯安装，园林绿化等配套附属工程的扫尾阶段；三丰项目已完成总工程进度为 93%，主体已完工，正进行电梯以及人防消防等设备安装，场地园建，装饰装修等配套附属工程的扫尾阶段。二是为扎实解决城镇中等偏下收入家庭住房困难，进一步完善住房保障体系，按照保障房年审制度，逐户进行审核。2021 年，完成在保家庭年审工作 45 户，其中符合保障条件，继续给予保障 34 户，不符合条件（办理）退出保障 11 户。新增住房困难家庭保障对象 10 户，符合保障条件家庭申请一户保障一户，做到应保尽保，保障率 100%。审核发放 5 户住房租赁补贴，共 6000 元。

直管公房管理 抓好直管公房的管理、房租收缴、安全检查和维修养护。2021 年，收取租金 3354490.5 元，维修房屋 196 间，维修面积 5281 平方米，维修费用支出 290084.33 元，按市场价格调整租金，共加租约一年 42 万元。

房屋征收管理 2021 年，承担房屋征收项目共 7 个，签订征收补偿安置协议书 113 宗，发放房屋征收补偿款约 85714453 元（含各镇直接发放的补偿款），征收并拆除房屋、附属物占地面积为 14159.90 平方米，建筑面积为 17153.79 平方米，完成既定的房屋征收任务。

【环境卫生管理】 一是加强道路清扫保洁。对城区 292 条面积约 300 万平方米的市政道路一天两大扫，实行 18 小时保洁制。对城区主次干道约 210 万平方米每天洒水降尘作业，同时加强对施工地段道路、公交站亭周边等场所冲洗工作，有效降低城区道路的扬尘污染，确保城区空气质量良好。二是加强垃圾中转清运管理。对城区 7 座中转站排污水沟每周清理一次，中转站墙体、压缩箱体每天一次清洗，运输车辆全面冲洗，有效清除污渍，保持箱体车容整洁干净；垃圾密闭转运，日产日清，日收集转运约 250 吨生活垃圾，并运至奇龙坑焚烧场集中无害化处理，城区生活垃圾无害化处理率 100%。三是加强公厕管理。对所管辖 16 座公厕的管理，做到"一人一厕"管理，公厕保持天面无蜘蛛网、地面无积水、便池无污渍。同时完善公厕配套设施、标识和无障碍设施。四是加强"牛皮癣"治理。对城区建筑物（构建物）、市政设施及公共场所等张贴、刻画、涂写的非法广告及时发现，及时清除，每天清理"三乱牛皮癣"约 500 张（处），有效保持良好的市容市貌。五是加强居民生活小区的垃圾收运工作。对辖区 600 个居民生活小区（含单体楼）、企事业单位垃圾实行定点投放、定时收运模式，一天收运 2 次，使小区干净整洁，给市民营造更宜居生活环境。六是推进垃圾分类工作。投入约 200 万元，建设垃圾示范片区工作，同时加强宣传，营造宣传氛围；按照“可回收、有害、厨余和其他垃圾”四个类别，规范垃圾分类投放设施，全年投入资金89万元，在新城办的185个小区完善垃圾分类固定宣传牌、投放垃圾分类桶，建设垃圾分类亭，聘请垃圾分类督导员和开展系列宣传活动等，其中10个小区、1个广场建成垃圾分类亭，投放分类垃圾桶覆盖率100%；为加快建立与生活垃圾分类模式相匹配的垃圾终端处理体系，配套完善梅县城区各类垃圾的收运体系，已配置5辆厨余垃圾车和8辆小型密闭车对厨余垃圾进行专车运输。

【园林绿化】 2021年，梅县区住房和城乡建设局对管辖的城区约60万平方米的公共绿地和梅县人民广场、梅花山、亲水公园、华侨城公园进行网格化管理，园林所每月对承包公司进行检查考核。同时加强绿化提升，美化城区环境。一是梅县区（2021年）春节景观提升工程，提升面积约8539平方米，投资约287.50万元，主要在城西高速出口、高铁梅州西站等主要节点进行时花种植和花镜补种，在高铁梅州西站站前广场、人民广场布置绿雕。二是梅县区（夏季）城区主要节点绿化提升项目，对主要节点进行绿化提升，面积约为3000平方米，投资约99.88万元，更好地保证城市园林景观的完好，确保城区亮丽的园林景观。三是国庆节城区主要节点绿化提升项目，提升面积约5000平方米，投资约98.75万元，主要在城西高速出口、高铁梅州西站、人民广场、区政府圆盘天秀圆盘、集一红绿灯、锭子桥红绿灯等主要节点进行绿化景观提升及花境补植复绿。

【路灯、灯饰】 2021年，梅县区住房和城乡建设局对城区路灯加强维护管理，保证亮灯率在98%以上。对相关路段的路灯进行新安装及改造，投入11万元，对梅县区华侨城扶贵东路路灯进行改造；投入325508.97元，对梅县区葵岗高速出口连接进城大道路段路灯进行升级改造；投入279961.05元，对梅县区公园北路凯里亚德酒店门口路段新装路灯；投入241860元，对梅县区粤东医院侧宜康路新装路灯；投入2155204.77元，对高铁西站站前广场至宪梓南路红绿灯路口段路灯实施升级改造。2021年，对所有新装和改造更换路灯全部采用LED（发光二极管）灯，有效地节约电能和提高灯具的使用寿命。

【城市管理监察】 2021年，一是加强城市“六乱”整治。围绕区委、区政府的中心工作任务，制订严密的网格化人员管理，定岗定责，责任到人，重点对市民反映大的人民北路伯公下李屋临时市场流动摊贩占道摆卖、建设路顺风街、岗子上老梅瑶路、大新城新钱街、扶大市场周边占道摆卖等进行常态化管理，积极教育引导商贩到指定的临时摆卖点进行摆卖。加强华侨城广场、人民广场夜间流动摊贩和噪声扰民的管理，规范沿江金岸旧货市场长期占道摆放杂物的现象，使城区“六乱”的现象得到彻底改变。2021年，规范店外占道摆卖门店3.2万多间，取缔占道流动摊档4.32万多宗，清理、拆除设置在花带内破损指路牌、横幅940余条，整治夜间排挡、烧烤档3700多档，暂扣物品668件。通过全面整治，影响市容市貌的现象得到有效遏制。二是加强违建的查处工作。把遏制新增和查处违法建设作为日常执法工作的重中之重，不断加强巡查和查处力度，针对城市规划建成区内乱搭乱建、少批多建、不按图纸建设的问题，制定切实有效措施。坚持对新增违法建设“零容忍”的态度，发现一起，拆除一起，处罚一起，确保违法建设“零增长”。2021年，查处拆除各类违章、违法建筑73宗，拆除面积5841平方米。三是加强施工车辆道路扬尘管控。为进一步保持城市道路整洁、干净，严防运泥车辆进出工地轮胎带泥造成路面的污染，执法人员全天候、全覆盖严格监控运输建筑垃圾车辆。2021年，出动执法人员2731人次，向施工工地发出温馨提示220多份，检查管理工地泥头车上路密闭不标准，轻微撒漏182宗，责令施工方清洗污染路面238次，约3.57万平方米，作出行政处罚10宗，处罚金额11.28万元。同时，执法人员还加强对城区建筑垃圾乱堆放、乱倾倒现象的管理，规范沿街门店乱堆放建筑垃圾 924 宗，及时清理清运乱倾倒建筑垃圾 1120 吨，共 7.28 万元。

【管道燃气】 2021 年，梅县区住房和城乡建设局出动检查人数 400 人次，排查燃气场站 6 个、燃气销售点约 300 家次，向各企业和销售点负责人宣传燃气容器、燃气防爆安全知识并发放宣传资料 1000 多份，对违规违法行为行政处罚 4 宗，行政处罚金额 7.45 万元。联合相关职能部门开展 6 次燃气行业大检查，并在城区、松口、雁洋和白渡液化气库分别开展 4 次燃气泄漏应急演练。对液化气销售点排查整治，原城区 22 间销售点已停业 8 间。

【人民防空】 2021 年，梅县区住房和城乡建设局全力推进区 101 工程项目和“结建”式人防工程建设，提高城市整体防护能力，全年受理报建 100 宗，总面积约 91.52 万平方米，竣工验收备案 17 宗，面积约 12.36 万平方米。

2021 年年底梅县区住房和城乡建设局

局　长：何问安

（供稿：李赞　古琬云）

生态环境保护

【概述】 2021 年，梅州市生态环境局梅县分局积极履行职责，统筹推进常态化疫情防控和经济社会发展生态环保工作，污染防治攻坚战各项工作任务顺利开展，全年工作任务基本完成，全区环境质量保持良好，未发生因环境问题引发的集体上访和群体性事件，未发生重大污染事故。梅县区获评全国第五批“绿水青山就是金山银山”实践创新基地。梅县分局被广东省第二次全国污染源普查领导小组办公室评为广东省第二次全国污染源普查表现突出的集体。

【环境质量】 2021 年，梅县区新城环境空气质量优良，空气质量优良率 99.7%，PM2.5 平均浓度 21 微克/立方米。全区 6 个地表水考核断面（1 个省考 5 个市考）1—12 月平均水质均达到或优于Ⅲ类，平均水质优良率 100%；城区饮用水和备用水源及镇级饮用水水源平均水质达到水质保护目标要求。无丧失使用功能（劣于Ⅴ类）断面水体。城区环境噪声基本符合城市噪声质量标准。

【环境保护管理】 2021 年，梅县分局深化“放管服”改革，优化审批服务。严格落实转变政府职能的各项政策措施，做好建设项目审批或备案后跟进服务和监管工作，受理并办结行政许可 99 宗，完成 52 宗建设项目环评审批。统筹推进区生态环保重大项目建设工作。积极参与重点项目规划选址、资料收集等工作。做好省政府主要领导到梅县区指示事项工作推进工作，全程服务好广东嘉元公司年产 5 万吨高端铜箔、超华 2 万吨高端铜箔项目。积极开展生态环境专项资金及其他资金项目工作，牵头组织谋划 12 宗项目进入市级资金项目库，其中 3 宗同时入库中央生态环境专项资金项目库。配合做好梅州市生态环境保护“十四五”规划编制工作，积极组织谋划区重点项目，上报计划被列入梅州市生态环境保护“十四五”规划重点项目 12 宗。推进生态环境垂直管理制度改革，全力提升队伍素质。完成城市执法管理方面的职能移交，配合做好 9 项生态环境保护行政处罚执法职权调整由乡镇实施后的培训工作。全面完成机关事业单位人员转隶到市的各项工作。结合“双随机”执法、日常监管和专项检查，落实常态化新冠肺炎疫情防控有关要求，开展岗位大练兵活动，全过程加强生态环境保护队伍能力建设。

【环保督察整改】 2021 年，梅县分局组织完成第二轮中央生态环保督察进驻梅州市期间的各项工作。88 件转办件均在规定时间内完成调查和报告的上报工作，办结 66 宗。持续做好第一轮中央环保督察、中央环保督察问题整改“回头看”和省环保督察问题整改工作。涉及梅县区的16项整改任务均完成整改，全部办结187件中央和省环保督察组交办件。

【污染减排】 2021年，梅县分局强化对国控企业环保设施和在线监测系统的日常监管，加强对镇级或以上污水处理设施的监管，督促镇级污水处理设施规范投运、实现治污。强化排污许可证管理。对44家企业排污许可证进行质量审核。积极推动落后产能退出，对存在能耗、环保、安全、技术达不到标准和生产不合格产品或淘汰类产能，依法依规不予核发排污许可证。配合上级生态环境部门开展2020年度及“十三五”主要污染物总量减排完成情况核算。经市生态环境局核定，梅县区完成2020年度及“十三五”四项主要污染物总量减排任务。

【环境综合整治】 1. 加强执法监管，确保环境安全。聚焦重点行业和关键时间节点，严查危险废物产生和处置单位、涉重金属排放企业、非金属矿山、规模化畜禽养殖场等行业企业落实环境安全和应急管理工作情况，加强对医疗单位、隔离场所的日常巡查督促，督促排污单位切实加强环境安全防范措施，确保污染防治设施正常运行，废水稳定达标排放，固体废物储存场所符合“三防”要求，医疗废物得到规范收贮和及时清运。全年出动执法检查2155人次，检查企业733家次，发出《责令改正违法行为决定书》10份，实施行政处罚8宗，处罚金额36.9万元，严厉打击了环境违法违规行为。

2. 精准施策，深入打好污染防治攻坚战。

水污染治理。加快农村生活污水治理工作。摸清自然村及生活污水治理现状，按照“因地制宜，经济实用”原则，开展农村生活污水治理工作。至2021年年底，达到治理要求的自然村总数为1158个，治理率83.55%。推进“十件民生实事”农村生活污水治理工作，18个自然村农村生活污水治理工作全面完成。完成全区17条河流和2座水库入河排污口（排水口）排查、监测、溯源等任务，共排查出1026个入河排污口（排水口）。编制完成《梅县区入河排污口（排水口）摸排及编制整治方案工作报告（评审稿）》并通过专家评审。加强饮用水水源地环境保护。做好全区6个镇级集中式饮用水水源保护区划定（调整）工作，加快推进已划定饮用水水源保护区规范化建设工作。

大气污染治理。开展蓝天保卫战百日冲刺等专项行动，加大对建筑工地、道路、移动源、工矿企业等大气污染管控。深入开展VOCs综合整治工作。开展柴油车用车大户企业入户检查，规范非道路移动机械环保管理，192辆非道路移动机械录入国家非道路移动机械环保监管平台。多部门联合开展机动车尾气排放路检工作，依法查处排放不合格车辆上路行驶违法行为。实施炉窑分级管控。强化污染天气的预警预报、大气污染联防联控，加强对城区在建工地、城区周边露天焚烧及燃放烟花爆竹的管控，切实有效改善城区大气环境质量。

土壤污染治理。开展受污染耕地的治理修复。为确保农产品质量安全，对受污染耕地开展安全利用和风险管控，措施到位率100%，受污染耕地安全利用率达90%以上，完成省下达任务受污染耕地（1653.86公顷）安全利用工作任务。全面推进农村环境综合整治。完成隆文镇、桃尧镇共10个行政村环境综合整治工作。

3. 重视环境信访工作，维护群众合法权益。进一步加强环境信访工作的日常管理。规范信访投诉的受理、交办、调处、反馈等流程，确保群众来访件件有着落、事事有结果。对有可能引发越级上访或群体性事件的倾向性、苗头性隐患进行全面排查，积极化解可能因环境问题引发的重大不稳定因素，切实维护社会稳定。受理各类环境信访案件420宗，信访案件的处理率保持在100%，未发生越级上访等群体性事件。

【宣传教育】 2021年，梅县分局围绕“6·5”世界环境日主题，开展“不留白色污染”系列宣传活动，环保宣传进社区、进学校、进企业等活动。加强全区农村生态环境保护宣传阵地建设，水车镇白沙村和雁洋镇南福村获评“梅州市不留白色污染示范村”。以电视、电台、微信公众号、环保公益纪念品为载体，围绕中央环保督察、创建全国文明城市等生态环境保护中心工作，深入开展生态文明宣传教育和志愿服务活动，激发全民参与生态文明建设的强大合力。按要求及时向社会公开空气环境质量、集中式饮用水水源水质季度情况以及行政许可、行政检查、行政处罚等环境管理信息，督促重点排污单位及时、主动公开环境信息，及时做好行政许可和行政处罚项目的双公示工作。

2021 年年底梅州市生态环境局梅县分局

局　长：黄伟政

（供稿：张红英）

国 内 贸 易

2021 年，全区社会消费品零售总额完成 149.38 亿元，同比增长 1.4%。从销售规模上来看，限额以上法人单位实现零售额 34.23 亿元，同比下降 1.5%；限额以下单位实现零售额 115.15 亿元，同比增长 2.3%。按经营所在地分：城镇实现消费品零售总额 112.91 亿元，同比增长 1.4%；乡村实现消费品零售总额 36.46 亿元，同比增长 1.4%。按消费类型分：全区实现商品零售 136.12 亿元，同比增长 1.3%；实现餐饮收入 13.27 亿元，同比增长 2.6%。

供 销 商 业

【概述】 2021 年，梅县区供销合作联社全面贯彻落实《中共广东省委办公厅、广东省人民政府办公厅印发〈广东省进一步深化供销合作社综合改革打造为农服务生力军行动计划〉的通知》和省、市供销社，区委、区政府的工作部署，围绕“三农”工作大局，“不忘办社初心、牢记服务使命”，立足供销社本职，推动新时期供销合作事业的改革发展，促进农业现代化发展和农民增收致富，各项工作取得较好成绩。至年底，实现商品总购进 256189.23 万元，实现商品总销售 256787.1 万元，农副产品销售总额 72684.04 万元。获得 2021 年度全省供销合作社系统综合业绩考核县级三等奖。

【助农服务综合平台（中心）建设】 2021 年，梅县区供销合作联社认真贯彻落实《广东省人民政府办公厅关于印发供销合作社新型乡村助农服务示范体系建设实施方案的通知》（粤办函〔2019〕46 号）文件精神，按照省政府新型乡村助农服务示范体系建设实施方案“两年完成建设，四年完善功能”的部署要求，围绕区政府提出的“聚焦‘三农’发展，持续推进乡村振兴”的战略，以及融入粤港澳大湾区建设三年行动计划，该社抓住产业发展、农业产业化开发等良好机遇。一是进一步提升完善助农服务中心功能，如松源镇助农服务中心的广东十记集团有限公司，积极探索“公司+合作社+基地+农户”的产业化经营模式和“网店销售+线下分销”的新型销售模式，通过签订订单和收购合同、聘请临时工、组织技术培训等方式，解决农户种植难、销售难的后顾之忧，提高农户种植金柚的积极性。为解决合作社农户前期启动资金困难的问题，该公司出资 300 万元成立农民帮扶基金，农户可通过产品销售抵押获得帮扶基金的无偿借款用于购买种苗、农资及生产设备。同时，为解决农户大额贷款需求及贷款难、利率高、额度低等问题，合作社联合广东省农业融资担保有限公司开展“3+N”贷款项目，为合作社农户提供贷款反担保，如遇自然灾害，农户无偿还能力时，由该公司承担偿还贷款，支持农户采用多种方式为公司服务，抵扣贷款。至年底，已实现带动农户数约4850户，帮助23名农户获得超过1200万元的生产贷款，全面撬动社会资本服务“三农”，助力乡村振兴。二是参照2020年的做法，以农业生产资料公司占股36%（不参与经营管理），依托社会资源牵头组建有限责任公司，对梅县区2020年建设的9个（其中新增2个）镇级助农服务中心进行参股，9个镇级助农服务中心参股资金经区政府常务会议研究同意，由区财政统筹解决。待参股资金到位后，该社将进一步加快9个镇级助农服务中心的公司组建，不断完善助农服务中心的服务功能。

【“三位一体”综合合作试点】 2021年，根据《供销合作总社、中央农办、人民银行、银保监会关于开展生产、供销、信用“三位一体”综合合作试点的指导意见》（供销金联字〔2021〕1号）和《中共广东省委办公厅 广东省人民政府办公厅印发〈广东省进一步深化供销合作社综合改变打造为农服务生力军行动计划〉的通知》（粤办发〔2020〕37号）以及省、市供销社和区委、区政府对供销合作社综合改革工作的部署要求，结合实际，成立生产、供销、信用“三位一体”综合合作试点工作领导小组，制定试点工作方案。经市、区供销社多次调研，选取梅县区石扇镇基础条件较好的梅州市兴缘农业发展有限公司下辖的梅州市梅县区绿林水果专业合作社作为市、区两级生产、供销、信用综合合作示范点。依托“梅州供销 · 泰农帮”“三农”服务综合信息平台，为柚果生产提供生产、供销、信用“三位一体”线上线下服务，指导合作社和助农服务平台（中心）充分利用互联网、大数据、智慧农业与实体经济深度融合。2021年，该试点吸收当地果农入社160多户，全年农资农技服务果树面积666.67公顷，帮助当地果农销售17500吨。同时依托“供销社助农服务体系+互联网+金融”的现代金融助农服务，与中国银行、客商银行建立战略合作关系，共同推出农村普惠金融产品，让农户能够获得更便利、优惠的信贷支持，推动农户扩大再投资。2021年，为果农提供低息贷款800万元，解决果农扩大生产的资金需求。

【培育壮大工程】 2021年，梅县区供销合作联社根据省供销社《关于印发全省供销合作社培育壮大工程实施方案的通知》（粤供合〔2020〕30号）要求，结合梅县区基层供销社已退出经营市场的实际，详细谋划培育壮大工程三年实施方案，细化工作任务，推动供销合作社培育壮大工程工作的落实。2021年，完成新建村级基层社5个，新增基层社农民社员555人，新建庄稼医院8个，新领办农民专业合作社7个，完成土地托管等农业社会化服务面积1100公顷（其中土地托管400公顷，测土配方施肥、统防统治、农机作业等农业社会化服务700公顷）。

【助农平台建设】 2021年，按照《中共广东省委办公厅 广东省人民政府办公厅印发〈广东省进一步深化供销合作社综合改变打造为农服务生力军行动计划〉的通知》（粤办发〔2020〕37号）的部署要求，省供销合作联社牵头、省供销集团主导、各市县供销社共同发起设立“广东供销农产品股份有限公司”，公司注册资本3亿元，建设广东供销放心农产品产销对接省级运营平台。通过省级平台参股、控股等形式，与各市县供销社合作搭建品牌共享、资源共享、集约高效的区域农产品直供配送中心。县级供销社每个首期认投省级平台出资额200万元，其中县供销社自筹50%，其余50%由省供销农业合作发展基金划拨方式解决，该社下属“梅县区农业生产资料公司”向“广东供销农产品股份有限公司”进行参股，自筹50%（100万元）股金已经区政府常务会议通过，由区财政统筹解决。为对接省、市供销合作社农产品生产销售平台，促进解决本区农产品质量安全和卖难买贵问题，梅县区供销合作联社推进供销放心农产品直供配送子平台网络建设，统筹整合供销合作社系统农产品生产服务、冷链物流、销售渠道等优势资源，开展农产品生产基地对接、农产品收储、检测检疫、中央厨房、物流、配送等全程流通服务，满足城乡群众对优质农产品的消费需求，促进农民增收致富。

【企业管理】 2021年，梅县区供销合作联社进一步提高社有企业的经营能力、服务水平和经济效益，不断理顺社有企业关系，推动社属企业的改革发展。一是高度重视社有企业的生存和发展，建立完善社有资产管理制度，及时协助解决企业的困难，增强企业发展动力。二是加快再生资源现代流通网络建设，助推城乡人居环境的净化美化。认真贯彻落实上级有关开展生活垃圾分类部署，整合和利用现有经营网点，充分发挥物资回收公司的主导作用，大力扩宽经营网点，利用全区5个直营店、80个加盟店和160多个废旧物资回收经营网点，开展分购联销活动，协调发展再生资源链条，构建镇、村、社区回收利用网络，加强与废旧物资回收企业网点的合作。在城市生活小区设立回收网点，积极宣传配合做好生活垃圾分类工作，鼓励连锁经营网点参与生活垃圾分类，净化美化人居环境，助推美丽乡村建设。据统计，2021年，废旧物资销售5708万元。三是构建设现代农资经营与农技服务网络。充分发挥农资公司的龙头企业作用，加强与农资厂商的联合合作，努力组织质优价廉产品供应市场，平抑稳定本区农资商品价格。大力拓宽农资经营网点，联结助农服务中心，利用全区各乡镇设立的服务网点35家，村级服务网点15家，深入专业合作社、种植大户，开展“一站式、零距离”的服务，送肥送药到果园、菜园、田间地头，满足群众的农业生产需求，服务“三农”。2021年，销售化肥农药6211.3万元。

【农村专业合作社建设】 2021年，梅县区供销合作联社发挥山区的优势资源，按组织化、规模化、品牌化、产业化标准，大力扶持各类专业合作社发展，着力引导专业合作社走特色之路。2021年，新领办农民专业合作社7家。同时为进一步规范农民专业合作社的管理，对领办的农民专业合作社开展“僵尸社”“空壳社”专项清理工作，至年底，领办农民专业合作社54家，其中国家级示范社3家、省级示范社16家、市级示范社14家。

【基层社管理】 2021年，梅县区供销合作联社不断完善供销社服务“三农”功能，加强基层社管理，推动经营业务发展，更好地服务基层，服务群众。不断完善畲江、梅西基层中心社建设，更好地发挥基层中心社的服务功能作用，取得较好的经济效益和社会效益，中心社2021年度销售额2863.86万元。

2021年年底梅县区供销合作联社
主　任：温淑芳

（供稿：陈小燕）

烟草专卖

【概述】 2021年，梅县区烟草专卖局坚持以习近平新时代中国特色社会主义思想为指导，全面贯彻中共十九大和十九届五中、六中全会和中央经济工作会议精神，围绕广东烟草高质量发展战略和市局（公司）“128”工作思路，坚持稳中求进总基调和新发展理念，积极应对各种困难和挑战，经济运行稳中向好。全年实现销售收入8.63亿元，同比增长13.24%。

【烟叶生产】 一是坚守计划红线，稳定优质烟区。全年落实烟叶种植户305户，种植面积8148亩，收购烟叶109.97万公斤，完成收购计划的99.97%，收购均价1509.97元/担，同比增长6.17%，省公司烟叶收购检查等级合格率83%，有效实现烟叶收购质价“双提升”。同时，以“万担镇、千亩村”为建设重点，制定出台烟区空间和产能布局优化五年规划，并在区委、区政府的大力支持下，启动优质烟田建设工作，在全区4个烟区镇规划建立2万亩优质烟田，积极推动构建“稳烟区、稳烟田、稳烟农”的长效发展机制。二是坚持绿色发展，提升烟叶质量。突出“中棵烟”培育，继续抓好全市唯一的梅州市优质烟叶生产核心示范片建设，努力提升工业需求适配性，成功建成贵州中烟梅岭烟叶基地单元；突出重点技术落实，实施秸秆融田18公顷、犁冬晒白36.67公顷，进一步改善土壤结构和提升地力，围绕高可用性上部烟叶开发计划，开展上部叶带茎烘烤试验示范6.67公顷，提升上部烟叶烘烤质量；突出良好生态优势，引导烟农开发利用闲置农田，生态烟培育面积同比增长41%，加大优质生态烟叶定制化生产；突出烟叶绿色生产，落实烟蚜茧蜂防治蚜虫、性诱捕器与黄板防治害虫等绿色综合防治技术，继续保持烟苗病毒抽检零检出、鲜烟农残抽检零超标。三是突出多元融合，培育增收动能。增强发展后劲，强化专业化服务设施设备支撑，提升合作社专业化服务能力，购置50套外置颗粒燃烧机投入当年烘烤使用，新建10座内置式生物质新能源烤房通过市级验收。做好增收文章，科学制定年度多元增收规划，围绕设施利用、“烟叶+优质稻”推广，在核心烟区规划203.67公顷烟田，积极打造梅岭烟叶产业综合体，引导合作社与地方农业龙头企业开展订单生产，与农业科技公司共建“梅岭绿特优”多元增收品牌，着力构建“定制生产+配套加工+渠道建设”的产业链多元发展体系，预计可实现促农增收总产值181.72万元，同比增长约10%。

【卷烟营销】 一是抓好卷烟品牌培育。全年销售卷烟2.43万箱，同比增长8.73%，实现卷烟销售收入7.95亿元（不含税），同比增长14.87%，卷烟单箱销售收入36939.85元，同比增长5.65%，省产双喜销量13321.85箱，同比增长4.41%，其中省产双喜一、二类销量10092.85箱，同比增长7.44%。二是抓好零售终端数字化。为落实行业“互联网+”行动计划、积极推进卷烟营销市场化取向改革的意向重要措施，全年为391户零售户提供跨行实时结算功能，为26户零售户开通使用易灵通的聚合支付功能，帮助零售户提高资金流转效率，促进形成更加良好的卷烟零售生态环境。着力完善20支网络体系，为151户零售户安装易灵通，开通星级终端客户90户。三是提高客户服务质量。以一线营销人员培训、零售客户辅导、零售终端维护为重点，增强客户经营信心，提高终端经营水平，推动营销队伍职能转型，打造专业营销队伍，扎实推进零售终端体系建设。施行“一对一”帮扶措施，帮助客户补齐短板，进一步提升客户满意度，共帮扶零售客户18位。四是大力推进农网建设。在辖区内组织开展农村卷烟营销网络盲点、空白点摸底排查活动，共有1390个农网客户，占总客户数的50.99%。协同专卖部门完善农网零售点布局，治理虚假、违规客户，对新办证农网零售客户进行指导工作，打造高质量农网零售客户。

【专卖管理】 2021年，全区查获各类涉烟案件105宗，案值979.96万元，其中查获5万元或5万支以上大要案28宗，查获15万元以上真品卷烟案件5宗，查获假烟1103.89万支（同比增长4.25%）、走私烟11.9万支（同比增长3.25倍）、非烟230.11万支（同比增长9.73%）、烟叶238公斤，制假烟机2台。一是打假打私工作再上新台阶。坚持“政府领导、部门联合、多方参与、密切协作”的烟草打假打私体系，紧密协调公安、市场监管、交通等职能部门，开展联合执法专项行动42次，查获假私烟案件38宗，其中运输环节查获假私烟1076.458万支，同比增长2.48倍。二是深入推进卷烟市场法治化。以“管住市场、管好零售户”为主线，落实“互联网+监管”机制，共开展守护未成年人成长专项行动6次，清理中小学、幼儿园周边50米范围内零售户32户，劝导3户中小学周边商户下架电子烟，对2户向未成年人销售卷烟的零售户作出停业整顿决定，责令停业整顿8户；查获15万元以上真品卷烟案件5宗，取消经营资格纳入“黑名单”管理零售户6户，守护成长环境治理管控扎实，大户治理成效显著，有力推进市场法治化建设。三是推动行政许可规范化开展。高效执行合理布局规定，及时公示轮候登记和新办情况，合理控制卷烟零售户数量增长。严把发证关，对退役军人、残疾人、特困户、军烈家属等特殊人群严格审查，对符合条件的开通“绿色通道”，高效便捷审批，同时严防利用制度漏洞情况，加强承诺书和利用他人证件办证的审核，通过宣传教育阻止条件不符申请办证6户。四是推动“两烟”生产经营有序运转。2021年，开展跟车检查37次，处理预警245宗,反馈专卖部门查处违法违规经营4户、营销部门锁量降档154户。紧跟烟叶种植生产进度，开展废弃烟叶销毁监管、种植收购合同清理监管,抽查烟农108户次,监督销毁废弃烟叶272公斤。五是推进专卖队伍高素质发展。注重提升专卖执法队伍的业务培训，2021年，开展业务培训3次，真假烟鉴别培训1次，全市专卖人员轮训4次。认真落实“清风正纪”教育活动，深入分析风险防范点，及时发现问题整改落实，不断增强专卖队伍法治观念和作风建设。

2021年年底梅县区烟草专卖局

局　长：戴新导

（供稿：高林莅）

食盐专卖

【概述】 2021年，广东省盐业集团梅州有限公司梅县分公司按照上级相关部门工作部署，全面落实“以盐为基、以盐带路、严把盐关、广开盐路”的发展方针和“提品质、增品种、强品牌、优服务”的战略部署，面对新冠肺炎疫情的影响和盐改以后复杂严峻的市场环境，统一思想，以积极主动的工作态度，完成各项工作任务，确保食盐市场的平稳。2021年，实现销售食盐3145吨，实现销售收入1301万元。

梅县公司。全年销售小包装3145吨，同比减少91吨。直接入口小包装2564吨，同比减少62吨。低钠盐437吨，同比减少100吨；高端盐106.7吨，同比增加10.7吨。

平远公司。全年销售小包装697吨，同比减少154吨。直接入口小包装448吨，同比减少78吨。低钠盐52吨，同比减少14吨；高端盐10.1吨，同比增加2.6吨。

【食盐管理】 1.深入市场调研，提高市场营销水平。辖区市场受多种因素影响，销售下滑，领导班子高度重视，持续深入市场开展调研，结合市场上的具体情况和存在的问题，从主观上和客观上查找原因，根据查找的客户经理市场巡访工作不扎实、食盐网购多、市场社会库存量小、受疫情影响餐饮用盐大幅减少等问题，采取措施，通过提升市场巡访水平、加强配送商客情维护，在各超市不定期地开展食盐促销活动等办法，力保辖区食盐市场销售的平稳和品种结构的优化。2.深化渠道下沉，提升终端掌控能力。辖区市场不断受到外省市各盐企产品的冲击，如中盐、四川久大、雪天等品牌，对此，梅县分公司采取积极措施做好应对，制定工作方案，进一步做实做细渠道下沉工作，持续做好辖区食盐流通渠道、商超渠道、终端餐饮渠道和特殊渠道工作，强化“粤盐”品牌宣传，确保公司销售的持续性和稳定性。一是坚持直配直送，范围由原城区的餐饮用盐直配直送，扩大到畲江镇、松源镇等一些市场掌控较弱的地区。二是利用低价盐产品，在有外省竞品的市场上，有针对性地投放，挤压外省盐产品的生存空间，取得良好效果，至年底，多家商超均退出外省盐产品的销售。三是切实提升服务质量，要求全员增强服务意识，提升服务质量，落实好终端渠道的产品铺货、理货补货、配送服务等工作，受到食盐配送商和零售户的一致好评。3.优化销售产品结构，增强企业盈利水平。利用商超平台、节日促销和员工团购，不断提升优化我司的销售产品结构。一是开展250克低钠盐的促销，引导配送商增强宣传和销售的主动性，同时配合市场巡访大力宣传；二是开展国庆及“双十一”“双十二”的产品促销；三是引导员工积极开展高端盐产品的团购活动，特别是年底大力推销新产品“客家臻盐”。通过采取多种方式及全员的共同努力，全年销售高端盐产品106.7吨，进一步扩大品牌影响力。

【品牌宣传】 2021年，梅县分公司通过多种举措宣传粤盐产品和科学用盐知识。一是联合市公司综合事务部，结合“我为群众办实事”主题活动，深入到城区和各乡镇农贸市场或人员集中的地区，开展地推活动，取得较好效果；二是认真开展好市场巡访工作，向食盐配送商和零售户宣传国家食盐管理相关政策，进一步巩固粤盐品牌在食盐市场的主力军地位；三是深入乡镇农村做好入户宣传，宣传食盐安全和科学用盐知识，提高广大群众的食盐安全意识。

【内部管理】 2021年，梅县分公司加强内部管理，确保企业全年安全。通过不断地加强内部管理，落实好分公司的各项规章制度，不断提高全体员工的纪律意识和安全意识，在完成好繁重的工作任务的同时，确保公司全年安全平稳运转。

2021年年底广东省盐业集团梅州有限公司梅县分公司

经　理：彭　戈

（供稿：陈义华）

财 政·税 务

财　政

【概述】 2021年，梅县区财政局坚持以习近平新时代中国特色社会主义思想为指导，深入贯彻中央经济工作会议及各级经济工作会议精神，坚持新发展理念，以党建引领财政工作，落实区委、区政府和市财政局的工作要求，积极应对经济运行的不利因素，同时抓好疫情防控和经济发展，财政运行基本平稳，为全区经济社会发展提供有力的财政保障。2021年，全区一般公共预算收入完成16.38亿元，一般公共预算支出完成56.2亿元。

【财政改革】 2021年，梅县区财政局认真做好财政改革工作。一是高标准完成“数字财政”建设工作，全区184个预算单位全部如期实现“数字财政”执行域与核算域上线工作，实现全流程电子化支付业务，进一步深化财政预算执行监督管理和项目库绩效管理改革，财政资金使用、绩效监管更加规范高效。二是深化预算编制执行监督管理改革，全面实施预算项目库管理，将所有支出纳入项目库，无项目不安排预算，推进预算绩效目标管理，对申报项目库项目提出绩效目标，规范专项资金管理，加强预算执行监管。三是深化涉农资金统筹整合改革，2021年，全区收到上级财政部门下达涉农统筹资金2.69亿元，涉农资金支出进度100%，保障梅县区在涉农领域确定的重大项目、统筹实施乡村振兴战略等建设。四是深化国企国资改革，初步理顺区国有资产管理体制，全力推进国有企业重组改革（原有国有企业保留23家，出清（注销）33家，2021年，按要求完成整合（含股东变更）18家，完成出清11家）。加强企业国有资产监管，在2020年出台10个管理政策的基础上，2021年新制订11个区属企业和区行政事业性国有资产管理政策，整合用好全区优质国有资源，促进国有资产保值、增值。

【民生支出保障】 2021年，梅县区财政局牢固树立“过紧日子”思想，精准编制预算并严格执行，强化预算约束，严控一般性支出和“三公”经费支出，围绕区委、区政府的决策部署合理调度财政资金，确保“三保”支出，把更多资金用于民生支出保障，2021年，民生支出42.14亿元，并有针对性地加快支出进度，提高预算支出执行率，有效提升财政资金使用效益。

【财政监督管理】 2021年，梅县区财政局认真做好财政监督管理工作。一是全面实施预算绩效管理，建立健全制度体系；加强绩效指标体系建设、预算绩效宣讲培训等基础工作；开展绩效自评工作、重点绩效评价工作和项目绩效运行情况监控。至年底，全区入库绩效指标9107个；2021年，梅县区财政局在各单位区级项目支出绩效自评基础上，抽审10个部门预算单位的39个区级项目支出，大部分单位自评质量有所提高；对村村通自来水、“四好农村路”建设等共9个项目进行重点评价，评价总金额11.07亿元。二是建立完善财政资金直达机制，对所有直达资金均以发文方式进行明确，加强日常监管和重点监控，确保资金使用更好更有效；深化国库集中支付改革，推进单位财务集中监管平台建设，实现财政资金全过程监管。三是重新修订《梅州市梅县区农村财务管理制度》，进一步加强梅县区农村财务的规范和监督管理，抽查200个村（居委会）农村财务，做好财政支农政策培训、农村财会人员培训等工作，人数达到832人，提高农村集体财务监管水平。四是全面完成非税系统一体化建设，教育收费、非税收入、往来、社团、捐赠、医疗收费等电子票据实现新财政票据管理系统上线工作。五是做好投资审核工作，2021年，审定333宗，送审金额34.28亿元，审定金额31.59亿元，核减2.69亿元，核减率7.85%。六是做好政府采购工作，2021年，全区计划备案142484.56万元计2447笔，交易完成32534万元计2232笔。

2021年年底梅县区财政局

局 长：叶金胜

（供稿：何林盛 李婧纯）

税 务

【概述】 2021年，梅县区税务局坚持以习近平新时代中国特色社会主义思想为指导，认真落实区委、区政府和上级主管部门的工作部署，在“讲政治、促改革、抓收入、优服务、带队伍”等方面取得新成效，各项工作稳步推进、稳中向好，实现了“十四五”良好开局。2021年，全区组织税费收入49.88亿元，同比增收4.48亿元，增长10%，其中：组织税收收入30.32亿元，同比增收0.72亿元，增长2%；社会保险费收入16.97亿元，同比增长29%；其他费金收入2.58亿元，同比下降2%。2021年1—12月，全区新增减税降费1.26亿元，其中：2021年出台的新增减税降费0.26亿元；2021年展期实施政策减税降费0.88亿元；2020年年中出台政策在2021年的翘尾新增减税降费0.12亿元。

【税源管理】 1．组织收入。在税收收入方面，组建土地增值税清算小组，集中力量加快清算进度，全年清算房地产项目7个，入库税款近7000万元。全区企业所得税汇缴率99.57%，汇算清缴数据实现零差错。推广应用加油站智能税控系统，全区36个加油站实现智能税控系统安装全覆盖，进一步堵塞加油站征管漏洞。在社会保险费方面，树牢税费皆重要的理念，联合区民社局开展社保费扩面征缴工作，走访84家单位，在宣传社保法规和提高参保积极性方面取得明显成效，实现社保费收入和缴费人数双增长。在非税收入方面，先后完成水土保持补偿费等2批3项非税收入划转，同时抓好国有土地使用权出让等2项新的非税收入划转。2．防范化解重大风险。一是开展现金税费征缴专项整治工作，全年发现问题117个，整改完成率97%，责任追究18人次。二是开展2021年度增值税发票管理内部风险核查工作，发现问题18条，已全部整改完毕。三是开展疑点数据纠偏工作，下发疑点数据3300多条，补缴税款101.27万元，退抵税款3.56万元。四是开展风险任务应对工作，完成风险任务应对1100多户次，完成风险管理成效入库税款（含滞纳金）3300多万元。五是开展成品油行业税收管理专项整治工作，通过核查辖区内石油制品发票抵扣情况，辅导41户企业进行轻质循环油进项税额转出，税额1200多万元。六是开展保密管理自查自纠，组织干部学习保密知识，增强保密意识，养成保密习惯。加强微信、QQ等新媒体的管理，严禁干部使用即时通信工具存储、传输、处理涉密资料。经过宣传教育，全区税务系统粤政易活跃率提高至80%以上。开展网络安全宣传，升级电脑防护策略，安装应用国产软件，保障全局网络安全稳定。

【依法治税】 一是深入学习贯彻习近平法治思想。全面贯彻落实习近平法治思想宣传学习工作任务，坚持把学习习近平法治思想作为区税务局党委会议的“第一议题”，突出政治标准，推动领导干部做尊法学法守法用法的模范，切实增强“少数关键”法治本领，不断提高干部队伍尊崇法治、敬畏法律、学法守法用法的法治理念和法治素养。二是提高税收制度建设质量。加强制定审查管理，认真贯彻落实《税务规范性文件制定管理办法》，严格按照制定权限和程序，落实集体讨论等制度，开展税务规范性文件合法性审查、合规性评估和公平竞争审查工作，完善税费政策确定性管理工作，统一税费政策理解和执行口径，扎实开展规范性文件管理工作。三是推进依法科学民主决策。健全依法决策机制，严格遵守集体领导、民主集中、个别酝酿、会议决定原则，严格执行“三重一大”事项集体讨论决定、“一把手”末位发言等制度。明确班子职责分工，落实领导班子调研制度和基层联系点制度，开展“两代表一委员”和纳税人大走访等活动，科学、依法、民主决策水平进一步提高。加强合法性审查。不断健全重大决策合法性审查机制，严格按要求开展合法性审核工作，未经合法性审查或经审查不合法的，不得提交上会讨论。四是坚持严格规范公正文明执法。严格执法资格管理，明确从事税务执法活动必须具有税务执法资格，加强税务执法资格审核，组织初任公务员参加总局统一组织的执法资格考试。2021年，梅县区税务局两名初任公务员均通过执法资格考试，取得税收执法资格。动态管理执法人员信息，细化税收执法检查证管理，对全区税务系统税收执法检查证管理开展自查，对不在编在岗人员缴回注销证件，杜绝混编混岗现象。全面推行告知承诺制。自2021年7月1日起，对6项税务证明事项全面推行告知承诺制，方便纳税人办理相关事项，维护纳税人合法权益，提高纳税人满意度。五是全面推进政务公开。不断完善公开机制，贯彻《中华人民共和国政府信息公开条例》，按要求及时更新政务公开基本栏目内容，不断增强公开实效，保障人民群众知情权、参与权、表达权和监督权。同时，严格执行政府信息公开保密审查机制，确保公开内容不出错、不涉密。持续加大主动公开力度。严格落实“谁执法谁普法”普法责任制，坚持集中宣传和日常宣传相结合，抓好“全国税收宣传月”和国家宪法日、宪法宣传周等集中税法宣传。

【征管改革】 2021年，梅县区税务局认真贯彻落实《关于进一步深化税收征管改革的意见》(以下简称《意见》)。一是组织领导。成立领导小组和《意见》落实办公室，建立实体化运作6项基本制度，制定了7个方面28类133项改革措施，明确任务书、时间表、责任人。坚持“一把手”亲自抓、总负责，落实办牵头抓总，职能部门密切配合，确保领导有力、职责明晰、分工协作、运转顺畅。向上级税务机关和地方党委政府请示报告，畅通与外部门沟通协调，凝聚条块协同推进的合力。全年向市税务局报送落实《意见》工作动态10篇，推广全区税务系统改革过程中的好经验好做法。二是学习宣传。采取发放资料主动学、学习兴税掌上学、电话抽查督促学、视频培训专题学、青年小组研讨学等方式，引导干部职工准确把握《意见》精神，统一思想认识，自觉融入改革大局。在全省税务系统《意见》应知应会知识测试中，全区税务系统干部职工参测率100%，平均成绩超90分。三是任务落实。按照《意见》关于“深入推进精确执法、精细服务、精准监管、精诚共治”的要求，通过技术创新，探索出一套“自动划分任务对象、自动精准发送邮件”的工作模式，提高工作效率，降低机关和基层的沟通成本；有序推进增值税专票电子化试点工作,全区有237户纳税人纳入电子专票试点；大力推行“非接触式”办税缴费，全区通过电子渠道受理涉税事项占比90.5%；联合地方政府各职能部门，建立全区涉财税源数据共享机制，进一步扩大税收共治“朋友圈”。

【纳税服务】 一是提升纳税人满意度。制定12个大项17个小项的纳税人满意度提升措施，领导班子成员分头带队走访20多户重点税源企业，密切关注企业的需求和建议，确保件件有落实、事事有反馈。根据政务服务“好差评”系统统计，纳税服务评价满意率实现100%。在2021年度全省纳税人满意度调查中，该局位居全市第1，在全省145个县区中排名第13，全省排名创历史最好成绩。二是开展“我为纳税人缴费人办实事暨便民办税春风行动”。逐一落实总局提出的100条工作举措，不仅完成“规定动作”，还探索推出“自选动作”。完成“广东网上办税模拟学堂”试点上线工作，助推全市“非接触式”办税迈上新台阶。至年底，模拟学堂课件使用量超过3.8万人次。此外，开展“纳税服务体验师”活动，推行“一企一策”精准服务，召开涉税专业服务机构座谈会等，切实将便民办税“春风”吹到纳税人缴费人的心坎上。三是优化税收营商环境。与梅县区工商联、梅州农商银行联合开展“春雨润苗”专项活动，为10家小微企业现场授信，额度4.2亿元。2021年，各家银行向辖区内纳税信用评价为A、B、M级的5000多家企业发放贷款超64亿元。在全市首推税费事项事前短信提醒服务，让纳税人缴费人不仅知道“要做什么”“什么时候做”,也清楚“在哪里做”“该怎么做”,该创举被广东省办公厅政务处作为“优化营商环境经验做法”进行宣传，被《梅州新闻联播》《梅州税务动态》和“南方+”等平台报道。自推广“精准提醒”服务以来，共发送应申报提醒短信5万多条，服务纳税人1万多户，2021年下半年整体按期申报率达到99%，同比提高3%。深化税务领域“放管服”改革，与区自然资源、住建等部门密切协作，推广“交房即发证”，让购房者在拿到新房钥匙的同时还拿到不动产权证书；落实“套餐式”服务，保证新开业户“套餐式”服务1个小时内办结；推动税务注销再提速，注销即办率全年保持在90%以上,100%实现按期注销；加快出口退税办理速度，全区正常退税的平均办理时间提速至3个工作日内，全年办理出口退（免）税1.7亿元。此外，配合地方政府做好梅州综合保税区招商引资工作，建立驻区企业“一户一档”跟踪管理台账，全面梳理综保区税费优惠政策并上门宣传，完善相关涉税服务，为综保区顺利通过国家验收贡献税务力量。

2021年年底国家税务总局梅州市梅县区税务局

局 长：蓝 绽

（供稿：梁炜坤）

金　　融

银行业

2021年，全区金融机构各项人民币存款余额407.33亿元， 同比增长4.2%。其中，城乡居民储蓄存款余额277.23亿元，同比增长12.9%；贷款余额272.94亿元，同比增长13.6%；银行业贷存比为67%。

【中国工商银行股份有限公司梅县支行】 2021年，梅县支行全体员工在分行党委的领导下，深入学习和传达贯彻落实省、市分支行行长工作会议精神，围绕客户拓面提质和存款冲刺工作要求，大力拓展存款业务市场，不断深化资产业务经营转型，加大拓户工作力度，全力加快中间业务发展，继续坚持稳健经营、从严治行的理念，取得一定成效。至年底，本外币各项存款余额为338433万元，比年初减少31390万元。各项贷款余额（不含票据）273810万元，比年初减少2119万元。

业务经营　存款方面：一是做好服务工作，高度重视抓好柜台服务工作，进一步提高员工服务意识和敬业精神，努力提升网点服务质量和服务效率，切实服务和维护好客户。二是按新常态的工作要求加强存款稳定增长的管理。三是继续加大对征地拆迁款等资金的营销力度。四是通过“存款+理财产品”组合营销，带动各项存款的增加。五是与证券公司开展资产托管，积极拓展三方存管和私人银行客户，通过业务营销系统筛选目标客户、营销客户，充分利用本行优势产品，为客户量身订制个性化服务，着力提高市场竞争力，拉动各项存款的增长。六是抓源头，通过加强对省行“十大市场”以及代发工资、三方存管、拆迁补偿款、机关事业单位养老金、住维账户等的营销力度，促进各项存款增长和其他业务的发展。七是促进“4e”和e支付商户等电子银行业务全面快速发展，加快互联网金融发展。

信贷方面：一是加快个人贷款业务的发展与转型，不断提高个人贷款业务的综合贡献。有效筛选优质楼盘按揭项目资源，为扩大个人住房按揭贷款市场份额，主动拓展，上门营销，加强与优质的房地产开发商的合作，努力提升在当地优质楼盘按揭业务资源的同业占比。二是加强服务意识，提升服务品质。一方面，在楼盘开盘期间，安排人员在现场驻点，受理按揭贷款业务。另一方面，加强沟通联系，对内要求每个个人客户经理每周上报住房按揭贷款办理进度，有问题及时反馈，尽快解决。对有意向但未准入的楼盘进行梳理，安排专职客户经理加快办理楼盘准入手续，为争取更多的信贷资源；对外加强与各开发商沟通和回访，了解开发商开盘和销售情况，对每个楼盘合理安排人员受理业务。通过把握房贷新政，及时与楼盘营销人员沟通和宣传，使其了解房贷政策，为个人住房按揭贷款业务保持较快增长提供有力的支撑。三是盘活存量贷款客户，维护好存量优质个人贷款客户。从信贷系统中导出当年结清的贷款客户信息，安排专人电话回访，征询其是否有转贷需求，介绍工行的信贷资金配置、利率等客户比较关心的问题。四是严防死守，把好入口关，强化贷后管理，确保资产质量。

内控管理　2021年，梅县支行扎实抓好内控案防工作，进一步加强和改进党建工作。深入开展“学党史、悟思想、办实事、开新局”主题学习教育活动，不断推进作风建设及党团队伍建设工作；继续以“三严三实”作为作风建设的新坐标，深入抓好党风廉政建设和案件防范工作责任制的落实，坚持廉洁合规教育，进一步筑牢全行拒腐防变思想道德防线，严格执行中央八项规定，深入开展“四风”、形式主义和官僚主义整治，认真贯彻落实厉行节约勤俭办行工作要求，并突出重点，认真抓好重点领域和关键环节的案件防控工作；不断强化员工异常行为排查和动态管理工作，及时消除案件隐患。一是强化合规理念的传导，继续培育合规文化，进一步提高员工内控与合规理念、违规风险和责任意识。二是开展党风廉政建设和“四风”、形式主义和官僚主义整治、案件防范专项治理和查防工作、商业贿赂案件专项治理等活动，与部门负责人签订内控管理、党风廉政建设和案件防范、社会治安综合治理和消防安全等责任书，确保内控案防和安全工作责任落实。三是坚持按月召开案防分析会议，抓好案件多发部位、重要交易环节的检查工作，规范操作行为，对检查发现的问题及时落实整改，杜绝屡查屡犯。四是认真做好反洗钱和反假货币工作，严格执行《中华人民共和国反洗钱法》和反假货币的管理规定。

2021 年年底中国工商银行股份有限公司梅县支行

行　长：黄镇芳

（供稿：黄健明）

【中国建设银行股份有限公司梅县支行】 2021 年，梅县支行围绕经营发展战略和思路，动员全体员工深耕客户，挖掘存款，落实每一项工作指标，在抓好疫情防控的同时，针对薄弱环节及时调整经营策略，坚定不移地以“价值创造”为核心，以纵深推进转型发展、守牢风险底线、提升管理效能，一手抓疫情防控，一手抓业务发展，实现存贷款双增长的经营业绩。2021 年，梅县支行片区全口径存款余额 33.4 亿元，比年初新增 2.35 亿元，一般性存款日均余额 33.4 亿元，各项贷款余额 33.23 亿元。实现中间业务净收入 2373 万元。

业务经营　1. 深化银政合作关系，加强政府机构走访，关注经济发展动向。2021 年，梅县支行走访区财政局、人社局、住建局、交通局和区自然资源局等重要单位，密切掌握每一阶段财政资金使用情况及重点项目开展进程，高度重视并推动国库集中支付预算管理一体化系统对接工作有序开展。依托自身品牌、服务及地缘人缘等综合优势，与单位积极洽谈，全力争取每一次合作机会。此外，梅县支行还走访科工商务局、农业农村局等单位，密切关注梅县区经济热点与发展动向。了解梅县区乡村振兴配套方案和农业龙头企业经营情况，在熟悉梅县区乡村建设的基础下，成功向省分行争取到梅县区作为县域支行的业务发展扶持政策，为接下来梅县区的乡村振兴业务发展奠定坚实的政策基础。2. 梅县支行充分考虑上年疫情期间预算类财政资金匮乏情况，制定可宜战略方案应对疫情可能导致的经济困难，推进大中型信贷项目发展，加强楼盘、房地产中介和中小企业走访，并不断寻求新的项目合作机会。3. 大力支持当地实体经济。建行梅州市分行一直以支持地方经济发展为己任，将梅县区委、区政府主导的重大项目作为工作重点，助力当地经济发展腾飞。一是积极支持梅县区重点项目。先后实现广东中爱医疗科技有限公司、广东超华科技股份有限公司、广东嘉元科技股份有限公司、广东宝丽华新能源股份有限公司、广东梅雁吉祥水电股份有限公司、中电建（梅州市梅县区）交通建设投资有限责任公司等重点项目落地，授信额度近 45 亿元。二是支持梅县区小微企业发展。至年底，梅县区小微企业贷款余额 5.07 亿元，比年初新增 11418 万元；小微企业贷款户数 1231 户，比年初新增 306 户。落实做好小微企业服务收费减免工作，2021 年，免收当地小微企业抵押物评估费 15 万元，财产保险费 1.5 万元。三是支持梅县区个人类贷款。至年底，梅县区个人住房贷款余额 18.47 亿元，比年初新增 0.97 亿元；2021 年度，发放 901 笔个人住房贷款，金额 3.6 亿元。个人信用快贷余额 0.49 亿元，比年初新增 441 万元；2021 年，发放 4175 笔个人信用快贷，金额 0.8 亿元。为落实做好二手房评估服务收费减免工作，2021 年，免收二手房抵押物评估费 17.93 万元。4．有效运用建行数据平台分析，积极关注重要客户资金动向，联动信贷团队积极走访维护现有及潜在私行客户和中高端客户，提升客户黏合度。5．充分利用存量房贷客户资源。一是对到店房贷客户进行面对面营销信用卡、装修贷、分期通等产品；二是利用系统筛选出近两年收楼客户群体，进行针对性的电话营销装修业务；三是紧密家装商户和楼盘合作关系，借助对方活动平台，宣传装修分期业务。

内控管理　2021 年，梅县支行在认真履行金融职责的同时，全力提升条线保密管理水平。坚持采取“谁主管、谁负责”的原则，推行保密工作责任制和责任追究制度。定期组织全体员工学习《中华人民共和国保守国家秘密法》等一系列保密工作法律法规，组织学习保密工作相关文件与案例，特别加强网络安全保密教育与涉密文件管理，抓好公共邮箱等网络信息安全保密管控工作。在内控合规工作中，梅县支行实现全年无案件、无事故的目标，业务差错整体取得较好控制。按照“精细化管理年”工作要求，推动新金融实践发展，开展新金融实践，探索数字化经营模式，主动防范化解风险，精细管理提质增效，较好地实现“合规平安年”工作目标。

2021 年年底中国建设银行股份有限公司梅州梅县支行

行　长：李　健

（供稿：办公室）

【中国农业银行股份有限公司梅州梅县支行】 2021 年，梅县支行强化责任和担当意识，围绕梅县区委、区政府发展经济的战略部署，以服务地方经济发展为己任，坚持面向“三农”，推动脱贫攻坚和乡村振兴有效衔接，加大信贷规模，拓宽金融服务渠道，发挥国有商业银行助力地方发展的银行主力军作用。至年底，存款余额 53.47 亿元，比年初增加 5.49 亿元，贷款余额 71.34 亿元，比年初增加 7.47 亿元，贷存比 133%，居四大行首位。缴纳各项税费 1679 万元，同比增长 4.87%。

业务经营　（一）支持实体，助力地方发展。1．支持当地重点项目建设。一是持续加大交通、新基建等基础设施项目的资金支持。为梅汕客运专线、广东路桥建设（汕湛）发放项目贷款 1.35 亿元。二是围绕城镇化建设机遇，为梅州富力地产投放项目贷款 4.6 亿元，2021 年度新审批项目诚泰昌“三旧”改造项目授信金额 1.85 亿元。三是助力梅县区卫生与健康、教育发展，2021 年度新审批中爱医疗建设项目授信金额 3 亿元、为广外昌盛学校建设项目授信 2.5 亿元，投放贷款 2.5 亿元。2．支持特色支柱产业。重视当地上市及拟上市公司、科创企业等新经济、新业态，针对产业园、工业园等集群性客户，结合当地电子信息、电力产业特点，加大对嘉元科技、超华科技等龙头企业、上市企业的金融支持力度，2021 年度为嘉元科技授信 16 亿元，发放贷款 3.2 亿元；支持宝新能源集团发展，投放贷款超 22 亿元。

（二）服务“三农”、助推乡村振兴。1．开展千人驻镇助力乡村振兴行动。2021 年年初，设立乡村振兴部，出台乡村振兴金融服务方案，全面参与梅县区乡村振兴工作。7 月，选派 18 位专职、优秀员工作为金融助理，参与全区的驻镇帮镇扶村工作，覆盖梅县区 17 个乡镇及 1 个高新区。金融助理密切与所在乡镇、工作队的沟通对接，紧跟当地政府步伐，积极介入政府乡村振兴的规划布局，重点在加大政策和产品支持、拓宽融资模式和渠道、助力数字乡村建设和优化乡镇金融信用环境等方面持续发力，撬动更多金融资源和社会资本参与乡村振兴，为梅县区镇村地区乡村振兴提供“融资+融智”服务。2．围绕产业兴旺加大金融供给。金柚产业、丝苗米产业是梅县区入选省级农业产业园的两大支柱产业，但担保难、融资难的问题制约着种养大户扩大经营发展规模。为切实解决各类农业经营主体的“资金之渴”，一方面，精准对接产业化龙头企业。突出支持现代农业产业园建设、农业龙头企业，与辖内 2 家省级现代农业产业园对接，为广东十记果业、稻丰实业公司、正佳农业等企业投放贷款超1亿元。另一方面，支持发展富民兴村产业。推广互联网金融服务"三农"新模式，推出省农担贷、政府增信贷、农村生产经营贷、乡村好时贷等惠农e贷普惠金融产品，累计为8824户新型农业经营主体提供融资服务，投放"惠农e贷"超2.9亿元，助力打响梅字号农业品牌。3. 推动"信用村、信用户"创建工程。深挖乡村市场潜力，聚焦解决农村金融业务面临农户数据不足、维度不全、利用效率不高等问题，以建立农户信息档案为主要发力点，在梅县区各乡镇推进整村农户信息建档工作，以村委会评议为前提，根据综合授信模式核定农户信用额度。2021年，为92256户农户采集信息档案，发放农户信息建档贷款5600户，金额超6800万元，不断提高金融服务的覆盖面和渗透率。

（三）提高政治站位，践行普惠金融。一是发挥互联网金融产品优势，以e贷系列线上产品为着力点，满足个体工商户和小微企业主经营的资金需求，加快推进高效批量服务模式。2021年，在线为56家企业和263户个体工商户发放贷款超1.2亿元；创新推出住房贷款线上自动审批，全年投放住房贷款近4.8亿元。扎实开展"百行进万企"、深耕乡村市场等营销活动，根据不同区域市场特征实施差异化营销策略，实现普惠贷款增量7800多万元。全年为5100多户农户采集信息档案，发放农户信息建档贷款526户金额1.2亿元。二是坚决贯彻落实党中央、国务院关于服务普惠金融、降低融资成本的部署要求，努力解决经营主体融资成本问题，落实普惠贷款利率政策，进行优惠定价。对小微企业和企业主、个体工商户、农业经营主体贷款给予利率优惠，普惠型小微企业贷款平均利率为4.35%，比所有新发放贷款加权利率低15BP，切实降低经营主体融资成本。

内控管理　2021年，梅县支行始终坚定不移推进从严治党、从严治行，高度重视案件防控，强化廉洁从业和合规管理，深化员工合规思想教育，严格管控风险，实现严管和厚爱有效结合，为实现全行高质量发展营造稳定良好的氛围。一是坚持开展党章党规和党风党纪教育，通过做细做实"三线一网格"各项规定动作，发挥正反典型的示范和警示教育作用，做好员工行为分析，及时纠错，将苗头性、倾向性问题消除在萌芽状态，切实控制风险。二是加强全行员工廉洁作风建设，组织学习相关廉洁提示和农行有关制度规定，提高廉洁自律的思想认识，时刻保持清醒和警惕，自觉抵制不正之风。通过召开警示教育大会、反腐倡廉形势报告，传达学习上级行警示教育会议精神，通报近期系统内的数起典型案例，用"身边事"警醒"身边人"，有力督促全行员工深刻汲取违法违纪违规案件的沉痛教训，时刻绷紧廉洁自律这根弦，严守道德底线，警钟长鸣，防微杜渐。三是加强风险预判和合规管理，强化从严治贷，严把信贷管理关，前瞻性预判风险，强化贷后管理和风险排查工作，结合银监局关于信贷资金转入资本市场专项排查做好排查和管控，防范和化解信贷风险。

2021年年底中国农业银行股份有限公司梅州梅县支行

行　长：张上敏

（供稿：赖　斌）

【梅州农村商业银行股份有限公司】　2021年，梅州农村商业银行股份有限公司坚持以习近平新时代中国特色社会主义思想为指导，认真学习贯彻中共十九大和十九届五中、六中全会精神，紧扣省联社工作部署，以党建为引领，坚守支农支小支微、支持当地实体经济的初心本源，稳中求进、担当作为，坚守法治、主动合规，推行转换经营机制改革，加快推动实现"四个转型"，实现"户户通"、打造"小而美"，进一步深化法人治理水平，深入推进精细化管理，加快建立与现代商业银行相适应的现代经营机制，各项业务稳健发展。（一）资产总额200.47亿元，比年初增加15.73亿元，增幅8.52%，各项贷款余额111.25亿元，比年初增加17.29亿元，增幅18.40%；负债总额为180.04亿元，比年初增加15.27亿元，增幅9.26%，其中各项存款余额160.2

亿元，比年初增加12.7亿元，增幅8.61%。所有者权益为20.43亿元，比年初增加0.47亿元，增幅2.34%。（二）实现财务总收入93833.08万元，同比增加6928.16万元，增幅7.97%；财务总支出72895.87万元，同比增加6605.86万元，增幅9.97%；实现利润总额20937.21万元，同比增加322.29万元，增幅1.56%；实现经营利润30885.48万元，同比增加1117.09万元，增幅3.75%；实现净利润18348.09万元，同比增加1,867.44万元，增幅11.33%。成本收入比43.53%，控制在45%内。资产利润率0.95%，同比增长0.01个百分点；资本利润率9.08%，同比增长0.73个百分点。（三）存量手机银行159374户，比年初净增24080户；收银台4829户，比年初增加97户，存量POS商户为966户，比年初减少14户。开展代销理财的合作机构主要为广州农商银行及顺德农商银行，共募集9期，募集总金额为10648.7万元，银行收益为7.54万元。

业务经营　存款方面。一是大力推动各项业务发展。制定多维度考核激励措施，按季对网点业绩进行通报，全年开展2021年“开门红”产品营销竞赛、2021年存款及网络金融业务淡季攻坚战、2021年下半年储蓄存款攻坚战等营销活动，取得良好的业务推动效果。二是持续提升服务能力。推动实施智慧柜台政务功能升级，提供政务十大模块63项交易功能；成功上线即时制卡机，优化社保卡申请流程，缩短群众办卡时间；落实人行梅州中支移动支付示范镇建设项目，顺利完成小微商户场景建设、商户移动支付受理环境的建设指标要求；加快完成“粤智助”政府服务自助机的布放，推动政务服务向基层延伸，打通政务服务“最后一公里”，至年底，成功投放自助机491台；申请开办“悦农”统一品牌信用卡发卡和收单业务，进一步增强综合竞争能力；加大营销力度争取多个市政项目、账户落户，增强与政府财政部门的业务黏性，深化与政府的各项业务合作。三是网点转型增效。通过借鉴历年网转先进经验，将网转精华转化为可量化的执行标准，建立和实施分理处负责人考核办法，从业绩考核、团队管理、网格化建设情况、客户管理、风险管理、劳动纪律等方面对分理处负责人日常工作进行综合管理与考评，快速提升分理处负责人管理、营销、服务等的能力和水平。2021年，新增碧桂园分理处完成网点转型工作。四是优化渠道管理。以提升网点整体生产力、综合服务水平和营销能力为导向，对布局不合理、服务功能及盈利能力较差的网点实施撤并、整合、改造，实现网点资源的高效利用。全年对1个网点完成撤并、2个网点完成重新选址、3个网点营业厅完成升级改造。五是加强品牌形象。制定并实施第一期普惠金融户户通方案，加强与政府、企事业单位、学校、医院等的沟通协调，与粤东医院广梅开发区医院联合共建“智慧医院”项目；深度参与梅州医保补充保险“保尚保”、医疗保障基金支出户和离休医疗代发户银行账户服务采购项目和梅州市财政局市本级社会保险基金定期存放分配资格服务项目，与梅州市民政局建立战略合作关系，与梅县区财政局签订区级财政国库支付电子化管理业务办理协议等。

信贷方面：一是聚焦主业抓落实，最大限度激发信贷资金供给质效。积极落实人行两项工具政策，用好用足配套支持机制，根据“六稳”“六保”工作要求，持续加大对普惠小微企业信用贷款投放力度和继续落实好贷款阶段性延期还本付息政策，积极开展支小再贷款行动，搭建“银行+”模式，银政合作、银企合作，形成以点带面、连点成片的工作新格局。二是以信用村建设为载体，以金融特派员为纽带，积极开展信用村建设。不断加大金融服务乡村振兴力度，制定印发《关于推动“普惠金融户户通”信用村建设工作实施方案》，启动“金融特派员”派驻工作。至年底，与辖内12个行政村建立合作关系，共派驻52名“金融特派员”深入到各乡镇以及村级以下地区，畅通对接乡村、产业，加大聚焦“三农”资金支持产业发展力度，实现各项普惠金融计划和产品在镇街、村（居委会）的落地，推动“三农”勤劳金融与地方特色产业融合发展，助力乡村振兴。三是调整营销策略，加强产品创新，不断提升金融服务服务能力。以新型营销方案持续拓宽营销渠道，推广地方特色“光伏贷”“真猪贷”“农担贷”，聚焦省政府重点工程，推出“客菜师傅”贷、“家政服务”贷、“技工产业”贷、“技工摇篮”贷四大专属信贷产品，参与开发推出政银联动“政采贷”业务，有效提升中小微企业融资的可获得性和融资效率。四是大力推动信贷综合治理，全面提升信贷管理水平。一方面加强信贷业务管理，严防信贷风险。持续加大对重点环节、重点风险的提示和管控力度，紧抓信贷风险管控不放松；结合贷款用途风险治理工作，进一步细化贷款“三查”关键环节的操作要求，前置风险防控手段；加强科技防控能力，主动对接梅州市公积金中心，实现交叉验证环节科技化，运行不动产内部评估系统，探索建立内评团队+大数据报价，防止人为干扰导致的评估价值虚高现象，利用科技赋能促进信贷业务合规发展。另一方面强化重点领域风险防控，促进资产质量的提高。高度关注与经济周期密切相关的房地产开发等行业信贷风险，严格落实房地产贷款集中度管理工作要求，通过及时制定过渡期调整方案，对房地产贷款重点领域贷款采取限控措施，实现房地产贷款、个人住房贷款集中度两项监管指标提前达标；针对“悦农e贷”操作风险事件，认真剖析存在问题的原因，全面梳理业务流程，加大对基层网点的检查和督导力度，改善薄弱环节，不断筑牢风险防线，切实防范重大信用风险；严格控制单一客户和单一集团客户集中度，加强跨机构授信风险管理力度，按照省联社相关工作要求，建立完善跨机构授信业务档案，切实做好跨机构授信业务风险管控基础工作。

内控管理　一是根据银保监及省联社合规建设工作文件精神，有序开展2021年“内控合规管理建设年”活动，组织召开年度案件防控工作会议1次、半年案防工作会议2次，组织与会人员学习九大重点领域案件风险防控要点，切实担当起案件防控的工作责任，依法合规从业。二是开展“员工行为典型问题28条”专项宣讲活动，采取“走进现场、逐一讲解、共同学习”的方式，逐一走进辖内55个网点、18个部室、6个中心，以真实案例作为切入点，以案说法，逐条逐项讲解《处理梅州农商行员工行为典型问题的工作指引》，进一步强化员工行为管理工作。三是组织召开覆盖全体员工的柜面业务违规违纪行为警示教育会议，围绕金融监管及省联社等上级机构的相关要求，结合多个案例，对柜面业务风险点及处理员工典型问题28条进行解析，用“身边事”教育“身边人”，警示每一位员工都要高度重视，严格遵守规章制度，绝不触碰合规底线。四是建立信贷例查工作机制，重点加强贷款“三查”工作落实情况，将自查自纠工作常态化，力求信贷风险防控的有效性得到提高。2021年，组织开展“5+N”“回头看”、押品盘点、大额贷款、利率定价、个人消费性、经营性贷款资金流向等多场次专项检查，树立起“审慎经营、风险为本”的管理理念。多策并举处置化解不良贷款，严格遵循依法合规、价值最大化、公开透明、竞争择优的原则，采取包括依法诉讼保全、委托外部第三方清收、不良贷款核销、利息减免收回、公开拍卖处置等方式进行清收处置。五是高度关注与经济周期密切相关的房地产开发等行业信贷风险，严格落实房地产贷款集中度管理工作要求，通过及时制定过渡期调整方案，对房地产贷款重点领域贷款采取限控措施，并实现了房地产贷款、个人住房贷款集中度两项监管指标提前达标。六是进一步完善反洗钱和反恐怖融资内控制度建设，明确反洗钱和反恐怖融资各项工作职责，切实把责任落实到人到岗，坚持“风险为本”的原则，及时准确完成大额和可疑交易报告，持续加大对高风险、较高风险客户的重点监控，加强反洗钱宣传，开展内部反洗钱培训，配合人民银行完成各类反洗钱调查。

2021年年底梅州农村商业银行股份有限公司

董事长：卓仲宇

行　长：黄日海

（供稿：李庆雄）

【中国农业发展银行梅州市梅县支行】 2021

年，梅县支行在省、市分行党委的领导下，坚持以习近平新时代中国特色社会主义思想为指导，坚持以党建为统领，从严管党治行，立足新发展阶段、贯彻新发展理念、构建新发展格局，全面落实目标任务，全力服务粮食安全和乡村振兴，做好疫情防控，防范风险，确保安全无事故。至年底，各项贷款余额 9404.46 万元，各项存款余额 51700.93 万元，贷款实收利息 2823.02 万元，利息收回率 100%。全年各项营业收入 1034.7 万元，营业支出 18 万元，实现账面盈利 1016.7 万元。

业务经营　1.多渠道开展存款营销，增幅成倍增长。坚持依法合规揽存，创新方法、拓展渠道，多措并举抓好存款组织工作。营销团队到政府部门、企业进行营销，为客户量身定制存款产品，得到客户的充分认可和支持，全年成功营销企业自有资金 27262.01 万元、企业再融资债券资金 23430.66 万元，金额 50692.67 万元，存款余额比年初增加 31634.81 万元。2.服从大局，化解政府隐性债务。根据广东省人民政府工作指示，所有纳入政府隐性债务的项目需于 2021 年底前化解。至年底，辖内纳入政府隐性债务的贷款项目 4 个，贷款审批金额 100450 万元；基金项目 1 个，基金审批金额 8900 万元。经核实，中长期贷款项目和农发重点建设基金项目均已纳入政府隐性债务清理范围，采取现金或政府发债资金提前归还贷款，成功化解债务 5 笔，化解金额 60980.8 万元。3.“放管服”出实招，实现为企业减费让利。认真落实“放管服”改革要求和减费让利政策。优化企业开户流程，实行电话预约开户方式，实现临柜一次性完成开户工作。在账户收费方面，为企业减免中间业务手续费，全年为企业减费让利 5 万多元，真正做到为企业减负，改善营商环境，支持实体经济的发展。4.做好主体业务，服务粮食安全。至年底，保管地方储备粮（稻谷）25012 吨，价值 7127.28 万元；地方储备油 50 吨，价值 57.6 万元；地方储备粮（成品粮）700 吨，价值 419.07 万元。保管地方储备粮油 25762 吨，价值 6176.6 万元，实物保管良好，账实相符，库贷一致。2021 年，严格执行上级行规定，查库频率为每旬一次，做好做实库存管理工作。2021 年，粮食轮换数量为 9681.33 吨（稻谷 8981.33 吨，成品粮 700 吨），轮换期间及时投放贷款金额 5973.14 万元，做好粮食收储企业在粮食收购环节的资金供应保障工作。2021 年度粮食风险基金到位 1490 万元，到位率 100%，客户部建立粮食风险基金使用台账，确保粮食风险基金的使用情况清晰明了。

内控管理　一是坚持党和国家的金融方针政策，严格执行财务工作的各项规章制度，完善内部经营机制，优化工作作风，强化窗口工作人员上班纪律督查管理，有效维护金融安全，保障业务经营的安全发展。每月定期进行自查自纠工作，夯实财务基础工作，各项费用开支控制在市分行下达的各项财务指标内，经营利润保持稳定。二是进一步夯实支行反洗钱管理基础，组织财会人员认真学习贯彻执行反洗钱最新文件及制度安排，强化电子档案化管理机制，提升反洗钱工作效率。2021 年，组织开展 5 次反洗钱宣传工作和 2 次反洗钱培训工作；客户身份识别 28 次，完成客户风险评级 18 次，人工排除可疑交易案例 9 例。三是强化资产管理，加强对实物的管理和核算，做到合理使用各项资产指标，确保账实相符。四是严格落实各项规章制度。进一步加强保密管理和着力规范印章的保管、审批、使用、登记手续。加强安全综治、后勤保障、安全保卫日常巡查，规范公务用车使用，规范饭堂经营。五是组织全行员工积极参加全省系统普法学习考试，开展“国家宪法日”宣传活动和“民法典”学习宣传活动，增强员工学法守法用法意识，促进业务健康有效发展，建设“平安农发行”。

2021 年年底中国农业发展银行梅州市梅县支行

行　长：赖庆文

（供稿：刘威胜　张舒婷）

【中国邮政储蓄银行股份有限公司梅县支行】
2021 年，梅县支行在上级党委的领导和监管部门的具体指导下，坚持以习近平新时代中国特色社会主义思想为指导，全面贯彻中共十九大和十九届历次全会精神，树牢“四个意识”、坚定“四个自信”、做到“两个维护”，不断以全面从严治党引领和带动全面从严治行，科学统筹疫情防控和经营发展，扎实做好“六稳”“六保”工作，立足新发展阶段，贯彻新发展理念，构建新发展格局，各项工作稳步推进。至年底，发放贷款超8亿元，各类贷款结余超32亿元，个人储蓄存款68.33亿元，其中代理网点储蓄存款59.82亿元，自营网点个人储蓄余额8.51亿元。全年缴纳税款522.4万元。

业务经营 负债方面：一是主抓养老客群、代发工资客群、商贸客群、金柚种植收购客群的维护和拓展工作，做好网点周边和重点区域征地拆迁户补偿款的吸存工作；二是通过“存款+理财产品”组合营销，为客户量身订制个性化服务，实现个人储蓄余额稳步增长；三是加强走访，密切政银企三方关系，及时掌握机构客户资金使用情况，推动重点项目开展进程，不断夯实公司负债业务基础。2021年，梅县支行加快网点功能升级，有效改善适老化服务环境，积极完善便民设施，在网点配备血压仪、爱心座椅、老花镜、放大镜、饮水机等适老化服务设施，方便老年人办理各项业务。针对部分年老病重客群，采取上门服务等方式，全年上门服务客户76次，贴心为客户服务的理念，赢得客户的尊重和赞誉。

资产方面：一是积极加强与政府、担保公司、行业协会等多方合作，发挥平台、资源和信息优势，以小企业法人按揭贷款、小微易贷及“三农”极速贷等产品为切入点，不断强化产融合作，以创业担保贷款、助保贷等为重点，针对不同发展阶段的小微企业提供符合其生命周期的信贷融资方案。全年投放省农业担保贷款0.3亿元，普惠型小微企业贷款结余较年初增23%。二是围绕服务“三农”的市场定位，引导信贷资源向“三农”领域倾斜，构建“三农”数字化金融产品体系，做到“应贷尽贷”且“应贷速贷”，通过打造众多“三农”服务“小场景”，构建“三农”服务“大生态”，极大地提升农业客户的信贷可得性和覆盖面。至年末，累计投放“极速贷、网商贷”等纯线上“三农”贷款产品2.74亿元，惠农经营贷款结余年净增513万元。涉农贷款结余4.73亿元，年净增0.36亿元，完成监管目标120%。三是发挥邮银协同优势，加快县域移动支付场景建设，将金融服务嵌入农村政务、农资购销、特色产业链群、专业市场等应用场景。按照“信用即财富”的思路，推进“信用村”建设。全年建设信用村104个，采集信用户3207户。四是围绕梅县区委、区政府的基础设施建设规划，全面实施重点项目金融服务工程，加大对交通基础设施、城市扩容提质、能源保障建设等项目信贷支持，至年底，对梅汕高铁、宝新能源、梅龙高铁、嘉元科技等项目授信超20亿元，项目投放超14.8亿元。

内控管理 2021年，梅县支行坚持“质量第一、效益优先”理念，以“合规为本、风险可控”为基本经营原则，以“适度风险、适度回报、稳健经营”为风险偏好，以“严守资产质量生命线，筑牢依法合规经营基础，打造专业化、精细化风险管理能力，进一步健全和完善“全面、全程、全员”风险管体系，主动防控资产质量，持续深化和落实“不敢违规、不能违规、不想违规”的内控机制，坚决打好防范化解金融风险攻坚战，全年风险总体可控，未发生重大风险事件。践行社会责任，提升金融消费者的自我保护意识和风险意识，维护金融消费者的合法权益，构建和谐的金融消费环境。2021年，梅县支行开展“3·15”宣传活动、“打击治理电信网络诈骗、跨境赌博集中宣传月”、“119”消防宣传月、银行卡防诈拒赌等宣传活动23次，受众5万余人次，进一步提高社会公众风险防范和正确使用金融服务的意识，为维护地区金融安全稳定，贡献邮储力量。

2021年年底中国邮政储蓄银行股份有限公司梅县支行

行 长：张淑芬

（供稿：刘璧嘉）

【梅州客家村镇银行股份公司】 2021年，梅州客家村镇银行在各级党委、政府、监管部门和主发起行的关心支持下，围绕“促发展、防风险、创高效”九字方针，立足新发展阶段，坚持稳中求进总基调，统筹内部管理、风险化解和业务发展工作，通过固本强基础，聚力补短板，各项工作保持稳步发展。至年底，资产总额53.36亿元，较上年同期增加1.6亿元，增幅为3.1%，各项存款余额49.02亿元，较上年同期增加1.75亿元，增幅为3.7%。各项贷款余额32.33亿元，较上年同期增加0.71亿元，增幅为2.24%。2021年，实现各项收入29782.95万元，较上年同期增加15.1万元；各项支出29347.97万元，较上年同期减少87.6万元；净利润434.98万元，较上年同期增加102.78万元，增幅为30.94%。

业务经营　1. 支农支小有效落实。始终坚守支农支小市场定位，专注信贷主业，围绕实体经济、乡村振兴和绿色金融做文章。一方面优化信贷内控流程，完善授信管理和审批机制，下放县级支行授信权限，提高审贷效率，推进“应贷尽贷”。另一方面，变被动为主动，送贷上门，行领导带队下沉基层，深入一线，指导信贷业务，激励全员营销。全年发放各项贷款13465笔277668.18万元，发放普惠型涉农贷款6097笔179254.66万元，占各项贷款发放额的64.56%；发放普惠型小微企业贷款9232笔225165.69万元，占各项贷款发放额的81.09%。2. 以服务“三农”为宗旨，强化“三农”领域金融保障。成立一级部门乡村振兴部，先后设立13个乡村振兴金融服务站，聘任金融信息联络员，打破银村沟通壁垒，围绕乡村特色产业、农产品加工业、乡村休闲旅游业等，创新推出“茶叶产业贷”“脐橙产业贷”“电声产业贷”等特色信贷产品，精准对接乡村多元化金融需求，打通便农渠道，助力乡村振兴发展。至年底，为14个行政村整村授信2.4亿元，已用信1.22亿元。同时，继续顺应绿色金融政策热点，围绕“光伏贷款业务”不断探索创新，积极完善产品配置，以适应工商业、新型农村经营主体、农户投资光伏的需要，推广绿色贷款项目。至年底，发放绿色光伏项目贷款516户，金额6193.07万元，对比上年增加193户2379.67万元。并网容量达15090.77千瓦，已发电1221万千瓦时，实现二氧化碳减排14890.27吨。3. 同业业务理性收紧。结合当前实际，为配合行内资本充足率要求，主动压缩存放同业业务规模，同时为响应监管要求，配合信贷条线将资金用于支持实体经济的需要，主动控制债券投资规模，合理压缩投资增幅。至年底，实现同业运营收入4663.04万元，较上年同期减少1417.28万元，占全行各项收入的15.66%，较上年同期减少4.77%。

内控管理　2021年，梅州客家村镇银行围绕合规创造价值，积极完善内控管理，确保风险总体可控，合规基础有效改善。一是从整章建制入手，立足用制度管权、按制度办事、靠制度管人，不断梳理、规范内部管理工作流程，全面加强内部管理制度建设，疏通难点堵点，全年增修制度92份，促进内部管理的制度化、程序化和规范化，促进基础管理能力的整体提升。二是树立合规免责、违规问责导向，紧盯重点领域、重要岗位和关键环节的合规防线建设，不断完善案防体系，形成监管检查、外部审计、主发起行审计、条线自律检查、事后监督检查等多层次检查机制，以常态化监督检查、问责整改倒逼风险管理责任落实。

2021年年底梅州客家村镇银行股份公司

董事长：李东强

行　长：蔡　勇

（供稿：李　远）

保险业

【中国人民财产保险股份有限公司梅县支公司】 2021年，是保险行业重大改革的一年，保险机构纷纷转型，不断拓展保障型保险产品，保险行业风险管控不断优化。梅县支公司在市分公司和当地政府的领导下，努力完成任务，并取得喜人的成绩。至年底，实现保费收入 1.3 亿元，同比增加 375.1 万元，增长率为 10.3%。其中车险保费完成 6434.63 万元，同比增长 18.4%，净利润 472 万元，同比增长 465%，赔付成本 4285 万元，同比下降 5%；商团保费 1301 万元，同比增长 17%。其中，政府救助类保险同比增长 136%；商非个险保费 1753.92 万元，同比增长 590.52%；剔除保尚保、驾意险，商非个险保费 231.4 万元，同比增长 36.43%，其中意外险同比增长 60%，农险保费 3614.8 万元，较上年同比增长 38.3%。其中种植险同比增长 22.6%，养殖险同比增长 198.9%，林木险同比增长 15.4%。

业务经营　车险方面。年初，受整个市场环境影响，梅州车险市场竞争激烈，车险市场费用整体拉升，导致业务发展受到较大阻力，为实现一季度的“开门红”目标，支公司在市公司和领导班子的带领下，积极开拓渠道，全年车险线保全保足渗透率为 49%，同比增长 45%。在下半年省公司开始考核保全保足渗透率的目标当中，从 8 月开始，每月渗透率均达到 80%，完成市公司下达的目标。驾意险渗透率 59.45%，较上年 18.82%的渗透率大幅提高，同比增长 40.63%。在“严监管、控费用、抓利润”的形势下，剔除理赔率大的个人货车群体，通过跑动市场衔接车队，减少中介渠道收单比例，营运类货车保费 1851 万元，保费较上年同比增长 1.5%。盘活新城营销服务部，营运货车直控维护，成立营运货车理赔团队，团队成员跟进货车理赔，做到理赔一条龙跟进服务，实现货车质量直赔直控。家用新车 139.57 万辆，通过完善市场地图，开拓 3 间大卖场，并形成产能达到 40 万辆，同比增长 14.91%。

商团方面。受疫情影响，经济发展放缓，面对重点险种发展的不利局面，梅县支公司通过加强政企互动，成功签单梅县区应急救援费用补偿保险 90 万元。与梅县区应急局联合开展非煤矿山、烟花爆竹、危化存储三场行业培训，奠定行业安责险展业基础，个人竞回安责险保费 6 万元；加强与政府部门的密切联系，拓展政府救助、医责、校责险等领域，形成公司业务稳定增长点。防返贫保险覆盖面进一步提升，保费规模进一步扩大，达到 91.71 万元。竞回原在平安公司承保的市住建局一揽子业务 80 万元；新开拓畲江工业园区内各企业的财产险、雇主险、团意险，险种保费较上年大幅增长。全年雇主险保费 92.82 万元，同比增长 81%；财产险保费 311.78 万元，同比增长 50%；团意险保费 64.3 万元，同比增长 209.6%。公司重要客户梅雁集团财产险在原有续保的基础上增量 10 多万元，保费达到 177.17 万元，对已保客户加强日常沟通，二次开发，对潜在客户通过政府关系及社会资源建立联系，通过展业日志、新增业务规划加强过程跟踪，定期复盘。完善续保管理机制，对续保业务提前 90 天进行追踪落实。

个非方面。学生险共收保费 62 万元，同比增长 24%，完成分公司下达目标。驾意险在与车险实现深度联合销售后，全年保费收入 356.4 万元，同比增长 254%，渗透率 59%，同比增长 40.63%；保尚保保费收入 1238 万元，同比增长 5%，个人线上二维码推广人数 2313 人，发展建行、中行及其他团单共 600 人。与梅州地区收视率最高栏目《民生 820》策划 5 期保尚保系列报道，助力线上营销，参加梅州电视台保尚保专题答疑直播，炒热保尚保营销氛围。

农险方面。农险团队 2021 年总保费 3614.8 万元，同比增长 38.29%。其中种植险 2460.33 万元，同比增长 22.6%，养殖险 739.71 万元，同比增长 198.9%，林木险 414.77 万元，同比增长 15.4%。扩面方面，柚树保险提升覆盖面积 400 公顷，保费增长 28.23%。林木险增加 3666.67 公顷，主要为商品林覆盖面积提高，总保费增长 15%。能繁母猪增加 1.28 万头，育肥猪增加 1.83 万头，仔猪增加 4.49 万头，总保费增长 198.9%。增品方面，率先落地金柚种植价格指数保险，实现梅县农业保险品种从“保产品”向“保价格”的突破。提标方面，水稻、柚树、能繁母猪、育肥猪、仔猪、商品林均落实提标保额政策。

内控管理　内控制度建设是风险防范的源

头性、基础性工作。2021 年，按照总省市公司的工作部署积极开展内控体系工作，严格执行相关制度文件。在业务管理方面，依法合规承保准确录入客户信息、业务档案完整有序归档；财务管理方面，严格执行各项财务制度，建立健全的内部财务管理制度，未违规设立独立账户，不存在“小金库”现象；在反洗钱内控制度发面，建立反洗钱岗位责任制，做到分工合理、责任到人，确保反洗钱各项工作职责落实到位。同时，结合梅县支公司实际情况，制定反洗钱操作相关规章制度细则，客户身份识别、身份资料及交易记录保存规范，并按时间顺序归档留存。

2021 年年底中国人民财产保险股份有限公司梅县支公司

总经理：谭永恒

（供稿：林苑华）

【中国人寿保险股份有限公司梅县支公司】 2021 年，梅县支公司在分公司党委的领导下，坚持以习近平新时代中国特色社会主义思想为指导，严格按照上级党委各项任务部署，严格执行各项工作要求，固本强基，提质增效，转型崛起，稳步推进公司业务发展。2021 年，长险首年标保 1011 万元，同比负增长 9.7%，达成全年目标的 91.6%；长险首年保费 2402 万元，同比增长 9.9%，达成全年目标的 99.3%；10 年期及以上期交达成 1293 万元，同比增长 19.2%，达成全年目标的 114.5%；短险达成 584 万元，同比负增长 1.03%，达成全年目标的 74.02%。

业务经营 1．通过早干会统一团队主管思想，交流研讨，明确思路，问题反馈，协商解决。在大早会进行时事资讯分析、业绩播报、产品与方案宣导、话术演练、展业技能培训，营造积极有冲劲的团队氛围。对昨日拜访情况进行追踪及今日计划进行督导，及问题反馈与解答。

2．严格按照基本考核要求每天至少 2 访，其中团险政保系类伙伴要求每周至少 2 次进村政保业务拓展，对公系列伙伴要求每天至少拜访 2 个网点，法人系列伙伴要求每天至少拜访 2 个法人客户。银保客经要求每天至少拜访 2 个银行网点，每周至少举办 2 场银行沙龙活动。要求所有人员及时反馈当天拜访情况，严格执行凭证管理考核办法，有效拜访量进行抽查、回访。

3．客户经营借助精英会、中高端客养、节假日各类主题活动平台、周年司庆活动、国寿大健康平台等方案进行有效获客，以自营保费为依据增加客养活动支持费用，大力开展客养活动，加大沉淀客户力度，加快客户经营建库。

4．抓好机构业务部培训。一是以会代训，通过早会、夕会、周会等会议对保险产品及展业技能进行反复宣导培训。二是不定期组织专项技能培训，如政保业务技能培训、员福业务技能培训、长险业务技能培训等。三是平台项目培训，主要为精英会、网沙等项目培训。

5．落实公司的要求，确保业务的发展，促进团队的成长。时刻关注伙伴的出席和活动量并在早会对出席、活动量完成较好的伙伴进行表扬激励。定期在团队管理群通报伙伴业绩等考核指标达成情况、对业绩低迷，积极性下降的伙伴通过电话沟通或者面谈的方式进行了解情况、解答疑惑、达标规划及正向激励。对伙伴每周、每月的行事历的执行情况跟进，严格要求没有按行事历执行的伙伴说明原因。

2021 年梅县短期险业务指标达成情况表

表 1

渠 道	年度目标（万元）	年度达成（万元）	年度进度（%）	年度同比（%）
团 险	817	753	92.2	4.2
银 保	16	18	112.5	7.0
营 销	672	490	72.9	–2.2
收 展	159	94	59.1	4.2
大短险	1622	1355	81.4	1.8

2021 年梅县团险专项指标达成情况表

表 2

专项指标	年度任务（万元）	完成保费（万元）	年度进度（%）	年度同比（%）
老人险自付费	160	181.3	113.3	8.25
计生险自付费	33	38.2	115.8	11.6
妇联业务	38	60.0	157.9	202.0
银行对公	47	100.5	213.8	117.5
信贷险	13	0.91	7.0	–98.2
员 福	143	91.1	63.7	–31.5
非银邮	4	0.85	21.3	–41.4
学生险	77	83.4	108.3	8.6
法人客户数	80	80	100.0	0

2021 年梅县银保业务达成情况表

表 3

指 标	年度目标（万元）	年度达成（万元）	年度进度（%）
标 保	35	40.3	115.3
首年期交	661	785.9	118.9
五年期	147	202.3	137.6
短 险	16	18.2	114.0

内控管理　2021年，梅县支公司在业务发展的同时，充分利用员工会、在团队早会进行诚信服务和风险防范宣导，营销员违规案例宣导，筑牢全员风险合规思想防线，积极推进销售人员诚信教育常态化、规范化。做好相关反洗钱及非法集资工作，确保部门安全发展。严格按照人民银行和监察部要求做好反洗钱宣传工作，配齐各种设施，积极响应人行组织的各项户外宣传活动。将上级风险管控部门的各项检查内容作为日常实务工作的准则、作为公司自查工作的重点，提高公司全体员工及营销伙伴的风险防范合规意识。

2021年年底中国人寿保险股份有限公司梅县支公司

总经理：黄丙明

（供稿：卜晓玲）

上 市 公 司

梅 雁 吉 祥
（600868）

【概述】　2021年，公司董事会带领管理层及全体员工，紧密围绕公司战略发展规划，切实履行股东大会赋予董事会的职责，严格按照《中华人民共和国公司法》《中华人民共和国证券法》《上海证券交易所股票上市规则》及《公司章程》等相关规定，积极提高管理效能，优化业务结构，控制经营风险，推动公司持续健康发展，保障各项生产经营的顺利开展。2021年度公司总资产为2783007765.76元，归属于上市公司股东净资产2301344083.60元，实现营业总收入348457577.02元，较上年同期增加91.43%，实现归属于上市公司股东的净利润为8993726.07元，较上年同期减少73.76%。

【主营业务】　1．水力发电主营业务情况。强化电站运营管理，稳定生产经营。受梅州地区降雨量大幅减少的影响，公司各电站发电量大幅减少。为提高发电效益，在安全生产的基础上，各电站利用枯水期的时机，积极推进设备设施的检修维护和升级改造等工作，提高设备完好率和可靠性，为丰水期多发电发好电提供保障；报告期内公司电站全年销售电量12128.23万千瓦时，较上年同期减少51.73%；电力生产营业收入为5831.15万元，同比减少47.03%。

2．新增地理信息业务。报告期内继续加强对并购企业广州国测规划信息技术有限公司（以下简称广州国测）的投后管理工作，持续规范各项运营管理，关注及支持其运营和业务发展。根据并购协议约定，广州国测完成对上市公司2020年及2021年的业绩承诺。广州国测充分依托上市公司平台和资源整合优势，在原四大板块（即测绘调查、软件平台、空间规划、新型测绘）的基础上，新增生态修复、智慧城市板块。同时积极进行多元化的战略格局探讨和实施，进行相关多元化业务的拓展。2021年拓展的新业务涉及全域整治、智慧城市、软件平台、风险普查、新型测绘、林业确权、隧道监测、空间规划等；进一步开拓全国战略合作伙伴，合作伙伴遍布全国22个省市共计60多家；2021年完成多个分公司和事业部的组建，在全国范围内进行组织上的战略布局和人才储备，为后续的发展积蓄力量并提供保障。

3．教育业务。依据国务院2021年4月7日修订颁布、2021年9月1日实施的《中华人民共和国民办教育促进法实施条例》，根据审计机构的建议，基于谨慎原则，公司管理层认为梅雁中学自2021年1月1日起不纳入公司合并报表范围。梅雁中学不纳入合并报表事项不会对公司后续运营及整体经营情况造成重大影响。公司将密切关注相关行业规范指引或政策，积极研讨学校运营方式的转型，全力保障学校的有效运营以及切实维护股东的利益。

4．其他业务的租赁管理。公司控股子公司梅州市梅雁旋窑水泥有限公司、全资子公司梅州市梅雁矿业有限公司采取租赁经营的模式。上述子公司租赁收入占公司营业收入的比例较小，租赁业务对公司整体运营不构成重大影响。

【分配预案】　公司2021年度经审计的合并报表实现归属于上市公司股东的净利润为8993726.07元。公司拟按2021年期末总股本1898148679股为基数，向全体股东每10股派发0.02元（含税），合计派送现金股利3796297.36元（含税），占审计后本年度归属于上市公司股东的净利润的42.21%。

宝新能源
（000690）

【概述】　2021年，面对复杂的国内国际形势，公司坚定政治站位，积极应对挑战，坚决贯彻落实保供电决策部署，勇于担当，迎难而上，统筹做好疫情防控和经营发展，紧抓新能源电力安全生产、提质增效，全面优化提升内部机制，进一步打造可持续核心竞争力，努力实现向内要效益、向外稳发展。报告期内，公司实现营业收入94.11亿元，归属于上市公司股东的净利润8.24亿元，在同行业出现普遍亏损的情况下，公司实现健康平稳发展的目标。

【主营业务】　1．主动作为，新能源电力实现平稳增长。报告期内，在煤炭价格上涨、行业盈利承压的背景下，公司积极应对各种不利因素，以高度的使命感和责任感，从严从细做好疫情防控，全员全力抓好安全生产，做强做实经营管理，坚守发挥梅县荷树园电厂利润核心稳定作用，提升优化陆丰甲湖湾电厂新兴增长驱动效应，充分发挥宝新售电机制灵活运营优势，创造稳定的经营业绩。报告期内，公司参与投资开发的汕尾后湖（500兆瓦）海上风电项目机组并网发电，进一步稳固公司在新能源发电方面的优势，巩固公司新能源电力细分行业龙头地位。

2．审慎经营、找准定位，新金融投资再寻特色路径。报告期内，公司直面过去金融投资乏力、未能形成有效竞争力的现状，力促各板块认真思考、审慎经营，以“从零出发”的创业心态，采取多种措施，盘活现有资产，积极探索寻找符合自身特色的健康发展路径。报告期内，公司发起设立的梅州客商银行正式启动“春雨计划”，助力乡村振兴；成为市场利率定价自律机制成员，主体长期信用等级提高到AA级；获全国高新技术企业认定，成为广东省2021年第一批高新技术企业名单中唯一的银行机构。截至报告期末，梅州客商银行总资产248.68亿元，报告期内实现营业收入2.87亿元，净利润6653.02万元，吸收存款总额148.52亿元；存款总量和市场份额稳居梅州法人金融机构首位，形成业务规模持续增长的良好发展局面。

3．突出主业、优化配置，新形势发展聚焦可持续竞争力。报告期内，公司进一步聚焦核心主业，先后注销与主业关系不大、近年来营收规模较小的广东宝丽华建设工程有限公司、广东信用宝征信管理有限公司，优化资源配置；按时完成16宝新债的本息兑付工作，及时保障债权人的权益；积极跟进市场利率变化情况，探索债务结构品种类别优化，灵活选购保障型收益产品，有效减轻财务费用负担；完善修订内部管理规定，规范完善相关机制和流程，厉行节约、紧凑办公，既筑牢稳健扎实的公司治理基础，又通过科学有序的运作实现降本增盈的效果。2021年，凭借规范的公司治理、良好的经营业绩及可持续发展的公司理念，公司先后获“董事会金圆桌奖——优秀董事会”“中国百强企业奖”“2021年长青奖—可持续发展内控奖”等荣誉。

【分配预案】以2021年年末公司总股本2175887862股为基数，向全体股东每10股派发现金红利0.50元（含税），共计分配利润108794393.10元，剩余未分配利润结转以后年度分配。本次不送红股，不进行资本公积金转增股本。

超华科技
（002288）

【概述】 2021年，随着全球新能源汽车需求保持高增速，以及5G、IDC、光伏、储能等新兴领域的快速发展，铜箔产业供需紧张，带动铜箔加工费连续提涨，铜箔行业延续自2020年下半年以来的高景气增长态势。报告期内，公司实现营业收入247237.83万元，同比增长93.49%；归属于上市公司股东的净利润为7188.59万元，同比增长234.84%；归属于上市公司股东的扣除非经常性损益的净利润为10029.67万元，同比增长182.09%。

【主营业务】 1. 持续加大研发创新力度，进一步丰富产品结构。随着5G、IDC、新能源汽车、汽车电子等下游行业高速增长，下游需求不断升级迭代，市场对于铜箔性能提出更高的要求。为把握市场机遇，保持产品领先水平，2021年，公司研发投入13203万元，同比大幅增长79.07%。公司不断加大研发投入力度，加快推进新产品的研发进度，同时也不断丰富和完善现有工艺技术，进一步提升产品质量。报告期内，公司开发用于5G通信的RTF铜箔的已实现量产，并获得多家客户认可，进一步提升性能，向高端化迈进；VLP铜箔已小规模生产，正持续推动量产进度。锂电铜箔领域，公司已成功开发4.5微米锂电铜箔产品，产品性能已满足市场高端产品的要求，6微米高强、高延展锂电铜箔也取得性能突破。同时，公司对THE、HPS等产品的现有生产工艺进行改良优化，在大幅降低生产成本的同时也不断提升产品性能；公司研发的挠性板用铜箔实现量产并批量投入市场应用；此外，公司不断加大高频高速PCB用极低轮廓电子铜箔、载板用极薄铜箔等高端产品的研发力度，丰富高端领域产品结构。随着公司研发创新能力的不断强化和升级、产品结构的调整和优化以及技术体系的不断更新和提升，公司已形成与下游行业发展相匹配的核心技术，充分满足各种特殊新材料对铜箔的定制化需求，推动公司客户结构持续向高端聚拢。

2. 新项目稳步推进，高端产能加速布局。2020年11月，公司“年产8000吨高精度电子铜箔项目二期”正式投产，该项目新增产能于2021年释放。报告期内，公司铜箔产能达2万吨/年，铜箔产能大幅提升。随着终端消费市场回暖，需求不断增加，公司乘势而上，积极把握产业机遇。2021年2月，公司与玉林市政府、广西玉柴工业园签订合作协议，计划投资122.6亿元，在广西玉林建设年产10万吨高精度电子铜箔和年产1000万张高端芯板项目。通过上述项目的实施，公司将快速增加RTF铜箔、VLP铜箔、HVLP铜箔、超薄、极薄、高抗拉锂电铜箔、高频高速覆铜板等高端产品产能、完善产品结构，显著带动公司整体制程能力和工艺水平提升，夯实行业领先地位。

3. 立足产学研合作，持续提升产品核心竞争力。公司始终秉持创新发展的理念，坚持自主创新，同时持续深化产学研合作，不断提升核心竞争力。进一步深化与上海交通大学、华南理工大学、哈尔滨理工大学、嘉应学院、广东科学院梅州产业研究院等科研院校的产学研合作，依托科研院校雄厚理论技术和丰富研究成果，助推公司工艺提升、新产品的研发及产业化进程，努力实现进口替代。报告期内，公司联合科研院校、产业链合作伙伴申报创建高性能铜箔研发中心并获批，同时还积极参与国家高性能铜箔科研攻关项目，进一步提升公司整体研发实力。此外，公司持续深入开展产学研合作，推动技术人员进入高校进行培训、交流，壮大公司研发队伍，不断提升公司产品核心竞争力。

深耕优质客户。依托优秀的品牌影响力、良好的产品品质、稳定的交期和快速响应客户需求的市场营销优势，大力开拓优质客户，持续优化客户结构。

公司与景旺电子、胜宏科技、中京电子、博敏电子、南亚新材、兴森科技、奥士康、依顿电子等国内众多PCB领域头部企业签订战略合作协议。同时，新开拓斗山电子、敬鹏、元茂、方正等多家优质企业。公司的原材料取得一系列终端客户的产品认证，例如飞利浦、东海理化等。2021年，公司客户群已覆盖国内外大部分PCB、CCL上市公司和行业百强企业，下游优质的客户同时也正处于高速发展期，公司也将进一步加大力度开拓锂电铜箔市场，为公司发展打造强劲增长引擎。

【分配预案】 2021年，公司不派发现金红利，不送红股，不以公积金转增股本。

嘉元科技
（688388）

【概述】 2021年，面对行业竞争加剧、原材料价格大幅上涨以及客户对产品性能要求越来越高等因素，公司围绕公司年度生产经营计划，细化及落实各项工作，及时调整产品生产与销售策略，在满足生产、交付既有订单的基础上，不断夯实主营业务基础，包括但不限于设立全资子公司、收购资产、投资新增产能建设和加大新产品、新技术开发力度。报告期内，公司实现主营业务收入2803761916.50元，与上年同期相比增长133.22%；归属于上市公司股东的净利润549959098.02元，与上年同期相比增长195.02%。

【主营业务】 1．以市场和客户为导向，坚持做强做大铜箔产业。报告期内，公司坚持以市场和客户为导向，持续夯实公司铜箔主营业务，加大下游市场开发力度，公司铜箔业务稳健发展，客户结构得到优化。受新能源汽车产业驱动，公司产品持续不断满足动力电池能量密度提升及轻量化等技术目标，进一步抓住产业机遇，加快新增产能项目的建设进度，乘势做大做强铜箔产业。随着公司在技术创新方面的强化和升级，产品结构的调整和优化，产能规模以及客户群体、市场区域的进一步拓展，公司将进一步增强持续发展的综合竞争力。

2．加大技术创新，进一步优化产品结构和提升产品质量。随着新能源汽车产业快速发展，其所使用的动力电池要求具有高能量密度、轻量化、高安全性等特点。公司基于20多年深耕锂电铜箔行业的技术积累，顺势抓住客户需求调整的机遇，加大小于等于6微米极薄铜箔，特别是4.5微米极薄铜箔的产品的研发、生产与销售。在报告期内，公司申请技术专利79项，其中发明专利59项、实用新型专利20项；获得授权发明专利37项、实用新型专利9项。与宁德时代（CATL）等主要动力电池企业合作关系持续稳定，公司不断夯实锂电铜箔领域的市场地位。

3．加强产销联动和协同合作，进一步优化管理模式。公司进一步落实产销联动和协同合作模式，大力开展产品生产、品质提升、技术创新、降本增效和培英育才等工作。重视并严格执行全面预算管理，落实预算考核，充分发挥预算在公司经营管理全过程中的统领作用。进一步理顺管理机制，夯实管理基础，提升管理运营效率。报告期内，公司生产经营正常、人员稳定；同时公司加大人员招聘、引进及培养力度，为新建产能作好人才储备。

4．加强内控建设，完善制度体系，防范经营性风险。公司持续推进系统制度建设和内控体系建设，加大制度的宣导和执行力度。报告期内，公司始终把风险控制工作放在重要位置，在管理体系、风险教育、合规经营、业务管控等方面强化风险管理工作。报告期内，公司严格按照上市公司规范运作的要求，严格按照法律及公司章程规定的程序召集、召开股东大会、董事会、监事会。严格履行信息披露义务，重视投资者关系管理工作，公司治理结构和规范运作水平进一步完善和提升。

5. 新增产能释放，助力公司加快发展。随着新能源汽车市场的需求增长，公司主营业务持续发展，新能源汽车行业和锂电池行业的发展日新月异，技术迭代速度加快，下游市场需求不断增长。报告期内，公司首发募投项目“5000 吨/年新能源动力电池用高性能铜箔技术改造项目”成功投产并达到预期目标；2021 年 8 月，公司以自有资金全资收购山东信力源电子铜箔科技有限公司并更名为山东嘉元新能源材料有限公司，通过设备改造与优化、工艺改良与导入、管控体系建立及实施完成收购整合，达到公司收购资产、扩大产能规模的预期目标；2021 年 12 月，公司以首发超募资金和可转债募集资金在梅县区白渡镇沙坪工业园区投资建设的“年产 1.5 万吨高性能铜箔项目”第一条年产 5000 吨生产线开机试产成功，生产稳定，提升公司整体产能及效益。

【分配预案】 公司拟以权益分派实施时股权登记日的公司总股本为基数，向全体股东每 10 股派发现金红利 7.06 元（含税），以公司截至 2021 年 12 月 31 日总股本 234191983 股计算，共计派发现金红利 165339540.00 元；不送红股，不进行资本公积金转增股本。

科 教 文 旅

科学技术

【概述】 2021年，梅县区有国家高新技术企业38家；国家企业技术中心1家；国家“星创天地”1家、省“星创天地”2家；省创新型企业2家、省创新型试点企业1家；省企业重点实验室1家；省工程技术研究中心10家、市工程技术研究中心28家；省部产学研示范基地3家、省科技特派员工作站7个；省部产学研合作重点实验室培育单位1家；省产业技术创新联盟1个；省技术创新专业镇8家、市技术创新专业镇2家；省众创空间试点单位2家；省科技企业孵化器1家、市科技企业孵化器1家；省青少年科技教育基地4家。

【项目申报与科技创新】 科技项目申报 2021年，梅县区科工商务管理局积极组织相关企事业申报2021年省科技创新战略和乡村振兴战略专项资金（大专项+任务清单）等省级专题项目23项、市级科技计划项目34项，获批准立项实施的省级专题项目10项、市级科技计划项目33项，争取上级核拨科技经费325万元。其中：广东嘉元科技股份有限公司“锂离子动力电池用普强型高延伸率双光4.5微米电解铜箔核心技术及产业化”、广东自远环保股份有限公司“农村点源污染源头减量协同面源污染防治关键技术研究及应用”和梅州康立高科技有限公司“电解质分析仪（MINI ISE）的研发与产业化”3个项目被列入省提升区域创新能力及中小企业创新能力专项，立项经费分别为100万元、30万元和30万元。梅州市梅县区企业服务中心“梅州市梅县区科技服务能力与体系建设项目”被列入省提升地市科技服务能力专项，立项经费15万元；广东十记果业有限公司“梅州市梅县区松口金柚产业专业镇金柚品牌打造及电子商务营销体系建设”和梅州市雁山湖实践教育文化发展有限公司“雁山湖综合实践教育营地自然科普园的建设”等2个项目被列入省科技支撑市县创新能力提升专项，立项经费各30万元；广东万斛源生态农业有限公司“梅州市生态循环农业在茶园的应用与推广示范”、梅州市南方金柚研究院“梅州柚果精深加工与全产业链创新”和梅州市客家一品百果园生态农业发展有限公司“南方无花果全年可采收种植技术攻关”等3个项目被列入省农业农村新动能培育专项，立项经费各10万元；梅州市客迁食品有限公司“高品质盐焗鸡整鸡超高压杀菌技术研究”被列入省农业农村新动能培育专项，立项经费30万元；中山大学附属第三医院粤东医院“缺血性脑白质疏松患者的小脑白质纤维束改变的研究”被列入梅州市应用型科技专项项目，立项经费30万元。中大南药公司实施的《红豆杉新品种关键技术研发及产业化创新团队》专项（2014年省扬帆计划项目）通过省级验收。嘉元科技“高抗拉强度双面光6微米极薄锂电铜箔技术研发及成果转化”、自远环保“梅州农村生活污水综合治理关键技术及装备研发与应用”和卓立变压器“紧凑型欧式变电站关键技术研究与产业化”等4个省级科技项目通过验收；35项市级医研类科技项目通过验收。同时，做好技术合同登记。泰鸿科技、佳鸿达和中大南药共3家企业的19个项目取得技术合同登记，技术合同金额共786万元。

科技创新平台建设　新增市级工程技术研究中心4家，分别是广东特变电气股份有限公司的“梅州市大容量变压器工程技术研究中心”、广东励图空间信息技术有限公司的“梅州市空间大数据应用工程技术研究中心”、梅州市福德金属制品有限公司的“梅州市福德金属制品工程技术研究中心”、广东省俊耀控股有限公司的“梅州市电力电气设备运维工程技术研究中心”；2021年年底，梅县区规上工业企业建立市级以上技术研发机构的比例为40%。嘉元科技斥资8000万元，建成配备国际先进研发检测设备的国家企业技术中心研发楼，于2021年7月26日正式启用，投资1.5亿元，建成集研发创新、工业设计、技术交流等功能于一体的嘉元（深圳）科创中心，为公司未来发展注入新的动能。组织做好广东梅兴华丰产业集聚带梅县产业集聚地申报省级高新技术产业开发区“以升促建”工作，梅县区产业集聚地《战略发展规划（2021—2030年）》和《产业发展规划（2021—2030年）》已编制成册，积极组织申报地块环境评价，根据市生态环境局评审意见对高新区申报范围及时进行调整。

产学研结合和科技人才队伍建设　做好省部产学研结合科技特派员的选派工作，2021年，嘉元科技、航鑫科技和雄辉实业等3家企业与3所高等院校、科研院所建立产学研合作关系，新增聘请科技特派员4名。中大南药共引进中山大学创新创业团队人员10人。全区有39家企业与27家高等院校、科研机构建立起产学研合作关系，聘请有80名科技特派员。组织周伟东等2人加入省科技咨询专家库，梅县区有41位高级专业技术人才入选省科技咨询专家库。积极组织推荐农业科技人员参与乡村振兴建设。钟永辉等13人被梅州市科技局认定为2021年度梅州市农村科技特派员。协助30多名省、市农村科技特派员深入梅县区各相关乡镇开展“暑假大下乡”活动达40多场（次）。由省、市科技部门向松口等17个镇安排17个驻镇帮镇扶村农村科技特派员团队，至年底，梅县区安排有70名驻镇农村科技特派员、10名挂村农村科技特派员。梅县区丘志海被省科技厅评为2021年度“优秀农村科技特派员”。

【高新企业管理】　2021年，全区有国家高新技术企业38家，35家企业通过国家的科技型中小企业评价入库。康立公司成功研发出新冠病毒抗原核酸检测试剂，取得境外注册证。组织企业申报2021年省名优高新技术产品，广东嘉元科技股份有限公司的“高能量密度锂离子动力电池用双光4.5微米电解铜箔”和“高安全性抗过流过压锂离子电池用双光6微米电解铜箔”、广东振声科技股份有限公司的“工程爆破信息化智能管控系统”产品获评2021年度省名优高新技术产品。

2021 年梅县区高新技术企业认定名单一览表（15 家）

表 4

序号	企业名称	高企编号	认定时间
1	广东鸿荣重工股份有限公司	GR202144002404	2021 年重新认定
2	广东省俊耀控股有限公司	GR202144000611	2021 年重新认定
3	广东省四〇一厂有限公司	GR202144007466	2021 年重新认定
4	BPW（梅州）车轴有限公司	GR202144008107	2021 年重新认定
5	梅州好万家实业有限公司	GR202144006415	2021 年重新认定
6	广东振声科技股份有限公司	GR202144011542	2021 年重新认定
7	广东佳视通高新科技有限公司	GR202144012776	2021 年重新认定
8	梅州市梅县区庆达实业有限公司	GR202144015087	2021 年重新认定
9	广东骅锋科技股份有限公司	GR202144012468	2021 年重新认定
10	梅州侨韵环保科技有限公司	GR202144010883	2021 年初次认定
11	梅州市福德金属制品有限公司	GR202144012157	2021 年初次认定
12	广东御安建筑消防科技有限公司	GR202144011904	2021 年初次认定
13	广东特变电气股份有限公司	GR202144000722	2021 年初次认定
14	广东梅州市富柚生物科技有限公司	GR202144002210	2021 年初次认定
15	广东酷创网络科技有限公司	GR202144008672	2021 年初次认定

【科技奖励】 2021 年，按照《梅市加快科技企业孵化器建设实施办法》，区政府对通过 2020 年度广东省科技企业孵化器认定的梅州云电商奖励 50 万元。鼓励企业开展科学技术评价，超华科技《高性能电子电路用反转铜箔核心技术研制及产业化》项目通过中国电子材料行业协会电子铜箔材料分会主持的科技成果鉴定，项目整体达到国内同类产品领先水平；永恒建材《分别粉磨库外精确配制和高效均化生产水泥新技术》项目通过建筑材料工业技术情报研究所等单位主持的科技成果鉴定，工艺技术达到国内领先水平，填补国内配制水泥均化技术的空白；自远环保《分散式农村生活污水低能耗一体化处理技术与系列设备的研发与推广应用》项目通过广东省环境保护产业协会主持的科技成果鉴定，系列技术设备达到国内领先水平。鼓励企业申报科技奖励，嘉元科技的《锂离子动力电池用极薄电解铜箔核心技术研发及产业化》项目获 2020 年度省科学进步奖二等奖，中大南药作为第二完成单位取得的《红豆杉药用新品种培育及产业化》项目获 2020 年度省科技进步奖二等奖。组织申报 2021 年度叶剑英基金科学技术进步奖 4 项，全部进入参评项目名单。

2021 年年底梅县区科工商务管理局

局 长：陈天新

（供稿：李晓莹）

教　育

【概述】 2021年，梅州市梅县区教育局坚持以习近平新时代中国特色社会主义思想为指导，全面贯彻党的教育方针，以办好人民满意的教育为宗旨，全面落实中央、省、市、区对教育工作的决策部署，努力推动全区教育工作高质量发展，取得让政府放心、让群众满意的成绩。全区有各级各类学校61所（其中：完全中学7所，十二年一贯制学校1所，初级中学11所，九年一贯制学校6所，中心小学和直属小学28所；民办中小学4所，即梅州富力足球学校、北实新世纪实验学校、广外附设梅州实验学校、华业外国语学校；中等职业学校2所，即第一职业学校和梅州英才外语学校，特殊教育学校、青少年宫各1所）。幼儿园133所（其中：公办幼儿园36所、民办幼儿园97所）。另外，在建民办学校1所即梅州市东山培英高级中学。全区教育系统有各级各类党组织65个，其中二级党委4个、党支部61个［含民办学校（两新）党支部5个］，党员2304名。

【学前教育】 2021年，梅县区有各级各类幼儿园133所，其中：区直属幼儿园3所、镇中心幼儿园19所、学校附设幼儿园14所、民办幼儿园97所。公办幼儿园和普惠性民办幼儿园在园幼儿占全区幼儿总数的95.09%；幼儿园教职工2961人，其中专任教师1741人，专任教师大专学历以上1541人，占全区专任教师总数的88.51%，取得教师资格证1042人，占全区专任教师总数的60%；全区省一级幼儿园1所，市一级幼儿园24所，区一级幼儿园33所，规范化幼儿园113所。全区学前三年毛入园率达到122%。

【中小学教育】 2021年，梅县区有中小学校57所（不含教学点），其中：完全中学7所，十二年一贯制学校1所，初级中学11所，九年一贯制学校6所，中心小学和直属小学28所；民办中小学4所即梅州富力足球学校、北实新世纪实验学校、广外附设梅州实验学校、华业外国语学校。另有区教师发展中心、特殊教育学校、青少年宫各1所。中小学生77953人，其中：普通高中8292人、中等职业学校2175人、初级中学19510人、小学51306人，适龄儿童入学率和小升初升学率为100%，高中毛入学率为97.2%。2021年，梅县区在高三生源数量减少（参加普通高考考生2928人，比上年减少545人）的情况下，逆势而上取得好成绩。一是高分尖子生数量大幅提高。全区600分以上考生30人（其中高级中学3人、梅县外国语学校27人），比上年增加13人，有3名考生进入全省前1000名。二是两线上线率再创新高。全区本科上线人数1578人，本科率为53.89%，同比增长3.56%；专科上线人数2926人，专科率99.93%，同比增长0.62%。三是各校成绩普遍提升。梅县外国语学校考生237人，600分以上27人，占比11.4%；本科率98.7%，同比增长3.5%。高级中学在当年高一入学成绩全区前100名只有11人的情况下，高考600分以上有3人，本科上线人数753人，本科上线率90.39%，同比增长2.11%。其他各完全中学高考成绩均实现不同程度提升。2021年中考再获好成绩，全区中考报考人数5718人，最高分787.20分，750分以上有11人，上东中普通生线（716.2分）有146人，700分以上有274人，上高级普通生线（664.7分）有630人，650分以上有791人，600分以上1412人，居全市前列。

【中等职业教育】 2021年，梅县区有中职学校

2所，即第一职业学校和英才外语学校，在校学生2175人。第一职业学校为国家级重点中等职业学校，设8个专业。另有技工学校1所，由梅县区民政和人力资源社会保障局管理。

【成人教育】 2021年，梅县区19个乡镇（办事处、高管会）均办有成人文化技术学校共19所，其中2所达到省级示范校标准，其余17所达到市级示范校标准。学校均成立镇党委或政府领导参加的校务委员会，配备成人教育专职工作人员，全区有专职干部19名，专职教师76名，兼职教师100多名；有图书阅览室20个、图书5.2万册、服务实体20个。另有村级成人文化学校22所，开展培训的中等职业学校2所。

【特殊教育】 梅县区历来重视适龄残疾儿童少年接受义务教育工作，切实保障残疾儿童接受教育。2021年，全区有适龄残疾儿童457人，入学456人，其中在梅县区随班就读的有377人，在特殊教育学校就读的有46人，在梅县区送教上门的有33人，残疾儿童入学率99.8%。

【梅县区大坪镇中心小学】 积极推进“三雅”校园文化建设。1．乡村学校“雅”出名堂。梅县区大坪镇中心小学作为一所乡村学校，积极推进“三雅”校园文化建设。赖宇东荣获“广东省优秀少先队员”称号、潘雅婷荣获梅县区美德好少年提名奖、3名学生在梅县区中小学书法大赛获奖，教师张超获得梅州市第十二届规范汉字书写大赛三等奖，学校被评为梅县区文明校园、梅州市安全文明校园、广东省依法治校达标校。2．办优雅之校 营造良好育人环境。“三雅”文化指的是学生文雅、教师儒雅、学校优雅。“三雅”的核心就是要塑造学生文雅的品行，为学生的未来奠定良好基础。同时，该校格外重视教师外在形象及内在气质的培养，制定教师儒雅基本要求规范教师的言行，着力打造一支儒雅教师队伍。3．育文雅之人培养新时代好少年。为了培养文雅学生，学校编印了《雅行教育》校本教材发放给每位学生，让学生清楚自己在学校、家庭、社会所要承担的责任，通过系列教育让学生明礼修身、乐助他人、奋发向上。除了利用好教材教育学生，还对学生平时的行为和学习表现进行打分，评选出“美德好少年”“雅行之星”“阅读之星”等，树立学习榜样，形成比学赶超的良好氛围，大家争做文雅学生。学校还定期举行“雅言雅行”演讲比赛、书法大赛、歌唱比赛、阅读分享会、文艺会演等形式多样的文体活动，促进学生形成高雅的情操和审美情趣。此外，还加强学生的传统教育，让学生从优秀传统文化中汲取养料，植根传统美德沃土，培育现代文明意识。

【民办教育】 民办幼儿园 2021年，梅县区有民办幼儿园97所，在园幼儿17941人。全区民办幼儿园有专任教师1316人，师生比为1∶7.76，民办幼儿园专任教师持证率为70.51%。

民办义务教育学校 2021年，全区有民办中小学校4所，即梅州富力足球学校、北实新世纪实验学校、广外附设梅州实验学校、华业外国语学校，另有在建的民办学校1所，即梅州市东山高级中学。

民办职业学校 2021年，梅县区有民办中等职业学校1所，即梅州市英才外语学校。该校地处梅州城区，是一所由梅州市教育局批准成立的中等职业学校，1996年创办，有20多年办学历史，是梅州市一所大型的民办中等职业学校。学校设4个专业，学生人数640人。

【教师队伍建设】 师资质量 2021年，梅县区各级各类学校有在职教职工4972人，教师研究生学历162人，占比3.3%；本科学历4295人，大专学历873人，本科及以上学历占比89.6%。

队伍培训 认真贯彻落实《教育部关于实施全国中小学教师信息技术应用能力提升工程2.0的意见》精神，全区中小学教师均进行了一轮以上的培训。同时，根据教育改革发展需要，采取“请进来”和“走出去”相结合的模式，开展教师业务培训，培训人员5868人。进一步增强教师的执教能力，全面提升校长管理水平。

引进人才　实施高素质人才引进工程，继续引进一批高素质人才充实到教师队伍中，2021 年 8 月，面向全国招聘 122 名全日制师范类本科应届毕业生到各中小学校任教，缓解梅县区教师紧缺状况。

【教育经费与教学设施】　教育经费　2021 年，梅县区年度教育经费总投入 156830 万元（其中：国家财政性教育经费 138003 万元、民办学校中举办者投入 1608 万元、社会捐赠经费 187 万元、事业收入 17019 万元、其他收入 13 万元）。

教学设施　2021 年，全区投入 1100 多万元（占生均经费的 12%），用于购买各类教学设施，其中新增超短焦投影仪 100 多套、电脑 500 多台、图书 7 万多册、教学实验仪器一批。至年底，各中小学校教育技术装备发展势头良好，中小学有理化生实验室 153 间，科学实验室 637 间，多媒体电脑室 223 间，计算机 9899 台，语言实验室 41 间，多媒体综合电教室 195 间，电教平台 940 个，全部学校安装校园网，建造生物园、地理园 67 个，音乐、美术、地理、历史等学科功能室 527 间。普教仪器价值 6543 万元，独立图书馆 26 幢，藏书室 86 间，师生阅览室 95 间，藏书 171.3 万册，生均 28.5 册，藏书金额 3031 万元。每所学校有 1 间或 1 间以上的计算机室，计算机生机比达到 14∶1，各中学、完全小学都有 1 间或 1 间以上的综合电教室，城区中小学电教平台与教室数比达到 1∶1；农村中小学电教平台与教室比例达 2∶1 或以上，中学理化生实验室和小学科学实验室能满足教学的需要，每间中心小学都安装有 1—2 间语言实验室，其他学科功能场室，教学仪器及图书等设施设备也逐年有所增加，大部分学校的教育装备已达到规范化学校的标准，为促进梅县区中小学教育手段现代化，推进实施素质教育，加快课程改革，提高教育质量提供重要的条件保障。

【校园卫生安全】　2021 年，梅县区教育局以疫情防控为校园安全工作重点，抓好教育系统常态化疫情防控工作，落实好校园安保措施，切实保护广大师生的生命安全和身体健康。定期召开专题会议，研究部署疫情防控相关工作；联合区卫健、疾控等职能部门，成立督查组多次对学校、幼儿园、培训机构进行疫情防控工作专项督查，确保各项防控举措全面落实到位；广泛开展防疫宣传活动和防控知识培训，提高师生自觉防控的意识和能力，确保防控知识在教师队伍中实现全覆盖，引导师生做好自我防控；强化进入校园管理，做好校园公共活动场所卫生保洁等疫情防控工作，全面加强学校食堂、宿舍等重点场所的人员管控；做好防疫物资保障工作，各校积极做好消杀药品、测温工具、防护器具、防疫口罩等的采购和储备工作，确保防疫所需设施设备、物资物品等的充足。在高考、中考期间，会同区招生委员会各相关部门，严格按照区委、区政府的统一部署，以最高标准、最严要求、最强保障做好高考、中考有关工作，全面实现"平安高考""平安中考"目标任务。

【德育教育】　2021 年，梅县区域教育局坚持在全区中学开展"养成"教育，在小学开展"三礼"教育，围绕学生身边发生和日常生活中的问题，通过强化教育，促进学生文明礼仪习惯、生活卫生习惯、自觉学习习惯、安全自理习惯四方面进行良好习惯养成。组织开展"闪闪红星故事会""我和我的祖国"征文比赛、"致抗疫先锋的一封信""创建美丽庭院、共筑文明家园主题活动"征文比赛等活动，加强中华优秀传统文化的传播，培养学生良好的学习习惯。广泛组织开展"文明校园"建设。至年底，全区有国家级"文明校园"1 所、省级"文明校园"1 所、市级"文明校园"37 所、区级"文明校园"33 所。全面、系统开展"书香校园"建设评比活动，加强图书室（馆、角）建设，组建读书组织，开展"好书伴我行"系列活动，积极发动全区学生参加读书教育活动。至年底，全区有省级"书香校园"10 所，市级"书香校园"20 所。重视未成年人思想道德建设工作，将德育教育延伸到校外，全区17个乡镇达到乡村学校少年宫全覆盖。鼓励各学校在符合防疫要求情况下，组织中小学生参加2021年梅县区研学实践教育活动，通过走出校园的方式，提高中小学生的社会责任感、创新精神和实践能力，促进学生德智体美劳全面发展。

【体育、文艺竞赛】 2021年，梅县区教育局加大体艺工作力度，积极开展内容丰富、形式多样的体艺竞赛活动。2021年9月，获国家体育总局颁发的“2017—2020年度全国群众体育先进单位”荣誉称号。积极组队参加2021年“市长杯”比赛，程江镇中心小学获小学男子组第二名，广益中学初中女子足球队获初中组第二名，华侨中学获高中女子组第三名。加强对《国家学生体质健康标准》的测试和上报工作推进力度，组织全区6所学校进行市体质健康抽测，市抽测优良率46.4%，优秀率、合格率达标。坚持对各级各类学校进行体育和美育工作的评估，在统一的平台上报数据、完成问卷，并要求撰写年度报告，对照评估细则，做好资料积累和整理，针对问题和薄弱环节，制定整改方案，及时整改。成功举办第十七届中小学生足球联赛及“庆祝中国共产党成立100周年”为主题的文艺会演和书画摄影比赛。组织中小学校和幼儿园的18支代表队参加市首届健美操、啦啦操和街舞比赛。组队参加梅州市第十四届中学生运动会，男、女足球队均荣获冠军，团体总分获得第二名。

2021年年底梅县区教育局

局　长：张云龙

（供稿：萧　潇）

文化艺术·旅游

文 化 艺 术

【概述】 2021年是“十四五”规划开局之年，梅县区文化广电旅游局坚持以习近平新时代中国特色社会主义思想为指导，全面深入学习贯彻中共十九大和十九届历次全会精神，在区委、区政府的领导下，凝心聚力，进一步凝聚发展共识；攻坚克难，进一步彰显责任担当；真抓实干，进一步提升能力水平。2021年，梅县区被命名为2021—2023年度中国民间文化艺术之乡（客家山歌）和2021—2023年度广东省民间文化艺术之乡（客家山歌），梅县区雁洋镇被列入第一批全国乡村旅游重点镇名录和广东省民宿示范镇，梅县区图书馆被认定为广东省人文社会科学普及基地。

【文化设施建设】 2021年，区文化广电旅游局提升文旅融合试点、推进“粤书吧”新型阅读空间试点建设。一是梅县区雁洋镇综合文化站被列为国家级文旅公共文化服务机构功能融合试点单位，按照“宜融则融、能融尽融”的总体思路，在原综合文化站大楼基础上，进一步优化功能场室、丰富群文活动、推动体验文化旅游，在功能服务、场地设施、管理运营、宣传引导、资源共享等方面融合提升。二是建成雁南飞、客都人家、大观天下—花间慢民宿3个粤书吧。区图书馆增设母婴室和妇女之家。松口图书馆推进服务点建设，全面提升服务点14个。

【文学艺术创作】 2021年，梅县区创作的艺术作品主要有：《梅县红》红色人文国画长卷、山歌表演唱《九月来信》、音诗舞《我们的绿水青山》《多彩三河竞春晖》、歌伴舞《迈向新征程》、歌舞《江山》、木偶戏《猴趣》、歌伴舞《新月光光》、小品《谁能证明》、山歌对唱《网络安全记在心》等。

【群众文化】 打造“民间文化艺术之乡”品牌。2021年，梅县区被命名为“2021—2023年度中国民间文化艺术之乡”“2021—2023年度广东省民间文化艺术之乡”，将民间文化艺术之乡建设作为基层公共文化服务创新发展和乡村优秀传统文化保护与传承的重要抓手，加大保障和投入，落实对民间文化艺术的保护、传承、发展，充分发挥民间文化助力乡村振兴的重要作用，加强后续建设，推进可持续发展。

大力开展文化惠民活动。区图书馆紧紧围绕社会主义核心价值观为主题，充分利用“我们的节日”、“建党100周年”、寒暑假等重大节日，通过举办展览、讲座、亲子阅读活动等方式开展内容丰富、形式多样、涵盖面广的文明实践活动。区文化馆联合山歌剧团、木偶剧团开展公益演出线上直播活动10多场次，服务3万多人次。积极开展“2021年梅县区农村业余文艺会演”、“梅县区群众文艺会演”、“相约梅县”文化惠民展演（线上）、新时代文明实践活动“我们的节日·中秋”2021年群众文艺节目线上展演活动计划、“我们的中国梦·文化进万家”——2021年梅县区文化馆迎春文化惠民节目线上展播系列等文化惠民活动，还举办各类公益培训活动50多场次，服务约5000人次；区松口图书馆举办“4·23”世界阅读日活动、定期开展新书推荐、送书到农家、优秀文学作品展、以书换书、书法培训等多种形式读者服务活动。全年举办线上读者活动10次，线下推广活动8次，举办少儿书法培训2次，举办展览3次。

【文化市场整治】 2021年，区文化广电旅游局抓好文化市场整治工作，全年出动1860人次，检查文旅企业550家次。一是落实安全生产主体责任。局领导班子高度重视安全生产工作，制定印发安全检查和整治方案，层层压实企业主体责任，2021年，与局辖属55家文旅企业和单位签订安全生产责任书。二是开展疫情防控和安全生产大检查。2021年，在元旦、春节、“五一”、中秋、国庆等重要节日开展疫情防控和安全生产大检查，还开展汛期、秋冬时期等重要时间节点的文旅单位（场所）安全生产排查整治行动，每月集中开展2次以上文旅行业安全生产和疫情防控大检查，认真查找并消除安全隐患，确保文化广电旅游行业的安全有序稳定。三是依法行政、便民利民，切实做好行政许可工作。全年共办理申请受理审批22家，其中娱乐场所8家；营业性演出9家，表演团体3家，文物保护单位保护范围内进行其他建设工程设计方案审核1家，办理注销网吧1家。受理“12345”政府服务热线投诉13件，均按时办结。四是严格开展执法。大力开展文旅市场综合治理工作，严查娱乐经营场所和网吧存在的安全生产隐患及接纳未成年人等违规经营行为，督促企业做好疫情防控和安全生产工作。认真贯彻落实“扫黄打非”工作，加强打击侵犯知识产权力度，文旅市场秩序得到进一步规范。

【公共图书馆】 梅县图书馆建设 一是党建书吧和流动站建设。2021年，梅县图书馆为梅县区党建设书配置图书700册；新建惠州铁路公安处梅州西站派出所流动站，并配置图书200册；为梅县区老干部服务中心流动站新增图书200册；为其他各流动站更换图书600册。二是总分馆建设。2021年，该馆到各分馆进行调研及业务指导20次；分配到各分馆物资有：图书2200册、书架34组及桌椅一批；送“客家童谣展”到白渡镇、梅南镇和水车镇。三是文献资源建设。制定文献信息收藏规划，有系统地收藏地方文献、参考文献、科普文献，把优化馆藏结构作为图书馆文献信息资源建设的重要目标，大力加强基础学科和人文社会科学的文献信息资源建设，使之成为馆藏文献主体的重要部分。全年购买图书9528

册，期刊920册，盲人图书112册。至年底，图书馆馆藏图书25.9万册。四是加强全民阅读推广。紧紧围绕社会主义核心价值观为主题，充分利用“我们的节日”、“建党100周年”、寒暑假等重大节日，通过举办展览、讲座、亲子阅读活动等方式开展内容丰富、形式多样、涵盖面广的文明实践活动，形成培育践行社会主义核心价值观的浓厚社会氛围，采取线上线下相结合的方式，全年开展活动37场，其中广东省第二届“中华传统文化百部经典”知识大赛获得广东省立中山图书馆、广东图书馆学会“优秀组织奖”。此外，对移动图书馆App进行全新改版，移动图书全年点击下载量57.8万次。五是开展爱心送书活动。为有效保障基层群众的公共文化需求，有效促进公共文化服务均等化，进一步提升梅县区服务效能。2021年，梅县图书馆分别为梅州市梅县区梅江中学、梅州市梅县区新城办事处金富花园等赠送图书1450册。

松口图书馆建设　一是充分发挥图书馆相关职能，做好文献资源建设工作，全年新购图书2.44万册，订阅报刊35份，报刊入藏432份，读者捐赠书刊172本。二是认真做好图书馆免费开放和阅读推广，提升公共文化服务，全年接待读者4.7万人次，书刊外借2万册。三是推进服务点建设，至年底，建成松口镇各村（居委会）服务点31个，全面提升服务点14个。

【文物保护】 2021年，梅县区新增4处区级文物保护单位（绍安庐、星拱楼、松三排上屋、蔡蒙吉古墓），其中绍安庐、星拱楼2处列为市级文物保护单位；同怀别墅、萧向荣故居、作庐、爱春楼4处文物入选广东省第十批文物保护单位公示名单。各级文物保护单位72处，其中国家级1处、省级20处、市级33处、县（区）级18处。梅县区入选第一批梅州市客家围龙屋保护名录客家围龙屋有39处，其中第一类（属省、市、区级文物保护单位）围龙屋14处、第二类（属历史建筑）围龙屋23处、第三类围龙屋2处。2021年，梅县区省级文物保护单位获得省级文物保护专项资金380万元（南华又庐第一期修缮工程300万元、仪园80万元），按照相关程序，依法依规做好资金的使用工作。

梅县区各级文物保护单位一览表

表 5

序号	级别序号	级别	名　　称	时　间	地　　址	文　　号	批　　次	备 注
1	1	国家级	叶剑英故居	清光绪二十三年（1897 年）	梅县区雁洋镇雁上村虎形自然村	国发〔2001〕25 号	2001 年 6 月第五批	
2	1	省级	灵光寺	唐代	梅县区雁洋镇阴那村	粤府办〔2002〕56 号重新核定	1978 年 7 月第一批	
3	2	省级	元魁塔	明代	梅县区松口镇铜琶村	粤府办〔2002〕56 号重新核定	1989 年 6 月第三批	
4	3	省级	南华又庐	清光绪十二年（1886 年）	梅县区南口镇侨乡村	粤府办〔2002〕56 号	2002 年 7 月第四批	
5	4	省级	桥溪村古民居建筑群（含仕德堂、朱氏祖祠、守庆公祠、世德楼、燕诒楼、慎安居、凌云馆、宝善楼、桥溪小学、宝善家塾、衍庆楼、宝庆居、继善楼、逸庐、世安居、祖德居。共计 16 座单体）	清代	梅县区雁洋镇长教村	粤府办〔2002〕56 号	2002 年 7 月第四批	
6	5	省级	宋湘故居	清代	梅县区白渡镇创乐村	粤府〔2012〕123 号	2012 年 10 月第七批	
7	6	省级	李金发故居	清光绪二十六年（1900 年）	梅县区梅南镇上村	粤府〔2012〕123 号	2012 年 10 月第七批	
8	7	省级	群丰大夫第（仁厚温公祠）	清代	梅县区丙村镇群丰村	粤府〔2012〕123 号	2012 年 10 月第七批	
9	8	省级	仪园	1943 年	梅县区水车镇先锋村	粤府函〔2015〕343 号	2015 年 12 月第八批	
10	9	省级	世德堂	明清	梅县区松口镇铜琶村	粤府函〔2015〕343 号	2015 年 12 月第八批	
11	10	省级	张民达旧居	1925 年	梅县区桃尧镇螺江村	粤府函〔2015〕343 号	2015 年 12 月第八批	
12	11	省级	双龙村大夫第	清代	梅县区畲江镇双龙村	粤府函〔2015〕343 号	2015 年 12 月第八批	
13	12	省级	莲塘村古氏洋楼	1919 年	梅县区城东镇莲塘村	粤府函〔2015〕343 号	2015 年 12 月第八批	

续表 5

序号	级别序号	级别	名　称	时　间	地　址	文　号	批　次	备注
14	13	省级	邓仲元旧居和仲元小学旧址	1918 年	梅县区丙村镇银场村	粤府函〔2015〕343 号	2015 年 12 月第八批	
15	14	省级	喆庐	1925 年	梅县区松口镇大黄村	粤府函〔2015〕343 号	2015 年 12 月第八批	
16	15	省级	茶山绍德堂	明清	梅县区水车镇灯塔村	粤府函〔2019〕96 号	2019 年 4 月第九批	含风水塘
17	16	省级	槐岗继善楼	清代	梅县区程江镇槐岗村	粤府函〔2019〕96 号	2019 年 4 月第九批	
18	17	省级	德馨堂	1917 年	梅县区南口镇侨乡村	粤府函〔2019〕96 号	2019 年 4 月第九批	含风水塘
19	18	省级	干庐	1936 年	梅县区南口镇锦鸡村	粤府函〔2019〕96 号	2019 年 4 月第九批	含风水塘
20	19	省级	松江大酒店旧址	1932 年	梅县区松口镇繁荣社区	粤府函〔2019〕96 号	2019 年 4 月第九批	
21	20	省级	松口图书馆旧址	1934 年	梅县区松口镇公园路	粤府函〔2019〕96 号	2019 年 4 月第九批	
22	1	市级	盘龙围	清代	梅县区石坑镇龙凤村	梅市府〔2014〕2 号	2014 年 1 月第二批	
23	2	市级	蔡蒙吉故居	明代	梅县区松源镇金星村	梅市府〔2014〕2 号	2014 年 1 月第二批	
24	3	市级	新南斐厦堂	明清	梅县区松源镇新南村	梅市府〔2015〕4 号	2015 年 2 月第三批	
25	4	市级	闽粤梁氏宗祠	明清	梅县区松源镇青塘村	梅市府〔2015〕4 号	2015 年 2 月第三批	
26	5	市级	茶山资政第	民国	梅县区水车镇灯塔村茶山自然村	梅市府〔2015〕4 号	2015 年 2 月第三批	
27	6	市级	肖向荣故居	清代	梅县区石扇镇新东村	梅市府〔2015〕4 号	2015 年 2 月第三批	
28	7	市级	悦来凹下山新居	民国	梅县区白渡镇悦来村	梅市府〔2015〕4 号	2015 年 2 月第三批	
29	8	市级	邓太乙墓	元代	梅县区松口镇盘龙村	梅市府〔2015〕4 号	2015 年 2 月第三批	
30	9	市级	谢田谢氏祖祠	清代	梅县区城东镇谢田村	梅市府〔2016〕13 号	2016 年 6 月第四批	
31	10	市级	悦来敦尚楼	民国	梅县区白渡镇悦来村	梅市府〔2016〕13 号	2016 年 6 月第四批	

续表 5

序号	级别序号	级别	名　称	时　间	地　址	文　号	批　次	备注
32	11	市级	铜琶爱春楼	清代	梅县区松口镇铜琶村	梅市府〔2016〕13 号	2016 年 6 月第四批	
33	12	市级	桃源继述楼	清代	梅县区桃尧镇桃源村	梅市府〔2016〕13 号	2016 年 6 月第四批	
34	13	市级	太湖刘屋	清代	梅县区畲江镇太湖村	梅市府〔2016〕13 号	2016 年 6 月第四批	
35	14	市级	坑美以祯居（蒲风故居）	清代	梅县区隆文镇坑美村	梅市府〔2016〕13 号	2016 年 6 月第四批	
36	15	市级	广东工农革命军（东路）第十团团部旧址	1927 年	梅县区梅南镇九龙村	梅市府〔2016〕13 号	2016 年 6 月第四批	
37	16	市级	连江作庐	1941 年	梅县区畲江镇连江村	梅市府〔2016〕13 号	2016 年 6 月第四批	
38	17	市级	人和三堡学堂	清代	梅县区丙村镇人和村丙村中学	梅市府〔2016〕13 号	2016 年 6 月第四批	
39	18	市级	中和善庆庐（彭精一故居）	1931 年	梅县区石扇镇中和村	梅市府〔2016〕13 号	2016 年 6 月第四批	
40	19	市级	温鸣剑旧居	民国	梅县区丙村镇红光村	梅市府〔2017〕5 号	2017 年 3 月第五批	
41	20	市级	红旗村夏氏祖屋	清代	梅县区新城办事处富贵居委红旗村民小组	梅市府〔2017〕5 号	2017 年 3 月第五批	
42	21	市级	安思居	民国	梅县区雁洋镇下村村	梅市府〔2017〕5 号	2017 年 3 月第五批	
43	22	市级	南福村笃敬庄	清代	梅县区雁洋镇南福村	梅市府〔2017〕5 号	2017 年 3 月第五批	
44	23	市级	茶山村德崇楼	清代	梅县区水车镇灯塔村茶山自然村	梅市府〔2017〕5 号	2017 年 3 月第五批	
45	24	市级	茶山村畅云楼	清代	梅县区水车镇灯塔村茶山自然村	梅市府〔2017〕5 号	2017 年 3 月第五批	
46	25	市级	茶山村大夫第	清代	梅县区水车镇灯塔村茶山自然村	梅市府〔2017〕5 号	2017 年 3 月第五批	
47	26	市级	松口火船码头	清代	梅县区松口镇	梅市府〔2017〕23 号	2017 年 11 月第六批	

续表 5

序号	级别序号	级别	名　　称	时　间	地　　址	文　　号	批　　次	备注
48	27	市级	同怀别墅	民国	梅县区松源镇金星村	梅市府函〔2020〕34 号	2020 年 3 月第七批	
49	28	市级	怀永庄（廖安祥故居）	民国	梅县区雁洋镇黄坳村	梅市府函〔2020〕34 号	2020 年 3 月第七批	
50	29	市级	永新资政第	清代	梅县区丙村镇红光村	梅市府函〔2020〕34 号	2020 年 3 月第七批	
51	30	市级	罗芳伯故居	清代	梅县区石扇镇西南村	梅市府函〔2020〕34 号	2020 年 3 月第七批	
52	31	市级	大黄村河南堂	清代	梅县区松口镇大黄村	梅市府函〔2020〕34 号	2020 年 3 月第七批	
53	32	市级	星拱楼（东江红军军事旧址）	1929 年	梅县区梅南镇水美村	梅市府函〔2021〕371 号	2021 年 12 月第八批	
54	33	市级	绍安庐（胡一声故居）	中华民国初期	梅县区梅南镇上村	梅市府函〔2021〕371 号	2021 年 12 月第八批	
55	1	县级	龙岩寺	清代	梅县区隆文镇岩前村	梅市府字〔1987〕104 号	1987 年 11 月第二批	
56	2	县级	中山公园	1933 年	梅县区松口镇社区居委圩镇中心	梅市府字〔1987〕104 号	1987 年 11 月第二批	
57	3	县级	龙源宫	清代	梅县区松源镇圆岭村蕉松公路旁	梅府〔2010〕43 号	2010 年 11 月第三批	
58	4	县级	龙居堂	清代	梅县区白渡镇嵩溪村坎里小组坝围	梅府〔2010〕43 号	2010 年 11 月第三批	
59	5	县级	茶山村古民居建筑群（含访云楼、翼诒楼、培元楼、振华楼、承庆楼、云汉楼、儒林第、同德楼、义顺庐、进士第、搏云书屋、稻香楼、伯荣楼、萼辉楼、云汉女子学校、祥裕楼，共计 16 座单体）	清至民国	梅县区水车镇灯塔村茶山自然村	梅府〔2010〕43 号	2010 年 11 月第三批	
60	6	县级	陈烈士敬岳纪念碑	1941 年	梅县区丙村镇横石村双对坑	梅府〔2010〕43 号	2010 年 11 月第三批	
61	7	县级	宝善楼	1915 年	梅县区城东镇石下村	梅府〔2010〕43 号	2010 年 11 月第三批	

续表 5

序号	级别序号	级别	名　称	时　间	地　址	文　号	批　次	备注
62	8	县级	承聚楼	1923 年	梅县区城东镇谢田村	梅府〔2010〕43 号	2010 年 11 月第三批	
63	9	县级	光远居	1940 年	梅县区白渡镇创乐村	梅府〔2010〕43 号	2010 年 11 月第三批	
64	10	县级	承德堂	民国	梅县区南口镇侨乡村	梅府〔2010〕43 号	2010 年 11 月第三批	
65	11	县级	梅县革命烈士纪念碑	1960 年	梅县区南口镇益昌村	梅府〔2010〕43 号	2010 年 11 月第三批	
66	12	县级	廖氏雕楼	民国	梅县区水车镇先锋村曾田自然村廖氏庆捷公祠左侧	梅府〔2010〕43 号	2010 年 11 月第三批	
67	13	县级	来安楼	民国	梅县区梅南镇顺里村大凹	梅府〔2010〕43 号	2010 年 11 月第三批	
68	14	县级	扬孝石刻	明代	梅县区丙村镇石窟河西崖新墟村古渡口岸边	梅府〔2010〕43 号	2010 年 11 月第三批	
69	15	县级	高隐洞天摩崖石刻	清代	梅县区大坪镇汤湖村	梅府〔2010〕43 号	2010 年 11 月第三批	
70	16	县级	水光接天摩崖石刻	明代	梅县区畲江镇双溪村鸭粤威自然村	梅府〔2010〕43 号	2010 年 11 月第三批	
71	17	县级	松三排上屋	中华民国初期	梅县区梅南镇顺里村	梅县区函〔2021〕24 号	2021 年 5 月第四批	
72	18	县级	蔡蒙吉古墓	明朝永乐年间（1403—1424）	梅县区桃尧镇练坑村	梅县区函〔2021〕24 号	2021 年 5 月第四批	

注：截至 2021 年 12 月，梅县区各级文物保护单位共 72 处，其中国家级 1 处，省级 20 处，市级 33 处，县级 18 处。

梅州市梅县区非物质文化遗产代表性项目及代表性传承人名录一览表

表 6

序号	序号	代表性项目级别	类别	项目名称	批次	文号	代表性传承人级别	姓名	批次	文号
1	1	省级	传统音乐	客家山歌（松口客家山歌）	2007 年 6 月 广东省第二批	粤府〔2007〕57 号	省级	卢月英	2008 年 3 月 广东省第一批	粤文社〔2008〕19 号
							区级	廖胜华 李圆妹 温婉香 梁媚玲 刘谦隆 廖丽 黎骏 梁莹	2016 年 12 月 梅县区第五批	梅县区府〔2016〕43 号
								李秋	2021 年 3 月 梅县区第七批	梅文字〔2021〕2 号
2	2	省级	传统戏剧	木偶戏（梅县提线木偶戏）	2009 年 10 月 广东省第三批	粤府〔2009〕112 号	省级	巫启胜	2011 年 1 月 广东省第二批	粤文非遗〔2011〕2 号
							区级	黎为艺 李嘉珍 廖佳萍 陆怡婷 聂瑜	2016 年 12 月 梅县区第五批	梅县区府〔2016〕43 号
								黄锦涛	2021 年 3 月 梅县区第七批	梅文字〔2021〕2 号
3	3	省级	曲艺	竹板歌（梅县竹板歌）	2012 年 2 月 广东省第四批	粤府〔2012〕20 号	省级	肖建兰	2014 年 10 月 广东省第四批	粤文非遗〔2014〕45 号
							市级	李玉珍	2017 年 10 月 梅州市第六批	梅市府函〔2017〕174 号
							区级	朱丽芳	2019 年 1 月 梅县区第六批	梅县区府〔2019〕2 号
								刘金茹 温秋灵 徐怀伟	2021 年 3 月 梅县区第七批	梅文字〔2021〕2 号

续表6

序号	序号	代表性项目级别	类别	项目名称	批次	文号	代表性传承人级别	姓名	批次	文号
4	4	省级	传统技艺	酿造酒传统酿造技艺（梅县客家娘酒酿造技艺）	2013年11月 广东省第五批	粤府〔2013〕118号	省级	温凤珠	2014年10月 广东省第四批	粤文非遗〔2014〕45号
							区级	郭榴红　温带芬 郭忠爱　陈忠义	2016年12月 梅县区第五批	梅县区府〔2016〕43号
5	1	市级	传统技艺	畲江菊花糕	2011年4月 梅州市第三批	梅市府〔2011〕27号	区级	张应新	2012年3月 梅县第二批	梅府办〔2012〕23号
6	2	市级	名俗	松源扛公王	2013年7月 梅州市第五批	梅市府函〔2013〕85号	区级	王耀东	2012年3月 梅县第二批	梅府办〔2012〕23号
7	3	市级	名俗	水车小桑等公王	2013年7月 梅州市第五批	梅市府函〔2013〕85号	区级	罗注英	2012年3月 梅县第二批	梅府办〔2012〕23号
8	4	市级	传统体育、游艺与杂技	足球运动	2013年7月 梅州市第五批	梅市府函〔2013〕85号	区级	杨电松　陈晋干	2012年3月 梅县第二批	梅府办〔2012〕23号
9	5	市级	传统美术	梅县区客家门神画	2014年3月 梅州市第六批	梅市府函〔2014〕128号	市级	侯文发	2015年6月 梅州市第五批	梅市府函〔2015〕119号
							区级	徐建文	2016年12月 梅县区第五批	梅县区府〔2016〕43号
10	6	市级	传统技艺	南口镇车陂仙人粄	2014年3月 梅州市第六批	梅市府函〔2014〕128号	区级	饶俊顺	2013年2月 梅县第三批	梅府办〔2013〕8号
11	7	市级	传统技艺	丙村开锅肉丸	2016年8月 梅州市第七批	梅市府函〔2016〕135号	区级	李尧君	2016年12月 梅县区第五批	梅县区府〔2016〕43号
12	8	市级	传统美术	客家泥塑	2019年1月 梅州市第八批	梅市府函〔2019〕8号	市级	刘沅声	2019年10月 梅州市第七批	梅市文广旅通〔2019〕129号
							区级	刘芷瑜	2016年12月 梅县区第五批	梅县区府〔2016〕43号

续表 6

序号	序号	代表性项目级别	类别	项目名称	批次	文号	代表性传承人级别	姓名	批次	文号
13	9	市级	传统技艺	梅县白渡牛肉干制作技艺	2020年12月梅州市第九批	梅市府函〔2020〕284号	区级	宋增广	2014年3月梅县第四批	梅县区府办〔2014〕10号
								宋金山	2021年3月梅县区第七批	梅文字〔2021〕2号
14	10	市级	传统技艺	客家红焖肉烹饪技艺	2020年12月梅州市第九批	梅市府函〔2020〕284号	区级	陈嘉庆	2021年3月梅县区第七批	梅文字〔2021〕2号
15	11	市级	民俗	梅县挂大牌	2020年12月梅州市第九批	梅市府函〔2020〕284号	—	—	—	—
16	1	区级	民间文学	客家方言	2007年3月梅县第一批	梅府〔2007〕5号	区级	廖广坤	2006年11月梅县第一批	梅文字〔2007〕22号
17	2	区级	民间文学	歌仙刘三妹的传说	2007年3月梅县第一批	梅府〔2007〕5号	区级	梁德新	2006年11月梅县第一批	梅文字〔2007〕22号
18	3	区级	民间文学	民间歌谣	2007年3月梅县第一批	梅府〔2007〕5号	—	—	—	—
19	4	区级	民间文学	民间谚语	2007年3月梅县第一批	梅府〔2007〕5号	—	—	—	—
20	5	区级	传统音乐	客家山歌	2007年3月梅县第一批	梅府〔2007〕5号	—	—	—	—
21	6	区级	传统技艺	松源麦芽糖	2007年3月梅县第一批	梅府〔2007〕5号	区级	王集荣	2013年2月梅县第三批	梅府办〔2013〕8号
								温维明	2019年1月梅县区第六批	梅县区府〔2019〕2号
22	7	区级	传统技艺	南口黄皮豆干	2007年3月梅县第一批	梅府〔2007〕5号	—	—	—	—

续表 6

序号	序号	代表性项目级别	类别	项目名称	批次	文号	代表性传承人级别	姓名	批次	文号
23	8	区级	传统技艺	石坑柿花	2007 年 3 月梅县第一批	梅府〔2007〕5 号	—	—	—	—
24	9	区级	传统技艺	隆文竹编	2007 年 3 月梅县第一批	梅府〔2007〕5 号	—	—	—	—
25	10	区级	传统技艺	隆文土纸	2007 年 3 月梅县第一批	梅府〔2007〕5 号	区级	李增焕	2021 年 3 月梅县区第七批	梅文字〔2021〕2 号
26	11	区级	传统技艺	隆文木炭	2007 年 3 月梅县第一批	梅府〔2007〕5 号	—	—	—	—
27	12	区级	传统技艺	客家服饰	2007 年 3 月梅县第一批	梅府〔2007〕5 号	—	—	—	—
28	13	区级	传统技艺	梅县客家名菜	2007 年 3 月梅县第一批	梅府〔2007〕5 号	—	—	—	—
29	14	区级	传统技艺	客家围龙屋	2007 年 3 月梅县第一批	梅府〔2007〕5 号	—	—	—	—
30	15	区级	传统技艺	梅县金柚	2007 年 3 月梅县第一批	梅府〔2007〕5 号	—	—	—	—
31	16	区级	传统技艺	畲江工艺品	2009 年 7 月梅县第二批	梅府〔2009〕24 号	—	—	—	—
32	17	区级	传统技艺	九龙手工茶	2009 年 7 月梅县第二批	梅府〔2009〕24 号	—	—	—	—
33	18	区级	传统技艺	石扇咸菜	2009 年 7 月梅县第二批	梅府〔2009〕24 号	—	—	—	—
34	19	区级	传统技艺	石扇鱼血焖饭	2009 年 7 月梅县第二批	梅府〔2009〕24 号	—	—	—	—

续表6

序号	序号	代表性项目级别	类别	项目名称	批次	文号	代表性传承人级别	姓名	批次	文号
35	20	区级	传统技艺	梅西肉丸	2009年7月梅县第二批	梅府〔2009〕24号	—	—	—	—
36	21	区级	民俗	七月二十八日老姑婆生日	2009年7月梅县第二批	梅府〔2009〕24号	—	—	—	—
38	23	区级	民俗	升龙转火	2009年7月梅县第二批	梅府〔2009〕24号	—	—	—	—
39	24	区级	民俗	作福	2009年7月梅县第二批	梅府〔2009〕24号	—	—	—	—
40	25	区级	传统舞蹈	打腰鼓	2009年7月梅县第二批	梅府〔2009〕24号	—	—	—	—
41	26	区级	传统技艺	客家手工茶	2014年3月梅县区第五批	梅县区府办〔2014〕10号	区级	李新玲	2014年3月梅县第四批	梅县区府办〔2014〕10号
								刘 锋 黄显明 温健雄	2021年3月梅县区第七批	梅文字〔2021〕2号
42	27	区级	传统技艺	金柚陈茶	2014年3月梅县区第五批	梅县区府办〔2014〕10号	区级	钟亮	2014年3月梅县第四批	梅县区府办〔2014〕10号
43	28	区级	传统技艺	钉砻	2016年12月梅县区第六批	梅县区府〔2016〕43号	区级	张学敬	2016年12月梅县区第五批	梅县区府〔2016〕43号
44	29	区级	民俗	“三月三”相公爷出巡	2016年12月梅县区第六批	梅县区府〔2016〕43号	区级	张绍轩 张倣明 张建新 张自荣	2016年12月梅县区第五批	梅县区府〔2016〕43号
45	30	区级	传统技艺	黄金玉香糕	2019年1月梅县区第七批	梅县区府〔2019〕2号	区级	古运宏	2019年1月梅县区第六批	梅县区府〔2019〕2号
46	31	区级	传统技艺	企炉饼	2019年1月梅县区第七批	梅县区府〔2019〕2号	区级	魏汉兴	2019年1月梅县区第六批	梅县区府〔2019〕2号

续表 6

序号	序号	代表性项目级别	类别	项目名称	批次	文号	代表性传承人级别	姓名	批次	文号
47	32	区级	传统技艺	鱼散粉	2019 年 1 月梅县区第七批	梅县区府〔2019〕2 号	—	—	—	—
48	33	区级	传统技艺	羊雌汤	2019 年 1 月梅县区第七批	梅县区府〔2019〕2 号	区级	钟　鑫	2019 年 1 月梅县区第六批	梅县区府〔2019〕2 号
49	34	区级	传统技艺	荷泗拱桥肉	2019 年 1 月梅县区第七批	梅县区府〔2019〕2 号	区级	黄俊明	2019 年 1 月梅县区第六批	梅县区府〔2019〕2 号
50	35	区级	传统技艺	砣子豆腐	2019 年 1 月梅县区第七批	梅县区府〔2019〕2 号	—	—	—	—
51	36	区级	传统技艺	松源豆干	2019 年 1 月梅县区第七批	梅县区府〔2019〕2 号	区级	何胜旺	2019 年 1 月梅县区第六批	梅县区府〔2019〕2 号
52	37	区级	传统技艺	酸菜炒猪肠烹饪技艺	2021 年 1 月梅县区第八批	梅县区府函〔2021〕2 号	区级	陈嘉庆	2021 年 3 月梅县区第七批	梅文字〔2021〕2 号
53	38	区级	传统戏剧	客家山歌剧（梅县）	2021 年 1 月梅县区第八批	梅县区府函〔2021〕2 号	区级	廖明星　赖瑜明　黄智松　曾慧敏　廖　渊　徐映茹　吴佳丽	2021 年 3 月梅县区第七批	梅文字〔2021〕2 号
54	39	区级	民俗	邓氏太乙公祭祀文化	2021 年 1 月梅县区第八批	梅县区府函〔2021〕2 号	—	—	—	—

注：全区非物质文化遗产代表性项目共 9 类 54 项，其中省级代表性项目 4 项、代表性传承人 4 人（其中 1 人已去世），市级代表性项目 11 项、代表性传承人 3 人（其中 1 人已去世），区级代表性项目 39 项、代表性传承人 62 人。截至统计 2021 年 9 月 14 日。

【文化遗产保护与传承】 一是推进客家文化生态保护实验区建设，设立梅县区客家文化生态保护管理中心，利用好客家文化资源，投入90.8万元，提升建设“非遗”展示馆和梅县区客家山歌传习中心、梅县提线木偶传习所以及保护范围内的重点乡镇松口镇、南口镇、雁洋镇建成梅县客家山歌、梅县竹板歌、客家娘酒酿造技艺等6个“非遗”项目的传习场所（点），对标完善各个点位的基本设施设备，投入12.4万元，对区级代表性传承人进行每人每年2000元的补助。二是挖掘和推荐“非遗”人才，组织推荐11名区级传承人申报第八批梅州非物质代表性项目传承人工作，还在评审当中。三是重新调整认定省级“非遗”代表性项目“梅县客家娘酒酿造技艺”保护单位，由“梅县畲江海香酒厂”变更为“广东源源富家酒业有限公司”。四是开展“客家手工茶系列之金柚花单丛茶”非遗故事征文活动等。

【文旅产业】 2021年年底，全区有文化产业企业100家。其中文化旅游产业6家（雁南飞茶田景区、雁山湖国际花园度假区、广东麓湖山文化产业园区、大观天下、南寿峰旅游景区、客都人家文化旅游区）、文艺表演团体5家、歌舞娱乐场所15家、互联网服务营业场所11家、出版物零售发行单位53家、包装装潢印刷10家。从事文化产业的工作人员近1万人。

旅　游

【旅游发展规划】 “十四五”时期，梅县区以文化和旅游深度融合为主线，以创意人文构建城市品牌体系，以社区引领驱动供给改革，以活动导向塑造文旅品牌、以创意赋能树立城市标签，彰显文旅的大产业、大民生、大展示功能，实现文化和旅游名区、强区高质量建设，提升梅县区在全国的文化旅游影响力。2021年，梅县区公共服务水平得到进一步提升，培育具有引领性的城市公共文化品牌，主客共享的全域旅游服务体系不断完善；产品供给体系实现新一轮迭代升级，基于社区的生态旅游模式探索取得成效，一批以精品度假为核心的集聚区初步形成，旅游跨界融合频繁；文化和旅游融合体制机制改革取得新成效，居民获得感不断增强，精神文化生活日益丰富。“十四五”时期，在社区导向型旅游发展、人文导向型城乡发展理念引导下，提出打造生态型休闲度假旅游高地、红色旅游融合发展示范区具体目标。

生态型休闲度假旅游高地　坚持以习近平生态文明思想为指导，立足广东生态发展区定位，牢固树立“绿水青山就是金山银山”的生态发展理念，着力探索生态资源转变为生态旅游优势的创新路径，继续将全域旅游作为推动经济可持续发展、推进乡村振兴及城乡融合发展的重要抓手，逐步实现“原生态客乡·慢生活国际旅游目的地”品牌深入人心，城乡人居环境高颜值建设全面开展，社区旅游导向型的文旅开发成为趋势，形成一批乡村型、城镇型的精品度假群落，旅游消费水平、供给品质、便利化体系和旅游综合贡献率稳步提升，以生态优先为导向的全域旅游高质量发展的“梅县区经验”示范全国。

红色旅游融合发展示范区　立足原中央苏区县和革命老区定位，深度挖掘红色革命遗址价值，通过红色领域标杆景区建设、重大红色名人IP延伸、红色旅游融合发展教育示范、红色文化营销推广创新等方式率先在全市打造红色旅游融合发展示范区，深化爱国主义和革命传统教育，实现革命老区经济社会协调发展，红色文化影响力明显增强，“叶帅故里·大美梅县”品牌深入人心。

【重大项目建设】 “客都人家”康养文旅综合体是梅州市重点招商引资项目，是广东省重点建设的文化旅游项目，是梅州市委、市政府落实“绿水青山就是金山银山”理念的生动实践。梅州市委、市政府为匹配“生态城镇”的战略发展需要，充分利用梅州闽粤赣交界的地理位置优势。按照中共广东省委十二届六次全会和中共梅州市委七届六次全会的部署，协调推进“四个全面”战略布局，着力打造宜居宜业宜游“世界客都·长寿梅州”，“客都人家”康养文旅综合体项目的开发建设是其中核心工作内容之一。项目建设在坚持科学合理规划的前提下，合理配套建设道路、给排水、环保等基础设施，有效整合周边各类自然人文资源，意在实现以旅游开发带动城镇化的建设，以点带面促进当地经济的长足发展。

该项目由梅州鼎盛翼天文旅产业投资有限公司投资建设，位于梅县区丙村镇，占地面积100公顷，预计总投资约50亿元，是一家以客家文化和客家建筑为载体，以客家老街、《原乡》实景演艺为引擎，打造集非遗展示、实景演出、民俗体验、健康美食、休闲度假功能为一体的文化旅游胜地，包括客家特色大型实景演出、客乡老街、五星级悦麓度假酒店、康体颐养社区、康体运动中心、电影艺术馆等核心板块。

综合体所在地理位置优越，交通便利，处于石窟河与梅江交汇处，三面环水，水景资源丰富。毗邻S223线，S224公路贯穿其中，西面、南面紧邻梅大高速、梅陇高速。项目一期工程核心板块之“客乡老街”，首创广东地区沉浸式游览，以记忆梅州、饕餮梅州、风物梅州、乐活梅州为四大主题板块，是集《原乡》实景演艺、客家文化展示、特色风情民宿、客家“非遗”文创手工坊、客家特色美食、亲子休闲娱乐等六大业态体验项目于一体的客家风情古街。客乡老街建筑与其他景区的“仿古街”建筑决不同之处在于街区内的古建筑是把全国各地34栋明清古建筑以“异地保护”的方式拆迁到景区内进行依样复建，建成后活化利用为展示当地客家非物质文化遗产和特色风物的平台，使客家古建筑的艺术观赏价值从建筑特色本身延伸至客家人情风物、文化艺术等层面。

“客都人家”从2020年12月25日正式对外开放运营至2021年年底，共接待游客约370万人次，创收2.6亿元。成为梅县区丙村、雁洋、松口三地连线旅游精品线路的一大亮点，极大地提升梅州的文旅品牌影响力和市场核心竞争力，成为展示梅州深厚文化底蕴和秀美山水风貌的最佳舞台，为梅州文旅增添一张光彩亮丽的新名片。极大地改善当地农村的人居环境，为周边的村民创造2000多个就业岗位，为广大群众提供良好的创业就业平台，取得良好的社会效益和经济效益。

项目二期工程已于2021年4月动工，建设内容包括四大乐园，即长乐园、康乐园、颐养园、亲子园，以及东山中学小学分校教学部等，建成后将进一步提升和完善综合体的配套服务功能。

【公共服务配套设施】 2021年，积极推进“厕所革命”工作。在旅游景区客都人家新建旅游厕所1座，分别改建梅县区文化馆和图书馆公共场所公厕各1座，提升增设第三卫生间和残疾人设施。提升整改雁洋国际慢城旅游度假区公共服务设施，新增梅州雁洋国家级文旅公共文化服务机构功能融合点（雁洋镇文化旅游服务中心）。通过线上线下联动，在“相约梅县”微信公众号建立“红色旅游”专栏，线下设计制作一批红色旅游手绘地图标识牌，介绍梅县区红色革命遗址情况，向广大游客宣传展示梅县区红色文化资源，持续推进国家全域旅游示范区品牌发展。

【景区（景点）建设】 提升辖区内A级旅游景区资源吸引力，丰富景区旅游体验，提升景区主题形象。客都人家成功评定为国家AAA级旅游景区；联合相关部门完成南寿峰旅游景区“景观人行玻璃天桥”的验收工作。

有序推进“客都人家”二期、三期工程、同怀别墅九月来信红色旅游区、松口古镇开发、梅南镇九龙嶂红色旅游小镇等在建项目进度。其中，同怀别墅正在规划联动金星、五星、横坊、圩镇等美丽乡村建设，打造A级旅游景区，完成《松源镇中央九月来信红色旅游总体规划暨重要节点概念设计方案征集项目深化设计方案》。此外，还将规划整合石窟河沿线旅游资源，串联丙雁重点旅游景区景点，助推区重点项目丙雁松“粤东旅游第一名镇”的建设工作。

大力发展乡村旅游，雁洋镇列入第一批全国乡村旅游重点镇名录和广东省民宿示范镇；鼓励扶持本地民宿产业的发展，梅县区登记民宿有10家，主要分布在丙村、雁洋、松口一带，志睦楼民宿获评首批国家乙级民宿，外婆家仁寿庄民宿、寻麓间民宿获评梅州市五星级民宿，又见艳阳天民宿、小桑田园民宿获评梅州市四星级民宿。

【旅游宣传】 为进一步推动文旅融合发展，打响国家全域旅游示范区品牌，一是组织辖区文旅企业参加广州2021广东国际旅游产业博览会、2021广州国际旅游展览会、广西桂林市举办的2021中国—东盟博览会旅游展；二是组织举办《梅县红》人文国画长卷暨“家乡情”彭强华美术作品捐赠展活动；三是在“梅州十景”系列评选结果活动中，雁南茶韵获评“梅州十景”，元帅之光——叶剑英纪念园和故居、古田前奏——中央九月来信传达地同怀别墅、粤东井冈——九龙嶂革命根据地旧址群获评“梅州红十景”，客都人家、元魁塔及中国移民纪念广场获评“梅州文十景”，叶剑英故居、张榕轩故居、宋湘故居获评“梅州十四大名人故（旧、祖）居”。

【乡村旅游精品路线选介】 步履慢城山水，探寻客家文化之旅：叶剑英纪念园AAAA（雁上村）——大观天下文化旅游产业园AAA、三舍客家明珠综艺民宿、花间慢客家明珠主题民宿（雁中村）——雁山湖国际花园度假区AAAA（南福村）——灵光寺旅游区AAAA、灵光寺樱花节（阴那村）——雁南飞茶田景区AAAAA（长教村）——志睦楼民宿（大坪村）。

雁洋镇旅游资源丰富，是中国第二个“国际慢城”，其依托核心景区的吸引力，整合乡村资源进行联动开发，打造成集旅游观光、度假、文化、疗养为一体的综合型旅游休闲度假胜地。到雁洋镇，步履慢城山水，畅游令人心旷神怡的雁南飞茶田景区，一览“粤东第一名山”阴那山，在雁山湖重拾童年记忆；到雁洋镇，探寻客家文化，缅怀叶剑英元帅，体验客家古韵风情，享千年古刹灵光寺山水禅意之境，体验特色民宿，体验古法客家小吃制作。

【主要乡村旅游景区（点）】 叶剑英纪念园——叶剑英纪念园集展现伟人风范、弘扬客家文化、推进生态旅游于一体的全国红色旅游经典景区、全国爱国主义教育展示基地，为国家AAAA级旅游景区，园区分为人文秀区、纪念景区、旅游休闲服务区和生态林区四个功能区。

雁南飞茶田景区——雁南飞茶田景区是广东省粤东唯一一家国家AAAAA级旅游景区，景区以源远流长的客家文化、博大精深的茶文化和生态优美的旅游文化为内涵，兴建的具有客家特色的围龙大酒店、围龙食府荣获中国建筑工程最高奖——鲁班奖。赏心悦目的自然环境和园林艺术，传统与现代相得益彰的围龙屋建筑，精彩优美的客家歌舞和茶艺表演，可口的客家美食，吸引了无数海内外游客前来休闲度假。位于景区东侧的桥溪古韵客家传统文化保护区，明、清时期兴建的16座客家传统民居建筑保存完好，质朴却又不失宏伟，与村内小桥、溪水、古树、民居构成一幅秀美的客家田园风光画卷。

灵光寺旅游区——灵光寺旅游区是广东省风景名胜区和国家AAAA级旅游景区，位于阴那山省级自然保护区内，自然风景优美，生态资源丰富，人文底蕴深厚，是一个集朝拜观光、康养休闲、禅茶体验和美食住宿为一体的综合型禅文化旅游区。景区从2018年开始在千亩茶园的基础上引进1万多株樱花，主要种植品种有红粉佳人樱、台湾牡丹樱、香水樱和福建山樱，均属早春品种，花期在2—3月。

志睦楼民宿——志睦楼民宿是首批国家乙级民宿，其通过活化利用传统客家民居和闲置民房，打造具有客家“乡愁”的特色民宿。民宿开展客家“非遗”展示、体验等服务，客人可参与传统客家娘酒、传统客家特色小吃如古法盐焗鸡等制作体验。

三舍客家明珠综艺民宿——三舍客家明珠综艺民宿以沉浸式客家文化体验为主题，为梅州市五星级民宿。民宿以传统客家围屋为载体，又以现代居住环境形式呈现；既保持客家古老印记，又增添现代生活浪漫；既传承客家精神精髓，又展示现代理念内涵。

2021 年年底梅县区文化广电旅游局
局　长：章广润

（供稿：朱梓琪）

融媒体中心

【概述】 2021 年，梅州市梅县区融媒体中心深入学习贯彻习近平新时代中国特色社会主义思想以及中共十九大和十九届历次全会精神，立足新时代县级融媒中心工作职能，坚守和壮大意识形态阵地，推动媒体深度融合发展，发挥融媒矩阵宣传优势，唱响赞歌，做好庆祝中国共产党成立 100 周年广播电视和网络视听节目安全保障工作，扎实开展党史学习教育和“我为群众办实事”实践活动，巩固发展城乡有线数字电视网络，积极推进广播电视 4K 网络工程，融媒体各项工作气象一新，实现意识形态安全零事故。

根据梅县区编委《关于设立梅州市梅县区融媒体中心的通知》（梅机编〔2020〕30 号）精神，于 2020 年 8 月整合设立梅州市梅县区融媒体中心，加挂梅州市梅县区广播电视台牌子。梅州市梅县区融媒体中心为梅县区委直属公益一类正科级事业单位，归口梅县区委宣传部领导和区文化广电旅游局行业管理。

2021 年，该中心被梅州市精神文明建设委员会评为“2019—2020 年度梅州市文明单位”；被区委、区政府授予“梅县区先进集体”荣誉称号；在庆祝建党百年梅县区“奋斗百年路 启航新征程”情景党课中表现突出，被区委组织部、区委宣传部授予“优秀组织奖”；在广东省县(市、区)广播电视新闻评析中，中心上送作品有 2 篇获得一等奖、3 篇获得二等奖。

【宣传报道】 舆论宣传　2021 年，区融媒体中心坚持以习近平新时代中国特色社会主义思想为指导，围绕区委、区政府的中心工作，在广播、电视、移动端“三点”同频共振，传统媒体与新媒体实现“新老”协同创新。1. 提高站位，加强全媒体主题宣传。发挥主流媒体阵地作用，融媒矩阵“六平台”（广播、电视、梅县发布 App、梅县融媒微信公众号、视频号、抖音号）联合发力，对党史学习教育、“庆祝中国共产党成立 100 周年”、习近平总书记“七一”重要讲话、中共十九届六中全会等重大主题、重要讲话精神、重要会议精神进行主题策划、专项宣传，在《梅县新闻》、梅县发布 App 中开设《奋斗百年路 启航新征程》《百年恰风华 赓续前行路》《党史学习教育》《我为群众办实事》《学习贯彻习近平总书记“七一”重要讲话精神》《学习宣传贯彻党的十九届六中全会精神》《红色印记——梅县区百个红色革命遗址》《革命先辈精神耀梅县》《革命小故事》等 9 个专栏，反映梅县区各级各部门开展党史学习教育，学习贯彻习近平总书记“七一”重要讲话精神情况和中共十九届六中全会精神的新动态、新成效；回顾中国共产党党史、梅县区地方党史，推动党史学习教育；讲好梅县区和国内其他地方的典型脱贫故事。全年，在中心融媒六平台推出以上主题性推文、新闻 600 多条（篇），党史学习教育方面的报道 382 条（篇）。2. 服务大局，做好重点工作宣传。围绕区委、区政府重点工作，找准宣传定位和角度，在《梅县新闻》中开设《奋斗·启航》《贯彻区党代会精神》《党代表风采》《致敬中国医师》《光伏照亮振兴路》等专栏，及时跟进反映县域经济、产业发展、城市建设、乡村振兴、民生福祉、三大攻坚战等重点工作，做好区第二次党代会和区两会精神的宣传，引导全区党员干部群众把思想统一到会议部署上来。同时，围绕疫情防控、疫苗接种、梅州综保区建设进展和验收及进园区优惠政策、创建全国文明城市、卫生城市复审，以及防火、防汛等重点工作，采取宣传口号、消息、视频等多阵地宣传的方式权威发声，及时把梅县区发展动态、重大政令信息等传递给千家万户，提升县级融媒的传播力、引导力、影响力、公信力。

专题宣传 1. 办好本地专题节目。继续办好《梅县农情》《健康园地》《梅县教育》《以案说法》《纪检监察之窗》等5个固定视频荧屏专题；配合庆祝中国共产党成立100周年，推出《红色记忆，苏区传承》梅县党史电视专题片，录制、制作《梅县区"奋进百年路，启航新征程"情景党课》专题视频，摄制"梅州综保区"、《叶帅故里，大美梅县》等一批宣传片。全年制作专题节目123期，其中5个固定专栏共81期，其他各类宣传片、短视频42期。2. 推出合作栏目。播出本单位与树德文化传媒公司联合摄制的《相亲相爱》1、2、3、4季电视节目；与中天择购信息技术有限公司合作，推出《都市开讲啦》栏目，与湖南大声传媒有限公司合作推出《话山论见》《喜闻乐见》等栏目；做好《新山海经》《花开新时代》等一批广东省2021年度乡村振兴惠农节目的电视展播工作，推出了《白鹭村》《春闹》《王昭君》等一批客家山歌剧和汉剧。3. 推出红色影视节目。在自办电视频道选播《共同的红色的记忆》《青春百年——新民会的记忆》《山河岁月》等红色影视节目，FM103.9广播电台选播一批红色经典歌曲。此外，12月13—15日，在梅县区融媒体中心视频号开展三场乡村振兴农产品专场直播——《看直播！开梅县盲盒，柚香柚甜！》，观看直播2万人。

外宣工作 2021年，中心融媒矩阵共播出3400条（篇）消息和视频节目，其中：广播电视播出《梅县新闻》《梅县民声》新闻2852条（篇），这些新闻均在微信公众号、梅县发布App中同步推送；微信公众号发出消息1851条，梅县发布App发出消息1746条，视频号发出视频114条，抖音号发出视频92条；本地新闻上送市电视台采用稿件量评分为979.5分、市电台播出稿件243条，均领先于全市各县级台。同时，积极向"学习强国"、南粤云等平台推送本地新闻，讲好梅县好故事，传播梅县好声音。

【城乡网络建设】 2021年，区融媒体该中心不断加大基础设施建设力度，建好广播电视网络主阵地。1. 大力推进4K网络工程。按照光纤到户（栋）的标准发展新网络、改造旧网络，新建小区楼盘方面，投入220多万元，开通锦绣首府二期，新世界传奇A，亲水湾二期A区，泰宏苑，天富雅苑，铁汉大沙安置房，金盘商城，汇贤花园，江畔世家，福聚花园，雁山湖A1–8栋、B1–38栋等新建小区的4K光纤网络，覆盖用户5662户；旧网改造方面，配合区委、区政府开展的老旧小区改造项目，投入13万元，对翡翠绿洲、文化城小区、宏业A2–3区、宏业B区、建委宿舍等老旧小区敷设4K光纤网络，受益用户972户。2. 大力实施前端建设项目。实施电力电源改造。投入10万元，在熙园分前端、城东站机房、松口站机房进行电力线路升级改造，并新配置3千瓦UPS电源，升级配置后可保障数字电视信号稳定传输和不间断。同时，完善双向网络传输设备。投入20万元 ，在城东站机房、丙村站机房配置华为S7703交换机，在丙村站机房、雁洋站机房配置烽火OLT设备，为丙村镇、雁洋镇开通数字电视高清回放、宽带接入等业务打好网络基础。3.配合完成管线整治工程。对梅县区扶贵东路，做好镇村"四线"整治工作；积极配合区委、区政府的乡村振兴重点工作，完成程江镇古塘村、城东镇莲塘村等参观点的有线数字电视网络线路整治工作。

【有线数字电视】 完善园区和乡镇数字电视网络。按照市委、市政府“我为群众办实事”重点民生项目要求，投入80多万元，实施广梅园区、综保区有线数字电视光缆敷设和基础设施建设，历时5个月，于7月14日顺利完工并开通有线数字电视信号，使广梅园、综保区实现有线数字电视全覆盖，进一步丰富园区及周边群众的精神文化生活；投入21万元，架设城东至丙村的联网光缆，解决城东至丙村的“租网”问题。

【经营创收】 2021年，积极做好事业经营创收。1. 积极探索广告合作模式。5月，采取合作的模式，由文广视讯公司代理本中心的电视广告业务，每年的合作代理费用为250万元，进一步激活广告创收的活力。2. 融媒事业经营创收情况。中心下属文广视讯公司网络经营收入为2168万元，全区有线数字电视在用主机70695户，在用副机16148台，其中双向宽带、U互动用户为1400户；广告收入（含专题宣传费）162万元，其中：电台广告收入10万元，电视广告收入152万元。

【安全播出】 积极履行“举旗帜、聚民心、育新人、兴文化、展形象”的使命任务，精心组织部署，落实措施，用心用力守好融媒意识形态阵地。1. 做好研判，意识形态宣传工作。把意识形态安全工作摆在首位，重点围绕中国共产党成立100周年、中共十九届六中全会等重要时间节点，认真做好意识形态风险预警研判；坚持开好每周一期的编前会，积极做好融媒体行业的舆情分析研判和宣传策划等工作，全年召开涉及安全工作的会议30场次，召开编前策划会40场次。坚持实施“三好一正”工程，积极开展好习近平新时代中国特色社会主义思想，中共十九届四中、五中、六中全会精神，中央和省、市、区委重大决策部署的宣传，开展党史学习教育、新冠肺炎疫情防控、区重点工作等的舆论宣传，及时传递梅县主流声音。2. 完善软硬件，保障安全传播基础。2021年是中国共产党成立100周年，做好广播电视和网络视听节目安全保障工作是政治任务。筹资改造安全播出和安全生产软硬件设施。（1）完善硬件建设。一是投入60万元，对大楼的电源线路、开关、插座等进行全部更换，在台大楼新装智慧电源；更换中心一楼的UPS主机系统，将中心2楼的司机办公室改建为机房，更换播控室电源线路、新装一套UPS电源设备，建成双路UPS电源保障系统。二是投入30万元，购置中央、省无线数字电视覆盖发射机各1台，形成主备双路备份。三是投入120.8万元，实施高清播出系统和播控机房升级改造工程，进一步满足高清播出技术需求；还结合“安全播出季”检查工作，购置防刀斧砍杀的防护装备和防驾车冲撞设施，进一步夯实安全播出保障基础。（2）完善软件建设。10月开展网络信息安全等级备案和测评工作，筹资8.5万元，完成等级测评工程。3. 把好关口，全力筑牢意识形态。在融媒矩阵宣传方面，积极对照总编辑负责制的要求，加强对新闻三审制度的管理，重大宣传任务和重大消息报道，还坚持做到中心主任亲自组织指挥和审查，进一步把牢审核关口；为做好庆祝中国共产党成立100周年广播电视安全播出工作为重点，成立“梅县区融媒体中心迎接中国共产党成立100周年广播电视和网络视听安全播出保障工作领导小组”，开展“广播电视和网络视听节目安全播出季”大行动，坚持网络安全和设施保护安全检查常态化，专门开展广播电视采、编、播设备和无线覆盖设施等定期进行安全性能检测，开展有线数字电视网络安全和“一微一端两号”等宣传载体和平台的自查。“七一”安全播出重要保障期，做到由中心领导带班值守，确保全年尤其是庆祝中国共产党成立100周年期间广播电视和网络视听节目安全传播。

【文化体制改革】 按照《关于规范区属国有企业法人治理结构的通知》2021年4月9日区政府常务会议纪要（〔2021〕6号）精神，积极配合推进“区属国有企业集中统一监管，推进完善区属国有企业法人治理结构”工作，依法依规做好中心所属梅州市梅县区文广视讯传媒有限公司的监管移交，梅州市梅县区文广视讯传媒有限公司的股东正式由梅州市梅县区融媒体中心变更为梅州市梅县区汇昇投资有限公司。股东变更后，日常经营业务暂由梅州市梅县区融媒体中心负责管理，以后视业务开展情况再适时进行调整。

【队伍管理】 坚持抓好融媒队伍的思想政治建设，通过多种活动、各种载体，加大人员队伍管理。1. 开展党史学习教育。坚持抓好党组班子、党支部党员干部的党史学习教育各类专题学习、专题研究和专题组织生活会、专题民主生活会；积极开展系列红色主题党日活动，承办梅县区“红色信仰·时代之声”主题演讲比赛初、决赛。同时，在党史学习教育中，坚持立足主业，积极办好民生实事。按期推进西桥宏业等老旧小区光纤入户改造工程，全面开通广梅园区、综合保税区的有线数字电视信号，解决“让群众少跑腿”的问题。此外，区融媒体中心还加大对民生实事的宣传报道，融媒矩阵共采编播“我为群众办实事”相关新闻75条，推送相关新闻资讯及短视频229条。2. 抓好队伍学习教育。以学习型党组织建设为平台，以党内开展的党史学习教育、创建模范机关、纪律教育学习月活动等为契机，切实抓好党员干部职工思想教育和理论学习工作，始终把学习习近平新时代中国特色社会主义思想作为中心党组、党支部学习第一议题、常设议题，不断加强党员干部的理论武装和党性教育。全年派出43人次到北京、福建、湖南、广州和梅州市、梅县区等地参加各类专题学习培训。此外，在区委、区政府的重视支持下，中心新进4名编制内专业技术人员。3. 做好创建全国文明城市各项工作。配合做好创建全国文明城市挂钩的程江镇车上村红光组、向阳组、文化组、新建组、红星组等5个责任网格区域的创建全国文明城市工作，积极开展“社区疫情防控”、文明交通志愿者、创文入户调查、环境卫生整治等创建全国文明城市志愿服务。至年底，拨付车上村创建全国文明城市经费7.15万元，组织开展34场次“双报到”和志愿服务活动，参加1207人次，活动长达2414小时。

2021年年底梅县区融媒体中心

主　任：翁尚华

（供稿：刘利梅）

体　育

【基础设施建设】 2021年，梅县区有大、小足球场139块，乒乓球、羽毛球场（馆）480个，乒乓球、羽毛球场（馆）480个、篮球场（馆）458个，全民健身广场21个，社区体育公园3个。体育场地面积133万平方米，全区人均体育场地面积2.46平方米。梅县区大型的体育设施有：

梅县文体中心　位于梅县人民广场侧，占地面积9850平方米，建筑面积2.21万平方米，总投资4亿多元。按国际标准比赛场馆建设，并采用客家围龙式的建筑风格，圆形建筑直径112米，可容纳观众6000多人，是一个集比赛、大型演出和会展于一体的综合性场馆。

曾宪梓体育场　曾宪梓体育场与梅县文体中心前后相接，并与梅县人民广场、梅县梅花山公园连为一体，占地面积3.2万平方米，其中建筑面积4600平方米，观众座位2万多个，建筑资金约2.8亿元。曾宪梓体育场按国际标准比赛场馆设计建设，可进行足球、田径等体育项目的大型赛事活动。

【群众体育】 2021年，发放健身器材30套，新建成石扇镇1块5人制、隆文镇1块7人制社会足球场，丙村镇东溪村建成集篮球场、乒乓球场和健身路径的体育休闲公园和梅州大桥至德龙大桥修建总长 3.1 千米的沿河跑道，并将嘉应桥头的花带改造成小公园，供广大市民休闲健身。至年底，梅县区分别有 2 名国家级、48 名一级、150 多名二级、1400 多名三级社会体育指导员队伍，分布在梅县区各镇、学校、机关和“晨、晚”练点的各个场合，社会指导员在全区各个领域为全民健身活动起到了指导、带动的骨干作用。精心组织和积极参加各类赛事。全年开展体育活动赛事 15 场，参与人数 1200 人。同时，加强群众身边的体育健身指导。2021 年，国民体质监测工作收集近 1000 名群众的监测样本。

【竞技体育与振兴足球】 1. 协助办好中冠联赛赛事。2020 年 3 月成立的梅州市梅县区四三三足球俱乐部，于 2022 年 4 月更名为梅县球乡足球俱乐部。11 月 6 日，2021 年中冠联赛大区赛梅州赛区全部工作落下帷幕。2. 积极备战梅州市第九届运动会。梅县区体育代表团领队、教练、运动员 563 人，参加市九运会十五大项目比赛中除蹦床外十四大项目的比赛，以 102 枚金牌数获金牌榜第二名、以 2623.35 分获综合团体总分第二名。2021 年度向市体校、富力足球学校、梅州客家足球俱乐部输送杨宝仪等 18 名男、女足运动员，向市体校拳击队输送李永智等 8 名运动员。3. 成功举办“五一”节梅广深第一届足球交流比赛、梅县区第二届“足协杯”足球比赛等赛事。梅县天伯公梅茶队获得 2021 年梅州市五四青年足球比赛冠军，梅县安信科技队、梅县一达队分别获得 2021 年梅州市足球联赛甲组亚军、季军，梅县天伯公队获得乙组冠军。

【体育产业管理】 体育彩票销售　2021 年，体育彩票全年销售 6096 万元，同比增长 3.6%。

体育产业发展　按照省、市、区深化乡镇体制改革完善基层治理体系实施方案要求，将经营、延续、注销、变更、补办高危险性体育项目共 5 项许可以委托初审形式下放至 17 个乡镇。切实做好室内健身经营场所、游泳经营场所、体彩网点等行业内疫情防控工作，加强检查力度，督促引导体育从业人员，按照“应接尽接”要求做好疫苗接种工作，以及场所通风、消杀等疫情防控工作。2021 年，新审批 1 家经营性游泳场所，全区共有 10 家经营性游泳场所。

【梅县区业余体校】 2018 年 5 月 30 日，经梅县区政府常务会议研究决定，同意将梅县区业余体校搬迁至广益中学，探索教体结合新模式，区政府投入资金升级改造广益中学七人制标准人工草塑胶足球场 2 个、五人制标准人工草塑胶足球场 3 个和学生宿舍、教练员办公场室等教学、办公场所，基本满足足球运动员的训练、比赛和住宿需求。2019 年春季学期，区业余体校正式入驻梅县广益中学，区业余体校在梅县广益中学合体办校。

2021 年，业余体校开展的训练项目有：足球、乒乓球、羽毛球、拳击、跆拳道等。其中：足球按照梅州市第九届市运会足球项目的年龄段设置和俱乐部梯队设置，共有 10 支梯队，男、女各 5 支，每支队伍配备一名教练，20 —30 名运动员，正在组建 2012—2013 年龄组男女足球队。业余体校有学生 312 人，其中：“三集中”学生有 95 人，走训队员有 217 人。

足球项目住宿队员在广益中学进行系统训练，外围走训队员节假日集中在广益中学训练。乒乓球、羽毛球、拳击、跆拳道等项目在梅县文体中心集中训练，队员总人数 72 人。队员伙食安排在华侨中学，租赁华侨中学的房屋集中住宿，统一管理。

【富力足球学校】 学校前身为梅县富力切尔西足球学校，学校于 2013 年 9 月 18 日正式开学，首期工程占地面积 17.33 公顷，投资 5 亿元，兴建行政中心、教学中心、生活中心、运动员培养与发展中心等功能建筑，及 14 块具备全天候训练条件的国际顶级足球场，其中人造草球场选用荷兰进口草种，全校教职工 92 人，在校学生 257 人。

参照“中国足协青少年足球培训基地”和省一级学校标准，学校二期工程（中学部）建筑面积8000平方米，于2015年9月正式完工投入使用，涵盖了教学、生活、住宿等功能，建设有文化课室、生化实验室、物理实验室、技术分析室、会议室、公寓、食堂、餐厅、更衣室等，能够同时满足500人的生活、学习、足球教学和会议需要。2017年11月27日，富力足球学校与荷兰阿贾克斯足球俱乐部正式签订合作协议，2018年1月1日，阿贾克斯教练团队全面入驻富力足球学校。2021年，有荷兰阿贾克斯足球俱乐部外籍教练员7人，中方教练员20多人。

【梅州市梅县区四三三足球俱乐部】 梅州市梅县区四三三足球俱乐部成立于2020年3月，是在广东省足球协会注册的唯一一家位于梅州市市中心的职业足球俱乐部。梅县区四三三足球俱乐部立志于扛起梅县职业足球大旗，本着理性投入，青训为本的原则，大力推动梅州市及梅县区职业足球体系建设，为梅州市创建中国足球特区贡献一份力量。梅县区四三三足球俱乐部球员来自中超、中甲及中乙俱乐部构成，球队人员齐整，后勤物资保障充足，并成功申报参加2021年中冠业余足球联赛。

2021年梅县区体育集体获奖情况表

表7

单　位	奖项名称	授予单位	授予时间
梅县区业余体校	羽毛球队 刘宇琪，叶梓怡，省锦标乙组女子团体第四名 陈晨希，古思柔，省锦标丙组女子团体第八名	广东省体育局	2021年
梅县区业余体校	第九届市运会05—06年龄组男子足球冠军	梅州市体育局	2021年
梅县区业余体校	第九届市运会05—06年龄组女子足球第三名	梅州市体育局	2021年
梅县区业余体校	第九届市运会2007年龄组男子足球亚军	梅州市体育局	2021年
梅县区业余体校	第九届市运会2008年龄组男子足球第四名	梅州市体育局	2021年
梅县区业余体校	第九届市运会2008年龄组女子足球冠军	梅州市体育局	2021年
梅县区业余体校	第九届市运会2009年龄组男子足球第四名	梅州市体育局	2021年
梅县区业余体校	第九届市运会2009年龄组女子足球第三名	梅州市体育局	2021年
梅县区业余体校	第九届市运会10—11年龄组男子足球第四名	梅州市体育局	2021年
梅县区业余体校	第九届市运会10—11年龄组女子足球第三名	梅州市体育局	2021年
梅县区业余体校 广益中学	2021年梅州市“市长杯”小学女子组第一名	梅州市教育局 梅州市体育局	2021年
—	田径市运会 甲组：4×100米接力女子第三名 混合4×100米接力女子第二名 乙组：4×100米接力男子第一名	梅州市体育局	2021年

续表 7

单 位	奖项名称	授予单位	授予时间
	女子第二名 4×100 米接力男子第一名；女子第二名 4×400 米接力男子第二名；女子第一名 混合 4×400 米接力男子第一名，女子第一名		
梅县区业余体校	羽毛球： 甲组男子团体第六名；甲组女子团体第四名 乙组男子团体第三名；乙组女子团体第二名 丙组男子团体第五名；丙组女子团体第三名 丁组男子团体第六名；丁组女子团体第六名	梅州市体育局	2021 年
梅县区业余体校	乒乓球： 男子甲组团体第四名，双打第二名 女子甲组团体第三名，双打第三名，单打第二名 男子乙组团体第一名，双打第一名，单打第一名 女子乙组团体第三名，双打第五名，混双第五名，双打第六名 男子丙组团体第六名 女子丙组团体第四名 男子丁组团体第四名	梅州市体育局	2021 年
—	跆拳道市运会： 男丙 54 公斤第一名；男甲 68 公斤第三名 男甲 74 公斤第三名 男乙 54 公斤第六名 男乙 58 公斤第六名 男乙 68 公斤第六名 女丙 46 — 49 公斤第六名 女丙 50 — 53 公斤第三名 女甲 62+公斤第一名 女乙 46 公斤第二名 女乙 49 公斤第六名	梅州市体育局	2021 年
梅县区业余体校	高尔夫市运会： 甲组男子团体第一名 甲组女子团体第一名 乙组男子团体第一名 乙组女子团体第一名	梅州市体育局	2021 年
梅县区业余体校	乒乓球市运会： 甲组女子团体第三名 乙组男子团体第一名 乙组女子团体第三名 甲组男子双打第二名 甲组女子双打第三名 乙组男子双打第一名	梅州市体育局	2021 年

续表7

单　位	奖项名称	授予单位	授予时间
梅县区业余体校	排球市运会：男子、女子排球第一名	梅州市体育局	2021年
梅县区业余体校	曲棍球市运会：男子、女子曲棍球第二名	梅州市体育局	2021年

2021年梅县区体育个人获奖情况表

表8

单　位	奖项名称	授予单位	授予时间
梅县区业余体校	乒乓球省队金华队员参加全国青少年乒乓球锦标赛团体第三名	广东省体育局	2021年
梅县区业余体校	拳击队参加2021年广东省拳击锦标赛男子甲组54公斤刘文威第五名；男子甲组63公斤李永智第五名	广东省体育局	2021年
梅县区业余体校	田径市运会： 甲组：100米栏女子梁佳莹第二名 400米栏女子梁佳莹第一名 800米姚佳晓第二名 跳高男子蔡耀鑫第一名；女子张彩鸿第三名 跳远男子蔡耀鑫第一名 三级跳远男子江铭枫第三名 标枪男子林锦能第二名 乙组：100米栏女子钟依第二名 400米栏男子凌奕峰第二名；女子宋佳嘉第一名；吴文莉第二名 100米男子廖能凯第二名；女子洪可恩第二名 200米女子洪可恩第三名 400米男子凌奕峰第二名；女子李金珠第一名 800米男子张国涛第一名；女子李金珠第一名 1500米男子张国涛第一名 跳高女子曾眉嘉第三名 标枪：女子叶渝平第三名 丙组：100米栏男子谢嘉乐第三名 60米男子杨家俊第三名；女子廖雪芳第二名 100米男子罗煜第三名；女子廖雪芳第三名 200米男子罗煜第二名；女子廖晶晶第一名 400米女子黄金婷第二名 800米男子练致远第二名；女子黄金婷第一名 跳高男子曾炆榕第二名 跳远男子谢嘉乐第三名；女子朱雅轩第二名	梅州市体育局	2021年
梅县区业余体校	跆拳道市运会： 男丙54公斤廖兴鸿第一名 男甲68公斤林苏楠第三名 男甲74公斤卢宁丰第三名 女丙50—53公斤熊颖第三名 女甲62+公斤吴沁诗第一名 女乙46公斤叶阳第二名	梅州市体育局	2021年

续表 8

单　位	奖项名称	授予单位	授予时间
梅县区业余体校	拳击队市运会：男子乙组 47 — 49 公斤温何文建第一名 男子乙组 52 公斤周豪第一名，温林第三名 男子乙组 57 公斤巫昶毅第二名 男子乙组 60 — 63 公斤李伟发第二名 男子乙组 66 公斤高一鸣第二名 男子乙组 69 公斤张杰第一名；陈鑫峰第二名 女子甲组 54 — 57 公斤张维好第一名 男子甲组 57 公斤黎嘉豪第一名 男子甲组 75 公斤李科林第一名	梅州市体育局	2021 年
梅县区业余体校	高尔夫市运会： 甲组男子刘永涛第一名，刘皓然第二名；钟明兴第三名 甲组女子侯柯亿第二名；黄奕樱第三名 乙组男子刘礼博第一名；林燕金第三名 乙组女子刘凯云第一名；刘玉微第三名	梅州市体育局	2021 年
梅县区业余体校	乒乓球市运会： 甲组女子单打金华第二名 乙组男子单打刘运欣第一名	梅州市体育局	2021 年
梅县区业余体校	空手道市运会： 男甲 58 公斤黄奕超第一名 男乙+55 公斤钟俊霖第三名 男乙 50 公斤吴集贤第三名 女甲 48 公斤高怡第三名 女乙 50 公斤谢晓钰第一名	梅州市体育局	2021 年
梅县区业余体校	武术散打市运会： 男乙 52 公斤洪林涛第三名 男乙 56 公斤温佳勋第三名 男乙 65+公斤侯洪乾第一名 男甲 70+公斤侯志铭第一名	梅州市体育局	2021 年
梅县区业余体校	游泳市运会： 男子 A 组 100 米蛙泳李梓诚第三名 男子 B 组 100 米自由泳徐楷熠第三名 男子 D 组 100 米蛙泳肖钧霖第三名 女子 A 组 100 米自由泳陈可欣第三名 女子 B 组 100 米自由泳曾婉馨第三名 女 D 组 100 米蛙泳决赛谢娜第一名	梅州市体育局	2021 年

2021 年年底梅县区体育局

局　长：叶柳华

（供稿：林　枫）

社会科学

党史资料征集与党史研究

【概述】 2021年，梅县区委党史研究室围绕全区经济社会发展大局，服从与服务于区委、区政府及上级职能部门交办的各项工作。为加强干部队伍建设，2021年3月30日批复设立党史宣教中心，公开招聘工作人员3人。人秘股和征研出版股为区委党史研究室内设机构，党史宣教中心为新设归属区委党史研究室管理事业单位。

【党史征研编纂出版】 2021年，全年收集梅县区抗击新冠肺炎疫情大事记约2万字。1月中旬，召开中共梅县历史第二卷（讨论稿）评审会，邀请梅州市委党史研究室、区委组织部、区委党校和区地方志办有关领导，对中共梅县历史第二卷（讨论稿）进行评审，综合参会人员主要意见建议，再次进行修补完善。2月，组织人员收集整理有关史料，选取中共梅县党组织团结带领全县人民在革命、建设、改革历程中较有影响的100件大事要事，汇编成《中国共产党梅县历史百事》，全书约23万字，于7月出版。2—3月，全力编辑出版《梅县区革命遗址通览》和《梅县红色故事》一辑至三辑，共约78万字。联合省委党史研究室、梅州市委党史研究室编著《广东中央苏区梅县革命简史》书稿11万字，6月出版。将中央九月来信首次传达贯彻学术研讨成果汇编成《中央九月来信首次传达贯彻学术研讨会论文集》，全书39万字，6月出版。参与纪实文学《梅县红色堡垒》编写，7月出版。协助区委宣传部和梅南镇党委收集整理史料，编辑《红色九龙》书稿，全书约15万字，年底出版。

【学术研讨及建党宣传】 2021年4月，联合广东中共党史学会、梅州市委党史研究室举办中央九月来信首次传达贯彻学术研讨会，与会领导嘉宾和专家学者围绕中央九月来信在梅县松源首次传达贯彻，对于党史、军史、中央苏区史的历史意义进行深入探讨，为加强红色资源保护利用，传承弘扬红色文化，推动梅州苏区振兴发展建言献策。此举既推进了党史学习教育深入开展，以为中国共产党成立100周年献礼。此外，撰写《激活红色资源，助推乡村振兴》《梅县党组织对创建根据地走农村包围城市革命道路的探索与实践》2篇论文，并参加市委组织部主办的“铭记光辉历史，传承红色基因”学术研讨活动。

在庆祝建党百年活动中，配合梅县区融媒体中心建党百年《百年恰风华 赓续前行路》系列报道和海报推文宣传活动，审核近30篇报道和推介稿件；协助区委组织部做好“百年奋斗 光辉历程——庆祝中国共产党成立100周年主题展”图文展陈；协助梅县区博物馆审修《梅县革命简史展》展陈脚本；协助梅西镇党委审修《梅西镇革命斗争历史陈列室》展陈脚本；协助梅南镇党委收集、选摘、整理35位梅州代表性党史人物事迹和图片，撰写脚本。协助南方日报社、梅州日报社做好系列专题报道的采访协调并帮审稿件；为梅县区文化广电旅游局提供革命遗址文图并协助审修手动画册；配合协助梅州市委党史研究室审核转发文稿等。

【革命遗址保护利用】 2021年，配合协助有关镇和单位，继续加强革命遗址的保护利用工作。进行肖向荣故居整体修缮。同怀别墅全面修缮提升后，进行室内布设和展陈。4月下旬，联合区委组织部、区委宣传部和区文化广电旅游局申报“梅州红十景”。6月，同怀别墅和卢伟良故居被确定为梅州市中共党史教育基地。6月下旬，在同怀别墅举行中央九月来信传达贯彻历史陈列室揭牌仪式，并正式对社会公众开放。配合松源镇党委和大坪镇党委申报市级中共党史教育基地。7月1日，叶剑英纪念园、同怀别墅和九龙嶂革命根据地旧址群入选“梅州红十景”。利用好红色资源，促进梅县区红色旅游持续健康快速发展。

【党史宣讲宣传】 2021年，为结合党史学习教育，区委党史研究室派出4位干部分别到梅县区直机关单位、镇、村（居委会）和中小学校作中共梅县历史、苏区精神、梅县革命斗争历史等专题宣讲85场次，聆听约5300人。向梅县区直各单位、各镇（高新区、办事处）和中小学校分发《梅县红色故事》（一辑至三辑）及《梅县区革命遗址通览》《红色岁月》等红色书籍2万多册，助推党史学习教育，用好红色资源，讲好红色故事，赓续红色血脉，为苏区老区振兴发展提供精神力量。在梅县人民广场、沿江路和华侨城广场更新党史宣传栏16块。10月下旬，整理大坪参加长征老红军李春化材料，报市委党史研究室。配合广西电视台做好陈光（陈益昌）烈士专题采访和制作。

2021年年底梅县区委党史研究室

主　任：连焕荣

（供稿：林柿华）

地方志编修

【《梅县年鉴（2021）》】 《梅县年鉴（2021）》为总第28卷，采用分类编辑法，以篇目、类目、分目、条目组成主体部分，图文结合，以文为主。全书设大事记、梅县区概况、政治、经济、科教文旅、社会生活、乡镇建设、国民经济主要指标、内设机构、名录、文献辑存，约628千字。6月，完成年鉴初稿编纂工作，年底公开出版发行。一是精心组织，认真收集资料。要求各单位、各部门按照年鉴篇目、内容的要求，安排责任编辑人员，按时按质报送相关材料。二是落实责任，认真编辑。实行岗位责任编辑制，做到责任落实，任务落实，充分调动各编辑人员的积极性，确保年鉴按时按质完成。三是突出重点，加强指导。加强与各单位联系，督查各单位年鉴资料撰写情况，并对撰稿人给以实时指导。四是认真编审，反复修改。编撰人员以高度负责的精神对每一页文字、照片和版面进行精审、精校、精改，力求年鉴资料真实可靠。此外，为进一步提升年鉴编纂出版质量，2021年5月21日，在梅州市地方志办公室组织召开的梅州市2021年年鉴评议审读会中，梅县区《梅县年鉴（2020）》获评市优秀年鉴，并推荐参加广东省2021年年鉴质量评价工作，《梅县年鉴（2020）》获省三等奖。《梅县年鉴》坚持一年一鉴、当年编辑、当年出版，并由方志出版社负责审核出版。

【全粤村情梅州市梅县区卷（一）】 2021年，为更好助力乡村振兴，充分发挥全省自然村落历史人文普查的作用，区地方志办狠抓落实，认真完成编纂任务，扎实做好普查各项工作，确保普查工作顺利开展，该书于2020年5月公开出版发行。本卷（册）收录梅州市梅县区白渡镇、丙村镇、城东镇、扶大高管会、梅南镇、石坑镇、石扇镇、水车镇、松源镇、新城办事处、雁洋镇333个村简介，约130万字、970余张图片，卷前设梅县区概况。该书是广东省自然村落历史人文普查成果，普查以自然村为单位，按照“能查尽查”的原则，全面普查广东省内现存自然村、城中村和虽已改为居委会但普查内容仍基本清晰的原自然村（村名采用改居委会前的最后名称），全面客观地反映广东现存可查的历史人文状况。

【编辑出版《百年华诞·梅县风华》——庆祝中

国共产党成立 100 周年纪念画册】 2021 年，是中国共产党成立 100 周年。在区委、区政府的领导下，区地方志办作为记载梅县历史的部门，积极发挥存史资政作用，联合区委组织部、区委宣传部共同编辑印刷《百年华诞·梅县风华》——庆祝中国共产党成立 100 周年纪念画册。画册分为三大部分，第一部分："革命斗争 建立政权"，主要反映中华人民共和国成立前，梅县在中国共产党领导下进行艰苦卓绝革命斗争，建立梅县人民政权；第二部分："开辟新纪元 帅乡展雄姿"，主要反映中华人民共和国成立后，叶剑英元帅家乡——梅县，在农业农村农民、工业、教育卫生文广旅体、城乡建设、商贸物流等方面不断取得的辉煌成绩；第三部分："数据说风华"，用主要的数字数据和主要时间节点，反映梅县取得的成果和变化。画册主要以图片展示，并配以少量文字表述，展现梅县百年沧桑和辉煌历史。

【"多彩乡村 学史奋进"主题教育实践活动】 2021 年，根据省、市地方志办《关于举办 2021 年"多彩乡村 学史奋进"主题实践活动的通知》文件精神，为开展好 2021 年"多彩乡村 学史奋进"主题教育实践活动，区地方志办自筹经费，牵头与区文广旅局、嘉应学院政法学院共同完成此项工作。根据活动调研对象与内容，专门召开工作会议，选取梅县区松口镇大黄村、雁洋镇长教村、梅南镇水美村 3 个乡村作为实践活动主题，并通过微视频、调研报告、图片制作等形式，重点展示红色文化村落，充分引导青年学生、教师，身体力行参加实践活动，以多种形式记录乡村历史、展示文化传承。活动自正式启动以来，社会各界人士积极参与，踊跃投稿。至 9 月底，收到微视频 3 份、调研报告 3 份、图片 7 张、海报 12 张，参与人数 60 人次。根据《2021 年"多彩乡村 学史奋进"主题教育实践活动工作方案》和《2021 年"多彩乡村 学史奋进"主题教育实践活动评选方案》，经评审，上送主题教育实践活动获评作品有：微视频《家风翰墨香，后稷古韵存》二等奖；调研报告《新时代下红色文化保护与传承的路径探析——以梅州市水美村为例》一等奖；《党建领航金柚飘香：构建乡村产业兴旺的大黄样本》二等奖；《传统与新生——青年视野中梅州市雁洋镇桥溪村传统家风家训保护及传承研究》优秀奖。嘉应学院、梅州市梅县区人民政府地方志办公室获优秀组织奖。

【数字化工作】 2021 年，根据广东省地方志办下发《关于做好 2021 年经济欠发达地区地方志编修经费项目申报和预算的通知》，认真按要求做好项目申报工作和经费预算，并于 2020 年 10 月上报梅县区申报 2021 年广东省情系列微视频选题汇总表项目选题和梅县区 2021 年广东省情系列微视频项目绩效目标申报表，省地方志办根据各地往年资金管理和项目绩效评价情况进行综合考评，区地方志办申报的微视频选题：丙村温公祠、白渡宋湘纪念公园成功入选，获得省地方志办下拨 2021 年经济欠发达地区地方志编修经费资金 11.2 万元，并与广州品瑞文化传播有限公司签订合同，2 个微视频制作拍摄费用共 10 万元，完成约束性工作任务目标，结余资金 1.2 万元用于地方志数字化工作等轻量化产品，如历年《梅县年鉴》和《梅县志》等书籍进行数字化入库上传。

2021 年年底梅县区人民政府地方志办公室
主　任：邹其森

（供稿：办公室）

档　案

【基础设施建设】 梅县区档案馆新馆建设项目是梅县区重点项目，建筑占地面积 1104.16 平方米，共 6 层（地下 1 层、地上 5 层）。2017 年 10 月动工，2018 年 10 月，完成主体建筑并开始进入室内外装修，至 2021 年年底，投入资金约 2350 万元。2021 年，区档案局加强对档案馆设备设施的管理，对档案馆库区安装的闭路监控系统、门禁报警系统进行全面的检修和维护，对用电、照明、空调、档案消毒工具、除湿机等设备定期进行检查和维修，确保设备的正常运行。

【馆藏档案】 至2021年年底，档案馆馆藏档案188559卷221865件，排架长度1142.93米，其中：中华人民共和国成立前档案1350卷（其中：民国档案1234卷，革命历史档案116卷）；中华人民共和国成立后档案112个全宗，档案187209卷。馆藏光盘档案259盘，录像档案69盒，照片档案21138张，实物档案177件，图书资料7546册，侨批200多份，清朝房契60多张。档案案卷目录16本，全引目录960本，专题目录4本。

【档案收集整理】 2021年，接收区扶贫工作局、区卫健局、区环保局等5个单位的专门档案889卷又42259件。收集和检查精准扶贫档案相关照片11420张。

【档案保管保护】 2021年，加强档案保管和保护工作。8月，对扶贫档案放置的档案柜放置防虫药，并对部分纸质档案进行真空除虫。全年开展对馆藏档案、资料、实物、档案柜和库区等进行全面安全检查3次。

【档案宣传】 2021年，组织干部职工集中观看《从资本与政治的关系看中国特色社会主义发展史》线上专题讲座。利用6月9日开展“国际档案日”组织开展档案宣传活动，发放档案宣传手册《为“中央一号机密”而献身的陈为人》50册进行档案宣传；8月，组织部分城区学生开展“档案筑梦暖童心”爱国主义主题教育系列活动；营造全社会关心支持档案工作的良好氛围，帮助社会公众认识档案价值，增强档案意识。

【档案开放利用】 2021年，档案查阅利用944余卷，接待查阅利用者208人次，出具复印证明2067余份，为领导决策、修史编志，落实政策、工作查考、离任村干部工龄补助、解决山林权、责任田纠纷提供有力的证据。

【信息化建设】 2021年，做好档案信息化建设工作，对2021年接收的精准扶贫档案数字化的成果进行抽样校核，以确保馆内接收数字化成果的质量；2015年以来馆藏纸质档案数字化扫描约354万页。全年新增著录档案文件级条目5000多条，档案目录条目总数70多万条。

2021年年底梅县区档案馆

馆　长：廖秀丽

（供稿：陈昌平）

社 会 生 活

民政和人力资源社会保障

【概述】 2021年，梅县区民政和人力资源社会保障局在区委、区政府的领导和上级民政、人社部门的关心指导下，深入学习习近平总书记对广东全局工作的重要讲话和重要指示批示精神，认真贯彻落实中央和省、市、区“十四五”规划要求，聚焦民生实事兜底线、聚焦特殊群体谋福利、聚焦群众关切优服务，织密织牢社保网，突出抓好就业创业工作，夯实人才智力支撑，积极应对新冠肺炎疫情，着力抓好民政和人社各项工作，为梅县区经济社会发展和民生改善作出积极贡献。

【社会保障】 低保动态管理 强化最低生活保障对象动态管理，积极做好最低生活保障政策与乡村振兴政策的有效衔接工作，切实做到应保尽保、应退尽退、精准衔接。2021年，全区有城乡低保对象5909户11049人，全年发放低保金4933.26万元。

留守儿童和困境儿童关爱保护 孤儿基本生活最低养育标准分散供养水平从每人每月1110元提高到1227元，全年发放726人次75.83万元。开展留守儿童入户调查和信息录入及入户探访孤儿工作，登记在册并录入系统的留守儿童2517人。

困难残疾人生活补贴和重度残疾人护理补贴 困难残疾人生活补贴标准从每人每年2100元提高至2172元，重度残疾人护理补贴标准从每人每年2820元提高至2916元。全年发放困难残疾人生活补贴55997人次1014.24万元，发放重度残疾人护理补贴140659人次3420.57万元。

特困供养 城镇、农村特困供养标准分别从每人每月1236元、852元提高到每人每月1280元、882元。全区有特困供养人员2212人，支出特困供养资金2327.5万元。

临时救助 充分发挥临时救助制度托底功能，提高临时救助标准，优化申请审批程序，提高兜底保障能力和救助时效，有效保障因遭遇灾害、交通事故、突发重大疾病或其他特殊困难和其他社会救助制度实施后仍有严重困难家庭的基本生活，临时救助580人，发放临时救助生活补贴237.91万元。

【基层政权与区划地名】 基层政权建设 一是换届选举工作。完成全区389个村（居委会）党组织和村（居委会）委会换届选举，共选出村（居委会）“两委”干部1806人。全区村（居委会）党组织书记、主任“一肩挑”比例达100%，村

（居委会）“两委”干部交叉任职比例达 98.7%。完成全区 389 个村（居委会）监委换届选举，党员担任村（居委会）监委主任的比例达 100%。村（居委会）监委工作。开展 2021 年新任村（居委会）监委主任培训。解决居务监督委员会成员补贴资金。指导各镇做好巡察中发现的村监委履行监督职责不到位问题的整改工作，并对村（居委会）务监督委员会履职情况进行全面检查。开展正常离任村（居委会）干部信息采集。根据省要求和工作部署安排，指导各镇开展正常离任村（居委会）干部信息采集工作的有关事项。开展“万能章”治理专项斗争。全面摸排基层群众性自治组织出具证明事项情况，梳理出社区出具证明事项 39 项，初步确定取消证明事项 26 项，取得了阶段性成效。提升基层建设和社区治理质量。指导全区各镇 389 个村（居委会）开展修订和完善村规民约、居民公约，全区 100%完成修订工作，指导各镇做好材料整理和归档工作。扎实推进扫黑除恶专项行动。建立线索摸排举报机制，深入排查打击把持基层政权、插手基层公共事务、破坏社会稳定的黑恶势力；分别开展村级换届选举整治、打击整治非法社会组织专项行动、全省农村低保专项治理和打击涉黑涉恶团伙操纵残疾人员、未成年人员及流浪乞讨人员行乞牟利违法行动等。

【社会工作】 梅县区 19 个镇（高管会、办事处）实现社工站全覆盖，建立 34 个村级社工点。全区有 127 名社工，其中 28 名持有初级或中级社工证。按照省、市精神，2021 年年初，将全区现有的社工、社会救助人员和残联专员共 68 人整合为“双百社工”，做好整合人员的合同签订及薪酬待遇落实。推进落实“双百工程”。成立梅县区“双百工程”工作领导小组，实施“广东兜底民生服务社会工作双百工程”联席会议制度，深入实施“广东兜底民生服务社会工作双百工程”。高标准配额社工队伍，按照省、市站点和人员配额要求，全区设置社工岗位 137 个，其中事务性岗位 38 个、服务性岗位 99 个，实现困难群众和特殊群体社会工作服务全覆盖。按照省民政厅统一部署，新招聘 69 名社工，做好招聘社工的笔试、面试及报到等各项工作。

区划地名 跟进地名普查转化图录典志工作。做好成果转化工作，编纂图录典志工作初步成果完成。加强和界线管理。按照省界桩管理工作要求，与桃尧、松源等镇重新签订 2 年的省界桩委托管理协议。做好红色地名文化宣传工作。指导松源镇举办“记住红色地名、赓续红色基因”摄影展，加强地名应用、服务交流交往，进一步提升乡村地名信息服务水平。

【社会事务与福利】 *老年人福利优待* 百岁老人保健金每人每月 1000 元，全年发放百岁老人保健金 1017 人次 105.1 万元。发放百岁老人一次性客家寿星奖 91 人 10.92 万元。重阳节前，一次性发放 80 — 99 周岁高龄津贴 19820 人 594.60 万元。

养老服务机构兴办 全区拥有民办养老机构备案床位 722 张，护理型床位 326 张。对符合条件的养老机构发放运营补贴 13.57 万元。

养老服务机构规范化建设 严格落实养老机构责任保险统保项目，出资 3 万元，购买 300 张养老机构床位责任保险。积极开展养老机构消防设施隐患排查工作，重大节假日期间，多次联合区市场监督管理局、区消防救援大队工作人员到辖区内养老机构进行疫情防控、消防安全、食品卫生风险隐患排查整治，确保各项措施落实到位。加强养老机构预付费管理，保护老年人合法权益，及时化解养老服务领域非法集资的风险，辖区内未发生养老服务非法集资案件。依托“金民工程”系统进行业务办理、数据统计、动态监管等，逐步提升养老服务信息化精准化水平。

养老服务设施建设 依托现有养老机构，成立 9 家综合养老服务中心，为居家老年人提供全托、日托、上门服务、协调指导等服务，进一步提高梅县区农村养老服务体系建设。做好特殊困难老年人居家适老化改造工作，2021 年，对 81 户适老化改造对象实施改造。全区有 9 个居家养老服务站和 2 个居家养老服务中心运营中，为老

年人提供休闲娱乐场所。推进“长者饭堂”建设，梅县区建立5个“长者饭堂”示范点，为老年人提供配餐助餐服务，实现“老有所养”。推动敬老院公建民营试点工作，城东镇敬老院完成公建民营改革，在妥善安置好本区域的特困供养人员外，盘活敬老院的闲置床位。

留守老人关爱服务　与人寿公司合作，上门探访留守老人，了解老人的基本情况、健康状况等，对全区320户农村留守老人开展关爱试点活动。

流浪乞讨人员救助　引导、劝导和救助流浪乞讨人员20人次。做好在市第三人民医院接受治疗的35名精神病人的救助工作，救助经费开支208.9万元，其中25名流浪精神病人完成落户安置工作。

【社会组织管理】　2021年，梅县区有社会组织295家，其中13个建立了党组织。建立梅县区社会组织工作联席会议制度，依法办理申请变更、注销、换发证书等。联合区公安分局等部门开展打击整治非法社会组织专项行动，梅县区未发现有重点打击的六大类非法社会组织。重点开展规范社会组织法人治理专项整治和“僵尸型”社会组织专项整治工作。

【福利彩票】　加强福利彩票营销管理工作。2021年，全区79家投注站，共销售福利彩票5459万元，超额完成销售（5000万元）总任务。

【婚姻登记】　2021年，全区办理婚姻登记业务4923宗（其中异地办理婚姻登记328宗），结婚登记3199对（涉外结婚登记19对），离婚登记892对（涉外离婚登记2对），补领结婚登记738对（涉外补领结婚登记1对），补领离婚证93件，出具无婚姻登记证明1份。

【收养登记】　2021年，依法依规做好收养登记管理工作，办理收养登记33户，其中：符合办理条件3户，不符合办理条件30户。

【殡葬管理】　2021年，深入开展殡葬管理工作，全年免除殡葬基本服务费4220宗，金额560.97万元；办理群众举报和上级交办违规建坟案件6宗。

【就业创业培训】　职业技能培训和鉴定　全年组织实施“广东技工”职业技能培训3130人次。坚持职业技能鉴定数量和质量并重的原则，全年接收技工学校和各培训机构培训鉴定申请33期1276人，核发专项职业能力证书1136人。

就业与失业登记　加大专项资金扶持力度。为有意愿创业的劳动者提供创业小额担保贷款贴息支持，2021年，创业担保贷款受理15笔新增放款641万元，其中个人贷款14笔，新增发放金额221万元；小微企业创业担保贷款1笔，新增发放贷款420万元。全年支出贴息22.91万元。抓好线上线下招聘等就业服务和就业援助活动。举办网络招聘26场，在线招聘企业225家，在线发布岗位5099个。抓好“迎新春送温暖、稳岗留工”“粤菜师傅、南粤家政、广东技工”现场招聘会和2021年梅县区重点用工企业畲江专场招聘会等各类招聘会。全区城镇新增就业2661人，帮助城镇失业人员再就业1872人。城镇登记失业率2.67%。加大就业援助力度，帮助就业困难人员。2021年，认定就业困难人员63人。全区5个乡镇申报了18个乡村公益性岗位，其中4个乡镇兜底安置13人，剩余乡村公益性岗位正在招聘、公示中。全年发放乡村公益性岗位补贴4.51万元。全力做好高校毕业生就业保障工作。通过网站、短信等渠道发布报到程序及招聘招考信息，促进高校毕业生就业。全年接收报到2021年应届高校毕业生762人，接收保管高校毕业生档案2212份，应届高校毕业生就业率98.38%。全年办理流动人员人事档案转递751份。

推进创新创业孵化园建设　扎实推进畲江创新创业孵化园二期建设项目工程，2021年，该工程已全面完工并验收完毕，可投入使用。

“粤菜师傅”工程　加强培训力度，带动创业就业。2021年，梅县区培训“粤菜师傅”442

名，带动400多人次实现就业创业，超额完成市局下达的目标任务。激活现有资源，培育富民兴村产业。梅县区城东镇玉水村借助“粤菜师傅”工程的政策优势，成立烹饪协会、大师工作室，创办“粤菜师傅”培训基地。同时，探索“粤菜师傅+乡村旅游”模式，引进小蛮牛生态农业发展公司，发展“农家乐”、民宿、特色餐厅等上下游产业，让村民实现增收致富。2021年，小蛮牛综合体厨师培训基地、客家民宿、特色餐厅等项目建设初具规模。加强职业教育，建造实训基地。梅县技工学校把烹饪专业定为职业教育重点专业，投入300万元，建造“粤菜师傅”实训中心，该工程已验收。同时，加强校企合作，与梅县区美食协会、梅州市百佳园酒店、梅州市聚园酒店等签订校企合作协议，构建“工学结合”“订单式”培养的人才培养模式。举办梅县区名师、名店、名菜“三名工程”评选活动暨技能大赛活动。2021年9月，梅县区开展“粤菜师傅”工程之名师、名店、名菜“三名工程”评选活动暨技能大赛，为师傅们提供一个交流学习的平台，提升厨师技能、助推乡村振兴发展。做好星级“粤菜师傅”认定、南粤技术能手奖评选表彰活动、省级“粤菜师傅”大师工作室技能展示活动。梅县区推荐符合条件的“粤菜师傅”参加广东省“粤菜师傅”星级名厨认定评选活动，其中陈嘉庆、刘爱勤分别被认定为五星级“粤菜师傅”名厨和四星级“粤菜师傅”名厨。

“南粤家政”工程　推进家政服务业提质扩容，实施“南粤家政”惠民利民。稳步开展家政技能培训。2021年，开展培训1102人次，其中母婴服务培训626人次、居家服务培训290人次、养老服务培训186人次，完成全年培训计划的200.36%。加强家政行业组织建设。2021年，梅县区有两家“南粤家政”基层服务示范站正式揭牌启用，为社区居民提供全面优质的家政服务、专业培训、促进就业和调解维权等服务，有效解决家政服务“最后一公里”问题。培育家政服务龙头企业。2021年2月，梅州市婴皇母婴护理服务有限公司被省厅授予“2020年度‘南粤家政’省级家政服务诚信示范企业”称号。2021年5月，梅县区正式成立梅县区家政行业协会，充分发挥协会在行业指导、行业自律、政策宣传等方面的作用。着力推动平台载体建设。

劳务派遣经营许可　全年严格按照《中华人民共和国劳动合同法》《劳务派遣经营许可申请实施办法》的有关规定，受理同意13家公司成立培训学校或到期换证、地址变更、新增培训工种的申请。

【工资福利制度】　2021年，按照上级的统一安排部署和政策规定，在规定时间内及时兑现各项工资福利待遇，做好梅县区机关事业单位1.2万名在职人员绩效考核奖金和7800名离退休人员慰问金的审批工作；做好住房维修和物业管理补贴、乡镇工作补贴、机关单位交通补贴等的审批工作。做好清理规范公务员津贴补贴工作。对违法违纪并受处分人员的工资及相关福利待遇严格按规定予以处理，维护工资政策的严肃性。

【社会保险】　*扩面征缴*　2021年，各类别参保人数均100%完成年初计划任务，基金征缴收入12.7975亿元；各项待遇按时足额发放，区级统筹基金支付7.68亿元。

社保改革　加快推进机关事业单位养老保险改革。新办法计发“中人”待遇工作有序开展，全额拨款单位第二期职业年金虚账部分按计划做实；过渡性养老金计发办法和待遇计发基数改革稳慎推进。巩固提升社保统筹层次。完善企业职工养老保险省级统筹的经办管理、财务管理工作；做好工伤保险基金省级统筹的后续工作；做好失业保险基金省级统筹各项准备工作，按省要求如期实施省级统筹工作；进一步落实失业保险金“畅通领、安全办”要求，做好延领人员待遇的及时发放和超出法定退休年龄失业人员的审核发放工作。做好城乡居保基金市级统管工作。全面推广社保卡应用。2021年，社会保障卡作为所有社保业务的有效身份凭证和待遇发放结算载体，调整优化业务规程、用卡流程，明确社

保领域线上线下用卡场景，实现认证用卡、缴费凭卡、待遇进卡、结算持卡、线上线下“全业务用卡”。

被征地农民养老保障　2021年，上级批准的涉及被征地农民养老保险业务的征地有11个批次，共830个养老保障名额，养老保障资金747万元。

失业保险支持企业稳定岗位补贴　2021年，有51家企业申请失业保险稳定岗位补贴，其中有27家企业通过市级人社部门审核，获得稳岗补贴资金共370515.74元。

工伤认定　2021年，工伤认定数为270宗，其中工亡12宗。工伤不予认定数为3宗。

【基金管理】 2021年，加强自查自纠工作，对照《人力资源社会保障部办公厅关于加强社会保险经办风险防控工作的通知》和《社会保险经办风险防控工作任务清单》的项目和内容，逐一认真进行梳理，对自查中发现的问题，及时提出改进措施并加以整改，对没有问题的项目按要求及时组卷备查。加强日常稽核监督工作，加强对业务经办的合规性、程序性等方面的督查工作，定期随机抽查业务经办情况，全面抽查高风险岗位业务经办情况。加强风险廉政教育，每季度开展一次专项警示教育，以社保系统正反面典型案例教育干部职工，营造风清气正、廉洁高效的社保经办环境。

【劳动权益保障】 劳动保障监察执法　2021年，受理劳动保障监察投诉案件194宗，涉及劳动者1898人，追讨劳动者工资5579万元；处理群众来电、来信、来访（不含立案）投诉401批次，涉及778人；对涉嫌拒不支付劳动报酬罪移送公安机关立案2宗。

劳动和人事争议调解仲裁　坚持“调解为主”的办案思想，依法快速调解、审结劳动争议案件。2021年，立案受理案件474件，涉及劳动者人数477人，涉案金额592.08万元。当期审结案件数473件，其中仲裁裁决143件、仲裁调解291件、撤回仲裁申请39件。

【人事人才】 干部任免管理　严格按照程序，认真细致做好选拔对象的任命工作，办理政府口副局级以上干部任免73人次。

专业技术人才队伍建设　按照《梅州市乡村工匠专业人才职称评审实施方案》要求，做好2021年梅县区乡村工匠专业人才职称评审工作，6名申报人通过评审，其中3名技术员、3名助理工程师。做好2021年度全国会计专业技术人员中、初级会计资格报考工作，并对考试通过人员进行报考条件复查发证工作，复查中级会计资格38人、初级会计资格173人，合计211人。

人才培养引进　根据市委、市政府《关于加快人才发展的意见》《梅州市2021年引进博（硕）士等急需紧缺人才公告》精神，全年梅县区企业自主引进急需紧缺人才10人，事业单位引进急需紧缺人才4人，其中：博士2人、硕士12人。

事业单位调配招聘　做好事业单位调配招聘工作，为69名事业单位工作人员办理调配手续。做好公开招聘各项考务工作，举行2场公开招聘，聘用232人。指导区教育系统、卫生系统下属事业单位做好专业技术等级晋升实施方案，分批完成岗位等级晋升工作。做好全区事业单位管理岗位职员等级晋升前期摸底调查工作及初步晋升方案。

【梅县技工学校】 2021年，梅县技工学校认真落实国家资助政策，确保政策落实到学生个人，发放国家助学金117人次11.7万元。大力推进“粤菜师傅”工程，投入300多万元，升级改造粤菜（客家菜）培训实训基地：增设大师工作室和鼎工实训室，在综合楼新建粤菜小吃、客家腌面实训室等。

2021年年底梅县区民政和人力资源社会保障局

局　长：陈纪珠

（供稿：钟文君）

退役军人管理

【概述】　2021 年，梅县区退役军人事务局（以下简称区退役军人事务局）在上级主管部门具体指导下，深入学习贯彻落实习近平总书记关于退役军人工作的重要论述和重要指示批示精神，充分保障退役军人的合法权益，有效促进经济社会健康稳定和谐发展，切实增强广大退役军人的获得感和幸福感。

【退役军人慰问金】　2021 年，区退役军人事务局根据《梅县区退役军人离世慰问金发放管理规定（试行）》（梅县区退役军人发〔2019〕17 号），在全省范围内首创发放离世慰问金，全年共为去世退役军人发放离世慰问金 3.12 万元。深入开展“爱心献功臣”活动，区财政拨出专项资金作为补助经费，帮助解决有“三难”问题退役军人。开展退役军人大走访慰问活动，全区走访退役军人覆盖率 96%。

【安置工作】　2021 年，区退役军人事务局接收符合政府安排工作条件转业士官，并接收随军家属安置申请。联合区民社局就业中心举办 4 场（线上和线下）招聘会，举办退役军人专场招聘会 1 场。全区退役士兵报名参加中级职业技能培训，并参加为期 3 个月的短期职业技能培训。组织 2021 年度退役士兵（含秋季退役和冬季退役）分别参加 1 周（线上和线下）的适应性培训，参训率 100%。梅县区有 18 户退役军人申请参加光伏发电应用项目。程江镇大塘村，以村里退役军人为基础，打造梅县区第一个退役军人“光伏村”。

【升级改造区军休所、光荣院、烈士陵园】　积极探索新的军休服务管理模式，拟在军休大院进行升级改造军休家园。首层楼梯间入口增加树脂瓦雨棚，院内设置垃圾分类投放亭，外墙挂壁弱电线路改为地下管线铺设，强电规并整理，新增防盗网，外墙刷新，拆除入口车库和杂间并改建为绿化园林等。按照国家《“十四五”时期社会服务设施兜底线工程实施方案》，符合补助条件的优抚医院、光荣院等退役军人褒扬优抚设施建设项目已纳入国家储备项目库。根据“退役军人褒扬优抚设施建设项目”要求，升级改造梅县区光荣院。拟将光荣院床位扩至 55 张，每个床位按三星标准配置设施，并对每个房间的门窗、设备、水电进行整新布置和更换。另拟建造光荣院食堂，并对光荣院的院容院貌进行全面提升改造。2021 年，区退役军人事务局组织升级改造军休及烈士陵园基础设施和环境。为更好地发挥梅县区烈士陵园的褒扬功能作用，进一步传承和弘扬英烈精神、爱国主义精神，按照《国务院关于支持赣南等原中央苏区振兴发展的若干意见》政策，区退役军人事务局积极向国家、省、市退役军人事务部门请示汇报，争取上级资金对梅县区烈士陵园进行提升改造。梅县区烈士陵园改造项目包括纪念馆建设、门楼、停车场、园林绿化、烈士墓地、英烈事迹墙等工程。

【“双拥”工作】　2021 年，区退役军人事务局举行欢送新兵入伍和退役士兵返乡报到接待相关工作，为获得个人三等功以上的现役军人送喜报。确保优抚抚恤补助、医疗待遇以及大学生入伍奖励金等有关政策落实到位。“七一”前，区退役军人事务局印制“学党史、颂英模、跟党走”宣传册，购置印有“庆祝建党 100 周年”字样的保温杯。“八一”前，开展烈士家属慰问活动。会同梅州市复退军人医院组织“关爱功臣”巡回医疗队到各镇为重点优抚对象开展送医送药活动。春节前，印制“发扬革命传统，争取更大光荣”对联送给全区退役军人、现役军人，充分体现“一人参军、全家光荣”，使广大退役军人更有荣誉感。

【下属事业单位工作】 2021年，梅州市梅县区人民政府军队离休退休干部休养所（简称军休所）接收、安置、服务和管理军队离休退休干部，无军籍退休退职职工（统称军休人员），落实好军休干部政治待遇、生活待遇，做好相关保障工作，维护军休干部合法权益。光荣院工作人员供养孤老烈属和孤老复员军人。从生活照料、日常护理、精神关怀、医疗及安全等多方面做好服务工作。梅县区退役军人服务中心全面建立服务工作台账，加强与退役军人日常联系及政策宣传，做好来访接待，抓好退役军人应急救助资金使用和管理等。

【强化政策宣传力度】 2021年，区退役军人事务局积极开展宣传首届“广东最美退役军人”丘梅生先进事迹的宣传教育活动，大力宣扬新时代“最美退役军人”爱国奉献精神。通过政府网站、广播电视、区镇村“三级联结”微信工作群、乡村大喇叭，印制宣传册（单）2.2万份、宣传笔记本800份，组织开展培训会3场等方式。开展《中华人民共和国退役军人保障法》宣传贯彻工作，举办培训班，组织局机关干部、乡镇服务站人员集中学习，并印制《中华人民共和国退役军人保障法》，发送到全区每一位退役军人手中。

【服务体系建设】 2021年，区退役军人事务局联合区司法局制定《梅县区法律援助处对退役军人及军属提供法律援助工作制度》，并在区退役军事务局设立梅县区退役军人法律援助工作站。6月，在区退役军人服务中心和镇级服务站分别设立公共法律服务中心（工作站）和退役军人工作站（窗口），并已正式挂牌成立。梅县区成立“梅县区退役军人志愿服务队”1支，下设19支镇级志愿服务分队，先后开展志愿服务70多次，服务内容包括：参与疫情防控、创文巩卫、走访慰问，参与精准扶贫、乡村振兴，组织开展主题鲜明、形式多样的特色志愿服务活动。

2021年年底梅县区退役军人事务局

局　长：李　扬

（供稿：廖　敏）

应 急 管 理

【概述】 2021年，全区发生生产安全事故4起，受伤1人，死亡4人。（其中：工矿商贸企业发生事故2起，死亡2人；经营性道路交通发生事故2起，受伤1人，死亡2人。）与上年同期对比：事故起数减少2起，同比下降33.3%；死亡人数减少1人，同比下降20%，受伤人数减少2人，同比下降66.6%；实现全年全区事故起数、死亡人数、受伤人数“三下降”。未发生较大以上生产安全事故，各类生产安全事故指标均在市下达的控制范围内。全区发生森林火灾事故6宗，共造成过火面积242.79公顷（其中受害森林面积158.14公顷），组织森林消防专业队伍扑救森林火灾6次，出动救援人员200多人次；启动四级防冻应急响应1次、防汛1次、防风4次，顺利完成防御工作，成功实现人员零伤亡，最大限度减少人民群众财产和公共设施的损失，全区应急管理和安全生产形势持续稳定，为全区经济社会快速发展提供坚强的安全保障。2021年，梅县区应急管理局被评为2021年度广东省“最美应急集体”。在市政府2020年度安全生产和消防安全责任制考核中，被评为“优秀”等次。

【安全生产监督管理】 严格落实“一岗双责”制度。 严格执行安全生产“党政同责、一岗双责、齐抓共管”责任制，梅县区委区政府以及各镇级党委政府全面实施安全生产委员会“双主任”制。2021年，区委常委会会议、区政府常务会议多次研究讨论部署应急管理和安全生产工作，区委区政府与各镇（高管会、新城办）、区安委会成员单位均签订了2021年度安全生产和消防工作责任书，进一步推进安全生产责任制落实。

抓好重点行业安全生产监管。 2021年，检查非煤矿山企业112家次，共出动392人次，检查出安全隐患385项，下达执法文书97份，共对7家非煤矿山企业实施经济处罚，共处罚金7.4万元，实施停产整顿9家；检查工贸企业、危险化学品、烟花爆竹等193家次，出动执法人员490人次，督促闭环整改隐患161处，行政处罚6宗，处罚金额11.58万元；检查安全评价机构5家，对该5家安全评价机构出具的66份报告（14份非煤矿矿山及51份危险化学品的安全评价报告）进行检查，检查发现167项问题，下达1份执法文书，未发现有出具虚假报告等重大违法行为，已要求安全评价机构整改完成。

落实行业安全监管督查。 按照“管行业必须管安全”和“属地监管”的原则，充分发挥安委会统筹协调、牵头抓总作用，区安委会、区安委办发出270多份行业和属地监管安全生产督查文件，督促自然资源、交通、公路、供电、住建、市场监督管理局等重点监管部门、各镇级政府扎实做好行业和属地安全生产各项工作。

做好系统防范化解道路交通安全风险工作。自全省3月11日启动系统防范化解道路交通安全风险工作以来，根据上级部署，梅县区成立工作专班，设在区应急管理局。先后以安区会的名义的印发《梅州市梅县区系统防范化解道路交通安全风险工作方案》，以安委办的名义从各单位抽调10名业务人员成立工作专班。扎实做好“每日一信息、每周一报、每周一简报”的任务，全年累计向市专班报送信息73条，周报31次，编印简报31次。排查各类道路隐患共12处，并督促有关部门进行整改。据统计，3月11日—12月17日，我区发生交通事故227起，死亡48人，受伤248人，与去年同期比，事故起数下降45.17%，死亡人数持平，受伤人数下降47.79%，全区未发生较大以上道路交通事故，实现了“两个持续减少、一个有效遏制、一个坚决防止”的目标。《梅州市梅县区系统防范化解道路交通安全防范工作风险方案》中61项任务中，已100%完成。

做好安全生产专项整治三年行动工作。 按照国家、省、市相关要求，区安委会持续开展安全生产专项整治三年行动工作，督促各级各部门贯彻落实习近平总书记关于安全生产重要论述的思想自觉、政治自觉、行动自觉，“三个责任”、“三个必须”进一步得到落实，安全隐患排查和安全预防控制体系初步建立，安全生产治理体系和治理能力现代化明显提升。

扎实开展国家安全发展示范城市创建活动。区安委办组织相关单位对照《国家安全发展示范城市任务分解表》，加强创建评价内容、评价标准的业务培训，以问题为导向，不断加大人力、物力、财力投入，加快建设区级城市安全管理指挥平台，提高区级应急救援和处置能力，加强宣传教育，大力培育安全文化和氛围，高标准高质量推进创建工作。

高效保质完成第一次全国自然灾害综合风险普查应急系统阶段性工作。 2021年8月6日，梅县区应急系统所有清查数据已完成部门审核确认、普查办质检核查等流程并上报市级。10月31日，梅县区应急系统所有调查数据已完成数据填报、多轮软件质检、多轮人工审核等流程。梅县区应急系统调查工作共收集2848条数据，其中：承灾体388条，减灾能力1742条，历史灾害718条。

【宣教培训】 加强应急知识宣传教育。 以“5·12防灾减灾日”、“安全生产月”和“安全生产梅县行”、安全宣传“五进”、“国际减灾日”等活动为契机，组织开展安全宣传咨询、安全警示教育、应急知识科普、应急救援演练等形式多样的活动。2021年，该局共筹集40多万元印制围裙、方巾、环保袋、宣传海报等一批安全生产宣传物资发放至各镇、区安委会成员单位、企业。全区安委会成员单位在“安全生产月”共开展主题宣讲活动18场；开展各类安全宣传活动36场，发放各类宣传资料29000多份；开展安全警示教育课8场，教育人数达8000多人次；组织开展应急预案演练7场，参与演练人数约2000多人次。

加大防灾减灾宣传力度。 充分利用广播、电视、短信、知识手册等多种方式加大防灾减灾宣传，举办防灾减灾宣传活动10场，发放防灾减灾知识手册30000多份，大大提高广大人民群众的防灾减灾意识和避险应急自救能力。

加强应急干部业务培训。 切实加强新《安全生产法》、《广东省安全生产管理条例》等安全生产法律法规的学习培训。全年，组织举办5场安全生产专题培训、6场森林扑火技能培训、1场森林火灾应急演练、1场防御强台风应急演练、5场安全生产事故应急演练，累计培训应急管理干部及相关工作人员2800多人次，全面提高全区应急管理干部的业务素质和工作能力。

【森林防灭火、三防和防灾减灾】 做好防灭火、三防协调机构日常工作。 认真贯彻落实国家、省、市森林防灭火指挥部工作会议精神和领导指示批示精神，及时转发和下发文件。2021年，区森林防灭火指挥部及其办公室转发、下发文件58份，制订和印发《梅县区较大以上森林火灾现场应急处置“七个一”实施方案》、《梅州市梅县区森林防灭火指挥部2021年工作要点》、《梅县区开展野外火源整治、山边企业用火安全集中整治和森林火灾隐患排查整治工作方案》、《梅县区2021年清明期间森林防灭火工作方案》等重要文件。组织开展专项行动。3月，区三防指挥部组织相关单位组成工作组到各镇（高管会、新城办）汛期安全生产大检查落实情况进行督查，并进行了督查整改反馈。9月，区森林防灭火指挥部组织区应急管理局、区农业农村局开展森林防火宣传月活动，到各镇圩镇发放森林防灭火宣传资料，制作森林防灭火公益视频在梅县区电视频道每天滚动播放。11月，区森林防灭火指挥部组织区应急管理局、农业农村局在全区范围内开展冬季森林防灭火督查检查工作。全力承办市级森林火灾扑救演练工作。9月29至30日，区森林防灭火指挥部承办梅州市2021年森林火灾应急预案五级联动实战演练，在梅县区白渡镇罗寨村成功举办。组织开展森林防灭火工作督查。在重要节假日以及重点时段，区指挥部组织区应急管理、农业农村局、水务局等对区各镇（高管会）落实森林防灭火和三防工作责任情况进行督促检查。

【应急救援】 坚持“以人为本、安全第一、科学扑救”的原则，全力以赴做好安全生产事故和自然灾害应急抢险救援工作，实现人员零伤亡，最大限度减低了群众财产损失。充实应急救援物资。2021年，区应急管理局筹集约284万元，购置指挥车、运兵车、消防水车和工具车各一辆及高压水泵等以水灭火设备。区财投入200万元，区应急管理局下拨各镇10万元用于购置高压水泵及1公里水带，落实全区以水灭火战法并指导各镇组织人员进行以水灭火演练。2021年，市应急管理局还专门下拨梅县区风力灭火机等一批价值20.4万元的扑火物资，同时还按每个乡镇5万元下拨梅县区共95万元用于全区各镇防灭火物资采购。进一步充实区、镇、村应急救援物资储备，提高全区应急救援队伍的应急救援能力。开展应急救援演练培训。全年，组织区消防救援大队、应急大队、各镇应急队伍等120人开展为期7天的防汛抗洪应急救援培训，训练科目主要有冲锋舟驾驶、水上救人、防汛物资使用等。承办全市新冠肺炎本地疫情处置、危化品道路运输突发事件、森林防灭火五级联动实战等应急演练30多场次。演练从服务实战出发，检验各参演单位应对突发事件的应急处置能力，为应对各类突发事件积累宝贵经验，切实提升各救援队伍的业务水平。严格执行应急值班值守。按照“群众过节，我们过关，把好应急值守第一关”的工作要求，严格实行全年24小时值班制度。在节假日期间，实行分管领导带班值班制度，强化值班人员力量，时刻保持应急战备状态，一旦发生应急突发事件，第一时间赶赴现场科学处置，最大限度减少人员伤亡和财产损失。

2021年年底梅县区应急管理局

局　长：陈国和

（供稿：吴富霖）

卫生健康

【概述】 2021年，梅县区卫生健康局坚持以习近平新时代中国特色社会主义思想为指导，深入贯彻落实中共十九大和十九届历次全会精神，全面加强党的领导，坚持稳中求进，落实新时代卫生与健康工作方针，以人民健康需求为着力点，秉持为民服务的初心，围绕建设“健康梅县”目标，统筹推进卫生健康各项重点工作，深化医药卫生体制改革，抓好疫情防控工作，不断提升医疗卫生服务质量，健全公共卫生体系，预防控制重大疾病，积极应对人口老龄化，推动全区卫生健康事业高质量发展。城市医联体有序发展，创建“全国基层中医药工作先进单位”通过国家级评审，顺利通过国家卫生城市复审，成功创建“省级健康促进区”，粤东医院成功入选省高水平医院建设行列。至年底，梅县区有公立医疗卫生机构25个，其中区级7个（包括中山大学附属第三医院粤东医院、中医医院、妇幼保健计划生育服务中心、疾病预防控制中心、卫生监督所、慢性病防治院、康乐医院），乡镇卫生院18个。粤东医院、中医医院为公益二类事业单位，其他机构为公益一类事业单位。全区公立医疗机构有工作人员3082人，其中编制内1897人，编制外1185人。基层卫生院编制数1118人，实有976人，空编142人。

【人口管理】 2021年，认真落实“三孩”生育政策及配套支持措施，做好人口监测工作；做好利益导向核查发放、资金使用绩效评价及各种便民服务。积极完善计划生育家庭各项奖励扶助政策，开展特殊家庭心理健康服务和关怀慰问计划生育特殊家庭活动；完善健康服务体系，将生育支持、幼儿养育、母婴建设、青少年发展、老人赡养和病残照护等纳入家庭发展能力建设。做实做细计划生育特殊家庭服务工作，扎实推进特殊家庭联系人制度、就医绿色通道、家庭医生签约服务“三个全覆盖”。同时，积极引导和推动辖区养老机构与医疗机构的合作项目，不断探索符合梅县区实际的医养结合模式。

【医药卫生体制改革】 2021年，持续深化医药卫生体制改革，促进优质医疗资源均衡布局，推进分级诊疗制度和城市医联体建设，统筹疫情防控与公共卫生体系建设，推进全民健康信息化建设，加强医学人才培养和使用，推动以治病为中心转变为以人民健康为中心，着力解决看病难、看病贵问题，不断提高人民群众健康水平。

【基础设施建设】 2021年，投资9337万元的区妇幼保健院综合大楼和投资1.87亿元的区中医医院综合大楼投入使用；预算投资3.69亿元的粤东医院感染性疾病救治中心，于2021年11月正式开工建设；投入超过2500万元升级建设医疗机构信息化系统，区级医疗机构基本实现“智慧医院”的功能，让信息多跑路、病人少跑腿。

【重大公共卫生】 2021年，坚持底线思维，坚决防止厌战情绪、麻痹思想、侥幸心理，不断巩固成果、扩大战果，更加压实责任，科学精准，更加求真务实、严明纪律，做好常态化疫情防控各项工作。一是落实防控策略。全面落实“外防输入、内防反弹”的总体防控策略，坚持预防为主、分类指导、快速响应、落实责任的常态化防控原则，严格落实“人、物、环境同防”措施，做好大数据推送重点人群健康管理，持续开展重点行业从业人员常态化核酸检测，做好旅游景区、农贸市场、交通站场、文化娱乐场所等人员密集场所疫情防控指导工作，保障各类会议、活动安全有序进行；高效开展涉疫事件处置，2021年，甄别管理密切接触者3人，甄别管理次密切接触者119人，全年无新冠病例。二是履行主体责任。切实加强发热门诊监测和闭环管理，落实首诊负责制和24小时值班制，做好预检分诊和发热病人诊治与管理，杜绝院感事件发生。三是提升应急能力。针对各大节假日返乡人员增多、人流聚集性活动频繁，为进一步完善常态化疫情防控各项工作，科学精准做好农村地区疫情防范和应对工作，分别开展新冠肺炎本地疫情全流程全要素综合演练、农村地区新冠肺炎疫情防控应急演练和大规模核酸检测应急演练，不断提升疫情防控应急处置能力。四是落实隔离管理。加强协调沟通，严格落实隔离场所管理措施，做好集中隔离场所工作人员轮换、交接手续和落实定期核酸检测，落实落细安全生产工作，按照各自职责，加大检查督导力度，全方位排除安全风险隐患，严防事故发生，切实保障隔离人员和工作人员安全。五是加快疫苗接种。加大宣传动员，精准摸底、精心组织，科学设置点位，加强人员培训，严格规范接种流程，稳妥有序推进新冠病毒疫苗接种工作，加快构建免疫屏障。全区设置20个新冠病毒疫苗接种点（4个城区接种点和16个卫生院接种点），开展6场次新冠病毒疫苗等预防接种知识培训，培训632人次，至年底，全区新冠病毒疫苗接种48.1万人、105.95万剂次，全人群接种覆盖率89.65%；加强免疫接种10.43万人，接种完成率56.65%。六是提高检测能力。梅县区粤东医院、铁炉桥医院和疾控中心均具备独立核酸检测能力，日均单管最大检测量约2800份；强化核酸采样人员队伍建设，组织864名采样人员参加“新冠肺炎核酸检测课堂”线上学习，86名采样人员参加梅州市新冠病毒核酸检测实操培训并取得资格证书。七是加大监督检查。加强对医疗卫生机构疫情防控工作监管力度，细化落实疫情防控措施，开展明察暗访，对落实防控工作不到位的，及时予以通报并作出相应处罚。

【基本公共卫生】 2021年，围绕实现人人享有基本公共卫生服务均等化的目标，建立健全服务体系，以65岁及以上老年人、慢性病患者、孕产妇、0—6岁儿童、重性精神病患者等为重点，继续扩大服务受益面，提高服务成效。建立完善居民健康档案，认真做好慢性病患者健康管理指导和质控工作，提高慢性病患者规范管理率。2021年，梅县区基本公共卫生服务实际到位人均补助经费为75.87元，基本公共卫生服务项目绩效目标按序时进度均达标。11月26日，梅县区代表队在参加广东省基本公共卫生服务职业技能竞赛市级竞赛中荣获团体二等奖及2项个人一等奖。

全面做好免费婚前医学检查、孕前优生健康检查、产前检查以及新生儿疾病筛查等出生缺陷综合防控，以及孕期保健服务、产后访视、高龄人群生育风险防控等服务工作。至年底，完成免费出生缺陷筛查民生实事，全区免费婚前医学检查率94.18%，免费孕前优生健康检查率100%。继续按项目方案落实城乡妇女“两癌”免费检查项目工作，于6月在全区范围内全面实施，为做好疫情防控工作，避免人员聚集，采用电话预约的形式有序推进项目实施，完成全年检查任务。

【卫生监督检查】 公共卫生 采取日常监督、突击检查、专项整治“三结合”等措施，依法查处各类违法行为。开展医疗机构乱象治理、医疗美容乱象专项整治、不合理医疗检查专项治理、出生医学证明发放全面排查整治等工作，监管能力和水平不断提高。2021 年，区卫生健康局政务服务中心窗口受理业务申请 2073 份，办结率 100%。完成国家卫健委下达的 171 家“双随机、一公开”监督抽检任务，完成率 100%。加强对镇级卫生监督协管人员的培训和指导，各镇卫生监督协管巡查覆盖率 100%。全年出动卫生监督人员 4124 人次，检查医疗机构 400 间、公共场所 699 家，受理卫生违法案件 24 宗，立案处罚 24 宗，共罚款人民币 12.7 万元。对 14 家医疗卫生机构的不良执业行为实施记分查处，共记 40 分；未发现黑殡葬、黑医疗、黑救护、倒卖号源、“血霸”“医托”等涉黑涉恶线索。针对群众通过政府“12345”投诉反映的医疗机构、公共场所等存在问题，迅速指派卫生监督员到现场核查处理，并及时将核查处理结果反馈当事人。妥善处置各类投诉举报事件、咨询 120 起，全部按时办结，对存在违法行为、证据确凿的单位立案并进行处罚。

饮用水卫生　宣传贯彻《生活饮用水卫生监督管理办法》，认真开展生活饮用水卫生监督管理工作。根据《中华人民共和国传染病防治法》《生活饮用水卫生监督管理办法》《梅州城区生活饮用水二次供水管理办法》等法律及新冠肺炎疫情常态化监督要求，卫生监督员对辖区内 28 家集中式供水单位及城区的二次供水单位进行监督检查。

学校卫生　对学校周边的 11 家医疗机构、32 家娱乐场所开展专项整治行动，出动车辆 32 辆次、监督员 96 人次，发出监督意见 43 份，未发现无证经营等娱乐场所，未发现非法行医或以人流、性病治疗业务为主的相关诊所。

职业卫生　结合新冠肺炎疫情防控常态化工作，对辖区 93 家存在职业病危害因素的矿山、水泥、化工等行业进行现场监督检查，发出监督意见书 186 份，要求用人单位加强工程防护设施改造，落实职业健康管理措施。开展职业卫生线上线下宣传培训 3 次，培训 294 人次。做好重点职业病监测，2021 年，监测周期共审核 7 家用人单位信息、4547 例职业健康检查个案信息、10 家工作场所职业病危害因素监测信息。设立丙村镇中心卫生院尘肺病康复站，为尘肺病患者提供优质的康复服务。

【传染病防治】　2021 年，做好重大疾病防控工作，巩固艾滋病、结核病等传染病监测预警和联防联控水平；做好突发事件紧急医学救援，有效应对各类突发公共卫生事件；加强慢性病、精神病、职业病等疾病管理，做好严重精神障碍患者管理治疗，开展病人应急处置和家庭护理教育。

【卫生科研与应用】　2021 年，落实全科医生培训，加强技术交流合作，粤东医院、中医医院、妇幼保健院等单位与多家省内知名医院建立协作关系，培养学科带头人。2021 年，补充卫技人员 38 人（其中事业单位公开招聘 36 人，安置定向代培毕业生 2 人）；广东省高校应届毕业生专场招聘 11 人；签订定向代培生 20 名，签订 1 名首席专家下基层；完成省、市下达的全科医生培训任务，培训全科医生 44 名。同时，积极引导和促进辖区养老机构与医疗机构的合作项目，不断探索符合梅县区实际的医养结合模式。

【卫生应急】　2021 年，积极应对常态化疫情防控工作形势，着力推进公共卫生体系和医疗救治体系补短板、堵漏洞、强弱项，坚持整体谋划、系统重塑、全面提升，健全多渠道疫情监测预警机制，提升公共卫生应急响应能力，健全重大疫情救治机制，强化责任担当，织牢织密全区公共卫生防护网。不断完善卫生应急预案，不定时开展应急演练，做好突发事件医疗卫生救援和卫生应急保障工作。全年报告突发公共卫生事件 5 起，其中 H9N2 人感染禽流感疫情 2 起、诺如病毒感染性腹泻疫情 1 起、乙型流感病毒感染疫情 1 起、人感染猪链球菌疫情 1 起，严格落实疫情报告制度和调查处置措施，疫情均得到有效控制。积极开展应急救护知识宣传培训，全年开展进学校、进企业、进机关应急救护培训12场次，培训超1400人，增强群众急救意识，提高自救互救能力。

【爱国卫生活动】 2021年，通过突击性治理与经常性活动相结合，大力开展农贸市场等重点场所及城乡环境卫生综合整治。针对农村地区疫情防控的薄弱环节，坚持分区分级、科学防控、精准施策，强化落实疫情防控措施，做好村庄广场等公共场所清洁，加强畜禽养殖防疫消毒，切断一切可能的疫病传播途径。全年爱国卫生活动清除滋生地2786处，清理卫生死角3832处，清理垃圾3366吨。

【红十字会】 2021年，持续提升应急救护技能，开展应急救护进学校、进社区、进机关、进企业、进农村培训15场次，培训1410人；持续开展人道救助，为符合条件的脑中风患者发放2100盒华佗再造丸；争取中国红十字彩票公益基金支持，为5名小天使白血病患者每人资助3万元；持续开展博爱送万家活动，向低保户、特困户、孤儿，小天使白血病对象等84户发放油、米、毛毯和礼包价值2.1万元；开展救助行动，争取广州中医药大学附属医院广东省中医院和广州市第一人民医院的支持，于5月、12月期间，为梅州市80名小天使患者开展先心病筛查，对符合条件的给予资助，减轻家属的负担；全年接收爱心企业捐赠款18万元，接收捐赠床垫100床。

【无偿献血】 2021年，加大无偿献血宣传发动力度，2021年周期有3416人次参加无偿献血，采血量90.37万毫升，医疗临床手术回收性自身输血64例、20405毫升，超额完成梅州市下达的工作任务，基本满足医疗临床用血的需求。

【便民惠民服务】 2021年4月12日起，区直医疗单位工作日增设午间、夜间门诊，延长服务时间，满足群众就医需求。继续深入开展“健康扶贫、送医送药、义诊、送温暖”活动，真心为群众服务，进一步提升群众看病就医满意度。

【医疗卫生业务】 2021年，推进分级诊疗和城市医联体建设，通过粤东医院委派挂职副院长和科室对口帮扶，实行一科负责一院制，对全区18家卫生院全面开展业务帮扶，全力提升基层医疗机构服务能力；推动粤东医院创建全省高水平医院；加强医疗机构医疗质量管理、药事管理和药学服务；加强村卫生站管理和乡村医生队伍建设。在满足群众多元化、多层次健康服务需求的同时，按照“专业化、标准化、规范化”建设要求，着力提升中医药服务内涵和水平；全力协助市创建“全国基层中医药工作先进单位”，并得到国家评审专家组好评；继续加强全区中医药基础设施建设，补齐中医药服务短板，抓好中医药人才队伍建设，加强中医专科联盟和特色专科建设，促进中医药传承创新，推动中医药及大健康产业高质量发展。

【安全生产】 2021年，认真贯彻上级关于安全生产工作部署，落实安全生产工作职责，坚持“安全第一、预防为主、综合治理”的方针，把安全生产工作与卫生健康工作同安排、同部署、同落实、同检查、同考核，把安全生产工作纳入年度工作计划，摆上重要议事日程。结合卫健工作实际，以医疗安全、消防安全为重点，落实安全生产工作职责，以坚决遏制重特大生产安全事故、防范较大生产安全事故为主要目标，强化安全发展理念，同时加大宣传教育，增强安全隐患风险认识，深入开展安全生产综合治理，落实安全防范措施，全面提高预测预警预防各类安全风险的能力，坚决防范和遏制各类安全生产事故的发生，实现全年无安全事故发生，圆满完成各项安全工作任务。

【健康教育】 2021年，加强宣传教育和健康促进工作。全年开展300多场义诊咨询、健康讲座等健康教育宣传活动，发放宣传资料300多种，近13万份；播放健康教育音像资料300多种，播放次数超1万次，播放时长超4万小时；设置100多块健康教育宣传栏，更新250多次；通过传统媒体和新媒体发布新闻报道407篇，“健康梅县”微信公众号推送文章433篇，微博发布信息69条；制作健康科普视频并在“健康梅县”微信视频号发布；引导群众减少聚集，倡导健康文明生活方式，养成勤洗手、常通风、用公筷、戴口罩、保持社交距离等良好卫生习惯，提高群众的健康意识、防病知识、防病能力，发动群众联防联控、群防群控。

2021年年底梅县区卫生健康局

局　长：廖劲松

（供稿：陈　敏）

医疗保障

【概述】 2021年，梅县区医疗保障局以习近平新时代中国特色社会主义思想为指导，全面贯彻落实中共十九大和十九届历次全会精神，深入学习贯彻习近平总书记对广东重要讲话和重要指示批示精神，全面对标对表习近平总书记对社会保障事业作出的重要指示要求，贯彻落实全国、全省和全市医疗保障工作会议精神和区委、区政府部署要求，积极开展医疗保障制度改革各项工作，奋力推动梅县区医疗保障事业高质量发展。

【筹资运行】 2021年，以“应保尽保”为目标，充分发挥牵头作用，联动相关部门，加大扩面征缴工作力度，积极做好城乡居民医保、职工医保（含生育保险）参保征缴工作。至2021年年底，全区基本医疗保险参保人数54.39万人，其中：城镇职工医保参保人数7.56万人、城乡居民参保人数46.83万人，职工生育保险参保人数5.45万人。2021年，基本医疗保险和生育保险基金总收入8.12亿元。其中：职工医保与生育保险合并征收4.09亿元，城乡居民医保基金收入4.03亿元。2021年，医疗救助收入2332万元，支出2117.31万元，当期结余214.69万元。

【待遇保障】 全民医保　积极贯彻落实基本医疗保险+大病保险（职工补充医保）+医疗救助+商业补充保险多层次的医疗保障制度。2021年度城乡居民医保人均财政补助标准提高30元/人，达到580元/人。2021年11月26日起，门诊特定病种执行全省统一的病种范围，并保留已开展的非省规定保障范围内的病种，病种数由原来的26个增加至56个；适度放宽部分门诊特定病种如糖尿病、高血压的准入标准，将门诊特定病种认定和续期权限下放到符合资格的定点医疗机构审核确认；对门诊特定病种支付限额进行重大调整，职工医保的年度/季度限额均调整为基金实际支付限额。

医疗救助　开通困难群众参保“绿色通道”，落实政府全额资助个人缴费政策，全年资助医疗救助对象参保2.72万人次，金额662.1万元。扎实开展医疗救助工作，严格审核审批程序，确保符合条件的困难群众应救尽救，充分发挥医疗救助的托底保障功能，全年救助3.11万人次，救助金额1455.21万元。2021年3月底，医疗救助与上线国家医保平台同步实现“基本医保+大病保险+医疗救助+二次救助”一站式结算，进一步减轻救助对象垫资压力。

公费医疗　持续做好公费医疗管理有关工作，严格按照医保药品、诊疗项目、耗材“三大目录”范围落实费用报销，切实加强对医疗机构诊疗行为日常监管，扎实做好公费医疗证件换发、医疗费用审核结算等经办工作。

【支付方式改革】 1．积极落实按病种分值付费为主的多元复合式医保支付方式，引导医疗机构合理诊疗，提升医保基金使用效能。2. 持续扩大优化异地就医直接结算范围，推进异地就医住院、门诊费用直接结算工作，实现与省内2518家、全国5.41万家定点医疗机构直接结算。3. 贯彻执行全省统一的医保新版药品、诊疗项目、医用耗材目录，严格对照目录进行编码管理维护和执行支付标准。4. 严格按照要求做好2021—2022年度基本医疗保险定点医药机构服务协议签约工作。5. 贯彻落实国家医保谈判药品“双通道”管理试点工作。将参保患者用药保障扩大到试点的医保定点零售药店，实现部分住院药品和门诊特定病种处方流转外购药品“一站式”结算和互联网医疗服务医保支付，满足参保人选择院内院外取药、配送上门等就医购药需求。

【基金监管】 1. 开展“宣传贯彻条例·加强基金监管”集中宣传月活动，定期推送“条例解读”，举办现场宣传咨询活动，深入广泛宣传《医疗保障基金使用监督管理条例》，强化“两定”机构和参保人法治意识，深化打击欺诈骗保高压态势，营造全社会维护医保基金安全良好氛围。2. 开展2021年度基金监管专项治理“护金行动”，对全区定点医疗机构开展全覆盖检查，核实并追回相应违规医保基金。3. 牵头区公安、卫健、审计、市场监管等部门建立医保基金综合监管部门联席会议制度，健全协同执法机制，形成齐抓共管、联合惩戒格局；不折不扣抓好医保基金审计整改，注重长远彻底整改，确保医保政策落实到位。

【医药服务】 *药品采购* 认真贯彻落实公立医院药品集中采购制度，深入推动国家集采和省级带量采购成果落地，2021年，全区公立医疗机构药品采购总额20823.19万元，其中线上采购20764.89万元（深圳平台13241.72万元、广州平台5776.32万元、省平台1746.85万元）；线上采购比例99.7%。全面完成上级部门下达第一批“4+7”试点扩围、第二、三批国家集采任务，参加国家集采药品平均降幅60%，节约采购费用5000多万元。积极贯彻落实国家集采结余留用政策的相关政策。

医用耗材采购 扎实推进医用耗材集中采购工作，加大对医用耗材采购监管力度，2021年，全区公立医疗机构医用耗材采购总金额14319.36万元，线上采购比例增幅明显，达到73%。有序推进国家组织的冠脉支架、人工关节等高值医用耗材、广东省组织的冠脉球囊扩张导管类、新冠病毒检测相关医用耗材、人工晶状体、超声刀等医用耗材以及梅州市组织的5类医用耗材等集中带量采购工作。

医疗服务价格 积极贯彻落实医疗服务价格动态调整机制，执行新增的高流量氧疗和新冠抗原检测医疗服务价格项目参考价，动态调整新冠病毒核酸检测价格，进一步降低检测费用；组织全区医疗机构贯彻执行新的医疗服务项目价格标准，指导医疗机构做好新旧医疗服务价格项目的过渡衔接工作；对全区公立医疗机构的基本医疗服务项目名称、收费价格等进行校对、确认，进一步规范医疗机构的价格管理和收费工作，确保医疗服务价格秩序稳定。

【公共管理服务】 *经办服务能力建设* 2021年3月31日，梅州市梅县区医疗保障事业管理中心在梅县区行政服务中心正式挂牌成立，为正股级公益一类事业单位，主要承担医疗保险、生育保险、医疗救助等医疗保障经办工作任务。核定事业编制18名，其中主任1名、副主任3名。注重经办服务队伍建设，通过招聘、选调等方式，充足队伍，着力打造与新时代医疗保障公共服务要求相适应的专业队伍。加强医疗保障公共管理服务能力配置，建立与管理服务绩效挂钩的激励约束机制。持续开展全区医疗保障系统行风建设专项评价工作，规范化实施政务服务“好差评”制度，提高宗旨意识，强化责任担当，切实提升医保经办服务水平。

公共服务优化 大力推进医疗保障公共服务标准化规范化，实现医疗保障一站式服务、一

窗口办理、一单制结算；适应人口流动需要，做好各类人群参保和医保关系跨地区转移接续，完善异地就医直接结算服务；推进服务事项网上办理，提高运行效率和服务质量。

信息化建设 2021年3月底，梅县区上线国家医疗保障信息平台，为参保群众提供更加优质的医疗保障服务；组织全区“两定”机构对医保信息业务编码进行维护、梳理和分类贯标，形成医保“通用语言”，进一步提高医保治理体系和治理能力现代化水平；上线启用省“互联网+监管”系统，完成本级本部门事项的“应领尽领”，推动医疗保障政务服务实体大厅事项进驻工作和线上办理业务工作，在线上公示发布38项医保公共服务的基本信息、受理标准、申请材料等，并安排专人及时受理办结其中14项可线上办理业务；推广使用医保电子凭证，完成“两定”机构应用场景布置，实现医保个人账户查询、使用功能。

【疫情防控】 1. 协助做好按时足额落实医保基金支付核酸检测、疫苗及接种费用的审核、结算工作。2. 配合市场监管部门深入定点药店就执行疫情联防联控和服务协议情况进行不定期、全覆盖检查。同时，协助做好全区定点药店开展购买感冒发热药品实名登记工作，2021年，全区定点药店上报登记6.82万次，购药人数登记55.02万人次。3. 组织全区公立医疗机构做好疫情防控所需药品和新冠肺炎检测试剂等配套医用耗材集中采购工作，及时监测收治定点医院疫情防控重点药品储备情况。协助疫情防控组做好部分政府物资管理相关工作。

2021年年底梅县区医疗保障局

局　长：李华新

（供稿：钟育荣　江桦清）

责任编辑：邓慧聪

乡 镇 建 设

新城工委、办事处

【概述】 新城工委、办事处（以下简称新城办）成立于1999年，位处梅县区城区，办事处驻梅县区华侨城扶贵西路5号。总面积3.88平方千米。东临梅江河，北接梅江区西郊办事处，西、南靠梅县区程江镇。下辖程江社区、富贵社区、华侨城社区、西桥社区和锭子桥社区等5个社区。2021年，辖区常住人口总户数近3万户，常住人口8万多人，其中户籍人口2.3万多人。2021年，新城办事处实现税收收入2.5亿元；固定资产投资完成4131万元。

【工商企业】 2021年，新城办较大型规模企业有：梅州市农商银行、梅县客家村镇银行股份公司、广东宝丽华集团有限公司、广东华银集团有限公司、梅州市锦发房地产开发有限公司、梅州正大卜蜂莲花连锁超市、梅州柏丽酒店、力天世纪公司、梅州市喜多多超市连锁有限公司等。

【基础设施建设】 2021年，新城办抓好基础设施建设工作，一是为解决群众反映的热点难点问题，西桥社区挂点单位区住建局投入资金30万元，对西桥社区嘉应西一巷280米排污沟进行升级改造；二是程江社区自筹费用1.73万元，为锅形梁屋、乖子渡背街小巷安装路灯33盏。三是程江社区投入3万元，对牌坊下二巷破损的路面进行修缮，让昔日的“烦心路”真正成为服务居民的“连心路”。

【民生】 2021年，新城办抓好民生工作，一是聚焦群众所急，着力解决程江社区上下吕、乖子渡及第五、七、八、九、十、十七、十八居民小组供水问题。二是响应群众所需，着力把程江社区塘把林屋一块荒地改造为休闲文化小广场，广场占地面积约800平方米，总投资53万元。三是回应群众所盼，全力推进华侨城“断头路”征地拆迁工作。项目征拆涉及20户人家、21座房屋，已完成16户征拆协议签订，仍有4户未签订，正在全力做好4户户主的思想工作，尽早完成项目征拆工作，解决群众出行难题。四是提升城市形象，着力解决国商中心遗留问题。五是积极宣传城乡居民基本医疗保险参保。2021年，任务数16246人，完成数15398人，完成率94.78%。

【综治维稳】 2021年，新城办切实抓好综治维稳工作，一是坚持综治维稳研判会议制度、包案调处制度、责任追究制度。2021年，综治维稳中心接访来访群众48批共158人，受理矛盾纠纷164宗（其中反映城建问题的71宗、环境问题的62宗、物业管理的15宗、合同纠纷8宗、邻里纠纷 6 宗、其他纠纷 2 宗），成功调解 150 宗，调解成功率 92%。二是认真抓好国家、省、市及梅州民声和“12345”热线信访件的调处工作。全年接国家、省、市和梅州民声信访案件 41 宗，已办结 31 宗，其他暂时未办结案件均得到有效防控，“12345”政府热线 317 宗，已调处 305 宗，调处率 96%。三是充分发挥“中心+信息化+网格化”的工作优势，加强对辖区黑恶势力易发多发地带的排查巡查，依托宝华派出所主力军，形成压倒态势，部门联动坚决铲除黑恶势力滋生土壤，全年破获涉恶刑事案件 2 宗，刑拘 5 人、逮捕 5 人。四是组织人力深入华侨城广场、大型商超、小区为群众安装国家反诈中心 App，2021 年超额完成了区委、区政府下达的国家反诈中心 App 安装任务；投入资金 2 万元，在 5 个社区的休闲广场制作安装了 5 块反诈宣传栏,通过宣传，进一步提高群众防范电信诈骗的意识。

【人口管理】 2021 年，新城办抓好促进人口均衡发展和健康老龄化工作，加强人口动态监测和形势分析，做好出生人口性别比综合治理。2021 年，新城办有户籍人口出生 190 人，人口出生率 7.74‰，人口自然增长率 4.39‰，性别比 113.48（以女性为 100）。全面落实计划生育奖励扶助政策，关爱计生特殊家庭、流动计生贫困家庭、女孩、留守儿童，广泛开展创建幸福家庭等活动。全办享受节育奖有 186 人，享受城镇独生子女父母奖励 509 人，农村家庭奖励 138 人，特殊扶助 13 人，免费为 510 人办理计划生育家庭农村医疗保险，为 3185 人免费购买老年人意外险。落实免费孕前优生健康检查 71 对。

【文化】 2021 年，新城办切实抓好文化工作，一是成立新时代文明实践所（站）组织机构，明确责任分工，并设立新时代文明实践所志愿服务总队，下设了志愿服务队 17 个分队，有队员 600 多人；二是强化平台建设，创新城区阵地建设及建章立制。健全建立所、站、点三级联创机制，投入资金 35 万多元，精心打造新时代文明实践所 1 个、实践站 5 个，并结合城区实际，将文明实践与小区志愿服务相结合，精心谋划 6 个文明实践点示范点，以点带面，进一步扩大文明实践服务半径，真正打通宣传服务“最后一公里”。

【教育】 2021 年，新城办辖区内有丽群小学（省一级小学）、新城中心小学、扶外小学、梅县区第一职业学校附属小学共 4 所；适龄儿童入学率 100%，义务教育阶段升学率 100%；有鹏辉、春天等幼儿园 19 所。

【社区建设】 2021 年，是实施“十四五”规划、全面建设社会主义现代化国家新征程的开局之年，为改善老旧小区居民居住条件，进一步提高群众获得感、幸福感和安全感，2021 年，新城办实施了 7 个项目共有 144 栋、2314 户，总投资 5028.81 万元的老旧小区改造，其中，县属宿舍老旧小区改造上年 12 月完工，宏业 A1 区、怡迪苑、华丽苑、富贵花园二期周边道路 2021 年 12 月底完工。为贯彻梅州市创建全国文明城市工作部署，落实开展“美丽梅州 · 美好家园”行动中关于美丽城区提质行动的任务要求，根据《梅县区城区缆线专项整治实施方案》，以老旧小区改造工作为依托，迅速展开行动，积极动员部署。结合新城办事处实际，以整治主次干道、背街小巷和老旧小区里的废旧缆线、废弃电线杆及对不符合标准的各类缆线为主要范围明确整治内容，制订整治方案。同时，召集移动、联通、电信、广电网络和电力等部门负责人研判协商，明确工作目标，分片区进行落实分工责任，要求共同协作完成缆线整治工作。

【农村环境综合治理】 2021 年，新城办抓好农村环境综合治理工作，一是整治城市“六乱”，规范城市秩序。从“五一”开始，新城办联合城综、市场监管等部门对顺风街、伯公下李屋占道经营、乱摆卖、乱停放等“六乱”现象进行综合治理。二是开展噪声整治专项行动。从 5 月 28 日晚开始，新城办联合派出所、城综等执法部门，对华侨城广场严重噪声扰民现象进行专项整治。三是推进巩卫工作，加强城区市容市貌管理。新城办在辖区内实行门店“文明五包”责任制管理，倡导市民共同参与城市管理，并与门店签订“文明五包”责任书。

【党的建设】 2021 年，新城办有党支部 30 个，有党员 1067 人，其中发展新党员 14 人。一是加强学习教育，提升理论素养。通过理论学习中心组学习、专题宣讲、主题党日、各驻点领导和党组织书记给党员进行党史教育专题党课及重温入党誓词等多种形式掀起学习热潮，切实开展好“我为群众办实事”工作，让党史学习教育深入基层深入人心。二是坚持守正创新，筑牢意识形态安全防线。将意识形态工作纳入重要议事日程。加强谈心谈话。班子成员与党员干部谈心谈话，深入了解党员干部的思想动态，及时发现苗头性、倾向性的问题，有针对性地进行引导和处置。三是抓好基层组织建设，提升组织战斗力。2021 年，社区换届选举工作全面完成，全部党组织书记实现“三个一肩挑”，社区“两委”干部交叉任职率为 96.6%，学历、年龄实现“一升一降”。同时，全面落实村党组织书记县级党委组织部门备案管理制度和村“两委”成员资格联审机制。四是实施“党员先锋”工程。鼓励党员亮身份作表率，让党旗高高飘扬在疫情防控、创文、巩卫等战斗一线。优化城市社区党组织工作，2021 年年底，富贵社区、西桥社区、锭子桥社区全部升级为党委（2018 年华侨城社区、程江社区党支部升级为党委）队伍结构不断优化。五是全面推行新城“大工委”、社区“大党委”工作。新城党工委积极谋划，与创文挂点单位认真沟通，新城“大工委”、社区“大党委”于 2021 年 11 月成立。新城“大工委”充分发挥“龙头”带动作用，统筹协调市、区协议单位，整合范围内各类人员、场地、设施等党建工作资源，实现优势互补。社区“大党委”将结合驻挂单位和社区实际，充分发挥“堡垒”聚合功能，聚焦党建引领共创幸福社区，采取队伍联建、资源联合、文明联创、公益联办和治安联防等方式，积极引导驻社区单位、党员干部、居民群众等共同参与社区基层治理。

2021 年年底梅县区新城工委、办事处

书　记：杨文昌

主　任：曾婉玲

（供稿：黄　明）

梅州高新技术产业开发区梅县区（扶大）园区管理委员会

【概述】 扶大高新区地处梅县新县城规划区范围内，距梅州市区 5 千米，东临梅江，北靠程江，南、西两面是丘陵地带，与程江镇车上、槐岗相邻，西与南口镇接壤。2021 年，下辖 4 个行政村和 1 个居委会，有 7882 户，在册人口 15347 人；辖区面积 18.8 平方千米，其中：耕地面积 20.6 公顷（含水田面积 17.3 公顷），林地面积 700 公顷。2021 年，扶大高新区实现规模以上工业总产值 2.98 亿元。

【农业】 全年水稻种植面积 25.87 公顷，总产 174 吨；水果种植总面积 32.7 公顷，总产 1419 吨，其中金柚种植面积 20.9 公顷，总产 1103 吨；“三鸟”存栏 4.92 万只，出售 24.28 万只；水产品总产量 81 吨。开展“三夏”农机安全大检查活动，预防和减少农机事故，全区农田参加政策性水稻种植保险，增强了农业、农民抗风险能力。

【工商企业】 2021 年，扶大高新区重点项目稳步推进中。规上工业企业有 5 家：广东鸿荣重工有限公司、广东自远环保股份有限公司、广东卓立变压器有限公司、惠兴米业、梅州市森润生物质燃料有限公司；限额以上批发零售业企业有 11 家，全年商品销售额 18.72 亿元，并成功推动梅州市大昌行汽车销售有限公司、梅州市宝城汽车销售有限公司、梅州市励图空间信息技术有限公司、广东佳视通高新科技有限公司 4 家企业成为规模、限额以上企业。至年底，园区规模以上工业总产值2.98亿元。有连锁超市2个、酒店4家、餐饮服务业45家，有个体工商户1448户。

【圩镇与农村基础设施建设】 2021年，扶大高新区完成新的铁炉桥、三葵、三丰、所里4个行政村最新五年的村庄规划编制。完善基础设施，扶大居委、所里村实现城市供水通水覆盖率100%；三葵村（第一、第二、第七、第八）村民小组沿线区域供水管口接入昌盛豪生学校及扶大工业园供水主管，供水主管完工通水；大力推动“厕所革命”，完成辖区4个行政村的公厕升级改造，提升群众生活品质，打造干净整洁美丽的城乡环境；保障民生实事，持续加大投入力度，对辖区内医院、学校、农贸市场、主要市政道路等重点地段的基础设施进行再完善：投入资金211万元，完成辖区内所里市场、金辉市场和昌达农贸市场整改；投入资金63万元，在铁炉桥村老广梅路完成沥青路面铺设；投入资金28万元，整改三丰行政村第五村民小组生活污水直排路面及停车难问题；投入资金40万元，完成三葵行政村特殊学校至八字陂路段扩建。

【民生】 2021年，扶大高新区城乡居民基本养老保险参保3272人，参保率92.3%；参加城乡居民医疗保险10579人，参保率100%，参保金额253.38万元。失地农民养老保险办理465人，申请资金418.5万元。全年发放低保、特困供养及困难群众救助款54.77万元，为低保、特困供养群众缴交2022年度合作医疗保险3.17万元。对全区5户5人次给予临时救助，全区救助8220元。全年帮扶4名残疾人及残疾人家庭1.3万元，为104名重残人员交2022年度医保3.33万元，全年社会化发放残疾人两项补贴费58.98万元。发放全区百岁老人保健金、客家寿星奖3.26万元，307名80—99周岁以上老人，符合高龄补（津）贴发放条件，社会化发放高龄补（津）贴9.21万元。完成了扶大社工人员的整合和社工站点的建设。

【扶助贫困】 2021年，扶大高新区严格按照程序步骤、政策标准认真审核并上报上级部门审核确定脱贫不稳定户，2021年，有2户进入脱贫不稳定户行列，每月定期回访监测。扶贫办严格按照要求完善各个脱贫户家庭中所有成员信息、家庭环境、户帮扶措施和项目及佐证材料等内容的信息录入工作，使脱贫户的信息准确无误，有效促进了精准扶贫工作的日常管理。年满60周岁的脱贫人口全部领取农村社保金；帮助全部脱贫户购买了2022年度城乡居民医疗保险；年满16周岁的非学生脱贫户全部购买农村养老保险。为所有脱贫户购买防返贫保险和保尚保两项加强险，保障脱贫户不再因病因学返贫。

【综治维稳】 2021年，扶大高新区全年接待来访群众70批共98人次；为群众提供法律咨询397人次；受理群众矛盾纠纷、来信来访152宗，解决129宗；开展13场次普法宣传。2021年，扶大派出所共接处警2418起，受理行政案件198宗，立刑事案件222宗。全年抓获犯罪嫌疑人31人，其中刑拘23人，破案33宗，全年移送起诉19宗25人；抓获违法人员115人，其中行政拘留15人、罚款36人。

【环境保护与治理】 2021年，扶大高新区以“创文”和“两美行动”为契机，以“三清三拆三整治”为抓手，按照工作要求，在辖区内开展环境卫生大提升行动，提高人居环境综合水平。以“创文”为契机，做好城区背街小巷、出租屋周边环境整治。全年完成背街小巷整治6条、实现硬底化4条、整治城区内涝点4处；城区保洁全面覆盖，垃圾分类加快推广。组织创文志愿服务261场次，发动党员群众和“双到”单位参与5220人次。

【土地保护与利用】 2021年，扶大高新区利用“4·22”地球日、“6·5”环境保护日、“6·25”土地日及“8·29”测绘日等节日进行自然资源管理法律法规的宣传活动，通过张贴宣传标语、横幅，在干部大会上学习土地法律、法规，召开座谈会等多种形式进行耕地保护、依法用地、合理用地、集约用地的宣传教育活动。全年发现违法用地8宗，发出责令停止自然资源违法行为通知书8份，强制拆除1宗，有效地制止了乱占滥用土地的违法违规行为，全区开展了“房地一体”确权登记工作。

【人口管理】 2021年，扶大高新区人口出生150人，人口出生率11.24‰；全年办理生育登记529例；办理再生育审批20例；全年完成孕检对象60例；2021年度纯二女及独生子女户合作医疗补助835人，合计金额23.38万元。

【文化】 2021年，扶大高新区高度重视文化场所的建设，全年投资12多万元提升二级站的建设，新购置1台LED显示屏、3台电脑，并更新儿童活动室器材；逐步提升文化站建设，为广大人民群众日益丰富的精神文化生活提供场所。各行政村还建立了文艺队、建立起农村文体协管员，提升农村人民群众幸福指数，为推动新时代文明实践建设，激活农村文化活力，助力“创文”工作，梅县区在4月30日举办了2021年农村文艺会演，扶大高新区参选节目小品《相亲》获得演出二等奖；三句半《赞新农村》获得演出三等奖、创作三等奖和优秀演员奖。在对区域内文化市场管理工作中，做到面向群众和市场相统一，制定了相应的管理方法和管理措施，做好各个时期的“打击非法出版物和盗版出版物”的专项整治工作，还协同相关部门对辖区范围内的文化市场经营门店进行了检查，全年出动检查行动8次，联合整治2次，出动检查68人次，并做好文化经营户证照年检换证工作。做好行业消防安全、疫情防控工作，保证了区域内的文化市场健康有序向前发展。

【卫生】 2021年，扶大卫生院实有在岗在编人员31人，其中副主任医师2人、中级职称9人、初级职称18人、高级技工2人、临聘人员6人。门诊设有内科、外科、妇科、儿科、中医科、口腔科、预防保健、医技科，门诊病床8张。因条件限制，未开展住院业务。主要仪器设备有：B超机、心电图机、血细胞分析仪、尿液分析仪、全自动生化分析仪、牙椅、红外线灯治疗仪、中频脉冲治疗仪、电子低频治疗仪、医用冷藏柜、医用化验室专用超纯水系统、超声电子身高体重测量仪、纯数字超声诊断仪图文一体、医用离心机、中医体质辨识仪、超声波治疗仪、全自动三分类血液分析仪、健康一体机、污水处理设备、全自动脉动真空灭菌器、明基投影仪、除颤仪、多功能综合手术床、心电监护仪、便携式超声诊断系统。投入资金5万元，升级三葵村医养活动中心，每月定期在村为群众开展义诊、卫生健康知识普及、养生指导和诊疗咨询建议等服务活动；投入资金180万元，扩充医疗场地约460平方米，补足因场地条件限制导致在疫情防控、疫苗接种、医疗服务等方面短板；支持购置“120”急救车辆，提升卫生院应急救治条件。

【教育】 梅县外国语学校　是一所集高中、初中、小学、幼儿园于一体的高标准、现代化、有特色的公办外国语学校，位于梅县区新城西片区剑英大道旁，占地面积26.67公顷，建筑面积11.75万平方米，项目总投资10.5亿元，于2014年3月正式破土动工，2015年8月基本建成、9月开办。2021年，学校有366名教职员工，教师均为省部属重点本科院校全日制毕业生或全日制师范类本科起点的全日制硕士研究生（有硕士研究生82人，占比22.4%），教辅人员也为师范类全日制本科毕业生。2021年，学校共设163个教学班，有学生8263人（幼儿园共12个班，共419人；小学部77个班，共4096人；附小33个班，共1842人；初中部23个班，共1191人；高中部18个班，共715人）。

梅县外国语学校小学部　暂设6个年级、77个教学班，有学生4096人。

梅县外国语学校富力城附属小学　暂设4个年级、33个教学班，有学生1842人。

梅县外国语学校幼儿园　暂设12个教学班，有43名教职员工，有幼儿419人。

扶大宪梓中心小学　坐落于扶大高新区所里村，始建于1939年，1991年经原全国人大常委会委员、香港金利来集团董事局主席曾宪梓博士伉俪捐资改建后更名为宪梓学校，是广东省义务教育规范化学校。

2021年，学校占地面积3公顷，建筑面积3万平方米，可提供优质学位3500个。学校有教学班48个，有学生2761人；有专任教师141人，本科学历占80%、大专学历100%。是梅州市书香校园、梅州市文明校园、广东省依法治校示范校、广东省绿色学校、广东省青少年校园足球特色学校、全国青少年校园足球特色学校。

铁炉潭教学点　2021年，有8个教学班，有学生342名、有专任教师20人。

扶大宪梓中心幼儿园　2021年，幼儿园占地面积2700平方米，建筑面积1400平方米，有大、中、小共7个教学班，有在园幼儿300人，有教职员工21人，是梅州市一级幼儿园。

梅县区特殊教育学校　梅县区特殊教育学校隶属于梅县区教育局，是一所为适龄智力障碍残疾儿童提供基础教育的九年制义务教育学校，梅县区唯一的特殊教育学校。位于扶大高新区三葵村，学校占地面积1.57万平方米，建筑面积6335平方米。2021年，学校有4个教学班，有学生48人，有教职员22人。

广东外语外贸大学附设梅州实验学校　由广东外语外贸大学直接办学、与广州市广外附设外语学校、广州广外附属中小学无缝对接。以政府支持、昌盛投资、广外运营的模式，致力于创办一所为梅州人民提供优质教育服务的，融小学、初中、高中、国际部为一体的新生态、高品质学校。

学校位于广东省梅州市梅县区鸿禧山庄，占地面积8.53公顷，建筑面积13万平方米，总投资5.7亿元，2021年9月开学，有31个教学班，有学生1030人（小学部22个班，共730人；初中部9个班，共300人）。有教职工172人，其中教师89人，教师学历合格率100%，有特级2人、正高级教师2人，有省市级骨干教师5人、硕士研究生学历13人（其中海外留学经历7人），有外籍教师2人，有名师工作室4个。

梅州市梅县区华业外国语学校　梅州市梅县区华业外国语学校地处梅县区剑英大道中段，由华业教育集团投资2.1亿元兴建，学校占地面积1.67万平方米，建筑面积2.65万平方米，计划开设54个教学班，可提供2520个优质学位，是一所九年一贯制学校。学校于2021年9月开学，有22个班，有学生754人，有教职工150人。

【农村环境综合治理】　2021年，扶大高新区抓好农村环境综合治理工作，一是建立完善保洁长效机制。切实做好垃圾治理，通过“聘请第三方保洁公司+村内保洁员”的方式，明确各自保洁工作范围和责任，不断提高日常保洁措施水平，确保保洁卫生工作落到实处。二是不断完善基础建设。通过实施道路硬化、公共场所建设、合理设置垃圾收集等措施，进一步改善农民群众不良卫生生活习惯。三是积极整改落实。前期，经区“三清三拆三整治”测评发现仍然存在部分卫生死角，建筑材料、生产工具乱堆放的现象，扶大高新区发动区、村“两委”干部、志愿者利用春节开展大扫除，共清理积存垃圾、卫生死角33处。

【党的建设】　2021年，扶大高新区有党支部22个，其中“两新”支部12个，有党员687人。2021年，扶大高新区全力抓好党支部规范化建设，全面提升基层党组织阵地建设水平，投入党建工作经费64万元、党群服务经费27万元，完善各党支部“一厅五室”功能；投入资金100万元，高标准打造珊全新时代文明实践所，作为党校教育主阵地，成立党校领导机构，制定工作制度10项，按照“六有”（有党建工作年受计划；有严格组织生活制度；有坚持民主集中制支；有党费收缴登记和公布；有入党积极分子的培养教育和考察；有党建工作检查总结）标准建设镇级党校。全年组织专题培训班、党建知识专题培训、党委书记上党课等17场培训活动，培训党员干部1581人次，并通过建立学员考核档案。此外，重点抓好党史学习教育。一是突出教育重点。围绕学懂弄通做实党的创新理论，做到学史明理、学史增信、学史崇德、学史力行，推动党史学习教育全面开展。组织召开动员部署会，成立工作领导小组并印发学习教育方案。为各支部党员购置党史学习指定书籍4200册。二是丰富教育形式。采取党员个人自学和支部集中学习相结合的方式，开展党史学习会54场次，全面覆盖22个党支部、687名党员；组织支部党员200多人次，到爱国主义教育基地参观学习；组织机关党员干部100余人，开展“看电影 学党史”主题活动；邀请专家开展学习教育专题宣讲活动2场次。三是确保教育实效。突出学习党史同解决实际问题相结合，通过开展“我为群众办实事”实践活动。全年组织送医送药、免费体检、送疫苗下乡等党员志愿活动45场次。同时，依法依规完成村级换届，全面实行行政村（居委会）“两委”成员资格联审机制，四村一居委依法选出25名行政村（居委会）“两委”干部，其中行政村（居委会）党组织委员25人、行政村（居委会）委员15人，行政村（居委会）党组织书记“三个一肩挑”100%，“两委”干部交叉率100%，全面落实行政村（居委会）党组织书记县级党委组织部门备案管理制度。

2021年年底梅州高新技术产业开发区梅县区（扶大）园区管理委员会

书　记、主　任：梁联胜

副书记、副主任：古富强

（供稿：肖舒琪）

程江镇

【概述】 程江镇地处梅县区新县城，因程江河下游在此与梅江汇合构成程江平原，故名。是梅县区的政治、经济、文化中心，东连新城办事处，西接扶大高新区和南口镇，南望梅州城区，北邻梅江区。205、206国道，宪梓大道，人民大道，梅河、天汕、梅大高速公路纵横贯穿全镇。是广东省卫生镇、教育强镇、文明镇、生态镇，是梅州市文化先进镇、平安镇、生态镇。全镇总面积61平方千米，其中：耕地面积502公顷，山地有林面积3013.33公顷。自然资源有钴、煤、石灰石、矿泉水等资源，其中煤炭储量丰富。辖14个行政村和3个居委会，2021年，有户籍人口4.9万人，有常住人口14万多人。2021年，全镇实现镇级财政税收收入5.84亿元。

【农业】 2021年，全镇年农作物种植面积1116公顷，其中水稻种植面积604.8公顷，总产量4243吨；水果种植面积141.3公顷，总产量3396吨；蔬菜种植面积206.53公顷，总产量9340吨；猪肉总产量652吨；水产品总产量487吨。全年落实农机补贴8户共1.24万元，核减耕地补贴面积7公顷。2021年早、晚稻在长滩周车建立粮食高产示范基地，种植面积20公顷，涉及农户112人。做好“一村一品、一镇一业”项目建设工作，程江镇浒洲村梅州市郁葱农林发展有限公司的“蜜枣”项目“一村一品”建设工作完成镇级验收，正申报区级验收。

【工商企业】 2021年，程江镇实现规模以上工业总产值约3.7亿元，限额以上批发零售商品销售额约7.2亿元，限额以上住宿和餐饮业营业收入约9000万元。程江镇辖区内较大型规模企业有9家，分别是广东绿园环保科技有限公司、梅州市皇马混凝土有限公司、梅州市梅县区塔牌混凝土有限公司、广东科华环境设备有限公司、梅州市德丰农业科技有限公司、嘉宝电子企业（梅县）有限公司、梅州市梅县区诚功电子有限公司、广东梅雁吉祥水电股份有限公司、梅州市梅县区中燃城市燃气发展有限公司。

【圩镇与农村基础设施建设】 2021年，程江镇抓好圩镇与农村基础设施建设工作。一是全域推进农村生活污水处理设施建设。镇域内完成7个污水处理站建设。二是全面推进村村通自来水工程。6个村管网铺设总长33千米，2个村改造管网总长18千米，已完成全部工程量。三是加快建设“四好”农村公路。2021年投入192万元，新修建公路3.6千米，投入357万元，铺设柏油路2.7万平方米；投入706万元，完成铁炉桥危桥改造工程；投入338万元，完成道路修缮、路灯亮化和环境美化。四是继续推进厕所革命。全镇卫生公厕建设23座、无害化卫生户厕户13户。五是巩固创建全国文明城市成果。加强“四网”整合，开展“六乱”整治，投入1194.67万元，抓好第一批8个老旧小区改造建设，已完成总体工程70%；全面推广垃圾分类收集，投入520多万元，对全镇各村环境卫生保洁实行市场化管理，实现生活垃圾100%日产日清，垃圾无害化处理率100%。

【民生】 2021年，程江镇抓好民生工作，建立健全覆盖全民、城乡统筹的多层次医疗保障体系，2021年城乡居民医疗和农村合作医疗参保率均为100%。完善基层公共卫生服务，做好辖区内居民健康保健、疾病预防工作，开展“送医下乡”活动，免费为65周岁以上老人进行体检。大新城和岗子上社区建设“长者饭堂”并投入运营。做好社会救灾救济工作，全年发出低保金258多万元，救济3420户次、6851人次。为全镇低保、“五保”、低收入、孤儿对象办理农村合作医疗，合计629人共20多万元。持续有效开展残疾人员服务工作，全镇有600人享受重度残疾补贴，229人享受困难残疾补贴。

【扶助贫困】 2021年，程江镇抓好扶助贫困工作，一是落实防返贫致贫动态监测机制。将“广东省防止返贫信息平台”有效在册的全镇359个脱贫户信息及时跟踪录入并进行不定期的核查，督促各村完成常态化监测和后续跟踪工作，实现巩固拓展脱贫攻坚成果同乡村振兴的有效衔接。二是成立驻镇帮镇扶村工作队。由5个区直单位各选派1名干部，市农行选派1名金融助理和团省委选派1名青年志愿者组成。工作队全年共筹集资金51万元，用于乡村振兴工作，其中梅县区供电局捐赠36万元，用于大塘村壮大村集体经济、社区精神文明实践站建设和镇村农业技术人员培训等，区政协、区纪委、区发展和改革局分别拨款5万元，用于工作队驻镇工作经费。三是发展壮大村集体经济。着力发展光伏产业，全镇14个行政村均建设了光伏发电站；大塘村党支部探索推动地方资源优势转化为产业优势，通过集约流转土地盘活资源探索构建现代化农业产业体系，并利用闲置学校和集约土地打造民宿产业；古塘村探索“民房（土地）出租+入股分红+劳务服务”的利益联结机制，吸引投资近300万元，打造一批休闲观光、文化旅游的小型商业项目，已运营初见咖啡吧、休闲茶吧、艺术写生基地和特色民宿等。2021年，全镇14个行政村集体经济收入全部达5万元以上，其中20万元以上的行政村有6个。

【综治维稳】 2021年，程江镇抓好综治维稳工作，一是创新社会治理模式。坚持以党建引领城市基层治理，深入推进“支部进小区”，全镇成立小区党支部25个，按照网格划分成立党小组19个，其中桃源小镇小区支部于2021年获得了全市两新组织党建工作示范点。全面推进社区“大党委”工作机制，3个社区已成立社区党委，并进行了挂牌。全镇设镇党代表工作室1个，行政村（居委会）党代表工作室17个。协助区委、区政府于人民广场打造梅县区首个城市党群服务中心，内设党代表工作室、百年党史主题展厅，利用科技手段打造了有声智慧党建、党建书吧，真正打通服务基层群众“最后一公里”。二是落实安全生产责任。开展“三小场所”专项治理，排查“三小”场所4700家、村民自建房屋5816家，发出整改通知3900多份，印发消防安全宣传手册等资料5万多份，西山村“三小”场所挂牌督办整治工作取得阶段性成效；常态化开展安全生产大检查活动，全面检查企业单位877家次，发出执法文书655份，排查一般安全隐患1589处，全镇未发生重大以上生产安全事故和火灾亡人事故，安全生产保持平稳态势。四是维护社会和谐稳定。持续深入开展扫黑除恶行动，严厉打击黑恶势力，全年区扫黑办和程江派出所共转办案件5条，办结5条，刑拘3人，逮捕3人。坚决遏制电信网络诈骗犯罪多发高发态势，镇、行政村（居委会）干部多措并举发动辖区内群众下载安装国家反诈中心App，提升反诈骗的知晓率、普及率和覆盖率，筑牢反诈“防火墙”。

【环境保护与治理】 2021年，程江镇加强野外火源的管理巡查，制止野外用火行为70宗，全面消除森林火险安全隐患。加大水污染防治力度，严格落实“河长制”责任，加大黑臭水体治理力度；开展河湖清“四乱”和“五清”专项行动，全年投入5.8万元，清理河流长度3.2千米，清理河道漂浮物垃圾300吨，清淤疏浚河道2.8千米，切实改善水环境质量。抓好中央生态环境保护督察整改，交办案件共21宗，基本整改完毕。

【土地保护与利用】2021年，程江镇以交通基础设施扩能增效、中心城区提质扩容为抓手，稳步扎实推进宜居宜业城市建设。推进高铁、快线安置区基础及配套设施建设，将进入全面施工阶段，不断拓宽城市发展空间。大力推进西部旅游快线（程江段）建设，征收土地26.67公顷及坟地250座，有10座房屋全部已签约，基本完成拆迁任务，逐步构建现代化综合交通运输体系。稳步推进横岗天然气接驳站建设，总体施工基本完成。积极打造文旅项目，投入2亿元，建设梅桂山生态旅游综艺园，首期项目完成约24%，正加快推进首期游客服务中心及酒店配套设施落地建设。抓好梅县区东山学校和华师华业外国语教育用地建设，华师华业外国语学校基本完成一、二期用地征拆任务。

【人口管理】 2021年，程江镇人口出生491人，其中一孩205人、二孩235人、多孩51人，政策生育率95.72%，人口出生率9.58‰。全镇享受节育奖有880人，农村部分家庭奖励有634人，城镇独生子女奖励有447人，特别扶助16人，享受合作医疗补助有2642人，老人意外险8776人。2021年，全镇百岁老人有5人。

【卫生】 2021年，程江镇抓好卫生工作，一是做好辖区疫情防控工作。全面落实“外防输入、内防反弹”的总体防控策略，严格落实社区“三人小组”防控责任，并利用大数据+网格化手段，对辖区内国内中、高风险地区返梅人员、境外返梅人员进行地毯式摸排，做到镇不漏村、村不漏户、户不漏人。2021年，全镇摸排返梅人员2914人次，核酸检测2785人次。联合多部门深入辖区餐饮企业、酒店等重点场所检查疫情防控工作，检查各类场所600多家次，加强对辖区内的重点场所执行亮码、测温、规范佩戴口罩等防疫措施落实情况的督导检查。开展“送苗下乡”活动，扩大新冠疫苗接种覆盖面，确保有效建立人群免疫屏障，全镇超过11万人完成新冠疫苗两针接种，超过3万人完成加强针接种。二是提升基层医疗服务能力。镇卫生院全年医疗门、急诊总人数2.59万人次，业务总收入244.48万元。为辖区居民建立电子健康档案10.63万份(新建4.12万份)。全年程江卫生院预防接种门诊按AAAAA级标准规范管理，预防接种门诊人数5.44万人次。全年孕产妇1848人（其中流动179人），管理2027人，系统管理率100%。宣传及实施《梅州市出生缺陷干预工作方案》，系统构筑“三道防线”，减少人口出生缺陷，提高人口素质。开展家庭医生式服务签约活动，组建家庭医生签约团队5个，已签约1.94万人次，签约率18.1%。三是落实中医药健康管理服务。全年为65岁以上老年人提供中医药管理服务4947人，为0—36月儿童提供中医药健康管理服务4037人。

【文化】 2021年，程江镇高标准打造大新城社区、府前社区、岗子上社区综合性文化服务中心，打通公共文化服务的“最后一公里”；持续推进新时代文明实践所、站、点建设，全面构建起镇、行政村（居委会）的文明实践体系。程江镇文明实践所（站、点）共举办各类主题宣讲、专题党课 20 场；在“七一”建党节、国庆节等重要时间节点共开展各类节日活动 50 余场，累计开展新时代文明实践志愿服务 1000 多场次。印制发放创文宣传三折页、“文明健康，有你有我”倡议书、调查问卷等宣传资料和雨伞、环保袋、扇子等宣传物资，组织干部职工、志愿者开展入户宣传，进一步提高群众对创建全国文明城市的知晓率和参与率。同时，市科协与大新城社区共同打造科普学习中心、浒洲村与挂点单位市发展和改革局共建图书室、市法院联合扶外村共同打造“法治文化宣传长廊”等，为群众新添一批学习、增长见识的好去处，切实满足人民群众的文化需求，不断筑牢文明创建根基。

【教育】 2021 年，程江镇有梅县北大附属实验小学（梅县区程江镇中心小学），含 2 间完小（槐岗小学、发昌小学）和 4 个教学点（大塘小学、大和小学、新民小学、长滩小学），梅县北大附属实验小学有学生 6000 多人。

【农村环境综合治理】 2021 年，程江镇抓好农村环境综合治理工作，一是全域推进农村人居环境综合整治工作。结合创建全国文明城市和巩固国家卫生城市复审工作，联合区城管、环卫、交警等多部门，重点加强对城乡接合部、背街小巷等场所开展“六乱”专项综合整治，利用数字城管“随手拍”小程序，及时发现问题并加以整改；开展“三清三拆三整治”行动，全年清除“牛皮癣”2805 处，清理卫生死角 3900 处，清运垃圾 477 吨，拆除违章建筑物 3966 平方米。二是加快推进“1+N”生态宜居美丽乡村示范创建项目。长滩村和古塘村工程量已基本完成，周塘村改造建设 1300 平方米集休闲、建设、娱乐于一体的综合性文化小公园。2021 年，古塘村龙子岗作为全市乡村振兴现场会的考察点之一，带动“四小园”建设、城中村微改造，不断提升民房风貌。全镇创建美丽庭院 196 户，获区级示范户 15 户，促进美丽乡村提档升级。同时，结合美丽乡村建设，通过铺柏油路、拆除破烂危旧围墙、四线整治等，配套提升故居周边人居环境，助推乡村振兴发展。

【党的建设】 2021 年，程江镇有党支部 68 个，有党员 2116 人，其中发展新党员 44 人。一是提升基层党组织思想引领力。严格落实“第一议题”制度，理论学习中心组全年开展集中学习 20 次；以党史学习教育为抓手，通过党史周讲大课堂、领导干部带头学、党史知识竞赛活动、赏析红色电影、庆祝中国共产党成立 100 周年“永远跟党走”群众性主题宣传教育活动等形式丰富党史学习教育方式，推动党史学习教育全覆盖。二是创新构建“15 分钟党群服务圈”。对 3 个社区的党建阵地进行改造提升，在党群服务中心配备“一站式”便民大厅、新时代文明实践站、综合性文化服务中心、党员书吧等多功能室，串联形成“15 分钟党群服务圈”的合理布局。三是创新结合支部进小区推进社区“大党委”建设。作为全市首个小区支部的宜居桃源小镇小区党支部被评为“全市两新组织党建工作示范点”，正全力打造宝嘉丽湾小区党支部、梅花金御党支部，争取实现一社区一示范，一小区一品牌，并继续对未建立小区支部的区域小区进行划分党建网格。全镇成立小区党支部 29 个（2021 年新建 4 个）、党建网格 19 个。并全面推行社区“大党委”，选聘各类党组织兼职委员 20 名，进一步推广小区治理“3+N”模式，成立了 120 支志愿服务队，积极做好“双报到”活动，2021 年，有 700 多名在职党员到社区报到开展服务工作，全面凝聚共建共治合力。四是创新打造城市党群服务中心。精心配合打造梅县区首个城市党群服务中心，于 2021 年 6 月启用，内设党代表工作室、中国共产党百年党史主题展厅、有声智慧党建、党建书吧，服务范围覆盖周边 4 个行政村（居委会）近 9 万人，让党群服务中心成为密切党群关系的“连心桥”。

五是推进“头雁”工程。完成镇级换届，不断优化班子结构、增强整体功能；高质量完成行政村（居委会）“两委”换届选举，全面实现“三个职位一肩挑”。完成镇村群团组织换届工作，加快推进共青团基层组织改革试点工作，规范选配由班子成员兼任团委书记，并设立专职副书记及委员。

2021年年底梅县区程江镇党委、政府

书　记：钟政堂

镇　长：李建新

（供稿：李钦宏）

南口镇

【概述】 南口镇地处梅县区西南部，镇政府驻南口圩，距梅城14千米。由原南口、瑶上、荷泗三镇于2004年合并而成。辖区总面积262.5平方千米，其中山林面积1.85万公顷、耕地面积2400公顷、城镇面积2.5平方千米。矿产资源主要有钴、锰、煤、石灰石、硅石、钨、钼、铁、金、稀土、高铝土、铀等。下辖46个行政村和3个居委会。2021年，全镇总户数19557户，户籍总人口70506人。2021年，全镇实现税收收入4223.04万元，实现净收入1407.06万元。

【农业】 2021年，全镇有果树种植面积2400公顷，其中金柚种植面积1400公顷，脐橙种植面积366.67公顷；有耕地面积2866.67公顷，其中水田面积2386.67公顷，推动撂荒耕地复耕复种面积49.8公顷。2021年摸查“大棚房”49户，用地总面积12.63公顷，未发现有违规建设的问题大棚房。共培育发展家庭农场94个，农业专业合作社有46个，其中省级专业合作社2个，县级专业合作社5个，社员883人。开展耕地地力保护补贴的造册，补贴户数为11803户，补贴面积为1165.02公顷。2021年，耕地地力补贴发放工作，全年发放补贴户数为14826户，补贴面积是2378.36公顷，社会化发放补贴资金302.53万元。

【工商企业】 2021年，南口镇规模较大的企业有梅州金蔡光伏发电有限公司、广东新金基文化创意产业集团有限公司、梅州南宇砂轮有限公司、梅州莲泉酒液酿制有限公司、广东长荣生物科技有限公司、广东梅州烟叶复烤有限公司、梅州盛富金属制品有限公司、梅州市梅县区金蔡建材厂、梅州市梅县区金蔡轻质砌块厂、梅州市梅县区金雁水泥有限公司等。

【圩镇与农村基础设施建设】 一是全面完成建设总投资900多万元的全域自然村集中供水工程，管道铺设到130个自然村，解决南口镇7.5万人的饮水问题。二是农村路网不断优化。完成全镇村道、桥梁限载标志、信息公示牌设置；投入1200多万元，在梅瑶路铺筑沥青9千米。三是全面完成农村污水治理项目建设。南口镇4项农村生活污水治理建设项目于2021年年底全部完成交工验收。

【卫生】 推进中山大学附属第三医院粤东医院和南口镇中心卫生院城市医联体建设，为群众提供更优质、便捷的医疗服务；南口中心卫生院1人获评“梅州市好医生”，1人获评“梅州市优秀护士”，2人获评“梅县区好医生”，2人获评“梅县区优秀护士”；南口敬老院获“全国敬老文明号”称号。2021年，全镇发放疫情防控宣传资料2.5万份，发动群众取消28场次聚集性活动，排查返（来）梅人员305人，疫苗接种工作完成65165剂。全镇做到新冠肺炎零感染。

【民生】 2021年，南口镇抓好民生工作，一是坚持兜底线，2021年，全年农村低保户843户共1611人、城镇低保户31户共50人、“五保户”202人，另外有敬老院集中供养人员39人，新增低保对象35户共55人、对因家庭生活得到改善而取消低保对象60户共135人，低保实现了动态管理下的“应保尽保”。二是对农村患有重病的人员和生活特殊困难人员实施临时救助，总计69人次，发放保障金额22.95万元。三是做好南口镇9名百岁老人长寿金发放工作和2535名80—99周岁老人高龄补贴发放工作。四是做好医保征缴工作。2021年城乡医疗保险年共完成54143人缴费，参合率94.5%；全年居民特定病种补助200万元，惠及5977人；住院补偿统筹支出约82万元，惠及1410人。

【扶助贫困】 2021年，南口镇完善和落实监测帮扶机制，加强产业和就业帮扶。2021年，全镇落实社会保障政策，为脱贫户购买医保1042户2238人，购买防返贫保险1042户2238人，购买保尚保无劳力户607户916人；开展产业帮扶，鼓励转移就业，集中培育车陂、侨乡、麓湖山等精品旅游示范基地，成功打造侨乡亲子园、火龙果灯光基地等一批网红打卡点；扶持侨乡村水稻种植、车陂村葡萄种植、仙湖村兰花种植等“一村一品”项目。

【综治维稳】 2021年，南口镇抓好综治维稳工作。一是积极推进“领导包案制度”，确保案件“一对一”跟踪，及时调处矛盾纠纷。2021年，镇、村（居）委调委会成功调解民事纠纷374宗，司法所调解疑难民事纠纷21宗，调解成功率100%。二是强化风险意识，常观大势、常思大局，始终保持高度警惕，科学研判各领域发展走势和隐藏其中的风险挑战，有效防范化解海晟集团非法集资重大风险;狠抓扫黑除恶，依法打击各类违法犯罪活动，全年开展扫黑除恶宣传活动18场，发放宣传资料5000多份。三是全力以赴做好反诈App安装工作，全镇安装1.7万人次。

【土地保护与利用】 2021年，南口镇共核查卫片200多个，对疑似占耕、搭建、推填土等卫片图斑一一核实，做到全部核实上传到上级部门。发现阻止违建、破坏耕地、乱搭乱建等行为106余宗，先后拆除违章建筑46宗。巡查境内矿产资源，联合安全生产监督管理办公室对石场和取缔封闭的矿场进行了12次巡查，保证持证石场生产正常未出现越界开采的现象，并应上级政府政策，对多村开展拆旧复垦工作进行专家验收，检查6公顷、120余处拆旧复垦项目点。2021年，登记在册的地质灾害隐患点有64处，南口镇组织多批次多人次进行巡查，同时对各村地质灾害影响的群众共发放地质灾害宣传资料500多份。

【人口管理】 2021年，全镇有已婚育龄妇女12156人,其中已婚未育532对;常住总人口50404人，已婚育龄妇女8182人，其中已婚未育367对。全镇户籍人口出生576人，一孩241人，二孩237人，性别比122.39（以女性为100）；人口出生率8.06‰，符合政策生育率90.97%，人口自然增长率0.46‰。

【文化】 2021年，南口镇积极推动精神文化建设，镇内有南源世第家风家训馆，侨乡村、益昌村典型客家围屋古村落。2021年，南口镇被评为梅州市十佳乡风文明镇，潭江村被评为梅州市百佳乡风文明村；在2021年梅州市最美庭院评比中，南口镇“春晖园”获特等奖。在镇文旅教体服务中心设有阅览室、棋牌室，并购置了《求是》《中国青年》等文化刊物，方便群众阅览。

【旅游】 2021年，南口镇大力发展乡村旅游事业，集中培育车陂、侨乡、麓湖山等精品旅游示范基地，成功打造侨乡亲子园、火龙果灯光基地等一批网红打卡点。扶持侨乡、车陂发展水稻、葡萄等种植项目，推动“农业+旅游”落地见效，推动农业增效、农民增收。支持车陂村南源世第家风家训馆建设，通过开展优秀传统文化、农耕科普、综合素质教育等系列课程实现“寓教于游”“寓学于游”。

【体育】 2021年，南口镇加强全民健身建设工作，积极开展各类体育活动。贯彻落实《全民健身条例》，把增强人民体质作为工作根本，努力构建群众性的多元化服务体系。全镇40多个行政村（居委会）文化活动室，均设有图书室、乒乓球室、活动室、棋牌室等。同时，不断加大镇体育基础设施和基层体育组织建设力度，广泛开展各类群众性体育活动。开展体育场地调查工作，在规定时间完成了体育场地统计调查工作，统计有35个行政村和2个居委会都建有可供居民开展运动训练、比赛和健身等各类体育场地。

【农村环境综合治理】 2021年，南口镇落实“三清三拆三整治”“厕所革命”等各项工作，共建美丽乡村，共建美好家园。2021年，南口镇被评为梅州市十佳乡风文明镇，潭江村被评为梅州市百佳乡风文明村。村庄人居环境持续优化，在梅县区“三清三拆三整治”现场测评中，全镇46个行政村，80分以上有39个，占比84.8%。

【党的建设】 2021年，南口镇有党支部58个，有党员2754人，其中新发展党员51人。坚持思想引领，通过“学习强国”App、三村联动、镇委党校培训等方式，坚持集体学、专题学、引导学等形式多措并举广泛开展学习教育活动，不断提高党员干部的思想认识和执行力。扎实开展党史学习教育活动，营造竞相学习热烈氛围，使党史学习教育走深走实。扎实开展“我为群众办实事”实践活动，在常态化疫情防控中坚持发挥基层党组织战斗堡垒作用和党员先锋模范作用，用心用情用功解决基层和群众最急最忧最盼的问题，以实际行动检验学习教育活动成效。2021年，全镇领导班子给基层党员讲专题党课41场次，检视解决问题37项，开展志愿服务135批次，落实民生实事149件。充分发挥镇委党校在理想信念教育中的主渠道主阵地作用，依托梅县革命烈士纪念碑南口烈士陵园、车陂村南源世第家风家训馆以及被誉为“中国最典型客家围屋古村落”的侨乡村三个党校分教点，着力围绕红色、绿色、古色“三色”开展教育培训，不断巩固深化主题教育成果，全年举办各类培训班15期2500人次。南口镇委党校成功创建“梅州市第二批市级镇街党校示范点”。把政治标准放在首位，注重在疫情防控、乡村振兴、生产一线中发展年轻优秀党员，共发展党员51名。规范党员发展程序，抽调组织业务骨干成立了发展党员和农村发展党员违规违纪问题排查整顿领导小组，对全镇58个党组织自2012年以来发展的党员进行了全面排查，发现问题及时整改。落实全面从严治党主体责任，通过领导班子专题研讨会、集中观看廉政警示片、革命教育片等方式，对镇村党员干部进行反腐倡廉教育，不断强化理想信念，提高思想政治素质，筑牢思想防线，增强拒腐防变能力。压实“一岗双责”责任，与党政领导班子成员、部门负责人、各党组织书记签订《2021年南口镇党风廉政建设责任书》共90份。严格执行“一案双查”“双报告”制度，坚决查处和纠正侵害群众利益和民主权利的突出问题，解决基层党员干部作风存在的突出问题，依法依纪办案，切实履行“监督、执纪、问责”职责。

2021年年底梅县区南口镇党委、政府

书　记：洪　苑

镇　长：熊秀丽

（供稿：巫惠敏　严鹏强）

畲江镇

【概述】 畲江镇地处梅县区南部，镇政府驻地畲江镇红星村，距梅城43千米。206国道贯穿全镇，广梅汕铁路、梅汕高铁穿境而过，梅汕高铁在此设立畲江北站，是汕梅、梅河高速公路交会中心，是梅畲快速干线的终点。2021年，全镇总面积175平方千米，有户籍总人口50106人。下辖23个行政村和2个居委会，是全国重点镇、全国文明镇、省立中心镇、省编织工艺专业镇、省卫生镇，是广梅产业园、梅州综保区、松棚铁路物流货场所在镇。2021年，全镇（含园区）实现规模以上工业总产值31.8亿元；固定资产投资8.56亿元；实现税收收入8750.4万元；乡镇净税收收入 1598.6 万元。

【农业】 2021 年，全镇水稻种植面积 1949.07 公顷，总产量 1.41 万吨；水果种植面积 981 公顷，总产量 2.73 万吨；生猪饲养量 1 万多头，“三鸟”饲养量 10 万多只，水产养殖面积 110 公顷。有农业龙头企业 9 家，其中省级 2 家、市级 4 家、区级 3 家。有农民专业合作社 29 家。有家庭农场 14 家。主要农产品基地有成山村优质大米基地（广东山粮生态农业发展有限公司）13.33 公顷、官铺村优质金柚示范园 8 公顷和鹰嘴桃种植基地 5.33 公顷、径义片（双坪、赤岭、径心）三华李连片种植集聚带 43.33 公顷、径心村和叶华村甘薯基地 13.33 多公顷、叶华村西瓜种植基地 5.33 公顷，以及在咸和村新建火龙果、葡萄基地 9.33 公顷、杉里村新建工厂化养鱼基地 4 公顷。此外，农业企业基地有官铺村梅州市龙兴豪农林业投资有限公司花木场 80 公顷、连江村梅州市然中园农业发展有限公司油茶基地 30 公顷、双龙村梅州市雅利农业发展有限公司玉米基地 24 公顷、红星村梅州市梅县区畲江镇新辉兰花种植场及金运来兰花种植场等。

【工商企业】 2021 年，畲江镇有企业 30 多家，其中规模以上工业企业 5 家，包括梅州市锦芳工艺有限公司、梅州市源泰工艺礼品有限公司、梅州市好彩工艺有限公司、梅州市高新源兴混凝土有限公司等。有工艺编制企业 20 多家，包括梅州安吉工艺有限公司、梅州宏丰工艺品有限公司、梅州市誉发工艺品有限公司、梅州市嘉伟工艺品有限公司等。

【圩镇与农村基层设施建设】 2021 年，畲江镇规划实施了涉及公务服务设施、环境卫生、市政设施、产业培育等四大类共 27 个公共基础设施项目。畲江镇积极推动城乡融合发展省级试点各项工作尽快落地实施，2021 年，投入 294.24 万元，实施梅州综保区配套行政服务区域环境提示改造工程，提升行政区周边配套设施，打造优质政务服务环境；投入 563.33 万元，实施畲江镇美丽圩镇建设项目（一期），对红星、官铺村破损道路铺设沥青 1.4 万平方米，安装各类路灯 258 盏；投入 530 万元，对径心、双溪、太湖、官铺、叶华等村部分道路进行硬底化改造，修建双龙村龙坳桥和龙穴桥，改善提升镇村道路基础设施水平；投入 119.95 万元，实施红星河堤除险、清淤工程，将中小河流治理与乡村振兴紧密结合，防洪排涝、自然生态、亲水休闲于一体的生态景观河道；投入 361.23 万元，实施官铺官渡围新村道路及管网工程，提升完善安置区基础设施建设，项目已完成招投标。

【民生】 2021 年，畲江镇完善社会救助制度，服务困难群众，为最低生活保障对象 464 户、917 人发放最低生活保障金 359.16 万元；为全镇供养特困人员发放保障金 158.69 万元；本着“仁善崇文、奖教立教、兴学育才”的原则，积极谋划筹备成立畲江教育发展基金会，捐赠金额 760 多万元；统筹疫情防控和经济社会发展，严格全面排查中高风险地区和重点关注地区来返畲人员，落实好监管和属地责任，严格检查并督促圩镇相关场所做好常态化防控措施。同时，稳步推进疫苗接种工作，通过摸清底数、建立台账，广泛科普、充分宣传，专人专车、送苗下乡，落实责任、入户排查等措施推进疫苗接种工作。

【扶助贫困】 2021 年，畲江镇推动落实防返贫监测工作，对辖区内重点对象实施动态管理，全镇有 10 户无劳力户被纳入脱贫不稳定户监测范围；为有劳力贫困户购买防贫救助责任保险，建立“防贫保险”，为无劳力户购买“保尚保”医疗补充保险，保障无劳力人员患病就医相关权益；开展“万小企扶万农户”项目，由建设银行广东省分行发动建行小微企业客户奉献爱心，对农户实施一次性资助；实施教育扶贫帮扶措施，落实 2021 年春季学期 121 名建档立卡学生享受生活费补助，通过举办“奖教奖学助学”活动，对非义务教育阶段 47 名学生发放助学金。

【综治维稳】 2021年，畲江镇有效落实社会稳控治理，抓好镇综治维稳中心和村级维稳工作站建设，全面推进"中心+网格化+信息化"建设，全年上传网格事件1364件，办结率100%；坚持做好扫黑除恶斗争常态化工作，确保问题线索件件有回复；切实解决诈骗犯罪等突出问题，构建"责任明确、上下联动、齐抓共管、严密防范"的工作格局，开展多维度、多层次、多样式的宣传防范知识，重点推广群众下载反诈App。

【土地保护与利用】 2021年，畲江镇持续加强国土资源管理，保障基本农田面积不减少、用途不改变、质量不下降，全镇基本农田保护面积不少于1047公顷，完成了上级下达的目标任务；进一步完善土地资源管理工作，加大土地监管，全面落实自然资源监管责任，建立健全土地监管长效机制，实施防范在先、发现及时、制止有效、查处到位，加强自然资源监察和"两违三抢"巡查力度，全年拆除违章建筑25宗，有效遏制违法用地违章建筑的发生。

【人口管理】 2021年，畲江镇户籍人口出生437人，人口出生率8.56‰，人口自然增长率3.49‰，性别比114.22（以女性为100）；政策内399人，政策生育率91.3%。实施免费孕前优生健康检查，提高育龄人群孕前优生健康检查意识，年度任务完成118对，占全年目标任务82.5%。

【卫生】 2021年，畲江镇深入开展爱国卫生运动，巩固卫生镇创建成果，改善民生环境，加强宣传、健康教育、环境整治、病媒防控、市场监管、疾病防治等手段改善乡镇人居环境，提高辖区居民卫生健康意识，全年镇财政投入10多万元，聘请专业消杀公司在圩镇范围开展7次除"四害"防控登革热。畲江镇有卫生院1间和村级卫生站19个；卫生院有职工125人，其中卫生技术人员103人，临时聘用人员47人，另有乡村医生11名。

【文化】 2021年，畲江文化站站舍1600平方米，室外活动场地6000平方米，活动中心有图书馆、阅览室、综合培训室、少儿培训室、老人活动室、文艺创作室、文艺活动室、办公室等，并配备有文化活动器材一批，藏书2万册。全镇23个行政村均建立有基层综合性文化服务中心，并同步设有农家书屋，各村农家书屋书籍总量约有1000册，每年补充更新书籍约10册，严格执行农家书屋重点出版物推荐目录，第一时间征订到位。畲江镇以《畲江乡情》为阵地，活跃群众的文化生活，有力地推进优秀文学艺术交流，促进文化事业发展。

【教育】 2021年，畲江镇有完全中学1所（梅县区畲江中学）、九年制学校1所（梅县区径义中学）、完全小学2所（畲江镇中心小学、韬奋学校）、镇中心小学教学点5所（韬奋教学点、彰坑教学点、松林教学点、太湖教学点、杉里教学点），有幼儿园9所，其中公办2所（畲江镇中心幼儿园、径义镇中心幼儿园）、民办7所。

梅县区畲江中学　创办于清光绪三十一年（1905年），梅县区属公办农村完全中学，校址在梅县区畲江镇学前路103号。学校占地面积6.93万平方米，建筑面积3.33万平方米。2021年，学校有40个教学班，其中高中部16个班、793人，初中部24个班、1099人。有教职工141人，其中高级教师52人。2021年，高考本科上线28人，本科人数超区教育局下达指标17人，超额155%，其中体育考生有5人上本科线，美术考生有5人上本科线；传媒考生2人上本科线。专科上线169人，专科入围率100%。2021年，中考上全市重点高中录取线24人，其中东山中学线3人、市曾宪梓中学线5人、高级中学线16人。

梅县区径义中学　创办于1966年，为九年一贯制学校。有9个教学班，学生202人，教职工32人。附设幼儿园，在园幼儿23人。学校占地面积2.33万平方米，建筑面积6551平方米。有标准的物理实验室、化学实验室、电脑室，实现了班班通，每班都有希沃交互智能教学平台，学校教学设备逐步完善。学校全面贯彻党的教育方针，紧紧围绕“以人为本，依法治校”的工作思路，坚持以德为首，以学生思想品德教育为中心，以良好行为习惯的养成教育为主线，以培养学生良好的心理品质为基础，狠抓校风建设。学校针对留守儿童较多的特点，开展“四自”（自信、自主、自立、自强）教育，促进学生自主发展为特色，重视学生良好阅读习惯的培养，学校的区级德育科研课题“培养学生良好阅读习惯的研究”，通过了区教育局的结题验收。2021 年，被梅州市精神文明办评为“梅州市文明校园”。

梅县区畲江镇中心小学　创建于 1928 年，原名彬文公学，1937 年更名为畲江中学小学部，解放前后历经多次更名，1988 年正式更名为畲江镇中心小学。新校址坐落于畲江镇官铺村。为整合教育资源，2004 年 9 月将位于畲江镇官铺村的红光小学合并至中心小学，并在新校区内新建了一栋共有 24 间教室的教学楼，2015 年 1 月中心小学全面迁移到新校区。2021 年，学校校园占地面积 4.86 万平方米，建筑面积 1.78 万平方米，有 68 个教学班，学生 3343 人；有专任教师 180 人。学校设置功能齐全的场室，装备了计算机室、音乐室、体育室、美术室、实验室、随班就读资源室、图书室、阅览室及其他功能场室，教师人手 1 台终端，全校实现了班班通。学校先后被授予梅县区“绿色学校”、梅县区“书香校园”、梅州市“书香校园”、梅州市“安全文明校园”、梅州市“文明校园”、广东省“依法治校示范校”等称号，连续多年被评为“梅县区教育工作先进集体”。

【广东省工艺编织专业镇】　畲江镇是广东省城乡融合发展省级试点镇，也是梅州市重要的编织工艺生产出口基地，2005 年获得广东省工艺编织专业镇的称号。

2021 年，全镇有工艺企业 30 多家，有家庭作坊式加工经营户 2000 多户。主要以“公司+基地+农户”的形式做大做强传统工艺编织业，通过实施“产城联动”战略，从而实现富民强镇。工艺产业不仅为畲江镇和周边乡镇解决 3 万多人的就业问题，从事工艺编织业的收入也成为农民最主要的收入来源，同时有效地带动了周边县、镇的工艺企业落户畲江发展。

工艺编织作为畲江镇特色产业，始于 1977 年，至今已有 40 多年历史，工艺品从单一竹编逐渐发展成竹编、木编、藤编、铁编及丝编等集声、光、电于一体的 5 类共 8 万多个样式的工艺品，产品远销欧美及日本等世界各国。

2021 年，畲江镇党委、政府牢固树立崇商重企的时代理念，深入企业了解、调研实际情况，积极融入以国内大循环为主体、国内国际双循环相互促进的新发展格局，切实帮助工艺企业做大做强。一是协助工艺企业的发展，多给予政策支持，做好企业的“好保姆”；二是协助工艺企业解决企业规模扩大过程中遇到的用地难、用工难问题，帮助企业做好招聘宣传工作，吸引周边市县和乡镇劳动力到畲江工作；三是利用梅州（广州）高新产业园区在畲江镇的优势，联合园区企业，深度发展和合作，依托综合保税区为畲江工艺企业提供更为优质的贸易平台，为打造“畲江片区”，实现畲江镇经济社会高质量发展发挥更大的作用。

【农村环境综合治理】　2021 年，畲江镇抓好农村环境综合治理工作，一是推进“三清三拆三整治”工作。全年完成圩镇范围内清理乱堆乱放、积存垃圾等 47 处；整治乱停乱放、乱摆乱卖、乱贴乱画行为 94 宗；发动各村大力开展人居环境整治工作，拆除破旧老屋、乱搭乱建棚舍、废弃猪牛栏、旱厕 1350.71 平方米；清理房前屋后乱堆乱放、村巷道杂草杂物、积存垃圾以及沟渠池塘溪河淤泥、漂浮物和障碍物共 4.23 万平方米，完成清理沟渠池塘溪河淤泥、漂浮物和障碍物 2527.48 立方米。持续推动“厕所革命”工作，完成户厕改造 12 户。二是投入 4500 多万元，实施全域自然村集中供水工程，通过扩网延伸、集中连片建设，新建 1 个镇级水厂、7 个单村供水站，实现农村集中供水全覆盖。完善镇级污水处理设施，推动镇级一、二、三期污水处理设施的规范运营，推进13个村级污水处理设施主体的运行管护工作，松林村、双龙村污水处理设施如期建成并投入使用。三是开展“河长制”工作。全镇10宗水库水质进行重点整改，成立畲江镇水库水质整改相关责任人，发出整改通知书20多份，拆除水库养殖投料台3座；开展河湖“清四乱”专项行动。拆除梅江河（畲江段）河岸70座违规搭建钓鱼台。2021年，制订《畲江镇畜禽污染源整治工作方案》，成立领导小组，对禁养区的畜禽养殖户进行退养的宣传，并于年底全面完成全镇禁养区17户养殖户的退养合约签订。

【党的建设】 2021年，全镇有党（总）支部33个，有党员1527人，其中新发展党员21人。立足现有组织活动阵地，进一步提升镇级党校建设，打造以党校课堂为主阵地、以党群服务中心、邹韬奋纪念馆、邹韬奋纪念长廊、作庐等辅助教学点的教学平台，设有畲东、畲西、径义等6个常用教学点。针对不同类别、层次、岗位的干部培训需求特点，设置更具普遍适用性的培训教学计划，举办了16场不同主题的培训，培训人数2732人。落实党内关怀机制，服务群众专项经费慰问群众1200多人次；加强对农村老党员、困难党员的关心爱护，全年支出各项慰问资金近33万元，慰问老党员、困难党员2417人次。实施“头雁工程”，以选优配强“头雁”为抓手，努力夯实基层党建基础。一方面规范开展党内政治生活，督促各党支部严格落实健全“三会一课”制度、组织生活会、民主评议等党内政治生活，按照《关于全省村（社区）党群服务中心建设的指导意见》要求，完善和提升25个行政村（居委会）党群服务中心建设；另一方面进一步做实“组织力提升”，通过加强乡镇党校软硬件建设、优化办学条件、完善教学计划、规范党校运作等手段，切实发挥乡镇党校主阵地作用。完成2021年行政村（居委会）换届选举工作。先后发动800多名党员干部开展“我为群众办实事”实践活动80多次，服务群众7000多名。此外，根据区纪委关于《2021年全区开展纪律教育学习月活动的意见》文件要求，结合实际开展纪律教育学习月活动。全年开展日常谈话57人次，立案5宗，结案3宗。

2021年年底梅县区畲江镇党委、政府

书　记：温育泉

镇　长：黎锡涛

（供稿：吴　懿）

水车镇

【概述】 水车镇位于梅县区南部，镇政府位于水车圩，距梅城30千米。梅江河自西南向东北穿流，将地域分成东西两部分。下辖18个行政村和1个居委会。全镇总面积123平方千米，其中山地面积9333公顷，耕地面积933公顷，鱼塘约300公顷。全镇有6486户，总人口约2.3万人。2021年，水车镇实现工商收入422.59万元；实现规模以上工业总产值2013万元。

【农业】 2021年，水车镇抓好农业工作，一是开展特色园区申报。做好粮食创高产示范片和优质金柚园申报工作，建立1个13.33公顷连片农田，进行规范化管理，以点带面，起到科技示范作用，试点区各点水稻粮食总量亩产均比常规种植增幅10%以上。在新湖村新建1个23.33公顷的金柚种植标准园，2021年，全镇完成金柚种植面积76.67公顷。二是推进“一村一品、一镇一业”建设。投入100万元，支持梅州市九野家庭农场一村一品“中华鳖”养殖和广东侨微生物科技有限公司一村一品“木耳”种植。

【工商企业】 2021年，水车镇抓好工商企业工作，一是开展好村级集体经济试点工作，壮大村级集体经济，通过入股分红、发展光伏、拆旧复垦、发展乡村振兴等项目壮大村集体经济，全面消除年收入5万元以下的集体经济薄弱村，其中9个行政村实现集体经济收入10万元以上。二是推动传统手工艺品发展，引进梅州镁坍工贸有限公司，投入600多万元建设厂房，将吸引40多人就业，年产值3000万元，争取建设为规上企业；支持梅州市利臻实业有限公司投入400多万元扩建2000平方米厂房。三是鼓励水产行业升级，支持梅州市九龙山矿泉饮料有限公司制定规上发展规划，涉及投资5亿元，建设占地面积6000多平方米，年产量约5万吨的水饮料生产车间，分3期推进占地面积约2.73万平方米的文化生态园。

【圩镇与农村基础设施建设】 2021年，水车镇抓好圩镇与农村基础设施建设工作，一是保障群众出行安全。投入75万元，完成206国道路灯建设（一期）及水车大桥路面亮化工程，实现3.8千米道路亮灯照明；投入210多万元，完成鹅峰村1.5千米村道、巷道拓宽硬底化建设；投入800多万元，完成小桑河段护岸修复、中心小学损毁管道和路面修复、水库防汛道路维修、梅畲快线梧塘出口新建、梅汕铁路梧塘段“平改立”、小桑片水毁修复等工程项目建设。二是保障群众生产生活用水安全。投入1100多万元，完成大窝灌区抢修工程，完成梅县区水车镇全域自然村集中供水工程，并委托第三方单位对镇、村供水设施运营与维护。三是消除风险隐患。投入20万元，完成11户削坡建房户隐患整治，因地制宜实施削坡减载、修筑挡土墙、挖掘排水沟等，完成磜下村废弃石场围蔽、困难群众危房改造工作。四是升级改造水车镇中心小学。封闭穿校而过的道路，投入270多万元，新建篮球场、改造足球场、改善办学条件。

【民生】 2021年，水车镇抓好民生工作，做到应保尽保，动态调整低保户。2021年，全镇有低保户271户、547人，全年发放低保金242万多元；对16户34人有劳力且因疾病导致收入过低的低收入人群实行一站式医疗救助；实行临时救助政策，共临时救助低保、特困和支出型困难户32人次、13.11万元；及时发放退役军人各项抚恤金，及时传达各项优待政策，落实各项优抚政策。

【扶助贫困】 2021年，水车镇积极落实贫困户教育、医疗、养老等保障，扎实推进务工就业、种植养殖等项目。坚持开发式与保障式帮扶措施相结合，制定《水车镇关于健全防止返贫动态监测和帮扶机制的工作方案》，按标准认定9户25人为防止返贫致贫监测对象，为有劳动能力监测对象购买生产物资，为162户262人无劳动能力脱贫户及防止返贫致贫监测对象购买“保尚保”医疗补充保险，为所有282户脱贫户及边缘易致贫户购买“防返贫”保险。开展扶贫济困日捐款活动，跟踪脱贫户收入动态，全方位预防和化解返贫风险。

【综治维稳】 2021年，水车镇抓好综治维稳工作。实行矛盾纠纷定期摸排制度，及时掌握纠纷苗头，化解矛盾隐患；实施综治工作中心联席研判制度，切实形成化解矛盾纠纷的强大合力。完成1336户国家反诈App安装工作，完成区下达任务率116%；及时办结“12345”政务热线投诉案件；做好126名精神障碍患者的管理服务及动态增减工作，加强管控和服务4名三级以上严重精神障碍患者，全年发放精神障碍患者监护补助13.71万元；加强做好打击电信网络新型犯罪、禁毒（每月2次）、反邪教、扫黑除恶、道路交通安全、铁路（高铁）安全防护及中小学生安全教育的宣传工作，全年发放各类宣传小册子5000多份，宣传受众约2000人次。

【环境保护与治理】 2021年，水车镇投入71万余元，对镇级水质净化厂进行整改优化提升，解决历史遗留问题，发挥水质净化厂效能，委托广东西江环保科技公司对镇级水质净化厂进行日常运营管理。配合区住建局做好广东梅兴华丰产业集聚带梅县区水车生物谷污水处理设施的优化提升规划工作，涉及白沙村、安和村、安美村、圩镇居委、水车村内8个污水处理设施，有效整合资源，提升效能。

【土地保护与利用】 2021年，水车镇抓好土地保护与利用工作，一是开展好“两违三抢”防控工作。每天分片对全镇进行国土、建房巡查、林地林木管护，巡查制止24宗违规搭建构筑物行为，其中农户自行拆除6宗、强制拆除2宗、补办手续16宗，制止占用林地行为4宗。二是坚决守护耕地红线。投入43万余元，完成梅畲快线弃土场、梅汕高铁弃土场共4.22公顷基本农田审计图斑的整改复耕工作，并通过区自然资源部门验收，完成坑尾、水车、居委、石岭等村卫片执法图斑整改复绿工作，拆除固化设施、种植柚树、木薯等作物。及时制止牛蛙养殖户在淮洞村毁田养牛蛙行为并将相关地块纳入日常国土巡查范围，涉及农田约1.67公顷，有效打击违法用地行为。

【人口管理】 2021年，全镇户籍人口出生150人，人口出生率5.80‰。常住人口出生117人，人口出生率7.06‰。全镇享受孕前优生健康检查53例，农村部分家庭奖励补贴落实136人，独生子女父母奖励20人，农村计划生育节育奖励325人，农村纯二女及独生子女家庭享受合作医疗补助待遇772人，农村纯二女家庭及独生子女家庭享受意外险1653人。

【卫生】 2021年，水车镇卫生院占地面积2425平方米，医疗业务用房1847平方米。主要医疗设备有300mAX光机、血细胞分析仪、全自动生化分析仪、尿液分析仪、迈瑞B超诊断仪、心电图机、高压消毒锅等设备，有救护车1辆，开展编制床位20张，实有床位12张，开展24小时医疗服务。核编人数为38人，在编人数为33人，其中临床副主任医师1人、中级职称有7人、初级职称有24人、中级技术工1人。临聘人员4人，退休人员16人。

【文化】 2021年，水车镇做好各项文化工作。完善了健身室、少儿活动室、排练演出厅、图书阅览室、“非遗”展览室、水车特色展览室。提升电子阅览室，丰富各场室的文化氛围，对图书进行编目和整理，完善图书管理工作，方便群众借阅；每季度和逢国家重大节日都组织人员到仪园、黄琪翔将军纪念馆、茶山古村落等文物保护单位进行防火、防盗、防灾检查，全年没有发生安全事故，文物得到有效保护。通过重大节假日篮球、足球、乒乓球、羽毛球比赛，普通节假日少儿绘画培训班等满足群众精神文明需求。协调开展送电影下乡等活动，为当地群众提供多样的文化服务。购买一批《中华人民共和国民法典》《习近平谈治国理政》等书籍并发放到各单位，掀起学习热潮，增强干部群众的法律权利意识。

【教育】 梅江中学　创办于1939年，学校占地面积4万平方米，建筑面积9528平方米，校园绿化率占72%。2021年，全校设有6个教学班，有教职工26人，其中教师23人，有高级职称10人、中级职称12人，学历100%达标。有学生193人。

水车镇中心小学　原名“铸英学校”，创办于1923年，学校占地面积8666平方米，建筑面积3419平方米。2021年，全校设有12个教学班，有教职工34人，有学生545人。附设幼儿园1个，设大、中、小3个班，有幼儿70多人。

【梅县区水车生物谷建设】 2021年，水车镇做好水车产业园规划，着力完善园区道路、排水、排污等基础设施配套服务建设，按照生态优先原则，重点发展休闲、医疗、健康养生等产业。已完成园区内16千米道路建设、8座污水处理设施建设。与一家医疗器械公司开展多轮接触，争取项目落地，推动产业园区发展。

【农村环境综合治理】 2021年，水车镇抓好农村环境综合治理工作，一是推动“三清三拆三整治”行动。大力拆除危旧泥砖房，稳步推进垃圾处理、房屋外立面改造、污水治理、“厕所革命”等重点工作，持续开展村庄清洁行动，切实提高群众的主动性和积极性，改善全域农村人居环境，加快美丽乡村建设步伐。全年拆除危旧房5200多平方米，拆除3座废弃旱厕，改造13座无害化卫生户厕，房屋外立面改造50多户，清理卫生死角、“牛皮癣”等1000余处；投入240万元，推动全镇的生活垃圾清运和环境卫生应急处置，转运垃圾2000余吨；投入资金近170万元，全面开展区域内河湖清漂清杂专项行动，清理河道32千米，清淤泥杂物5万立方米，清理河道水浮莲漂浮物350余吨。二是推进拆旧复垦进程。2021年，拆旧复垦项目在省级交易平台完成两批次交易，交易面积3.61公顷，为群众创造收益1625万元，为区、镇、村共筹集美丽乡村建设资金541万元。同时，积极立项两批次拆旧复垦项目，涉及面积2.93公顷，项目完成后将为群众创造收益1317万元，为区、镇、村筹集美丽乡村建设资金439万元。

【党的建设】 2021年，水车镇党委下辖党（总）支部25个，有党员963人。2021年，水车镇抓好党的思想建设和组织建设，不断提高党的思想引领力和政治引领力。一是深入贯彻落实“第一议题”制度。通过实行“三会一课”报备与纪实制度，确保习近平总书记重要讲话精神、指示批示精神传达到每位党员，引导全镇党员干部拥护“两个确立”、增强“四个意识”、坚定“四个自信”、做到“两个维护”。二是深入开展党史学习教育。以研促学，开展领导班子党史学习教育研讨会12场；以书促学，发放党史学习书籍2179册；以课促学，开展专题党课、宣讲活动38场；以红促学，开展梅县区红色之旅学习体验活动22次；以整促学，召开专题组织生活会，建立党支部问题清单，查摆问题并完成整改130个。三是发挥党校教育培训主渠道主阵地作用。镇党校共组织基层党员干部、入党积极分子和发展对象学习培训108场2792人次，基层党组织书记学习培训8场153人次，各级党组织书记上党课97场次。四是依法民主完成镇级换届。镇级领导班子，平均年龄从41岁下降至37.8岁，研究生以上学历由原来2人提升至5人。五是选优配强完成村级换届，实现了下辖19个行政村（居委会）支部书记全面“三个一肩挑”和“两委”班子百分百交叉任职，平均年龄45.2岁，同比降低7.6岁，其中35岁以下的年轻干部23人，占26%；大专及以上学历29人，占34%。党组织书记平均年龄46岁，其中大专及以上学历8人。六是完善组织体系。常态化开展“两新”党组织“双同步”工作，2021年成立水车商会党支部和水车镇驻镇帮镇扶村临时党支部。七是加强党员教育管理。创新开展“党员积分制”管理，制定量化积分表进行党员积分考核，号召广大党员“亮身份、做表率”，表彰先进，整改落后，并在党员中实施“结对帮扶”，努力形成争当先进、争做优秀的浓厚氛围；为161名老党员颁发“光荣在党50年”纪念章，关爱慰问补助党员310名，发放慰问金13.64万元。

2021年年底梅县区水车镇党委、政府

书　记：李健华

镇　长：陈　丹

（供稿：办公室）

梅南镇

【概述】 梅南镇位于梅县区南部，镇政府驻新塘圩，距梅县区人民政府17千米。东面与丰顺县毗邻，西面与南口镇相连，南面与水车镇交界，北面与程江镇、梅江区长沙镇接壤，广梅汕铁路，国道206线，梅揭高速公路，汕梅高铁、梅畲快线穿境而过。全镇总面积145平方千米。全镇有16个行政村和1个居委会。2021年，总户数4545户，总人口19329人。梅南镇是国务院命名的第一批革命老区，是梅县区报中央苏区县的主要革命遗迹地之一，朱德、古大存、李坚真、王维等曾驻扎在此开展革命工作；亦是中国现代象征派鼻祖、著名雕塑家李金发和国学家、教育家古直的故乡。2021 年，全镇实现税收收入 4352.05 万元，规模以上工业总产值 4.46 亿元。

【农业】 2021 年，梅南镇水稻种植面积 860 公顷，产量 5933 吨；茶叶种植面积 300 公顷，产量 133 吨；蔬菜（含菜用瓜）种植面积 792 公顷，产量 2.7 万吨；水果种植面积 587 公顷，产量 9504 吨；生猪出栏 3508 头，水产产量 938 吨。

【工商企业】 2021 年，梅南镇加快现有企业的发展水平和规模，通过积极落实领导挂钩联系重点企业和重点项目制度，镇领导班子及各职能部门着力为企业提供服务，全力帮助企业解决发展过程中遇到的供水、供电、土地等难题，力促企业做强做大。有工业企业 23 家，农贸市场 1 家、超市 1 家，有个体工商户 417 户。2021 年，实现规模以上工业总产值 4.46 亿元。疫情期间，支持企业复工复产，3 月，规上企业全部实现了复工复产。成功培育区级农业龙头企业 3 家（梅州市丰锴实业有限公司、梅州市龙氏观赏鱼养殖有限公司、梅州市广顺海食品有限公司）。

【圩镇与农村基础设施建设】 2021 年，梅南镇投资 1300 多万元的轩坑片道路提升改造工程完成建设；投入 744.4 万元，建成梅南镇全域自然村集中供水工程，覆盖 13 个行政村、44 个自然村，主要解决 1.07 万人的用水问题，集中供水覆盖率 100%；投入 310 万元，拓宽梅南林场至九龙嶂 5.88 千米路面，道路宽度由 3.5 米拓宽至 5 米；新塘村投入 180 万元、轩内村投入 80 万元，分别建成 1 座党群服务综合大楼；投入 20 万元，实施全镇下水道疏通改造便民工程。

【旅游】 2021 年，梅南镇精心谋划并启动了投资 1485 万元的九龙嶂革命旧址群修缮保护利用工程，在原有基础上，进一步丰富龙文公学、星拱楼、水美红军革命故事展馆、胡一声故居等展陈内容，注重运用现代信息技术，实现可视化呈现、互动化传播、沉浸式体验，建好一批红色文化教育基地；引进文旅公司，策划一批“半日游”“一日游”“两日游”精品路线，增强餐饮服务，积极筹建梅南镇现代化屠宰基地，以牛肉火锅城、水美鸡“农家乐”等一批休闲体验餐饮服务主体，做精一批特色农产品加工产业链，实现产业兴、乡村美、农民富，打造乡村振兴新典型，形成以“红色+旅游”产业双驱动产业带动模式的红色振兴路。

【民生】 2021 年，梅南镇全面落实低保、“五保”和医疗救助政策，并实行动态管理。稳步推进农村合作医疗保险工作，有 13065 人参保，参保率 97.17%；率先组建退役军人服务站，定人定岗服务，提升退役军人服务保障水平，梅南镇退役军人服务站被评为省级三级示范点；完成圩镇火灾高风险区域整改项目；坚决遏制耕地撂荒，推进立项拆旧复垦工作，完成耕地保护工作任务；完成雪亮工程、平安视频建设工程。

【扶助贫困】 2021 年，全镇退出贫困户 370 户、1019 人，脱贫率 100%；为全部脱贫人口购买防返贫保险、为 216 名无劳动能力贫困户购买“保尚保”医疗保险；驻镇帮镇扶村工作队全面进驻梅南镇，投入扶贫资金 2105 万元，以改善农村人居环境、建设美丽乡村、增加农民收入为突破口，实施基础设施、富民产业、劳动力培训等项目，资金使用率 100%。通过“公司+合作社+贫困户”“公司+基地+贫困户”模式，发展茶叶、蔬菜、百香果种植、光伏产业等，实现产业帮扶项目 1720 个，吸收转移就业扶贫 363 人，激发贫困群众内生动力。

【综治维稳】 2021 年，梅南镇推进“平安梅南”建设，加大群众矛盾的调处力度，努力把农村的矛盾纠纷化解在基层，逐渐化解轩中水库、梅畲快线、高铁征地历史遗留问题。完成“雪亮工程”镇级平安视频监控平台建设，17 个行政村（居委会）的平安视频已接入镇中心，实现 17 个行政村（居委会）、圩镇平安视频监控全天候、全覆盖。开展法治镇村创建、普法知识宣讲、社区矫正和安置帮教、一村一法律顾问工作。2021年，排查调处各类纠纷矛盾97宗，成功调处96宗，调处成功率98.9%。全年镇综治维稳中心受理案件10宗，成功调处10宗，调处成功率100%。全年处理治安案件19起；全年受理刑事案件15宗(其中电信诈骗11宗)，破获2宗。

【人口管理】 2021年，全镇户籍人口出生160人，人口出生率9.21‰，自然增长率3.28‰，政策内出生141人，其中一孩58人、二孩65人、三孩出生18人，性别比120.31（以女性为100）。全镇总户数4545户、总人口19329人，其中户籍人口16319人，常住2506户7159人。

【卫生】 2021年，梅南镇抓好春秋防疫、非洲猪瘟疫情的监测和防控工作，推进60周岁老年人新冠疫苗接种工作，组织医务人员送苗下乡210人次。梅南镇卫生院地处圩镇，占地面积2600平方米，总建筑面积2323平方米，设有病床16张。梅南镇卫生院李晓威副院长在“2021年梅州市基本公共卫生服务职业技能竞赛”中荣获个人一等奖，梅南镇轩外村卫生站医护人员邹伟雄被评为“梅州好村医”。

【文化】 2021年，梅南镇成功申报梅南顺里村来安楼、水美村星拱楼、上村村绍安庐为梅县区第四批文物保护单位，上村村绍安庐和九龙村广东工农革命军（东路）第十团团部旧址申报广东省第十批文保单位工作在有序进行中，进一步宣传红色文化，传承红色基因。

【教育】 梅南中学 坐落于梅南镇新塘村47号，始创于1914年。校区占地面积4万平方米，建筑面积6055平方米。2021年，有教职工15人，有学生78人。

梅南镇中心小学 坐落于梅南镇圩镇中心，创办于1914年。校区占地面积1.26万平方米，校舍面积4839平方米。2021年，有教职工39人，有学生455人。

【广东省蔬菜专业镇】 2021年，梅南镇着力擦亮“广东省蔬菜专业镇”品牌，与广东省蔬菜研究所合作推广3个蔬菜新品种，2011年获评“广东省技术创新专业镇（蔬菜类）”。2021年，梅南镇持续完善农田的排灌系统，组织农户和种植大户、农技员等进行蔬菜种植技术培训，指导农户科学种植和管理蔬菜；及时为农户提供良种、良苗和各类实用技术，加速蔬菜新品种、新技术的推广应用，大力引导有机肥无公害种高品质蔬菜，2021年，全镇蔬菜（含菜用瓜）种植面积1534公顷，产量1.94万吨。有4个蔬菜专业合作社，有6个蔬菜专业种植村，带动2000多人就业。与4个蔬菜营销公司合作销售，年产值3000多万元。

【农村环境综合治理】 2021年，梅南镇持续做好人居环境综合整治，推进“三清三拆三整治”工作，党员干部带头开展，全年“三清理”2072处、“三拆除”429处，共4.3万平方米；“三整治”1082处，补绿117处，共7.1万平方米，“三清三拆三整治”完成率100%。开展“清扫垃圾，清洁乡村”农村生活垃圾治理专项行动，党员带头，群众参与，清理卫生死角生活垃圾45处，清扫道路约28千米，落实网格化管理负责制；3个省定贫困村投入近4500万元，建设自来水、污水、道路、公共文化设施、绿化亮化、美丽庭院、红色文化标志设施等工程。

【党的建设】 2021年，梅南镇有党支部23个，有党总支2个，有党员738名，其中新发展党员3名。有女党员207名、预备党员18名，35岁及以下的党员130名，大专以上学历的党员225名。梅南镇党委完成镇党委、纪委、工会、团委、妇联和17个行政村（居委会）“两委”班子换届，在镇党委的指导下，完成人大、政府换届选举。投入65万元，实施龙文公学二期改造提升工程，布设“梅县区中国共产党人精神谱系展”，为广东省首个将中国共产党百年来形成的精神谱系实体化、大众化的展览。

2021 年年底梅县区梅南镇党委、政府

书　记：古　健

镇　长：胡梅清

（供稿：吴志峰　罗伟恺）

梅西镇

【概述】 梅西镇位于梅县区西北部，邻界于梅县区、兴宁市、平远县。镇政府设在龙虎圩，距梅城 51.4 千米。总面积 92.7 平方千米。下辖 17 个行政村和 2 个居委会。辖内交通要线主要有 X020、X010 线、济广高速平兴段（梅西辖内长 12.8 千米），设有梅西互通收费站。2021 年，总户数 8320 户，总人口 30897 人。2021 年，梅西镇实现本级财税收收入 460 万元；实现规模以上工业总产值 1.28 亿元。

【农业】 2021 年，梅西镇全年农作物总播种面积 1696.2 公顷，其中水稻种植面积 1549.13 公顷，总产量 1.11 万吨；茶叶种植面积 70.67 公顷，总产量 74 吨；水果种植面积 954.67 公顷，总产量 2.6 万吨；金柚种植面积 408.67 公顷，总产量 1.02 万吨，李子种植面积 96.8 公顷，总产量 1358 吨；生猪出栏 2.55 万头，“三鸟”出售和自宰 14.6 万只，水产品总产量 1980 吨。有国家、省、市、区级龙头企业 8 家：广东长荣林业发展有限公司（国家级林业龙头企业）主要种植银杏和油茶；广东客乡农牧发展有限公司（省级）主要从事良种猪繁育、生猪品种改良、商品猪养殖等；三益农林发展有限公司（市级）种植红肉琯溪蜜柚；广东丰年盛景生态有限公司（市级）主要发展光伏农业，种植黑皮鸡枞菌种；华润五丰农产品有限公司（区级）种植生产泰国柚；梅州市梅县区三丰生态农业发展有限公司（区级）种植沙田柚；梅州市梅县区米子峰茶业有限公司（区级）主要产品为米嶂茗茶；广东嘉阳梅片树发展有限公司种植梅片树。有专业合作社 29 家，有家庭农场 88 家，有示范性家庭农场 4 家。重点推进市重点项目宝嘉石赖种猪场建设，该项目是广东省食品进出口集团有限公司旗下的梅州市众乐农业生态有限公司在石赖村总投资 2.3 亿元建设大型现代化生猪产业园，项目建设完成 80%以上。

梅西镇雨量充沛、光照充足、气候温暖（地处亚热带地区），土壤肥沃有机质含量高、土层深厚且疏松透气性良好，pH 值在 5.5 左右，矿物质磷、钾、镁等含量高，极其适宜泰国柚种植，种出的梅西泰国柚（梅西玉柚）较泰国本地出产的口感更佳，营养更丰富。梅西泰国柚（梅西玉柚）现已申请地理产品标志，梅西泰国柚（梅西玉柚）成熟后香气浓郁，口感脆嫩，化渣（无渣），含水分多，果肉呈水晶色、柔软多汁，糖度高（12—18 度）、酸味低，富含维生素 C、叶酸、可溶性纤维素及多种人体所需微量元素。梅西镇种植面积 133.33 公顷、1.98 万株，年产量 367 吨。

【工商企业】 2021 年，梅西镇拥有 3 家规上企业：广东省四〇一厂，主营研究、开发、生产民用爆炸物品和危险品运输，年产值 1.01 亿元，税收 918 万元，创造就业岗位 92 个，产能 1.8 万吨/年；梅州技腾科技有限公司主要从事电声喇叭和音箱研发、制造、销售，产品远销世界 60 多个国家。年产值 219.62 万元，税收 40.95 万元，创造就业岗位 115 个；广东振声科技股份有限公司，主要从事包装技术研发和设备制造，年产值 2458.6 万元，税收 71 万元，创造就业岗位 86 个。2021 年，全镇实现规模以上工业总产值 1.28 亿元。

此外，拟培育一家省级农业龙头企业，两家规上企业。一是市级农业龙头企业广东丰年盛景生态有限公司主要发展农光互补产业，种植黑皮鸡枞菌，年产值 1500 万元，创就业岗位 100 多个，拟培育为省级龙头企业。二是拟培育广东振声乳胶制品有限公司“上规入库”，总投资 5000 万元，年产值 1 亿元，创造就业岗位 150 多个。

三是拟培育广东和丰环保科技有限公司“上规入库”，投入资金 500 万元，年产值 2000 万元，创造就业岗位 80 多个。

【旅游】 2021 年，梅西镇抓好旅游工作，广东长荣林业发展有限公司投入种植的 333.33 公顷的银杏基地是梅西镇特色景点，每年观赏期都吸引大量游客前来进行“银杏游打卡”。同时以“一村一品”为依托，围绕宜塘鸡肉菌、石篆油茶、均田银杏林、三益泰国柚、龙虎梅片树、盛塘西瓜及崇化中药材等项目，积极探索生态农旅项目，以“农业+旅游+康养+亲子+电商”的模式，推动一、二、三产业融合发展，打造梅西镇特色农旅路线，全面推进“梅西—石坑—大坪”精品旅游线路建设。

【圩镇与农村基础设施建设】 2021 年，梅西镇抓好圩镇与农村基础设施建设工作，一是积极争取移民资金 204.3 万元，建设民生基础设施。投入 23 万元，实施梅西镇崇化村接米子嶂村主干道路亮化项目；投入 380 万元，实施梅西镇罗墩村新建道路工程；投入 16.3 万元，实施龙居至森林公园道路亮化工程。二是完善圩镇交通基础设施建设，投入 609.36 万元，铺筑水泥路 12 千米。投入 45.7 万元，实施石赖村神隔下至小石赖 2 千米道路拓宽工程；投入 429 万元，实施龙虎至均田 5.2 千米道路拓宽工程；投入 57.7 万元，实施柱坑至石赖 345 米道路拓宽工程；投入 41.22 万元，实施罗墩村发电站至铁岭下道路 1053 米建设，建成 3.5 米宽路面。投入 16.44 万元，实施白面坛石至牛角郎道路拓宽工程，建成 3.5 米宽路面；投入 19.3 万元，建成 3.5 米宽、400 米长车子排小固村至米子嶂道路。镇级污水厂和 5 个村级污水处理设施正常运营。全镇全域自然村集中供水工程基本完工，全域自然村实现集中供水。

【民生】 2021 年，梅西镇抓好民生工作，一是做好社会保障工作，实现全员覆盖，确保各类补助发放到位。做好辖区内低保户、“五保户”等困难群体救助政策落实，发放低保、“五保”救助金 217.58 万元。为退伍军人发放优抚金、义务兵家庭优待金。二是做好残疾人关爱工作，组织白内障筛查活动。准时发放重残护理补贴 174.38 万元、残疾人生活补贴 39.31 万元。三是镇政府主办、梅西卫生院协办，在全镇行政村（居委会）范围内开展 10 场健康咨询活动，其中中医药健康咨询 5 场。四是加大政务便民服务力度，进一步深化“放管服”改革，“一门式一网式”政府服务模式成效明显。“12345”政府服务热线等受理事项全部按时办结，行政效能和公共服务满意度有效提升。五是因地制宜推进光伏发电项目、发展规模化现代农业产业，全镇筹集资金 800 多万元，其中争取移民资金 520 多万元、各类帮扶资金 300 多万元，在 13 个行政村（居委会）利用村委会、村小学校等楼顶建设了村集体光伏发电站，仅光伏一项全镇可增加村集体收入 70 多万元。梅西镇已全面消除村集体经济年收入 5 万元以下的行政村，并且集体经济收入达到 10 万元以上的行政村有 8 个，其中白面村集体经济收入 15 万元。六是开展“百企兴百村”行动，6 月 28 日，成功签约 55 对村企组合，实行民营企业对口帮扶行政村，实现了全镇 19 个行政村（居委会）结对帮扶全覆盖。

【综治维稳】 2021 年，梅西镇认真抓好综合治理（平安建设）网格化管理工作。全镇各村（社区）成立工作站，认真开展“中心+网格化+信息化”建设，将建设目标层层落实到村及具体责任人。全镇划分为 83 个网格，有 105 个网格员，严格按照“中心+网格化+信息化”的要求，综治 E 通活跃度、案件上报数明显提升。全年受理矛盾纠纷 35 宗，调处成功率 100%，无民转刑案件、纠纷激化案件的发生。完成上级部门下达的国家反诈 App 的下载注册任务数。做好梅县区扫黑除恶办移交线索的查处，收到处理举报线索交办函 1 宗。结合专项行动，每月至少开展一次扫黑除恶+禁毒+电信诈骗的宣传活动，充分利用宣传标语、横幅、村喇叭、微信群等深入广泛宣传，包括横幅、环保袋、宣传折页、宣传标语、宣传牌等。

【环境保护与治理】 2021年，全镇森林覆盖率62.25%。扎实开展河流“清四乱”“五清”专项行动工作，全年投入18万元，做好清漂和清理沟渠底泥污染物，清理河道36.2千米，清理水面漂浮物9822吨；清理河道沟渠底泥2条，清淤河道沟渠水域2.3千米，清理底泥污染物1000吨。

【土地保护与利用】 2021年，梅西镇认真抓好自然资源管理和拆旧复垦等工作。一是严格落实耕地保护制度。与各行政村（居委会）签订了耕地保护目标责任书共19份，各行政村与村域内的村民小组签订了耕地保护目标责任书共185份。将耕地保有量和基本农田面积指标，分解落实到村，落实到村民小组和农户，并对各行政村耕地保护情况进行不定期考核。对其中2宗占用基本农田的违建水泥基础、构筑物等进行坚决拆除，拆除面积5028平方米，复耕、复种面积0.5公顷。集约了龙增村瓜州、赤面小组约4.33公顷土地用于垦造水田项目。二是扎实推进拆旧复垦工作。全镇拆除了16.67公顷危旧房屋，已经交易成功面积共14.02公顷，镇级收益420万元、村级收益1364万元、使用权人（农户）收益6823万元。

【人口管理】 2021年，梅西镇户籍人口出生245人，政策生育率95.22%，人口出生率8.26‰，自然增长率2.7‰。享受农村部分计生家庭奖励政策的有99人，享受城镇独生子女父母奖励的有10人，享受农村计划生育节育奖励的有322人，有95对育龄夫妇参加孕前优生健康检查。

【文化】 2021年，梅西镇抓好文化工作，传承红色基因，弘扬苏区精神。为铭记历史、教育后人，广泛征集挖掘梅西镇红色史料，投入近20万元，编纂《红色梅西》一书。投入200多万元，对革命烈士吴汉超故居进行修缮，建成梅西镇革命斗争历史陈列室。投入50多万元，修缮李广生烈士故居，一期已完工。传承红色基因，发扬红色传统，弘扬革命精神，打造一批广大党员干部接受党性教育和革命教育的平台和基地。

【卫生】 2021年，有梅西卫生院1间和村级卫生站17个。梅西镇卫生院实际在岗在编43人，聘用5人。专业技术人员45人，其中医师17人，护士17人，技师4人、药师6人，会计1人。有工勤3人。有住院病床30张。主要仪器设备有X光机、B超、心电图、血液分析仪、血球计数仪、尿液分析仪及救护车等。全镇有乡村医生13人，全部具有执业助理医师或乡村医生资格证，从业人员全部持证上岗。

【教育】 2021年，梅西镇有中学一所（梅西中学），设教学班12个，有学生401人，有教职工48人。有小学1所（梅西镇中心小学），设教学班12个，有学生397人，有教职工40人。有幼儿园4间，在园幼儿270人，有教职工28人。举办了2021年广东省四〇一厂奖教奖学扶贫济困活动，颁发奖金25万元。

【农村环境综合治理】 2021年，梅西镇围绕上级关于人居环境综合整治和美丽圩镇建设的决策部署，扎实推进梅西镇美丽乡村建设。一是以点连线、以线带面的方式开展“三清三拆三整治”工作。全镇“三清三拆三整治”清理整治危旧房、废弃猪牛栏、旱厕等954间，拆除3.64万平方米。二是高标准高质量编制好美丽圩镇和乡村振兴的两个规划。在前期学习调研、广泛听取民意的基础上，聘请了专业团队，根据省、市、区住建部门关于美丽圩镇建设和乡村振兴的要求，高标准高质量做好编制了有特色、留乡愁、能落地的美丽圩镇总体规划和第一期规划及乡村振兴规划。圩镇总体规划估算投资8536万元，圩镇提升第一期规划估算投资1500万元。

【党的建设】2021年，梅西镇有党支部28个，有党员1190人，其中新发展党员20人。一是深入学习贯彻习近平新时代中国特色社会主义思想，中共十九大和十九届二中、三中、四中、五中全会精神及习近平总书记系列重要讲话、重要指示批示精神，全年党委理论学习中心组学习12次，镇党校开展党员干部培训37场次，参训人次2918人。二是做实“驻村干部—村‘两委’干部—农村党员—农户”四级联动模式，建立镇村党员干部分片负责制，严格落实党员干部网格化责任，强化基层党组织的领导核心作用，充分发挥党员先锋模范作用。三是突出“两新”党组织作用。2021年，成立广东丰年盛景生态有限公司党支部，响应党的乡村振兴政策，发展光伏发电和食用菌种植产业，提供就业岗位帮扶群众，巩固脱贫攻坚成果。四是选优配强村“两委”班子，完成村级换届工作。3月，完成各行政村（居委会）“两委”、监委、经济联合理事会、监事会、共青团和妇联换届工作，新一届行政村（居委会）“两委”干部交叉任职率达98.36%，19个行政村（居委会）书记、主任全部实现一肩挑。五是完成镇党委换届工作。8月30日，召开中共梅西镇第十七次党代表大会选举大会，选举产生了中共梅西镇第十七届委员会、纪律检查委员会，新一届党委领导班子共9人，平均年龄35.04岁；女性2人，占比22.22%；研究生学历1人、大学学历8人。

2021年年底梅县区梅西镇党委、政府

书　记：洪伟锋

镇　长：李元驹

（供稿：刘翠薇）

石坑镇

【概述】 石坑镇地处梅县区西北部，毗邻梅县区梅西、大坪、南口和兴宁市石马、合水、黄陂、黄槐等乡镇，距梅城45千米。境内周高中低，多为丘陵。辖区总面积88.07平方千米，其中山地面积6666.67公顷，耕地面积780公顷。有17个行政村和1个居委会。石坑镇除出产稻谷外，还有奈李、两茶(食茶、油茶)等传统特产，是广东省名茶单丛茶的重要产地。2021年，全镇总户数7334户，人口2.7万人。2021年，全镇实现农业总产值1.8亿元；固定资产投资5486万元。

【农业】 2021年，石坑镇粮食种植面积1107.4公顷，其中水稻种植面积1089.6公顷，产量7760吨。生猪存栏3760头，出栏1.3万头。严格按照国家政策落实耕地地力保护补贴工作，保证了基本农田面积稳定。为保证耕地地力保护补贴数据的准确，对实际种植面积进行核减，严格把关，确保耕地地力保护补贴资金准确、及时、安全发放。积极开展撂荒地复耕复种工作，全年撂荒地复耕复种任务数29.2公顷。农业组指导各村结合实际，拟定具体地块复耕复种措施：其中澄江村、琴江村龙告片连片1.84公顷，村集体与农户签订合同集约后转包给农业企业进行耕作水稻；龙径村集山至径下片连片丢荒1.8公顷，村民小组与农户签订代耕复种合同书，集约后由村集体主导进行复耕复种，农户有意愿自行耕作的，交回农户自耕。其余各村均根据实际情况，由村集体主导，发动农户将丢荒时间较短、复耕条件较好的耕地先进行复耕复种。完成了17个行政村的清产核资、成员身份确认、股权量化、章程制定、组织建立、证书打印和颁发等农村产权制度改革各项工作。至年底，全镇17个行政村村集体经济年收入5万元以上，其中有7个行政村村集体经济年收入10万元以上。对各行政村金柚扩种情况进行了调查，全年扩种面积16.2公顷。全镇有合作社33个，有家庭农场87个。

【工商企业】 2021年，全镇有企业27家，包括梅州市志诚房地产开发有限公司、梅州市梅县区石坑赢联农业发展有限公司、梅州市旋锋建筑基础工程有限公司、梅县昌泰发展有限公司、梅县石坑客乡酿酒有限公司、梅县诚泰实业发展有限公司、泰亿手袋加工厂、恒泰花园、天草电商、志诚达再生能源物流有限公司、绿林农林有限公司、梅州市盛富金属制品有限公司、梅州市梅县区合泰房地产开发有限公司、梅州市梅县区吉盛房地产开有限公司、梅州市家安消防设备有限公司、梅州市福兴酒店管理有限公司、广东永昇食品有限公司、梅州市金丰贸易公司和梅州市金锦贸易有限公司等。

【圩镇与农村基础设施建设】 2021年，石坑镇长布村多方筹集资金200多万元，拓宽长布Y268段道路。谋划乡村振兴驻镇帮镇扶村衔接资金项目4个，项目资金预算总投资1523.24万元，均申报进入梅县区巩固拓展脱贫攻坚成果和乡村振兴项目库。全镇投入255.67万元对各村存量破旧泥砖房、废弃旱厕、河道等进行整治。集中供水工程全部竣工验收，并移交镇村两级。镇级污水处理设施委托西江环保公司进行运营，日处理量250立方米；龙塘、岭村、七朱村级污水处理设施移交镇级运营。投入1220多万元，完成水泥硬底化道路建设21.43千米；投入1700多万元，完成X010线约6千米的升级改造；投入1000多万元，扩宽窄路20多千米；投入200多万元，挖补公路1.2万平方米；投入300多万元，建设“四好农村路”7.19千米。

【民生】 2021年，石坑镇依照区民社局的文件和要求，根据城乡低保中应保尽保、应退尽退的原则，并配合精准扶贫每月下乡入户进行核查。全年新增低保户22户、48人，其中农村低保户20户、46人，城镇低保户2户、2人；退出低保户10户、26人；至年底，民政在册低保户316户、672人，发放低保救济金23.31万元/月。按照区民社局的要求，下乡入户，完成对全镇特困供养人员生活自理能力评估。全年新进特困供养人员2户、2人；死亡退出9户、9人，生活好转退出特困1户、1人。至年底，民政在册特困供养户102户、102人，发放特困供养费用9万元/月。开展低收入家庭排查工作，至年底，全镇有12户、42人。为城乡低保669人、特困供养102人、低收入家庭35人购买2020年度城镇居民医保。按时完成2021年度城乡低保、特困供养人员的社会化发放信息平台的信息录入及医疗救助、临时困难救济的信息录入工作。2021年全镇80—99周岁的老人890人，发放老年高龄津贴26.7万元；百岁老人1人，每月发放客家寿星奖1200元/人，11月发放保健金1000元。

【扶助贫困】 2021年，完成石坑镇及4个原省定贫困村脱贫攻坚档案整理工作，共整理2016—2020年石坑镇及4个原省定贫困村扶贫档案117卷，4573件，并于8月4日完成档案入馆。2021年，全镇有脱贫户389户、949人，暂未发现三类“监测对象”人员（脱贫不稳定户、边缘易致贫户、突发严重困难户）。2021年度全镇共报防范贫救助责任保险理赔案件7件，理赔金额6.95万元，其中涉及医疗保障项目1件、产业救助保障项目3件、教育保障项目3件。全额资助脱贫户389户949人参加2022年度城乡居民基本医疗保险，为所有脱贫户购买了2022年度梅州市防贫救助责任保险，鼓励脱贫户缴交城乡居民养老保险，做好教育政策宣传解释工作，致力构建多重保障制度体系。

【综治维稳】 2021年，为坚决守好国家政治安全“南大门”和防范化解社会领域重大风险，石坑镇扎实开展维护政治安全“八个专项行动”和社会矛盾问题“八个专项治理”工作。一是出台《2021年维护政治安全八个专项行动总体方案》《2021年社会矛盾问题八个专项治理总体方案》，进一步明确了责任要求、细化了工作措施，全力做好各领域的维护政治安全工作。二是持续加大力度开展矛盾纠纷排查化解，特别是对社会矛盾问题，通过全面深入排查，强化预警、稳控和化解机制，努力将各种社会矛盾消除在萌芽状态。2021年，全镇成功调处各类型纠纷83宗，实现矛盾纠纷调处率、防激化率100%。三是重点普及开展《中华人民共和国宪法》《中华人民共和国民法典》《中华人民共和国禁毒法》等法律知识宣传，共为辖区居民发放等普法宣传资料1500余份，提升群众平安创建活动的参与率和知晓率。全年到中小学上法治课2场次，在全镇范围内开展宣教活动24场次。通过以上各种传播形式，多渠道、全方位开展深化“平安石坑”建设的宣传。各行政村“三人小组”完成大数据推送落地核查24人，协助核酸采样100多人次。加强动员注册国家反诈中心App。加大对全镇干部职工、广大群众大力推广注册国家反诈中心App，全年完成7000多人的注册推广任务。

【环境保护与治理】 2021年，石坑镇积极加大林木管护力度，加大巡查、疏堵结合，用管控防多种措施防止人为毁林案件的发生，确保镇森林覆盖率在75%及活立木蓄积量在1300万立方米基础上稳步提升镇绿化率。全镇悬挂森林防火宣传横幅23幅、新立永久性宣传牌6块、维护更新宣传牌16块，发放《禁火令》和《致广大干部群众森林防灭火的一封信》到每家每户（通过微信方式由各村村干部转发至各村的微信乡情群），印制张贴森林防火标语1200余条，在各个进山路口处发放森林防火宣传资料9800份，发放宣传画册6000份。全面开展森林火灾风险隐患排查工作，全镇排查隐患345处。

【土地保护与利用】 2021年，石坑镇自然资源部门认真规范农村建房管理，包括严格控制土地利用、建房审批和监管，对符合规划的房屋积极为群众进行现场勘察。对“两违三抢”行为，力争做到早发现、早制止、早解决，并分片负责，责任到人，使违法用地行为及时控制，并呈现下降趋势。2021年，石坑镇制止违建17宗。2021年，石坑镇积极推动落实拆旧复垦工作，全镇核对蓝坑村、七朱村、长埔村、礤梅村、澄上村、澄中村、澄坑村、龙塘村、礤岭村拆旧复垦项目进度，已完成镇级验收；石坑镇马径村全年完成垦造水田项目1.97公顷，马径村完成土地权属和各项补偿的明确，共集约总面积1.84公顷。

【人口管理】 2021年，石坑镇户籍人口出生230人，性别比127.72（以女性为100），其中一孩73人、二孩118人、三孩及以上39人，人口出生率8.16‰；常住人口全年出生174人，性别比135.13，其中一孩58人、二孩88人、三孩及以上28人，人口出生率6.17‰；全年流出人口607人，其中育龄妇女67人。流动人口253人，其中育龄妇女190人。

【卫生】 2021年，石坑镇利用宣传横幅、标语、广播、微信群等多种形式，认真做好新冠病毒疫苗的宣传，提高居民对接种新冠病毒疫苗的重要性和必要性的认识，做好各类人群的摸底登记和接种实施，科学、规范、高效推进新冠病毒疫苗接种工作，3月下旬开始，镇政府及镇卫生院严格按照上级安排，采取提前预约方式，精准有序完成疫苗第一剂、第二剂和加强针接种任务。做好60周岁以上老年人投保意外伤害综合保险方案工作，镇卫健办通过比对多方数据，同时经过各村（居委）认真仔细核对，确保了60周岁以上老年人名单精准核实、应保尽报、全覆盖无遗漏。镇卫健办联合石坑卫生院对琴江、澄江村新建卫生站公建规范化建设进行全面指导，同时建立统一式样的档案（含卫生站基本情况、卫生站方位图、产权证明、项目申报书、施工图纸和合同、验收资料等）。至年底，琴江、澄江村卫生站全面竣工，并于2021年7月正式投入使用。2021年，石坑镇组织各行政村（居委会）1880名65周岁以上老人免费体检，完成年度计划。

【文化】 2021年，石坑镇不断加强文化阵地建设。文化阵地是文化工作的载体，没有文化阵地，就难以开展文化活动。镇文化站建设方面，继续完善综合文化站建设，更新图书，完善各项规章制度，迎接省级的各项检查。2021年，在镇综合性文化站开设了舞蹈培训班，并正在计划与转水潭居委会和礤岭村委会协商在2022年元旦举办中国象棋比赛，并重新组织民乐乐队和舞狮团队在春节等传统节日中的参与和表演。2021年，石坑镇首次派出农村文艺表演队伍，获得创作二等奖、表演三等奖。村文化建设方面，在镇党委政府及礤岭村的大力支持下，继续完善村级综合性文化服务中心建设，更好服务当地群众。结合当前党史学习教育活动，文化站积极响应，加强宣传，及时更新有关党史读物。

【教育】 2021年，石坑镇有独立初中1所、完全小学1所、小学教学点1个、幼儿园2所、成人文化技术学校1所。石坑中学创办于1970年秋，是一所农村寄宿制初级中学。2021年，有教学班7个，有学生210人、有教师22人，教师学历全部达标。石坑镇中心小学始建于1938年，其前身是梅县私立秀全纪念学校。2021年，有教学班19个，有学生559人。有教师52人，教师合格学历达标率100%。

【农村环境综合治理】 2021年，石坑镇完善应急管理责任人信息管理数据库，对新的名单进行更新，同时根据上级要求对应急预案进行更新，添加相关责任人。“三防”救援物资都进行准备已统一放在仓库保管。落实河长责任，要求各河长履行职责。石坑镇有3名镇级河长、13名村级河长、13名自然村河长。全年召开河长会议4次，开展镇级巡河162人次，村级巡河1198人次，处理巡河问题48个，群众投诉0个，处理四乱问题4宗。全年清理河道全长42千米，清理垃圾11吨，清理费用9.4万元；投入37.57万元，对6千米河道清淤清障，确保河道通畅。

【党的建设】 2021年，石坑镇有党（总）支部26个，有党员998人，其中男党员743人，女党员255人，30岁以下党员118人，31—35岁党员144人，36—40岁党员77人，41—45岁党员57人，46—50岁党员101人，51—55岁党员86人，56—60岁党员86人，60岁以上党员331人，大专及以上学历党员310人。2021年，全镇有入党积极分子171人，发展对象39人。全年党委理论学习中心组学习12次、周一例会集中学习28次，镇领导班子成员到所挂钩党支部上党课50多场次。全年镇党校开展党员干部培训52场次，参训人次3251人。“七一”期间，走访党员336人，发出慰问金3.36万元；为患病住院党员拨出住院慰问1300元，关爱补助2.75万元。通过盘活资金资源，多方筹资，投入350多万元，完成琴江、澄江村党群服务中心标准化规范化建设。按照“六有”标准，完成镇党校建设。将原梅西区苏维埃政府旧址——东皋公祠，建设成“新时代文明实践所”，全镇创建新时代文明实践所(站）19个。优配强村“两委”班子，高质量完成18个行政村（居委会）村级换届选举工作，全面实现“三个一肩挑”和交叉任职率100%，干部队伍结构实现“三升一降”，村民小组长、村民代表中的党员和女性的比例也得到了大幅度上升。

2021年年底梅县区石坑镇党委、政府

书　记：殷永华

镇　长：魏南辉

（供稿：何伟豪）

大坪镇

【概述】 大坪镇位于梅县区西北部，距梅县区人民政府30.5千米。南邻南口镇，北接平远县长田镇，东通梅江区城北镇，西靠梅西水库管理局，省道242线贯穿全境。全镇总面积76.7平方千米，下辖12个行政村和1个居委会。2021年，全镇总户数5773户，总人口约2万人，其中常住人口约1万人。2021年，全镇实现税收收入143.51万元；实现乡镇净收入93.94万元。

【农业】 2021年，大坪镇成功打造“振声生态农业”和“鲰龙归生态农业”2个具有特色的“一村一品、一镇一业”项目。积极引导各类经营主体提升生产发展质量，重点培育秦鸽、忠亮2家农业经营主体，持续增强发展后劲。龙鼎家庭农场获评梅县区2021年度十大优质金柚园。2021

年，全镇水稻种植面积 854.07 公顷，产量 6022 吨；水果种植面积 799.2 公顷，产量 2.03 万吨，其中金柚种植面积 374.33 公顷，产量 8463 吨；水产品总产量 2841 吨。

【工商企业】 2021 年，大坪镇持续加大招商引资力度，盘活吉祥产业园现有资源，进一步拓展招商渠道，坚持内联外引，不断优化营商环境，全力推动镇域经济发展再上新台阶。全镇有工商企业 90 家、农贸市场 1 家，有个体工商户 463 户。

【圩镇与农村基础设施建设】 2021 年，大坪镇认真谋划实施美丽圩镇建设，稳步推进圩镇美化、亮化等扩容提质工程。大力推动梅县区西部旅游快线征地拆迁工作，如期完成各项工作任务。积极实施 S242 沿线道路亮化、绿化、美化提升以及“四好农村路”道路升级改造等工程，公路从满足基本道路功能向“美丽农村路”迈进。扎实推进农田水利工程、污水处理设施、全域自然村集中供水以及抗旱灌溉饮水工程等建设，充分保障群众生产生活用水。

【民生】 2021 年，大坪镇全面落实低保、五保和医疗救助政策，残疾人生活津贴和护理补贴落实率 100%，困难群众基本生活得到有效保障；城乡居民医疗保险和养老保险工作稳步推进，全镇城乡居民基本医疗保险参保人数 15583 人，城乡居民养老保险参保人数 7170 人；完成农村妇女“两癌”检查、免费孕前优生健康检查、复退军人优抚等相关工作。

【扶助贫困】 2021 年，大坪镇组织成立防止返贫动态监测领导小组，制定《关于健全防止返贫动态监测和帮扶机制的工作方案》，针对性研究、制定并落实帮扶措施，加强返贫致贫人口动态监测。充分把握驻镇帮镇扶村政策机遇，积极发挥头雁效应，因地制宜制订发展计划，统筹发展城乡社会救助制度，巩固拓展脱贫攻坚成果同乡村振兴有效衔接。2021 年，大坪镇有脱贫户 171 户，其中有 1 户监测户，通过开展种养帮扶及设置相关就业岗位，保障监测户收入稳定，防止返贫现象发生。

【综治维稳】 2021 年，大坪镇严格落实镇领导接访下访和包村包案的领导责任以及驻村干部、社工、村干部的属地管理责任，按照“三到位一处理”原则，坚持“三属地三同步”（属地管理、属地排查、属地化解；政策宣传与问题排查同步、法律服务与疏导化解同步、直联工作和信访维稳同步）做法，全面排查治理涉土地、涉黑涉恶及意识形态领域的等不稳定因素，确保全国两会、中国共产党成立 100 周年、中共十九届六中全会及重大节日或重点时间段辖区的和谐稳定。综治“中心+网格化+信息化”及社会矛盾大化解工作机制稳定运行。2021 年，接上级纪委部门转交案件 3 宗，办结 3 宗，办结率 100%；镇、村（居）调委会调处矛盾纠纷 36 宗，调解完成 34 宗，调解完成率 94%。

【环境保护与治理】 2021 年，大坪镇坚定践行“绿水青山就是金山银山”的发展理念，把好护林防火、污染防治“两道关”，严格执行干部“网格化责任制”“河长制”等制度，坚持从源头防治，着力解决水、大气、农业面源土壤污染等突出环境问题。做好中央环保督察“回头看”案件跟进工作，坚决防止水土流失的情况发生；强化辖区内企业的监管工作，确保辖区内所有企业生产符合环保要求，严禁废水废气等污染物外排，坚决打击各种污染环境的行为；完成营里村等 7 个村村级污水处理设施的建设、验收工作；完成上振污水处理管网建设工作。

【土地保护与利用】 2021 年，大坪镇耕地保有量保持动态平衡，基本农田保护工作任务按时、按质、按量高标准完成，全镇未出现利用耕地进行非农建设情况；对镇域内矿产资源进行经常性巡查，确保无非法开采行为，全年发现并制止 11

处违法用地、违章建筑，未出现移送司法机关查处违法用地情况；全面排查地质灾害隐患，做好削坡建房户管理工作。

【人口管理】 2021年，大坪镇深入开展“三孩”生育政策宣传活动、免费孕前优生健康检查等活动，强化人口计划生育服务管理。2021年，大坪镇户籍人口出生113人，性别比101.79（以女性为100），人口出生率5.74‰，人口自然增长率–1.17‰。

【卫生】 2021年，大坪镇有镇级卫生院1所和村级卫生站12间。大坪镇卫生院有在职职工37人，其中医生18人（主治医师4人，执业医师7人，执业助理医师6人，见习医师1人），护士9人（副主任护师1人，主管护师1人，护师5人，护士1人，见习护士1人），药剂6人（主管药师3人，药师1人，药士2人），会计师1人，其他技术人员3人。设置住院病床20张。主要仪器设备有：全自动生化分析仪、彩色B超、心电图机、尿液检验机、DR（数字化X线拍片）机、血球计数仪和产科设备设施等。

【体育】 2021年，大坪镇有标准足球场3个、篮球场14个，13个行政村（居委会）均设有体育锻炼场所和设施设备。

【文化】 2021年，大坪镇12个行政村完成村级综合文化服务中心建设工作，镇综合文化活动中心按照省二级建设标准建成并投入使用；稳步推进创建全国文明城市、文明镇街、文明村三级联创工作；活化利用“红色”+“特色”文化资源，进一步改造提升卢伟良故居纪念馆。

【教育】 2021年，大坪镇有幼儿园2所（大坪镇中心小学内设幼儿班、广博幼儿园），有在园幼儿140人，有幼师14人；有小学1所（大坪镇中心小学），有学生337人，有教师29人；有中学1所（梅县区程风中学），有学生173人；有教师20人，其中中级教师13人、高级教师6人、初级教师1人。适龄儿童入学率100%，义务教育阶段升学率100%，教师学历达标率100%。

【农村环境综合治理】 2021年，大坪镇深入推进农村人居环境整治，大力开展“三清理三拆除三整治”“厕所革命”和农村生活垃圾治理工作。全年完成街道、村巷道及房前屋后清理923处，拆除危旧房、废弃猪牛栏、旱厕等3195间，共6.58万平方米；完成30座公厕和126座户厕改造任务；集中开展整治村内垃圾杂物、建筑垃圾、沟渠池塘垃圾杂物等，清理河道、圳道1.3万多米。

【党的建设】 2021年，大坪镇有基层党组织20个，其中党委1个、党总支2个、党支部17个；有党员894人，其中新发展党员18人。坚持抓党的政治建设。始终坚持把学习中共十九大精神、习近平总书记系列重要讲话和治国理政新理念新思想新战略作为重大政治任务来抓，把忠诚拥护“两个确立”、坚决做到“两个维护”贯穿各项工作始终，不断强化党员干部“四个意识”、坚定“四个自信”。落实党的基层组织建设三年行动计划，从严落实第一议题制度，系统推进“两学一做”学习教育常态化、制度化，全面落实“三会一课”制度。持续深化党史学习教育。通过书记讲党课、“主题党日+”等活动，引导全镇党员干部深入学习贯彻习近平新时代中国特色社会主义思想，坚持学做结合，把初心和使命落实到解决群众最忧最盼的紧迫问题上。自主题教育活动开展以来，共开展专题学习活动5次、周前学习40次、传统革命教育3场、警示教育2场、志愿活动80次、领导班子成员和党组织书记讲党课15场。着力提升基层党组织组织力。以突出政治功能、提升组织力为重点，进一步推进基层党组织规范化制度化建设；按照新时代要求，不断规范镇党校建设，充分发挥镇文化活动中心和村（居）党群服务中心分教点作用，2021年，镇党校及分校点开展教育培训班共29场2199

人次；管好用好红色资源，聘请区委党校老师对红色讲解员进行讲解技能培训，为讲好党的故事、讲好革命故事、讲好大坪故事夯实基础。卢伟良故居被评为市级党员教育基地、梅州市中共党史教育基地和梅州市保密教育示范基地，全年接待参观学习团队近 200 批次 1 万人次。大力整顿软弱涣散党组织。以提升党支部组织力为重点，通过抓班子、带队伍、建制度、聚合力等方式，抓问题促整改，扎实推进软弱涣散党组织整顿工作。扎实开展驻点直联工作。全镇驻点团队 13 支共 71 人，以深入开展驻点联系群众工作为载体，实现镇街领导干部与群众沟通交流全覆盖，解决联系服务群众“最后一公里”问题。从严从实抓好党风廉政建设。严格执行党风廉政建设要求，深入落实党风廉政建设党委主体责任和纪委监督责任，制订出台党委、纪委落实党风廉政建设工作计划和实施方案，把落实党风廉政建设责任与全年工作同谋划、同推进、同考核；坚持开展纪律教育月学习活动，带头学习党纪党规，组织观看警示专题片，营造“违规事不做、禁令区不闯、高压线不碰”的廉洁氛围；把落实中央八项规定精神和执行党规党纪情况纳入重点监督范围，加强“三资”使用、“五务”公开等督查，加大对党员违纪违法的查处力度，利用好提醒谈话、函询、诫勉等制度，严防“四风”隐形变异问题和腐败案件发生，全年查处辖区内违纪违法党员 2 名。

2021 年年底梅县区大坪镇党委、政府

书　记：宋铁军

镇　长：肖铭浩

（供稿：办公室）

城东镇

【概述】 城东镇地处梅州城郊，镇政府所在地竹洋，距梅城 8 千米，东邻丙村，西连石扇、城北，南与东郊、西阳交界，北与白渡和蕉岭县新铺接壤。下辖 12 个行政村和 1 个居委会。全镇矿产资源丰富，分布面广，煤、锰、铜、铅、锌、石灰石、建筑石和黏土等较为突出。辖区面积 79.3 平方千米，圩镇面积 1.2 平方千米，耕地面积 680 公顷、林地面积 5226 公顷、森林面积 5653 公顷。是广东省（机电）技术创新专业镇、广东省教育强镇、梅州市文明镇。2021 年有 5560 户、在册人口 2.12 万人。2021 年，全镇规模以上工业总产值 22.51 亿元；固定资产投资 3.79 亿元；完成工商财税 2.76 亿元；实现镇级财政收入 7027 万元。

【农业】 2021 年，城东镇抓好农业工作，一是多措并举，全面提高农业质量效益和竞争力。强化农产品质量安全保障，健全长效溯源监督机制，积极宣传惠农政策，做好农业技术指导工作，加强农科人才队伍建设。全年水稻种植面积 630 公顷，总产量 4670 吨；水果总种植面积 1043 公顷，其中沙田柚种植面积 690 公顷，总产量 1.6 万吨。蔬菜种植面积 87 公顷。二是全力推进梅县区国家现代农业产业园项目建设，投资 540 万元的大型商品化处理中心项目以及投资 100 万元的玉水柚标准化基地建设项目已完成建设验收，投资 2100 万元的科研平台建设项目有序推进中；以李金柚为龙头，大力推进柚果精深加工和副产品综合利用项目。三是扎实推进“一镇一业、一村一品”项目实施，以玉水村和石下村为重点，打造一批金柚和果蔬示范园区基地，全面完成石下村蔬菜“一村一品”项目建设；结合撂荒地复耕复种工作，稳定粮食种植面积，加大粮食生产力度，完成粮食生产面积和产量指标任务。

【工商企业】 2021 年，城东镇以 BPW（梅州）车轴为龙头辐射带动，全力打造高端装备制造产业集群。一是大力开展产业链招商。全年引进 2 家装备制造企业落户城东，其中总投入 6.8 亿元的庆达科技智能电机项目首期已全面投产，预计三年左右将达到 1200 万台（套），产值将达到 8 亿元以上，同时庆达桂仪厚膜加热项目已成功签约；总投资 1.2 亿元的昊龙汽车项目，预计年产各种型号半挂车1500台，年产值达1.3亿元；同时全力加快宁德时代、嘉元科技投资81亿元的年产10万吨高端锂电铜箔项目工业用地收储等工作。二是全力推进重点项目建设。坚持创新驱动，力促BPW（梅州）车轴、庆达、伟友耐磨和均耀等企业建成研发中心，持续巩固深化城东镇装备制造的产业优势。2021年，城东镇辖区内有6个重点项目，其中有1个省重点（梅县区BPW（梅州）八期车轴扩产项目）、2个市重点（梅州柚深加工项目、广东科华环境设备有限公司技改项目）、3个区重点（梅县区梅州伟友耐磨材料有限公司挖掘机工程机械零配件生产项目、梅县区玉水厨乡田园综合体、梅县区城东镇乐活金盘公寓），6个重点项目的建设均有序推进。2021年，城东镇新增注册企业95户、农民专业合作社1户、个体工商户208户。全镇有企业497户，有外资企业11户，有农民专业合作社23户，有个体户1283户，有餐饮服务274户（含部分停业未注销的户数）。

【圩镇与农村基础设施建设】 2021年，城东镇抓好圩镇与农村基础设施建设工作，一是全力保障农村集中供水，全年新建小型集中供水工程7宗，工程改造1宗，镇级水厂扩网1宗，完善管网1宗，重点解决葵下村笑段、百一、百二共3个村民小组90户402人的饮用水问题，通过扩网改造实现全镇村村通自来水。二是开展农村公路建设提升行动。推进对Y031线城东至白渡段道路沥青铺打和亮化提升以及对Y184线葵上至玉水段道路美化绿化工作。

【民生】 2021年，城东镇抓好民生工作，一是落实低保政策，实现应保尽保。2021年，城东镇有农村、城镇低保户165户，保障人口289人。全年发放保障金122.23万元，有特困供养人员62人，全年发放保障金62.88万元。全年按失能、半失能、全自理统一社会化发放特困供养照料护理费11.24万元。二是严格规范低保申请审查程序。确保把真正困难的群众全部纳入低保范围。2021年，对现有低保户和新增对象进行严格核查，对已脱贫对象坚决取消，对现生活情况较差的对象实行新增或提标。确保做到应保尽保，应退尽退。

【扶助贫困】 2021年，城东镇抓好扶助贫困工作，一是落实兜底政策。2021年，城东镇有脱贫人口210户472人，其中有劳动能力的脱贫人口76户272人，无劳动能力和“五保”、孤独老人等人员134户200人。有劳动能力脱贫户2021年人均可支配收入均已达到巩固脱贫标准（超过9600元），无劳动能力脱贫户全部均已纳入社会保障兜底。至年底，全镇210户脱贫户均脱贫稳定，未发现返贫风险。二是推动产业帮扶。充分发挥玉水“厨师之乡”客家菜师傅培训基地的作用，开展技能培训帮助就业。持续巩固脱贫攻坚成果，结合城东镇拥有“绿色工业小镇”的实际，引导辖区企业和乡贤企业，优先保障贫困家庭就业，优先吸收脱贫户子女就业。解决贫困家庭就业人口60多人。有劳动能力脱贫户就业扶贫98人，就业率83.7%。

【综治维稳】 2021年，城东镇抓好综治维稳工作，一是落实维稳工作制度。二是定期开展矛盾纠纷排查。全年全镇受理各类纠纷228宗，其中村调委会188宗，镇调委会40宗，无因调处不及时或调处不当而引发的矛盾激化的事件，未发生影响社会稳定的重大矛盾纠纷。三是深化平安城东建设，促进和谐稳定。2021年，城东镇派出所接处警670宗（其中“110”报警650宗、现场报警20宗），立刑事案件35宗（其中移交刑警立电信诈骗11宗）、破9宗，其中逮捕1人，刑事拘留1人；查处治安案件63宗，行政拘留9人。四是强化辖区群众对电信网络诈骗的鉴别能力和防范意识。宣传指导群众下载安装反诈App共4000多个。

【环境保护与治理】 2021年，城东镇抓好环境保护与治理工作，一是全面推进林长制。严格落实镇、村两级林长巡林制度，开展镇级林长巡林197次，村级林长巡林831次，召开镇级林长会议2次，镇、村林长培训1次；坚决抓好护林防火工作，严格落实包山头网格化责任，加强护林巡查和宣传，全面排除火灾隐患，严厉打击违规用火。二是持续加强水环境保护，全面落实“河长制”，全年开展镇级河长巡查184次、村级河长巡查768次，召开河长会议2次，镇、村河长培训1次；推进河湖“五清”“清四乱”，投入19万元，开展河道清漂、清理水浮莲、清淤障以及入河排污口的摸排整治工作。三是推进水质污染整治工作。全力做好中坑、书坑、艾子坪、芦下陂等四个山塘水库的水质污染整治工作，水质实现全面达标；推进中央生态环境保护督察交办四宗案件的整改落实，已办结2宗，阶段性办结2宗。

【土地保护与利用】 2021年，城东镇持续做好耕地保护、农田垦造、土地征收和削坡建房整治等工作，强化对违规占用耕地建设行为的惩处力度，压实“两违三抢”的网格化监管责任，推动城东镇的土地保护与利用工作。制定实施了城东镇农村宅基地审批管理工作方案，完成13户预审批工作；持续监管玉水、石下村12公顷垦造水田项目；依法拆除违法建房、违法搭建36宗，拆除违建面积约250平方米；完成2020年存量卫片违法整改6宗、2021年卫片违法整改1宗；完成2021年削坡建房整治任务19宗。

【人口管理】 2021年，城东镇人口指标平稳有增。全面实施免费孕前优生健康检查，积极回应“三孩”政策，严格做好计划生育奖励扶助。全镇人口出生161人，其中一孩65人、二孩79人（政策外2人）、多孩17人（政策外9人）。人口出生率6.87‰，政策生育率93.79%，人口自然增长率1.79‰。

【卫生】 2021年，城东镇抓好卫生工作，一是落实疫情防控工作。至2021年年底，城东镇全人群接种总任务数是29684剂，已完成25966剂，目标完成率87.5%，其中一针11609剂、二针11211剂、三针3146剂；60周岁以上人群接种完成5550剂，完成率83.0%；精心组织开展城东镇农村地区新冠肺炎疫情应急处置联合演练和城东镇大规模核酸检测演练，全力提升重大疫情防控应急能力。二是推进医疗卫生体系建设。2021年，城东镇卫生院有职工40人（其中在编34人，自聘4人，借调1人，研究生1人，本科13人，大专学历14人，中专学历8人，高中1人，副高职称2人，中级职称6人，执业医师8人，执业助理医师8人，执业护士9人）。城东镇卫生院与梅县区中医医院签约紧密型医联体及与粤东医院签订医联体，实行分级负责、双向转诊。三是有序推进基本公共卫生工作。落实国家14项基本公共卫生工作，其中居民健康档案，已建档1.76万人。对辖区1006名高血压者与399名糖尿病患者进行规范管理；为辖区内65岁以上老年人提供免费体检1642人次，定期下乡开展义诊及健康教育与健康咨询活动，下乡开展健康知识讲座12次，健康知识咨询12次。

【文化】 2021年，城东镇积极推进精神文明创建活动，完善各项基础建设，管理和维护好公共文化设施、设备，包括展览室、老人少儿活动室、多功能培训室、电子阅览室、图书阅览室、书画室、舞蹈室、器乐室等功能室。镇图书室总藏书量1.1万册。完成镇级和13个行政村（居委会）新时代文明实践所（站）和学雷锋志愿服务所（站）的建设。2021年，城东镇组织开展关爱空巢老人、环境卫生整治、交通文明劝导、专题宣传活动等志愿活动15次；积极开展扫黄打非行动，共进行4次专项检查行动，向群众派发宣传手册300多份，制作宣传栏和张贴宣传海报16处。

【体育】 2021年，城东镇文体中心和各行政村综合性文化服务中心严格对照建设标准，积极完善各项设施设备，除潮塘村因建设古梅项目暂无场地，其他11个行政村（居委会）均设置600平米以上的文体活动广场，配备了一套以上健身路径、篮球场和乒乓球台等设备，丰富群众的体育锻炼活动。

【教育】 2021年，城东镇有完全中学1所、小学1所、幼儿园3所、托儿所2所。全镇有教职工152人，有中学生259人、小学生759人，有在园幼儿475人、在托儿所幼儿95人。同时协助扶贫办做好2021年春季学期梅县区建档立卡等家庭经济困难学生生活费和免学费补助发放以及民办代课教师生活困难补助发放工作。符合条件的贫困学生有53人，发放生活费和免学费补助9.35万元。

【城东白渡产业园】 2021年，城东镇有规模以上工业企业10家，实现总产值22.51亿元。以205国道沿线商铺为带动，大力发展与工业、建筑、运输相配套的工程机械商贸销售、机械汽车维修等现代服务业，形成下游机电维修个体企业181家，产业链不断延伸，打造城东“绿色经济工业走廊”，不断深化巩固梅县区五大产业支柱之一的装备制造业优势。

【广东省机电专业镇】 2021年，城东镇依托优越的区位优势、便捷的交通条件，以“城东白渡工业园区”为载体，围绕“聚焦工业”一条主线，坚持创新驱动，着力打造高端装备制造业产业集群。通过以BPW（梅州）车轴为核心，带动庆达实业、伟友耐磨公司、钧耀公司等大型装备制造企业形成产业集聚效应，有效辐射带动全镇装备制造业的发展。城东镇机电企业积极与华南理工大学、武汉理工大学和广东工业大学等多家高校开展产学研合作，提高了机电企业的自主创新能力，加快了科技成果的转化。同时不断致力于打造集信息交流、咨询诊断及相关的技术服务为一体的机电产业技术创新公共服务平台，加强与嘉应学院的联系，着力解决关键共性技术问题。

【农村环境综合治理】 2021年，城东镇抓好农村环境综合治理工作，一是深入开展“三清三拆三整治”人居环境综合整治“回头看”工作，共拆除危旧房21间、面积1058平方米；拆除露天厕所14间、面积80平方米。推进农村厕所问题摸排整改，共整改旱厕2间，争取到奖补资金36万元。二是推进美丽乡村项目建设。全面加快石月村“1+N”美丽乡村项目建设，包括沿线路灯安装、观景平台、村道扩宽和外立面风貌整治；结合“美丽庭院”创建工作，成功打造60户美丽庭院，倡导居民营造优美人居环境。

【党的建设】 2021年，城东镇党委下设19个基层党组织，其中村级党委1个、党总支2个、党支部16个；全镇有党员1057人，其中新发展党员7人。城东镇持续推动党内政治生活制度化、经常化、规范化，认真落实“三会一课”、民主生活会、组织生活会和第一议题等制度。坚持以习近平新时代中国特色社会主义思想为首要政治任务开展全覆盖党员教育培训，详细制订2021年度党校培训计划，全年开展培训23场次，镇党委理论学习中心组开展专题学习会议16次，组织召开学习贯彻习近平总书记在庆祝中国共产党成立100周年大会上的重要讲话精神干部动员大会，发放《论中国共产党历史》等指定学习材料748册，组织镇党委班子开展专题学习研讨4次，各基层党组织开展专题学习会议80多场次，召开专题组织生活会22场次，各村支部书记讲专题党课23次，班子成员带头领学16次。推动全镇“我为群众办实事”实践活动，投入资金560多万元，帮助群众解决“急难愁盼”问题30余件，涉及道路、污水处理、饮水灌溉等民生项目。2021年，村级换届选举工作全面完成，13个行政村（居委会）党组织书记实现“三个一肩挑”，行政村（居委会）“两委”干部交叉任职率100%。全面完成镇级领导班子换届，选举产生党委委员9名，镇长、副镇长7名，人大主席、人大副主席2名，进一步优化了班子的学历、年龄等结构。创新机关基层党组织体系建设，将党小组建立在驻村团队上，充分发挥镇街党校、智慧党建平台作用，全面提升党内组织生活规范化水平，投入

40 多万元，打造镇级有声智慧党建平台建设和升级改造镇级党校及莲塘分教点。组织 2 次村党组织书记专题培训，组织 61 名村“两委”干部进行专项业务培训，到石月村、莲塘村进行现场参观学习，开展“抓党建促乡村振兴学习研讨”活动。加强党组织领导建设，全面落实“一月一研判”制度，每月定期组织党委班子对党建工作进行研判，全年召开专题研判会 12 次，研究解决问题 27 个。运用监督执纪“四种形态”，严格遵守中央八项规定，严厉纠治“四风”问题，结合学党章党规党纪、观看警示教育片、参观反腐倡廉教育基地等形式，对党员干部进行党风廉政教育，全年接到上级纪检监察机关移交信件 8 件，答复 8 件；自办案件 4 宗，结案 4 宗；进行谈话提醒 13 人次，日常谈话 186 人次。

2021 年年底梅县区城东镇党委、政府

书　记：刘志刚

镇　长：肖韵波

（供稿：饶诗诗　张智文）

石扇镇

【概述】 石扇镇位于梅县区西北部，处在梅县区与梅江区、平远县、蕉岭县四区（县）交界之处，距梅州市区 18 千米。辖区面积 94.3 平方千米。下辖 12 个行政村和 1 个居委会。2021 年总户数 6272 户，总人口 21369 人。是全国“一村一品”示范镇（金柚）、广东省金柚技术创新专业镇、广东省森林小镇、广东省卫生镇。2021 年，石扇镇实现规模以上工业产值 2.82 亿元；实现限上批零产值 5145 万元；实现税收收入 883.65 万元。

【农业】 2021 年，石扇镇全年投入近 2000 万元实施高标农田建设项目，733.33 公顷水田灌溉和耕作条件得到改善。通过推广优质新品种、水稻三控施肥技术及秸秆还田技术，培肥土壤，增产增收。全年水稻种植面积 1024 公顷、玉米面积 111.5 公顷、花生面积 280.3 公顷、咸菜（大白菜）面积 180.6 公顷。全年水果种植面积 1778.7 公顷，其中金柚面积 1383 公顷，金柚总产量 5.3 万多吨，总产值 3 亿多元。全年生猪出栏 1 万多头，年末存栏 5000 多头；全年“三鸟”出栏 34 万多只，年末存栏“三鸟”8 万多只；水产渔业产量 1157 吨。高质量完成中和村 12.21 公顷、西南村 5.5 公顷、松林村 0.53 公顷等村垦造水田任务，有效增加耕地数量，提升耕地质量。突出“公司+基地+农户”模式，集约 6.67 公顷，建设连片芥菜种植示范点，激发“石扇咸菜”传统品牌活力，发展“石扇咸菜”富民产业。

【工商企业】 2021 年，石扇镇鼓励引导传统建材产业调整结构、革新技术、转换动能、优化升级，致力做大增量、做优存量，拓锋石粉厂 1.6 兆瓦“光伏+建材”绿色厂房投入使用。

【圩镇与农村基础设施建设】 2021 年，石扇镇围绕圩镇、路、水等老百姓关心关注的民生实事，及早谋划，统筹整合资源和项目，高标准高起点编制石扇镇镇域乡村振兴规划和石扇镇美丽圩镇规划，谋划确定了 2021—2025 年项目库。2021 年，镇村村通自来水厂、镇污水处理厂、西南村污水处理站投入运营；曾雪麟爱心足球场建成开放；红南村“单改双四好农村路”建成通车。投入 1482 万元，推进石扇镇全域自然村集中供水工程（含圩镇提质增效）、老旧自来水网管换新，保障居民喝上安全水、放心水。投入 1708 万元，实施巴庄灌区提升改造工程。配合完成投资 4341 万元的梅州二次雷达工程完成土地征收工作。投入 197.83 万元，推进西南村省定贫困村创建社会主义新农村示范村。投入 385.68 万元，整治提升新东村风貌（梅县区“1+N”生态宜居美丽乡村示范项目）。引进兰芳源文旅公司，对全国“一村一品”示范村西南村进行农文旅开发。

【民生】 2021 年，石扇镇有农村低保 245 户、437 人，城市低保户 5 户 5 人。有“五保户”102

人。参加城乡居民医疗保险15818人，基本实现全民医保，为民政对象购买2022年城乡居民医疗保险1035人。高龄津贴发放923人；持残疾证人数有669人，其中，2021年发放重度补贴467人，受低保户残疾人生活津贴181人，享受残疾人子女学费补助4人。申报并完成白内障免费复明手术55例。设有社区康园中心1个。

【扶助贫困】 2021年，石扇镇开展扶贫信息监测交叉检查、“回头看”，确保全镇257户539人建档立卡在册贫困户稳定脱贫、不返贫。通过镇村干部及驻镇帮镇扶村工作队的走访，对全镇249户脱贫户进行全覆盖的动态监测。为163户无劳力脱贫户、86户有劳力脱贫户购买返贫救助责任保险，筑牢防止返贫和新致贫的“防火墙”。

【综治维稳】 2021年，石扇镇压实安全生产监管责任，深入开展“一线三排”180多次，发现隐患40多宗，发出整改指令30条，提出整改意见40多条；持续推进基层正风肃纪反腐，深入开展平安创建、无邪教创建、扫黑除恶专项斗争。全年接到上级交办案件64宗，镇综治中心接访群众32批共63人；镇调解委员会调解民事纠纷131件，成功调解129件；调解山林权属纠纷5宗。持续开展“七五”普法工作，全年法治授课2场次，受教育者800多人次；做好社区矫正和安置帮教工作，新接收社区矫正对象8人，解除社区矫正10人，接受安置帮教对象17人。坚持打防并举、防范为先，提高群众防范知识的知晓度和国家反诈中心App的覆盖面，完成国家反诈中心App安装5703人次。全年查处辖区内重大行政执法案件4宗，处罚金10.94万元。

【环境保护和治理】 2021年，石扇镇常态化开展河湖“五清”和“清四乱”专项行动，持续深化畜禽养殖污染整治、有机肥替代化肥行动、农业面源和工业面源污染治理。扎实开展“两美”、爱国卫生运动，推进农村生活垃圾和污水集中处理，打好乡村振兴的“当头炮”。投入近3000万元，实施巴庄水生态清洁型小流域综合治理工程，使水土流失得到治理，面源污染得到控制。投入近20万元，实施三坑村河道护岸水毁修复工程。投入6.4万元，进行河道清理工作，清理河道长度2.6千米，清理漂浮物及淤泥1.6万立方米。全年新建无害化卫生户厕14座，完成存量旱厕整治37座。加大“三拆除”存量整治力度，全年拆除废弃猪牛栏、露天旱厕、危旧房等约2000平方米。

【人口管理】 2021年，石扇镇人口出生155人，其中男76人、女79人，性别比98.72（以女性为100）；二孩出生63人，占比41%；人口出生率6.93‰，计划生育率95%，人口自然增长率-0.45‰；全年征收社会抚养费9.11万元；开展孕前优生健康检查76例152人。

【卫生】 2021年，石扇镇辖区有镇卫生院1间和村级卫生站12个。石扇镇卫生院现职人数41人，其中卫生技术人员35人（高级职称1名，中级职称12名，初级职称22名），临时聘用人员4人。全镇0—3岁儿童应健康管理426人，建卡管理386人；0—6岁儿童应健康管理798人，建卡管理759人；“六苗”应全程接种130人，完成全程接种124人，接种率95.38%，免疫接种安全注射率100%；全镇中小学校健康教育课开课率100%。

【体育】 2021年，曾雪麟爱心足球场建成开放；石扇镇有足球场4个、室内运动场馆1个、篮球场15个，13个行政村（居委会）均建有文体休闲活动广场。全年先后组织广场舞、篮球赛、足球赛、羽毛球赛等各类文体活动30多场（次），各村自发组织开展各类文化体育活动13场次。

【文化】 2021年，石扇镇投入490万元，修缮肖向荣故居、烈士纪念碑等革命遗址2处。新东村张明生故居炽昌庐被评定为广东省红色革命遗址。13个新时代文明实践（所）站完成挂牌、完善组织机构、制度上墙等工作。组织志愿者培训会 4 次，223 名志愿者开展垃圾分类宣传、助老爱老志愿活动、文艺会演、脱贫攻坚政策宣讲、环境卫生整治等志愿活动 120 余次。发挥工会、共青团、妇联和社工志愿组织等优势作用，开展书法活动、义剪活动、重阳节敬老感恩等活动 7 场次。持续开展“文明家庭”“十佳文明贤媳”“美丽庭院户”推优评选活动，培育文明乡风、良好家风、淳朴民风，建新村黄小连家庭获评 2021 年度梅县区文明家庭，梅北中学入选全国乡村温馨校园建设典型案例。

【教育】 2021 年，石扇镇有初级中学 1 所，有教职工 28 人，有学生 333 人；有中心小学 1 所，有教师 58 人，有学生 784 人；有幼儿园 1 所，有幼师 36 人，有幼儿 328 人。全年投入 23.5 万元助困奖学。2021 年“小升初”成绩、中考入重点高中率、高考本科上线率居全区乡镇前列。

【广东省金柚专业镇】 2021 年，石扇镇持续推进金柚产业“扩规模、调品种、提质量、塑品牌”建设，2021 年，获评全国“一村一品”示范镇（金柚）。2021 年，完成金柚扩种面积 86 公顷，备种面积 42 公顷，新建村南村 14.67 公顷、西南村 23.33 公顷梅州柚——梅县金柚标准化连片示范基地，引导三丫农业将 6.67 公顷残次百香果园改种梅县金柚。投入 286.7 万元，完成国家现代产业园柚标准化生产示范基地建设，梅县区国家现代农业产业园石扇园区正式启用，推动石扇镇金柚产业升级发展。

【党的建设】 2021 年，石扇镇有党支部 20 个，有党员 960 人，其中新发展党员 20 人。推进党史学习教育。征订 900 多套近 4000 册党史学习教育指定用书，54 套 162 册“三史”用书，勉励全体党员干部要加强党史学习。充分发挥“头雁”示范作用，党委班子成员带头学，全年开展理论学习中心组学习 28 场次，召开专题学习会 4 场次，举办理论学习中心组研讨班 4 次，先后邀请党史学习教育市委宣讲团成员到镇上党课 3 场次，受众人次 360 余人。全镇各党组织负责同志以上率下，讲专题党课 40 余场，受众人次 2000 余人。征得《党史学习教育心得体会》204 篇次，组织近 800 名党员干部分别到五华古大存故居、大埔青溪中央红色交通线遗址等红色教育基地开展党史学习教育主题党日活动，深切缅怀革命先烈，重温革命历史。发放流动党员笔记本 23 本，督促流动党员运用“学习强国”学习平台、“共产党员”教育平台等，确保流动党员离乡不离党、流动不流失、务工不误学。完成村“两委”换届。换届换出新气象，体现高质量。全镇行政村（居委会）党组织书记、主任“一肩挑”实现 100%，“两委”干部交叉率 97.4%。“两委”班子结构得到大幅优化，实现了年龄、学历“一降一升”。聚焦村级换届“后半篇文章”的“重头戏”，通过开展谈心谈话、集中培训、学习实践等 12 场次，抓好行政村（居委会）“两委”换届后续工作。提升党建服务水平。投资 480 万元的三坑村、中和村、红南村党群服务中心竣工启用，投入 30 万元，扩建新东村党群服务中心，进一步筑牢基层党组织阵地，为广大党员群众提供更加优质、高效、便捷的服务。

2021 年年底梅县区石扇镇党委、政府

书　记：曾　谋

镇　长：黎国标

（供稿：易　标）

丙村镇

【概述】 丙村镇位于梅县区东部，东南邻雁洋，西南连白宫、西阳，东北接雁洋、松南，西北界城东、白渡，镇政府驻地丙村圩镇南街，距梅州市区 20 千米。辖区面积 170.7 平方千米，其中：耕地面积 1280 公顷、林地面积 1.28 万公顷。境内旅游快线 S223、S224 线、梅大高速公路、嘉应环城高速（在建）和梅坎铁路贯通丙村。2021 年，全镇辖21个行政村和1个居委会。全镇有12562户，总人口4.6万人。2021年，全镇实现社会经济总收入40.35亿元;实现农业总收入3.37亿元;实现镇级税收入库1.13亿元；实现规上工业总产值53.8亿元；固定资产投资完成3.49亿元。

【农业】 2021年，全镇粮食作物全年总播种面积2255.67公顷，产量1.73万吨，其中水稻1400公顷，产量9856吨。通过推广优质高产新品种深优9708，开展技术培训、宣传资料印发、田间调查、技术指导等，建设粮食高产创建示范区66.67公顷。水果种植面积1535.4公顷，产量3.55万吨，主要以种植金柚为主，特色水果有红肉蜜柚、梅花早柚、红肉火龙果、百香果、银二枇杷、四季龙眼等。2021年，肉猪出栏1.44万头，家禽出栏136.68万羽，肉用牛220头，肉用羊1337只，肉用狗2780只，家兔3531只；水产养殖面积209.2公顷，产量3197吨。以培育发展优势特色农业为抓手，着力巩固发展农业龙头企业和搞好新优农产品示范基地建设，以“公司+基地+农户”“合作社+基地+农户”等模式，联结农户。强化技术信息服务，做大做强优势产业。全镇培育发展省级农业龙头企业1家、市级农业龙头企业3家、区级农业龙头企业8家，有农民专业合作社70家、家庭农场69家，其中大雅红肉蜜柚专业合作社获评国家级示范专业合作社。

【工商企业】 2021年，丙村镇规上企业有梅县荷树园电厂、梅县泰山建材有限公司、丙村水泥厂、梅县锦江电路板有限公司、客迁食品、丙村客运、梅县铜盘水泥有限公司共7家。实现全镇工业总产值53.8亿元。全镇有农贸市场1个；有个体工商户1727户，其中有商店户1598户、连锁超市2家、酒店2家、餐饮服务185家。

【圩镇与农村基础设施建设】 2021年，丙村镇抓好圩镇与农村基础设施建设工作，一是全力推进小白沙美丽乡村建设。小白沙乡村风貌提升项目计划总投资2500万元，主要是对S224线至白沙自然村沿石窟河南岸6.78千米沿线民房风貌提升，努力把小白沙打造成为美丽乡村示范点。二是高标准建设丙村农贸市场。丙村农贸市场按照高标准设计、高规格建设，项目总投资约440万元，建筑面积约1500平方米，共有10间商业门店和40个摊档位。建成后将进一步优化丙村圩镇格局，有效提升圩镇配套设施水平。三是启动环镇公路建设，不断完善农村路网；全面实施“四好农村路”建设，完善公交站候车亭建设。大雅水治理工程全面完工。大雅水治理工程，项目总投入2900多万元，主要用于河道治理和改善农村水土流失地区的生产生活条件，将水土流失治理、河道治理、人居环境改善有机结合。

【旅游】 丙村镇境内有五百多年历史、规模宏大、气魄雄伟的中国传统民居建筑客家围龙屋——仁厚温公祠，有省级文物保护单位银场村邓仲元故居，有市级文物保护单位新圩村扬孝石刻，有叶剑英元帅少年时期就读的三堡学堂，有明清秀才李文固墓地等名人故居景点。一是做好旅游线路规划。锦江桥至梅福粗石坑旅游专线公路沿线村为重点的旅游线路：梅福村李文古故居、墓地，梅州市梅县区刘屋家庭农场、梅州天绿农业发展有限公司、黄梅村广利达家庭农场、东溪辉鸿农业发展有限公司；仁厚温公祠、生泰鱼庄、邓仲元故居、银二村枇杷基地、杜陂坑民宿和梅溪山庄民宿；旋风村、芦陵村（举人村）——市级生态村；郑均村、咀头村乡村游。二是利用沿路古民居风貌，在群丰、芦陵、咀头村等村鼓励开发民宿，并利用山水田园风光打造具有丙村特色的乡村旅游项目。三是结合丙村镇农业特色水果品种多的优势，利用田头红肉火龙果、四季龙眼、银二枇杷、大雅红肉蜜柚基地为游客推出采摘、品尝、购买于一体的亲子田园旅游项目。总投资50亿元的大型康养文旅项目中国·梅州“客都人家”康养文旅综合体项目位于梅县区丙村镇，地处石窟河与梅江河交汇处，规划占地面积133.33公顷。项目紧邻叶剑英纪念园、雁南飞、雁山湖、桥溪古韵、灵光寺等景区，处于旅游黄金带核心区，周边资源丰富、综合配套齐全。项目集文化塑造、实景演出、民俗体验、健康美食、休闲度假功能于一体，内设客乡老街、原乡实景演艺、悦麓酒店、文旅创业园、康体颐养社区、邻里中心六大板块。项目通过文旅大融合，将固化的客家历史文化进行活化，打造华南文旅新地标，建设成为客家文化对外展示的最佳舞台、世界客都 · 长寿梅州的一张亮丽名片。同时，项目辐射带动周边区域美丽乡村、新型城镇化建设，串“珠”成“链”，形成“生态+文化+旅游+城镇化”发展模式，为梅州发展全域旅游、推动乡村振兴注入新活力。

【民生】 2021 年，丙村镇城乡居民医疗保险工作实现全覆盖，农村养老保险工作深入开展，覆盖面不断扩大。认真落实低保、“五保”供养政策，为全镇 783 户重度残疾人（其中包括三、四级精神和智力障碍）按月社会化发放每月 235 元的“护理津贴”，357 户低保户残疾人每月 175 元的“生活津贴”。大力发展社会福利和慈善事业，积极参与香港力行植林慈善基金会 8 月底举办的“扶贫助学”活动，为 100 多人发放扶贫助学金 25 万多元。强化培训就业服务工作，以客都人家开业为契机带动就业，提升劳务输出的规模和层次，强化职业技能培训，全年举办 3 场劳动力技能培训。发放种粮补贴面积 1330.2 公顷、补贴金 168.41 万元；全年发放生态林补偿面积 5856.67 公顷、补偿金 231.86 万元。全镇有居民低保户 30 户，农村低保户 419 户 741 人，孤儿 6 人，享受“五保”对象 145 人；做好部队退伍士兵的安抚工作。

【综治维稳】 2021 年，丙村镇开展普法宣传工作，全年举办宣传活动 15 次，印发宣传资料 1 万多份，悬挂宣传标语 35 余幅，受教育人数 1 万人次，解答法律咨询 1300 人次。全年受理各类矛盾纠纷 80 宗，调处 78 宗，调处成功率 97.5%。重点做好红光坝尾政府储备用地征拆、东环高速征地等矛盾纠纷隐患的调处工作。全年领导干部接访 180 多人次，当场解决上访人问题 9 宗，转交相关部门答复解决 5 宗，未发生群体性事件。强化社会治安综合治理，严厉打击各类违法犯罪行为，继续推进“一村（社区）一律师顾问”法律援助服务和平安村（居）工作；积极创建法治镇，不断强化“中心+网格化+信息化”建设，围绕“排查防控违法犯罪、排查化解矛盾纠纷、排查排除公共安全隐患”三大功能，将全镇划分 97 个网格，每个网格员配备一部办公手机，有效预防和遏制各类违法案件的发生。

【环境保护与治理】 2021 年，丙村镇有林地面积 1.28 万公顷，其中生态公益林面积 5856.67 公顷。完成造林绿化、森林抚育 733.33 公顷，全年审批出砍伐（桉树）指标 5762.69 立方米。组织 1 万多株苗木分拨到 21 个行政村进行套种。

【土地保护与利用】 2021 年，丙村镇开展耕地动态巡查工作，确保耕地面积稳定。完善镇村建房用地管理网格化巡查制度，规范管理圩镇和农村建房。全年制止无用地手续的违法建设 10 宗，查处违法用地 2 宗，拆除违章建设 2 宗。

【人口管理】 2021 年，丙村镇人口出生 288 人，其中一孩 105 人、二孩 135 人、三孩及以上 45 人，人口出生率 6.35‰，政策生育率 93.75%，性别比 126.77（以女性为 100），自然增长率 0.88‰。

【教育】 丙村镇有 1 所中学、2 所小学、2 家幼儿园。丙村中学占地面积 7.2 万平方米。2021 年，有教师 125 人，有学生 1325 人；丙村镇中心小学占地面积 2.34 万平方米，有教师 90 人，有学生 1811 人；丙村镇第二小学占地面积 3.43 万平方米，有教师 40 人，有学生 801 人；丙村镇中心幼儿园占地面积 8260 平方米，有教师 12 人，有幼儿 141 人；丙村镇二小幼儿园占地面积 2650 平方米，有教师 8 人，有幼儿 103 人。

【农村环境综合治理】 2021 年，丙村镇采取“户收集、村转运、镇处理”的模式，建立农村生活垃圾处理长效机制，21个行政村均成立了环境卫生协会，负责环境卫生知识宣传；全镇配备800多个垃圾桶、21辆垃圾处理运输车，聘请保洁员70多名；投入400多万元，用于农村生活垃圾处理；加强垃圾分类宣传引导，在芦陵、田头村建立垃圾分类回收兑换超市。

【党的建设】 2021年，丙村镇有党支部42个，有党员1931人，其中新发展党员27人。基层党建工作方面。丙村镇全面贯彻新时代党的建设总要求，认真落实党委管党治党政治责任，大力实施加强基层党组织建设三年行动计划。一是巩固完善党组织标准化规范化建设成果。认真贯彻落实《中国共产党支部工作条例（试行）》《中国共产党农村基层组织工作条例》等，持续推进农村基层党组织标准化规范化建设，统筹抓好中小学校、卫生院、派出所等事业单位及“两新”组织党组织规范化建设，深化“双同步”工作，提升“两新”组织党建质量。二是加强党员教育培训工作。充分发挥镇委党校在加强党的思想建设和教育培训基层党员干部中的主阵地和主渠道作用，不断提升丙村镇委党校建设管理水平，结合疫情防控，综合运用“学习强国”、干部培训网络学院、党员远程教育等载体，分层分类抓好党员干部教育培训。三是深入实施基层基础保障工程。严格落实基层党组织经费保障政策，按时足额下拨基层党组织服务群众专项经费和村级组织运转经费；充分发挥党内关怀帮扶作用，管好用好党员关爱基金，全年发放党员关爱基金31.23万元；加强专职党务工作者队伍建设，选优配强党建专职副书记、组织委员和组织干事队伍，确保基层党建和党务日常工作规范高效运作。纪检工作方面。一是强化两个责任的落实。镇党委认真履行党风廉政建设主体责任，镇纪委认真履行监督责任。把开展涉农领域腐败问题专项治理、严肃整治群众身边的不正之风和腐败问题、加强对党员领导干部“八小时以外”活动日常监督管理、抓早抓小和工作督查作为一年来的重点工作。二是加强宣传教育、履行好监督责任。开展以案说纪明纪教育活动，并以党政联席会、周一例会、镇村干部大会等会议为平台，增强党员干部廉洁自律和拒腐防变能力。三是发放上级纪委印制的《举报贪腐、共创廉洁》宣传册600份，拓宽线索来源渠道，引导群众规范举报。四是运用好监督执纪“四种形态”，镇纪委切实全面履行党章赋予的监督执纪问责职责，积极运用监督执纪“四种形态”，强化谈话提醒抓早抓小工作，认真落实谈心提醒教育制度，切实加强对党员干部的教育、管理和监督，开展各类谈话、检查等，有效遏制怕干事、不干事的慵懒现象。五是正风肃纪，整治“四风”，镇纪委严格执行中央八项规定精神，持之以恒正风肃纪，使党员干部提高认识。

2021年年底梅县区丙村镇党委、政府

书　记：吕瑜泉

镇　长：古勇科

（供稿：吴应军）

雁洋镇

【概述】 雁洋镇位于梅县区东北部，镇政府驻雁洋圩镇荷树岗，距梅县区人民政府35.2千米。辖区面积188平方千米。是叶剑英元帅的故乡、国际慢城、全国重点镇、中国特色小城镇、广东特色小镇创建示范点、广东省中心镇。省道223线、省道224线、梅坎铁路、韩江水运、梅大高速公路穿境而过，在三乡圩镇、丙雁交界处开通有高速路出入口。2021年，全镇有27个行政村和2个居委会，全镇有8682户，总人口34183人。2021年，雁洋镇实现规上工业企业总产值53.3亿元；固定资产投入完成6亿多元；实现税收收入9亿元。

【农业】 2021年，雁洋镇建成梅州柚主题文化公园和金柚标准化生产示范基地，推进梅县区金柚扩种工作，完成扩种面积 72.07 公顷，总面积 2000 公顷。积极推广“支部+公司+基地+农户”模式，成立阴那山灵峰茶叶专业合作社，辐射带动农户 156 户，年产值 6900 多万元。全镇 27 个村全部达到集体经济收入 5 万元以上，18 个村超过 10 万元。大力发展“一镇一业、一村一品”金柚、茶叶、金线莲、澳洲坚果等现代高效农业，实施品种改良、品质提升、品牌打造“三品”工程。共培育龙头企业 18 家、合作社 38 家、家庭农场 49 家，实现农业总产值 6 亿多元。开展农村乱占耕地建房问题摸排图斑 1602 个，共核查疑似违法图斑 31 个，整治 10 宗。通过验收 2020 年第一批次拆旧复垦 2.45 公顷。

【工商企业】 2021 年，嘉元科技挂牌国家技术创新示范企业，年产 3500 吨和 5000 吨高性能铜箔项目均已建成投产，铜箔产能达 2.6 万吨/年；超华科技获批牵头组建广东省高性能电解铜箔区域创新中心，投资 3.76 亿元的年产 600 万张高端芯板项目已开工建设，年产 8000 吨高精度电子铜箔工程项目建成投产，铜箔产能 2 万吨/年，全镇铜箔总产能 4.6 万吨。助力翔龙科技和旭泰能源上市，培育新的经济增长点，卡莱橡胶、翔龙科技技改项目均完成投入使用。宝丽华、嘉元科技、卡莱橡胶位列梅州工业企业 2021 年度纳税 20 强。

【圩镇与农村基础设施建设】 2021 年，雁洋镇以“我为群众办实事”为工作指引，“四好农村路”覆盖范围不断扩大，S224 线（雁上至黄坳段）沥青全覆盖建设全面启动，东部快线第五标段（雁洋环镇路）即将建成通车。全力推进总投资 4500 万元的全域集中供水项目，实施好“村村通自来水”工程。持续推进“1+N”美丽乡村示范项目建设，推进“四小园”建设，打造乡村风貌精品示范、沿线连片建设美丽乡村风貌带。

【旅游】 2021 年，雁洋镇有以茶文化为主题的国家 AAAAA 级景区——雁南飞茶田度假村；以红色教育为主题的国家 AAAA 级景区——叶剑英纪念园；以养生文化为主题的国家 AAAA 级景区——雁山湖国际花园度假区；以禅文化为主题的国家 AAAA 级景区——灵光寺景区；以收藏文化为主题的国家 AAA 级景区——大观天下文化旅游景区；以足球运动为主题的富力足球学校以及粤东名山阴那山五指峰等景区。

【民生】 2021 年，全镇办结各类政务服务事项 2 万多件，办结率、满意率均 100%，“12345”市民服务热线满意度为 100%。落实“全民参保，不漏一人”方针，完成城乡居民医疗保险缴费等工作，实现“应保尽保”。社工服务站开展 16 场活动，服务高龄困难老人、困难儿童、残疾人 200 多人。雁洋镇社会工作与志愿者协会获得“梅州市梅县区最佳志愿服务组织”，雁洋镇雁下村巾帼互助项目获评“梅州市梅县区最佳志愿服务项目”。完成削坡建房户风险点整治 24 户，贫困户危房改造 16 户。

【综治维稳】 2021 年，雁洋镇 29 个行政村（居委会）全面完成“雪亮工程”建设任务，实现“安全网”全覆盖。持续完善群众信访诉求综合服务体系建设，建立了 1 个镇级信访综合服务中心和 29 个村级综合服务站。积极开展国家反电诈宣传，2021 年新注册安装国家反诈 App1736 人，完成任务数 101.46%。坚持“一岗双责、齐抓共管”，持续加强对重点企业、道路交通、学校、食品药品开展安全检查和隐患排查治理工作，未发生重大安全事故。共受理信访案件 25 宗，办结 24 宗，办结率 96%；受理矛盾纠纷 85 宗，成功调处 83 宗，成功调处率 98%。

【环境保护与治理】 2021 年，雁洋镇抓好环境保护与治理工作，深入打好污染防治攻坚战，严格落实“河长制”，明确工作职责。开展雁洋大堤防汛安全隐患整改工作。组织镇村两级河长用“广东智慧河长”“平安水库”App 对全镇境内的所属河流、水库进行巡查，及时发现问题，及时有效解决问题。完善6个（黄沙、莆里、鹧鸪、文社、东洲、添溪）村级污水处理站点配套设施。尽早实现全镇98个自然村集中供水全覆盖，让全镇所有农村居民都能喝上干净、放心的水。深入开展“绿满雁洋”大行动，全年春季新植、补植造林2000株，抚育梓湖顶山场幼树12公顷。全镇95棵古树名木均已登记在册，定期巡查树木状况和挂牌完好情况，共抚育深山含笑、山杜英、木荷等各类幼龄树木160公顷，全镇森林总面积1.48万公顷，森林覆盖率80.69%。南福村获评广东省森林乡村。

【人口管理】 2021年，雁洋镇人口出生235人，政策生育率90.64%，人口出生率6.80‰，自然增长率-0.38‰。

【卫生】 2021年，雁洋镇严格落实重点行业一周两检工作和疫情防控常态化测温、扫码、消毒等工作，加大对风险地区人员的落地排查，镇村“三人小组”对大数据推送人员和排查到中高风险地区返梅人员做到“日清日结”，按防控措施指引落实相应管控措施。充分发挥网格化作用，实现村干部包户包人，建立疫苗接种台账，确保责任到人、专人对接、高效推动，到期后进行宣传发动，或定期联系卫生院进行入村接种疫苗，制订清零计划，尽快提高第二针和第三针加强针接种率。

【体育】 2021年，雁洋镇有雁山湖七人制足球场1个；有富力足球学校十一人制天然草足球场3个、十一人制人造草球场2个、沙滩足球场1块，守门员训练场1块，拟新增改建天然草场2块，天然草足球场5块；有雁洋中学十一人制足球场1个；有三乡中学十一人制足球场1个；有大坪村5人制足球场1个；成立有梅州市梅县区足球协会雁洋镇分会。

【农村环境综合治理】 2021年，雁洋镇全面完结中央第四生态环境保护督察组交办案件，成功举办中央环保督察现场会，雁洋践行“两山”理念工作成效获得督察组的充分肯定。积极开展“五清”“清四乱”行动，全年清理河道6千米，清理水域面积0.56平方千米，清理水面漂浮物约700吨，完成全镇20座水库整治工作，水质检测结果全部达到或优三类水标准，实现“河畅，水清、堤固、岸绿、景美”的总目标。全区“三清三拆三整治”工作现场测评，雁洋镇90分以上的行政村有9个。全面完成文社、东洲、对坑等三个行政村的民房风貌管控提升项目，成功承办全区农村宅基管理工作现场会。创新开展雁洋镇村庄清洁大行动，共拆除危旧房109间，拆除废弃猪牛栏29间，拆除露天厕所茅房16间，拆除残破围墙、倒塌墙壁12处，拆除乱搭乱建6处。全年完成26户无害化卫生户厕改造工作，98个自然村环境整治，所有行政村达到干净整洁村标准。

【教育】 2021年，雁洋镇有初级中学1所（雁洋中学）、九年一贯制学校1所（三乡中学）、中心小学1所（雁洋镇中心小学，又称叶剑英红军小学）、幼儿园2所（雁洋镇中心幼儿园、丹尼阳光幼儿园）、足球学校1所（富力足球学校）。

【党的建设】 2021年，雁洋镇有党支部65个（含所有党总支、党委的下属党支部）；有党员2111人，其中新发展党员41人；有党代表工作室1个、党代表工作站29个、党代表信箱30个、党员关爱基金1个。全年有138人次党员因病申请党员关爱基金补助，发放补助款18.25万元，其中镇级基金发放8.75万元。镇、村两级选举工作全面完成，村级换届全部实现“三个一肩挑”，学历、年龄实现“一升一降”；全镇6个企事业单位党组织和群团组织的换届工作按期完成。

2021年年底梅县区雁洋镇党委、政府

书　记：叶铭光

镇　长：李新泉

（供稿：王亿琳）

白渡镇

【概述】 白渡镇位于梅县区东北部，镇政府位于白渡圩，距梅城 24 千米。总面积 187.6 平方千米。全镇有山地面积 1.47 万公顷，耕地面积 1358.5 公顷、圩镇面积 0.43 平方千米。辖 24 个行政村和 1 个居委会。2021 年，总户数 8125 户，户籍人口约 2.87 万人，是连接蕉岭县、大埔县和福建省的交通枢纽，205 国道、国防战备公路、天汕高速、雁白公路贯穿全境，是广东省卫生镇、广东省教育强镇、广东省宜居示范镇、梅州市平安镇、梅州市文化先进镇。2021 年，全镇固定资产投资完成 8.38 亿元；规上工业总产值完成 4.1 亿元；全年税收收入 1045 万元，其中镇级地方收入完成 583 万元。

【农业】 2021 年，全镇有耕地保有量 1140 公顷，基本农田面积保持不少于 982 公顷。全镇有 6870 户农户完成了土地确权登记颁证，完成 1246 公顷的粮食功能区的划定工作。全年完成撂荒耕地复耕复种面积 186.67 公顷。全镇种植水稻面积 1886.67 公顷，产量 1.37 万吨。种植金柚、柑橘、橙、香蕉、龙眼、李子、火龙果等水果，其中金柚种植面积 1764 公顷，产量 3.42 万吨。2021 年，新培育区级农业龙头企业 2 家，全镇农业龙头企业达 7 家，其中市级 2 家、区级 5 家。全镇合作社和家庭农场总数分别有 72 家和 246 家。农业专业基地有 3 个，分别为长田金柚标准化种植基地、悦来村水稻种植专业基地和悦一生态农业蔬菜种植基地。创乐村依托撂荒耕地复耕复种契机，建成 8.53 公顷蔬菜种植基地和 10.13 公顷毛豆+“广地龙”种养基地，并平整 13.33 公顷待租耕地，盘活撂荒土地 33.33 公顷。亲客、猗顿生猪养殖基地和臻尚米制品项目建设稳步推进，梅县区活禽屠宰场已进场施工，现代农业产业水平持续提升。

【工商企业】 2021 年，白渡镇有内资私营企业 170 家、外资私营企业 23 家、非私营企业 28 家，有个体工商户 1165 户。有规模以上工业企业 5 家（航鑫科技股份有限公司、源兴混凝土搅拌有限公司、雄辉实业、福德金属、特变电气）、限额以上批零企业 1 家（诚辉化工股份有限公司）。

【工业园区建设】 2021 年，白渡镇抓好工业园区建设工作。梅兴华丰产业集聚带梅县集聚区城东白渡产业园区涵盖城东、白渡两镇，其中白渡控制区内面积约 14 平方千米，分为汶水、沙坪和梅州坑 3 个园区。2021 年，有园区落户企业项目 21 个，其中：沙坪工业片区落户企业 6 家，分别是嘉元科技、中爱医疗、福德金属、华润燃气、雄辉实业、特变电气。华润燃气、雄辉实业、特变电气已建成投产，嘉元科技一期年产 1.5 万吨高性能铜箔项目已有 1 万吨投产，二期 1.6 万吨项目在加快推进；中爱医疗一期项目取得产品注册证和生产许可，已正式投产；福德金属一厂已投产，二厂正在进行设备安装，三厂在加紧进行厂房建设；汶水工业片区落户企业主要有 10 家，分别是佳居门业、家安消防、铠曼科技、锦龙汽配、可嘉木制品、绿园环保、明宇新材、富明玻璃、和安沥青和源兴混凝土。其中铠曼科技、和安沥青、源兴混凝土、可嘉木制品、富明玻璃和明宇新材等项目建成投产，绿园环保建设项目厂房建设全面完成，锦龙汽车配件项目在推进厂房、办公楼建设。梅州坑工业片区落户企业 2 家，分别是航鑫科技和诚辉化工，均建成投产。2021 年，全镇重点建设项目有 4 个，1 个省重点项目梅县区嘉元科技园年产 3.1 万吨高性能铜箔技术改造项目，3 个市重点项目梅县区中爱医疗厂房屋顶及厂区空地 4500 千瓦分布式光伏发电项目、梅县区中爱医疗器械生产项目、梅县区广东华心食品有限公司活禽屠宰项目，均在加快推进建设中。

【圩镇与农村基础设施建设】 2021 年，白渡镇总体规划和全镇 24 个行政村村庄规划全部完成。

"三清三拆三整治""回头看"暨百日攻坚行动全年拆除存量危旧房105间、面积3800平方米，拆除废弃猪牛栏8间、面积680平方米，拆除露天厕所茅房19间、面积316平方米。全年新建9户无害化卫生厕所。建成使用X962线至X954线800米连接线；投入960多万元，对G205国道白渡段和省道S332线圩镇段共3.55千米铺设柏油路面；投入150多万元，对入镇主通道Y031线沙坪园区至圩镇段1.2千米道路进行美化提升，完成水泥硬底化1.05千米，扩宽村道4.9千米，铺设柏油路面9.4千米。

【民生】 2021年，白渡镇完成兑付生态公益林补偿面积6885.2公顷，补偿资金297.4万元。全年发放低保资金287.03万元、"五保"救济金163.33万元，发放高龄补贴20.04万元。全镇城乡居民基本医疗保险参保人数2.12万人，基本实现应保尽保。发挥民政扶贫兜底作用，将所有无劳动能力户342户514人纳入社会救助范围，不落一户、不落一人。全年实施临时救助35人，救助金额15.35万元。对接慈善基金会，免费为15位残疾人进行白内障手术，为3名残疾儿童申报助学金8000元，为12名残疾人申报资助创业金3.3万元。

【扶助贫困】 2021年，白渡镇巩固拓展脱贫攻坚成果，保持帮扶政策总体稳定，建立健全防止返贫动态监测和帮扶机制，2021年，白渡镇纳入防止返贫监测对象16户35人，为无劳动能力户526人购买"保尚保"医保补充项目，为全镇524户脱贫户购买防贫保险，继续发放航鑫入股分红资金23.16万元，加强动态监测，及时帮助易返贫户，牢牢守住不发生规模性返贫的底线。建立健全乡村振兴驻镇帮镇扶村工作机制，积极对接驻镇帮镇扶村工作队，科学制订乡村振兴发展规划。

【综治维稳】 2021年，白渡镇创新发展新时代"枫桥经验"，实行"中心+网格化+信息化"管理，全镇综治网格员全年办结网格事件3322宗；镇综治维稳中心受理各类不稳定因素和矛盾纠纷38宗，调处成功36宗；镇司法所受理矛盾纠纷42宗，调解成功39宗；村级人民调解委员会受理矛盾纠纷107宗，调解成功93宗。一年来，法律顾问参与调解28宗，开展法治宣传109次，提供法律咨询131人次。全年接处警情386起，立刑事案件17宗，立电诈案件11宗，受理行政案件24宗，调解纠纷124起；破获涉及人民群众切身利益、群众反响强烈的各类刑事案件4宗，抓获犯罪嫌疑人4人；推进"全民反诈"工作，引导群众安装反诈中心App 4000多人次；深入开展反邪教宣传活动，抓好社区矫正工作，加强普法宣传力度。

【土地保护与利用】 2021年，白渡镇完成边坡整治14处，其中高风险边坡整治2处、中风险边坡整治10处、低风险边坡整治2处。2021年，严格落实"两违三抢"防控，认真落实耕地目标责任制，加强基本农田保护区及耕地易保区的管护建设；加强对土地资源的管理，及时制止和处理各种违法用地行为。

【人口管理】 2021年，全镇人口出生218人，人口出生率7.6‰；人口自然增长率0.66‰。户籍迁入52人、迁出146人。

【卫生】 2018年2月投入使用的白渡镇卫生院门诊综合大楼占地面积720平方米、建筑面积2986平方米。总投资近1000万元的医技楼、住院楼已完成主体建设，进入室内装修阶段。2021年，白渡镇卫生院诊疗科目开设有全科医疗科、内科、外科、儿科、妇产科、口腔科、中医科（包含针灸理疗）、医学检验科、医学影像科和预防保健科，主要仪器设备有彩色B超、DR（数字化X线拍片）数字影像仪、多功能生化分析仪、全自动血液分析仪、尿液分析仪、心电监护仪、胎心监护仪等设备。2021年，白渡镇卫生院有职工47人；有卫生技术人员43人，其中高级职称2

人、中级职称10人、初级职称31人；设置病床30张，有救护车1辆。

【体育】 2021年，白渡镇获评社会体育指导员服务站省A级。全镇各类民间体育活动队伍30支，参加体育运动人数8000余人，占全镇人口近45%。全镇24个村均建成文体休闲广场，并配有运动器材。

【文化】 2021年，白渡镇优化文化站各功能室布局，采购一批文化办公设施及图书550册，建成了集文化、体育、健身为一体的群众文化中心。综合文化站以悦来村、公珠村、创乐村镇级分馆为辐射点，带动周边21个行政村，实施文化惠民工程，实现100%的覆盖率。丰富群众精神生活，联合市文化馆、区山歌剧团举办送戏下乡活动。2021年，全镇有文保单位5个，分别是省级文保单位宋湘故居、市级文保单位凹下山新居、敦尚楼及区级文保单位龙居堂、光远居。投入2905万元，建成“文星桑梓地·河畔云水乡”石窟河（白渡）精品游线，石溪村中国传统村落保护工程基本完成，全域美丽乡村建设初见成效。

【教育】 2021年，白渡商会筹集奖教奖学基金近30万元，分别为白渡中学、小学21名优秀教育工作者颁发1000元奖教金，为2021年考上重点本科大学的8名白渡籍学生颁发3000元奖学金，为考上普通本科的28名学生发放2000元奖学金，为考上重点高中的33名学生颁发1000元奖学金，为一至八年级36名品学兼优学生发放奖优金，共发放奖教奖学金14.6万元。

白渡中学 位于白渡镇中心区，创办于1951年10月，是由原铸人公学、杏村学校、象宿中学三校合并而成，2016年改为五年一贯制学校，设五至九年级。校园占地面积3.66万平方米，建筑面积9512平方米，各项教育教学设备设施齐全。2021年，有12个教学班，有学生521人，有教职工37人。

白渡镇中心小学 校园占地面积1.36万平方米，建筑面积5018平方米，设一至四年级。设有25个功能场室（包括兼用），设施设备均按义务教育规范化要求配置。2021年，学校拥有一至四年级14个教学班，有学生521人（包括梅大教学点）。有专任教师37人。

幼儿园有佳佳幼儿园、雅豪幼儿园共2家，2021年，有在园幼儿397人，有教职工37人。

【农村环境综合治理】 2021年，白渡镇坚持打好污染防治攻坚战，高质量完成中央第四生态环境保护督察组交办案件调查整改工作。持续推进村级污水处理设施项目建设，完成了3个自然村新建村级污水处理设施的治理任务。开展圩镇环境专项整治行动，强制拆除违章建筑13处，约900平方米；处置占道经营摊贩、商户32处，处置乱停乱放500多宗；拆除主要街道违规广告牌等40处；整治背街小巷63处，长度约1300米。开展“美丽圩镇”建设，实施圩镇主街道亮化提升，部分街道铺设柏油，升级运动场。

【党的建设】 2021年，白渡镇有党总支部35个，有“两新”党组织4个。有党员1289名，其中农村党员1212人、机关支部党员77人、新发展党员30人。全年收取党费13.63万元；镇级配套关爱基金帮扶及慰问困难党员132人，共10.98万元。坚持“德才兼备、以德为先”标准，选出新一届行政村（居委会）“两委”干部107人，党组织书记百分之百实现“三个一肩挑”，其中35岁以下年轻干部有15人，平均年龄下降了3.7岁；大专及以上学历的干部23人，比上届提升64%；女性37人，比上届提升42%。村监委、村集体经济组织、村民小组长同步完成换届。组织村党组织书记参加市级任职培训班。召开白渡镇第十七次党代会，选出新一届镇党委班子，实现镇级党政人大班子换届平稳过渡。扎实开展基层正风反腐三年行动，重点加强涉农扶贫领域腐败和作风问题惩治，全年党纪立案4宗、警告处分3人。将党风廉政建设和反腐败斗争与全镇各项中心工作紧密结合，针对廉政风险点提醒在前、防范在先，全年开展党员干部谈心谈话 70 人次，提醒谈话 21 人次，批评教育 1 人，做到“抓早抓小抓常”，切实提高党员干部廉洁自律意识，不断净化基层政治生态。

2021 年年底梅县区白渡镇党委、政府

书　记：陈　浩

镇　长：余喜林

（供稿：办公室）

松口镇

【概述】 松口镇位于梅县区东北部，镇政府驻地松口镇寺坑新区，距梅县区人民政府 48.1 千米。东与大埔县青溪为邻，西与梅县区白渡镇嵩山接壤，南接大埔县英雅和梅县区雁洋镇，北与梅县区桃尧镇、隆文镇相连。松口镇是岭南四大古镇之一，客家先民南迁的始居地之一，也是孙中山发动辛亥革命的策源地之一，有“自古松口不认州”盛名，享有“文化之乡、华侨之乡、山歌之乡”美誉。辖区面积 328.6 平方千米。下辖 41 个行政村和 5 个居委会。2021 年，全镇总户数 16244 户，总人口约 6.3 万人。2021 年，全镇实现工商税收收入 1.41 亿元；实现规模以上工业总产值 1.15 亿元。

【农业】 2021 年，全镇粮食作物播种面积 2718.93 公顷，其中粮食种植面积 1420 公顷，粮食总产量 1.93 万吨，其中水稻产量 1.89 万吨。水果种植面积 4713.2 公顷，总产量 20 万吨，主要以种植金柚为主，特色水果有红肉蜜柚、三红蜜柚、沙田柚等。经济作物的种植面积 776.73 公顷，主要有甘蔗、花生、木薯、烟草等。全年出栏肉猪 4.07 万头。全镇有农民专业合作社 171 家、家庭农场 451 家、龙头企业 13 家，其中有农业专业合作社示范社 7 家、示范家庭农场 3 家。松口镇是梅县区金柚的主产区、核心区和示范区，是梅县区最大的柚果产地和销售集散地，是金柚国家和省级现代农业产业园所在地，2021 年，全镇金柚种植面积约 4333.33 公顷。2021 年被评为广东省“一村一品、一镇一业”专业镇。2021 年，松口镇积极谋划对接区委区政府培育金柚 50 亿产业集群、高质量建设金柚国家现代农业产业园、拓展壮大柚苷等项目，依托国家和省级金柚产业园两个平台，借助驻镇帮镇扶村的组团单位仲恺农学院的技术力量，推动金柚产业转型升级，引导残次柚园改造、金柚扩种提质，普及科学管理，进一步擦亮松口金柚品牌。同时推动发展柚果精深加工，延长产业链、增加附加值，减轻因价格波动、气候、市场等不利因素对柚农收入的影响，让金柚真正成为百姓的“致富果”。

【工商企业】 2021 年，全镇规模以上工业企业有广东梅州建兴水泥厂 1 家，规模以上工业企业总产值 1.15 亿元。松口镇有农贸市场 1 个，辖区内有各类经营户 2501 户，其中内资企业 316 户、外资企业 34 户、农民专业合作社 169 户、个体工商户 1982 户。

【圩镇与农村基础设施建设】 2021 年，松口镇大力实施美丽镇村建设，推进新城街道、新民小学至大塘街路灯改造提升，完成大黄至寺坑路段、四好农村路(横西段)及发清桥亮化工程。沿线连片建设美丽乡村风貌带，打造铜琶“世德堂”微改造等 20 个亮点节点，围绕“五个一”工作思路，推进左联 · 红梅公园建设。实施南下村长山坝、到车 2 个“1+N”美丽乡村示范（第一批）项目建设，其中南下村长山坝美丽乡村建设项目总投资 388 万元，主要包括建设杨桃生态公园、景观池塘、清水平台、观景亭、优质杨桃种植园等，提升村道沿线边坡绿化，整体提升面积约 3000 平方米。全年交通公路建设资金投入 3000 多万元。完成桃宝至中畲、中畲至上井道路拓宽硬底化建设、九曲岌至马茅塘硬底化建设、雁洋至南寿峰段铺筑沥青路面工程建设、南下村 Y136 线道路改造工程，继续实施广福桥引道建设和蓬辣大桥建设工程，新建镇卫生院和松口中学公交站亭2座。全面推进农村“厕所革命”，合计改成卫生户厕1.18万户、卫生公厕建设122座，农村无害化卫生户厕普及率达100%。对标区委、区政府要求，2021年，完成新建户厕28座。全镇投入水利建设资金3626.51万元，完成大小水利工程16宗。集中供水、污水治理配套设施已基本完善，隆文河、介溪水治理、农村生活污水处理等取得成效。投入5500多万元，建成一期、二期镇级污水处理厂，投入4900多万元，完成松口镇新自来水厂建设，基本实现村村通自来水。通过开展农田水利基本建设，水毁水利工程的修复、各村主排灌渠道清淤整修工作和开展江河湖库的“五清”专项行动，提高了工程效益，增强了防灾抗灾能力。

【旅游】 2021年，松口镇抓好旅游工作。悠悠梅江连四海，千年松口叙侨情。南洋风格的灰塑骑楼，悠扬的客家山歌，千年古镇、南洋古道，是万千游客对松口古镇的千年人文印象。2021年，松口镇完成《梅江及松口古镇一江两岸的旅游发展初步规划》编制工作，并委托省旅控下属单位广东省城乡规划设计院编制《松口镇美丽圩镇建设专项规划》和《松口镇滨江古街风貌提升规划》，为松口描绘好文旅发展蓝图。同时，投入1000多万元的中山公园叶剑英纪念长廊一期二期建成开放，整体环境全面提升。设立梅县民主主义文化展览馆，展出约200张图片及实物。松口南洋古镇乡村游旅游线路入选第二批“广东省乡村旅游精品路线”。

【民生】 2021年，松口镇城乡居民医疗保险参保46494人，参保率91.82%，缴费总金额1301.83万元。其中，城镇居民完成4334人，城镇居民参保率86.44%，缴费金额121.35万元；农村居民完成42160人，农村居民参保率92.42%，缴费金额1180.48万元。2021年，松口镇入户核查低保户652户1244人，新增低保户52户85人，取消77户163人；有“五保”285户285人；动态调整55户37人。全年为616户困难群众发放物资约14.65万元。为250户困难群众申请临时救济金4万元。为57户患重大疾病的困难家庭提供了医疗救助，发放救济金25.41元。扎实推进机关事业单位养老保险制度改革工作，完成行动不便和外出的已申领城乡居民养老保险待遇人员相片采集约303人。对辖区残疾人进行全面的摸底调查，落实城镇最低生活保障制度，协助办理残疾证和重残、特困残疾人家庭的定期补助和临时救济工作，为全镇665名重度残疾人购买医疗保险。

【扶助贫困】 2021年，松口镇通过不断调整优化帮扶政策，补齐短板，消除风险，做到早发现、早干预、早帮扶，对有需要帮扶的监测对象予以优先支持，确保政策不断档、工作不脱节，特别是对因病、因残、因灾已脱贫的2户返贫边缘户进行重点监测、及时帮扶，持续巩固脱贫成效，实现巩固拓展脱贫攻坚成果同乡村振兴有效衔接。

【综治维稳】 2021年，松口镇始终把矛盾纠纷排查调处工作放在重要位置，每月召开全镇矛盾纠纷排查工作会议，并及时向上级综治办上报全镇矛盾纠纷排查调处工作情况，全面提高镇村两级法治水平。2021年，松口镇组织开展22次矛盾纠纷排查会议，排查调处矛盾纠纷196宗。抓好扫黑除恶、普法、防邪教、禁毒及反电信诈骗的工作，全年发放宣传资料4.5万多份，悬挂横幅131条，张贴宣传标语2.5万多张，受教育群众3万多人次；做好社区矫正对象教育和刑释解教人员帮教工作；全镇完成综治“中心+网格化+信息化”建设，社会矛盾大化解工作机制稳定运行；开展平安创建和“雪亮工程”建设工作，全年投入20多万元，用于“平安乡镇”视频建设，全镇46个行政村（居委会）全部完成摄像头安装真正实现平安乡村视频监控全覆盖的目标；“三人工作小组”织密疫情防控网，确保了重点人员排查到位、隔离管控到位、宣传引导到位，2021年，上门核查外来人员约5000人次，做到

“早发现、早报告、早隔离、早治疗”，筑牢基层疫情防控墙。

【环境保护与治理】 2021年，松口镇为践行“绿水青山就是金山银山”理念，松口镇组织开展了2021年植树造林活动，种植黄花风铃、樱花等大小树苗1000多棵。协助中大南药公司红豆杉和其他树种的种植基地工作，已种植红豆杉面积330多公顷。协助做好南下村杨桃古树公园开发工作，同时完成杨桃古树119株调查工作。完成2021年度生态公益林落界后核减面积后补偿款的发放台账数据工作。完成桃宝村计划66.67公顷桉树林改造项目。完成国家生态公益林落界工作、天然林落界工作及护林员网格化责任管控区落界、护林员定位巡查监控末端机及一键通等监管工作。松口镇在设置固定宣传牌、张贴宣传标语等形式开展宣传的同时，深入林区和农户家中开展入户宣传，全镇书写森林防火标语8000多条。充分利用广播等公众媒体进行宣传，村村张贴《森林防火戒严令》，做到宣传不留死角。

【土地保护与利用】 2021年，松口镇完成梅县区人民政府2021年度耕地保护目标责任制，全镇耕地保有量不少于2133公顷。全镇基本农田保护区面积1669.44公顷（涉及全镇除横东村外40个行政村）。2021年，继续全力推进已立项批次的拆旧复垦工作，小黄村、山口村垦造水田项目集约土地面积11.51公顷。

【人口管理】 2021年，松口镇户籍人口出生536人，人口出生率8.60‰，自然增长率-11.9‰，政策生育率85.1%。2021年，松口镇扎实推进人口管理工作。一是推进免费孕前优生健康检查工作。通过广泛宣传，动员符合条件的育龄群众参加孕前免费健康检查，以行政村（居委会）为单位开展送检工作，共组织200多对夫妇参加免费孕前优生健康检查。二是落实各项利益导向机制政策。严格按照省农村部分计划生育家庭奖励政策、城镇独生子女父母计划生育奖励和区节育奖的奖励办法，做好全镇范围内符合奖励政策对象摸底核实审批工作，确保不漏报、不错报，并及时兑现政策。三是切实抓好人口出生统计工作，提高人口和计划生育统计质量。及时核对好当月新婚、出生、死亡等各项数据，按时录入上报，确保人口统计的及时性、准确性。

【卫生】 2021年，松口镇辖区有标准化建设村卫生站38个，卫生站配备专职医生共18名。梅州市梅县区松口镇中心卫生院地处松口镇寺坑开发区，医院占地面积3.6公顷，总建筑面积1.2万平方米，副科级建制，医院编制人数158人，有在编干部职工139人（其中正高级1人、副高级9人、中级职称36人、初级职称86人，其他7人），聘用人员24人，返聘人员2人，离退休人员105人；编制床位110张。医院分设全科、外科、内儿科、妇产科、急诊科、中医科、门诊部、医技科、皮肤科、精神科、老年病科、防疫组、药政科及行政后勤。医院设备有：DR（数字化X线拍片）、彩超、B型超声波、多功能心电监护仪、心电图、进口全自动生化分析仪、半自动生化分析仪、进口血球计数仪、电解质分析仪、血气分析仪、凝血四项、尿12A机、碎石机、进口电子胃镜、多功能腰椎牵引床、电脑中频治疗仪等设备。通过了上级主管部门评审，取得二级医院资质，于2021年1月18日正式挂牌为“二级综合医院”。

【体育】 2021年，松口镇投资预算35万元，推进松口村级全民健身运动设施建设，完善石盘、梓育、洋坑、山口、大黄、下井、居委等21个行政村（居委会）配置全民健身路径、篮球架、乒乓球台等设施，建设完善的松口全民健身设施与公共服务体系，加强全民健身与乡村振兴融合发展。

【文化】 2021年，松口镇大力推进文化事业发展，有效完善提升大黄村中国美丽乡村示范点，修缮开放“爱春楼”、张榕轩故居等古民居，完成“世德堂”二期修缮验收，“仁寿庄”客家围龙屋外婆家民宿成功获评五星级民宿，元魁塔及中国移民纪念广场获评梅州文十景，张榕轩故居获评梅州十四大名人故居，成为松口文化的名片。

【教育】 2021 年，松口镇有中学 2 所（松口中学、松南中学），小学 2 所，幼儿园 7 所。新民小学被授予“2020—2021 年度‘广东省少先队红旗中队’称号”。有 6 名老师获省级荣誉。继续开展古·杨瑞招奖学金奖教奖学活动，营造“重教重学”氛围。

【中国历史文化名镇、名村】 松口镇建制早于梅州，经千年孕育，具有丰富的客家人文资源，有独特的区位优势、丰富的华侨资源、优良的生态环境和港口运输等良好条件，是客家先民南迁的始居地之一，享有“文化之乡”“华侨之乡”“山歌之乡”的美誉。小黄村、大黄村、梅教村、南下村、铜琶村被公布为第三批中国传统村落保护名录，圳头村被公布为第四批中国传统村落保护名录，桃宝村、富坑村被公布为第五批中国传统村落名录。2021 年，松口镇不断创新发展思路，积极推动特色产业建设，挖掘古驿道、古码头“海丝文化”内涵。持续推进现代农业（金柚）产业园柚果产业精深加工项目，现代化管理模式初见成效，完成“元魁塔”“爱春楼”“张榕轩纪念馆”等景点、古建筑周边改造提升工程；“仁寿庄”客家围龙屋民宿投入运营；中井村广东工农革命军东路第八团革命烈士纪念碑红色革命基地完成修缮；南寿峰南药特色小镇入选广东省第二批特色小镇创建名单。中国美丽乡村示范点——大黄村进一步提升，修缮大黄小学，推进渔港码头建设，提升丘哲纪念馆展藏内容。2021 年，编制完成富坑村、桃宝村“中国传统村落”保护规划，完成梅教村等 6 个“中国传统村落”的项目建设与验收。

【农村环境综合整治】 2021 年，松口镇扎实推进人居环境整治。一是开展垃圾卫生整治，每年投入 800 多万元处理生活垃圾，确保村庄干净整洁；二是全力推进“厕所革命”，2021 年，新增户厕改造 25 座，已全部通过验收，辖区内农村无害化卫生厕所普及率 100%；三是按照“区级指导、镇村主导、全民参与”的原则，通过宣传教育、政策激励等形式，引导村民自觉参与“三清三拆三整治”工作，全年投入 152.1 万元，开展“三清理”8167 处、“三拆除”4136 处、“三整治”2090 处。

【党的建设】 2021 年，全镇有党支部 65 个，有党员 2913 人，其中新发展党员 62 人。松口镇巩固深化“不忘初心、牢记使命”主题教育成果，扎实开展党史学习教育，检视出问题 187 项，并全部完成整改落实；深入开展“我为群众办实事”实践活动，完成 89 项“办实事”项目。严格执行“三会一课”制度，推进党校规范化建设，按照“六有”标准，依托村级党群服务中心，设立 42 个党校分教点，建立 30 余人的兼职党校教师后备库，全年组织开展培训 32 期，培训 3401 人次。投入党建经费，加快镇党校、富坑村、下坪村等党建示范点建设，按时足额下拨村级党组织经费 459.2 万元，党员服务群众专项经费 246 万元；下拨社区党组织经费 56 万元、党员服务群众专项经费 30 万元；发放“两新”组织党建经费 3.09 万元。落实党员关爱帮扶机制，发放党员关爱基金补助 11.24 万元，补助党员 143 人次。完成正常离任村干部信息采集，落实 553 名正常离任村干部生活补助。以党建引领乡村振兴，持续推动大黄村国家级现代金柚产业园建设，完成铜琶村、南下村柚标准化生产示范基地建设项目。全镇 41 个行政村实现村级集体经济总收入 5 万元以上，其中有 17 个行政村总收入实现 10 万元以上。

2021 年年底梅县区松口镇党委、政府

书　记：李志兴

镇　长：付国栋

（供稿：办公室）

隆文镇

【概述】 隆文镇地处梅县区东北部，距梅县区人民政府62.5千米。东连桃尧，西邻蕉岭蓝坊，南与松口、白渡交界，北与松源接壤。辖区总面积114.3平方千米。下辖14个行政村和1个居委会。2021年总户数6575户、总人口2.29万人。2021年，全镇实现财税入库264.32万元；实现镇级净收入113.71万元；固定资产投资完成597万元。

【农业】 2021年，隆文镇有耕地面积1052.91公顷；有农民专业合作社51个，有合作社成员413人；有畜禽养殖大户41户；有家庭农场213个。有烟叶种植面积63.53公顷，产量13.36公斤。

【工商企业】 2021年，全镇核准设立个体工商户72户，变更22户，注销15户。2021年，辖区内应年报企业64户，已年报64户，年报率100%。推进审批服务制度化，办理各项许可业务11户。

【民生】 2021年，全镇有农村低保户264户440人，全年发放3158户次5328人次、共202.56万元；有城市低保户4户5人，全年发放48户次70人次、共4.53万元；有特困分散供养人员122人，全年发放1493人次、共130.24万元；有特困集中供养人员8人，全年发放124人次、共10.79万元；临时救助34人、发放救助金14.92万元。

【扶助贫困】 2021年，隆文镇精准扶贫建档立卡脱贫户313户581人（其中，"五保户"88户92人，低保户154户271人，一般贫困户71户218人），有劳动能力户98户286人，无劳动能力户215户295人。2013—2021年形成的扶贫资产数量208个，涉及金额191.03万元，确权数量187个，确权率89.9%。

【综治维稳】 2021年，隆文镇全年摸排纠纷线索12件，调处各种矛盾纠纷58件，其中镇调委会成功调解11件、行政村（居委会）调委会成功调解47件。在册社区矫正对象有1个。2021年，接收刑事警情11宗，刑事立案11宗，其中逮捕3人（盗窃2人，开设赌场罪1人），取保候审1人（盗窃）；行政警情30宗，行政受理30宗，行政处罚24人；调解53宗；治安消防检查317家。

【环境保护与治理】 2021年，隆文镇村东村、江上村、木寨村、梅州村、檀江村、文普村、坑美村、苏溪村村级污水处理设施建设工程均完工试运行；全面落实"河长制"，隆文河断面水质达到Ⅱ类标准。

【土地保护与利用】 2021年，隆文镇有镇级耕地保有量保持在1450.4公顷以上，镇基本农田面积保持在866.67公顷以上，不低于区政府下达的耕地保护面积和基本农田保护面积指标；完成一批拆旧复垦项目验收工作，涉及村东、横坑、横庄、三坑、苏溪、檀江、文普村共18个地块，拆旧复垦面积2.15公顷，工程建设质量达到验收标准，验收合格。通过工程治理、设备监测等方式，辖区范围内的地质灾害点由10个核减到2个。

【人口管理】 2021年，隆文镇人口出生213人，政策生育率96.71%，人口出生率8.27‰，自然增长率0.89‰。

【卫生】 隆文镇卫生院是一级乙等医院。2021年，有医务工作人员39人（其中在编35人、临工4人），在岗人员中中级5人、初级30人，有全科医生7名。有编制床位20张、开放床位10张。有檀江、横坑、卢溪、苏溪、文普、村东、江上、横庄、岩前、坑美、居委卫生站共11个，由镇卫生院提供技术指导和业务培训。

【文化】 2021年，隆文镇抓好文化工作。隆文镇文化活动中心按照二级站标准进行升级改造，并于2019年12月重新对外开放。镇文化活动中心楼高4层，建筑面积约800平方米，设有老年活动室、少儿活动室、图书室、公共电子阅览室、书画室、展览室、乐器室、多功能室（舞蹈培训室和辅导室）、文体娱乐室、乒乓球室等10个公共活动室，其中图书室藏书有8000册。全镇有文保单位2个，分别是市级以祯居（蒲风故居）和县级龙岩寺。

【教育】 2021年，隆文镇有幼儿园2间、中心小学1间、初级中学1间。

隆文镇中心小学　学校占地面积1.3万平方米；2021年，有教学班16个，有学生632人，有教师40人。设有幼儿园2间，有在园幼儿310人。

隆文中学　学校占地面积5.03万平方米，建筑面积1.56万平方米，2021年，有教学班6个，有学生220人；有教职员工21人，其中高级教师7人、一级教师7人、二级教师6人、高级技工1人。

【农村环境综合治理】 2021年，隆文镇持续推进“三清三拆三整治”工作，全年拆除危旧房、废弃猪牛栏等130间，拆除面积4980.61平方米；有序推进“厕所革命”，全镇完成农村户厕摸排5252个，完成问题厕所整改16个。

【党的建设】 2021年，隆文镇有党支部19个，有党员988人，转为正式党员11名，发展预备党员10名，培养入党积极分子36名。2021年，隆文镇坚持以习近平新时代中国特色社会主义思想为指导，把学习贯彻中共十九大及十九届历次全会精神、习近平总书记系列重要讲话和重要指示批示精神作为首要政治任务，用理论武装头脑，指导实践。全年举办党委理论学习中心组集体学习15次，开展“我为群众办实事”实践活动，为群众办实事98件。坚持每月专题研究基层党建工作，落实“三会一课”、“主题党日”活动、组织生活会、意识形态、廉政建设等制度。依托镇委党校，举办党员干部培训班，抓实教育培训，全年举办培训班6期、共480人次。建立“日汇报、日调度、日总结”疫情防控工作机制，落实好各年龄段人群疫苗接种工作，筑牢全民免疫屏障。

2021年年底梅县区隆文镇党委、政府

书　记：黄文辉

镇　长：白雪丹

（供稿：张　驰）

桃尧镇

【概述】 桃尧镇位于梅县区东北部，镇政府驻桃尧圩，距梅县区人民政府67.5千米，辖区总面积118平方千米，圩镇面积1.5平方千米。有铁、稀土、石灰石和水等资源，其中水资源丰富。辖区有15个行政村和1个居委会。2021年，全镇总户数4561户，总人口17065人，常住人口7082人。2021年，全镇实现工商税收入189.7万元；实现乡镇净收入23.7万元。

【农业】 金柚产业是桃尧镇的第一传统产业，也是桃尧的支柱产业。2021年，全镇金柚种植面积约2040公顷，全年金柚扩种面积67.33公顷，总产量6.88万吨，产值3.93亿元，同比增长17%。在“一村一品、一镇一业”工程建设方面，松林村投入资金50.24万元（其中财政资金50万元），于2021年全面完成验收；财政资金50万元，选取显朝村作为项目地点，项目资金用于投资农业企业，每年获取固定分红收益，用于村公共基础设施、村庄环境保洁、帮扶困难群众等。在国家现代产业园方面，完成总投资105万元的无损检测设备项目和总投资150万元柚标准化生产示范基地建设项目，已完成验收。全年完成撂荒地复耕复种面积28.09公顷，使有限耕地资源得到充分合理使用，提高了土地利用率。全镇水稻种植保险投保涉及 15 个行政村，总面积 34.47 公顷；培育了 3 家区级农业龙头企业、2 家县级示范家庭农场。2021 年，全镇水稻种植面积 1016.27 公顷，总产量 6265 吨，其中早稻种植面积 507.33 公顷，产量 3162 吨，晚稻种植面积 508.93 公顷，产量 3103 吨；烟叶种植 23.75 公顷，产量近 980 担，产值约 150 万元；生猪年末存栏量 4586 头，全年生猪出栏量 9953 头；"三鸟"饲养量 13.89 万只。

【工商企业】 2021 年，桃尧镇无新引进的招商项目。此外，往年引进的华然农林、润土生态旅游开发有限公司等企业发展势头良好，规模不断扩大。

【圩镇与农村基础设施建设】 2021 年，全镇投入 100 多万元，先后完成生态停车场建设、街道排污排水改造提升、党建文化和金柚文化节点打造等项目。此外，全镇投入各类美丽乡村建设资金 1000 多万元，完成诰上至王寿山 19.5 千米旅游公路升级改造工程和其他美丽乡村建设项目约 30 余项，持续扩大全镇美丽乡村覆盖面；投入 567.3 万元，完成全域自然村集中供水改造工程；争取上级美丽乡村建设资金 2406 万元，谋划开展桃溪村、桃源村、螺江村美丽乡村建设，对村基础设施，村容村貌进行全面提升。2021 年，全镇修建农村公路 8.21 千米，共投入 467.56 万元；修复水毁道路工程投入 15 万元；管养乡道及村道 84.58 千米，全年养护承揽经费 26.4 万元。

【民生】 2021 年，全镇有低保户 150 户；全镇"特困人员"供养人员有 82 人，其中外保 75 人、入住敬老院 7 人；享受 80 周岁以上老龄补（津）贴人数共有 713 人，每人 300 元，共计 21.39 万元；百岁老人 5 人，发放百岁寿星奖每人 1200 元，共计 6000 元；有 529 名残疾人，全年为符合条件的残疾人发放护理补贴 99.1 万元，生活补贴 26.1 万元；全镇新型城乡医疗保险缴费人数 1.25 万人，全年特殊门诊、普通门诊和住院合计受惠人数 1.97 万人次，受惠金额 1112.7 万元；新型城乡养老保险参保人数 5775 人。

【扶助贫困】 2021 年，全镇完成 257 户 572 人脱贫户（含边缘户、监测户）的家庭人均纯收入核算工作，全镇脱贫户平均人均收入 1.62 万元，脱贫户新型农村合作医疗参合率 100%，全镇无劳动能力脱贫户 140 户 223 人全部纳入社保保障兜底。对省下达的 2021 年帮扶资金桃尧镇申报了 3 个项目，分别为镇域乡村振兴规划编制、桃尧镇美丽圩镇建设项目（一期）、桃尧镇村级光伏电站，申报项目资金总额约 791 万元。镇域乡村振兴规划和美丽圩镇规划已完成。桃尧镇村级光伏电站完成现场勘查和设计。

【综治维稳】 2021 年，桃尧镇扎实开展扫黑除恶专项斗争工作，发放宣传折页近 2000 份，悬挂横幅 6 条，全年未排查到涉黑涉恶问题线索。积极做好矛盾纠纷的调处化解工作。2021 年，全镇召开 11 次社会稳定形势分析研判会议，镇、村两级共调处化解涉及土地权属纠纷、山林权属纠纷和邻里纠纷以及道路通行纠纷等各类矛盾纠纷 62 宗。

【人口管理】 2021 年，全镇有新婚夫妇 42 对；人口出生 134 人，人口出生率 7.46‰；政策内 132 人，政策内生育率 98.51%；自然增长率-0.61‰。共组织 47 对有生育指标的育龄夫妇进行了免费孕前优生健康检查，完成率 82.46%。

【卫生】 2021 年，桃尧镇卫生院占地面积 1270 平方米，总建筑面积 2110 平方米，业务用房面积 1100 平方米，万元以上设备 22 台，医院在编人员 25 人，临时工 3 人。设有公共卫生科、内科、普通外科、妇产科、全科医疗科、中医科、检验科、预防接种门诊等科室，下辖村卫生站 8 个。2021 年，桃尧镇卫生院医疗收入 101.43 万元，同比增长 46%；住院人次 2 人，门诊人次 8973 人。组建 4 个家庭医生签约团队，常住人口签约

6422人次，签约率44.19%，重点人群签约率88.92%以上。儿童计划免疫接种率95%以上；全年完成新冠疫苗接种1.47万剂次；报告丙类传染病15例，无甲乙传染病发生，传染病报告率100%。

【文化】 2021年，桃尧镇抓好文化工作。桃尧镇设立1个镇级文化馆,位于圩镇繁荣街道1号，1栋3层，面积580平方米，馆内设有办公室、图书室、电子阅览室、培训馆、卡拉OK厅、老人活动室、少儿活动室和器材室等多个场馆，分馆位于河口路，面积360平方米。在麻坝村、珠玉村、余坑村设立3个村级文化分馆和图书分馆，站内藏书约2000册；配备文化站运动场馆，场馆室内外面积约2800平方米，馆内设有羽毛球场、乒乓球室、舞台、灯光、音响、健身室等基础设施。2021年，中央、省财政拨款以及全镇自筹资金共10多万元，先后购买了一批书架，书籍等设备设施，通过多渠道筹集有图书1.1万册；完善丰富充实文化站基础建设，修整和新建了民达公园和镇文化中心场馆的一批健身器材，重修镇文体中心场馆的大闸门和舞台、布幕、灯光等设施；辖区内有农家书屋15座，全年农家书屋开展阅读活动总数80次；全年放映电影30场，观看人次1000多人次；桃尧镇充分利用“两山两物一古村落”（阳寿山、鸡冠山、省文物单位张民达故居、市文物单位继述楼、桃源古村落）的文化旅游资源，加大宣传力度，推动旅游文化发展。

【教育】 桃尧中学　校园占地面积7.59万平方米，校舍建造面积7284平方米。全校有教学楼2栋，教师办公楼1栋，学生宿舍2栋，教师宿舍楼2栋，学生膳堂1座，学校设有1场18室，建设标准达到省颁一类一标准。校园内建有篮球场2个，1个宽阔整洁的德新广场，1个绿草如茵的200米跑道运动场,还有1座多功能的礼堂。2021年，有教学班4个，有学生127人，有教师18人。

桃尧镇有桃尧镇中心小学、桃源小学教学点、希望小学教学点。桃尧镇中心小学，校园占地面积2.8万平方米，建筑面积1.13万平方米。2021年，全镇有14个教学班，有学生267人，有教职工32人;设有15个功能场室(包括兼用)，设施设备均按义务教育规范化要求配置。

桃尧镇中心幼儿园（公办）　幼儿园有建筑面积300平方米，有教室4间，有图书室、体育活动室、音乐活动室、阅览室、美术室等5个功能室；有教职工6人，有在园幼儿55人。

【农村环境综合治理】 2021年，全镇以桃源村、桃溪村、螺江村为先行点，对沿线沿路部分民居外立面风貌进行改造，进一步提高桃尧镇人居环境整治工作水平；投入204万元，用于农村生活垃圾治理；投入15万元，用于河湖日常保洁和“五清”“清四乱”专项整治行动；拆除危旧房、废弃猪牛栏及露天厕所共8878平方米;投入15.6万元，完成36座农村卫生户厕建设，全镇农村无害化卫生户厕普及率100%。

【党的建设】 2021年，桃尧镇有党支部21个，有党员910人，吸收预备党员30人，有入党积极分子33人。一是抓实理论武装。2021年，结合党委中心组理论学习，组织镇领导班子开展16次党史学习专题教育，其中含3次党史学习教育专题研讨会，邀请专家教授专题授课2次；实施领导干部每周上台带学制度，重点领学《习近平谈治国理政》第三卷、习近平新时代中国特色社会主义思想和习近平系列重要指示批示精神，并结合工作谈心得谈体会。为更好地开展党史学习教育，开展了一系列多元化党史学习教育活动，全镇开展宣讲专题辅导1次，开展基层党组织书记讲专题党课60余次，举办党史专题培训班1次，开展主题党日外出活动7次，镇领导班子开展党史专题宣讲会20余次，受众约2000人次。围绕“学党史、悟思想、办实事、开新局”主题，以党支部或党小组为单位，全镇各支部召开了4次党小组专题组织生活会和20次党支部专题组织生活会，组织党员互相交流学习体会，查找差距不足，引导党员增强“四个意识”、坚定“四个自信”、做到“两个维护”。二是高质量完成镇村换届工作。当前，桃尧镇党委人大政府领导班子成员有13人，平均年龄为39岁，其中50岁以上1人、40—50岁3人、40岁以下9人，较上届下降6岁；大学学历以上8人，大专学历5人；女性班子成员1人。三是强化阵地建设。突出抓好新时代文明实践站所、党校强化提升和宣传阵地建设。完成镇级新时代文明实践所和16个行政村（居委会）新时代文明实践站建设，三级文化站晋升一级站工作，同时进一步强化镇党校建设和宣传文化阵地。四是抓牢意识形态工作。全面落实意识形态工作责任制，全年召开4场次党委会议专题研究意识形态工作，并结合实际举办2场次的镇、村干部意识形态培训班，进一步提升镇、村干部抓意识形态工作综合能力，同时重点规范镇、村党务、政务公开栏和党建宣传栏，进一步规范镇、村宣传工作。

2021年年底梅县区桃尧镇党委、政府

书　记：林军新

镇　长：黄树金

（供稿：曾国峰）

松源镇

【概述】 松源镇位于梅县区东北部，镇政府驻地金星，距梅城93千米，是革命老苏区。东邻福建永定洪山，西连蕉岭南礤，南与隆文、桃尧交界，北与蕉岭北礤、福建上杭、武平接壤，是两省五县八乡镇的集散地。辖区总面积149.5平方千米，圩镇面积3.5平方千米。境内矿产有锰、铁、铀、煤、金、瓷土和石灰石等资源，宝坑锰矿、杨阁铁坑铁矿储量丰富。下辖22个行政村和1个居委会。2021年有11040户，在册人口42044人。2021年，全镇实现工商税收入958.79万元。

【农业】 松源是农业大镇。2021年，松源镇围绕农业结构多元化发展思路，集中力量培优传统农业，不断发掘新型农业，充分利用生态富硒区位优势，着眼绿色产业提质增量。一是扩大金柚标准种植园，完成100公顷金柚扩种计划，全镇有金柚种植面积1666.67公顷。通过“一村一品”、优质产业创建等政策，培育了省龙头企业梅州市恒丰科技有限公司，扩大了松源金柚产业规模，延伸了“金柚+”产业链。二是继续发挥松源烟稻轮作种植优势，将富硒生态水稻及优质烤烟完美结合，实现土地效益最大化，全镇烤烟种植面积419.2公顷，收获烤烟8.7万公斤；全镇水稻种植面积800公顷，产量5400吨，同时，探索发展稻鱼共生模式，在杨阁、案背、湖维村开发20多公顷，年产值100多万元。三是积极做好撂荒耕地复耕复种工作，保障粮食种植面积，按照宜粮则粮、宜菜则菜、宜果则果的原则，完成复耕复种工作的撂荒耕地70.33公顷，释放更多土地价值。四是持续抓好横坊精品葡萄、案背黄金果、白玉中草药产业培育，与红色文旅相结合，推动农业产业持续健康发展，初步形成松源观光休闲娱乐旅游环线。五是进一步促进特色农产品深加工产业链形成，将豆干、麦芽糖等特色农产品进行品牌化建设，通过“互联网+”方式进行销售，拓宽全镇优质农产品销售渠道。

【工商企业】 2021年，全镇有各类经营户1071户，其中体户928户；有企业101家，有农民专业合作社42家。有非煤矿山2家：梅州市松源铁坑铁矿有限公司、梅州市华银矿业有限公司梅县宝坑铁锰矿；有一般企业2家：梅州市梅县区松源镇益民机制砖厂、梅州市梅县区兴源搅拌有限公司；有危化品企业2家：梅县泰连石油液化气有限公司、梅州市锦华油品有限公司。全镇实现工商税收收入958.79万元。

【圩镇与农村基础设施建设】 2021年，松源镇狠抓硬化、净化、亮化、美化、文化“五化”治理模式，推进“四好农村路”高质量发展，全年自然村内主干道全面实现路面硬化 15 千米。投入 300 万元，新建敬老院居住楼，青塘村居家养老服务站正式运营，圩镇街道实现路灯全覆盖。群众生活生产用水安全进一步得到保障，通过管网扩容、改造、联通、整合等措施，完成 96%的管网铺设，镇级水厂主体工程完工；投入资金 30 万多元，完成松源河的清漂和村域内河道清淤工作。

【民生】 2021 年，全镇清退不符合政策要求的低保对象 25 户 66 人，纳入符合政策低保户 23 户。完成全镇 160 户特困供养对象的生活自理能力评估工作和照料护理费的发放工作，其中全自理人员有 130 人，半自理（半失能）人员有 21 人，全护理（全失能）人员有 9 人。12 月，对全镇特困供养对象发放物资 157 人［集中供养由民政直接发放，其余由各村（居委会）代为发放］。为低保、特困供养、低收入、孤儿、重残等 1408 名民政特殊人群缴费参加 2021 年度新农村合作医疗。全年进行临时救助 44 人次。2021 年，全镇有 1196 名残疾人，通过走访群众调查核实，为 239 人办理了到期换二代残疾人证，并及时发放到残疾人手中；在粤东医院举行香港植林慈善基金会扶贫复明白内障筛查，查出成熟患者多人，并安排时间到粤东医院进行手术。做好残疾人的两项补贴发放工作，完成 868 位重度残疾人的护理补贴和 307 位特困残疾人的生活津贴复核上报工作，并根据核定后数据完善了残疾人两项补贴系统。2021 年，落实市府办公室《关于建立 80 周岁以上老人补（津）贴制度的通知》（梅市府办〔2012〕17 号）文件要求，为年满 80—99 周岁的 1425 位老人的 300 元高龄补（津）贴进行造册社会化发放；为 8 位百岁老人及时发放客家寿星奖和长寿保健金。2021 年，松源镇社会工作服务站新增新南村社工站点，社工站点增至 2 个；松源镇社会工作站有社工 8 人。松源社工通过定期开展民政对象探访及跟进，对青塘村、新南村的特困供养对象、最低生活保障对象、留守儿童、重度残疾人等进行专人专档登记管理，通过陪伴、鼓励和支持等方法为他们提供社会、心理支持服务，协助他们提升能力，实现助人自助。

【扶助贫困】 2021 年，全镇有 650 户建档立卡户全部达到“八有”脱贫标准，脱贫退出率 100%。一是按照防止返贫动态监测和帮扶机制工作要求，经入户走访和村级民主评议报镇级评议审核，认定了 3 户 6 人为防止返贫监测对象，后续将按照相关政策对监测对象开展针对性帮扶工作。二是分类施策，巩固脱贫攻坚成果和防止返贫。主要措施有：为全镇建档立卡脱贫户 650 户购买防返贫责任保险，共 8.95 万元，脱贫户因医疗、住房、教育、突发事故、自然灾害等方面原因造成返贫的，由保险公司按照约定进行救助；为无劳动能力脱贫人口 535 人购买“保尚保”医疗补充保险，共 9.63 万元，保障脱贫户重大疾病费用风险；投资 392 万元专项资金到梅州市梅县区梅丰产业园建设投资有限公司光伏发电项目，8 个村有劳力贫困户可进行收益分红，项目所得收益主要用于对有返贫风险的脱贫不稳定户、边缘易致贫户、严重困难户开展帮扶，消除其返贫致贫风险，进一步巩固脱贫攻坚成果。三是脱贫户和监测对象动态管理做好建档立卡脱贫户信息采集和系统录入工作、信息平台数据分析和问题梳理、“脱贫不稳定户”“边缘易致贫户”“突发严重困难户”的摸底监测。

广州市荔湾区派驻松源镇帮镇扶村工作队于 2021 年 7 月 9 日正式入驻松源镇。工作队成立了临时党支部，并向松源镇的两个重点村（金星村、横坊村）派驻了第一书记。结合实际、多措并举，扎实推进松源镇巩固脱贫攻坚成果同乡村振兴有效衔接。一是深入调研谋发展。坚持深入调研镇情民意，摸清松源镇土地、人口、产业、历史文化资源等情况，不断挖掘可用资源。二是动态监测防返贫。依托广东省防止返贫监测信息平台，入户走访建档立卡脱贫户，及时动态监测建档立卡脱贫户情况。建立联席会议制度，落实网格化管理，针对排查出的个别脱贫不稳定户，做到入户走访、调查现状、分析原因、分类帮扶。

三是教育帮扶助振兴。及时发放脱贫户学生的教育补助，迅速走访高考上榜生，积极协调荔湾区帮扶单位、爱心企业，对生活困难的学生开展教育帮扶。四是开展消费帮扶相关工作，驻镇工作队充分利用和发挥好荔湾区后方组团单位资源和优势，9月，驻镇工作队向荔湾区乡村振兴局等单位发出采购蜜柚倡议书，并通过组团单位的单位工会、爱心企业、个人采购等方式，集中采购松源蜜柚约20吨，进一步推动乡镇产业振兴。

【综治维稳】 2021年，松源镇用群众路线统领综治工作全局，以加强与创新管理工作为重点，以维护稳定为己任，以创建“平安松源”为载体，以治安管理为中心，加大综治工作力度，及时排查调处矛盾纠纷，消除不稳定因素，全力维护社会稳定。加快推进“中心+网格化+信息化”建设工作。在辖区内积极开展扫黑除恶、普法、防邪教、禁毒及反电信诈骗等工作。切实增强做好严重精神障碍患者救治管理工作的责任感和紧迫感，全镇精神障碍患者有165人，其中重度（3级以上）精神障碍患者8人。全镇调解各类民事纠纷155宗，调解成功154宗，终止调解1宗。由镇、村级综治维稳站受理矛盾纠纷22宗，成功调处22宗。在重要时间节点，按照上级要求，在湾溪村设立省界联合检疫检查站。

【环境保护与治理】 2021年，松源镇牢固树立创建生态文明乡镇的目标，筑牢生态屏障，建设生态家园，提升生态文明。一是明确北部生态功能区定位，深入开展“绿满梅州”大行动，全面推行林长制，进一步巩固生态护林成果，生态林面积调整至6688公顷，促进生态林高质量发展。二是持续开展河长制及松源河治理，巩固河道清理成果，对松源河及其支流开展“五清”、专项行动和“清四乱”工作，确保松源河及其支流水质改善、水流顺畅。三是推进生活污水处理设施及配套管网建设，补齐镇村生活污水治理短板，确保完成生活污水治理任务。四是实现节能减排和经济发展“双提升”，能耗双降多措落地，镇机关实行绿色办公，创建节约机关；对宝坑村与杨阁村2家能耗较大企业落实分类施策，构建节能企业；充分发挥各村新时代文明实践站宣传阵地作用，加大宣传力度，构建节能村居。五是分期分重点细化治理空气污染任务，开展大气污染防治攻坚行动，一方面在节假日期间抓好禁止燃放烟花爆竹工作；另一方面加强稻秆综合利用，利用新兴科技药水堆沤发酵代替焚烧稻秆，已在青塘村、金星村开展试点工作，争取稻秆绿色无害化处理工作全面铺展。六是持续保持畜禽养殖污染专项整治高压态势，针对较为突出的牛蛙养殖污染问题，多部门联合行动，关停取缔违养牛蛙养殖场，畜禽养殖污染整治取得成效。

【土地保护与利用】 2021年，松源镇按照基本农田“七有”“五不准”要求，加大耕地保护力度，成立“两违三抢”联合执法队并签订巡查责任书，进一步加强土地巡查执法监察工作，把违法违规用地和非法采矿行为处理在萌芽状态。坚守全镇1604公顷耕地、1305公顷基本农田保护两条红线，落实耕地占补平衡。在做好耕地保护的同时，全面做好宣传和根据撂荒的实际情况，制定撂荒耕地的复耕方案及复耕复种奖补方案，完成松源镇撂荒耕地170.33公顷的复耕复种工作。

【人口管理】 2021年，松源镇有户籍人口42044人，其中已婚育龄妇女6800人。全年人口出生262人，人口出生率6.2‰，政策内生育率92.75%；性别比125.86（以女性为100），全年药具发放5689只，覆盖率20%以上，已达标；随访服务率100%；办理生育登记654例，其中现场申办186例、网上申办468例。享受农村部分计生家庭奖励对象359人，特别扶助（伤残死亡）6人，城镇独生子女父母奖励19人，农村计划生育节育奖励对象670人，兑现奖励扶助金额100.83万元。有计划生育家庭农村医保人数1513人，承担扶助金额21.18万元，人口计生奖励扶助政策落实率100%。

【卫生】 宜康医院占地面积2001平方米，建筑面积5218平方米，是镇中心卫生院建制。2021年，宜康医院有医务工作人员63人，有编制床位60张、开放床位30张，内设儿科、中医科、骨伤理疗科、妇产科、治疗室、预防接种门诊等，拥有彩超、CR、全自动生化分析仪、全自动尿液分析仪、全自动血细胞分析仪及心电图等设备。2021年，松源镇有卫生站23个，有卫生站医生24人，由镇卫生院提供技术指导和业务培训。

【文化】 松源镇是革命老苏区，拥有丰富和浓厚的红色底蕴。2021年，松源镇贯彻落实"用好红色资源、赓续红色血脉"思想，积极抢抓中央、省、市、区高度重视老区苏区振兴发展的政策红利，大力推动以红色资源为核心的文旅产业发展，擦亮"红色松源"名片。一是完善红色遗址开发利用总体规划。通过委托中央、省、市、区党史研究专家还原松源的革命史实，聘请专业团队对重要红色遗址进行修缮、布展和整体规划，逐渐形成以"一信两馆三址四场景"为核心的总体规划，连线边片打造国家AAAA级红色旅游景区初具雏形。二是加快红色遗址保护利用开发进度。投入500万元的同怀别墅进行修缮保护及陈列布展项目完成，"中央九月来信传达贯彻历史陈列室"于2021年6月25日正式揭牌对外免费开放；投入270万元的蛟花堂修缮保护及陈列布展项目基本完成；投入163万元的松源镇革命历史纪念馆完成并于2021年6月30日免费对外开放。三是镇村文化活动中心与新时代文明实践所（站）进一步科学整合，结合日常中心工作开展理论宣讲、道德模范、志愿服务等实践活动。

【体育】 2021年，松源镇全民健身器材已实现23个行政村（居委会）全覆盖，全镇公共体育场地有6个足球场、19个篮球场和20个全民健身广场，公共体育场地合理分布，科学设置。结合群众喜爱的广场舞活动，抓好广场文体活动，径口、青塘、金星、东王等行政村组建了广场文艺队伍，吸引热爱文艺的群众开展文娱活动。

【教育】 松源中学　学校占地面积7.71万平方米，建筑面积2.55万平方米。2021年，初中部有12个教学班，高中部有8个教学班，有教职工74人，有学生914人。

松源镇中心小学　学校占地面积2万多平方米，建筑面积7486平方米。2021年，有28个教学班，有教职工72人，有学生1029人。

松源镇中心幼儿园（公办）　幼儿园占地面积2751平方米，建筑面积1481平方米。有教室8间，设有幼儿多功能活动室、厨房、寝室、户外体育活动场、种植园地、玩水池、玩沙池、饲养角等。2021年，有教职工24人，有在园幼儿219人。

【农村环境综合治理】 2021年，松源镇抓好农村环境综合治理工作，一是抓好美丽乡村建设。聚力横坊、五星、案背3个美丽乡村建设示范村和湾溪、园岭、径口3个原省定贫困村新农村建设示范村建设。二是推动"三清三拆三整治"深入开展。全年拆除危旧房屋、废弃猪栏、露天厕所等526间，共1.19万平方米。根据区三清三拆"回头看"行动复核小组抽查复核，77%的行政村（居委会）均达80分。三是开展农村厕所问题摸排整改，将"厕所革命"作为重要的基础工程、文明工程、民生工程来抓，全年改造建设农村无害化卫生户厕13座。四是探索发展新兴产业。成功打造了横坊村休闲观光新型农业、白玉村生态科技农业、案背村黄金果种植基地、白玉村草药木耳种植园地等项目。五是推进文化资源转化为文旅资产。实施横江村传统村落建设项目，一批宗祠文化、农耕文化体验项目相继落成。

【党的建设】 2021年，松源镇有党支部39个，有党员1471人，其中新发展党员40人。2021年，松源镇全面加强党的建设。一是高要求推进学习教育。把学习贯彻习近平新时代中国特色社会主义思想作为镇党委会的第一议题、理论学习中心组学习的主要内容、"三会一课"的重点科目。在全镇各级党组织广泛开展以党史为重点的"四史”宣传教育，激活了学党史、悟思想、办实事、开新局的生动局面，全年举办各类培训班23期、培训2478人次。大力推进“我为群众办实事”实践活动，为群众解决急难愁盼问题223宗。二是高标准完善教学设施。盘活闲置资源，将搁置的原松源镇中心幼儿园改造成革命历史纪念展览馆，为开展党史学习教育搭建起新平台；修缮整理党校分教点，规范配备各类软硬件设施，推行“三定”管理办法，让分教点“用起来”“活起来”。三是高质量巩固教育成果。广泛开展评选表彰活动，全年获评区级先进党组织4个，获评市、区级优秀党员和党务工作者7人。充分发挥党建示范村横坊、红色美丽乡村试点村金星及原省定贫困村园岭、径口、湾溪的典型示范引领作用，以点带面、全面开花。紧抓基层党建“第一责任人”的职责，落实基层党组织书记抓党建述职评议工作，进一步强化考核结果运用。四是班子结构规范化。切实把党的领导贯穿镇、村换届选举全过程和各方面，百分之百实现村党组织书记“三个一肩挑”，对“四不书记”即撤即换，选优配强干部队伍。换届后行政村（居委会）“两委”形成以40—55周岁、高中（中专）学历为主体的班子结构，其中村党组织书记高中（中专）以上学历100%、大专以上学历达到43.5%以上。五是党员发展规范化。通过层层筛选，严把“入口关”，杜绝“带病入党”，做到程序严控、公开透明、责任可查，稳妥推进发展新党员工作，优中择优。全年新发展党员40人，35岁以下党员34人，占比85%；大专及以上学历党员29人，占比72.5%。六是以监督执纪为抓手，锤炼严实作风。2021年，就疫情防控、乡村振兴、污染防治、惠民补贴、吃公函等重点领域开展问题排查工作，发现问题73个，立行立改73个；开展日常谈话151人次，提醒谈话24人次，诫勉处理4人。在村级换届期间，开展涉村级换届工作日常谈话677人次，批评教育26人次。真正发挥查处一案、警示一片的治本效应，持续深化“不敢腐、不能腐、不想腐”一体推进。加强信息公开载体建设，让群众及时了解政府动态，织密监督“立体网”，打造阳光政府，全年受理群众来访40人次，办结率100%。全力配合二届区委第一轮对村巡察工作，督促金星、五星、青塘等12个行政村（居委会）党组织切实提高站位，以高度的责任感迎接“政治体检”。

2021年年底梅县区松源镇党委、政府

书记： 卢剑平

镇长： 韩晓晖

（供稿：叶　贞）

责任编辑：黎志康

国民经济主要指标

综 合

地区生产总值（按当年价计算）

表 9

项 目	计算单位	2021 年
一、地区生产总值	万元	2377127
农林牧渔业	万元	599865
#农、林、牧、渔服务业	万元	4660
工业	万元	689832
#开采辅助活动	万元	8
#金属制品、机械和设备修理业	万元	341
建筑业	万元	103924
批发和零售业	万元	158493
批发业	万元	57870
零售业	万元	100623
交通运输、仓储和邮政业	万元	87633
住宿和餐饮业	万元	44500
住宿业	万元	6393
餐饮业	万元	38107
金融业	万元	152529
房地产业	万元	161031
房地产业（K 门类）	万元	69786
居民自有住房服务	万元	91245

续上表

项　目	计算单位	2021 年
其他服务业	万元	379320
营利性服务业	万元	165005
非营利性服务业	万元	214315
第一产业	万元	595205
第二产业	万元	793408
第三产业	万元	988514
二、人均地区生产总值	元	42677

注：2021 年 GDP 数据为新口径（含 R&D）快报数据。

人　口

人口状况

表 10

指　标	单　位	2021 年	指　标	单　位	2021 年
一、全区年末户籍人口	人	618012	城镇人口	人	286252
其中：男	人	312205	**二、全区年平均户籍人口**	人	618349
女	人	305807	**三、年末常住人口**	万人	55.72
性别比	%	102.09	城镇化率	%	53.87
其中：乡村人口	人	331760	—	—	—

计划生育情况

表 11

指　标	单位	2021 年	指　标	单位	2021 年
一、出生人数	人	5024	**二、全年死亡人口**	人	3807
其中：男	人	2684	死亡率	‰	5.84
女	人	2340	**三、全年自然增长人数**	人	1217
出生人口性别比	%	114.7	自然增长率	‰	1.87
出生率	‰	7.71	**四、政策生育率**	%	93.45

农 业

全区基本情况

表 12

指 标	计算单位	2021 年	指 标	计算单位	2021 年
1. 统计单位	个	20	其中：农林牧渔业	人	105259
2. 村（居）委会	个	392	6. 土地面积	平方公里	2483
其中：居委会	个	35	7. 年末耕地面积	亩	
3. 总户数	户	178996	其中：水田	亩	
4. 总人口	人	618012	8. 水田占耕地比例	%	
其中：乡村人口	人	331760	9. 按乡村人口人平耕地	亩/人	
5. 乡村从业人员	人	201395	10. 农业机械总动力	万千瓦特	17.40

注：统计单位包括 17 个镇，1 个高管会，1 个水库。

2021 年各镇基本情况

表 13

镇 别	土地面积（平方千米）	村委会（个）	居委（个）	村（居）民小组（个）	总户数（户）	总人口（人）
城 东	79.43	12	1	157	5519	21150
程 江	59.7	14	3	176	17250	50159
石 扇	91.06	12	1	147	6274	21370
梅 西	93.56	17	2	173	8329	30896
石 坑	87.25	17	1	179	7310	27344
大 坪	91.53	14	1	170	5603	21335
南 口	262.21	46	3	645	19593	70601
畲 江	175.61	23	2	318	13472	49205
水 车	121.9	18	1	198	6337	22881
梅 南	126.75	16	1	142	4546	16321
丙 村	170.86	21	1	265	12231	42423
雁 洋	183.01	27	2	282	8660	34083
松 源	144.88	22	2	324	12118	41530
隆 文	113.38	14	1	236	6574	23000
桃 尧	119.17	15	1	158	5057	17138
白 渡	187.24	24	1	230	8116	28617
扶 大	18.54	4	1	58	6141	16232
松 口	327.93	41	5	481	16823	61581
新 城	3.66	0	5	66	9043	22092

农业总产值及其构成

表 14

项　目	2021 年 现价产值（万元）	2021 年 构成（%）	项　目	2021 年 现价产值（万元）	2021 年 构成（%）
农林牧渔业总产值合计	901960	100	2．林业	12903	1.4
1．农业	678457	75.2	3．牧业	146186	16.2
其中：谷物及其他作物	86861	12.8	其中：生猪	88536	49.1
蔬菜	190416	28.1	4．渔业	49833	5.5
水果	383584	56.5	5．农林牧渔服务业	14581	1.6

主要农作物面积、产量

表 15

项　目	2021 年 面积（亩）	2021 年 亩产（公斤）	2021 年 总产量（吨）	项　目	2021 年 面积（亩）	2021 年 亩产（公斤）	2021 年 总产量（吨）
一、粮食作物	386752	454	175410	二、花生	35631	228	8139
其中：1．稻谷	342473	478	163600	三、木薯	18296	1187	21720
（1）早稻	168603	475	80032	四、蔬菜	167352	2993	500888
（2）晚稻	173870	481	83568	五、瓜类	19288	2217	42767
2．大豆	12500	239	2985	六、黄烤烟	13208	136	1798

水果面积、产量

表 16

项　目	2021 年 面积（亩）	2021 年 总产量（吨）	项　目	2021 年 面积（亩）	2021 年 总产量（吨）
合　计	386102	800564	4．柿子	5802	10465
1．柑橘橙	34396	63804	5．李子	24652	40755
2．香（大）蕉	13678	25232	6．柚子	262549	588010
3．龙眼	6503	7210	7．其他水果	38522	65088

畜牧业生产情况

表 17

项　目		计算单位	2021 年
一、生猪	全年饲养量	头	488256
	1. 年末存栏量	头	209882
	其中：能繁殖母猪	头	11741
	2. 全年出栏肉猪头数	头	278374
	猪肉产量	吨	24312
二、大牲畜	年末存栏头数	头	8359
	全年出栏头数	头	2675
	肉产量	吨	337
三、羊	年末存栏量	只	18045
	年末出栏量	只	27632
四、家禽	全年饲养量	只	10327620
	其中：出栏量	只	7580166
	禽肉产量	吨	13573

各镇水稻面积、产量

表 18

镇　别	2021 年			镇　别	2021 年		
	面积（亩）	亩产（公斤）	总产量（吨）		面积（亩）	亩产（公斤）	总产量（吨）
城　东	14220	480	6825	梅　南	12901	460	5933
程　江	9072	475	4313	丙　村	17645	481	8480
石　扇	13688	492	6738	雁　洋	15830	490	7749
梅　西	23237	478	11100	松　源	20176	485	9783
石　坑	16344	475	7760	隆　文	11659	486	5669
大　坪	12612	474	5983	桃　尧	16224	469	7608
南　口	50260	478	24024	白　渡	28348	459	13015
畲　江	29236	480	14027	扶　大	943	489	461
水　车	11810	469	5535	松　口	37750	486	18343

各镇蔬菜面积、产量

表19

镇别	2021年			镇别	2021年		
	面积（亩）	亩产（公斤）	总产量（吨）		面积（亩）	亩产（公斤）	总产量（吨）
城东	12190	3920	47784	梅南	10824	2465	26680
程江	3836	4276	16403	丙村	17962	3759	67526
石扇	9011	2653	23910	雁洋	4975	2611	12988
梅西	8410	2659	22364	松源	4702	2712	12752
石坑	6546	2181	14276	隆文	7544	2214	16704
大坪	6592	2333	15376	桃尧	4120	2590	10670
南口	23222	2822	65534	白渡	10006	3652	36537
畲江	13483	3600	48535	扶大	1073	2753	2954
水车	9533	2430	23166	松口	13241	2758	36513

各镇水果面积、产量

表20

镇别	2021年		镇别	2021年	
	年末面积（亩）	总产量（吨）		年末面积（亩）	总产量（吨）
城东	17112	34916	梅南	7742	8197
程江	1929	3635	丙村	22923	39206
石扇	27974	72201	雁洋	18165	39784
梅西	14320	25960	松源	22792	47264
石坑	11965	20404	隆文	21598	36149
大坪	12139	21381	桃尧	29396	59168
南口	41460	90891	白渡	37359	50576
畲江	14715	27272	扶大	851	2044
水车	10932	18767	松口	70698	200753

各镇生猪饲养量

表21

单位：头

镇别	2021年	镇别	2021年	镇别	2021年
城东	11296	南口	100647	松源	26550
程江	8253	畲江	28171	隆文	14923
石扇	21887	水车	8367	桃尧	13794
梅西	40522	梅南	8119	白渡	31173
石坑	16652	丙村	18395	扶大	4
大坪	37879	雁洋	20257	松口	80383

各镇“三鸟”饲养量

表 22　　　　单位：只

镇　别	2021 年	镇　别	2021 年	镇　别	2021 年
城　东	914701	南　口	682685	松　源	226767
程　江	239367	畲　江	963136	隆　文	382981
石　扇	415268	水　车	407654	桃　尧	221531
梅　西	184597	梅　南	915351	白　渡	781168
石　坑	225009	丙　村	1804553	扶　大	291980
大　坪	484133	雁　洋	352583	松　口	804313

工业、能源

工业企业单位个数

表 23　　　　单位：个

项　目	2021 年	项　目	2021 年
规模以上工业企业	101	4. 股份制企业	88
1. 国有企业	1	5. 外商及港澳台投资企业	6
2. 集体企业	1	6. 其他经济类型企业	4
3. 股份合作企业	1	—	—

注：从 2011 年规模以上工业统计范围改为年主营业务收入达 2000 万元及以上的工业企业。

规模以上工业总产值

表 24　　　　单位：万元

项　目	2021 年	项　目	2021 年
规模以上工业企业	1879818	4. 股份制企业	1541031
1. 国有企业	12671	5. 外商及港澳台投资企业	296988
2. 集体企业	6314	6. 其他经济类型企业	13002
3. 股份合作企业	9812	—	—

注：1. 从 2011 年规模以上工业统计范围改为年主营业务收入达 2000 万元及以上的工业企业；
　　2. 增长速度按 2021 年同口径的可比价格计算。

规模以上工业主要产品产量

表 25

产品名称	计算单位	2021 年
1. 服装	万件	270.10
2. 发电量	万千瓦小时	773280.45
（1）水电	万千瓦小时	8121.66
（2）火电	万千瓦小时	765158.79
3. 电路板	平方米	1756401.00
4. 水泥	万吨	440.60
5. 橡胶轮胎外胎	万条	982.40

注：1. 从 2011 年规模以上工业统计范围改为年主营业务收入达 2000 万元及以上的工业企业；
2. 增长速度按 2021 年同口径计算。

规模以上工业实现利润总额

表 26　　　　单位：万元

项　目	2021 年	项　目	2021 年
利润总额总计	205437	4. 股份制企业	163457
1. 国有企业	1052	5. 外商及港澳台投资企业	38053
2. 集体企业	103	6. 其他经济类型企业	234
3. 股份合作企业	2538	—	—

注：1. 从 2011 年规模以上工业统计范围改为年主营业务收入达 2000 万元及以上的工业企业；
2. 增长速度按 2021 年同口径计算。

规模以上工业增加值（现行价）

表 27　　　　单位：万元

项　目	2021 年	项　目	2021 年
合　计	533105	4. 股份制企业	435611
1. 国有企业	11059	5. 外商及港澳台投资企业	77332
2. 集体企业	2161	6. 其他经济类型企业	2686
3. 股份合作企业	4256	—	—

注：1. 从 2011 年规模以上工业统计范围改为年主营业务收入达 2000 万元及以上的工业企业；
2. 增长速度按 2021 年同口径计算。

规模以上工业资产合计

表 28　　单位：万元

项　目	2021 年	项　目	2021 年
合　计	3159125	4．股份制企业	2811430
1．国有企业	47771	5．外商及港澳台投资企业	266379
2．集体企业	2165	6．其他经济类型企业	18002
3．股份合作企业	13378	—	—

注：1. 从 2011 年规模以上工业统计范围改为年主营业务收入达 2000 万元及以上的工业企业；
2. 增长速度按 2021 年同口径计算。

规模以上工业主营业务收入

表 29　　单位：万元

项　目	2021 年	项　目	2021 年
合　计	2087147	4．股份制企业	1761747
1．国有企业	15678	5．外商及港澳台投资企业	281967
2．集体企业	6314	6．其他经济类型企业	11761
3．股份合作企业	9680	—	—

注：1. 从 2011 年规模以上工业统计范围改为年主营业务收入达 2000 万元及以上的工业企业；
2. 增长速度按 2021 年同口径计算。

能源单耗指标

表 30

主要指标	计量单位	2021 年
能源消费总量	万吨标准煤，等价值	132.85
电力消费量	万千瓦时	261501.23
#其中：工业消费量	万千瓦时	155671.63
规上工业综合能源消费量	万吨标准煤，当量值	48.64
单位 GDP 能耗（等价值，2010 可比价）	吨标准煤 / 万元	0.5677
单位 GDP 电耗（2010 可比价）	千瓦小时 / 万元	1117.5214
工业增加值能耗（规模以上，当量值）	吨标准煤 / 万元	0.8187

规模以上工业企业水消费总量

表31

指标名称	取水量（万立方米）	指标名称	取水量（万立方米）
	2021年		2021年
一、取水量	2299	5．雨水	0
1．地表淡水	2004	6．其他水	0.2
2．地下淡水	60	二、外排水量	147
3．自来水	233	三、重复用水量	1472
4．矿井水	0	—	—

规模以上工业企业主要能源购进、消费与库存

表32

能源名称	计量单位	购进实物量	工业生产消费量	年末库存量
		2021年	2021年	2021年
一、原煤	吨	3542077.4	3583432.44	393306.02
二、天然气	万立方米	769.52	765.9	0.73
三、液化天然气	吨	0	0	0
四、汽油	吨	320.05	38.15	0
五、柴油	吨	2890.36	2283.64	932.73
六、燃料油	吨	1133.82	813.16	180.56
七、液化石油气	吨	2.35	0	0
八、润滑油	吨	36.33	30.69	0
九、其他石油制品	吨	0	0	0
十、热力	百万千焦	60871.41	369219.41	0
十一、电力	万千瓦时	82347.19	127993.22	0
十二、煤矸石	吨	1240800	1267310	0
十三、生物燃料	吨标准煤	0	0	0
能源合计	吨标准煤	–	2711972.12	–

建筑业

资质等级以上建筑业基本情况

表 33

项　目	计算单位	2021 年	项　目	计算单位	2021 年
一、建筑业个数	个	56	3. 其他产值	万元	1527
二、资产总计	万元	573470	**四、营业收入**	万元	338732
三、建筑总产值	万元	308568	**五、营业利润**	万元	9927
1. 建筑工程	万元	303050	**六、利润总额**	万元	9772
2. 安装工程	万元	3990	—	—	—

交通运输

交通运输线路长度及机动车辆水上运输船舶拥有量

表 34

项　目	计算单位	2021 年
一、公路通车里程	公里	2649.3
二、汽车合计	辆	5922
其中：货车	辆	5816
客车	辆	106

交通运输部门、旅客运输量、周转量

表 35

项　目	计算单位	2021 年
一、货物运输量	万吨	3614.00
二、货物周转量	万吨/公里	316361.35
三、旅客运输量	万人	86.87
四、旅客周转量	万人/公里	11292.00

固定资产投资

固定资产投资

表 36

主要指标	计量单位	2021 年	主要指标	计量单位	2021 年
固定资产投资总额	万元	—	2. 第二产业	万元	—
其中：项目投资	万元	—	其中：工业投资	万元	—
房地产开发投资	万元	—	#技改投资	万元	—
按产业分	—	—	3. 第三产业	万元	—
1. 第一产业	万元	—	—	—	—

房 地 产

房地产基本情况

表 37

主要指标	计量单位	2021 年	主要指标	计量单位	2021 年
房屋施工面积	万平方米	594.95	商品房销售面积	万平方米	76.87
其中：住宅	万平方米	387.06	商品房销售额	亿元	40.97
房屋竣工面积	万平方米	143.69	商品房销售套数	套	5162.00
其中：住宅	万平方米	89.20	待售面积	万平方米	157.34

贸易业、物价

贸易业限额以上单位数量

表 38　　单位：个

项　目	2021 年	项　目	2021 年
总数	77	2. 个体经营户	0
1. 企业	77	批发业	0
批发业	28	零售业	0
零售业	38	住宿业	0
住宿业	9	餐饮业	0
餐饮业	2	—	—

社会消费品零售总额

表 39

项　目	计算单位	2021 年	项　目	计算单位	2021 年
1. 社会消费品零售总额	万元	1493836	**2. 销售总额**	万元	1690663
其中：限额以上社会消费品零售总额	万元	342340	其中：批发业销售总额	万元	751991
按行业分：商品零售	万元	1361175	零售业销售总额	万元	837221
餐饮收入	万元	132661	住宿业营业额	万元	28516
按城乡分：城镇	万元	1129187	餐饮业营业额	万元	72935
乡村	万元	364650	—	—	—

居民消费价格分类指数

（以上年同期价格为 100）

表 40

项　目	2021 年	项　目	2021 年
居民消费价格指数	100.1	二、衣着	101.5
一、食品烟酒	98.8	三、居住	100.0
1. 食品	98.4	四、生活用品及服务	100.1
（1）粮食	101.9	五、交通和通信	103.4
（2）畜肉类	83.2	六、教育文化和娱乐	100.3
（3）蛋类	111.0	教育	100.5
（4）水产品	109.6	七、医疗保障	100.9
2. 烟酒	101.6	八、其他用品和服务	98.2
3. 在外餐饮	98.7	—	—

服务业

规模以上服务业基本情况

表 41

项　目	计算单位	2021 年	项　目	计算单位	2021 年
一、服务业个数	个	26	四、营业利润	万元	–409
二、资产总计	万元	569187	五、利润总额	万元	–374
三、营业收入	万元	75051	—	—	—

居民生活

2021 年梅县区全体居民住户调查资料

表 42

主要指标	计量单位	2021 年		
		全体居民	城镇居民	农村居民
一、人均可支配收入	元	32467	39822	24163
1. 工资性收入	元	15458	20613	9639
2. 经营性收入	元	9206	8676	9804
3. 财产性收入	元	1812	3282	153
4. 转移性收入	元	5991	7252	4568
二、人均消费支出	元	21205	22197	20085
（一）食品烟酒	元	8173	8337	7989
（二）衣着	元	733	823	631
（三）居住	元	5260	5399	5103
（四）生活用品及服务	元	1229	1427	1004
（五）交通通信	元	2276	2476	2049
（六）教育文化娱乐	元	1555	1732	1356
（七）医疗保健	元	1510	1425	1606
（八）其他用品和服务	元	470	579	347

财政、金融、保险及对外经济

地方财政收支情况

表 43

项　目	计算单位	2021 年	项　目	计算单位	2021 年
一、财政收入	万元	163793	2. 公共安全支出	万元	27748
其中：各项税收	万元	100768	3. 教育支出	万元	137226
1. 增值税	万元	27032	4. 科学技术支出	万元	1724
2. 营业税	万元	14491	5. 社会保障和就业支出	万元	83460
3. 个人所得税	万元	6627	6. 医疗卫生与计划生育支出	万元	69761
4. 城市维护建设税	万元	7877	7. 节能环保支出	万元	4083
二、财政支出	万元	561975	8. 城乡社区支出	万元	26237
其中：1. 一般公共服务支出	万元	85194	—	—	—

税收收入

表 44

指　标	计算单位	2021 年
税收收入	万元	297271

银行信贷及储蓄

表 45

指　标	计算单位	2021 年
一、金融机构本外币存款余额	亿元	407.33
其中：城乡居民储蓄存款余额	亿元	277.23
二、金融机构本外币贷款余额	亿元	272.94

对外经济和外贸

表 46

指　标	计算单位	2021 年
		签订合同协议意向总数（已批准）
一、新签合同协议意向总数	宗	6
二、协议规定利用外资源	万美元	891
三、实际利用外资	万美元	523
四、外贸进出口总额	万美元	50061
其中：进口总额	万美元	23706
出口总额	万美元	26355

教育、卫生、体育

教育事业发展情况

表 47

项　目	2021 年						
	学校数（所）	班数（班）	在校学生数（人）	招生数（人）	毕业学生数（人）	教职员工（人）	在教职工中专任教师（人）
1. 普通中学	29	600	27802	9961	7716	2509	2236
其中：初中	20	423	19510	7326	5258	1688	1511
高中	9	177	8292	2635	2458	801	725
2. 职业学校	2	57	2718	1090	525	169	155

续表 47

项目	2021 年						
	学校数（所）	班数（班）	在校学生数（人）	招生数（人）	毕业学生数（人）	教职员工（人）	在教职工中专任教师（人）
3. 小学	53	1242	51306	8501	7493	2993	2805
4. 幼儿园	133	784	23456	5116	9020	2946	1734
5. 特殊教育学校	1	9	46	3	10	24	22

卫生机构、床位、人员数

表 48

指标	计算单位	2021 年	指标	计算单位	2021 年
一、医疗卫生机构数	个	401	**二、病床位数**	张	3560
1. 医院	个	9	**三、卫生工作人员**	人	4519
县及县以上医院	个	9	1. 卫生技术人员	人	3851
乡镇卫生院	个	18	其中：医生	人	1499
2. 妇幼保健院	个	1	护师（士）	人	1666
3. 疾病控制中心	个	1	药剂人员	人	302
4. 卫生监督所	个	1	2. 管理人员	人	353
5. 慢性病防治院	个	1	3. 工勤人员	人	257
6. 其他卫生事业机构	个	2	—	—	—

体育事业发展情况

表 49

指标	计算单位	2021 年	指标	计算单位	2021 年
一、体育系统职工人数	人	40	2. 篮球场	个	481
其中：教练员	人	21	3. 游泳池	个	11
二、业余体校	所	252	**六、获得省以上比赛记录**		
班级数	班	2	1. 项数	项	1
在校学生	人	252	其中：冠军	项	1
三、输送省以上优秀运动员	人	0	亚军	项	0
四、举办运动会（含单项）	场	5	2. 人数	人	1
五、体育设施	个	634	其中：女子	人	1
1. 足球场	个	142	—	—	—

内设机构

2021 年年底梅县区区直和各部门内设机构

中共梅州市梅县区委：办公室、秘书股、综合股、人事股、督查室、接待股、新闻办、机要局、保密局、会务股、文电法规股、档案保密股、档案发展和管理股。

梅州市梅县区人大常委会：办公室、专门委员会、法制委员会、监察和司法工作委员会、财政经济工作委员会、农村农业工作委员会、选举联络人事任免工作委员会、城乡建设环境与资源保护工作委员会、教育科学文化卫生华侨工作委员会、社会建设工作委员会。

梅州市梅县区人民政府：办公室、秘书股、政务股、会务股、人事股、综合股、行政股、督办室、金融股、外事股、保密股、职能转变协调股、打击走私综合治理办公室、直属机关武装部、信访一室、信访二室、信访三室、信访四室。

政协梅州市梅县区委员会：办公室、文史科、联络科、人秘科、专门工作委员会、学习文史委员会、提案委员会、农业和农村工作委员会、社会法制委员会、经济科技委员会、民营经济委员会、文教卫体委员会、港澳台侨委员、委员联络服务中心。

中共梅州市梅县区纪律检查委员会：办公室、组织宣传室、党风政风监督室、信访室（举报中心）、案件监督管理室、案件审理室、第一纪检监察室、第二纪检监察室、第三纪检监察室、第四纪检监察室、第五纪检监察室、第六纪检监察室、第七纪检监察室；派驻机构：区纪委监委驻区委办公室纪检监察组、区纪委监委驻区政府办公室纪检监察组、区纪委监委驻区委宣传部纪检监察组、区纪委监委驻区委政法委纪检监察组、区纪委监委驻区农业农村局纪检监察组、区纪委监委驻区住房和城乡建设局纪检监察组、区纪委监委驻区交通运输局纪检监察组、区纪委监委驻区发展和改革局纪检监察组、区纪委监委驻区财政局纪检监察组、区纪委监委驻区教育局纪检监察组、区纪委监委驻区卫生健康局纪检监察组、区纪委监委驻梅州市公安局梅县区分局纪检监察组。

中共梅州市梅县区委组织部：办公室、组织一室、组织二室、组织三室、组织四室、干部室、干部监督室、公务员管理室、干部培训室、人才管理室、调研室、老干部管理室、关心下一代工作室、组织人事档案管理中心、老干部服务中心、基层党建工作指导中心。

中共梅州市梅县区委机构编制委员会办公室：综合股、行政机构编制股、事业机构编制股、监督检查股、事业单位登记管理股（加挂梅州市梅县区事业单位登记管理局牌子）；下属事业单位：梅州市梅县区机构编制电子政务中心。

中共梅州市梅县区委统战部：办公室、干部股、党派股、民族宗教工作股、侨务股、台港澳工作股、非公有制经济工作股（加挂新的社会阶层人士统战工作股牌子）；下设一类事业单位：梅县区统战工作联络交流中心。

中共梅州市梅县区委政策研究室：人秘股、政教文股、农村股。

中共梅州市梅县区委巡察办公室：办公室。

梅州市梅县区工商业联合会：办公室。

梅州市梅县区归国华侨联合会：办公室、联络股。

梅州市梅县区各民主党派：民革、民盟、农工党、致公党、九三学社。

中共梅州市梅县区委党校：办公室、教研室、行政股、对外培训股。

中共梅州市梅县区委党史研究室：人秘股、征研出版股、党史宣教中心。

梅州市梅县区档案馆：办公室、档案管理室、声像技术室。

梅州市梅县区总工会：办公室、组织宣传教育部、生产生活女工部、财务部。

共青团梅州市梅县区委员会：联络部、团务部、办公室、学少部。

梅州市梅县区妇女联合会：办公室、妇工部、儿童部。

广州增城市（梅县区）产业转移工业园管理委员会：办公室、招商与经济发展部、规划建设部、资产管理部、环保与安全生产部。

梅州市梅县区审计局：办公室、财政金融债务审计股、经济责任与农业农村审计股、行政事业与社会保障审计股、法规审理股、整改监督与投资企业审计股。

梅州市梅县区应急管理局：办公室、综合协调股、人事法规股、执法大队、应急指挥股、地震和地质灾害救援股、安全生产基础股、科技和信息化股（行政审批股）、风险监测和综合减灾股；下设两个事业单位：区应急中心、区应急宣传教育中心。

梅州市梅县区政务服务数据管理局：办公室、标准建设与审批协调股、数据资源与安全管理股、政府热线和效能监督股；下属事业：政务大数据中心、政务服务中心、智慧梅县政务指挥中心。

梅州市梅县区退役军人事务局：办公室、移交安置与军休服务管理股、拥军优抚与褒扬纪念股；下设区退役军人服务中心、区军休所、区光荣院3个一类事业单位。

梅州市梅县区体育局：人秘股、群众体育股、训练竞赛股、体育产业股（加挂行政审批股）；下属事业单位：梅县区业余体校。

梅州市梅县区人民政府地方志办公室：人秘股、编审指导股。

梅州市梅县区科学技术协会：办公室。

梅州市梅县区残疾人联合会：办公室（梅县人民政府残疾人工作协调委员会秘书处）、康复股、教育就业股；下属事业单位：残疾人劳动就业服务所、残疾人辅助器具服务站、残疾人康复托养服务中心。

梅州市自然资源局梅县分局：办公室、耕地保护监督与生态修复股、国土空间与村镇规划股、自然资源所有者权益与开发利用股、国土空间用途管制股、自然资源调查监测股、自然资源确权登记股、测绘地理信息管理股、执法股、地质与矿产资源管理股。

广东电网有限责任公司梅州梅县供电局：办公室、党建人事部、生产计划部、工程建设部、安全监管部供电服务中心；二级机构：综合服务中心；下设：程江、城东、扶大、南口、大坪、石坑、梅西、雁洋、白渡、石扇、松口、隆文、桃尧、松源、梅南、丙村、水车、畲江 18 个供电所。

中共梅州市梅县区委宣传部：

梅县区委宣传部加挂：办公室、理论股、宣传文艺股、精神文明建设股、版权股、网络安全和信息化股；梅州市梅县区委网络安全和信息化委员会办公室、梅州市梅县区互联网信息办公室、梅州市梅县区精神文明建设委员会办公室。

下属事业单位：梅州市梅县区互联网新闻信息中心、梅州市梅县区社会科学界联合会办公室、梅州市梅县区新时代精神文明建设服务中心。

梅州市梅县区文化广电旅游局：办公室、市场法规股、公共服务股、资源产业股、文化遗产股、艺术推广股、执法股。

梅州市梅县区文学艺术界联合会：办公室；下属事业单位：文学院（加挂梅县区书画院牌子）。

梅州市梅县区融媒体中心：办公室、财务室、总编室、新闻中心、专题部、广播节目部、电视节目部、广告部、新媒体部、技术部、播控部；下设发射中心（正股级事业单位）。

中共梅州市梅县区委政法委员会：办公室、干部室、调研宣传与网络舆情室、执法监督室、维稳指导协调室、政治安全与反邪教工作室、综治指导协调室。

梅州市公安局梅县区分局：指挥中心、国保大队、刑侦大队、交警大队、治安大队、政工室、监督室、法制大队、警务保障室、巡警大队、经侦大队、出入境管理大队、网监大队、森林大队、梅县区拘留所、梅县区看守所；19 个派出所：城东派出所、松源派出所、松口派出所、雁洋派出所、丙村派出所、畲江派出所、南口派出所、宝华派出所、程江派出所、水车派出所、梅南派出所、扶大派出所、石扇派出所、白渡派出所、隆文派出所、桃尧派出所、大坪派出所、梅西派出所、石坑派出所。

梅州市梅县区消防救援大队：

梅州市梅县区人民法院：立案庭（诉讼服务中心）、刑事审判庭、民事审判一庭、民事审判二庭、执行局、政治部（督察室）、综合办公室（司法警察大队）、审判管理办公室（研究室）。

梅州市梅县区人民检察院：第一检察部、第二检察部、第三检察部、第四检察部、综合业务部、政治部、办公室（加挂司法警察大队牌子）、检务保障部；派出机构：派驻程江检察室、派驻畲江检察室。

梅州市梅县区司法局：政治工作办公室（副科级建制）、办公室、法治调研督察股、法制股、社区矫正管理股、行政复议与应诉股、政府法律顾问工作股、行政执法协调监督股、普法与依法治理股、人民参与和促进法治股、公共法律服务管理股、律师工作管理股、区委依法治区办秘书股；下设19个基层司法所；下辖直属单位：梅县公证处、梅县区公职律师事务所、梅县区法律援助处。

梅州市梅县区农业农村局：办公室、政策法规与改革股（加挂行政审批股牌子）、乡村产业发展股、乡村振兴股、农产品质量安全监管与市场信息股、种植业管理股、农业机械化管理办公室、农田建设管理股、科技教育股（加挂农业转基因生物安全管理办公室牌子）、执法大队、畜牧与饲料股、兽医与屠宰管理股、渔业发展股、扶贫开发与老区建设股、生态保护修复股、森林资源管理股、自然保护股、人事股。

广东梅县阴那山省级自然保护区管理处：综合科。

梅州市梅县区水务局：办公室、计划财务股、水政水资源股（加挂区节约用水办公室、行政审批股牌子）、建设与管理股、水土保持股、水库移民办公室、农村水利水电股、水旱灾害防御调度股。

梅州市梅县区气象局：气象灾害防御管理办公室（重大气象灾害应急指挥部办公室）、办公室（人力资源股）、站网管理股、预报股、发展改革与财务股；直属事业单位：梅县区气象公共服务中心、梅县区气象公共安全技术支持中心、梅县区气象局机关服务中心；地方气象机构有梅县区突发事件预警信息发布中心、梅县区生态气象服务中心。

梅州市梅县区住房和城乡建设局：办公室、人事股、财务审计股、政策法规和行政审批股、住房保障股、城市建设股、公用事业股、房地产市场管理股、建筑监管和科技节能股、人防股、执法股、工程质量安全监管股、消防审验股、村镇建设股。

梅州市生态环境局梅县分局：办公室、政策法规股、综合股、污染防治股、执法股（加挂生态环境应急办公室牌子）。

梅州市梅县区交通运输局：办公室、安全技术股、综合规划股、基建管理股、工程质量管理股、财务股、运输管理股、交通战备股、行政审批股、党务工作股、法规审计股、执法一股、执法二股、执法三股、执法四股、执法五股、人事股；下属副科级事业单位：梅县区地方公路总站；下属正股级事业单位：梅县区交通运输服务中心。

梅州市梅县区公路事务中心：办公室、计划工程部、养护管理部、应急管理部、科技信息部、路政服务部、财务资产部、人力资源部；下属事业单位：公路养护中心（道班15个，绿化设施班1个）。

梅州市梅县区发展和改革局：办公室、人事股、规划综合股、产业综合股、投资与重点项目股、法规与信用股、能源管理股、粮食和物资储备股、价格与国防协调管理股；下属事业单位：铁路建设服务中心、价格认定成本调查监测中心、节能中心、产业服务中心。

梅州市梅县区民政和人力资源社会保障局：办公室、财务股、社会事务与福利股、社会救助股、执法大队、人力资源与专业技术管理股（行政审批股）、社会保险管理股、工资与事业单位管理股、就业与培训教育股（职业能力建设股，区劳动力转移办公室）、基层政权与区划地名股、婚姻登记股。

梅州市梅县区物资总公司：办公室。

梅州市梅县区医疗保障局：办公室、医疗保障管理股、医药服务管理股、基金监管和规划财务股。

梅州市梅县区统计局：办公室、综合法规股、农业和服务业股、工业和能源股、社会和固定资产投资股；下属事业单位：梅州市梅县区人口调查队、梅州市梅县区统计信息中心、梅州市梅县区统计普查中心。

中国人寿保险股份有限公司梅州市梅县支公司：营销发展部、收展发展部、团体业务部、综合部。下设石坑、程江、松口、松南、白渡、畲江、扶大、瑶上、雁洋、梅南、隆文、荷泗、水车、丙村、大坪、城东、石扇、松源、梅西、桃尧、白宫、南口、西阳23个乡镇营销服务部。

中国人民财产保险股份有限公司梅县支公司：中国人民财产保险股份有限公司梅县支公司经理室下分别由综合部、农险团队、业务管理部、修理厂团队、个代直营销团队、V盟团队、商非团队等部门组成。

梅州市梅县区科工商务局：办公室、法规和行政审批股、经济运行监测股、技术改造与创新股、信息产业股、电子商务股、贸易市场股、生产服务与行业管理股、高新技术股、科技规划股、外资和对外贸易发展股、招商股、投资促进股、人事股和军民融合发展工作股；下设事业单位：梅州市梅县区企业服务中心（事业单位）。

梅州市梅县区财政局：办公室、人事股、预算股、综合股、国库股、经济建设股、行政政法股、教科文股、社会保障股、工贸发展股、农业股、国有资产管理股、监督检查股、法规股、会计股、绩效评价股、农村财务管理股；下设事业单位：国库支付中心、政府采购管理办公室、投资审核中心、财政信息中心、财务总监办公室、资产管理运营中心。

梅州市梅县区市场监督管理局：办公室、政策法规股、登记注册与行政许可股、协调应急与新闻宣传股、信用风险监管股、价格监督检查与反不正当竞争股、标准化股、市场规范管理股、广告监督管理股、知识产权管理股、质量发展监管股、食品生产安全监督管理股、食品流通安全监督管理股、食品餐饮安全监督管理股、特殊食品安全监督管理股、药品化妆品监督管理股、医疗器械监督管理股、特种设备安全监察股、计量股、科技与信息化股、人事股、执法一、二、三、四大队、信息服务中心（机关服务中心）、消费者权益保护中心、安全保障中心。

梅州市梅县区商业企业集团公司：办公室。

梅州市梅县区供销合作联社：人事股、业务股、财会股、办公室。

梅州市梅县区二轻工业联社：办公室、生产技术股、资产财务股。

国家税务总局梅州市梅县区税务局：办公室（党委办公室）、法制股、税政一股、税政二股、社会保险费和非税收收入股、收入核算股、纳税服务股、征收管理股、风险管理股、财务管理股、组织人事股；内设事业单位2个：信息中心、规费服务中心。8个派出机构，其中税务分局7个：第一税务分局（办税服务厅）、第二税务分局、程江税务分局、大坪税务分局、雁洋税务分局、松口税务分局、梅南税务分局。税务所1个：城东税务所。

梅州市梅县区烟草专卖局：综合管理部、党建监察部、营销部、财务部、烟叶管理部（烟基办）、专卖监督管理办公室(内管派驻组、稽查大队)；下设1个烟叶工作站、3个烟叶工作点、4个稽查中队和4个卷烟营销片区。

中国邮政集团公司梅州市梅县区分公司：综合部。

中国电信股份有限公司梅县分公司：综合部、销售部、客响维护部、政企客户部、中国电信驻广州（梅州）产业转移工业园办公室、11个营销服务中心。

中国移动通信集团广东有限公司梅县分公司：综合部。

中国联合网络通有限公司梅县分公司：综合部。

梅州客商银行股份有限公司：一级职能部门：党群工作部、综合办公室、计划财务部、合规风险部、信贷管理部、资产保全部、信息科技部、运营管理部、普惠金融部、绿色发展部、营业部；县级支行：丰顺县支行、蕉岭县支行、平远县支行、大埔县支行；支行：梅松支行、雁洋支行、海吉星支行、科技支行、华南支行、仲元支行、畲江支行、分理处28家。

中国建设银行股份有限公司梅州梅县支行：综合部。

中国农业银行股份有限公司梅州梅县支行：公司业务部、"三农"对公业务部、个人金融部、农户金融部、运营财会部、综合管理部、风险管理部；下设11家营业机构和1个金融服务站。

梅州农村商业银行股份有限公司：内设15个部门、3个办公室、3个专营中心，下设营业网点60个。

中国工商银行股份有限公司梅县支行：综合部、营业网点。

中国银行股份有限公司梅县支行：综合部。

中国农业发展银行梅州市梅县支行：综合部、客户部。

广发银行梅州分行梅县支行：综合部。

中国邮政储蓄银行股份有限公司梅县支行：自营网点3家，代理网点21家。

梅州客家村镇银行股份公司：综合部。

交通银行股份有限公司梅州梅县区支行：综合部。

广东省盐业集团梅州有限公司梅县分公司：盐政法规股、专营部、财务部。

梅州市梅县区教育局：人事股、督导室、教育股、教仪站、内审室、德育股、体卫股、职成股、党委办、保健所、幼教办、行政审批股、信息中心、办公室、计财股、勤工办、招生办、资助中心。

梅州市梅县区卫生健康局：办公室、规划与信息化股、法规监督股（加挂行政审批股牌子）、老龄健康与家庭发展股、疾病预防控制股、妇幼健康股、医政医管股、中医药管理股、体制改革股、人事股。

2021年年底梅县区各镇（办事处、高管会）内设机构

梅州高新技术产业开发区梅县区（扶大）园区管理委员会：（园区）管理委会办公室、经济建设办公室、社会事务办公室、招商引资办公室、人口和计划生育办公室、创业服务中心，下设农业服务中心、机关服务中心、文教体育服务中心、人力资源与社会保障服务中心、财政结算服务中心。

梅县区新城工委、办事处：党政办公室、经济事务办公室、社会事务办公室、公共事务办公室、人口和计划生育办公室、社会治安综合治理信访维稳办公室、城乡规划建设管理办公室、人大工委办公室；下设财政结算服务中心、社会保障服务中心、文教体育服务中心，退役军人服务站。

梅县区程江镇党委、政府：党政综合办公室、人大办公室、党建工作办公室、纪检监察办公室、公共服务办公室、综合治理办公室、综合行政执法办公室、规划建设办公室、农业农村办公室；下设农业农村服务中心、经济发展和财政服务中心、文旅教体服务中心、公用事业社会保障服务中心、退伍军人服务站。

梅县区丙村镇党委、政府：党政综合办公室、人大办公室、党建工作办公室、纪检监察办公室、公共服务办公室、综合治理办公室、农业农村办公室、规划建设办公室、综合行政执法办公室；下设农业农村服务中心、经济发展和财政服务中心、公用事业社会保障服务中心、文旅教体服务中心、退役军人服务站。

梅县区雁洋镇党委、政府：党政综合办公室、人大办公室、党建工作办公室（组织人事办公室）、纪检监察办公室（与区监委派出检察组合署办公）、公共服务办公室（党群服务中心）、综合治理办公室（应急管理办公室）、综合行政执法办公室（综合行政执法队）、经济发展办公室、规划建设办公室（城市管理办公室）、农业农村办公室（生态环境保护办公室）；下设农业农村服务中心（农产品质量安全监管服务中心、水务服务所）、经济发展和财政服务中心、公用事业社会保障服务中心、文旅教体服务中心、卫生院（卫生健康服务中心、疾病预防控制中心）。

梅县区松口镇党委、政府：党政综合办公室、人大办公室、党建工作办公室（组织人事办公室）、纪检监察办公室（与区监委派出监察组合署办公）、公共服务办公室（党群服务中心）、综合治理办公室（应急管理办公室）、综合行政执法办公室（综合行政执法队）、农业农村办公室（生态环境保护办公室）、规划建设办公室、经济发展办公室。

梅县区松源镇党委、政府：党政综合办公室、农业农村办公室、人大办公室、党建工作办公室、纪检监察办公室、公共服务办公室、综合治理办公室、综合行政执法办公室、规划建设办公室、下设农业农村服务中心、经济发展和财政服务中心、公用事业社会保障服务中心、文旅教体服务中心、退役军人服务站、卫卫健服务中心（区卫生健康局统筹管理）。

梅县区隆文镇党委、政府：党政办公室、农业事务办公室、社会事务办公室、社会治安综合治理信访维稳办公室；下设农业服务中心、财政结算服务中心、社会保障服务中心、文教体育服务中

心、退役军人服务站。

梅县区桃尧镇党委、政府：党政综合办公室、人大办公室、纪检监察办公室、公共服务办公室、综合治理办公室、农业农村办公室、综合行政执法办公室、党建工作办公室；下设农业服务中心、财政结算服务中心、社会保障服务中心、文教体育服务中心、退役军人服务中心。

梅县区畲江镇党委、政府：党政综合办公室、农业农村办公室、人大办公室、党建工作办公室、纪检监察办公室、公共服务办公室、综合治理办公室、综合行政执法办公室、规划建设办公室；下设农业农村服务中心、经济发展和财政服务中心、公用事业社会保障服务中心、文旅教体服务中心、退役军人服务站。

梅县区南口镇党委、政府：党政综合办公室、人大办公室、党建工作办公室、纪检监察办公室、公共服务办公室、综合治理办公室、规划建设办公室、农业农村办公室、综合行政执法办公室、经济发展办公室；下设农业农村服务中心、经济发展和财政服务中心、文旅教体服务中心、公用事业社会保障服务中心。

梅县区梅西镇党委、政府：党政综合办公室、人大办公室、党建工作办公室（组织人事办公室）、纪委监察办公室、公共服务办公室（党群服务中心）、综合治理办公室（应急管理办公室）、综合行政执法办公室（综合行政执法队）、规划建设办公室、农业农村办公室（经济发展办公室、生态环境保护办公室）。

梅县区城东镇党委、政府：党政综合办公室、人大办公室、党建工作办公室、公共服务办公室、综合治理办公室、综合行政执法办公室、农业农村办公室、规划建设办公室；事业单位设6个服务中心（院、站）：下设农业农村服务中心、经济发展和财政服务中心、公用事业社会保障服务中心、文旅教体服务中心、退役军人服务站、卫生院。

梅县区梅南镇党委、政府：党政综合办公室、农业农村办公室（经济发展办公室、生态环境保护办公室）、公共服务办公室（党群服务中心）、综合治理办公室（应急管理办公室）、规划建设办公室、党建工作办公室（组织人事办公室）、纪检监察办公室、人大办公室、综合行政执法办公室（综合行政执法队）；下设农业农村服务中心（农产品质量安全监管服务中心、水务服务所）、经济发展和财政服务中心、公用事业社会保障服务中心、文旅教体育服务中心。

梅县区水车镇党委、政府：党政办公室（加挂人大办公室牌子）、经济事务办公室、社会事务办公室、人口和计划生育办公室、社会治安综合治理信访维稳办公室、城乡规划建设管理办公室、农业事务办公室；下设农业服务中心、文教体育服务中心、社会保障服务中心、财政结算服务中心。

梅县区大坪镇党委、政府：党政综合办公室、党建工作办公室、人大办公室、纪检监察办公室、公共服务办公室、综合治理办公室、综合行政执法办公室、农业农村办公室；下设农业服务中心、文教体育服务中心、社会保障服务中心、财政结算服务中心、退役军人服务站。

梅县区石坑镇党委、政府：党政综合办公室、人大办公室、党建工作办公室（组织人事办公室）、纪检监察办公室、公共服务办公室（党群服务中心）、综合治理办公室（应急管理办公室）、综合行政执法办公室（综合行政执法队、规划建设办公室）、农业农村办公室（经济发展办公室、生态环境保护办公室）；下设：农业农村服务中心、经济发展和财政服务中心、文旅教体服务中心、公用事业社会保障服务中心、退役军人服务站。

梅县区石扇镇党委、政府： 党政综合办公室、人大办公室、党建工作办公室（组织人事办公室）、纪检监察办公室、公共服务办公室（党群服务中心）、综合治理办公室（应急管理办公室）、综合行政执法办公室（综合行政执法队）、规划建设办公室、农业农村办公室。

梅县区白渡镇党委、政府： 党政综合办公室、人大办公室、党建工作办公室、纪检监察办公室、公共服务办公室、综合治理办公室（应急管理办公室）、综合行政执法办公室（综合行政执法队）、规划建设办公室、农业农村办公室（经济发展办公室、生态环境保护办公室）；下设农业农村服务中心、经济发展和财政服务中心、公用事业社会保障服务中心、文旅教体服务中心、退役军人服务站。

名　录

领导干部名录

2021 年年底梅州市梅县区领导班子成员名单

中共梅州市梅县区委

书　记：温助民

副书记：王　锋

　　　　张小兰（女）

常　委：李瑞金

　　　　曹志辉

　　　　赖启忠

　　　　张贤亮

　　　　宋碧峰（挂职）

　　　　吕瑜泉

　　　　赖宇坚

　　　　朱洪亮

　　　　曾万灵

梅州市梅县区人民政府

党组书记、区长：王　锋

副区长：张贤亮

　　　　宋碧峰（挂职）

　　　　吕瑜泉

　　　　王宏基

　　　　刘演政

　　　　陈海晗

　　　　陈春妮（女）

　　　　彭　华

梅州市梅县区人大常委会

党组书记、主任：曾庆辉

副主任：涂戈峰

　　　　谢　芳（女）

　　　　王英豪

　　　　梁新强

　　　　叶世振

　　　　张炳荣

政协梅州市梅县区委员会

党组书记、主席：罗时亮

副主席：郭龙元

　　　　余洪昌

　　　　李　刚

　　　　徐婉玲（女）

　　　　林作鹏

　　　　凌宏志

中共梅州市梅县区纪律检查委员会

书　记：曾万灵

副书记：徐　涛

　　　　冯　青

先进名录

先进单位

国家级先进单位一览表

表 50

单　位	授予单位	荣誉称号	表彰时间
梅县区农业农村局	农业农村部种植业管理司	获评首批全国农作物病虫害绿色防控示范县	2021 年 10 月
梅县区农业农村局	农业农村部	全国首批创建农业现代化示范区	2021 年 12 月
梅县区农业农村局	农业农村部	成功创建首批国家级水产健康养殖和生态养殖示范区	2021 年 12 月
梅县区农业农村局	农业农村部	梅州柚—梅县金柚获国家农产品地理标志登记产品认定	2021 年 6 月
梅县区侨联	中国侨联	全国侨联系统助力脱贫攻坚先进集体	2021 年 1 月
民盟梅州市梅县区委员会	民盟中央	庆祝民盟 80 周年微视频宣传工作优秀集体	2021 年 12 月
梅县区石扇镇人民政府	农业农村部	第十一批全国“一村一品”示范村镇	2021 年 11 月
梅县区石扇镇梅北中学	教育部基础教育司	全国乡村温馨校园建设典型案例	2021 年 12 月
梅县区教育局	国家体育总局	2017—2020 年度全国群众体育先进单位	2021 年 9 月
梅县区司法局城东司法所	司法部	全国模范司法所	2021 年 10 月
梅县区司法局普法办公室	宣传部、司法部和全国普及法律常识办公室	2016—2020 年全国普法工作先进单位	2021 年 12 月
梅县区工商联	全国工商联	2020—2021 年度全国“五好”县级工商联	2021 年

续表 50

单 位	授予单位	荣誉称号	表彰时间
梅县区松源镇（金星村）	中共中央组织部	梅州市百佳乡风文明村	2021 年 7 月
梅县区松源镇（金星村）	中共中央组织部	红色组织振兴建设美丽乡村试点村	2021 年
梅县区公路事务中心	全国公路职工思想政治工作研究会	公路交通行业百个先进基层党组织	2021 年 9 月
梅县区雁洋镇	文化和旅游部、国家发展改革委	“体验脱贫成就·助力乡村振兴”乡村旅游学习体验线路（雁上村—大坪村—塘心村—南福村—那村—长教村）	2021 年 5 月
梅县区雁洋镇	文化和旅游部、中央宣传部、中央党史和文献研究院、国家发展改革委	建党百年红色旅游百条精品线路[（“岭南文化·人文遗存”精品线路（雁洋镇长教村）]	2021 年 5 月
梅县区雁洋镇	文化和旅游部	全国乡村旅游重点镇（乡）	2021 年 9 月

省级先进单位一览表

表 51

单 位	授予单位	荣誉称号	表彰时间
梅县区穗丰粮食收储有限公司雁洋粮库	广东省粮食和物资储备局	AAA 级粮库	2021 年 12 月
梅县区价格认定成本调查监测中心	广东省发展和改革委员会价格认定中心	“业务上网”表扬单位	2021 年 12 月
梅县区农业农村局	广东省农业农村厅	获评梅县区梅县金柚广东省特色农产品优势区	2021 年 8 月
梅县区人民法院刑事审判庭	广东省高级人民法院	广东省省法院先进集体	2021 年 2 月
梅县区应急管理局	中共广东省委宣传部、广东省应急管理厅	2021 年度广东省“最美应急集体”	2022 年 1 月
梅县区科学技术协会	广东省青少年科技教育协会	优秀组织单位	2022 年 1 月
民盟梅县区文艺支部	民盟广东省委员会	民盟广东省优秀基层组织	2021 年 9 月

续表 51

单　位	授予单位	荣誉称号	表彰时间
梅县区烟草专卖局（分公司）	广东省普法办公室、广东省司法厅、广东省工业和信息化厅、广东省人民政府国有资产监督管理委员会、广东省工商业联合会、广东省总工会	2020 年度省级“法治文化建设示范企业”	2021 年 6 月
中国电信梅县分公司山水城营销中心	中国电信广东公司	先进集体	2021 年 11 月
中国电信股份有限公司梅县分公司销售部支部委员会	中国电信广东公司党委	2021 年 “先进基层党组织”	2021 年 6 月
中国电信梅县分公司	中国电信广东公司	2020 年区县分公司监督示范点创建工作鼓励奖	2021 年 3 月
梅县区教育局	广东省教育厅办公室	第十四届广东省中小学生“暑假读一本好书”活动先进单位奖	2021 年 12 月
BPW（梅州）车轴有限公司	广东省总工会	广东省五一劳动奖状	2021 年 4 月
卡莱（梅州）橡胶制品有限公司 OPE&Bias 价值流 106 车间	广东省总工会	广东省五一劳动奖状	2021 年 4 月
梅县区程江镇槐岗村	广东省委依法治省办、省委农办、省司法厅、省民政厅	民主法治示范村	2021 年 10 月
梅州客家村镇银行股份公司团委	共青团广东省委	“广东省五四红旗团委”	2021 年 4 月
梅州市松源商会	广东省工商联	2021 年广东省工商联系统“四好”商会	2021 年
梅西商会	广东省工商联	2021 年广东省工商联系统“四好”商会	2021 年
白渡商会	广东省工商联	2021 年广东省工商联系统“四好”商会	2021 年
中国农业银行股份有限公司梅州梅县支行	中国农业银行广东省分行	2021 年“秋实计划”小微企业“微捷贷”业务专项营销活动先进集体	2021 年 11 月
中国农业银行股份有限公司梅州梅县华侨城支行	中国农业银行广东省分行	存款组织明星网点	2021 年 4 月

续表 51

单　位	授予单位	荣誉称号	表彰时间
梅县区松口镇中心小学603 中队	共青团广东省委员会广东省教育厅少先队广东省工作委员会	2020—2021 年度“广东省少先队红旗中队”	2021 年 7 月
梅州市公安局梅县区分局丙村派出所	广东省公安厅	2019—2020 年度全省公安系统优秀单位	2021 年 7 月
梅县区	广东省消防救援总队	执勤训练先进单位	2022 年 2 月
梅县区图书馆	广东图书馆学会	第二届“中华传统文化百部经典”知识大赛优秀组织奖	2021 年 4 月
梅县区图书馆	广东省社会科学界联合会	被认定为“广东省人文社会科学普及基地”	2021 年 9 月
梅县区图书馆	广东省新华书店协会	2021 年全民阅读推广优秀单位	2021 年 12 月
省道 S223 线梅州城区至雁洋段（隘龙线）	广东省交通运输厅	2021 年度广东省“十大最美普通国省干线公路”	2021 年 9 月
梅县区公路事务中心丙村道班工会小组	广东省总工会	广东省模范职工小家	2021 年 11 月
梅县区城东镇（莲塘村）	广东省文学艺术界联合会、广东省民间文家协会	广东省民间文化遗产抢救工程广东省古村落	2021 年 1 月
梅县区雁洋镇	广东省文化和旅游厅	第二批省级旅游度假区	2021 年 1 月
梅县区雁洋镇	广东省爱国卫生运动委员会	广东省卫生镇	2021 年 1 月
梅县区雁洋镇	广东省退役军人事务厅	五星级镇级退役军人服务站	2021 年 2 月
梅县区雁洋镇（南福村）	广东省林业局	广东省森林乡村	2021 年 8 月
梅县区雁洋镇	广东省农业农村厅、广东省文化和旅游厅	广东省乡村民宿示范镇	2021 年 10 月

市级先进单位一览表

表 52

单　位	授予单位	荣誉称号	表彰时间
国家税务总局梅州市梅县区税务局机关委员会	中共梅州市委员会	梅州市先进基层党组织	2021 年 6 月
梅县区环境卫生管理所支部委员会	中共梅州市委员会	梅州市先进基层党组织	2021 年 6 月

先 进 个 人

国家级先进个人一览表

表 53

单　位	姓　名	授予单位	荣誉称号	表彰时间
梅县区侨联	龚　兵	中国侨联	全国侨联系统助力脱贫攻坚先进个人	2021 年 1 月
民盟梅州市梅县区委员会	叶柳华	民盟中央宣传部	庆祝民盟 80 周年微视频宣传工作优秀个人	2021 年 12 月
致公党梅县区委员会	黄祯妮	致公党中央	脱贫攻坚先进个人	2021 年 1 月
梅县区梅南镇人民政府	古　健	中华人民共和国水利部	全国优秀河（湖）长	2021 年 5 月
梅县区司法局	陈苑平	中华全国总工会、司法部和中华全国律师协会	2017—2020 尊法守法·携手筑梦 服务农民工公益律师法律服务行动成绩突出个人	2021 年 12 月
梅县区体育局	刘明文	国家体育总局	2017—2020 年度全国群众体育先进个人	2021 年 9 月

省级先进个人一览表

表 54

单　位	姓　名	授予单位	荣誉称号	表彰时间
梅县区纪委	朱添亮	中共广东省委农村工作领导小组	2019—2020 年脱贫攻坚工作突出贡献个人	2021 年 6 月
梅县区委编办	邓　峰	中共广东省委农村工作领导小组	2019—2020 脱贫攻坚突出贡献个人	2021 年 6 月
梅县区发展和改革局	饶晓春	广东省人民政府	广东省粮食和物资储备工作先进个人	2021 年 12 月
梅县区农业农村局	钟永辉	中华茶人联谊会、中国茶产业联盟、中共国际茶文化研究会、海峡两岸茶叶交流协会	“百县·百茶·百人”茶产业助力脱贫攻坚、乡村振兴先进典型（梅县绿茶）	2021 年 8 月

续表 54

单 位	姓 名	授予单位	荣誉称号	表彰时间
梅县区农业农村局	张向东	广东省农业农村厅	2021 年广东十佳最美农技员	2021 年 9 月
梅县区农业农村局	谭献之	广东省扶贫开发办公室	2020 年广东省消费扶贫突出贡献个人	2021 年 3 月
梅县区农业农村局	陈永征	广东省扶贫开发办公室	2019—2020 年全省脱贫攻坚突出贡献个人	2021 年 6 月
梅县区农业农村局	林芬兰	广东省扶贫开发办公室	2019—2020 年全省脱贫攻坚突出贡献个人	2021 年 6 月
梅县区农业农村局	王利玲	广东省扶贫开发办公室	2019—2020 年全省脱贫攻坚突出贡献个人	2021 年 6 月
梅县区农业农村局	黄国胜	广东省扶贫开发办公室	2019—2020 年全省脱贫攻坚突出贡献个人	2021 年 6 月
梅县区农业农村局	丘志海	广东省科学技术厅	广东省科学技术厅农村科技特派员通报表扬	2021 年 7 月
梅县区农业农村局	谢碧闻	共青团广东省委员会	广东共青团整治软弱涣散基层组织三年行动“命脉工程”优秀工作者	2021 年 8 月
梅县区农业农村局	叶思群	广东省科学技术厅、广东省科技协会	优秀奖	2021 年 12 月
民盟梅州市梅县区委员会	钟 宇	民盟广东省委员会	脱贫攻坚先进个人	2021 年 9 月
民盟梅州市梅县区委员会	赖瑜明	中共广东省委农村工作会议暨全省实施乡村振兴战略工作推进大会	广东乡村振兴先进一线工作者（文化传承类）	2021 年 4 月
民盟梅州市梅县区委员会	杨笑梅	广东省第九批援藏工作队临时党委	先进个人	2021 年 7 月
农工党梅县区委员会	李干文	广东省家庭医生协会	入选 2021 年度《岭南名医录》	2021 年 10 月
农工党梅县区委员会	张清祥	广东省家庭医生协会	入选 2021 年度《岭南名医录》	2021 年 10 月
梅县区气象局	廖雪峰	广东省气象部门	优秀党务工作者	2021 年 7 月
梅县区烟草专卖局	郭淑玲	广东省烟草专卖局（公司）	广东烟草商业系统第六届烟草制品购销职业技能竞赛“优胜奖”	2021 年 4 月
梅县区石扇镇人民政府	黄 婷	中共广东省委组织部	优秀党史宣讲员	2021 年 8 月

续表 54

单　位	姓　名	授予单位	荣誉称号	表彰时间
中国电信梅县分公司	赵松武	中国电信广东公司党委	2021 年“优秀共产党员”	2021 年 6 月
中国电信梅县分公司	李瑜君	中国电信广东公司党委	优秀共青团干部	2021 年 5 月
梅县区总工会	陈金龙	广东省总工会	广东省五一劳动奖章	2021 年 4 月
梅县区大坪镇人民政府	黄海波	中共广东省委农村工作领导小组	2019—2020 年广东省脱贫攻坚突出贡献个人	2021 年 6 月
梅县区人民检察院	巫翠玲	广东省人民检察院	2020 年度全省行政检察业务优秀办案检察官	2021 年 1 月
梅县区人民检察院	丘志英	“学习强国”广东学习平台	2020 年“走向我们的小康生活”微摄影、微视频大赛二等奖	2021 年 4 月
梅县区人民检察院	张丽如	广东省人民检察院	撰写的《认罪认罚从宽制度的反悔权问题探析》获得第十五届广东省法学会检察学研究会年会征文一等奖	2021 年 7 月
梅县区人民检察院	张禄明	广东省人民检察院	在扫黑除恶专项工作中被广东省人民检察院授予三等功	2021 年 10 月
梅县区畲江镇人民政府	吴　懿	广东省第七次全国人口普查领导小组	广东省第七次全国人口普查先进个人	2021 年 10 月
梅县区畲江镇人民政府	张毅鹏	中共广东省委农村工作领导小组	2019—2020 年广东省脱贫攻坚突出贡献个人表彰	2021 年 6 月
梅县区程江镇人民政府	李建新	广东省第七次全国人口普查领导小组	广东省第七次全国人口普查先进个人	2021 年 10 月
梅县区程江镇人民政府	叶勇彬	广东省第七次全国人口普查领导小组	广东省第七次全国人口普查先进个人	2021 年 10 月
梅县区司法局	曾思梅	广东省人力资源和社会保障厅、广东省司法厅	广东省全省法律援助工作先进个人	2021 年 11 月
梅州市生态环境局梅县分局	梁永树	广东省生态环境厅	广东省固定污染源排污许可全覆盖工作表现突出的个人	2021 年 1 月
梅县区松口镇人民政府	李鼎福	广东省卫生健康委员会广东省红十字会	年度全省无偿献血促进奖	2021 年 10 月
梅县区松口镇人民政府	徐延伟	广东省卫生健康委员会广东省红十字会	2019—2020 年度全省无偿献血奉献奖铜奖	2021 年 12 月

续表 54

单　位	姓　名	授予单位	荣誉称号	表彰时间
梅县区松口镇人民政府	黄国强	嘉应学院省级中小学教师发展中心	2021 年 9 月 11 日至 9 月 17 日参加 2021 年广东省“新强师工程”省级培训项目“广东省中小学校长党支部书记党建工作示范培训班”，表现突出，成绩优异，被评为“优秀学员”	2021 年 9 月
梅县区松口镇人民政府	梁国军	广东省教育厅	在广东省中小学“学百年党史，做时代新人”主题征文活动中，荣获教师组三等奖	2021 年 11 月
梅县区松口镇人民政府	梁志娜	中共广东省委教育工作委员会广东省教育厅广东省人力资源和社会保障厅广东省总工会	南粤优秀教师	2021 年 9 月
梅县区松口镇人民政府	卓　越	广东教育学会小学语文教学专业委员会	教学设计《七律·长征》在 2021 年广东省优秀教学设计评比活动中荣获三等奖	2021 年 9 月
梅县区松口镇人民政府	梁志娜	广东教育学会小学语文教学专业委员会	教学设计《诗林漫步》在 2021 年广东省优秀教学设计评比活动中荣获二等奖	2021 年 9 月
梅县区松口镇人民政府	沈　倩	广东教育学会学习科学专业委员会	在 2021 年广东省 STEM 教育项目学习科创创客项目设计优秀成果评选中，荣获二等奖	2021 年 12 月
梅县区松口镇人民政府	黄彩芳	广东教育学会小学语文教学专业委员会	录像课《四季之美》在 2021 年广东省线上教学录像课评比活动中荣获一等奖	2021 年 9 月
梅县区委宣传部	黎为红	中共广东省委宣传部	广东省“扫黄打非”先进个人	2021 年
梅州市公安局梅县区分局	何志坚	广东省公安厅	全省公安机关七一安保工作表现突出“个人二等功”	2021 年 6 月
梅州市公安局梅县区分局松源派出所	何金骏	广东省公安厅	关于给予全省公安机关“七一”安保工作表现突出辅警“二级嘉奖”	2021 年 7 月
梅县区公路事务中心	钟增光	广东省交通运输厅	广东省第一届“最美公路人”	2021 年 11 月

市级先进个人一览表

表 55

单　位	姓　名	授予单位	荣誉称号	表彰时间
梅县区纪委	钟铁蓉	中共梅州市委员会	梅州市优秀党务工作者	2021 年 6 月
梅县区农业农村局	林芬兰	中共梅州市委员会	获评梅州市优秀共产党员	2021 年 6 月
梅县区人民法院	曾志谦	中共梅州市委员会	梅州市优秀共产党员	2021 年 6 月
梅县区融媒体中心	谢　勇	中共梅州市委员会	梅州市优秀共产党员	2021 年 6 月
梅县区梅南镇人民政府	古苑钦	梅州市人民政府	2020 年度梅州市扶贫济困奖金奖	2021 年 6 月
广州增城市（梅县区）产业转移工业园管理委员会	曾　辉	中共梅州市委员会	梅州市优秀共产党员	2021 年 6 月
梅县区松源镇人民政府	古盖立	中共梅州市委员会	梅州市优秀党务工作者	2021 年 6 月
梅县区松源镇人民政府	王晋军	中共梅州市委员会	梅州市优秀共产党员	2021 年 6 月
梅县区委政法委员会	李晓珊	中共梅州市委员会	梅州市优秀党务工作者	2021 年 6 月
梅县区新城工委、办事处	邹　敏	中共梅州市委员会	优秀共产党员	2021 年 7 月

文 献 辑 存

乘势而上 感恩奋进
争当“绿水青山就是金山银山”实践创新排头兵

——在区委一届十一次全会第一次全体会议上的报告

（2021 年 1 月 25 日）

吴泽桐

以习近平新时代中国特色社会主义思想为指导，深入贯彻落实习近平总书记出席深圳经济特区建立 40 周年庆祝大会和视察广东重要讲话、重要指示精神，认真落实党的十九届五中全会、中央经济工作会议精神，按照省委十二届十一次、十二次、十三次全会部署，及市委七届十次全会部署要求，总结我区 2020 年工作，谋划“十四五”时期我区经济社会发展，审议《中共梅州市梅县区委关于制定国民经济和社会发展第十四个五年规划和二〇三五年远景目标的建议》，部署 2021 年工作，动员全区上下牢记嘱托、乘势而上、感恩奋进，全力推动生态发展区高质量发展，争当“绿水青山就是金山银山”实践创新排头兵，为梅州打造“绿水青山就是金山银山”的广东样本，为广东省在全面建设社会主义现代化国家新征程中走在全国前列、创造新的辉煌贡献梅县力量。

一、2020 年主要工作

2020 年，是极不平凡的一年。面对突如其来的新冠肺炎疫情、持续下行的经济压力，我们坚持以习近平新时代中国特色社会主义思想为指导，认真贯彻落实党中央决策部署和省委、市委工作要求，统筹推进疫情防控和经济社会发展，推进“六稳”工作，落实“六保”任务，全面打赢脱贫攻坚战，为全面建成小康社会打下坚实基础。

（一）坚持把政治建设摆在首位。坚持第一议题制度，深入学习习近平总书记重要讲话和重要指示精神。持续巩固“不忘初心、牢记使命”主题教育成果，组织深入学习《习近平谈治国理政》，深入学习贯彻习近平总书记出席深圳经济特区建立40周年庆祝大会和视察广东重要讲话、重要指示精神及党的十九届五中全会精神，用新思想武装头脑，指导实践。以政治建设为统领，推进全面从严治党。认真落实省委“两个维护”十项制度机制。巩固全面彻底肃清李嘉、万庆良恶劣影响成果，坚决做到“三个决不允许”。开展新一轮“大学习、深调研、真落实”行动，抓实党员干部教育培训，区领导带头开展19个专题调研，分层次、全覆盖抓好基层党员干部学习培训，党员干部“四个意识”明显增强、“四个自信”更加坚定、“两个维护”更加自觉。

（二）疫情防控取得阶段性胜利。疫情发生以来，我们坚决落实总书记和党中央的部署要求，严格按照省委、市委的工作部署，坚持“党旗飘在一线、堡垒筑在一线、党员冲在一线”，全区上下万众一心，打赢打好疫情防控阻击战。13名医护人员逆行支援武汉抗疫，8名医护人员在武汉抗疫一线“火线”入党。1.5万余名志愿者奋战防控一线。广大群众、海内外热心乡贤和社会各界全力支持疫情防控工作，想方设法筹集捐资捐物，无私奉献、汇聚温暖，累计捐资668.8万元。粤东医院作为全市两家定点收治医院之一，成功治愈7例输入病例，实现确诊病例“零死亡”、医护人员“零感染”和治愈患者“零复阳”。用一个多月时间，全区3万多户市场主体基本实现复工复产、复商复市。毫不松懈、慎终如始抓好常态化疫情防控。在这次疫情防控中，涌现了一批先进集体和先进个人，全区有4人获评省级先进个人、30人获评市级先进个人，粤东医院获评省级先进集体、9个集体获评市级先进。

（三）经济发展回暖向好。按照“双统筹”“双胜利”要求，全面落实“六稳”“六保”工作任务，经济呈现逐季好转、稳定恢复态势。全年经济社会生产总值完成220亿元，比增3.5%，增速位列全市第二；规上工业增加值45.8亿元，同比增长3.8%；一般公共预算收入完成14.58亿元，完成税收总收入29.6亿元。固定资产投资由负转正；工业投资、技改投资大幅增长，分别同比增长19.4%、33.9%。产业发展平台实现新的突破，梅州综保区获国务院批复设立，成为全省首个内陆型综保区、全市首个国家级发展平台；梅州国际无水港项目获省政府3.5亿元财政资金支持，春节前将开工建设。省级金柚现代农业产业园基本建成，国家级金柚现代农业产业园、梅州柚优势产区项目加快建设。嘉元、超华、BPW（梅州）车轴等骨干企业逆势增资扩产，发展活力不断释放。BPW（梅州）车轴八期动工建设，整体税收由上年8800多万元增加到1.77亿元；超华年产8000吨、嘉元年产5000吨铜箔项目新投产，全区铜箔产能达年产4.1万吨，占全国产能的10%左右；超华年产600万张高端芯板项目、嘉元1.5万吨铜箔项目动工建设；超华、嘉元还各签约5万吨铜箔项目进驻梅县铜箔新材料产业园。4家规上电力生产企业完成产值44.45亿元，荷树园电厂产值同比增长36.5%。成功创建国家级全域旅游示范区，雁洋国际慢城获评省级旅游度假区；长教村获评全国乡村旅游重点村，松口古镇乡村游线入选省乡村旅游精品线路。“客都人家”项目一期建成开业，《原乡》正式公演，成为梅州文旅新地标和网红打卡点。深化国企国资改革，设立区国有资产监督管理局，推动国有资产整合，组建广东三宜集团有限公司。成功举办梅州市铜箔产业大会、马拉松赛、世界长寿之都授牌和政银企座谈会等系列活动，推动综保区基础设施、工业园区产业项目等一批项目动工建设，为经济发展注入新的动能。

（四）乡村振兴提质增效。全面打赢脱贫攻坚战，32个省定贫困村全部退出，建档立卡贫困户6821户15045人全部实现脱贫。创新产业帮扶方式，“一地多用、一地多产”立体种养帮扶模式得到广东电视台、《南方日报》等省级媒体专题报道。大力实施乡村振兴战略，推动“1+N”生态宜居美丽乡村示范创建，沿石窟河连线连片美丽乡村建设取得明显成效，1386个自然村环境整治基本完成，农村生活垃圾保洁覆盖面、垃圾处理率和无害化卫生户厕普及率均达到100%，建成1241户美丽庭院示范户。金柚产业入选国家级2020年优势特色产业集群，4家农业企业入选省农产品出口示范基地，梅县绿茶获国家地理标志认证。获评全国“互联网+”农产品出村进城工程试点，成功举办梅县区首届乡村创新创业创富大赛。

（五）城乡环境不断优化。梅龙高铁征地任务率先完成，东环高速、葵岗互通立交、梅州政协“连心桥”建成通车；东部快线加快建设，雁洋段完成路基建设、雁洋至松口段完成征拆、松源支线开工建设；西部快线全面完成前期工作，今年1月底将动工建设；一批国省道、“四好农村路”项目完成建设，全年交通公路完成投资14.88亿元。新基建稳步推进，5G基站建成276个，实现城区5G网络全覆盖。污染防治攻坚战取得新成效，城区空气质量优良率98.3%。省万里碧道十大试点工程丙雁大堤一期建成，6个地表水考核断面平均水质优良率100%。全面开展镇村饮用水厂水质监测和整治行动，确保饮用水水质安全达标。推进水库水质专项整治，44宗水质不达标水库全面实施整改。建成23座镇级污水处理厂、188个村级污水处理站点。绿色矿山创建走在全市前列，受污染耕地和污染地块安全利用率均达100%。完成碳汇造林23.69万亩，森林覆盖率达75.37%。与此同时，大力推进城市提质扩容，进城大道、剑英大道、客都大桥连接线等主干道全面提升，西桥社区老旧小区提升改造，天虹购物中心等城市综合体项目动工建设，一批城建民生项目完成建设。持续推进文明城市创建，社会文明程度和市民文明素养有效提升。畲江镇入选全省城乡融合发展试点。

（六）民生事业持续改善。树牢以人民为中心的发展思想，统筹解决教育、医疗、社保等民生问题。设立区教育发展基金会和区教师发展中心，梅县外国语学校小学部、扶大宪梓中心小学、德兴小学扩建项目如期建成使用，增加城区优质学位5400个。第二实验幼儿园、广外附设梅州实验学校、华师华业外国语学校等新建项目加快推进。教育履职考核在北部生态发展区37个县（市、区）中排名第三、全市排名第一。粤东医院启动全省高水平医院申报工作，与畲江、南口、松口镇等卫生院建设紧密型医联体初显成效。区第二人民医院获评二级综合医院，创建省级健康促进区工作通过省级评估，建成全市首个“中药智能化配剂中心”。“粤菜（客家菜）师傅”“广东技工”“南粤家政”工程深入推进，城镇登记失业率2.5%。大力推进新时代文明实践中心省级试点建设，区镇村三级文明实践体系实现全覆盖。高标准建成区级融媒体中心，获省委宣传部充分肯定。梅县山歌剧《春闹》获第十四届省艺术节一等奖。安全生产形势稳定，全年事故起数、死亡人数“双下降”。加快推进市域社会治理现代化，全力推进扫黑除恶专项斗争，全年共打掉涉恶势力犯罪集团3个、涉网黑恶集团3个。

（七）党的建设全面加强。认真贯彻新时代党的组织路线，全力抓实“头雁工程”“党员先锋工程”“基层保障工程”，完成党的基层组织建设三年行动计划。大力推进各领域党建，打造了梅县外国语学校等一批党建示范点，设立小区党支部30个，在全市率先成立新的社会阶层人士联合会党支部，“两新”党组织覆盖率90%以上。全面启动村级换届选举工作，顺利完成村级党组织选举任务。大力推进粤东北（九龙嶂）革命根据地旧址群、同怀别墅、肖向荣故居、卢伟良故居等红色革命遗址保护利用，建成1个市级8个区级党员教育基地，水美村、雁上村入选中组部“红色村”组织振兴建设试点村。打造“学习马克思主义”专题微党课、“守初心、担使命”情景党课等一批精品党课，激发基层党组织服务党员群众新动力，获省委组织部经验推广。切实履行意识形态工作责任制，确保意识形态更加安全。坚持正确的选人用人导向，及时选拔任用忠诚干净担当的优秀干部，激励党员干部担当作为。全面配合省委巡视工作，开展两轮常规巡察、村级巡察。全区纪检监察机关共受理群众信访举报395件，同比下降6%；立案178件178人，党纪政务处分169人。立案查处违反中央八项规定精神问题54件，党纪政务处分54人。

过去一年，我们加强党委对人大、政协工作

的领导，充分发挥人大、政协在民主政治建设中的重要作用。做好民族宗教工作，爱国统一战线持续巩固壮大。发挥工会、共青团、妇联等人民团体的职能作用，改进党管武装。

这些成绩的取得，离不开以习近平同志为核心的党中央举旗定向、掌舵领航；离不开省委、市委的坚强领导、关心支持；更离不开全区各级组织和党员干部的奋发有为、团结奋进，以及社会各界的广泛参与、勠力同心。在此，我代表区委常委会，向全区人民，向离退休老同志，向各民主党派、工商联、无党派人士和社会各界人士，向驻梅县区部队官兵，向所有关心、支持、参与梅县区建设发展的外出乡贤、港澳台同胞、海外侨胞，表示最衷心的感谢！

二、“十四五”时期面临的形势任务

当前，“十三五”圆满收官，“十四五”开局起步。过去五年，我们在以习近平同志为核心的党中央坚强领导下，按照省委“1+1+9”工作部署和市委“123456”思路举措，强党建、抓实业、促项目、优服务、惠民生，主动服务融入“双区”建设，用心用情用功推动苏区振兴发展，“十三五”规划目标任务基本完成，为“十四五”开好局、起好步奠定坚实基础。

*一是经济基础更加扎实。*全面贯彻新发展理念，坚定不移走生态优先、绿色发展之路，经济发展质量稳步提升。预计“十三五”期间，地区生产总值年均增长4.4%，人均生产总值年均增长4.2%，全体居民人均可支配收入年均增长7.8%，其中农村居民收入年均增长8.1%，高于GDP和城镇居民收入增速。绿色工业方兴未艾，现代农业加快发展，文旅产业如火如荼，社会和谐稳定，人民安居乐业。

*二是改革开放更加深入。*改革全面发力、多点突破、蹄疾步稳。全区机构改革圆满完成，营商环境改革、国有企业改革、乡村振兴综合改革和基层社会治理创新取得较大进展。拓展开放视野，主动融入“双区”“双城”建设。梅州综保区、国际无水港、跨境电商综试区等平台建设取得重大突破，产业承载力进一步提升。共引进落地招商引资项目82个，计划总投资382.4亿元。

*三是发展环境更加优化。*梅汕高铁顺利通车，正式迈入“高铁时代”；梅龙高铁动工建设，3条（段）高速建成通车，国省道完成改造272公里，公路通车里程增加833公里，在全市率先获评“四好农村路”省级示范县，内联外通的立体交通网络加快形成。1352个20户以上自然村实现光纤和4G网络覆盖。污染防治攻坚战成效明显，空气质量持续向好，水生态总体保持优良，森林覆盖率逐年提高，景区景点蓬勃发展，县域旅游综合竞争力连续九届跻身全省十强。

*四是民生保障更加有力。*坚持集中八成财力用在民生，每年办好十件民生实事。脱贫攻坚任务全面完成。城镇、农村居民人均可支配收入稳步提高，就业、养老、住房等社会保障水平逐年提升，教育、医疗、文化等基本公共服务体系更加健全，人民文化素质和社会文明程度显著提升。粤东医院获评“三甲”、区中医医院和妇幼保健院获评“二甲”，获评全国平安建设先进区，连续五届获评“省双拥模范城（县）”，社会事业全面进步。

*五是党的建设更加坚强。*新时代党的建设总要求和党的组织路线得到有效落实，党的全面领导和党的建设明显进步。基层党组织建设全面进步、全面过硬。“两学一做”学习教育、“不忘初心、牢记使命”主题教育卓有成效。“三好一正”工程深入实施，意识形态主阵地更加牢固。坚决全面彻底肃清李嘉、万庆良恶劣影响，政治生态持续向好。正风肃纪反腐深入推进，反腐败斗争取得压倒性胜利。

展望“十四五”，我们要继续保持“十三五”时期的良好发展态势，乘势而上、感恩奋进，在继承和创新中开启“美丽梅县·客都明珠”现代化建设新征程。

*（一）深刻把握新发展阶段面临的新机遇新挑战。*当前和今后一个时期，我国发展仍然处于重要战略机遇期，但机遇和挑战都有新的发展变化。习近平总书记在党的十九届五中全会上全面分析我国发展环境面临的复杂深刻变化，深入阐

述新发展阶段重要特征，深刻论述构建新发展格局等一系列方向性、根本性、战略性重大问题，为我们夺取全面建设社会主义现代化国家新胜利指明了前进方向，提供了根本遵循。我们要着眼“两个大局”，深刻认识错综复杂的国际环境带来的新矛盾新挑战，深刻把握新发展阶段的新特征新要求，深刻理解危和机并存、危中有机、危可转机的新判断，沿着总书记指引的方向谋划和推动改革发展各项工作，抢抓发展机遇，努力在危机中育先机、于变局中开新局。

（二）深刻把握基本思路和远景目标。党的十九届五中全会对“十四五”规划和到2035年的远景目标作出统筹谋划，省委十二届十二次全会对贯彻工作作出了全面部署，擘画了广东“十四五”发展新蓝图，市委七届十次全会明确了全市“十四五”发展的方向、目标及重点任务。我们要认真学习贯彻，把中央和省委、市委的决策部署，全面贯彻到梅县经济社会发展各项工作之中。

一要明确方向。按照习近平总书记赋予广东在全面建设社会主义现代化国家新征程中走在全国前列、创造新的辉煌的总定位总目标，省委“1+1+9”和高质量加快构建“一核一带一区”发展格局的工作部署，市委“123456”思路举措，进行前瞻性思考、全局性谋划，统筹兼顾、综合施策，找准梅县的历史方位和发展方向，立足生态发展区定位，争当“绿水青山就是金山银山”实践创新排头兵。

二要坚持原则。党的十九届五中全会提出，“十四五”时期我们的经济社会发展必须遵循五条原则，即坚持党的全面领导，坚持以人民为中心，坚持新发展理念，坚持深化改革开放，坚持系统观念。市委七届十次全会提出，梅州作为经济欠发达地区，在这“五个坚持”的基础上，还要坚持“发展第一要务”的原则。梅县区正处于经济提档提速阶段，要按照市委全会要求，继续坚持发展第一要务，走好生态优先、绿色发展之路，通过加快发展、高质量发展，推动产业生态化、生态产业化，实现美丽与发展共赢。

三要坚定目标。根据中央和省、市的远景目标安排，科学展望到二〇三五年，国家将基本实现社会主义现代化，人均国内生产总值达到中等发达国家水平，广东将更进一步走在全国前列。综合考虑我区内外发展趋势和发展条件，到二〇三五年，全区综合实力、发展竞争力将显著提升，经济总量和城乡居民人均收入大幅增加，科技创新能力有效提升，基本实现新型工业化、城镇化、信息化、农业现代化、社会治理体系和治理能力现代化，人的全面发展、全体人民共同富裕取得实质性进展，宜居宜业宜游“美丽梅县·客都明珠”的质量更高、成色更足。“十四五”期间，要锚定这些目标，努力实现经济发展质量越来越好。一是经济实力明显增强，二是全面改革开放持续深入，三是社会文明程度显著提升，四是生态环境质量愈加优质，五是民生福祉持续改善，六是社会治理水平持续提升。

（三）深刻认识和科学把握“十四五”的重点任务。总书记强调，“十四五”时期要以高质量发展为主题。省委十二届十三次全会要求，要准确把握新发展阶段的深刻依据和目标要求，完整准确全面贯彻新发展理念，积极参与构建新发展格局。对于梅县区来说，推动“十四五”时期发展，必须以高质量发展为主题，立足生态发展区，聚焦高质量发展的突出问题，努力实现更高质量、更有效率、更加公平、更可持续、更为安全的发展。

一是在“绿水青山就是金山银山”实践创新上争做示范。坚定不移贯彻落实习近平生态文明思想，按照省委高质量加快构建“一核一带一区”发展格局部署，优化提升“一江两翼”生态空间格局，系统推进梅江流域等水生态的保护、治理和碧道建设，推进东、西两翼生态保护利用、绿色产业发展和美丽乡村建设，推动生态产业化、产业生态化发展，探索拓展“两山”转化路径，打造生态经济发展新标杆，加快创建全国“绿水青山就是金山银山”理论实践创新基地，助力梅州打造“绿水青山就是金山银山”的广东样本。

二是积极参与打造新发展格局战略支点。围绕广东打造新发展格局的战略支点，充分发挥梅州综合保税区、梅州国际无水港、跨境电商综试区的平台优势，着力打造接受支点辐射、服务支点建设、参与“双循环”的现代经济体系，加强与“一带一路”沿线国家和地区的交流合作，建设更高水平开放型经济新体制。要培育发展参与“双循环”的市场体系，壮大市场主体规模，提振市场主体信心，激发中小微企业和个体工商户活力，推动要素、商品、服务等循环流动、畅通无阻。

三是更好融入服务“双区”建设。对接“双区”所需，发挥“梅县所能”，实施“三进一出”工程，大力发展绿色工业、现代农业、特色文旅、大健康等产业，以高品质的生态供给更好融入和服务“双区”，打造最美后花园、最佳康养地、最优体验场和后方大农场。大力提高与“双区”互联互通水平，实现高铁、高速全面对接、互联互通。依托“一区一港一带一园”产业平台，主动承接“双区”“双城”产业转移，拓展产业合作空间。

四是加快梅县苏区振兴发展。认真贯彻落实中央和省关于推动老区苏区振兴发展的新部署，主动把握“双区”建设、乡村振兴、高质量加快构建“一核一带一区”等带来的重大机遇，因地制宜发展特色优势产业，加快打造富含苏区特色和客家文化的美丽乡村，大力焕发红色文化资源的时代价值，全面增强老区苏区振兴发展的内生动力。

五是扎实推动全体人民共同富裕。坚持以人民为中心的发展思想，把推动共同富裕作为践行初心使命、彰显中国特色社会主义制度优越性的重要着力点，统筹效率与公平，尽力而为、量力而行，一步一个脚印办好民生实事好事，统筹推进义务教育、就业服务、社会保障、公共服务、公共文化、环境保护等各方面工作，让广大人民群众获得感成色更足、幸福感更可持续、安全感更有保障。

六是统筹发展和安全。深入贯彻总体国家安全观，把安全发展贯穿发展各领域和全过程，加快推进国家安全发展示范城市建设。强化经济安全风险管控，着力防范化解金融、债务领域风险。加大森林防火工作力度，加强饮用水水源保护，消除地质灾害隐患，确保生态安全。落实最严格的耕地保护制度，确保粮食安全。强化食品药品安全管控，完善食品安全现代化治理体系。更加重视法治建设，加强普法宣传，为改革发展创造安全的政治环境、稳定的社会环境、公正的法治环境。

三、2021 年工作安排

今年是“十四五”的开局之年，是中国共产党成立 100 周年，做好各项工作意义重大。今年工作的总体要求是：以习近平新时代中国特色社会主义思想为指导，全面贯彻党的十九大和十九届二中、三中、四中、五中全会以及中央经济工作会议精神，围绕总书记赋予广东在全面建设社会主义现代化国家新征程中走在全国前列、创造新的辉煌的使命任务，按照省委十二届十一次、十二次、十三次全会的要求，认真落实省委“1+1+9”工作部署、市委“123456”思路举措，坚持稳中求进工作总基调，立足新发展阶段，贯彻新发展理念，参与打造新发展格局战略支点，以推动高质量发展为主题，以深化供给侧结构性改革为主线，以改革创新为根本动力，以满足人民对美好生活的向往为根本目的，持续巩固扩展疫情防控和经济社会发展成果，更好统筹发展和安全，扎实做好“六稳”“六保”工作，着力构建“3113”绿色产业体系，优化提升“一江两翼”生态发展格局，加快构建“一核两城”城乡发展格局，全力推动生态发展区高质量发展，争当“绿水青山就是金山银山”实践创新排头兵，确保“十四五”开好局、起好步。

经区委常委会研究，今年主要经济指标目标是：地区生产总值增长 6%，一般公共预算增长 5%，地区居民人均可支配收入增长高于经济增速。确定工作总体要求和经济指标，是为了进一步统一思想认识、坚定信心决心、凝聚奋进力量。做好今年的工作，我们要大力发扬为民服务孺子牛、创新发展拓荒牛、艰苦奋斗老黄牛的精神，向更高处攀登、向更远处前行，紧紧扭住实体经济不放松，紧紧抓住城市品质大提升，强力推进乡村振兴，致力推动产城乡融合发展，奋力开创生态发展区高质量发展的新境界。重点要抓好九项重点工作。

（一）聚力严防严控，筑牢疫情防控防线。坚持人民至上、生命至上，把常态化疫情防控作为经济社会发展的前提和保障，全方位织牢织密“外防输入、内防反弹”的立体防控网。要坚决担当起“一把手一肩挑”的疫情防控政治责任，认真落实“五有一网格”防控要求，抓实“四方责任”，发挥“三人小组”作用，加强重点场所、重点人员、重点环节管控。全面加强农村和基层社区疫情防控工作，从严从细落实疫情防控措施，织密农村疫情防控网。进一步优化公共卫生服务体系，健全突发公共卫生事件应急预警和信息报告机制，确保一旦出现突发异常情况，第一时间反应处置，第一时间切断传染链条。

（二）聚力培优育强，构建绿色产业体系。按照市委构建“5311”绿色产业体系、打造若干个市域产业集群要求，立足产业基础和发展优势，构建以绿色工业、现代农业、特色文旅、新产业为主体的“3113”绿色产业体系（“3”：高端铜箔、装备制造、电力能源产业；“1”：特色现代农业产业；“1”：特色文化旅游产业；“3”：大健康、金融、体育产业）。一是加快发展高端铜箔、装备制造、电力能源三大绿色工业。全力支持超华、嘉元扩能增产，加快超华600万张高端芯板、年产2万吨铜箔项目和嘉元科技年产3万吨铜箔项目建设。加快推进铜箔新材料产业园规划建设，加快编制推动铜箔产业发展行动方案，引进行业龙头企业落户，推动形成高端铜箔新材料产业集群，助力全市打造“中国铜箔之都”。支持BPW（梅州）车轴及上下游企业创新发展，推动装备制造产业链条延伸，打造粤东北高端装备制造基地。支持荷树园电厂、梅雁吉祥水电稳步发展。二是加快发展特色现代农业。坚持科技兴农、质量兴农、品牌兴农，大力发展以金柚、茶叶为特色的现代农业，培育发展富硒食品产业。加快国家级和省级现代农业（金柚）产业园建设，统筹推动金柚标准化种植、精深加工和区域品牌打造，促进梅州柚梅县金柚高质量发展。培育发展一批有基础、有实力的茶叶龙头企业，积极创建省级茶叶现代农业产业园，打响“梅县绿茶”区域品牌。与此同时，抓好畜牧、水产、蔬菜、瓜果、烟叶等农业发展。三是加快发展特色文化旅游产业。以获批国家级全域旅游示范区为契机，加快“客都人家”等重点文旅项目建设，提升雁南飞、雁山湖、灵光寺、南寿峰、大观天下、麓湖山等景区，整合名人故居、古镇古村、优美生态等资源，打造串联全市主要景区、景点的精品旅游线路，加快全域旅游发展，打造文旅产业集群。推进客都人家非遗小镇建设，打响客家山歌、提线木偶、竹板歌、娘酒酿造技艺等“非遗”文化品牌。四是加快培育大健康、金融、体育三个新产业。致力培育大健康产业，以南寿峰、中大南药等企业为龙头，积极发展南药种植，支持企业延长南药产业链条，培育健康食品、健康旅游、健康养老服务等产业；支持华银医药、康立高科技等加快产品研发和成果转化，发展医疗器械、医学检验等产业。致力培育金融产业，大力支持客商银行、梅州农商行、客家村镇银行等本地金融企业创新发展，培育发展金融总部经济。鼓励各类金融机构支持实体经济发展，实现金融与实体经济良性互动。致力培育体育产业，深挖足球之乡优势资源，支持富力足球学校打造国家级冬训基地及青训基地；办好梅州马拉松等各类精品体育赛事，探索发展“体育+”产业，努力培育体育产业新业态。五是强化产业发展的科技和人才支撑。深入实施创新驱动发展战略，继续加大高新技术企业培育，推动科技型中小企业创新发展。支持超华科技和嘉元科技牵头申报创建“广东高性能电解铜箔创新研发中心”，鼓励骨干企业组建创新联合体，在高端铜箔、电子信息、装备制造等领域开展产学研攻坚。落实“省科创12条”“市科创20条”和“人才强市三年行动计划”，培养和引进一批创新型、应用型、技能型人才。

（三）聚力平台建设，积极参与打造新发展格局战略支点。以“一区一港一带一园”绿色产业平台为载体，借力新一轮穗梅对口帮扶，主动融入“双区”产业链，当好“双区”配套产业基地，服务融入“双区”“双城”，接受支点辐射、服务支点建设。一是统筹推进梅州综保区、国际无水港联动建设，确保如期建成运营；申报设立梅州综保区管委会，完善产业发展规划，借力“双区”“双城”，对接自贸区，构建开放型经济新体制，打造成全市扩大开放、参与打造新发展格局战略支点的重大基础平台。二是加快“一带多园”工业产业带建设，规划建设梅县铜箔新材料产业园。争取梅县产业集聚地升格省级产业转移园，创建省级高新区，夯实产业平台基础，加快引进高端铜箔、先进制造业为重点的龙头项目，探索“企业总部在湾区、生产基地在梅县”“研发孵化在湾区、成果转化在梅县”的产业共建模式。三是以国家级、省级现代农业（金柚）产业园建设为重点，加快梅州柚产业发展基地建设，积极创建茶叶、南药、优质稻省级现代农业产业园，加快建设对标“双区”的高标准市场体系，以更高品质的生态供给更好融入和服务“双区”，形成“生产在梅县、消费在湾区”的产品共建模式。四是持续扩大内需，围绕满足群众不断升级的生活需要，持续提升传统消费产品品质、创新消费模式，稳定重点领域消费，挖掘消费新增长点，释放消费潜力，营造良好消费环境。针对都市人群对健康、绿色等新兴消费的需求，发挥生态资源优势，扩展面向“双区”和潮汕揭地区强有力需求市场，推动产业和消费双升级、内需和外需更均衡。

（四）聚力乡村振兴，优先发展农业农村。坚持把解决好“三农”问题作为工作重中之重，全力推进乡村振兴，促进农业高质高效、乡村宜居宜业、农民富裕富足。一是推动巩固拓展脱贫攻坚成果同乡村振兴有效衔接。健全防止返贫动态监测和帮扶机制，确保过渡期内帮扶政策总体稳定。谋划新一轮帮扶乡村工作，深入推进“万企帮万村”行动，建立组团式、造血式、共赢式帮扶新机制，推动驻村帮扶向驻镇帮镇扶村、从帮扶脱贫向帮扶全面振兴、从实现全面小康向迈向现代化转变。二是加快发展富民兴村特色产业。抓住种子和耕地两个关键，严防死守 29.4 万亩耕地保护红线，牢牢把住粮食安全主动权。聚力“跨县集群、一县一园、一镇一业、一村一品”现代农业产业体系建设，打造一批农业产业化示范园区和基地。加快电商物流集散中心、冷链物流骨干网项目建设，构建集物流、商流、信息流、资金流于一体的智慧农业体系。三是大力实施美丽乡村行动。实施以公共基础设施建设和人居环境整治提升为重点的乡村建设行动，全面推进农村建房管控和风貌提升，深入推进“1+N”生态宜居美丽乡村示范创建工作。积极探索集体经济发展新模式，多措并举大力发展新型农村集体经济。建设中心村、保护特色村、科学治理“空心村”，推动乡村振兴走在全省前列。

（五）聚力城乡融合，促进更高质量的区域协调发展。坚持以人为核心，深入实施新型城镇化战略，推动“一核两城”建设。进一步增强梅县主城区“一核”的辐射带动力，加快建设丙雁“三宜”城、畲江水车产业城“两城”，带动东、西两翼各乡镇一体协同发展。一是持续推动梅县主城区提质扩容。要顺应产业发展和人口集聚需要，持续提高城市品质、完善城市功能、扩展城市空间。有序推进华侨城、大新城片区老旧小区和传统商圈的改造提升，完善主城区文化、教育、医疗、交通等公共服务配套。系统谋划新城、程江、扶大、南口发展，高水平规划建设槐岗片区、葵岗片区，促进区域功能匹配、产业协同，进一步扩展城市空间。二是加快建设丙雁“三宜”城。聚合区域上市公司、高新科技企业、综合文旅项目、A 级景区的优势，总结提升雁洋新型城镇化“2511”试点建设经验，推进丙村美丽城镇示范点建设，加快客都人家二期、三期和客都人家东山分校、丙雁大堤万里碧道二期等项目建设，促进高端铜箔、文化旅游、现代农业、绿色能源等特色产业协同发展，建成功能相对完备的“产业圈”“生活圈”“文旅圈”，打造生产空间集约高效、生活空间宜居适度、生态空间山清水秀的宜居宜业宜游市域副中心。三是加快建设畲江水车产业城。以打造省级城乡融合发展示范区为导向，对接服务梅州高新区、梅州综合保税区、国际无水港、水车产业园，优化畲江、水车城乡功能布局，完善产业项目配套、公共服务配套等基础设施建设，增强镇域产业承载能力和辐射带动作用，实现共建共享、联动发展。四是打造更高质量的美丽圩镇。加快破解东西部地区交通瓶颈的东部快线、西部快线建设，构建立体互联、内外通畅、覆盖城乡的交通体系。南口、松口、松源等重点镇，及城东、白渡、石扇、梅南、梅西、大坪、石坑、隆文、桃尧等特色镇，要立足资源禀赋，拓展镇域经济发展新空间，优化提升镇域基本公共服务水平和建设管理水平，建设一批具有历史记忆、地域特色、发展后劲的美丽圩镇。

（六）聚力生态保护，夯实绿色发展根基。深入践行习近平生态文明思想，落实“三线一单”生态环境分区管控要求，持续优化提升“一江两翼”生态发展格局。落实全省碳达峰行动方案，牵引产业绿色低碳循环发展。紧盯大气污染防治的重点领域和薄弱环节，确保空气质量稳步提升。进一步压实河长制工作责任，推进江河生态修复，重点治理城乡污水排放，确保省、市考核断面水质全部达标。高质量推进韩江治理（梅县段）工程，以及南口水和程江河碧道工程、丙村大雅水生态清洁小流域治理等项目建设。推动镇村污水处理设施有效运营，加快小水电站清理整改。开展畜禽水产养殖和农业面源污染专项整治，持续推动水库水质治理，严格保护饮用水水源地。持续加强城乡饮用水水质监测管理。建立区、镇、村三级林长体系，实现“山有人管、树有人护、责有人担”。科学规划、分批推进纯松林、残次林改造，争取列入省级林分改造试点，实现“林农得实惠、企业得资源、人民得安全、国家得生态”。落实大规模“绿满梅州”行动，加快生物防火林带等建设，提升一批自然保护区和森林公园，提高森林整体质量。

（七）聚力“三好一正”，深化文化强区建设。牢牢把握正确舆论导向，进一步提升区融媒体中心传播力影响力，唱响主旋律，壮大正能量，营造庆祝建党100周年的浓厚氛围。扎实推进新一轮文明城市创建，注重文明传承、文化传续，抓好微更新、微改造，下足“绣花”功夫，不断提升城市精细化服务管理水平。编制《梅县区红色革命遗址保护利用规划》，加强红色革命遗址保护利用。以叶剑英纪念园为中心，以九龙嶂革命根据地旧址群和松源革命旧址群为两翼，重点保护利用叶帅故居、“九月来信先声地”——同怀别墅、粤东北（九龙嶂）革命根据地、肖向荣故居、蒲风故居、卢伟良故居等红色革命遗址，打响红色文化品牌。保护修复一批名人故居和古建筑，挖掘宋湘、蔡蒙吉、李金发、李树化、林文铮、张榕轩等人文资源，讲好梅县名人故事。梳理知青文化、客侨文化、民主革命文化等史料，建设一批富有文化特色的镇村。支持梅县山歌剧团和木偶剧团改革发展、提质增效，创作更多精品剧目。创新办好“相约梅县”品牌活动，广泛开展“文艺轻骑兵”“送戏下乡”等惠民活动，组织《春闹》等艺术作品巡演，推动山歌、提线木偶等“非遗”项目进社区、进校园、进景区，丰富群众文化生活。

（八）聚力基础设施，持续优化发展环境。积极申报争取专项债、中央预算内投资等资金支持，补齐交通设施、农业农村、水利能源、生态环保等基础设施短板，为推动高质量发展，打好基础、创造条件。持续推进梅龙高铁建设，推动瑞梅铁路开工建设、梅汕高速改造扩建，力争平蕉大、梅潮高速尽快落地，推动梅永高速启动前期工作。实施城区国道205、206改线工程，加快推进东部快线建设，加快西部快线征地拆迁和项目建设，推动梅华公路升级改造。持续推进“四好农村路”建设，建设一批美丽农村路，提升交通基础设施均衡通达水平。加大力度推进老城区供水管网升级改造，解决城区部分住户用水水压不足问题。加大力度推进镇级自来水厂升级改造和扩建工程。推进全域自然村集中供水工程，进一步提高自然村集中供水率。加快5G基站、数据中心、工业互联网、充电桩等新型基础设施建设，投资1.13亿元完成新一轮电网升级改造。推动三宜集团提质增效，助力城乡基础设施和产业平台建设。同时，以改革优化营商环境，推进“数字政府”建设，加大“粤省事”“粤商通”“粤政易”推广应用，深化“放管服”改革，打造政务服务拳头品牌，提升市场化法治化国际化水平。

（九）聚力民生改善，提升人民生活品质。办好年度十件民生实事，持续保障和改善重点民生，促进人的全面发展和社会全面进步。一是实施教育质量提升行动。扩大教育发展基金规模，更好发挥基金激励作用，大力实施强师兴教工程，着力培育一批名师名校长。加快推进青少年宫和在建学校建设，力争广外附设梅州实验学校和华师华业外国语学校今年秋季实现招生、宪梓中学教学楼建成使用，外国语学校公园北路分校（小学部）、民办东山高级学校动工建设，更好满足群众对优质学位的需求。加快补齐农村学校基础设施短板，探索城乡学校通过结对共建、空中课堂、师资交流等形式，推动城区优质教育资源向农村延伸，促进城乡教育均衡发展。二是实施健康梅县建设行动。深化“三医联动”改革，加快实现粤东医院与17个镇卫生院紧密型医联体全覆盖，提升医联体建设水平，推进优质医疗资源下沉，重点建设畲江、松口、南口、松源等4个中心镇卫生院，提升东西两翼区域医疗服务水平，让群众在家门口享受优质医疗服务。支持粤东医院提质扩容，开工建设粤东医院感染性疾病救治中心，积极创建省级高水平医院，打造区域医疗中心。支持区中医医院、妇幼保健院特色发展，建设特色专科。推动卫生信息化平台建设，完善“120”指挥平台等急救网络，提高应对突发公共卫生事件能力。探索推进村卫生站医务人员“镇聘村用”，全面提升全区医疗卫生服务水平。三是实施民生保障、就业促进行动。实施“广东兜底民生服务社会工作双百工程”，完善养老保险、医疗保险、失业和工伤保险、社会救助制度，不断满足困难群众和特殊群体的多元化、个性化、专业化服务需求。深入开展“粤菜（客家菜）师傅”“广东技工”“南粤家政”“乡村工匠”等职业技能培训，大力发展职业教育，积极推进创业小额担保贷款工作，鼓励和支持失业人员、就业困难人员及各类重点群体就业创业。四是实施平安梅县提升行动。推进市域社会治理现代化、扫黑除恶常态化制度化，深化科技强警战略，严厉打击突出违法犯罪和新型网络犯罪行为。统筹发展和安全，加强安全生产、信访、森林防火、食品药品安全、道路安全事故防范等工作，助力梅州创建国家安全发展示范城市。认真贯彻实施民法典，提升全面依法治区水平，建设名副其实、声名远扬的“平安之乡”。

四、全面加强党的领导党的建设

做好“十四五”和今年工作，必须坚持和加强党的全面领导，围绕中心、建强队伍、服务群众，凝聚推动苏区振兴发展的强大合力，为开局“十四五”、开启新征程提供坚强政治保证。

（一）旗帜鲜明讲政治抓政治。始终把党的政治建设摆在首位，把准政治方向，夯实政治根基。严守党的政治纪律和政治规矩，持续坚决全面彻底肃清李嘉、万庆良恶劣影响，牢记“五个必须”，杜绝“七个有之”，进一步增强“四个意识”、坚定“四个自信”、做到“两个维护”。严格落实“第一议题”制度，把学习贯彻习近平新时代中国特色社会主义思想当作头等大事和首要政治任务。严格执行省委坚决落实“两个维护”十项制度机制，严肃党内政治生活，严格执行民主集中制，切实把总书记、党中央集中统一领导落实到梅县区工作各方面。持续深化“大学习、深调研、真落实”，推动总书记思想落地生根、结出硕果。巩固提升“不忘初心、牢记使命”主题教育成果，围绕庆祝建党100周年，深入开展理想信念教育、爱国主义教育，广泛开展党史、新中国史、改革开放史、社会主义发展史教育，引导广大党员干部坚定理想信念，践行初心使命。

（二）织密上下贯通、执行有力的组织体系。主动适应新形势新任务，从体制机制上落实党委领导经济社会发展的职责，发挥党委全面深化改革委员会等议事协调机构职能作用，做到把方向、管大局、作决策、保落实。定期听取人大、政府、政协、法院、检察院党组工作汇报，支持人大政协履行职能，加强法治政府建设，加强群团工作领导。进一步压实意识形态工作责任，扎实做好宣传思想工作，加强网络信息等领域的舆论引导和舆论斗争，更好地强信心、暖人心、聚民心。健全推动高质量发展的考评体系，增强各级党组织的执行力，完成好落实党的大政方针"最后一公里"的任务。落实新一轮加强党的基层组织建设三年行动计划，统筹推进机关、城市、农村、"两新"四大领域党建，深入实施党员先锋工程，高质量完成村（社区）"两委"换届，提升"两个覆盖"质量，打造"两新"党建品牌。

（三）建设适应新发展要求的干部队伍。坚持正确选人用人导向，落实好新时期好干部标准，严把政治标准、实干标准、实绩标准，健全干部成长、发现、培训机制，让优秀干部脱颖而出、担负重任。认真谋划做好区镇领导班子换届工作，进一步建强全区各级领导班子。围绕新发展阶段要求，全覆盖组织开展干部教育培训，引导党员干部树牢"五种思维"、提高"七种能力"、增强"八项本领"，成为抓改革、促发展、保稳定的行家里手。建立健全谈心谈话制度，加强对干部的人文关怀。落实好"三个区分开来"，旗帜鲜明为担当者担当、为负责者负责，激励引导广大党员干部大胆探索、担当作为。

（四）持之以恒正风肃纪反腐。全面从严治党永远在路上，必须坚持严的主基调，纵深推进党风廉政建设和反腐败斗争，一体推进不敢腐、不能腐、不想腐。全力抓好巡视反馈问题整改，做实巡视"后半篇文章"。坚持不懈落实中央八项规定及其实施细则精神，持之以恒纠治"四风"，着力解决形式主义、官僚主义突出问题，进一步为基层减负。坚持重遏制、强高压、长震慑，健全权力运行制约和监督体系。深化以案促教，强化对各级"一把手"的监督，加强对腐败易发多发重点环节和关键领域的监管。坚持惩前毖后、治病救人，用好"四种形态"，抓早抓小、防微杜渐，涵养风清气正的政治生态。

同志们，征程万里风正劲，重任千钧再出发。让我们更加紧密地团结在以习近平同志为核心的党中央周围，永葆"闯"的精神、"创"的劲头、"干"的作风，众志成城、奋勇争先，奋力开启梅县区现代化建设新征程，争当"绿水青山就是金山银山"实践创新排头兵，为全省、全市经济社会发展贡献梅县力量，以优异成绩庆祝建党100周年！

政府工作报告

——2021年2月4日在梅县区第一届人民代表大会第六次会议上

梅县区区长　温助民

一、2020年工作

过去的一年极不平凡，我们经受了历史罕见的疫情考验。在市委、市政府和区委的正确领导下，在区人大及其常委会和区政协的监督支持下，我们坚持以习近平新时代中国特色社会主义思想为指导，认真落实省委“1+1+9”工作部署和市委“123456”思路举措，围绕区委加快推动生态发展区高质量发展的要求，抓“六保”，促“六稳”，努力夺取“双统筹、双胜利”。全年地区生产总值实现220亿元，同比增长3.5%，增速排名全市第二，高于全国、全省、全市平均水平。

一年来，我们立足“七个坚持”，稳步推进各项工作。

（一）坚持科学防控，众志成城抓抗疫。面对突如其来的疫情冲击，我们坚持人民至上、生命至上，科学应对，第一时间启动应急响应，同时间赛跑、与病魔较量，1.5万多名党员、干部、志愿者下沉到基层社区，遏制疫情传播。港澳台同胞、海外侨胞、社会各界踊跃捐款668万元支持抗疫，全区未发生本地感染病例。粤东医院收治疑似病例201例，治愈确诊病患7人，治愈率100%，实现了零死亡、零感染、零复阳。13名医护骨干白衣执甲、逆行出征、驰援湖北。粤东医院获评省先进集体，李刚等4人获评省先进个人。进入疫情常态化防控阶段，我们因时因势动态调整防控策略，压实“四方责任”，持续筑牢“外防输入、内防反弹”防线，慎终如始抓好疫情防控。

（二）坚持精准施策，全力抓“六保”促“六稳”。一是抓复工促复产。坚持疫情防控和经济社会发展两手抓、两促进，及早出台复工复产“20条”，落实“实体经济10条”“稳外贸20条”等措施，减税降费5.4亿元，减征社保2.2亿元。举行政银企座谈会，发放贷款88亿元，金融存贷比由51.8%提升至61.5%。多措并举援企稳岗，新增市场主体6314户，同比增长6%；发放创业补贴850万元，建成4家青年见习基地，新增城镇就业2950人，城镇登记失业率2.5%。经济社会发展秩序快速恢复。二是强实业促发展。坚持产业兴区，“11115”产业集群稳步发展。铜箔产业入选全省“双十”战略性产业集群。成功举办铜箔产业大会，新签约铜箔产能项目10万吨。超华科技、嘉元科技增资扩产1.3万吨铜箔产能项目顺利投产。铜箔总产能达4.1万吨，约占全国产能的10%。投资10.1亿元的年产1.5万吨高性能铜箔项目正在建设，年产600万张高端芯板、年产2万吨高精度锂电铜箔项目有序推进。装备制造产业链条不断延伸，总投资5.4亿元的BPW（梅州）八期项目加快建设，福德金属、伟友耐磨、雄辉实业首期项目顺利投产。全年规上工业增加值达45.8亿元，同比增长3.8%。工业投资、技改投资分别增长19.4%、33.9%，增速均排名全市第三。电商物流产业融合发展加快，“互联网+”关联企业超过1000家，全年电商交易额67.6亿元，增长10.1%，入选国家“互联网+”农产品出村进城工程试点县。文旅产业亮点纷呈，客都人家一期项目开街运营，《原乡》全球公演，开业仅一个多月游客突破60万人次，“大观天下”获评国家AAA级旅游景区，雁洋镇入选省旅游度假区名单，长教村被评为全国乡村旅游重点村，获评国家全域旅游示范区。金柚“两园一区”顺利推进，省级产业园全面完成建设任务，通过绩效考核，国内首条柚苷生产线试产成功。国家产业园、梅州柚优势产区建设全面启动，投资2.5亿元的梅州柚深加工项目进展顺利，扩种金柚1万亩，产量55.6万吨，产值28.9亿元，增加农民收入2.5亿元。三是攻项目稳投资。发挥“1+9”重大工程项目建设总指挥部统筹协调作用，举行重点项目集中开工仪式。强攻82项年度投资88.04亿元的重点项目，固定资产投资121.5亿元，增速扭负为正，总量全市第一。客都人家一期、省级万里碧道试点、东环高速、葵岗互通立交、梅州政协连心桥等一批重点项目相继建成，梅龙高铁、东部快线稳步推进，西部快线正式动工。

（三）坚持统筹兼顾，坚决打好三大攻坚战。打好扶贫攻关战。累计投入扶贫开发资金5.3亿元，销售扶贫产品3.8亿元，32个省定贫困村全部退出，6821户15045名相对贫困人口全部实现脱贫，扶贫开发成效获评全省“好”的等次。打好污染防治攻坚战。6个断面水质优良率均为100%，河长制工作获评全市优秀。城区空气质量优良率98.3%，无中度以上污染天气。全面完成“净土保卫战”任务，修复受污染耕地2.6万多亩。防范化解债务风险。坚持过紧日子，严格预算约束管理，压减“三公”经费支出。成立国企集团，盘活国有资产和存量资金。争取上级财政资金58亿元，化解隐性债务10.3亿元，政府债务总体可控，“三保一转”得到有效保障。

（四）坚持重点突破，着力打造发展新平台。实施梅县产业集聚地提质增效工程，申报省级高新区，新落户工业企业10家，总数达到75家，产值44亿元。梅州综合保税区正式获批，成为全市首个国家级发展平台，投资9.3亿元的卡口、围网、查验场、信息化等设施集中动工。同步开工建设梅州国际无水港，打造“海铁联运、山海联动”的现代铁路物流中心。大力支持企业创新发展，嘉元科技被认定为全市首家国家企业技术中心，获评国家技术创新示范企业、广东省科技进步二等奖。规上企业建立市级以上研发机构占比39.4%，稳居全市首位。全面启动槐岗片区、丙雁片区、高铁片区和临港物流园、铜箔特色产业园规划编制，不断完善“三区两园”基础设施，组织申报省级铜箔特色产业园，努力打造城市新的增长极，构筑产业发展新平台。

（五）坚持重农固本，持续推进乡村振兴。坚持“三农”优先发展，统筹省级涉农资金3.9亿元，着力发展精致农业、建设精美农村、培育精勤农民。新增水稻种植面积2331亩，建成高标准农田1.3万亩，粮食生产保持稳定。茶叶种植面积增至2.1万亩，“梅县绿茶”获国家地理标志认证。引进广新控股、正大康地等5家现代化养猪场，新增产能40万头，生猪生产加快恢复。推广“稻鱼共生”综合种养模式，带动发展健康养殖，获评省水产健康养殖示范县。农林牧渔业产值88.5亿元，比增2.5%。全面提升农村人居环境，持续开展“百村示范、千村整治”“厕所革命”、破旧泥砖房清理和污水治理等行动，拆除破旧泥砖房6.1万间，新建农村公厕185座，无害化户厕普及率100%，完成1386个自然村环境整治，行政村全部达到干净整洁村标准。“一河一路一树一花一景”生态景观廊道加快建设，完成S223线丙村段、S224线城东至客都人家、芦陵至剑英大桥、X020线育豪村至上官塘段黑底化改造、绿化提升，全面建成3镇14村26公里石窟河美丽游线，丙村芦陵、溪联、城东莲塘、桃尧桃溪、白渡宋湘故居等乡村实现美丽蜕变，雁洋镇被评为省乡村治理示范镇。深入实施“粤菜（客家菜）师傅、广东技工、南粤家政”三项工程，举办首届乡村创新创业创富大赛，加大农民实用技能培训，培育新型职业农民1890人。开展“百企帮百村”，158个集体经济“空壳村”全面清零。

（六）坚持改善民生，全面发展社会事业。完成十件民生实事。城乡居民医保征缴46.6万人，医保实现与全国2.9万家医院直接结算。发放各类救助资金5700万元，实施医疗救助3.2万人次，困难群众得到应保尽保、应救尽救。坚持新增财力向教育倾斜。新建、扩建8所学校，外国语学校、德兴小学、扶大中心小学完成扩建，新增学位5400个，第二实验幼儿园、广外附设梅州实验学校、华师华业外国语学校等项目扎实推进。设立教育基金，教师发展中心投入使用，全省教育履职考核排名北部生态区37个县（市、区）第三、全市第一。加快建设卫生强区，新建疾控中心分子生物学检测室，核酸检测能力全市第一，21家发热门诊（诊室）完成改造，投资2.3亿元的中医院、妇保院扩建工程即将完工，妇保院晋级“二甲”，第二人民医院晋升二级综合医院，省级健康促进区、全国基层中医药工作先进单位顺利通过创建评估。持续推进城市提质扩容。人民南路断头路全面打通，实现双向通车，剑英大道延长线、高铁沿线畲江至西站段、梅花山等绿化、美化提升，所里、公园南路等新建道路竣工验收。西桥老旧小区、棚户区改造加快实施，公共机构垃圾分类实现全覆盖，全国文明城市创建深入推进。文体事业蓬勃发展，《春闹》荣获省艺术节剧目一等奖，圆满举办梅州马拉松、中冠联赛等赛事，组建“四三三”足球俱乐部。学校“互联网+明厨亮灶”工程组网运行。基层应急管理“四个一”建设、第七次全国人口普查登记等工作顺利完成。全民禁毒工程成效明显，公安分局获评“全省全民禁毒工程先进集体”。

（七）坚持加强自身建设，提升政府治理效能。坚持向区委、区人大及其常委会报告工作，向区政协通报情况，人大建议、政协提案办复率和满意率均为100%。加强政府系统党建，扎实推进法治政府、廉洁政府和服务型政府建设，严格落实中央八项规定精神，强化审计监督、整改，创建模范机关，营造风清气正的干事创业氛围。严格规范市场监管行为，“双随机、一公开”监管实现全覆盖。深入开展“放管服”“数字政府”改革，“一窗办”“马上办”“网上办”进驻事项均超过1000项，一般登记办理时限压减到3个工作日内。工青妇、文联、侨联、科协等群团组织作用进一步发挥。监察、审计、民宗、气象、史志、档案等工作进一步加强。国防动员、民兵预备役、拥军优属、优抚安置、应急救援等事业取得新成效，连续5届获评“全省双拥模范县”。

各位代表，特别之年，我们采取特别之举，展现特别之为，取得特别之效。在统筹疫情防控和经济社会发展的实践中，面对外防输入、内防反弹的繁重任务，错综复杂的外部环境和经济下行压力，我们能够快速实现经济回稳向好，社会大局保持和谐稳定。关键是做到“三个始终”。一是始终坚持党的领导。始终以习近平新时代中国特色社会主义思想武装头脑、指导实践、推动工作，树牢“四个意识”、坚定“四个自信”、做到“两个维护”，始终沿着正确的政治方向前进。二是始终坚持贯彻新发展理念。坚持稳中求进工作总基调，以高质量发展为方向，以深化供给侧结构性改革为主线，以改革创新为根本动力，在危机中育新机，于变局中开新局，推动经济社会高质量发展。三是始终坚持以人民为中心的发展思想。坚持权为民所用，情为民所系，利为民所谋，汇聚社会各界智慧，凝聚广大干部群众力量，调动一切积极因素，勠力同心战胜一切困难，让改革发展成果更多更公平惠及人民群众。

二、“十三五”时期工作回顾

回眸“十三五”，我们硕果累累、振奋人心。“十三五”时期，我们坚持以习近平新时代中国特色社会主义思想为指导，认真贯彻落实中央和省、市、区委工作部署，抢抓粤港澳大湾区、深圳先行示范区建设、苏区振兴发展重大机遇，全力稳增长、促改革、调结构、惠民生、防风险、保稳定，决胜全面建成小康社会取得决定性成就，“十三五”规划主要目标任务顺利完成，高质量发展迈出坚实步伐，为“十四五”开好局、起好步奠定了坚实基础。

这五年，我们聚焦产业，经济质量越来越高。“十三五”期间，全区GDP年均增长4.6%，人均GDP突破4万元，年均增长4.2%；三次产业结构比调整为25.7：32.3：42。固定资产投资年均增长7.8%，五年累计超过600亿元。社会消费品零售总额146.5亿元，年均增长5.1%。新增规上工业企业57家，总数达到100家，实现总产值778亿元，年均增长3.8%。工业投资年均增长12.8%。新增上市企业1家、新三板挂牌企业7

家，嘉元科技成为全国第一批科创板上市企业。培育农业龙头企业162家，农民专业合作社913家，家庭农场2083家，“三品”认证农产品156个，省“粤字号”名牌产品26个，入选国家、省级现代农业产业园，“梅县金柚”品牌估值113.27亿元，位居全省第一，获评全国一、二、三产业融合发展先导区。设立梅州客商银行，农村信用社成功改制，金融机构贷款余额5年实现翻番。电商交易额年均增长76%。县域旅游综合竞争力连续九届跻身全省十强。

这五年，我们聚焦项目，发展后劲越来越足。“十三五”期间，完成交通投资127.3亿元，占全市的20%。梅汕客专开通运营，在全市率先步入“动车时代”。新增公路通车里程921.2公里，总里程达3468公里，五年增加了三分之一。新建、改造国省道272公里，行政村全部通公交，率先成功创建省“四好农村路示范县”。完成省级水利示范县项目104宗、山区中小流域治理工程20宗。天然气输送管网基本覆盖城区，自然村实现光纤和4G网络全覆盖。建成5G基站276个，超额完成任务。

这五年，我们聚焦城乡，人居环境越来越好。城市品质持续提升，进城大道、人民南路、公园南路、怡景路等主干道建成通车，城市配套功能不断提升，城镇化率达54%，高于全市1.5个百分点。乡村振兴有力推进，成功举办乡村复兴论坛，承办首届“中国农民丰收节”。完成农村土地承包经营权确权登记工作。麻坝村推行“地票凭证”经验做法在央视《焦点访谈》栏目推广。全区入选省生态宜居美丽乡村示范区创建名单。雁洋镇获评中国第二个“国际慢城”，玉水村获评“广东厨师之乡”，长教村、大黄村获评广东美丽乡村特色村，“叶帅故里·国际慢城”、松口南洋古镇获评省乡村旅游精品线路。持续开展“绿满梅县”大行动，森林覆盖率增至75.37%，入选县级国家森林城市创建名单。完成中央环保督察及“回头看”反馈问题整改。城区空气质量平均优良率达98.3%，饮用水水源水质和省考断面水质全部达标，实现天蓝、山青、水秀、地美。

这五年，我们聚焦改革，内生动力越来越强。坚持创新驱动发展战略，深入实施国家知识产权强县试点工程，培育高新技术企业41家，国家科技型中小企业37家。先后建成3家院士工作站、38家市级以上工程技术研究中心、8个省级创新技术专业镇、3家省部产学研示范基地。BPW（梅州）车轴成立亚洲研发中心。振声科技荣获中国专利优秀奖。嘉元科技极薄电解铜箔批量生产技术领跑全国，获评多项国家、省级荣誉。自远环保获批省级企业技术中心。完成区级机构改革、教师“区管校聘”、雁洋“2511”新型城镇化、经济发达镇行政管理体制改革等重点任务。建成区、镇、村政务服务中心，政务服务基本实现“网上办”。工程项目审批制度改革加快，审批事项、时限压减20%以上。

这五年，我们聚焦民生，群众福祉越来越多。城乡低保应保尽保水平逐年提高，基本养老保险、医疗保险参保率达100%。城镇居民可支配收入36102元、农村居民可支配收入21626元，年均增长7.1%、8.1%。适龄儿童入学率、小升初升学率达100%，高中阶段毛入学率达96.8%，稳居全市前列，基本消除义务教育阶段56人以上“大班额”问题。粤东医院晋级“三甲”，中医院、妇保院晋级“二甲”。新建、改建学校足球场90个，富力足球学校投入运营，连续办好3届梅州国际马拉松赛。平安梅县建设深入推进，扫黑除恶专项斗争三年行动成效显著，“七五普法”顺利实施。稳妥应对自然灾害，安全生产形势稳定。食品药品安全监管水平位居全市前列。民族宗教、妇女儿童、档案方志等工作取得新成绩。

各位代表！“十三五”时期改革发展成绩来之不易，经验弥足珍贵。在此，我代表区人民政府，对长期关心支持梅县经济社会发展的人大代表、政协委员、民主党派、人民团体、无党派人士和中央、省属、市属驻梅县区单位、武警官兵以及港澳台同胞、海外侨胞和社会各界朋友，表示衷心的感谢，并致以崇高的敬意！

同时，我们也要清醒看到，我区经济社会发展仍存在不少困难和问题。一是产业基础仍然薄弱，科技创新能力不强，支柱型骨干企业较少。

二是重大投资项目不足，投资结构不均衡，固定资产投资增长乏力。三是城乡发展不协调，东西部交通区位条件仍未根本改善，农村公共服务均等化水平总体偏低，基础设施短板依然突出。四是土地、资金、人才、环境容量等发展要素支撑不足，营商环境仍需优化，政务服务效率有待提高。五是财政收支矛盾依然突出，减税降费等减收因素增多，刚性支出加大。对这些问题，我们将采取有力措施加以解决。

三、“十四五”时期的主要目标任务

“十四五”是我们乘势而上、开启全面建设社会主义现代化国家新征程、向第二个百年奋斗目标进军的第一个五年。我们要立足新发展阶段、贯彻新发展理念、构建新发展格局，牢牢把握市委、市政府赋予我们的目标定位，坚持生态优先、绿色发展，以争当“绿水青山就是金山银山”实践创新排头兵为目标，以高水平建设梅州综合保税区、全国领先的铜箔制造基地、国家全域旅游示范区、山区现代生态农业样板区为抓手，以建设教育强区、卫生强区为动力，筑牢生态屏障，发展生态产业，加快高质量发展，打造生态经济发展新标杆。

一是围绕科学把握新发展阶段，奋力开启第二个百年新征程。奋斗“十四五”，奋进新征程。我们要深刻领会习近平总书记关于国际国内形势的重大判断，关于新发展阶段的重要论述，深化区情认识，顺应发展趋势，用辩证思维看待新挑战新机遇，始终把加快发展作为第一要务，准确识变、科学应变、主动求变，把政策红利转化为现实生产力，打好主动仗、下好先手棋，实现高质量发展。

二是围绕全面贯彻新发展理念，加快构建绿色现代产业体系。牢固树立习近平生态文明思想，坚定不移走生态优先、绿色发展之路，打好“红色牌”，做优“绿色牌”，做精“特色牌”，大力推进“生态产业化、产业生态化”，创建国家“绿水青山就是金山银山”理论实践创新基地。围绕区委构建“3113”绿色产业体系要求，集中资源全力打造电子信息、装备制造、电商物流、文化旅游四个百亿和金柚五十亿产业集群。统筹发展电力、大健康、金融、体育产业。加快构建“一江两翼”生态发展和“一核两城”城乡发展新格局，建设更高水平的“美丽梅县·客都明珠”。GDP年均增长6%左右，保持中高速增长，力争人均地区生产总值赶上全国平均水平。

三是围绕着力构建新发展格局，畅通国内国际双循环。坚持以扩大内需为战略基点，全力扩大有效投资，完善交通、能源、水利、信息等重大基础设施，加快形成功能完善、布局合理、安全高效、适度超前的现代化基础设施体系。以梅州综合保税区、国际无水港建成运营和梅州创建国家跨境电商综合试验区为契机，大力发展跨境电商、保税物流、保税加工、外贸综合服务等开放型经济，促进消费提档升级。主动接受“双区”辐射带动，在产业承接、人才技术、教育医疗、文化旅游等领域深化合作，不断拓展新的发展空间。

四是围绕人民对美好生活向往，统筹发展社会事业。认真践行以人民为中心的发展思想，以满足人民对美好生活的向往为出发点和落脚点，加快构建更高质量的公共服务体系，保障人民群众享有更稳定就业、更满意收入、更优质教育、更高水平医疗、更完善社会保障，形成民生为本、公平普惠、保障有力的社会发展新格局，把梅县建设成为幸福美好生活模范区。紧紧围绕新型城镇化建设，提升中心城区和丙雁城市副中心综合承载能力。全面推进乡村振兴，激发乡村发展内生动力，打造广东乡村振兴新典范。加强精神文明建设，增强文化软实力，推动物质文明与精神文明协调发展。

四、今年工作安排

2021年是建党100周年，是实施“十四五”规划的起步之年。做好今年政府工作，要以习近平新时代中国特色社会主义思想为指导，全面贯彻党的十九大，十九届二中、三中、四中、五中全会，及中央经济工作会议精神，坚持稳中求进工作总基调，坚持系统观念，把握新发展阶段、贯彻新发展理念、构建新发展格局，以供给侧结构性改革为主线，以改革创新为动力，以满足人民日益增长的美好生活需要为根本目的，扎实做好“六稳”工作、全面落实“六保”任务，加快构建“3113”绿色产业体系，打造“三宜”城市，争当“绿水青山就是金山银山”实践创新排头兵，为“十四五”开好局、起好步。

经区委研究，今年经济社会发展的主要预期目标为：地区生产总值增长6%，一般公共预算收入增长5%，固定资产投资增长7%，规上工业增加值增长5%，社会消费品零售总额增长10%，居民人均可支配收入增速高于经济增速，城镇登记失业率控制在3%以内。

重点要抓好“三个强化”“六个持续”。

（一）强化产业引领，发展实体经济

加快制造业高质量发展。持之以恒加大力度发展实体经济，集中要素、资源支持上市公司做大体量、做大规模。持续稳定电力生产水平，全力服务宝新能源、梅雁吉祥等支柱企业发展，落实煤炭进口配额，完善电网结构，扩大电力内需外送能力。高水平编制铜箔产业规划，加快建设嘉元科技年产1.5万吨高性能铜箔项目，力争11月投产，同步建设总投资28.8亿元的3.5万吨高端铜箔和年产600万张高端芯板项目，做好新建10万吨铜箔产能项目落户前期准备工作，打造全国领先的铜箔制造基地。实施延链补链强链工程，全力加快BPW（梅州）八期项目建设，力争6月投产，带动伟友耐磨、福德金属、锦龙汽配等上下游企业增资扩产，加快昊龙汽车整车安装项目落地，打造粤东北高端装备制造基地。

促进文旅产业提质升级。围绕建设高水平全域旅游示范区，推进旅游供给侧结构性改革，加快旅游产业转型升级。发挥雁南飞、客都人家头部企业带动辐射作用，加快客都人家二期、三期建设，创新提升雁山湖、灵光寺、大观天下等景区文化内涵、业态内容，努力把雁洋建设成为粤东旅游第一名镇，串珠成链建设丙雁松旅游集聚区。争取开工建设梅州嘉应古城，打造梅州文旅新品牌，提升梅县文旅竞争力。

打造现代农业产业园。落实“围绕大区域、培育大企业、运用大数据、对接大市场、做强大品牌、形成大产业”的要求，加快金柚国家现代农业产业园建设，打造金柚“四大中心”、推进柚苷深加工，形成“两园一区”发展格局。坚持“一园一特、一园一牌”思路，依托茶叶、南药等优势农业，做好第二轮省级现代农业产业园申报创建工作，培育一批集中度高、规模大、效益好、具有区域竞争优势的农产品，打造更多面向湾区的“五子登科”供应基地。

推动新兴产业做强做大。深耕电商物流产业。加快建设标准化快件集散中心、5G大数据中心、冷链物流基地，用好跨境电商综合试验区政策，促进数字经济发展，带动全年社会消费品零售总额突破160亿元、外贸进出口增长5%以上。创新实施“金融+”。全面发展普惠金融、智慧金融、科创金融、民系金融，助推金融服务实体经济发展，加快培育一批新的挂牌企业。丰富“体育+”业态。办好年度马拉松品牌赛事，支持“四三三”足球俱乐部发展，推动梅州富力足校申报国家足球青训基地，擦亮“足球之乡”品牌。培育大健康产业。鼓励南寿峰、中大南药等企业扩大南药种植规模，支持华银医药、康立医疗、中爱医疗加大产品研发力度，壮大生物医药和康养产业。

（二）强化项目支撑，扩大有效投资

抓项目稳投资。压实“5+6”工作机制，破难点、清堵点、拔钉子，全力做好土地征收、立项、报批等项目落地保障，强攻86项年度投资90.04亿元的重点项目。加快梅龙高铁、东部快线、西部快线、天虹购物中心、程江两岸景观提升、地下综合管廊等项目建设，全面完成安置区、国省道、美丽农村路年度建设任务，确保进城大道延长线春节前正式通车。提前做好瑞梅铁路、龙梅高铁、梅永高速、平蕉大高速、梅汕高速扩建等项目前期准备工作，力争早动工、早建成、早通车，构建粤港澳2小时交通圈。

建平台聚产业。加快打造发展新平台，拓展城市新空间，集聚发展新动能。坚持点上开发、企业入园，深入实施梅县产业集聚地提质增效工程，着力补齐配套短板，申报创建省级高新区。加快健全和完善综保区管理体制，围绕“一次建设、一次验收、一次达标、封关运行”要求，全力推进投资9.3亿元的围网、卡口、信息化、查验场等项目建设，确保6月份正式封关运行。加快总投资5.3亿元的梅州国际无水港建设，促进“区港联动”发展。启动华侨文化旅游经济合作试验区申报工作。高起点编制槐岗片区、高铁片区、丙雁片区、临港物流园规划，不断完善道路、管网、学校等设施。高水平建设丙雁城市副中心，全力做好客都人家二期、三期土地征收、报批工作，力争东山中学客都人家分校3月动工、万里碧道二期4月完工、悦麓酒店6月交地建设。做好铜箔特色产业园建设前期准备工作，申报省级铜箔特色产业园，争取纳入省级产业园政策支持。加紧启动首期3000亩征地及配套设施建设，同步论证打造铜箔创新中心、检测平台、工程技术研究中心，组建行业创新联盟，举全区之力推动铜箔产业集聚发展。

抓招商促发展。坚持一手抓现有企业增资扩产，一手抓招商引资。深入实施“乡贤回归工程”，鼓励支持客商回乡兴办实业。围绕招商图谱，开展精准产业招商、以商招商。紧密对接省商务厅，策划综保区大型招商推介活动，力争引进一批有实力的加工贸易企业。全力服务伟光汇通、晶津集团、嘉元科技、超华科技等意向项目尽快落地，形成“储备一批、签约一批、建设一批、投产一批”滚动发展模式，力争全年招商引资总量突破70亿元。

（三）强化“三农”发展，推进乡村振兴

发展高质高效农业。实施金柚品牌提升工程，扩种金柚1.5万亩，带动柚果增值，促进柚农增收。严守耕地保护红线，防止耕地“非农化”“非粮化”，实施粤强种芯工程，稳定粮食播种面积。加快正大康地、广新控股等4家现代化养猪场建设，力争今年生猪存栏达到21万头，促进生猪稳产保供。推广“稻鱼共生”综合种养模式，升级改造松口渔港，申报国家渔业健康养殖示范县。推行农业保险扩面、增品、提标，实施农产品“三品一标”认证，推进“一村一品、一镇一业”建设，力促农业产值比增5.3%以上。

建设宜居宜业乡村。久久为功推进乡村振兴，突出“五沿”重点，坚持连线连片，深入实施“百村示范、千村整治”行动，抓好“厕所革命”、污水、垃圾处理，加强农房管控，整治乱占耕地建房，提升农村整体风貌。持续推进“三江四线”生态景观廊道建设，加快提升28.9公里城东、白渡至客都人家旅游公路，连片建设城东莲塘至玉水、丙村小白沙至客都人家美丽乡村，串珠成链打造新的精品游线。建设畲江省级城乡融合发展示范区，推进美丽圩镇试点建设，打造产城联动卫星城。统筹推进山水林田湖草系统治理，全面实施林长制，开展“绿满梅县”大行动，努力创建县级国家森林城市，进一步巩固生态优势。

促进农民富裕富足。落实“四个不摘”要求，健全返贫动态监测机制，延续帮扶政策，巩固“两不愁三保障”，稳定贫困人口收入，实现巩固拓展脱贫攻坚成果同乡村振兴有效衔接。借力农村“三变”改革，大力发展新型农业经营主体，联农带农培育一批新型职业农民。实施“百企兴百村”行动，持续推动工商资本下农村。因地制宜引导发展休闲型、观光型、体验型、直供型城郊农业，释放农村活力，增加农民收入。

各位代表，新的一年，我们将坚持以人民为中心的发展思想，持续将八成财力用于民生领域，办好十件民生实事，全面推进社会各项事业发展，切实增强人民群众的获得感、幸福感和安全感。

（一）持续提升城市品质。用绣花功夫管好城市。坚持每年提升一条主干道，改善一个片区，通过“微改造、小更新”，实现“小扩容、大提质”。坚持抓好“十个一批”城建民生事项，新建、改建一批停车场、老旧小区、社区卫生服务中心等便民设施。继续推进生活垃圾分类工作，实现垃圾减量化、资源化和无害化。深入开展“两美”行动，大力整治农贸市场、背街小巷。创新社会治理，用好“数字城管”，系统治理城市交通拥堵、噪声扰民、空气污染等“城市病”，让市民生活更舒心。

（二）持续健全保障体系。全面提高孤儿、残疾人、特困人员等基本生活补贴水平，加强医疗救助，推进社保扩面征缴。实施公立医院集中采购制度，降低药品采购价格。坚持就业优先，抓好“粤菜（客家菜）师傅工程、广东技工、南粤家政”三项工程，推动零就业家庭动态清零。加大食品药品监管力度，保障群众“舌尖上的安全”。深入开展安全生产专项整治三年行动，创建国家安全发展示范城市。严厉打击电信诈骗、涉黑涉恶、黄赌毒、盗抢骗等违法犯罪行为，建设“平安梅县”。

（三）持续提升教育水平。加大教育投入，坚持每年从土地出让收入中安排4%以上用于教育。完善教育基础设施，加快东山中学客都人家分校、广外附设梅州实验学校、华师华业外国语学校、东山高级学校、梅县外国语学校公园北路分校（小学部）、第二实验幼儿园、宪梓中学扩建等项目建设，谋划新建一所容纳3000人的初级中学，增加优质学位供给。实施名教师名校长示范带动工程，力争新增市级以上名师工作室5个。支持梅县外国语学校申报国家级示范性普通高中，示范带动全区教育高质量发展。充分发挥区级教育基金作用，普及设立镇级教育基金，完善奖教奖学激励机制。健全生均经费保障制度，全面提升教育教学水平。

（四）持续推进文化繁荣。铭记光辉历史，传承红色基因。建好梅南九龙嶂国防教育基地，确保同怀别墅今年完成布馆工作。深入实施文明创建“补短提质”工程，积极创建全国文明城市。实施文化遗产保护利用工程，做好围龙屋普查、围龙屋申遗工作，传承保护利用好古民居和名人故居。建设博物馆和客家文化云平台，推动文化馆、博物馆、木偶剧、客家山歌上云上平台。深入开展“相约梅县”“围龙讲堂”“山歌巡演”和科技送展活动，让文化资源向基层倾斜、向农村倾斜，惠及百姓。

（五）持续建设健康梅县。毫不放松抓好常态化疫情防控，时刻紧绷疫情防控这根弦，配强应急队伍，强化物资储备，压实“四方责任”，落实“三减少一加强”措施，排查重点地区返梅人员，全面抽查入境产品，外防输入、内防反弹，巩固来之不易的疫情防控成果。加快构建公共卫生体系，续建中医院、妇保院扩建项目，确保6月建成启用。全力推动粤东医院申报创建全省高水平医院，新建感染性疾病救治中心，打造区域性医疗中心。传承创新中医药事业，持续完善中医馆、中医阁建设，打造连片优质中药材示范基地，促进中医药特色健康产业发展。

（六）持续加强政府自身建设。坚持党的领导，落实全面从严治党主体责任，巩固深化“不忘初心、牢记使命”主题教育成果，切实用习近平新时代中国特色社会主义思想武装头脑、指导实践、推动工作，进一步增强“四个意识”、坚定“四个自信”、做到“两个维护”。全力做好省委巡视反馈问题整改工作。严格落实中央八项规定精神，大力整治形式主义、官僚主义。坚持过紧日子，“三公”经费只减不增。深化国企改革，提升运营效能。加快实施放权强镇改革。扎实推进“放管服”“数字政府”改革建设，推动企业投资、工程建设项目审批“减环节、减材料、减时限、减次数”，实现更多事项“一窗办、马上办、一次办、秒批”，持续优化营商环境。完善绩效考核制度，激励党员干部勇担当、善作为，打造模范机关。启动“八五”普法，打造“法治梅县”。强化政务公开，打造阳光政府。坚持“三重一大”事项请示报告制度，落实政府工作规则，办好人大建议、政协提案。创新城乡基层治理，做好村（居）民委员会换届工作，规范村级经济组织运行。深入推进审计监督全覆盖，统筹做好国防动员、“双拥”共建发展，支持工会、共青团、妇联、工商联等人民团体发挥作用，提升外事、金融、民宗、气象、退役军人等工作水平，凝聚强大合力，共推振兴发展。

各位代表，新征程要有新担当，新使命呼唤新作为。让我们更加紧密地团结在以习近平同志为核心的党中央周围，高举习近平新时代中国特色社会主义思想伟大旗帜，在省委省政府、市委市政府和区委的坚强领导下，乘势而上、感恩奋进，艰苦奋斗、开拓进取，加快生态发展区高质量发展，为“十四五”开好局、起好步，奋力谱写梅县区现代化建设新篇章！以优异成绩献礼建党100周年！

名词解释

1. “六稳、六保”：“六稳”指稳就业、稳金融、稳外贸、稳外资、稳投资、稳预期；“六保”指保居民就业、保基本民生、保市场主体、保粮食能源安全、保产业链供应链稳定、保基层运转。

2. “3113”绿色产业体系、一江两翼、一核两城：是区委一届十一次全会上提出的发展思路。其中，“3113”绿色产业体系，“3”是高端铜箔、装备制造、电力能源产业，“1”是特色现代农业产业，“1”是特色文化旅游产业，“3”是大健康、金融、体育产业。“一江两翼”生态发展格局，是指系统推进梅江流域水生态保护治理和碧道建设，打造生态廊道；推进东、西两翼生态保护利用、绿色产业发展和美丽乡村建设，筑牢生态屏障。“一核两城”城乡发展格局，“一核”是梅县主城区，“两城”是丙雁“三宜”城、畲江水车产业城。

3. “双十”战略性产业集群：省政府重点培育发展的10个战略性支柱产业集群和10个战略性新兴产业集群。

4. 四方责任：属地责任、部门责任、单位责任、个人责任。

5. 三减少一加强：减少人员流动、减少旅途风险、减少人员聚集、加强个人防护。

6. 双随机、一公开：市场监管过程中，随机抽取检查对象、随机选派执法检查人员，抽查情况及查处结果及时向社会公开。

7. 互联网+明厨亮灶：通过视频监控和互联网技术，对餐饮单位后厨进行实时直播，通过手机App、小程序或微信公众号，监管人员和公众可实时查看厨房环境卫生、食品加工操作情况。

8. 应急管理“四个一”：一个健全的应急管理组织体系、一支应急救援队伍、一个应急指挥平台、一个应急救援物资仓库。

9. “个十百千万”工程：“个”是每年办好一个招商会，投入一个亿财政资金；“十”是每年新入园10个项目，固投实现10%的增长；“百”是每年增加收储土地100亩以上，早日达到百亿元工业产值；“千”是园区要达到千亩以上总规模，每年增加税收1000万元以上；“万”是建成1万平方米以上的标准厂房，实现万人以上的就业。

10. 三品一标：无公害农产品、绿色食品、有机农产品和农产品地理标志。

11. 五沿：交通干道沿线、省际边界沿线、河流两岸沿线、旅游景区沿线、城市郊区沿线。

12. 四小园：小菜园、小果园、小花园、小公园。

13. 三江四线：梅江、程江、石窟河，雁洋—松口—松源线、梅南—畲江线、程江—南口线、城东—白渡—丙村线。

14. 两园一区：国家现代农业（金柚）产业园、省级现代农业（金柚）产业园和梅州柚优势产区。

索 引

说明：

一、本索引采用主题分析方法，款目按汉语拼音字母（同音字按声调）顺序排列。

二、文中的类目题、分目题用黑体排版，其余用宋体排版。表格在其款目后注明“表”。

三、索引款目后的数字表示内容所在的页码，数字后面的拉丁字母（a、b）表示栏别（即版面的左右栏）。

四、同一主题的内容在文中多次出现的，在其款目后用不同的页码标明。

五、本索引对“大事记”“名录”“内设机构”“文献辑存”等篇不做内容主题分析。

☆☆

主题索引

A

B

C

D

E

F

G

H

J

K

L

M

N

P

Q

R

S

T

W

X

Y

Z